厦门年鉴

XIAMEN YEARBOOK

2022

中共厦门市委党史和地方志研究室　编

方志出版社
Publishing House of Local Records

图书在版编目（CIP）数据

厦门年鉴. 2022/中共厦门市委党史和地方志研究室编. —北京：方志出版社，2022.12
ISBN 978-7-5144-5546-5

Ⅰ. ①厦… Ⅱ. ①中… Ⅲ. ①厦门—2022—年鉴
Ⅳ. ①Z525.73

中国版本图书馆 CIP 数据核字（2022）第 245978 号

责任编辑：陈菁
责任校对：刘玉霞
责任印制：梅中英
出 版 者：方志出版社
地　　址：北京市朝阳区潘家园东里 9 号（国家方志馆 4 层）
邮　　编：100021
网　　址：http：//www.zgfzcb.cn
发　　行：方志出版社图书营销中心（010-67110500）
印　　刷：福州力人彩印有限公司
开　　本：889 毫米 × 1194 毫米　1/16
印　　张：34.25　插页印张：2　地图：1 幅
字　　数：1530 千字
版　　次：2022 年 12 月第 1 版
印　　次：2022 年 12 月第 1 次印刷
定　　价：280.00 元

《厦门年鉴（2022）》编纂委员会

主　　任	崔永辉　黄文辉
常务副主任	连坤明　廖华生
副 主 任	黄　杰　詹艳清　唐明娟　柯斌伟
委　　员	丁贤志　上官军　王　中　王伟文　王星旦　王彦青　王跃平　孔曙光 兰贵兴　朱庆华　庄海英　刘琦龙　许国华　许毅青　阮敦梁　孙建辉 孙晓明　花育明　苏清臻　李　刚　李　涛　李　毅　李本年　李永春 李志远　李宗泽　李德才　吴申宇　吴明哲　吴新奎　邱武伟　何秀珍 何伯星　张　权　张　谷　张朱及　张劲秋　张国钧　张善斌　陈　华 陈　珍　陈　勇　陈　敏　陈　影　陈永东　陈秀新　陈挺华　陈俊泳 陈桂林　陈高润　陈通汕　林　源　林志成　林重阳　林跃锋　周　昱 周桂良　郑一琳　郑国钦　胡延洵　胡旭彬　胡政兴　柯　军　柯玉宗 柯碧如　钟伟东　姚玉萍　姚冠华　夏长文　倪　杰　翁玉华　郭华生 黄　芳　黄　颖　黄卫东　黄平南　黄珠龙　黄锦城　黄碧珊　黄鹤麟 龚建阳　曾东生　曾丽娟　温金辉　游文昌　赖建州　赖祖辉　蔡廷谦 蔡伟中　蔡蔚荻　熊衍良　颜云蔚　颜文聪　潘少銮　潘应境

《厦门年鉴（2022）》编纂委员会办公室

主　　任	唐明娟
副 主 任	曹　丽　樊荣兵　刘世生

《厦门年鉴（2022）》编审人员

主　　编	唐明娟
副 主 编	曹　丽　樊荣兵　刘世生
执行副主编	孙志红
责任编辑	白延靖　曲　艺　孙志红　阳晓儒　林建高　林德全　明安文　黄　澜 熊焱峰
彩版设计	孙志红

编辑说明

一、《厦门年鉴》是中共厦门市委员会、厦门市人民政府主办，中共厦门市委党史和地方志研究室编纂的年度资料性文献，以马克思列宁主义、毛泽东思想、邓小平理论、“三个代表”重要思想、科学发展观、习近平新时代中国特色社会主义思想为指导，坚持辩证唯物主义和历史唯物主义的立场、观点和方法，记述厦门的年度发展新情况。首卷年鉴于2002年出版，《厦门年鉴（2022）》为第21卷。

二、《厦门年鉴（2022）》的资料收录范围原则上为2021年1月1日至12月31日，记述厦门市自然、政治、经济、文化、社会和生态文明建设等方面情况。

三、《厦门年鉴（2022）》采取类目、分目、条目三级框架结构，内容较为丰富的在分目之下增设二级分目。全书共设“特载”“大事记”“市情概貌”“中共厦门市委员会”“厦门市人民代表大会”“厦门市人民政府”“政协厦门市委员会”“纪检监察”“民主党派与工商联”“群众团体”“法治”“军事”“外事·侨务·港澳事务”“对台事务”“经济管理”“财政·税务”“口岸管理”“开放型经济”“金融业”“农业农村”“工业”“商贸服务业”“会展业”“交通邮政”“信息服务业”“城市建设”“房地产业”“生态环境保护”“旅游业”“民营经济”“科学技术”“社会科学”“教育”“文化”“卫生健康”“体育”“社会生活”“应急管理”“市辖区概览”“人物·荣誉”“附录”“索引”42个类目，其中含一级分目290个、二级分目31个、条目1958个。特载、大事记、附录以及小资料不列入条目统计。卷首设置彩页专辑以凸显厦门的年度特色和地方特色。条目的文体以记述体为主，兼具说明体。

四、《厦门年鉴（2022）》的框架结构与上卷年鉴相比有部分调整：撤销“专记”“建筑业”“乡村振兴”类目，“建筑业”内容并入“城市建设”类目，“乡村振兴”内容并入“农村”类目后“农村”类目更名为“农业农村”；将“经济管理”类目下的一级分目“财政·税务”“口岸管理”，“文化”类目下的一级分目“社会科学”分别充实升格为类目；“市纪委监委”类目更名为“纪检监察”。

五、《厦门年鉴（2022）》所收录的资料，除少数转载自公开出版的报纸杂志外，主要由厦门市各党政军机关、群众团体、企事业单位提供。因统计口径的原因，数据与市统计局公布略有差异的，读者在使用时请以统计部门公布的为准。

六、《厦门年鉴（2022）》中，会议的届、次一律使用汉字。表格中缺失的数字以空格表示，无此数字则以“—”表示。

七、数字用法、标点符号用法分别采用国家标准《出版物上数字用法》（GB/T 15835—2011）、《标点符号用法》（GB/T 15834—2011），计量单位采用国家技术监督局1993年12月发布的《量和单位》系列国家标准。

厦门市地图

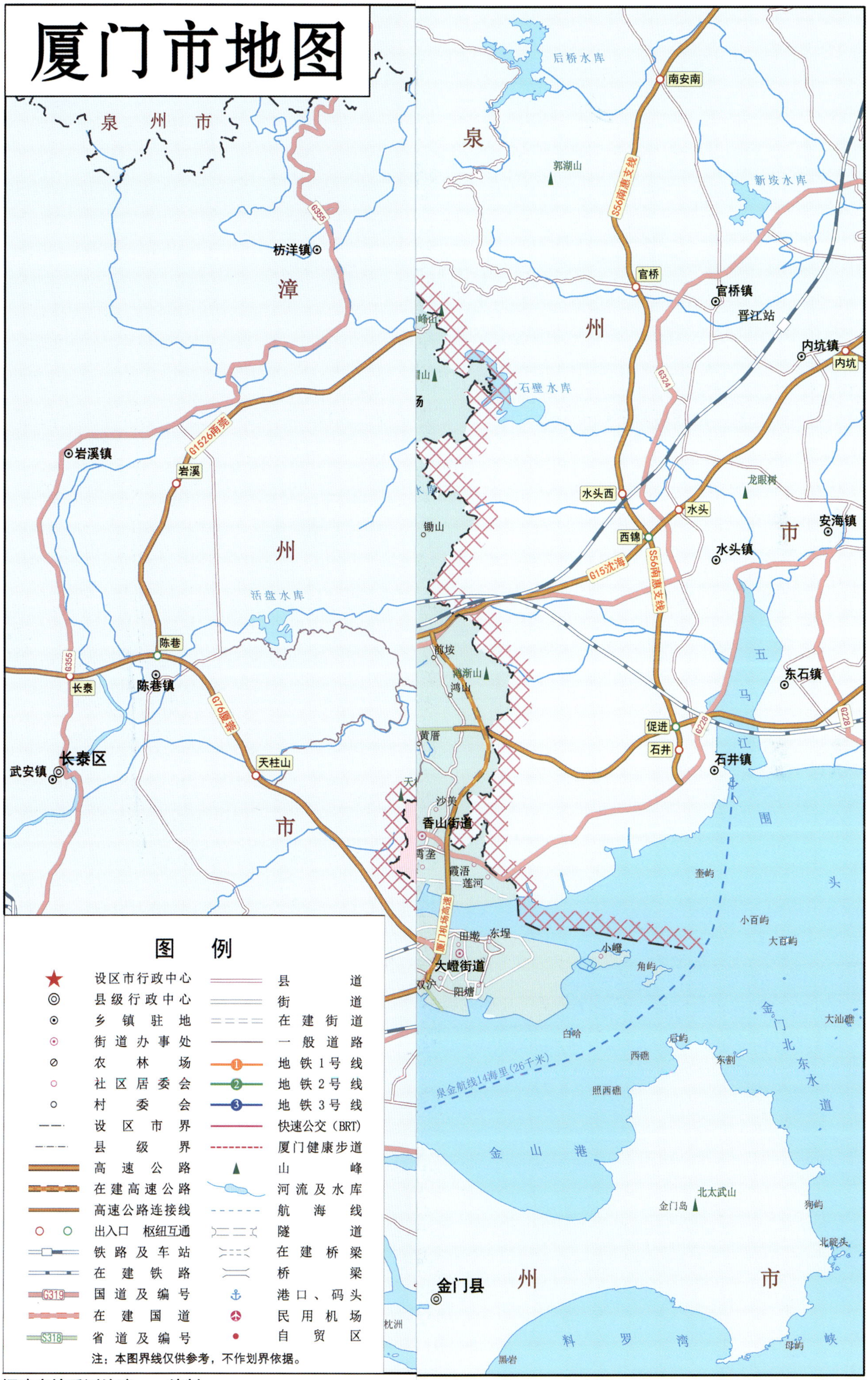

福建省地质测绘院 编制 [2022] 25 号 比例尺 1:220000 资料截至2021年12月

数字看厦门 2021

全市土地面积：1698.78 平方千米

常住人口：528 万人

户籍人口：282.81 万人

地区生产总值（当年价）：7033.89 亿元

第一产业增加值：29.06 亿元

第二产业增加值：2882.89 亿元

第三产业增加值：4121.94 亿元

第一、第二、第三产业构成：0.4∶41.0∶58.6

人均生产总值（按常住人口计算）：13.45 万元

规模以上工业增加值增长：11.9％

财政总收入（含上划中央税收）：1530.21 亿元

财政支出：1060 亿元

固定资产投资额（不含农户）比上年增长：11.3％

社会消费品零售总额：2584.07 亿元

外贸出口总额（海关数）：4307.30 亿元

外贸进口总额（海关数）：4569.22 亿元

实际利用外资及港澳台资：186.4 亿元

货物运输总量：3.93 亿吨

港口货物吞吐量：2.28 亿吨

机场旅客吞吐量：1495 万人次

铁路旅客发送量：1532 万人次

旅游总收入：1301 亿元

中资金融机构各项人民币存款余额：13909.01 亿元

中资金融机构各项人民币贷款余额：14442.01 亿元

城镇居民人均可支配收入：67197 元

城镇居民人均消费性支出：43010 元

农村居民人均可支配收入：29894 元

农村居民人均生活消费支出：25033 元

居民消费价格总指数：101.2％

各级各类学校（含成人教育、社会办学）：1500 所

在校生数：107.4 万人

普通高等学校数：16 所

普通高等学校在校生人数：17.82 万人

医院数：65 家

医院病床数：19153 张

卫生技术人员：40602 人

全市用电量：328 亿千瓦时

全市供水总量：51767 万立方米

庆祝厦门经济特区建设 40 周年

2021 年是厦门经济特区建设 40 周年。40 年来，厦门充分发挥体制改革“试验田”、对外开放重要窗口和现代化建设排头兵作用，走出一条速度与质量齐升、发展与生态共赢的高质量发展之路，不断向高素质高颜值现代化国际化城市迈进。

1	3
2	4

1. 筼筜湖畔（2021 年 2 月 16 日摄）
2. 海沧湾两岸（2021 年 12 月 30 日摄）
3. 会展北片区（2021 年 9 月 21 日摄）
4. 杏林湾畔（2021 年 11 月 26 日摄）

本版摄影：漆陆安

2021 年 12 月 19 日，“庆祝厦门经济特区建设四十周年重大项目集中开竣工暨厦航总部大厦项目竣工”活动举行。图为活动现场（林铭鸿　摄）

2021 年 12 月 21 日，“厦门经济特区建设四十周年庆祝大会”在厦门市举行，特区建设者代表在会上发言（郑晓东　摄）

2021 年 12 月 21 日晚，由厦门市委、市政府主办的“踏浪高歌 · 庆祝厦门经济特区建设四十周年情景音诗画”文艺演出，在闽南大戏院上演，全体演员合唱歌曲《走在复兴大道上》（王火炎　摄）

城市建设

2021 年 6 月 17 日，厦门海沧隧道试通车。图为车辆从海沧端经海沧隧道进岛　　（王协云　摄）

2021 年 6 月 25 日，厦门地铁 3 号线“中国共产党百年精神谱系”主题列车驶离厦门火车站，开往翔安蔡厝站，同时沿线各站点开门迎客，标志厦门地铁 3 号线（厦门火车站 — 蔡厝站）开通运营。图为运行中的地铁 3 号线列车车厢内　　（张江毅　摄）

2021 年 10 月 28 日，闽西南协同发展区重点项目之一的厦门地铁 6 号线角美延伸段工程建设取得阶段性成果，文圃路站 — 角海路站盾构区间左线贯通，是该工程首个贯通隧道　（黄树金　摄）

2021 年 12 月 8 日，厦门新机场蔡厝片区翔安西路（翔安东路 — 溪东路段）地下综合管廊工程“永宏号”市政舱始发

（王协云　摄）

2021年11月，下潭尾红树林公园入选“全国海岸带生态和防灾协同增效典型案例”。图为淡海水交汇的翔安区下潭尾湾　　（张奇辉　摄）

建设中的马銮湾新城西片区　　（王协云　2021年12月14日摄）

建设中的厦门新体育中心和翔安大桥　　（王协云　2021 年 12 月 29 日摄）

2021年12月19日，厦门大桥改造加固工程完工通车，比合同工期提前153天。图为改造后的厦门大桥
（王协云　摄）

2021年12月20日，厦门市交通改善工程项目——“厦门市道路交通气象保障系统”上线。该系统依托大数据自动采集、建模、预警、提示等技术，最大限度降低道路自然灾害受损程度，减少气象灾害对交通不利影响，确保交通更好地服务于经济发展和群众出行。图为12月7日厦门市极大风实况监督画面（市大交通办　供图）

新冠病毒肺炎疫情防控

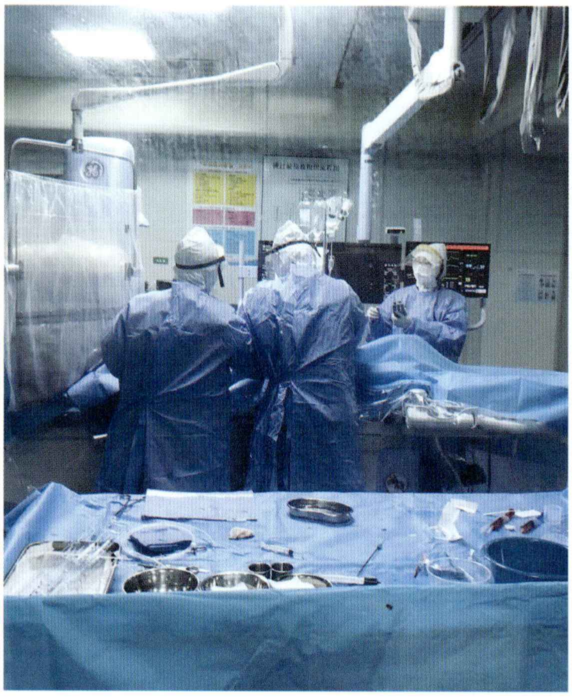

2021 年 6 月 21 日，厦门市第五医院为厦门市第一例突发心梗的隔离观察者行冠状动脉介入手术治疗。图为手术现场

（厦门市第五医院　供图）

2021 年 7 月 26 日，厦门市启动 15～17 岁人群新冠疫苗接种。图为集美区新冠疫苗接种点　（张江毅　摄）

2021 年 8 月 11 日，厦门麦克奥迪医学检验所实验室内，工作人员正在对核酸样本进行检测

（张江毅　摄）

2021年8月19日，福建省人民政府向印尼海洋与投资统筹部捐赠防疫物资仪式在厦门海天码头举行。图为码头工人在搬运防疫物资（王协云 摄）

2021年9月14日，厦门市五一广场核酸采样点，市民有序排队进行核酸采样（王火炎 摄）

2021年9月22日，厦门市翔安区党员干部和志愿者乘坐开往同安区的车辆，奔赴疫情防控第一线（朱毅力 摄）

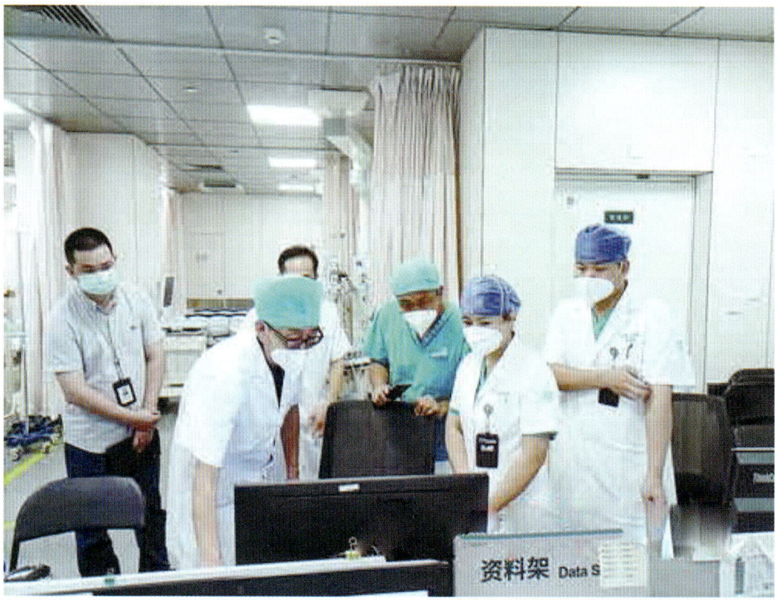

2021 年 9 月 24 日，国务院联防联控机制综合组福建工作组院感防控专家对厦门市医疗机构开展院感管控检查

（刘蓉　摄）

2021 年 9 月 24 日，厦门市多处地标建筑打出抗疫宣传语。图为厦门世茂海峡大厦　（王火炎　摄）

2021 年 10 月 1 日，厦门市海沧区海福广场二期小区解封，居民挥舞国旗，齐声唱着《歌唱祖国》走出小区 （郑晓东　摄）

2021 年，厦门市夏商百货线上线下齐发力，助力疫情防控，保障市民“菜篮子”
（林少郎　2021 年 10 月 7 日摄）

年度要闻

2021 年 1 月 4 日，厦门市卫生健康委员会“无红包医院”挂牌活动启动暨市妇幼保健院“无红包医院”揭牌仪式在市妇幼保健院林巧稚广场举行

（张江毅　摄）

2021 年 1 月 26 日，由厦门船舶重工股份有限公司为芬兰维京航运公司承建的首制 2800 客邮轮型客滚船出坞（如图）。该船各项技术世界领先，是一艘集运输、旅游、休闲、购物等功能于一体的新一代邮轮型客滚船，船型美观、装修豪华、节能环保。12 月 23 日，该船完工交付 （高铭　摄）

2021 年 1 月 28 日，厦门市首家公立康复医院——厦门市康复医院在思明区仙岳路 468 号成立 （雷春玉　摄）

2021 年 2 月 12 日，2021 年海峡两岸春节焰火晚会在厦门和金门同时举行。图为在厦门东排山上远眺焰火绽放
（林铭鸿　摄）

2021 年 3 月 20 日，中欧班列（厦门）9710 跨境电商货柜首发。该班列从厦门海沧车站驶出，4 天后经阿拉山口出境发往波兰马拉舍维奇。图为厦门海关人员在检查货柜　　（厦门海关　供图）

2021 年 4 月 4 日，厦门发展主题指数在厦门大学百年校庆校友金融招商大会上发布。厦门发展主题指数通过挑选有代表性的厦门优质上市企业，综合反映厦门市经济发展与产业升级趋势，展现厦门发展新态势，打造有影响力的厦门经济发展新名片　　（林铭鸿　摄）

2021 年 4 月 6 日，厦门大学举办“南方之强”庆祝建校 100 周年文艺晚会。图为晚会现场

（黄嵘　林铭鸿　摄）

2021年4月10日，2021建发厦门马拉松赛在厦门国际会展中心开赛。该届厦门马拉松赛没有境外特邀选手参赛，男女冠军都为中国选手。2月，厦门马拉松获世界田联“精英白金标赛事”认证，与世界马拉松“六大满贯”赛事并列，成为全球第13个获得该认证的马拉松赛事（张江毅　摄）

2021 年 4 月 9 —10 日，国家级“中医疫病学传承创新团队”临床基地签约仪式、“名医工作室、特聘主任签约揭牌仪式暨学科共建交流会”在厦门市中医院举行　（张奇辉　摄）

2021 年 6 月 10 日，2021 金砖国家智库国际研讨会在厦门举行　（市金砖办　供图）

2021 年 6 月 26 日，厦门市庆祝中国共产党成立 100 周年“永远跟党走”文艺演出在厦门海峡大剧院举行

（黄嵘　摄）

2021 年 6 月 18 — 20 日，第十七届海峡旅游博览会和 2021 第七届中国（厦门）国际休闲旅游博览会在厦门国际会展中心举行（市文旅局　供图）

2021 年 6 月 28 日，福建省首个海上沉浸式情景体验项目《碧海红帆》在厦门海上旅游产品党史学习教育主题船“图强”号上首演，至年底共完成演出 100 场。图为“图强”号（王协云　摄）

2021年9月7日，2021金砖国家新工业革命伙伴关系论坛在厦门举行，并举行金砖国家新工业革命伙伴关系创新基地项目签约仪式。图为签约现场　（李晓平　林露虹　摄）

2021年9月8—11日，第二十一届中国国际投资贸易洽谈会（简称投洽会）在厦门举行。图为投洽会现场　（黄晓珍　摄）

2021 年 10 月 3 日，全球最大集装箱船舶之一的“地中海安布拉”轮靠泊嵩屿集装箱码头。该轮全长 399.90 米，可装载 2.37 万标准箱

（王协云　摄）

2021 年 11 月 4 日，“福建省乡村振兴热度指数”评价结果发布，同安区名列综合排名前十，是厦门市唯一入选区。图为同安区古坑村

（夏海滨　摄）

2021年11月5日，由福建省委政法委员会主办，厦门市委政法委、福建自贸区厦门片区管委会承办的“海丝中央法务区·云平台”正式上线运行。平台依托国内外重要法务资源，运用大数据、区块链、人工智能等新兴技术，打造海上丝绸之路法律服务云基地，建设国际化、专业化、智能化的创新型中央法务区，构建全方位、全链条的智慧法律服务生态圈 （张奇辉 摄）

2021年11月18日，第二届海西(厦门)信用论坛暨建筑行业信用体系建设发展论坛在厦门启幕，厦门、泉州、漳州、龙岩和三明五市诚信促进会负责人在会上联合签署关于建立闽西南五市诚信促进工作联盟的协议 （黄晓珍 摄）

采编设计：孙志红 审稿：曹 丽 白延蜻 校对：阳晓儒

总 目

1. 特　载…… 1
2. 大事记…… 6
3. 市情概貌…… 15
4. 中共厦门市委员会…… 26
5. 厦门市人民代表大会…… 43
6. 厦门市人民政府…… 50
7. 政协厦门市委员会…… 62
8. 纪检监察…… 69
9. 民主党派与工商联…… 72
10. 群众团体 …… 80
11. 法　治 …… 99
12. 军　事 …… 118
13. 外事・侨务・港澳事务 …… 124
14. 对台事务 …… 129
15. 经济管理 …… 137
16. 财政・税务 …… 153
17. 口岸管理 …… 158
18. 开放型经济 …… 162
19. 金融业 …… 182
20. 农业农村 …… 198
21. 工　业 …… 204
22. 商贸服务业 …… 213
23. 会展业 …… 217
24. 交通邮政 …… 223
25. 信息服务业 …… 230
26. 城市建设 …… 234
27. 房地产业 …… 247
28. 生态环境保护 …… 251
29. 旅游业 …… 260
30. 民营经济 …… 268
31. 科学技术 …… 308
32. 社会科学 …… 319
33. 教　育 …… 342
34. 文　化 …… 357
35. 卫生健康 …… 375
36. 体　育 …… 385
37. 社会生活 …… 392
38. 应急管理 …… 406
39. 市辖区概览 …… 411
40. 人物・荣誉 …… 424
41. 附　录 …… 427
42. 索　引 …… 496

目　　录

1. 特　　载

鹭江潮奔涌　沧海放长歌…… 1
千亿产业链发展情况…… 4

2. 大 事 记

1 月…… 6
2 月…… 6
3 月…… 7
4 月…… 7
5 月…… 8
6 月…… 9
7 月…… 9
8 月…… 10
9 月…… 10
10 月…… 11
11 月…… 13
12 月…… 14

3. 市情概貌

自然地理…… 15
·地理环境·…… 15
位置和面积…… 15
地质…… 15
地貌…… 15
资源…… 15
·气候·…… 15
概况…… 15
气温…… 16
图 3-1　1953—2021 年厦门岛内（左）和 1956—2021 年岛外（右）年平均气温历年变化…… 16
降水…… 16
图 3-2　1953—2021 年厦门岛内（左）和 1956—2021 年岛外（右）年降水量年际变化…… 16
图 3-3　2021 年厦门市降水量分布图（单位：毫米）…… 17
日照…… 16
图 3-4　1953—2021 年厦门岛内（左）和 1956—2021 年岛外（右）年日照时数历年变化…… 17
暴雨…… 16
台风…… 17
冰雹…… 18
气象干旱…… 18
高温…… 18
大雾…… 18
·海域·…… 18
概况…… 18
水温…… 18
盐度…… 18
潮汐…… 18
风暴潮…… 18
灾害性海浪…… 18
建置沿革…… 18
厦门得名由来…… 18
汉至五代…… 18

宋元时期 …… 19
明清时期 …… 19
民国时期 …… 19
中华人民共和国成立后 …… 19
城市标识 …… 19
鼓浪屿世界文化遗产 …… 19
厦门十大地标建筑 …… 19
市花、市树、市鸟 …… 20
区划和人口 …… 20
行政区划 …… 20
表 3-1 2021 年末厦门市行政区划一览表 …… 20
翔安区撤镇设街 …… 23
人口 …… 23
民族宗教 …… 23
民族情况 …… 23
宗教情况 …… 23
宗教场所 …… 23
经济社会发展 …… 23
概况 …… 23
经济高质量发展 …… 23
新冠病毒肺炎疫情处置 …… 24
创新驱动发展 …… 24
金砖创新基地建设 …… 24
改革开放深化 …… 24
跨岛发展战略实施 …… 24
生态环境建设 …… 25
民生福祉增进 …… 25

4. 中共厦门市委员会

综述 …… 26
习近平新时代中国特色社会主义思想学习贯彻 …… 26
跨岛跨区域发展 …… 26
重大风险防范化解 …… 26
全面从严治党 …… 26
主要会议 …… 26
市委全面深化改革委员会会议 …… 26
表 4-1 2021 年中共厦门市委全面深化改革委员会会议一览表 …… 27
市委领导调整 …… 26
全市党史学习教育动员大会 …… 27
全市经济会议 …… 27
表 4-2 2021 年厦门市经济会议一览表 …… 27
中国共产党厦门市第十二届代表大会 …… 27
表 4-3 2021 年中国共产党厦门市第十二届代表大会一览表 …… 28
庆祝中国共产党成立 100 周年座谈会 …… 27
中国共产党厦门市第十三次代表大会 …… 28
中共厦门市委第十三届一次全会 …… 28
中共厦门市委第十三届二次全会 …… 28
厦门经济特区建设 40 周年庆祝大会 …… 28
组织工作 …… 29
概况 …… 29
党员干部政治思想学习 …… 29
干部队伍建设 …… 29
基层组织建设 …… 30
人才集聚地打造 …… 30
厦门经济特区建设 40 周年先进人物评选 …… 30
市区镇集中换届完成 …… 30
复合型干部培养使用课题 …… 31
驻村选调生服务管理 …… 31
金砖创新基地建设特色培训 …… 31
非公党建 …… 31
清华大学厦门博士团开展科技服务 …… 31
《战鼓逐浪》宣传视频首播 …… 31
党员教育电视片获奖 …… 31
厦门人才服务月举行 …… 31
干部参与疫情防控 …… 31
傅冰洁获评“最美公务员” …… 31
厦门获评“中国年度最佳引才城市” …… 31
宣传工作 …… 32
概况 …… 32
意识形态工作 …… 32
理论学习与研究 …… 32
理论宣讲 …… 32
新闻宣传引导 …… 32
核心价值观培育和践行 …… 32
文化事业发展 …… 32
文化产业发展 …… 33
文化体制改革 …… 33
影视产业发展 …… 33
厦门形象推介 …… 33
统一战线 …… 33
概况 …… 33
“学党史 颂嘉庚 跟党走”活动 …… 34
知情参政对接会 …… 34
中国侨商联合会考察团到厦门考察 …… 34
海外华商中国国情研修班举办 …… 34
理想信念教育基地签约 …… 34
民主党派庆祝中国共产党成立 100 周年座谈会 …… 34

“做大做强厦门现代产业体系”主题协商座谈会 …… 34
港澳台侨企业纾困减负 …… 34
精神文明建设 …… 34
概况 …… 34
新时代文明实践中心建设 …… 34
文明典型选树 …… 35
“爱心厦门”建设 …… 35
学雷锋志愿服务活动 …… 35
全国文明典范城市创建 …… 35
文明行为示范月活动 …… 35
网信工作 …… 35
概况 …… 35
网上正面宣传 …… 36
网络文明建设 …… 36
网络综合治理 …… 36
网络安全保障 …… 36
网上重大主题宣传 …… 36
第十届厦门网络文化节 …… 36
净化未成年人网络环境专项行动 …… 36
新冠病毒肺炎疫情防控网络宣传 …… 36
市第三届网络安全宣传周 …… 37
政策研究 …… 37
概况 …… 37
文稿起草 …… 37
课题调研 …… 37
机构编制管理 …… 37
概况 …… 37
事业单位改革 …… 37
行政执法队伍改革 …… 38
机构编制资源统筹管理 …… 38
党校工作 …… 38
概况 …… 38
党校教育 …… 38
科研工作 …… 38
保密工作 …… 39
概况 …… 39
保密教育宣传 …… 39
保密督查排查 …… 39
机关党建 …… 39
概况 …… 39
“大学习”活动 …… 39
党建创新 …… 39
市直机关系统“两优一先”评选表彰 …… 40
老干部工作 …… 40
概况 …… 40
离退休干部政治思想建设 …… 40
离退休干部优势发挥 …… 40
离退休干部服务保障 …… 40
关心下一代工作 …… 40
概况 …… 40
红色基因传承教育 …… 40
青少年普法 …… 40
“爱心厦门”建设参与 …… 41
海峡两岸青少年交流合作 …… 41
档案工作 …… 41
概况 …… 41
特殊档案征集 …… 41
档案服务 …… 41
档案史料编研 …… 41
党史和地方志工作 …… 41
概况 …… 41
“厦门文史沙龙”活动 …… 42
《厦门全面建设小康社会大事记》编纂 …… 42
“厦门党史方志”微信公众号建设 …… 42
《嘉禾之光》编纂 …… 42
“踏寻厦门红色足迹”活动 …… 42
《中共厦门市委执政实录》创刊 …… 42
厦门旧志整理再版 …… 42
《厦门年鉴（2020）》获评全国特等年鉴 …… 42

5. 厦门市人民代表大会

综述 …… 43
常委会及其机关履职 …… 43
市十五届人大主要工作回顾 …… 43
基层人大工作 …… 44
主要会议 …… 44
市十五届人民代表大会第六次会议 …… 44
市十五届人民代表大会第七次会议 …… 44
市十五届人大常委会会议 …… 44
表 5-1　2021 年厦门市十五届人大常委会会议一览表 …… 44
表 5-2　2021 年厦门市人大常委会颁布部分地方性法规一览表 …… 46
人大立法 …… 46
概况 …… 46
立法质量提升 …… 46
地方法规调整 …… 46
人大监督 …… 46
概况 …… 46
推动经济高质量发展监督 …… 47

城乡和生态文明建设监督 …… 47
民生改善监督 …… 47
司法监督 …… 47
重大事项决定和人事任免 …… 47
重大事项决定 …… 47
表 5-3 2021 年厦门市人大常委会通过的决定及决议一览表 …… 47
开展“八五”法治宣传教育的决定 …… 48
人事任免 …… 48
表 5-4 2021 年厦门市人大常委会任免的国家机关工作人员一览表 …… 48
代表工作 …… 49
概况 …… 49
代表履职服务保障 …… 49
代表联系群众工作平台建设 …… 49
议案建议办理 …… 49

6. 厦门市人民政府

综述 …… 50
经济发展 …… 50
现代产业体系构建 …… 50
招商引资 …… 50
社会民生保障 …… 50
行政效能提升 …… 50
主要会议 …… 51
概况 …… 51
市政府常务会议 …… 51
表 6-1 2021 年厦门市政府常务会议情况一览表 …… 51
市政府全体会议 …… 56
政务公开 …… 56
概况 …… 56
政府信息主动公开 …… 56
表 6-2 2021 年厦门市主动公开政府信息情况表 …… 56
表 6-3 2021 年厦门市收到和办理政府信息公开申请情况表 …… 56
表 6-4 2021 年厦门市政府信息公开行政复议和诉讼情况表 …… 57
政府信息依申请公开 …… 56
政府信息管理机制健全 …… 57
市政府门户网站管理 …… 58
电子政务 …… 58
概况 …… 58
信创工程 …… 58
电子政务云平台 …… 58
政务数据资源共享利用 …… 58
政务办公应用平台建设 …… 58
电子证照共享库管理平台改造 …… 58
政务网络信息安全保障 …… 59
行政审批管理 …… 59
概况 …… 59
审批服务便民化改革 …… 59
工程建设项目审批服务 …… 59
网上政务服务能力提升 …… 59
公共资源交易平台 …… 60
机关事务管理 …… 60
概况 …… 60
重大活动保障 …… 60
办公用房管理 …… 60
公务用车管理 …… 60
“1+X”专项督查 …… 60
公共机构节能 …… 60
机关住房调配管理 …… 60
机关财务保障 …… 61
机关安全保卫 …… 61
信访工作 …… 61
概况 …… 61
信访专项工作 …… 61
涉疫情信访 …… 61
信访积案化解 …… 61
信访便民惠企制度完善 …… 61

7. 政协厦门市委员会

综述 …… 62
政协履职 …… 62
社情民意反映 …… 62
政协履职宣传 …… 62
“爱心厦门·政协行”系列慰问活动 …… 62
政协参与疫情防控 …… 62
主要会议 …… 63
市政协十三届五次会议 …… 63
十三届市政协常委会会议 …… 63
表 7-1 2021 年厦门市政协常委会会议一览表 …… 63
大会信访工作 …… 64
协商议政 …… 64
概况 …… 64
季度协商座谈会 …… 64
“高标准建设金砖创新基地”协商议政 …… 64
发展数字经济协商议政 …… 64

"一革命四行动"协商议政……64
"打造一流营商环境"协商议政……64
澳厦文旅产业对接协商议政……64
助力两岸融合发展协商议政……65
发展智慧农业协商议政……65
青少年视力保护对口协商……65
民主监督……65
概况……65
加快企业上市重点提案督办……65
翔安新城 CBD 重点提案督办……65
打造中国茶叶品牌之都重点提案督办……65
提案工作……65
概况……65
优秀提案表彰……65
表 7-2　2021 年度厦门市政协优秀提案一览表……65
优秀提案办理单位表彰……66
课题调研……66
概况……66
宜居名城课题调研……67
"再学习、再调研、再落实"课题调研……67
常态化新冠病毒肺炎疫情防控课题调研……67
港厦科技创新合作课题调研……67
"文化强市"建设课题调研……67
"双自联动"创新课题调研……67
节能减排课题调研……67
职业教育课题调研……67
现代海洋产业课题调研……67
发挥政协优势和作用课题调研……67
委员视察……67
概况……67
"加强历史文化保护和文化强市建设"视察……67
岛外新城建设视察……68
数字经济发展视察……68
联谊及其他活动……68
对台联谊……68
对港澳联谊……68
华裔留学生座谈会……68
庆祝中国共产党成立 100 周年主题书画笔会……68

8. 纪检监察

综述……69
政治建设……69
纪检监察派驻机构改革……69
特殊证明规则试点……69
"四风"纠治……69
腐败和不正之风整治……69
形式主义和官僚主义整治……69
享乐主义和奢靡之风整治……70
巡视巡察……70
概况……70
十二届市委巡察全覆盖任务完成……70
省委巡视巡察专项检查配合……70
巡视巡察反馈问题整改落实……70
监督执纪……70
概况……70
政治监督具体化常态化开展……71
换届监督保障……71
日常监督……71
营商环境监督联系点制度……71
反腐倡廉……71
概况……71
"不敢腐、不能腐、不想腐"一体推进……71
首届廉政漫画展……71

9. 民主党派与工商联

中国国民党革命委员会厦门市委员会……72
概况……72
建言献策……72
课题调研……72
信息工作……72
民革台青之家……72
翔安数字经济产业园……72
民革厦门市第十四次代表大会……72
中国民主同盟厦门市委员会……73
概况……73
信息宣传……73
政治协商……73
课题调研……74
社会服务……74
中国民主建国会厦门市委员会……74
概况……74
课题调研……74
政治协商……74
民建中央领导到厦门调研……74
厦门民建艺术团成立文艺汇演……74
中国民主促进会厦门市委员会……74
概况……74
思想建设……75

组织建设……75
参政议政……75
社会服务……75
少儿书画作品征集……75
中国农工民主党厦门市委员会……75
概况……75
思想建设……76
组织建设……76
参政议政……76
社会服务……76
中国致公党厦门市委员会……76
概况……76
参政议政……76
台港澳交流……77
海外联谊……77
社会服务……77
第四届科技创新促进民营经济发展论坛……77
九三学社厦门市委员会……77
概况……77
思想建设……77
组织建设……77
参政议政……77
台湾民主自治同盟厦门市委员会……78
概况……78
参政议政……78
组织建设……78
社会服务……78
对台联络……78
两岸青年共庆元宵节……78
台盟中央重点课题研讨会召开……78
厦门市工商业联合会（总商会）……79
概况……79
惠企政策出台……79
招商引资……79
社会服务……79
全国政协副主席调研民企……79
民企百强榜单发布……79
市工商联（总商会）第十四次代表大会召开……79

10. 群众团体

厦门市总工会……80
概况……80
职工服务保障……80
闽西南合办职工春晚……80
“三八”国际妇女节纪念会……81
“五一”国际劳动节庆祝活动……81
第二十七届职工技术比赛……81
班组建设现场经验交流会……81
“园区枫桥”机制建设试点……81
第六届福建省职工文化节……81
劳模宣讲团进建设工地……82
首家“职工家庭学校”成立……82
新业态职工新冠病毒疫苗集中接种专场……82
新就业形态劳动者温暖行动服务月启动……82
海峡职工论坛……82
第十五届“新厦门人”集体婚典……82
市政府与市总工会第二十三次联席会议……83
中国共产主义青年团厦门市委员会……83
概况……83
共青团及团组织建设……83
纪念“五四”运动102周年系列活动……83
青年人才工作……84
青年志愿者工作……84
青少年权益维护……84
“爱心厦门”建设……84
首届青少年事务社工项目比赛……84
少先队“红领巾心向党　争做新时代好队员”主题队日活动……84
第十九届海峡青年论坛……84
厦门市妇女联合会……85
概况……85
家庭家教家风工作……85
妇女儿童权益维护……85
低保家庭妇女安康保险设立……85
全国妇联领导到厦门调研……86
支持女性科技人才创新举措出台……86
厦门市妇女第十七次代表大会召开……86
厦门市文学艺术界联合会……86
概况……86
文艺活动……86
文艺创作……87
文艺惠民……87
庆祝中国共产党成立100周年主题音乐会……87
中秋美术书法作品展……87
第九届海峡两岸文学笔会……87
厦门市科学技术协会……88
概况……88
科普活动……88
“爱心厦门·志愿助农”行动……88
青少年科技活动……88

“全国科技工作者日”活动 …… 89
海峡科技专家论坛主会场活动 …… 89
厦门市社会科学界联合会 …… 89
概况 …… 89
社科学会管理 …… 89
社科理论研究 …… 89
社科普及宣传 …… 90
社科学术年会 …… 90
第十七届社科普及宣传周 …… 90
厦门市归国华侨联合会 …… 90
概况 …… 90
金砖国家华侨华人创新合作对接会 …… 91
特色文化网上夏令营 …… 91
“侨与特区共奋进”图片展 …… 91
第七届侨智侨企创新创业论坛 …… 91
厦门市台湾同胞联谊会 …… 91
概况 …… 91
台胞帮扶救助 …… 92
海峡两岸厦门青年企业家篮球邀请赛 …… 92
第九届“同名村·心连心”联谊活动 …… 92
海峡两岸青少年新媒体“唱”论坛 …… 92
厦门市金门同胞联谊会 …… 92
概况 …… 92
厦金闽南民俗文化读书会 …… 93
第六届纪念林希元两岸文化节 …… 93
厦金青少年书画展 …… 93
第十七届青少年夏令营 …… 93
第八届海峡两岸老少书画摄影交流活动 …… 93
中国国际贸易促进委员会厦门市委员会 …… 94
概况 …… 94
招商引资 …… 94
中国（厦门）跨境电商产业展览会 …… 94
第二十届世界商业领袖圆桌会议 …… 94
厦门市红十字会 …… 95
概况 …… 95
应急救护培训 …… 95
人道救助 …… 95
“三献”工作 …… 95
红十字基础建设 …… 95
厦门市残疾人联合会 …… 95
概况 …… 95
爱心助残 …… 96
残疾人康复服务 …… 96
残疾人就业 …… 96
残疾人教育 …… 96
残疾人宣传 …… 97
残疾人文化体育 …… 97
残疾人维权 …… 97
两岸残障人士交流嘉年华活动 …… 97
厦门市中华职业教育社 …… 97
概况 …… 97
职教社骨干培训班 …… 97
征文活动颁奖仪式 …… 98
海峡两岸职业教育论坛 …… 98
厦门市集美学校委员会 …… 98
概况 …… 98
“延安精神　永放光芒”展览 …… 98
大学生嘉庚主题文化创意比赛 …… 98
“陈嘉庚与中国共产党”主题展览 …… 98

11. 法　　治

地方立法 …… 99
概况 …… 99
加强九龙江流域水生态环境协同保护的决定施行 …… 99
《厦门经济特区城市综合管理条例》施行 …… 99
深入开展爱国卫生运动的决定施行 …… 99
《厦门市环境保护条例》施行 …… 99
《厦门经济特区老年人权益保障规定》施行 …… 99
《厦门经济特区公共法律服务条例》施行 …… 99
《厦门经济特区优化营商环境条例》通过 …… 100
《厦门经济特区促进科技创新若干规定》通过 …… 100
政法委及综治 …… 100
概况 …… 100
“主动创稳”落实 …… 100
政法系统参与疫情防控 …… 100
海丝中央法务区建设 …… 100
政法服务保障社会发展 …… 101
平安厦门建设 …… 101
法治中国典范城市建设 …… 101
法治政府建设 …… 101
概况 …… 101
依法治市 …… 101
政府立法计划落实 …… 101
行政执法监督 …… 102
普法宣传 …… 102
行政复议与应诉 …… 102
规范性文件管理 …… 103
表 11-1　2021 年厦门市人民政府规范性文件目录一览表 …… 103

公安…… 104
概况 …… 104
反诈防骗 …… 105
刑事案件侦破 …… 105
禁毒工作 …… 105
经济犯罪案件侦破 …… 106
道路交通安全综合整治专项行动收官 …… 106
厦门“e政务”服务提升 …… 106
“110”公益寻人新模式打造…… 106
首个中国人民警察节系列庆祝活动 …… 106
老年人办理出入境证件便利措施推出 …… 107
律师会见网上预约系统开通 …… 107
台商协会台胞台企服务站启用 …… 107
特大跨境危害濒危水生野生动物大白鲨案件侦破 …… 107
机场旅客遗失物品快速查找机制 …… 107
市第三看守所启用 …… 108
检察…… 108
概况 …… 108
检察工作监督 …… 108
全面从严治检 …… 108
检察服务疫情防控 …… 109
刑事检察监督 …… 109
民事检察监督 …… 109
行政检察监督 …… 109
公益诉讼检察监督 …… 109
检察维护国家安全 …… 109
检察机关反腐 …… 110
两岸融合法治保障 …… 110
未成年人司法保护 …… 110
司法救助案办结 …… 110
法院…… 110
·厦门市两级人民法院· …… 110
概况 …… 110
刑事审判 …… 110
民商事审判 …… 110
行政审判 …… 111
案件执行 …… 111
知识产权司法保护 …… 111
司法审判责任制改革 …… 111
司法参与市域社会治理 …… 111
涉港跨境破产司法协助探索 …… 111
福建法院涉台司法交流研究（厦门）中心成立 …… 111
两级人民法院少年法庭同步成立 …… 111
厦门破产公共事务中心成立 …… 112
厦门市地方金融纠纷调解中心成立 …… 112
安徽省高级人民法院原院长受贿案宣判 …… 112
·厦门海事法院· …… 113
概况 …… 113
海事海商案件审判 …… 113
涉台海事审判 …… 113
海事行政与海洋生态案件审理 …… 113
海事案件执行 …… 114
海事审判精品建设 …… 114
多元解纷机制 …… 114
司法行政…… 114
概况 …… 114
人民调解 …… 114
社区矫正 …… 115
公共法律服务 …… 115
公证行业 …… 115
司法鉴定 …… 115
律师服务 …… 116
行政审批 …… 116
法律援助 …… 116
医患纠纷调处 …… 116
法律职业资格考试 …… 116
司法强制隔离戒毒 …… 117
仲裁…… 117
概况 …… 117
仲裁服务多元化机制建设 …… 117
仲裁专业化建设 …… 117
仲裁信息化建设 …… 117
“厦仲防疫包”推出 …… 117

12. 军　　事

警备工作…… 118
概况 …… 118
队伍基础建设 …… 118
党的建设和作风建设 …… 118
综合服务保障创新 …… 118
拥政爱民 …… 118
征兵工作…… 119
概况 …… 119
兵役登记 …… 119
征兵宣传 …… 119
役前训练 …… 119
“五率”监控 …… 119
民兵预备役工作…… 119
概况 …… 119
群众性练兵比武竞赛 …… 119

民兵分队轮训备勤 …… 119
应急分队强化训练 …… 119
学生军训组织 …… 119
国防教育 …… 119
概况 …… 119
全民国防教育日活动 …… 120
第五届全国大学生主题演讲比赛获奖 …… 120
海警工作 …… 120
概况 …… 120
重大维权执法 …… 120
执法协作 …… 120
海洋倾废公益诉讼案查办 …… 120
疫情海上输入严防 …… 120
人民防空 …… 120
概况 …… 120
人防指挥体系建设 …… 120
“5・10”人防综合演练 …… 120
人防审批制度改革 …… 120
人防工程建设监督管理 …… 121
人防宣传教育 …… 121
人防设施平战管理 …… 121
退役军人事务 …… 121
概况 …… 121
法规制度体系建设 …… 121
服务保障体系建设 …… 121
先进典型表彰宣传 …… 122
退役军人移交安置 …… 122
军休服务管理 …… 122
退役军人就业创业 …… 122
退役士兵社保接续 …… 122
抚恤优待 …… 122
纪念英烈活动 …… 123
烈士纪念设施管理保护 …… 123
拥军共建 …… 123

13. 外事・侨务・港澳事务

外事 …… 124
概况 …… 124
表 13-1　2021 年厦门接待部级、大使级外宾团组情况一览表 …… 124
服务金砖基地建设工作 …… 124
涉外疫情防控工作 …… 125
对外经贸合作服务 …… 125
对外宣传推介工作 …… 125
驻厦领团市情通报会 …… 125
特立尼达和多巴哥凤凰工业园推介会 …… 125
厦门—以色列科技合作论坛 …… 125
新加坡企业发展局代表团访问厦门 …… 126
金砖国家智库国际研讨会 …… 126
22 国驻华使节团访问厦门 …… 126
太平洋岛国驻华使节代表团访问厦门 …… 126
俄罗斯—中国投资合作论坛 …… 126
金砖国家城市友好交流图片展 …… 127
市外办出入境管理系统通过验收 …… 127
中新交流视频会 …… 127
国际青少年友好交流音乐会 …… 127
侨务 …… 127
概况 …… 127
“三侨生”身份证明审核 …… 127
海外华商“一带一路”研修班 …… 127
归侨侨眷快闪在《新闻联播》播出 …… 128
海外侨胞庆祝厦门经济特区建设 40 周年座谈会 …… 128
港澳事务 …… 128
概况 …… 128
首条台港澳同胞办税绿色通道开通 …… 128
港澳适龄儿童入学办法 …… 128
“e 政务”上刷脸办事 …… 128

14. 对台事务

综述 …… 129
概况 …… 129
厦台经贸交流 …… 129
厦金合作推进 …… 129
惠台利民政策出台 …… 129
厦台社会文化交流 …… 130
台胞台企金融服务协调工作机制建立 …… 130
台胞台企登陆第一家园措施出台 …… 130
第十三届海峡论坛 …… 130
惠台政策 …… 130
概况 …… 130
台胞乘火车可刷台胞证 …… 130
台湾青年创业就业扶持 …… 130
惠台政策宣传 …… 131
台胞台企服务站设立 …… 131
厦台经贸合作 …… 131
概况 …… 131
闽西南涉台交流基地发展联盟会议 …… 131
首个两岸融合发展中心成立 …… 131

海峡两岸航海技术与海洋工程研讨会 …… 131
第十五届两岸经贸合作与发展论坛 …… 131
海峡金融论坛在厦门举行 …… 131
厦台旅游 …… 132
概况 …… 132
第十四届海峡两岸保生慈济文化旅游节 …… 132
海峡两岸及港澳地区名导论剑 …… 132
厦台教育交流 …… 132
概况 …… 132
海峡两岸大学生海洋文化与科技研习活动 …… 132
首个海峡两岸设计研学中心成立 …… 133
厦门银行台籍实习生计划启动 …… 133
海峡两岸中学生闽南文化夏令营 …… 133
第七届两岸学子论坛 …… 133
第十四届海峡两岸百名中小学（中职）校长论坛 …… 133
厦台医学交流 …… 133
概况 …… 133
海峡两岸消化系肿瘤早诊早治高峰论坛 …… 133
海峡两岸第八届母胎医学研讨会 …… 133
第七届海峡两岸脑血管病暨神经病学研讨会 …… 134
厦台司法交流 …… 134
概况 …… 134
全省首例跨境诉讼当事人网上立案 …… 134
台青创新创业法律讲堂走进台商协会 …… 134
福建法院涉台司法交流研究（厦门）中心成立 …… 134
海峡两岸检察制度研讨会 …… 134
首次跨“海峡”在线庭审 …… 134
两岸基层调解员联谊交流会 …… 135
厦台文化交流 …… 135
概况 …… 135
海峡两岸春节焰火晚会 …… 135
《台湾通史》出版百年纪念诗书画印展 …… 135
第八届海峡两岸大学生创意文化节 …… 135
第十二届海峡两岸少儿美术大展 …… 135
海峡两岸汉字文化创意大赛 …… 136
第三届创意涂鸦大奖赛颁奖典礼 …… 136
两岸新媒体发展论坛 …… 136
第十二届海峡两岸国学论坛 …… 136

15. 经济管理

宏观经济调控 …… 137
概况 …… 137
经济运行在合理区间 …… 137
重点项目建设 …… 137
产业创新升级 …… 137
惠企服务 …… 138
乡村振兴推进 …… 138
重点领域改革 …… 138
国际一流营商环境提升 …… 138
社会治理 …… 138
土地管理 …… 138
概况 …… 138
土地房屋征收 …… 138
土地供应 …… 138
存量土地盘活 …… 138
闲置土地处置 …… 139
森林资源管理 …… 139
概况 …… 139
“林长制”网格化管理 …… 139
用林要素保障 …… 139
森林督查工作 …… 139
地理测绘管理 …… 139
概况 …… 139
海岸线修测工作 …… 139
疫情地图 …… 139
测绘数据拓展 …… 139
CIM 基础平台建设 …… 139
海洋资源管理 …… 140
概况 …… 140
国家海洋经济示范区建设 …… 140
全国首个海洋高新产业园区建设 …… 140
海洋科技创新能力建设 …… 140
“智慧海洋”建设 …… 140
用海要素保障 …… 140
围填海问题处理 …… 140
用海项目监管工作 …… 141
海洋国际合作 …… 141
厦门国际海洋周 …… 141
东亚海岸带可持续发展地方政府网络年会 …… 141
国有资产监督管理 …… 141
概况 …… 141
国资国企运营 …… 142
国资国企招商引资 …… 142
国有资产证券化 …… 142
国资国企监管制度机制完善 …… 142
城镇集体企业监管 …… 142
国资国企参与东西部协作 …… 142
国企改革三年行动实施方案印发 …… 142
国企《财富》世界 500 强排名上升 …… 143

中小企业管理 …… 143
专精特新企业培育 …… 143
表 15-1　2021 年厦门市认定的专精特新中型企业一览表 …… 143
表 15-2　2021 年厦门市认定的专精特新小微企业一览表 …… 143
“免申即享”政策实施 …… 144
中小企业诉求解决 …… 145
中小企业管理提升培训 …… 145
中小企业融资 …… 145
中小企业市场开拓 …… 145
中小企业发展环境评估 …… 145
中小企业服务月活动 …… 145
中小企业获全国创新创业大赛奖项 …… 145
审计 …… 145
概况 …… 145
预算执行审计 …… 145
政策审计 …… 145
经济责任审计 …… 146
国有企业审计 …… 146
自然资源审计 …… 146
审计整改推动 …… 146
统计 …… 146
统计改革 …… 146
统计调查监测 …… 146
统计服务 …… 146
价格管理 …… 146
概况 …… 146
蔬菜猪肉政府差价销售补贴 …… 147
日常价格监测 …… 147
清费降本 …… 147
价格收费清单动态调整 …… 147
公用公益服务价格收费行为规范 …… 147
水价格改革 …… 147
成本监审 …… 147
价格认证认定 …… 147
价格争议调解 …… 147
价格监管 …… 148
工商行政管理 …… 148
概况 …… 148
防护物资保障 …… 148
市场主体准入准营改革 …… 148
简易注销改革 …… 148
市场政务服务效能提升 …… 148
信用监管 …… 149
公平竞争审查 …… 149
反垄断反不正当竞争执法 …… 149
传销查处 …… 149
广告监管 …… 149
网络市场监管 …… 149
消费维权 …… 149
市场稽查执法 …… 149
应对疫情影响助力市场主体措施出台 …… 150
食品药品监督管理 …… 150
食品安全监管 …… 150
食品药品抽检 …… 150
药品化妆品安全监管 …… 150
医疗器械安全监管 …… 150
进口冷链食品监管 …… 150
食品安全示范城市创建 …… 150
供厦食品安全标准体系建设 …… 151
第八届海峡两岸医药品论坛 …… 151
质量技术监督管理 …… 151
特种设备安全监管 …… 151
产品质量安全监管 …… 151
计量服务 …… 151
认证及检验检测 …… 151
质量强市战略 …… 152
标准化建设 …… 152
知识产权保护 …… 152
概况 …… 152
知识产权战略 …… 152
知识产权分级分类监管试点 …… 152
知识产权运用促进 …… 152

16. 财政·税务

财政 …… 153
概况 …… 153
疫情防控保障 …… 153
减税降负 …… 153
财政服务招商 …… 153
产业升级财政支持 …… 153
岛内外发展财政投入 …… 153
教育投入 …… 154
社会保障投入 …… 154
医疗事业投入 …… 154
惠民实事财政投入 …… 154
零基预算改革 …… 154
财政投融资改革 …… 155
政府资产规范管理 …… 155

税务…………………………………………………… 155
概况 ………………………………………………… 155
税收收入特点 ……………………………………… 155
图 16-1 厦门市税务局税收收入情况（含海关代征）（2017—2021 年）……………… 156
图 16-2 厦门市税务局税收收入分税种结构（2021 年）……………………………… 156
社会保险费和非税收入 …………………………… 156
税收法治 …………………………………………… 156
税费政策落实 ……………………………………… 156
税收经济分析 ……………………………………… 156
税种管理 …………………………………………… 156
国际税收 …………………………………………… 156
办税缴费服务 ……………………………………… 156
征收管理规范 ……………………………………… 157
税务稽查 …………………………………………… 157
税费优惠 …………………………………………… 157
电子税务 …………………………………………… 157
大数据和风险管理 ………………………………… 157

17. 口岸管理

口岸营运………………………………………………… 158
概况 ………………………………………………… 158
口岸疫情防控 ……………………………………… 158
口岸营商环境 ……………………………………… 158
“单一窗口”建设 ………………………………… 158
口岸基础设施建设 ………………………………… 158
海关监管………………………………………………… 159
概况 ………………………………………………… 159
口岸检疫 …………………………………………… 159
海关监管创新 ……………………………………… 159
海丝建设服务 ……………………………………… 159
通关业务改革 ……………………………………… 159
外贸企业帮扶 ……………………………………… 159
口岸监管优化 ……………………………………… 160
特色产业发展支持 ………………………………… 160
走禁品查处 ………………………………………… 160
口岸通关秩序维护 ………………………………… 160
口岸动植物监管 …………………………………… 160
进口食品质量安全监管 …………………………… 160
海事监管………………………………………………… 160
概况 ………………………………………………… 160
海上疫情防控 ……………………………………… 160
海事安全监管 ……………………………………… 161
港口营商环境优化 ………………………………… 161
涉海工程建设保障 ………………………………… 161
边防检查………………………………………………… 161
概况 ………………………………………………… 161
边检疫情防控 ……………………………………… 161
边检部门服务两岸融合发展 ……………………… 161
边检部门助力口岸发展 …………………………… 161

18. 开放型经济

对外及对港澳台贸易…………………………………… 162
概况 ………………………………………………… 162
进出口市场结构 …………………………………… 162
表 18-1 2021 年厦门市进出口总额 1 亿元以上国家和地区一览表 ……………… 162
表 18-2 2021 年厦门市进口额 1 亿元以上国家和地区一览表 ……………………… 164
表 18-3 2021 年厦门市出口额 1 亿元以上国家和地区一览表 ……………………… 165
贸易方式 …………………………………………… 167
表 18-4 2020—2021 年厦门市进口贸易方式情况表 ……………………………… 167
表 18-5 2020—2021 年厦门市出口贸易方式情况表 ……………………………… 167
企业进出口 ………………………………………… 167
表 18-6 2020—2021 年厦门市企业进口贸易情况表 ……………………………… 167
表 18-7 2020—2021 年厦门市企业出口贸易情况表 ……………………………… 167
进口产品构成 ……………………………………… 167
表 18-8 2020—2021 年厦门市进口额前 50 位商品一览表 ………………………… 168
出口产品构成 ……………………………………… 168
表 18-9 2020—2021 年厦门市出口额前 50 位商品一览表 ………………………… 169
服务贸易 …………………………………………… 171
促进外贸发展惠企措施出台 ……………………… 171
外贸营商环境优化 ………………………………… 171
外贸转型升级推动 ………………………………… 171
外贸品牌培育 ……………………………………… 171
服务贸易创新发展试点 …………………………… 171
特色服务出口基地建设 …………………………… 171
中欧班列（厦门）开行第 1000 列 ………………… 172
月度进出口值首次突破 800 亿元………………… 172
厦门入选中国外贸百强城市 ……………………… 172

“一带一路”倡议支点城市建设 …… 172
概况 …… 172
陆海双向互济 …… 172
双向投资贸易 …… 172
海洋开发合作 …… 173
教育科技合作 …… 173
外资及港澳台资利用 …… 173
概况 …… 173
外资及港澳台资投资促进 …… 173
招商推介 …… 173
台资利用 …… 173
金砖创新基地建设 …… 173
概况 …… 173
制度创新研究 …… 174
公共信息服务平台建设 …… 174
金砖人才服务 …… 174
应用场景建设 …… 174
重点项目推进 …… 174
金砖产业基金 …… 174
金砖专题系列活动 …… 174
开发区建设 …… 175
·中国（福建）自由贸易试验区厦门片区· …… 175
概况 …… 175
改革创新 …… 175
营商环境提升 …… 175
招商引资 …… 175
国际贸易“单一窗口” …… 175
航空维修平台建设 …… 175
跨境电商平台建设 …… 176
文化贸易平台建设 …… 176
供应链创新与应用 …… 176
集成电路产业 …… 176
融资租赁产业 …… 176
数字自贸区建设 …… 176
自贸区参与海丝中央法务区建设 …… 177
自贸港口转型升级 …… 177
金融创新 …… 177
自贸区对外交流合作 …… 177
自贸区海峡两岸融合推进 …… 178
·厦门海沧台商投资区· …… 178
概况 …… 178
海峡两岸融合推动 …… 178
招商引资 …… 178
工业发展 …… 178
创新创业 …… 179
“一带一路”商事涉台调解室 …… 179
6家企业获集成电路产业技术创新奖 …… 179
移动PCR方舱实验室投入使用 …… 180
·厦门火炬高技术产业开发区· …… 180
概况 …… 180
招商引资 …… 180
项目建设 …… 180
产业发展 …… 180
“三高”企业培育 …… 180
科技创新 …… 180
人才培养引进 …… 181
营商环境优化 …… 181
厦门火炬大学堂创办 …… 181
境外经济技术合作 …… 181
概况 …… 181
“走出去”服务 …… 181
对外投资合作政策调整 …… 181
海丝基金管理 …… 181
投资欧洲推介会 …… 181

19. 金 融 业

综述 …… 182
概况 …… 182
央行政策资金投放 …… 183
普惠小微企业贷款 …… 183
央行资金专属信贷产品落地 …… 183
绿色和科技企业票据贴现业务 …… 183
银行保险业管理 …… 183
金融业监管 …… 183
概况 …… 183
监管行为规范 …… 183
市地方金融纠纷调解中心 …… 183
银行业 …… 184
概况 …… 184
各项金融政策服务经济发展 …… 184
金融风险防控 …… 184
银行卡产业 …… 184
银联“云闪付”业务 …… 184
银联降费惠民 …… 184
工商银行厦门分行 …… 184
农业银行厦门分行 …… 185
中国银行厦门分行 …… 186
建设银行厦门分行 …… 186
交通银行厦门分行 …… 187
邮政储蓄银行厦门分行 …… 188

农业发展银行厦门分行 …… 188
国家开发银行厦门分行 …… 188
进出口银行厦门分行 …… 189
兴业银行厦门分行 …… 189
光大银行厦门分行 …… 189
中信银行厦门分行 …… 189
招商银行厦门分行 …… 189
民生银行厦门分行 …… 190
华夏银行厦门分行 …… 190
浦发银行厦门分行 …… 190
平安银行厦门分行 …… 190
渤海银行厦门自贸区分行 …… 190
海峡银行厦门分行 …… 191
泉州银行厦门分行 …… 191
厦门银行 …… 191
厦门国际银行 …… 191
厦门农村商业银行 …… 192
厦门同安农银村镇银行 …… 192
厦门翔安民生村镇银行 …… 192
渣打银行厦门分行 …… 192
集友银行厦门分行 …… 192
首都银行厦门分行 …… 193
外汇管理 …… 193
证券·期货业 …… 193
概况 …… 193
表 19-1 2021 年厦门上市公司筹资情况表 …… 193
表 19-2 2021 年厦门非上市公司公司债券筹资情况表 …… 194
证券期货市场治理 …… 194
企业参与资本市场 …… 194
市场主体监管规范 …… 195
证券期货机构市场建设 …… 195
投资者教育 …… 195
区域性股权市场 …… 195
保险业 …… 195
概况 …… 195
车险市场规范 …… 195
实体经济安全保障 …… 196
健康风险保障 …… 196
养老服务保障 …… 196
保险消费者权益维护 …… 196
出口信用保险 …… 196
其他非银行金融机构 …… 196
概况 …… 196
小额贷款公司 …… 196
融资担保公司 …… 196
典当行 …… 196
融资租赁公司 …… 196
商业保理公司 …… 197
地方资产管理公司 …… 197
厦门海翼集团财务有限公司 …… 197
厦门翔业集团财务公司 …… 197
厦门金美信消费金融 …… 197

20. 农业农村

综述 …… 198
概况 …… 198
耕地保护 …… 198
都市现代农业发展 …… 198
农业绿色发展 …… 198
种植业 …… 198
概况 …… 198
粮食生产 …… 198
农业设施项目建设 …… 199
惠农政策落实 …… 199
政策性农业保险 …… 199
园艺业 …… 199
种苗业 …… 199
花卉林业产业招商 …… 199
“国家三角梅种质资源库”揭牌 …… 199
班纳利中国育种中心落户 …… 199
林业 …… 199
概况 …… 199
林长制工作 …… 199
森林火灾风险普查 …… 200
畜牧业 …… 200
概况 …… 200
生猪稳产保供 …… 200
重大动物疫病防控 …… 200
非洲猪瘟防控 …… 200
渔业 …… 200
概况 …… 200
远洋渔业发展 …… 200
水产苗种业发展情况 …… 200
水产品质量安全监管 …… 201
渔业科技培训与推广 …… 201
海域非法捕捞整治 …… 201
小型渔船多证并联审批改革 …… 201
国家级沿海渔港经济区获批 …… 201

乡村振兴…… 201
·农村改革·…… 201
全面推进乡村振兴 …… 201
农业农村制度改革 …… 201
农村居民收入提高 …… 201
·乡村产业发展·…… 201
概况 …… 201
农业产业集聚发展 …… 201
乡村旅游建设 …… 202
·村镇建设·…… 202
概况 …… 202
农村建房安全管理 …… 202
农村建设品质提升 …… 202
乡村通信缆线整治 …… 202
·乡村治理·…… 202
乡村治理体系建设 …… 202
农村人居环境提升 …… 202
畜禽养殖废弃物资源化利用 …… 202
农产品质量安全…… 202
概况 …… 202
一品一码追溯体系建设 …… 202
食用农产品安全执法 …… 203
水利建设…… 203
概况 …… 203
水利基础设施建设 …… 203
水土流失防治 …… 203
防汛抗旱 …… 203
水利工程运行监管 …… 203

21. 工　业

综述…… 204
概况 …… 204
表 21-1 2020—2021 年厦门市主要产业链产值一览表 …… 204
表 21-2 2021 年厦门市主要工业产品产量情况表 …… 204
表 21-3 2021 年厦门市主要工业产业情况表…… 205
重点工业企业 …… 205
表 21-4 2021 年厦门市重点工业企业一览表…… 205
工业布局规划 …… 205
营商环境优化 …… 207
技改扶持 …… 207
企业扶持 …… 207
工业用地项目产业准入审查 …… 208
制造业单项冠军培育 …… 208
地产工业品目录发布 …… 208
现代制造业和信息产业招商引资 …… 208
表 21-5 2021 年厦门市现代制造业和信息产业招商项目情况表 …… 208
表 21-6 2021 年厦门市现代制造业和信息产业链招商项目情况表 …… 208
“三高”工业企业发展 …… 208
工业安全生产保障 …… 208
重大技术装备专项工程 …… 209
表 21-7 2021 年福建省首台（套）重大技术装备产品一览表 …… 209
电子信息制造业…… 210
概况 …… 210
招商引资 …… 211
集成电路平台建设 …… 211
产业链调研 …… 211
产业活动 …… 211
生物医药制造业…… 211
概况 …… 211
生物医药产业扶持政策兑现 …… 212
科技计划项目实施 …… 212
疫情防控科技支撑 …… 212
首个国产宫颈癌疫苗获世卫组织认证 …… 212
新材料产业…… 212
概况 …… 212
厦钨新能源上市 …… 212
首届新材料科技创新发展大会 …… 212

22. 商贸服务业

社会消费…… 213
概况 …… 213
传统消费提升 …… 213
新型消费培育 …… 213
消费市场主体完善 …… 213
消费商圈优化 …… 213
物流业…… 213
概况 …… 213
绿色货运配送示范城市 …… 214
物流行业委员会成立 …… 214
电子商务…… 214
概况 …… 214
直播电商 …… 214
电子商务示范体系建设 …… 214

电商企业招商 …… 214
电商帮扶 …… 214
粮油储备与供应…… 214
概况 …… 214
粮油保供稳价 …… 214
储备粮油管理 …… 215
粮油市场监管 …… 215
粮食安全宣传 …… 215
粮食产销协作 …… 215
副食品供应…… 215
概况 …… 215
生活物资供应保障 …… 215
“菜篮子”市长负责制度考核 …… 215
农产品产销帮扶 …… 215
供销合作…… 216
概况 …… 216
农资供应保障 …… 216
惠农惠民活动 …… 216
“邮供快递”进村试点工作 …… 216
农民专业合作社融合发展 …… 216
农村假冒伪劣食品问题治理 …… 216
烟草专卖经营…… 216
概况 …… 216
烟草市场营销 …… 216
烟草专卖市场监管 …… 216

23. 会 展 业

综述…… 217
概况 …… 217
展览业 …… 217
会议业 …… 217
会展业数字化建设 …… 217
会展疫情防控 …… 217
会展基础设施建设…… 218
概况 …… 218
展览场馆 …… 218
表 23-1 2021 年厦门市能承办 1000 平方米以上的展览场馆一览表 …… 218
饭店会议设施 …… 218
饭店会议承揽 …… 218
会展市场开拓…… 219
概况 …… 219
会展业促消费 …… 219
会展业公共信息服务平台 …… 219
厦门会展业（北京）推介会 …… 219
展览选介…… 219
第七十九届中国教育装备展示会 …… 219
厦门双赢家居行业展 …… 219
中国厦门国际佛事用品（春季）展览会 …… 219
中国厦门国际茶产业（春季）博览会 …… 219
第二十一届中国厦门国际石材展览会 …… 220
海峡西岸汽车博览会 …… 220
第二十一届中国国际投资贸易洽谈会 …… 220
第二十八届中国国际广告节 …… 221
会议选介…… 221
中国医院竞争力大会 …… 221
第二十五届厦门工业博览会 …… 221
中国材料大会 …… 221
第十二次全国口腔种植年会 …… 221
国际投资论坛 …… 222
海上丝绸之路国际产学研用合作会议 …… 222
世界美发大会 …… 222

24. 交通邮政

综述…… 223
概况 …… 223
交通基础设施建设 …… 223
交通发展规划 …… 223
“四好农村路”建设 …… 223
绿色交通工程建设 …… 224
港口…… 224
概况 …… 224
港口安全管理 …… 224
国际集装箱干线港建设 …… 224
“一带一路”倡议落实 …… 224
营商环境优化 …… 224
厦门港转型升级 …… 224
智慧绿色港口建设 …… 224
公路…… 225
概况 …… 225
公路项目建设 …… 225
公路养护管理 …… 225
路产路权综合管理 …… 225
公路安全隐患整治 …… 225
公共交通…… 225
概况 …… 225
网约车订单合规率排全国首位 …… 225
公交线路优化调整 …… 225

轨道交通 3 号线初期运营 …… 226
敬老爱心车联盟组建 …… 226
同安公共交通有限公司挂牌 …… 226
铁路 …… 226
概况 …… 226
铁路客运 …… 226
运输安全保障 …… 226
车站服务水平提升 …… 226
轨道交通建设 …… 227
概况 …… 227
地铁沿线综合开发 …… 227
轨道交通安全保护 …… 227
航空 …… 227
·航空港· …… 227
概况 …… 227
表 24-1　2021 年度厦门机场生产指标完成情况表 …… 227
机场建设 …… 227
全封闭式入境专用通道启用 …… 228
·厦门航空公司· …… 228
概况 …… 228
航空安全运行管理 …… 228
航运提质增效 …… 228
厦航转型发展 …… 228
邮政和快递 …… 229
概况 …… 229
品牌快递服务进村全覆盖 …… 229
全市首个农场驿站揭牌 …… 229
顺丰中大型全货机开通 …… 229
智慧物流产业园项目开工 …… 229
海峡两岸快捷物流通道建设 …… 229
全市首批物流无人车投入使用 …… 229

25. 信息服务业

信息服务业基础设施建设 …… 230
概况 …… 230
5G 三期工程完成 …… 230
海沧隧道 5G 网络覆盖 …… 230
通信及网络服务 …… 230
概况 …… 230
电信服务提升 …… 230
通信信息治理 …… 230
5G 智慧公交项目 …… 231
首辆 5G 智慧医疗车 …… 231
“5G 空域覆盖第一城”发布会 …… 231
厦门远海码头港口专网 …… 231
软件信息服务业 …… 231
概况 …… 231
惠企政策制定与落实 …… 232
工业互联网标识项目试运行 …… 232
第三届中国人工智能大赛 …… 232
智慧城市建设 …… 232
概况 …… 232
城市大脑特色创新 …… 232
大数据工作开展 …… 232
大数据利用 …… 233
无线电管理 …… 233
概况 …… 233
频率台站管理 …… 233
无线电检查 …… 233
无线电整治 …… 233

26. 城市建设

城乡规划设计 …… 234
概况 …… 234
国土空间总体规划 …… 234
专项规划编制 …… 234
片区规划编制 …… 234
详细规划编制 …… 234
新城建设 …… 235
概况 …… 235
厦门新机场片区建设 …… 235
马銮湾新城建设 …… 235
环东海域新城建设 …… 235
两岸区域性金融中心片区建设 …… 235
集美新城建设 …… 235
东部体育会展新城建设 …… 236
同翔高新城建设 …… 236
重点项目建设 …… 236
概况 …… 236
产业类重点项目建设 …… 236
社会事业类重点项目建设 …… 236
城乡基础设施类重点项目建设 …… 236
老旧小区改造 …… 236
街区立面综合整治 …… 237
夜景照明品质提升 …… 237
公共停车设施建设管理 …… 237
无障碍设施品质提升 …… 237

勘察设计…… 237
概况 …… 237
施工图审查管理 …… 237
工程勘察监管 …… 237
工程设计 …… 237
消防设计管理 …… 237
建筑业…… 237
概况 …… 237
招商引企 …… 238
招投标改革 …… 238
“评定分离”试点 …… 238
建筑施工企业信用评价 …… 238
建筑市场监管 …… 238
清欠工作 …… 238
建筑工程计价服务 …… 238
建筑材料管理 …… 239
绿色建筑推广 …… 239
装配建造规模发展 …… 239
新兴技术应用促进 …… 239
工程质量安全监管 …… 239
监管工作机制完善 …… 239
轨道工程防事故管理 …… 239
建筑行业质量安全整治 …… 239
重点工程靠前服务 …… 239
工程建设项目审批制度改革 …… 239
建筑废土处置监管 …… 240
渣土运输安全监管 …… 240
废土消纳场地管理 …… 240
代建管理 …… 240
市政建设…… 240
概况 …… 240
城市排水防涝能力提升 …… 240
管廊建设体系完善 …… 240
海绵城市建设 …… 240
功能智慧杆建设 …… 241
湖滨北路品质提升工程 …… 241
市政设施养护 …… 241
市政道路建设 …… 241
市政道路养护 …… 241
市政设施信息化管理系统完善 …… 241
公用事业…… 241
·供水· …… 241
概况 …… 241
长泰枋洋水利枢纽工程 …… 241
水厂建设项目 …… 241
管网及配套加压泵站项目 …… 241
供水服务改革 …… 242
·供气· …… 242
概况 …… 242
民生用气保障 …… 242
燃气安全监管 …… 242
燃气安全隐患整治 …… 242
智慧燃气规划建设 …… 242
军营村瓶装液化气临时供应站点投用 …… 242
石湖山液化石油气储配站技改工程投产 …… 242
·供电· …… 243
概况 …… 243
防疫保供电 …… 243
电网建设 …… 243
供电安全建设 …… 243
厦台电力合作 …… 243
农村供电服务 …… 243
供电营商环境优化 …… 243
电力改革创新 …… 244
·市容环境卫生· …… 244
概况 …… 244
垃圾分类迈进“3.0”阶段 …… 244
涉疫垃圾协助处理 …… 244
厦门市垃圾分类培训学院成立 …… 244
福建省首个市级环卫科普馆揭牌 …… 244
·园林绿化· …… 244
概况 …… 244
口袋公园建设 …… 245
园林绿化行业管理 …… 245
古树名木保护 …… 245
厦大百年校庆氛围布置 …… 245
首届花境大赛 …… 245
七一道路彩化氛围布置 …… 245
山樱花新品种获国家植物新品种权 …… 245
城市管理…… 245
概况 …… 245
“大城管”格局构建 …… 246
“两违”综合治理 …… 246
城市管理精细化模式创新 …… 246
智慧城管建设 …… 246
户外广告店招设置管理 …… 246
城市运行安全守护 …… 246

27. 房地产业

房地产开发…… 247

概况 …… 247
房地产企业资质检查 …… 247
房地产开发企业“双随机”检查 …… 247
房地产市场管理 …… 247
概况 …… 247
住房发展规划编制 …… 247
安置型商品房制度创新 …… 247
二手房市场整治 …… 248
商品房销售线上监管 …… 248
存量房线上交易 …… 248
公积金业务创新 …… 248
住房公积金政策完善 …… 248
房地产中介服务 …… 248
概况 …… 248
房地产经纪信用综合评价 …… 248
房地产（土地）价格评估 …… 249
房地产纠纷投诉调解 …… 249
房屋租赁 …… 249
概况 …… 249
大学生租房保障 …… 249
住房租赁市场稳定维护 …… 249
住房租赁管理网格建立 …… 249
住房租赁市场租金价格监测 …… 249
住房租赁信息发布规范 …… 249
物业管理 …… 249
概况 …… 249
物业行业管理 …… 250
房屋专项维修资金 …… 250
房屋管理 …… 250
概况 …… 250
房屋安全整治 …… 250
直管公房安全管理 …… 250
保障性住房小区监管 …… 250
房屋安全常态化管理机制建立 …… 250

28. 生态环境保护

生态环境质量 …… 251
概况 …… 251
大气环境质量 …… 251
水环境质量 …… 251
土壤环境质量 …… 251
海洋环境质量 …… 251
声环境质量 …… 251
辐射环境质量 …… 251
海洋生态保护 …… 252
概况 …… 252
海域海岛生态修复 …… 252
海漂垃圾综合治理 …… 252
入海排放口排查整治 …… 252
海域养殖清退 …… 253
渔业资源增殖放流 …… 253
海洋意识教育 …… 253
伏季休渔 …… 253
“封港清查”行动 …… 253
水资源保护 …… 253
概况 …… 253
河湖综合治理 …… 253
水资源节约 …… 253
筼筜湖水质大提升项目 …… 253
污水处理 …… 254
土地资源保护 …… 254
概况 …… 254
耕地保护 …… 254
卫星图片执法 …… 254
土地例行督察整改 …… 254
自然保护区保护 …… 254
概况 …… 254
生态保护与修复 …… 254
保护区管理 …… 254
节能减排 …… 254
概况 …… 254
节能监察 …… 255
固定资产投资项目节能审查 …… 255
企业及产品获绿色荣誉 …… 255
表 28-1 2021 年厦门市入选工业和信息化部绿色制造企业及产品一览表 …… 255
绿色技术和产品目录 …… 255
表 28-2 厦门市 2021 年绿色技术和产品目录 …… 256
节能宣传 …… 256
新能源汽车推广应用 …… 256
污染防治 …… 257
概况 …… 257
大气污染防治 …… 257
水污染防治 …… 257
土壤污染防治 …… 257
海域污染防治 …… 257
固体废物污染防治 …… 258
环境监管 …… 258
概况 …… 258
生态文明体制改革 …… 258

营商环境建设 …… 258
现代环境治理体系 …… 258
环评审批服务 …… 259
“放管服”改革 …… 259
生态环境损害赔偿制度改革 …… 259
环境信用建设 …… 259
监测能力建设 …… 259
生态环境应急管理 …… 259
生态环境执法监管 …… 259

29. 旅 游 业

综述 …… 260
旅游接待 …… 260
旅游业扶持 …… 260
鼓浪屿场馆数字化建设 …… 260
旅游规划建设 …… 260
概况 …… 260
文旅规划建设 …… 260
乡村旅游“百镇千村”创建 …… 261
旅游推介 …… 261
概况 …… 261
“厦门四季生活之旅”旅游推广 …… 261
闽西南旅游推广 …… 261
最闽台伴手礼评选系列活动 …… 262
“金牌导游·光耀厦门”系列活动 …… 262
旅游博览会联合举行 …… 262
旅游业态 …… 263
概况 …… 263
会展旅游 …… 263
红色旅游 …… 263
工业旅游 …… 263
文化旅游 …… 263
乡村旅游 …… 263
旅游资源 …… 263
概况 …… 263
旅游景区 …… 264
夜间文旅消费集聚区 …… 264
海外旅游市场 …… 264
国内重点旅游市场 …… 264
旅游公共服务 …… 264
概况 …… 264
旅游厕所建设 …… 264
旅游人才队伍建设 …… 264
旅游行业信用体系建设 …… 265
旅游管理 …… 265
概况 …… 265
旅游行业安全管理 …… 265
隔离酒店保障 …… 265
旅游投诉和维权 …… 265
旅游市场治理 …… 266
旅游饭店管理 …… 266
鼓浪屿名胜保护 …… 266
概况 …… 266
文化遗产保护 …… 266
文化遗产预警监测体系 …… 266
中法对话论坛 …… 266
鼓浪屿红色教育基地启用 …… 267
文化项目扶持 …… 267
旅游市场秩序规范 …… 267
旅游环境整治 …… 267

30. 民营经济

综述 …… 268
民营经济产业增加值 …… 268
民企进出口 …… 268
民营经济税收 …… 268
民营经济构成 …… 268
民营企业产业构成 …… 268
表 30-1 2021 年厦门市民营企业产业构成一览表 …… 268
个体工商户产业构成 …… 269
表 30-2 2021 年厦门市个体工商户产业构成一览表 …… 269
民营企业第一、二产业行业构成 …… 270
表 30-3 2021 年厦门市民营企业第一、二产业行业构成一览表 …… 270
个体工商户第一、二产业行业构成 …… 270
表 30-4 2021 年厦门市个体工商户第一、二产业行业构成一览表 …… 272
民营企业第三产业行业构成 …… 273
表 30-5 2021 年厦门市民营企业第三产业行业构成一览表 …… 273
个体工商户第三产业行业构成 …… 273
表 30-6 2021 年厦门市个体工商户第三产业行业构成一览表 …… 275
民营企业登记情况 …… 276
表 30-7 2021 年厦门市民营企业登记情况一览表 …… 276

民营企业注销和吊销情况 …………………………… 276
表 30-8 2021 年厦门市民营企业注销、吊销情况一览表 …………………………… 279
个体工商户登记和注销、吊销情况 ………………… 282
表 30-9 2021 年厦门市个体工商户登记和注销、吊销情况一览表 …………………………… 282
民营独资企业构成 ………………………………… 284
表 30-10 2021 年厦门市民营独资企业构成一览表 ………………………………… 284
民营合伙企业构成 ………………………………… 284
表 30-11 2021 年厦门市民营合伙企业构成一览表 ………………………………… 287
民营有限责任公司构成 …………………………… 289
表 30-12 2021 年厦门市民营有限责任公司构成一览表 ………………………………… 289
民营股份有限公司构成 …………………………… 289
表 30-13 2021 年厦门市民营股份有限公司构成一览表 ………………………………… 292
民营企业及个体工商户组织形式和投资规模构成 …… 294
表 30-14 2021 年厦门市民营企业及个体工商户组织形式和投资规模一览表 ……………… 294
生产经营……………………………………………… 295
概况 ………………………………………………… 295
民营重点上市后备企业 …………………………… 295
45 家民营企业入围省工业龙头及培育企业名单 ……… 295
民营企业列入市重点项目 45 个 ………………… 295
表 30-15 2021 年民营企业列入厦门市重点产业项目一览表 ………………………………… 295
民营境内外上市公司新增 3 家 …………………… 295
表 30-16 2021 年厦门市新增民营境内外上市公司一览表 ………………………………… 297
民营上市公司年度发展情况 ……………………… 297
表 30-17 2021 年厦门民营上市公司市值一览表…… 297
表 30-18 2021 年度厦门市净利润 5 亿元以上民营上市公司一览表 ………………………… 298
表 30-19 2021 年度厦门市营收额 50 亿元以上民营上市公司一览表 ………………………… 298
1 家民营企业入围中国涂料企业百强 ……………… 299
7 家民营企业上榜中国房地产开发企业 500 强 ………… 299
7 家民营物流企业获评全国 A 级………………… 299
24 家民营企业入围市文化企业 30 强 ……………… 299
110 家民营企业入选省数字经济领域创新企业 ……… 299
54 家民营企业列入年度市重点工业企业 ………… 299
表 30-20 2021 年度厦门市民营重点工业企业名单 ………………………………………… 299
2 家民营企业名列全球涂料企业 100 强 …………… 300
5 家民营企业入围中国印刷业企业百强 …………… 300
1 家民营企业上榜中国地理信息产业最具活力小企业榜单 …………………………………………… 300
3 家民营企业上榜中国正餐企业 50 强 ……………… 300
1 家民营企业上榜中国企业 500 强 ………………… 300
2 家民营企业上榜中国制造业企业 500 强 ………… 300
8 家民营企业上榜中国服务业企业 500 强 ………… 300
表 30-21 厦门市民营企业入围 2021 中国服务业企业 500 强名单……………………… 300
1 家民营企业入围中国食品饮料 100 强 …………… 300
4 家民营企业入围中国民营企业 500 强 …………… 301
4 家民营企业入围中国物业服务企业综合实力 500 强 …………………………………………… 301
宏发电声入围中国电子元件百强 ………………… 301
1 家民营企业上榜中国电子信息百强 ……………… 301
7 家民营企业获评年度全国建筑业 AAA 级信用企业 …… 301
1 家民营企业入围中国茶企百强 ………………… 301
37 家民营企业入围福建省民营企业 100 强 ………… 301
市民营企业 100 强及特色榜单发布…………………… 301
表 30-22 2021 年厦门市民营企业 100 强榜单 …… 301
表 30-23 2021 年厦门市民营企业制造业及服务业 20 强榜单 ………………………………… 304
海辰新能源项目开工奠基 ………………………… 305
126 家民营企业获市“专精特新”中小企业认定 ……… 305
1 家民营企业获省质量奖提名奖 ………………… 305
民营企业新增 1 家国家级工业设计中心 …………… 305
民营企业 1 个项目获鲁班奖 ……………………… 305
5 家民营企业入围中国互联网综合实力企业百强 ……… 305
2 家民营企业入围制造业单项冠军企业（产品） ……… 305
11 家民营企业上榜福建省企业百强 ……………… 305
民营企业上榜福建省制造业服务业战略新兴产业企业百强 …………………………………………… 305
3 家民营企业上榜中国企业信用 500 强 …………… 305
3 家民营企业上榜中国农业企业 500 强 …………… 305
1 家民营企业入围全国农业产业化头部企业百强 ……… 305
2 家民营企业上榜第十批全国放心粮油示范企业 ……… 305
1 家民营企业上榜中国最受消费者信赖食品企业百强 …………………………………………… 305
14 家民营企业入围第五批省制造业单项冠军企业（产品）…………………………………………… 305
4 家民营企业获中国餐饮红鹰奖 ………………… 306
民营企业新增 8 家市级工业设计中心 …………… 306
34 家民营企业获认定省“专精特新”中小企业 ……… 306
1 家民营企业上榜中国石化民营企业百强 ………… 306
4 家民营企业上榜中国机械 500 强 ………………… 306
8 家民营企业上榜中国建材企业 500 强 …………… 306

宁德时代新型锂离子电池项目开工 …… 306
科技创新 …… 306
民营高新技术企业新增 1158 家 …… 306
民营企业 1 个项目列入“揭榜制”市重大科技项目 …… 306
民营企业获 34 个市科学技术奖 …… 306
民营企业获 4 个省专利奖 …… 306
表 30-24 2021 厦门市民营企业获福建省专利奖项目 …… 306
民营市级科技企业孵化器 …… 307
202 家民营企业获认定省科技小巨人企业 …… 307
9 家民营企业入选省级新型研发机构 …… 307
1 家民营企业入选国家技术创新示范企业 …… 307
23 家民营企业上榜全国民营企业研发投入 500 家 …… 307
8 家民营企业入选市技术先进型服务企业 …… 307
国家级民营企业技术中心新增 4 家 …… 307
6 家民营企业上榜福建省知识产权优势企业 …… 307
社会活动 …… 307
民营企业获省级表彰 …… 307
中国慈善榜厦门民营企业家占 5 席 …… 307
表 30-25 2021 年厦门民营企业家上榜中国慈善榜情况表 …… 307
2 名企业家上榜胡润中国富豪榜 …… 307

31. 科学技术

综述 …… 308
概况 …… 308
生物医药与健康产业 …… 308
科技体制机制创新 …… 308
现代气象保障技术应用 …… 309
气象科技发展促进 …… 309
高新技术及新兴产业 …… 309
概况 …… 309
国家级高新技术企业 …… 309
科技“小巨人”企业培育 …… 309
光电产业创新驱动 …… 309
集成电路产业 …… 309
科技型中小企业参赛 …… 310
科技计划项目与投入 …… 310
概况 …… 310
企业研发费用补助政策 …… 310
科技支出 …… 310
科技与金融结合 …… 310
概况 …… 310
科技资本对接会融资 …… 311
转贷款支持小微企业发展 …… 311
区域创新体系建设 …… 311
概况 …… 311
国家心血管疾病临床医学研究中心分中心落户厦门 …… 311
科技创新“十四五”规划印发 …… 311
新型基础设施建设 …… 311
嘉庚创新实验室建设 …… 311
翔安创新实验室建设 …… 311
科学仪器共享优惠政策 …… 312
科技普及应用 …… 312
概况 …… 312
“三下乡”活动 …… 312
科技活动周系列活动 …… 312
市科普讲解大赛 …… 312
国家政法智能化技术创新中心东南分中心揭牌 …… 312
《海归科特派的“芯”使命》获评科技部优秀作品称号 …… 312
对口帮扶宁夏科技 …… 312
第四批“下派制”科技特派员选派 …… 312
科技特派员注册 …… 313
科技成果转化 …… 313
概况 …… 313
技术合同成交额 …… 313
技术合同交易 …… 313
国家科技成果转化服务（厦门）示范基地 …… 313
科技交流与合作 …… 313
概况 …… 313
金砖国家科技创新合作启动 …… 313
企业参加港澳“产学研”对接活动 …… 313
区域科技合作深化 …… 314
“产学研”项目补助办法修订印发 …… 314
中科院 STS 计划厦门专项设立 …… 314
厦门 13 家单位获评省级新型研发机构 …… 314
科技展会 …… 314
新型研发机构管理办法政策操作规程 …… 314
两岸科技创新融合发展研讨会 …… 314
科技人才 …… 314
概况 …… 314
外专技术和技能评价试点 …… 314
全国首支外籍科技特派员服务队组建 …… 314
外国人才服务站服务范围拓展 …… 315
“三高双百”企业家沙龙活动 …… 315
科研院所 …… 315
·自然资源部第三海洋研究所· …… 315
概况 …… 315
大洋专项研究 …… 315

海洋生态保护与修复 …… 315
海洋生态预警监测 …… 315
海岸带保护修复工程和防灾减灾 …… 315
海洋战略规划制定与实施 …… 315
海洋科技开发与技术咨询服务 …… 316
科技成果转化公共服务 …… 316
国际海洋科技合作交流 …… 316
·中国科学院城市环境研究所· …… 316
概况 …… 316
代表性科技成果 …… 316
公共科学日活动 …… 316
“城市环境与健康”优秀大学生夏令营 …… 316
九龙江生态保护修复方案 …… 316
第五届海峡两岸城市环境青年学者研讨会 …… 316
3 项成果获市科学技术进步奖 …… 317
·福建省水产研究所· …… 317
概况 …… 317
科研成果获海洋科学技术一等奖 …… 317
《冷冻鱼糜》研制国际标准发布 …… 317
第三轮省种业创新与产业化工程项目通过验收 …… 317
所企战略合作协议签订 …… 318
·福建省亚热带植物研究所· …… 318
概况 …… 318
产学研合作 …… 318
分析检测技术服务社会 …… 318
科研平台建设 …… 318
科技计划项目 …… 318
彭阳县乡村振兴专家服务工作站成立 …… 318

32. 社会科学

课题研究和学术成果 …… 319
概况 …… 319
社科基金立项项目 …… 319
社科学术成果 …… 319
表 32-1 2021 年厦门市列入国家社会科学基金项目一览表 …… 319
表 32-2 2021 年厦门市列入福建省社会科学基金项目一览表 …… 323
表 32-3 2021 年厦门市获省部级优秀社会科学成果奖项目一览表 …… 327
表 32-4 2021 年厦门市社科界公开出版专著一览表 …… 333
社科理论研究 …… 338
社科智库建设 …… 338
鹭江讲坛 …… 338
厦门文史研究传承 …… 338
学术活动 …… 338
概况 …… 338
人文社会科学国际论坛 …… 338
“十四五”时期关税调整思路专家研讨会 …… 338
第十七届海峡两岸（集美）端午文化论坛 …… 338
首届人类学与国别区域研究论坛 …… 338
国家高端智库建设工作座谈会 …… 339
中国特色社会主义制度理论与实践探索学术研讨会 …… 339
第三期“一带一路”财经论坛 …… 339
厦门（同安）第六届国际朱子文化节 …… 339
高质量建设厦门现代化国际化科技创新城市论坛 …… 339
中国宏观经济学术研讨会 …… 339
第三届“一带一路”国家会计准则合作论坛 …… 340
厦门产业发展与城市建设论坛 …… 340
第二届海西（厦门）信用论坛 …… 340
海峡两岸（厦门）共同精神家园论坛 …… 340
中国海洋经济（国际）论坛 …… 340
第四届“旅游三十人论坛” …… 340
陈嘉庚爱国主义精神在新时代的传承与弘扬论坛 …… 340
第七届北辰山闽王民俗文化节 …… 340
第十届厦门（同安）苏颂国际文化节 …… 341
中国体育非物质文化遗产国际会议 …… 341
大变局时代的高端装备制造产业和投资策略论坛 …… 341
首届民族英雄陈化成文化论坛 …… 341
《华侨华人研究报告（2021）》发布会 …… 341
纪念施琅将军诞辰 400 周年座谈会 …… 341

33. 教　　育

综述 …… 342
概况 …… 342
表 33-1 2021 年厦门市各级各类全日制学校基本情况表 …… 342
校园新冠病毒肺炎疫情防控 …… 343
校园安全稳定 …… 343
学校建设 …… 343
教育资源均衡布局 …… 343
教育资源引进与培育 …… 343
劳动教育改革 …… 343
心理健康教育 …… 343
厦台教育融合 …… 343
新课程改革实验区框架协议签订 …… 343
教师队伍建设 …… 343

校长专业发展改革 …… 344
第八届课堂教学改革创新大赛 …… 344
教育改革 …… 344
基础教育精品课遴选 …… 344
学前教育 …… 344
概况 …… 344
农村学前教育发展水平提升 …… 344
幼小衔接 …… 344
示范性幼儿园建设 …… 344
义务教育 …… 344
概况 …… 344
“双减”政策落实 …… 344
课后服务 …… 344
农村教育提质 …… 344
标准化学校创建活动 …… 345
普通高中教育 …… 345
概况 …… 345
高考录取情况 …… 345
达标校复查及示范校申报 …… 345
普通高中项目建设推进 …… 345
特殊教育 …… 345
概况 …… 345
首场省级特殊教育教学开放活动 …… 345
自闭症教育研讨会 …… 345
职业教育 …… 345
概况 …… 345
普职融通试点 …… 345
参赛获奖 …… 346
职教高考 …… 346
师资培养 …… 346
职教帮扶 …… 346
终身教育 …… 346
全国职教创新高地建设试点 …… 346
在厦台企与职业院校产教融合校企合作座谈会 …… 346
职业技术教育中心揭牌 …… 346
高等教育 …… 347
概况 …… 347
大学生创新创业就业 …… 347
表 33-2 2021 年厦门市普通高等学校基本情况表 …… 347
表 33-3 2021 年厦门市普通高等学校教职工基本情况表 …… 347
·厦门大学· …… 348
概况 …… 348
新增 4 个教育部拔尖计划 2.0 基地 …… 349
厦门大学建校 100 周年大会 …… 349
课程思政示范项目 …… 349
国务院副总理到厦门大学调研 …… 349
国家野外科学观测研究站建设 …… 349
夏宁邵获全国表彰并入选全球转化研究者 …… 349
科研成果获国家自然科学奖二等奖 …… 349
2 名教授当选中国科学院院士 …… 350
省生物制品科学与技术创新实验室奠基 …… 350
海洋领域首个国家基金委基础科学中心获批 …… 350
·集美大学· …… 350
概况 …… 350
学生培养 …… 350
参赛获奖 …… 350
学科建设 …… 350
科研工作 …… 351
师资建设 …… 351
社会服务 …… 351
合作交流 …… 351
·华侨大学（厦门校区）· …… 351
概况 …… 351
传播工作 …… 351
智库建设 …… 351
培训交流 …… 352
·厦门理工学院· …… 352
概况 …… 352
学科建设 …… 352
学术科研建设 …… 352
中共厦门理工学院第一次代表大会召开 …… 352
产学研合作 …… 352
建校 40 周年活动 …… 352
·厦门国家会计学院· …… 353
概况 …… 353
第十届校园管理会计案例大赛华南区决赛 …… 353
数字经济与财务智能化高峰论坛 …… 353
共建“一带一路”发展与金砖国家基地建设学术研讨会 …… 353
第四届“一带一路”发展高层论坛 …… 354
ESG 研究中心成立 …… 354
自主招生高端培训项目 …… 354
·厦门工学院· …… 354
概况 …… 354
教学改革 …… 354
全员育人 …… 355
招生就业 …… 355
·厦门华厦学院· …… 355
概况 …… 355
教学科研 …… 355

学生参赛获奖 …… 356
·厦门城市职业学院（厦门开放大学）· …… 356
概况 …… 356
4 个项目获省级教学成果奖 …… 356
2 门课程入选教育部课程思政示范课 …… 356
全国职校技能大赛高职组“关务技能”赛 …… 356
学院入选福建省“双高”计划项目 …… 356
学院入选市金砖新工业能力提升培训基地首批成员单位 …… 356

34. 文　化

公共文化 …… 357
概况 …… 357
公共文化服务体系建设 …… 357
文化场馆服务 …… 357
文化艺术 …… 358
概况 …… 358
群众文艺创作 …… 358
文艺精品创作 …… 358
第十四届闽南语原创歌曲歌手大赛 …… 359
第五届全国（小幅）工笔画双年展 …… 359
第十五届闽南语原创歌曲歌手大赛街头音乐季启动 …… 359
文化遗产保护 …… 359
概况 …… 359
文物保护 …… 359
世界文化遗产保护 …… 360
非物质文化遗产保护 …… 360
闽南文化（厦门）生态保护 …… 360
非遗宣传展示传播活动 …… 361
“文化和自然遗产日”非遗宣传展示活动 …… 361
厦门文博 IP 应用大赛 …… 361
闽南文化论坛 …… 362
“海洋—非遗文化”论坛 …… 362
文化产业 …… 362
概况 …… 362
文化产业链建设 …… 362
广播电视节目 …… 362
文化交流 …… 362
概况 …… 362
两岸合作创排艺术精品 …… 362
中日曲艺交流 …… 362
两岸传统技艺（非遗项目）展演 …… 362
国际青少年友好交流音乐会 …… 363
文化管理 …… 363
概况 …… 363
“扫黄打非”工作 …… 363
行政审批制度改革与服务 …… 363
新闻出版行业管理 …… 363
广播电视行业管理 …… 364
新闻出版 …… 364
概况 …… 364
厦门日报社 …… 364
厦门晚报社 …… 365
海西晨报社 …… 365
城市捷报社 …… 366
厦门网 …… 366
海峡导报社 …… 367
鹭江出版社 …… 368
厦门大学出版社 …… 368
福建新华发行（集团）有限责任公司厦门分公司 …… 368
表 34-1　2021 年厦门市新华书店各类畅销书排行榜 …… 369
广播影视 …… 372
概况 …… 372
影视制作与放映 …… 372
市属主流媒体正面宣传 …… 372
广电项目扶持推优 …… 372
广电集团 …… 373
厦门文广影音有限公司 …… 373
中国（厦门）智能视听产业基地建设 …… 374

35. 卫生健康

综述 …… 375
医疗改革 …… 375
医疗科研成果 …… 375
公共卫生应急处置 …… 375
计生服务 …… 375
国家医保信息平台对接 …… 375
表 35-1　2020—2021 年厦门市医疗卫生机构与床位情况表 …… 376
表 35-2　2021 年厦门市医疗卫生机构人员情况表 …… 376
医疗卫生机构 …… 376
概况 …… 376
医疗机构业务量 …… 376
医疗机构基础项目建设 …… 377
家庭发展事务中心揭牌 …… 377

"互联网 +"医保服务定点医疗机构上线 …… 377
疾病防控 …… 377
概况 …… 377
疫苗接种 …… 377
环境健康宣教 …… 378
艾滋病防治 …… 378
城乡医疗卫生服务 …… 378
概况 …… 378
大病医疗保险缴费标准调整 …… 378
"近邻""党建 + 医保"社区治理共建新模式 …… 378
城乡居民基本医疗保险筹资标准和住院待遇调整 …… 378
台胞医保服务站建设 …… 379
计划生育服务 …… 379
概况 …… 379
计生关怀服务 …… 379
家庭健康建设 …… 379
优生优育指导 …… 379
社会治理参与 …… 379
妇幼保健 …… 380
概况 …… 380
新生儿参保报销"秒批"服务 …… 380
婴幼儿照护托育服务 …… 380
婴幼儿照护托育服务协会成立 …… 380
首届婴幼儿照护师技术比赛 …… 380
爱国卫生 …… 380
概况 …… 380
"世界无烟日"活动 …… 380
秋季爱国卫生运动 …… 380
爱国卫生组织管理培训班 …… 381
职业健康 …… 381
概况 …… 381
健康教育与促进 …… 381
《中华人民共和国职业病防治法》宣传周活动 …… 381
职业性放射性疾病监测培训班 …… 381
老年健康 …… 381
概况 …… 381
医保智能适老服务 …… 381
慰问困难失能老人启动仪式 …… 381
"健康厦门 · 近邻健康"进养老机构活动 …… 382
卫生监督 …… 382
概况 …… 382
医疗机构驻点监督 …… 382
医保基金监管集中宣传月活动 …… 382
学生常见病和健康影响因素监测与干预工作培训班 …… 382
中医药事业 …… 382
概况 …… 382
福建首个国家中医药服务出口基地 …… 382
市级中医适宜技术推广培训班 …… 383
中医药健康产业博览会 …… 383
医政医药管理 …… 383
概况 …… 383
卫生人才培养 …… 383
卫生健康"放管服"改革 …… 383
药品及耗材集中带量采购 …… 383
"厦漳泉省内通办"便民专窗开设 …… 383
国家深化医疗服务价格改革试点城市建设 …… 383
国家谈判药品落地 …… 383
跨省异地就医直接结算 …… 384
新冠病毒核酸检测项目价格下调 …… 384
新冠病毒肺炎疫情防控 …… 384
概况 …… 384
"9 · 12"新冠病毒肺炎疫情处置 …… 384
抗疫医疗救治综合保障 …… 384
"八个确保"措施出台 …… 384

36. 体　　育

体育设施 …… 385
概况 …… 385
学校体育设施开放 …… 385
表 36-1 2021 年厦门市新增体育设施对外开放学校一览表 …… 385
体育智慧健身房建设 …… 385
表 36-2 2021 年厦门市体育智慧健身房一览表 …… 386
群众体育 …… 386
概况 …… 386
全民健身活动 …… 387
青少年体育 …… 387
老年人体育 …… 387
村居篮球赛 …… 387
"乔丹杯"厦门市篮球联赛 …… 387
体医融合 …… 387
竞技体育 …… 387
概况 …… 387
厦门运动员参加东京奥运会成绩 …… 388
厦门运动员参加东京残奥会获奖 …… 388
运动员参加国际国内大赛获前三名情况 …… 388
表 36-3 2021 年厦门籍运动员参加国际国内大赛获奖情况一览表 …… 388
社会力量承办市级运动队 …… 390

表 36-4　2021 年厦门市社会力量承办市级运动队情况表 …… 390
中国铁人三项协会厦门训练基地成立 …… 390
青少年参加省级比赛 …… 391
体育产业 …… 391
概况 …… 391
厦门马拉松赛 …… 391
“9·8”体育招商工作 …… 391
厦门体育消费生活节 …… 391

37. 社会生活

人口家庭 …… 392
概况 …… 392
表 37-1　2020—2021 年末厦门市户籍人口变动情况表 …… 392
表 37-2　2014—2021 年末厦门市流动人口统计情况表 …… 392
城乡居民家庭居住情况 …… 392
表 37-3　2020—2021 年厦门市城镇居民家庭居住情况表 …… 393
表 37-4　2021 年厦门市农民家庭居住情况表 …… 393
清明祭扫服务保障 …… 392
殡葬管理 …… 392
婚姻和收养登记 …… 394
就业创业 …… 394
概况 …… 394
劳动关系 …… 394
和谐劳动关系创建 …… 394
劳务输入基地合作建立 …… 394
“金砖 +”国家留学人才群英论坛举行 …… 394
全市人社工作视频会议召开 …… 395
扩岗留工稳就业措施发布 …… 395
赴成都举办首场专场引才推介活动 …… 395
“留厦来·更精彩”校园引才活动 …… 395
省公务员录用笔试 …… 395
制造业实训基地奠基 …… 395
第十六届台湾人才闽西南对接会 …… 395
留学人才创新创业大赛 …… 395
人力资源服务产业园创建 …… 396
创业扶持政策申请条件放宽 …… 396
“大数据 + 根治欠薪”专项行动 …… 396
援疆专业技术人才中期轮换 …… 396
第一届全国技能大赛表扬总结会 …… 396
高层次人才网络对接会 …… 396
“i 海归”平台上线 …… 396
《厦门市技工院校管理办法》出台 …… 396
“毕业生来厦留厦云集成平台”上线 …… 396
秋冬季毕业生招聘工作启动 …… 396
企业工资指导线发布 …… 396
企业薪酬调查信息发布 …… 397
“十四五”人社事业发展专项规划发布 …… 397
线上直播引才模式升级 …… 397
事业单位招聘笔试 …… 397
整治扰乱用工市场行为工作会议 …… 397
“创享厦门”创业创新大赛 …… 397
招聘会送岗下乡 …… 397
收入消费 …… 398
概况 …… 398
城乡居民收入 …… 398
城乡居民消费 …… 398
市场物价 …… 398
表 37-5　2021 年厦门市物价指数变动情况表 …… 399
消费者满意度厦门排名全国第三 …… 398
社会保险 …… 399
概况 …… 399
退休人员基本养老金上调 …… 399
首批社保社会监督员上岗 …… 399
就业困难群体疫情生活补助金发放 …… 399
电子社保卡同步申领 …… 399
工伤保险定期待遇提高 …… 400
住房保障 …… 400
概况 …… 400
高层次人才安居政策优化 …… 400
保障性商品房分配 …… 400
稳定就业无住房职工住房需求保障 …… 400
社会保障性租赁房配租 …… 400
廉租住房租金补助发放 …… 400
房源调换机制创新 …… 400
保障性租赁住房政策制定 …… 400
保障性住房建设 …… 401
医疗保障 …… 401
概况 …… 401
医保减负降费 …… 401
医保电子凭证 …… 401
爱心医保活动 …… 401
医保重复参保清理 …… 401
基本医疗保险家庭共济 …… 401
医保费用审核机制构建 …… 402
社会救助 …… 402
概况 …… 402

大爱寻亲活动 …… 402
慈善救助 …… 402
困难群众走访慰问 …… 402
“爱心厦门·圆梦助学”公益项目启动 …… 402
社会福利 …… 402
概况 …… 402
福彩公益金助学 …… 402
“福蕾行动计划”推进 …… 402
儿童福利机构优化提质 …… 402
孤儿保障 …… 403
残疾人补贴 …… 403
农村幸福院质量提升行动 …… 403
老龄事务 …… 403
概况 …… 403
省首批家庭养老床位试点 …… 403
养老服务促进会成立 …… 403
养老护理职业技能大赛 …… 403
《厦门市养老服务机构预收资金管理暂行办法》出台 …… 403
《厦门市养老服务人才奖励补助办法的通知》出台 …… 403
第三个高端养老项目落地 …… 403
社会组织管理 …… 403
概况 …… 403
社会组织专项整治 …… 403
社会组织综合监管 …… 404
社会组织社会责任承担 …… 404
基层社会治理 …… 404
概况 …… 404
城乡社区近邻服务推进 …… 404
社区疫情防控 …… 404
第八届海峡两岸社区论坛 …… 405
民族与宗教事务 …… 405
概况 …… 405
少数民族流动人口大病医疗互助保障 …… 405
新年书画慈善行活动 …… 405
天主教爱国会第十次代表大会 …… 405
基督教会员大会 …… 405
佛教协会第十次代表大会 …… 405
宗教界人士培训班 …… 405

38. 应急管理

综述 …… 406
概况 …… 406
应急救援 …… 406
应急管理专家库 …… 406
社会应急救援力量培育规范 …… 406
应急物资储备 …… 406
巨灾保险 …… 407
应急管理及产业发展论坛 …… 407
防震减灾 …… 407
应急预案体系建设 …… 407
全市自然灾害综合风险普查 …… 407
防汛防台风安全隐患排查整治 …… 407
区域地震安全性评估监管 …… 407
海洋防灾减灾 …… 407
地质灾害检查和治理 …… 407
景区和非景区景点安全整治 …… 408
“5·12”全国防灾减灾日 …… 408
应急救援综合演练 …… 408
台风“卢碧”防抗 …… 408
安全生产监督 …… 408
概况 …… 408
安全生产专项整治 …… 408
安全生产行政执法 …… 409
“3·19”直升机坠海事故处置 …… 409
厦门首例危险作业刑事案件查处 …… 409
消防 …… 409
概况 …… 409
森林防火工作 …… 410
森林防火设施和队伍建设 …… 410
森林消防队伍比武 …… 410
“绿盾—2021”森林火灾应急演练 …… 410

39. 市辖区概览

思明区 …… 411
概况 …… 411
表 39-1 2021 年思明区各街道基本情况表 …… 411
第三产业 …… 411
招商引资 …… 412
城区建设 …… 412
生态环境保护 …… 412
社会事业 …… 412
社会治理 …… 412
厦门音乐季 …… 412
湖里区 …… 413
概况 …… 413
表 39-2 2021 年湖里区各街道基本情况表 …… 413
第三产业 …… 413

招商引资 …… 413
城区建设 …… 413
生态环境保护 …… 414
社会事业 …… 414
社会治理 …… 414
“悦游·湖里”系列文化旅游活动 …… 414
集美区 …… 414
概况 …… 414
表 39-3 2021 年集美区各镇（街）基本情况表 …… 415
农业 …… 415
工业 …… 415
第三产业 …… 415
招商引资 …… 415
城乡建设 …… 415
生态环境保护 …… 416
社会事业 …… 416
社会治理 …… 416
福建省首个“5G+AR”党史馆开馆 …… 416
海沧区 …… 417
概况 …… 417
表 39-4 2021 年海沧区各街道基本情况表 …… 417
农业 …… 417
第三产业 …… 417
城乡建设 …… 417
生态环境保护 …… 418
社会事业 …… 418
社会治理 …… 419
颜氏开漳祖祠揭牌暨纪念颜思齐开台 400 周年 …… 419
同安区 …… 419
概况 …… 419
表 39-5 2021 年同安区各镇（街）基本情况表 …… 420
农业 …… 420
工业 …… 420
第三产业 …… 420
招商引资 …… 420
城乡建设 …… 420
生态环境保护 …… 420
社会事业 …… 421
社会治理 …… 421
银城智谷开园 …… 421
翔安区 …… 421
概况 …… 421
表 39-6 2021 年翔安区各镇（街）基本情况表 …… 422
农业 …… 422
工业 …… 422
第三产业 …… 422
招商引资 …… 422
城乡建设 …… 422
生态环境保护 …… 422
社会事业 …… 423
社会治理 …… 423
下潭尾红树林公园开放 …… 423

40. 人物·荣誉

新任市领导 …… 424
赵 龙 …… 424
崔永辉 …… 424
黄文辉 …… 424
模范人物 …… 424
陈清地 …… 424
林碧玲 …… 424
蔡月英 …… 424
新闻人物 …… 425
高泉阳 …… 425
刘 斯 …… 425
吴志强 …… 425
周辉燕、苏俊杰、程先进 …… 425
赵蚰竹 …… 425
谢燕萍 …… 425
纪惠娇 …… 426
黄小梅 …… 426
陈全志 …… 426
刘睿欣、王菲、庄子薇、赖美妍、万宸（莲花中学“五朵金花”） …… 426
逝世人物 …… 426
吴荣南 …… 426

41. 附 录

组织机构及干部名录 …… 427
·中共厦门市委员会· …… 427
中共厦门市纪律检查委员会、厦门市监察委员会 …… 427
市委工作部门及直属单位 …… 427
·市人大常委会· …… 428
市人大常委会工作部门 …… 428
市人大常委会各专门委员会 …… 428
·市人民政府· …… 429
市政府工作部门及直属单位 …… 429

·政协厦门市委员会· …… 432
市政协工作部门 …… 432
·法检机关· …… 433
·民主党派· …… 433
·群团组织· …… 433
·市辖区· …… 434
思明区 …… 434
湖里区 …… 434
集美区 …… 435
海沧区 …… 435
同安区 …… 435
翔安区 …… 435
·部分事业单位· …… 436
·市属国有企业· …… 436
文献选编 …… 438
厦门市政府工作报告 …… 438
统计资料 …… 444
厦门市 2021 年国民经济和社会发展统计公报 …… 444
图 41-1 2017—2021 年地区生产总值（GDP）及其增长速度 …… 444
图 41-2 2017—2021 年三次产业增加值占地区生产总值比重 …… 444
图 41-3 2017—2021 年财政总收入及其增长速度 …… 445
表 41-1 2021 年居民消费价格总指数 …… 445
图 41-4 2021 年居民消费价格月度涨跌幅度 …… 445
图 41-5 2021 年规模以上工业增加值增长速度 …… 446
表 41-2 2021 年主要工业产品产量 …… 446
图 41-6 2017—2021 年全部建筑业增加值 …… 446
图 41-7 2017—2021 年固定资产投资增长速度 …… 446
图 41-8 2017—2021 年年末固定互联网宽带接入用户数 …… 447
图 41-9 2017—2021 年社会消费品零售总额及其增长速度 …… 447
图 41-10 2017—2021 年货物进出口总额 …… 448
图 41-11 2017—2021 年各类学校招生人数 …… 448
图 41-12 2017—2021 年卫生机构床位数和卫生技术人员数 …… 449
图 41-13 2017—2021 年城镇居民和农村居民人均可支配收入 …… 450
图 41-14 2017—2021 年城镇新增就业人数 …… 450
《厦门市水资源公报》(2021 年) …… 451
图 41-15 2021 年各行政区降水量与上年及多年平均比较图 …… 451
表 41-3 各行政区降水量情况 …… 452
图 41-16 2021 年代表站月降水量过程线 …… 452
图 41-17 2021 年主要河流降水量与上年及多年平均值比较图 …… 452
图 41-18 2021 年厦门市年降水量等值线图 …… 452
图 41-19 2021 年厦门市年降水量距平等值线图 …… 453
图 41-20 2021 年各区地表水资源量与上年及多年平均值比较图 …… 453
表 41-4 各行政区水资源 …… 453
图 41-21 2021 年主要河流地表水资源量与上年及多年平均值比较图 …… 453
图 41-22 2021 年各区水资源总量与上年及多年平均值比较图 …… 453
表 41-5 中型及重要小（1）型水库蓄水动态 …… 454
表 41-6 全市供水情况表 …… 454
表 41-7 全市用水情况表 …… 455
图 41-23 行业用水比例图 …… 455
表 41-8 各行政区用水情况表 …… 455
图 41-24 各行政区用水比例图 …… 455
表 41-9 用水指标分析情况表 …… 456
表 41-10 2021 年厦门市主要经济指标快报 …… 457
表 41-11 2021 年厦门市劳动力市场分职业从业人员工资价位一览表 …… 458
表 41-12 2021 年厦门市劳动力市场分行业从业人员工资价位一览表 …… 468
报刊集萃 …… 487
厦门——高素质创新创业之城彰显活力（“十四五”，我们这样开局起步） …… 487
厦门：中国改革开放的一个缩影 …… 488
厦门：更高水平建设“高颜值的生态花园之城” …… 489
厦门：进一步擦亮城市文明品牌 …… 490
厦门：跨岛发展天地宽 …… 491
厦门：全方位推动高质量发展 …… 492
厦门海洋经济发展势头正劲 …… 493
厦门：精准保障 让百姓“住有所居” …… 494

42. 索　　引

…… 496

Contents

1. Special Issue

Documentary of the Development of Xiamen Special Economic Zone in the past 40 Years ······ 1
Development of Hundred Billion Industrial Chains ······ 4

2. Chronicle of Events

January ······ 6
February ······ 6
March ······ 7
April ······ 7
May ······ 8
June ······ 9
July ······ 9
August ······ 10
September ······ 10
October ······ 11
November ······ 13
December ······ 14

3. Overview of Xiamen

Physical Geography ······ 15
Geographical Environment ······ 15
Climate ······ 15
Sea Area ······ 18
History of Regionalization and Administration ······ 18
Symbols of Xiamen ······ 19
Administrative Divisions and Population ······ 20
Ethnic and Religious Affairs ······ 23
Economic and Social Development ······ 23

4. Xiamen Municipal Committee of the Communist Party of China

Overview ······ 26
Main Conferences ······ 26
Organization Work ······ 29
Propaganda Work ······ 32
United Front ······ 33
Spiritual Civilization Construction ······ 34
Cyberspace Administration ······ 35
Policy Research ······ 37
Administration of Establishments ······ 37
Party School Work ······ 38
Confidential Work ······ 39
Party Building in Municipal Organs ······ 39
Veteran Cadres Work ······ 40
Work of Caring for the Next Generation ······ 40
Archives Work ······ 41
Work of Party history and Local Chronicles ······ 41

5. Xiamen Municipal People's Congress

Overview ······ 43
Main Conferences ······ 44
Legislation by the people's Congress ······ 46
Supervision by the people's Congress ······ 46
Decisions on Major matters and Appointment and Removal of Personnel ······ 47
Deputies' Work ······ 49

6. Xiamen Municipal People's Government

Overview ······ 50
Main Conferences ······ 51
Transparency in Government Affairs ······ 56
E-Government Affairs ······ 58
Administrative Examination and Approval Management ······ 59
Organization Affairs Administration ······ 60
Public Complaints and Proposals Administration ······ 61

7. Xiamen Municipal Committee of the CPPCC

Overview ······ 62
Main Conferences ······ 63
Consultation ······ 64
Democratic Supervision ······ 65
Proposal Handling ······ 65
Subject Investigation ······ 66
Committee Member Inspection ······ 67
Fellowship and Other Activities ······ 68

8. Municipal Commission for Discipline Inspection and Supervisory Commission

Overview ······ 69
Action to Address Four Undesirable Work Styles (Formalism, Bureaucratism, Hedonism and extravagance) ······ 69
Inspection Work ······ 70
Supervise and Enforce Discipline ······ 70
Combat Corruption and Maintain A Clean Government ······ 71

9. Democratic Parties and Federation of Industry and Commerce

Xiamen Committee of the Revolutionary Committee of the Chinese Kuomintang ······ 72
Xiamen Committee of the China Democratic League ······ 73
Xiamen Committee of the China National Democratic Construction Association ······ 74
Xiamen Committee of the China Association for Promoting Democracy ······ 74
Xiamen Committee of the Chinese Peasants and Workers Democratic Party ······ 75
Xiamen Committee of the China Zhi Gong Party ······ 76
Xiamen Committee of the Jiusan Society ······ 77
Xiamen Committee of the Taiwan Democratic Self–Government League ······ 78
Xiamen Federations of Industry and Commerce (General Chamber of Commerce) ······ 79

10. Mass Organizations

Xiamen Municipal Federation of Trade Unions ······ 80
Xiamen Municipal Committee of the Communist Youth League of China ······ 83
Xiamen Municipal Women's Federation ······ 85
Xiamen Federation of Literary and Art Circles ······ 86
Xiamen Association for Science and Technology ······ 88
Xiamen Federation of Social Sciences Circles ······ 89
Xiamen Federation of Returned Overseas Chinese ······ 90
Xiamen Federation of Taiwan Compatriots ······ 91
Xiamen Jinmen Compatriots Association ······ 92
Xiamen Committee of China Council for the Promotion of International Trade ······ 94
Xiamen Branch of Red Cross Society of China ······ 95
Xiamen Disabled Person's Federation ······ 95
Xiamen China Vocational Education Association ······ 97
The Committee of Jimei Schools ······ 98

11. Rule of Law

Local Legislation ······ 99
Political and Legal Affairs and Comprehensive Control ······ 100
Building of a Law-based Government ······ 101
Public Security ······ 104
Procuratorial Work ······ 108
Courts ······ 110
  Xiamen Municipal and District People's Courts ······ 110
  Xiamen Maritime Court ······ 113
Judicial Administration ······ 114
Arbitration ······ 117

12. Military Affairs

Work of Garrison Command ········ 118
Conscription Work ········ 119
Militia Reserve Work ········ 119
National Defense Education ········ 119
Marine Police Work ········ 120
Civil Air Defense ········ 120
Veterans Affairs ········ 121

13. Foreign Affairs • Overseas Chinese Affairs • Hong Kong and Macao Affairs

Foreign Affairs ········ 124
Overseas Chinese Affairs ········ 127
Hong Kong and Macao Affairs ········ 128

14. Taiwan Affairs

Overview ········ 129
Preferential Taiwan Policy ········ 130
Economic and Trade Cooperation between Xiamen and Taiwan ········ 131
Tourism between Xiamen and Taiwan ········ 132
Education Exchange between Xiamen and Taiwan ········ 132
Medical Exchange between Xiamen and Taiwan ········ 133
Judicial Exchange between Xiamen and Taiwan ········ 134
Cultural Exchange Between Xiamen and Taiwan ········ 135

15.Economic Management

Macroeconomic Regulation ········ 137
Land Management ········ 138
Forest Resource Management ········ 139
Geographic Surveying and Mapping Management ········ 139
Marine Resource Management ········ 140
Supervision and Administration of State-owned Assets ········ 141
Management of Small and Medium-Sized Enterprises ········ 143
Auditing ········ 145
Statistical Work ········ 146
Commodity Price Administration ········ 146
Industrial and Commercial Administration ········ 148
Food and Drug Administration ········ 150
Quality and Technical Supervision and Management ········ 151
Intellectual Property Protection ········ 152

16.Finance • Taxation

Finance ········ 153
Taxation ········ 155

17. Port Management

Port Operations ········ 158
Customs Supervision ········ 159
Maritime Monitoring ········ 160
Frontier Inspection ········ 161

18. Open Economy

Foreign Trade and Trade with Hong Kong, Macao and Taiwan ········ 162
Construction of Fulcrum City of the "The Belt and Road" Initiative ········ 172
Utilization of Foreign Capital and Hong Kong, Macao and Taiwan Capital ········ 173
Construction of BRICS Innovation Base ········ 173
Construction of the Development Zone ········ 175
Xiamen Area of China (Fujian) Pilot Free Trade Zone ········ 175
Xiamen Haicang Taiwanese Investment Zone ········ 178
Xiamen Torch Development Zone for High Technology Industries ········ 180
Overseas Economic and Technical Cooperation ········ 181

19.Financial Industry

Overview ········ 182
Financial Industry Regulation ········ 183
Banking ········ 184
Securities and Futures Business ········ 193
Insurance Industry ········ 195

Other Non-bank Financial Institutions …… 196

20. Agriculture and Rural Areas

Overview …… 198
Crop Farming …… 198
Horticulture Industry …… 199
Forestry …… 199
Animal Husbandry …… 200
Fishery …… 200
Rural Vitalization …… 201
Rural Reform …… 201
Rural Industries Development …… 201
Construction of Villages and Small Towns …… 202
Rural Governance …… 202
Quality and Safety of Agricultural Products …… 202
Water Conservancy Construction …… 203

21.Industry

Overview …… 204
Electronic Information Manufacturing Industry …… 210
Biomedical Manufacturing …… 211
New Material Industry …… 212

22.Commercial Service Industry

Social Consumption …… 213
Logistics Industry …… 213
Electronic Commerce …… 214
Grain and Oil Reserves and Supply …… 214
Subsidiary Food Supply …… 215
Supply and Marketing Cooperation …… 216
Tobacco Monopoly …… 216

23.Convention and Exhibition Industry

Overview …… 217
Exhibition Infrastructure Construction …… 218
Exhibition Market Development …… 219
Selected Introduction of Exhibitions …… 219
Selected Introduction of Conferences …… 221

24.Traffic and Postal

Overview …… 223
Harbors …… 224
Highway Transportation …… 225
Public Transport …… 225
Railway Transportation …… 226
Rail Transit Construction …… 227
Aviation …… 227
Airport …… 227
Xiamen Airlines …… 228
Postal and Express …… 229

25.Information Service Industry

Infrastructure Construction of Information Service Industry …… 230
Communication and Network Services …… 230
Software Information Service Industry …… 231
Smart City Construction …… 232
Radio Management …… 233

26.Urban Construction

Urban and Rural Planning and Design …… 234
New Towns Construction …… 235
Key Project Construction …… 236
Exploration and Design …… 237
Construction Industry …… 237
Municipal Construction …… 240
Public Utility …… 241
Water Supply …… 241
Gas Supply …… 242
Power Supply …… 243
City Appearance and Environmental Hygiene …… 244
Landscaping …… 244
Urban Administration …… 245

27.Real Estate Industry

Real Estate Development …… 247
Real Estate Market Management …… 247

Real Estate Intermediary Services ························· 248
Apartment Lease ························· 249
Estate Management ························· 249
Housing Management ························· 250

28.Ecological Environment Protection

Ecological Environment Quality ························· 251
Marine Ecological Protection ························· 252
Water Resources Protection ························· 253
Land Resources Protection ························· 254
Nature Reserve Protection ························· 254
Energy Conservation and Emission Reduction ························· 254
Pollution Prevention ························· 257
Environmental Regulation ························· 258

29.Tourism

Overview ························· 260
Tourism Planning and Construction ························· 260
Tourism Promotion ························· 261
Operational Types of Tourism ························· 263
Tourist Resources ························· 263
Tourism Public Service ························· 264
Tourism Management ························· 265
Gulangyu Scenic Spot Protection ························· 266

30. Private Economy

Overview ························· 268
Composition of Private Economy ························· 268
Production and Operation ························· 295
Scientific and Technological Innovation ························· 306
Social Activities ························· 307

31.Science and Technology

Overview ························· 308
High and New Technology and Emerging Industries ························· 309
Science and Technology Plan Projects and Investments ························· 310
Combination of Science and Technology and Finance ························· 310
Construction of Regional Innovation System ························· 311
Popularization and Application of Science and Technology ························· 312
Transformation of Scientific and Technological Achievements ························· 313
Interchange and Cooperation of Science and Technology ························· 313
Scientific and Technological Talents ························· 314
Scientific Research Institutes ························· 315
Third Institute of Oceanography, Ministry of Natural Resources ························· 315
Institute of Urban Environment, Chinese Academy of Sciences ························· 316
Fisheries Research Institute of Fujian ························· 317
Fujian Institute of Subtropical Botany ························· 318

32.Social Sciences

Subject Research and Academic Achievements ························· 319
Academic Activities ························· 338

33.Education

Overview ························· 342
Preschool Education ························· 344
Compulsory Education ························· 344
General High School Education ························· 345
Special Education ························· 345
Vocational Education ························· 345
Higher Education ························· 347
Xiamen University ························· 348
Jimei University ························· 350
Huaqiao University Xiamen Campus ························· 351
Xiamen University of Technology ························· 352
Xiamen National Accounting Institute ························· 353
Xiamen Institute of Technology ························· 354
Xiamen Huaxia University ························· 355
Xiamen City University (Xiamen Open University) ························· 356

34.Culture

Public Culture ························· 357
Culture and Art ························· 358

Cultural Heritage Protection 359
Cultural Industry 362
Cultural Exchanges 362
Cultural Management 363
Press Publication 364
Broadcasting and Television 372

35.Hygiene and Health

Overview 375
Medical and Health Institutions 376
Disease Control and Prevention 377
Urban and Rural Medical and Health Services 378
Family Planning Services 379
Maternal and Child Health 380
Patriotic Healthy 380
Occupational Health 381
Elderly Health 381
Health Supervision 382
Traditional Chinese Medicine 382
Medical Administration and Medicine Management 383
Prevention and Control of COVID-19 Pneumonia 384

36.Sports

Sports Facilities 385
Mass Sports 386
Competitive Sports 387
Sport Industry 391

37.Social Life

Population and Family 392
Employment and Entrepreneurship 394
Income Consumption 398
Social Insurance 399
Housing Security 400
Medical Security 401
Social Assistance 402
Social Welfare 402
Aging Affairs 403
Social Organization Management 403
Grassroots Social Governance 404
Ethnic and Religious Affairs 405

38.Emergency Management

Overview 406
Earthquake Prevention and Disaster Reduction 407
Safety Production Supervision and Management 408
Fire Control 409

39.Overview of Municipal Districts

Siming District 411
Huli District 413
Jimei District 414
Haicang District 417
Tong'an District 419
Xiang'an District 421

40.Characters and Honors

New Municipal Leaders 424
Role Models 424
News Figures 425
The Deceased Personages 426

41.Appendix

Directory of Organizations and Cadres 427
Selected Documents 438
Statistical Iinformation 444
Collection of Newspapers and Periodicals 487

42. Index

.... 496

(Translated by Yijuan Ji)

审　　稿：白延蜻
校　　对：孙志红

鹭江潮奔涌　沧海放长歌

——厦门经济特区建设40周年发展纪实

厦庇五洲客，门纳万顷涛。

1980年10月，国务院批准设立厦门经济特区。一年后，随着湖里工地上一声爆破巨响，厦门经济特区建设大幕正式拉开。“大厦之门”从此开启翻天覆地的变化，实践着中国共产党领导下的经济特区伟大创举，成为中国特色社会主义在一张白纸上的精彩演绎。

40载岁月峥嵘，40载筚路蓝缕。以两岸融合为特色，以改革开放为动力，以高质量发展为追求，厦门经济特区建设40年来充分发挥体制改革“试验田”、对外开放重要窗口和现代化建设排头兵作用，曾经风高浪急、发展受限的海防前线，不断向高素质高颜值现代化国际化城市迈进。

因台而设探索海峡两岸融合发展新路

海峡相望，鼓浪如歌。在中国首批4个经济特区中，厦门最突出的特点就是“因台而设”。40年来，厦门经济特区凭借对台区位优势全面拓展两岸交流合作，以先行先试服务对台工作大局。

作为首批到大陆投资的台商，建霖集团董事长吕理镇1987年来到大陆，在考察了几个城市后，最终选择了厦门。

“厦门离台湾很近，有着相同的乡音、文化习俗、风土人情。更为重要的是，厦门作为经济特区，有政策支持。”吕理镇说，刚起步时，公司盖6万平方米的厂房，只花18个月的时间。“这在当时，很了不得。”

依靠大陆市场，加上当地政策、人才的加持，建霖集团去年正式登陆A股。“厦门是一个很好的投资目的地，也是两岸合作的典范。”吕理镇说。

40年来，厦门在两岸三通直航、经贸合作、人员往来、文化交流、基层政党交流等方面不断有“破冰”之举，持续深化两岸交流合作综合配套改革，建设两岸新兴产业和现代服务业合作示范区、两岸金融中心、东南国际航运中心、对台贸易中心等“一区三中心”，厦台集成电路、平板显示等产业合作结出硕果。

厦门已成为两岸经贸合作最紧密的区域，引进了友达、宸鸿等20多家台湾百大企业，累计实际使用台资117亿美元，台企工业产值约占厦门规上工业总产值1/4。厦门口岸的台湾水果、食品、酒类、图书、大米等进口量稳居大陆第一，是大陆最大对台贸易口岸。

2021年，一年一度的海峡论坛因疫情影响延至岁末登场，两岸各界依然表现出很高的热情。作为两岸交流交往最活跃的平台，厦门已重点打造了海峡论坛、工博会、文博会、图交会等50多个大型两岸交流活动，成效不断提升。

两岸合作的未来在青年。来自台湾桃园的青年创业者范姜锋把厦门比喻为“逐梦之地”。2016年，范姜锋与大陆合伙人共同创办了厦门启达台享创业服务有限公司，如今成果斐然：协助7000多名台湾青年来闽交流，帮助超过300名台湾青年、150个项目在闽落地。

“在厦门，我看到了在台湾从来没有看过的风景。”范姜锋说，厦门已成为许多台湾青年到大陆发展的首选地。

厦门推出多项惠台利民举措，创新设立台胞服务中心、台胞驿站、两岸青年创业基地等涉台服务机构，积极为台湾青年追梦、筑梦、圆梦创造更好条件，搭建更大舞台。

越来越多的台湾新生代走进并融入厦门，成为一道靓丽的青春风景线。厦门已有20多个两岸青年创业基地，其中7个获批国台办“海峡两岸青年就业创业基地（示范点）”。

据不完全统计，2021年12月超过12万名台胞在厦门工作、生活，享受与本地居民同等待遇，众多台胞主动当义工、参与社区治理，融入本地生活。

“台胞和大陆同胞已成为社区共同体。”厦门市湖里区兴隆社区台胞主任助理熊麒说，在他们社区，两岸同胞已经从“陌邻”变为“友邻”，真正实现了具有共同情感体验的“两岸一家亲”。

厦门台商协会会长吴家莹表示，厦门经济特区发展，广大台商、台胞既是参与者、亲历者，也是受益者。台商、台胞助力厦门发展，也搭上改革开放高速发展的“列车”，幸福指数年年增高。

多区叠加构建开放型经济新体制

向开放要动力，向改革要活力，在国家发展大局中谋划高水平对外开放是厦门经济特区成立以来始终坚持的发展逻辑。

厦门经济特区设立之初，基础设施几乎为零，一张白纸上搞建设，资金更是紧巴巴。百业待兴，如何破题？

没有现成经验，没有标准答案，经济特区的使命，就是要冲锋探路，“杀出一条血路来”。利用特区政策优势，厦门在全国率先利用外国贷款建设机场、港口、通讯等基础设施，率先推进税利分流改革，率先改革国有资产管理体制，率先推行土地有偿转让和政府采购公开招投标，成立首家中外合资银行……厦门经济特区成立之初一系列开放举措激活了发展活力，形成外引内联的良好开局。

1984年2月，改革开放总设计师邓小平亲临厦门视察，奋笔题写“把经济特区办得更快些更好些”，激励着厦门进一步加大改革开放。

1985年，国务院批准厦门经济特区扩大到全岛。此后，中央又相继批准设立海沧、杏林、集美三个台商投资区和象屿保税区。2010年中央又批准厦门经济特区扩大到全市。一系列政策叠加，厦门形成了全方位、多层次的对外开放格局。

栽好梧桐树，引来凤凰栖。戴尔、通用、ABB等世界500强企业纷纷“抢滩”厦门。“厦门是ABB在中国扬帆远航的起点。从1992年落户厦门火炬高新区至今，厦门已成为ABB全球最重要的产业基地之一。”ABB电气中国总裁赵永占说，2018年ABB厦门工业中心投入运营，致力打造现代化研发基地，实现从生产制造基地到创新研发基地的转变。

厦门市统计局的数据显示，截至2020年底，共有63家世界500强企业在厦门投资了114个项目，合同外资41.21亿美元，实际使用外资36.3亿美元。

既要“引进来”，也要“走出去”。截至目前，厦门累计登记境外投资项目1581个，投资分布74个国家和地区，投资领域涉及批发零售、制造业等领域。

党的十八大以来，随着自贸试验区、海丝核心区、金砖国家新工业革命伙伴关系创新基地等一系列国家战略相继落地，厦门正在从更高层面探索多层次、全方位、综合性经济开放格局。

国际贸易“单一窗口”建设、商事登记“一照一码”改革、设立国际商事仲裁院、建设海丝中央法务区……厦门自贸片区管委会经济发展局局长代斌说，自2015年挂牌以来，厦门自贸片区累计推出498项创新举措，共有30项“厦门经验”在全国复制推广。

融入国家全新的对外开放格局，厦门视野愈加广阔。2015年首列中欧班列（厦门）开行，这趟离台湾最近的中欧班列线路如今已开行逾1000列。3年后，首开于厦门港的“丝路海运”也开行，海丝和陆丝在厦门实现了完美的交汇。

“丝路海运”是首个面向“一带一路”沿线国家的国际综合物流服务品牌和平台。福建丝路海运运营有限公司副总经理李南说，经过3年发展，“丝路海运”已拥有80条命名航线，通达27个国家的99座港口，联盟成员超过200家，累计运输集装箱超670万标准箱。

跨陆连海的厦门，主动融入“一带一路”建设，持续为“一带一路”发展注入活力。与此同时，厦门紧抓“金砖”机遇，构建金砖合作的重要平台。

继2017年金砖国家领导人第九次会晤在厦门成功举行后，厦门在2020年底又落地金砖国家新工业革命伙伴关系创新基地。创新基地正式建设一年来，发布两批60项重点任务清单，开展20期金砖专题培训，建设7个新工业革命领域赋能平台，推出首批39个新工业革命领域示范标杆项目，签约33个金砖合作项目。

多项国家战略汇集，多区叠加的优势，推动厦门深度融入全球经济体系，在打造开放型经济新体制方面始终走在前头。

质量变革激发产业创新力

创新创业是厦门经济特区的鲜明特征。正是靠着创新驱动发展，厦门克服了地域空间狭小、经济腹地不足等弱点，走上了产业高质量发展的新路。

展厅内，工作人员通过大屏幕演示最新的视讯调度解决方案，应急指挥、交通调度、可视检修、远程监控都能在这套系统中轻松实现——走进厦门亿联网络公司，各种新技术新产品让人大开眼界。

作为国际领先的企业通信与协作解决方案提供商，亿联网络的自主品牌产品销售到美国、英国、澳大利亚等国家，SIP话机市场占有率全球第一。受疫情影响，公司云视频业务更迎来风口，订单激增。

“近两年，公司年均申请专利100多件，平均三天申请一件。”公司副总经理张惠荣介绍，公司研发人员占员工人数六成以上，每年研发投入占销售额的比重超过8%。

亿联网络所在的厦门火炬高新区，是首批国家级高新区之一。建设30年以来，厦门火炬高新区从岛内不到1平方公里的“试验田”起步，发展为“一区九园”，支撑起厦门市工业经济的“半壁江山”。目前火炬高新区聚集各类企业超1万家，其中国家级高新技术企业1000多家。

火炬高新区的鲜明特色，折射出厦门因地制宜谋划产业布局的路径。相比全国其他副省级城市，厦门经济体量偏小，全市仅1700平方千米的土地面积，近六成又被划入生态控制区。厦门火炬高新区管委会负责人说，立足自身资源禀赋，因地制宜紧盯产业链和价值链高端，走“小而精”的精细化发展之路，是激发厦门比较优势的正确之选。

精，是指产业布局的高精尖。特区成立之初，厦门以“三来一补”加工制造为主，电子、机械、轻工、化工等企业，曾一度是厦门的支柱产业。此后厦门有取有舍，摆脱发展路径依赖，逐步放弃粗放型产业，以高端制造业和现代服务业为重点，串点成链、集链成群，在转型发展中重塑产业格局，形成平板显示、计算机与通信设备等9条千亿产业链。

40年来，厦门经济总量年均增长15%，财政总收入年均增长18.1%。2020年，厦门地区生产总值达6384亿元，财政总收入达1351亿元，人均地区生产总值突破2万美元，达到国际通用的发达经济体“门槛”。

厦门以占全省1.4%的土地面积，创造出全省14.5%的地区生产总值、26.2%的财政收入和近50%的外贸进出口额，土地产出率、财政收入占地区生产总值比重、每度电创造生产总值等指标位居全国前列。

乘着经济特区发展的东风，大批高新技术企业在厦门集聚发展，演绎着创新驱动、转型升级的生动故事。

位于海沧区的厦门生物医药港，5.67平方千米的“袖珍”之地聚集了300多家生物医药公司。万泰沧海生物医药项目工程二期建设快马加鞭，项目建成后将主要用于生产国产九价宫颈癌疫苗，并和葛兰素史克合作开发新一代宫颈癌疫苗。

“历经无数次试验，我们坐热了冷板凳，疫苗产业化生产终于实现突破。”据厦门万泰沧海生物技术有限公司董事长李世成介绍，公司和厦门大学科研合作，成功研制出全球首个戊肝疫苗和国产首支、世界第三支二价宫颈癌疫苗。其中，国产二价宫颈癌疫苗于2021年5月成功上市，国产九价宫颈癌疫苗已进入三期临床试验。

位于海沧的艾德生物是国内外知名的肿瘤精准检测细分领域龙头企业，公司总经理罗捷敏说，公司拥有60多项国际领先的自主专利，产品已进入全球60多个国家和地区，每年让60多万名肿瘤患者从精准医疗中受益。艾德生物根植于厦门的创新沃土，也是经济特区创新驱动发展的产物。

推陈出新天地宽。“10多年前，我们开始逐步退出石化、钢铁等传统支柱产业，为生物医药、集成电路等产业崛起赢得发展空间。”海沧台商投资区管委会副主任张善美说。

高处谋势，新处落子。紧扣产业发展方向，厦门近年来精准发动招商引擎，着力培育新材料、新能源、集成电路等战略性新兴产业。

2021年12月，总投资480亿元的厦门天马第6代柔性AMOLED生产线项目主厂房封顶；全球动力电池龙头企业宁德时代在厦投资成立子公司，并与厦大共建厦门时代新能源研究院……

随着一批龙头项目入驻，结构优化、价值高端、效益突出的新兴产业集群正在厦门加快形成。

协调并重擦亮高质量发展的民生底色

在保持经济发展“高素质”同时，厦门统筹推进区域、生态、民生、文化等协调发展，实现了成色十足、内外兼修的“高颜值”。

置身于厦门“特区·1980”湖里创意产业园，随处可见各种老工厂和老式录音机、黑胶唱片等老物件。独特的怀旧气质，让这里成为游客打卡、剧组取景的网红地标。

这块小小的土地，曾是厦门经济特区的原点。从昔日众多工业企业云集之地到今天的时尚高地，湖里创意产业园转型重生的过程，正是厦门“提升本岛、跨岛发展”的生动缩影。

2002年，厦门提出“跨岛发展”战略决策，此后便将发展目光从岛内扩至厦门全域。跨岛发展拉开了城市格局与框架，厦门产业转型升级有了施展拳脚的更大空间。

站在集美新城体验馆，整个新城全貌一览无余。十余年来，伴随着跨岛发展，集美新城从最初的一张白纸到如今的一派生机，逐步形成包括城市CBD、高校聚集、高科技研发、影视拍摄等多功能于一体的综合性新城。

跨岛发展，关键在产业。从岛内的一期、二期，拓展到岛外的三期，厦门软件园跨岛而来。位于集美的软件园三期，过去是一片“农田滩涂”，如今变身创新创业沃土，3000多家企业、4.6万名软件人才汇聚于此。

随着产业园区拔地而起，产业跨岛升级有了肥沃的土壤，产业跨岛升级又反过来推动岛外新城建设。如今，海沧新城、集美新城、同安新城、环东海域新城建设全面提速，数字经济、平台经济、智能经济等在岛外优先布局。厦门市还大力推动优质教育、医疗资源，文体设施，基础设施等布局岛外，厦门新机场、东部体育会展新城等片区加速推进。

岛内岛外区域协同发展加快推进，而厦门经济发展与生态建设、民生保障等领域协调推进力度也进一步加大。

筼筜湖，厦门市中心的城市湿地公园，被誉为厦门“城市会客厅”。这里花团锦簇，飞鸟翔集，游人如织。很难想象40年前，筼筜湖杂草丛生、污水乱排，湖水又黑又臭。

经济特区建设以来，厦门市打响了筼筜湖环境整治的硬仗。经过多年持续综合治理，如今筼筜湖彻底改头换面，筼筜湖综合整治工程被联合国开发计划署评为“东亚海域污染防治和管理”示范工程。

筼筜湖之变折射出厦门久久为功谋划生态文明建设的生动实践。多年来，厦门市坚持生态优先、绿色发展，高标准建设国家生态文明试验区，持续打造“在花园里盛开的城市”。厦门率先制定全国首部生态文明指标体系，率先以地方立法形式出台环境保护条例。城市开发建设中，为保护中华白海豚，厦门市不惜将跨海通道方案由大桥改为隧道，成本大幅增加；为保护白鹭专门保留大屿岛。

在经济特区建设道路上，厦门始终不忘实现共同富裕的初心，大力解决发展不平衡的问题，让改革开放的成果普惠于民。

海拔900多米的军营村和与之毗邻的白交祠村地处厦门、泉州、漳州三市交界处的高山上，是厦门市海拔最高、最为偏远的村子。在上世纪八十年代，由于山高路远、交通不便，高山两村是远近闻名的贫困村，与日新月异的经济特区格格不入。

在厦门市各级党委、政府的支持和引导下，高山两村兴产业、美生态，“山上戴帽、山下开发”因地制宜走上了摆脱贫困、振兴乡村的致富路。如今走进军营村和白交祠村，层层梯田环抱群山，郁郁葱葱的茶园格外“养眼”。

“曾经村里夜晚黑漆漆、山顶光秃秃，逢雷雨天常断电，出行只有泥巴路。”军营村返乡创业大学生高志云说，现在环境越来越好，日子越过越红火，村民人均收入超过 4 万元。

面向未来新起点上再扬帆

四十载风华正茂，九万里风鹏正举。站在经济特区建设 40 周年的历史新起点上，厦门迎来了新的发展时期，新征程上面临新的发展方向和路径选择。

在两岸形势严峻复杂的背景下，厦门如何发挥对台优势更好服务国家工作大局？

厦门经济特区因台而特，因台而兴。厦门市台港澳办主任刘金柱说，作为大陆距台湾最近的城市之一，厦门与金门隔海相望，是两岸直接往来和区域融合的重要枢纽。在两岸交流合作受阻的情况下，厦门更要努力打造两岸融合发展示范区，全面探索两岸融合发展新路，努力把经济特区建设成台胞台企登陆第一家园的“第一站”。

回应台胞需求，厦门正加快厦金通电、通气、通桥等项目厦门侧建设，先行推进厦金基本公共服务均等化、普惠化、便捷化，打造“厦金共同生活圈”。

在“城市群”崛起、区域协调发展提速的时代洪流中，厦门如何发挥辐射带动作用，在区域经济布局中有更大作为？

厦门进一步发展面临空间狭小、经济腹地有限等因素制约。“厦门应当在厦漳泉区域经济一体化中扩大其发展空间和辐射带动作用。”福建社科院教授严正说。

厦漳泉都市圈位于长三角和粤港澳大湾区之间，是中国东南沿海重要的经济区域以及对台合作的前沿门户。三地语言相同、文化同源、空间相邻，是台胞的主要祖籍地，也是闽南文化发祥地和核心区。严正说，应从更高层面推进厦漳泉协同发展，深度整合厦漳泉优势资源，从而形成更有厚度的发展腹地，让厦门在更高水平上建成高素质高颜值现代化国际化城市。

在以国内大循环为主体、国内国际双循环相互促进的新发展格局下，土地资源稀缺、外向型经济特征突出的厦门，如何进一步突围破局，让开放之路越走越宽？

2021 年，外资企业贡献了厦门约 70% 的工业产值、60% 的经济增长和 40% 的进出口额。“开放包容是厦门发展的软实力，今天更需要通过深化改革、持续开放释放发展活力。”厦门大学经济学院教授周颖刚说，厦门要更加积极地融入国家“一带一路”建设，特别是探索“金砖 +”的拓展模式，塑造陆海联动立体开放新格局。

“深化海丝战略支点城市建设，深度对接区域全面经济伙伴关系协定（RCEP），这些都为新形势下厦门建设更高水平开放型经济新体制提供了方向。”福建师范大学经济学院教授黄茂兴说。

借力扬帆天地阔，击鼓催征正当时。福建省委常委、厦门市委书记崔永辉说，站在“两个一百年”奋斗目标的历史交汇点上，厦门经济特区将乘势而上、砥砺奋进，再次鼓起改革开放风帆，以高起点、高素质的竞争态势探路更高水平开放型经济新体制，全方位推进高质量发展超越。

（摘自 2021 年 12 月 21 日《厦门日报》，并编辑）

千亿产业链发展情况

2021 年，厦门市实现地区生产总值 7033.89 亿元，比上年增长 8.1%，增速位居全省第三，三次产业分别增长 5.3%、6.7%、9.0%，三次产业结构为 0.4∶41.0∶58.6。第二、三产业发展均衡，分别占地区生产总值比重 41.0% 和 58.6%，对全市经济增长贡献率 34.6% 和 65.1%。战略性新兴产业快速增长，全市规模以上工业战略性新兴产业增加值比上年增长 19.4%，其中新一代信息技术、生物产业合计占规模以上工业战略性新兴产业增加值比重超八成；低碳、智能化新产品需求明显提升，新能源汽车、服务机器人产量分别增长 50.2% 和 4.2 倍；网络零售保持较快增长，限额以上网上零售额增长 19.6%，拉动社会消费品总额增长 4.2 个百分点。在经济产业中起引领作用的 12 条重点打造的产业链群中，有 10 条产业链产值突破千亿元。

1. 平板显示：完成产值 1606 亿元，比上年增长 6.9%。友达、冠捷等龙头企业比上年增长均在 16% 以上，带动产业稳定增长。电气硝子三期项目竣工，产线点火，四期项目接续落地。天马 6 代柔性 AMOLED 项目主体工程全部完工。隆利、南京高光等产业链关键配套项目相继落地。火炬高新区电子信息（光电显示）产业发展质量连续两年获工信部五星级评价。

2. 计算机与通讯设备：完成产值 1375 亿元，比上年增长 15.5%。戴尔（中国）入选工信部工业产品绿色设计示范企业，产值比上年增长超 25%，带动产业快速增长。弘信电子比上年增长 41% 以上，新建新能源车用 FPC 产线。玉晶光电抢抓手机、个人电脑等市场机遇，新建“沉浸式”VR 光学镜头项目。国家信息光电子新基建数据中心、科华数据云产业、算能科技人工智能芯片总部等通讯设备产业项目相继落地。

3. 半导体和集成电路：完成产值 481 亿元，比上年增长 10.2%。其中，集成电路完成产值 309 亿元，比上年增长 16.3%；LED 完成产值 172 亿元，增长 0.5%。星宸、三安集成等企业产值翻番，联芯、士兰产能不断提高，星宸科技园、金柏柔性载板项目即将投用，落地安捷利美维高端载板等项目，新设立芯跑三号等产业基金，12家集成电路企业进入国家享受税收优惠企业清单。“芯火双创平台”获工业和信息化部产业技术基础公共服务平台专项支持，海沧半导体基地建成投用，厦门大学国家集成电路产教融合创新平台通过中期评估。云天科技创始人获国家科技进步一等奖。

4. 机械装备：完成产值1110亿元，比上年增长5.2%。得益于国家对新基建项目投入加大，输配电及控制设备行业完成产值512亿元，比上年增长29%，施耐德产值增长60%。汽车制造行业受整车制造上半年产销两旺和世界汽车行业供应链紧张零部件出口高速增长的带动，全年比上年增长8.1%。国内车用电池市场供不应求，带动中创新航快速达产，成为厦门市汽车产业链新增长点。

5. 生物医药与健康：实现产值916亿元，比上年增长17.94%。其中，生物与新医药实现产值409亿元，比上年增长96.9%。海沧区生物医药战略性新兴产业集群培育工作获国务院办公厅督查激励。以新冠病毒检测为代表的体外诊断板块增长强劲，宝太、波生、安邦等龙头企业快速成长，带动一批原料生产企业落户；万泰沧海、特宝生物、大博医疗等企业高速增长。致善、波生、新声等企业入选工业和信息化部第三批专精特新“小巨人”企业名单。华西海圻厦门工作站正式揭牌投用，省药监局设立厦门生物医药港服务工作站。宝太POCT产业园、恒瑞医药高端原料药基地、力品国际标准制剂生产等项目推进中。

6. 新材料：实现产值1074亿元，比上年增长17.89%。先进基础材料领域，虹鹭、象屿兴泓、金路通等企业比上年增长30%以上。关键战略材料领域，厦钨、厦钨新能源、华懋等企业增幅超50%，厦钨新能源在科创板上市，比上年增长91.3%。恒坤新材料非感光光刻胶产品实现批量供货，厦门长塑开发可降解生物基薄膜BiONLY并实现量产，厦顺铝箔的动力电池用铝箔已稳定供应中创新航、宁德时代。火炬石墨烯公共技术服务平台加快建设。第一届新材料科技创新发展大会在厦门举行。

7. 旅游会展：实现总收入1414亿元，比上年增长21.85%。累计接待游客8940万人次，比上年增长34.69%。出台抗疫情促发展系列扶持政策，发放文旅消费券撬动市场。全年举办展览104场，实现经济效益174.59亿元，比上年下降1.32%。举办第七十九届中国教育装备展示会、第二十一届中国厦门国际石材展览会、第二十一届中国国际投资贸易洽谈会等大型会展活动。全球奢华酒店品牌W酒店建成开业，新会展中心全面施工。

8. 现代物流：实现总收入1527亿元，比上年增长17.36%。港口集装箱吞吐量1204.63万标准箱，比上年增长5.62%；货物吞吐量2.27亿万吨，增长9.67%。空港货邮吞吐量29.77万吨，比上年增长6.96%。新成立商舟航空物流有限公司。中远海运厦门供应链、中谷物流厦门基地等项目加快建设，京东同安物流园投产。出台实施物流专项扶持政策。

9. 软件和信息服务：实现总收入1368亿元（工业和信息化部口径），比上年增长10.27%。新纳统企业她趣信息、友微科技、贝壳找房等增势强劲，落地算能科技、腾讯优图等点项目。信息集团、四三九九、吉比特3家企业入选年度中国软件百强；美图公司、四三九九、吉比特、美柚、点触科技5家企业入选年度中国互联网百强。新增2个工业和信息化部新型信息消费试点示范项目、9个国家级5G+医疗健康应用试点项目、3个工业和信息化部大数据产业发展试点示范项目。

10. 金融服务：实现总收入1909亿元，比上年增长10.86%。资本市场快速增长，年内新增12家境内外上市企业，总数达99家。引进阳光融汇、博裕、凯辉、源峰、深高投、中兵国调等一批头部基金，全市备案私募基金管理机构355家，管理基金1684只，在厦门注册基金总规模3567.52亿元。两岸金融中心片区英蓝国际金融中心、厦门国际银行总部、厦门银行总部等项目有序推进。出台促进绿色金融发展十条措施，成立全国首创的地方金融纠纷调解中心。

11. 文化创意：预计实现总收入1900亿元，比上年增长31%。外图集团、新游网络、梦加网络等17家企业入选2021—2022年度国家文化出口重点企业。吉比特再次入选“全国文化企业三十强”提名奖。有序推进重点项目，智能视听产业基地已入驻企业47家；海丝艺术品中心入驻约200家海内外知名艺术经营机构。全市新增影视企业405家，影视企业备案电影剧本147部，取得电影公映许可证7部，全国公映6部，助力厦门市“电影之城、影视之都”建设。

12. 都市现代农业：实现总收入1100亿元，比上年增长7.8%。班纳利中国育种中心在厦开工建设。引导傲农生物、中粮海嘉、吉士汀、汇盛生物等12家农产品生产和加工企业增资扩产。同安闽台农业融合发展（种子种苗）产业园入驻种子种苗企业13家。完善乡村旅游品牌体系，莲花镇获评全国首批乡村旅游重点镇，汀溪镇获评福建省“全域生态旅游小镇”，古坑村、大宅社区获评福建省金牌旅游村。

（市发改委）

责任编辑：孙志红
审　　稿：白延蜻
校　　对：曲　艺

2 大事记

1月

1 日　厦门市企业职工基本养老保险纳入省级统筹。

4 日　厦门市卫生健康委员会“无红包医院”挂牌活动启动暨市妇幼保健院“无红包医院”揭牌仪式在市妇幼保健院林巧稚广场举行。

5 日　厦门市与中泰证券签订战略合作协议，双方决定在企业上市、招商引荐、私募基金、债券发行等方面展开合作。

5 日　厦门市与元气森林签订合作协议。目的是推动零售企业落地，为厦门传统产业转型升级赋能。

5 日　中国金融工会厦门市委员会成立，为中国金融工会首家市级委员会。

6 日　国务院国有资产监督管理委员会办公厅下发通知，批准厦门产权交易中心获央企资产交易资格。

10 日　公安部发布命令，授予翔安公安分局刑侦大队副大队长江涛“全国公安系统二级英雄模范”称号。

13—15 日　厦门举办首届“剧本杀”展会，吸引全国各地 500 多家“剧本杀”店家参展。

17—20 日　中国人民政治协商会议第十三届厦门市委员会第五次会议在厦门人民会堂举行。

18—21 日　厦门市第十五届人民代表大会第六次会议在厦门人民会堂举行。

21 日　福建省人工智能协会第一届第一次会员代表大会在厦门召开，首批会员企业 96 家。

22 日　厦门海关为明达实业（厦门）有限公司签发中国—毛里求斯自贸协定原产地证书，为福建省首份中国—毛里求斯自贸协定原产地证书。证书涉及货物为运动用品，货值 3.74 万元。

26 日　由厦门船舶重工股份有限公司（简称厦船重工）为芬兰维京航运公司承建的首制 2800 客邮轮型客滚船出坞。该船各项技术世界领先，其建造标志厦船重工在邮轮型客滚船领域的开发、设计和建造进入全新阶段，推动国产高端客滚船的自主设计制造进程，为福建省业界建造豪华邮轮奠定基础。

2月

1 日　《厦门市网络预约出租汽车经营服务管理办法》（简称《办法》）实施。该《办法》的实施标志厦门市成为全省首个实施新增和更新的网约车全部为纯电动车型的城市。

1 日　国家林业和草原局、农业农村部公布《国家重点保护野生动物名录》，厦门市列入国家一级保护动物的鸟类新增 9 种（共 10 种），列入国家二级保护动物的鸟类新增 31 种（共 74 种）。其中，勺嘴鹬、黑嘴鸥、东方白鹳和黄胸鹀 4 种鸟类为国家一级保护动物。

5 日　在厦门市总工会、厦门市台港澳办支持下，厦门市教育局在市教育工会设立的厦门市台湾教师之家揭牌成立。

5 日　厦门市 12 名医务人员（医生 9 名、护士 3 名）作为福建省第 16 批援博茨瓦纳医疗队成员，被国家卫生健康委评为 2020 年援外医疗工作表现突出集体。

5 日　福建省科学技术厅、福建省卫生健康委员会发布福建省第一批临床医学研究中心名单，厦门大学附属第一医院入榜。

5 日　厦门大学附属心血管病医院教授王焱、厦门大学附属中山医院教授任建林获第九届“国家卫生健康突出贡献中青年专家”荣誉称号，是国家医药卫生领域中的顶级人才称号。

12 日　2021 年海峡两岸春节焰火晚会在厦门和金门同时举行。

23 日　厦门市赴临夏州帮扶工作队、厦门市第七批援藏工作队队长黄新聪入选中宣部公布的第六批全国学雷锋活动示范点和岗位学雷锋标兵名单。

25 日　厦门市公安局机关党委专职副书记、援临夏挂职干部陈江场，厦门信息学校援藏教师刘斯获评全国脱贫攻坚先进个人称号，由国贸控股牵头的厦门国企在甘肃临夏回族自治州成立的临夏州厦临经济发展有限公司获评全国脱贫攻坚先进集体称号。

25 日　《厦门市推进国家体育消费

试点城市建设实施方案》发布，标志福建省首家体育产业产权资源交易平台落户金圆集团旗下厦门产权交易中心。

3月

1日　福建省首张行业综合许可证在厦门核发，在湖里区行政服务中心市场监管办事窗口，厦门鹭燕大药房有限公司副总经理领到全省首张药店行业综合许可证，标志厦门市市场监管领域“一业一证”改革启动。

2日　厦门市17人入围2021胡润全球富豪榜，比2020年增加2个，为福建省最多，入榜中国富豪榜居住地前20强城市。

3日　厦门市全国优秀农民工和农民工工作先进集体座谈会在厦门科司特电子工业有限公司（简称科司特）举行，企业科司特获评“全国农民工工作先进集体”称号，是福建省唯一获评先进集体的企业；厦门市海沧市政建设管理中心蔡月英等获评“全国优秀农民工”称号。

4日　厦门市与福建省农信联签署服务乡村振兴战略合作框架协议，并在“十四五”期间深化乡村振兴领域全面合作。厦门农商银行“乡村振兴金融部”挂牌。

5日　《厦门经济特区志愿服务条例》施行。

5日　厦门市首个雷锋主题公园——金湖公园开园。

8日　厦门市举行“三八”国际妇女节表彰会，厦门大学附属中山医院呼吸与危重症医学科获评抗击新冠疫情全国三八红旗集体，是全市唯一获该称号的医疗单位。该团队共有医护人员89人，其中女性77人，占86.5%。

8日　位于厦门市地标——世茂海峡大厦B塔59楼的世茂云上厦门观光厅全国首创高空体验新项目——飞越天际和云上滑梯开放。

8日　厦门市首个采用“评定分离”办法招标的公安部第一研究所南方技术基地一期项目定标，中国建筑第八工程局有限公司为中标单位。

12日　腾讯房产联合腾讯地图位置大数据推出《2020年中国重点城市商业吸引力白皮书》，对2020年全国重点城市商场的详细数据进行综合分析。数据显示，厦门的商场客流活跃度达53%，位居全国30个重点城市首位。

13日　中国消费者协会发布《2020年100个城市消费者满意度测评报告》，测评结果显示，2020年度100个城市消费者满意度综合得分79.32分，厦门以84.20分的成绩位列第三。

18日　厦门市入选工业和信息化部公示的2020年度工业稳增长和转型升级成效明显市（州）名单。全国共有10个城市入选，厦门是福建省唯一入选的城市。

20日　中欧（厦门）班列搭载跨境电商出口货物从厦门海沧车站始发，从阿拉山口出境直抵波兰马拉舍维奇，为福建省首票跨境电商货物搭乘中欧（厦门）班列出口。

25日　智欣集团控股有限公司（2187.HK）在香港交易所主板挂牌上市，该公司是厦门市首家登陆香港股市的本土装配式建筑制造商。

29日　在厦门海关监管下，一批总价值约26万美元的飞机发动机用零部件通过厦门火炬（翔安）保税物流中心（B型）流转至位于高崎机场片区的厦门弘信航空保税仓库，标志厦门国际航材保障中心启动保税物流业务。

29日　厦门市集美区纪委监委获评“全国扫黑除恶专项斗争先进集体”。

4月

6日　厦门港推出引航船舶信息可视化平台，首次在平台在全国范围内实现引航、拖轮、码头、船舶代理信息全程可视化。

6日　教育部和福建省政府支持厦门职业教育高质量发展助力两岸融合启动仪式在厦门大学举行。教育部党组书记、部长陈宝生，省委书记尹力，省长王宁出席，省委常委、厦门市委书记赵龙主持启动仪式。

6日　厦门大学举办“南方之强”庆祝建校100周年文艺晚会。

7日　由厦门市人民政府、厦门大学、厦门大学校友总会共同主办的厦门大学百年校庆全球校友招商大会举行。会上，厦门市发布厦门发展主题指数，古地石基金小镇现场教学点、华鑫嘉晟金融科技产业示范园揭牌，“厦门国际银行杯·金融科技创新创业大赛”启动。包括博润多策略基金项目、紫金紫信二号投资项目、青瓷数码股权投资项目在内的12个金融招商项目现场签约。

7日　由厦门市与钟南山院士及广州医科大学附属第一医院国家呼吸系统疾病临床医学研究中心联合开展的“慢阻肺早期干预及规范化管理项目”启动，项目计划通过互联网、物联网和人工智能等新技术，构建医疗服务资源大数据库。该项目为厦门市首个慢阻肺专项研究项目。

7日　中国教育学会与厦门市教育局在厦门举行“新课程改革实验区专业服务项目框架协议”签约仪式。中国教育学会将在厦门设立“新课程改革实验区”，并提供专业服务，助力厦门提高中小幼基础教育质量。

7日　厦门中航紫金广场A、B栋办公塔楼工程项目获住房和城乡建设部公示的2020年度全国绿色建筑创新奖二等奖，为福建省该次唯一获奖的项目。

8日　在厦门市集美区税务局驻集美区行政服务中心二楼的办税大厅，全市首条台港澳同胞办税绿色通道开通。

8日　166辆金龙客车登上散货船“长航淮海”轮，从厦门港运送到墨西哥曼萨尼约港。这是在全球船舶运力紧张的大背景下，厦门港首次使用散货船载运新能源客车出口。

8日　金砖国家新工业革命伙伴关系创新基地建设部省市座谈会在厦门召开。

9日　由数字中国建设峰会组委会主办，福建省数字福建建设领导小组办公室、厦门市人民政府、数字中国研究院（福建）承办的“2021数字中国创新大赛大数据赛道——城市管理大数据专题”举行决赛，15支队伍获奖，其中3支队伍来自厦门，分别是厦门大学、厦门航空有限公司、厦门智融合科技有限公司。

10日　2021建发厦门马拉松赛在厦门国际会展中心鸣枪开跑，11233名全马跑者参与。该届赛事期间，成立国内首个由马拉松赛事组委会独立成立的公益基金会——厦门马拉松公益基金会。

16 日 作为第七届“中国交响乐之春”系列之一的厦门歌舞剧院交响乐团音乐会，在北京国家大剧院上演。指挥郑小瑛、夏小汤，携手厦门歌舞剧院交响乐团共同演奏交响诗篇《土楼回响》、交响乐《安岐随想》。

17 日 “Ai 上游泳，智慧护航”——厦门游泳馆智慧场馆系统发布会在厦门游泳馆举行，该馆前身为人民游泳池，现为福建首家智慧化游泳馆。厦门智慧体育服务平台“Ai 运动”具备查看泳池的水质、人数等信息，实现入馆闸机进出、储物柜租用、游泳安全预警、运动数据记录等多种智慧办理功能。

20—21 日 国际贸易“单一窗口”航空物流公共信息平台工作现场会在厦门召开。该次会议由国家口岸办主办，海关总署、中国民航局航运司、中国电子口岸数据中心及北京、上海等 11 家口岸办相关负责人参加。会上，厦门口岸航空电子货运平台作为国家口岸办航空物流信息验证试点项目之一，获国家口岸办和各省市口岸办点赞。

21 日 厦门市举办“2021 年卓越绩效系列交流暨厦门质量奖企业经验分享会”，厦门天马微电子有限公司、厦门会展集团股份有限公司、厦门长塑实业有限公司 3 家获第五届厦门市质量奖。

22 日 厦门市与上海音乐学院签订战略合作框架协议，上海音乐学院鼓浪屿音乐研究中心揭牌。双方将在音乐人才培养、艺术实践、音乐研究等方面展开合作。

22 日 厦门市“集美台胞警务服务站”揭牌启用仪式在区行政服务中心一楼大厅举行。该服务站通过业务授权，将原先需要在出入境管理支队、派出所、车辆管理所、交警大队办理的警务服务事项集成办理，是全省首个区级台胞警务服务综合受理办理站点。

23 日 厦门大学的鼓浪屿原日本领事馆修缮项目入选 2020 年度优秀古迹遗址保护项目，是厦门市文物保护项目首次获该奖项。

23 日 由人民日报出版社与厦门市集美区委宣传部等单位共建的“嘉庚书房”揭牌。嘉庚书房位于集美学村历史文化街区八音楼群，是全国首个以“嘉庚”命名的书房。

25—26 日 以“激发数据要素新动能，开启数字中国新征程”为主题的第四届数字中国建设峰会在福州举行，厦门市亿联网络等 40 多家企业参会，涉及软件信息、人工智能、电力电气、数字安防、物联网等多个领域。其中，芯阳科技等 30 多家厦门企业组团参加首届中国（福州）国际数字产品博览会。

27 日 2021 年庆祝“五一”国际劳动节暨“建功‘十四五’、奋进新征程”主题劳动和技能竞赛动员大会在北京举行，厦门集装箱码头集团有限公司获全国五一劳动奖状，厦门市同安区第一建筑工程公司工程部项目经理、高级工程师陈清地等 5 人获全国“五一”劳动奖章，厦门路桥建设集团有限公司厦门第二西通道（海沧隧道）工程项目经理部等 3 个集体获评全国工人先锋号。

27 日 全省首个设立在台商协会的出入境服务站——台胞台企服务站在厦门台商会馆揭牌，为厦门市公安局出入境管理局开展“我为群众办实事”实践活动中的 1 项创新举措。

27 日 厦门国贸控股集团旗下控股企业——中红普林医疗用品股份有限公司于深圳交易所创业板挂牌上市。

27 日 2021“成功之道——设计即战略”红点产品设计大奖获奖作品展在厦门红点设计博物馆开幕，该展览是红点产品设计大奖最新获奖作品在中国的首次大规模展出，由厦门市商务局、厦门自贸片区管委会指导，共同推动以设计赋能制造。

27 日 福建省委文明办发布“福建省 2018—2020 年度省级文明城市、文明村镇、文明单位、文明校园、文明家庭名单”，厦门市湖里区、集美区、同安区被授予首批“省级文明示范城区”称号。

5月

1 日 厦门总商会旧址“岛美路头”复合型文化体验空间开业，该空间为中山路片区改造提升后的首个落地项目。

1—2 日 “兴业银行杯”2021 厦门业余围棋巡回赛在鸿山书院开幕，该巡回赛为国内业余赛事中赛程历时最长、福建省规模最大的业余围棋巡回赛。

6 日 2021 中国厦门国际佛事用品（春季）展览会、2021 中国厦门国际茶产业（春季）博览会、2021 中国厦门寺院建筑与设计展、2021 中国厦门国际素食暨有机产品（春季）展览会、2021 中国厦门国际新兴茶饮展览会、2021 世界绿茶采购交易会、2021 中国厦门国际手工艺品展、2021 中国厦门国际花卉园艺博览会八场展会同时在厦门国际会展中心启幕。

7 日 厦门兴业银行联席主承销的厦门夏商集团有限公司 2021 年度第六期超短期融资券（乡村振兴）发行，是福建省首单乡村振兴超短期融资券，也是厦门市首单乡村振兴债。

9 日 厦门国家火炬高新区建设 30 周年暨高质量发展再动员大会召开，大会同时举行厦门火炬大学成立仪式，该校为全国第一所高新区平台型产业大学。

9 日 甘肃省临夏回族自治州民族团结进步表彰大会在该州民族会堂举行，厦门市赴临夏州帮扶工作队获评“全州民族团结进步模范集体”称号。

10 日 厦门火炬大学成立后承办的首个品牌活动——新工业革命论坛举行，论坛主题为“数字化转型再塑产业核心竞争力：大趋势与新抉择”。

10 日 厦门市 18 家企业入选工业和信息化部公布的“建议支持的国家级专精特新‘小巨人’企业名单（第一批第一年）”。

13 日 厦门市海沧港综合保税区举行揭牌仪式，21 个重点项目签约入驻，总投资 109 亿元，项目涵盖数字贸易、生物医药、黄金珠宝等众多领域。

13 日 由国家发展改革委主办的全国优化营商环境经验交流现场会在苏州召开，会上公布 2020 年全国营商环境评价各指标领域标杆城市名单，厦门市 18 个指标全部获评“全国标杆”。

14 日 福建省脱贫攻坚总结表彰大会在福州召开，厦门市开元国有投资集团有限公司等 10 家单位获评先进集体，张晓晨等 19 人获评先进个人。

17 日 公安部召开全国公安机关扫黑除恶专项斗争总结表彰大会，厦门市公安局扫黑除恶专项斗争领导小组办公室获评“全国公安机关扫黑除恶专项斗争成绩突出集体”。

20日　甘肃省委、省政府召开全省脱贫攻坚总结表彰大会。厦门市9个集体、8名个人在东西部扶贫协作中因助力临夏回族自治州打赢脱贫攻坚战作出突出贡献而受到表彰。

21日　“英模会客厅”暨厦门公安英模教育基地揭牌仪式在厦门集美文体中心举行。

22—23日　2021厦门田径公开赛举行，是中国田径协会第一场认证的业余田径公开赛，也是中国田径协会大众田径健身达标赛（试点）赛事，是国内最大规模的业余田径公开赛。

24日　商务部网站公示第一批全国供应链创新与应用示范城市和示范企业名单，厦门市上榜，厦门建发股份、国贸集团股份、象屿股份及林德叉车4家企业入选全国供应链创新与应用示范企业名单。

26—28日　第十二届中国舞蹈“荷花奖”当代舞、现代舞终评现场演出及评选在深圳举行，全国有361件舞蹈作品参加初评，45件作品入围终评。厦门小白鹭民间舞艺术中心编创的抗疫题材作品《春会来》（原名《希望》）获98.26分，是福建省舞蹈作品第一次获全国性专业舞蹈赛事的第一名。

28日　厦门大学法学院发布全国首份《中华人民共和国民法典》社会认知度调查报告。报告显示，民众对《中华人民共和国民法典》知晓率达90.79%，但整体认知程度还有待提高；大部分受访者“遇事才找法”，过半受众关注法院判决情况；过半受众主动分享民法典信息，民法典知识逐渐成为社交话题。报告还为民法典传播提供建议，建议通过线上线下“两手抓”的方式，提升知识信息密度，帮助民法典顺利实施。

6月

2日　厦门金圆投资集团有限公司联合深圳市高新投集团有限公司发起设立的福建省首只人才基金——厦门市人才创新创业一号基金签约。

2日　中欧班列（厦门）第1000列班列从厦门自贸片区海沧园区整装驶出，驶往德国汉堡。

9日　南京举办2021世界半导体大会，厦门市海沧集成电路产业园获评“2020—2021中国十大集成电路高质量发展特色园区”，为全省唯一获此荣誉的集成电路产业园区。

10日　由金砖国家智库合作中方理事会和厦门市人民政府共同主办，以“携手共建创新基地　打造金砖合作典范”为主题的2021金砖国家智库国际研讨会在厦门举行。

11日　福建省首个两岸融合发展中心——厦门市集美区两岸融合发展中心在集美闽台研学总部揭牌。

11日　由厦门大学与航天东方红有限公司共同研制的“海丝二号”卫星，搭载长征二号丁运载火箭在太原卫星发射中心发射升空。

17日　厦门海沧隧道试通车。

18日　“爱心厦门　爱在湖里”江头爱心公园暨“厦门之心”献血屋启用仪式在地铁1号线和2号线交会处的吕厝站出口举行，标志全省首个无偿献血主题公园落成。

18日　厦门自贸数字化促进中心揭牌暨高水平打造数字自贸试验区研讨会在厦门国际航运中心举行。

25日　厦门市中级人民法院与市资源规划局共同举办厦门市首场土地房屋征收案件白皮书宣讲会。会上，《厦门市土地房屋征收案件行政审判白皮书（2015—2020年）》发布，同时举办“依法化解行政纠纷，促进城乡建设与发展”主题座谈。

26日　厦门港党群服务中心启用仪式在厦门港引航站举行，是首家跨厦门、漳州、招商局漳州开发区，多种所有制成分党组织共建的党群服务中心。

26日　厦门市庆祝中国共产党成立100周年“永远跟党走”文艺演出在厦门海峡大剧院举行。

28日　由厦门国有资本运营有限责任公司打造的福建省首个海上沉浸式情景体验项目——《碧海红帆》项目在党史教育主题船“图强”号上首演。

29日　由中国移动福建公司、中国移动咪咕公司与厦门市集美区三方联合打造的全省首个“5G+AR”党史馆在集美新城中央公园的集美塔内开馆。

29日　首批清华大学厦门博士团在厦门开团。厦门市委组织部、市人社局等部门领导参加开团仪式，并为博士团授旗。33名来自清华大学集成电路、能源动力、软件信息、经济管理等厦门急需紧缺专业的在读博士组团到厦门，走进厦门市23家企事业单位，参与23个实践项目，开展为期1个月的科技服务，为厦门创新发展提供智力支撑。

7月

2日　第20届“全国青年文明号”集体评选结果揭晓，厦门自然资源部第三海洋研究所“海中金”科技创新团队获评该称号。

3日　厦门市外国人才服务站官任社区分站揭牌，为全市首个社区外国人才服务分站。《外籍人才来厦工作生活指导手册》发布，手册有中英文2个版本，总计400页，包含11个章节，详尽描述外籍人才融入厦门面临的签证、就业、创业、医疗、教育、美食、休闲娱乐等内容，是外国人才通行厦门的一本“百科全书”，也是厦门市首本外国人才工作生活服务指南。

5—7日　中国移动厦门分公司在地铁2号线建业路站开放厦门市首个5G融媒体党建体验小站。

9日　厦门市第十五届人民代表大会第七次会议举行第一次全体会议。

9日　作为福建省高校原创文化精品推广行动计划项目，大型交响合唱情景剧《华侨领袖陈嘉庚》在厦门市集美大学诚毅影剧院首演。

9日　以“新材料、新战略、2021助材远航”为主题的厦门市新材料产业大会在厦钨学院举行。会议由市工信局、市科技局指导，市新材料产业协会承办，会上，与会高校、企业签订系列合作协议，分别是厦门钨业股份有限公司与宁波大学合作的“稀土光电材料联合实验建设项目”，香港城市大学陈福荣教授团队与厦门市光博士光电有限公司合作的“智慧玻璃项目”，厦门钨业股份有限公司与华侨大学合作的“切削刀片压制布粉过程模拟及验证项目”，厦门祥福兴科技股份有限公司和华侨大学合作的“显示材料与技术专利转化联合实验室项目”。

9日　由中国金融认证中心（CFCA）、

中国电子银行联合宣传年主办的“聚合新生态·共享新安全——2021数字化转型生态大会”在厦门举行。

14日 厦门市思明区总工会“职工加油站”项目获评首批全国工会联系引导社会组织服务职工优秀项目，并入选《全国工会联系引导社会组织服务职工优秀项目选编（2021）》。

15日 福建首个产学研创才一体化平台——集美区“科技红盟”成立。

15日 厦门口岸首次监管厦门—武汉进口整车海铁联运转关。

16日 厦门市政府债券柜台发行在厦门农业银行营业部举行首发仪式，厦门工商银行、中国银行、兴业银行同步首发，是厦门首次通过商业银行柜台发售地方债，也是福建省内首次，标志着厦门地方债二级市场向个人和中小机构投资者全面放开。

16日 联合国《生物多样性公约》第十五次缔约方大会（COP15）“多样的生命，多彩的世界”公益宣讲活动在厦门举办，通过厦门产权交易中心对此活动进行碳中和。同日是全国碳市场首日开市，也是COP15大会系列活动中首个实现碳中和的活动。

18日 以“凝聚行动力量，共创健康美好生活”为主题的2021健康中国发展大会首场主题会在北京召开。大会发布2021公立医院高质量发展优秀案例，厦门市第五医院（厦门大学附属第一医院翔安院区）选送的案例从全国参评的300多个案例中脱颖而出，入选优秀案例。

19日 厦门市两岸青年创业联盟成立仪式在集美举行。

20日 中国共产党厦门市第十二届委员会举行第十四次全体会议。

20日 工业和信息化部公示第三批专精特新“小巨人”企业名单，厦门火炬高新区9家企业入围。

24日 首部完整描述厦门全域千年历史的城市史书《厦门简史》在厦门举行新书首发式。《厦门简史》全书共8章，以时间为序，分为“史前至魏晋南北朝时期的厦门”“隋唐五代时期的厦门”“宋元时期的厦门”“明代的厦门”“清代的厦门”“民国时期的厦门”“中华人民共和国建立以来的厦门（1949—1978）”及“中华人民共和国建立以来的厦门（1978—2005）”。

8月

2日 2021年《财富》世界500强排行榜揭晓，厦门有3家企业入围，且均首次跻身前200位，分别是建发集团、国贸控股集团、象屿集团。

6日 厦门市农业农村局举行“厦门市乡村振兴局”揭牌仪式，标志厦门市乡村振兴局成立。

9日 商务部发布《关于商品市场优化升级专项行动试点评审结果》的公示，厦门市是福建省唯一入选首批试点的城市。

11日 厦门市火炬高新区、厦门市海沧台商投资区上榜工业和信息化部下属的赛迪顾问园区经济研究中心发布的“2021园区高质量发展百强榜”。

12日 工业和信息化部电子信息司发布公告，厦门港务5MW（5兆瓦）分布式智能光伏项目入围第二批智能光伏试点示范项目名单。

17日 由厦门大学附属第一医院牵头、厦门联通参与建设的“基于5G技术的全覆盖卒中救治体系建设和示范应用”项目入围国家卫健委5G+医疗健康应用试点项目名单，该项目的落地实施有助于厦门智慧医疗建设，推动厦门打造成为全国智慧城市标杆。

18日 2021年国家自然科学基金评审结果揭晓，厦门大学附属第一医院获17项国家自然科学基金立项，立项数及资助经费均居厦门市卫生系统首位。

19日 福建省人民政府向印尼海洋与投资统筹部捐赠防疫物资仪式在厦门海天码头举行。

25日 厦门市科技局联合厦门市人社局、厦门市公安局和厦门市火炬高新区管委会，在厦门市外国人才服务站举行外籍专业人才、外籍科技特派员颁证仪式，20多名外籍人才获颁《专业技术（技能）水平认定书》和《科技特派员聘任书》，厦门市组建全国首支外籍科技特派员服务队。

25日 厦门市新闻工作者协会马克思主义新闻观国情教育实践基地在位于厦门市同安区莲花镇军营、白交祠村的高山党校初心使命馆揭牌。

26日 中国抗癫痫协会癫痫中心评审结果公布，厦门大学附属中山医院获评国家二级癫痫中心称号，成为福建省首家通过“首批CAAE二级癫痫中心”评审的单位。

27日 厦门市中级人民法院与厦门市市场监督管理局联合出台《关于建立商事主体法律文书送达地址承诺确认机制的工作指引》，在全省率先实行商事主体送达地址承诺确认机制。

30日 商务部官网公示全国首批城市一刻钟便民生活圈试点地区，厦门市入围。

30日 厦门市在全国率先研究出台《厦门市包容普惠创新专项提升实施方案》，全力支持企业战疫情稳发展。

31日 福建省见义勇为英雄模范表彰大会在福州举行，厦门市8名见义勇为人员获表彰。其中，陈亮、严永红获评省见义勇为模范，彭上华等6人获评省见义勇为先进个人。

9月

1日 厦门市启动新《中华人民共和国安全生产法》宣传贯彻活动。

1日 工业和信息化部公布2021年大数据产业发展试点示范项目名单，厦门美亚柏科信息股份有限公司的“‘乾坤’大数据平台”入选大数据分析挖掘方向试点示范项目，厦门服云信息科技有限公司的“基于零信任的大数据安全保护体系”入选大数据安全保障方向试点示范项目，法信公证云（厦门）科技有限公司的“基于区块链+大数据的电子数据管理云平台”入选大数据存储管理方向试点示范项目。

1日 厦门市商务局、厦门自贸片区管委会与国家服务贸易创新发展引导基金签订战略合作协议，在推动服务贸易创新高质量发展方面深化合作。

1日 在2020东京残奥会男子跳远T38决赛中，首次参加残奥会的厦门残疾人运动员朱德宁以7米31夺冠，并打破该项目的世界纪录和残奥会纪录。

3日 厦门首部公安题材话剧《你知道我在》在厦门歌舞剧院进行为期3天的公演。

3日 《厦门市人民政府关于废止和修改部分市政府规章的决定》公布并

施行。

6 日　厦门自贸区数字国际酒平台上线，标志厦门自贸片区打造的进口酒产业数字化平台项目落地。

7 日　工业和信息化部、福建省人民政府、厦门市人民政府在厦门签署共建金砖国家新工业革命伙伴关系创新基地合作协议。工业和信息化部国际经济技术合作中心厦门分中心、中国信息通信研究院（东南）创新发展研究中心揭牌。

7 日　2021 促进金砖工业创新合作大赛获奖名单出炉，并举行颁奖仪式。厦门远海集装箱码头有限公司的“福建厦门远海集装箱码头基于 5G 的自动化码头业务场景应用”项目获“工业互联”赛道一等奖。

7 日　由阿联酋中阿卫视和厦门贸促会联合主办的第三届中国—阿拉伯经贸投资高峰论坛在厦门国际会议中心举行，论坛以“共建数字‘一带一路’构建中阿命运共同体”为主题。

7 日　由中国国际贸易促进委员会、中国国际投资贸易洽谈会组委会主办，世界贸易中心协会联合主办，厦门市贸促会承办的第二十届世界商业领袖圆桌会议在厦门举行。

8—11 日　第二十一届中国国际投资贸易洽谈会（以下简称第二十一届投洽会）在厦门启幕，会议期间举行了多场会议、论坛、研讨活动。8 日，第二十一届投洽会“人才项目资本合作展”上，举行首批市级人力资源服务产业园授牌仪式。9 日，2021 集美 TOP 金融赋能研究院成立。10 日，2021 厦门碳中和产业投融资峰会举行。

8 日　一架波音 747-400ERF 全货机载 105 吨货物，从厦门高崎机场直飞美国的纽约约翰肯尼迪机场，标志厦门机场再增一条美国全货机航线。

9 日　由中共厦门市委人才办指导、厦门市湖里区委组织部主办的“印象湖里 · 人才新章”人才宣传片首映式暨产业人才研修院揭牌仪式，在厦门国际会展中心人才项目资本合作馆启幕。

9 日　“金融科技 50 人论坛 · 2021 南方峰会”在厦门举行。厦门首部金融科技发展白皮书同期发布，中国银行业金融科技师认证培训厦门站开班，为推动厦门经济特区加快发展现代化数字经济和金融体系、建设金融科技之城助力。

10 日　第 14 届全国运动会帆船比赛（潍坊赛区）中，厦门市思明区协和双语学校 15 岁初三学生黄齐滨夺得男子水翼风筝板金牌，是厦门选手在该届全运会上夺得的首枚金牌，也是福建选手在该届全运会上获得的第四枚金牌。

10 日　厦门大学医学院妇产科学系、儿科学系在厦门市妇幼保健院暨厦门大学附属妇女儿童医院揭牌成立。

11 日　清水祖师信俗（海沧）文化节活动在厦门海沧锦里珠山宫举行，海沧区清水祖师信俗非物质文化遗产代表性项目授牌仪式同时举行。

12 日　全国首个海洋碳汇交易服务平台——厦门产权交易中心（厦门市碳和排污权交易中心）完成首宗海洋碳汇交易。泉州洛阳江红树林生态修复项目 2000 吨海洋碳汇在该平台成交。

12 日　厦门市地方金融纠纷调解中心揭牌，该调解中心为全国首家府院协同的金融调解组织。

15 日　厦门市启用方舱核酸检测实验室，是“猎鹰号”硬气膜实验室在厦门市的首次使用，是国内最大规模的移动实验室。

15—27 日　第十四届全国运动会在陕西举行，厦门市 75 名选手参赛，共摘得 7 枚金牌、3 枚银牌、7 枚铜牌。

17 日　中国科学院《互联网周刊》发布“2021 中国新科技 100 强”榜单，厦门市火炬高新区企业瑞为科技上榜。

22 日　厦门大学“碳中和发展力”研究团队在厦门产权交易中心在线发布中国碳中和发展力指数（2021），该指数是全国首个具有中国特色的碳中和发展力评价体系。

22 日　厦门市首家公立医院“互联网 +”医保服务定点医院在厦门市第五医院（厦门大学附属第一医院翔安院区）上线。

23 日　厦门港集装箱码头全智能化改造项目被列入交通运输部《交通运输领域新型基础设施建设行动方案（2021—2025）》，作为智慧港口重点工程予以推进。

24 日　中国（福建）自由贸易试验区厦门片区“十四五”发展规划发布。

24 日　国务院联防联控机制综合组福建工作组院感防控专家对厦门市医疗机构开展院感管控检查。

25 日　中国企业联合会、中国企业家协会参照国际通行做法，以 2020 年企业营业收入为主要依据，连续 20 年发布中国企业 500 强名单。厦门市有 5 家企业入围，分别是：厦门建发集团有限公司（第 47 位）、厦门国贸控股集团有限公司（第 56 位）、厦门象屿集团有限公司（第 60 位）、厦门路桥工程物资有限公司（第 352 位）、盛屯矿业集团股份有限公司（第 500 位）。

26 日　福建省自贸办通报福建自贸试验区第 18 批 35 项创新举措评估结果，厦门自贸片区共有 16 项创新举措入选，其中 11 项为全国首创。

28 日　由证券时报社主办的“第十五届中国上市公司价值评选”榜单揭晓，厦门市盈趣科技、大博医疗、艾德生物、亿联网络上榜。

28 日　中国城市便利店发展指数发布，厦门以 92 分的总得分和 7.14% 的增长率登上该榜单榜首。

29 日　福建省国资委发布首批 57 个福建省国有企业爱国主义教育基地名单，5 家厦门市属国企上榜，其中 3 家来自厦门轻工集团有限公司，包括厦门三圈模型科技体验基地、厦门古龙酱文化园、厦门通士达光影体验馆。

10月

1 日《厦门经济特区公共法律服务条例》开始施行，该条例为全国首部公共法律服务市级地方法规。

1 日　厦门市海沧区海福广场二期小区解封，居民挥舞国旗，齐声唱着《歌唱祖国》走出小区。

8 日　厦门海事局首次开展船舶临时审核发证业务“一日办结”工作，为新进体系船舶“翔鹭”轮签发承诺制“临时安全管理证书”，助力港航企业快速复工复产。

8 日　厦门企业东亚机械的捷豹空压机 2 个型号获工业和信息化部公布的《“能效之星”装备产品目录 2021》，入选产品数量位居行业第一。

8 日　中国出口信用保险公司厦门分公司联合中国进出口银行厦门分行，以厦门宏鹏发外贸综合服务有限公司为平台，落地全国首笔“贸赢贷”业务，并完成首笔线上放款。

11日　中华全国工商业联合会公布“2021民营企业研发投入500家”榜单，厦门市上榜的企业有福建三安集团、吉比特、美亚柏科、立达信、厦门宏发电声、亿联网络、奥佳华智能健康科技集团。“2021民营企业发明专利500家”榜单公布，厦门市上榜的企业有宏发电声、建霖家居、乾照光电、三安集团、美亚柏科、科华数据、立达信、金达威、铱科卫浴、罗普特、鸿星尔克、安井食品、奥佳华、瑞尔特卫浴、四三九九。

12日　2021中国帆船城市超级联赛（青岛站）中，厦门海洋职业技术学院帆船队首次代表厦门市参加比赛并获得冠军。

13—15日　福建省消防行业职业技能竞赛中，厦门市消防救援支队代表队获团体第二，其中海沧大队兴港消防站一级消防士彭春文获该竞赛单项第一。

13日　厦门大学教授夏宁邵获评第六届“全国杰出专业技术人才”，为厦门大学首名获得该项荣誉的教师。

14日 《生物多样性公约》缔约方大会第十五次会议（COP15）生态文明论坛上，生态环境部对第五批国家生态文明建设示范区进行命名授牌，厦门市湖里区、集美区获国家生态文明建设示范区荣誉称号。

14日　世界卫生组织（WHO）官网公布由厦门大学和养生堂万泰生物旗下厦门万泰沧海生物技术有限公司联合研制的宫颈癌疫苗，是中国首个通过世界卫生组织PQ认证的宫颈癌疫苗，也是首个由发展中国家拥有完全自主知识产权而获得国际认可的宫颈癌疫苗。

15日　福建省工商联发布“2021福建省民营企业100强”“2021福建省创新型民营企业100强”“2021福建省民营企业制造业50强”榜单。其中，福建省民企百强榜中，厦门市入围企业37家，位列全省第一；33家厦门企业入围省创新型民企百强；12家厦门企业入围省民企制造业50强。

15日　厦门大学附属中山医院在中国VTE（静脉血栓）防治大会上获评全国血栓防治中心优秀单位。

15日　第七届中国国际“互联网+”大学生创新创业大赛萌芽赛道比赛结果揭晓，福建省2个项目获最高奖——创新潜力奖，均来自厦门市集美区乐安中学。

18日　商舟航空物流有限公司在厦门航空货运中心揭牌运营，助力厦门打造国际货运航空枢纽。

18日　由厦门市交通运输系统融媒体领导小组办公室和厦门电视台移动电视联合打造的《交通看透透》栏目开播，是福建省首档综合交通信息电视直播节目。

19日　以“高质量创新创造，高水平创业就业”为主题的2021年全国大众创业万众创新活动周开幕，市领导为4个国家“双创”示范基地授牌。

19日　2021年全国示范性老年友好型社区名单公布，厦门市湖里区湖里街道康乐社区、厦门市翔安区内厝镇莲塘村、厦门市思明区滨海街道演武社区、厦门市同安区祥平街道芸溪社区上榜。

19日　文化和旅游部公布第一批国家级夜间文化和旅游消费集聚区名单，厦门市曾厝垵文创街区入选。

20日　金砖创新基地举行“厦门金砖新工业能力提升培训基地联盟”授牌仪式，厦门大学、华侨大学、厦门技师学院、厦门海洋职业技术学院、厦门城市职业学院5所院校成为首批获授牌成员单位。

20日　厦门胡清臣、连辉延、姚幔芸、卢捷、李荣锦、庄殊恩、吴谦上榜胡润研究院发布的“2021胡润U30中国创业领袖”榜单，上榜人数在国内城市中排名第六位。

20日　厦门市市场监管局依托自建的许可审批系统，在全省首创“第一类医疗器械备案事项一体化合并办理”新模式，实现窗口前移全流程网办。

21日　厦门航空工业有限公司全资子公司——厦门航空工业建设发展有限公司成功竞得翔安区莲河片区沙美路与疏港南路交叉口东北侧2021XG03-G地块，是翔安新机场临空经济区建设的第一步，也是市机场片区指挥部、翔安区、厦门自贸片区管委会在机场片区成功摘牌的首宗产业用地。

22日　细胞应激生物学国家重点实验室、细胞信号网络协同创新中心、厦门大学生命科学学院的周大旺和陈兰芬课题组，合作在顶尖学术期刊《细胞》（*Cell*）杂志上发表题为 *Glycogen accumulation and phase separation drives liver tumor initiation*《糖原累积与相分离驱动肝脏肿瘤起始》的研究论文。

23日　国家心血管疾病临床医学研究中心分中心授牌仪式在厦门大学附属心血管病医院举行，是福建省心血管疾病领域唯一的国家分中心，也是厦门市首个获批的国家临床医学研究分中心。

23—24日　由厦门大学附属中山医院承办的厦门大学医学院耳鼻咽喉头颈外科学系临床与基础研究高峰论坛召开，同时举行国家耳鼻咽喉疾病临床医学研究中心福建临床创新技术研发基地授牌仪式，是该中心在国内设立的首个省级临床创新技术研发基地。

25日　厦门市“手望相助·爱满厦门”智能仿生手适配资助项目成果展示活动在厦门市残联举办，为福建省首例智能仿生手适配资助项目。

25日　厦门火炬石墨烯新材料公共技术服务平台获中国合格评定国家认可委员会（CNAS）授予的实验室认可证书，该平台的检测技术和体系管理均达到国际认可水平。

25日　厦门市中医院肝病科、肛肠科、儿科、骨伤科入选“2021届中国中医医院最佳专科”，获评艾力彼最佳科室。

27日　厦门自贸片区进口商品溯源平台上线试运行，标志厦门率先全国利用“进口商品条码数据通报凭证”实现进口商品境外溯源。

27日 《2021胡润百富榜》发布，48名居住地在厦门的企业家入围榜单，厦门成为福建省富豪分布最密集的城市。

27日　厦门医学院附属第二医院皮肤科住院病区揭牌，为闽西南规模最大的皮肤科病房。

28日　第九届CAAE国际癫痫论坛在厦门召开，厦门大学附属中山医院获颁国家二级癫痫中心牌匾，成为福建省第一家获“首批CAAE二级癫痫中心”称号的单位。

28日　福建省商务厅发布福建省开发区综合发展水平考核评价结果，厦门火炬高新区获评综合发展水平第一名。

28日　2021年“华煦杯”福建省养老护理职业技能大赛暨全国养老护理职业技能大赛福建赛区选拔赛圆满闭幕。厦门市5名参赛选手进入前十名，厦门市爱心护理院护理员李丽珠获综合成绩第一名。

29 日　中国建筑 2021 年全国农村留守儿童关爱保护“百场宣讲进工地”活动在中建四局厦门新会展中心——展览中心Ⅰ标段项目举行，福建省民政厅联合中建四局共同设立的福蕾关爱服务中心揭牌。

31 日　厦门市上线国家医保信息平台，恢复医保定点医药机构门诊、住院和药店的医保结算（含异地就医）。

31 日　2020 年度中国医院科技量值（STEM）专科排名中，厦门大学附属中山医院皮肤科取得全国第四十名、福建省第一名的成绩。

11 月

1 日　厦门市工商联（总商会）在海悦山庄发布 2021 年厦门市民营企业百强榜单及分析报告，并举办入榜企业代表授牌仪式。

3 日　2021 福建企业百强榜单发布，29 家厦门企业上榜。其中，厦门建发集团、厦门国贸控股集团和厦门象屿集团位于榜单前三位。

3 日　国家科学技术奖励大会举行，厦门大学夏海平课题组“碳链与金属的螯合化学”获国家自然科学奖二等奖。厦门企业科华数据股份有限公司参与完成的“海岛／岸基高过载大功率电源系统关键技术与装备及应用”项目获国家科学技术进步奖二等奖。

3 日　国家发展改革委举办 2021 年全国信用信息共享平台、信用门户网站和全国中小企业融资综合信用服务平台建设现场会，厦门市信易贷平台获全国中小企业融资综合信用服务平台观摩评比第二名。

5 日　海丝中央法务区启动大会暨首届论坛在厦门市举行。福建省委书记、福建省人大常委会主任尹力为厦门市颁授“海丝中央法务区”和“海丝中央法务区自贸先行区”牌匾，并为首批海丝中央法务区专家顾问代表颁发聘任证书。

5 日　厦门候选人陈素珍被授予第八届全国道德模范称号。

5 日　厦门市口岸办举行“2020 年福建省优质外贸泊位表彰会”，对厦门海润集装箱码头有限公司、厦门远海集装箱码头有限公司、厦门港务海宇码头有限公司、厦门港务海隆码头有限公司 4 家厦门口岸获奖码头公司进行表彰。

8 日　第四届中国国际进口博览会·2021 全球贸易与国际物流高峰论坛上发布 2021 物流与供应链（中国）解决方案 TOP50 榜单，厦门建发物流集团有限公司为奥兰中国量身打造的酒类供应链运营服务项目进入榜单。

9 日　厦门市婴幼儿照护托育服务协会成立大会举行。

9 日　世界权威期刊《自然·生物科技》（*Nature Biotechnology*）公布“2020 年度全球前 20 位转化研究者”（Top 20 translational researchers of 2020），厦门大学夏宁邵教授入选榜单，是该年度唯一入选的中国内地学者。

9 日　由福建省文联、中共厦门市委宣传部指导，福建省美协、厦门市文联主办的“花香鸟语——福建省花鸟画大展”暨福建省首届花鸟画学术研讨会在厦门举行。

10 日　厦门环卫科普馆开馆，该馆厦门首个市级环卫科普馆。

10 日　中交二航局和长安大学共同研发的技术成果——《BIM 技术赋能厦门第二东通道项目施工智慧化管理》，获 2021 年第四届“优路杯”全国 BIM 技术大赛公共基础设施施工类金奖。

12 日　兴业银行联合厦门航空在全国首创推出的“碳中和机票”上线。

12 日　厦门市快递行业党委揭牌仪式暨“暖蜂行动　关爱邮我”慰问活动在交通大厦举行，标志厦门市快递行业党委成立。

15 日　第一届新材料科技创新发展大会在厦门举行，探索“双碳”目标下新材料科技创新助力经济社会发展和全面绿色转型的新路径。

16 日　由厦门市委组织部、厦门市商务局（招商办）主办，联合国工发组织投资和技术促进办公室（中国·北京）协办的全市招商引资专题培训班开班，是厦门市 2021 年开办的首场市级招商引资专题培训班。

16 日　厦门市总工会举办“工会进万家·新就业形态劳动者温暖行动服务月”启动暨新就业形态劳动者建会入会授牌仪式。

16 日　厦门金砖新工业能力提升培训基地揭牌仪式在厦门大学举行。

18 日　厦门市社会信用建设体系建设工作领导小组办公室、厦门市建设局、厦门市社会科学界联合会及诚信促进会、厦门国信信用大数据创新研究院联合举办第二届“海西（厦门）信用论坛”暨建筑行业信用体系建设发展论坛，该次论坛发布国内首份建筑行业信用状况年度报告。

18 日　2021 年两院院士增选结果揭晓，厦门大学教授林圣彩、谢素原当选为中科院院士。

18 日　厦门市翔安区首支由台胞组成的两岸青年志愿服务队——台缘志愿服务队成立。

19 日　由宁德时代与厦门大学牵头共建的厦门时代新能源研究院成立。

24 日　第四代 Revolution CT 落户厦门市中医院，标志该院放射影像学科在影像诊断领域进入高端发展阶段。

25 日　厦门市委宣传部打造的国内首档理论宣讲青春成长类微纪实节目《百年恰是风华正茂》全网播出。

25 日　“第七届侨智侨企创新创业论坛暨金融惠侨合作协议签约仪式”在厦门举行。

26 日　中国互联网协会发布《中国互联网企业综合实力指数（2021）》，揭晓“2021 年中国互联网综合实力前百家企业”名单，其中厦门企业美图公司、四三九九网络股份有限公司、厦门吉比特网络科技股份有限公司、厦门美柚股份有限公司、厦门点触科技股份有限公司上榜。

26 日　在广州举办的 2021 中国体育文化博览会、中国体育旅游博览会上，“嘉庚杯”“敬贤杯”海峡两岸（集美）龙舟赛获由国家体育总局体育文化发展中心颁发的“中华体育文化优秀项目奖”。

28 日　由厦门大学社会与人类学院和国合华夏城市研究院有限公司联合成立的创意城市研究项目组在厦门大学揭牌。

28 日　厦门市集美区影视艺术家协会成立大会暨第一次会员代表大会召开，该协会是厦门市首个区级影视艺术家协会。

28 日　厦门市举办 2021 东南科技论坛，福建省第一家聚焦数字经济的学会联合体——福建省科协数字经济学会联合体签约成立。

30 日　2021 海上丝绸之路国际产学研用合作会议在厦门大学开幕。会议由教育部学校规划建设发展中心主办，以“产学研用赋新能，助力海丝共发展”为主题。来自全国各地高校校长、院士和专家学者 2700 多人参加会议。开幕式上举行中俄数字机械工程中心等 32 项合作项目的签约、揭牌和指数发布仪式。

12 月

1 日　住房和城乡建设部、工业和信息化部发布《关于确定智慧城市基础设施与智能网联汽车协同发展第二批试点城市的通知》(即“双智”协同发展)，全国有 10 个城市获批，以厦门公交集团为主建设的“城市级商用车全场景智慧综合服务平台”成为试点示范项目。

2 日　中央组织部、中央宣传部“最美公务员”评选结果公布，32 人被评选确定为“最美公务员”，并被中央组织部记一等功。其中，厦门市生态环境保护综合执法支队思明大队二级主任科员傅冰洁获该荣誉，也是福建省唯一入选人员。

3—4 日　第四届“绽放杯”5G 应用征集大赛总决赛在深圳举办，厦门港务控股集团海润码头 5G 无线通信网络系统获优秀奖。该奖项是厦门入围第一批 5G 试点商用城市后，在港口物流领域获得的一个重要奖项。该项目同期获得第一届厦门 5G 应用大赛一等奖。

7 日　世界品牌实验室（World Brand Lab）发布的 2021 年度《世界品牌 500 强》排行榜在美国纽约揭晓。国贸控股集团以 585.62 亿元的品牌价值首度登榜单，位列第 416 位，也是厦门市唯一一家上榜企业。

16 日　厦门企业青瓷游戏有限公司（证券简称“青瓷游戏”，股票代码为“6633.HK”）于香港联交所主板上市。青瓷游戏是 2021 年首家登陆香港联交所的游戏公司，公开发行 8500 万股，发售价 11.2 港元 / 股，募集资金净额约 8.6 亿港元。

19 日　厦门航空总部大厦举办竣工仪式，大厦位于市两岸金融中心片区内，办公塔楼高 185 米，总用地面积 2.19 万平方米，总建筑面积 17.4 万平方米。

19 日　厦门大桥改造加固工程完工通车，合同工期提前 153 天。

20 日　厦门市交通改善工程项目——“厦门市道路交通气象保障系统”上线。该系统依托大数据自动采集、建模、预警、提示等技术，最大限度降低道路自然灾害受损程度，减少气象灾害对交通不利影响，确保交通更好地服务于经济发展和群众出行。

20 日　由福建港口集团主办的 2021“丝路海运”年会在厦门举行，会上发布 6 条“丝路海运”命名航线。厦门港新增 1 条以“丝路海运”命名的东南亚航线，由地中海航运执行，挂靠顺序为厦门—丹戎帕拉帕斯—新加坡—林查班—头顿—厦门。厦门集装箱码头集团有限公司海天分公司、厦门海润集装箱码头有限公司、厦门远海集装箱码头有限公司 3 家公司获年度优质码头服务奖，是年会首次设立优质码头、优质航商服务奖。

21 日　厦门远海码头启动“智慧港口 2.0”商业化运营，为传统集装箱码头智慧化升级提供中国方案。《港口无人驾驶集装箱车技术要求》标准发布，该标准是全国首个港口无人驾驶集装箱车的标准。

22 日　由计算机视觉产业知识产权联盟和美图公司联合主办，厦门仕诚知识产权代理有限公司承办，厦门市知识产权协会知识产权维权工作站协办的“计算机视觉产业知识产权联盟成立大会”暨“计算机视觉运用与保护高峰论坛”在厦门举行。

23 日　厦门国创中心先进电驱动技术创新中心在首届国际先进电驱动技术创新峰会上揭牌运营，是首个国家级汽车技术创新中心——国家新能源汽车技术创新中心与厦门市共同设立的新型创新机构。

23 日　由厦门船舶重工股份有限公司为芬兰维京航运公司承建的首制 2800 客邮轮型客滚船完工交付。该船各项技术世界领先，是一艘集运输、旅游、休闲、购物等功能于一体的新一代邮轮型客滚船，船型美观、装修豪华、节能环保。

24 日　福建省首创的集智慧健身房、体卫融合、国民体质监测、社会体育指导员志愿服务驿站于一体的“四合一”站点，在梧村街道卫生服务中心揭牌。

28—30 日　2021 年中国金鸡百花电影节暨第三十四届中国电影金鸡奖颁奖典礼在厦门举行。

责任编辑：黄　澜
审　稿：孙志红
校　对：熊焱峰

3 市情概貌

自然地理

地理环境

【位置和面积】 厦门市位于台湾海峡西岸中部、闽南金三角的中心，地处北纬 24°23′～24°54′、东经 117°52′～118°26′。东与大小金门岛、南与龙海市隔海相望，陆地与泉州南安市、泉州安溪县、漳州长泰县、漳州龙海市接壤。厦门市境域由福建省东南部沿厦门湾的大陆地区和厦门岛、鼓浪屿等岛屿以及厦门湾组成。2021 年，全市土地面积 1698.78 平方千米，其中厦门岛土地面积 156 平方千米（含鼓浪屿）；海域面积约 390 平方千米。

【地　质】 厦门地区在漫长的地质史中，经历过多次地壳运动，发生过多次海水进退。厦门岛上海拔 5～10 米的一级阶地是约 6000 年前露出海面的，云顶岩上的岩石（石龄 1 亿多年）保留着明显的海蚀状态。厦门的地质构造位于闽东火山断坳东缘、闽东南沿海变质带西南，属于中国东南沿海地震带范围，建筑防震设计标准为 7.5 级。

【地　貌】 厦门市的地形由西北向东南倾斜。西北部多中低山，其中位于同安区与泉州安溪县交界处的云顶山海拔 1175.2 米，为全市最高峰。从西北往东南，依次分布着高丘、低丘、阶地、海积平原和滩涂，南面是厦门岛和鼓浪屿。厦门岛是福建省的第四大岛，岛上最高峰云顶岩海拔 339.6 米。鼓浪屿在厦门岛西南部，与厦门岛之间隔着宽约 700 米的鹭江，岛上最高峰日光岩海拔 93 米。

【资　源】 厦门有丰富的海洋生物资源，各类海洋生物近 2000 种，其中有经济价值的常见鱼类 157 种、软体动物 89 种、甲壳类动物 127 种、藻类 139 种。厦门海域内的中华白海豚和文昌鱼分别为国家一级、二级保护动物，鲎为福建省重点保护的珍奇动物。厦门市金属矿藏资源比较缺乏，已发现的金属矿床、矿点有钍、铁、锰、铜、钨、铅、钛、钼、锌等。花岗岩和砂料是厦门最主要的非金属矿产资源，分布广、储量大、经济价值高，花岗岩地貌和沙滩同时又是厦门市重要的旅游资源。具有较大开采价值的非金属矿产还有高岭土、耐火黏土、砖瓦黏土等，大都分布在同安区和翔安区。厦门属于淡水资源匮乏的海岛型城市，城市日常用水 80% 取自九龙江。2021 年，全市供水总量 51766.67 万吨（不含海水供应量），居民家庭用水 20610 万吨。已发现的温泉或地热异常点有 14 处，地热点水温一般为 50℃～60℃，最高 90℃，总允许开采量为 33002 立方米 / 天。水中一般含有二氧化碳、硫化氢、偏硅酸、氟、溴、氡等化学成分，具有开发利用价值。

（市委党史方志室）

气　候

【概　况】 厦门市在北回归线偏北约 1.5°，为南亚热带海洋性季风气候。年平均气温 20.9℃，极端最低气温 -0.1℃（发生在 2021 年 1 月 13 日），极端最高气温 39.6℃（发生在 2019 年 8 月 9 日）。厦门属于无冬季地区，一般以 2 月上旬至 4 月底为春季，5 月初至 10 月下旬为夏季，10 月底至 2 月初为秋季。厦门降雨主要集中在 4—8 月，全年平均降水量由西北向东南递减。厦门沿海地区多风且风速较大。厦门沿海地区夏秋两季受台风影响比较明显，1956 年以来在厦门附近 100 千米以内登陆的台风每年平均近 1 个。风力最强的台风发生于 1959 年 8 月 23 日，瞬间最大风速 60 米 / 秒（注：当时仪器的极限测量值为风速 60 米 / 秒，且测量仪器因当时台风风速超其极限测量值而损坏）。根据历史记录，8 月为厦门台风登陆次数最多、等级最高的月份，其次为 7 月和 9 月，但历史上登陆最早的台风为 5 月 17 日（1974 年），最晚的台风为 12 月 3 日（2004 年）。自中华人民共和国成立，登陆厦门最大的台风为“莫兰蒂”，于 2016 年 9 月 15 日在厦门翔安区沿海登陆。

2021 年，厦门市主要气候特点：气温异常偏高，岛内平均气温接续 2020 年再创 1953 年以来历史新高，高温日数为常年的 2 倍；降水时空分布不均，出现冬季气象中旱和春季气象特旱，年降水量岛内偏少、岛外正常，暴雨过程多、局地强度强、整体灾害轻；日照异常偏多；影响台风少，强度弱，损失轻。

2021年，厦门市主要气象灾害：气象干旱、暴雨、台风、高温和大雾。全年气象灾害给农业、渔业、水利和保险等行业带来负面影响较小，造成的直接经济损失相对较轻。

【气　温】2021年，厦门岛内外年平均气温分别为22.3℃和22.7℃，分别比常年高1.2℃和0.8℃，岛内异常偏高，岛外显著偏高，其中岛内创1953年历史最高纪录，岛外为1956年以来历史第三高（见图3–1）。厦门岛内外年平均气温自20世纪90年代中期以来，处于持续偏暖状态，气候变暖趋势愈加明显。

厦门岛内外极端最高气温分别为37.5℃和37.8℃，分别出现在6月19日和7月25日，分别比常年高0.7℃和0.4℃。自21世纪以来，厦门岛内外极端最高气温大多高于常年。

厦门岛内外极端最低气温分别为3.6℃和–0.1℃，分别出现在1月9日和1月13日，分别比常年低0.7℃和3.4℃。

【降　水】2021年，厦门岛内外降水量分别为1082.8毫米和1381.3毫米，分别比常年少218.4毫米（–16.8%）和149.0毫米（–9.7%），岛内偏少，岛外正常（见图3–2）。岛内日最大降水量123.8毫米，出现在8月5日；岛外日最大降水量105.8毫米，出现在8月2日。厦门市各地降水量在601.9毫米（翔安区古宅水库）至1778.7毫米（海沧区东坊庵）之间，降水空间分布呈由东南向西北递增趋势，符合常年分布规律（见图3–3）。

厦门岛内降雨日数（日降水量≥0.1毫米）91天，比常年少23天；岛外降雨日数119天，比常年少5天。自20世纪70年代，厦门岛内外降水日数均呈减少趋势。厦门岛内暴雨日数（日降水量≥50毫米）4天，比常年少1.2天，其中1天为大暴雨；岛外暴雨日数5天，比常年少0.9天，其中1天为大暴雨。

【日　照】2021年，厦门岛内外日照时数分别为2332小时和2248小时，较常年分别多442小时和347小时，其中岛内属异常偏多，岛外属显著偏多（见图3–4）。

【暴　雨】2021年，厦门市暴雨天气特点：局地过程多、局地强度强、整体灾害轻。2021年厦门市共出现3次大范围暴雨至大暴雨、7次区域性暴雨、4次局地性大暴雨和27次局地性暴雨，其中8月1—6日出现连续性暴雨到大暴雨，造成一定的灾害损失。

5月18日，受冷暖空气共同影响，厦门市出现区域性暴雨天气过程。全市有41个测站的日降水量超过50毫米，其中14个测站超过100毫米，最大日降水量164.2毫米（海沧区东坊庵站）。该次强降水过程强度大，有11个测站1小时（13—14时）降水量超过60毫米，其中最强88.4毫米，出现在集美区灌口镇风景湖水库站；区域特征明显，强降水主要出现在海沧区和集美区。由于该次强降水过程突发性强、雨强大，导致海沧区和集美区部分低洼区域出现内涝。

受季风辐合带和09号台风“卢碧”

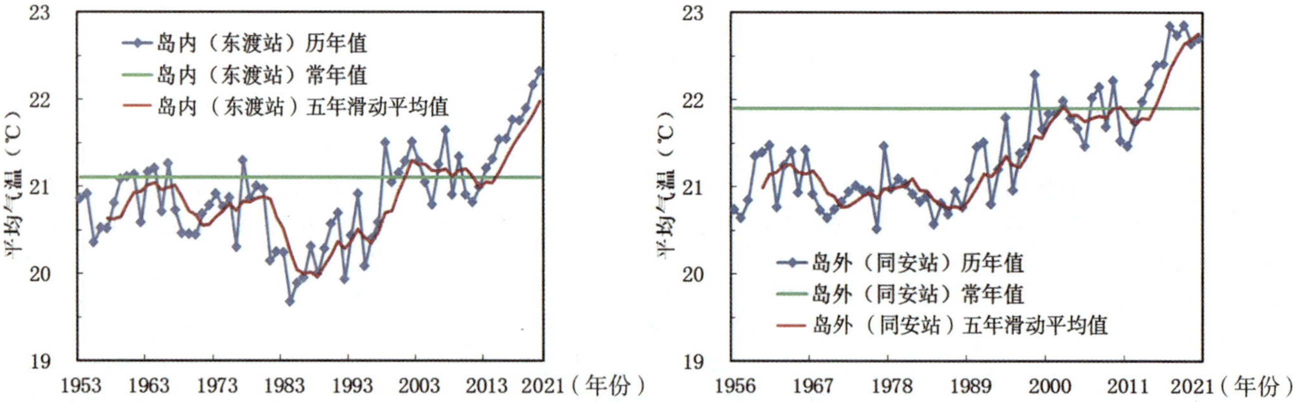

图3–1　1953—2021年厦门岛内（左）和1956—2021年岛外（右）年平均气温历年变化

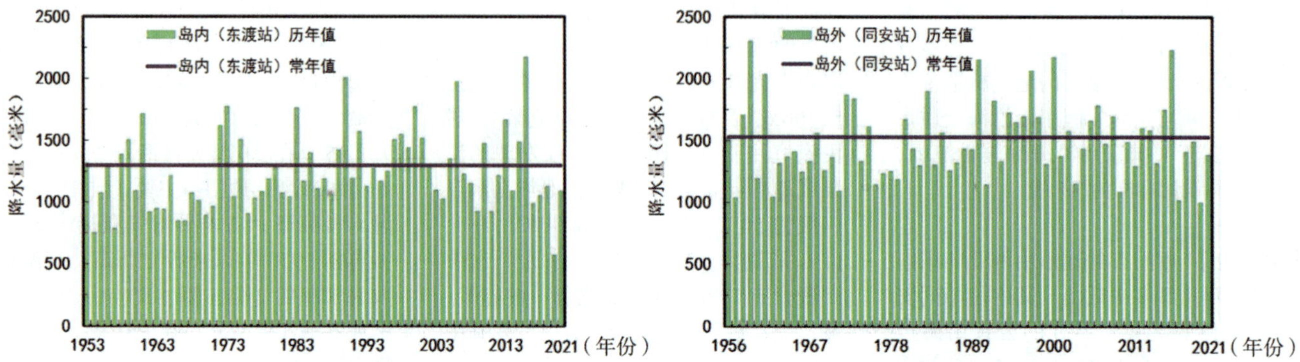

图3–2　1953—2021年厦门岛内（左）和1956—2021年岛外（右）年降水量年际变化

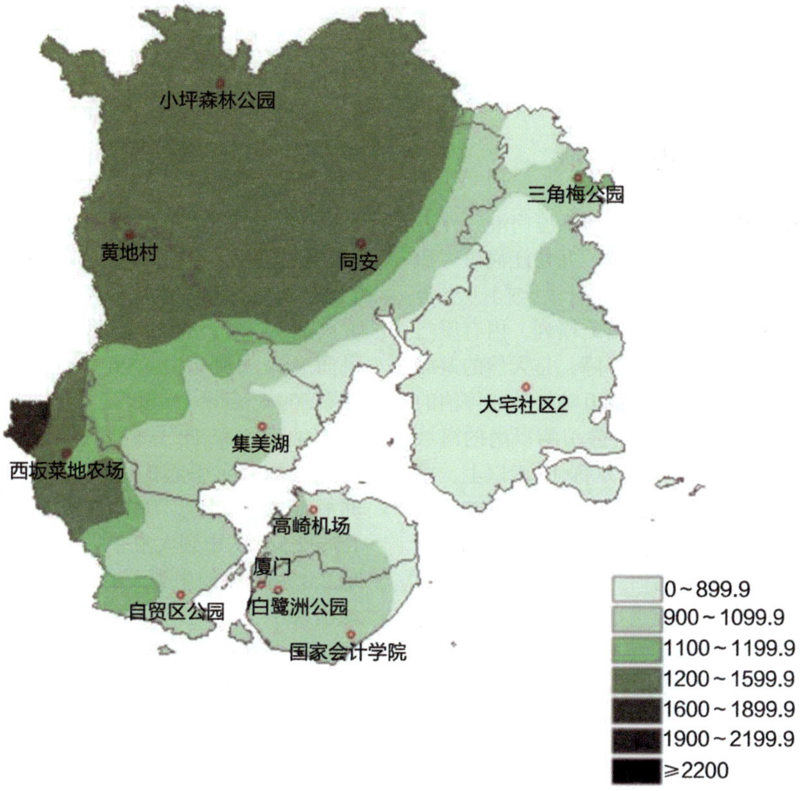

图 3-3　2021 年厦门市降水量分布图（单位：毫米）

的共同影响，8 月 1—6 日，厦门市出现连续性暴雨天气过程。统计 7 月 31 日 20 时至 8 月 6 日 20 时各地累积雨量在 126.1 毫米（翔安区张埭桥水库）至 405.8 毫米（厦门一中站）之间，全市有 149 个测站≥ 200.0 毫米，其中 50 个测站≥ 300.0 毫米，1 个测站≥ 400.0 毫米。其中，8 月 1 日和 6 日为区域性暴雨天气，8 月 2 日和 5 日为大范围暴雨（区域性大暴雨）天气，3 日和 4 日为局地性暴雨天气。其间，最大日降水量 235.1 毫米，8 月 5 日出现在海沧区东孚街道西坂菜地农场；而最大 1 小时降水量为 104.9 毫米（2 日 16:25—17:25），最大 3 小时降水量 173.1 毫米（2 日 15:00—18:00），均出现在思明区滨海街道梅海岭站。

8 月 1—6 日，连续暴雨过程给厦门市带来丰沛雨水，扭转前期水库缺水状况。该轮暴雨天气过程持续时间长、总雨量大、短时雨强大，给厦门市防汛带来较大压力。由于气象部门预警具有一定的提前量，各级政府提前防范，相关部门及时响应，救援措施预置得当，降低暴雨灾害的损失程度。据厦门市洪水预警报中心统计，全市受灾人口 31 人，车辆受淹 6 辆，积水点 46 处，房屋倒塌 2 处，边坡塌方 15 处，树木倒伏 819 株，无人员伤亡。

【台　风】 2021 年，影响厦门台风主要特点：数量少，全年 2 个影响台风，即 09 号台风“卢碧”和 18 号台风“圆规”；影响弱，虽然“卢碧”带来大范围暴雨到大暴雨，“圆规”带来大风天气和局地性暴雨，但均无明显灾情；损失轻，据厦门市洪水预警报中心信息，“卢碧”造成局地内涝，“圆规”导致行道树倒伏 289 棵。

09 号台风“卢碧”于 8 月 4 日 8 时在南海北部近海海面生成，之后向东北方向移动，5 日 11 点 20 分前后在广东省汕头市南澳县沿海登陆，登陆时中心最大风力 9 级，5 日 16 时 50 分前后在福建省漳州市东山县沿海再次登陆，登陆时中心附近最大风力 8 级。受其影响，8 月 5 日厦门市出现大范围暴雨到大暴雨过程，全市有 148 个测站降水量超过 50 毫米。其中，83 个测站超过 100 毫米，3 个测站超过 200 毫米。日最大降水量出现在海沧区东孚街道西坂菜地农场站，为 235.1 毫米，滑动 1 小时最大降水量 70.2 毫米（12:50—13:50），出现在集美区灌口镇双龙潭公园站。台风“卢碧”造成集美区和海沧区出现局地内涝。

18 号台风“圆规”于 10 月 9 日在菲律宾以东洋面生成，11 日夜里穿过巴士海峡进入南海，之后继续西行，13 日登陆海南。10 月 10—15 日，受 18 号台风“圆规”和冷空气的共同影响，厦

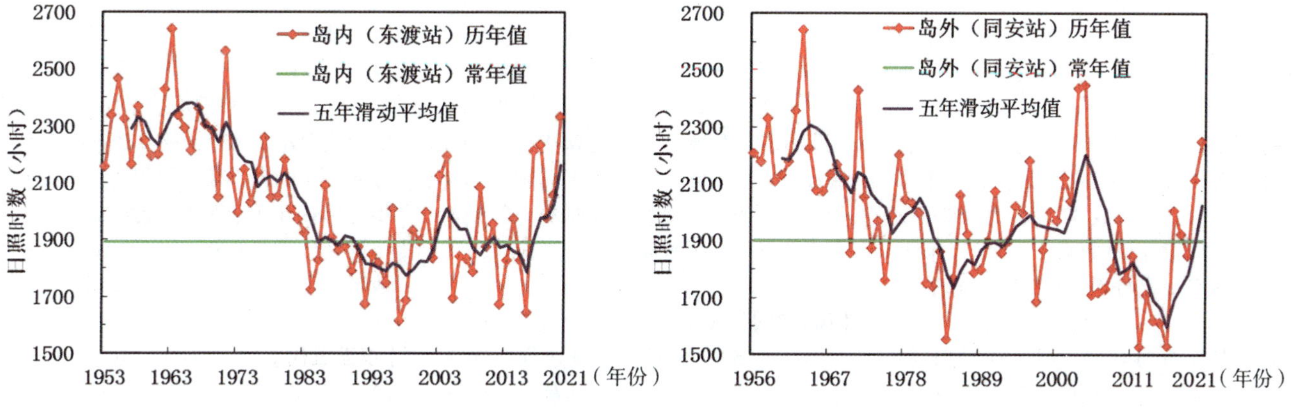

图 3-4　1953—2021 年厦门岛内（左）和 1956—2021 年岛外（右）年日照时数历年变化

门市先后出现了大风天气和明显降雨过程。风的影响出现在11—13日，全市共有30个镇街、109个测站大于8级，其中19个镇街、31个测站大于10级，3个镇街、3个测站大于12级；极大风速最大值为37.8米/秒（13级），12日出现在集美区的天马山站。降水主要集中在13—14日，13日出现局地性大暴雨，14日出现局地性暴雨，其中有29个测站过程累积雨量在50毫米以上，最大为238.5毫米，出现在同安区新民镇溪林村站。该次台风天气过程，厦门市政府防御措施得当，据厦门市洪水预警报中心统计，造成289棵行道树倒伏。

【冰　雹】2021年5月8日下午14时前后，厦门市思明区前埔街道、同安区洪塘镇、翔安区新圩镇等地先后出现局地性的冰雹等强对流天气，大的冰雹直径约10毫米，小的如黄豆大小。该场冰雹局地性强，持续时间较短，据厦门市防汛办信息，冰雹天气过程无明显灾情。

【气象干旱】2021年，厦门市降水正常到偏少，但时间分布不均，出现冬季气象中旱和春季气象特旱。

冬季气象中旱。2020年12月下旬至2021年2月上旬中期，厦门市持续基本无雨天气，气温偏高，高温少雨的气候使厦门市于2021年1月下旬出现气象中旱，直至2月10—11日的中雨到大雨过程解除旱情。

春季气象特旱。2021年1—4月，厦门市降水持续偏少，岛内外总降水量分别为常年同期的33.6%（东渡站）和42.2%（同安站），3月厦门市大部地区总降水量仅为常年20%左右，3月下旬气象干旱再次发展，于4月中旬初发展为气象特旱，4月25—29日的明显降水过程有效缓解旱情。

【高　温】2021年，厦门岛内高温日数（日最高气温≥35℃）15天，为常年的2倍；岛外高温日数37天，为常年的2倍多。厦门高温日数自21世纪以来明显多于常年，岛外增加趋势更加显著。

【大　雾】2021年，厦门岛内大雾日数24天，比常年少15天。其中，最小能见度小于200米的浓雾为11天，占大雾天气总数的46%；最小能见度92米，出现在12月1日。

（郑美秀）

海　域

【概　况】厦门海域包括厦门港、外港区、马銮湾、同安湾、九龙江河口区和东侧水道。厦门港外有大金门、小金门、大担、二担等岛屿横列，内有厦门岛、鼓浪屿等岛屿屏障，是天然的避风良港。港区内有可供万吨级轮船停泊的锚地10余处，其中鼓浪屿以南的海域面积14平方千米，水深10米以上，可供10万吨级船舶停泊。港区内航道基本上为深10米以上的深水航道，5万吨级的船舶可随时进出。厦门岛以东的刘五店航道亦能保证万吨级船舶随时进出。厦门市海岸线总长约234千米，其中12米以上深水岸线约43千米，适宜建港的深水岸线约27千米。

【水　温】2021年，厦门海域年平均表层海水温度23.5℃，高于历年平均值1.8℃；年最高表层水温高于历年最高水温平均值0.7℃；年最低表层水温高于历年最低水温平均值0.5℃；表层水温年极差18.0℃。

【盐　度】2021年，厦门海域平均表层海水盐度29.4（注：盐度单位为psu，下同），比历年平均值偏高2.5；年最高表层海水盐度比历年最高盐度平均值偏高0.6；年最低表层海水盐度比历年最低盐度平均值偏高10.3；表层海水盐度年极差10.3。

【潮　汐】2021年，厦门海域最高潮位比历年最高潮位平均值偏高2厘米，年最低潮位比历年最低潮位偏低3厘米；年最大潮差656厘米，年最小潮差163厘米，年平均潮差416厘米；年平均高潮潮高582厘米（潮高起算基面为厦门验潮零点，下同），年平均低潮潮高166厘米；年平均海平面364厘米，高于常年平均海平面3厘米。

【风暴潮】2021年，厦门沿海出现3次增水大于50厘米的风暴潮过程，分别是06号强台风“烟花”风暴潮过程最大增水76厘米、09号台风“卢碧”风暴潮过程最大增水51厘米、18号台风“圆规”风暴潮过程最大增水110厘米。在06号强台风“烟花”风暴潮影响期间，恰逢天文大潮期，厦门验潮站出现超过蓝色警戒潮位的高潮位，最高潮位707厘米。

【灾害性海浪】2021年，厦门沿海受4次台风浪影响，出现台风大浪（有效波高≥2.5米，下同）天数9天（含台风涌浪），分别是由受06号强台风“烟花”、09号台风“卢碧”、14号超强台风“灿都”和18号台风“圆规”（与冷空气配合）引起的，各台风影响期间海浪情况如下：7月23—24日出现1.5～2.5米的中到大浪、8月5—6日出现2.0～3.0米的中到大浪、9月11—12日出现1.5～2.5米的中到大浪、10月10—12日出现2.0～3.0米的中到大浪。2021年，厦门沿海受7次冷空气影响，共出现17天大浪过程。

（袁方超）

建置沿革

【厦门得名由来】厦门岛在远古时，常有成群的白鹭栖息，故别称鹭岛、鹭门、鹭屿。东汉为侯官县属地。西晋太康三年（282年）隶属同安县（后并入晋安县）。隋代为南安县属地。唐中叶，厦门岛称新城、嘉禾里。后唐长兴四年（933年），南安县大同场升为同安县，厦门岛隶属同安。两宋属同安县绥德乡二十一至二十四都。元代设嘉禾千户所。明洪武二十七年（1394年）筑厦门城，移永宁卫中、左二千户所驻厦门，设中左守御千户所，厦门岛因此又得名中左所，但仍为同安属地。清顺治十二年（南明永历九年，1655年）郑成功改中左所为思明州。清康熙十九年（1680年），清军攻占厦门。康熙二十二年（1683年）清军收复台湾岛，并于翌年设立台（湾）厦（门）兵备道，厦门地名从此固定下来。

【汉至五代】东汉属侯官县地。西晋太康三年（282年）隶属同安县（后并入晋安县）。隋唐时期为南安县属地。唐代中叶，厦门岛被称为“新城”，后在岛上设置嘉禾里。后唐长兴四年（933年）改隶同安县。

【宋元时期】 两宋，嘉禾里隶属同安县绥德乡。元代改里为都，厦门设4个都，即二十一都、二十二都、二十三都和二十四都，仍属同安县绥德乡。

【明清时期】 明代实行里都图制，厦门为嘉禾里，下设4个都，每个都下辖2个图。明洪武二十七年（1394年），永宁卫的中、左2个千户所移驻嘉禾屿，并筑厦门城，此后遂以中左所作为厦门岛的代称。清顺治十二年（南明永历九年，1655年），郑成功改中左所为思明州，所辖境域包括厦门岛、鼓浪屿、浯洲（大金门）、烈屿（小金门）等岛屿。清康熙十九年（1680年）清军攻占思明州。康熙二十二年（1683年），福建水师提督移驻厦门，翌年设立台厦兵备道（雍正五年改为台湾道），管理台湾、厦门两地政务。康熙二十五年（1686年）泉州府海防同知移驻厦门。清雍正五年（1727年）分守兴泉道移驻厦门，雍正十二年（1834年）改称兴泉永道，管辖兴化府（莆田）、泉州府和永春州。至此，厦门成为福建东南沿海的军事、政治、经济中心。鸦片战争之后，清政府被迫与英国签订《南京条约》，厦门成为《南京条约》中规定的5个通商口岸之一。清道光二十三年九月十一日（1843年11月2日），厦门正式开埠。清光绪二十八年十月二十二日（1902年11月21日），清政府批准《厦门鼓浪屿租界土地章程》，鼓浪屿成为“万国租界”。清宣统三年（1911年）辛亥革命爆发，同年九月二十四日（11月14日）厦门光复，清朝在厦门岛统治结束。

【民国时期】 1911年11月15日，福建军政府厦门军政分府成立，随即恢复兴泉永道，仍为省级政府的派出机构，在行政区划上，厦门岛仍属同安县嘉禾里。1912年，撤销兴泉永道，以其辖区设南路道（1914年改为厦门道），道台衙署设在厦门。同年4月，厦门岛、金门岛及附近的岛屿（不包括鼓浪屿）从同安县划出成立思明县。1915年1月，大、小金门岛和大、小嶝岛从思明县析出，设立金门县。1933年11月，国民革命军第十九路军发动“闽变”，成立“中华共和国人民革命政府”，升思明县为厦门市，旋改厦门特别市。翌年1月，“闽变”失败，厦门特别市随之撤销，恢复思明县建制。1935年4月1日，厦门市正式成立，为福建省直辖市，市区范围即将军祠以西、厦门大学以北、湖滨南路以南约10平方千米范围；禾山设特别区，直属省政府及第四行政督察区管辖。1937年9月，禾山特别区改为甲种区，划归厦门市管辖，厦门市辖区始扩大到全岛。1945年抗日战争胜利，鼓浪屿公共租界由国民政府收回，设置鼓浪屿区。厦门市辖厦西、厦南、厦港、禾山和鼓浪屿5个区。翌年并厦西、厦南为中心区。1948年3月，析中心区置开元区，同年10月，中心区改名思明区。至此，厦门市辖开元、思明、厦港、鼓浪屿、禾山5个区，下设57个保。

【中华人民共和国成立后】 1949年10月17日，厦门解放。同年10月21日，厦门市人民政府成立，下设思明、开元、厦港、鼓浪屿、禾山5个区。1953年11月，同安县集美乡划归厦门市，并改为镇建制。厦门市管辖范围开始拓展到岛外。1957年4月，同安县灌口区的东孚等12个乡（镇）划归厦门市。1958年10月，海澄县（龙海市）的海沧、新垵2个乡也划入厦门市。厦门市政府将禾山区、集美镇、灌口镇和海沧镇所属各乡合并，成立郊区。1970年7月，同安县改属晋江专区。1973年9月，同安县复归厦门市管辖。“文化大革命”期间，思明区改名向阳区，开元区改名东风区。“文化大革命”结束后，恢复原名。1978年9月，设置杏林区，将郊区的杏林公社划归杏林区管辖。至1980年厦门经济特区建立前，厦门市辖思明区、开元区、鼓浪屿区、郊区、杏林区和同安县。1980年10月，国务院批准在厦门湖里划出2.5平方千米设立经济特区，同年11月，成立厦门经济特区管理委员会，直属福建省人民政府。1984年5月，中共中央、国务院决定把厦门经济特区的范围扩大到厦门全岛（包括鼓浪屿），并实行自由港的某些政策。同年9月，厦门经济特区管理委员会与厦门市人民政府合并，厦门市人民政府行使地方和经济特区的双重职能。1987年8月，厦门市区级行政区划进行调整，增设湖里区，郊区改为集美区。1988年4月，国务院批准厦门为计划单列市，赋予相当于省一级的经济管理权限。1994年2月，国务院批准厦门市行政级别升格为副省级。1996年11月，同安撤县改区，1997年5月，厦门市同安区人民政府挂牌。2003年5月，经国务院批准，福建省人民政府颁发《关于厦门市调整部分行政区划的批复》，同意撤销厦门市鼓浪屿区和开元区，其行政区域划归思明区管辖，杏林区更名为海沧区，设立翔安区。行政区调整后，厦门市下辖思明、湖里、集美、海沧、同安和翔安6个区，至2021年12月31日不变。

（市委党史方志室）

城市标识

【鼓浪屿世界文化遗产】 鼓浪屿（英文：Kulangsu）原名“圆沙洲”，别名“圆洲仔”，南宋时期命名为“五龙屿”，明朝改称“鼓浪屿”。隶属于厦门市思明区鼓浪屿街道，下辖龙头社区、内厝澳社区，辖区禁止机动车辆通行（警消等除外），至高点为日光岩，与厦门岛上的厦门世茂海峡大厦、厦门大学等隔海相望。鼓浪屿风景名胜区是国家AAAAA级旅游景区、全国重点文物保护单位、中国最美五大城区等。2017年7月8日，“鼓浪屿：历史国际社区”被列入世界遗产名录，成为中国第52项世界遗产项目。

【厦门十大地标建筑】 2021年，厦门十大地标建筑如下：

1. 海上明珠观光塔

海上明珠观光塔坐落在东渡狐尾山顶，集气象灾害监测、科普教育、旅游观光和夜景功能于一体，以其独特地理优势，成为鸟瞰厦门的较佳观景点。塔楼成为厦门市一座标志性的建筑物。

2. 厦门郑成功雕像

厦门郑成功雕像于1985年8月27日郑成功诞辰361周年落成，屹立在鼓浪屿东南端的覆鼎岩，是厦门的标志性建筑之一。

3. 白鹭女神

白鹭女神雕塑位于厦门的白鹭洲公园内，是鹭岛的象征，是厦门城市雕塑中的精品。

4. 厦门国际中心

厦门国际中心集超甲级写字楼、单元式办公、高档会所、观光等于一体，是厦门市百亿元“高、新、特”项目的重点项目，成为鹭江道上的厦门地标建筑。

5. 世茂海峡大厦

厦门世茂海峡大厦位于厦门市思明区演武西路，是集酒店、写字楼、SOHO办公，以及观光旅游、购物、休闲、娱乐、餐饮等于一体的城市综合体。世茂海峡大厦是厦门标志性城市景观之一，以风帆为造型，并融入厦门市花三角梅的创意，建筑坐落于水边，裙房的立面设计与海边的波浪相呼应。

6. 杏林湾商务营运中心

杏林湾商务营运中心位于集美杏林湾园博苑北岸，项目共有12栋建筑，包括超高层甲级写字楼、超高层公寓、独栋商业大卖场等。其中，12号楼是整个集美新城的地标性建筑。

7. 厦门人民会堂广场

厦门人民会堂坐落在筼筜湖北岸，面积1万平方米，是一座城市标志性建筑，为厦门十佳建筑之一。

8. 海沧大桥

海沧大桥是厦门市境内一座连接湖里区与海沧区的跨海大桥，位于厦门西海域之上。海沧大桥是中国国内第一座系统地进行桥梁景观研究与设计的特大型桥梁，于1999年12月30日竣工通车。海沧大桥的建成，标志厦门市由海岛型城市拓展成为“一环数片，众星拱月”的海湾型城市。

9. 厦门金融中心大厦

厦门金融中心大厦位于会展北金融监管区，为厦门岛东部海岸线顶级、智能化AAAAA甲级写字楼，是厦门两岸金融中心地标式建筑之一。厦门金融中心大厦吸引金融监管部门及众多金融机构、投资机构陆续进驻，两岸金融中心集聚效应日益凸显。

10. 厦门国际会议展览中心

厦门国际会议展览中心，简称“厦门国际会展中心”（XICEC），位于厦门市思明区莲前街道会展路，是集展览、会议、办公及商业服务等功能于一体的会展综合体，由主场馆、厦门国际会展酒店、厦门国际会议中心、厦门海峡大剧院4个部分组成，是厦门市的标志性建筑之一。

【市花、市树、市鸟】 1986年10月，在广大市民投票评选的基础上，由厦门市第八届人民代表大会常务委员会第二十三次会议正式确定，三角梅为厦门市花，凤凰木为厦门市树，白鹭为厦门市鸟。

（市委党史方志室）

区划和人口

【行政区划】 2021年末，厦门市有6个市辖区，辖32个街道、10个镇，396个社区、147个建制村。其中，思明区辖10个街道、98个社区，湖里区辖5个街道、59个社区，集美区辖4个街道、2个镇、48个社区、21个建制村，海沧区辖4个街道、32个社区、15个建制村，同安区辖2个街道、6个镇、61个社区、81个建制村，翔安区辖7个街道、2个镇、98个社区、30个建制村。（见表3-1）

表3-1　2021年末厦门市行政区划一览表

市辖区名称（区政府驻地）	街道（镇）名称（街道办事处或镇政府驻地）	社区（村）名称（个数）
思明区（民族路）10个街道 98个社区	厦港街道（思明南路）	鸿山社区、蜂巢山社区、福海社区、下澳社区、巡司顶社区、沙坡尾社区、南华社区（7个）
	中华街道（镇海路）	仁安社区、镇海社区、霞溪社区、思南社区、文安社区、中山社区（6个）
	滨海街道（曾厝垵）	演武社区、白城社区、上李社区、曾厝垵社区、黄厝社区（5个）
	鹭江街道（厦禾路）	营平社区、大同社区、鹭江道社区、厦禾社区、双莲池社区、小学社区、禾祥西社区（7个）
	开元街道（禾祥西路）	深田社区、溪岸社区、美仁社区、西边社区、后江社区、湖滨社区、阳台山社区、美湖社区、希望社区、虎溪社区、坑内社区、天湖社区（12个）
	梧村街道（厦禾路）	梧村社区、文灶社区、金榜山社区、滨中社区、双涵社区、浦南社区、万寿北社区、金祥社区、文屏社区、东坪社区、溪东社区（11个）
	筼筜街道（莲滨里）	西郭社区、四里社区、槟榔社区、湖光社区、一里社区、振兴社区、莲岳社区、岳阳社区、屿后西社区、育秀社区、仙阁社区、金桥社区、屿后社区、官任社区、仙岳社区（15个）

续表 3-1

市辖区名称（区政府驻地）	街道（镇）名称（街道办事处或镇政府驻地）	社区（村）名称（个数）
思明区（民族路）10 个街道 98 个社区	莲前街道（莲前西路）	龙山桥社区、金鸡亭社区、莲怡社区、莲顺社区、莲云社区、莲薇社区、前埔北社区、莲丰社区、侨福社区、瑞景社区、莲翔社区、何厝社区、前埔社区、洪文社区、西林社区、塔埔社区、岭兜社区、前埔南社区、莲成社区、万景社区、前埔东社区、前埔西社区、观音山社区（23 个）
	嘉莲街道（和光里）	盈翠社区、莲花北社区、莲西社区、莲兴社区、莲花五村社区、长青社区、松柏社区、莲秀社区、华福社区、龙山社区（10 个）
	鼓浪屿街道（永春路）	龙头社区、内厝社区（2 个）
湖里区（枋湖南路）5 个街道 59 个社区	湖里街道（湖里大道）	湖里社区、村里社区、徐厝社区、濠头社区、东渡社区、塘边社区、后浦社区、金鼎社区、南山社区、东荣社区、康乐社区、康晖社区、康泰社区、怡景社区、和通社区、新港社区、海天社区、兴华社区（18 个）
	殿前街道（长浩路）	兴隆社区、长乐社区、北站社区、神山社区、高殿社区、马垄社区、兴园社区、嘉福社区、翔鹭社区（9 个）
	禾山街道（枋湖北二路）	枋湖社区、坂尚社区、钟宅社区、岭下社区、围里社区、禾欣社区、禾盛社区、禾山社区、禾缘社区、五缘湾北社区、禾美社区、枋湖南社区（12 个）
	江头街道（台湾街）	江头社区、吕厝社区、吕岭社区、园山社区、金尚社区、江村社区、蔡塘社区、后埔社区、祥店社区、江华社区、忠仑社区（11 个）
	金山街道（云顶北路）	高林社区、五通社区、后坑社区、金山社区、金林社区、金安社区、湖边社区、金湖社区、金海社区（9 个）
集美区（岑东路）4 个街道 2 个镇 48 个社区 21 个建制村	集美街道（石鼓路）	岑东社区、岑西社区、浔江社区、盛光社区、银亭社区（5 个）
	侨英街道（兑山西里）	浒井社区、孙厝社区、凤林美社区、叶厝社区、兑山社区、东安社区、乐海社区、滨水社区、海凤社区、凤安社区、信毅社区（11 个）
	杏林街道（杏林南路）	纺织社区、曾营社区、宁宝社区、西亭社区、杏林社区、内林社区、高浦社区、杏北社区、宁海社区、园博社区、莲亭社区（11 个）
	杏滨街道（杏林南路）	锦鹤社区、日东社区、三秀社区、马銮社区、西滨社区、前场社区、锦园社区、康城社区（8 个）
	灌口镇（灌口大道）	灌口第二社区、灌口第一社区、上头亭社区、铁山社区、黄庄社区、双乐社区、安仁社区（7 个） 坑内村、深青村、田头村、上塘村、双岭村、李林村、东辉村、顶许村、三社村、井城村、陈井村、浦林村（12 个）
	后溪镇（孙坂北路）	新村社区、英村社区、三兴社区、龙山社区、二农社区、港头社区（6 个） 前进村、溪西村、后溪村、仑上村、崎沟村、东宅村、后垵村、岩内村、黄地村（9 个）
海沧区（滨湖北路）4 条街道 32 个社区 15 个建制村	海沧街道（海沧社区新大街）	海沧社区、温厝社区、海兴社区、海农社区、临港社区（5 个） 渐美村、囷瑶村、青礁村、后井村、锦里村、古楼村（6 个）
	嵩屿街道（嵩屿路）	海发社区、鳌冠社区、钟山社区、海达社区、未来海岸社区、海虹社区、东屿社区、北附小社区、海翔社区、海林社区、海盛社区、海景社区（12 个） 石塘村、贞庵村（2 个）
	新阳街道（新光路）	霞阳社区、祥露社区、兴旺社区、一农社区、兴祥社区、翁社区厝、孚中央社区（7 个） 新垵村（1 个）
	东孚街道（洪诗路）	天竺社区、过坂社区、凤山社区、莲花社区、东埔社区、山边社区、寨后社区、孚美社区（8 个） 东瑶村、鼎美村、后柯村、芸尾村、贞岱村、洪塘村（6 个）

续表 3-1

市辖区名称 （区政府驻地）	街道（镇）名称 （街道办事处或镇政府驻地）	社区（村）名称（个数）
同安区 （银湖中路） 2 个街道 6 个镇 61 个社区 81 个建制村	大同街道 （朝晖路）	同新社区、西安社区、三秀社区、后炉社区、溪边社区、城西社区、凤山社区、北门社区、西池社区、朝元社区、东山社区、碧岳社区、新丰社区、溪苑社区（14 个） 田洋村、古庄村、顶溪头村、东宅村、下溪头村、康浔村（6 个）
	祥平街道 （银湖西路）	西溪社区、陆丰社区、祥桥社区、杜桥社区、西洪塘社区、西湖社区、凤岗社区、溪声社区、阳翟社区、祥晖社区、芸溪社区、祥文社区、凤祥社区、祥丰社区、凤岭社区（15 个） 过溪村、卿朴村、瑶头村（3 个）
	莲花镇 （美浦）	白沙仑社区（1 个） 莲花村、后埔村、蔗内村、内田村、上陵村、军营村、淡溪村、白交祠村、西坑村、罗溪村、尾林村、水洋村、小坪村、澳溪村、云埔村、云洋村、窑市村、溪东村、美埔村（19 个）
	新民镇 （新民大道）	四口圳社区、后宅社区、禾山社区、梧侣社区、乌涂社区、西塘社区、湖安社区、兴店社区、凤南社区（9 个） 洋厝埔村、西山村、蔡宅村、湖柑村、柑岭村、溪林村、后坂村、南山村、新塘村、土楼村（10 个）
	洪塘镇 （洪塘里）	石浔社区、龙东社区、龙西社区（3 个） 洪塘村、三忠村、苏店村、新霞村、郭山村、龙泉村、新厝村、新学村、苏厝村、大乡村、下墩村、塘边村、埔后村（13 个）
	西柯镇 （西柯街）	丙洲社区、潘涂社区、洪塘头社区、后田社区、西柯社区、吕厝社区、浦头社区、下山头社区、埭头社区、官浔社区、美人山社区、滨海社区、怡海社区、金海社区、东海社区（15 个） 西浦村、美星村（2 个）
	汀溪镇 （温泉路）	汀溪社区（1 个） 隘头村、路下村、褒美村、古坑村、西源村、荏畲村、顶村村、堤内村、半岭村、前格村、五峰村、汪前村、造水村（13 个）
	五显镇 （西洋路）	香溪社区、侨安社区、竹坝社区（3 个） 垵炉村、下峰村、布塘村、店仔村、溪西村、竹山村、后垄村、军村村、后塘村、上厝村、明溪村、宋宅村、四林村、西洋村、三秀山村（15 个）
翔安区 （祥福路） 7 个街道 2 个镇 98 个社区 30 个建制村	大嶝街道 （双沪北路）	田墘社区、山头社区、蟳窟社区、嶝崎社区、双沪社区、阳塘社区、北门社区、东埕社区、小嶝社区、嶝湾社区（10 个）
	马巷街道 （巷南路）	五美社区、友民社区、三乡社区、后亭社区、五星社区、桐梓社区、后滨社区、郑坂社区、曾林社区、后许社区、黎安社区、西坂社区、舫阳社区、沈井社区、市头社区、朱坑社区、滨安社区、舫星社区（18 个）
	民安街道 （莲亭路）	山亭社区、亭洋社区、后莲社区、内垵社区、垵边社区、洪溪社区、同美社区、西炉社区、赵厝社区、前庵社区、内官社区、何厝社区（12 个）
	凤翔街道 （宋洋一里）	琼头社区、陈新社区、窗东社区、蔡浦社区、井头社区、城场社区、湖头社区、东坑社区、洪厝社区、炉前社区、下后滨社区、刘五店社区、下许社区、垵山社区、东界社区、钟宅社区、钟秀社区（17 个）
	新店街道 （顶曾路）	新兴社区、新店社区、溪尾社区、祥吴社区、洪前社区、蔡厝社区、陈塘社区、东兴社区、洪琳湖社区、曾坂社区、祥美社区（11 个）
	金海街道 （鸿翔西路）	浦园社区、西滨社区、澳头社区、欧厝社区、彭厝社区、前浯社区、后村社区、浦边社区、鼓锣社区、浦西社区、鼓岩社区、洪钟社区、滨港社区、鼓翔社区、浦滨社区（15 个）
	香山街道 （顶曾路）	莲河社区、霞浯社区、霄垄社区、珩厝社区、茂林社区、大宅社区、吕塘社区、东园社区、沙美社区、大学社区（10 个）
	新圩镇 （镇口路）	新圩社区、东寮社区、大帽山社区、同和社区（4 个） 古宅村、后埔村、金柄村、凤路村、村尾村、乌山村、云头村、面前埔村、上宅村、诗坂村、桂林村、庄垵村、后亭村、马塘村（14 个）
	内厝镇 （上塘中路）	上塘社区（1 个） 前垵村、后垵村、黄厝村、许厝村、莲塘村、莲前村、霞美村、赵岗村、曾厝村、官路村、美山村、新垵村、锄山村、琼坑村、鸿山村、后田村（16 个）

注：该资料截至 2021 年 12 月 31 日

【翔安区撤镇设街】 2021年，根据《福建省人民政府关于厦门市翔安区新店镇马巷镇行政区划调整的批复》，翔安区完成马巷、新店镇撤镇设街行政区划调整，并析置为新店（辖11个社区）、凤翔（辖17个社区）、金海（辖15个社区）、香山（辖10个社区）、马巷（辖18个社区）、民安（辖12个社区）6个街道。

【人　口】 2021年末，厦门市总人口为528万人，人口密度每平方千米3108人。户籍人口282.81万人，其中城镇人口246.94万人。厦门岛内户籍人口（即思明、湖里两区户籍人口）126.44万人，占全市户籍人口的44.71%。在户籍人口变动中，全年人口出生率11.55‰，人口死亡率2.86‰，人口自然增长率8.69‰，比上年下降1.9个千分点；年末户籍人口中，男性人口和女性人口分别为138.07万人、144.74万人，性别比为95.39。

（市统计局）

民族宗教

【民族情况】 厦门市是一个多民族散居城市，人口中汉族占绝大多数，另有满族、壮族、畲族、苗族、高山族等40多个少数民族。2021年，厦门市培育和树立全市民族团结进步试点示范单位48个，全国、全省民族团结进步示范单位各3个，全国模范集体2个、模范个人4人。依托民族团结进步教育基地，组织开展“践行社会主义核心价值观，铸牢中华民族共同体意识”等主题教育实践活动。搭建宣传教育、信息管理、就业创业、素质提升、权益保障、社区服务6个平台，创造各民族共居共学共事共乐的社会条件，帮助各族群众更好融入城市生活。

【宗教情况】 2021年，厦门市有佛教、道教、伊斯兰教、天主教、基督教五大宗教。市民宗局印发《福建省宗教事务条例》《宗教政策法规问答》等宣传资料，引导民族宗教界自觉在法律法规允许的范围内开展活动。引导全市宗教界服从服务新冠病毒肺炎疫情防控工作大局，做到精准防控、科学防控，并捐款捐物3000多万元。厦门宗教界发扬崇德向善和扶贫济困的优良传统，参与倡导文明、爱心帮扶、大病救助、社区创卫、消防安全宣传等慈善公益活动和爱心厦门、平安厦门，全国文明典范城市创建。

【宗教场所】 2021年，厦门市已登记的宗教活动场所115处（其中佛教55处、道教10处、伊斯兰教1处、天主教4处、基督教45处），有1所宗教院校（闽南佛学院）。各宗教活动场所分布：思明区50处、湖里区8处、海沧区10处、集美区11处、同安区22处、翔安区14处。

（刘超颖）

经济社会发展

【概　况】 2021年是厦门经济特区建设40周年和“十四五”规划开局之年。习近平总书记向厦门经济特区建设40周年致贺信，充分肯定厦门经济特区实现的历史性跨越、作出的重要贡献、发挥的独特作用，对办好厦门经济特区寄予殷切期望、提出重要要求。厦门市始终坚持以习近平新时代中国特色社会主义思想为指导，全面贯彻中共十九大和十九届历次全会精神，深入贯彻落实习近平总书记在福建考察时的重要讲话精神，统筹疫情防控和经济社会发展，持续巩固拓展疫情防控和经济社会发展成果，全面落实“六稳”“六保”（六稳：稳就业，稳金融，稳外贸，稳外资，稳投资，稳预期；六保：保居民就业，保基本民生，保市场主体，保粮食能源安全，保产业链供应链稳定，保基层运转）任务和“五促一保一防一控”（五促：促生产、促消费、促项目建设、促外经贸发展、促旅游；一保：保基本；一防：防风险；一控：控疫情）工作，生产端持续复苏，需求端稳步回暖，各行业均衡发展，全市经济运行总体稳健。全市地区生产总值7033.89亿元，比上年增长8.1%，增速位居全省第三，三次产业分别增长5.3%、6.7%、9.0%，三次产业结构为0.4∶41.0∶58.6；固定资产投资增长11.3%；一般公共预算总收入、地方一般公共预算收入分别增长13.2%和12.4%；全体居民人均可支配收入稳步增长；年度节能减排任务全面完成。全市6个区经济保持稳步增长，思明、湖里、海沧、集美、同安和翔安地区生产总值分别比上年增长8.2%、7.2%、11.9%、6.8%、6.8%和7.3%。

【经济高质量发展】 2021年，厦门市二、三产业发展均衡，分别占地区生产总值比重41.0%和58.6%，对全市经济增长贡献率34.6%和65.1%。在工业中，高技术制造业加快发展，全市高技术产业占规模以上工业增加值42.6%，比上

2021年12月20日，庆祝厦门经济特区建设40周年鹭江主题灯光秀在厦门鹭江道沿线上演，多维度展现特区40年劈波斩浪、砥砺前行的历程　（张江毅　摄）

年提高2.8个百分点，增长19.9%，比规模以上工业增加值高8.0个百分点；高能级制造业投资比重持续提升，随着天马6代、中航锂电等一批重大项目陆续落地，高技术制造业投资占制造业投资的66.8%，比上年提高7.2个百分点，增长45.9%。新经济蓬勃发展。战略性新兴产业快速增长，全市规模以上工业战略性新兴产业增加值比上年增长19.4%，其中新一代信息技术、生物产业合计占规模以上工业战略性新兴产业增加值比重超80%；低碳、智能化新产品需求明显提升，新能源汽车、服务机器人产量分别增长50.2%和4.2倍；网络零售保持较快增长，限额以上网上零售额增长19.6%，拉动社会消费品总额增长4.2个百分点。

【新冠病毒肺炎疫情处置】 2021年，厦门市成功应对处置境外输入关联新冠病毒肺炎疫情（以下简称疫情）和本土疫情。在处置本土疫情过程中，国务院副总理孙春兰到厦门市指导，福建省委、省政府直接领导指挥，兄弟省市大力支援，厦门市委、市政府落实“快、严、实、细”工作要求，启动扁平高效指挥体系，3.5万多名党员干部下沉一线，形成24小时内全市全员核酸检测能力，快速精准开展流调溯源，实现所有密接、次密接人员应隔尽隔、应转尽转，强化社区防控、社会管控和物资保障，全力做好医疗救治与院感防控。境外输入关联疫情迅速切断，本土疫情12天内社区传播清零、47天内所有患者治愈出院，取得疫情防控人民战争、总体战、阻击战胜利。在抗击疫情中，全市党员干部冲锋在前，广大医务工作者逆行出征，社区工作者、口岸单位工作人员、政法干警、新闻工作者、志愿者等日夜奋战，全体市民同心抗疫。

【创新驱动发展】 2021年，厦门市区域创新中心加快建设。规划建设厦门科学城，嘉庚创新实验室形成60余项科技创新成果，生物制品省创新实验室建设全面启动。新增4家国家级和21家省级企业技术中心、13家省级新型研发机构、2家国家级科技企业孵化器。净增国家级高新技术企业超500家。累计培育国家级专精特新“小巨人”企业79家、省级专精特新中小企业167家、市级769家。出台“留厦六条”政策，大专以上学历人口139万人。

产业转型升级成效显著。促进工业稳增长和转型升级等5项工作获国务院办公厅通报表扬。厦门时代等一批重大项目落地，厦钨新能源等一批龙头企业增资扩产。生物医药与健康、集成电路、新材料等战略性新兴产业产值分别比上年增长17.9%、16.3%和17.9%。金融业增加值比上年增长7%，人民币存贷款余额增长13.5%，新增境内外上市企业12家。物流业营业总收入比上年增长17.4%，集装箱吞吐量增长5.6%。举办中国教育装备展等重大展会活动。总部企业税收比上年增长23%。数字经济规模超4000亿元。海洋生产总值比上年增长17%。

助企纾困有力有效。落实国家和省各项减税降费措施，适时出台“1+N”政策体系，实施企业降本、用工等12条普惠性政策以及200多条产业扶持政策，推行政策“免申即享”，为企业减负约360亿元。举办全城欢动消费节和文旅消费季等系列促销活动，社会消费品零售总额比上年增长12.7%。新增商事主体14.6万户，比上年增长10.5%。

招商引资加速推进。开展全员精准招商、产业链招商，组建市投资促进中心。通过第二十一届中国国际投资贸易洽谈会、第四届数字中国建设峰会、央地对接会、厦门经济特区建设40周年重大项目签约、厦大百年校庆全球校友招商大会等重大活动开展招商引资，新引进项目1.1万个、计划总投资1.76万亿元。实际使用外资比上年增长12.2%，总量占全省50.5%，比上年末提高2.8个百分点。

【金砖创新基地建设】 2021年，厦门市制定金砖创新基地建设三年行动方案以及功能产业规划。编制金砖国家标准化研究报告，推动标准制定和资格互认。组建厦门金砖新工业能力提升培训基地联盟，参训学员覆盖15个国家超2万人次。建设金砖工业能力共享平台等7个赋能平台，成立中俄数字经济研究中心等机构，推出首批39个示范标杆项目。举办金砖国家新工业革命伙伴关系论坛等系列活动，签约项目28个、总投资134亿元。对金砖国家进出口额比上年增长20.7%。

【改革开放深化】 2021年，自贸区厦门片区建设提档升级。新推出创新举措52项，其中全国首创11项。象屿、海沧港综合保税区运营。进口酒等重点平台加快数字化转型。入选全国供应链创新与应用示范城市，获批开展新型离岸国际贸易等试点，离岸国际贸易收支结算额比上年增长62.9%。

重点领域改革成效凸显。在全国营商环境评价中18个指标全部获评“全国标杆”。海丝中央法务区落地建设。连续两年位居中国十大海运集装箱口岸营商环境第一。国企改革三年行动进展顺利，市属国企资产总额、营业收入分别比上年增长35.2%和40.7%。深化“放管服”改革，98%的事项实现“一趟不用跑”，超90%的事项全程网办，117项跨省通办，113项“秒批秒办”，企业开办、不动产登记实现一日办结。

对外交流合作水平持续提升。外贸进出口总额超8800亿元，比上年增长27.7%。实施外贸自主品牌培育三年行动，建成品牌出海门户网站。跨境电商进出口额比上年增长207%。“丝路海运”新增16条航线，厦门机场货邮吞吐量比上年增长7%。对“一带一路”沿线国家、RCEP国家进出口分别比上年增长28.7%和22%。新增对外投资项目108个，实际投资12.8亿美元。

对台交流融合推进。持续做好“通、惠、情”三篇文章，举办第十三届海峡论坛，全国政协主席汪洋出席大会并致辞，台湾各界嘉宾踊跃参与。新批台资项目688个，比上年增长19.2%。“源头管理、口岸验放”对台贸易便利模式扩大至194种台湾输大陆产品，厦台贸易额比上年增长33.9%。率先实现台胞按内资企业注册公司。台商海峡两岸产业投资基金落户。台企东亚机械在A股上市。厦金通电、通气、通桥项目厦门侧相关工作进展顺利。

【跨岛发展战略实施】 2021年，厦门市岛内外一体化纵深推进。岛外重大片区完成投资1868亿元，占全市总投资近70%。环东海域创谷、智谷、云谷等一批重点产业园区加快建设，新机场片区快速路等一批骨干路网建成，新体育中心等一批公共建筑配套进展顺利。岛内城市有机更新加速推进，何厝岭兜、湖里东部等重点片区改造提升按序时推

2021年6月25日，厦门地铁3号线开通。图为火炬园站的乘务员迎宾仪式

（赖耿峰　摄）

进。闽西南协同发展区28个涉及厦门重大项目完成投资192.7亿元。

基础设施日趋完善。全市新增“五个一批”（谋划一批、签约一批、开工一批、投产一批、增资一批）项目659个、总投资5384亿元。435个市重点项目完成投资2283.3亿元，完成年度投资任务169%；111个省重点在建项目、27个省“重中之重”项目分别完成年度投资计划126.3%、118.4%，投资完成率均居全省首位。新机场工程可行性研究、用海、环评、初设等获批，航站楼主体工程和填海造地全面开工。厦门港加快建设世界一流港口，远海码头获评亚太绿色港口。地铁3号线开通运营，福厦高铁加快建设，厦门大桥拓宽改造工程完工，海沧隧道建成通车。新建改造供水管网78.7千米、雨水管网64千米、天然气管道95千米、电力线路42千米。

城市管理更加精细。推进房屋安全隐患排查整治等7个专项整治攻坚战，处置“两违”（违法用地和违法建设）953.3万平方米。完成老旧小区改造2.6万户。完成21个道路交通安全隐患整治项目、13个路网改造提升项目，打通“断头路”14条，新增路外公共停车泊位1.08万个。新增改造公园绿地152万平方米，新建及提升绿道60千米，园博苑免费开放。

乡村振兴战略深入实施。都市现代农业产业集群总收入比上年增长7.8%。30个试点示范村和10条动线建设进展顺利。完成既有裸房整治4875栋。农村雨污分流工作加快推进，开工建设441个项目。莲花镇获评全国首批乡村旅游重点镇。

【生态环境建设】 2021年，厦门市加快中央生态环保督察反馈问题整改，信访件全部办结销号。公众生态环境质量满意度位居全省第一，空气质量综合指数在全国168个重点城市排名第六，饮用水水源地、主要流域国考断面、主要流域省考断面、小流域省控断面水质实现“四个100%达标”，国家“蓝色海湾”综合整治工程全面推进，土壤环境质量保持稳定。加快建设9座污水处理厂，新建改造污水管网126千米。湖里、集美获批国家生态文明建设示范区。

【民生福祉增进】 2021年，厦门市城镇登记失业率3.40%，比上年下降0.44个百分点。全年城镇新增就业33.07万人，城镇职工参加医社保人数比上年增长4.6%。全体居民人均可支配收入64362元，比上年增长10.7%，城镇、农村居民人均可支配收入分别增长9.6%、12.3%，三项收入的总量与增速均处于全省领先水平。

公共服务水平持续提升。建成48个中小学幼儿园项目，新增学位5万个。实验小学翔安校区、外国语学校集美校区等一批学校建成招生。中小学课后延时服务实现全覆盖。成为健康中国行动创新模式首批试点城市。厦门珠绣等4个项目获评国家级非物质文化遗产代表性项目。入选首批国家体育消费试点城市。

社会保障体系更加完善。48个为民办实事项目全部完成。城镇登记失业率控制在年度目标范围内。上线全国医保信息平台。城乡居民基本医疗保险筹资标准提高至每人每年1140元。最低生活保障、特困人员供养、残疾人两项补贴等各类保障标准均居全省第一。建成2个镇（街）级养老服务照料中心、9个农村幸福院，新增普惠型养老床位1472张。稳定房价，整治二手房市场，配租配售保障性住房1.9万余套（间），房地产市场平稳健康发展。

平安厦门建设不断深化。“近邻”党建模式向全国推广。食品、药品、产品质量安全形势稳中向好，消费者满意度居全国第三。粮食安全责任制考核全省领先。深入推进安全生产专项整治三年行动，安全生产形势总体稳定。常态化开展扫黑除恶斗争，坚持和发展新时代“枫桥经验”，反诈骗精准宣防模式向全国推广。

（市政府办）

责任编辑：孙志红
审　　稿：白延蜻
校　　对：林建高

4 中共厦门市委员会

综　述

【习近平新时代中国特色社会主义思想学习贯彻】 2021年，中国共产党厦门市委员会（简称中共厦门市委）以习近平新时代中国特色社会主义思想为指导，深入学习贯彻中共十九届六中全会精神，召开市委十三届二次全会，动员全市深刻领悟党的百年奋斗重大成就和历史经验，深刻把握“两个确立”，坚决做到“两个维护”。全面贯彻落实习近平总书记对福建、对厦门工作重要讲话重要指示精神。学习习近平总书记到福建考察重要讲话精神，开展致厦门经济特区建设40周年贺信重要精神“大学习、大讨论”活动，激励全市牢记嘱托、感恩奋进，努力把习近平总书记擘画的宏伟蓝图变成美好现实。组织党史学习教育，学习“七一”重要讲话精神，举办庆祝中国共产党成立百年系列活动，开展“我为群众办实事”实践活动，做到学党史、悟思想、办实事、开新局。开展“再学习、再调研、再落实”活动，市委理论学习中心组学习23次，41名市领导、157个部门调研课题全部形成工作措施，完成重点落实任务807项，推动党中央决策部署落地落实。

【跨岛跨区域发展】 2021年，中共厦门市委加快推进环厦门湾整体发展，强化“一岛一湾”城市空间格局，岛内推进城市有机更新，岛外高标准、组团式推动新城拓展。加快岛内外基础设施一体联通，海沧隧道通车，地铁3号线运营，新机场项目全面开工；推进乡村振兴，都市现代农业产业集群总收入比上年增长7.8%，农村人居环境持续改善；闽宁协作和援藏、援疆等工作取得新成效；推进闽西南协同发展区建设，推进厦漳泉都市圈建设，出台闽西南协同发展区平台建设总体方案，28个涉厦门重大项目完成投资192.7亿元；谋划加强与国内中心城市交通和产业对接。

【重大风险防范化解】 2021年，中共厦门市委加强经济领域风险防范，做好金融风险防控。坚持“房住不炒”，打击炒作、哄抬房价行为，促进房地产业良性循环和健康发展。加强平安厦门建设，探索共建共治共享城市治理新路，常态化开展扫黑除恶专项斗争，开展四大行业（信息网络、自然资源、交通运输、工程建设）领域整治攻坚战，获评平安中国建设示范市。加强新冠病毒肺炎疫情防控，坚持“快严实细”，实行市防控办集中办公和24小时值班，疫情防控一体化信息平台投入使用，加强重点人群和场所精细化管理，战胜两轮新冠病毒肺炎疫情。

【全面从严治党】 2021年，中共厦门市委把党的政治建设摆在首位，严格党内政治生活制度，落实意识形态工作责任制，提高政治判断力、政治领悟力、政治执行力，各项事业始终沿着正确政治方向前进。强化基层党组织建设，推广“近邻”党建模式，开展村（居委会）组织换届，各领域党建水平不断提升。正风肃纪反腐，落实中央八项规定及其实施细则精神，开展政法队伍教育整顿，落实省委巡视和涉粮专项巡视反馈问题整改，推进不敢腐、不能腐、不想腐思想工作。激励干部担当作为，强化实干实绩鲜明导向，实施年轻干部成长工程，干部队伍干事创业氛围更加浓厚。

（黄　唯）

主要会议

【市委全面深化改革委员会会议】 2021年，中共厦门市委全面深化改革委员会共召开会议5次。（见表4–1）

【市委领导调整】 2021年，厦门市先后召开全市领导干部会议，宣布市委领导调整情况。1月29日，厦门市召开市委常委会（扩大）会议和全市领导干部会议，省委书记尹力、省委组织部部长杨贤金参加会议，会上宣读中共中央、福建省委关于厦门市委主要领导调整的决定，赵龙任中共厦门市委书记。6月20日，召开全市领导干部会议，杨贤金、赵龙参加会议，会上宣读省委决定，黄文辉任中共厦门市委副书记。10月30日，召开全市领导干部大会，尹力参加会议，会上宣读中共中央、福建省委关于厦门市委主要领导任职的决定，崔永

表 4-1　　2021 年中共厦门市委全面深化改革委员会会议一览表

会议名称	会议时间	会议内容
市委全面深化改革委员会第十次会议	3 月 3 日	传达学习贯彻习近平总书记在中央全面深化改革委员会第十七次、第十八次会议上的重要讲话精神，落实中央深改委及省委深改委部署要求，审议通过市委深改委 2020 年工作总结报告和 2021 年工作要点，研究部署新时代加快完善社会主义市场经济体制、中小学教师减负、医保基金智能监管、集美区县域集成改革试点、海沧区乡村治理体系建设试点等改革事项
市委全面深化改革委员会第十一次会议	6 月 25 日	传达学习中央全面深化改革委员会第十九次会议精神，研究厦门市初步贯彻意见，听取《构建更加完善的要素市场化配置体制机制的实施方案（送审稿）》起草情况和主要内容汇报，听取《厦门市城镇集体所有制企业暂行办法（送审稿）》起草情况和主要内容汇报，听取《厦门市进一步深化税收征管改革实施方案（送审稿）》起草情况和主要内容汇报，听取《厦门市促进中医药传承创新发展若干措施（送审稿）》起草情况和主要内容汇报，书面审议火炬高新区、市工信局、市市场监管局、湖里区、海沧区被国务院大督查通报表扬的创新典型案例
市委全面深化改革委员会第十二次会议	8 月 25 日	传达学习习近平总书记在中央全面深化改革委员会第二十次会议上的重要讲话精神和省委全面深化改革委员会第十七次会议精神，听取 2021 年上半年全面深化改革工作情况汇报，听取《厦门市深化新一代信息技术与制造业融合发展工作方案（送审稿）》起草情况和主要内容汇报，书面审议公共法律服务体系建设情况和 4 个全面深化改革典型案例，书面听取市委深改委 2021 年上半年工作总结、重点突破改革事项进展情况及各专项工作小组、各区 2021 年上半年工作情况的汇报
市委全面深化改革委员会第十三次会议	9 月 1 日	传达学习习近平总书记在中央全面深化改革委员会第二十一次会议上的重要讲话精神、习近平总书记关于统计工作的重要论述和中央有关统计工作的党内法规及省委常委会会议精神，研究厦门市贯彻意见
市委全面深化改革委员会第十四次会议	10 月 4 日	听取《关于改革完善体制机制加强粮食储备安全管理的实施方案（送审稿）》起草情况和主要内容汇报，听取《厦门市深化常规公交运营管理改革方案（送审稿）》起草情况和主要内容汇报

辉任中共厦门市委书记。

【全市党史学习教育动员大会】 2021 年 3 月 4 日，厦门全市党史学习教育动员大会召开。市委书记赵龙出席会议并讲话，市委副书记陈秋雄主持。会议学习贯彻习近平总书记在党史学习教育动员大会上的重要讲话精神，按照党中央部署和省委要求，高标准高质量完成市党史学习教育各项任务，做到学史明理、学史增信、学史崇德、学史力行，学党史、悟思想、办实事、开新局，更高水平建设高素质高颜值现代化国际化城市，以优异成绩庆祝中国共产党成立 100 周年。全市各级党委（党组）要把党史学习教育作为一项重大政治任务，精心组织实施，确保高标准高质量完成任务。市委、市人大常委会、市政府、市政协领导，市法院、市检察院、厦门海事法院领导出席。市直各部门、市委党史学习教育领导小组办公室、部分企事业单位负责人等参加。会议以视频形式召开，各区、自贸区厦门片区和火炬高新区设分会场。

【全市经济会议】 2021 年，厦门市召开全市季度经济会议、全市上半年经济会议、市委经济工作会议。（见表 4-2）

【中国共产党厦门市第十二届代表大会】 2021 年，中国共产党厦门市第十二届代表大会共召开 3 次会议，即市委十二届十三次至十五次全会。（见表 4-3）

【庆祝中国共产党成立 100 周年座谈会】 2021 年 7 月 3 日，厦门市庆祝中国共产党成立 100 周年座谈会举行。市委书

表 4-2　　2021 年厦门市经济会议一览表

会议名称	会议时间	会议内容
全市季度经济会议	5 月 7 日	市委书记赵龙出席会议并讲话，市委副书记陈秋雄主持。常务副市长黄文辉对第一季度全市经济运行进行点评并对下一步经济工作提出意见。市委、市人大常委会、市政府、市政协领导，市法院、市检察院、厦门海事法院领导，市直有关部门和部分省部属驻厦单位主要负责人在主会场参加会议。会议以视频形式开到各区、各乡镇（街道）
全市上半年经济会议	8 月 18 日	市委书记赵龙主持会议并讲话。会议分析上半年经济运行情况，研究部署下半年经济社会发展工作。市长黄文辉点评全市经济运行情况，并对下一步工作提出具体要求。市四套班子有关领导出席会议
市委经济工作会议	12 月 24 日	市委书记崔永辉主持并讲话，市长黄文辉作具体部署。会议总结 2021 年经济工作，分析当前经济形势，部署 2022 年经济工作。市委、市人大常委会、市政府、市政协班子领导，市法院、市检察院、厦门海事法院领导，部分老领导，各区、开发区、市直各部门及省部属驻厦单位主要负责人等参加

表 4-3　　2021 年中国共产党厦门市第十二届代表大会一览表

会议名称	会议时间	会议内容
市委十二届十三次全会	6 月 21 日	全会由市委常委会主持，市委书记赵龙出席并讲话。全会听取和讨论赵龙受市委常委会委托作的工作报告，审议通过《中共厦门市委关于学习贯彻习近平总书记在福建考察时的重要讲话精神，为奋力谱写全面建设社会主义现代化国家福建篇章贡献厦门力量的决定》。赵龙就决定（讨论稿）向全会作说明。全会提出，要加快建设现代化经济体系，坚定不移推动高质量发展；推动更深层次改革、更高水平开放，在服务和融入新发展格局中展现更大作为；探索海峡两岸融合发展新路，打造台胞台企登陆第一家园的“第一站”；加快推进乡村振兴，促进农业农村现代化；建设人与自然和谐共生的现代化，努力当好生态省建设的排头兵；创造高品质生活，让老百姓过上更好的日子。市委委员 37 人，市委候补委员 8 人出席；市纪委常委、有关方面负责人，中共十九大代表、省第十次党代会和市第十二次党代会代表中的部分基层代表等列席会议
市委十二届十四次全会	7 月 20 日	全会由市委常委会主持，市委书记赵龙出席并讲话。会议研究筹备召开市第十三次党代会有关事宜，审议通过《关于召开中国共产党厦门市第十三次代表大会的决议》，决定市第十三次党代会于 2021 年 10 月召开。市长黄文辉就决议讨论稿作说明。市委常委、市委委员、市委候补委员、市纪委常委、监委委员出席会议
市委十二届十五次全会	11 月 2 日	全会由市委常委会主持，市委书记崔永辉讲话。全会决定，市第十三次党代会 11 月 5—7 日召开。全会审议通过十二届市委在市第十三次党代会上的报告（草案）和十二届市纪委向市第十三次党代会的工作报告（草案）；听取市第十三次党代会筹备工作情况报告；审议通过市第十三次党代会日程安排（草案）；听取关于十三届市委委员、候补委员、市纪委委员人事安排有关情况的说明；等额选举全市出席省第十一次党代会代表候选人预备人选。市委领导黄文辉、陈秋雄、李伟华、陈沈阳、张毅恭、齐凤瑞、吴子东，十二届市委委员、候补委员出席会议。十二届市纪委委员列席会议

记赵龙出席座谈会并讲话，市长黄文辉主持。会上，受全国和全省表彰的“两优一先”代表，在厦门的省、市级老领导代表，党史社科领域专家代表，脱贫攻坚受表彰代表，新冠病毒肺炎疫情防控先进代表，青年学生党员代表结合实际，交流学习心得体会。市委常委，部分在厦门的省、市级老领导，市委党建工作领导小组成员单位主要负责人，各民主党派、工商联、无党派人士、人民团体代表，部分省部属驻厦门单位主要负责人，各类先进模范、各界群众代表等参加座谈会。

【中国共产党厦门市第十三次代表大会】 2021 年 11 月 4—7 日，中国共产党厦门市第十三次代表大会在人民会堂召开。4 日，召开预备会议，审议市委组织部《关于全市党费收缴、使用和管理情况的报告》。5 日，中国共产党厦门市第十三次代表大会开幕。市委书记崔永辉代表中共厦门市第十二届委员会向大会作题为《牢记嘱托　践行使命　更高水平建设高素质高颜值现代化国际化城市》的报告。市长黄文辉主持。中国共产党厦门市第十二届纪律检查委员会向大会作书面工作报告。大会主席团成员崔永辉、黄文辉、魏克良、杨国豪、陈秋雄、李伟华、陈沈阳、张毅恭、李辉跃、齐凤瑞、吴子东、游文昌、黄晓舟、王雪敏、连坤明、黄河明和特邀参会的驻厦部队领导武仲良，在厦的退出现职和离退休副省级领导，市级离退休老领导、法检系统老领导，不是中共厦门市党代表的市级领导班子成员，市人大常委会、市政府、市政协和海事法院党外领导，驻厦部队单位领导，各民主党派、工商联、无党派人士代表，不是中共厦门市党代表的在厦门正厅级以上省部属单位正职领导等应邀参加大会开幕式。7 日，中国共产党厦门市第十三次党代会第二次全体会议召开，崔永辉主持。会议选举产生中共厦门市第十三届委员会委员 49 人、候补委员 11 人，选举产生第十三届纪律检查委员会委员 37 人、厦门市出席省第十一次党代会的代表 34 人。大会通过《中国共产党厦门市第十三次代表大会关于中共厦门市第十二届委员会报告的决议》《中国共产党厦门市第十三次代表大会关于中共厦门市第十二届纪律检查委员会工作报告的决议》。

【中共厦门市委第十三届一次全会】 2021 年 11 月 7 日，中国共产党厦门市第十三届委员会第一次全体会议召开。崔永辉主持并讲话。全会选举崔永辉、黄文辉、张毅恭、李伟华、陈沈阳、李辉跃、齐凤瑞、吴子东、郑福源、游文昌、黄晓舟、王雪敏、连坤明为市委常委；选举崔永辉为市委书记，黄文辉、张毅恭为市委副书记。市纪委委员列席会议。省换届风气巡回督查组到会指导。全会审议通过中国共产党厦门市第十三届纪律检查委员会第一次全体会议选举结果的报告。

【中共厦门市委第十三届二次全会】 2021 年 12 月 6 日，中共厦门市委第十三届二次全会召开。全会由市委常委会主持。市委书记崔永辉代表市委常委会就厦门市学习贯彻落实中共十九届六中全会精神，贯彻落实省第十一次党代会部署作报告。全会审议通过《中共厦门市委关于深刻领悟党的百年奋斗重大成就和历史经验，为谱写全面建设社会主义现代化国家福建篇章贡献厦门力量的决定》。市委领导黄文辉、张毅恭、李伟华、陈沈阳、李辉跃、齐凤瑞、吴子东、游文昌、黄晓舟、王雪敏、连坤明，十三届市委委员、候补委员出席；十三届市纪委委员列席；市人大常委会、市政府、市政协班子领导等参加。

【厦门经济特区建设 40 周年庆祝大会】 2021 年 12 月 21 日，厦门经济特区建设 40 周年庆祝大会在厦门国际会议中心举行。中共中央总书记、国家主席、中央军委主席习近平发贺信。国家副主席王岐山出席大会并讲话，会上宣读习近平总书记的贺信。福建省代省长赵龙主持庆祝大会。中央和国家机关有关部门负责人，福建省有关领导，深圳、珠海、汕头、海南经济特区及天津滨海新区、河北雄安新区有关领导，厦门对口支援、协作地区主要负责人，外宾代表，港澳台人士代表，厦门市各套班子领导和各界代表等参加庆祝大会。

（黄　唯）

组织工作

【概　况】2021年，厦门市组织系统践行党的组织路线，围绕党史学习教育、厦门特区建设40周年和市区镇村居集中换届等中心工作。截至年底，全市共有各级党的基层组织15221个（党委909个、党总支696个、党支部13616个）。全市党员总数24.19万人，其中女性党员9.97万人，占党员总数的41.22%。大专以上学历18.68万人，占党员总数的77.21%。新发展党员10387人，其中女性党员5520人，占新发展党员数的53.14%。建成厦门市干部政治表现综合管理系统，实现干部工作纪实、分级考核、综合研判、实绩档案等全方位动态管理。研究制定《厦门市年轻干部成长工程实施方案》，健全年轻干部“育选管用”全链条培养锻炼机制。印发《关于优化工资福利退休业务审批程序的通知》，将36个审批项目从审批制改为按照干部管理权限备案制，全年精简3万余人次审批，提高办事效率、减轻基层负担。牵头打造鼓浪屿红色教育基地，全年接待近万名党员群众参观学习。

【党员干部政治思想学习】2021年，中共厦门市委组织部（简称市委组织部）以党的政治建设为统领，开展党的创新理论学习，教育引导广大党员干部以高度的政治自觉坚定捍卫“两个确立”、坚决做到“两个维护”。开展政治思想学习，把学习贯彻习近平新时代中国特色社会主义思想作为首要政治任务，突出抓好十九届五中、六中全会精神、习近平总书记“七一”讲话精神、到福建考察讲话精神和致厦门经济特区建设40周年贺信精神等学习培训，纳入“三会一课”“主题党日”及党校、城市党建学院必学内容。举办十九届五中、六中全会精神研讨班。举办厅局级进修班、中青年干部培训班等主体班19期，开展“再学习、再调研、再落实”活动，举办处级干部轮训85期、线上线下专题学习13.48万人次、大讨论1.1万场次。开展党史学习教育，担负党史学习教育“双重责任”，组织党员干部研读习近平《论中国共产党史》等书，在党校主体班专设“四史教育”单元，开发专门课程、微党课等系统轮训干部，依托城市党建学院分层分类举办各类专题培训。开发“习近平生态文明思想在厦门的实践与探索——筼筜湖综合治理”等特色课程，开发党史学习教育10条红色经典线路、鼓浪屿红色教育基地，拍摄《战鼓逐浪》系列故事片。开展“我为群众办实事”“党旗在基层一线高高飘扬”“精准双报到”等特色实践活动。提升能力素质，开展“紧跟式”专业化、精准化培训，举办招商引资、数字化转型、碳达峰碳中和、未来科技城等线下专题培训23期，直播云课堂等线上课程17期。实施能力培训，线上线下开展专题培训5期。推进新时代基层干部主题培训行动计划，围绕乡村振兴、党建引领基层治理两大主题开展培训，举办市级示范班5期，带动各区全面开展轮训。开展公务员初任培训和专业技能培训，持续提升关键岗位履职能力。完成“干部在线学习”整体并入福建干部网络学院，跟进学时管理，厦门市干部“在学率”居全省前列。

【干部队伍建设】2021年，厦门市委组织部以集中换届为契机，培养、发现、使用愿干事、真干事、干成事的干部，锻造干部队伍，推动干部资源转化为发展动力。坚持德才兼备、事业为上原则配置干部资源，聚焦招商引资、项目攻坚、金砖创新基地建设等任务，选派4个调研组驻重大片区指挥部，考核干部表现。拓宽选人视野，修订完善三支队伍（领导人才队伍、专业人才队伍和管理人才队伍）交流办法，加大干部交流力度，优先提拔重用承担重任的干部。深化国企人事制度改革，落实外部董事选聘，选聘市属国企外部董事到市属国企任职，优化国企董事会管理结构。干部选拔任用“一报告两评议”工作得分居福建省前列，选人用人满意度持续提升。把年轻干部队伍建设摆在突出的位置，出台《厦门市年轻干部成长工程实施方案》及系列子计划，加大统筹培养力度。建设使用优秀年轻干部库，落实省委关于新提拔使用年轻干部的要求。注重在一线培养干部，选派干部充实到重大片区指挥部、新冠病毒肺炎疫情防控和镇街基层第一线、招商引资等重点工作最前沿。与南开大学等高校开展双向交流挂职，选派处级干部、专技人才对口支援宁夏回族自治区银川市永宁县闽宁镇等地，轮换选派援藏、援疆专业技术人才。加强干部管理，根据中央组织部关于个人有关事项填报要求，召开部署会、培训会、宣讲会。创新建设干部宏观管理监督系统，实现市直机关正处级选任和任前事项报告全流程网上审批、24小时网上巡察，纠正不符合程序13人次。依托巡察开展融入式选人用人检查工作，实现选人用人检查“全覆盖”。常态开展信访核查、经济责任审计等工作，督促整改。开展干部人事档案专项审核。健全担当作为激励保护机制，按规定使用处分期满、表现突出的干部。选树宣传“新时代厦门经济特区的奔跑者”17人、“战疫先锋”12人。推广点名调训、休养式培训等做法。做好干部保健、军转安置等工作。完善公务员管理机制。开展《公务员法》贯彻执行情况督导检查，开展公务员分类改革前期工作，梳理行政执法类职位设置意向。发挥职务与职级并行政策激励作用，探索将职数使用管理纳入市委主体责任检查。优化年度考核、平时考核办法，提高下沉一线参与疫情防控单位年度优秀比例。公开招录公务员201人，完成村（居委会）主干公开招录公务员和“一考两用”（报考公务员考试，各项成绩合格却未被录取，有机会被市有关事业单位直接聘用，不用重新考试）配套事业单位招聘工作，招录村级主干9人，聘用乡镇（街道）事业干部10人。建立公务员队伍专业人才库，探索聘任制公务员工作。傅冰洁作为福建省唯一人选获全国“最美公务员”称号。厦门市公务员管理工作经验做法在《中国组织人事报》专版刊登。

【基层组织建设】 2021年，厦门市委组织部加强基层组织体系建设，加强党在基层的领导。完成村（居委会）"两委"换届任务，优化"两委"班子结构，书记、主任"一肩挑"比例100%。推进村级组织活动场所规范化建设，落实村干部坐班制，试点全日制坐班。从市直单位、市属国企选派干部到乡村振兴一线挂职锻炼，实现省级乡村振兴试点村全覆盖，拓展覆盖市级试点示范村。推进市级党建示范园区建设，评选第三批非公党建领军人才，评选树立非公党建先进典型。在快递物流业筹建行业党委，开展快递物流业"百日攻坚行动"，经验做法入选全国"2021年度百个两新党建优秀案例"。持续开展"红帆领航 惠企同行"活动，帮助企业理解政策、化解难题。加强非公党建工作队伍建设，党组织班子与企业管理层"双向进入、交叉任职"，选聘第七批非公党建指导员，举办理论和业务知识培训班。聚焦机关、国企、学校、医院等工作重点，加强分类指导。机关党建围绕党史学习教育、庆祝中国共产党成立100周年等重大事件，完成党员教育管理、双报到（机关、企事业单位党组织到所在地社区报到，实行共驻共建；在职党员到居住地社区报到，组织党员开展志愿服务）、两优一先（优秀党员、党务工作者、先进基层党组织）评选表彰、发展党员等任务，促进党建和业务深度融合。召开全市国企党建工作座谈会，整改巡视反馈问题，落实党委前置研究，推动党的领导全面融入国企治理。开展新设立企业和异地企业党组织建设，实施"一企一品牌"计划，首批宣传展示30个优秀国企党建品牌。创新学校党建工作模式，开展党支部品牌达标创建系列活动，规范提升基层学校党建工作水平。发挥首批优秀党建品牌示范作用，采取结对子、区域就近帮扶等方式，带动提升民办农村学校党建工作。医院党建全面实行党委领导下的院长负责制，开展公立医院创建"一院一品牌"。贯彻《中国共产党支部工作条例》，推进支部建设标准化、规范化，依托"厦门党建e家"动态监管、定期抽查，督促解决支部设置不规范、班子战斗力不强问题。围绕党史学习教育开展组织生活，全年开展"三会一课"44.5万余场次，主题党日活动7.9万余场次，召开党史学习教育专题组织生活会9700余场。落实发展党员指导计划，提高发展质量。制定《2021年度退役军人报到落户工作规范》，解决退役军人党员组织关系流动难题。规范党费收缴、使用和管理，开展党内帮扶、爱心结对、慰问关怀等工作。

【人才集聚地打造】 2021年，厦门市委组织部贯彻中央人才工作会议精神，实施人才强市战略，推进人才制度改革，聚各地人才。拓展渠道招才引才。推进人才工程，评选第十一批拔尖人才，认定省高层次人才，省级以上人才数量全省第一。依托清华大学社会实践基地、国家区域医疗中心建设等项目载体，推进产学研合作。组织近2500家次企业到30多个重点城市举办100多场毕业生招聘活动。到在厦高校举办"留厦来・更精彩"系列引才活动。完成第七批台湾特聘专家评审。推动出台《厦门市打造台胞台企登陆第一家园"第一站"的若干措施》，加大对台湾人才到厦门支持力度。举办金砖创新基地人才赛道暨留学人才创新创业大赛，建立获奖项目直接入选"双百计划"机制，400多个人才项目参赛。拓展外籍人才薪酬购付汇便利化试点范围，组建全国首支外籍科技特派员服务队，全年外籍人才及家属申请永久居住量超过全省一半。优化人才政策，推出提高补贴、配偶安置、人才安居、子女入学、个税奖励、医疗保健等"留厦六条"政策。推动人才评价分类改革，扩大人才职称评审试点改革范围，新增工业设计、轨道交通2个职称评审专业，在航空维修等6个领域开展试点，评审通过各级工程师2000多人。率先全国启动外籍人才专业技术、技能评价试点工作，认定首批金砖国家外籍人才。探索实行"揭榜挂帅"制度，围绕集成电路、生物医药、新材料等重点产业技术难题，企业"发榜"、政府"张榜"、人才"揭榜"应用于首批项目。优化科技项目经费管理，探索项目经费管理，赋予人才更大决定权。优化人才发展环境。举办"2021厦门人才服务月"，系统集成各类人才服务资源，开展招才引智等系列主题活动163项，推动自贸区、金砖电商培训基地人才合作项目签约落地20多个，发布城市人才主题曲《留厦的歌》。连续8年举办"人才项目资本合作展"，建设人才对接交流平台。优化人才金融服务，率先全省成立规模超10亿元的厦门市人才创新创业基金，鼓励商业银行创新设立人才专属产品，依托两岸股权交易中心"双百人才企业板"特色板块，辅导400多家人才企业挂牌展示。完善人才住房安居体系，发放补贴5000多万元，面向新就业大学生等青年群体推出"五年内五折租房"等优惠。开展"白鹭英才"产业行、国情研修等活动，促进人才融入厦门、服务发展。

【厦门经济特区建设40周年先进人物评选】 2021年，根据庆祝厦门经济特区建设40周年工作安排，厦门市委组织部评选表彰厦门经济特区建设40周年先进模范人物40人和创新创业人物20人。评选采取自下而上、上下结合、逐级遴选、差额推荐方式，先进模范人物初步人选由6个区、10个市直部门16家单位负责推荐；创新创业人物初步人选由市委宣传部等10家单位负责推荐。在征求市级领导和在厦省市级以上老领导意见及市直相关单位意见基础上，综合考虑人选的时代性、代表性、广泛性，评选出厦门大学附属心血管病医院院长王焱等60名先进模范和创新创业人物。

【市区镇集中换届完成】 2021年，厦门市委组织部强化用人导向，多轮次全覆盖考察、分析研判，推选实干实绩优秀干部，区级换届提拔重用或晋升职级76人，在项目攻坚、新冠病毒肺炎疫情防控前沿的镇（街道）书记被提拔19人，落实对党政正职经历、年轻干部、女性干部、党外干部等结构性配备要求。严把代表、委员入口关，加强政治考察和把关，提高整体素质，完成第十三次市党代会、市两会会务选务工作，指导各区做好党代会、区两会选举，完成市区党委、人大、政府、政协和镇党委、人大、政府换届。从严换届风气监督，组建19个风气督查组巡回督导，加强警示宣传，确保换届过程风清气正，相关做法得到省换届风气督查组和省委组织部肯定。配合中央组织部、省委组织部到厦门考察换届工作。

【复合型干部培养使用课题】 2021年，厦门市委组织部承担中央组织部下达的年度课题调研任务《新时代党政机关复合型干部培养使用问题研究》，邀请厦门大学、市委党校有关专家学者共同参与，采取调研、访谈、研讨、问卷调查等方式开展专项调研，提出加强和改进新时代党政机关复合型干部培养使用的对策建议。调研成果获中央组织部组织工作重点课题二等奖、全省组织工作调研成果一等奖、全省党建课题调研一等奖。

【驻村选调生服务管理】 2021年，厦门市委组织部率先全省推动驻村选调生参与区镇两级信访督查、生态治理、新冠病毒肺炎疫情防控等专项工作，探索将驻村选调生纳入市区两级网络宣传员队伍管理，提高选调生调查研究、解决实际问题等综合素质。制定驻村选调生“八项纪律”，对选调生加强自我约束管理提出要求。制作《选调生之歌》，设计选调生LOGO、微信表情包和系列纪念品，提高选调生归属感和整体形象。

【金砖创新基地建设特色培训】 2021年，厦门市委组织部针对“金砖+”及新工业革命内容组织10期金砖系列培训。培训分为线上线下培训，线上培训7期，利用工余时间开展普及式教育，面向全市干部直播“金砖国家创新基地‘面面观’”，在线听课人数16万人次；线下培训3期，帮助干部系统掌握未来科技城、数字转型、碳中和等前沿热点内容，参训1350人次。

【非公党建】 2021年，厦门市委组织部帮助非公企业开展党建工作，全年新组建非公党组织510家，巩固提升500余家。完善园区党建联盟运作机制，配强园区秘书、定期举办活动、建设党群阵地、落实经费保障，建设5个市级党建示范园区。评审产生23名党组织负责人作为第三批非公党建领军人才，树立党务干部工作标杆。收录全市100个非公党建先进典型汇编入《领航》，印发各非公党组织学习参考。筹建市快递行业党委、市物流行业党委，推动各区成立5个行业党建联盟。在福建省率先制定《加强我市快递物流业党建工作的若干措施》，对快递物流业党建工作做出具体部署，在快递物流业共组建党组织134家、覆盖企业159家，覆盖率89.83%。厦门市快递物流业党建工作做法入选《非公有制企业党建》杂志“2021年度百个两新党建优秀案例”。

【清华大学厦门博士团开展科技服务】 2021年暑假，首批“清华大学厦门博士团”33名博士生到厦门开展短期科技服务，参与厦门市22家重点企业相关领域技术开发和校地产学研合作，形成政府规划设计4篇、行业调研报告33篇，实现核心算法18个，完成实施方案40个，校企产学研合作5家，企业预估项目效益超5000万元。“清华大学厦门博士团”项目由厦门市与清华大学于2019年合作共建，该团队获评“清华大学研究生社会实践金牌支队”。

【《战鼓逐浪》宣传视频首播】 2021年4月8日，由厦门市委组织部、鼓浪屿—万石山管委会等单位联合摄制的《战鼓逐浪》在厦门电视台首播。《战鼓逐浪》以鼓浪屿上现存的8处红色遗址为故事蓝本，还原红色历史，讲述革命先烈的战斗故事，梳理厦门乃至福建省党史发展脉络。该视频作为厦门市党史学习教育教材，在全网进行宣传推介，总观看量超2300万次。

【党员教育电视片获奖】 2021年5月19日，在福建省第十六届党员教育电视片观摩交流活动上，厦门市25部作品获奖，占全省获奖数量约25%。其中，《星辰大海》《花儿的伞》等5部作品获一等奖，厦门市获评“优秀组织奖”，厦门市获奖作品数量和在全省占比均为历史最高水平。

【厦门人才服务月举行】 2021年6月，厦门市委组织部开展“厦门C位无限量”为主题人才服务月活动，在全市范围组织开展政策宣讲、招才引智、项目对接等各类人才服务活动163项，推动20余个人才交流合作新平台新项目落地。发布《我喜欢，我留厦》人才广告片，在“学习强国”学习平台开设“厦门人才政策与发展环境”直播间等，获得网络全平台关注度超2700万人次。

【干部参与疫情防控】 2021年9月13日，厦门市本土新冠病毒肺炎疫情发生后，厦门市委组织部响应疫情防控部署，下发《在全市深入开展“党旗飘扬践初心　疫情防控当先锋”活动的通知》等文件，动员各级党组织和广大党员参与疫情防控工作，成立临时党组织458个，组织23.8万名党员、群众志愿者参与新冠病毒肺炎疫情防控。选派市、区两级机关企事业干部职工3.5万人支援一线，配合属地落实防控任务。市委组织部牵头承担社区防控指导组，建立6个分片联系督导机制，督促社区闭环管理、“测温亮码”等，指导创建“无疫小区”；落实管理要求，指导534个村（居委会）划分网格3852个，下沉工作力量2.04万人，举办专题业务培训，参训4万多人次。举办6场防疫知识专场讲座，由国务院专家组7名专家主讲，面向全市一线防控队伍传授专业知识，课程涉及消毒、隔离、社区网格管理等，参训5.8万人次。非公企业、社会组织发挥优势提供防控物资和技术支持，形成全社会共同防疫力量。抽调干部支援机场、港口等重要关口，保障外防输入工作。出台关心关爱疫情防控一线干部十条措施，下拨党费613.36万元专项支持新冠病毒肺炎疫情防控。配合对接国家工作组督查督办，推动立行立改。在疫情一线识别干部、锻炼干部、使用干部，推动形成防控一线实干担当导向。

【傅冰洁获评“最美公务员”】 2021年12月3日，傅冰洁（女，汉族，51岁，民进会员，厦门市生态环境保护综合执法支队思明大队主任科员）作为全省唯一人选获评全国“最美公务员”，并获得中央组织部记一等功。2014年11月，傅冰洁被抽调到龙岩九龙江流域进行交叉执法检查，在一次夜间执行任务时，傅冰洁被3条狼狗咬伤，伤后傅冰洁坚持回到执法工作一线，工作靠前服务、主动引导，所在辖区噪声、油烟投诉量较高峰年份分别下降近36.2%、92.3%。

【厦门获评“中国年度最佳引才城市”】 2021年12月19日，在智联招聘2021中国年度最佳雇主评选中，厦门市获评“中国年度最佳引才城市”。厦门市全年引育高层次人才796人，柔性引进各类人才9615人，接收大专以上毕业生

70529 人，人才规模与质量实现双提升。截至年底，全市人才数量 139 万人，每十万人中大学受教育人数 2.69 万人，比例居福建省第一、全国前列。

（洪朝晖）

宣传工作

【概　况】 2021 年，中共厦门市委宣传部（简称市委宣传部）推动党史学习教育、新冠病毒肺炎疫情防控与经济社会发展宣传引导、全国文明典范城市创建、庆祝厦门经济特区建设 40 周年宣传文化活动、中国金鸡百花电影节等重点工作，为更高水平建设高素质高颜值现代化国际化城市，率先实现社会主义现代化提供有力思想文化支撑。

【意识形态工作】 2021 年，厦门市委宣传部制定厦门市党委（党组）意识形态工作责任制实施方案等 13 项制度。加强意识形态督查考核，结合市委巡察和全面从严治党主体责任落实情况检查，对 22 家单位开展意识形态工作责任制专项检查，对全市 6 个区、73 个市直部门党委（党组）开展年度考核。加强意识形态领域情况分析研判，定期通报。建立意识形态领域风险动向月度分析机制。围绕热点话题加强预警，多篇信息稿件获得党中央领导批示，市委宣传部连续 9 年被中宣部评为“舆情信息工作优秀单位”。

【理论学习与研究】 2021 年，厦门市委宣传部坚持把学习宣传贯彻习近平新时代中国特色社会主义思想作为首要政治任务抓紧抓实。加强和改进党委（党组）理论学习中心组学习，制定印发《关于开展党委（党组）理论学习中心组学习巡听旁听工作的实施方案（试行）》，市委理论学习中心组集中学习 23 次。开展“习近平在厦门”系列理论研究，组织实施完成第二批课题 6 个。撰写刊发市委理论学习中心组学习体会文章 3 篇。开展党史学习教育，推动“学党史、悟思想、办实事、开新局”取得实效。围绕开展党史学习教育、习近平总书记到福建考察重要讲话精神、中共十九届六中全会精神、庆祝厦门经济特区建设 40 周年等，举行各界座谈会、社科研讨会。创新推出国内首档理论宣讲成长类青春微纪实节目《百年恰是风华正茂》，节目传播点击率超 1000 万人次。创新开展“学党史 · i 分享”融媒体微理论文章、微理论视频征集活动，共征集微理论文章 354 篇、微理论视频 125 个。创新开展“理论在线”“理论圆桌”沙龙活动，推动理论宣传动态化、交互化。

【理论宣讲】 2021 年，厦门市委宣传部组织开展党史学习教育、中共十九届六中全会精神宣讲，牵头组建“党史学习教育”“学习贯彻党的十九届六中全会精神”“学习贯彻省市党代会精神”市委宣讲团，到各区各系统做报告 25 场，带动各区各系统开展延伸宣讲 300 余场。新组建“青年思政宣讲团”“红色场馆宣讲团”“红领巾讲习团”，举办“奋斗百年路　启航新征程”轻骑兵宣讲启动仪式暨示范宣讲、“学习贯彻习近平总书记‘七一’重要讲话精神”轻骑兵巡回宣讲、“学习贯彻党的十九届六中全会精神及省市党代会精神轻骑兵骨干培训暨 2021 年轻骑兵宣讲比赛”，推动全市 700 多支轻骑兵队伍到基层一线宣讲 5000 余场次，直接受众 50 万人次。创新推出国内首档理论宣讲成长类青春微纪实节目《百年恰是风华正茂》。《光明日报》头版以《厦门探索理论宣讲“轻骑兵”模式》为题，宣传推介厦门市轻骑兵的经验做法。中央第六督导组到厦门检查时指出“理论宣讲轻骑兵做的非常好”。市委党校副校长苏秋华被中宣部评为全国“基层理论宣讲先进个人”。

【新闻宣传引导】 2021 年，厦门市委宣传部坚持团结稳定鼓劲弘扬主旋律，精准丰富议题设置，发动各级媒体主动发声、正面引导、精准发力。组织策划中国共产党成立 100 周年、习近平总书记到福建考察重要讲话精神、党史学习教育、“再学习、再调研、再落实”、统筹新冠病毒肺炎疫情防控和经济社会发展、脱贫攻坚、全国文明城市创建、经济特区建设 40 周年、生态文明建设等重大主题宣传，组织开展全国、省、市两会，中共十九届六中全会，省委第十一次党代会，市委第十三次党代会，市委全委会等重要会议报道，配合开展市区镇三级人大代表换届选举、村（居委会）“两委”换届选举、政法队伍教育整顿、常态化扫黑除恶专项斗争、“十四五”规划、安全生产、人才工作等的集中宣传，组织开展党史学习教育“央媒厦门行”“我为群众办实事”和“讲好厦门故事，展示特区风采”厦门经济特区建设 40 周年等主题的集中采访活动，统筹协调中央、省主要媒体进一步加大对厦门的关注和报道力度，共播发涉厦门重点报道 10381 篇（条），其中主要央媒 6782 篇（条）。全年新闻宣传工作多次得到市委主要领导的批示肯定，并获“2021 年度厦门市人大工作先进集体”“市直机关创建模范机关先进单位”“2018—2020 年全市扫黑除恶专项斗争先进集体”等多个表彰。

【核心价值观培育和践行】 2021 年，厦门市委宣传部培育和践行社会主义核心价值观。加强庆祝中国共产党成立 100 周年和庆祝厦门经济特区建设 40 周年社会宣传，先后制定出台厦门市庆祝中国共产党成立 100 周年活动安排、群众性主题宣传教育等工作方案，推动完成厦门经济特区纪念馆展陈提升工作，组织开展学习体验和主题征文活动。牵头组织开展党史学习教育“我为群众办实事”实践活动，推动完成活动项目 31187 个。加强全市社会氛围营造标准化建设，协调完成春节、中国共产党成立 100 周年、疫情防控、国庆等 6 项重大节庆活动城市氛围营造工作。加强思想政治工作，开展“爱党、爱祖国、爱社会主义”主题教育进高校活动，探索“云思政”模式；印发《〈关于新时代加强和改进思想政治工作的意见〉重点任务分工方案》。创新开展文化科技卫生“三下乡”服务活动。加强典型选树工作，完成学雷锋活动示范点和岗位学雷锋标兵推选工作，共有 10 个集体和 10 名个人获市级命名。其中，1 个集体和 2 名个人获省级命名；1 个集体和 1 名个人获中宣部全国学雷锋示范点和标兵命名。

【文化事业发展】 2021 年，厦门市委宣传部推动提升重大主题文艺活动上新水平，统筹推出五个“一百”庆祝中国共产党成立 100 周年系列文化活动，举办

“永远跟党走”——厦门市庆祝中国共产党成立100周年文艺演出，及“踏浪高歌”庆祝厦门经济特区建设40周年大型情景音诗画。加强文艺工作机制建设，设立厦门市文艺发展专项资金，出台《厦门市文艺发展专项资金管理办法（试行）》，开展2022年度厦门市文艺发展专项资金申报评审工作。推动文艺精品创作跃升新高度，舞蹈《春会来》获第十二届中国舞蹈最高奖“荷花奖”，实现全省历史性突破；舞蹈诗《沉沉的厝里情》等5部精品剧目入选“2021年度福建省舞台艺术精品工程重点剧目”，入选数量全省第一。

【文化产业发展】 2021年，厦门市委宣传部编制厦门市“十四五”文化产业发展规划，制定文化产业千亿产业链工作指导手册，完善产业发展路线图和招商项目库，成立厦门市文化产业招商中心，建立对全市587家重点文化企业挂钩服务工作机制。加强政策配套，针对新冠病毒肺炎疫情影响，快速出台《厦门市进一步支持文化企业抗疫情促发展若干措施》，共扶持190家企业198个项目并对220名骨干文化人才给与个税奖励，总计3724.1万元。全年共有落地文化产业项目534个，投资额345.34亿元。厦门市560家规模以上文化企业，实现营业收入1613.8亿元，比上年增长34%，比全国规模以上文化产业营收增幅高18个百分点。吉比特连续2年入选“全国文化企业三十强”提名奖。天翼爱动漫、一品威客2家企业获评国家级文化和科技融合示范基地（单体类）。17家文化企业获评2021年度国家文化出口重点企业、3个项目获评重点项目，在副省级城市中仅次于深圳。2021年度“福建省文化企业十强”榜单中厦门市企业占半壁江山、位居全省各地市之首。

【文化体制改革】 2021年，厦门市制定《坚持和完善繁荣发展社会主义先进文化制度的工作方案》，构建科学规范、运行有效文化制度体系。出台《关于新时期厦门市深化国有文化企业改革的意见》，在国有企业改革大框架下，建立社会效益放在首位、社会效益和经济效益相统一的体制机制，发挥国有文化资本引领带动作用。出台《厦门市市属文化集团资产监督管理体制改革方案》《厦门市市属文化集团资产监督管理办法（试行）》，建立由市委宣传部牵头、市财政局和国资委配合的新型国有文化资产监督管理体制和运行机制。

【影视产业发展】 2021年，厦门市举办中国金鸡百花电影节暨第三十四届中国电影金鸡奖活动（简称金鸡奖活动）。该届金鸡奖活动围绕中国共产党成立100周年主题，回顾40多年金鸡奖与中国电影、中国电影人相伴同行的历程，展示厦门城市形象。举办电影文化活动53项、700多场次，吸引超5万人次观影，《人民日报》、新华网、中央电视台及境内外新媒体报道信息87万多条，全网总阅读量超240亿次。组委会首次设立金鸡奖最佳外语片奖。厦门市实施“以节促产”战略，全市新增影视企业350家，恒业影业总部、中影华夏等企业落户厦门。全年备案电影剧本147部，98个剧组到厦门拍摄，出品《山海情》《绝密使命》《扫黑·决战》《门锁》等作品。《绝境铸剑》获第三十二届中国电视剧“飞天奖”，《山海情》获第二十七届上海电视节“白玉兰奖”。全年厦门电影票房3.41亿元，比上年增长109.2%。

【厦门形象推介】 2021年，厦门市委宣传部健全对外宣传工作长效机制，建立外宣工作联席会议机制、新媒体对外传播机制2个子机制。完善“渠道构建+议题设置+内容生产+精准分发+效果评估”新媒体对外传播工作流程，构建厦门对外新媒体矩阵，与156家境内外新媒体建立战略合作关系，推送内容产品1.5万条（篇），阅读量约33亿次。持续打造“厦门情书”城市形象宣传IP（互联网上带来流量的文学、影视、动漫、游戏等作品的统称），相关微博话题阅读量近5亿次。厦门发生本土新冠病毒肺炎疫情期间，市新闻办提高引导能力，先后召开新闻发布会23场，发布新闻通报稿6篇，邀请20多家媒体、40多名记者参加发布会，组织中央、省市9家媒体全程视频直播和图文直播。与厦门新冠病毒肺炎疫情防控新闻发布会相关的信息21.15万条，阅读量7.54亿次，直播观看量约8000万次。

（市委宣传部）

统一战线

【概　况】 2021年，中共厦门市委统一战线工作部（简称市委统战部）学习宣传贯彻《中国共产党统一战线工作条例》，将统一战线史、条例的学习贯彻融入中共党史学习教育，指导或主办庆祝中国共产党成立100周年系列展览，开展统战系统中共党史学习教育活动。践行新型政党制度，全年举办政党协商（会议）10场，完成18名中共党员市领导与68名党外人士的联谊交友活动。出台《关于加强新时代党外知识分子思想政治工作和无党派代表人士队伍建设的若干举措》，将陈嘉庚纪念馆、武夷山闽北红色首府陈列馆列入新社会阶层人士理想信念教育基地。打造新社会阶层特色品牌，推出“同心接力说”专题活动，推动“E鹭同心”线上平台建设。继续开展“厦门企业家日”活动，首次发布“年度厦门民营企业100强”等4个榜单，总结分析规模以上民营企业五大特点。建立市委统一战线工作领导小组侨务工作专题会议制度，牵头举办海外侨胞、港澳同胞庆祝厦门经济特区建设40周年座谈会。指导陈嘉庚教育基金会健全完善招生录取相关规章制度，年度录取来自8个国家的147名海外华侨华人学生。研究制定集美校委会固定资产管理办法、实施细则等系列制度，推进集友银行增资扩股工作。融入全市招商工作大局，全年推动签约落地项目45个，总金额145亿元。协助保障“中国侨商会福建考察团”在厦门考察交流活动，实现集中签约12个项目，投资总额48.3亿元。全市统战系统组织人员参与新冠病毒肺炎防控、社区志愿服务等，开展24小时海外侨胞服务热线接听工作，推进在厦门侨胞疫苗接种和“五个一”人文关怀。“6+3+X”政党协商制度入选特区建设40周年改革创新成果。统战信息工作获全国二等奖。刊发《党外人士建言专报》26期、《厦门统战信息》正刊19期，完成统战理论研究课题89篇。牵头各民主党派市委完成重点联合调研课题2个，支持各民主党派完成调研课题615个。推荐11名党外年轻干部任各区领导班子岗位，统筹安排3名党外干部挂职锻炼。

·小资料·

"五个一"人文关怀： 厦门市侨办与市侨联对海外侨胞在厦门集中观察期间开展赠送一份爱心礼物、发放一张慰问卡、开展一次专项检查、建立一个工作专班、送上一封慰问信的活动。

"6+3+X"政党协商制度： 每年固定6次市委与民主党派、无党派人士的协商座谈会，由3个部门向民主党派、无党派人士协商通报工作情况，视情况安排X场专题协商。

【"学党史　颂嘉庚　跟党走"活动】 2021年，中共厦门市委组织开展"学党史　颂嘉庚　跟党走"系列主题活动。市委统战部牵头，集美学校委员会、厦门陈嘉庚研究会及相关院校组织宣讲团，以"陈嘉庚与中国共产党"为题，到社区、学校、企业、机关等宣传陈嘉庚与中国共产党的故事，全年宣讲100余场。组织征文活动，收到来自15个省（直辖市）100余名作者的投稿120余篇，总字数超33万字。通过采取线上线下形式双推进，开展海外华裔青少年网上夏令营、"美美与共——新马土生华人历史文化展"、厦门华裔留学生线上线下座谈会等活动。

【知情参政对接会】 2021年3月19日，中共厦门市委统战部召开2021年度知情参政对接会，中共厦门市委政研室、中共厦门市委改革办、市发改委、市工信局、市司法局、中共厦门市委组织部人才工作局等单位就厦门市"十四五"规划实施、中共厦门市委中心工作安排、市政府中心工作安排、厦门"两高两化"城市建设等方面进行介绍。各民主党派市委、市工商联、无党派人士代表围绕中心工作和重点发展领域进行交流，就关注的问题进行咨询。

【中国侨商联合会考察团到厦门考察】 2021年6月2—4日，全国政协常委、世茂集团董事局主席、中国侨商联合会会长许荣茂率70余人组成的中国侨商联合会考察团到厦门开展考察对接活动。6月3日，市委书记赵龙会见考察团一行。考察团重点对接厦门市数字经济、海洋经济和绿色经济等侨商投资项目。中国侨联经济科技部副部长、中国侨商联合会副会长兼秘书长夏付东，省侨联副主席翁小杰参加考察。

【海外华商中国国情研修班举办】 2021年6月2—5日，由国务院侨办主办，福建省侨办、厦门市侨办承办的2021年海外华商"一带一路"暨中国国情研修班在厦门举办，来自32个国家和地区的49名海外华商参加研修。研修班邀请厦门大学教授讲授国际安全格局与周边形势、"一带一路"建设与华侨华人、陈嘉庚事迹与精神、RCEP区域全面经济伙伴协定对侨商的机遇与政策解读、数字经济发展与商业模式创新等课程。

【理想信念教育基地签约】 2021年7月8日，由厦门市委统战部与武夷山市委统战部共同举办的"闽北红色首府理想信念教育基地暨两市新联会'山海共建'乡村振兴实践基地"合作签约仪式在武夷山市举行，该基地为厦门市新的社会阶层人士第二个理想信念教育基地，也是第一个厦门市外理想信念教育基地。该基地以红色教育、绿色环保、生态旅游为特色。

【民主党派庆祝中国共产党成立100周年座谈会】 2021年7月8日，厦门市各民主党派庆祝中国共产党成立100周年座谈会在团结大厦召开，会议由市委统战部组织。各民主党派领导共同学习习近平总书记"七一"讲话精神并交流发言，表示作为新时代中国特色社会主义参政党，坚持中国共产党领导的多党合作和政治协商制度，继续与中共厦门市委团结合作、服务厦门改革发展大局。

【"做大做强厦门现代产业体系"主题协商座谈会】 2021年7月26日，中共厦门市委与各民主党派、工商联、无党派人士代表举行政党协商座谈会，围绕"做大做强厦门现代产业体系"主题开展协商座谈。座谈会上，各民主党派市委、市工商联、无党派人士代表分别从加快数字化发展、做大做强海洋经济、现代金融助推实体经济转型升级、推进产业链供应链协同创新、打造大健康产业、支持生物医药产业发展、推动集成电路产业发展、促进卫星应用产业发展等方面提出建议。省委常委、市委书记赵龙主持并讲话。市委常委、统战部部长张毅恭，市委常委、秘书长孟芊，副市长廖华生出席座谈会。

【港澳台侨企业纾困减负】 2021年10月13日，厦门市委统战部联合市侨联、市台联召开"助力在厦港澳台侨企业纾困减负工作专题会暨市海外统战工作协作机制第二次会议"。市发改委、市商务局、市文旅局、市税务局、市金融监管局、市住房局和市人社局等相关领导参会并作相关政策解读。会议听取在厦门港澳台侨企业代表意见建议，就金融支持、税费减免、企业帮扶等议题进行交流。

（吴　曦）

精神文明建设

【概　况】 2021年，中共厦门市委精神文明建设办公室、厦门市精神文明建设指导委员会办公室（简称市委文明办）制订全市精神文明建设总体规划、年度计划和各项创建活动实施方案，争创全国文明典范城市；组织开展市民文明素质教育，开展"学雷锋月"志愿服务活动；协调有关部门加强精神文明建设的社会宣传；总结推广精神文明建设先进典型和经验，评选表彰先进；培育和践行社会主义核心价值观，提高社会文明程度，推进文明实践、文明培育、文明创建工作。推进新时代文明实践中心建设工作、文明旅游工作，"永远跟党走"主题宣讲志愿服务先后被《人民日报》、新华社、中央人民广播电视总台、《新闻联播》等媒体报道。厦门市被中央文明办确定为全国文明典范城市创建试点城市。

【新时代文明实践中心建设】 2021年，厦门市委文明办继续推动市文明实践指导中心建设，整合基层公共服务阵地资源，以区、乡镇（街道）、村（居委会）3级为单元，通过志愿服务的形式，开展学习宣传习近平新时代中国特色社会主义思想、宣讲党的方针政策、培育主流价值、活跃文化生活、推动移风易俗的农村基层宣传思想文化活动和精神文明建设。设置时政讲堂等课程1000余门，提供全市新时代文明实践中心（所、站）开展理论政策宣讲5158场次。发挥实践中心统筹作用，构建基层聚合公共服务资源的实践平台。以全市398个社区书院为平台载体，构建市、区、街镇、村居、小区5级新时代文明实践建设体系。在景区景点、文体场馆等公共场所新增文明实践爱心志愿服务驿站300个。创新宣讲方法，把党的创新理论和歌仔戏、高甲戏、答嘴鼓、讲古、荷叶说唱等具有地方特色文艺宣讲方式相结合。

【文明典型选树】 2021年，厦门市通过宣传道德模范、身边好人先进事迹，在《厦门晚报》的《寻找身边好人》专栏刊登事迹报道33篇，市领导带队慰问道德典范代表。市委宣传部落实《厦门市道德典范礼遇帮扶实施办法》，发放“厦门市道德典范礼遇卡”。组织推选第八届全国道德模范、第七届福建省道德模范，陈素珍获评第八届全国道德模范，陈国信获评第七届福建省道德模范。开展“我推荐、我评议身边好人”活动，16名市民获评“中国好人”“福建好人”称号。开展“新时代好少年”推荐学习宣传活动，张梦齐、汤其睿2名学生获福建省“新时代好少年”称号，杨欣蓓等20名学生获厦门市“新时代好少年”称号。开展寻找“最美家庭”活动，推选厦门市最美家庭130户，其中2户家庭获评全国最美家庭称号，16户家庭获评省级最美家庭称号。开展“鹭岛红色家风故事汇征文大赛”活动，评出优秀家风家训故事获奖作品150篇。评选厦门市学雷锋志愿服务最美志愿者、最美志愿服务组织、最美志愿服务项目、最美志愿服务社区（村）先进典型各20个。

【“爱心厦门”建设】 2021年，厦门市出台《深化拓展“爱心厦门”建设2021年工作举措》。建成“爱心屋”47个，其中岛内2区建成19个，岛外4区建成28个。投用“交通一家亲”爱心驿站287个、环卫工人爱心驿站521个。爱心济困总投入金额4.25亿元，帮扶对象6.4万人（户）次。“爱心厦门”专项基金全年累计接收捐款2372.7万元。“圆梦助学”项目帮扶困难家庭学生484人。新冠病毒肺炎疫情防控期间，在市集中医学观察场所成立爱心关怀工作专班，开展“无忧驿站”行动，做好集中隔离观察群众的医疗和生活保障。

【学雷锋志愿服务活动】 2021年3月4日，厦门市委文明办、市志愿者联合会在金榜书院举办厦门市首个志愿者日暨学雷锋志愿服务活动月启动仪式，现场启动学雷锋月“志愿1小时”，号召市民群众就近就便参与志愿服务。新华社现场云、zaker、趣看等对启动仪式进行现场视频直播、图片直播，吸引超过61万人次观看。全市开展“学雷锋月”志愿服务活动1000多场次，参与志愿服务约10万人次。市委文明办、市志愿者联合会在金榜书院艺术空间举办“每个志愿者都了不起——厦门市志愿服务风采展”，以图片形式展示100个志愿服务瞬间。

【全国文明典范城市创建】 2021年5月17日，厦门市召开全市精神文明创建表彰暨新一轮文明城市创建动员部署会，时任市委书记赵龙提出全力争创全国文明典范城市目标。11月11日，厦门市创建全国文明城市工作指挥部会议召开，市委书记崔永辉对争创全国文明典范城市目标提出“当仁不让、志在必得”总体要求。年度召开市创建指挥部会议4次、文明城市创建点评会3次。《厦门市关于深化全国文明城市创建工作长效机制的意见》《厦门市争创全国文明典范城市三年行动计划（2021—2023年）》出台，推动创建工作常态长效发展。建立市领导“包片包线”督查制度，加强文明创建日常督查检查工作。在常态化开展“周督查、月暗访、季测评”基础上，对6个区、11家市直部门的73项文明创建重点项目进行阶段性“一周一测评、两周一点评”，制发各类《督查通报》60期，推动问题解决。召开全国文明城市网上申报材料专项培训会，全面对照申报指标，明确牵头单位和责任单位，完成年度网上材料申报工作。迎接中央文明办组织的2021年全国文明城市实地暗访考察、入户问卷调查，完成全国文明典范城市综合测评和年度全国文明城市测评迎检工作。11月，《人民日报》、新华社、中央电视台《新闻联播》、中央广播电视总台《新闻和报纸摘要》等媒体集中宣传报道厦门市建设更高水平文明城市的创建事迹。

【文明行为示范月活动】 2021年，厦门市文明行为示范月活动由厦门市委宣传部指导，市委文明办主办，活动以“提升文明意识，养成良好习惯”为主题，通过开展系列活动倡导公共文明，提升市民文明素质。5月26日，在思明区育秀社区举行文明行为示范月活动启动仪式。活动当天，厦门市委文明办发布“文明鹭岛树新风，健康环保伴我行”精神文明教育活动实施方案。该方案围绕城乡环境整治、文明习惯养成、健康生活倡导等开展12项行动，突出公共场所、城乡结合部、农村地区、学校内部等区域，活动范围涵盖市民生活各个方面，培育全社会文明健康、绿色环保生活方式。交通民警现场解读文明交通规范行为，部分快递员、商家、导游、市民代表结合职业特点，向同行和市民发出倡议，规范日常言行，提升文明素养。市委网信办、市市场监督管理局、市城市管理行政执法局等单位的志愿服务队参加活动。

（市委文明办）

网信工作

【概　况】 2021年，中共厦门市委网络安全和信息化委员会办公室、厦门市互联网信息办公室（简称市委网信办）坚持正面宣传与强化引导同步发力，坚持行业管理与推动产业发展同向发力，坚持制度建设与持续激发动力同频发力，推进厦门网信事业发展。第十届厦门网络文化节、厦门市第三届网络安全宣传周、2021年网络全媒体厦门行等活动以及新冠病毒肺炎疫情防控网上引导等工作得到上级领导肯定，并多次被中央网信办写入工作总结或在相关刊物及网站刊发。厦门市网络文明建设成效在全省网信办主任会议上作经验交流。市委网信办获“2021年度全省网信工作先进单位”“2021年度国家网络安全宣传周福建省活动优秀组织奖”等荣誉。

【网上正面宣传】 2021年，厦门市委网信办开展中共十九届六中全会精神、习近平总书记“七一”重要讲话精神、习近平致厦门经济特区建设40周年贺信精神、省市党代会精神等主题内容的网上宣传解读，组织全市新闻网站平台开设专题专栏73个，转载权威报道。围绕庆祝中国共产党成立100周年、厦门经济特区建设40周年、党史学习教育、新冠病毒肺炎疫情防控等主题，组织开设专题专栏300余个，刊发相关报道超5万篇（条）。围绕上级网信办要求和市委、市政府重大决策部署及厦门市重要事件、重大活动，加强网上引导；聚焦全市招商引资、爱心厦门、文明创建等主题，引导网民围绕厦门市委、市政府决策部署正面发声，凝聚发展力量；围绕新冠病毒肺炎疫情防控主题，回应网民问题，解疑释惑。

【网络文明建设】 2021年，厦门市委网信办组织开展各类网络文化、网络公益活动，推动厦门市网络文明建设。发挥第十届厦门网络文化节作用，开展网络文明专题活动11项，有关单位创作网络文明相关作品数5516部，总阅读量1.95亿次。举办全市青少年网络文明素养大赛、中小学创客大赛等活动，共400多所中小学校、3万多名师生参与，参赛作品1万多件，网上阅读量1300多万次。组织40家网信企业开展“聚网信力量，传厦门温度”网络公益活动，发出“留厦，留下，一起过年”倡议书，围绕传递网信爱心、讲好网上故事、网络公益接力等环节开展活动。组织22家自媒体开展以“留人才，促就业公益行”为主题的专场招聘会，面向应届毕业生提供115种共572个岗位。

【网络综合治理】 2021年，厦门市委网信办开展网信行政执法，聚焦网络生态重点领域突出问题，开展互联网用户账号运营乱象专项整治、“清朗·算法滥用治理”、网络直播行业专项整治等专项治理行动40余项，处置网站平台876家（次），下架违法违规App（智能手机的第三方应用程序）979个，清理各类违法不良信息2300余条，指导属地网站平台清理各类有害信息256万余条、依据用户服务协议关闭各类违法违规账号53万余个。

【网络安全保障】 2021年，厦门市委网信办加强庆祝中国共产党成立100周年全市网络安全服务保障，制定落实专项工作方案和应急预案。加强网络安全日常远程技术巡查和网络安全现场检查。统筹指导各区、各部门完善网络安全管理制度、网络安全事件应急预案，做好新技术新应用安全评估，强化技术保障，防范网络安全风险。遴选13家网络安全企业作为厦门市网络安全技术支撑单位。围绕庆祝中国共产党成立100周年，组织开展网络安全应急演练，以练代训、以练促防。组织参加“闽盾2021”网络安全应急演练，厦门队总成绩居全省第一位。

【网上重大主题宣传】 2021年，厦门市委网信办开展网上重大主题宣传工作。6月，举办“传承红色基因 传递厦门力量”庆祝中国共产党成立100周年网络重大主题活动，以“演艺明星+网络人士带你看厦门红色教育基地”方式，制作系列短视频10部，设置“网说红色厦门”“星动红色厦门”“品读红色厦门”3个栏目，以直播、展播、话题、海报等形式讲好百年党史中的厦门故事，总阅读量7896万次。12月13—15日，举办“2021年网络全媒体厦门行”活动，以“扬帆正当时 厦门再出发”为主题，邀请人民网、新华网、中国网、中国经济网等30多家网络媒体到厦门开展实地走访和“云采风”网络直播。其中，12月14日，举办“筼筜夜话”主题沙龙，开展“不同领域代表分享故事”“权威媒体大咖视频连线”“采风团成员分享见闻”等活动。该活动共产生图文、短视频、海报等网络作品1400多件，被《福建新闻联播》、人民网、新华网、“学习强国”学习平台、中国新闻社等刊播、转载，总观看、阅读量1.6亿次。

【第十届厦门网络文化节】 2021年5—11月，厦门市委网信办以“波澜壮阔百年路 e心如初再追梦”为主题，牵头主办第十届厦门网络文化节。聚焦庆祝中国共产党成立100周年、厦门经济特区建设40周年，组织全市各区、市直各单位、属地网站平台自媒体及在厦门高校等73家单位，开展线上线下活动75项。首次发布厦门网络文化节主题曲《e网情深》，首次通过新华社现场云、央视频移动网、中国网等19个平台全网直播，闭幕式话题阅读量3580万次，网民参与互动超650万人次。活动共创作网络文化产品3.95万件，被人民网、新华网、中国网、光明网、“学习强国”学习平台等刊载，网上总阅读量超26亿次。

【净化未成年人网络环境专项行动】 2021年6—8月，厦门市委网信办联合相关部门围绕净化未成年人网络环境，开展专项行动，聚焦网络游戏、直播、教育类App等网站平台存在的危害未成年人身心健康的问题，开展正能量主题传播行动、网络举报畅通行动、网络有害信息清理行动、违法网络广告整治行动、网络安全防护行动、呵护成长践诺行动等六大专项行动。通过10余项专项整治行动，组织对属地59个教育类网站平台进行技术巡查，加大网络有害信息清理力度。共清理涉“饭圈”（粉丝圈子）有害信息1729条，督促注销或下架“明星榜中榜”等8款涉“饭圈”移动应用程序及公众账号；清理拦截涉青少年文娱产品有害信息7000余条，封禁账号1777个；清理涉未成年人广告营销活动等信息495条，清理网络平台违规账号35个。新华网、人民网、澎湃新闻、搜狐新闻、腾讯新闻、一点资讯、今日头条等网站平台刊文700余篇次。

【新冠病毒肺炎疫情防控网络宣传】 2021年9—10月，厦门本土新冠病毒肺炎疫情期间，厦门市委网信办督促全市新闻网站平台开设专题专栏，在首页显著位置刊发新冠病毒肺炎疫情防控宣传海报。组织属地网站平台、头部自媒体创作转发《厦门是咱的所在》《100个厦门人》《守护绿码》等图文、动漫、音视频等正能量网络作品4万多件，在微博、抖音等平台开设话题，总阅读量超20亿次。其中，市委网信办与市委宣传部共同出品的原创抗疫音乐短视频《点亮这座城》《晚安厦门》《爱的模样》3件作品在《人民日报》App、“学习强国”等平台传播，播放量2.1亿次，相关工作写入中央网信办年度工作总结。围绕厦门市“第三医院检测出阳性二百多人”“传闻机场、火车站20日起将禁止出厦”等不实信息，督促涉事部门回应，抑制谣言传播。转发《一男子不配合疫情防控并殴打保安被治安拘留》《“同安某小区饿死一个小孩”系谣言，造谣者被行拘》等处罚公告信息7条，引导市民配合防疫工作，不造谣不传谣。

【市第三届网络安全宣传周】 2021年10月24—30日，厦门市委网信办牵头15家单位，联合主办厦门市第三届网络安全宣传周活动，发布《厦门网络安全产业发展调查报告》，举办2021年“网信柏鹭杯”全国大学生网络空间安全精英赛，成立厦门市网络安全产业联盟、厦门市网络安全人才培养基地，打造“网络安全号”地铁主题专列，推出厦门“网信云学堂”第六季线上课程，开展六大主题日、网络安全进万家、“万屏共闪”等9项活动。全市公交、地铁、BRT等5088个移动电视终端和政府机关、银行系统等1200个城市电视终端全时段播放宣传视频。央视频移动网、新华社现场云、“今日头条”等15家媒体进行直播，被《福建新闻联播》刊播，累计观看量超过104万次；共开展线上线下宣传活动400余场次，网上总阅读量超1200万次，微博互动话题总阅读量961.8万次。

（曾彬彬）

政策研究

【概　况】 2021年，中共厦门市委政策研究室（简称市委政研室）开展以文辅政、调查研究、决策咨询、推动改革等工作。加大日常会议文稿服务保障工作力度，围绕市委的工作思路和厦门工作实际，做好经济、党建、生态等方面文稿服务，负责起草市委常委会、专题会、座谈会及市委主要领导各类会见致辞、市委重要会议等文稿350余篇。全年编撰《决策参考》24期，内容涵盖新冠病毒肺炎疫情防控、复工复产、产业发展、社会治理等方面，得到市领导批示4次，其中市委、市政府主要领导批示2次。全年出版《厦门通讯》12期，刊登各类文章185篇。围绕全市中心工作约稿，组织不同主题、不同板块的重要专题稿件，推出《学习总书记来闽考察重要讲话精神》专栏3期，刊登稿件15篇；结合厦门红色资源，与市委党史方志室合作推出《鹭岛红色资源》栏目，以图文形式回望厦门党史、传承红色基因；推出《学习“七一”重要讲话精神》《学习贯彻党的十九届六中全会精神》《厦门经济特区建设40周年》等专栏。牵头负责“再调研”活动。参与起草全市“再学习、再调研、再落实”活动方案，牵头负责全市“再调研”活动，跟踪落实相关课题征集、成果转化及活动总结等相关工作。陪同保障市委主要领导到各区、开发区、指挥部调研经济社会发展情况，联合省工信厅开展市委主要领导“再学习、再调研、再落实”重点课题、省重点课题报告等起草工作。收集全市调研课题成果200个，内容涵盖经济发展、社会治理、新冠病毒肺炎疫情防控、民生保障、两岸融合、生态环保、组织党建等方面，形成有针对性、操作性、实效性的政策措施。落实巡察整改工作，制定印发巡察整改工作方案，将巡察反馈意见分解细化为3个方面、38个具体问题，制定90条整改措施，明确整改时限，完成整改反馈问题36个，完成率94.7%。

【文稿起草】 2021年，厦门市委政研室做好市委文稿服务保障工作。牵头起草市委十二届十二次、十三次全会文件及其说明；负责起草学习贯彻习近平总书记到闽考察重要讲话精神、学习中共十九届六中全会精神的讲话参考等市委文稿250多篇；牵头组织撰写特区建设40周年理论文章，将相关理论成果提供给中央媒体，作为各大媒体报道厦门经济特区建设重大成就、发展经验及下一步工作的参考材料；起草厦门市一季度经济运行情况汇报、厦门市涉粮工作汇报、省党代会报告征求意见汇总等市委向省委汇报材料；起草省委常委会关于经济特区建设、投洽会等专题发言；梳理总结厦门市基本情况供市委主要领导参阅，提出“金点子”工作建议供市政府主要领导参阅；牵头负责市第十三次党代会简报18期、会议记录及档案整理等。

【课题调研】 2021年，厦门市委政研室开展课题调研工作。建立课题全过程跟踪问效机制，制定《市委政研室课题管理暂行办法》，推进19个年度市重点课题、4个专门课题的跟踪协调、课题评审、汇编印刷和成果转化等工作，完成市委主要领导调研课题报告。修改完善优秀课题成果，向省委政研室推荐上报调研文稿，其中《以近邻党建为抓手　全面提升基层社会治理现代化水平——厦门市基层党建引领基层治理问题研究》《推动金砖创新基地建设的调查与思考》《加快建设厦门金砖国家新工业革命伙伴关系创新基地研究》3篇重点课题成果在福建省《调研文稿》上发表。

（市委政研室）

机构编制管理

【概　况】 2021年，中共厦门市委机构编制委员会办公室（厦门市人民政府机构编制办公室，简称市委编办）围绕市委、市政府中心工作，完善机构职能体系，巩固深化机构改革成果，优化机构职能配置。理顺开发区管理机构、东西部协作、建筑装修监管、老龄工作等职责，促进职能更加优化、权责更加协同、运行更加高效。加强疾病预防控制体系建设，在福建省率先完成市区两级疾病预防控制局挂牌组建、职责调整、疾控队伍建设工作。完成乡村振兴局挂牌工作，厘清相关部门乡村振兴及扶贫工作机构职能。推进行政复议体制改革，制定《厦门市行政复议体制改革实施方案》，推动改革落地实施。牵头开展“清理规范市级各类领导小组、联席会议、工作专班”专项工作，推进基层减负。工作信息首次被中央编办《机构编制工作信息》采用，《厦门综合行政执法改革的探索与思考》获评《中国机构改革与管理》“2020年度十佳文章”。厦门市委编办信息宣传工作得到中央编办通报表扬，全省排名第一位。

【事业单位改革】 2021年，厦门市委编办系统重塑事业单位职能体系，优先保障教育、卫生事业发展，推动公益事业均衡发展。服务国家新发展战略，协调推动金砖创新中心落地厦门。推进海丝中央法务区建设、文物保护、“12345”政务热线管理体制调整等工作，保障省市重点任务落实。推动市文艺创作中心转型和区级融媒体中心组建。推动厦门市土地发展中心投融资体制改革，强化土地储备公益职责。整合全市防汛排涝、污水治理等涉水职责，组建市水务中心。核定公办中小学教职工编制，指导各区将省级划拨周转编制以及自行调剂的幼儿园半数空编全部分配到校。落实厦门市中小学、幼儿园领导职数配备和党政后勤管理机构设置标准，保障教育事业发展。保障公立医院引才用人工作。创新实施事业编制周转管理办法，设立疾控机构、基层医疗卫生机构、高层次人才引进、重点中心工作、政策性安置5个周转编制池，盘活空编资源。

【行政执法队伍改革】 2021年，厦门市委编办聚焦社会治理难点，深化乡镇（街道）综合执法改革，完善自然资源行政执法体制机制，推动应急管理综合行政执法改革，推进社会治理体系和治理能力现代化建设。实行乡镇（街道）“一支队伍管执法”改革，整合城市管理、安全生产等领域执法力量和资源，设立乡镇（街道）综合执法队，承担综合执法权，推动构建权责统一、简约高效的基层综合行政执法体制。整合自然资源行政执法职责，设立综合执法队伍，提升自然资源行政执法水平。优化全市应急抢险和灾害救助、防震减灾应急管理系统行政执法力量，提出厦门市应急管理综合行政执法改革方案草案，推进应急管理体系和能力现代化。

【机构编制资源统筹管理】 2021年，厦门市委编办贯彻《中国共产党机构编制工作条例》，提升机构编制资源使用效益。推动学习条例进党校，开展条例专题授课12场。编印《〈中国共产党机构编制工作条例〉及解读》5000本，发给市直各部门、各区学习。出台《厦门市机构编制报告制度实施办法（试行）》等5项制度，健全机构编制制度体系。推动部分机关、事业单位超编问题整改，全年发出督办通知7份、提醒函31份。完成第二次全国机构编制核查工作，线上数据比对修正人员信息近200条，线下实地核查机关事业单位115家，跟踪督促问题整改。统筹市直机关事业单位公开招考、选调生安排等政策性安置用编，提升机构编制资源使用效益。规范事业单位法定代表人管理，规范登记赋码办理流程，制作发放指南手册，实现登记赋码业务“最多跑一次”。开展事业单位法人年度报告公示，全市321家市属事业单位全部按时完成年报公示工作。推进市直机关、群团、事业单位中文域名全覆盖，存量网上名称与事业单位机构名称相一致。随机开展机构编制核查，涉及51家事业单位，推动事业单位登记管理工作融入机构编制管理全过程。

（吴冰燕）

党校工作

【概　况】 中共厦门市委党校（同时为厦门市行政学院、厦门市社会主义学院，简称市委党校）加强党政领导干部、理论宣传骨干、国家公务员和统战干部、民主党派干部培训工作，开展科学研究、专业培训、学术交流等业务。市委党校开展党史学习教育，全年共召开理论中心组集中学习22场次，班子成员领学与重点发言76人次，5位校领导开讲9场专题党课，推进党史学习教育入脑入心。围绕庆祝中国共产党成立100周年召开理论座谈会，开展“学习百年党史·汲取奋进力量”党史知识竞赛活动，举办“光荣在党50年”纪念章颁发仪式暨庆祝中国共产党成立100周年文艺会演活动。服务厦门市新冠病毒肺炎疫情防控工作，两次作为密接隔离点，得到国家疾病预防控制局领导和市领导的肯定。隔离点启用期间，共有1105人次的密接、次密接人员在党校接受隔离观察。市委党校启动第二轮“名师工程”评选工作，1名教职工获评2021年度厦门市本土领军人才。获国家机关事务管理局授予的“节约型机关”称号，获福建省住建厅“节水型单位”称号。在省委网信办“闽盾2021”应急演练中获三等奖。《厦门特区党校学报》入选“2021中国精品期刊展”。

【党校教育】 2021年，厦门市委党校以《中国共产党党校（行政学院）工作条例》《社会主义学院工作条例》为指导，克服新冠病毒肺炎疫情影响，举办各类主体班次42期，培训学员3505人次；举办各类培训班和会议103期，培训学员7413人次。为服务全市党史学习教育的开展，市委党校开发“四史”教育课程19门，打造门类齐全的“四史”课程体系，并在所有主体班开设“四史”教学单元和党史课程。选送8名教师参加市委宣讲团，组织教师干部到街道、社区一线开展党史宣讲200多场次，受众2万多人次。市委党校紧抓理论教育和党性教育主业主课，持续推动课程更新。围绕学习贯彻中共十九届六中全会精神等重点开发新课程39门。持续提升品牌教学，全年举办“领导讲坛”14场、“专家讲坛”23场、“学思践悟·学员大讲堂”15期次，探索开设“市情讲坛”新教学品牌，受到学员好评。完善“十大教学管理机制”，获全国党校（行政学院）系统教学管理优秀奖。党史党建教研部副教授杨正武主讲的《深思笃行　永远牢记共产党人的初心使命》课程入选全国党校（行政学院）系统第六届精品课。副教授张公政的《习近平在福建留下的精神财富及其启示》、副教授艾明江的《探索海峡两岸融合发展新路》课程分别获全国社院系统青年教师教学竞赛一等奖、优秀奖。市委党校获国家级教学成果数量位列全国副省级城市党校（行政学院）第一位。

【科研工作】 2021年，厦门市委党校加强科研管理，共获得各类科研课题立项41项，其中国家社科基金项目1项、福建省社科基金项目3项、全国党校（行政学院）系统重点调研课题3项。副教授邓梦军主持的《原始儒家关于家国建构的政治哲学思想研究》获得2021年国家社科基金青年项目立项；副教授付小红主持的《关于着力固根铸魂不断提高政治判断力、政治领悟力、政治执行力研究》获得2021年省社科基金重大项目立项，为市委党校首次获得省社科基金重大项目立项。市委党校教研人员在公开报刊发表学术文章56篇，其中在《光明日报》（理论版）、《经济日报》（理论版）等报纸发表文章4篇。

（李言超）

保密工作

【概 况】2021年，中共厦门市委机要保密局（简称市委机要保密局）制定《厦门市党政机要密码工作“十四五”规划》《厦门市保密事业发展“十四五”规划》。完成通信服务保障任务，确保中央、省委、市委决策部署传达到位。组建工作专班，服务保障中共十九届六中全会、庆祝中国共产党成立100周年、海峡论坛、厦洽会、厦门经济特区建设40周年庆祝大会期间活动场馆通信保密工作，开展重要场所物理环境安全保密检测6次、58间。9月15—27日，收发办理递送各类电报、材料1000余份，为国务院副总理孙春兰，国务院疫情防控联防联控机制福建工作组和省委、省政府、市委、市政府领导在同安区指挥新冠病毒肺炎疫情防控工作期间提供通信保障服务。完善网络意识形态工作责任制和《市委机要保密局报告会、讲座、论坛等活动管理办法》等制度。在全市范围内通报保密自评自查督查情况，发放保密整改通知书12份，通报典型案例2件。

【保密教育宣传】2021年，厦门市委机要保密局推动保密工作进机关、企业、校园、社区，在全市党政机关及企事业单位开展保密培训52次，在厦门大学等12所高校及厦门一中、梧村小学等中小学开展保密专题讲座，为近200家机关、企事业单位配发保密书籍与宣传海报。借助“学习强国”学习平台开展保密宣传，依托涉密电子政务内网开展2次专题培训，近100家单位、1357人次参与保密学习。利用厦门红色保密文化资源，通过短视频、闽南特色“答嘴鼓”等形式开展宣教活动，在中央保密委庆祝中国共产党成立100周年保密宣传教育作品征集活动中，获得一等奖1个、二等奖1个、三等奖2个、优秀奖1个。

【保密督查排查】2021年，厦门市落实“党管密码”“党管保密”政治原则，市委常委会专题传达学习习近平总书记关于机要密码工作的重要讲话精神，市委领导对市委换届保密纪律、省部领导身边工作人员保密教育和市电子政务内网建设等作出指示要求共18次。市委机要保密局提高信息化条件下的保密技术监管能力，利用监管平台排查可疑信息36万多条，发现并解决违规问题68起、木马报警5次。组织开展庆祝中国共产党成立100周年活动保密专项检查督查，检查机关单位78家，计算机548台、工作邮箱126个、微信工作群158个。抽查建发集团、国贸控股等9家市属国企，指导相关单位建立保密工作责任制、落实管理措施，消除隐患，开展“回头看”，督促责任单位整改落实。指导全市机关单位将工作秘密确定程序与原有定密程序相融合，41家单位主动制定本单位的工作保密清单。加强对涉密载体销毁的全过程监督处置，把好涉密介质全生命周期的管理，加强涉密光电磁介质销毁工作。一体推进高考、研究生考试、公务员考试等国家统一考试的保密工作，抓好试卷运送、交接、保管等重要环节的保密管理，开展保密检查95次，验收9间试卷保密室。跟进指导市委党史方志室做好“筼筜故事”展陈内容保密审查，完成《厦门年鉴（2020）》《厦门年鉴（2021）》《中共厦门市委执政实录（2019）》信息公开的保密审查，共计368万字。

（市委机要保密局）

机关党建

【概 况】中共厦门市委市直机关工作委员会（简称市直机关工委）落实意识形态工作责任制，指导督查30余家单位的意识形态、中心组巡视和旁听工作。加强对意识形态管理和引导，印发《机关党的工作》刊物，在各类主流媒体刊发信息75条次，其中中央媒体刊用14条、省级媒体刊用11条。规范督查方式和工作流程，出台《党建督查工作办法（试行）》《层层压实全面从严治党责任清单》等文件，每季度推出《党建工作提示》，推动督查工作落实落细。印发《市直机关基层党组织按期换届提醒督促制度》，建立分级提醒机制。根据市委工作安排协助对市直单位开展常规检查，检查厦门日报社等19家单位，查找出问题126个，提出整改措施270条。下发市直机关纪检工作要点、市直单位机关纪委工作情况通报，建立《市直单位机关纪委议事规则》，编发4期《机关纪检工作》，机关纪委书记任前谈话20人。开展2021年市直机关案件质量评查，出台《案件材料归档管理办法》，全年审理案件28件28人、备案38件38人。开展福建省第十一次党代会代表候选人初步人选的推荐和市第十三次党代会代表选举工作，选出市直机关工委出席市第十三次党代会代表89人。走访慰问生活困难党员、老党员、老干部，发放慰问金75.52万元。核准发放“光荣在党五十年”纪念章1769枚。加强网络安全工作，在全省网络攻防演练中获二等奖。新冠病毒肺炎疫情防控期间，市直机关1.1万人次下沉一线，成立临时党总支、党支部73个，机关党员近14万人次参与社区志愿服务，划拨165万元党费用于支持疫情防控，选派243名机关党员到机场分流中心支援疫情防控。在人民网、《厦门日报》、厦门电视台推出抗疫合辑、电视专题片等宣传报道。

【“大学习”活动】2021年，厦门市直机关工委开展基层党务干部轮训，组织市直系统专（兼）职党务工作者培训1375人次。以学习贯彻习近平新时代中国特色社会主义思想作为首要政治任务，跟进学习习近平总书记重要讲话重要指示精神和致厦门经济特区建设40周年贺信重要精神，依托线上线下平台，市直系统举办理论宣讲2100多场次，受众近8万人次。开展党史学习教育，编辑下发《100个党史小故事》，制定学习教育方案，统筹指导市直系统开展“我为群众办实事”活动，落实民生项目985项，其他惠民利民实事863项。开展“再学习、再调研、再落实”活动，举办6期400多人次党务干部专题培训，围绕“推动机关党建与业务深度融合”主课题，全方位开展调研，形成调研成果6篇。

【党建创新】2021年，厦门市直机关工委在全省率先启动市直机关“创建模范机关先进单位”评选工作，77个部门报送参评材料138份。经材料审查、实地初评、集中复评等程序，评选出首届百优单位。以“红色品牌展风采，百年华诞耀初心”为主题开展党建品牌评选，共120个品牌参评，最终评出市直机关“年度十佳品牌”和“年度十优品牌”。开展体制机制创新案例征集工作，获评省级一等奖2个、二等奖2个、三等奖3个，获评国家级“十佳案例”和“百优案例”各2个。组织完成机关党建重点课题研究成果54篇，编写《聚焦“四个过硬”当好“三个表率”以高质量党建引领高质量发展》，获全国党建研究会机关专委会课题调研二等奖，并在全国机关党建研讨会上作交流发言。

【市直机关系统“两优一先”评选表彰】 2021年，厦门市直机关工委开展“两优一先”评选与表彰工作。通过制定评选计划、公开海选、实地调查核实、组织公示，评选表彰厦门市直机关系统优秀共产党员、党务工作者各100人，先进基层党组织200个。

（林　琳）

老干部工作

【概　况】 2021年，中共厦门市委老干部局（简称市委老干局）组织引导离退休老干部发挥优势，编排《红旗插上厦门岛》舞台剧，再现解放厦门战役，获全省“我看建党百年新成就”舞台剧展演金奖。组织6000多名老党员参加“向党说句心里话”活动，制作微视频78个在微信公众号展播。举办主题书画笔会和书画展，书画展共征集到书画、篆刻和剪纸作品625幅，编印《厦门市离退休干部“永远跟党走”书画作品集》。中国关工委主任顾秀莲对厦门市老干部工作予以肯定表扬，并作出批示。《人民日报》全媒体平台，中央电视台《新闻联播》《第一时间》栏目，《中国老年报》等媒体报道厦门市老干部工作成效做法。截至年底，市委老干部局管理的离退休干部939人。其中，离休干部320人（平均年龄92.5岁），“5·12”退休干部111人，副厅级以上退休干部508人。

【离退休干部政治思想建设】 2021年，厦门市委老干局策划百名老党员开展“三大红色主题十个一”系列活动，以“红色对话、红色展示、红色故事”为主题，组织老干部开展“一次信仰对话、一组红色记忆、一场百名老党员向党说句心里话、一串特区印记、一场舞台剧、一次书画作品展、一次微视频征集展示、一次主题征文、一次专题调研、一场大型文艺演出”活动。在《厦门日报》“鹭江秋红”专版刊登10期离退休老干部学习体会。在全市离退休干部中采取送学上门、参观见学、宣讲会、读书班、座谈交流等形式深化党史学习教育。组织老领导到基层、机关、学校、企业开展巡回宣讲106场，受众1.5万人次。

【离退休干部优势发挥】 2021年，厦门市委老干局邀请党建经验丰富、退休时间不久的老干部充实离退休干部党工委，指导全市离退休干部党建工作。28个离退休干部党支部获省级“示范党支部”称号。组织引导离退休干部发挥优势，打造老党员志愿服务、党建引领、文化养老、社区治理、关爱联盟等十大品牌阵地，建成老党员志愿者服务队178支，总人数4500多人，开展建言献策、新冠病毒肺炎疫情防控、文明督导、治安维稳、市场巡查、村居换届、社区治理等志愿服务活动。

【离退休干部服务保障】 2021年，厦门市委老干局落实离退休老干部各项生活待遇，全年发放文明奖、一次性生活补助、生活补贴、床位生活补助等691.44万元。走访慰问离退休老干部（困难帮扶，组织节日、生病住院、去世等）3194人次，发放慰问金361.02万元；加强对易地安置离休干部及遗属慰问关怀，慰问27人次，发放慰问金8.1万元。组织对全市248名居家养老的离休干部入户走访调研，推行绿色就医、社区保健、司法咨询等10项精准服务举措，按照7200元/年·人标准为全市市属离休干部购买居家养老精准服务，共为离休干部提供精准服务9000余次，服务金额140余万元。6月20日，市委组织部、市委老干局、市离退休干部工委组织离退休老干部自编、自导、自演的“永远跟党走”庆祝中国共产党成立100周年大型文艺演出在厦门歌舞剧院举行。

（马添明）

关心下一代工作

【概　况】 2021年，厦门市关心下一代工作委员会（简称市关工委）创新关爱形式，拓展关爱内涵。全市各区关工委班子实行双主任制，由区委组织部部长兼任主任，同级班子退休老领导担任执行主任。市关工委联合市社科联开展“五老”（老干部、老战士、老专家、老教师、老模范）参与关心下一代工作调研活动，调研文章入选《2020—2021年全国关心下一代工作优秀调研报告选编》。截至年底，全市参与关心下一代工作的“五老”志愿者22115人。建立各级关工委组织1520个，非公企业中独自组建关工委585家。新冠病毒肺炎疫情防控期间，全市各级关工委参与疫情防控2000余人次，捐款捐物150多万元。

【红色基因传承教育】 2021年，厦门市关工委开展党史学习教育工作，组织报告团到基层开展宣讲，各级关工委组织党史主题宣讲4866场，受教育青少年60多万人次。市关工委牵头举办“最美的歌儿献给党”——厦门市庆祝中国共产党成立100周年青少年儿童歌手赛，参赛选手2115人。12月10日，中国少年先锋队队歌广场被授予“全国关心下一代党史国史教育基地”称号，中国关工委主任顾秀莲为基地授牌。海堤纪念公园及纪念馆、集美中学李林园、彭德清纪念室、总工会旧址陈列馆等获“第四批全省关心下一代传承红色基因教育基地”称号。

【青少年普法】 2021年，厦门市关工委开展第四届“关爱明天·普法先行”活动，打造启明学校等普法示范点11个。首次制作《夏关与艾萌的聊天记录——未成年人保护法那些事儿》动画微课，被中国关工委“五老情”微信公众号推送。巩固发展关爱联合体等工作品牌，发挥老战士、老妈妈关爱团和各军休所关工委优势，常态化开展结对帮扶工作，厦门市各级关工委开展普法教育1356场，参加活动青少年总人数近10万人次。

【“爱心厦门”建设参与】2021年，厦门市关工委发挥厦门关爱联盟作用。厦门关爱联盟各单位筹集善款近6000万元，资助贫困学生11.5万人次。从“关爱基金”中提取52万元，资助困难家庭学生、到厦门务工人员子女。市关工委走进23所偏远地区、民办或进城务工人员子女较多的学校，赠送红色书籍近5000册。走访调研厦门关爱联盟教育实践基地建设情况，授予厦门江夏堂、海堤纪念馆、开台文化公园、诚毅科技探索中心、同安区青少年法治教育基地、英雄三岛战地观光园等单位“厦门关爱联盟青少年教育实践基地”称号。

【海峡两岸青少年交流合作】2021年，由中国关工委主办，福建省、厦门市关工委承办的“第十三届海峡论坛·海峡两岸关爱下一代成长论坛”在厦门举行。论坛以“弘扬民族童谣文化，增进两岸心灵契合”为主题展开研讨。中国关工委主任顾秀莲、海峡两岸关系协会会长张志军等出席论坛。市关工委在福建大地书画院举办第八届海峡两岸老少书画摄影交流活动，活动展出作品288件，其中大陆作品180件、台湾作品106件、由厦门老年书画家和在厦台湾书画家共同创作的“翰墨情·中国梦”国画作品2件，并编印作品集。市关工委与有关单位共同举办第十七届“厦金情深·心手相印”两岸金门籍青少年夏令营，首次创新采用云端夏令营的模式，让两岸青少年相聚云端，互动交流。

（吕　暖）

档案工作

【概　况】2021年，厦门市档案馆依据《中华人民共和国档案法》及相关法律、法规、文件开展档案管理工作，制定《档案移交进馆注意事项》，通过数字档案接收平台，开展线上、线下相结合的档案质量检查，提高接收效率；严把进馆档案质量关，做好移交前质量抽检，督促整改提升；做好接收文书档案工作时，同步接收收养档案、第二次污染源普查档案、厦门马拉松赛档案、2020年新冠病毒肺炎疫情防控档案。全年接收纸质档案40097件、照片档案405张、目录数据44128条、数字化副本187897幅，征收《奋马扬蹄——厦门特区建设群英谱》《芦山苏氏大宗总族谱》《同文芬芳》《鼓浪屿华侨》等图书资料585册，期刊、报纸179册。完成征收进馆的社会主义新农村今昔对比照片整理工作，完成图书资料314册整理编目，完成《厦门晚报》《海西晨报》等231册期刊报纸以及接收进馆档案案卷级目录与文件级目录的整理装订。修订档案开放鉴定、档案解密和划分控制使用范围等工作制度，制定《厦门市档案馆档案开放鉴定外包管理规定》《厦门市档案馆馆藏档案控制使用范围》，规范档案鉴定管理制度。根据社会需求和热点问题调整档案开放鉴定方向，在新冠病毒肺炎疫情防控时期，优先完成厦门市医药研究所全宗档案的开放鉴定。全年完成档案鉴定1010件、1523卷。构建人防、物防、技防“三位一体”的档案安全防范体系，确保档案实体与信息安全。修订查阅馆藏未开放档案、馆藏档案内部调阅、档案库房管理等工作制度，确保标准统一、要求明确。全年接收入库上架档案2.25万件，入库前均使用真空充氮设备进行消毒杀虫。开展馆藏档案清点检查13.95万件、虫霉害安全抽查6850件。完成破损档案修裱224卷9807页。推进数字档案馆立项，修改完善《厦门市档案馆数字档案馆建设工作方案》，通过专家立项审核，并下达初期经费。推动档案数据库和存储介质的管理工作，接收并导入档案目录数据51273条，挂接数字化副本46366件，导入政府信息公开电子目录1443条，挂接文件1671件。推进厦门档案馆新馆项目建设工作，完成1.1亿元年度投资计划。加强新馆建设中形成的档案资料管理，完成新馆项目桩基电子档案验收进馆。新馆项目获第十届“龙图杯”全国BIM大赛三等奖、福建省第三届建筑信息模型（BMI）技术应用大赛综合组二等奖。

【特殊档案征集】2021年，厦门档案馆注重特殊、重要档案征集工作。增加红色档案馆藏量，征集到老党员陈日三等参加革命的工作、生活照片36张，奖章4块，图书资料4册；开展厦门精神典型人物档案资料征集，征集到盖军衔日记手稿2本、赴南极科考日记电子版、数码照片7张；征收新冠病毒肺炎疫情防控档案资料照片1580张、音视频266分钟；征集到厦门市收藏家陈亚元部分藏品数字化副本，包括侨批120封、粮户执照1万多份、厦门老照片近100张；接收原厦门经济特区经济研究员庄维明《心语路痕》材料。

【档案服务】2021年，厦门市档案馆深化档案利用窗口服务，接待利用1888人次，其中跨馆利用6人次。利用档案10908卷次、44922件次，复制档案资料9895页。服务满意度100%，收到感谢信5封。

【档案史料编研】2021年，厦门市档案馆完成国家重点档案保护与开发项目《抗日战争档案汇编》申报。完成第三册《厦门抵抗日寇侵略档案汇编》共452页、第四册《抗战时期日伪统治厦门档案汇编》共508页及第五册《厦门抗战时期人口伤亡和财产损失调查档案汇编》共430页书稿编辑，并通过市档案局、省档案局初审及复审，提交国家档案局终审。

（市档案馆）

党史和地方志工作

【概　况】2021年，中共厦门市委党史和地方志研究室（简称市委党史方志室）开展党史研究、文献资料征编、志鉴编纂工作。助力全市党史学习教育，编印出版《中共厦门市委执政实录（2019年）》《图说厦门党史（新民主主义革命时期）》《中国共产党厦门历史（1949—1978）》《厦门红色资源手册》《中国共产党厦门历史大事记（1921—2021）》《厦门简史》《厦门年鉴（2020）》，整理再版道光《厦门志》、民国《厦门市志》，启动《厦门年鉴（2021）》《厦门全面建设小康社会大事记》等图书编纂工作，出版《嘉禾之光》4期。收集“筼筜故事”馆有关习近平总书记生态文明思想的资料、实物，参与展陈内容史实审核、指导工作。开展对口扶贫协作和对口支援先进事迹口述资料的征集与整理。《厦门年鉴（2020）》获评第八届全国地方志优秀成果（年鉴类）市级综合年鉴特等年鉴，《厦门年鉴（2021）》被福建省委党史方志办推荐参评中国年鉴精品工程，厦门全域年鉴精品试点工作经验在全国年鉴质量建设暨中国年鉴精品工程研讨会上作专题交流。志书工作处被人力资源和社会保障部、中国地方志指导小组联合表彰为全国地方志系统先进集体。

【"厦门文史沙龙"活动】 2021年，厦门市委党史方志室与厦门市政协文史学习委、厦门市图书馆合作，举办主题为"厦门文化的多元特征""走读鼓浪屿""中国工艺美术大师蔡水况""陈嘉庚与百年厦大""厦门事件与鼓浪屿公共租（地）界的出现""鼓浪屿的女儿——黄萱先生""鹭岛故事""道阻且长 百年辉煌——中国共产党的100年""新闻报刊中的厦门党史""图书馆——我的太上研究院"厦门文史沙龙10次。活动采用室内沙龙研讨、走进社区宣讲、组织户外采风等形式，吸引读者600余人次参加。

【《厦门全面建设小康社会大事记》编纂】 2021年，厦门市委党史方志室组织编纂《厦门全面建设小康社会大事记》。全书约11万字，记述1978—2020年厦门市实现人民生活从温饱不足到总体小康、全面小康的转变。

【"厦门党史方志"微信公众号建设】 2021年，"厦门党史方志"微信公众号共编辑推送365期991篇文章，总阅读量17.22万人次。增设10余个栏目加强党史宣传，每日发布一篇《党史百年·天天读》，再现中国共产党带领中国人民奋斗历程；增设"百年·百篇——厦门党史文献联展""踏寻厦门红色足迹"2个专栏，宣传厦门重要人物、重要事件、经典故事、红色遗址等内容。年末订阅人数3160人，比上年同期增长92.6%。

【《嘉禾之光》编纂】 2021年，厦门市委党史方志室主办的《嘉禾之光》出刊4期，刊发稿件67篇，总字数36万字。设卷首语、领导讲话、权威解读、采访实录、"四史"学苑、庆祝中国共产党成立100周年、庆祝厦门经济特区建设40周年、反对历史虚无主义、方志天地、厦门人物、史海钩沉等栏目。该刊2019年由原厦门市委党史研究室《厦门党史通讯》、原厦门市方志办《厦门文史》两本期刊整合而成，累计出刊159期。

【"踏寻厦门红色足迹"活动】 2021年2月18日至3月1日，厦门市委党史方志室联合厦门日报社开展"踏寻厦门红色足迹"系列活动。活动面向全市征集具有代表意义的革命遗址、红色教育基地线索及红色故事。联合300多名小记者实地遴选"红色足迹踏寻点"15个，推出整版红色故事15个、视频专集《踏寻厦门红色足迹》，相关报道全网点击量超2000万次。

【《中共厦门市委执政实录》创刊】 2021年3月，由中共厦门市委主编、厦门市委党史方志室承编的《中共厦门市委执政实录（2019）》创刊出版。该书收录时限为2019年1月1日—12月31日，由彩页、要事特载、执政活动、典型经验、市委大事记、执政实践、附录7个部分组成，记载、研究2019年度中共厦门市委执政实践和典型经验。全书共143.2万字，图片36张，以收录原始文献为主，采取归类综述的方法，总结记事、分栏目编写。该书为内部出版物，向全市各级党政机关发放。

【厦门旧志整理再版】 2021年12月，厦门市委党史方志室整理再版道光《厦门志》、民国《厦门市志》，由鹭江出版社出版。两本志书对原有版本进行订正讹误、规范字体、修改标点错误等整理后再版。道光《厦门志》首刊于清道光十九年（1839年），共十六卷，是厦门岛历史上第一部官修志书，保存大量厦门早期社会经济及人文资料，提供航海、对外贸易和闽台往来的特色史料，全书47.4万字。民国《厦门市志》保存大量民国时期厦门的社会经济和人文资料，全书59万字。

【《厦门年鉴（2020）》获评全国特等年鉴】 2021年12月31日，中国地方志指导小组公布第八届全国地方志优秀成果（年鉴类）评审结果，《厦门年鉴（2020）》获评市级综合年鉴特等年鉴，为厦门市委党史方志室自机构改革组建后首次获得该荣誉。该书145.5万字，类目40个、一级分目253个、二级分目46个、条目1945个，全面记述2019年厦门市经济建设、政治建设、文化建设、社会建设和生态文明建设各领域发展成果。该书于2021年1月21日入选福建省年鉴精品工程。

（郑　欣）

责任编辑：熊焱峰
审　　稿：林建高
校　　对：明安文

5 厦门市人民代表大会

综　　述

【常委会及其机关履职】 2021年，厦门市人民代表大会常务委员会（简称厦门市人大常委会）深入学习贯彻习近平法治思想、习近平总书记关于坚持和完善人民代表大会制度的重要思想，坚持围绕中心、服务大局、依法履职。年内，制定、修改、废止法规和法规性决定14部，作出决定、决议9项，听取或审议专项工作报告34项，开展6部法律法规执法检查，开展专题询问1次、满意度测评1次，任免国家机关工作人员76人次，完成市十五届人大六次会议确定的各项任务。

【市十五届人大主要工作回顾】 2017—2021年，厦门市十五届人民代表大会及其常务委员会坚持科学立法、民主立法、依法立法，制定（含修改、废止）法规和法规性决定55部，立法质量得到全国人大、省人大常委会肯定。坚持正确监督、有效监督、依法监督，共实施监督项目155个，对219件规范性文件和14部规章进行备案审查，促进人民生活品质提升。依法行使决定权，作出决议、决定31项，依法行使任免权，任免国家机关工作人员476人次。建立列席常委会会议代表座谈会制度，代表提出并列入常委会议程的议案12件、建议1606件，解决群众急难愁盼问题，代表联系群众活动室（站）建设成为具有全国影响力的品牌，得到全国人大常委会领导批示肯定，《人民日报》等6家央媒作报道。2017年常委会获评第二届福建省法治人物特别贡献奖，2020年市人大常委会机关被评为第六届全国文明单位。

推动经济发展。作出《动员全市人民率先实现全方位高质量发展超越的决议》，制定《厦门经济特区地方金融条例》《厦门经济特区社会信用条例》《厦门经济特区旅游条例》《厦门经济特区会展业促进条例》，围绕“十三五”规划纲要实施、支持实体经济发展，推动厦门市经济质量和总量上新台阶。加强预决算审查监督，首创与财政部厦门监管局建立工作联系机制，人大代表预算联络员制度获评省人大优秀案例。加强国有资产管理监督，建立国有资产管理情况报告制度，每年听取市政府国有资产管理情况的综合报告，实现对企业国有资产、金融企业国有资产、行政事业性国有资产、国有自然资源资产的全口径、全覆盖监督。

推动城市管理、社会事业发展。制定《厦门经济特区促进土地节约集约利用若干规定》，提升土地利用效率；提出取消出岛收费的建议，促进岛内外一体化；制定全国首部地方社会文明法规《厦门经济特区促进社会文明若干规定》，作出《开展“文明创建再提升、人大代表作表率”活动的决议》，提升城市文明水平；制定《厦门经济特区建筑外立面管理若干规定》《厦门经济特区地下综合管廊管理办法》，建筑外立面和地下管廊管理工作有法可依；制定《厦门经济特区志愿服务条例》，修改《厦门经济特区无偿献血条例》，弘扬崇德向善社会风尚；修改《厦门市物业管理若干规定》，促进物业管理水平提升；制定《厦门经济特区轨道交通条例》《厦门市海上交通安全条例》《厦门经济特区电梯安全管理条例》，完善城市安全体系；作出《加强检察公益诉讼工作的决定》，加大涉法涉诉信访件督办力度，促进社会公平正义。

推动科教、文化事业发展。制定《厦门经济特区促进科技创新若干规定》《厦门经济特区知识产权促进和保护条例》，增强社会创新创造活力；连续四年跟踪督办中小学生营养午餐提供、午间安全管理、课后延时服务等相关议案，受到学生家长的好评；落实习近平总书记对鼓浪屿申遗成功重要批示精神，制定《厦门经济特区鼓浪屿世界文化遗产保护条例》，助推世界文化遗产“活起来、传下去”，新华社、《法治日报》等央媒作重点报道；制定全国首部地方文化保护专项法规《厦门经济特区闽南文化保护发展办法》，创新发展闽南优秀传统文化。

推动生态文明建设。重新制定《厦门经济特区筼筜湖区保护办法》，推动治湖方针落到实处，央媒多次作重点报道；制定全国首部《厦门经济特区生活垃圾分类管理办法》，成为全国推广的垃圾分类“厦门模式”，中央电视台作全面报道；落实习近平总书记当年在市八届人大常委会第十八次会议上的讲话精神，修改《厦门市砂、石、土资源管理办法》；制定《厦门经济特区园林绿化条例》，厦门园林绿化实现美化、绿化、品种多样化；作出《全面加强生态环境保护依法推动打好污染防治攻坚战的决议》《全面加强大气污染防治的决定》，助力打好污染防治攻坚战；围绕乡村振兴战略实施、改善农村人居环境开展监督，促进农村发展。

推动新冠病毒肺炎疫情防控相关工作。作出《依法全力做好新型冠状病毒肺炎疫情防控工作的决定》，围绕传染病防治、公共卫生体系、中医药服务能力、智慧医疗建设、基层卫生服务机构建设等方面开展监督，推动保障人民群众生命安全和身体健康；开展疫情对经济运行和财政收支影响、疫情防控和复工复产情况等专项调研，助推纾困帮扶政策落实、促进企业复工复产；发出《致全市各级人大代表的倡议书》，全市各级人大代表捐款捐物，为新冠病毒肺炎疫情防控工作贡献力量。

【基层人大工作】 2021 年，厦门市人大常委会加强与区、镇（街道）人大工作联系，宣传推广基层人大好经验好做法。思明区人大常委会将代表工作嵌入“近邻”模式，探索“人大代表 + 活动室（站）+ 社区治理”模式，密切常委会与代表、代表与群众之间的联系；湖里区人大常委会连续 2 年督办老旧小区消防设施改造议案，推动全区 231 个老旧小区消防设施分类分批改造，破解居民群众揪心多年的难题；集美区人大常委会开展消防“一法一条例一规定”（《中华人民共和国消防法》《福建省消防条例》和《厦门市消防管理若干规定》）执法检查，对区政府落实区人大常委会审议意见的情况进行满意度测评，提升监督实效；海沧区人大常委会依法作出弘扬优秀传统文化的决定，连续 4 年将代表相关议案列入常委会议程，助推优秀传统文化传承发展；同安区人大常委会听取和审议乡村产业振兴、农村人居环境整治专项资金绩效等报告，督办加快农村电商发展建议，推动乡村振兴取得新成效；翔安区人大常委会开展《厦门经济特区学校用地保护规定》执法检查、小学教育补短提质专题调研，视察职业技术学校等项目建设情况，督办教育扩容补短板建议，促进教育均衡发展。

（林俊涛）

主要会议

【市十五届人民代表大会第六次会议】 2021 年 1 月 18—21 日，市十五届人民代表大会第六次会议在厦门人民会堂举行，会期 3.5 天。会议听取、审议和决定批准《厦门市人民政府工作报告》《厦门市人民代表大会常务委员会工作报告》《厦门市中级人民法院工作报告》《厦门市人民检察院工作报告》；审查和决定批准《厦门市“十四五”规划和二〇三五年远景目标纲要（草案）》《关于厦门市 2020 年国民经济和社会发展计划执行情况与 2021 年国民经济和社会发展计划草案的报告》；批准厦门市 2021 年国民经济和社会发展计划；审查和决定批准《关于厦门市 2020 年预算执行情况和 2021 年预算草案的报告》，批准 2021 年市级预算；审议通过《厦门市人民代表大会关于动员全市人民率先实现全方位高质量发展超越的决议（草案）》。会议选举黄强、孙明忠、王成全为厦门市第十五届人民代表大会常务委员会副主任，齐凤瑞为厦门市监察委员会主任，谢开红为厦门市中级人民法院院长。大会收到代表联名提出的议案 40 件，分别交由厦门市人大有关专门委员会进行审议，并依法分别向市人大常委会提出代表议案审议结果报告。大会收到 242 件代表提出的建议、批评和意见，由厦门市人大专委会、市人大常委会工作机构会同有关部门组织办理。

【市十五届人民代表大会第七次会议】 2021 年 7 月 9 日，厦门市十五届人民代表大会第七次会议在厦门人民会堂举行，会期 0.5 天。会议选举黄文辉为厦门市人民政府市长，选举杜刚、吴申宇为厦门市第十五届人民代表大会常务委员会委员。

【市十五届人大常委会会议】 2021 年，厦门市十五届人大常委会召开 9 次会议，即市十五届第四十次至第四十八次会议。各次会议均在厦门人民会堂召开。（见表 5-1）

表 5-1　　2021 年厦门市十五届人大常委会会议一览表

时间	会次	通过的决定、决议
1 月 15 日，会期 0.5 天	第四十次会议	审议通过市人大常委会代表资格审查委员会关于个别代表的代表资格的审查报告、人事事项
2 月 26 日，会期 1 天	第四十一次会议	审议通过《厦门经济特区城市综合管理条例（草案）》《厦门市生态环境保护条例（草案）》和人事事项。审议通过市人大法制委、财经委、城建环资委、教科文卫委、侨外委、社会委关于厦门市第十五届人民代表大会第六次会议主席团交付审议的代表议案处理审议结果报告，同意将“关于加快建设立体交通系统的议案”“关于破解同翔大道项目难点问题，推动厦门北部山区骨干路网建设的议案”“关于尽快建设同安直达厦门岛快速通道的议案”等 3 件议案及部分代表建议合并为“关于加快推进我市综合交通建设的议案”，以及“关于增设专门非机动车道让市民安全出行的议案”列入市人大常委会议程，交由市政府办理。将其他 37 件议案转为代表建议，交由市政府办理

续表 5-1

时间	会次	通过的决定、决议
4月23—24日，会期2天	第四十二次会议	审议通过《厦门市人民代表大会常务委员会关于深入开展爱国卫生运动的决定（草案）》和人事事项。审议《厦门经济特区公共法律服务条例（草案）》（一审）、《厦门经济特区老年人权益保障若干规定（草案）》（二审）。听取和审议市政府关于2021年地方政府债券发行及市本级预算调整方案的报告、关于《厦门市城市总体规划（2011—2020年）》和《厦门市土地利用总体规划（2006—2020年）》实施情况的报告、关于厦门市华侨捐赠兴办公益事业情况的报告、关于厦门市退役军人保障工作情况的报告。听取市政府关于厦门市电子信息产业发展情况的报告。听取和审议市人大常委会执法检查组关于《厦门经济特区轨道交通条例》实施情况的报告、关于《厦门经济特区促进土地节约集约利用若干规定》实施情况的报告。批准2021年地方政府债券发行计划及市本级预算调整的决议
6月22—24日，会期2.5天	第四十三次会议	审议通过《厦门经济特区老年人权益保障规定（草案）》《厦门市人民代表大会常务委员会关于废止〈厦门经济特区公共资源市场配置监管条例〉的决定》和人事事项。审议《厦门经济特区生态文明建设条例（修正草案）》（一审）、《厦门市荣誉市民称号授予办法（修正草案）》（一审）、《厦门经济特区公共法律服务条例（草案）》（二审）。听取和审议市政府关于2020年市本级财政决算的报告、关于2020年度市本级预算执行和其他财政收支的审计工作报告、关于2021年地方政府债券发行及市本级第二次预算调整方案的报告、关于厦门市招商引资项目落地情况的报告、关于职业教育发展情况的报告、关于厦金融合发展情况的报告。听取市政府关于2020年厦门市环境状况和环境保护目标完成情况的报告。听取和审议厦门市人民检察院关于厦门市未成年人检察工作情况的报告。听取和审议厦门市人民代表大会常务委员会执法检查组关于检查消防“一法一条例一规定”实施情况的报告
6月28日，会期0.5天	第四十四次会议	审议通过《厦门市人民代表大会常务委员会关于召开厦门市第十五届人民代表大会第七次会议的决定（草案）》和市人大常委会代表资格审查委员会关于个别代表资格的审查报告
8月25—26日，会期2天	第四十五次会议	审议通过《厦门经济特区公共法律服务条例（草案）》《厦门市荣誉市民称号授予办法（修正草案）》《厦门市物业管理若干规定（修正草案）》《厦门市人民代表大会常务委员会关于废止〈厦门经济特区城镇房屋管理条例〉的决定》《厦门市人民代表大会常务委员会关于开展第八个五年法治宣传教育的决议（草案）》《厦门市人民代表大会常务委员会关于调整厦门市第十五届人民代表大会常务委员会代表资格审查委员会组成人员的决定》和人事事项。审议《厦门经济特区优化营商环境条例（草案）》（一审）、《厦门经济特区生态文明建设条例（修正草案）》（二审）。听取和审议市政府关于厦门市2021年1—6月国民经济和社会发展计划执行情况的报告、关于厦门市2021年1—6月预算执行情况的报告、关于市级财政投融资项目竣工财务决算情况的报告、关于厦门市科技体制机制改革创新工作情况的报告、关于厦门市基本医疗保障制度改革情况的报告。听取市政府关于厦门市总部经济发展情况的报告、关于厦门市社会保险基金管理情况的报告。听取和审议厦门市人大常委会执法检查组关于检查《厦门经济特区筼筜湖区保护办法》实施情况的报告、关于检查《中华人民共和国外商投资法》实施情况的报告
10月25—26日，会期2天	第四十六次会议	批准2021年市本级第三次预算调整的决议。审议通过《厦门市人民代表大会常务委员会关于修改〈厦门经济特区生态文明建设条例〉的决定（草案）》《厦门市人民代表大会常务委员会关于加强国有资产管理情况监督的决定（草案）》和人事事项。审议《厦门经济特区养犬管理办法（修正草案）》（一审）、《厦门经济特区科学技术创新进步条例（草案）》（一审）、《厦门经济特区优化营商环境条例（草案）》（二审）。听取和审议市政府关于2021年市本级第三次预算调整方案的报告、关于2020年度国有自然资源管理情况的专项报告、关于2020年度国有自然资源管理情况的审计工作报告、关于2020年度国有资产管理情况的综合报告、关于厦门市企业职工基本养老保险制度改革情况的报告。听取和审议市政府关于厦门市农贸市场改造提升工作推进情况的报告并开展专题询问。听取市政府关于厦门市政府债务管理情况的报告、关于厦门市发展都市现代农业促进乡村振兴情况的报告。听取和审议厦门市中级人民法院关于厦门市知识产权审判工作情况的报告。听取和审议厦门市人大常委会执法检查组关于检查《厦门经济特区闽南文化保护发展办法》实施情况的报告
12月8—9日，会期1.5天	第四十七次会议	审议通过《厦门市人民代表大会常务委员会关于修改〈厦门经济特区养犬管理办法〉的决定（草案）》《厦门市人民代表大会常务委员会关于召开厦门市第十六届人民代表大会第一次会议的决定（草案）》和人事事项。审议《厦门经济特区优化营商环境条例（草案）》（二审）、《厦门经济特区科学技术创新进步条例（草案）》（二审）。听取和审议市政府关于“加快推进厦门市综合交通建设”的议案办理情况的报告、关于“增设专门非机动车道让市民安全出行的议案”的议案办理情况的报告、关于“融合多方资源发展厦门市嵌入式养老”的议案办理情况的报告、关于2020年度市本级预算执行和其他财政收支审计中发现问题整改情况的报告。听取市政府关于市十五届人大六次会议代表提出的建议、批评和意见办理情况的报告、关于厦门市院前医疗急救能力建设情况的报告。听取厦门海事法院2021年工作报告

续表 5-1

时间	会次	通过的决定、决议
12 月 31 日，会期 0.5 天	第四十八次会议	审议通过《厦门经济特区促进科技创新若干规定（草案）》《厦门经济特区优化营商环境条例（草案）》、市人大常委会关于《厦门市国土空间总体规划（2020—2035 年）》的决议（草案）、关于市十六届人大一次会议有关事项、市人大常委会工作报告（稿）、市人大常委会代表资格审查委员会关于市十六届人大一次会议代表资格审查情况的报告和人事事项

（林俊涛）

人大立法

【概　况】 2021 年，厦门市人大常委会坚持科学立法、民主立法、依法立法，发挥人大在立法中的主导作用，突出地方立法特色，不断提升立法质量和效率。年内，制定、修改、废止法规和法规性决定 14 部，其中颁布法律法规 8 部。（见表 5-2）

【立法质量提升】 2021 年，厦门市人大常委会制定《厦门经济特区优化营商环境条例》，以制度成果献礼特区建设 40 周年；重新制定《厦门市环境保护条例》，修改《厦门经济特区生态文明建设条例》，进一步健全生态文明制度体系；制定《厦门经济特区公共法律服务条例》，为满足群众公共法律服务需求，建设海丝中央法务区提供制度支撑；作出《深入开展爱国卫生运动的决定》，规定每年 4 月 1 日为爱国卫生运动启动日；制定《厦门经济特区城市综合管理条例》，推动城市管理更加精细化；制定《厦门经济特区促进科技创新若干规定》，助推建设高素质创新创业之城；制定《厦门经济特区老年人权益保障规定》，为老年人安享晚年提供制度支撑；修改《厦门经济特区养犬管理办法》，把适用范围扩大到全市；修改《厦门市荣誉市民称号授予办法》，对在厦门有突出贡献的国内外人才给予激励。立法工作践行全过程人民民主，深入基层和立法联系点征求意见，如《厦门经济特区优化营商环境条例（草案）》征求机关、企事业单位意见，进一步夯实法规民意基础。

【地方法规调整】 2021 年，根据《中华人民共和国民法典》和《中华人民共和国行政处罚法》，厦门市人大常委会修改《厦门市物业管理若干规定》，废止《厦门经济特区城镇房屋管理条例》，维护国家法制统一。

（林俊涛）

人大监督

【概　况】 2021 年，厦门市人大常委会围绕中心、服务大局、依法履职，坚持正确监督、有效监督、依法监督，推动全市经济高质量发展，推动解决人民群众普遍关心的突出问题，推进治理体系和治理能力现代化。年内，听取和审议

表 5-2　　2021 年厦门市人大常委会颁布部分地方性法规一览表

法规名称	通过和施行日期
《厦门市人民代表大会常务委员会关于加强九龙江流域水生态环境协同保护的决定》	2020 年 12 月 11 日厦门市第十五届人民代表大会常务委员会第三十九次会议通过，2021 年 1 月 21 日福建省第十三届人民代表大会常务委员会第二十五次会议批准，自 2021 年 1 月 28 日公布之日起施行
《厦门经济特区城市综合管理条例》	2021 年 2 月 26 日厦门市第十五届人民代表大会常务委员会第四十一次会议通过，自 2021 年 5 月 1 日起施行
《厦门市人民代表大会常务委员会关于深入开展爱国卫生运动的决定》	2021 年 4 月 23 日厦门市第十五届人民代表大会常务委员会第四十二次会议通过，自 2021 年 4 月 26 日公布之日起施行
《厦门市环境保护条例》	2021 年 2 月 26 日厦门市第十五届人民代表大会常务委员会第四十一次会议通过，2021 年 5 月 27 日福建省第十三届人民代表大会常务委员会第二十七次会议批准，自 2021 年 7 月 1 日起施行
《厦门经济老年人权益保障规定》	2021 年 6 月 24 日厦门市第十五届人民代表大会常务委员会第四十三次会议通过，自 2021 年 7 月 1 日起施行
《厦门经济公共法律服务条例》	2021 年 8 月 26 日厦门市第十五届人民代表大会常务委员会第四十五次会议通过，自 2021 年 10 月 1 日起施行
《厦门经济特区优化营商环境条例》	2021 年 12 月 31 日厦门市第十五届人民代表大会常务委员会第四十八次会议通过，自 2022 年 3 月 1 日起施行
《厦门经济特区促进科技创新若干规定》	2021 年 12 月 31 日厦门市第十五届人民代表大会常务委员会第四十八次会议通过，自 2022 年 3 月 1 日起施行

专项工作报告 34 项，开展执法检查 6 项，开展专题询问 1 项，开展满意度测评 1 项。

【推动经济高质量发展监督】 2021 年，厦门市人大常委会听取和审议 2021 年 1—6 月国民经济和社会发展计划、预算执行情况和市本级财政决算、预算调整方案等报告，批准 2020 年市级财政决算的决议、关于 2021 年地方政府债券发行计划及市级财政预算调整的决议等 9 项决定、决议，支持政府应对疫情防控和外部环境带来的不利影响，保持经济平稳健康发展。听取和审议 2020 年度市本级预算执行和其他财政收支审计发现问题整改情况的报告，并开展满意度测评，确保审计问题整改落实到位。听取政府债务管理情况的报告，防范债务风险。开展《中华人民共和国外商投资法》执法检查，听取或审议招商引资项目落地、总部经济发展、电子信息产业发展等情况报告，推动集聚高端生产要素，实现经济提质增效。作出《关于加强国有资产管理情况监督的决定》，听取和审议 2020 年度国有资产管理情况报告，推动加强国有资产管理，发挥国有资产在全市经济社会发展中的重要作用。听取和审议市级财政投融资项目竣工财务决算情况报告，推动解决一批竣工未决算的历史遗留问题。听取和审议科技体制机制改革创新工作情况的报告，助推提升科技创新能力。听取和审议厦金融合发展情况的报告，推动厦门市建设台胞台企登陆第一家园的“第一站”。

【城乡和生态文明建设监督】 2021 年，厦门市人大常委会听取和审议《厦门市城市总体规划（2011—2020 年）》《厦门市土地利用总体规划（2006—2020 年）》实施情况和《厦门市国土空间总体规划（2020—2035 年）》编制成果报告，推动更好发挥规划在城市建设管理中的引领作用。听取都市现代农业发展和乡村振兴情况报告，推动乡村振兴战略走深走实。开展《厦门经济特区筼筜湖区保护办法》执法检查，听取环境状况和环境保护目标完成情况的报告，提出把筼筜湖治理打造成为习近平生态文明思想的示范样本，并将“依法治湖、截污处理、清淤筑岸、搞活水体、美化环境”治湖方针推广到全市。听取和审议国有自然资源管理情况报告，推动摸清国有自然资源资产家底。

【民生改善监督】 2021 年，厦门市人大常委会领导带队深入基层开展新冠病毒肺炎疫情防控督导检查，机关干部下沉抗疫一线，听取院前医疗急救能力建设情况的报告，提升医疗急救水平，助力打赢疫情防控歼灭战。回应社会关切，听取和审议职业教育发展情况报告，在推动《厦门市“十四五”教育事业发展专项规划》中明确普高录取率从 58% 提高到 2025 年的 65%；开展学校午餐管理议案“回头看”，推动解决学生营养午餐问题，减轻学生家长负担。听取和审议社会保险基金管理、企业职工基本养老保险制度改革、基本医疗保险制度改革等情况报告，助力兜牢民生底线。听取和审议农贸市场改造提升工作推进情况的报告并开展专题询问，助推改善农贸市场购物环境。开展《厦门经济特区轨道交通条例》、消防“一法一条例一规定”执法检查，让群众出行更加便捷、安全更有保障。开展《厦门经济特区闽南文化保护发展办法》执法检查，弘扬闽南文化，促进两岸交流。听取和审议退役军人保障工作情况的报告，助力巩固全国双拥模范城创建成果。

【司法监督】 2021 年，厦门市人大常委会听取和审议知识产权审判工作、未成年人检察工作等报告，助力科技创新和未成年人司法保护。听取“七五”普法情况的报告，作出《开展第八个五年法治宣传教育的决议》，视察厦门海事法院诉非联动机制建设情况，助力建设法治中国典范城市。出台《加强规范性文件备案审查工作的若干意见》，召开全市备案审查工作会议暨培训会，对 33 件规范性文件、2 部规章进行备案审查，确保有件必备、有备必审、有错必究。

（林俊涛）

重大事项决定和人事任免

【重大事项决定】 2021 年，厦门市人大常委会围绕经济社会发展，作出关于批准 2020 年市级财政决算的决议、关于 2021 年地方政府债券发行计划及市级财政预算调整的决议等 9 项决定、决议。（见表 5-3）

表 5-3　2021 年厦门市人大常委会通过的决定及决议一览表

时间	会次	通过的决定、决议
4 月 23 日	市十五届人大常委会第四十二次会议	厦门市人民代表大会常务委员会关于批准 2021 年地方政府债券发行计划及市本级预算调整的决议
6 月 24 日	市十五届人大常委会第四十三次会议	厦门市人民代表大会常务委员会关于批准 2020 年市本级财政决算的决议、厦门市人民代表大会常务委员会关于批准 2021 年地方政府债券发行及市本级第二次预算调整的决议
6 月 28 日	市十五届人大常委会第四十四次会议	厦门市人民代表大会常务委员会关于召开厦门市第十五届人民代表大会第七次会议的决定
8 月 26 日	市十五届人大常委会第四十五次会议	厦门市人民代表大会常务委员会关于开展第八个五年法治宣传教育的决议
10 月 26 日	市十五届人大常委会第四十六次会议	厦门市人民代表大会常务委员会关于召开批准 2021 年市本级第三次预算调整的决议、厦门市人民代表大会常务委员会关于加强国有资产管理情况监督的决定
12 月 9 日	市十五届人大常委会第四十七次会议	厦门市人民代表大会常务委员会关于召开厦门市第十六届人民代表大会第一次会议的决定
12 月 31 日	市十五届人大常委会第四十八次会议	厦门市人民代表大会常务委员会关于《厦门市国土空间总体规划（2020—2035 年）》的决议

【开展“八五”法治宣传教育的决定】 2021 年 8 月 26 日，厦门市第十五届人民代表大会常务委员会第四十五次会议通过关于开展第八个五年法治宣传教育的决议。为增强全民法治观念、提升厦门市公民法治素养，使法治成为社会共识和基本准则，更好服务厦门市“十四五”时期的经济社会发展，决定 2021—2025 年在全市公民中开展“八五”法治宣传教育。通过开展法治宣传教育，促进公民法治素养和社会治理法治化水平全面提升，以全社会尊法学法守法用法的良好法治环境助力厦门创建法治中国典范城市。

【人事任免】 2021 年，厦门市人大常委会坚持党管干部原则与人大依法行使任免权的有机统一，做好市人大机关、政府组成人员和法官、检察官等的任命工作，全年任免 76 人次。坚持任前法律知识考试、任职表态发言、颁发任命书仪式，组织宪法宣誓，增强国家机关工作人员的宪法意识、法治观念。（见表 5–4）

表 5–4　　2021 年厦门市人大常委会任免的国家机关工作人员一览表

时间	会次	任免名单
1 月 15 日	市十五届人大常委会第四十次会议	通过代表资格审查委员会的审查报告，确认张毅东、黄强、谢开红、徐香平、齐凤瑞、杜刚、陈宇、石亮、沈汉江、徐成杰、康民勇的代表资格有效；庄稼汉、吴鹏、林高、董三榕、廖子良调离厦门行政区，其代表资格自行终止；确认王飞、王龙雏、方元炜、李波、肖峰、陈成榕、周君力、姚新民的代表资格终止，方元炜的市人大财政经济委员会委员职务、周君力的市人大教育科学文化卫生委员会副主任委员职务、姚新民的市人大监察和司法委员会副主任委员职务相应终止。通过《厦门市人民代表大会常务委员会关于接受王飞等辞去厦门市第十五届人民代表大会常务委员会委员职务的请求的决定》，决定接受王飞、姚新民辞去厦门市第十五届人民代表大会常务委员会委员职务的请求，并报厦门市第十五届人民代表大会备案。姚新民的厦门市第十五届人民代表大会常务委员会代表资格审查委员会委员职务相应终止。决定任命黄文辉、张志红（女）为厦门市人民政府副市长，陈育煌为厦门市人民政府副市长、市公安局局长；决定免去黄强、国桂荣（女）的厦门市人民政府副市长职务，卢炳椿的厦门市人民政府副市长、市公安局局长职务。任命陈金华为厦门市人大教育科学文化卫生委员会副主任委员（兼），免去王飞的厦门市人大常委会副秘书长、办公厅主任职务。通过《厦门市人民代表大会常务委员会关于接受孙明忠辞去厦门市监察委员会主任职务的请求的决定》，决定接受孙明忠辞去厦门市监察委员会主任职务的请求，报厦门市第十五届人民代表大会备案。任命谢开红为厦门市中级人民法院副院长、审判委员会委员、审判员。通过《厦门市人民代表大会常务委员会关于接受王成全辞去厦门市中级人民法院院长职务的请求的决定》，决定接受王成全辞去厦门市中级人民法院院长职务的请求，报厦门市第十五届人民代表大会备案。通过《厦门市人民代表大会常务委员会关于谢开红代理厦门市中级人民法院院长职务的决定》，决定谢开红代理厦门市中级人民法院院长职务。免去周红岩（女）的厦门海事法院副院长职务。通过《厦门市人民代表大会常务委员会关于接受孙明忠辞去福建省第十三届人民代表大会代表职务的决定》，决定接受孙明忠辞去福建省第十三届人民代表大会代表职务的请求，并报福建省第十三届人民代表大会常务委员会备案、公告。补选毛旭、齐凤瑞、薛云官为福建省第十三届人民代表大会代表
2 月 26 日	市十五届人大常委会第四十一次会议	任命薛坚、莫建鹰为厦门市监察委员会副主任，免去黄聪敏、周进的厦门市监察委员会副主任职务。免去王肖东的厦门市中级人民法院审判委员会委员、审判员职务。任命洪智勇为厦门市人民检察院副检察长。任命张珠围（女）为厦门海事法院审判员
4 月 23 日	市十五届人大常委会第四十二次会议	通过《厦门市人民代表大会常务委员会关于接受叶重耕辞去厦门市第十五届人民代表大会常务委员会副主任职务的请求的决定》，决定接受叶重耕辞去厦门市人大常委会副主任职务的请求，报厦门市第十五届人民代表大会备案。免去郑文雅（女）的厦门市中级人民法院涉台案件审判庭副庭长、审判员职务
6 月 24 日	市十五届人大常委会第四十三次会议	通过《厦门市人民代表大会常务委员会关于黄文辉代理厦门市人民政府市长职务的决定》，决定黄文辉代理厦门市人民政府市长职务。决定任命廖华生为厦门市人民政府副市长，决定免去孟芊的厦门市人民政府副市长职务。任命刘宁（女）为厦门市中级人民法院民事审判第一庭庭长，免去其厦门市中级人民法院执行庭副庭长职务；免去王小兰（女）的厦门市中级人民法院民事审判第一庭庭长职务；免去陈林（女）、张镇安的厦门市中级人民法院审判员职务
6 月 28 日	市十五届人大常委会第四十四次会议	通过代表资格审查委员会的审查报告，确认赵龙、黄文辉的代表资格有效；毛旭、卢闽、叶世满、胡昌升、胡盛、徐春调离厦门行政区，其代表资格自行终止；确认王挹青（女）、周进的代表资格终止
8 月 26 日	市十五届人大常委会第四十五次会议	通过《厦门市人民代表大会常务委员会关于调整厦门市第十五届人民代表大会常务委员会代表资格审查委员会组成人员的决定》，决定杜刚、吴申宇、波拉提为厦门市第十五届人民代表大会常务委员会代表资格审查委员会委员。通过《厦门市人民代表大会常务委员会关于接受叶勇义辞去厦门市第十五届人民代表大会常务委员会委员等职务的请求的决定》，决定接受叶勇义辞去厦门市第十五届人民代表大会常务委员会委员及厦门市第十五届人民代表大会社会建设委员会主任委员职务的请求，并报厦门市第十五届人民代表大会备案。决定免去林建的厦门市人民政府副市长职务

续表 5-4

时间	会次	任免名单
10 月 26 日	市十五届人大常委会第四十六次会议	决定任命李辉跃为厦门市人民政府副市长。任命林永基为厦门市监察委员会委员；免去邓英志、黄华松的厦门市监察委员会委员职务。批准免去李永军的思明区人民检察院检察长职务、吴华峰的湖里区人民检察院检察长职务、彭明武的集美区人民检察院检察长职务、陈子龙的海沧区人民检察院检察长职务、郑祥发的同安区人民检察院检察长职务、洪庆福的翔安区人民检察院检察长职务；免去孙文华、戴静的厦门市人民检察院检察委员会委员、检察员职务；免去刘越美、林明辉的厦门市人民检察院检察员职务。任命俞建林为厦门海事法院福州法庭副庭长
12 月 9 日	市十五届人大常委会第四十七次会议	任命许霖为厦门市人大常委会副秘书长，贺菊英为厦门市人大常委会法制工作委员会副主任；免去李明哲的厦门市人大常委会法制工作委员会副主任职务。决定任命孙建辉为厦门市发展和改革委员会主任，周桂良为厦门市工业和信息化局局长，陈敏为厦门市商务局局长，兰贵兴为厦门市应急管理局局长；决定免去张志红的厦门市发展和改革委员会主任职务，吴新奎的厦门市工业和信息化局局长职务，黄河明的厦门市商务局局长职务，孙建辉的厦门市应急管理局局长职务。任命刘琦龙、黄绿青、谢国辉为厦门市监察委员会委员；免去林志明的厦门市监察委员会委员职务。任命王绮为厦门市中级人民法院立案一庭庭长，免去其厦门市中级人民法院刑事审判第一庭庭长职务；任命曹发贵为厦门市中级人民法院刑事审判第一庭庭长，免去其厦门市中级人民法院审判监督庭庭长职务；免去陈穆峰的厦门市中级人民法院审判委员会委员、刑事审判第二庭庭长职务，崔建华的厦门市中级人民法院审判员职务
12 月 31 日	市十五届人大常委会第四十八次会议	通过代表资格审查委员会关于厦门市第十六届人民代表大会代表的代表资格的审查报告，确认 301 名代表的代表资格有效。任命李本年为厦门市人大常委会副秘书长、办公厅主任；洪春凤为厦门市人大常委会台胞工作委员会主任；蒋娇容为厦门市人大常委会人事代表工作室主任；翁振生为厦门市人大常委会研究与宣传工作室主任；王永胜为厦门市人大常委会办公厅副主任。免去陈泰生的厦门市人大常委会副秘书长、研究与宣传工作室主任职务；陈进春的厦门市人大常委会副秘书长职务；王春生的厦门市人大常委会台胞工作委员会主任职务；许晓斌的厦门市人大常委会人事代表工作室主任职务；邱拱东的厦门市人大常委会办公厅副主任职务；郑旭伟的厦门市人大常委会预算工作委员会副主任职务。补选黄文辉、杨国豪为福建省第十三届人民代表大会代表

代表工作

【概　况】 2021 年，厦门市十五届人大代表 310 人。市人大依法开展市区镇三级人大换届选举工作，全市各区建立代表联系群众活动室（站），实现镇（街道）和选举单位的村居全覆盖，部分活动室（站）组建发挥代表专业优势的行业联系点。

【代表履职服务保障】 2021 年，厦门市人大推进代表联系群众工作平台建设，依托代表活动室（站）开展活动，探索人大代表联系群众新方法、新路径。加强代表活动制度化、规范化，采取“请进来”“走出去”方法，丰富“双联”工作内容，推进常委会组成人员联系代表工作，使常委会工作更加接地气。召开现场推进会，组织“学习讲话精神、开展党史学习教育、倾听民声民意”活动，市人大常委会组成人员深入基层和代表联系群众活动室（站），收集群众意见建议 81 条，市委主要领导批示各区各部门研究吸纳。组织人大代表到谷文昌干部学院培训。举办政情通报会，市政府主要领导向人大代表通报 2021 年经济社会发展情况和代表关注的问题。

【代表联系群众工作平台建设】 2021 年，厦门市 6 个区 42 个镇（街道）均建立代表联系群众活动室，村（居委会）设立 491 个活动站，发挥教师、医生、法律服务等领域代表专业优势，设立 14 个行业联系点。厦门市的全国、省、市、区、镇（街道）五级人大代表混合编入代表联系群众工作平台，率先在全省实现全市镇（街道）、村（居委会）代表联系群众工作平台全覆盖。

【议案建议办理】 2021 年，厦门市十五届人大六次会议期间以及闭会后代表提出的 287 件建议全部办结，市人大办持续跟踪督办代表反复提出的 20 项 46 件建议。续办 2020 年的“融合多方资源发展我市嵌入式养老”等议案，全部办结。

（林俊涛）

责任编辑：熊焱峰
审　　稿：阳晓儒
校　　对：明安文

6 厦门市人民政府

综　　述

【经济发展】 2021年，厦门市人民政府（简称市政府）围绕习近平致厦门经济特区建设40周年的贺信、“十四五”规划开局之年等工作，持续巩固拓展疫情防控和经济社会发展成果，全面落实“六稳六保”任务（稳就业、稳金融、稳外贸、稳外资、稳投资、稳预期，保居民就业、保基本民生、保市场主体、保粮食能源安全、保产业链供应链稳定、保基层运转）和“五促一保一防一控”工作（促生产、促消费、促项目建设、促外经贸发展、促旅游，保基本，防风险，控疫情），较好完成全年目标任务。实施企业降本、用工等12条普惠性政策及200多条产业扶持政策，推行政策“免申即享”，为企业减负约360亿元。全市地区生产总值比上年增长8.1%，固定资产投资增长11.3%，一般公共预算总收入增长13.2%，地方一般公共预算收入增长12.4%，全体居民人均可支配收入稳步增长，年度节能减排任务全面完成。社会消费品零售总额比上年增长12.7%。新增商事主体14.6万家（户），比上年增长10.5%。

【现代产业体系构建】 2021年，厦门市政府坚持创新驱动发展，加快区域创新中心建设，推动产业转型升级。规划建设厦门科学城、嘉庚创新实验室，形成科技创新成果60余项，生物制品省创新实验室建设全面启动。全市新增国家级企业技术中心4家、省级企业技术中心21家、省级新型研发机构13家、国家级科技企业孵化器2家。净增国家级高新技术企业超500家。累计培育国家级专精特新“小巨人”企业79家、省级专精特新中小企业167家、市级专精特新中小企业769家。出台“留厦六条”（提高补贴、配偶安置、子女入学、人才安居、个税奖励、医疗保健）政策，年末全市大专以上学历人口139万人。厦门市促进工业稳增长和转型升级等5项工作获国务院办公厅通报表扬。厦门时代新能源科技有限公司等重大项目落地，厦门厦钨新能源材料股份有限公司等龙头企业增资扩产。生物医药与健康、集成电路、新材料战略性新兴产业产值分别比上年增长17.9%、16.3%、17.9%。金融业增加值比上年增长7%，人民币存贷款余额增长13.5%，新增境内外上市企业12家。物流业营业总收入比上年增长17.4%，集装箱吞吐量增长5.6%。总部企业税收比上年增长23%。数字经济规模超4000亿元。海洋生产总值比上年增长17%。

【招商引资】 2021年，厦门市政府开展全员精准招商、产业链招商，组建市投资促进中心。全市通过第二十一届中国国际投资贸易洽谈会、第四届数字中国建设峰会、央地对接会、厦门经济特区建设40周年庆祝大会、厦大百年校庆全球校友招商大会等重大活动开展招商引资，新引进项目1.1万个，计划总投资1.76万亿元。实际使用外资比上年增长12.2%，总量占全省50.5%，比重比上年提高2.8个百分点。

【社会民生保障】 2021年，厦门市公共服务水平持续提升，社会保障体系更加完善。建成中小学幼儿园项目48个，新增学位5万个。实验小学翔安校区、外国语学校集美校区等学校建成招生。中小学课后延时服务实现全覆盖。厦门市入选健康中国行动创新模式首批试点城市。入选首批国家体育消费试点城市。厦门珠绣等4个项目入选国家级非物质文化遗产代表性项目。48个为民办实事项目全部完成。城镇新增就业33.1万人，城镇登记失业率控制在年度目标范围内。全国医保信息平台上线。城乡居民基本医疗保险筹资标准提高至每人每年1140元。最低生活保障、特困人员供养、残疾人补贴等各类保障标准均居全省第一。建成镇（街）级养老服务照料中心2个、农村幸福院9个，新增普惠型养老床位1472张。配租配售保障性住房1.9万余套（间），房地产市场平稳健康发展。平安厦门建设不断深化。食品、药品、产品质量安全形势稳中向好，消费者满意度居全国第三。粮食安全责任制考核成绩在全省领先。推进安全生产专项整治三年行动，安全生产形势总体稳定。常态化开展扫黑除恶斗争，坚持和发展新时代“枫桥经验”，反诈骗精准宣防模式向全国推广。

【行政效能提升】 2021年，厦门市政府系统推动中央审计、省委巡视反馈问题整改。落实中央八项规定及其实施细则精神，纠治“四风”，统筹督查增效和基层减负，文风会风不断改善，“三公”经费持续下降。接受人大法律监督、工作监督和政协民主监督，市政府系统办理市人大代表议案3件，牵头办理人大代表建议274件、市政协提案408件，办复率均为100%，人大代表满意率99.3%，政协委员满意率100%，“创建全国法治政府建设示范市”指标要求均为95%。提请人大常委会审议法规草案9件，制定、修改、废止政府规章7部。开展民法典普法宣传。政府透明度指数位居全国前列。弘扬伟大建党精神，开展党史学习教育和“再学习、再调研、再落实”活动，政府系统党的建设全面加强。

（市政府办）

主要会议

【概　况】 2021年，厦门市政府召开全体会议1次，学习贯彻习近平总书记在庆祝中国共产党成立100周年大会上的重要讲话精神和在福建考察时的重要讲话精神，贯彻落实市委十二届十三次全会决策部署，全方位推进高质量发展超越，更高水平建设高素质高颜值现代化国际化城市。召开常务会议34次，研究厦门市经济运行有关工作、新冠病毒肺炎疫情防控工作情况、进一步提升全市空气质量工作等。

【市政府常务会议】 2021年，厦门市政府召开常务会议34次，即第一百二十八次至第一百六十一次市政府常务会议（见表6-1）。其中，第一百二十八至一百三十次会议由常务副市长黄强主持，第一百三十一至一百四十三次会议由常务副市长黄文辉主持，第一百四十四至一百六十一次会议由市长黄文辉主持。

表 6-1　　2021年厦门市政府常务会议情况一览表

时间	会次	主要议题
1月7日	第一百二十八次	传达学习全省城市和农村建设工作视频会议精神，研究部署厦门市贯彻落实意见；研究厦门市经济运行有关工作及下一阶段工作、《厦门市营造更好发展环境支持民营企业改革发展的若干措施（送审稿）》、《厦门市国有土地上房屋征收与补偿若干规定（送审稿）》、《厦门市农贸市场改造提升工作三年实施方案（送审稿）》、《2021年市政府立法计划和行政执法监督检查计划（草案）》、推荐全省事业单位脱贫攻坚专项奖励对象等议题
1月12日	第一百二十九次	研究市委、市政府2020年为民办实事项目完成情况和2021年项目安排，疫情防控工作情况及下一阶段工作，组建厦门市城建投资集团有限公司提升城市更新市场化主体运营能力有关方案，《关于进一步鼓励和支持台湾青年来厦实习就业创业的若干措施（送审稿）》，闽南大戏院委托经营管理及有关政府补贴政策，《厦门园林花木集团有限责任公司组建方案（送审稿）》等议题
1月13日	第一百三十次	研究《2021年政府工作报告（送审稿）》、《厦门市2020年国民经济和社会发展计划执行情况与2021年计划草案报告（送审稿）》、《厦门市2020年预算执行情况和2021年预算草案报告（送审稿）》、翔安区逸夫小学扩建项目可行性研究报告、下潭尾片区翔安西路以西市政配套道路工程（南、北岸）可行性研究报告、美峰花园安置房一期项目可行性研究报告、植物园南门入口区项目二期工程可行性研究报告、翔安机场高速公路（沈海高速—翔安南路）工程征地拆迁费用有关事宜等议题
2月7日	第一百三十一次	研究《关于全方位推动住房城乡建设高质量发展超越更高水平建设高颜值厦门行动计划（送审稿）》《关于2021年春节期间商贸服务业促进消费政策措施（送审稿）》《关于2021年春节期间促进文旅消费工作措施（送审稿）》《关于2021年春节期间公共交通免费乘坐方案（送审稿）》《关于明确安置型商品房建设相关事项的通知（送审稿）》，推荐申报生物制品科学与技术福建省创新实验室，翔安区新店、马巷2个街道析置6个街道行政区划调整工作等议题
2月22日	第一百三十二次	研究《厦门市促进有效投资2021年度行动方案（送审稿）》、在全市复制推广“证照分离”改革事宜、《厦门市“证照分离”改革全覆盖试点复制推广事项清单（送审稿）》、《厦门经济特区公共法律服务条例（草案）》、《厦门市2021年城乡建设品质提升实施方案（送审稿）》、《关于深化户籍制度改革促进基本公共服务均等化的意见（送审稿）》、《厦门市贯彻落实〈福建省中小学教师减负清单〉的实施方案（送审稿）》、《关于提高安置型商品房使用效率有关事项的通知（送审稿）》、园林植物园创建AAAAA级旅游景区项目智慧景区工程可行性研究报告、石厝路（新城中路—翔安东路段）完善工程可行性研究报告、环东海域新城宋洋片区景观绿化整治提升工程项目可行性研究报告、环东海域新城第三实验学校项目可行性研究报告、同安新城西柯片区安置房二期工程3号地块项目可行性研究报告、与中国船舶集团有限公司第七二五所签署补充协议有关事宜、2020年度平安建设（综治工作）考评奖励等议题
3月4日	第一百三十三次	研究落实按国家衔接意见修改厦门市“十四五”规划纲要、腾讯智慧产业战略区域总部项目落地事宜、《厦门港建设世界一流港口工作方案（送审稿）》、集美铁山2号污水泵站至前场污水处理厂污水主干管工程项目可行性研究报告、环东海域新城文体公建群景观慢行桥项目、厦门市与国家新能源汽车技术创新中心签署合作协议设立厦门分中心事宜、推荐评选福建省民族团结进步模范集体和模范个人等议题

续表 6-1

时间	会次	主要议题
3月14日	第一百三十四次	研究《关于进一步促生产稳增长的若干措施（送审稿）》《关于进一步促进消费发展的若干措施（送审稿）》《关于进一步促进外贸发展的若干措施（送审稿）》《关于进一步促进旅游发展的若干措施（送审稿）》《厦门市防止耕地“非粮化”稳定粮食生产实施方案（送审稿）》《厦门市加快航空货运高质量发展有关财政扶持政策的意见（送审稿）》等议题
3月24日	第一百三十五次	研究《关于支持厦门大学校友在厦门发展的若干措施（送审稿）》、儿童医院科研教学楼项目工程可行性研究报告、杏林大桥—新阳大桥段岸线整治工程项目可行性研究报告、大嶝污水处理厂配套主干管及泵站工程项目可行性研究报告、环东海域新城文体公建群景观慢行桥项目可行性研究报告，补缴市级安置房项目、保障性商品房地价款有关事项，市校共建厦门大学电影学院有关事宜等议题
4月12日	第一百三十六次	研究《厦门市市直有关部门生态环境保护责任清单（送审稿）》、2020年度厦门市安全生产和消防工作目标责任考核有关情况、《2021年商住用地“两集中”供地计划方案（送审稿）》、思明区湖滨东路与体育路交叉口西北侧地块有关协议内容、《厦门市土地成片综合开发模式创新试点工作方案（送审稿）》、厦门市扩大租赁住房供给促进市场平稳发展情况、开展主要经济指标季度考评和“晾晒”评比活动、《厦门市—临夏州持续开展两地友好交流合作框架协议书（送审稿）》、《关于支持原武警水电部队转企改革工作的若干措施（送审稿）》、2020年厦门市科学技术进步奖评审情况等议题
4月16日	第一百三十七次	开展《政府督查工作条例》法治讲座；传达学习4月13日省政府安委会成员（扩大）会议精神，研究部署厦门市安全生产工作；研究《关于推动市级财政投融资重点项目代建工作全方位高质量发展的若干措施（送审稿）》、《厦门市城镇集体所有制企业管理暂行办法（送审稿）》、《关于2021年地方政府债券发行及预算调整草案的报告（送审稿）》、集美新城软件园三期C15地块消防站可行性研究报告、《厦门市人民政府与上海音乐学院战略合作框架协议（送审稿）》、大病保险协议仲裁及第六轮大病保险招投标方案等议题
4月28日	第一百三十八次	研究部署“五一”假日期间安全生产工作、2021年“五一”假日旅游工作、2021年“五一”假日期间公共交通免费乘坐方案、《厦门市打通“断头路”三年行动方案（2021—2023年）（送审稿）》、沈海高速公路厦门段马銮湾片区（前场二路）出入口及连接通道工程可行性研究报告、马銮湾新城集美片区起步区市政道路二期工程可行性研究报告、沈海高速杏林互通及接线工程（国道324复线—长泰段）可行性研究报告、翔安隧道与滨海东大道接线工程可行性研究报告、东部体育会展新城体育中心配套道路工程可行性研究报告、厦门新机场片区阳塘小学项目可行性研究报告、内田污水处理厂配套主干管及泵站工程项目可行性研究报告、《厦门市荣誉市民称号授予办法（修正草案）》、市卫健委申请追加2020年下半年新冠病毒肺炎疫情防控期间医务人员待遇经费、市纪委监委留置场所医疗保障经费、团市委申请追加厦门市青少年党史教育基地建设经费等议题
5月7日	第一百三十九次	研究进一步提升全市空气质量工作、《厦门经济特区生态文明建设条例（修正草案）》、《厦门市物业管理若干规定（修正草案）》、《关于提请审议废止〈厦门经济特区公共资源市场配置监管条例〉的议案（草案）》、智能网联汽车检验检测公共服务平台项目可行性研究报告、市政府与中国银行签订《金融支持厦门市“十四五”经济社会发展全面战略合作协议（送审稿）》、进一步清理规范省级以下创建示范活动有关事宜，2020年度省对市绩效考核结果、市级绩效评估结果、绩效评估奖励办法及2021年度绩效管理工作方案等议题
5月20日	第一百四十次	研究厦门市1—4月经济运行情况、加强新冠病毒肺炎疫情防控工作情况、全市安全生产工作、厦门市防汛防台风抗旱有关工作、《厦门市海上客运交通优化提升实施方案（送审稿）》、马銮湾新城海沧片区浦銮路工程可行性研究报告、浦銮路综合管廊工程可行性研究报告、厦门北高铁站交通综合配套工程（BRT首末站）可行性研究报告、厦门北高铁站交通综合配套工程（公交枢纽站）可行性研究报告、旗山雅苑项目可行性研究报告、2021年城市品质提升专项资金补助、2021年中国政府友谊奖推荐人选、电气硝子玻璃有关项目等议题
6月4日	第一百四十一次	研究《省市重点项目推进情况“晾晒”考评工作方案（送审稿）》、《厦门市完整社区建设试点工作实施方案（送审稿）》、定点隔离酒店托底保障有关事宜、《厦门市促进工业企业降低成本增产增效若干措施（送审稿）》、《厦门职业教育创新发展高地工作任务分解方案（送审稿）》、《厦门市小额贷款公司监督管理办法（送审稿）》、《2021年地方政府债券发行及市本级第二次预算调整方案的报告（送审稿）》、《2020年厦门市本级财政决算的报告（送审稿）》、马銮湾新城集美西滨JB1-1地块安置房投资概算、同翔高新城翔安片区内田溪路（内垵大道—海翔大道）地下综合管廊项目可行性研究报告、环东海域新城官山小学项目可行性研究报告、厦门实验中学校园扩建及配套工程可行性研究报告、市运动训练中心田径体操馆项目可行性研究报告、2021年高考准备情况、省第六届杰出人民教师推荐人选、深圳算能科技总部项目有关事宜等议题

续表 6-1

时间	会次	主要议题
6 月 11 日	第一百四十二次	研究《关于进一步降低物流成本促进现代物流产业高质量发展的若干措施（送审稿）》，轨道集团申请拨付 R1 线项目注册资本金、市民政局申请追加疫情防控一线城乡社区工作者临时性工作补助市级承担资金、市委宣传部申请追加党史学习教育第二批经费、广电集团申请追加 8K 超高清户外大屏建设经费、市发改委申请追加拨付公开出让项目提前开工奖励，研究《关于完善市级预算执行和调剂审批制度（送审稿）》、《关于加快健全厦门市公共卫生应急物资保障体系的实施方案（送审稿）》、《关于 2020 年度市本级预算执行和其他财政收支审计结果报告（送审稿）》、《厦门市内部审计工作实施方案（送审稿）》、《厦门市全面推行林长制实施方案（送审稿）》、《关于进一步促进保障性租赁住房发展的意见（送审稿）》、湖里区高林金林片区和湿地公园 TOD 片区综合开发规划咨询设计任务书及征集文件编制情况、筼筜湖“西水东调”生态补水工程可行性研究报告、海翔大道（官浔立交—西柯立交）完善工程可行性研究报告、有关项目收储工作等议题
6 月 20 日	第一百四十三次	研究《厦门市进一步深化税收征管改革实施方案（送审稿）》、《厦门市促进社会服务领域商业保险发展实施方案（送审稿）》、《厦门市进一步深化医药卫生体制改革的意见（送审稿）》、《厦门市公共资源交易监管办法（送审稿）》、新阳派出所项目可行性研究报告、青少年足球训练中心训练场项目工程可行性研究报告、同翔高新城同新路（同翔大道—新曦大道段）工程可行性研究报告、机场片区大嶝大桥提升改造工程可行性研究报告、《厦门市城市建设发展投资有限公司优化发展方案（送审稿）》、部分污水厂项目投资体制调整有关事宜、部署进一步加强全市房屋安全工作、部署防汛工作、与瀚天天成签订补充协议有关事宜等议题
7 月 13 日	第一百四十四次	开展《优化营商环境条例》法治讲座；研究《厦门经济特区优化营商环境条例（草案）》、《关于落实国家、福建省和厦门市“十四五”规划〈纲要〉任务分工方案（送审稿）》、《厦门市“十四五”综合交通运输发展规划（送审稿）》、《厦门市土地储备实施办法（送审稿）》、《关于进一步加强人才服务保障的若干措施（送审稿）》、环东海域新城巷南小学可行性研究报告、岩山路（滨海公园大道—翔安大道段）工程可行性研究报告、滨海公园大道（马新大桥南桥头—翔安南路段）工程可行性研究报告、环东海域新城翔安西路（翔安南路—新城中路段）综合管廊工程可行性研究报告、轨道交通 6 号线一期工程涉铁段土建工程可行性研究报告、《关于调整城乡居民基本医疗保险筹资标准和住院待遇的通知（送审稿）》、《厦门市机关事业单位在编及退休人员医疗补助办法（送审稿）》等议题
7 月 19 日	第一百四十五次	研究《厦门市对接〈区域全面经济伙伴关系协定〉行动计划（送审稿）》、《厦门市加大新就业大学生等青年群体租赁住房保障工作的若干意见（送审稿）》、《关于推动市级财政投融资重点项目代建工作全方位高质量发展的若干措施（送审稿）》、五缘湾片区污水截流系统改造工程项目可行性研究报告、厦门人文公园（城市公益性公墓）项目可行性研究报告、厦门医学院科教综合楼、学生宿舍楼项目可行性研究报告等议题
7 月 28 日	第一百四十六次	研究第二十一届投洽会筹备工作情况、厦门市企业职工基本养老保险纳入省级统筹相关缴费政策、A 项目有关事宜等议题
8 月 10 日	第一百四十七次	听取近期疫情防控工作情况，研究部署下一步工作措施；研究《厦门市做好国家食品安全示范城市评价验收工作方案（送审稿）》、《关于加快建设“海洋强市”推进海洋经济高质量发展三年行动方案（2021—2023 年）（送审稿）》、《厦门市海洋经济发展“十四五”规划（送审稿）》、《厦门市“十四五”战略新兴产业发展专项规划（送审稿）》、《关于“七五”普法决议执行情况的报告（送审稿）》、《关于开展第八个五年法治宣传教育的决议（草案）（送审稿）》、《关于提请审议废止〈厦门经济特区城镇房屋管理条例〉的议案（草案）》、新一轮城市品质提升有关事宜、马銮湾新城雨洪生态补水工程（田边水闸至过芸溪段）项目、东山变进出线地下综合管廊工程（二期）可行性研究报告、滨海公园大道（马新大桥南桥头—翔安南路段）工程可行性研究报告、《厦门市多式联运“一单制”试点工作意见（送审稿）》、调整特定房地产项目预售许可工程形象进度标准、恒瑞医药原料药基地项目等议题
8 月 17 日	第一百四十八次	《中华人民共和国行政处罚法》法治讲座；研究《厦门市行政执法责任制规定（草案）》、《2021 年厦门市东西部协作工作意见（送审稿）》、《关于加快推进旅游业高质量发展的意见（送审稿）》、厦门市落实中央生态环保督察整改和提升空气质量工作情况、《中国（福建）自由贸易试验区厦门片区“十四五”发展规划（送审稿）》、《厦门经济特区科学技术创新进步条例（草案）》、《进一步加强农村宅基地和村民住宅建设管理的实施意见（送审稿）》、厦门市调整国家级高新技术企业奖励政策、《厦门市完善建设用地使用权转让、出租、抵押二级市场实施办法（送审稿）》、110 千伏琼头变电站进线土建工程可行性研究报告、集美新城核心区消防站项目可行性研究报告、高崎再生水厂西片区污水主干管及配套工程可行性研究报告，2020 年度厦门市先进教师和教育工作先进集体、先进个人推荐情况，《厦门市基本殡葬服务费免除办法（送审稿）》、市卫健委申请追加厦门大学附属第一医院杏林分院 2021 年 4—12 月运营补助等议题

续表 6-1

时间	会次	主要议题
8月25日	第一百四十九次	研究厦门市1—7月经济运行情况，部署下一阶段工作；研究《厦门市促进金砖创新基地建设若干措施（送审稿）》《厦门市"十四五"教育事业发展专项规划（送审稿）》，废止《厦门市酒类管理规定》《厦门市建筑外立面装饰装修管理规定》《厦门市物业服务收费管理办法》《厦门市电梯安全管理办法》和修改《厦门市拥军优属办法》《厦门市建设工程材料使用管理办法》，研究《厦门市推行包容审慎监管执法若干规定（送审稿）》《在全市开展法治宣传教育的第八个五年规划（2021—2025年）（送审稿）》《厦门市行政复议体制改革实施方案（送审稿）》《厦门市扶持商贸行业发展若干措施（送审稿）》《厦门市促进旅游发展措施（送审稿）》，加快推进厦门国际健康驿站（保障性租赁住房）建设工作情况，大小嶝造地工程（9.81平方千米）陆域形成及地基处理可行性研究报告，集美工业学校校内扩建工程可行性研究报告，新增和调整企业减负部分政策有关事宜，《关于优化我市政府投资项目设计费管理的通知（送审稿）》等议题
9月4日	第一百五十次	深入学习贯彻习近平总书记关于统计工作的重要论述，传达《福建省防范统计造假、弄虚作假责任制规定（试行）》主要精神，研究政府系统贯彻落实意见；研究景区和非景区景点安全管理专项整治工作、《厦门市深化常规公交运营管理改革方案（送审稿）》、《厦门市常规公交运营服务成本规制办法（送审稿）》、停止执行公交驾驶员提前退休政策有关问题、《厦门经济特区养犬管理办法（修正草案）（送审稿）》、《厦门市推广运用政府和社会资本合作（PPP）模式工作方案（送审稿）》、《厦门市小散工程和零星作业安全生产纳管办法（送审稿）》、下半年相关重点工作等议题
10月4日	第一百五十一次	研究《关于积极应对新冠肺炎疫情影响助力企业纾困减负若干措施（送审稿）》、《关于清理规范城镇供水供电供气行业收费促进行业高质量发展的实施意见（送审稿）》、2021年第三次预算调整有关事宜、调整市直机关事业单位非在编雇用人员工资待遇核算方式及标准有关事宜、调整厦门市城乡社区工作者薪资待遇有关事宜、同翔高新城片区白石山南路（滨海东大道—城东中路）工程可行性研究报告、同翔高新城同安片区五期西侧道路工程可行性研究报告、同翔高新城内厝片区天马220千伏专用变电站进线二期工程可行性研究报告、2022—2024年度厦门港（海沧、东渡、翔安港区）码头港池水域维护工程项目可行性研究报告、2022—2024年度厦门港航道疏浚工程项目可行性研究报告等议题
10月11日	第一百五十二次	研究《厦门市打造台胞台企登陆第一家园第一站的若干措施（送审稿）》、《关于全面建设高素质创新名城的若干意见（送审稿）》、《厦门市综合防控儿童青少年近视工作实施方案（送审稿）》、《厦门市综合防控儿童青少年近视工作评议考核办法（送审稿）》、《厦门市集体土地征收与补偿若干规定（送审稿）》、《厦门市成长型总部用地管理意见（送审稿）》、复旦大学附属中山医院厦门医院科研教学楼（国家区域医疗中心建设二期项目）工程可行性研究报告、厦门工商旅游学校扩建工程可行性研究报告、厦门一中思明校区厚德楼重建项目可行性研究报告、生物制品科学与技术福建省创新实验室可行性研究报告、新324国道灌新路—凤南七路（坂头立交以东段）可行性研究报告、新324国道灌新路—凤南七路（坂头立交以西段）可行性研究报告、新324国道（翔安段）提升改造工程可行性研究报告、机场片区珩边小学项目工程可行性研究报告、厦门新机场片区配套道路一期工程（西片区）工程可行性研究报告、厦门新机场工程—航站区陆侧交通工程项目建设主体及代建单位有关事宜、《厦门市交通道路设施事权支出责任和移交接养办法（送审稿）》、美团战略合作有关事宜等议题
10月15日	第一百五十三次	研究《关于规范产业扶持政策有关事项的通知（送审稿）》、《厦门市"十四五"人力资源和社会保障事业发展专项规划（送审稿）》、城东中路（新324国道—万家春路段）工程可行性研究报告、澳头水质净化厂二期工程（第二阶段）可行性研究报告、现状污水处理厂除臭系统提升工程可行性研究报告、中山公园和厦门宾馆周边道路改造提升工程市级奖补机制有关事宜、下达火炬管委会重大产业项目专项补助有关事宜、友达光电增资项目相关事宜等议题
10月19日	第一百五十四次	传达学习习近平总书记重要批示精神，研究能耗双控及遏制"两高"项目（高耗能、高排放项目）、有序用电工作；研究《厦门市深化新时代教育督导体制机制改革实施方案（送审稿）》《厦门市"十四五"应急管理领域规划（送审稿）》《厦门市"十四五"农业农村发展专项规划（送审稿）》《厦门市"十四五"生态环境保护专项规划（送审稿）》《厦门市人民防空建设"十四五"规划（送审稿）》《2021厦门国际海洋周总体方案（送审稿）》《2021厦门国际海洋周疫情防控工作方案（送审稿）》等议题
10月27日	第一百五十五次	传达学习省委、省政府召开的"全省九市一区党政主要负责同志座谈会"、2021年省政府第二次全体会议精神，研究厦门市1—9月经济运行情况、《今年以来经济形势和做好下阶段经济工作的建议（送审稿）》，研究定点公寓和高崎隔离场所后续处置工作、福厦高铁配套综合开发区域天水小学及天水路（圣岩路—孙霞路）综合管廊（电力舱）工程可行性研究报告、厦门市违法用地清理整治专项行动工作情况等议题

续表 6-1

时间	会次	主要议题
11月19日	第一百五十六次	研究《关于推动职业教育高质量发展助力两岸融合的若干意见（送审稿）》、《厦门市“十四五”科技创新发展规划（送审稿）》、《厦门火炬高技术产业开发区“十四五”发展规划（送审稿）》、《厦门市工业物业分割转让暂行办法（送审稿）》、给予厦门市到临夏州帮扶工作队记功奖励有关事宜、《关于加强全民健身场地设施建设发展群众体育实施方案（送审稿）》、同翔高新城同安片区龙泉路（城东中路—同翔大道段）工程可行性研究报告、同翔高新城同安片区新厝中学可行性研究报告、厦门集美中学新校区项目可行性研究报告、集美大桥桥头立交提升改造工程可行性研究报告、溪东路（海翔大道—翔安南路段）工程可行性研究报告、杏林医院及血站分中心项目可行性研究报告、梧村派出所业务用房项目可行性研究报告、《思明、湖里区民生服务行业电动自行车登记上牌工作方案（送审稿）》、《关于思明、湖里区民生服务行业电动自行车登记和通行管理的通告（送审稿）》、厦门市与北京市十一学校战略合作有关事宜、《厦门市促进绿色金融发展若干措施（送审稿）》、延长生活垃圾处理特许经营权有关事宜等议题
11月30日	第一百五十七次	研究《关于深化集体林权制度改革推进林业高质量发展实施方案（送审稿）》、第十三届海峡论坛筹备保障工作；传达学习习近平总书记关于禁毒工作的系列重要指示批示精神，研究《厦门市争创全国禁毒示范城市工作方案（送审稿）》；研究《关于促进厦台农业融合发展若干措施（送审稿）》、《厦门市惠企政策“免申即享”工作方案（送审稿）》、《厦门市“十四五”民政事业发展专项规划（送审稿）》、《厦门市“十四五”卫生健康事业发展专项规划（送审稿）》、环东海域新城西柯消防站及同安区消防救援指挥中心项目可行性研究报告、集美新城岩内片区学院路北延伸段二期工程可行性研究报告、西亭官任安置房 A2 地块项目投资概算、中文投基金项目有关事宜等议题
12月6日	第一百五十八次	研究《2022 年政府工作报告（送审稿）》《厦门市 2021 年国民经济和社会发展计划执行情况与 2022 年国民经济和社会发展计划草案（送审稿）》《厦门市 2021 年预算执行情况和 2022 年预算草案的报告（送审稿）》；传达学习全国、全省城镇燃气安全排查整治动员部署电视电话会议精神，研究 1—11 月全市安全生产工作情况、厦门市城镇燃气安全管理工作情况；研究《中共福建省委、福建省人民政府关于支持厦门建设高质量发展引领示范区的若干意见（代拟稿）》、《关于优化完善指挥部机构机制建议方案（送审稿）》、《厦门市城市更新试点工作实施方案（送审稿）》、厦门市社会稳定有关情况及 2020 年度厦门市政法工作先进集体和先进个人推荐对象名单、《厦门市服务“六稳”“六保”进一步做好“放管服”改革有关工作实施意见（送审稿）》、《厦门市“十四五”知识产权事业发展规划（送审稿）》、《厦门市住房发展规划（2021—2025 年）（送审稿）》、海沧沧江路快速通道工程有关工作等议题
12月14日	第一百五十九次	研究落实国家支持福建全方位推动高质量发展的相关政策措施和任务分工、厦门市 2022 年指标盘子测算和有关工作建议、做好冬春和“两节”期间重要民生商品保供稳价工作、《关于今冬明春蔬菜等主要副食品市场保供稳价的工作措施（送审稿）》、《厦门市主要副食品市场供应保障应急预案（送审稿）》、《厦门市生态环境保护综合行政执法事项指导目录（2021 版）（送审稿）》、《厦门市红色资源保护利用办法（送审稿）》、《厦门市城市基础设施配套费征收办法（送审稿）》、“爱心厦门”建设工作先进集体和先进个人评选表彰情况、海沧南大道（马青路—沧江路）提升改造工程可行性研究报告、同安进出岛通道同安端先导工程（同集路—滨海西大道段）可行性研究报告、厦门跨东海域通道北延伸段工程（海翔大道—圣岩路段）前期工作、甘露寺危房翻建事宜等议题
12月23日	第一百六十次	新修订《中华人民共和国安全生产法》法治讲座，研究厦门市贯彻落实意见；中共中央、国务院印发的《法治政府建设实施纲要（2021—2025 年）》法治讲座；研究《厦门市法治政府建设实施方案（2021—2025 年）（送审稿）》、《厦门市新时代法治人才培养实施方案（2021—2025 年）（送审稿）》、《厦门市国土空间规划管理技术规定（2021 年版）（送审稿）》、《关于进一步推进企业上市提高上市公司质量的若干措施（送审稿）》、《厦门市全民健身实施计划（2021—2025 年）（送审稿）》、“9・12”本土新冠病毒肺炎疫情隔离场所运行保障经费结算情况、《厦门市城乡居民养老保险丧葬补助办法（送审稿）》、同安第一实验小学（高新城校区）工程可行性研究报告、厦门实验中学新校区工程可行性研究报告、厦门市中医院康复楼项目工程可行性研究报告、第二医院划归市属有关事宜、厦门市职工基本医疗保险缴费基数和缴费费率有关事宜等议题
12月29日	第一百六十一次	研究《厦门市国土空间总体规划（2020—2035 年）》、《厦门市招商引资工作领导小组及内设工作机构调整方案（送审稿）》、《厦门市重大招商项目评审及决策办法（试行）（送审稿）》、《厦门市市直部门产业招商小分队组建方案（送审稿）》、《厦门市招商引资实绩竞赛方案（2022 年版）（送审稿）》、《2022 年市重大前期项目安排建议》、《关于完善重大重点项目推进机制的若干措施（送审稿）》、《厦门市企业投资项目事中事后监管暂行办法（送审稿）》、《厦门市生态控制线管理实施规定（送审稿）》、2021 年度全市垃圾分类工作情况、《厦门市“十四五”数字厦门专项规划（送审稿）》；传达学习全省贯彻落实企业职工基本养老保险全国统筹实施工作电视电话会议精神，研究厦门市企业职工基本养老保险制度改革情况；研究《厦门市社会科学普及规划纲要（2021—2025 年）（送审稿）》、“憧憬”号邮轮靠泊厦门港备航有关事宜、同安区新民镇和西柯镇撤镇设街道行政区划调整方案等议题

【市政府全体会议】 2021年7月12日，厦门市政府2021年第一次全体会议在西楼一楼三号会议室召开，市长黄文辉主持。会议强调要坚持以习近平新时代中国特色社会主义思想为指导，学习贯彻习近平总书记在庆祝中国共产党成立100周年大会上的重要讲话精神和在福建考察时的重要讲话精神。会议要求政府各级各部门把坚持党的全面领导贯穿到政府工作各方面全过程，确保党中央、国务院、省委、省政府及市委各项决策部署和工作要求落地见效；持续改进作风，树立追赶意识、先行姿态、担当精神、服务意识，让马上就办、雷厉风行成为政府系统全体人员的特质；坚持用马克思主义世界观和方法论解决问题、推动发展，善用辩证思维，坚守法治思维，坚持问题导向，加强调查研究，增强工作的科学性、预见性、主动性和创造性。

（市政府办）

政务公开

【概　况】 2021年，厦门市政府信息公开工作立足服务和融入发展格局，推动高质量发展，深化政务公开，发挥政务公开在建设法治政府、服务型政府等方面的促进作用，加快转变政府职能，推动政府决策和管理服务透明规范。至年末，全市依法办结政府信息公开申请2478件。

【政府信息主动公开】 2021年，厦门市政府推进主动公开政府信息工作，公开内容包括行政许可等（见表6-2）。推进各类规划主动公开，各级各部门“十四五”发展规划和专项规划、空间规划、区域规划，通过政府门户网站设立专题，并在政府信息公开专栏集中展示。推进市场规则标准和监管执法信息公开，主动公开全国统一的市场准入负面清单，根据调整情况更新发布，公开建设高标准市场体系行动方案的落实举措。推进财政信息公开，推进部门所属单位预算、决算及相关报表公开。持续深化地方政府债务信息公开，加大惠民惠农政策和资金发放信息公开力度，推动补贴信息公开向村和社区延伸，并与村（居）务公开衔接。推进常态化新冠病毒肺炎疫情防控信息公开，各级各部门发布疫苗接种、散发疫情、隔离管控、流调溯源、精准防控、冷链物流、假期人员流动等相关信息，解读相关政策，说明防控措施，开展健康科普宣传。

【政府信息依申请公开】 2021年，厦门市政府完善依申请公开办理机制。编制完善依申请公开办理规范指引，明确办理规则，完善办理流程，提高答复效率。畅通线上、线下申请渠道，完善申请登记、审核、办理、答复归档等办理制度，引入政府法律顾问、公职律师参与依申请公开答复合法性审查等工作（见表6-3）。建立健全政府信息依申请公开转主动公开机制，对依申请公开提供的政府信息同步开展审查研判，符合主动公开条件的转为主动公开。规范政府信息公开行政复议案件审理工作，发挥行政复议制度优势和层级监督功能，加大监督力度，强化责任追究，增强政府工作人员法治意识、公开意识、服务意识，从源头上减少行政争议，推进诉源治理（见表6-4）。加强配套制度建设，开展培训、辅导讲座，推进重大决策专家咨询制度、公示制度、公开征求意见制度、决策跟踪反馈和责任追究制度。

表6-2　　2021年厦门市主动公开政府信息情况表

类别	项目	具体事项	数量/金额
行政法规、规章和规范性文件	规章	当年制发件数（件）	3
		当年废止件数（件）	4
		有效件数（件）	85
	行政规范性文件	当年制发件数（件）	209
		当年废止件数（件）	125
		有效件数（件）	1640
办理行政许可和其他对外管理服务	行政许可	当年处理决定数量（件）	1183877
实施行政处罚、行政强制	行政处罚	当年处理决定数量（件）	1965161
	行政强制	当年处理决定数量（件）	196919
行政事业性收费	行政事业性收费	当年收费金额（万元）	147656

表6-3　　2021年厦门市收到和办理政府信息公开申请情况表

单位：件

项　目	申请人					
	自然人	法人或其他组织				
		商业企业	科研机构	社会公益组织	法律服务机构	其他
当年新收政府信息公开申请数量	2372	98	11	7	10	28
上年结转政府信息公开申请数量	29	2	0	0	0	0

续表 6-3

项目			申请人					
			自然人	法人或其他组织				
				商业企业	科研机构	社会公益组织	法律服务机构	其他
当年度办理结果	予以公开		838	29	9	2	4	12
	部分公开（区分处理的，只计该情形，不计其他情形）		237	17	0	0	2	6
	不予公开	属于国家秘密	3	0	0	0	0	0
		其他法律行政法规禁止公开	37	0	0	0	0	0
		危及“三安全一稳定”	2	0	0	0	0	0
		保护第三方合法权益	33	3	0	1	2	1
		属于三类内部事务信息	46	2	0	0	0	0
		属于四类过程性信息	55	0	0	0	1	0
		属于行政执法案卷	22	0	0	0	0	0
		属于行政查询事项	15	2	0	0	0	0
	无法提供	受理申请机关不掌握相关政府信息	810	30	2	2	0	8
		没有现成信息需要另行制作	35	6	0	0	0	0
		补正后申请内容仍不明确	7	0	0	0	0	0
	不予处理	信访举报投诉类申请	34	0	0	2	0	0
		重复申请	44	5	0	0	0	0
		要求提供公开出版物	6	0	0	0	0	0
		无正当理由大量反复申请	1	0	0	0	0	0
		要求行政机关确认或重新出具已获取信息	43	1	0	0	0	0
	其他处理	申请人无正当理由逾期不补正、行政机关不再处理其政府信息公开申请	21	0	0	0	0	0
		申请人逾期未按收费通知要求缴纳费用、行政机关不再处理其政府信息公开申请	1	0	0	0	0	0
		其他	36	2	0	0	0	1
结转下年度继续办理			75	3	0	0	1	0

表 6-4　　2021 年厦门市政府信息公开行政复议和诉讼情况表

单位：件

	行政复议	行政诉讼	
		未经复议直接起诉	复议后起诉
结果维持	11	19	4
结果纠正	9	0	1
其他结果	5	0	1
尚未审结	2	0	2

【政府信息管理机制健全】 2021 年，厦门市政府强化政府信息公开属性源头认定，完善政府信息发布审核机制，建立政府信息公开与保密工作沟通协作机制，规范政府信息产生、流转到保管全流程。建立健全政府信息发布机制、政府信息公开动态调整机制、重大行政决策公众参与工作机制、行政规范性文件政策解读回应工作机制和基层政务公开与村（居）务公开协同发展机制。落实政府信息发布标准，按照规范标准发布行政规范性文件，文件均包含完整标

题、文号、发文日期、公开日期、有效性标注、解读和回应链接等“八要素”，提供文本下载链接，做到立改废释并举，集中统一对外公开并动态更新。开展政府信息公开工作考核、评议。结合省政府办政务公开第三方评估反馈的问题，定期落实督导检查，通报网站更新、信息发布、重点领域部门工作完成情况，对问题多、整改不力的单位和部门予以通报批评并督促整改。

【市政府门户网站管理】 2021年，厦门市加强政府网站群集约化管理，开展网站整合、业务系统管理及网站群的安全防护，对全市政府网站和政务新媒体开展每月检测。完成中英文版市政府网站改版，发布采编信息9103条，被“数字福建”微信公众号、国务院办公厅网站转载发布近1400条；开展“厦门发布”微信公众号、微博政务新媒体的信息发布。加强“政务公开”“解读回应”“办事服务”等栏目的维护和更新，增强网站的互动交流性，参与新闻发布会28场，组织领导在线访谈45期，累计公开“12345”信件3.41万件，52个部门使用依申请平台办理答复依申请单1571件。开展全市政府网站政务公开评估，推进政务公开制度化规范化。

（市政府办）

电子政务

【概　况】 2021年，厦门市开展“城市大脑”、一网协同、一网通办、一网统管顶层设计等工作。编制出台《厦门市“十四五”数字厦门专项规划》。推动各部门（行业）按照全市统一规划编制部门业务系统建设规划。市数字办编制《厦门市政务信息资源共享管理实施细则》《厦门市公共数据资源开发利用提升方案》，健全数据共享协同和开放利用支撑机制；发布《厦门市政务数据开发利用情况报告》，建立数据开放情况通报机制；厦门市工业和信息化局（简称市工信局）起草《厦门市公共数据开发利用管理办法》，编制《厦门市公共数据资源开放分级分类指南（试行）》等；修订并印发《厦门市信息中心财政性投资信息化项目立项预审管理办法》。提升改造政务外网和金宏网网络，替换政务外网汇聚层与金宏网核心层设备，梳理网络配置，提升网络效率。市级政务外网接入单位约280家，金宏网接入单位约270家。

【信创工程】 2021年，厦门市继续推进全市信创（信息技术应用创新）工程终端设备采购、信创统一政务办公云平台和信创云平台建设工作，3个项目均按要求完成验收。其中，信创统一政务办公平台二期建设完成，完善统一政务办公基础支撑平台和办公平台功能，促进全市政府机构业务协同；信创云二期项目的建设保障各单位对市政务云资源需求的增长。市机要局、市工信局等部门对全市信创推进情况及适配情况进行摸底和统计，对各单位部分政务系统进行国产化适配改造。

【电子政务云平台】 2021年，厦门市巩固完善政务云平台“自建+购买服务”多云架构统一管理模式，强化数据中心技术服务力量、软硬件资源、网络资源保障，创新技术支撑、资源管理和应用体系，满足全市行政审批、数据协同共享工作需求。政务外网云平台累计承载76家单位的应用系统200多个，年内开设虚拟服务器152台，总虚拟服务器1449台。金宏网云平台累计承载50多家单位的应用系统100多个，年内开设虚拟服务器127台，全市总虚拟服务器754台。信创云平台承载6家单位的业务系统8个，总虚拟服务器74台。外包云服务平台（腾讯云、浪潮云、电信云）承载能力逐步提升。厦门市推进华为鲲鹏超算中心应用，助力“城市大脑”建设，政务云平台为“城市大脑”搭建云环境，开通服务器相关访问策略。

【政务数据资源共享利用】 2021年，厦门市定期汇总发布市政务数据开发利用情况；整合升级市政务信息共享平台，完善市空间信息共享服务能力。完善全市政务数据资源目录，48个部门（含6区）参与目录编制，登记系统641个，编制完成340个系统业务数据目录2741个，推动全市政务数据资源一体化规范化管理。推动梳理政务数据共享需求清单，征集39个部门（含区级部门）共享需求和供需响应情况480条。基础信息资源库累计收集76个部门的数据10.3亿条、地理空间图层304个，新增业务数据目录407个、基础数据3.2亿条。市政务信息共享协同平台累计接入单位70个（含6个区），注册服务接口1759个，累计调用15.31亿次，建立数据交换通道152个，累计数据交换量16.9TB（18.58万亿字节）；为公共安全、智慧综治、社区网格化平台、“免申即享”、交通、多规合一、“i厦门”惠民、积分入学等共享协同业务应用提供支撑服务。通过省数据汇聚共享平台对接国家、省下发接口和数据表，提供全市政府部门使用，累计回流省级部门9个、数据表36个、数据7159.8万条；累计调用省接口146个，调用量4526.5万次。做好审批办件数据回流和接送，接收省汇聚平台158个事项回流数据45万条。

【政务办公应用平台建设】 2021年，厦门市推进政务办公应用平台建设。公文交换系统覆盖市、区，并延伸到镇（街）等党政机关有关单位，注册单位679家、用户949个，其中市级平均登录次数1.1万次/周；公文交换接收量8.01万件，会议通知接收量1.1万件。统一政务办公平台累计部署单位61家，政务内网办公系统用户总数8913个（比上年增加5337个），信息发布量9.55万份，办公系统收文量53.42万份（比上年增加近20万份），发文量5.42万份；厦门移动政务用户数、电子邮件系统用户数、政务外网办公系统用户总数逐年增加。公务员门户访问量近27万人次，ECP（协同通信平台）短信发送总量273万条。短信子系统发送量1237万条。视频监控电子监察子系统接入全市摄像头超1000路，涵盖市行政服务中心、市级分中心、各区及镇（街）社区窗口。政府电子邮件系统新增开设邮箱账号586个，累计开设账号1.34万个；统一VPN平台累计开设账号817个。

【电子证照共享库管理平台改造】 2021年，厦门市完成电子证照共享库管理平台标准化提升改造，与省级平台对接，实现纠错流程闭环化，按照全国一体化政务服务平台标准，推进发布标准化电子证照。该平台发布41家市级单位的1166类证照和批文，发布自贸区厦门片区和6个区的2781类证照和批文；归集证照数据1798万条，其中已签章数据1759万条；开展系统对接，实现51套市直自建系统、各区审批平台与市电子证照库共享应用，市、区审批系统共享调用证照392万次，比上年增加235.7万次。

【政务网络信息安全保障】2021年，厦门市做好网络安全保障，筑牢网络安全屏障。配合省网安开展攻防演练，累计管理网络安全设备68台，备份配置490次，处理网络安全风险事件。封禁国内攻击IP地址（互联网协议地址）1430个、国外攻击IP地址1460个；封禁口令暴力破解行为IP地址8143个；定期进行漏洞检测和修复。完成10家机关事业单位信息安全等级保护安全测评和14个系统定级评审、差距分析、整改加固等工作。按季度对全市569个政府部门网站及重要信息系统开展定期安全漏洞检测、渗透和验证工作，出具检测技术报告354份，整理安全检测工作简报与情况通报。对目标站点进行远程监控和风险预警，每月组织对网站漏洞以及网站安全事件进行验证，每月公布安全预警信息，对75个政务网站进行监测以及漏洞扫描，共检测出网站安全事件8692次。政务网络安全态势感知平台提供全面的基础运营保障，形成安全运营全生命周期的管理闭环，提升应急响应能力。构筑大数据安全管控，完成数据安全监管平台安装部署与定级备案，并于6月通过初验。至年末，该平台采集政务共享协同平台、社会信用信息平台和态势感知平台日志数据超13亿条，社会信用信息平台数据库流量数据0.8亿条，产生告警信息62万条；出具数据安全监管周报告，完成3个应用系统共63台主机的月度漏扫工作，开展平台周巡检工作。全市3842台终端安装政务内外网防病毒系统，其中金宏网2553台、政务外网1289台。政务内外网累计感染病毒13.38万次，其中木马病毒8.89万次、文档病毒1.01万次、蠕虫病毒36次，所有感染病毒全部修复。

（市政府办　市工信局）

行政审批管理

【概　况】2021年，厦门市行政审批管理局（简称市审批管理局）主要负责牵头、协调、指导、监督全市“放管服”改革和行政审批制度改革工作。落实国务院和省、市“放管服”改革优化营商环境工作部署，推动全市审批效能与政务服务水平显著提升，企业、群众获得感持续增强，政府透明度指数全国第一，公共服务质量满意度位居全国第三。市行政服务中心建筑面积7.8万平方米，进驻行政事业及公共服务单位101家，办理市级审批服务事项2785个（占比97%），有工作人员1000多人，日均办件量超1万件，日均人流量超5000人次。

【审批服务便民化改革】2021年，厦门市行政许可事项99.54%实现“一趟不用跑”，79.95%实现“即来即办”，承诺时限压缩至法定时限的8.54%。超市、药店、母婴用品店、船舶运输、小型渔业、港口、危险化学品经营、医疗机构、出版物、道路运输10个行业推行“一业一证”，实现“一证准营”。118个全国高频政务服务事项实现“跨省通办”。“一件事”集成套餐服务改革成效提升，在省网上办事大厅部署“一件事”集成服务事项超过300个，“一件事五个办”（一窗办、一网办、掌上办、自助办、靠前办）改革经验被省职转办发文在全省推广。市、区设立“办不成事”反映窗口38个，疏通和解决企业群众办事堵点、难点。

【工程建设项目审批服务】2021年，厦门市审批管理局深化工程建设项目审批服务，推动《2021年厦门市持续深化工程建设项目审批制度改革提升营商环境“办理建筑许可”指标实施方案》落实。优化跨部门跨领域综合审批，实施《2021年厦门市优化跨部门跨领域综合审批深化工程建设项目审批制度改革工作方案》，提高审批服务质效。落实工程建设项目审批“问题整改”工作机制，通过企业调研、审批服务满意度回访等线上线下活动，了解掌握企业意见建议和需求困难，形成“问题清单”3批共35个问题，发至各部门要求逐一整改提升。推广帮办代办服务模式，构建“全周期”服务体系，全年帮办代办900次。建立24小时全天候服务保障机制及线上咨询辅导服务机制，推广建立服务企业微信工作群，开展主动服务、靠前服务，协调解决企业在建工程审批过程中遇到的困难和问题。

【网上政务服务能力提升】2021年，厦门市审批管理局升级“一网通办”政务服务平台，制定专项提升方案，提出27项具体任务。推进“全程网办”，网上可办率100%，市级“全程网办”占比从年初的55%提高至86%。完善“e政务”自助终端体系，站点数增加至430个，事项数增加至18个部门的169个。依托“e政务”自助服务平台开通“跨省通办”“省内通办”专栏，全市170个

2021年4月26日，“政务服务自助机跨省通办”平台加盟仪式在第四届数字峰会上举行，厦门市170个自助事项实现“跨省通办”（市行政审批局　供图）

自助事项实现“跨省通办”“省内通办”。405个高频事项实现“掌上办”，全市“掌上办”审批服务事项数提升至708个，139个事项以小程序形式入驻“闽政通”应用程序。推进“秒批秒办”智能审批，市级20个部门的113个事项实现“秒批秒办”，涉及部门数、事项数在全省各设区市中排名第一。

【公共资源交易平台】 2021年，厦门市公共资源交易平台承接进场交易公共资源项目2754个；总交易额1710.7亿元，比上年增长6.74%。其中，工程建设项目1262个，交易额784.88亿元；政府采购成交项目1271个，交易额80.76亿元；公共资源配置项目157个，成交金额9.04亿元；土地使用权和矿业权出让项目64个，成交金额834.02亿元。市审批管理局持续推进市公共资源交易平台整合工作，建立完善、统一、规范、全流程电子化的公共资源交易平台体系。实现电子投标保函在线办理、在线提交电子投标保函、在线核验电子投标保函、在线理赔申报等功能，推进各类工程担保保证人与电子投标保函系统登记对接工作。使用电子投标保函参加工程建设项目应用电子投标交易活动的投标人超32万家次，电子投标保函使用率超97%。探索构建厦门市公共资源交易服务标准体系，对全市公共资源交易管理服务和流程开展标准化建设工作，发布建设工程电子投标保函平台标准。开发建设房建市政类项目“评定分离”电子交易系统，开启房建市政类项目“评定分离”电子交易新模式。完成省市重大、重点项目及应急项目146个进场交易保障工作。

（市审批管理局）

机关事务管理

【概　况】 2021年，厦门市机关事务管理局（简称市机关事务局）开展“素质提升年”建设，经验做法获省机关事务管理局主要领导肯定性批示；在重大活动车辆保障、公共机构节能等方面经验做法得到市委、市政府主要领导和国家机关事务管理局肯定。11月，《中国机关后勤》杂志、中国机关后勤微信公众号先后刊发文章，介绍厦门市机关事务工作成就。开展党史学习教育活动和“再学习、再调研、再落实”活动。加强新冠病毒肺炎疫情防控督导，先后下发《关于加强机关事业单位新冠肺炎疫情防控工作的通知》《关于进一步落实机关事业单位疫情防控措施的补充通知》等，成立检查组，不定期到各单位现场督导防控工作，组织市行政中心工作人员开展9轮全员核酸检测，累计2万余人次，落实常态化核酸检测累计5000余人次，先后有317名干部职工以志愿者身份完成保障任务。管控食材采购、食堂消毒通风、冷链供应等环节，采取“统一订餐、错时取餐、分散用餐”方式保障干部职工用餐，取消堂食期间，累计保障餐饮6万余份。推进标准化信息化建设，梳理担负的第二批全国机关事务标准化建设试点成果，整理汇编4个大类机关事务内部标准40余项。

【重大活动保障】 2021年，厦门市机关事务局对接第二十一届投洽会、第十三届海峡论坛、厦门经济特区建设40周年庆祝活动、中国金鸡百花电影节和全市党代会、市两会等重大活动、重要会议，加强车辆、接待、会务服务保障，征集保障用车1545辆、驾驶员1557人，统筹调度车辆2.31万辆次，安全行车80.35万千米，完成2.39万名宾客接送站及酒店食宿安排等服务保障工作。被市委、市政府评为第33届中国电影金鸡奖活动筹办工作先进单位，人民会堂服务中心被市委表彰为两会保障先进单位，保障“四国外长会晤”活动工作获省政府外事办表扬。

【办公用房管理】 2021年，厦门市机关事务局推动改善机关事业单位办公条件，优化资源配置，先后为9家单位统筹调剂办公用房3.2万平方米，推进办公用房管理权属变更及备案登记。开展办公用房安全隐患排查整治，完成房屋排查建档123处、公房危房鉴定13栋。完成厦门海关原国检大楼移交及分配工作，安排6家单位入驻办公。推进“智慧后勤”建设，研发厦门市党政机关办公用房智能图形管理系统，涵盖全市各级机关事业单位的市级系统、6个区级系统、市公安局分系统、市教育局分系统，实现全市办公用房全域实时集约管理。

【公务用车管理】 2021年，厦门市机关事务局执行公务用车政策和程序，完成公务用车派驻使用任务，开展市直机关事业单位公务用车的购置和租用手续审批工作。推广新能源汽车，新购置新能源汽车数量占批准新购置车辆（不含特种专业技术用车和货车）总数30%。运用公务用车信息化管理平台，加强审批，强化监督，完成市直机关事业单位日常车辆统一调度使用8.88万辆次，安全行车393.36万千米。

【“1+X”专项督查】 2021年，厦门市机关事务局落实中央八项规定及其实施细则精神，开展“1+X”专项督查（纪委是“1”，发挥监督、再监督作用，履行协调抓总的职能；相关职能部门是“X”，发挥部门职能监督作用，履行主体责任）。会同市纪委党风政风监督室加大办公用房、公务用车、公务接待监督检查力度，规范办公用房、公务用车、公务接待管理工作，派出检查小组32个，检查单位89家，其中公务用车检查督查采取线上检查和实地督查相结合的方式，车辆检查覆盖率48.9%。

【公共机构节能】 2021年，厦门市机关事务局开展绿色建筑行动，推进既有建筑能源审计工作。组织28家市属、77家区属机关和事业单位创建申报节约型机关。湖里区机关开展碳中和试点工作，取得生态环境部下属企业中环联合认证中心颁发的“碳中和认证证书”，成为福建省首个“碳中和机关”。市机关事务局推广可降解餐具、包装袋等环保制品，减少环境污染与资源浪费，持续加大餐厨垃圾源头减量，餐厨垃圾产生量比上年下降7.36%。推动厦门市公共机构节能工作，被国家机关事务管理局、中共中央直属机关事务管理局、国家发改委、财政部联合表彰为“节约型机关”，被省住建厅表彰为“省级节水型单位”，获市领导肯定性批示。2020年度公共机构能源资源消费和能耗统计工作被省机关事务管理局通报表扬。

【机关住房调配管理】 2021年，厦门市机关事务局做好市直机关事业单位公寓住房保障，完成13批次公务人员选房及3批次在租人员续租、资格审核认定工作。发挥自管公房保障功能，整合、改造存量房产资源，统筹作为异地交流到厦门任职、挂职干部周转住房；移交部分集体宿舍由湖里区政府统一调配，用于解决部分区级机关事业单位公务人员住房困难问题。整治源泉山庄集体宿舍等8处安全隐患，完成云松居公共区域修缮工作，该工作被列为“我为群众办实事”项目。

【机关财务保障】 2021年，厦门市机关事务局落实过“紧日子”要求，坚持“突出重点、保障必需、厉行节约”原则，压缩非急需非刚性支出1716万元，公务用车预算定额在上年压缩38%基础上再压减32.6%。完成市政府及所属行政单位等统计单位的机关运行成本统计、审核及汇总。加强全市机关运行成本控制工作。推进后勤服务保障市场化和社会化，机关后勤服务社会化率78.7%。协助19家财务保障单位解决财务管理堵点、难点问题，指导各财务保障单位建立健全财务管理内控制度81项，开展政策解答和专题培训，疏解问题30余个。

【机关安全保卫】 2021年，厦门市机关事务局开展平安综治建设，组织开展应急处突、消防、防空疏散等联合演练，提高联防联处能力。组织对宾联汽车维修厂、古城东路36号危房、机关办公区5个配电室16台变压高压设备进行检查，排查安全隐患，实现“安全年”目标。开展保密自查和专项保密检查，未出现失泄密问题。

（市机关事务局）

信访工作

【概　况】 2021年，厦门市信访总量3.47万件，比上年增长64%，总体呈现到访量下降和领导信箱、网上投诉、人民网领导留言板受理量上升的格局。到访2232批3963人次，比上年下降14.5%；信件3666件，增长30%；领导信箱6412件，增长44%；网上投诉2.23万件，增长98%；“12345”平台受理133.3万件，增长126%。厦门市信访局（含信访服务中心）获全省信访系统先进集体、全省信访系统十佳接访窗口、人民网网民留言办理工作民心汇聚单位、全国政务热线“服务创新”优秀单位、“服务群众”优秀单位等称号。

【信访专项工作】 2021年，厦门市信访局出台《解决当前信访突出问题的实施方案》等文件，联合市纪委监委、市委组织部、市人社局、市平安办印发《关于进一步重申规范共产党员和公职人员信访行为的通知》。滚动开展矛盾排查，梳理信访突出问题723件次。开展各类督查督办14次，发出信访风险隐患提醒函、督办函、通报函。联合市委政法委、公安和属地协同开展集中排查。完成省委巡视和政法队伍教育整顿信访保障。

【涉疫情信访】 2021年，厦门市信访局加强涉疫信访工作。9月12日，成立专项工作领导小组，组建网上信访、政务热线2个快处快办工作专班，开辟涉疫诉求处理绿色通道，7×24小时运转，与责任单位一起按照“四个第一时间”（第一时间受理、第一时间处理、第一时间报告、第一时间反馈）和“六个及时”（及时受理、及时办理、及时研判、及时反馈、及时回应群众关切、及时报告重要情况）要求，快办快处涉疫诉求14.29万件。实行“一日三报”机制，即每日报送涉疫涉稳信息报告、网上信访涉疫专报、政务热线涉疫专报，上报热点信息1200余条。围绕疫情风险、核酸检测、物资紧缺、健康码、就医购药、隔离管控、企业纾困、生活救助等热点诉求，与市疫情防控指挥部相关工作组等对接，提出解决措施，缩短办理时间，织密疫情防控网络，降低对群众生活和企业经营的影响。厦门市涉疫信访工作受到省信访联席办通报表扬。

【信访积案化解】 2021年，厦门市信访局推进“治重化积”专项工作，建立“周调度、月通报、季攻坚、年考核”工作机制，实行动态管理，挂图作战、逐案销号，推进信访积案化解。针对重复信访事项和信访积案，根据属地属事原则，提请市政府领导或交由辖区政府领导包案化解。全市形成属地与属地之间、属地与部门之间、部门与部门之间协同工作局面。至年末，979件上级交办件中，完成化解939件，化解率96%。

【信访便民惠企制度完善】 2021年，厦门市信访局优化体系，健全完善信访便民惠企制度体系。推行领导干部接访下访机制。市委、市政府主要领导示范带动，市、区、镇（街道）领导干部定期接访、定点约访、视情下访，推动解决群众诉求。市信访局集中开展带案下访，梳理重点信访事项100件，到基层分片包案，推动化解。优化“12345”平台工作机制，累计整合48家单位92条热线，实现24小时运转，打造集“四渠道”（热线、网站、微信公众号、短信）、“三对接”（与“i厦门”、“闽政通”、省“12345”平台对接）于一体的便民服务平台。完善“四访四通”机制（开门接访、进门约访、登门走访、上门回访，诉求表达畅通、意见建议直通、困难问题沟通、矛盾积案疏通），成立工作专班，设置营商服务电话专席，推行“政企直通车”，建立规范化、制度化政企沟通渠道。

（杜米吉）

责任编辑：林建高
审　　稿：阳晓儒
校　　对：明安文

7 政协厦门市委员会

综　述

【政协履职】 2021年，政协厦门市委员会（简称市政协）围绕中心任务，服务全市工作大局，发扬民主、凝聚共识、增进团结，推动建言资政工作。政协委员建言献策，在助力全市高质量发展、民生福祉、团结联谊等方面发挥作用。开展党史学习教育和"再学习、再调研、再落实"活动，策划"'十四五'时期人民政协新作为"主题学习，重点安排《以习近平总书记关于加强和改进人民政协工作的重要思想指导提升政协参政议政能力》《感悟中国共产党百年征程》《"十四五"时期中国经济解析与厦门发展展望》《弘扬谷文昌精神》等专题辅导，以学习促进履职。各级政协机关推进政协工作制度化、规范化、程序化，全年完成重点协商16场、重点提案督办14项和专题调研13项。中共厦门市委决定，在市政协换届年之际，表彰市政协"厦门市政协工作先进集体"25个和"厦门市政协工作先进个人"50人。

【社情民意反映】 2021年，厦门市政协将反映社情民意信息作为政协履职尽责的重要抓手，推动社情民意信息工作提质增效。在全国15个副省级城市及福建省9个地市政协信息工作排名中，厦门市政协名列前茅。市政协收到各参加单位报送的社情民意信息稿件2000余篇，编辑报送全国政协、省政协及市级领导信息520期。其中，《关于进一步提高机场疫情防控体系有效性的建议》等48件信息被全国政协采用，《"十四五"期间我省战略性医疗资源应急储备规划的几点建议》等信息获省、市领导批示21件次。

【政协履职宣传】 2021年，厦门市政协着力讲好政协故事，在《厦门日报》"政协之声"专版、《厦门政协》杂志、厦门政协微信公众号、厦门市政协门户网站等开设《党史学习教育》《学习贯彻习近平新时代中国特色社会主义思想》《学习贯彻十九届六中全会精神》专栏、专刊、专题，在厦门市政协网站《政协之声》推出《凝智聚力建言献策　助推更高水平建设"两高两化"城市》《建言资政凝聚共识　助力全方位高质量发展超越》等专版，宣传协商议政工作情况。在市政协网站《政协视点》设置专题节目，回顾香港厦门联谊总会创立、推动厦门华厦学院成立等历史事件，宣传中国共产党领导的多党合作和政治协商制度及市政协助力特区建设40年发挥的作用。在厦门市政协微信公众号连续推出4期微信，25条信息，宣传报道市政协领导到基层督导检查，政协委员、机关干部到一线及各民主党派、工商联和人民团体、各区政协踊跃捐款、捐物、助力抗击新冠病毒肺炎疫情事迹。

【"爱心厦门·政协行"系列慰问活动】 2021年，厦门市政协开展走访慰问工作。组织少数民族和宗教界别委员与鸿山慈善会到翔安区陈塘回民社区慰问困难群众；组织少数民族和宗教界别委员、观音寺慈善基金会，向后垵村"颐年堂"赠送爱心物资；与虎溪岩寺慈善基金在莲前街道举办"爱心厦门"新春慈善慰问活动，向100户困难群众和贫困学生家庭发放慰问金；与思明区委、虎溪岩寺慈善基金、市政协委员爱心企业家等到深田社区政治生活馆，开展2021年"爱心厦门·政协行"爱心送暖活动；关注自闭症儿童的矫正治疗与康复训练，考察星光训练营针对自闭症儿童设计的篮球康复训练，联系工会界别协调社会力量参与自闭症儿童康复服务事业，关心关爱特需儿童。

【政协参与疫情防控】 2021年，新冠病毒肺炎疫情期间，厦门市政协主席魏克良主持召开党组（扩大）会议，强调要把疫情防控作为头等大事，发挥政协作用。副主席黄国彬、国桂荣增援同安疫情防控前方指挥部，带领同安干部群众共同筑牢防疫安全屏障；副主席卢炳椿、李钦辉参与交通防控组、对接国家工作组工作，深入一线统筹协调，确保工作组高效运作；副主席薛祺安、黄奋强到重要区域、重点街道开展检查督导，督促各环节落实防控责任；机关10人到同安支援，13人加入相关指挥部、工作组、工作专班，100余人次到巡司顶社区助力全员核酸检测。

（伍昱丰）

主要会议

【市政协十三届五次会议】 2021年1月17—20日，政协第十三届厦门市委员会第五次会议在厦门人民会堂举行。

17日上午大会开幕，市政协主席魏克良代表政协第十三届厦门市委员会常务委员会向大会作工作报告，副主席黄国彬向大会报告厦门市政协十三届四次会议提案工作情况。市政协主席魏克良，副主席黄国彬、江曙霞、陈昌生、黄世忠、黄培强、王焱、黄奋强、李钦辉，秘书长张仁苇在主席台前排就座。胡昌升、陈秋雄等省市领导，上任市政协主席张健，邹尔均、洪永世、洪华生、蔡望怀、刘可清、陈修茂等在厦省市老领导，市中级人民法院、市人民检察院、厦门海事法院主要负责人，栗国等驻厦部队领导，部分省部属驻厦单位领导，厦门市政协部分常委，在厦全国政协委员，香港、澳门厦门联谊总会负责人等出席大会。

19日上午举行第二次全体会议，市委书记胡昌升参加会议并讲话，13名政协委员作大会发言，为更高水平建设高素质高颜值现代化国际化城市建言献策。大会收到发言材料112篇，口头发言的遴选坚持“质量优先、党派优先、统筹兼顾”的原则，围绕市委中心工作，统筹兼顾各领域内容及各参加单位代表性确定选题，遴选13篇作为口头发言，发言单位涵盖8个民主党派、工商联及经济、社科新闻文艺、医卫、港澳4个非党派界别。

20日上午举行第三次全体会议，会议同意江曙霞辞去十三届厦门市政协副主席、委员职务；增选国桂荣、卢炳椿、薛祺安为十三届厦门市政协副主席，增选洪清岩等2名常务委员。

20日下午举行闭幕会，市政协主席魏克良主持会议。魏克良在会上强调，要高举旗帜，在加强党的全面领导中展现新担当，切实落实党中央和省委、市委决策部署，把各界别各方面力量凝聚起来，增强全市各族各界奋进新征程的坚定决心和必胜信心；要站位全局，在双向发力助推高质量发展超越中彰显新作为，胸怀“两个大局”，锚定2035年远景目标，对标“十四五”规划，彰显专门协商机构的独特优势，使建言更有高度、监督更有广度、参政更有深度、共识更有力度；要创新引领，在全面赋能增效中焕发活力，融入创新发展年行动，永葆“闯”的激情、“创”的劲头、“干”的作风，时刻保持新征程奋斗者的姿态，为谱写全面建设社会主义现代化国家的厦门篇章交出靓丽答卷。

【十三届市政协常委会会议】 2021年，十三届厦门市政协常委会召开常委会会议8次，即十三届二十六次至三十三次常委会会议，会议由市政协主席魏克良主持。（见表7–1）

表7–1　　2021年厦门市政协常委会会议一览表

时间	会次	会议主要内容及出席人员
1月16日	十三届二十六次常委会会议	审议有关人事事项及厦门市政协十三届五次会议有关文件草案。市政协副主席黄国彬、江曙霞、陈昌生、黄世忠、黄奋强、李钦辉，秘书长张仁苇出席
1月19日	十三届二十七次常委会会议	听取各委员小组召集人汇报各组审议和讨论情况，审议有关人事事项、厦门市政协十三届五次会议选举办法（草案）和总监票人、监票人名单（草案）。厦门市政协副主席黄国彬、江曙霞、陈昌生、黄世忠、黄培强、王焱、黄奋强、李钦辉，秘书长张仁苇出席
3月25日	十三届二十八次常委会会议	审议通过《政协厦门市委员会专门委员会通则（修订）》《政协厦门市委员会关于强化政协委员责任担当的实施意见》，及有关人事事项。厦门市政协副主席黄国彬、陈昌生、国桂荣、黄培强、卢炳椿、薛祺安、黄奋强、李钦辉，秘书长张仁苇出席
5月27日	十三届二十九次常委会会议	围绕“高标准建设金砖国家新工业革命伙伴关系创新基地”开展协商议政。省委常委、市委书记赵龙到会听取意见建议并讲话。他指出，厦门市政协充分展现政协组织的担当作为，提出的意见建议内容丰富、观点务实、含金量高，具有很强的针对性和可操作性，对拓宽视野、拓展思路，高标准建设金砖创新基地具有重要借鉴意义，相关部门要做好梳理研究和采纳落实工作。市政协组织继续发挥人才荟萃、位置特殊、联系广泛的优势，为市委决策提供更多有益参考，不断为金砖创新基地建设添助力、增合力。市领导黄文辉、张毅恭、黄晓舟、黄国彬、陈昌生、国桂荣、黄培强、卢炳椿、薛祺安、黄奋强、李钦辉出席会议。相关职能部门负责人参加会议并回应委员关心的问题
7月16日	十三届三十次常委会会议	传达学习习近平总书记“七一”重要讲话精神和省委、市委常委会会议精神。市政协副主席陈昌生、黄世忠、国桂荣、黄培强、卢炳椿、黄奋强、李钦辉，秘书长张仁苇出席
10月21日	十三届三十一次常委会会议	围绕重点提案《关于推进高颜值生态花园城市建设的几点建议》和《持续完善基层公共卫生和防疫体系的建议》进行提案办理民主监督。副市长黄燕添、廖华生到会听取意见，通报有关情况并对委员意见作出回应。市政协副主席黄国彬、薛祺安、黄奋强、李钦辉，秘书长张仁苇出席

续表 7-1

时间	会次	会议主要内容及出席人员
12 月 9 日	十三届三十二次常委会会议	传达学习贯彻中共十九届六中全会精神。审议通过关于召开厦门市政协十四届一次会议的决定。听取市政府关于市政协十三届五次会议提案办理情况的通报，审议市政协十四届一次会议有关文件和报告。市政协副主席黄国彬、陈昌生、国桂荣、黄培强、卢炳椿、薛祺安、黄奋强、李钦辉，秘书长张仁苇出席
12 月 30 日	十三届三十三次常委会会议	传达学习贯彻习近平总书记致厦门经济特区建设 40 周年贺信重要精神和国家副主席王岐山的重要讲话精神。议定政协第十四届厦门市委员会委员名单，审议通过关于授权主席会议审议市政协十三届三十三次常委会会议未尽事宜的决定。市政协副主席黄国彬、黄世忠、国桂荣、黄培强、薛祺安、黄奋强、李钦辉，秘书长张仁苇出席

【大会信访工作】 2021 年 1 月 17—20 日，厦门市政协十三届五次会议秘书处信访组开展接待群众来访工作，接到各类群众信访 12 件，全部交有关部门处理，并及时答复信访人，引导群众依法维护权益。开展“我为群众办实事”实践活动，为集美区原合成氨厂 26 户退休下岗职工解决 10 多年未解决的拆迁安置房产权办理问题。

（伍昱丰）

协商议政

【概　况】 2021 年，厦门市政协开展协商议政 16 次，其中常委会协商议政 2 次，主席会议协商议政 2 次，参加全国政协专题协商议政 1 次，省政协专题协商议政 2 次，专委会对口协商议政 2 次，界别活动小组协商议政 3 次，季度协商座谈会 4 次。

【季度协商座谈会】 2021 年，厦门市政协提案委组织委员、特邀研究员召开 4 次季度协商座谈会，市政协副主席黄国彬出席。座谈会旨在发挥政协智力密集、人才荟萃优势，凝聚改进工作、解决问题的共识合力。3 月 16 日，围绕“高水平建设科技创新中心”开展第一季度季谈会，就创新平台建设、提升企业创新能力、完善创新机制、人才引进、“双自联动”创新引领等方面提出意见建议；6 月 25 日，围绕“推进市域社会治理现代化”开展第二季度季谈会，就提升党建引领小区治理水平、加强物业小区管理、电子信息平台建设应用、推进老旧小区改造、扩大群众参与社会治理等方面提出建议；9 月 3 日，围绕“高水平发展高等教育”开展第三季度季谈会，就推动高等教育内涵发展、做优存量、做大增量、提升质量等方面提出意见建议；11 月 26 日，围绕“学习贯彻党的十九届六中全会”开展第四季度季谈会，就扩大就业、办好人民满意的教育、建设高水平健康之城、完善社会保障体系等提出建议。以上会议均形成调研报告，报送厦门市政府相关部门研究推动。

【“高标准建设金砖创新基地”协商议政】 2021 年，厦门市政协经建委开展前期调研，扩大协商参与面。走访各民主党派、界别，交流讨论选题的切口方向，引导发挥界别特点和优势建言献策。在常委会会议上，12 名委员围绕全面加快金砖创新基地建设建言献策，3 名委员与相关职能部门负责人进行互动交流。市委书记赵龙评价，委员提出的意见建议内容丰富、观点务实、含金量高，具有很强的针对性和可操作性。市政协向市委报送《关于“高标准建设金砖创新基地”的建议案》，其中关于建立民间智库、发布金砖国家指数等建议被金砖办等相关部门采纳。

【发展数字经济协商议政】 2021 年，厦门市政协教科卫体委提出数字经济发展选题方向，邀请市工信局等 10 个部门到会介绍情况，组织委员到相关产业园区及科研院校考察。到广州、东莞、杭州 3 地学习经验和做法，走访考察部门、园区、企业、高校共 40 余个，召开专题座谈会 16 场，征集发言材料 68 篇，采用 63 篇，其中 12 篇作为常委会专题协商重点发言。7 月 16 日，市政协主席魏克良主持召开常委会专题协商，市长黄文辉对市政协深入调研、广泛开展协商予以肯定，会后形成《关于“大力发展数字经济，打造高质量发展新优势”的建议案》报送市委、市政府，获市委书记赵龙，副市长黄晓舟批示，要求相关职能部门认真研处，汲取有关建议。

【“一革命四行动”协商议政】 2021 年，厦门市政协受全国政协委托，到厦门市市政园林局和农业农村局开展调研，并就政协进一步发挥作用等议题展开讨论。在全国政协“乡村一革命四行动”（农村厕所革命和生活垃圾治理、污水处理、农房整治、村容村貌提升行动）协商会上，市政协人资环农委的发言得到全国政协农业农村委办公室肯定，民主监督典型案例、专项报告入选全国政协农业和农村委员会相关《典型案例汇编》和《专项报告汇编》。

【“打造一流营商环境”协商议政】 2021 年，厦门市政协经建委参与省政协专题协商和民主监督。联合民建界别，结合厦门市情开展调研，形成《充分利用注册制机遇，加快民营企业改制上市的建议》和《积极应对逆全球化趋势营造面向 2035 年国际一流营商环境》2 篇发言材料，报送省政协经济委，参与省政协“推动民营经济转型升级”专题议政性常委会会议议题和“打造一流营商环境”协商式民主监督议题。

【澳厦文旅产业对接协商议政】 2021 年 6 月 11 日，厦门市政协港澳台侨委召开“推动澳厦文旅产业对接，助力‘海丝’核心区建设”专委会对口协商会，副主席国桂荣参加会议。市政协委员提出推动澳门厦门文旅产业对接意见建议，市委宣传部、市教育局、市人社局、市商务局、市文旅局、市卫健委、市会展局等部门参加会议并介绍推动澳厦文旅产业合作方面开展的具体举措，现场回应委员们的发言，并表示研究吸收委员们的意见建议，推动推动澳厦文旅产业合作。

【助力两岸融合发展协商议政】 2021年6月17日，厦门市政协主席魏克良主持召开市政协十三届六十一次主席会议，围绕“携手台青共筑梦想，助力两岸融合发展”召开专题协商议政会议，市委副书记陈秋雄、副市长黄晓舟到会听取委员意见建议并讲话，市政协副主席陈昌生等领导参加会议。党派、界别、区政协和涉台机构、台湾青年代表12人作会议发言，从文化融合、就业创业、公共服务等提出观点，形成意见建议案报市委，供市委、市政府决策参考。

【发展智慧农业协商议政】 2021年7月，厦门市政协人资环农委组织农业界别、民盟界别开展“发展智慧农业，促进农业提质增效”界别协商，到大宅社区实地考察火龙果种植园和育种大棚，召开现场座谈会，围绕发展智慧农业进行协商议政，“学习强国”学习平台对该活动作报道。委员就加强和改进乡村治理、农村产业发展等方面提出意见建议，提交各部门研究落实。

【青少年视力保护对口协商】 2021年10月22日，厦门市政协教科卫体委牵头组织党派、有关团体和教育、医卫界别委员与市教育局召开对口协商座谈会。市教育局介绍厦门市关于儿童青少年近视防控工作总体情况，农工党市委、民盟界别、民进界别、医卫界别、教育界别部分委员及福建省医务志愿者协会儿童青少年近视防控专业委员会代表，围绕青少年近视防控工作的组织推进、宣传引导和保障实施等内容，分别就调研情况和工作实际进行探讨交流，提出针对性、专业性、建设性意见建议，转化的社情民意信息上报市政府并获副市长廖华生批示。

（伍昱丰）

民主监督

【概　况】 2021年，厦门市政协开展民主监督活动13场，其中协商式民主监督1场，重点提案督办12场。

【加快企业上市重点提案督办】 2021年8月11日，厦门市政协召开由民建厦门市委提出的《关于充分利用注册制机遇，加快我市企业改制上市的建议》重点提案办复协商会，副市长黄晓舟、市政协副主席黄世忠，督办单位市政协经建委参加会议。市金融监督管理局、发改委、财政局、税务局、国资委等承办单位负责人对提案办理情况作汇报，并与民建厦门市委就提案建议落实进行协商。提案人对提案办理结果表示满意。黄晓舟要求各承办单位进一步优化企业上市扶持政策，加快政策兑现，鼓励企业利用资本市场做实做强做优。黄世忠建议设立由国企主导的股权投资基金，支持科创企业和民营企业上市和实体经济发展，吸引更多金融基金和社会资本推动产业健康发展。

【翔安新城CBD重点提案督办】 2021年8月13日，厦门市政协召开“对症下药疏堵并举，让翔安新城CBD早日焕发时代风采”重点提案办复会，副市长张志红、市政协副主席黄培强参加会议。承办单位市自然资源规划局、市住房局、翔安区政府负责人汇报提案办理情况、存在问题和下一步工作思路，提案委员和承办单位进行沟通协商。张志红表示对提案涉及翔安CBD片区存在的问题进行梳理，分类处置，调整规划，完善配套。

【打造中国茶叶品牌之都重点提案督办】 2021年8月24日，厦门市政协召开“打造中国茶叶品牌之都”重点提案办复协商会，副市长黄燕添、市政协副主席黄国彬出席会议。市农业农村局、自然资源规划局、发改委、文旅局等部门汇报提案办理情况，提案委员与承办单位开展沟通协商，对提案办理提出建议。黄国彬就提案后续办理提出发展茶文化、茶科技，引入和培育茶叶龙头企业，形成规模效应的建议。黄燕添要求相关单位落实有关建议，利用厦门传统茶叶贸易口岸优势，推动茶旅结合，做大做强厦门茶产业。

（伍昱丰）

提案工作

【概　况】 2021年，厦门市政协发挥政协提案作用，促进决策的科学化、民主化。市政协委员、政协各参加单位和各专门委员会，运用提案进行履职、建言。全年征集提案538件，其中大会提案515件，平时提案23件，经审查立案449件，立案率83.5%。立案提案中，委员提案219件，占48.8%；集体提案230件，占51.2%。市政协评选出优秀提案14件，并对市教育局等13家提案承办单位予以通报表扬。

【优秀提案表彰】 2021年，厦门市政协根据《政协厦门市委员会提案工作条例》等规定，在民主推荐、征求意见和提案委员会审议基础上，决定对民革厦门市委《关于厦门市公共资源交易平台整合与改革发展的建议》等14件提案予以通报表扬。（见表7-2）

表7-2　2021年度厦门市政协优秀提案一览表

序号	提案名称	提案者
1	关于厦门市公共资源交易平台整合与改革发展的建议	民革厦门市委
2	抢占海丝茶旅制高点　打造中国茶业品牌之都	民盟界别活动小组

续表 7-2

<table>
<tr><th>序号</th><th colspan="2">提案名称</th><th>提案者</th></tr>
<tr><td>3</td><td colspan="2">充分利用注册制机遇加快厦门市企业改制上市的建议</td><td>民建厦门市委</td></tr>
<tr><td>4</td><td colspan="2">关于提质培优建设职业教育创新发展高地的建议</td><td>民进厦门市委</td></tr>
<tr><td rowspan="2">5</td><td rowspan="2">持续完善基层公共卫生和防疫体系的建议（2件并案）</td><td>完善基层公共卫生体系建设、加强应对突发公共卫生事件能力</td><td>农工党厦门市委</td></tr>
<tr><td>关于建立平战结合的重大公共卫生事件物资储备、生产数据库体系的建议</td><td>九三学社界别活动小组</td></tr>
<tr><td rowspan="2">6</td><td rowspan="2">促进青少年心理健康的建议（2件并案）</td><td>关于学生心理健康纳入体检后续工作的建议</td><td>农工党界别活动小组</td></tr>
<tr><td>聚焦青少年心理健康　护航青少年茁壮成长</td><td>医卫界别活动小组</td></tr>
<tr><td>7</td><td colspan="2">新发展阶段加快打造区域创新中心的几点建议</td><td>致公党厦门市委</td></tr>
<tr><td rowspan="6">8</td><td rowspan="6">完善社区建设与管理推进市域治理现代化（6件并案）</td><td>关于推动“小区自治和综合治理”信息化平台建设和应用的建议</td><td>九三学社厦门市委</td></tr>
<tr><td>新形势下构建我市社区治理共同体的建议</td><td>民盟厦门市委</td></tr>
<tr><td>关于规范业主大会、业委会和物业管理的建议</td><td>苏枫红</td></tr>
<tr><td>关于提升我市物业服务纠纷社会治理的若干建议</td><td>吴丽雪</td></tr>
<tr><td>建议推动基层社会治理在社区的创新实践</td><td>关琰珠</td></tr>
<tr><td>关于推进基层社区治理和服务创新的建议</td><td>民进界别活动小组</td></tr>
<tr><td>9</td><td colspan="2">关于完善生鲜电商行业食品安全监督的建议</td><td>台盟厦门市委</td></tr>
<tr><td>10</td><td colspan="2">通过高位嫁接手段，提升我市高等教育水平</td><td>无党派人士界别活动小组</td></tr>
<tr><td>11</td><td colspan="2">充分利用 RCEP 机遇　促进厦门更深层次对外开放</td><td>经济界别活动小组</td></tr>
<tr><td rowspan="5">12</td><td rowspan="5">高标准建设金砖创新基地的若干建议（5件并案）</td><td>高标准建设金砖国家新工业革命伙伴关系创新基地的建议</td><td>社科新闻、文艺界别活动小组</td></tr>
<tr><td>以吸引急需人才为突破口建设金砖国家新工业革命伙伴关系创新基地</td><td>民盟界别活动小组</td></tr>
<tr><td>关于加快金砖创新基地建设的建议</td><td>关琰珠</td></tr>
<tr><td>以“品牌高峰论坛”常态化落地为抓手实现“创新基地”承载的务实合作与桥梁纽带作用</td><td>陈　雪</td></tr>
<tr><td>大力拓展公共外交助力金砖创新基地建设</td><td>港澳台侨和外事委员会</td></tr>
<tr><td rowspan="3">13</td><td rowspan="3">推进高颜值生态花园城市建设的几点建议（3件并案）</td><td>全面推进红树林自然保护地建设和恢复红树林生态功能的建议</td><td>资源环境和农业农村委员会</td></tr>
<tr><td>关于以市树凤凰木进一步提升厦门高颜值城市品质的建议</td><td>张尚清、贺菊英、李丰山、罗曙光、洪忠捍、王　平、李志远</td></tr>
<tr><td>关于规划建设白鹭主题湿地公园的建议</td><td>陈章志、傅人长、郑元湛、黄建设、陈　玲、陈　飞、卓　然、吴慧颖、陈怀群、罗　艳、陈武元、柯献星、夏　炜</td></tr>
<tr><td>14</td><td colspan="2">文旅深度融合做精做强海上游</td><td>文化文史和学习委员会</td></tr>
</table>

【优秀提案办理单位表彰】 2021 年，厦门市政协根据《政协厦门市委员会提案工作条例》等有关规定，决定对市教育局、市科学技术局、市建设局、市农业农村局、市商务局、市文化和旅游局、市卫生健康委员会、市海洋发展局、市市场监督管理局、市市政园林局、市地方金融监督管理局、市行政审批管理局、市金砖创新基地建设领导小组办公室 13 家优秀提案承办单位予以通报表扬。

（伍昱丰）

课题调研

【概　况】 2021 年，厦门市政协完成课题调研报告 75 篇，包括市委重点课题 1 篇，市委“再学习、再调研、再落实”重点课题调研 12 篇，常委会课题调研报告 7 篇，市政协办公厅、专委会、研究室课题调研报告 13 篇，界别课题调研报告 42 篇。其中，向市委、市政府全文报送 19 篇，其他调研课题均通过提案、大会发言、社情民意等方式进行成果转化。

【宜居名城课题调研】 2021年，厦门市政协主席魏克良牵头，对市委重点课题《突出特色优势　打造宜居名城》开展调研，到资源规划、市政园林、教育、卫生、老龄等相关部门、单位和思明、湖里区政协调研交流，实地考察城市基础设施、公共服务设施和社区，组织召开专家学者交流讨论3次，立足厦门在更高水平上建设高素质高颜值现代化国际化城市，厘清宜居名城的内涵与特征，分析厦门建设宜居名城进程中存在问题及短板，找准厦门特色优势，提出推进建设宜居名城对策建议。课题成果报告于9月15日报送市委，并通过评审。

【"再学习、再调研、再落实"课题调研】 2021年，厦门市政协根据市委"再学习、再调研、再落实"活动安排，主席魏克良及各位副主席牵头开展12项重大课题调研。到部门、企业、社区开展调研，召开专家学者座谈会，立足政协专门协商机构职能优势，发挥政协集聚智慧力量作用，提出政协协同助力提升厦门城市品牌的具体工作措施，助推厦门率先实现高质量发展。完成《汇聚智慧力量　提升城市品牌》等12篇课题调研成果报告，于5月中旬提交市委政研室研究。

【常态化新冠病毒肺炎疫情防控课题调研】 2021年，厦门市政协教科卫体委就"完善医疗卫生防疫体系建设"市领导批示落实情况开展"回头看"，开展"精准施策、补齐短板，科学高效做好常态化疫情防控"课题调研，实地考察机场、医院、冷链物流等11个疫情防控重点区域，召开9场涉及48个部门、行政区、企事业单位及科研院校的专题座谈会，梳理厦门市疫情防控工作经验，并就常态化疫情防控工作中发现的短板弱项提出对策建议。副市长廖华生要求疫情防控组结合实际落实。

【港厦科技创新合作课题调研】 2021年，厦门市政协港澳台侨委联合致公党厦门市委共同开展加强港厦科技合作课题调研。8月19日，市政协港澳台侨和外事委员会召开调研课题专题讨论会，课题负责人、执笔人介绍课题进展、问题困难和调研需求，与会人员就下一步工作计划，如何提高课题质量展开交流讨论。形成常委会课题调研报告《加强港厦科技创新合作，助推厦门未来产业发展》，课题成果获市委书记崔永辉批示。

【"文化强市"建设课题调研】 2021年，厦门市政协副主席薛祺安牵头，市政协文史学委完成"落实'十四五'规划　推进厦门'文化强市'建设"的重点课题调研。课题重点围绕"十四五"时期厦门文化强市建设路径等问题，分析厦门市文化事业和文化产业发展状况，提出对策建议，形成调研报告提供市委、市政府和市有关部门决策参考。

【"双自联动"创新课题调研】 2021年，厦门市政协提案委以"提升'双自联动'创新引领作用"为题成立课题组，赴自贸区厦门片区管委会、火炬管委会、市工信局、市科技局等职能部门及37家"三高"（高技术、高成长、高附加值）企业开展调研，召开多场座谈会，通过与新媒体合作收集网络意见建议，围绕"双自联动"（自贸区、自创区联动发展）创新、建设金砖国家创新基地，提出"顶层设计、园区带动、优化服务、创新生态"4个方面12条具体意见建议，报送市委、市政府供决策参考。

【节能减排课题调研】 2021年，厦门市政协副主席卢炳椿带领课题组到南平市、三明市，围绕建立绿色低碳循环发展产业体系、推动能源体系绿色低碳转型进行考察调研，课题调研报告征求了委员和专家意见，形成《加强节能减排，共建优美生态环境》课题报告。报告从"加强节能减排，倡导绿色生活""促进高端环保产业集聚发展，培育发展新动能"等6个方面提出23条政策措施建议，为市委、市政府决策提供参考。

【职业教育课题调研】 2021年，厦门市政协围绕人民群众关注的职业教育质量问题，市政协教科卫体委开展课题"加强产教融合，推进我市职业教育创新高地建设"调研工作，联合教育界别委员前往南洋职业学院、厦门城市职业学院、厦门海洋职业技术学院、华厦学院考察，就加强产教融合形成《加强产教融合，推进我市职业教育创新高地建设》调研报告，为推动职业教育高质量发展建言。

【现代海洋产业课题调研】 2021年，厦门市政协副主席陈昌生牵头，市政协文史学委开展"完善厦门现代海洋产业体系"专题调研，围绕建成国家海洋中心示范城市和建设国际特色海洋中心城市的目标任务，就优化海洋产业结构提出意见建议，形成《关于完善厦门现代海洋产业体系》调研报告，调研报告获市委主要领导批示和肯定。

【发挥政协优势和作用课题调研】 2021年4—9月，厦门市政协副主席黄国彬牵头开展"新格局中发挥政协优势和作用"课题调研，到思明、湖里及同安新城实地考察，召开座谈会2次，形成《在主动融入新发展格局中发挥政协优势和作用》调研报告。报告从提升决策效能、执行效能、团结效能，发挥政协在社会治理体系中的作用等方面提出意见建议。课题成果于10月召开的市政协理论研讨会上作主题发言。

（伍昱丰）

委员视察

【概　况】 2021年，厦门市政协委员强化责任、做好履职，开展委员视察工作，对岛外新城建设、厦门数字经济建设、公共交通资源优化、老旧小区改造等进行视察，全年组织委员视察7场。

【"加强历史文化保护和文化强市建设"视察】 2021年，厦门市政协围绕市委、市政府关于高质量推进"岛内大提升、岛外大发展"的工作部署，市政协副主席陈昌生、薛祺安带领相关界别委员和党派专业人士开展专题视察，到湖里区、集美区现场了解旧城旧村拆迁中文物保护情况、闽南文化博物馆的规划建设进展情况和图书馆智能化服务情况，就闽南传统文化资源保护和利用、非物质文化遗产的传承发展、完善岛内外一体化公共文化服务体系、提升文化创造力和影响力提出具体意见建议。

【岛外新城建设视察】 2021年5月21日，厦门市政协副主席卢炳椿带领人资环农委及部分委员、专家到马銮湾新城开展“我市岛外新城规划建设发展情况”委员视察活动并召开座谈会，听取市发改委等6个部门和各个新城建设指挥部意见建议。卢炳椿带队到上海市考察学习“五大新城”规划建设情况。形成《关于加快岛外新城规划建设发展的视察报告》，提出“创建配套完善的湾区新城”等5个方面20项对策建议，助力厦门市加快岛外新城建设。报告得到市政府主要领导的批示。

【数字经济发展视察】 2021年6月9日，厦门市政协副主席李钦辉带领部分市政协委员及各民主党派、团体视察厦门市数字经济发展情况。视察团走访两岸集成电路产业园、厦门亿芯源半导体科技有限公司和厦门亿联网络技术股份有限公司，了解园区建设和企业发展情况，召开座谈会听取厦门市数字经济发展情况汇报，就推动厦门市数字经济持续健康发展展开探讨。

（伍昱丰）

联谊及其他活动

【对台联谊】 2021年，厦门市政协开展对台联谊活动，市政协领导多次走访调研台商、台青企业，与台商、台湾青年（简称台青）代表就促进两岸文化交融、互鉴乡村振兴经验、加强产业深度对接、扶持青创基地建设等进行交流，并帮助协调在厦台商、台青工作生活中遇到的住房、金融等方面的问题和困难。2月26日，副主席国桂荣召开“完善政策措施，打造台青登陆第一家园”专题座谈会，听取台商、台青代表的意见建议。国桂荣对厦门服务台胞工作予以肯定，建议进一步完善创业环境、提升公共服务便利性，并就促进两岸文化交融、互鉴乡村振兴经验、加强产业深度对接、扶持青创基地建设提出对策。6月2日，国桂荣带队走访调研“台青创客家”和“创想公社”，了解厦门市台青创业基地发展现状。6月22日，市政协召开台商委员及特邀人士座谈会，国桂荣出席会议并讲话。市台商企业投资协会会长吴家莹、建霖集团总裁陈岱桦、净良科技总经理熊麒等市政协台籍委员，市台商企业投资协会荣誉会长、来明工业董事长吴进忠等台商特邀人士参加座谈。座谈会围绕习近平总书记到福建考察重要讲话精神、中美局势对海峡两岸关系的影响、新冠病毒肺炎疫情形势下海峡两岸交流交往路径及完善落实厦门市惠台政策等内容展开讨论。

【对港澳联谊】 2021年，厦门加强对港澳联谊工作。5月11—14日，市政协主席魏克良率队到澳门调研澳门中联办、社会文化司等政府机构，走访在澳厦门市政协委员及澳门厦门联谊总会负责人并召开座谈会，走访澳门福建同乡总会、福建省澳区政协委员联谊会等重要社团，调研澳门国际银行等企业，考察澳门疯堂十号创意园、澳门回归贺礼陈列馆等文旅项目。8月，市政协副主席国桂荣带队先后走访港资企业信诚集团和厦门东纶股份有限公司，看望市政协委员施俊侨，市政协原常委、特邀人士蔡良平，了解新形势下在厦港澳企业的经营情况、面临的困境与挑战。应厦门市水利局函请，向香港相关部门协调，商请协助提供香港备用水源水库建设资料供厦门参考，完成对接及资料传送。应1985年离厦的香港同胞吴冠英请求，为其寻找丢失的个人档案，经多方联系，最终在市海洋发展局找到，并协调代表上门查阅。协助香港工联会厦门办事处联系对接团体接种新冠疫苗事宜，帮助在该机构工作的港籍员工完成接种，并协调安排香港同胞入境隔离等事宜。

【华裔留学生座谈会】 2021年9月3日，由厦门市政协港澳台侨和外事委员会、市侨联主办，海外华侨华人社团厦门联络总部、市中小企业服务中心协办的厦门华裔留学生“线上＋线下”座谈会在港澳中心举行。市政协港澳台侨和外事委员会主任胡政兴主持会议，市侨联副主席邓飚，市卫健委、市人社局、市公安局出入境管理局、厦门大学外事办、华侨大学华文学院、陈嘉庚基金会等部门负责人出席座谈会。各部门负责人根据留学生关心问题进行答疑解惑，介绍服务留学生的各项具体工作，为华裔留学生在学习、工作、生活等方面问题提供建议。

【庆祝中国共产党成立100周年主题书画笔会】 2021年，福建省及厦门市政协书画院、书画室联合组织政协各参加单位，邀请港台书画家，举办政协庆祝中国共产党成立100周年主题书画笔会。笔会采用“书面征集作品＋现场笔会交流”的方式进行，征集作品100多幅，现场创作50余幅。

（伍昱丰）

责任编辑：熊焱峰
审　　稿：阳晓儒
校　　对：林建高

8 纪检监察

综　　述

【政治建设】 2021年，中共厦门市纪律检查委员会、厦门市监察委员会（简称市纪委监委）开展党史学习教育和“再学习、再调研、再落实”活动，开展理论学习中心组学习22次、集中研讨8次，举办专题培训班9期，组织“传承清风微课堂”“重温百年党史，聚力奋楫前行”“青年说”读书会等特色活动20余场，制作中国共产党成立百年主题微视频2部并在中央纪委国家监委网站和“学习强国”学习平台播出，带动全市纪检监察干部学深悟透、融会贯通，明理增信、崇德力行。

【纪检监察派驻机构改革】 2021年，厦门市纪委监委加强派驻机构统筹管理，建立领导管理、通报交流、激励约束三大机制，强化“室组”联动、片区协作，推动解决派驻机构工作质效不平衡、归属感不强等问题。出台市属国企和市管金融企业纪检监察体制改革指导意见，在15家市属国企设立监察专员办，与企业纪委合署办公，将厦门金圆集团纪委改设为派驻纪检监察组，指导推进区属国有企业纪检监察体制改革，健全国有企业监督体系。与市委组织部、市委编办等部门协调，实现每个区级派驻纪检监察组至少有2名行政编制。

【特殊证明规则试点】 2021年，厦门市纪委监委牵头中石油、三亚市、汉中市纪检监察机构，继续推进中央纪委国家监委案件审理室特殊证明规则试点工作。通过试点工作，形成《适用自述规则的几个重点问题研究》《违纪案件引入推定规则若干基础问题研究》等理论研究成果，《纪检监察机关适用自述规则的操作规程（试行）》在4家试点单位全面试行。4月19—20日，中央纪委国家监委案件审理室特殊证明规则试点工作研讨会在厦门召开，会议听取厦门市纪委监委、中石油纪检监察组、三亚市纪委监委、汉中市纪委监委4家试点单位关于“自述”规则的试点工作情况报告，评价试点单位前期工作成效并推广运用试点成果。

（市纪委监委）

“四风”纠治

【腐败和不正之风整治】 2021年，厦门市纪委监委按照“群众点题、部门整治、纪委监督、社会参与”总体思路，小切口组织开展群众身边腐败和不正之风“点题整治”。通过“厦门党风政风监督台”公开征集，到市信访局、市效能办收集群众意见建议，听取各区和各相关部门意见，研究确定重点整治内容22个。坚持“项目化推进、流程化运作、清单化管理”，建立工作进展季报、点评通报、问题线索双向移送、问题协作联动解决、典型问题直查快办等机制，利用《厦门日报》、厦门电视台等媒体公开典型案例，推动问题解决。推动解决异地医保卡无法自助结算等问题164个，问责139人，推动完善制度文件56份。打造监督矩阵解决群众“急难愁盼”经验做法入选全国第三届党建创新成果展示交流活动“十佳案例”。

【形式主义和官僚主义整治】 2021年，厦门市纪委监委拓展基层减负监测制度，设立区级监测点18个、“前哨岗”16个，动态跟踪市直部门向各区发文、办会、“督检考”情况，在全市通报文风不实等典型问题17个，批评教育帮助和处理45人。推进“指尖上的形式主义”专项整治（电脑端信息平台、手机应用程序、手机即时通信工作群过度推广使用，出现未经充分论证就开展信息平台开发建设，为增加活跃度、使用率向基层摊派任务，导致部分平台功能重合、使用重复，增加工作负担，造成资源浪费，存在考核重“数据”不重“实绩”问题，导致基层搞任务摊派，出现刷点击率、登录率等形式主义问题，工作任务“工作群里布置、工作群里检查”），督促责任单位下架或关停政务新媒体235个，解散工作群3234个，取缔网络投票57个，纠治工作群过多过滥、网络投票评比失真变味等问题。开展报刊征订层层加码、捆绑订阅、违规摊派等问题专项整治，督促13个党组织反思整改。全市查处形式主义、官僚主义问题63个，批评教育帮助和处理 91 人，其中党纪政务处分 32 人。纠树并举，在全市通报 11 个担当作为正反典型案例。

【享乐主义和奢靡之风整治】 2021 年，厦门市纪委监委开展“天价茶”背后“四风”和腐败问题、炒作片仔癀行为和相关不良风气、“吃公函”（部门单位在公务接待中是否存在无公函接待，用一份公函接待多餐，接待单位是否将同一接待对象转嫁到无相关公务活动的单位轮流接待，利用空白公函、虚假公函等方式搞违规吃喝，利用空白公函、虚假公函等方式套取公款用于其他支出等）等问题专项整治。联合市场监管、财政等部门开展“1+X”监督检查（“1”指市纪委监委对市直各职能部门履行落实中央八项规定精神职责情况的督查，“X”指市直各职能部门根据职能作用和管理权限，在职责范围内对各级各部门落实中央八项规定精神情况进行督查）365 次，协助市委对各级领导干部提出带头反对奢靡之风、厉行节约具体要求。全市查处享乐主义、奢靡之风问题 76 个，批评教育帮助和处理 91 人，其中党纪政务处分 56 人，通报曝光典型案例 35 个。

（市纪委监委）

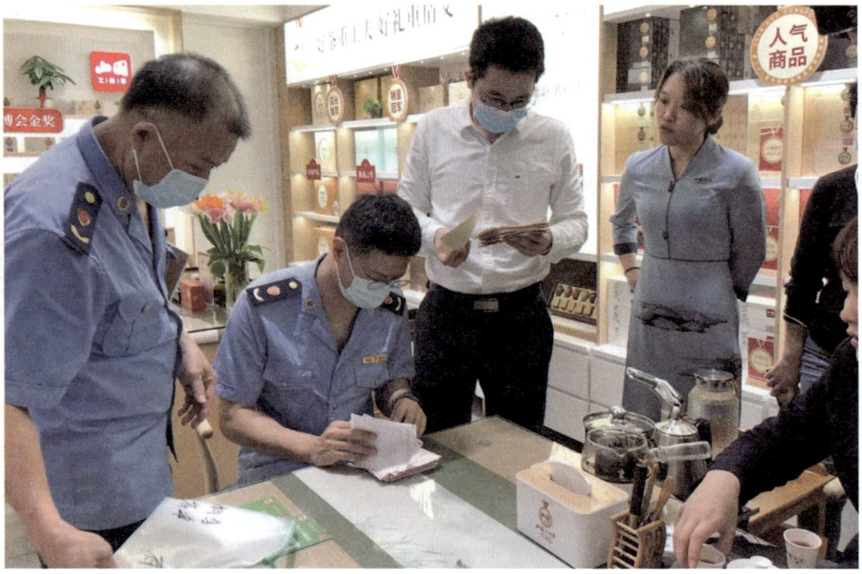

2021 年 4 月 25 日，厦门市纪委监委联合市市场监管局到某茶叶店检查茶叶销售台账和发票开具记录，核查是否存在公款购买、违规收送“天价茶”等问题 （薄洁 摄）

巡视巡察

【概　况】 2021 年，厦门市纪委监委细化工作要求，提高精准监督水平。围绕工作总结、专题调研、工作规划、资料汇编、制度完善、整改落实六大专题，复盘总结十二届市委巡察工作，形成专题报告 5 份、调研报告 16 份、经典培训课程 3 个，汇编《巡察参考资料》，出台《政治巡察监督要点和路径指引》《发现问题线索分类处理工作规程》等 6 份指导性文件。制定出台《中共厦门市第十三届委员会巡察工作规划》。

【十二届市委巡察全覆盖任务完成】 2021 年，厦门市纪委监委开展第十五轮第三、第四批次对市委宣传部、市发改委、驻京办党组等 11 家单位的常规巡察，实现十二届市委巡察全覆盖。第十五轮巡察发现问题 916 个、问题线索 5 条。十二届市委巡察反馈问题 5817 个，移交问题线索 567 件；纪检监察机关立案审查 181 人，移送司法机关处理 37 人，挽回经济损失 17.55 亿元。围绕巡察发现的直管公房管理混乱、医保基金监管不到位、干部精气神不振等问题提交专题报告 28 份，推动相关部门集中整治、专项治理，建立健全制度 4252 项。

【省委巡视巡察专项检查配合】 2021 年，厦门市纪委监委配合做好省委巡视工作，完成联络对接和相关服务保障工作，督促推动巡视整改落实。配合省委对市委巡察工作专项检查，针对反馈的 4 个方面、9 个问题，牵头制定整改措施 24 项，在集中整改期内完成各项整改工作。对接省委涉粮问题专项巡视，同步对市发改委、市储备粮集团、夏商集团等单位开展涉粮问题专项巡察，加强接力补位，借力深化巡察，累计谈话 179 人次，查阅资料 691 卷，发现问题 40 个，推动相关单位担负起粮食安全政治责任，提升粮食安全保障能力。

【巡视巡察反馈问题整改落实】 2021 年，厦门市纪委监委促进标本兼治，坚持中央巡视、省委巡视、市委巡察反馈问题集成整改、一体整改，督促全面完成 2018 年中央巡视反馈的 3 个方面问题、20 项整改任务和 2015 年省委巡视反馈的 22 个问题整改。至年末，十二届市委巡察反馈的 5817 个问题中，完成整改 5784 个。开展巡察整改效果评价，完成 63 家单位巡察整改绩效评估，督促 51 个长期挂账问题完成整改，相关经验做法在《中国纪检监察报》刊发。针对巡察发现影响工作推进、制约改革发展、损害全局形象的普遍性、复杂性问题，向市委、市政府和相关职能部门提出对策建议 21 条，推动市委办、市府办研究出台《关于重申和明确机关纪律作风建设有关要求的通知》。

（市纪委监委）

监督执纪

【概　况】 2021 年，厦门市纪委监委紧扣问题线索核查、违纪违法问题查处、落实“自查从宽、被查从严”政策等重点，制定实施《关于开展政法队伍教育整顿监督执纪执法的实施方案》，建立专题研究、分析研判、督办指导、请示报告、上下联动、定期会商等机制，加强协作配合，形成工作合力。全面起底摸排中共十八大后办结和办理中的涉及政法干警问题线索，对涉及政法队伍问题线索优先处置、优先查办。贯彻落实《福建省政法队伍教育整顿期间适用“自查从宽、被查从严”政策实施办法》，对相关问题线索和案件，综合考虑事实性质、情节轻重、后果影响等因素并作出处理，实现政治效果、纪法效果和社会效果相统一。教育整顿期间，全市立案调查108人，党纪政务处分76人，主动向纪检监察机关交代问题政法干警209人，适用“自查从宽”政策处理198人。

【政治监督具体化常态化开展】 2021年，厦门市纪委监委出台推进政治监督具体化常态化意见，建立市纪委监委领导挂钩监督机制，聚焦乡村振兴战略实施、“五促一保一防一控”（促生产、促消费、促项目建设、促外经贸发展、促旅游、保基本、防风险、控新冠病毒肺炎疫情）等重点任务，推进政治监督“见人见事见效”。查处新冠病毒肺炎疫情防控责任不落实、失职渎职等行为，问责86人，提醒谈话120人，督促解决核酸检测、隔离管控措施落实不到位等问题。同安区新冠病毒肺炎疫情发生后，市纪委监委副书记带领工作组进驻调查，对新民镇党委书记履职不力等问题进行问责，倒逼“四方责任”（在新冠病毒肺炎疫情防控期间，把全市动员起来，全面落实属地责任、部门责任、单位责任、个人责任，建立全社会共同防控体系）落实到位。

【换届监督保障】 2021年，厦门市纪委监委坚持教育在先、警示在先、预防在先，组织召开全市纪检系统严明换届纪律工作会议，市、区纪委主要领导分别与下级党委、纪委主要负责人逐一开展谈心谈话，强调换届纪律。印发“口袋书”8500余册，汇编换届纪律文件及案例，通过新媒体宣传、发送短信等方式强化教育提醒。制作的换届纪律系列动漫在新华社客户端点击率超100万次。与组织部门联合成立督导组3个，到各区和镇街巡回督查。做好廉政意见回复工作，对18名不符合条件人员提出“不宜使用”意见。

【日常监督】 2021年，厦门市纪委监委开展政治生态分析工作，组织全市纪检监察机关撰写政治生态分析报告80份，分析各区、各部门党组织政治生态状况和风险点，督促整改落实。对2020年度84名受处分干部、31名被问责干部开展回访，鼓励干部改过自新、积极作为。坚持惩前毖后、治病救人，落实“三个区分开来”（把干部在推进改革中因缺乏经验、先行先试出现的失误和错误，同明知故犯的违纪违法行为区分开来；把上级尚无明确限制的探索性试验中的失误和错误，同上级明令禁止后依然我行我素的违纪违法行为区分开来；把为推动发展的无意过失，同为谋取私利的违纪违法行为区分开来），全市纪检监察机关共运用四种形态（经常开展批评和自我批评、约谈函询，让“红红脸、出出汗”成为常态；党纪轻处分、组织调整成为违纪处理的大多数；党纪重处分、重大职务调整的成为少数；严重违纪涉嫌违法立案审查的成为极少数）处理3301人，第一种形态占86.4%，第二种形态占7.4%，第三种形态占2.5%，第四种形态占3.6%。其中，推动各级党委政府班子成员特别是“一把手”开展谈话746件次，占全市谈话函询总量的39.8%。

【营商环境监督联系点制度】 2021年，厦门市纪委监委根据党中央和省委、市委关于促进民营经济发展的有关要求，创新建立营商环境监督联系点制度。在全市215家民营企业和商协会建立联系点，搭建“直通车”，动态收集问题和意见建议，通过转办交办、直查快办、跟踪回访、公开办理情况等方式，推动解决深化“放管服”（简政放权、放管结合、优化服务）改革、惠企政策落实、监管执法等方面问题209个，追责问责11人，督促建章立制65项，实现“解决一件、带动一片”的效果。《人民日报》《中国纪检监察报》等报道相关经验做法。营商环境监督联系点制度被市人大常委会写入《厦门经济特区优化营商环境条例》。

（市纪委监委）

反腐倡廉

【概　况】 2021年，厦门市纪委监委聚焦工程招投标、政法、国企等重点领域和环节，减存量、遏增量。收到检控类初次举报1584件；立案475件、505人，其中处级以上干部65人，党纪政务处分408人，移送检察机关20人。

【“不敢腐、不能腐、不想腐”一体推进】 2021年，厦门市纪委监委健全案后整改工作机制，加强对案后建章立制及日常监督、规范行使权力等情况的监督检查，开展年轻干部违纪违法案件分析，推动解决行业监管、干部监督等方面共性问题。总结扫黑除恶专项斗争经验做法，制定常态化工作意见，健全“惩腐打伞”长效机制。开展市属国企政治生态建设情况分析，推动规范市直管国有企业总监岗位管理、人员招聘与管理。在市图书馆打造“清风书屋”，打造提升陈胜元故居、班鸠山廉政公园等廉政文化示范点，组织拍摄4部厦门历史名人勤廉故事微电影。微电影《陈嘉庚》等正风肃纪新媒体作品在“学习强国”学习平台、中央纪委网站播出。

【首届廉政漫画展】 2021年7月27日至8月23日，厦门市纪委监委和中国美术家协会漫画艺术委员会在市美术馆联合举办中国厦门首届廉政漫画展，以漫画形式诠释廉政要义、弘扬清风正气。该展览借助中国美术家协会漫画艺术委员会影响力，在全国范围内征集作品500多幅，从中选择兼具思想性、艺术性与观赏性的作品120幅结集展出，并由天津人民美术出版社出版《中国厦门首届廉政漫画展作品集》。展览期间，110余家单位、5000余人次预约线下观展，线上观展人数超过10万人次，漫画作品在轨道交通2号线公益灯箱广告平台滚动刊播，12幅漫画作品被纳入厦门市讲文明树新风公益广告图库，《人民日报》、新华社新媒体、中央广播电视总台、中央纪委国家监委网站、中国美术家协会网站、中国新闻漫画网站等进行专题报道。

（市纪委监委）

责任编辑：林建高
审　　稿：阳晓儒
校　　对：曲　艺

9 民主党派与工商联

中国国民党革命委员会厦门市委员会

【概 况】 2021年，中国国民党革命委员会厦门市委员会（简称民革厦门市委）发展新党员41人，党员总数987人。根据民革中央“作风建设年”工作部署，开展民革厦门市委换届工作，履行参政党职能，开展各项工作。在全市民革各基层组织和全体民革党员中开展中共党史学习教育，学习贯彻中共中央总书记习近平在庆祝中国共产党成立100周年大会上的重要讲话精神。组织民革党员参加民革中央举办的线上中共党史知识竞赛、征文活动。编印民革厦门市委《基层组织工作资料汇编》。通过建设民革党员之家活动，开展“民革党员学堂”学习研讨。实行基层组织（专委会）之间定期共建制度。民革厦门市委获评民革中央“民革助力脱贫攻坚工作先进集体”和中共厦门市委“市政协工作先进集体”称号。民革翔安一支部和思明区基层委党员之家分别被民革中央授予“民革示范支部”和“优秀民革党员之家”称号。

【建言献策】 2021年，民革厦门市委完成中共厦门市委书记与各党派市委主委专题协商调研课题1个，市政协专题议政和民主监督协商5场，口头发言5篇，书面发言7篇。市十五届人大六次会议期间，市人大代表中的民革党员提交建议案20件。市政协十三届五次会议期间，民革厦门市委提交《打造厦门独特文化品格推动厦门文旅深度融合发展的建议》等大会发言3件，市政协委员中的民革党员提交集体提案22件（党派提案10件、界别提案12件），个人提案20件。《加强微整形规范治理，促进我市医美产业发展》获厦门市政协2020年度优秀提案表彰。中国人民政治协商会议第十三届全国委员会第四次会议上，全国政协委员国桂荣提交提案7个、大会发言1篇，得到《人民政协报》、“学习强国”学习平台、《厦门日报》等媒体关注和报道，《关于解决港澳台户籍运动员办理运动技术等级证书的提案》获评“全国政协2021年度好提案”。

【课题调研】 2021年，民革厦门市委完成课题调研成果61篇，理论研究课题6篇。牵头完成市委统战部联合调研课题《厦门市企业用工状况研究与对策建议》，《实施有效人才发展战略，提升我省企业科技创新能力》获省委统战部第十七届建言献策优秀调研成果一等奖，被省政协收入汇编理论研讨文章1篇，获福建省统战优秀课题二等奖1篇，2020年度全市统战理论研究课题优秀成果2篇。

【信息工作】 2021年，民革厦门市委全年报送信息385篇，被各级信息部门采用130多篇。其中，全国政协办公厅及同一层级其他信息部门采用22篇、民革中央采用19篇，省政协及同一层级其他信息部门采用49篇，厦门市政协采用26篇，中共厦门市委办采用8篇，中共厦门市委统战部采用10篇。2篇信息获中共厦门市委、市政府的重视，推动相关举措的落实。民革厦门市委获民革福建省委2020年度反映社情民意信息工作先进集体、2020年厦门市统战信息工作先进单位一等奖。多名党员获信息工作先进个人表彰。

【民革台青之家】 2021年，民革思明区基层委民革党员之家和龙山文创园台湾青年就业创业基地联合推动设立厦门“民革台青之家”。“民革台青之家”与在厦门的部分台湾青年建立常态化联系机制，邀请台湾青年参与涉台课题调研工作。

【翔安数字经济产业园】 2021年，民革厦门市委发动民革党员参与招商引资工作。由民革党员为主负责、以医疗健康大数据为特色的翔安数字经济产业园于2018年9月开园，截至2021年底，园区累计落地企业454家，2021年10月该园被列入《厦门市产业空间布局指引》“新兴产业功能区”。

【民革厦门市第十四次代表大会】 2021年12月31日，民革厦门市第十四次代表大会召开，市委统战部领导出席并致辞。会议听取并审议通过国桂荣主委代表民革厦门市第十三届委员会所作的工

2021年12月31日，民革厦门市第十四次代表大会在团结大厦召开

（民革厦门市委　供图）

作报告，选举产生民革厦门市第十四届领导班子和领导机构，通过有关决议。新一届领导班子为主委程明，副主委周文勇、黄向阳、周立新、骆阳、缪朝炜、林日清，周文勇兼任秘书长。

（游秀凤）

中国民主同盟厦门市委员会

【概　况】 2021年，中国民主同盟厦门市委员会（简称民盟厦门市委）发展新盟员81人，新成立总支1个，支部3个。截至年底，全市盟员2350人，基层组织78个，其中基层委9个、总支2个、支部67个。新建思明区基层委“盟员之家”1个，全市“盟员之家”达8个。多种形式开展中共党史、盟史学习教育。选送盟员骨干及机关干部44人次参加民盟省委、市委组织部、市委统战部及省、市社会主义学院举办的培训班学习。开展民盟市委会及各级人大、政协换届人选的推荐及考核工作，集美区基层委等7个基层组织完成换届。举办纪念中国民主同盟成立80周年座谈会。举办庆祝中国共产党成立100周年美术作品展，组织参与民盟中央庆祝中国共产党成立100周年、民盟成立80周年美术作品展，市委统战系统各民主党派庆祝中国共产党成立100周年摄影展。策划拍摄《我盟在一起》微视频，获评民盟中央“庆祝民盟80周年微视频宣传工作优秀作品”，4个基层组织获民盟福建省委“创特色、增活力”先进基层组织称号，3个基层组织获民盟福建省抗击新冠肺炎疫情先进集体称号。谢素原当选为中国科学院院士，郑兰荪、焦念志、侯斌获中国民盟同盟成立80周年杰出盟员，李桂娟、林恬获民盟中央2019—2020年组织发展工作先进个人，吴伟琪获2019—2020年度省政协反映社情民意信息工作先进个人，沈义峰入选2021年福建省第二批“雏鹰计划”青年拔尖人才。

【信息宣传】 2021年，民盟厦门市委报送信息424条，采用371篇次。其中，国家级信息刊物采用10件次，民盟中央采用39件次，省级领导批示、信息刊物采用82件次，民盟省委采用203件次，厦门市领导批示、信息刊物采用37件次。向民盟中央、省委网站报送宣传稿件318篇次，《厦门日报》、《厦门晚报》、厦门电视台等媒体报道176篇次，省市委统战部及省市政协官网、微信公众号、刊物报道76篇次。

【政治协商】 2021年，民盟厦门市委围绕中共厦门市委与各民主党派召开的“做大做强现代产业体系”政党协商座谈会、党风廉政和反腐败情况通报会、社会综治（平安厦门）情况通报会、法院工作情况通报会和检察院工作情况通报会等政党协商会议，部署调研选题，开展调查研究。政党协商发言《关于改进律师看守所会见的建议》提出开通线上预约系统等4项举措被厦门市公安局采纳并在“学习强国”学习平台发布，5月1日起执行。市政协十三届五次会议上，报送大会发言4篇，提案23件，其中3件提案被市政协列为重点提案并被评为优秀提案。32篇调研报告入选5场协商会发言材料，《关于推动厦门设立台胞参与数字人民币试点的建议》等5篇入选口头发言，主要观点入选市政

2021年3月18日，民盟厦门市委在团结大厦举行庆祝中国民主同盟成立80周年座谈会

（兰轶伦　摄）

协常委协商会和主席协商会建议案。提交5篇发言材料参加市政协台港澳委、人资环农委、教科卫体委组织开展的对口协商。民盟界别提交《发挥三维码技术优势，推进社区治理创新》等2篇调研报告获市政协主席会议通过。《关于推行产业链“链长制”建议》被市委5月全市季度经济会议采纳。

【课题调研】 2021年，民盟厦门市委完成课题125个，其中参与市委统战部联合调研课题1个，牵头完成民盟省委课题5个，提交2022年省政协会议提案4篇。选送论文参加民盟中央经济、民生、法治、科技论坛11篇，其中《借鉴国内外湾区经济发展成功经验“十四五”构建“厦金漳泉湄”大湾区》获评民盟中央经济论坛优秀论文。参加福建民盟教育研讨会论文27篇。举办以“新时代、新理念、新教育”为主题厦门民盟教育研讨会，近50名专家学者为厦门市教育发展建言献策，提交100多篇论文，精选51篇汇编成册。

【社会服务】 2021年，民盟厦门市委响应抗击新冠病毒肺炎疫情号召，全市盟员捐款捐物折合人民币379万元，组织美术院、文化委等文艺界盟员“艺”起抗疫，通过书画作品、文学作品等多种艺术表现形式，致敬抗疫人员；社服委组织委员创新“盟智惠农”助农公益直播模式，帮助农民销售增收；机关7名处级以上干部节庆日向结对帮扶对象送去慰问金、粮油食品等；组织机关干部参加“弘扬雷锋精神，为党旗添光彩”等主题志愿服务活动；与定安养老院、新霞小学等同心行动共建点开展结对帮扶工作，新增签约厦门博林学校共建点；联合厦门老字号协会，慰问养老院老人。

（陈志毅）

中国民主建国会厦门市委员会

【概　况】 2021年，中国民主建国会厦门市委员会（简称民建厦门市委）发展新会员58人，会员总数1816人。完成同安区总支、海沧区总支变更为同安区基层委员会、海沧区基层委员会工作；完成民建思明区基层委、百货支部、嘉莲社区支部、开元支部、建工支部、城建支部、文化支部、电力支部8个基层组织换届工作；新成立同安区企业支部、同安区经发支部，海沧区第三支部、海沧区第四支部；对青年工作委员会、政策工作委员会、创业与风险投资研究会、联络研究会、经济研究会、文化与艺术研究会等工作机构和部分基层组织组成人员进行调整。成立开展中共党史学习教育领导小组，举办“学中共党史·铭初心使命”专题学习讲座，在网站开辟“铭记历史·初心如磐”专栏、在微信公众号推出“庆祝百年·党史学习微课堂”专题，开展庆祝中国共产党成立100周年活动，成立厦门民建艺术团，举办“凝心聚力共谋发展　同心同行筑梦未来”文艺汇演、“团结杯”气排球比赛，开展“肝胆相照复兴路　同舟共济新征程”主题征文、“百年风华·同心圆梦”摄影展等活动。参与厦门打赢新冠病毒肺炎疫情防控，捐款478万元、捐赠物资价值447.37万元。

【课题调研】 2021年，民建厦门市委制定《民建厦门市委履职能力建设年实施方案》，提升参政议政实效。全年完成调研课题168篇。主委黄世忠牵头完成课题“优化东渡港功能布局，赋能海岸带经济发展”。民建厦门市委承接民建福建省委、厦门市政协、中共厦门市委统战部理论研究课题，完成理论研究课题43篇。参与撰写中共厦门市委统战部重点联合课题1篇。收到社情民意1085篇，编辑报送696篇，采用199篇次，获市领导批示5篇次。

【政治协商】 2021年，民建厦门市委参加市政协常委会协商2次，主席会协商3次、界别协商1次，提交协商议政发言材料38篇，完成界别课题2篇。在市政协十三届五次会议上，提交书面建议报告5篇，其中《充分利用注册制机遇加快我市企业改制上市的建议》在大会口头发言。提交提案20件，其中《充分利用注册制机遇加快我市企业改制上市的建议》《关于推动我市科技创新产业发展的几点建议》2件提案获评2021年市政协重点提案，《充分利用注册制机遇加快我市企业改制上市的建议》获评市政协“2021年度优秀提案”。民建界别活动小组获中共厦门市委表彰为“市政协工作先进集体”。市政协大会秘书处遴选19件大会快报专报市领导，来自厦门民建4件中3件获市领导批示。

【民建中央领导到厦门调研】 2021年7月22—23日，民建中央副主席张少琴带领“改善科技成果转化机制，促进中小企业健康发展（Ⅱ）”重点专题调研组到厦门市开展调研。调研组围绕科技成果转化的政策支持、机制创新、科技资源整合、成果转化、国际科技交流合作、人才队伍建设等问题与有关部门座谈，厦门市发展改革委、科技局、工信局、财政局、金融监管局、工商联、银保监局等部门参加座谈。调研期间，张少琴考察力品药业（厦门）股份有限公司、厦门科易网科技有限公司、厦门昊羽文化传媒有限公司、红顶文化旅游（厦门）集团有限公司，为民建厦门市委“会员之家”揭牌。民建福建省委主委吴志明，民建福建省委副主委、民建厦门市委主委黄世忠，民建福建省委专职副主委王宁新等陪同调研。

【厦门民建艺术团成立文艺汇演】 2021年6月26日，民建厦门市委在团结大厦一楼多功能厅举办“凝心聚力共谋发展　同心同行筑梦未来”庆祝中国共产党成立100周年暨厦门民建艺术团成立文艺汇演。民建厦门市委主委黄世忠出席，厦门民建艺术团和来自各支部的会员150多人参加活动。

（郑有卫　张诗虹）

中国民主促进会厦门市委员会

【概　况】 2021年，中国民主促进会厦门市委员会（简称民进厦门市委）发展新会员54人。围绕“反映社情民意信息”主题年活动，推进参政议政、宣传思想、社会服务工作，编发微信公众号47期352篇、《厦门民进工作简报》12

期、编印《厦门民进》双月刊6期33万字。在《人民政协报》(网)、《团结报》发稿11篇，人民网、光明网、“学习强国”等主流门户网站发稿6篇，民进中央网站发稿75篇，省市主流媒体报道60余次。举办以“庆祝中国共产党成立100周年”为主题的文艺晚会、气排球比赛、少儿书画展和皮影戏展演，参加厦门市各民主党派庆祝中国共产党成立100周年摄影展等活动。民进厦门市委被授予“民进全国社会服务暨脱贫攻坚工作先进集体”称号，钟黎璇、尹路、罗家永3名会员获评“民进全国社会服务暨脱贫攻坚工作先进个人”。8篇征文参加民进中央主题征文活动，2篇获表彰。民进厦门市委获评“民进全国反映社情民意信息工先进集体”，邓利娟、李忠安获评先进个人。新冠病毒肺炎疫情防控期间，民进厦门市委发出“防控疫情，你我同行——致厦门市全体民进会员的倡议书”，会员捐款捐物72万余元。

【思想建设】 2021年，民进厦门市委开展中国共产党党史学习教育，中心组专题学习12场次，举办中国共产党党史学习教育主题座谈会、专题辅导讲座6场次。在民进厦门公众号和会刊开设“党史微课”“多党合作民进记忆”等专栏，刊发党史系列短视频20期、多党合作故事40余期。组织42个支部800多名会员前往参观《理想照耀中国》《延安精神永放光芒》《同心同向同行—陈嘉庚与中国共产党》主题展览。

【组织建设】 2021年，民进厦门市委召开民进市委七届七次、七届八次全委（扩大）会议，对市委会领导班子进行工作述职、民主评议，民主推荐新一届市委会领导班子成员。成立厦门第五医院支部、厦门六中支部、集美科技支部、集美经济支部、集美职教支部5个新支部。完成4个基层委、6个总支、55个支部的换届任务。新一届基层委、总支、支部主委平均年龄45岁，本科及以上学历90%。发展新会员54人，其中博士2人、硕士14人、中高级职称31人，占新会员总数的57.4%，平均年龄38.85岁。举办新会员培训班，49名新会员参加培训。做好市区人大代表、政协委员推荐工作，当选新一届市区人大代表、政协委员会员103人。其中，市人大代表9人（常委2人），市政协委员11人（常委2人），区人大代表25人（副主任1人、常委6人），区政协委员54人（副主席1人、常委9人），4名会员被推荐担任外地政协委员。市、区两级人大代表、政协委员总数比上届增长30%。

【参政议政】 2021年，民进厦门市委完成市委会课题82篇、省委会课题14篇、理论课题8篇。在福建省政协十二届四次会议上，民进厦门市委3篇参政议政成果转化为大会发言，10篇转化为省政协委员提案，《十四五期间创新发展自贸区高端航运服务业的建议》等4篇大会快报得到省领导批示。在厦门市人大十五届六次会议和市政协十三届五次会议上，民进厦门市委提交政协大会发言6篇，党派界别提案28件，代表建议和委员提案32件，报送大会快报6篇。大会口头发言《提质培优建设职业教育创新发展高地》，得到市主要领导肯定点评，5篇课题成果入选大会书面发言。《精准施策，激发厦门旅游发展新活力》获评2020年度市政协优秀提案，民进界别活动小组获评2020年度政协先进界别。《关于推进基层社区治理与服务创新的建议》《文旅深度融合，做精做强厦门海上游》2件提案入选2021年度市政协重点提案。在市委与各民主党派的协商会议上，主委吴丽冰代表民进市委发言《推进产业链供应链协同创新，加快构建现代不业体系》，得到省委常委、市委书记赵龙回应。围绕“高标准建设金砖创新基地，深化跨岛发展战略，大力发展数字经济，推进基层社会治理，助力两岸融合发展”等政协协商议题，民进提交25篇调研报告，其中10篇入选口头发言，多项建议得到市领导肯定和有关部门采纳。全年报送社情民意信息630条，上级信息部门采用393条（次），其中中办采用1条、中共中央统战部采用1条、全国政协采用12条、民进中央采用63条、省委办采用4条、省政协采用112条、民进省委采用117条、市委办采用20条、市政协采用43条、市统战采用20条，获得省、市领导批示9条。4篇课题信息成果获评民进中央参政议政成果二、三等奖，25条信息被评为市政协优秀社情民意信息，67条信息获评民进省委优秀社情民意信息。民进厦门市委获民进全国反映社情民意信息工作先进集体、市政协信息工作先进单位一等奖，在全市政协信息工作会议上进行经验交流。

【社会服务】 2021年，民进厦门市委参与民进中央“同心彩虹行动”，主委吴丽冰带队赴毕节市金沙县开展教育帮扶工作调研，落实推进第三轮“同心彩虹行动”项目。在上杭县蛟洋镇举办“不忘初心·红心向党”第五届山海协作科技夏令营，80名革命老区中小学生参加。组织民进医疗卫生界专家深入海沧社区开展“同心向党践初心，我为群众办实事”义诊活动，文化传媒界会员举办文化下乡惠民活动。各基层组织发挥会员优势，统筹社会资源，开展“春联万家·奋进新征程”“慈善年夜饭”“益童成长”“爱心敬老”“凤凰绿荫”“情暖六一”等社会服务活动，助力“爱心厦门”建设。余淑香、廖木森2名会员分别在湖滨中学、厦门大学新闻传播学院设立“书香教育发展基金”“木之森奖学金”。

【少儿书画作品征集】 2021年，民进厦门市委发挥民进教育文化界别优势，牵头厦门美术家协会少儿美术专委会、厦门学小青少儿美术文化院、《书香两岸》杂志社，主办“同心跟党走·童画新时代——庆祝中国共产党成立100周年”少儿主题画征集活动。厦门市近百所中小学、幼儿园参与活动，收到少儿书画作品2600余幅，其中440幅作品分18期同步于厦门民进微信公众号、厦门民进网站线上展出。市委宣传部主管的《书香两岸》杂志社从中精选100幅优秀作品，以增刊形式于国庆前夕向社会公开出版。

（民进厦门市委）

中国农工民主党厦门市委员会

【概　况】 2021年，中国农工民主党厦门市委员会（简称农工党厦门市委）党员 1590 人，其中医药卫生界占 48%、人口资源和生态环境界占 5%、教育界占 28%、科技界占 1%、其他界别占 18%，平均年龄 54 岁。发展新党员 69 人，平均年龄 38 岁，其中博士 4 人、硕士 16 人，中高级职称占 64%。新冠病毒肺炎疫情防控期间，农工党厦门市委向农工党全市各级组织和党员发出倡议，发挥 437 名党员在职医药卫生行业优势，支援莆田、同安抗疫，厦大附属第一医院杏林分院多名党员负责收治新冠病毒肺炎疫情患者。全市各级农工党组织和党员捐款 27 万多元，捐物价值 70 多万元。获评农工党中央“农工党脱贫攻坚民主监督工作先进集体”。

【思想建设】 2021 年，农工党厦门市委结合中国共产党成立 100 周年活动，开展学习中共党史，学习农工党优良传统活动。主办“厦门市各民主党派庆祝中国共产党成立 100 周年摄影展”，举办“农工党厦门地方组织建立 70 周年纪念大会”，编发《厦门农工党先贤谱》《厦门农工党党员风采录》。开展思想宣传工作，通过“厦门农工”网站发布信息 433 篇次，“厦门农工”微信公众号发布动态新闻 282 篇。在省市级公共媒体上刊发新闻 38 篇，其中《福建日报》1 篇、《人民政协报》3 篇、《海峡导报》3 篇、《厦门日报》12 篇、《厦视新闻》7 篇。在农工党中央和省委微信平台发表报道 218 篇次，人民政协报微信公众号及网站栏目报道履职动态新闻 4 篇。农工党厦门市委被农工党中央评为 2021 年度党刊发行先进单位，被农工党省委评为 2021 年度社会宣传标兵单位。

【组织建设】 2021 年，农工党厦门市委落实主委会、常委会等各项会议制度，召开 4 次常委会。推荐 20 多人次参加各级培训班学习。举办新党员培训班，40 多名新党员参加培训。开展“星级支部”创建活动，建立“党员之家”3 处。加强各支部之间交流学习。开展农工党厦门市委领导班子和基层组织换届工作，完成领导机构新老交替。

【参政议政】 2021 年，农工党厦门市委参加中共市委、市政府、市政协举办专题协商会、政情通报会、专题座谈会。完成调研课题 57 篇。农工党市委和农工党界别向市政协十三届五次会议提交提案 15 件，其中《完善基层公共卫生体系建设，加强应对突发公共卫生事件能力》《关于学生心理建设纳入体检手续工作的建议》入选重点提案。党员报送信息 330 多条，上报信息 200 多条。加强信息骨干党员队伍建设，向信息骨干和领导专家约稿，全年约稿信息题目 98 个。到基层开展信息培训讲座，参加培训党员 150 多人，报送信息参与面扩大，农工党信息工作保持福建省领先和全市各民主党派前列。

【社会服务】 2021 年，农工党厦门市委跨党派组织医疗专家，参与市委统战部组织“同心·医卫志愿者服务团”活动，到同安区大同街道东宅村开展健康咨询。继续开展集美区灌口镇结对帮扶工作，春节前夕农工党厦门市委出资 6000 元慰问灌口镇环卫工人及老弱病残等弱势群体，免费提供腊八粥，到灌口田头村幸福院慰问农村困难老人，被农工党中央评为脱贫攻坚先进集体。厦门农工党党员心理健康医生和心理咨询师开展公益咨询活动，建立农工党心理健康社会服务品牌。农工党心理专家在中小学、幼儿园、企业、街道社区、法院检察院等单位开展公益心理现场咨询活动、特定对象心理帮扶等活动 30 场。思明区基层委向外来务工子女赠送价值 5 万元的书籍，向部分小学低年级学生捐赠 1100 件价值 4.5 万元的儿童安全雨衣，湖里区基层委组织支部党员捐款 2.66 万元参与“闽宁镇帮扶”活动，海沧区医药港支部、第一医院支部、思明区医院支部、疾控卫监支部、卫生计生支部、湖里区综合支部开展义诊咨询、职业病防治宣传、“心肺复苏”急救知识讲座、洗手日手卫生宣传、社区卫生死角清理、关爱残障人士等社会服务工作。

（农工党厦门市委）

中国致公党厦门市委员会

【概　况】 2021 年，中国致公党厦门市委员会（简称致公党厦门市委）有党员 1238 人，发展新党员 43 人，其中博士 3 人、硕士 15 人，留学回国人员 11 人，平均年龄 36.6 岁。致公党厦门市委加强中心组理论学习，带领各基层组织和全市致公党员开展政治思想学习。结合致公党厦门市地方组织成立 40 周年开展“继承优良传统，争取更大贡献”系列活动，走访看望离任的退休老领导和“在党 40 年”老党员，开展短视频大赛及主题征文活动，刊发 40 期反映党员先进事迹的微信公众号、编辑《画说厦门致公 40 年》图文书籍。与厦门市人大侨外委共同举办“爱国·爱党·爱乡”书画摄影作品展览活动，召开中国致公党厦门市地方组织成立 40 周年纪念大会，回顾 40 年致公党厦门市地方组织与特区建设共行的历程。新冠病毒肺炎疫情防控期间，引导党员围绕疫情防控履职建言，向各信息渠道报送社情民意信息 67 篇，多篇涉疫信息被致公党中央、省委、厦门市政协、中共市委统战部采用，信息《建议我市迅速制发社区疫情防控指导手册》获得中共厦门市委主要领导批示。组织党员参与一线防控、核酸检测、物资保障等各项志愿服务工作，累计 300 多名党员投身各区疫情防控工作，捐款 134.12 万元，捐赠物资 24.51 万元。推出 11 期《抗疫有我，厦门致公在行动》和 5 期《战“疫”群英谱》，宣传疫情防控工作中的致公力量。致公党厦门市委获评致公党中央“2020 年度新媒体宣传工作优秀组织”“脱贫攻坚先进集体”及致公党福建省委“助推政和铁山发展 10 周年社会服务先进集体”。3 名致公党员入选“2021 年度厦门市拔尖人才”，1 名获“福建好人”称号。

【参政议政】 2021 年，致公党厦门市委完成课题 78 篇，其中围绕生物医药产业、海洋经济、康养产业、碳达峰碳中和等设立重点课题 14 项，与致公党中央联合课题《关于加强数据安全的调研》成果获中共中央主要领导批示，与市政协港澳台侨委联合承担市政协常委会重点课题《加强港厦科技创新合作，助推厦门未来产业发展》获市委、市政府主要领导批示。在市政协十三届五次会议上，致公党厦门市委提案 17 件，口头发言及书面发言 2 篇。完成市政协主席常委会、主席会议专题协商发言材料 20 篇、界别协商发言材料 1 篇，通过致公党省委报送13篇协商议政发言材料。反映社情民意信息222篇，全国政协采用7篇，致公党中央采用36篇，福建省政协采用42篇，市领导批示6篇。福建省首家省市区三级联动式政协致公党界别委员联络站经验被厦门市政协推荐参与“人民政协委员工作站优秀案例”“第四届全省机关体制机制创新优秀案例”“庆祝厦门经济特区建设40周年全面深化改革优秀案例”申报。

【台港澳交流】 2021年，致公党厦门市委组团赴澳门出访调研，走访拜会相关社团和企业探讨两地文旅产业对接发展，参访调研成果在市政协专题协商会上交流。承办第十三届海峡论坛·两岸社区服务恳谈会（厦门分会场），以社区环保为主题，两岸共议社区合作、共促社区融合。

【海外联谊】 2021年，致公党厦门市委创新线上办营方式，举办海外华裔青少年夏令营，通过互联网开设国学课堂，弘扬嘉庚精神，学习闽南文化，来自泰国、缅甸和印度尼西亚等“一带一路”沿线国家的140多名华裔青少年参加。

【社会服务】 2021年，致公党厦门市委机关志愿者与同安东宅村、后江社区开展共建慰问活动，机关干部与困难群众“爱心结对”，走访慰问。加强基层组织志愿服务工作，致公党同安区基层委成立同安区首支由民主党派组成的在册志愿服务队。在致公党福建省委助推政和铁山发展10周年暨社会服务经验交流会上，获致公党福建省委助推政和铁山发展10周年社会服务先进集体，并作经验交流发言。5名党员获评致公党中央“脱贫攻坚先进个人”，1名机关干部获评致公党中央“脱贫攻坚优秀组织工作者”。党员企业向定西衙下中学捐赠价值18万元的教育专用智能交互一体机一台。通过“以购代捐”形式分别帮扶重庆酉阳和三明市三元区白叶坑村销售农产品2万元和1万元。持续开展“致公爱心助学”活动，分别为岳阳社区、后将社区、莲兴社区的困难学子和困难群众送去温暖。

【第四届科技创新促进民营经济发展论坛】 2021年5月22日，第四届科技创新促进民营经济发展论坛在厦门举行，全国人大常委会委员、华侨委副主任委员、致公党中央副主席曹鸿鸣，福建省政协副主席、致公党福建省委主委薛卫民出席论坛开幕式并致辞。该次论坛以“中国民营企业创新之路”为主题，邀请来自国家部委、致公党组织、高校智库等专家学者及企业家代表40余人参与研讨交流。

（致公党厦门市委）

九三学社厦门市委员会

【概　况】 2021年，九三学社厦门市委员会（简称九三学社厦门市委）发展新社员55人，比上年增长4%，处级干部、高级职称、博士研究生占比63.7%。社员总数1329人，平均年龄53岁，高级职称或博士学位社员818人，占比62%。高等教育、科学技术、医药卫生3个界别社员占比76%。九三学社厦门市委开展爱心结对帮扶工作，对接认领文安社区辖内10户低保和困难边缘户家庭，机关处级干部多次上门慰问“爱心结对”帮扶对象。机关志愿者响应创建文明城市号召，在中山医院急诊大厅、厦禾路文灶路口、后江社区等地开展志愿服务，机关干部参加社区核酸检测等各类抗疫志愿服务活动。联合泉州、漳州九三学社市委在德化县举办“九三学社闽南书画院书画艺术作品展”。发动社员参加庆祝中国共产党成立100周年摄影展。在社刊上刊载社员介绍家乡的党史小故事。策划“一代伟人　一篇杰作——百年华诞诗词缅怀”书法作品网络展。设计“‘百年辉煌，方寸辉映’邮说中国共产党的‘三大法宝’”在社刊、微信公众号上连载并在嘉庚主题邮局展出。宣传报道刘斯、林晓宁、蒋海彬、林海等社员先进事迹。开展招商引资工作，年内落地11个项目。九三学社厦门市委被九三学社福建省委评选为2020年度信息工作先进集体一等奖、参政议政工作先进集体二等奖、省宣传思想工作先进单位、社会服务工作优秀组织奖。

【思想建设】 2021年，九三学社厦门市委开展习近平新时代中国特色社会主义思想、《中国共产党统一战线工作条例》等学习交流活动。开展中国共产党党史学习教育，在微信公众号上开设“党史小课堂”“社史小课堂”，在单位网站、《九三厦讯》开辟“庆祝中国共产党成立100周年征文”“学习贯彻习近平新时代中国特色社会主义思想”“学习贯彻党的十九届五中全会精神”专栏。组织社员参观“理想照耀中国——庆祝中国共产党成立100周年主题展”及厦门破狱斗争旧址、古田会议旧址、平和暴动纪念馆、仙游王于洁烈士纪念馆等红色宣传教育基地。

【组织建设】 2021年，九三学社厦门市委召开九三学社厦门市第九次代表大会，选举产生九三学社厦门市第九届委员会，委员35人，蔡锋当选主任委员，吕鑫、孙笑东、李宗泽、郭氧、陈昌萍、许霖当选为副主任委员。选举产生出席九三学社福建省第九次代表大会代表54人。举办新一届基层主委培训班，各区基层委主委、各支社主委、特邀社内专家学者69人参加培训。举办新社员培训班，44人参加培训。组织30多名新社员参加纪念中国人民抗日战争胜利76周年暨九三学社创建76周年活动。组织观看九三社员邓稼先献身中国核事业的事迹展及全国脱贫攻坚先进个人、九三学社社员刘斯援藏支教事迹视频。邀请九三学社厦门市委副秘书长徐铁群教授讲述个人成长历程。选派社员参加各种培训11人次。

【参政议政】 2021年，九三学社厦门市委完成调研课题52项，联合民盟、民建、农工党、致公党市委完成市委统战部调研课题《推进厦门海洋科技跨越发展　服务厦门国际海洋中心城市建设》。向九三学社福建省委推荐11项调研课题，其中7项获得立项。完成《扶持TOB互联网平台企业发展推动民营企业转型升级》《大力发展我省宽禁带（第三代）半导体产业的建议》《关于福建海洋水产种业现状与发展建议的调研》《关于发展我省外向型海洋经济的建议》4篇调研报告。在市政协十三届五次会议期间，《加快建设厦门区域创新中心主平台的建议》《关于规范和扶持厦门市非国有博物馆发展的建议》分别作为大会口头发言和书面发言，《持续完善基层公共卫生和防疫体系的建议》《完善社区建设与管理 推进市域治理现代化》入选大会重点提案。向九三学社福建省委提交《充分发挥统战工作在农村“乡创”事业中的服务功能定位作用》等5篇理论研究课题。上报社情民意信息272篇，其中全国政协采用3篇、九三学社中央采用27篇、省政协采用34篇、省委办公厅采用5篇、市委专报件4篇、《厦门信息》采用4篇、市委领导批示5篇。全年举办信息沙龙活动4次。获评2020年度厦门市统战信息工作先进单位三等奖。

（九三学社厦门市委）

台湾民主自治同盟厦门市委员会

【概　况】 2021年，台湾民主自治同盟厦门市委员会（简称台盟厦门市委）发展盟员9人，年末盟员总数251人。具有正高级职称盟员9人、副高级职称盟员42人、中级职称盟员78人。全年编辑《厦门台盟》4期、《台盟简讯》12期，微信公众号“厦门台盟”推送信息120条。连续十五次被台盟中央授予“地方级组织参政议政先进集体”称号。台盟厦门市委、台盟思明总支部被台盟中央授予“脱贫攻坚先进集体”，7名盟员和盟务工作者获台盟“脱贫攻坚先进个人”称号。台盟思明总支部被中央统战部和各民主党派中央、全国工商联联合表彰为“各民主党派工商联无党派人士为全面建成小康社会作贡献先进集体”。盟员陈紫萱、陈可芳、柯冉绚获福建省台湾同胞联谊会颁发“促进福建建设和两岸交流贡献奖”。盟员梁晓蕾获第十八届“福建青年五四奖章标兵”称号。

【参政议政】 2021年，台盟厦门市委参与中共厦门市委协商、政协协商、民主监督活动，完成12篇发言材料。全年完成调研报告53篇，提交社情民意信息74条。厦门市政协十三届五次会议期间，报送《提升常住台胞社会融入度，打造台胞最温馨家园》口头发言，《关于加强两岸青少年文化融合发展的建议》《加强外卖食品安全治理，进一步实现社会共治》书面发言。提交提案19件，其中《关于完善生鲜电商行业食品安全监督的建议》获评2021年度优秀提案。福建省政协十二届四次会议期间，《加快推进两岸青少年文化融合发展》等4篇调研报告作为大会书面发言材料，《支持台资“三高”企业加快发展的建议》等2篇调研报告入选重点提案，《完善现有传染病报告机制 确保传染病防控落实到位》等2篇调研报告入选大会快报。盟员中各级人大代表、政协委员提交建议、提案35件。推荐1名盟员参加台盟中央第十次协商议政论坛演讲比赛，获最具实力奖。参与台盟中央课题7项，提交8篇调研报告，其中《大数据赋能城市综合应急管理发展的建议》作为全国政协专题协商书面发言材料。专报厦门市委《缓解在厦台资企业招工难的对策建议》获得市委书记赵龙批示。《推进两岸行业标准共通的体制机制创新研究报告》《“台二代”在大陆社会融入对策与建议》2篇调研报告被评为台盟福建省委优秀课题。《关于完善自贸试验区知识产权保护体系的建议》获台盟中央2020年优秀党派提案，《大陆惠台政策效应评估及对策建议》获2020年福建省统战理论政策研究创新成果一等奖、第十六届建言献策论坛优秀论文评审二等奖，《厦金大桥工程的政治法律风险及其应对研究报告》获2020年厦门市统战理论研究优秀成果一类课题，《常住大陆台胞的社会融入现状与对策建议》获优秀成果三类课题。

【组织建设】 2021年，台盟厦门市委制定《台盟厦门市委2021年基层组织换届工作方案》，完成4个总支、5个直属支部及所属15个支部的换届工作，充实同安、翔安、集大、理工支部，平衡盟员在各行政区、高校的分布。新一届基层组织班子中，博士研究生3人，硕士研究生以上学历占21.7%，副高以上职称占17.4%，女性盟员占52.2%。

【社会服务】 2021年，台盟厦门市委开展“爱心暖城·志愿同行”新春慰问活动，走访慰问26户社区困难家庭。开展“六一”儿童节助学慰问活动，为同安溪声小学20名困难学生购置夏秋两套校服。举办“学党史·为民办实事”进社区活动，联合相关部门到金尚小区开展中共党史、食品安全、防震减灾、家庭绿化美化等知识宣传，并赠送蔬菜种苗。新冠病毒肺炎疫情防控期间，向盟员发出“抗疫行动爱心捐款倡议书”，筹得捐款5万多元，筹措采购抗疫物资，送到同安溪声社区和同安洪塘镇抗疫一线。协调福建省顺昌县合亿农产品开发有限公司向同安区红十字会捐赠价值12万元食品罐头。组织和发动30多名盟员和机关干部参与基层社区防疫工作。

【对台联络】 2021年，台盟厦门市委走访慰问台资企业，邀请因疫情原因无法回台湾过年台湾青年召开新春座谈会，举办“点亮新春——在厦台湾青年元宵节联谊活动”。邀请台湾青年与青年盟员参观郑成功纪念馆和厦门华侨亚热带植物引种园，并以“弘扬‘五四’爱国精神，只争朝夕，不负韶华”为主题开展庆祝“五四”青年节活动。推动帮助解决台企用工难及台青工作生活中遇到的问题。参与承办“两岸科技创新融合发展研讨会”。组织台湾青年参加台盟中央主办的“两岸融合发展交流营”。

【两岸青年共庆元宵节】 2021年2月24日，台盟厦门市委在海沧区东孚街道两岸青年之家举办“点亮新春．红红火火闹元宵”活动，邀请部分东孚街道在厦门台湾青年、市台商协会青委会委员和在厦台湾创业青年，与市、区台盟界别政协委员、台盟青委会委员共度元宵节。活动节目有猜灯谜，尝元宵等，在台湾青年们带领下，参观西坂菜地、香草园、赤土社，体验乡村振兴成果。

【台盟中央重点课题研讨会召开】 2021年7月14—17日，台盟中央“建设更高水平的平安中国”重点调研课题研讨会在厦门召开。全国人大常委会委员、台盟中央常务副主席李钺锋出席开幕式并讲话。在厦门期间，李钺锋对涉台法律情况开展调研，厦门市人大常委会副主任、台盟厦门市委会主委陈紫萱陪同调研。

（黄景胜）

厦门市工商业联合会（总商会）

【概　况】 2021年，厦门市工商业联合会（简称厦门市工商联、厦门总商会）换届选举出新一届执委会成员345人、监事会成员49人，会员数34224家（含6区工商联、所属商协会会员）。其中，企业会员33838家、团体会员271家、个人会员115人。修订5项工作制度，指导13家商协会筹备成立、10家商协会换届。推进筹建厦门商会历史陈列馆，推动陈嘉庚纪念馆参评全国民营企业家理想信念教育基地。组织企业家培训班5期、非公经济人士理想信念报告会2次，培训企业家300多人次。推荐6个区工商联获评全国"五好"县级工商联、获评全国"四好"商会7家、省级"四好"商会12家。成立所属商会行业党委和工会委员会，推进民营经济党建工作，所属141家商协会中有103家设立党组织106个。

厦门市工商联（总商会）调研走访民企250余次，向上级报送社情民意信息50多条、其他各类信息350条，获市级以上领导批示10件次，信息采用情况居各系统前三。完成5次420份全联民营经济调查点问卷填报，获评"全省民企调查点工作先进单位"。向省联上报6件团体提案、10篇调研文章，4篇入选优秀调研文集。组织参加市政协7场参政议政活动，报送8篇发言材料、5件团体提案，工商联界别连续5年获评"市政协年度先进界别小组"；办理提案16件，完成年度调研课题26个。完善"政企直通车"、"12345"民企服务专线，规范受理民企诉求。配合市纪委在215家会员单位建立营商环境监督点，解决问题意见115个。举办3场政企沟通座谈会，推动召开民企高质量发展政企恳谈会，市长黄文辉带领有关部门与30多名企业家代表座谈，协调解决民营经济发展中的困难。与厦门中级人民法院成立破产公共服务中心，推进200多家企业签订信用承诺书，推荐5家企业参评市劳动关系和谐企业。推荐8名民营企业家、8家民企和8个民企党组织获福建省委、省政府表彰。

新冠病毒肺炎疫情防控期间，厦门市工商联（总商会）组织7名处级以上干部到同安和海沧隔离酒店一线，组织志愿者参与育秀、松柏等10个社区核酸检测156人次、社区"双报到"123人次。发动组织民企支援防控工作，810余家会员单位捐款1650万元，捐赠医疗防疫物资363万余件、食品饮料价值1457万元。

【惠企政策出台】 2021年，厦门市工商联（总商会）制定出台《厦门市关于营造更好发展环境支持民营企业改革发展的若干措施》，督促相关部门及时制订实施细则，汇编实施指南。加强政策解读宣传，收集民营企业建议，开展效果评估，组织落实情况检查。通过线上宣传、线下走访将各项政策送达基层商协会和企业，帮助企业克服困难。

【招商引资】 2021年，厦门市工商联（总商会）组织招商小分队到10个城市开展招商，联络近20家企业到厦门市投资考察。组织3批200多家企业走进海沧、集美和自贸片区对接有关项目。联系对接厦门市增资扩产项目46个，计划投资金额215亿元；外地招商项目22个，计划投资金额159亿元。

【社会服务】 2021年，厦门市工商联（总商会）组织部分民营企业家到安溪、龙岩等地开展"助力乡村振兴"调研，捐款20万元支持南材村建设革命基点村陈列馆。与宁夏闽宁镇政府签订结对帮扶协议，捐赠帮扶资金50万元。贯彻落实"爱心厦门"建设部署，开展"百商千企扶弱助残"活动，113家会员单位捐助专项善款423万元。组织会员单位接力"百商万人献血公益行"活动，献血约700人次21.21万毫升。

【全国政协副主席调研民企】 2021年3月24—25日，全国政协副主席、全国工商联主席高云龙到厦门开展"发挥企业创新主体作用，壮大国家战略科技力量"专题调研。调研组召开座谈会，走访三安光电、厦大嘉庚创新实验室和陈嘉庚纪念馆，了解厦门民营企业科技创新情况和产学研协作做法。全国工商联副主席李兆前、常兆华，国家发改委、财政部、国家知识产权局等部门人员陪同调研。

【民企百强榜单发布】 2021年11月1日，"厦门企业家日"，厦门市工商联（总商会）首次发布"年度厦门民营企业100强""制造业20强""服务业20强""科技创新20强"4个榜单和"百强分析报告"，总结厦门市上规模民营企业5大特点。

【市工商联（总商会）第十四次代表大会召开】 2021年12月30—31日，厦门市工商联（总商会）在厦门国际会展中心召开第十四次代表大会，近500名代表出席会议，省政协副主席、省工商联主席王光远，市领导王雪敏、张志红、黄世忠出席闭幕式。会议听取和审议厦门市工商联第十三届执委会工作报告、会费收支情况报告等。选举产生第十四届执委会成员345人、监事会监事49人。恒兴集团董事长柯希平连任主席（会长），奥佳华集团董事长邹剑寒当选监事长。

（叶红莲）

责任编辑：熊焱峰
审　　稿：阳晓儒
校　　对：曲　艺

10 群众团体

厦门市总工会

【概　况】 2021年，厦门市基层工会总数1.78万个，涵盖单位7.04万个。会员总数160万余人，办理工会会员卡159万张。全市工会工作被中央、省级、市级主要媒体报道207篇（次）。厦门市总工会共享职工之家建设入选厦门经济特区建设40周年全面深化改革优秀案例，市总工会组织的庆祝中国共产党成立100周年红色经典诵读活动得到福建省总工会领导批示肯定，劳动法律监督提示函在《人民日报》刊登。市总工会持续推进“一网一刊两微多端”融媒体建设，市总工会微信公众号粉丝超过70万个，在福建省工会系统排名第一。推动党史学习教育，组织劳模宣讲团进园区、进企业、进班组宣讲17场，打造“身边课堂”“实境课堂”“云上课堂”，市总工会劳模宣讲团被评为全省基层理论宣讲先进集体。弘扬劳模精神、劳动精神、工匠精神，推荐产生全国五一劳动奖状和工人先锋号先进集体4个，全国五一劳动奖章先进个人2人；推荐产生福建省工人（五一）先锋号集体20个，五一劳动奖状单位7个，五一劳动奖章先进个人22人；推荐上报“2021八闽工匠年度人物”选树宣传对象11人。组织开展“建功‘十四五’奋进新征程”主题劳动和技能竞赛，开展全市性A类比赛33项，区级、行业级（B类）比赛44项。落实产业工人队伍建设改革“提升年”部署，增强职工创新意识和创造热情，申报省级创新大赛项目750项，投入128万元扶持48项优秀“五小”项目，指导创建19家劳模创新工作室、26家职工技术创新工作室，通报表扬450个市“五一先锋号”和20个“五一先锋号”优胜集体。扩大“职工学堂”办学规模，开设204门类课程，累计开展线上线下培训7600余场，培训职工33万人次。实施“留厦过年”行动，补助900余万元为职工“送年货”，引导职工安心留厦门过年。联合团市委、市妇联向全市广大职工群众发出倡议书，号召参与新冠病毒肺炎疫情防控工作。筹集资金700万元，慰问疫情防控一线职工。落实小微企业免收工会经费政策，返还工会经费6519.26万元。探索打造服务职工的枢纽型平台，全市54个职工服务站为职工提供维权帮扶、争议调解等“一站式”服务。建成“夏有清凉、冬有温暖”工会爱心驿站400余家，命名20家市级“最美食堂”，新建医生休息室10家，发动基层工会开办职工子女暑托班124个。健全民主管理制度体系，进一步提高民主管理覆盖面和实效性。开展“尊法守法、携手筑梦”农民工劳动法律宣讲，开展实地普法宣传近50场，服务农民工近7000人次。用好“12351”职工热线平台，接待来电、来访、来信逾3000件次，答复率100%。完善工会劳动保护监督机制，发动1500家企业、15万名职工参与“安康杯”竞赛。发挥劳动保护三级监督检查网络作用，开展劳动保护监督检查480次，市、区两级工会筹集842万元开展防暑降温慰问活动，维护职工安全健康权益。推进“强基层、补短板、增活力”行动，命名“五星职工之家”95家、“四星职工之家”197家，推动30家全国模范职工之家与基础薄弱的工会开展“结对共建”。创建模范工会，推进“再学习、再调研、再落实”活动，以“促组建促和谐解难题抓基层”为主要内容，选派机关干部49人赴13个基层单位蹲点，集中力量为基层工会办实事、解难题。

【职工服务保障】 2021年，厦门市总工会着眼职工高品质美好生活需要，推出“工会红·暖心间”“工会蓝·帮解难”“绿色发展·工会助力”“金质服务·聚力赋能”系列主题活动，筹集资金570万元走访慰问一线职工，发布线上职业介绍信息20期，提供工作岗位14万个，组织500余名一线职工疗休养，发动70万名职工参加医疗互助保障，发放“平安返厦”交通补助1500万元，投入57万元资助困难职工子女入学，为快递员群体创建“暖蜂小屋”，做优做强工会服务阵地，提升职工群众获得感、幸福感、安全感。

【闽西南合办职工春晚】 2021年2月12日，由厦门市总工会、厦门广播电视集团联合主办，漳州、泉州、三明、龙岩四地市总工会协办的“2021厦门职工春晚·闽西南职工春晚”在厦门卫视、厦门移动电视、厦门音乐广播、“学习强国”厦门平台、央视频移动网、“一直播”、抖音，以及“看厦门”App等厦门、泉州、漳州、龙岩、三明五市新媒体同步播出。晚会以“中国梦·劳动美”为主题，以“挥洒基层劳动者激情，展示新时代建设者风采”为主旋律，邀请临夏回族自治州广播电视台主持人贾彬主持，“花儿”歌唱家何清祥演唱歌曲。闽西南各地市职工共同参演，合作表演《幸福来》《我幸福我奋斗》等节目。

【“三八”国际妇女节纪念会】 2021年3月5日，厦门市总工会纪念“三八”国际劳动妇女节111周年大会暨女职工委员会六届三次委员（扩大）会议在市总工会1楼多功能厅举行。市总工会女职工委员会委员，各区总工会、各产业工（联）会女工委主任，部分女工干部及艰苦岗位一线女职工代表参加会议。会议表彰“福建省第十二届五好家庭”，启动女职工周末学校“送教进基层”活动，颁发“最受女职工欢迎教师”荣誉证书，慰问女护士、女环卫工、家政保洁工等艰苦岗位一线女职工代表。

【“五一”国际劳动节庆祝活动】 2021年4月30日，福建省委常委、厦门市委书记赵龙走访慰问一线劳动者，与劳模代表座谈，市领导倪超、黄文辉、刘育生、黄晓舟、黄奋强参加。座谈会上，6名劳模代表讲述在各自岗位上建功立业的奋斗故事。5月1日，由厦门市总工会主办，厦门市工人文化宫、思明区总工会、海西晨报社、“学习强国”厦门学习平台承办的“访红色印迹 促绿色发展”厦门市总工会庆祝中国共产党成立100周年城市穿越活动在厦门五一广场举行。活动组织近千名职工、数百支队伍，打卡厦门五一广场、厦门破狱斗争旧址、厦门总工会旧址、厦门市革命烈士纪念碑及烈士陵园等历史文化景点及具有工运特色的地标建筑，引领参与者感受厦门红色文化。

【第二十七届职工技术比赛】 2021年5月17日，厦门市第二十七届职工技术比赛暨寻找“2021年度厦门行业工匠”启动仪式在四川大学华西厦门医院项目工地举行。厦门市委常委、市总工会主席倪超出席启动仪式，为第二十六届职工技术比赛优胜选手代表颁奖。该届职工技术比赛依托各承办单位举办80个项目竞赛，涵盖生产制造、信息通信、交通运输、社会服务等众多行业领域。比赛项目设置契合厦门经济发展、产业升级需要，和人民生活息息相关。通过举办劳动技能大赛和发掘选树行业工匠，为省赛、国赛选拔优秀选手，为企业和社会培育技能英才。

【班组建设现场经验交流会】 2021年5月28日，厦门市推进班组建设现场经验交流会在厦门集装箱码头集团有限公司召开。厦门市总工会党组书记、常务副主席许毅青出席会议并讲话。市总工会党组成员、集装箱码头集团领导出席会议。全市各区总工会、自贸区工会、各产业工（联）会负责人，2021年度全国、省级五一劳动奖状、工人（五一）先锋号代表，以及2020年度市“五一先锋号”优胜集体代表近90人参加会议。会议宣读关于命名2020年市“五一先锋号”优胜集体的决定，并为2021年度全国、省五一劳动奖状单位和工人（五一）先锋号班组代表，2020年度市“五一先锋号”优胜集体代表授牌。厦门路桥工程投资发展有限公司工程一部和林德（中国）叉车有限公司重车装备车间2家2020年度市“五一先锋号”优胜集体代表在会上作经验交流。

【“园区枫桥”机制建设试点】 2021年6月，在福建省总工会的指导下，厦门市总工会在湖里创新园、同安工业集中区设立“园区枫桥”机制建设试点，整合多部门力量，建立劳动纠纷预防调处一体化机制，促进劳动争议早化解、早解决，实现“小事不出厂，大事不出园（区）”。湖里区总工会、同安区总工会突出“源头”管理，通过引进专业律师团队和劳资管理机构，设立“工会管家”，为园区企业提供劳动合同、规章制度等风险评估，帮助企业找准引发劳动争议的根源。2个试点的“工会管家”指导20多家企业开展劳动关系管理“体检”，稳健园区劳动关系和谐指数。年内，同安工业园区被评为省总工会首批省级“园区枫桥”示范单位。

【第六届福建省职工文化节】 2021年6月11日晚，由福建省总工会、中共厦门市委宣传部、厦门市总工会共同主办的“永远跟党走——福建省（厦门）职工庆祝中国共产党成立100周年大型红色经典诵读活动暨第六届福建省职工文化节”开幕式在厦门五一广场举行。来自全省的党员劳模代表，特区同党龄党员代表，码头工人、医护人员、电力工人、建设工人等各行各业的职工2700多人参加。通过大型诵读、情景表演、红歌合唱、舞蹈演绎等形式展示中国共产党百年光辉历程。央视频道、新华社现场云、“看厦门”App、厦门广电、全

2021年6月11日，第六届福建省职工文化节开幕式在厦门五一广场举行

（王锟　摄）

2021年7月7日，永远跟党走——劳模宣讲走进重点建设工地暨厦门大桥半幅通车仪式在厦门大桥启动（市总工会　供图）

省工会新媒体平台等电视、网络媒体平台同步直播。

【劳模宣讲团进建设工地】 2021年7月7日，永远跟党走——劳模宣讲走进重点建设工地暨厦门大桥半幅通车仪式在厦门大桥启动。厦门市委常委、市总工会主席倪超，市委办公厅、市总工会、市交通运输局党工委、厦门路桥集团、中交一公局集团厦门公司、中交公路规划设计院有关领导与劳模代表，厦门大桥改造加固项目建设者共同出席活动。全国劳模冯鸿昌、席雅君分享在北京参加百年庆典活动的心情和聆听习近平总书记“七一”重要讲话的感受，建设者上台分享学习心得，讲述大桥建设、改造过程中的故事。厦门工会工悦领读天团朗诵《信念永恒》，中交一公局集团建设者朗诵原创作品《鹭岛扬帆起航的中交蓝》，表达青年职工践行初心使命，坚定不移听党话跟党走的信念。

【首家“职工家庭学校”成立】 2021年7月15日，厦门市首家“职工家庭学校”在厦门航空有限公司揭牌。厦门市总工会党组成员、二级巡视员陈幼萍为厦门航空有限公司“职工家庭学校”授牌。厦航女职工周末学校依托学习室职工书屋平台，成立厦航“职工家庭学校”，举办与家庭生活密切相关的主题学习活动，打造弘扬家文化的平台，促进企业和谐、职工家庭幸福和个人成长。先后开展“名医面对面”厦航职工健康讲座、职工家庭就地过年的陪娃打卡活动、职工家庭参加高考的子女到公司参观等系列活动。全年，厦门市总工会指导基层工会新增20多家女职工周末学校，继续开展“送教进基层”活动，持续倡导女职工树立终身学习的理念，鼓励更多女职工走进课堂提升自我，选树5个“工会女职工周末学校特色培育点”。

【新业态职工新冠病毒疫苗集中接种专场】 2021年8月8日，厦门市总工会为美团、饿了么、达达等平台近300名网约配送员、快递员等新业态职工举办新冠病毒疫苗接种专场。针对网约配送员、快递员等新业态职工作息不规律、疫苗接种不便等实际困难，厦门市机关事业工会联合会通过与厦门市中医院沟通协调，为新业态职工提供疫苗接种专场便捷服务。厦门市服务业工会联合会组织多家平台的网约送餐员、外卖快递骑手赴专场接种疫苗，新业态职工只需携带工作证或身着工装，凭身份证即可接种。

【新就业形态劳动者温暖行动服务月启动】 2021年11月16日，厦门市总工会举办“工会进万家·新就业形态劳动者温暖行动服务月”启动暨新就业形态群体建会入会仪式，厦门市总工会、湖里区委、湖里区总工会有关领导与新业态职工代表出席活动。活动现场，以网络直播员为代表的新业态劳动者加入工会大家庭。思凯文化传媒有限公司、译迦（厦门）咨询管理有限公司分别成立网络直播员联合工会，吸纳160多名网络直播员入会。全市各级工会主要面向快递员、外卖配送员、网约车司机、货车司机等新就业形态劳动者，开展“六送”（送文化服务、送健康服务、送法律服务、送维权服务、送就业服务、送关爱服务）活动，增强新就业形态劳动者的获得感、幸福感、安全感。

【海峡职工论坛】 2021年12月13日，由中华全国总工会主办的“2021海峡职工论坛”在厦门举行。来自海峡两岸的100余名劳模和一线职工、传统技艺大师代表及大陆工会代表参加。论坛以“提技能、悟匠心，共谋新发展”为主题，包括微电影展示、两岸劳模代表发言、两岸职工技能提升经验分享、两岸传统技艺展演等环节。与会代表围绕“技能”“匠心”两个核心词汇进行交流，在交流中增进了解、扩大共识。作为海峡论坛的重要组成部分，论坛上进行两岸传统技艺的展演，并共同举行一场台湾徒弟向大陆剪纸大师拜师、大陆徒弟向台湾灯笼制作大师拜师的仪式，师徒共同在现场完成工艺品制作。

【第十五届“新厦门人”集体婚典】 2021年12月12日，由厦门市总工会、厦门晚报社主办的第十五届“新厦门人”集体婚典在厦门五一广场举行。市委常委、副市长黄晓舟为新人证婚。市人大、市政协及主办方和相关部门领导、新人亲属和前来观礼的市民群众出席婚典仪式。参加该届集体婚典的新人共计100对，来自全国20个省、自治区和直辖市。新人分布在厦门市各行各业的岗位上，有医护人员、教师、工程师、程序员、理发师、装修工、快递员等，其中包括新就业形态劳动者。集体婚典首次采用“幸福基金”的方式，在婚典结束后将报名费全额返还新人，并为新人们提供新娘礼服和长泰蜜月一日游，赠送总价值4894元的大礼包和奖品。婚典仪式上，7对夫妻党员和夫妻抗疫者作为代表，与全体新人共同演绎

2021年12月12日，第十五届“新厦门人”集体婚典在厦门五一广场举行

（市总工会　供图）

手语舞《不忘初心》。

【市政府与市总工会第二十三次联席会议】 2021年12月28日，厦门市人民政府与市总工会第二十三次联席会议在市政府西楼召开。市委副书记、市长黄文辉，市委常委、副市长黄晓舟，市委常委、统战部部长、市总工会主席王雪敏出席会议并讲话。会议听取市总工会近期工作和上次联席会议议定事项落实情况汇报，审议市政府办公厅关于联席会议研究议题的协调意见，研究继续补助职工终身教育项目、推动厦门市新就业形态劳动者建会入会等事项。会议要求，政府各级各部门要进一步为新时代工会工作创新发展创造良好条件、提供有力支持。

（赵庆香）

中国共产主义青年团厦门市委员会

【概　况】 2021年，中国共产主义青年团厦门市委员会（简称团市委）以庆祝中国共产党成立100周年为主线，深化青少年思想政治引领。依托新媒体矩阵，推出“鹭岛青年学党史”专栏，设置“团团带你打卡厦门红色教育点”等微博话题，影响覆盖青少年6.2万人次。拍摄发布《唱支山歌给党听》、厦门共青团重温入团誓词、10多种语言宣读《共产党宣言》等视频，在《厦门日报》推出“五四”专题专版报道，电视台、电台刊发“五四”方面的新闻10余条（次）。成立“红领巾”讲习团，以少年儿童视角开展理论宣传和党史学习教育，录制《清澈的爱　只为中国》MV致敬戍边英雄，MV视频在“学习强国”学习平台、中国文明网、团中央网站等多个相关媒体平台宣传报道。发动“青年大学习”，开展以“青少年学习习近平新时代中国特色社会主义思想行动”为中心的网上主题团课，动员团员青年每周参与，每期参加学习人数7万余人次。建立青少年党史学习教育基地，引领全市青少年学习中国共产党党史和地方党史，市青少年宫的“红领巾”讲习团结合党史学习教育阵地开展各类面向少年儿童的宣讲活动，引导青少年学习红色文化，传承革命精神，每学期可接待百万人次。改造市少年先锋队队歌纪念馆，提升馆内氛围布置，充实党团和少先队工作要求，面向全市青少年开放，宣传队歌文化。5月4日，省委常委、市委书记赵龙前往青瓦创业基地调研，与青年代表开展“学党史、强信念、跟党走”座谈。

【共青团及团组织建设】 2021年，厦门团市委确定思明、湖里、集美、海沧为县域共青团基层组织改革试点区。组织团建攻坚，加强龙头企业团建，完成在厦门全国民营企业500强团建，完成500强三安集团、福信集团建团工作。推动福建省企业100强中厦门26家企业建团，逐步完成百强企业建团全覆盖。加强互联网企业建团，推动全国互联网百强的4399、吉比特、点触科技3家龙头企业成立团组织。将公安团委整体转隶为团市委直属，将各区公安分局团组织转隶至市公安局团委下属。指导市市场监督管理局成立团组织，完成缉私局团委调整至市直团工委下属工作。做好行业系统团建，谋划成立自媒体和集成电路行业团组织。推动各区、乡镇（街道）、村（社区）团组织紧跟党组织开展换届工作，完成全市全部镇级团委换届，完成597个村（社区）组织换届，夯实基层团组织基础。依托“智慧团建”系统，进一步理顺团员发展流程，运用“智慧团建”系统中团员发展大会、团员编号分配等功能，持续规范团员发展工作。开展市直属高校团委书记2020年度述职评议，对各直属高校团委7个方面、21个具体项目的落实情况进行评估，形成综合评价意见，并反馈至各高校党委。推进智慧团建建设，完善“智慧团建”系统信息，确保基层团委书记、团支部书记配备率100%。在摸底、全面考虑的基础上，制定团员年度发展规划和发展团员名额分配方案，高中（中职）指标数减少、初中指标数增加。加强对基层团组织规范发展团员的工作指导，加快推进中学团校建设。指导各校规范开展中学团课教育，全市中学团校覆盖率93.75%。

【纪念“五四”运动102周年系列活动】 2021年“五四”期间，由厦门团市委主办的“学党史　强信念　跟党走”厦门共青团纪念“五四”运动102周年系列主题团日活动在厦门多地举行。团市委组织开展全市各界青年重温入团誓词活动。5月4日，团市委机关干部、青少年宫、厦门税务局、兴业银行、曙光救援队、厦门大学青年志愿者等近40名团员青年代表，在集美小学三立楼前面向团旗，集体重温入团誓词。全市各级团组织“五四”期间开展重点活动300余场，涵盖座谈会、话剧、志愿服务等形式，覆盖团员青年超过5万人次。各级团组织依托自身组织体系优势和动员能力，以组织化学习为基本方式，以团支部为基本单元，推动学习教育深入基层。全年，全市381个团（工）委、5967个支部开展党史学习教育，近10万名团员参加党史学习，其中召开专题学习会418197次，开展主题团日活动27064次，18万人次参与。

【青年人才工作】 2021年，厦门团市委发动组织创业青年申报第八届“创青春”福建省青年创新创业大赛暨福建省第三届返乡大学生创新创业大赛，推荐报名项目174个，超过通知要求的任务数80个，完成率217%。推动开展福建省引进台湾高层次人才“百人计划”，协助完成第一批中期考核和第三批奖金发放工作，完善工作程序。团市委联合厦门银保监局、厦门银行开展“厦门市2021年度台籍大学生暑期实习计划”，征集99个面向台籍大学生的暑期实习岗位，超额32%完成团省委下达的任务指标。第六批青年英才“双百计划”，评选出14名杰出青年人才、46名青年创新创业人才。

【青年志愿者工作】 2021年，厦门团市委坚持“志愿汇”信息平台建设，组织开展线上培训，录入志愿者41万余人。招募高校青年志愿者3000余人，完成2021年建发厦门马拉松赛、“永远跟党走”——厦门市庆祝中国共产党成立100周年文艺晚会志愿服务保障工作。完成2021年中国金鸡百花电影节志愿者各项筹备工作，招募500名青年志愿者，保障金鸡奖在厦门举行。新冠病毒肺炎疫情防控期间，团市委2次组织热线志愿者服务隔离区群众；各级团组织建立“疫情防控青年志愿服务队”，人数超6400人，投入疫情防控一线开展志愿服务15000多人次。接听电话4391个，实际解决居民问题1142个，启动市、区两级青少年心理咨询热线，组织招募心理危机干预志愿服务工作人员114人，累计开展服务268人次。全市各级团组织组建154支青年突击队、3005人。青年志愿者抗疫工作情况登上央视《新闻联播》和《新闻直播间》。

【青少年权益维护】 2021年，厦门团市委完善市、区两级权益中心联动协作机制和资源共享机制，召开市、区两级权益中心联席工作会议3次，开展权益中心专业督导8次，联合举办活动12场，跨区转介个案7个，充实、完善青少年权益中心体系建设，相关工作经验得到《中国共青团》杂志的报道。发挥青少年心理咨询热线和热线志愿服务队作用，邀请专业心理咨询师开展线下公益咨询、线上亲子关系讲座等。其中，围绕青少年在疫情防控期间反映较为集中的心理问题，开展居家期间亲子关系调适的直播课程，超10万人在线观看直播，活动推文阅读量近5万次。组织开展安全自护、禁毒宣传等活动，累计组织活动300余场次，开展主题班会、主题团课超500场次，“云课堂”线上活动400余场次，覆盖青少年群体近22万人次，发布新媒体宣传近400篇。

【“爱心厦门”建设】 2021年，厦门团市委开展“寒冬送暖　青年在行动”2021年春节慰问活动、春秋季助学金、“一路随行”外来工子女高考奖学金发放活动，走访看望全市224名贫困生、新厦门人子女、孤儿及事实孤儿，为其带去慰问金及物资44.76万元。市青企协向“爱心厦门”建设基金设立的“爱心厦门·圆梦助学”子基金捐款10.2万元，资助20名低保户在读子女。开展“红色基因代代传希望工程一堂课”“情暖童心　筑梦红色未来”主题活动。开展凤凰花助飞“宁化小红星文化保育”成长营、凤凰花助飞“跨越山海　共筑希望”成长营活动，西藏及宁化当地20名青少年共同参与研学。携手市青联为市乡村中小学、城中村中小学（农村学生及外来务工人员子女占比大于50%）和特教学校打造15间青联“希望小屋”“希望教室”。创新开展厦门路桥“一路随行”畅玩科技馆活动，开展面向“贫困人群、特殊岗位工人”子女各类体验式展教服务。对接、推动宁夏彭阳县小岔乡厦门豪客来希望小学、甘肃临夏州积石山县吹麻滩镇中心幼儿园“向阳花”多功能教室58.2万元援建款落地，确保援建项目有序开展。以共青团福建省委、福建省青少年发展基金会发起“铸魂筑梦主题活动”为契机，开展厦门市共青团“铸魂筑梦”计划公益金募集活动，完成市、区线上募款发布，并动员各界青年参与捐赠，募集专项资金近2.7万元。

【首届青少年事务社工项目比赛】 2021年4月9日，在厦门团市委和市民政局的指导下，由市青少年权益中心、市社工协会主办的厦门市首届青少年事务社工项目比赛在市青少年权益中心举行。比赛以“青春社工　携爱启航”为主题，23家机构的35个项目报名参加。比赛主要包括社区青年志愿者服务、社区青少年帮教、社区少年儿童课外教育、新厦门人子女助学帮困以及重点青少年群体社会工作等服务。其中，重点青少年群体主要包括社会闲散青少年、有不良行为和严重不良行为青少年、服刑人员未成年子女、困境青少年等。经过初选、终选等环节，比赛评出一等奖1名、二等奖2名、三等奖3名，以及入围奖若干名、青少年事务社工风采奖若干名。

【少先队“红领巾心向党　争做新时代好队员”主题队日活动】 2021年4月30日，厦门团市委、市少工委联合市委教育工委印发《关于开展“红领巾心向党　争做新时代好队员”系列主题队日活动的通知》，引导厦门市广大中小学生厚植爱党、爱国、爱社会主义的情感。5月开始，团市委、市委教育工委、市少工委在全市发起“红领巾心向党　争做新时代好队员”系列主题队日活动。6月1日，滨北小学组织开展少先队主题队日活动，20名一年级学生戴上红领巾，加入少先队组织，省委常委、市委书记赵龙出席活动。全市开展以寻访先锋人物、唱响红色歌曲、讲述党史故事、研学实践等学党史主题中队日活动31780场次，覆盖全市37万名少先队员。

【第十九届海峡青年论坛】 2021年12月10日，由中华全国青年联合会等主办，福建省青年联合会承办，福建省广播影视集团卫视中心、福建海峡青年论坛促进会、福建省海峡青年社会组织服务中心、厦门市青年联合会等单位协办的第十九届海峡青年论坛在厦门举行，通过线上线下相结合的方式进行，并通过网络平台及岛内新媒体同步直播。论坛以“青春交响　共谱复兴”为主题，来自海峡两岸的学者、青年社团负责人及青年代表近300人在现场参加活动。省委副书记、政法委书记罗东川出席活动并致辞。开幕式上，中国国民党副主席夏立言、全国青联副主席徐晓、台湾地区主办单位主要负责人通过视频连线发表致辞，国台办副主任龙明彪出席开幕式。主旨论坛上，两岸青年结合自身经历讲述加强交流合作、携手创业发展的故事，嘉宾作点评，线上线下开展交流互动。

（李　灿）

厦门市妇女联合会

【概　况】 2021年，厦门市妇女联合会（简称市妇联）在思想政治引领、家庭文明建设、巾帼创业创新、妇女儿童关爱、妇联组织建设等方面开展工作，完成全年目标任务。“三八”节期间，市委主要领导向全市女同胞致以节日祝贺，并对妇联工作作出肯定批示。厦门市在全国率先推动免费为适龄女性开展宫颈癌疫苗接种、建立两岸巾帼志愿服务联盟等工作，得到全国、福建省妇联领导批示点赞。人民网、“学习强国”学习平台等媒体累计报道妇联工作289篇，其中刊登厦门市妇女儿童事业发展工作经验6篇。全年开展“百千万巾帼大宣讲”活动2941场，覆盖妇女逾66.5万人次。开展“美丽三月季，鹭岛‘她’风采——‘三八’国际妇女节”“多彩六一”“爱阅之城”品牌活动。举办“党的女儿——丹青颂党恩·巾帼展风采”书画作品展、“党的女儿·永远跟党走”妇女摄影作品展，征集作品843幅。举办“最美的歌儿献给党”——青少年儿童歌手赛、“童心向党　颂百年辉煌”文艺晚会等，通过“鹭岛红色家风故事汇”征文大赛，征集家风故事500多篇。跟进新兴领域党建工作，推动女性集中区灵活设置妇女组织，新建6个“妇女之家（微家）”。开展“执委履职提升年”活动，组织执委述职。举办妇女干部读书班、“两纲”培训班、维权培训共4期，培训220人。修订完善《厦门市妇女创业发展专项资金管理办法》《厦门市妇女创业小额贴息贷款实施细则》，审核推荐427名创业妇女申请贷款，发放贷款8410万元。实施“鹭岛女性成长计划”，开展女性素质提升培训9场、314人。深化对口帮扶，与宁夏彭阳县对接，选派技术人才赴彭阳挂职，联动各区妇联、爱心企业捐款33万多元。聚焦巾帼抗疫，动员社会各界捐款捐物近213万元，为60多家隔离酒店和隔离点3360多名儿童送去慰问品。维护妇女儿童合法权益，率先在福建省联合市委宣传部等5个部门成立巾帼公益普法宣讲团，100名女性法律专家深入单位、社区、校园开展普法宣讲70场。各级妇联全年开展民法典宣传教育及扫黑除恶专项斗争、禁毒、反邪教、反诈骗等综治平安、法治宣传近300场。完成《厦门市妇女、儿童发展纲要（2011—2020年）》终期监测评估，12个领域、100项监测指标中，95项达标，达标率95%。提升鹭岛巾帼志愿联盟品牌，42万名巾帼志愿者开展关爱女童、助老扶贫、垃圾分类等志愿服务。

连续13年承办海峡妇女论坛，培育两岸青年心家园等3个“闽台姐妹合家园”。开展2021年海峡两岸女大学生创新创业大赛，吸引海内外108个院校的1587个项目参赛，市妇联获得优秀组织奖。推动在厦门台商家庭、台胞家庭、涉台婚姻家庭参与寻找最美家庭活动、“五好”家庭评比等，打造为在厦门台胞台属服务的“第一生活家园”。厦门集美中学李林园、厦门·巾帼馆、厦门英雄三岛战地观光园、厦门市“深田图强”历史文化馆和“远亲不如近邻”政治生活馆入选福建省首批妇女爱国主义教育基地，入选数量全省第一。

【家庭家教家风工作】 2021年，厦门市妇联落实、落细《进一步提升厦门市家庭教育服务水平工作意见》，为“厦门市好家风宣讲团”授旗，弘扬新时代家庭观。持续开展家庭教育公益讲座“进学校、进机关、进社区、进农村、进军营”活动171场。深化“家家幸福安康”工程，发挥家庭家教家风在社会治理中的重要作用。全年涌现市级最美家庭、“最美绿色家庭”336户，推荐2户全国最美家庭和16户福建省最美家庭，联合市生态环境局推荐16户福建省绿色家庭。创新参与基层社会治理工作机制，引导妇女和家庭成员、巾帼志愿者参与平安厦门、平安社区、文明城市建设。开展第三届“凤凰之约”妇女儿童家庭领域服务项目公益创投、路演展示活动，联动12家社会组织参与妇女儿童公益服务。发挥市妇联社会治理创新服务基地作用，开展服务妇女儿童和家庭公益活动22场。实施“乡村振兴巾帼行动”，联合市农业农村局出台《厦门市美丽庭院创建工作实施方案》，创建市级美丽庭院示范户1250户、省级美丽庭院示范户210户。

【妇女儿童权益维护】 2021年，厦门市妇联实施贫困妇女救助、“春蕾·爱心助学”、“爱心扶幼”项目，救助“四癌”患者47人、发放救助金56.91万元，救助特困妇女儿童34人、发放救助金32.09万元。“六一”节慰问400名贫困儿童。完成“我为妇女儿童办实事”实践活动项目18项。率先全国由财政出资为适龄女生开展免费国产宫颈癌疫苗接种。实施“关爱妇女儿童健康”保险项目，有8.16万名妇女儿童参保。优化提升女性安康保险，累计为40名妇女赔付334万元。开通24小时疫情心理热线，增设心理危机干预服务，开展心理知识“云”科普，推出公益微课堂20堂，线上观看11万人次。依法维权，出台《进一步健全法规政策性别平等评估机制的实施意见》。成立婚姻家庭纠纷人民调解委员会，建立联络员制度，加大维权联防联控机制建设。与市中级人民法院等6家单位签订“法护成长”少年司法工作合作协议，深化与市检察院合作共建，围绕救助关爱、法治宣传、矛盾化解等方面保障妇女儿童合法权益。

【低保家庭妇女安康保险设立】 2021年，厦门市妇联针对低保家庭经济困难和因病致贫返贫问题，减轻因疾病给家庭带来的经济负担，向市爱心办申请20万元专项资金，为全市3496名低保家庭的18～60岁女性购买“低保家庭妇女安康保险”，低保妇女无需自己承担保费，保险期限1年。被保险人在保险期限内诊断初次患原发性乳腺癌、卵巢癌、子宫内膜癌、宫颈癌4种女性特定疾病中的任何1种或者多种疾病的，可一次性获得3.5万元的保险理赔金。同时设立理赔绿色通道，由专人对低保家庭妇女提供“一对一”服务。针对厦门外来务工人员多、随迁子女多、每年暑期未成年人意外伤害多的特点，市妇联在原女性安康保险基础上，将被保病种由4个拓展至7个，新增意外伤害险种，投保妇女年龄延长7岁，投保等待时限缩短60天，保额提高至11万元，为投保妇女争取更多保障。

【全国妇联领导到厦门调研】 2021年4月20日，全国妇联副主席、书记处书记吴海鹰到厦门就妇联系统党史学习教育、宣传阵地建设、巾帼志愿服务等工作进行调研。吴海鹰一行走进“全国三八红旗集体”厦门航空公司空中乘务部飞鹭训练基地，听取空中乘务部开展党史学习教育、技能培训、岗位练兵等工作汇报，与乘务人员交谈，并鼓励发挥先进模范引领作用建功新时代。在海沧区新时代文明实践中心，吴海鹰调研“两岸义工联盟”，听取妇联组织开展两岸巾帼志愿服务融合行动的情况汇报，鼓励两岸巾帼志愿者以志愿精神作为凝聚两岸妇女家庭、促进两岸融合发展的纽带。在海沧区青礁村芦塘书院，吴海鹰调研两岸巾帼志愿者携手参与乡村治理、弘扬耕读文化、助力乡村振兴情况。在厦门市图书馆集美新馆，吴海鹰调研家庭家教家风宣传宣讲巾帼志愿服务情况，并为“全国三八红旗手”付虹授奖。

【支持女性科技人才创新举措出台】 2021年11月，厦门市妇联联合市科技局、市教育局、市工信局、市人社局、市卫健委、市国资委、市社科联、市总工会、市科协等单位出台《关于支持女性科技人才在科技创新中发挥更大作用的若干举措》，为女性科技人才成长进步、施展才华、发挥作用创造更好环境。举措围绕培养造就高层次女性科技人才、支持女性科技人才创新创业、完善女性科技人才评价激励机制、加大女性科技人才关爱服务力度、加强后备女性科技人才队伍建设、加强女性科技人才基础保障工作6个方面提出24项切实可行的具体举措。举措明确在各类科技活动评审中，提高女性科学家的参与度；鼓励符合条件的女性专家加入厦门市科技评审专家库、厦门市科协科技专家智库、课题研究项目的评审专家库等。探索市场化人才管理与激励机制，倡导企业建立对女性科技人才的考核激励和选拔任用机制，加大对关键岗位和有突出贡献的女性科技人才的薪酬激励力度。加大对女性科技人才的奖励力度，包括推荐女性科技人才参评三八红旗手、巾帼建功标兵、巾帼工匠、劳模、青年科技奖、福建省优秀科技工作者、省最美科技工作者、运盛青年科技奖、全国科普工作先进个人、中国青年女科学家奖、全国创新争先奖等各类评选活动。

【厦门市妇女第十七次代表大会召开】 2021年12月24日，厦门市妇女第十七次代表大会在厦门佰翔五通酒店召开，来自各行各业的343名妇女代表参加会议。市领导崔永辉、黄文辉、魏克良、杨国豪、王雪敏、连坤明、廖华生、黄奋强等出席大会开幕式。省妇联党组书记、主席林叶萍到会祝贺并致辞。市妇联党组书记、主席庄海英代表市妇联十六届执行委员会向大会作题为《高举伟大旗帜　勇担时代使命　团结动员全市广大妇女为更高水平建设高素质高颜值现代化国际化城市而努力奋斗》的工作报告，全面总结回顾过去5年市妇联开展的各项工作成果，明确未来五年的工作思路和目标任务。市委常委、统战部部长王雪敏出席闭幕式并讲话。闭幕式通过《关于厦门市妇女联合会第十六届执行委员会工作报告的决议》。大会选举产生厦门市妇联第十七届执行委员会，选举产生厦门市妇女联合会第十七届执行委员会常务委员会主席、副主席（含兼挂职副主席）、委员。庄海英当选为厦门市妇联第十七届执行委员会常务委员会主席，陈超英、谢立武、江彩蓉当选为副主席。朱秀敏、林进春、陈可芳、杨敏当选为兼职副主席，周琛当选为挂职副主席，吴丽敏、邱惠霜、陈素珍、陈瑞芬、林秋红、林颖、温文华、蔡艺蓉当选为委员。

（付锦凝）

厦门市文学艺术界联合会

【概　况】 2021年，厦门市文学艺术界联合会（简称市文联）围绕庆祝中国共产党成立100周年为主线，动员和组织全市文艺工作者，承担起举旗帜、聚民心、育新人、兴文化、展形象的使命任务，为厦门加快打造“文化中心、艺术之城、音乐之岛”贡献重要力量。全市6个区成立文联组织，有5个产业行业高校文联、2个镇街文联、1个区域性企业文联。下属2家事业单位（厦门文学院、厦门书画院）、11个文艺家协会、星海合唱团、文艺志愿服务团及6个挂靠文艺协（学）会。有国家级会员660人、省级会员1713人、市级会员5111人。在市委宣传部指导下，市文联开展“以‘艺’战疫、爱在厦门”“翰墨飘香、迎春送福”等主题文化活动，倡导“留厦过年”，配合新冠病毒肺炎疫情防控。9月面对疫情突发，市文联创作各艺术门类抗疫主题文艺作品917件，通过文联公众号等平台传播，以文艺助力抗“疫”；与市委宣传部联合主办“我相信——2021同心抗疫文艺作品云展播”，全网观看量321.15万人次，吸引央视频、新华社客户端、新华社现场云、今日头条等媒体及“潮前智媒”App、“看厦门”App、厦门网、海西晨报视频号等新媒体视频平台以及厦门各区融媒体中心等进行展播，人民网、央视网、光明网、中国新闻网等央媒及澎湃新闻、东方网等媒体网站参与报道。

【文艺活动】 2021年，厦门市文联围绕庆祝中国共产党成立100周年的主线，发动全市文艺力量加强党史题材、特区题材等文艺作品的创作生产。举办“唱支山歌给党听”主题音乐会、“百花颂党恩·文艺为人民”百件优秀文艺作品展播、“永远跟党走”厦门市美术作品展、“世纪丰碑”——联墨巡回展、“颂歌献给党”——优秀精品剧目展演等庆祝中国共产党成立100周年系列展演展播展览活动300多场。联合承办厦门市庆祝中国共产党成立100周年文艺演出和庆祝特区建设40周年文艺晚会，唱响共产党好、社会主义好、改革开放好的昂扬主旋律。举办“新跨越·新征程——厦门市抓招商促发展摄影作品展”“厦门—深圳特区建设40周年摄影作品联展”等，举办第二十二届“红土地·蓝海洋”（厦门）笔会暨厦门经济特区建立40周年文学采风活动、庆祝《厦门文学》创刊70周年暨“文学·厦门”研讨会，承办福建省花鸟画大展。与厦门航空公司联合打造“天际悦读”，在航程中朗诵厦门作家的作品或者外地作家写厦门的作品，通过空中展厅展示、宣传厦门。配合中国电影金鸡奖举办电影研讨会、电影展映周活动等配套活动。

【文艺创作】 2021年，厦门市11个文艺门类完成2100多件文艺作品创作，有50多件作品获得国家级、省级奖项。舞蹈作品《春会来》以全国第一的成绩获得第十二届中国舞蹈“荷花奖”当代舞大奖，原创歌曲《燃烧》获得“学习强国”学习平台推送，《圆梦小康》入选全国扶贫原创歌曲，美术作品《南国春色》《创业初期》获福建省美术双联展金奖，文学作品《子归城》《爷爷的铁皮桶》《时代荣光》等创作出版，在厦门注册影视公司出品的电视剧《山海情》《绝密使命》热播。成立厦门市文联文传中心，创立“厦门文联”视频号，在《中国文艺报》、“学习强国”学习平台、《厦门日报》等主流媒体平台推送报道150多篇。推动德艺双馨老艺术家的宣传工作，组织《厦门文学艺术人物系列专辑》编撰发行，为陈慧瑛、陈秀卿等9位艺术家的专辑举办首发式暨“艺”心向党——“百年峥嵘·不忘初心”艺术展活动，更好地服务文艺家。出台《厦门市文联关于加强“文艺两新”团结引领的八条措施》，在福建省首创“文艺两新”服务驿站，在厦门海丝艺术品中心等4个“文艺两新”集聚园区、重点企业设立首批“文艺两新”服务驿站，扩大文联团结引领文艺工作者的覆盖面和影响力。

【文艺惠民】 2021年，厦门市文联打造的“文艺家之家”入选厦门市第二批“我为群众办实事”实践活动“十佳优秀案例”。结合“我为群众办实事”实践活动，突出文艺培训、辅导文教与慰问演出，持续开展“文艺大讲堂”“文艺进校园”等文艺惠民活动。全年组织文艺小分队78支，深入33个基层文化服务点开展辅导讲座、文艺大讲堂51场，赠送书籍1471册；进社区、进军营、进工地等开展文艺慰问演出7场，开展文艺讲座、文艺培训103场次，为近10万名群众提供文艺精准服务。

【庆祝中国共产党成立100周年主题音乐会】 2021年6月18日，由厦门市委宣传部指导，厦门市文联主办，市音乐家协会、厦门爱乐乐团共同承办的厦门音乐界庆祝中国共产党成立100周年主题音乐会在厦门五缘音乐厅举行。音乐会以“唱支山歌给党听”为主题，包括交响乐、独唱、重唱、合唱、朗诵等艺术形式。市委常委、宣传部部长李辉跃，市政协原副主席潘世建等领导出席，厦门星海合唱团、厦门城市职业学院云顶合唱团、象屿晨帆合唱团、思明区青少年宫小胖合唱团等单位参加演出，参演人员500多人。整场音乐会分为“峥嵘岁月”“春天赞歌”“领航新时代”3个篇章、14个节目，现场观众600多人。音乐会在童声《唱支山歌给党听》中启幕，《我们是共产主义接班人》《我的祖国》《黄河颂》《保卫黄河》《在希望的田野上》《阳光路上》《我爱鼓浪屿》《海之梦》等歌曲让观众们产生共鸣，音乐会尾声全体演员齐声合唱《没有共产党就没有新中国》。

2021年6月18日，厦门音乐界庆祝中国共产党成立100周年主题音乐会在五缘湾音乐厅举行　（市文联　供图）

【中秋美术书法作品展】 2021年9月16日，由中国文联、厦门市人民政府共同主办，中国文联国内联络部、中国美协、中国书协、福建省文联、厦门市文联、厦门市思明区人民政府等单位承办的2021年“中华情·中国梦”中秋展演系列活动之一——美术书法作品展开幕。受新冠病毒肺炎疫情影响，该展采用线上“云展览”方式。作品展以“聚焦人民福祉　共享全面小康”为主题，围绕《习近平用典》第二辑、“伟大建党精神”、“脱贫攻坚精神”等主题内容进行创作，展出书画作品677幅，包括美术作品243幅、书法作品434幅。其中，台湾地区169名书法家以《习近平用典》第二辑为内容创作的169幅书法作品参展。在中国画大陆作品展区，展出徐里、马锋辉、任惠中、贾广健、王来文等国画家作品140幅；在中国画台港澳侨作品展区，展出黄光男、罗振贤、唐健风、吴晓玲、陈青莉等台港澳侨画家作品103幅。中国书法长卷展区展出42名海峡两岸暨港澳地区和海外华人华侨书法家书法长卷4幅，其中大陆书法家20人、台湾书法家17人、港澳侨书法家5人。不忘初心书法作品展区展出厦门书法家向基层党员赠送以“不忘初心”为内容创作的书法作品100幅。

【第九届海峡两岸文学笔会】 2021年12月14日，由福建省作家协会、厦门市文联联合主办，市作家协会承办的第九届海峡两岸文学笔会开幕式在厦门市委党校举行。笔会以“命运共同体时代下的海峡两岸文学”为主题，为期2天，由主题研讨、参观与沙龙讨论、专题讲座3个部分组成。开幕式后，举行“命运共同体时代下的海峡两岸文学”主题研讨会等活动，8名来自两岸的作家、学者进行主题发言，从两岸文学的互补性、新媒体视域下的两岸城乡书写、命运共同体时代下的文学趋势、海峡两岸报告文学的回顾等方面进行探讨。来自海峡两岸的作家和评论家100多人参加活动，共话两岸文学未来发展。

（邱　乐）

厦门市科学技术协会

2021年7月23日，厦门市第二期创新方法培训会在市科协4楼学术报告厅举办

（市科协　供图）

【概　况】2021年，厦门市科学技术协会（简称市科协）围绕经济和社会发展需求、社会关注的热点展开研究，提出现实应用价值意见和方案。开展年度重点调研课题征集活动，对“激发科技人才创新活力的人才政策协同研究”“厦门市推进碳达峰碳中和行动路径研究”“厦门市农作物废弃物资源化利用与对策研究”等10个课题，涉及人才、环保、农业、标准、通信和医学6大类进行重点调研。联合福建省科学技术咨询中心、市工信局举办2期TRIZ创新方法培训，全市60余家科技型企业技术骨干报名参训。组织厦门立林科技有限公司等7家企业参加由省科协、省科技厅主办的2021年中国创新方法大赛福建赛区决赛，获得一等奖1名、二等奖1名、三等奖2名。新建麦克奥迪实业集团有限公司院士专家工作站1家，引进1名中国工程院院士，签约7名外部院士专家进站工作；完成金旸（厦门）新材料科技有限公司、集美大学、中联环股份有限公司3家市级院士专家工作站申评省级院士专家工作站工作；完成罗普特、塔斯曼、长庚医院、垒知控股、环创科技等9家院士专家工作站绩效考评。各建站单位依托院士专家工作站平台开展学术交流和技术培训29场次，为建站单位培养一批急需人才。新冠病毒肺炎疫情防控期间，市科协发动全市各级科协组织，围绕防控新冠疫情开展应急科普宣传。联合电视台、疾控中心制作疫情科普宣传片在移动电视及城市频道连续播放，覆盖10多万人次。利用各级微信公众号、短信、科普宣传单等方式推送、播放、张贴疫情等科普宣传5000余篇，阅读量200余万人次。

【科普活动】2021年，厦门市科协研究部署厦门市全民科学素质工作会议，针对“十三五”期末厦门市公民具备科学素质比例为14.4%，动员各成员单位强化农村科普工作，通过有效途径提高农村村民科学素质的比例。开展农村科普服务活动，加强农村基层科普组织和科普队伍建设，面向农民普及科学文化知识。全市有6个“科普示范村”，培育认定3个农村专业合作社为创新型农村种植科普教育基地，实现“科普教育示范基地＋农业科技专家＋村民”的有机结合。举办2021年厦门市“农村科普服务嘉年华”活动，为“厦门市流动科普教育基地服务队”授旗，数十家学会、科普教育基地等开展科普宣传、义诊看病、法律咨询、农技辅导等科普便民服务。开展以“百年华诞心向党，远离邪教享安康”为主题的防范邪教宣传月活动，先后前往集美区、翔安区等地开展反邪教科普宣传活动，提高村民识邪辨邪、自觉抵制邪教的能力。其间接受群众咨询180余人次，发放科技宣传资料800余份。组织实施“千会帮千村”走进全市“科普示范村”活动。来自市医学会、市老科技工作者协会、市反邪教协会等相关学会与“科普示范村”村两委签订“千会帮千村”结对帮扶协议，通过菜单式帮扶，共同探索科技社团助力乡村振兴的特色模式。

【“爱心厦门·志愿助农”行动】2021年，厦门市科协组织“爱心厦门·志愿助农”行动。探索建设农业技术指导员、农业发展辅导员、农村科普宣传员、涉农法律服务员的“四员”队伍，面向农业农村开展农民科学素质提升、产业发展帮扶、种养殖技术指导等涉农工作。先后在翔安区新圩镇面前埔村、同安区汀溪镇褒美村、翔安区新圩镇东寮村、翔安区新圩镇乌山村、集美区后溪镇英村开展5场“爱心厦门·志愿助农”系列农技培训，参加培训300余人次。依据村民实际需求，聘请资深农业专家为村民讲解示范、答疑解惑，并深入田间进行现场教学，手把手传授技术。

【青少年科技活动】2021年，厦门市科协指导学校依托课堂、社团组织等形式开展特色科技主题活动，并提交学生报告1345个，占福建省学生提交数据的40%，提交调查表22071个。完成2021数字中国AI机器人赛道的动员申报工作，为学校争取配套设备支持。组织动员厦门市中小学生参加第十二届全国青少年科学影像节活动。组织参加第三十六届省级创新大赛的复评活动，获52个省级奖项，其中一等奖19项；组织厦门市青少年参加福建省青年科普创新实验暨作品大赛，获一等奖3项、二等奖2项、三等奖3项、优胜奖6项；组织参加2021年福建省青少年电脑机器人竞赛，获冠军1项、一等奖6项、二等奖9项、三等奖10项。市科协通过各种渠道加强厦台合作，推进与海峡东岸的青少年科技教育交流，助力闽台青少科技活动。

【“全国科技工作者日”活动】 2021年5月25日，由中共厦门市委宣传部指导，厦门市科学技术协会、中共厦门市委市直机关工作委员会和厦门市科学技术局共同主办的“永远跟党走”——庆祝中国共产党成立100周年雕塑作品展暨“全国科技工作者日”活动在厦门市海丝艺术中心举行。市科协及所属市工艺美术学会等，组织动员百名工艺大师围绕主题开展艺术创作活动。市委宣传部、市科协、厦门大学、市委党史学习教育领导小组、市科技局、市委市直机关工委党委等主办、承办、协办单位领导，以及市科协机关、服务中心，市属学会（协会、研究会）、市科普教育基地、部分高校师生和天湖社区大党委成员单位代表300余人参加活动。展览用创新的方式，将党史学习教育和艺术相结合，通过雕塑及版画等艺术形式，再现中国共产党成立100年间的重大事件、杰出人物和经典篇章，激励广大科技工作者听党话、跟党走，赓续红色基因，发扬老一辈科技工作者爱国、创新精神，投身科研事业。

【海峡科技专家论坛主会场活动】 2021年12月12日，由中国科协主办、福建省科协承办的2021年海峡科技专家论坛主会场活动在厦门举行。论坛以“两岸新时代·科技新融合”为主题，聚焦两岸科技融合和高质量发展，设1个主会场和11个分会场，采用“线上+线下”相结合、“主会场+分会场”相结合的方式，海峡两岸科技专家、学者、业界代表2100多人（其中台湾地区代表400多人）参与活动，签约两岸科技合作项目9个，征集两岸科技论文400多篇。中国科协党组成员、书记处书记王进展在主会场开幕式上发表视频致辞。

（曾钰婷）

厦门市社会科学界联合会

2021年11月19日，海峡两岸（厦门）共同精神家园暨融合发展路径论坛在厦门举行

（胡志盛 摄）

【概 况】 2021年，厦门市社会科学界联合会（简称市社科联）依托鹭江讲坛、同文讲堂等阵地，组织社科专家学者深入机关、高校、军营、学校、社区开展社科知识普及宣传活动，组织市社科专家、学者开展党的创新理论和社科知识宣传普及，把握人民群众理论需求，解决人民群众的思想困惑，回应人民群众的现实期待，助推习近平新时代中国特色社会主义思想在厦门走深、走细、走实。开展说党史、讲理论等讲座192场，通过线上线下的宣讲，受益群众10多万人次，被列入厦门市“我为群众办实事”第二批优秀案例评选项目之一。开展建设金砖国家新工业革命伙伴关系创新基地、服务贸易创新发展、市域社会治理现代化等中心工作。开展防疫知识科普宣传，组织相关课题调研建言献策，为统筹推进新冠病毒肺炎疫情防控和经济社会发展工作提供理论支撑与智力支持。开展党史学习教育，把党史学习教育作为贯穿全年工作的主线，以参观红色资源，开展社科文化“大讲堂”青年干部演讲、红色歌曲咏唱，社科学会党组织学习研讨、干部培训、专题辅导、专题培训等形式，让广大党员干部在活动中接受教育。从民间交流、理论研讨、对台研究等方面着手，探索两岸融合发展新路。举办“两岸青少年中华姓氏源流知识竞赛”、海峡两岸（厦门）信息化论坛暨2021海峡两岸（厦门）数字经济项目、海峡两岸（厦门）共同精神家园暨融合发展路径论坛、纪念施琅将军诞辰400周年座谈会等11项对台民间文化交流活动。深化对台研究，开展“深化厦台融合发展研究”等多项重点课题，与厦门大学台研院共建台情研究中心，编发《台情内参》20期，刊载多篇高质量原创性稿件，为探索两岸融合发展提供决策参考。以“鼓浪屿国际研究中心”为平台，吸纳海内外研究力量共同深化鼓浪屿历史与现实学术研究，编辑出版《鼓浪屿研究》学术辑刊第十三、十四辑，推出鼓浪屿原创性高质量学术论文20余篇。

【社科学会管理】 2021年，厦门市社科联加强对哲学社会科学研讨会、报告会、讲座等各类意识形态阵地的管理，举办社科联系统干部培训班，将意识形态教育纳入社科联系统干部培训班内容。全年完成52家业务主管学会的年检工作，组织举办社科学会“双十”活动，开展对台民间交流。组织社科组织就如何主动作为融入新发展格局进行专题讨论，组织“学习百年党史，感悟真理力量”学习研讨暨党史学习教育推进会。加强“同文书院”平台建设，汇聚历史文化研究人才，编辑出版社科丛书12本。发动机关和社科学会约1.8万名党员干部结合“双报到”主动下沉社区，参与疫情宣传、劝导群众、体温检测等志愿服务，筹集1100余万元疫情防控物资和爱心捐款。

【社科理论研究】 2021年，厦门市社科联开展年度调研课题109项。其中，获市政协提案立案14项，可行性建议被多部门采纳。编发年度调研课题成果推介、经济社会发展与预测蓝皮书，编撰出版《厦门市经济社会发展与预测蓝皮书（2021—2022）》。编辑《智库报告》，为厦门经济社会发展建言献策，获省、市领导批示16件。组织举办厦门市第十二届社会科学学术年会，编辑《厦门社会科学》6期、《智库报告》20期、《台情内参》20期。出版厦门社科丛书12本、《鼓浪屿研究》辑刊2期。与厦门大学等高校合作共建人文社科研究基地9个，与市委改革办等多部门合作开展应用对策研究，协同市委教育工委在高校组织开展思想政治理论课题研究。配合市委宣传部组织高校、社科研究机构等开展“习近平在厦门”系列理论研究，推动第一批关于扶贫、特区发展等7个课题项目的成果转化，开展第二批关于生态文明、对台等6个课题项目立项研究，深化对习近平总书记在厦门工作时的重要理念和重大实践的研究阐释。召开学习贯彻习近平总书记在福建考察时的重要讲话精神、“七一”重要讲话精神、党的十九届六中全会精神等5场社科界座谈会。组织庆祝厦门经济特区建设40周年理论座谈会，邀请全国专家学者深入交流研讨，为推动经济特区在新发展阶段办得更好、办得水平更高提供理论支持。围绕庆祝中国共产党成立100周年、两岸融合发展、厦门经济特区建设40周年等议题，举办11场学术论坛及研讨会，吸引国内专家学者关注厦门、研究厦门，为厦门发展献计献策，营造浓厚理论氛围。

【社科普及宣传】 2021年，厦门市社科联发挥厦门社科网站、“厦门社科”微信公众号、《厦门社会科学》等理论宣传平台作用，持续刊发理论文章，宣传阐释习近平新时代中国特色社会主义思想。完成《中国共产党百年史珍闻集锦》《热心助学弘扬中华文化的华人翘楚孙炳炎》读本的编印及《厦门红色故事》短视频制作，助力党史学习教育活动。发挥社科普及品牌宣优势，“鹭江讲坛”深耕基层，受益群众10多万人次，打通理论宣讲“最后一公里”。结合庆祝中国共产党成立100周年活动，以沙龙形式组织开展社科普及和党史学习教育，深入书院、高校、社区等地开展活动20多场次。发挥各类宣传普及载体作用，动员社科界开展党史学习教育活动，市区联合组织“百场党史”进基层宣讲120多场，创作《厦门红色故事》系列短视频并上线学习强国厦门平台，编印《中国共产党百年党史珍闻集锦》科普读本等党史宣传产品，开展“传统文化红色文博IP应用群众性体验活动”“邮票上的百年党史”等8项市级“永远跟党走”群众性主题宣传教育活动，接待参观见学群众2.5万人次。设立并完成宣传红色文化项目2个（英雄三岛精神主题教育系列活动、海堤纪念馆第一届“海堤精神”小小讲解员大赛）、优秀传统文化项目2个（中华优秀传统文化进校园、进社区暨党员志愿者服务活动，“文化传薪火　非遗颂党恩”——献礼建党100周年特别活动）、闽台历史名人项目1个（开台第一人颜思齐拓台400周年纪念系列活动）、公共服务均等化服务项目1个（宣传2021年城市流动儿童阅读推广公益项目）。

【社科学术年会】 2021年11月17日，由厦门市社会科学界联合会、厦门市社会科学院指导，厦门大学嘉庚学院主办，厦门大学嘉庚学院国际商务学院、会计与金融学院、管理学院联合承办的厦门市第十二届社会科学界学术年会在厦门大学嘉庚学院开幕。该年会设1个主论坛和3个分论坛。主论坛以“厦门经济特区建设40周年产业发展与城市建设的经验与启示”为主题。主论坛由厦门大学嘉庚学院国际商务学院院长苏锦俊主持，来自高校的各位主讲嘉宾、企业界的嘉宾代表参会。厦门市社科院院长李桢致开幕辞。年会围绕庆祝中国共产党成立100周年、两岸融合发展、厦门经济特区建设40周年等议题，举办11场学术论坛及研讨会，被《人民日报》、新华网、党建网等媒体宣传报道，其中“中国特色社会主义制度理论与实践探索”“共建‘一带一路’高质量发展与金砖国家新工业革命伙伴关系创新基地建设”等论坛吸引国内专家学者关注厦门、研究厦门，为厦门发展献计献策；“新时代青少年党史学习教育的理论与实践”论坛推动掀起新时代青少年党史学习教育热潮。

【第十七届社科普及宣传周】 2021年12月1—7日，由厦门市委宣传部、厦门市社科联主办的厦门市第十七届社科普及宣传周在惠和石文化园举行。该届普及周以“永远跟党走，谱写新篇章”为主题，开展17个大项、123个小项活动，100多万人次通过线上线下平台参与，发挥社会科学“认识世界、传承文明、创新理论、咨政育人、服务社会”功能作用。其间举办“百年奋斗　百年华章”邮票图片展、“颂党恩　展新风”等7场主题展览，社会科学知识有奖竞答等3场线上活动，以及社科系列讲座等17个大项活动。线上线下为市民提供集中、优质的社科普及服务。组织2场闽南文化普及活动，邀请社科专家进基层系列活动开展文化宣传。推动社科普及“七进”（进机关、进学校、进社区、进家庭、进企业、进农村、进网站）。社会科学普及宣传周有市（区）委宣传部、社科联、社科学会、社科基地、社科志愿队、驻厦门高校、区融媒体中心等380多家单位，社科专家学者、社科志愿者5000多人参与。

（市社科联）

厦门市归国华侨联合会

【概　况】 2021年，厦门市归国华侨联合会（简称市侨联）开展“侨心向党”系列活动16项，完成“我为侨界群众办实事”实践项目9项，全市侨联系统帮扶救助侨界困难群体逾1800人次，发放各类帮扶资金超过190万元。市侨联成立首批科研院所侨联——厦门稀土材料研究所侨联、中科院城市环境研究所侨联，成立首批兼合式党支部——厦门市印尼归侨联谊会兼合式党支部、厦门市侨商会兼合式党支部，成立厦门第二个闽侨智库高校研究中心——闽侨智库厦门理工学院研究中心。完成法律顾问委员会换届，首次向社会公开征集聘任法律顾问；完成新建基层组织、“侨胞之家”、“五好侨胞之家”和社区侨联升格；海外华侨华人社团厦门联络总部成立3周年，吸纳第五批8个海外社团入驻，有5批次来自46个国家和地区的91家海外社团入驻，加强厦门与海外侨团的联络联谊。开展“暖侨行动”，走访慰问在厦门集中医学观察800多名入境返乡侨胞和留学生，并建立常态化走访慰问制度。在同安区开展“侨爱心·进社区”眼健康服务。参与厦门市侨商会和厦门大学侨联共建产学研合作基地。参与泰国、菲律宾、澳大利亚归侨联谊会和新侨人才联谊会换届工作。组织归侨侨眷参与“唱支山歌给党听”主题快闪录制厦门篇登上央视《新闻联播》。召开厦门市侨联十六届六次全委会会议、五次常委会会议、三次主席会议。协助中国侨联在厦门举办中国侨联部分基层侨联组织负责人研修培训班、全国侨联系统财务人员培训班、侨连五洲·海外联谊研修班暨嘉庚精神研修班、省级侨联联谊联络工作会议。海内外侨界捐赠支持抗疫，厦门市侨联对接捐赠约680万元、132万个口罩及其他防疫物资。厦门市侨联获评“全国侨联系统抗击新冠肺炎疫情先进集体”和国家发改委等部门颁发的“节约型机关”称号。思明区鼓浪屿街道侨联和湖里区康乐社区侨联“侨胞之家”被中国侨联表彰为全国侨联系统优秀“侨胞之家”。7月15日，中国侨联主席万立骏、副主席程学源到厦门市侨联机关调研指导工作，对海外华侨华人社团厦门联络总部的设立和运作给予肯定，并看望市侨联机关全体人员和中国侨联挂职干部。

【金砖国家华侨华人创新合作对接会】2021年4月21—22日，由福建省侨联、厦门市侨联联合主办的金砖国家华侨华人创新合作对接会在厦门宝龙酒店举办。对接会开展专题宣讲、招商推介、实地参观考察，举行金砖国家华侨华人创新合作项目签约仪式，集中签约项目12个，投资总额29.3亿元，项目涉及海洋经济、生物医药、产业金融、信息技术等领域。征集关于设立“金砖创新基地”海外联络处、发行金砖卡、成立金砖国家商务先行区、建设闽南文化主题博物馆等建设性建议。工业和信息化部国际经济技术合作中心、商务部国际司等部门相关负责人先后作题为《高标准建设金砖创新基地 谱写厦门国际化发展新篇章》《金砖国家经贸合作》的专题讲座。福建省侨联主席陈式海、副主席张瑶，福建省委统战部部务会成员、一级巡视员郑惠文，福建省工信厅二级巡视员余须东，厦门市委常委、统战部部长张毅恭等相关单位代表，以及来自金砖国家、“一带一路”沿线国家、新兴市场国家的近百位侨领侨商代表出席会议。厦门市侨联主席陈俊泳主持对接会。

【特色文化网上夏令营】2021年7月14—28日，由中国侨联主办，福建省侨联、厦门市侨联、同安区侨联承办，北美华人华裔寻根协会和厦门东海技术职业学院协办的2021“亲情中华·为你讲故事”厦门同安特色文化网上夏令营在同安举办，北美、菲律宾华裔青少年66人参加。课程采用“现场直播＋录播”形式，设置绘画、书法、武术、同安美食制作等课程。海外华裔青少年营员跨越时空云端交流，聆听中国、厦门故事，了解同安、厦门乃至中国发展成就，传承优秀传统民族文化、闽南文化和嘉庚精神，感受中华传统文化的博大精深。召开在厦门华裔留学生（线上＋线下）座谈会，来自印度尼西亚、马来西亚、泰国等国家在厦门华裔留学生代表参加座谈，邀请厦门市卫健委、市人社局、市公安局出入境管理局、厦门大学外事办、华侨大学华文学院、陈嘉庚基金会等相关部门负责人参会，面对面为留学生答疑解惑。

2021年4月22日，金砖国家华侨华人创新合作项目签约仪式在厦门宝龙酒店举行
（刘东华　摄）

【“侨与特区共奋进”图片展】2021年11月8日至12月20日，由厦门市侨联主办的“侨与特区共奋进”图片展在厦门团结大厦举办，该展推出“厦门经济特区建设四十年四十事”系列宣传，庆祝厦门经济特区建设40周年，展出12个篇章、156幅珍贵的历史照片，用40个有特别纪念意义的故事反映归侨侨眷、侨务工作者的努力和付出。

【第七届侨智侨企创新创业论坛】2021年11月25日，由厦门市侨联指导、厦门市侨商联合会主办的第七届侨智侨企创新创业论坛在厦门宝龙酒店举办。厦门市侨商联合会、厦门新侨人才联谊会、厦门市侨联青委会、海外联络总部，以及厦门国际银行厦门分行等相关单位代表参加，共同为侨企侨商创新创业出谋划策。现场，厦门市侨商联合会与厦门国际银行厦门分行举行金融惠侨合作协议签约仪式，深化银企产融互通与共赢发展。活动邀请厦门大学王亚南经济研究院副院长、经济学院教授周颖刚作题为《疫情全球大流行与世界经济金融格局》的专题讲座，为侨商侨企更全面地了解当下世界经济形势及全球金融市场局面提供有益参考。论坛前夕，厦门市侨商联合会与厦门国际银行厦门分行签署战略合作协议，获意向授信50亿元，深化银企产融互通与共赢发展。

（李宗阁）

厦门市台湾同胞联谊会

【概　况】2021年，厦门市台湾同胞联谊会（简称市台联）围绕厦门经济社会发展全局和市委市政府中心工作，开展党史学习教育，党员干部展现新担当新作为，履行“联谊、服务、团结”职能，提升服务力和影响力。探索海峡两岸融合发展新路，成立厦门市两岸青年创业联盟；举办海峡两岸（厦门）青年企业家篮球邀请赛，加强两岸体育赛事交流；举办两岸青年创业就业研习营，助力台湾青年创业就业；响应市委、市政府“留厦过年”号召，组织暖春行动——“新春不打烊”系列活动，以线上线下结合方式，向在厦门过年的厦门大学、集美大学、华侨大学的台湾大学生和各青创基地的台湾青年送暖心年夜饭、致节日问候；春节期间举办为期6天的联谊交流，线下吸引两岸青年400人次、线上219万人次参与互动，让留厦门过节的台胞感受“在厦如在家”的关怀与温暖，加深两岸情感融合。市台联牵头联合团市委推动组建厦门市两岸青年创业联盟，以在厦门台青创基地、青年协会和高校台生等团体为组织依托，以线上线下相结合的方式，通过平台搭建、联谊交流、协同合作、项目孵化、技能培训、跟踪辅导带动，构建务实高效的两岸青年服务体系，加强两岸青年交流交往。在新冠病毒肺炎疫情防控期间，市台联组织全体机关干部并发动理事和台企台商台胞自发下沉到社区参加志愿服务，支持协助全员核酸检测取样工作，发动台企台商台胞捐资捐物。定期走访慰问同安莲花镇上陵村困难户，向市红十字会捐出2020年海峡两岸网红主播大赛选手佣金，元旦、春节关爱80岁以上老台胞，代表性定居台胞，对台工作有贡献的专家、学者，组织机关党员干部投身文明典范城市创建，参加“保护地球，保护环境”、文明交通、文明网络、学雷锋、义务植树等宣扬传播践行文明和志愿服务的活动。

【台胞帮扶救助】 2021年，厦门市台联修订完善《定居困难台胞医疗、生活补助暂行办法和定居台胞扶贫济困资金管理办法》，探索定居台胞帮扶救助新路。建立台胞信息管理库，实现智能化管理；升级定居老龄台胞、老龄台胞遗偶和困难台胞扶贫济困网上平台，进一步简化申报流程，优化网络审核机制；采取多方信息比对等途径，将符合条件未申报对象尽全纳入。年内，将1262名定居老龄台胞、老龄台胞遗偶和困难台胞的专项资金全部送到家。全年累计发放定居老台胞、老台胞遗偶生活津贴及台胞低保户生活补助金等专项补贴金300余万元，实现申报审核“一趟不用跑”。落实“国台办惠台31条”、厦门“60条惠台举措”，解决在厦门投资、创业就业的台胞子女就学难题。面对新冠病毒肺炎疫情，市台联与市教育局、市台港澳办等相关单位沟通协作，通过台联微信公众号平台简略现场办公集中审核入学材料环节，调整为报到注册时一并审核办理，实现“远程核办”“不见面审批”。申报备案的101名在厦门台胞子女落实就读公办学校学位，就学手续采取“一站式”办理。

【海峡两岸厦门青年企业家篮球邀请赛】 2021年5月15日至6月18日，由厦门市人民政府台港澳事务办公室、市体育局指导，市台联、市台商投资企业协会、市两岸交流协会主办的“厦门银行杯”海峡两岸（厦门）青年企业家篮球邀请赛在厦门市体育中心开幕。该邀请赛吸引16支、160名两岸青年企业家运动员参加，根据疫情防控相关要求展开。其间分别进行小组赛、交叉赛、决赛等30多场比赛，最终决出前6名。评选出“团队精神奖”“最佳组织奖”，个人则设置得分王、最有价值球员、最佳人气王等奖项，分别颁发奖杯。总决赛全程进行网络直播，直播观看近百万人次。

【第九届“同名村·心连心”联谊活动】 2021年6月18日，由中华全国台湾同胞联谊会指导，福建省台湾同胞联谊会、福建省海外联谊会、福建省闽台交流协会、厦门市台联、漳州市台联、漳州市电视台、台湾闽台同宗同名村交流中心主办的第九届“同名村·心连心”联谊活动在厦门帝元维多利亚大酒店启动。来自海峡两岸的同名村代表、在闽台胞、专家、学者等近百人参加，深入厦门、漳州的闽南交流点参访，感受海峡两岸同根同源的历史文化。嘉宾探访厦门海沧区青礁村院前社的红砖古厝传统民居，参访青礁慈济东宫、青礁村芦塘书院、开台文化园等地。开展“两岸好声音·共筑复兴梦”文艺展演，以“曲同调”为主题，唱乡音、叙乡情，共话闽台情缘。通过短视频、云互动等形式，回顾海峡两岸同名村的历史渊源，展现海峡两岸在文化传承上的一脉相承，展示在新时代发展机遇下海峡两岸同胞在经济、文化上携手合作、互惠互利的丰硕成果。

【海峡两岸青少年新媒体“唱”论坛】 2021年7月18日，由中华全国台湾同胞联谊会、福建省台湾同胞联谊会、厦门市台联、厦门海沧台商投资区管委会联合主办的海峡两岸青少年新媒体“唱”论坛在厦门广电演播厅举办，海峡两岸音乐人、青少年100人参加。论坛以“唱忆青春、唱享未来”为主题，通过“初见”“交流”“融合”三大主题篇章，在现场和线上，两岸音乐人以歌会友。论坛上，由全国台联携手厦门广播电视集团等单位共同打造的“未来音乐人·繁星计划”同步启动，旨在为台湾青年音乐人到大陆发展提供优质的创作环境、丰富的平台资源、专业的版权运营和精准的宣推渠道，建立两岸音乐人和音乐作品落地转化的新机制。

（王珊珊）

厦门市金门同胞联谊会

【概　况】 2021年，厦门市金门同胞联谊会（简称市金联）持续开展扶贫济困专项工作，为1207名在厦门老龄金门、马祖同胞发放生活补贴288.82万元，为140名在厦门老龄金胞遗偶发放生活补贴33.36万元，为35名在厦门困难金胞发放生活补助7.9万元，发放生活补贴1382人次、补助330.08万元。关爱金门和马祖同胞特殊群体，团结女性金胞和青年金胞。入户走访慰问17名困难金胞，75名老龄金门、马祖同胞，协助福建省金门同胞联谊会为厦门考上大学的31名应届金胞学子办理、发放奖学金。与厦门市海联会联合走访慰问华侨大学寒假留校台湾学生，向台湾学生送上新春祝福和台湾美食大礼包，表达关心关怀。走访金门酒厂（厦门）贸易有限公司、太祖（厦门）食品有限公司等在厦门的金门客商企业，与名誉会

2021 年 4 月 22 日，“书香两岸 · 厦金同心”厦金闽南民俗文化读书会在厦门金榜书院和金门举行。图为厦金两地读者通过线上进行互动　（杨琳　摄）

长、名誉理事以及青年金胞代表进行交流；走访常住金胞家庭，向金胞儿童开展“六一”节慰问，邀请金门客商参加第二十一届中国国际投资贸易洽谈会，力促厦金两地金胞的交流交往。市金联和广大金胞参与新冠病毒肺炎疫情防控工作，参与志愿服务，踊跃捐款捐物，彰显责任担当。组织赴同安区莲花镇上陵村开展挂钩帮扶，走访慰问困难户，助力推进乡村振兴工作。开展“童心向党　筑梦未来”——“学史爱国”阅读主题活动和“赠送红色经典　传播红色文化”——“学史爱国”主题活动。向翔安区三岛图书馆和希元书院各赠送 200 册图书，传播红色文化与中华优秀传统文化，助推社区文化建设。开展“学党史、亮身份、做表率，我为群众办实事”实践活动，首次设立金胞志愿者“党员服务岗”，通过学党史、亮身份、做表率，与金胞群众心贴心，为人民群众做实事、办好事。

【厦金闽南民俗文化读书会】 2021 年 4 月 22 日，由厦门市金门同胞联谊会、思明区社科联共同主办，厦门市民俗学会、金门县闽南文化协会联合承办的厦金闽南民俗文化读书会通过直播的方式同步在厦门和金门举行。该读书会以“书香两岸 · 厦金同心”为主题，以书为媒，线上联通两门（厦门、金门）学者，介绍茶文化和姓氏文化，通过线上分享的形式打破时间、空间限制，促进两岸文化交流。活动邀请两岸民俗名家学者，以两岸历史民俗文化相关书籍为纽带，进行导读及互动沟通。厦门会场设置于金榜书院，邀请厦门大学土耳其孔子学院首任院长郑启五介绍他的书《把盏话茶》，随后现场上演茶艺表演；在金门活动现场，由金门县采风协会理事长黄振良导读书籍《金门迁徙古同安内地的家庭聚落》，观看金门宗族姓氏文化短片。通过现场云端连线，厦门、金门观众互相提问，促进两岸文化交流深厚绵长。

【第六届纪念林希元两岸文化节】 2021 年 4 月 30 日至 5 月 1 日，由厦门市金联与翔安区大嶝街道办事处、金门县文化局等单位主办的第六届纪念林希元两岸文化节在大嶝英雄三岛精神主题馆等地举行。活动结合庆祝中国共产党成立 100 周年、开展党史学习教育等主题，举办“文学的红色经典我来讲”、乡愁——海岛文化学术研讨座谈会、源与缘——两岸高端艺术作品交流展、海岛文化——传承“英雄三岛精神”主题摄影展等五大活动。从视野格局、思想内涵、文化品位、内容质量等方面，突出两岸文化交流与研讨，丰富展览宣传内容和形式，契合地缘文缘，实现品牌提升，促进两岸交流融合，进一步推动红色文化的传播，营造催人奋进、健康向上的文化氛围，提升红色文化的影响力，推动党史学习教育取得实效。

【厦金青少年书画展】 2021 年 5 月 30 日，由厦门市金联与市关工委、市青少年宫主办的“童心向党　同心筑梦”庆祝中国共产党成立 100 周年厦金青少年书画展在翔安区大嶝街道双沪社区启动。画展受到厦门市各界各部门、有关街道、社区、学校、培训机构及师生的支持及参与，众多在厦门学习生活的金门籍学生参加。活动以庆祝中国共产党成立 100 周年为契机，引导广大青少年积极培育和践行社会主义核心价值观，表达厦金青少年童心向党、同心筑梦、茁壮成长的美好愿景。书画展展示 190 余名厦门、金门青少年儿童的 260 多幅书画作品，用勾线填彩、水粉、水彩、国画、剪纸、版画、素描、装饰画、楷书、隶书等丰富的形式，歌颂党的丰功伟绩，赞美祖国壮丽河山、美丽家园，吟唱美好事物，表达他们热爱党、热爱祖国、向往美好事物、努力学习、积极向上的心愿与憧憬。该展有 75 幅书画作品获得一、二、三等奖，其中美术作品 60 幅、书法作品 15 幅。在厦门学习生活的金门青少年参与活动。

【第十七届青少年夏令营】 2021 年 8 月 27 日，由厦门市金联、市海联会、市关工委联合主办，台中市金门同乡会、台中市浯江金门同乡会协办的第十七届“厦金情深 · 心手相印”两岸金门籍青少年夏令营开营，20 名在厦门金门籍青少年与 20 名台中金门籍青少年参加活动。受新冠病毒肺炎疫情影响，市金联首次创新采用云端夏令营的模式，弥补两岸金门籍青少年无法互动交流的遗憾。两岸金门籍青少年以“云端连线”的方式，在厦门和台中同步搭建闽南建筑、竞速龙舟纸模型，在寓教于乐和体验学习中，感受嘉庚精神和爱国情怀。通过精美的作品，展现勤于思考、善于动手的品质，表达割不断的浓浓亲情，共同感悟心手相印的深刻内涵。活动推动两岸金门籍青少年的交流与融合，增进对中华传统文化的认知及了解，更好地传承和弘扬嘉庚精神，让血浓于水的两岸情缘更加深厚。

【第八届海峡两岸老少书画摄影交流活动】 2021 年 10 月 27 日，由厦门市金联与市关工委、港澳台美协台湾地区分会主办的第八届海峡两岸老少书画摄影

2021 年 8 月 27 日，第十七届"厦金情深·心手相印"两岸金门籍青少年夏令营采用云端模式举行 （杨琳 摄）

交流活动在福建省大地书画院启动。活动以"翰墨情·中国梦"为主题，通过笔会和展览，为两岸艺术家与儿童搭建交流创作平台，增进两岸下一代文化认同，共同传承中华优秀传统文化。活动展出书法、美术、摄影作品 288 件，包括大陆作品 180 件、台湾地区作品 106 件，以及 2 幅由两岸书画家共同创作的美术作品。活动得到两岸 200 多名艺术家和儿童响应，提交的作品植根于中华传统文化，题材广泛、风格多样，具有较强的观赏性和感染力。展览现场的 2 件大尺幅国画作品，都以"翰墨情·中国梦"为名，由厦门部分老年书画家和在厦门台湾书画家共同完成。

（粘世贤）

中国国际贸易促进委员会厦门市委员会

【概　况】 2021 年，中国国际贸易促进委员会厦门市委员会（简称市贸促会）壮大会员队伍，全年新增会员 201 家、商会会员 3013 家。加入会议展览业两大国际组织——国际大会及会议协会（ICCA）和国际展览与项目协会（IAEE），完成商会第三届跨境电商专业委员会换届，与阿里巴巴签署合作备忘录，发起成立丝路与金砖国家跨境电商产业战略联盟。邀请 54 个境内外团组参加投洽会，与"一带一路"国家（地区）相关机构联合主办 17 场经贸活动，包括特立尼达和多巴哥厦门推介会、中国—乌克兰合作新机遇投资推介会、第三届中国—阿拉伯经贸投资高峰论坛、2021 中拉新工业革命合作论坛等。持续加强与金砖及"金砖 +"国家相关机构联系，宣传推介金砖创新基地及相关政策，完成 2021 金砖国家智库国际研讨会相关工作，举办"金砖 + 跨境电商峰会"。优化出证、认证业务，全年为企业签发各类优惠、非优惠原产地证及认证各类商事文件 9.66 万份，比上年增长 3.9%，涉及出口额 68.12 亿美元；不可抗力事实性证明工作纳入厦门市《积极应对新冠肺炎疫情影响助力企业纾困减负若干措施》，为 12 家企业出具不可抗力事实性证明 16 份，涉及合同金额 4265.1 万元。发挥法律服务平台作用，发布各类预警信息 347 条，涉及 68 个国家和地区；组织企业参加各类商法培训 35 场，受理企业法律咨询调解案件 24 起。全年发布微信多图文（多次的消息编辑）信息 611 条。"厦门贸促"微信公众号年度阅读量 19.2 万次。网站发布各类经贸信息 1152 条，网站浏览次数超 26 万次。探索新媒体融媒体融合发展，借助微信视频号、抖音号等平台，普及推广国际贸易、跨境电商等相关政策、行业资讯，发布各类小视频 252 条，视频播放量 188 万次，打造自有品牌栏目《跨境电商领袖汇》。获得 2021 全国贸促系统宣传工作先进单位称号。

【招商引资】 2021 年，厦门市贸促会推进招商服务保障工作，促进招商引资。探索开展委托招商、会展招商、小分队招商新方法，把招商引资工作与主办的展会有机结合起来。全年收集 20 条意向投资线索，涉及会展、软件和信息服务、生物医药等 7 个产业，促成中国国际粮油产品及设备技术展示交易会、新材料创新中心、阿里巴巴全球速卖通商家运营服务中心 3 个项目签约落地，意向总投资 10 亿元以上，促成世界 500 强企业日本 JFE 集团与环创（厦门）科技签署合作框架协议，上海乐孜睿泰生物科技与市第一医院签署战略合作协议。与韩国全罗南道（省）政府中国代表处、中阿卫视（阿联酋）、乌克兰敖德萨州发展署、巴西—中国商会 4 家机构签订友好合作协议，境外合作机构增至 286 家；新设立驻新西兰（奥克兰）、法国、奥地利、坦桑尼亚、波兰、罗马尼亚 6 个海外联络处，海外联络处增至 46 个。

【中国（厦门）跨境电商产业展览会】 2021 年 6 月 11—13 日，由商务部外贸发展局、中国国际贸易促进委员会厦门市委员会、厦门国贸会展集团有限公司联合主办的中国（厦门）国际跨境电商产业展览会在中国厦门国际会展中心举办。以"跨境互联·货通全球"为主题，现场设置五大主题展区和十大选品展区，展览范围涵盖跨境电商全产业链，吸引海内外参观观众超过 3 万人次。该展会展览面积 3 万平方米，覆盖 30 个产业带，配套举办"中国（厦门）跨境电商产业发展高峰论坛"等 22 场跨境电商行业峰会和专题论坛，累计参观客流超 6 万人次，意向订单额超过 6 亿元，累计曝光量 1253 万次。展会期间配套举办厦门营商环境推介及闽菜宣传推广活动。展会首届举办即被确定为厦门市重大展览项目，中央电视台、人民网等近 30 家中央、省、市媒体进行报道。

【第二十届世界商业领袖圆桌会议】 2021 年 9 月 7 日，由中国贸促会、中国国际投资贸易洽谈会组委会主办，世界贸易中心协会联合主办，厦门市贸促会承办的第二十届世界商业领袖圆桌会议在厦门国际会展中心举行。该会议以“AI 予力，再塑产业新动能”为主题，邀请百度、华为、科大讯飞等人工智能企业高管进行主旨演讲，线上线下 1500 余人参会。中国贸促会党组成员、副会长张慎峰，厦门市人大常委会党组副书记、副主任刘育生出席会议并致辞，世界贸易中心协会商务拓展执行总裁罗宾・范・普恩布罗贝克线上致辞。

围绕 AI 技术与产业深度融合、推广应用、发展创新等数字经济新业态模式进行分享交流，探讨投资热点。嘉宾对话环节，厦门 5 家人工智能上市企业高管围绕“智慧赋能　百业更新”主题进行深度交流，探讨传统产业应用人工智能转型创新问题，为现场观众讲述智能制造、智能安防、智能家居、智能交通等 AI 最新落地应用情况。会后配套举办人工智能产业对接活动，服务地方招商引资和传统产业升级。《中国日报》、新华社等 30 余家媒体进行宣传报道。

（袁　泽）

厦门市红十字会

【概　况】 2021 年，厦门市红十字会累计接收爱心款物 1.68 亿元，其中接受新冠病毒肺炎疫情防控社会捐赠款物 1.02 亿元。超额完成福建省红十字会下达的 720 人份造血干细胞采样入库任务，实现造血干细胞捐献 14 例，新增捐献遗体、人体器官、眼角膜登记 5140 人，实现人体器官捐献 32 例（捐献大器官 135 个）、眼角膜捐献 40 例、遗体捐献 13 例。累计创建红十字博爱驿站 8 个、基层组织示范点 10 个，新增红十字教育基地 3 个、省级示范点 2 个，5 个社区开展红十字博爱家园示范点创建。注册志愿者 4691 人，开展志愿服务活动 8076 场，服务总时长 6.03 万小时。湖里区村里社区获评“全国红十字模范单位”称号，市红十字基层组织建设经验在全国红十字会系统通报推广，3 个红十字志愿服务项目获评“2020 年度全省红十字系统优秀志愿服务项目”，2 支红十字志愿服务队、2 个服务项目、2 名红十字志愿者获省、市级表彰。

【应急救护培训】 2021 年，厦门市红十字会推进应急救护培训工作，进一步强化“1 中心 +6 基地 +X 社会组织”应急救护培训体制，持续推动开放式、社会化培训，开展应急救护培训活动。举办市第二十七届职工技能竞赛应急救护技能大赛，组队参加福建省红十字应急救护大赛并获得三等奖。推动自动体外除颤器的筹募和设置，参与重大赛事应急救护保障和志愿服务等活动，组织参加全市“5・10”人防主场演练，全市“防灾减灾日”“安全生产月”等宣传活动，融入政府应急救援工作。全年开展公益应急救护普及培训 1410 场，培训人数 14.25 万人次；急救员持证培训 185 期，培训人数 7608 人。

【人道救助】 2021 年，厦门市红十字会通过“红十字博爱送万家”活动发放慰问款物 323.8 万元，慰问全市 4572 户困难群众；实施患病困难群众的救助工作，通过红十字救急基金、人道救心等专项基金用款 250 余万元救助 568 名困难病患。做好赈济救助工作，河南水灾期间，将筹集的 622.35 万元赈灾款物送达灾区。落实东西部扶贫协作工作，向甘肃省临夏市红十字会、宁夏回族自治区银川市闽宁镇调拨 KN95 口罩 20 万个支援当地抗击新冠病毒肺炎疫情；湖里、集美区红十字会联合有关部门筹集近 867 万元帮扶款物支援闽宁镇。疫情防控期间，市红十字会实施“人道关怀　爱心接力”“隔离不隔爱”等办实事项目，为隔离群众、新冠康复患者及一线医护人员送去防疫物资和慰问品。全市红十字工作者、会员、志愿者开展志愿服务 5589 场次、33506 人次。

【“三献”工作】 2021 年，厦门市红十字会推动落实《厦门经济特区无偿献血条例》。联合市卫健委等多部门，出台《厦门市无偿献血者、造血干细胞捐献者、遗体与器官（组织）捐献者直系亲属等优待政策实施办法》。联合主流媒体组织开展“三献”（献血、捐献造血干细胞、捐献遗体）宣传活动 13 场次，发动各区、各高校红十字会开展主题宣传活动，发放宣传材料 4000 余份。动员民众参与无偿献血、造血干细胞捐献，以及遗体和人体器官（组织）捐献，各项捐献数均居福建省设区市首位。

【红十字基础建设】 2021 年，厦门市红十字会联合市教育局制定《关于进一步推进学校红十字生命教育体验馆建设的实施意见》，推动 3 个红十字生命教育体验馆建设，推进学校设立红十字会，开展生命教育，全市学校红十字会组织 600 余场次生命健康教育普及培训，13 万余名师生参与。打造群众身边的红十字会，社区红十字基层组织实现全覆盖。完善微信公众号和信息化服务平台，升级改版门户网站，加入全市统一门户网站群，融入基层社会治理和“数字厦门”建设，以开展“数据多跑路　群众少跑腿”信息化服务专项行动为契机，率先在市、区红十字会落地实施“应急救护公益培训”“博爱驿站公益活动”“网上登记捐献遗体和器官”“公益项目捐赠”等移动互联网服务。基于全市大数据的信息化服务项目入围年度全市基层社会治理智能化建设“创新应用项目”评审。

（苏映红）

厦门市残疾人联合会

【概　况】 2021 年，厦门市残疾人联合会（简称市残联）配合市民政局出台《厦门市困难残疾人生活补贴和重度残疾人护理补贴的发放管理办法》，实现困难残疾人生活补贴和护理补贴对象全覆盖。新增湖里区厦门象屿慈爱老年养护中心为重度残疾人定点托养机构。全市有 19 家定点托养机构，有 1290 名重度（含三级精神和智力）残疾人入住托养机构，有 183 名精神、智力、重度肢体等残疾人在福乐家园得到日间照料服务。为 4.66 万名残疾人购买意外险，春节期间慰问 836 名困难残疾人，发放慰问金 48.31 万元。全市有 45972 名持证残疾人，比上年增加 1519 人。按性别划分，男性 25109 人，占 54.62%；女性 20863 人，占 45.38%。按户籍划分，农村残疾人 13119 人，占 28.54%；城镇残疾人32853人，占71.46%。按残疾类别划分，视力残疾3136人，听力残疾3402人，言语残疾735人，肢体残疾22117人，智力残疾4974人，精神残疾8187人，多重残疾3421人。按年龄段划分，0～7岁残疾人1053人，8～16岁残疾人1992人，17～59岁残疾人23571人，60岁以上残疾人19356人。

【爱心助残】 2021年，厦门市残联配合市委组织部落实“爱心结对”帮扶工作，发挥“爱心助残”行动牵头单位作用，保障“爱心屋”稳步运营。全市47家“爱心屋”安置残疾人及家属133人，累计实现营业收入9865.07万元。福建省首家“爱心助残驿站”在厦门金山街道养老服务照料中心挂牌成立。试点智能仿生手臂适配，开展喘息服务，配送高端电子助视器。出台《关于积极应对新冠肺炎疫情影响加大残疾人就业帮扶有关措施的通知》，帮助残疾人稳定就业、渡过难关。开展第二届“爱心助残·圆梦微心愿”活动，向社会征集善款11万元，帮助202名残疾人圆梦心愿。成立市无障碍督导总队，组织市无障碍督导总队开展4次无障碍督导，向市公共设施专项整治协调小组反馈176个无障碍设施建设情况；配合市政协视察调研道路无障碍和老旧小区无障碍2次，参加厦门中山路历史名街创建工作5次，提出无障碍改造建议8条被指挥部采用。厦门市残疾人联合会维权宣传文体处获“爱心厦门”建设工作先进集体表彰，来自残联系统的7人获“爱心厦门”建设工作先进个人表彰。

【残疾人康复服务】 2021年，厦门市残联改造提升厦门市康复辅具展示服务中心，与厦门残疾人福利基金会开展合作，发挥各自资源优势，引进中国残疾人福利基金会“凤凰健康助残”项目，为残疾人提供辅助器具，开展高科技、智能化辅助器具的展示、免费咨询、评估、体验服务。开展12场康复政策和辅具业务知识培训，提升残疾人服务能力。举办厦门市首期“脊髓损伤者生活重建训练营”，10名病人通过专业系统的学习，提高日常生活技能和独自出行能力。出台《关于疫情期间方便享受医疗康复补助精神疾病患者取药的通知》，为封、管控区内精神疾病患者开通“绿色通道”。为4500名精神病患者免费发放服药补助627.4万元，为1596名0～14周岁残疾儿童提供康复救助1541.32万元。为2万名残疾人提供精准康复服务，为3267人适配辅具，精准康复服务率和辅具适配率均100%。落实市委、市政府“为民办实事”项目，为集美、同安、翔安3个区、70个行政村的930名残疾人适配辅具1217件（套），实现农村残疾人辅助器具全覆盖；为411名残疾人提供基本型辅助器具补贴服务。依托全市社区医疗卫生服务中心（镇卫生院）、市康复医院，为279名残疾人提供36791项次康复治医疗服务，实施补助74.17万元。

2021年5月16日，福建省首家“爱心助残驿站”在厦门金山街道养老服务照料中心挂牌 （市残联　供图）

【残疾人就业】 2021年，厦门市残联加强福建省残疾人就业创业网络服务平台推广运用，创新直播带岗推介活动，拓宽残疾人就业渠道。出台应对疫情影响加大残疾人就业帮扶措施、残疾人购置农机补助政策，加强残疾人就业帮扶政策保障。全年为3281人（户）次残疾人及其创办的经营单位发放奖励、帮扶资金1306.1万元，其中发放疫情帮扶资金229.79万元（不含福乐家园疫情补助），并为70家用人单位发放超比例奖励459.9万元。加强精准就业帮扶，为658人次提供心理咨询。举办21场招聘会，帮助119名残疾人达成就业意愿。组织开展7期残疾人技能培训班，其中大龄心智障碍青年烘焙与饮品调制培训1期，有8名学员实现就业。为残疾人进行职业心理咨询服务23场次，稳定残疾人就业。为40名智力、精神残疾人提供物理工具测评服务，为精准培训、精准化就业推荐提供参考意见。推动社会力量创办2个辅助性机构，帮助15名精神、智力残疾人实现辅助性就业。完成城镇残疾人新增就业1750人、农村残疾人新增就业388人，城乡年度残疾人职业培训2669人，应届残疾大学生就业率100%，3项指标完成率均为全省第一。全年核定用人单位1087家、在岗残疾职工3085人，稳定残疾人就业创业。为1700人次残疾人发放自主创业奖励补贴、购置农机补贴等帮扶资金1033.94万元。

【残疾人教育】 2021年，厦门市残联召开全市特教学校职业教育工作研讨会，分享交流职教工作经验成果，促进各特校职业教育共同发展。下拨经费162.67万元，支持市、区特校开展24个职业教育项目。与市教育局联合举办全市特教学生劳动技能展示活动，来自市特校、心欣幼儿园等9家机构的225名残疾学生参加9个大项的展示活动，提升残疾学生就业技能。配合市教育局为6名高考残疾学生和42名中考残疾学生申请认定中、高考残疾考生合理便利。与教育主管部门联合对2021年度厦门市未入学适龄残疾儿童少年情况进行核实，并督促跟进其入学。“六一”国际儿童节期间，为全市2514名14周岁以下残疾儿童发放慰问金125.65万元。深化与厦门市开放大学合作，开办残疾人大专（本科）函授学历教育。全年为3240名残疾学生和困难残疾家庭子女发放就学补助金485.44万元；拨付残疾人职教经费184.27万元，支持7所特教学校开展残疾人职业教育；406名残疾函授学生获324.80万元补助。

【残疾人宣传】2021年国际残疾人日期间，厦门市残联联合市广电集团、国贸控股集团、中国传媒大学组织开展“光明影院”系列活动，开设公益观影专场，42名视力障碍者参与活动。结合厦门同心文化艺术节活动，举办“歌优舞美　憧憬明天——融合未来音乐会”，引导社会各界关心关爱残疾人。开展寻找厦门市“最温馨残疾人家庭”活动，为10个“最温馨残疾人家庭”颁发荣誉证书及牌匾，激发更多残疾人家庭积极向善、传承良好家风。与市委文明办、市爱心办、市广电集团联合举办“爱心助残　携手前行”全国助残日特别节目，市领导及社会各界爱心人士近400人到现场观看，并在厦门App、央视移动网、厦门广电抖音同步直播，《厦视新闻》等媒体进行跟踪播报，吸引更多的人参与扶残助残。市残联微信公众号推出报道501篇，制作公益微电影《我们都一样》，举办残疾预防公益讲座直播；利用地铁、公交、楼宇等移动电视平台宣传普及无障碍知识；在福建省率先开通残疾人事业宣传主题公交车，“学习强国”学习平台宣传报道厦门市残疾人工作19篇，在《厦门日报》、“残联之窗”专版报道“爱心助残”工作成果。

【残疾人文化体育】2021年，厦门市残联鼓励残疾人参与文化生活、文艺创作。选送优秀文艺作品参加由福建省残联与省文联联合主办的“永远跟党走”全省残疾人美术书法、摄影作品比赛及第十一届全省残疾人文化周活动和省残联第十一届全省残疾人文艺会演、厦门市第十届网络文化节活动。为150户重度残疾人家庭开展“五个一”（读一本书、游一次园、参观一次展览、看一场电影、参加一次文化活动）文化进家庭活动；开展“书香有爱·阅读无碍”爱心帮读活动20多场；为400户残疾人家庭提供适宜的康复器材，配套发放康复体育器材使用光盘、康复体育指导服务；在第十六届夏季（东京）残奥会上，厦门市3名残奥运动员取得2金、1银的成绩，并创造1项世界纪录和残奥会纪录，创厦门市残疾人运动员参加残奥会历史最好成绩；在全国第十一届残运会暨第八届特奥会上，厦门市运动员取得6金、8银、3铜的成绩。

【残疾人维权】2021年，厦门市残联建立规范年度报告工作制度，提升法律顾问服务质量；完善残疾人信访办理流程，进一步提高诉求事项办理质量和办理效率。及时疏导解决残疾人诉求问题，接收来信、来电、来访440件通次，做到接收率、答复率、办结率100%，群众满意度100%；厦门形成市、区督导与社会化督导相结合的工作机制，加强无障碍督导队成员培训，提升督导能力水平。发挥市检察院无障碍公益诉讼作用，和厦门市检察院人员赴厦门新机场建设指挥部沟通新机场的无障碍环境建设。厦门市持证残疾人免费乘坐公共交通工具，目标覆盖率100%。厦门山海健康步道无障碍环境建设和厦门地铁3号线无障碍设施建设项目作为优秀案例入选全国无障碍环境建设成果展示应用推广目录。制定《厦门市残疾人家庭无障碍改造实施方案》，组织残疾人家庭无障碍业务培训，各区采取购买服务的形式对残疾人家庭进行无障碍改造，改造544户，完成440户任务数的124%。

【两岸残障人士交流嘉年华活动】2021年12月10日，由中国残疾人联合会主办，福建省残疾人联合会、厦门市残疾人联合会、厦门大学中国残疾人事业发展研究中心承办，“中国国民党”身心障碍者保护基金会等5家台湾地区助残组织协办的第十三届海峡论坛·2021两岸残障人士交流嘉年华活动在厦门举行。活动以“同胞携手·大爱无疆”为主题，围绕无障碍环境建设、残疾人社会融入制度建设、残疾人社会支持体系构建等议题开展现场交流、研讨互动。中国残联副主席吕世明、福建省副省长郑建闽出席开幕式并致词，“中国国民党”前代理主席林政则发表视频致词。来自海峡两岸的残疾人、残疾人组织代表以及两岸高校专家学者、各界爱心人士等100多人参加活动。

（李雪晨）

厦门市中华职业教育社

【概　况】2021年，厦门市中华职业教育社（简称市职教社）开展调查研究，助力职业教育高质量发展。完成《陈嘉庚职业教育思想的传承与创新》《基于产教融合的民办高职院校“双师型”教师培养困境及寻径》《以立德树人为根本，在专业教学中有效融合职业精神的路径探索》《职业院校学生心理与学习能力指导研究》4个重点课题；邀请人大代表、政协委员考察职业教育，召开“推动民办职业教育高质量发展”座谈会，与职业院校领导进行沟通交流；联合市教育局、市人社局在厦门工商旅游学校举办2021年厦门市职业教育活动周启动仪式，宣传职业教育工作；举办职业院校第十八届“同心·职教杯”篮球赛，助力培养全面发展的技能人才；持续实施温暖工程，落实“雨露育青苗”“爱心厦门”结对帮扶工作。联合厦门陈嘉庚研究会、厦门城市职业学院举办“陈嘉庚职业教育思想传承发展座谈会暨陈嘉庚职业教育思想研究基地揭牌仪式”；联合厦门陈嘉庚研究会、厦门海洋职业技术学院等举办陈嘉庚职业教育思想研讨会。

【职教社骨干培训班】2021年5月27—29日，厦门市职教社在厦门高山党校举办2021年度社务委员及团体职业院校骨干培训班，社务委员及团体职业院校领导、教师骨干等近50人参加，厦门市中华职业教育社副主任翁玉华全程参加学习并做总结发言。培训班采取理论授课、现场教学、交流研讨等方式开展培训，邀请专家讲授“习近平同志在厦门工作期间探索与实践”，系统解读部、省“关于支持厦门职业教育高质量发展助力两岸融合”意见，重点安排习近平总书记关于职业教育重要指示精神和全国职业教育大会精神的传达学习、党史学习教育的专题讲座、支持厦门职业教育高质量发展助力两岸融合座谈会，组织学员到高山党校初心使命馆、军营村村委会、高泉国故居等地开展现场教学。

【征文活动颁奖仪式】 2021 年 6 月 30 日，由厦门市职教社与市教育局联合主办的“颂党恩、践初心”——庆祝中国共产党成立 100 周年征文活动颁奖仪式在集美工业学校举行。各团体职业院校师生代表 120 多人参加颁奖仪式，市委统战部副部长郑秀文，民进厦门市委主委、市职教社副主任吴丽冰，厦门市教育局副局长、市职教社副主任洪军，市职教社副主任翁玉华等领导为获奖学生颁发奖状。征文活动是市职教社、市教育局为庆祝中国共产党成立 100 周年，引领市职业院校广大青年学子学党史、感党恩、跟党走，助力广大青年学子把爱国情、强国志、报国行自觉融入到实现中华民族伟大复兴奋斗中的具体举措。活动收到征文投稿 300 多篇，专家评选出 29 篇征文投稿为获奖作品，根据各职业院校组织发动及投稿情况，评出优秀组织奖 4 个。

【海峡两岸职业教育论坛】 2021 年 12 月 26 日，由中华职业教育社与台湾海峡两岸教育交流促进协会联合主办，《教育与职业》杂志社、台湾私立教育事业协会、台湾嵌入式暨单晶片系统发展协会、福建省中华职业教育社、厦门市中华职业教育社等机构协办的“2021 海峡两岸职业教育论坛”以线上线下相结合的形式举行，来自海峡两岸职业院校负责人，中华职业教育社系统、中国香港、中国澳门及东南亚、北美等各地职业教育界人士万余人在线参与会议。论坛的主会场设在北京，分会场设在台湾彰化，以“助推现代职业教育高质量发展”为主题，主要面向两岸职业教育界群体，聚焦职业教育与技能型社会发展、职业教育新兴专业建设与薄弱专业退出、职业教育公共基础课程与教材建设 3 个方面。论坛注重交流性、民间性、学术性、实效性等特征。通过论坛，调动两岸职业教育界人士加强学术互动，扩大两岸交流的声音，表达两岸民众交往的愿望，增进两岸同胞的心灵契合，激发两岸职业教育的创新活力，为促进和深化海峡两岸职业教育融合发展作出贡献。

（纪志斌）

厦门市集美学校委员会

【概　况】 2021 年，厦门市集美学校委员会（简称厦门市集美校委）围绕“弘扬嘉庚精神”相关主题开展“嘉情欢畅游鳌园　龙舟池畔迎端午”“不忘红色初心　牢记传承使命”“念亲恩　传‘嘉’风”等主题活动 43 场，举办“庚·读者”经典诵读会 31 场，组织“重温百年党史　弘扬嘉庚精神”党史知识有奖竞答和“稚启葆真　童蒙养正”等系列社教活动，引进“延安精神　永放光芒”展览，组织策划“同向　同心　同行——陈嘉庚与中国共产党”主题展览，开展校园巡展和送出展览，举办嘉庚主题文化创意比赛和陈嘉庚教育思想研讨会，参加 2021“诗意厦门·人文集美”厦门四季生活之旅文旅推介活动，参与《国家相册》栏目《“两顿饭”之间》节目录制，协助中国文明网《文明在哪里　嘉庚精神引领　汇集美好故事》和中央人民广播电视台新闻媒体中心、中央档案馆《红色记忆》等栏目采编，以及厦门大学、集美大学航海学院和财经学院 100 周年校庆纪录片拍摄，完成嘉庚研究相关文章 2 篇和《嘉庚文献中的红色记忆》文献资料汇编，利用门户网站和微信公众平台推送宣传文章 300 余篇等。陈嘉庚奖学金录取菲律宾、柬埔寨、老挝、马来西亚、缅甸、泰国、印度尼西亚、越南 8 个国家的 147 名海外华侨华人学生，其中学历生 127 人（含 27 名硕士）、语言生 20 人。集美鳌园景区获评“全国文明单位”称号，并获评“福建省省直机关主题党日活动基地”。陈嘉庚纪念馆（集美鳌园）获评“全省党史学习教育参观学习点”。陈嘉庚纪念馆获评“厦门市市直机关先进基层党组织”，挂牌“厦门市新的社会阶层人士理想信念教育基地”“厦门市侨商理想信念教育基地”，入选第四批福建省中小学生研学实践教育基地。集美图书馆连续 3 届获评“市级文明单位”称号。“嘉庚杯”“敬贤杯”海峡两岸（集美）龙舟赛获中华体育文化优秀民俗民间项目奖。

【“延安精神　永放光芒”展览】 2021 年 2 月，由厦门市集美校委会推出的“延安精神　永放光芒”展览在陈嘉庚纪念馆展出。该展览由“奠基西北”“抗大精神”“整风精神”“张思德精神”“白求恩精神”“南泥湾精神”等 8 个部分组成，展出 200 余幅珍贵的历史图片和相关资料，旨在传承党的优良传统和作风，宣传弘扬嘉庚精神。同时“华侨旗帜　民族光辉——陈嘉庚生平事迹展”在延安纪念馆展出。

【大学生嘉庚主题文化创意比赛】 2021 年 3 月，由厦门市集美校委会主办的厦门市大学生嘉庚主题文化创意比赛在陈嘉庚纪念馆举办。比赛收到来自 180 个团队和个人的投稿，最终通过网络评选和来自厦门大学嘉庚学院、厦门市博物馆、故宫鼓浪屿外国文物馆、华侨博物院和陈嘉庚纪念馆等单位专家的评审，从 205 组有效作品中，评选出 24 组优秀作品，分获实物类、平面类等 8 个奖项。赛事历时 2 个多月，是嘉庚精神与文化创意有机融合的探索，成为新时代创新社会教育工作新模式。

【“陈嘉庚与中国共产党”主题展览】 2021 年 6 月 26 日，由厦门市集美校委会推出的“同向　同心　同行——陈嘉庚与中国共产党”主题展览在陈嘉庚纪念馆展出。展览为庆祝中国共产党成立 100 周年，深挖红色资源，展出 20 件 / 套革命文物、357 幅历史图片，其中 8 件 / 套文物、251 幅图片系首次在陈嘉庚纪念馆展出。展览利用现代的 VR 技术为观看者提供虚拟体验。观看者用手机扫码观看，使用配套 VR 眼镜进行体验，展厅配置 360 度全景影像和真人语音讲解，打造“沉浸式”观展体验。陈嘉庚纪念馆被确认为福建省第二批党史学习教育参观学习点，全年接待 500 余个党支部和社会团体 3 万余人次，宣传和弘扬嘉庚精神。

（厦门市集美校委会）

责任编辑：林德全　明安文
审　　稿：曲　艺
校　　对：黄　澜

11 法 治

地方立法

【概　况】2021年，厦门市人大常委会坚持科学立法、民主立法、依法立法，突出地方立法特色，推动公共法律服务、生态文明建设、城市综合管理、爱国卫生、环境保护、老年人权益保障、优化营商环境、科技进步等重点领域立法。年内，共制定、修改、废止法规和法规性决定14部。

【加强九龙江流域水生态环境协同保护的决定施行】2020年12月11日，厦门市第十五届人民代表大会常务委员会第三十九次会议通过《厦门市人民代表大会常务委员会关于加强九龙江流域水生态环境协同保护的决定》，2021年1月21日福建省第十三届人民代表大会常务委员会第二十五次会议批准，该决定自2021年1月28日公布之日起施行。该决定共13条，深入贯彻习近平生态文明思想，明确厦门与龙岩、泉州、漳州密切协作，建立跨行政区域协同保护制度的意义、原则和内容，规定人大、政府及其相关部门、法院、检察院、各国家机关和有关方面的职责，为保护和改善九龙江流域水生态环境，防治水污染，保障饮用水安全，推进跨行政区域流域协同保护，促进生态文明建设与经济社会可持续发展提供有力法治保障。

【《厦门经济特区城市综合管理条例》施行】2021年2月26日，厦门市第十五届人民代表大会常务委员会第四十一次会议通过《厦门经济特区城市综合管理条例》(简称《条例》)，自5月1日起施行。该《条例》共6章37条，明确城市综合治理的部门职责、管理机制、管理体制、社会参与以及保障与责任等方面内容，对加强和规范城市综合治理，推动城市治理体系和治理能力现代化起到积极的促进作用。

【深入开展爱国卫生运动的决定施行】2021年4月23日，厦门市第十五届人民代表大会常务委员会第四十二次会议通过《厦门市人民代表大会常务委员会关于深入开展爱国卫生运动的决定》(简称《决定》)，自4月26日公布之日起施行。该《决定》共28条，对开展爱国卫生运动的主管部门、工作内容、职责以及加强疫情防控等方面内容等作明确规定，对全面改善人居环境、总结推广新冠病毒肺炎疫情防控有效经验、推动健康厦门建设、提高社会健康综合治理能力起到积极促进作用。

【《厦门市环境保护条例》施行】2021年2月26日厦门市第十五届人民代表大会常务委员会第四十一次会议通过《厦门市环境保护条例》(简称《条例》)，5月27日福建省第十三届人民代表大会常务委员会第二十七次会议批准，该《条例》自7月1日起施行。该条例共7章63条，对环境保护的部门职责、监督管理、生态保护、污染防治、信息公开与公众参与及法律责任等作出明确规定，为保护和改善生态环境、防止污染与其他公害、保障公众健康、建设高颜值的生态花园之城提供有力法治保障。

【《厦门经济特区老年人权益保障规定》施行】2021年6月24日，厦门市第十五届人民代表大会常务委员会第四十三次会议通过《厦门经济特区老年人权益保障规定》(简称《规定》)，自7月1日起施行。该《规定》共8章62条，对部门职责、社会保障、养老服务、社会优待、宜居环境、参与社会发展以及法律责任等作出明确规定，为贯彻落实积极应对人口老龄化国家战略，弘扬中华民族养老、孝老、敬老的美德，保障老年人合法权益，发展老龄事业提供有力法治保障。

【《厦门经济特区公共法律服务条例》施行】2021年8月26日，厦门市第十五届人民代表大会常务委员会第四十五次会议通过《厦门经济特区公共法律服务条例》(简称《条例》)，自10月1日起施行。该《条例》共7章48条，明确公共法律服务的部门职责、公共法律服务平台、基本公共法律服务、促进公共法律服务多元化专业化、保障与激励、监督与考核等方面内容，对加快推进公共法律服务体系建设，提升公共法律服务能力和水平，满足人民群众日益增长的法律服务需求起到促进作用。

【《厦门经济特区优化营商环境条例》通过】 2021年12月31日，厦门市第十五届人民代表大会常务委员会第四十八次会议通过《厦门经济特区优化营商环境条例》(简称《条例》)，该《条例》自2022年3月1日起施行。该条例共9章89条，对优化营商环境的原则、职责、市场环境、政务服务、产业发展环境、人文环境、国际化环境、法治环境、规范监管等方面作明确规定，为持续优化营商环境，激发市场主体活力，推动高质量发展，更高水平建设高素质高颜值现代化国际化城市提供有力法治保障。

【《厦门经济特区促进科技创新若干规定》通过】 2021年12月31日，厦门市第十五届人民代表大会常务委员会第四十八次会议通过《厦门经济特区促进科技创新若干规定》(简称《规定》)，自2022年3月1日起施行。该《规定》共31条，强调要加强对科技创新工作的领导，加强科技创新投入，建立健全有利于促进科技创新的体制机制，为实施创新驱动发展战略，坚持创新在厦门市现代化建设全局中的核心地位，增强自主创新能力和科技成果转化能力，推进高素质创新创业之城建设提供有力法治保障。

（林骏涛）

政法委及综治

【概　况】 2021年，厦门市政法系统落实《中国共产党政法工作条例》和省委实施办法、市委实施意见，忠诚履职尽责，全市政法工作迈上新台阶。全市群众安全感率、执法工作满意率分别为99.36%、98.1%，均为全省第一；扫黑除恶好评率98.67%，位居全省第二；厦门市获评“平安中国建设示范市”。市委政法委、市委宣传部联合出台工作意见，建立政法宣传联席会议机制，全面加强政法宣传工作，市政法工作获国家级媒体报道871篇次，“厦门公安”抖音账号粉丝突破120万人。市委政法委组织开展全市政法工作先进表彰，选树政法英模，评选出“全国脱贫攻坚先进个人”陈江场、二级英模江涛、全国模范检察官颜煜群、全国法院先进个人陈萍萍、省十大法治人物李缘缘等先进典型。

【“主动创稳”落实】 2021年，厦门市争创全国社会治安防控体系建设示范城市。厦门市政法系统深入践行“主动创稳”理念，加强涉稳风险隐患的常态化排查预警和化解处置，完成中国共产党成立100周年、中共十九届六中全会、海峡论坛、厦门经济特区建设40周年庆祝活动和省、市党代会等一系列重要会议活动的安保维稳任务，全市信访来访总量比上年下降14.5%。市检察院建立全国首个“维护国家安全工作协作平台”，推进反邪教斗争。全市公安机关保持对违法犯罪的严查高压态势，现行命案、八类案件（故意杀人、故意伤害致人重伤或死亡、强奸、抢劫、贩卖毒品、放火、爆炸、投放危险物质）、“两抢”（抢夺、抢劫）案件破案率100%。狠抓电信网络诈骗犯罪专项整治，全市电信网络诈骗刑事警情比上年下降20.36%，公安部在厦门召开现场会，向全国推广反诈精准宣防“厦门经验”。

【政法系统参与疫情防控】 2021年，面对厦门本土新冠病毒肺炎疫情，全市政法系统全面投入疫情防控歼灭战。市委政法委成立疫情防控政法前线指挥部，抽调政法干警、警辅人员1432人支援同安区，下沉一线维序维稳、编入网格开展工作，稳住社会秩序基本面。承担疫情防控医疗救治组、第一医院管控组、社会稳控组、海上疫情防控组的工作，高质量完成各项任务。市公安局牵头建立“三公（工）融合”(公安、公卫、工信协作配合）机制，运用大数据精确锁定密接、次密接人员，有效提升流调溯源工作水平。

【海丝中央法务区建设】 2021年9月，中共福建省委、福建省人民政府确定厦门市为海丝中央法务区建设落地城市，11月4—5日，由中共厦门市委、厦门市人民政府承办的海丝中央法务区启动大会暨首届论坛在厦门举行，中共福建省委书记尹力出席大会并为厦门市授牌，推动法务区建设高起点开局。海丝中央法务区着力发展法务产业，梳理发布泛法务机构名录和产业优惠政策，开展产业链招商；优化法律服务，梳理并加快推动一批重点项目；集聚法治人才，聘请首批专家顾问22人，与国内多家一流法学院签订合作协议；建设智慧法务，上线“海丝中央法务区·云平台”，“一站式”提供线上法务大厅、法务地图等多元服务；深化改革创新，初步探索“一岛两区互补叠加、自贸片区先行先试、思明片区全面示范”(“一岛”指厦门岛，“两区”指自贸法务先行区、思明法务示范区）初步总体布局。

2021年11月5日，海丝中央法务区启动大会举行。图为专家聘任仪式现场

（市委政法委　供图）

【政法服务保障社会发展】 2021年，厦门市中级人民法院设立“智慧破产”在线办理平台和破产公共事务中心，破产重整类案件办理时间缩短至全国平均值的1/4，得到最高法院院长周强批示肯定；服务打造台胞台企登陆第一家园“第一站”，设立驻台商协会台胞台企服务站、福建法院涉台司法交流研究（厦门）中心等平台；助力推动区域协同发展，成立闽西南创新企业法务知识产权司法保护联盟，设立厦门知识产权法庭泉州巡回审判庭。市委政法委服务乡村振兴战略，牵头推进法治乡村建设专项小组各项工作，连续3年获市级实施乡村振兴战略考核优秀等次；发挥党政军警民合力强边固防机制优势，参与海上福建和海洋强市建设，厦门海事法院发布全国首份涉台海事审判白皮书的举措被纳入最高法院工作报告。

【平安厦门建设】 2021年，厦门市委政法委推进道路交通亡人事故专项整治，在常住人口、机动车保有量持续“双增长”情况下，年万车死亡率降至0.88。持续开展流动人口服务管理专项行动，对全市“城中村”、酒店式公寓、开放式小区等治安问题突出部位开展集中整治，抓获一批隐藏在厦逃犯，持续净化社会治安环境。加强平安厦门基层基础建设，重新划分全市网格4509个，认定平安星级小区1883个，高空抛物、婚姻家庭纠纷、物业纠纷三类突出问题分别比上年下降83%、21.6%、9.3%。

市委政法委推动市域社会治理现代化试点城市建设，健全完善市域社会治理10个专项工作小组职能作用，推进试点创建各项工作。全市各级各部门梯次形成社会治理创新项目132个，带动全市社会治理水平整体提升。第三次全国市域社会治理现代化试点工作交流会上厦门作经验介绍，校园“微治理”工作得到中央政法委秘书长陈一新批示肯定。市委政法委举办“政治引领”试点创新首届研讨会，打造提升社会治理现代化的“厦门品牌”。

市委政法委编制“十四五”期间“智慧政法”总体建设方案，推进智慧警务、智慧综治、“E政务”便民服务站等重点项目建设。推进“雪亮工程”，在全省率先通过中央部委联合验收。推动国家政法智能化技术创新中心东南分中心落户厦门，支持本地企业、高校成功申报国家重点研发计划“市域社会治理协同化关键技术研究与应用示范”。

【法治中国典范城市建设】 2021年，中共厦门市委全面依法治市委员会办公室牵头制定法治厦门建设五年规划和法治社会建设实施方案，推动出台全国首个市级公共法律服务地方性法规，提高法治厦门建设的整体性、协同性。举办“宪法宣传周”系列宣传活动，成立“民法典进家庭”巾帼公益普法宣讲团，厚植法治建设共同体意识。中央依法治国办组织10余家央媒到厦门集中宣传厦门市法治政府建设成效，集美区田头村、同安区军营村获评第八批“全国民主法治示范村”。全市人民法院办结案件15.09万件，依法宣判全市首例高空抛物案、疫情防控期间盗窃防疫设备案、全国首起裁定承认外国破产程序案等社会关注度高的重点案件。市扫黑办推进扫黑除恶常态化，立案侦办一批涉黑涉恶案件。市委政法委牵头推进司法体制综合配套改革，深化民事诉讼程序繁简分流。加强政法权力运行的监督制约，市公安局建立完善内控机制90项，市检察院、市中级人民法院联合出台工作意见强化民事执行活动的法律监督，提高执法司法规范化水平。

（计　衡）

法治政府建设

【概　况】 2021年，厦门市委、市政府紧盯“坚定不移推进全面依法治市，加快建设法治中国典范城市”目标，将法治政府建设列入党委、政府重要议事日程，把法治政府建设作为全面依法治市的重点任务、主体工程和推进厦门市市域治理体系、治理能力现代化的重要支撑，纳入市发展总体规划和年度工作计划，结合厦门实际出台《法治厦门建设规划（2021—2025年）》《厦门市法治社会建设实施方案（2021—2025年）》，研究制定厦门市法治政府建设实施方案、法治人才培养实施方案，构筑统筹推进法治厦门建设的路线图和施工图。厦门市“谁执法谁普法”动态智能管理模式获评中国政法大学法治政府研究院主办的第六届“法治政府奖”，“‘小快灵’立法破解共享单车治理难题”获评福建省首批“法治政府建设示范项目”。中央依法治国办专门组织10余家中央媒体到厦门集中采访，报道厦门市法治政府建设典型做法。

【依法治市】 2021年，厦门市召开全面依法治市工作会议、市委常委会会议暨市委全面依法治市委员会第六次、第七次会议，对学习宣传贯彻习近平法治思想、纵深推进法治政府及法治社会建设等重要内容作出总体安排。全面对标对表中共中央以及省委决策部署，把加强和改善党的领导摆在首位，市委、市政府主要领导履行推进法治建设第一责任人职责，市委常委会会议和市政府常务会议专题研究全面依法治市、法治政府建设，审议年度立法计划和执法检查计划，健全完善法治建设工作机制，推动依法治市、法治政府建设系统提升，把党政负责人履行推进法治建设第一责任人职责情况列入年终述职内容。市委依法治市委及其下设办公室履行统筹协调、督促检查、推进落实职责。厦门市强化基层依法治理，厦门市集美区灌口镇田头村和同安区莲花镇军营村获评第八批“全国民主法治示范村（社区）”。

【政府立法计划落实】 2021年，厦门市司法局组织编制年度市政府立法计划，推动公共法律服务、生态文明建设、优化营商环境、科技进步、行政执法、排水管理等重点领域立法。市政府全年向市人大常委会提请审议法规议案9件；制定政府规章1件、修改2件、废止4件。开展涉及动物防疫、野生动物保护、行政处罚、不合理罚款、计划生育等法规专项清理。落实立法计划及其他重大立法事项向党委请示报告制度。完善基层立法联系点制度，加大经费保障力度。依托新媒体、融媒体丰富立法征集意见形式，拓宽公民有序参与立法途径。开展基层立法联系点、公共法律服务、排水管理等方面立法调研，提高立法可执行性。发挥立法咨询专家的作用，召开8场专家论证会，邀请60余人次专家学者对公共法律服务、城镇房屋、营商环境、科学技术等立法项目进行论证。

【行政执法监督】 2021年，厦门市司法局按照市政府执法检查计划部署，开展全市各级行政执法机关全面推行行政执法“三项制度”落实情况执法检查。修订出台《厦门市行政执法责任制规定》，进一步推进行政执法责任制全面落实。制定《厦门市推行包容审慎监管执法若干规定》，构建包容审慎监管执法“厦门模式”，全国首创以规范性文件形式全面推行包容审慎监管执法。厦门市有27个市直部门制定报备所属执法领域的不予处罚清单600余项，办理案件1500余件。市司法局推动行政执法机关不断完善行政裁量权基准制度，收到市卫健委、市资源规划局、市商务局等9个市直行政执法部门实施裁量权基准报备，涉及法律法规81部共418项。厦门市全面推行证明事项告知承诺制，梳理公布全市告知承诺制目录清单211项并组织实施，组织全面开展证明事项清理，全市取消各类证明事项241项（各区取消97项、市直部门取消139项、保留证明事项转取消5项）。市司法局落实行政执法人员持证上岗制度，组织开展全市行政执法人员法律知识培训和考试工作，首次申领证662本、到期注册考试换证1390本。市司法局开展全市行政执法人员统一执法证件编码和信息采集工作，完善行政执法信息平台执法数据信息录入和梳理更新公示。组织开展全市行政执法业务培训暨案卷评查、典型案例交流活动。配合市委组织部、公务员局、人社局等部门对有关机关和六大综合执法支队的相关执法人员进行行政处罚法培训。

【普法宣传】 2021年，厦门市司法局会同市委宣传部科学制定厦门市“八五”普法规划，中共厦门市委、厦门市人民政府转发《市委宣传部、市司法局关于在全市开展法治宣传教育的第八个五年规划（2021—2025年）》，并做好部署实施。“七五”普法期间，全市有4家单位、4名个人和2家依法治理创建活动先进单位分别获评2016—2020年全国普法工作先进单位、先进个人和依法治理创建活动先进单位，9家普法工作先进单位、10名个人和2家依法治理创建活动先进单位获评省级先进。市司法局强化“谁执法谁普法”普法责任制落实，以中共厦门市委全面依法治市委员会守法普法协调小组名义制定下发《2021年厦门市普法依法治理工作要点》，落实行政机关普法责任清单制度；持续推动翔安区“谁执法谁普法”动态智能管理系统试点工作，翔安区“谁执法谁普法”动态智能管理项目获评全国第六届“法治政府奖”；探索建设全市“谁执法谁普法”动态智能管理平台，对各区各部门普法工作实行精细化管理、信息化管控及大数据分析，为全省“谁执法谁普法”动态智能管理平台的建立实施提供厦门方案；持续开展“美好生活·民法典相伴”主题宣传活动，成立市“民法典进家庭”巾帼公益普法宣讲团，由100名来自党政机关、高等院校、法律服务机构的女性法学专家学者及法律实务人员组成；在厦门经济交通广播“丁成说法”等栏目开播71期“民法典进家庭”系列宣讲，全年开展公益普法活动百场；围绕新冠病毒肺炎疫情防控、优化营商环境、三大攻坚战、乡村振兴战略、法治乡村建设、扫黑除恶专项斗争等重大决策部署，组织开展“服务大局”普法活动；在2021年宪法宣传周活动中创新宪法宣传方式，举办厦门市“宪法宣传周”暨百号万屏线上宪法宣传活动，开启宪法宣传走进千家万户的“互联网+共治普法”新模式，获人民网、“学习强国”平台等多家媒体关注报道；在集美区灌口镇田头村新时代文明实践站开展厦门市宪法宣传进新时代文明实践站专题活动；举办国家宪法日普法志愿活动暨普法卡通形象揭幕仪式活动；在公交、地铁及城市媒体平台开启厦门市2021年宪法宣传周系列活动云展播，共29.8万人次收看；运用“互联网+”普法模式，打造公益普法天天行阵地，在公交、地铁、楼宇等人流密集区域的1.42万块电视终端，结合机场、厦门北站等5块大屏，每天播出普法海报、标语、小视频等400余次，覆盖人群约500万人次；实施农村“法律明白人”培养工程，落实省司法厅关于“法律明白人”培养工作规范、线上培训等相关要求，用法治力量推进乡村振兴；落实国家工作人员学法用法制度，抓住“关键少数”，继续组织实施国家工作人员学法用法考试及领导干部任职前法律知识考试，全年有7批次共75名市管领导干部参加任职前法律知识考试。

【行政复议与应诉】 2021年，厦门市各级行政复议机关收到行政复议申请1719件，受理1541件，受理率89.65%，受理数量比上年上升7.69%。其中，向市政府申请的行政复议案件351件，比上年增长89.73%，办结324件；办结件中维持原具体行政行为65件、驳回复议申请18件、撤销2件、不予受理或作其他处理183件，通过调解、和解方式终止行政复议56件，调解率39.72%，

2021年10月8日，厦门市人民政府行政复议受理中心揭牌　（王力　摄）

增长18.94%。办理以市政府为被申请人或第三人的行政复议案件27件、以市政府为被告的行政应诉案件109件。中共厦门市委全面依法治市委员会制定《厦门市行政复议体制改革实施方案》，10月1日在全市实施行政复议体制改革，推进市、区两级行政复议案件实现“集中受理、集中审理、集中决定、集中送达”。《厦门市人民政府关于市区人民政府统一行使行政复议职责有关事项的通告》发布，解读市行政复议体制改革具体内容。10月8日，厦门市人民政府行政复议受理中心揭牌，统一接受当事人的行政复议申请。市直相关部门抽调人员到市司法局集中办理其本系统行政复议案件，做好行政复议体制改革衔接过渡工作。市司法局加强与各区行政复议机构的日常工作联系和业务指导，加强与厦门市两级人民法院、漳州市中级人民法院的沟通协调，强化案件信息交流，完善行政争议调解工作机制。市司法局推动行政诉讼与行政复议矛盾化解方式有机衔接，与思明区法院及市直相关执法部门共建行政纠纷联动预防化解体系。中共厦门市委全面依法治市委员会办公室、市中级人民法院、市司法局加大对行政机关负责人出庭应诉情况的绩效考核力度，对全市2021年上半年行政诉讼案件行政机关负责人出庭情况进行通报，提高出庭应诉率。

【规范性文件管理】 2021年，厦门市司法局牵头组织开展全市涉及行政处罚法、计划生育法、动物防疫法的行政规范性文件清理工作，共废止、修改文件15件；备案审查各区政府、市直各部门、各开发区管委会报送的规范性文件140件，向省政府和市人大常委会报备市政府规范性文件30件。（见表11–1）

表11–1　　2021年厦门市人民政府规范性文件目录一览表

序号	备案报告文号	规范性文件文号	文件名
1	厦府规文备〔2021〕4号	厦府办规〔2021〕1号	厦门市人民政府办公厅关于印发进一步鼓励和支持台湾青年来厦实习就业创业的若干措施的通知
2	厦府规文备〔2021〕5号	厦府办规〔2021〕2号	厦门市人民政府办公厅关于印发国有土地上房屋征收与补偿若干规定的通知
3	厦府规文备〔2021〕6号	厦府办规〔2021〕3号	厦门市人民政府办公厅关于印发有效促进生产消费外贸旅游高质量发展若干措施的通知
4	厦府规文备〔2021〕7号	厦府办规〔2021〕4号	厦门市人民政府办公厅关于印发加快境外航空货运高质量发展若干措施的通知
5	厦府规文备〔2021〕8号	厦府办规〔2021〕5号	厦门市人民政府办公厅关于印发促进工业企业降低成本增产增效若干措施的通知
6	厦府规文备〔2021〕9号	厦府规〔2021〕1号	厦门市人民政府关于印发厦门市小额贷款公司监督管理办法的通知
7	厦府规文备〔2021〕10号	厦府规〔2021〕2号	厦门市人民政府关于印发厦门市公共资源交易监管办法的通知
8	厦府规文备〔2021〕11号	厦府规〔2021〕3号	厦门市人民政府关于印发进一步降低物流成本促进现代物流产业高质量发展若干措施的通知
9	厦府规文备〔2021〕12号	厦府办规〔2021〕6号	厦门市人民政府办公厅关于加快发展保障性租赁住房的意见
10	厦府规文备〔2021〕13号	厦府办规〔2021〕7号	厦门市人民政府办公厅关于印发加大新就业大学生等青年群体租赁住房保障工作若干意见的通知
11	厦府规文备〔2021〕14号	厦府办规〔2021〕8号	厦门市人民政府办公厅关于印发土地储备实施办法的通知
12	厦府规文备〔2021〕15号	厦府规〔2021〕4号	厦门市人民政府关于厦门市企业职工基本养老保险纳入省级统筹相关缴费政策的通知
13	厦府规文备〔2021〕16号	厦府规〔2021〕5号	厦门市人民政府关于加快推进旅游业高质量发展的意见
14	厦府规文备〔2021〕17号	厦府规〔2021〕6号	厦门市人民政府关于进一步加强农村宅基地和村民住宅建设管理的实施意见
15	厦府规文备〔2021〕18号	厦府办规〔2021〕9号	厦门市人民政府办公厅关于印发基本殡葬服务费免除办法的通知
16	厦府规文备〔2021〕19号	厦府办规〔2021〕10号	厦门市人民政府办公厅关于印发进一步加大消费旅游扶持力度的通知
17	厦府规文备〔2021〕20号	厦府办规〔2021〕11号	厦门市人民政府办公厅关于印发厦门市推行包容审慎监管执法若干规定的通知
18	厦府规文备〔2021〕21号	厦府办规〔2021〕12号	厦门市人民政府办公厅关于印发完善建设用地使用权转让、出租、抵押二级市场实施办法的通知
19	厦府规文备〔2021〕22号	厦府规〔2021〕7号	厦门市人民政府关于印发积极应对新冠肺炎疫情影响助力企业纾困减负若干措施的通知
20	厦府规文备〔2021〕23号	厦府办规〔2021〕13号	厦门市人民政府办公厅转发市发改委等部门关于清理规范城镇供水供电供气行业收费促进行业高质量发展实施意见的通知

续表 11-1

序号	备案报告文号	规范性文件文号	文件名
21	厦府规文备〔2021〕24 号	厦府办规〔2021〕14 号	厦门市人民政府办公厅关于印发厦门市小散工程和零星作业安全生产纳管办法的通知
22	厦府规文备〔2021〕25 号	厦府办规〔2021〕15 号	厦门市人民政府办公厅关于印发集体土地征收与补偿若干规定的通知
23	厦府规文备〔2021〕26 号	厦府办规〔2021〕16 号	厦门市人民政府办公厅关于印发促进绿色金融发展若干措施的通知
24	厦府规文备〔2021〕27 号	厦府规〔2021〕8 号	厦门市人民政府关于促进厦台农业融合发展若干措施的通知
25	厦府规文备〔2021〕28 号	厦府规〔2021〕9 号	厦门市人民政府关于推动职业教育高质量发展助力两岸融合的意见
26	厦府规文备〔2021〕29 号	厦府办规〔2021〕17 号	厦门市人民政府办公厅关于印发服务“六稳”“六保”进一步做好“放管服”改革有关工作实施意见的通知
27	厦府规文备〔2021〕30 号	厦府规〔2021〕10 号	厦门市人民政府关于印发城市基础设施配套费征收办法的通知
28	厦府规文备〔2022〕1 号	厦府规〔2021〕11 号	厦门市人民政府关于印发进一步推进企业上市提高上市公司质量若干措施的通知
29	厦府规文备〔2022〕3 号	厦府规〔2021〕12 号	厦门市人民政府关于公布职工基本医疗保险缴费基数和缴费费率的通知
30	厦府规文备〔2022〕5 号	厦府办规〔2021〕18 号	厦门市人民政府办公厅关于印发城乡居民养老保险丧葬补助办法的通知
31	厦府规文备〔2022〕7 号	厦府规〔2021〕13 号	厦门市人民政府关于印发厦门市生态控制线管理实施规定的通知
32	厦府规文备〔2022〕9 号	厦府办规〔2021〕19 号	厦门市人民政府办公厅关于印发企业投资项目事中事后监管暂行办法的通知

（市司法局）

公　安

【概　况】 2021 年，厦门市公安机关紧扣中国共产党成立 100 周年安保维稳主题主线，全面强化防风险、保安全、护稳定、促发展各项工作，完成全年各项公安保卫任务，确保全市社会大局持续安定稳定。全面提升全市治安治理水平，严厉打击“黄赌毒”“盗抢骗”等违法犯罪，年内破获刑事案件 11833 起、比上年增长 28%，现行命案、八类案件（故意杀人案、故意伤害案、抢劫案、绑架案、强奸案、爆炸案、劫持案、放火案）、“两抢”（抢夺、抢劫）案件破案率均 100%；严打经济犯罪，破获经济犯罪案件 947 起、“食药环假”（食品、药品、环境、假冒伪劣）案件 614 起；推进“飓风肃毒”“砺兵斩毒”等专项行动，侦破“1·14”特大非法持有毒品案、“10·26”特大毒品运输案等并被新华社、中央电视台报道。争创全国社会治安防控体系建设示范城市，开展景区和非景区景点安全管理专项整治，推进“警保联动”“护校安园”等工作，落实公安武警武装联勤和“1-3-5”快速反应机制，进一步织密智能天网，打造平安家园。打击涉海犯罪，加强岸线巡防，强化岸线视频监控、船舶定位监测、涉海雷达声呐等海防基础建设，查获偷私渡案件 24 起 101 人，分别比上年上升 84.61%、461%。深化公安“放管服”改革，推进出入境、户籍等公安政务事项标准化设置，创新推出人才落户“掌上办”、户籍表格“智能填”、敬老服务“特殊办”、律师会见“预约办”等便民利企措施。服务文明创建大局，实行“点长、段长、片长”负责制，全警上路，改善优化交通拥堵点段和交通秩序乱点 60 余处，推进岛内民生服务行业电动自行车上牌和岛外各区超标电动车过渡期备案登记工作，综合运用“云电警”系统、机动车噪声扰民

2021 年 7 月 1 日，干警江涛（前排右一）作为全国公安系统二级英模代表参加庆祝中国共产党成立 100 周年大会　　（市公安局　供图）

监测系统等手段，整治“不戴头盔”“不走斑马线”“不礼让行人”等不文明交通行为。服务新冠病毒肺炎疫情防控大局，在统筹抓好社会面疫情防控和内部防疫措施的基础上，发挥公安职能优势，健全完善大数据支撑流调溯源、涉疫重点场所安保、警力紧急增援、战时应急保障等机制，牵头建立健全公共卫生、工信、公安“三公（工）融合”机制，“快、严、实、细”开展大数据流调溯源工作，成功经受两轮突发疫情考验，得到国务院副总理孙春兰、国家指导组、省及市主要领导的肯定。推进从严管党治警，严格落实“第一议题”制度和意识形态工作责任制，推进党史学习教育、队伍教育整顿和“再学习、再调研、再落实”活动，组织专题讲座、学习研讨1700余场次、政治轮训4.3万人次，在全省公安机关率先打造“英模会客厅”“劳模工作室”等学习教育载体，推出“三色课堂”“云端书橱”“党史百年天天学”“湖警党史朗读者”等学习教育举措，得到中央督导组、省指导组肯定。年内，全局有1个集体、1名干警立一等功，12个集体、19名干警立二等功，涌现出全国优秀共产党员陈清洲、全国脱贫攻坚先进个人陈江场、全国五一劳动奖章获得者陈荣伟和二级英模江涛、王敏杰、周仙荣等。

小资料：

“1-3-5”快速反应机制：对重点部位、目标按其重要程度及警力前置情况进行分级，划出“1、3、5分钟快速反应圈”，执勤警力围绕快反圈及其周边开展武装巡逻，当接到110下达指令后，分别要按“1、3、5分钟快速反应圈”的时限要求，在1分钟、3分钟、5分钟内迅速到场处置。

“第一议题”制度：在各级党组织、各单位领导班子召开的会议中，都要把学习习近平总书记的最新讲话、最新文章、最近指示、最新要求等作为首要政治任务、作为第一个议题的制度，第一时间传达学习，第一时间贯彻落实，做到党中央提倡的坚决响应、党中央决定的坚决执行、党中央禁止的坚决不做。

【反诈防骗】 2021年，厦门市公安局研究出台《进一步深化反诈防骗工作的意见》，全面整合内外资源，提升打防管控能力，推动全市反诈工作提档升级。稳步开展“反诈骗阵地系统”二期建设，推进“高危诈骗网址库”“互联网诈骗网站智能发现”模块建设，提高预警能力；组织“传橙点亮行动”系列防骗宣传活动，坚持精准宣传防范和基础宣传防范相结合，发动志愿者、网格员参与，协同推进入住首宣、上岗即宣、发案复宣、群体快宣和常态普宣的“五宣”工作；全面优化提级劝阻机制，研究建立保护性止付措施；落实奖惩制度，表彰“反诈能手”158人（民警79人、辅警79人），“一案一奖”有功人员98人，先后约谈派出所6个，对25起劝阻失败案例严肃倒查，确保对技术预警发现的高风险对象做到“不漏一人、少发一案”。年内，市公安局预警劝阻正在受骗群众15.49万人，累计为群众减少经济损失6.37亿元，全市电信网络诈骗刑事警情比上年下降20.36%，公安部、省公安厅专门在厦召开现场会推广“厦门经验”，反诈工作先后获评厦门市“我为群众办实事”实践活动十佳优秀案例、福建省改革创新大赛第二名。

【刑事案件侦破】 2021年，厦门市公安局以推进“智慧新刑技”为主线，加强刑事技术应用建设，提升现场勘查、检验鉴定、服务实战能力，让刑事技术发展红利带动提高破案打击质效。落实以“一长双责”（局长领导下的专案组长和刑事技术部门负责人负责制）为核心的命案侦破工作机制，全市立“八类”案件631起，破案率100%，位居全省第一；修订完善盗案快侦工作机制，理顺层级、警种、所队职责分工，发挥合成作战优势，提升盗抢类案件快侦能力和攻坚水平，全市盗窃案件破案率88.77%，位居全省第二，“两抢”案件破案率100%；聚焦涉拐犯罪，深入开展“团圆”行动，查找被拐儿童，破获拐卖儿童积案17起，抓获犯罪嫌疑人33人，帮助失散家庭实现团圆，“打拐”技战法获福建省推广，组织的认亲活动被中央电视台等主流媒体报道。

【禁毒工作】 2021年，厦门市公安局围绕庆祝中国共产党成立100周年禁毒安保和全国禁毒示范城市创建工作，推进“飓风肃毒2021”“砺兵斩毒”等专项行动，提升队伍凝聚力、战斗力，推动禁毒工作提质增效。全市破获毒品刑事案件153起251人，分别比上年上升47.12%、30.73%；移送起诉涉毒违法犯罪嫌疑人360人（其中本地移诉222人、跨区域移诉138人），上升15.38%；打掉涉毒团伙31个，上升40.91%；缴获毒品184.22千克，上升77.60%；社区戒毒（康复）人员实现3年“零脱失”，年内新发现吸毒人数下降51.81%；青少年禁毒知识竞赛成绩位居全省第

2021年6月26日，市禁毒委在集美大学举行“6·26”国际禁毒日主题活动暨厦门市争创全国禁毒示范城市启动仪式。省委常委、市委书记赵龙（左四），市委副书记、市长黄文辉（右三）参加亮灯仪式
（市禁毒办 供图）

一，智慧社区（禁毒）警务平台和公安派出所禁毒工作室试点工作得到国家禁毒委到闽督导组领导肯定。国家、省禁毒办污水毒品监测结果表明厦门是全国毒品滥用程度最轻的城市之一。

【经济犯罪案件侦破】 2021年，厦门市公安局以防范化解经济金融领域重大风险为主线，以专项打击整治和大要案件攻坚为抓手，严厉打击整治金融、财税、商贸、知识产权等领域突出经济犯罪，维护全市经济安全和社会稳定。市公安局立各类经济犯罪案件1646起，破案947起，抓获犯罪嫌疑人611人，涉案总值57.09亿元，挽回经济损失3.03亿元。5月10日，市公安局组织警力成功收网“11·17”生产销售伪劣柴油案件，抓获犯罪嫌疑人22人，捣毁犯罪窝点15个，现场查扣涉案成品油600余吨；9月3日，市公安局组织警力对“7·30”系列地下钱庄案件实施收网行动，抓获犯罪嫌疑人61人，打掉犯罪团伙12个，捣毁窝点13个，摧毁非法支付平台10个，2起案件的侦破先后获公安部、省公安厅贺电表扬，省、市领导分别作出批示肯定。年内，厦门市公安局经侦支队获评“2017至2019年度打击非法买卖外汇全国先进集体”“2021年度新一批全国经侦系统情报导侦示范单位”等称号，构建情报主导警务机制的经验成效被《人民公安报》专版报道。

【道路交通安全综合整治专项行动收官】 2021年是道路交通安全综合整治3年专项行动冲刺收官年。3年间，厦门市公安局坚持“大格局”理念、“大交通”思路，高位统筹推进交通安全综合治理，强化专项行动检查督导，压实政府属地责任、行业监管责任、企业主体责任；开展道路交通亡人事故“一案双查”，推广应用“大货车盲区警示系统”，综合运用公安交通集成指挥平台、海燕系统等科技手段，整治道路交通安全隐患，打击突出交通违法行为；开展“122”全国交通安全日、“一盔一带”等主题宣教，强化交通安全警示教育，增强全社会交通文明意识。2019—2021年，全市查处道路交通违法行为952万起，实现道路交通亡人事故起数、死亡人数与前3年（2016—2018年）相比分别减少229起、244人，分别下降31.19%、31.81%。保障厦门道路交通安全态势平稳向好，其中2021年全市发生道路交通亡人事故158起、死亡164人，分别比上年下降7.06%、6.29%，创10年（2012—2021年）新低。

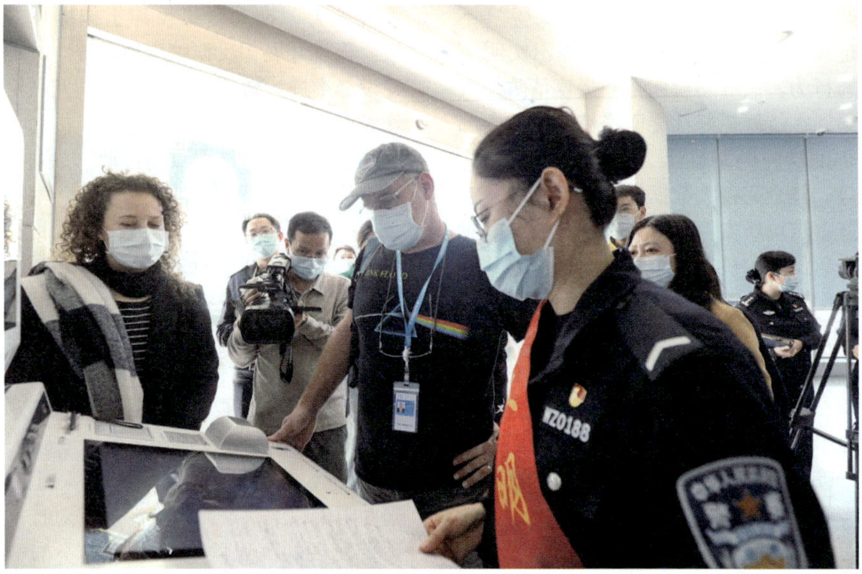

2021年12月9日，全省首创“e政务”境外人员自助住宿登记在厦门推出，图为境外人员在市公安局出入境管理局自助终端办理住宿登记 （陈佳钰 摄）

【厦门“e政务”服务提升】 2021年，厦门市公安局新建“e政务”便民服务站78个，新增接入户籍业务“智慧填表”、公证服务等76项自助政务服务。在全省率先研发推出“e政务”境外人员自助申报住宿登记系统，境外人员可就近运用“e政务”便民服务站，办理个人住宿登记。全新开辟“敬老专区”，整合“e通卡”敬老卡自助申领、养老金银行卡账号修改等8项老年人高频服务事项，完成适老化提升改造工作。上线“入学一件事”专区，学生家长可以快捷找到入学所需手续材料办理入口。联合市农业农村局、市城市管理行政执法局，全省首创智慧养犬管理系统，实现养犬“一站式”免疫办证、多部门无缝化对接、全流程电子化管理。年内，“智慧养犬管理系统”累计为2.5万只犬提供免疫办证服务。

【“110”公益寻人新模式打造】 2021年，厦门市公安局重点聚焦老人、儿童、智力障碍等弱势群体走失事件，以“110”报警服务台为中心，“大数据三寻”（数据寻人、图像寻人、社会寻人）、“110”公益寻人工作机制为基础，依托一体化实战化工作机制，发挥移动警务应用、“大数据”思维、人像云比对、“今日头条”App弹窗、“110”志愿服务队伍城市寻人、警种协同作战等手段优势，打造响应快速、运作高效的“110”公益寻人新模式。年内，市公安局通过该模式为群众找回走失亲友619人，赢得广大市民群众好评。

【首个中国人民警察节系列庆祝活动】 2021年1月10日，厦门市公安局开展一系列活动庆祝首个中国人民警察节。上午8时，市公安局在市局前广场举行警旗升旗仪式，市局领导班子、各分局、局属单位主要领导、功模代表、民警辅警代表参加仪式并向警旗宣誓；组织警营开放日活动，市公安局通过开放荣誉室、展示警用装备、组织参观110指挥情报中心，邀请民警家属、群众参观警营等方式开展“一心为民110，砥砺奋进新征程”“110宣传日”等主题活动；举办民警荣誉仪式“云展演”，市公安局在厦门市艺术剧院举办2021年度民警荣誉仪式、年度表彰大会、“十佳社区民警”表彰、庆祝人民警察节文艺演出，并通过“厦门公安”公众号向社会播出，展示新时代公安铁军风采。开展“我在岗位守护平安”专题采访报道，市公安局选择派出所、交警等一线部门，通过直播、专题采访、拍摄短视频等形式，向社会展示节日当天民警工作生活，增进群众对公安工作了解。年内，市公安局陆续发布全市国有景区免费向公安民警开放、开通就医“绿色通道”等一批爱警惠警措施。

【老年人办理出入境证件便利措施推出】 2021年4月1日，厦门市公安局推出便利老年人办证9项措施，具体包括“一站办”星级服务窗口、全流程陪伴服务、证件照片免采集、缴费方式多样化、网办体验再优化、速递服务全方位、特定情形上门办、高频事项网代办、设施标识人性化等内容，解决老年人运用智能信息技术办理出入境证件遇到的困难。该批举措的推出受到福建电视台、新福建客户端、厦门电视台等10余家媒体采访报道。年内，市公安局为959名60周岁以上老年人提供办证服务。

【律师会见网上预约系统开通】 2021年4月19日，厦门市公安局依托“i厦门”微信公众号的厦门监所服务公众平台，推出“监所小程序”网上预约系统，开通普通、快速、新收押专区、律师紧急会见4项预约新功能，系统接入厦门市律师协会提供的执业律师身份信息，律师会见前只需线上进行律师认证，提交相关法律手续，便可完成人证线上自动审核、线上审批。市公安局根据不同类型需求提供精准服务，律师可按需选择预约方式和预约时段，按时到场展开会见，缓解由于持续增加的律师会见需求量、监所疫情防控需要和看守所功能用房不足等因素导致的“律师会见难”问题。该举措得到中央第八督导组、省督导组肯定，被新华社、中新网等主流媒体报道转载，厦门市律师协会领导及广大律师表示该举措是“微服务连着大民心”。

【台商协会台胞台企服务站启用】 2021年4月27日，厦门市公安局启用全省首个设在台商协会内的台胞台企服务站。台胞台企服务站工作职责包括预约受理5年期“台湾居民往来大陆通行证”首次申请和到期换发，指导台湾居民在厦门办理暂住登记和居住证，指导、协助台湾居民未办理暂住登记、非法居留等相关案件处理，配合台商协会做好台胞台企管理服务工作，不定期驻点为台胞台企提供政策咨询服务等。截至12月，台胞台企服务站为130名台胞提供台胞证换发服务。该举措为广大台胞台企在厦门居留生活、投资兴业提供良好服务保障，被新华社、央视中文国际频道等主流媒体关注报道，得到国台办和省、市领导肯定。

【特大跨境危害濒危水生野生动物大白鲨案件侦破】 2021年4月，厦门市公安局根据群众举报，获取孙某涉嫌非法销售国家二级保护野生动物大白鲨制品的线索，市公安局立即抽调治安支队和集美分局骨干民警成立专案组，开展线索核查与研判深挖工作，锁定该案主要嫌疑人及窝点。4月25日，在省公安厅统一协调和厦门海洋渔业部门配合下，专案组成功抓获涉嫌利用网络跨境贩卖国家重点保护野生动物大白鲨有关制品犯罪嫌疑人孙某，捣毁窝点1个，现场缴获大白鲨头骨和马高鲨头骨各1副、大白鲨牙齿约6000颗、其他鲨鱼牙齿制品8万余颗，扣押工艺品制作设备、电脑主机、涉案手机、银行卡等一批作案工具。该案系全省破获的首起部督特大跨境危害濒危水生野生动物大白鲨案件，侦破后受到公安部、省公安厅贺电表扬。案件侦破技战法被由国家食品药品犯罪研究中心主办的《食药环执法动态》刊文介绍，并在全国水生野生动物CITES（濒危野生动植物种国际贸易公约）履约管理和执法培训班上作为典型经验推广。

2021年4月27日，位于厦门市台商协会内的台胞台企服务站揭牌。图为揭牌仪式现场　（陈佳钰　摄）

【机场旅客遗失物品快速查找机制】 2021年4月，厦门市公安局启动机场旅客遗失物品快速查找工作机制，形成“1+4+N”的联合查找运作模式。其中，“1”为机场派出所，“4”为T3航站楼厦航行李查询处、T3航站楼失物招领处、T4航站楼元翔空港地勤公司行李查询处、T4航站楼失物招领处，“N”为运管处、各出租车公司、元翔空港快线、两个航站楼保洁部门、安检维序部门、元翔空港地勤客舱服务部、厦门航空公司客舱服务部等。新机制打破信息壁垒，实现“五线并行”，失物查找成功率由2020年同期的17%提升至31%。年内，该机制帮助旅客找回重要物品302件，价值249万元，获联动单位一致认可和旅客称赞。

小资料：

“五线并行”失物查找： 即“五条失物查找线”：第一条线是针对旅客遗失在飞机上的物品，建立客舱保洁部门与机组的机上遗失物品查找线；第二条线是针对到达旅客提取托运行李时因行李外观相近导致错拿他人行李的情况，建立从行查通报公安联系旅客的错拿行李查询线；第三条线是针对在候机楼内乘机旅客遗失物品的情况，建立以失物招领处为中心辐射候机楼的遗失物品查找线；第四条线是针对旅客在乘车进出

2021 年 11 月 6 日，厦门市第三看守所揭牌 （王国平 摄）

机场上下车时的遗失物品，建立运管、出租车公司、网约车平台路上失物查找线；第五条线是针对旅客在机场快线或机坪保障车辆上的遗失物品，建立机场内部服务保障车辆失物查找线。

【市第三看守所启用】 2021 年 11 月 6 日，厦门市公安局启用厦门市第三看守所。厦门市第三看守所位于集美区，建设有“指挥巡控中心 + 智慧监所实战平台 + 风险隐患预警模型”监所智慧防控体系，实现监所动态全景展现、监管风险精准评估、安全事故提前预防等功能。该所启用，从根本上解决厦门市看守所长期超容量羁押的难题，提升监管场所服务全市社会治安稳定效能，为打击违法犯罪、维护社会治安大局稳定提供保障。11 月 19 日，省公安厅在厦举办全省公安监所规范化管理观摩调研活动，与会领导现场观摩第三看守所监所实战平台、云讯问模式、自动登记一体机、收押联动模块等智慧监管建设成果，并予以肯定。

（洪若琪）

检　察

【概　况】 2021 年，厦门市检察机关办理各类案件 14133 件。其中，审查逮捕案件 3177 件，审查起诉案件 6164 件，公益诉讼案件 127 件，刑事、民事、行政诉讼监督案件 4665 件。起诉破坏社会主义市场经济秩序犯罪 632 人，办理最高检督办的“忠诚”系列洗钱案等重特大案件。保障创新驱动发展，成立知识产权检察办公室，开展知识产权检察职能集中统一履职试点工作，办理涉知识产权案件 65 件。聚力海丝中央法务区建设，线下成立检察服务中心，线上启动“湖里自贸检察”平台，精准对接片区需求，提供优质检察服务。参与市域社会治理创新，发出 59 件社会治理类检察建议，推动相关监管部门持续整治窨井伤人、网络犯罪、违规用药等问题。思明、集美区检察院办理的案件被最高检分别评为推进网络空间治理、涉窨井盖犯罪典型案例。加强对弱势群体的司法保护，起诉侵害未成年人、老年人、残疾人犯罪 318 人。湖里区检察院就督促落实强制报告制度发出的检察建议，获评福建省优秀社会治理类检察建议。创新落实“谁执法谁普法”，深化法治进校园、进社区、进乡村、进企业等活动，翔安区检察院建成启用新时代文明法治田间学校，市检察院第九检察部获评全国普法工作先进单位。办理群众信访 3651 件，比上年上升 29%，均在 7 日内告知“已收到、谁在办”。开展集中治理重复信访专项工作，对排查出的 77 件重复信访件，运用领导包案、带案下访、公开听证等措施，务求案结事了、事心双解。市检察院和思明、集美区检察院获评福建省检察机关“文明接待室”。开展“司法救助助力巩固拓展脱贫攻坚成果助推乡村振兴”专项活动，向 28 名陷入生活困境的案件当事人或其近亲属，发放救助金 133 万余元。年内，市检察机关选树、推荐、重点宣传先进集体 19 个、先进典型人物 71 人次。两级检察院获省级以上集体、个人荣誉表彰 127 次，全国模范检察官颜煜群、全国优秀公诉人黄威等人先进事迹被人民网等媒体宣传报道。

【检察工作监督】 2021 年，厦门市检察机关自觉接受人大监督，落实《厦门市人民代表大会常务委员会关于加强对司法工作监督的决定》，及时向人大及其常委会报告全面工作、重要部署和重要事项，专项报告未成年人检察工作，落实审议意见。邀请人大代表、政协委员共 166 人，参加检察开放日、诉前圆桌会议等活动。系统梳理代表、委员审议报告、视察座谈时提出的意见建议，完善分类督办反馈机制。对“拓展公益诉讼案件范围”等 78 件意见建议，逐一办理、落实反馈。主动接受民主监督、社会监督，全面推开公开听证，邀请人大代表、政协委员、人民监督员等共 188 人担任听证员，参与公开听证 95 场。依法公开法律文书和案件信息 19323 件，发布检察微信、微博 6715 条，被人民网等主流媒体采用或转发 282 篇次。

【全面从严治检】 2021 年，厦门市检察机关以队伍教育整顿推进全面从严治检，严肃开展自查自纠和顽瘴痼疾专项整治，自觉接受市政法队伍教育整顿队伍建设巡查，对 11922 件案件、52544 条案件台账及 137 条线索，开展核查、交叉评查和智能化数据排查等工作。对发现存在执法办案不规范等情形的干警，灵活运用监督执纪“四种形态”进行处理。就发现的违规违法减刑、假释、暂予监外执行问题，向法院、司法局、社矫局和监狱发出法律监督文书 10 份。注重成果转化，聚焦问题制定完善规章制度 127 项，推出律师互联网阅卷服务平台等检察为民办实事项目 104 个，让人民群众感受到教育整顿带来的成效。

【检察服务疫情防控】 2021年，厦门市检察机关制定出台涉疫办案指导和检察服务举措，运用远程视频等方式，开展提讯、出庭、接访、监管场所巡查等358件次，起诉妨害新冠病毒肺炎疫情防控、借疫情诈骗等涉疫犯罪17人。同安区检察院在24小时内审结起诉毛某某盗窃防疫设备案，及时震慑犯罪，被《人民日报》客户端等媒体报道。市检察院出台《应对新冠肺炎疫情助力企业纾困减负的十条意见》，进一步明晰疫情下涉企案件的法律适用和司法政策运用。依法对17家涉案企业和24名负责人作不捕不诉，对79名涉企人员适用非羁押强制措施。响应市委号召，投身疫情防控歼灭战，两级检察院有3463人次参加各类抗疫志愿活动，下沉同安区等疫情防控一线人员占全市检察人员总数的67%。

【刑事检察监督】 2021年，厦门市检察机关批准和决定逮捕各类刑事犯罪3215人，起诉7066人，办理刑事申诉案件38件。贯彻少捕慎诉慎押刑事司法政策，对涉嫌犯罪但无需逮捕的不批捕461人，对犯罪情节轻微、依法可不判处刑罚的不起诉612人。落实认罪认罚从宽制度，适用率81.66%，确定刑量刑建议采纳率和速裁程序适用率均居全省第一。加强刑事立案、侦查活动和审判监督，监督公安机关立案撤案100件，追捕追诉76人。书面纠正侦查及审判活动违法66件，提出抗诉和再审检察建议26件。强化刑事执行监督，审查提请减刑、假释、暂予监外执行案件725件。开展五类案件（职务犯罪、金融犯罪、涉黑涉恶犯罪、破坏环境资源犯罪、危害食品药品安全犯罪）财产刑执行检察等5个专项活动，就财产刑执行立案不当、刑罚变更执行不规范等问题，提出监督纠正意见345件。推进未收押收监集中清理专项工作，对排查发现未收押的犯罪嫌疑人、被告人和罪犯共1338人，监督收押、送监或决定暂予监外执行。

【民事检察监督】 2021年，厦门市检察机关办理民事检察案件403件，比上年上升43.93%。优化对生效裁判、调解书监督，提出、提请民事抗诉及发出再审检察建议13件，其他检察建议7件；持续深化民事执行监督，就213件法院的执行案件进行评查，针对评查案件存在纳入或删除失信被执行人名单方面违反规定、司法拘留未依法通知家属等六大主要共性问题，向市中级人民法院发出类案检察建议，两院就此联合制定《关于进一步加强民事执行活动法律监督的若干意见》；通过查阅刑事检察部门案件等方式排查虚假诉讼线索139条，纠正虚假诉讼7件；支持农民工、交通肇事受害人等起诉维权29件；规范运用听证程序，市检察院公开听证7场次，对不支持监督申请的226件案件主动向当事人进行释法说理，做好争议化解、息诉息访工作，维护正确裁判，维护司法权威。

2021年8月2日，厦门市检察院就王某侵害袁隆平院士名誉民事公益诉讼案举行公开听证会 （方靖 摄）

【行政检察监督】 2021年，厦门市检察机关办理行政检察监督案件71件。加强对履行职责中发现行政违法行为的监督，结合办案发出促进依法行政的检察建议24件。强化行政争议实质性化解7件，林某等5人与市自然资源和规划局、市轨道集团行政许可行为纠纷系列监督案，被评为福建省检察机关行政检察精品案例。加强涉农行政检察工作，建立支持起诉与法律援助协作机制，办理支持起诉（仲裁）7件，协助追讨工资报酬10.68万元。开展行政非诉执行监督，针对市自然资源与规划局未执结的1928件案件进行梳理，排查监督线索，发出检察建议8件。做实行政检察成效，为保障经济社会发展提供优质法治环境。

【公益诉讼检察监督】 2021年，厦门市检察机关全面拓展案件范围，立案办理公益诉讼案件127件，发出诉前检察建议42件，运用诉前圆桌会议、诉前磋商等方式，推动行政机关主动履职25件。聚焦非法排污、“问题猪肉”、消防和医疗隐患等民生痛点开展监督，督促相关部门约谈、巡查、整治商超集市等430次，对28家企业和个人实行从业禁止。开展文物和文化遗产领域专项监督以及“守古树、护名木”等活动，排查革命文物、纪念设施等700处，推动行政机关落实修缮经费310万元，对93株古树名木实行“一木一策”。市检察院、同安区检察院联合海警局举办增殖放流活动，会同人大代表、政协委员，监督非法捕捞案当事人放流鱼苗110万尾，助力海洋生态修复。捍卫国士尊严，对损害袁隆平院士名誉的行为，开展公益诉讼立案调查，敦促2名当事人登报道歉、参与公益服务。

【检察维护国家安全】 2021年，厦门市检察机关坚持总体国家安全观，用好全国首个“维护国家安全工作协作平台”，完善提前介入、风险处置等机制，该平台办案团队被最高检列入全国3个重罪检察优秀团队之一，在厦门召开的首届全国重罪检察实务论坛上，最高检

2021 年 4 月 8 日，厦门市检察院、市国安局深化维护国家安全工作协作平台合作，组织干警到厦金海域，登上渔船开展国家安全宣传 （方靖 摄）

对厦门经验予以肯定。保障国家金融安全，参与打击治理“太阳城”等跨境赌博、反洗钱、“断卡”等专项行动，起诉 353 件 573 人。常态化开展扫黑除恶斗争，批捕涉黑恶犯罪 65 人，起诉 122 人，严防黑恶势力侵蚀基层政权。市检察院扫黑办获评福建省检察机关扫黑除恶专项斗争优秀集体。

【检察机关反腐】 2021 年，厦门市检察机关深挖彻查“人情案”“关系案”“金钱案”，以及案件弄虚作假等问题背后的玩忽职守、徇私枉法等违法犯罪，立案侦查司法工作人员相关职务犯罪案件 8 件 12 人，其中处级以上干部要案 2 人，办案质效位居全省前列。加强与监察机关的衔接配合，受理监委移送职务犯罪案件 20 件 21 人。聚焦司法人员充当涉恶“保护伞”、国有公司人员利用职务便利帮助他人承接工程中饱私囊等问题，依法对湖里区法院原院长高某某、杏林建设开发有限公司原董事长王某等提起公诉。

【两岸融合法治保障】 2021 年，厦门市检察机关强化两岸融合法治保障，办理涉台刑事犯罪和司法互助案件 74 件。海沧区检察院创新涉台公益诉讼观察员机制，聘任 10 名台胞为公益诉讼观察员，为检察机关提供公益诉讼案件线索，见证、参与、协助开展检察公益诉讼工作，让台胞深入参与检察工作。市检察院联合厦门大学法学院，建设“法治教育实训基地”，为厦门大学提供厦门台胞台企法治宣传基地（福建涉台检察展示平台）的场地、设备、讲解等支持，作为对厦门大学台港澳师生开展国情教育、法治教育及了解检察工作实践的体验交流点，并与厦门大学法学院海峡两岸检察制度研究中心加强学术研究方面的互动合作，实现厦门台胞台企权益保护法治宣传基地提档升级。

【未成年人司法保护】 2021 年，厦门市检察机关开展“检爱同行，共护未来”等行动，在公安机关、医疗机构设立 4 个未成年人“一站式”办案中心。联合市司法局、团市委、市妇联，建立总计 126 人的四大资源库（心理咨询师资源库、法律援助律师资源库、合适成年人资源库、司法社工资源库），助力两级检察院涉案未成年人法律援助等工作，发挥团队协作效果，推动检察机关专业化办案与社会化保护有机结合，优势互补。推进检察机关司法保护和家庭、学校、社会、网络、政府五大保护紧密融合，形成对未成年人的综合有力保护。

【司法救助案办结】 2021 年，厦门市检察院受理一起故意杀人案被害人父亲司法救助申请，检察机关细心从救助申请书中挖掘司法救助线索，远赴陕西开展“跨越千里的特殊救助”，对申请人居住地展开全方位、多方面调查，主动对被害人母亲、子女予以救助，将救助范围从 1 人扩大到 4 人。案件于 6 月办结，之后检察机关通过要求监护人签订承诺书、畅通未成年申请人沟通联系渠道、利用网络跟踪回访等方式持续巩固救助成果，让被害人家属感受到司法关怀和社会温暖。该起特殊的司法救助被中国长安网、法治网等媒体报道。

（李丽萍）

法　院

厦门市两级人民法院

【概　况】 2021 年，厦门市中级人民法院和各区人民法院受理案件 170072 件，办结 150854 件，分别比上年上升 6.41%、3.64%。其中，市中级人民法院受理 19874 件，办结 17580 件。全市人民法院有 35 个集体、88 人次获省级以上表彰。

【刑事审判】 2021 年，厦门市两级人民法院审结刑事案件 6021 件，判决生效 6906 人。常态化开展扫黑除恶斗争，参与重点行业领域整治，坚持“打财断血”（指在办理黑恶势力犯罪案件时，依法做好涉案财产处置工作，彻底摧毁黑恶势力经济基础），审结涉黑恶案件 32 件 120 人，执行财产 945 万元。保持惩治腐败高压态势，审结职务犯罪案件 41 件 65 人。坚持宽严相济，落实罪刑法定、疑罪从无、证据裁判原则，判处缓刑、管制等非监禁刑 2588 人，宣告无罪 1 人。规范办理减刑、假释、暂予监外执行案件 757 件，市中级人民法院被全国政法队伍教育整顿领导小组办公室确定为“阳光审判”督促引导减刑、假释、暂予监外执行规范化运行联系点。

【民商事审判】 2021 年，厦门市两级人民法院审结民商事案件 78681 件。依法保障公平交易、诚信经营，审结商事案件 36667 件，标的 348.07 亿元。与法院工作密切相关的“执行合同”“办理破产”“保护中小投资者”等 5 个营商环境评价指标进入“全国标杆”行列。加强各类产权和企业家权益司法保护，防止将经济纠纷认定为刑事犯罪。完善一体化、全流程金融纠纷化解机制，推动设立厦门市地方金融纠纷调解中心，开展金融债权、融资租赁等风险防范专项行动，办结金融案件21193件，结案标的239.79亿元。首创“智慧破产”在线办理平台和破产公共事务中心，“一站式”集约办理破产重整等案件603件，办案时间缩短至全国平均值1/4。主动融入“一带一路”和金砖创新基地、自贸试验区等建设，审结涉外、涉港澳、涉侨案件574件，快审快执涉自贸案件7977件。成立福建法院涉台司法交流研究（厦门）中心，探索跨海峡网上立案、庭审，接收第二批台湾青年实习，促进两岸融合发展，办结涉台案件1559件。妥善化解民生纠纷，审结民事案件42014件。推进和谐家庭建设，审结家事纠纷3295件。加强未成年人权益保护，挂牌成立少年法庭。审结劳动争议、医疗纠纷、人身损害、房屋租售、“三农”案件9358件，依法保障民生权益，服务乡村振兴。加强人格权保护，审结侵犯名誉、隐私等人格权案件603件。妥善处理受“双减”（指减轻义务教育阶段学生过重作业负担和校外培训负担）政策、疫情等影响引发的教育培训合同纠纷625件。综合运用补植复绿、增殖放流、缴纳生态修复金等方式，审结生态案件408件。

【行政审判】 2021年，厦门市两级人民法院审结行政案件2267件。其中，审结行政诉讼案件1405件，审查非诉行政案件862件。发布土地房屋征收专项行政审判白皮书，强化府院良性互动，推动行政争议实质化解。

【案件执行】 2021年，厦门市两级人民法院执结案件60574件，清理、发放执行案款64.76亿元。坚持惩戒失信与褒奖诚信并重，与市诚信促进会共建失信惩戒公益协作平台，健全失信名单分级分类管理和信用修复、正向激励等机制。重点整治财产保全行为不规范和执行案款发放不及时等顽瘴痼疾，推进不动产查控等全流程全在线办理，建立小额执行款网上发放机制，实现应发、快发、尽发。强化执行权监督制约，推行财产查控、处置由不同团队办理，运用信息平台预警监控。与市检察院联合出台《关于进一步加强民事执行活动法律监督的若干意见》，聘请高校学者、实务专家、媒体记者等建立外部执行监督机制，促进执行规范、高效。

【知识产权司法保护】 2021年，厦门市两级人民法院坚持“保护知识产权就是保护创新”，审结知识产权案件5306件。出台举证工作指引，选聘45名兼职技术调查官，加大侵权赔偿力度，着力破解知识产权诉讼举证难、周期长、成本高、赔偿低问题。成立闽西南创新企业法务知识产权司法保护联盟，设立泉州巡回审判庭，深化协同保护。加大对关键核心技术、新兴产业等知识产权司法保护力度，审结技术类案件1011件。4个案例入选福建法院新技术新业态企业保护典型案例。

【司法审判责任制改革】 2021年，厦门市两级人民法院开展民事诉讼程序繁简分流改革，全面推进案件轻重分离、快慢分道。两级人民法院适用小额诉讼程序、简易程序高效审结案件55511件，平均审理期限45天。建立二审独任制案件评查、监督机制，确保法官“独任而不放任”。深化以审判为中心的刑事诉讼制度改革，发挥庭审实质作用，推进认罪认罚从宽制度规范有序实施。完善审判权运行监督机制，强化法官办案责任，通过科学考责促进担当履责。明晰院庭长履行监管职责和示范办案责任，院庭长办案占结案总数24.13%。完善运行规则和操作规范，形成类案检索初步过滤、专业法官会议研究咨询、审判委员会讨论决定的法律适用分歧解决机制，促进裁判尺度统一。

【司法参与市域社会治理】 2021年，厦门市两级人民法院发挥诉非联动中心、行政争议调处中心等平台作用，加强人民调解、行政调解、司法调解联动，强化非诉讼和诉讼有机衔接，委派、委托调解纠纷44872件，成功化解23682件，比上年上升10.57%。制发审判白皮书、司法建议117份，助力社会治理水平提升。聚焦土地房屋征收、中小投资者权利保护等发布专项审判白皮书，与行政机关联合出台诉源治理指导意见。全市万人成讼率比上年下降4.03%。把社会主义核心价值观融入司法工作，用法治力量引领社会向上向善。严肃整治虚假诉讼、滥用诉讼权利逃避债务、妨害诉讼活动等行为，引导群众依法诚信诉讼。深入社区、企业、校园等开展法治宣传教育，在《人民日报》等主流媒体及微信、抖音等自媒体平台发布文章、案例、短视频8218篇次。市中级人民法院获评2016—2020年福建省普法工作先进单位。

【涉港跨境破产司法协助探索】 2021年5月11日，最高人民法院发布《关于开展认可和协助香港特别行政区破产程序试点工作的意见》，指定厦门市、上海市、深圳市人民法院开展认可和协助香港破产程序试点工作。厦门成为全国首批涉港跨境破产司法协助示范城市，厦门市中级人民法院成为内地与香港破产协助的试点法院。7月23日，厦门市中级人民法院、厦门大学法学院和厦门市破产管理人协会共同举办题为“内地与香港破产司法协作：意义、展望与实践”第一届厦门跨域破产研讨会，来自全国各地法院系统、院校及科研单位、相关行业机构等代表200余人出席。

【福建法院涉台司法交流研究（厦门）中心成立】 2021年5月19日，福建法院涉台司法交流研究（厦门）中心在厦门市中级人民法院成立。揭牌仪式上，厦门市中级人民法院与厦门大学台湾研究院签订关于深化涉台司法交流研究合作的协议，双方共建的台湾地区有关规定查明平台即日起通过“福建法院涉台司法服务网”向全省各级法院开放。双方在涉台审判前沿问题研究、涉台交流项目合作、院校专业人才交流等方面深化合作。16人受聘为福建法院涉台司法交流研究（厦门）中心特邀研究员。（参见P134同名条目）

【两级人民法院少年法庭同步成立】 2021年6月1日，厦门市中级人民法院少年法庭和6个区人民法院少年法庭分别在市中级人民法院和6个区人民法院同时成立。厦门市中级人民法院少年法庭由刑事审判第一庭、民事审判第一庭、行政审判庭、执行局专门合议庭或审判组及研究室工作组共同组成，专司

2021年6月1日，厦门市中级人民法院党组书记、院长谢开红（右一），厦门市关心下一代工作委员会副主任陈佳鹏（左一）共同为少年法庭揭牌　（李新卫　摄）

涉未成年案件。当日，厦门市中级人民法院、厦门市教育局、厦门市司法局、共青团厦门市委员会、厦门市妇女联合会、厦门市关心下一代工作委员会6家单位共同签署“法护成长”少年司法工作合作框架协议，强化党委领导、政府支持、司法机关负责、各部门配合、社会各界广泛参与的未成年人审判社会支持体系建设，形成体系化支撑、优势化互补、共享化构建的少年司法工作格局。

【厦门破产公共事务中心成立】 2021年7月24日，厦门市中级人民法院与厦门市发展和改革委员会、厦门市司法局、厦门市地方金融监督管理局、厦门市工商联合会共同在厦门破产法庭成立厦门破产公共事务中心，其下两大核心平台——厦门市公共法律服务破产事务分中心和民营企业援助中心同时揭牌成立。厦门破产公共事务中心由厦门市中级人民法院破产法庭进行统筹构建、规范化管理、实质化运作，是全国首个集约办理破产公共法律服务和公共事务的工作平台，通过整合相关部门、单位的资源力量，产生聚合效应，实现破产事务办理“一站式”服务。截至12月31日，厦门破产公共事务中心共为群众无偿提供各类破产咨询1000余件次，协调和解破产案件31件。

【厦门市地方金融纠纷调解中心成立】 2021年9月12日，厦门市地方金融纠纷调解中心在厦门金融司法协同中心成立。厦门市人民政府副市长陈育煌、厦门市中级人民法院院长谢开红、厦门市地方金融监督管理局局长林志成、厦门市委政法委副书记余小明共同为厦门市地方金融纠纷调解中心揭牌。该中心经厦门市政府批准同意，在厦门市地方金融监督管理局和厦门市中级人民法院共同指导下发起设立，是全国首创、依托府院联动的金融纠纷调解平台，对加快探索具有厦门特色的金融现代化法治和治理体系，维护地方经济金融稳定发展，具有重要的实践意义。截至12月31日，厦门市地方金融纠纷调解中心化解金融纠纷1368件，标的8.37亿元。

【安徽省高级人民法院原院长受贿案宣判】 2021年9月14日，厦门市中级人民法院公开宣判安徽省高级人民法院原院长张坚受贿案，对被告人张坚以受贿罪判处有期徒刑15年，并处罚金人民币500万元；对张坚受贿所得财物及孳息予以追缴，上缴国库。张坚当庭表示服从判决，不上诉。经审理查明，1995—2019年，被告人张坚利用担任湖北省监狱管理局副局长、局长，湖北省司法厅副厅长、厅长，湖北省高级人民法院副院长，安徽省高级人民法院院长等职务上的便利以及职权和地位形成的便利条件，为他人在工程承揽、人事调动、案件审理等事项上谋取利益，非法收受他人财物共计折合人民币7179万余元，其中2403万余元尚未实际取得，属犯罪未遂。厦门市中级人民法院认为，被告人张坚的行为构成受贿罪，数额特别巨大，应依法惩处。鉴于张坚收受部分财物系犯罪未遂，到案后能够如实供述自己的罪行，主动交代办案机关尚未掌握的大部分受贿犯罪事实，认罪悔罪，积极退赃，涉案赃款赃物大部分

2021年9月12日，厦门市人民政府副市长陈育煌（右二）、厦门市中级人民法院院长谢开红（前左二）、厦门市地方金融监督管理局局长林志成（右一）、厦门市委政法委副书记余小明（前左一）共同为厦门市地方金融纠纷调解中心揭牌　（李新卫　摄）

已追缴到案，具有法定、酌定从轻处罚情节，依法可予以从轻处罚，遂作出上述判决。

（孟 娟）

厦门海事法院

【概 况】2021年，厦门海事法院受理各类案件2472件，收案标的金额56.3亿元。结案2171件，结案率87.82%，结收比97.79%，法定审限内结案率100%，扣押船舶42艘，拍卖、变卖船舶28艘。聚焦高质量发展超越，着力服务大局，找准“海上福建”与海事审判契合点，制定《厦门海事法院关于服务保障加快建设“海上福建”的工作意见》《厦门海事法院关于服务保障“丝路海运”的实施意见》。结合海丝中央法务区的发展需求，启动设立海丝中央法务区海事法官工作室项目，申请设立厦门国际海事法庭。助力法治化营商环境建设，发布全国海事法院首个《仲裁司法审查案件审理工作指南》，制定福建法院首个针对外国法查明指南，审结全国首例承认境外破产程序案“新加坡西河公司申请确认新加坡高等法院指定的某司法管理人身份与地位案”，被载入福建省高级人民法院2021年工作报告。坚持以人民为中心，增设预约立案和自助立案，实现诉讼、执行立案一站办理，诉讼费交退施行全流程网上办理，创新建立微信认证船员主体身份工作模式，提高群众立案的时效性、便利性及简约性。加强涉民生审判工作，妥善处理船舶更新改造补贴发放、渔船燃油补贴发放等案件，召开“支持保障船员服务企业高质量发展审判情况通报”新闻发布会，针对人身损害赔偿纠纷城乡统一赔偿标准后渔船政策性雇主责任保险相关问题，向福建省海洋与渔业局发送司法建议函。加强法庭建设，上调3个派出法庭管辖标准，扩大法庭收案范围，增派法庭司法警察，全面提升基层治理能力。加强智慧法院建设，建成互联网法庭，为启动互联网审理做好技术支持。提升司法专业化水准，加强司法智库建设，制定《关于完善专家参与海事司法工作机制的意见》。选树和培育复合型、涉外高层次审判人才，1名法官获评“福建省审判业务专家”，4名干警入选全省法院调研人才。创新丰富司法公开，在全国海事法院中首次制定针对网站司法信息公开专项制度，中英双语发布2020年度海事审判工作白皮书，原创微信数量比上年增长53%。开展政法队伍教育整顿活动，推进自查自纠，严查重点案件，专项整治顽瘴痼疾，线索查结率、整治完成率均100%，建章立制24项。派遣22名党员干警下沉一线参加抗疫工作，为厦门打赢疫情防控歼灭战贡献力量。在湖里区禾山街道禾盛社区挂牌成立“小区法官志愿服务队”，规范开展法律志愿服务，打造城市基层党建特色品牌。

2021年4月28日，厦门海事法院“小区法官志愿服务队”在湖里区禾山街道禾盛社区成立

（禾盛社区 供图）

【海事海商案件审判】2021年，厦门海事法院新收诉讼案件1297件，比上年下降28.66%。新收诉讼案件标的金额374569.76万元，比上年增加152483.74万元。审结诉讼案件1257件，比上年下降33.24%，诉讼结案率85.57%，下降6.51个百分点。护航海洋经济高质量发展，妥善审理涉及福建省四大港口开发、深海渔场建设、海工装备制造及关联航运金融交易等一批新型、重大纠纷案件；保障对外开放，审结涉及承运人提单批注的海上货运合同纠纷，外籍船长发邮件赞誉该案“极大提高中国形象”。审结涉“一带一路”多哥籍“HUA JIAN1”轮因船东弃船引发的船员劳务合同纠纷，获最高院微信公众号报道；坚持司法服务不打烊，化解一批涉疫案件，助力多家小微企业、港航物流企业等走出困境。审结台企与航运巨头马士基公司因疫情引发的海上货物运输合同纠纷，审结标的额共计12亿元的中国进出口银行与某渔业公司船舶抵押贷款纠纷，为涉疫类案裁判作出有益探索；深化司法为民，审结“富中源008”轮触礁事故引发的海上债权确权纠纷系列案，为50余户养殖户挽回数百万元损失；弘扬社会主义核心价值观，促成超过诉讼时效起诉的当事人追回欠款，以个案裁判助力诚信社会建设。

【涉台海事审判】2021年，厦门海事法院持续深化涉台海事审判品牌建设，发布全国首份涉台海事审判白皮书作为司法亮点，载入2021年最高人民法院院长周强向全国人大所作的工作报告，1篇案例入选人民法院台胞权益保障十大典型案例，涉台审判工作在全国法院涉外商事海事审判工作座谈会作经验交流，涉台庭获评人民法院涉外商事海事审判工作先进集体。在审理某涉台船员劳务纠纷案中，邀请来自海峡两岸的高校教授、执业律师深入交流，创新台湾法律查明渠道。制定台胞调解员管理办法，进一步提升台胞陪审、调解质量和水平。

【海事行政与海洋生态案件审理】2021年，厦门海事法院受理海事行政及海洋生态案件151件，结案138件。就厦门新机场、马銮湾新城等市政重点工程建设涉及的海域使用、海域管理等问题，危险化学品运输执法问题，与涉海行政机关加强协商，妥善处理海洋资源开发与生态保护的关系。聚焦加快海洋建设背景下出现的涉海行政机关强拆违法捕捞养殖设施等现象，通过个案裁判规范行政行为，支持法治政府建设。审理涉及厦门市白海豚保护区污染问题的厦门海警局诉芜湖某航运公司破坏海洋生态责任纠纷，系全国首例海警机构代表国家进行公益诉讼的案件，为保护海洋生物多样性提供法律支持。与漳江口红树林国家级自然保护区管理局共同签署框架协议，在福建省最大的红树林国家级自然保护区设立“海洋生态司法保护协作基地”；在“世界海洋日”发布打击“三无”（无船名船号、无船舶证书、无船籍港）船舶等典型案例；参加增殖放流活动，依法保障海峡西岸经济带绿色发展。

【海事案件执行】 2021年，厦门海事法院新收执行案件920件，比上年上升11.11%；执结执行案件914件，上升8.17%；执行结案率91.68%，与上年基本持平。创新用活执行举措，构建“123+N”执行工作新模式（秉持“以人民为中心”1个理念，广开“对外执行服务、对内执行指挥中心”2个窗口，侧重涉民生、涉渔民再生产、涉小微企业3个执行领域，推出N条执行举措），入选厦门市第二批“我为群众办实事”优秀案例。加快涉案财产款物变现清退，与厦门港口管理局互联共建，利用港口管理体系精准找寻标的物船舶，拓宽执行财产查找路径；完善执行案件“一案一账号”机制，出台管理规定，简化执行案款发放手续；对2018—2020年终本案件“回头查”，深挖线索盘活“死案”，保障胜诉权益兑现；延伸执行服务领域，以1起案件执结促成当事人彻底解脱长年讼累，取得良好社会反响。年内，有财产案件法定期限内执结率98.77%，结案率91.68%，始终保持终本合格率100%和执行信访零纪录，司法裁判公信力与当事人司法获得感进一步提升。

【海事审判精品建设】 2021年，厦门海事法院贯彻海事审判精品战略，制定实施《关于加强海事审判精品工程建设的工作意见》，以精品为标杆引领审判工作。年内，入选2020年全国海事审判十大典型案例3篇，获评第四届全国法院“百场优秀庭审”1场；全院8篇文书入选全球首部英文中国海事案例合集，入选数居全国海事法院首位；4篇案例、1篇司法建议分别入选2020年度全省法院精品庭审、精品文书、精品案例、精品司法建议、十大执行案件。加强对民法典适用、海事海商裁判问题研究总结，干警编著的《民法典担保制度司法解释适用指南》《海上货物运输合同纠纷案件裁判规则》由法律出版社出版发行，促进裁判规则法律适用统一化。

2021年8月24日，厦门海事法院与福建省海事局、自然资源厅、海洋与渔业局、海警局等省级涉海行政单位签署“福建涉海司法与行政多元协作工作机制框架协议”

（徐海燕　摄）

【多元解纷机制】 2021年，厦门海事法院升级“1+7+N”（1家海事法院、7家涉海行政系统、N家民间调解组织）海上“枫桥经验”工作机制，继2020年与厦门7家涉海行政机关签订“多元协作工作机制框架协议”后，2021年在系统整合的基础上，将厦门先行先试的经验做法向全省涉海行政机关、社会组织拓展延伸。与福建省海事局、自然资源厅、海洋与渔业局、海警局等省级涉海行政单位签署“福建涉海司法与行政多元协作工作机制框架协议”，聚合涉海纠纷治理资源，助力“海上福建”建设。派出法庭通过邀请当地涉海行政机关开展座谈会、前往渔区普法授课等“请进来”“走出去”方式，推动海上“枫桥经验”在全省推广，初步形成横向到边、纵向到底的覆盖全省各渔区、港区的多元解纷机制，年内，全院借助该机制诉前化解相关纠纷314起，加强诉源治理深度与广度。

（朱小菁）

司法行政

【概　况】 2021年，厦门市司法局全面履行司法行政职能，为实现“十四五”开好局起好步创造良好的法治环境。全市各级人民调解组织共成功调处各类矛盾纠纷22689件；全市律师办案111915件；公证机构办理各类公证186974件，收费6276.8万元；司法鉴定机构办理各类鉴定18359件，收费5862.3万元；全市法律援助中心接待群众法律咨询39787人次，指派办理法律援助案件14014件；全市医疗纠纷调解组织调解医疗纠纷172件，调解成功案件152件。

【人民调解】 2021年，厦门市有人民调解组织1202个，专、兼职人民调解员8161人，各级人民调解组织共成功调处各类矛盾纠纷22689件，比上年增长 22.7%，调解协议涉及金额 96686.03 万元。市委依法治市办制定下发《关于进一步加强行政调解工作的指导意见》，推动行政调解规范化建设，公安、民政、资源规划、生态环境、交通运输、卫健、市场监管 7 个重点部门及知识产权领域的行政调解组织实现市、区两级全覆盖。全市各级行政调解组织共化解矛盾纠纷 53366 件，比上年增长 8.6%。全市各医疗纠纷人民调解组织共受理医疗纠纷 172 件，调解成功 152 件。年内，中央电视台农业农村频道先后专题报道厦门调解工作 4 次，《人民调解》杂志先后刊登厦门的优秀案例 2 篇。湖里区殿前司法所、翔安区新圩司法所获评“全国模范司法所”，思明区嘉莲司法所池瑶、海沧区新阳司法所梁小华获评“全国司法所模范个人”。思明区彭彩红、集美区沈加文、翔安区陈玉慧获评“福建省首批一级人民调解员”。

【社区矫正】 2021 年，厦门市新接收社区矫正对象 2782 人，解除矫正 2518 人，年底在矫 2785 人（其中缓刑 2717 人、假释 31 人、暂予监外执行 36 人、管制 1 人）。社区矫正在矫人数比上年增长 10.5%，主要为适用缓刑人员增多。市司法局开展政法队伍教育整顿工作，落实“减假暂”（减刑、假释、暂予监外执行）重点案件排查整治，对全市 9 类 529 件重点案件开展自查和交叉评查，均合格。市社区矫正管理局（市司法局社区矫正管理处）持续推进社区矫正执法规范化，开展执法规范化提升年活动，进一步规范社区矫正请假外出、暂予监外执行病情复查审核以及执法事项工作流程指引等；组织执法工作监督和实施线上督察管理，与公安机关联动，4 批次查询、研判自 2018 年社矫对象非本地区轨迹信息，未发现脱漏管问题，年内下发督察意见书 26 份，训诫 322 人次、警告 127 人次、撤销缓刑 11 人、暂予监外执行对象收监执行 9 人；开展《中华人民共和国社区矫正法》实施一周年宣传活动，组织召开市社区矫正委员会成员单位座谈会。

【公共法律服务】 2021 年，厦门市公共法律服务实体平台接待来访咨询 41601 人次、受理法律援助案件 14014 件、热线咨询 96986 件、“12348”法网咨询 7469 件、智能解答咨询 8785 件、流转办理调解案件 639 件。市司法局推动出台全国首个市级公共法律服务地方性法规《厦门经济特区公共法律服务条例》，制定《海丝中央法务区司法行政系统工作方案》《厦门市司法局贯彻落实海丝法务区建设初步方案》《海丝中央法务区厦门云区建设方案》，梳理形成《海丝公共法律服务中心建设方案》和政策创新举措项目清单、重点项目清单，编印《海丝中央法务区厦门市泛法律服务机构名录》，推动设立海丝中央法务区公共法律服务中心。以“立法引领，强化顶层设计；均等覆盖，强化平台建设以及创新发展，提升服务水平”为亮点的“创新构建具有厦门特色的公共法律服务体系”项目作为市司法局改革创新成果申报项目之一参加全市改革创新成果评选；升级上线“厦门法律服务地图”，汇集全市 2617 家公共法律服务点。加快推进公共法律服务实体、热线、网络平台融合，实现互联互通。

2021 年 6 月 13 日，市社区矫正管理局在中山路公益法律服务驿站开展“庆祝中国共产党成立 100 周年暨《中华人民共和国社区矫正法》实施一周年”主题宣传活动

（许伟伟 摄）

【公证行业】 2021 年，厦门市公证机构办理公证 186974 件、业务收费 6276.8 万元，分别比上年增长 13.12% 和 17.98%。市司法局在厦门自贸片区设立合作制试点公证机构，探索“公证 + 互联网”等与服务贸易法律体系配套的公证法律服务模式，合作制试点公证处——福建省厦门市云尚公证处于 1 月 7 日取得执业证；11 月 5 日，与厦门自贸委正式签署战略合作协议，建设“云尚互联网数字公证服务平台”，成为首批入驻海丝中央法务区的法律服务机构之一。10 月，市公证协会召开第五次代表大会，选举产生新一届理事、会长、副会长、监事长、监事、秘书长。市司法局督促公证机构做好政务服务“跨省通办”“省内通办”实施方案落实，组织公证机构优化政务服务，解决老年人运用智能技术困难的问题；注重创新，深化知识产权公证服务平台应用，开展多地多点协同服务，为企业提供随时随地的公证法律服务。

【司法鉴定】 2021 年，厦门市司法鉴定机构办理司法鉴定案件 18359 件、业务收费 5862.3 万元，分别比上年增长 28.5% 和 30%。行业发展情况总体平稳，与市中级人民法院联合出台《关于建立司法鉴定管理与使用衔接机制的意见》，共同促进司法鉴定管理与使用良性互动。福建尚正司法鉴定所通过专家评审，增设法医毒物司法鉴定项目。福建中证司法鉴定中心党支部入选全国优秀司法鉴定机构党支部，获司法部网站发文章表扬宣传。10 月，市司法鉴定协会召开第五次代表大会，选举产生新一届理事、会长、副会长、监事长、监事、秘书长。

【律师服务】 2021 年，厦门市有律师事务所 290 家，比上年增长 14.17%；律师 4679 人，增长 14.46%；律师办案 111915 件，增长 22.05%。市司法局出台《关于进一步加强律师行业管理的指导意见》《关于做好律师和律师事务所执业活动投诉处理工作的通知》，指导市律师协会出台《厦门市律师协会关于律师事务所与律师业务宣传推广行为的规定》《厦门市律师协会关于进一步规范曾经担任法官、检察官人员实习登记、实习活动管理的通知》，与市检察院、市律师协会联合印发《关于建立检律定期会商机制的实施方案》，与市司法局联合市律师协会研究制定《厦门市律师助力企业纾困五条服务措施》。组建公益律师顾问团，分设 12 个专业领域，免费为企业研判风险，为受疫情影响的重点区域企业和重点行业企业提供一对一免费“法治体检”服务。统一组织全市 25 家设立律师调解工作室的律师事务所免费为纾困企业产生的纠纷进行调解，组织律师编写并发布疫情纠纷处理法律指引 2 篇，倡导各律师事务所对纾困企业适当减免法律顾问费用或其他法律服务费用，或免费延长法律顾问期限，同时对受疫情影响的重点区域内的律师事务所及其律师，减半收取 2021 年度律师协会会员费。村居换届选举筹备期间，为保障选民依法行使民主权利和换届选举顺利有序进行，市司法局总结上届村居换届选举法律服务经验，开展“律师联村居　法治送基层”服务村（社区）“两委”换届活动，成立厦门市村（社区）“两委”换届工作律师团和青年律师志愿服务队，发挥全市 533 个村（社区）、270 名法律顾问的作用，为换届工作提供便捷、高效的法律服务。为搭建律师服务民营企业新平台，市司法局与市律师协会、市工商联联合开展“百所联百会”活动，推动百家律师事务所与百家工商联所属商协会建立常态化联系合作机制。全年有 50 家律师事务所、1 家法律服务所对接 69 家商协会。为改善律师执业环境，市司法局与市公安局、市审批管理局联合推出“e 政务”律师查询公民户籍信息功能，率先全省实现律师查询公民户籍信息“全流程网上办”，提升律师执业效率，多次与市公安局、看守所座谈，推出会见网上预约、周末无休延长会见时段、开辟绿色通道保障紧急会见、扩建会见场所等便民举措。为适应全面开放新格局，服务经济社会发展战略，厦门市加快涉外律师人才培养，着力培养一批精通国际业务和国际规则、具有全球视野、跨领域复合型律师人才。截至 2021 年，厦门入选全国涉外律师领军人才库 8 人，入选全国律协“一带一路”项目跨境律师人才库 1 人，入选全国涉外律师人才库 26 人（占全省入选人数的 60%），入选福建省涉外律师人才库 72 人。年内，1 家律师事务所获“全国律师行业先进基层党组织”称号，1 名律师获“全国律师行业优秀共产党员”称号，2 家律师事务所获“全国优秀律师事务所”称号，2 名律师获“全国优秀律师”称号。

【行政审批】 2021 年，厦门市司法局驻市行政服务中心窗口办理各类业务 1936 件（省司法厅委托实施 1761 件），主动公开行政许可决定书 1435 份，解答各类咨询 9000 余人次。全面推行证明事项告知承诺制，梳理 7 种证明材料，在行政审批过程中实行证明事项告知承诺制。梳理再造行政审批办理流程，合并“审核”“批准”为审批，所有审批事项平均减少 1.2 个环节。持续深化“四减”（减时间、减材料、减环节、减跑动）工作，所有依申请审批事项零跑动占 98.81%，申请材料减至平均 4.1 个，审批时限压缩至法定时限 10.4%，即办件比率 79.76%。

【法律援助】 2021 年，厦门市各法律援助中心接待群众法律咨询 39787 人次，指派办理法律援助案件 14014 件，免收法律服务费用 10575.13 万元，挽回损失或取得利益 15681.89 万元。市法律援助中心获司法部“法援惠民生　扶贫奔小康”活动通报表扬；推动公共法律服务条例立法工作，对刑事案件中犯罪嫌疑人、被告人等的法律援助申请免于经济状况审查。建立法律援助申请全域通办制度，打破全市法律援助申请地域和级别管辖限制。市司法局与市检察院、市中级人民法院联合发文，进一步加强对刑事案件中未成年被害人的法律援助及法律帮助工作；扩充市法律援助律师资源库，鼓励更多的社会执业律师积极参与法律援助工作；设立市退役军人服务中心法律援助工作站，完善驻市人大信访局工作站工作流程，增加驻市劳动仲裁委工作站服务时间，推动第一看守所、第二看守所加强认罪认罚值班律师法律帮助工作；开展宣传贯彻《中华人民共和国法律援助法》系列活动，开展 2021 年度市十佳法律援助案例评选活动，编印《厦门法律援助》季刊 1200 册，参与市总工会、金山社区、中山路公益法律服务驿站等普法宣传和志愿活动，营造良好法治氛围。

【医患纠纷调处】 2021 年，厦门市区两级医疗纠纷人民调解组织发挥专业性调解机制优势，统筹医疗纠纷调解和疫情防控等各项工作，全年受理调解医疗纠纷案件 172 件，比上年上升 4.88%，调解成功案件 152 件，调解成功率 88.37%，达成协议赔偿金额 2629.57 万元，协议履行率 100%。全市医疗纠纷调解机制总体运行情况稳定，案件数量及赔偿金额均有所上升，群体性现场处置案件减少。市医调中心有序推进调解信息化建设，在“12348”厦门法网研发“医疗纠纷调解模块”，完善组织名称更名及成员调整，推动新一轮调解专家选聘工作；梳理并编印《医疗纠纷调解指导手册》，规范调解服务工作流程，促进调解服务提质增效；推进联调联处多元化解机制，作为特邀调解组织融入市中级人民法院和湖里区人民法院调解平台工作，与市卫健委协同参与重大医疗纠纷的预防和处置工作，在维护医患当事人合法权益、构建和谐医患关系等方面发挥作用。

【法律职业资格考试】 2021 年 11 月 6—7 日，国家统一法律职业资格客观题考试举行，11 月 21 日举行主观题考试。根据司法部的部署安排，在福建省司法厅的指导下，厦门考区按照“从严治考、规范管理、热情服务”总原则和有关工作要求，发挥法考联席会议协同保障作用，保证客观题 2542 名参考考生、主观题 1711 名参考考生考试的安全、顺利、平稳，实现考试组织和疫情防控双安全，完成 2021 年度国家统一法律职业资格考试工作任务。市司法局连续 4 年被司法部评为法律职业资格考试工作表现突出单位，1人被评为法律职业资格考试工作表现突出个人。

【司法强制隔离戒毒】 2021年底，厦门司法强制隔离戒毒所连续22年实现安全稳定无事故。全国首创“首戒大队”（2021年5月创建），探索建立“五强”（教育强魂、运动强身、矫治强心、技艺强能、情感强基）戒治法，深化“智慧戒毒所”建设，戒毒人员在所戒断率100%，被评为全省唯一的“全国统一戒毒模式”示范单位。年内，成立10家社区戒毒康复指导站，协调6家爱心企业设立就业帮扶基地，持续开展心理帮扶30余人次，1篇衔接帮扶工作调研论文被中国司法行政戒毒工作协会回归社会研究专业委员会评为三等奖；新设4个禁毒示范点，建设“厦门戒毒”微信公众号、“喜马拉雅”音频号和“抖音”视频号三位一体的禁毒宣传矩阵，“红罂”禁毒宣讲团进校园授课30多场次，受众2万余人次，推动禁毒宣传关口前移；融入厦门平安建设，配合公安机关严打吸毒违法行为和开展扫黑除恶工作，公安机关转送执行强制隔离戒毒的人员数量大幅减少，获“厦门市扫黑除恶专项斗争先进集体”称号。

（市司法局）

仲　裁

【概　况】 2021年，厦门仲裁委员会（简称厦门仲裁委）落实中办、国办《关于完善仲裁制度提高仲裁公信力的若干意见》及厦门市政府《关于研究加强厦门仲裁工作的纪要》，健全完善党委领导、政府组建、机构独立、行业自律、司法监督、社会监督的仲裁工作新发展格局，参与海丝中央法务区建设，统筹推进疫情防控和仲裁业务工作，坚持独立公正高效办案，推进厦门仲裁事业高质量发展。全年受理案件1540件，比上年增长2%；受理案件标的额106.4亿元，下降16.8%。其中，涉外和涉港澳台案件标的额10.42亿元、占比9.79%，一方或双方当事人来自厦门以外地区的案件标的额60.88亿元、占比57.21%。审结案件1462件，比上年增长22%。其中，裁决结案955件、占比65%，调解及撤案等其他方式结案507件、占比35%，有72件案件向厦门市中级人民法院申请撤销，占结案总数的5%，被法院裁定撤销和不予执行的1件。受理案件涉及货物买卖合同、金融借款合同、融资租赁合同、建设工程施工合同、股权转让合同等共计77种案由；案件涉及内地多个城市和中国香港、澳门、台湾地区，以及加拿大、印度尼西亚、菲律宾、尼日利亚、萨摩亚等国家，有1件案件适用外国法进行审理。

【仲裁服务多元化机制建设】 2021年，厦门仲裁委围绕市委、市政府确定的国际金融中心建设、服务贸易创新发展、知识产权等营商环境改进提升重点项目，开展相关仲裁工作。走访厦门农村商业银行等金融机构及金融行业协会相关单位，配套上线“金融仲裁”办案系统板块，探讨有关互联网金融仲裁的模式，保护金融债权，防范金融风险；参与网贷平台清理整治工作，参加市委政法委有关“涉众型金融风险防范化解工作”调研会；走访市地方纠纷调解中心，商讨存量网贷案件的妥善解决方式和工作计划；推动知识产权仲裁工作，参与厦门市服务贸易创新发展领导小组和厦门市知识产权工作领导小组工作；参与《厦门经济特区优化营商环境条例》《厦门经济特区公共法律服务条例》等立法论证工作。围绕厦门自贸区建设，先后参与自贸委的多式联运“一单制”（“一次委托、一次付费、一单到底”的全程管控服务）制度创新、自贸委重大招商项目德信集团海外投资落户论证会、渤海银行的近300亿元电商平台资金引流项目合规性论证等活动；响应海丝中央法务区自贸先行区推进安排，派员入驻海丝法务区自贸先行区服务大厅；主动服务自贸区相关部门、相关企业，参与中欧班列现场观摩交流会、“银保助力、小微成长”等活动，并与中信银行厦门自贸区分行、渤海银行厦门分行等机构商议仲裁机制落地事宜。

【仲裁专业化建设】 2021年，厦门仲裁委通过建设东南航运仲裁院、知识产权仲裁院、国际金融仲裁中心，逐步推动仲裁专业化建设步伐。启用《厦门仲裁委员会金融争议仲裁规则》和包括80名专业仲裁员在内的《厦门仲裁委员会金融仲裁员名册》，全年受理的案件中有313件适用《厦门仲裁委员会金融争议仲裁规则》；制定《厦门知识产权仲裁院工作方案》及知识产权仲裁员推荐名册，制作知识产权宣传资料；参与首届“东南法治论坛”主题征文活动，厦门仲裁委《知识产权仲裁法律和技术双重支撑体系构建之探索》获三等奖。年内，不定期举办“仲裁规则解读与办案实务探讨”、“博·达”系列等专业沙龙。

【仲裁信息化建设】 2021年，厦门仲裁委进一步优化金融案件的节点流程、当事人在线办案功能、电子送达、电子签名、审批流程等办案系统功能，引导当事人采取线上预立案。“云上厦仲”的线上预立案1401件，占到全年立案数91%；全年受理的案件从立案到组庭的平均时长为38.5天，案件流转比上年快40.5天。

【“厦仲防疫包”推出】 2021年，厦门仲裁委健全各项疫情防控机制，适时根据上级要求对日常防控工作措施进行改进修订。在厦门疫情突发期间，做好自身防控措施基础上，推出“厦仲防疫包”，从立案、送达、视频庭审等方面提供线上仲裁服务，确保疫情防控期间仲裁程序的正常进行，累计完成视频开庭、合议、调解共91场，其中在线签署笔录（含调解协议）34人次。

（张　华　郭培雯）

责任编辑：孙志红
审　　稿：阳晓儒
校　　对：明安文

12 军 事

警备工作

【概　况】 2021年，中国人民解放军福建省厦门警备区（简称厦门警备区）牢固确立习近平强军思想的根本指导地位，适应边斗争、边备战、边建设阶段特点，狠抓备战谋打赢、夯实基础蓄底气、全面从严抓党建，完成年度各项任务。开展党史学习教育，引领官兵学史明理、学史增信、学史崇德、学史力行。开展“我为群众办实事”活动，为老干部颁发“光荣在党50年”纪念章，抢救性挖掘红色资源，推进军事历史展陈和口述历史工作，组织干休所制作老干部个人红色历史档案和筹建荣誉墙。推动全民国防教育走向常态化、规范化，协调地方抓好《中华人民共和国军人地位和权益保障法》落实，提升军转安置质量，协调安排第六批随军随调家属就业。协调厦门市委、市政府调整更新停偿工作军地协作机制，推进军队移交融通公司资产57个遗留问题解决。推动“四个秩序”（战备秩序、训练秩序、工作秩序、生活秩序）规范建设，推进区机关营院重建规划设计论证和上报审批，退休所、第二干休所在省军区达标建设考评中排名靠前。新冠病毒肺炎疫情防控期间，采取超常措施，实现零感染目标，出动民兵参与疫情防控。

【队伍基础建设】 2021年，厦门警备区调整民兵结构布局，完成基干民兵编建任务，在全市民兵分队设立党组织，全市民兵新质力量（由于构成要素改变所产生的新生力量）占比32.07%。推进兵员征集工作，完成年度兵员征集任务，大学毕业生比例全省第一，“五率”（报名率、上站率、合格率、择优率、退兵率）排名全省靠前，集美区所征新兵大学毕业生比例全市最高。组织安全风险评估、安全大检查和“百日安全”活动，开展“作风纪律专题整顿教育”和微信专项清理整治，加强人员、车辆、保密、枪弹和网络安全问题防范。

【党的建设和作风建设】 2021年，厦门警备区学习贯彻《军队党的建设条例》等8部法规，加强对基层党建工作的督导检查，推动党建法规在基层落地见效。严格党内政治生活，做好基层党委8项制度、党支部7项组织生活制度落实，党组织规范化建设水平进一步提高。强化党管武装根本原则和制度落实，协调召开市委议军会暨海防工作会议，推动武装工作落实。深化政治整训，持续抓好流毒思想清理、信息清理，接受军委和军委国防动员部党委政治巡视巡察。加强党风廉政建设，运用典型案例开展警示教育和纪律教育，整肃治理后勤重点行业领域，开展后装行业综合检查、资产大清查，配合省军区完成万石山违建别墅拆除和仙岳山经适房有关问题解决。推进审计问题整改和师级以上干部落实有关待遇规定清理整顿，推动解决历史遗留问题。压实行业部门廉政主管责任，持续推动战备训练、工程建设、招标采购、征兵等领域问题整肃治理。

【综合服务保障创新】 2021年，厦门警备区加强综合服务保障创新力度。完成民兵装备仓库改革任务和龙山加油站移交，推动老干部服务保障向亲情化、规范化、标准化和社会化转变，开展“正风气、严纪律、强责任”作风纪律教育整顿，干休所工作人员做到“真心敬老、真情为老”。警备区牵头各干休所与厦门第一医院、中医院、心血管医院等医院建立共建关系，拓宽老干部医疗保健渠道，对有特殊需要的老干部采取“订单式”服务，协调地方专家上门“一对一”诊疗。推进干休所老旧楼房加固和适老化改造，退休所完成利用地方网约车平台保障老干部出行试点任务。

【拥政爱民】 2021年，厦门警备区协调解决转业退伍军人安置、随军家属就业、子女入学入托、伤病残军人和离退休干部移交安置问题，推动军用土地确权、军事设施保护等历史遗留问题解决。驻厦各部队继续支持厦门市经济发展、民生保障、生态文明建设和社会公益事业，参与脱贫攻坚、扶贫济困活动。警备区拨款15万元帮扶同安区莲花镇上陵村机耕路建设等项目，投入50万元资助100名家庭经济困难大学生。驻军单位开展“送温暖献爱心”活动，组织医疗小分队、便民服务队到村（居委会）开展义务巡诊、送医送药等活动，看望慰问军烈属、伤残军人和敬老院老人，关爱残疾人、空巢老人和留守儿童等特殊群体。驻厦官兵参与全国文明城市、国家卫生城市、生态文明城市和平安厦门等创建活动，开展营区生活垃圾分类工作。驻军单位协助地方处置各种应急突发事件，参与市应急救援实战演练。

（谢跃清 褚雪锋）

征兵工作

【概 况】 2021年，厦门市征兵办公室（简称厦门市征兵办）进一步提高兵员“含金量”，在保持现有大学生征集规模的基础上，突出大学毕业生和本科以上学历大学生的征集，坚持早分析、早预测、早宣传、早发动，持续保持征兵工作势头，完成兵员征集任务。

【兵役登记】 2021年，厦门市委宣传部在全国征兵网开通后，通过各媒体、报纸、户外LED显示屏和网站发布兵役登记公告，市公安局负责提供适龄男性青年信息，市教育局负责督导各高中、中专院校做好在校适龄学生兵役登记工作，全市18岁适龄青年兵役登记率100%。

【征兵宣传】 2021年，厦门市、区征兵办对上级下发的各类高校毕业生名单，指定专人进行逐人发动，并定期督查发动情况。市征兵办到市人社局调取全市持有高级技工证人员名单，下发各镇（街道）进行精准发动。组织各区征兵办人员到有资质发放高级技工证的技校进行征兵宣传，与应届毕业生面对面座谈，解读政策和优惠条件，发动应征报名。协调市财政局、退役军人局、人社局和国资委等单位联合出台《厦门市促进征兵工作若干措施》，提高本科、大专毕业生一次性奖励金，提高大学毕业生返校（乡）应征路费报销和食宿保障标准，新增持有高级技工证的技师学院、技校毕业生一次性入伍奖励金，提高征集大学毕业生和高级技术人才政策力度。

【役前训练】 2021年，厦门市、区征兵办在新兵输送前开展役前训练，以部队一日生活制度和作风纪律养成为基础，组织条令、队列、基础体能、政治思想教育等内容的学习训练，掌握预定兵员思想、身体底数。通过役前训练，淘汰不合格人员。

【“五率”监控】 2021年2月起，厦门市征兵办对全市“五率”情况进行实时监控，每月通报“五率”数据。6月起，落实每周通报制度，加强对“五率”指标偏低单位的检查督导，及时解决问题。

（谢跃清 褚雪锋）

民兵预备役工作

【概 况】 2021年，厦门市民兵工作贯彻新时代军事战略方针，按照《我军后备力量建设“十三五”规划》《深化民兵调整改革考评标准》等政策文件要求，围绕遂行任务、提高战斗力目标，调整规模布局、力量体系、编组措施，在编实建强上下功夫。完成上级布置市基干民兵、普通民兵调整编建任务，完成基干民兵训练任务35批。上半年，福建省民兵调整改革检查组对各市民兵整组静态资料检查，厦门市排名福建省第二，集美区在县区组单位考核排名第二。

【群众性练兵比武竞赛】 2021年，厦门警备区在全区开展群众性练兵比武活动，通过练兵比武培育军事训练的“种子”和“酵母”，用竞赛推动训练。1月，警备区围绕共同基础、专业技能等5类8个课目，在国防园训练基地组织全市范围群众性练兵比武竞赛；6月，厦门市取得省军区民兵“四会”教练员评比第一名；7月，取得省军区国防动员业务骨干集训个人成绩第一名；8月，湖里区组织民兵分队参加全省民兵高炮和防空导弹分队实弹射击，取得优异成绩；厦门警备区在省军区4类专业技术（海上民兵、工程抢修、通信、防化）骨干集训考核评比中获得4个集训总评第一。

【民兵分队轮训备勤】 2021年5月起，厦门警备区开展年度轮训备勤计划，按照“警备区统一计划安排、各人武部分月集中施训”方法，厦门警备区组织翔安区、集美区、海沧区、同安区、思明区、湖里区、市应急营展开不少于12天的民兵应急分队集中备勤轮训。集训重点围绕军事理论、战备常识、单兵战术基础、轻武器操作、手榴弹投掷、军兵种常识、卫生与救护、伪装与防护、装备器材操作使用、简易通信、执勤抓捕、综合演练等课目展开，通过基地化训练，提升全市民兵应急备战水平。

【应急分队强化训练】 2021年6月，厦门警备区组织全市民兵应急分队对共同基础课目和专业装备操作进行强化训练，强化民兵应急分队遂行任务能力。重点突出“防护、卫生与救护”课目训练，装备操作重点训练枪发抓捕网、无人机、防汛抗洪、消防灭火、工程机械等专业装备操作和使用。通过训练，提升民兵应急处突、综合救援能力。

【学生军训组织】 2021年第三季度，厦门警备区围绕“树好形象、守好纪律、确保安全”要求，按照推荐选拔、岗前培训、专题教育、资格认证、签订责任书“一个过程”，选派培训民兵预备役教官负责承接学生军训工作，累计完成集美大学、厦门一中、双十中学、外国语中学等20所学校共51108名学生的军训任务。

（谢跃清 褚雪锋）

国防教育

【概 况】 2021年，厦门市继续构建“政府、军队、社会、学校、家庭”五位一体的大国防教育格局，“八一”、烈士纪念日等期间，军地开展走访慰问军人家庭、祭拜革命先烈等一系列国防教育宣传活动。厦门烈士陵园、厦门市革命烈士事迹陈列馆及各区烈士陵园共接待祭扫英烈和开展党史学习教育的党政机关、企事业单位、大中小学、社会各界和驻厦部队1800余批10万多人次，开展专题宣讲230余场。

【全民国防教育日活动】 2021年，厦门市国防教育办公室调整部署市、区两级开展教育的内容和形式。全民国防教育日活动以万屏云展播开篇，通过一支预热宣导片、一场万屏云展播、一次国防知识有奖竞答、一系列融媒体平台宣传，依托媒体矩阵进行全城万屏展播，创建"云上全民国防教育日"。线下同步开展国防教育进景区、进企业、进社区、进校园活动。

【第五届全国大学生主题演讲比赛获奖】 2021年12月14日，由福建省委宣传部、省教育厅、省退役军人事务厅、省军区政治工作局、共青团福建省委和省国防教育办公室联合主办第五届"爱我国防"福建省大学生演讲比赛在莆田市莆田学院举行，比赛以"迈向强国新征程，军民共筑强军梦"为主题，来自福建省各大高校的学生代表展开竞赛，集美大学李玮瑜获得二等奖。赛后，李玮瑜被推荐参加第五届全国大学生主题演讲比赛（网络），获二等奖。

（谢跃清　褚雪锋）

海警工作

【概　况】 2021年，厦门海警局以《中华人民共和国海警法》颁布为契机，拓展海上维权执法职能，开展"国门利剑2021""亮剑2021"等7个专项执法行动，强化对海上走私、盗采海砂、违规用海等重点领域违法整治力度。查办各类案件47件，抓获违法犯罪嫌疑人84人次，查扣涉案船舶30艘，缴获台杂货9075件，海产品27.9吨，涉案价值约400万元，罚款77万元。打击海上违法犯罪，守护海上安全稳定，得到各级领导肯定。

【重大维权执法】 2021年，厦门海警局组织开展海上勤务工作，完成庆祝中国共产党成立100周年、厦门经济特区建设40周年等重大安保任务，组织舰艇维权巡航，维护辖区海域安全稳定。

【执法协作】 2021年，厦门海警局加强与涉海职能部门执法协作，海警局及所属工作站与辖区涉海单位建立执法协作办法59份，理顺执法协作关系。10月14日，与厦门市公安局召开联席会议，建立信息共享、执法办案协作、执法保障等协作配合机制，推进岸海执法协作向常态化、一体化、实战化发展。

【海洋倾废公益诉讼案查办】 2021年，厦门海警局强化辖区海洋生态环境保护力度，7月，查办1艘在中华白海豚保护区违法倾倒船舶。厦门海警局依《中华人民共和国海洋环境保护法》，代表国家通过海事法院向海洋环境破坏者起诉索赔128万元，并将该款项交付厦门市中华白海豚基金，该案系全国首起海洋倾废类公益诉讼。

【疫情海上输入严防】 2021年，厦门海警局预防新冠病毒肺炎疫情从海上输入风险，拓展海上执法执勤疫情防控思路，防控"人传人""物传人"渠道，打击海上走私冻品、台杂货、偷私渡等违法犯罪行为，加强对涉案人员轨迹、接触人员等方面信息排查。查办涉偷私渡案件3件，走私珍贵动物制品案1件，严防境外疫情通过海上走私、偷渡等形式输入。其中，在"20210624"特大走私珍贵动物制品案及"20210920"三无船舶案查处中，及时处置涉疫船舶，阻断海上疫情输入风险。

（李宗安）

人民防空

【概　况】 2021年，厦门市人民防空办公室（简称厦门市人防办）履行"战时防空、平时服务、应急支援"使命任务，编制《厦门市人民防空建设"十四五"规划》，推进人防指挥体系建设和基层人防规范化建设。推动人防审批制度改革和人防工程质量监督工作，推进人防专项训练、警报建设、人防设施管理、人防宣传教育、人防队伍建设等工作。是年，厦门市人防办继续落实市委、市政府有关新冠病毒肺炎疫情防控的工作部署，确保实现"外防输入、内防反弹"总目标。全年参与厦门市疫情防控第一线工作的干部职工15人次，占全办干部职工总数的30%。9—10月，抽调干部12人支援一线抗疫工作，其中到同安各社区7人，参加全市隔离酒店开设与运作5人。为符合政策的9家企业和10家个体经营户减免租金，共减免租金36万余元，为早期人防资产使用单位疫情防控期间经营纾困解难。

【人防指挥体系建设】 2021年，厦门市人防办对市人防指挥部组成人员进一步调整完善，对6个单位9人进行调整，落实实案化和实名化要求。制定下发市直机关人防联络员制度，4月，组织市直单位人防联络员集训，90余名联络员参加。指导市直各单位修订紧急疏散方案，完善各单位人防疏散行动组织指挥编成和指挥工作流程。推进市人防工作站建设工作，组织人防工作站参与"5·10"人防综合演练，提升紧急疏散组织指挥能力。推进市人防基本指挥所和机动指挥平台升级改造，加大各区基本指挥所、机动指挥所建设力度。

【"5·10"人防综合演练】 2021年5月10日，厦门市人防办组织市防空警报试鸣暨人防综合演练，全市防空警报于15时按"预先警报""空袭警报""解除警报"顺序鸣响。人防综合演练紧贴使命任务，组织"大规模人员紧急疏散""人防专业队综合救援行动""急救技能演示"等课目演练，研究探索厦门警备区民兵应急分队与人防专业队协同作战的编组与运用，人防前进指挥所动中开设、靠前指挥组织等课题的演训。演练在市、区同步展开，除社区、学校外，市直党政机关、部分市属重点企业、重要经济目标单位为首次参加，全市约70万人参加演练。

【人防审批制度改革】 2021年，厦门市人防办按照市委、市政府建设营商环境决策部署，推进人防审批制度改革。优化联合验收人防办理流程，自1月1日起政务窗口不再收取纸质材料，改由人防部门工作人员上门到工地现场验收服务时一并收取，方便建设单位。提出"社会投资简易低风险工程建设项目"人防优化审批服务措施。落实政务服务指标专项整改提升要求，完成政务服务标准化"五级十五同"（省、市、县、乡、村各级行政审批服务事项名称、基本编码、实施编码规则、事项类型、设立依据、申请材料、办事流程、业务经办流程、事项办理深度、承诺时限、表单格式、审查要点、办理条件、收费项目等方面全省范围规范统一）事项，落实“减材料”要求，修订《厦门市人民防空办公室权责事项清单》，依申请事项材料减少至平均4.7份。提高承诺时限压缩和即办件事项比例，深化“一趟不用跑”“最多跑一趟”任务目标，行政许可事项最多跑一趟比例100%，时限压缩占比93.1%，即办件占比87.5%，全程网办率75%。

【人防工程建设监督管理】 2021年，厦门市人防办会同四个部门印发实施《关于进一步优化社会投资简易低风险工程项目工程建设许可及施工许可阶段合并办理实施方案的通知》。以分段出具竣工验收质量监督报告的方式支持轨道3号线按期试线和投入使用。以容缺受理的方式先行介入省、市重点项目人防质量监督，保证重大重要项目实施，加强在建人防工程项目“双随机一公开”监管，对所涉及的参建单位从施工质量、安全生产、监理从业能力等方面进行监管。通过组织对地铁进行专项质量检查，组织“双随机一公开”监管6次，对在建防空地下室建设质量进行监管。组织第三方对防空地下室防护（化）设备安装质量检测，及时组织整改，合格率超过90%。组织2次对已建防空地下室平时维护管理情况进行质量评定，确保较高的结构完好率。坚持严格要求严格标准把好工程建设质量关，针对施工质量问题组织约谈7次，对违法案件行政处罚1起。

【人防宣传教育】 2021年，厦门市人防办利用人防宣传教育基地、《国防报》、厦门电视台、《厦门日报》、《海峡导报》等传统媒体及新华网、人民防空微信公众号、人民防空网站、抖音等新媒体传播载体，结合“3·1”国际民防日、“5·10”警报试鸣、“5·12”全国防灾减灾日等进行人防知识宣传，持续推进人防宣传教育“五进”（安全宣传进企业、进农村、进社区、进学校、进家庭）活动落实。制定“八五”普法规划，组织开展习近平法治思想和《中华人民共和国宪法》《中华人民共和国民法典》《中华人民共和国人民防空法》《福建省人民防空条例》宣传贯彻。坚持党建与业务融合发展，创建“护民之盾”党建品牌，获得“2021年度机关十佳党建品牌”称号，综合（法宣）处被市直机关评为“创建模范机关先进单位”。市人防办被《中国人民防空》杂志评为通讯报道先进单位。

【人防设施平战管理】 2021年，厦门市人防办探索早期人防资产管理新模式，将早期人防资产整体委托给优质国有企业运营管理，由受托企业组建管理团队提供专业管理服务，早期人防资产管理更加专业化、规范化，进一步发挥早期人防资产社会效益和经济效益。“5·10”组织开展20人的防空地下室（二等人员掩蔽）平战功能转换全要素、全过程实战化演练，研究市人防工程平战功能转换问题。首次组织市地铁人防设施防淹应急处置演练，研究提升市轨道交通防淹防灾能力问题。

（万　洪）

退役军人事务

【概　况】 2021年，厦门市退役军人事务局（简称厦门市退役军人局）加强统筹协调、督办落实能力，推进全市退役军人服务保障体系各项工作。完善退役军人政策法规体系，出台退役军人司法援助、扶持就业创业、加强烈士纪念设施管理保护等多项政策措施。深化各级退役军人服务中心（站）建设，推动安置就业工作，坚持“阳光安置”，完成年度各类退役军人军属安置，开展“创业创新月”活动，促成就业300余人次。开展尊崇英烈工作，发挥红色资源教育功能，持续开展“为烈士寻亲”活动。巩固发展双拥共建成果，增进军政军民团结，促进经济建设和国防建设协调发展。加强退役军人思想政治引领，突出典型示范作用，退役军人游文晃获全国道德模范提名奖，获登“中国好人榜”，获评全省“最美退役军人”；退役军人王刚获评全国应急管理系统先进工作者。

【法规制度体系建设】 2021年，厦门市退役军人局开展“十四五”期间贯彻落实《中华人民共和国退役军人保障法》在具体领域的实施细则、管理办法等规范性文件或政策文件的研究制定工作，出台《关于加强退役军人司法救助工作的意见》和《关于做好退役军人法律服务工作的通知》，完善退役军人法律援助政策制度，完成《厦门市拥军优属办法》修订。贯彻落实退役军人事务部《关于促进新时代退役军人就业创业工作的意见》和福建省实施细则，研究出台厦门市扶持退役军人就业创业若干措施。制定《厦门市退役军人事务局2021年依法行政推进法治政府建设工作方案》，将《中华人民共和国退役军人保障法》作为“十四五”期间普法工作重点，运用电视、广播、微信公众号等各类媒体向全市服务对象普及相关法律知识，组织法律辅导讲座，到部队和基层授课，发放法律释义、辅导读本等资料近2000册。梳理厦门市涉及退役军人现行法规、规章，行政规范性文件和其他政策文件，将与《中华人民共和国退役军人保障法》主要内容和原则条款不一致的予以清理。市、区两级退役军人部门推动成立退役军人法律援助工作站，提供法律援助服务。

【服务保障体系建设】 2021年，厦门市退役军人局开展“法律政策落实年”活动，坚持抓基层、打基础、强基本，全面提升服务保障体系建设水平。1个市级、6个区级退役军人服务中心和42个镇（街道）、544个村（居委会）退役军人服务站都有1名以上专职工作人员，形成实现实体化运行、全覆盖服务保障体系。全市推进退役军人服务中心（站）“标准化、示范型”建设，所有区级、镇（街道）服务中心（站）和服务对象300人以上村（居委会）退役军人服务站全部通过验收。上半年，组织开展基层退役军人服务站建设情况调研，联合编办、民政、财政等部门，协调帮助解决基层服务中心（站）人员、经费等方面实际困难。加强业务培训和学习交流，提高基层工作人员业务能力和法规政策水平，选调人员参加上级组织的业务培训，厦门市退役军人局于11月15—16日举办全市退役军人工作业务培训班，组织市、区、镇（街道）退役军人事务系统干部参加学习培训，各区分别组织不同形式的退役军人工作业务培训。

【先进典型表彰宣传】 2021年，厦门市退役军人局巩固“思想政治工作年”成果，印制“致全市退役军人的一封信”主题宣传材料，广泛张贴推送。对戍边英雄祁发宝等5人的英雄事迹进行宣传，结合“八一”建军节，为2020年秋冬季立功退役士兵及现役军人立功代表发放奖励金4.5万元。开展“最美退役军人”评选，向福建省推荐全国“最美退役军人”候选人、福建省“最美退役军人”候选人。联合《厦门日报》举办“戎装虽解军魂在·一颗红心永向党——我的退役故事”中国共产党成立一百周年主题征文活动，登载优秀退役军人事迹文章52篇。在厦门市抗疫阻击战中，全市退役军人广泛参与志愿活动，作出应有贡献。

【退役军人移交安置】 2021年，厦门市退役军人局推进转业军官和随军随调家属安置工作，完善市团职以下军转干部安置工作实施方案，加强安置工作的预见性，对接协调组织部、公安等部门，制定《厦门市退役军人报到落户工作规范》，完善退役军人接收、报到、落户和组织关系接转程序。针对逐月领取退役金安置方式，借鉴总结自主择业军队转业干部管理服务经验，对逐月领取退役金军人接收安置、服务管理等提出初步建议，为下一步工作做好准备。开展军转安置工作，接收安置团职及以下和专业技术军转干部（95%进机关事业单位）。组织开展2021年度随军随调家属就业安置工作。

【军休服务管理】 2021年，厦门市退役军人局按照“即退即交、即交即接”原则，做好军休人员接收安置工作。下达离退休人员补助经费、管理机构补助经费、军休人员医疗费用，补发由思明区老干局管理的军休干部和遗属有关补助补贴标准差额和住房物业服务补贴。开展走访慰问并发放慰问金。做好换发2016式军休干部退休证的统计和信息变更工作，落实军休人员医疗待遇，办理2020年接收安置的符合保健待遇条件的军队退休干部申报保健待遇。丰富军休人员文化生活，组织省军休干部书画摄影展作品收集、报送，成立军休老干部理论宣讲队伍，为全系统军休老党员颁发“光荣在党50年”纪念章。推广网络“军休所”，开设老年大学军休干部班，第一学期为期16周，设置合唱、太极养生等课程5门，受到军休干部广泛好评。

【退役军人就业创业】 2021年，厦门市退役军人局落实就业创业政策措施，推动退役军人就业创业工作。开展退役军人就业创业状况摸底调研，制定《关于进一步完善退役军人就业创业台账的通知》，全市范围内采集数据信息，为开展退役军人就业创业工作提供数据支撑，起草《厦门市鼓励退役军人和随军家属就业创业若干措施》。依据《厦门市退役军人就业创业促进行动方案》，会同各区开展退役军人技能提升培训、创业培训，开展“创业创新月”活动，为用人单位发布招聘信息22条，岗位需求500多个，举办8场退役军人专场招聘会。组建退役军人就业创业指导团队，向社会广泛征集各行业领军人才，择优选聘为市退役军人就业创业导师，开展就业创业指导服务。下发《厦门市退役军人事务局关于建立2022年退役军人承训机构黄页的通知》，整合全市优秀培训资源，推荐上报省退役军人事务厅建立培训机构目录。协调举办“汇聚创业新力量，助推高质量发展”退役军人专场创业培训暨创业沙龙，举办以“立创业创新潮头，展退役军人风采”为主题的第二届“建行杯”厦门市退役军人创业创新大赛暨全国初赛，通过项目征集、选拔，有16个项目参加大赛。

【退役士兵社保接续】 2021年，厦门市退役军人局推动部分退役士兵社保接续攻坚收尾工作，通过市级督促协调，各区、镇（街道）对未交费人员逐一入户解释宣传政策、争取理解配合。至年底，厦门市全面完成退役士兵养老保险接续工作，办结比例100%，缴费率100%，按规定完成福建省退役军人事务厅要求的办结率和缴费率两个百分百的任务，实现“应缴尽缴”的既定目标。

【抚恤优待】 2021年，厦门市退役军人局落实抚恤优待政策法规，依法保障军人军属、退役军人和其他优抚对象合法权益。组织开展优抚对象数据核查审定。保障优抚对象抚恤补助待遇，调整提高各类抚恤补助标准，发放各类抚恤补助经费、义务兵家庭优待金，各类抚恤补助标准居设区市前列。发放驻厦部队未就业随军配偶基本生活保障金。做好优抚对象抚恤补助资金按月发放、重点优抚对象医疗救助、临时价格补贴，为因精神疾病被评定为五级至六级残疾等级的残疾军人发放护理费等工作。加大尊崇优待工作力度，春节、“八一”组织慰问重点优抚对象和困难退役军人，烈士公祭日和清明节增发烈属慰问金，为现役军人、退役军人和其他优抚对象家庭赠送春联和慰问信。开展为退役军人和其他优抚对象悬挂光荣牌工作“回头看”，中国共产党成立100周

市退役军人局举办厦门市第二届退役军人创新创业大赛。图为8月26日颁奖现场
（市退役军人局 供图）

年前夕组织慰问烈士遗属、因公牺牲军人遗属，发放慰问金。组织开展老兵退伍、新兵入伍迎送工作，为立功受奖军人家庭送喜报。落实驻厦部队军人子女教育优待。建立并落实重点优抚对象和困难退役军人常态化联系和挂钩帮扶制度，进一步提升优抚对象的荣誉感、获得感、幸福感。

【纪念英烈活动】 2021 年，厦门市退役军人局发挥烈士纪念设施等红色教育基地功能，在烈士纪念日和清明节组织开展向烈士敬献花篮、清明节祭扫英烈活动。组织开展“守护 · 2021 清明祭英烈”主题宣传教育活动，整理编辑《追寻先烈足迹　传承红色基因》宣讲手册，组织拍摄罗扬才、刘惜芬、谢景德等烈士事迹专题宣传短片，开展罗扬才、刘惜芬、王兴芬、张水锦一家等革命先烈英雄事迹宣讲活动。选送宣讲员参加“致敬国家丰碑——全国红色故事讲解员大赛”。坚持开展“为烈士寻亲”活动，为烈士寻找亲属。配合市委党史学习教育办开展烈士子女抚恤优待工作调研。

【烈士纪念设施管理保护】 2021 年，厦门市退役军人局组织完成全市烈士纪念设施数据校核，累计校核烈士纪念设施 382 处，其中，市级 12 处（含国家级烈士陵园 1 个），县（区）级 370 处，完成数据采集校核和建档立卡工作。组织开展烈士纪念设施整修提升专项行动，制定《厦门市零散烈士纪念设施保护管理制度（试行）》，按照“六个一”标准（一个有标识的墓碑，一个绕墓一圈的水泥围挡，一个有烈士基本情况介绍的宣传牌，一个有标示“烈士墓地、禁止损坏”的警示牌，一条相对畅通的进出小道，一个管理制度牌），市、区筹集 780 多万元用于零散烈士纪念设施修缮维护。安排 200 多万元用于厦门烈士陵园维修改造和新建“烈士英名园”项目，在园区安装无人语言导览讲解系统，启动厦门革命烈士事迹陈列馆改扩建项目前期工作。配合市委第三巡查组、市人大社法委开展全市烈士纪念设施建设管理保护工作情况调研，研究推动烈士纪念设施归口管理，印发《厦门市退役军人事务局　厦门市人民检察院关于开展全市县级及以下烈士纪念设施管理保护专项行动的通知》，会同检察部门组织开展烈士纪念设施管理保护督导工作。

【拥军共建】 2021 年，厦门市退役军人局（市双拥共建办）发挥双拥工作优势，协调做好拥军优属、拥政爱民工作。市委理论学习中心组坚持与某集团军党委中心组开展联学共建，指导推动全市军地 40 对各级党组织联学共建活动。开展拥军支前演练，做好驻厦部队和过往部队演练演训军供保障工作，完成上级赋予的拥军支前专项演练任务，得到军委政治工作部的肯定评价。强化全民国防教育，发挥全市各类烈士纪念设施教育功能作用，为党政机关、企事业单位、学校、社区和驻厦部队开展烈士祭扫、接受爱国主义和国防教育等提供优质服务，在厦门烈士陵园组织中小学生开展“启航明天 · 争当新时代四好少年”活动，组织“英雄小八路”精神进校园巡回图片展、“奋进新时代、聚力强军梦”国防教育进校园等活动，激励广大青少年学生增强国防观念，夯实爱国拥军思想根基。完善军地“双清单”工作机制，协调推动涉军土地置换、管线迁改等工作，支持部队营区设施、训练场地、船艇码头、供水、供电等军事设施改造升级。坚持常态化双拥活动，开展“情系边海防官兵”“双拥在基层”活动，春节和“八一”期间开展军地走访慰问活动，按时完成全国、省双拥办赋予的“情系边海防官兵”春节专项慰问西藏边防官兵活动，通过走访慰问、座谈联欢、互办实事等形式，密切军民交流交往，增进军政军民团结。深化拥政爱民工作，驻厦各部队支持地方经济社会建设，开展“送温暖献爱心”活动，协助地方处置各种应急突发事件，参与市应急救援、防火防灾等实战演练，融入全国文明城市、国家卫生城市和生态文明城市、平安厦门等创建活动，坚持开展学雷锋志愿活动。

（曹　军）

责任编辑：熊焱峰
审　　稿：阳晓儒
校　　对：明安文

13 外事·侨务·港澳事务

外　事

【概　况】2021年，厦门市人民政府外事办公室（简称市外办）接待外宾111批464人次，其中副部级以上3人次、大使级27人次，包括韩国外长郑义溶、金砖国家新开发银行副行长阿尼尔·基肖拉等外宾（见表13-1）。完成中韩外长在厦会晤、第二十一届中国国际投资贸易洽谈会（简称投洽会）、2021第七届中国（厦门）国际休闲旅游博览会、2021年中国金鸡百花电影节等活动的客商邀请、礼宾保障和翻译服务工作。推动厦门市与联合国南南合作办公室保持良性互动，开拓与德国宾根、海德堡和美国印第安纳州等的交流渠道。举办2021厦门国际友好音乐会和“生活在厦门　生活在特里尔”双城同展，与印尼、英国、荷兰、新西兰、法国等开展线上“友城营”、友城中文班和云课程等活动，促成新西兰影片《毛利三姐妹》亮相2021金鸡国际影展。服务金砖基地建设，助力营造良好营商环境，讲好中国故事厦门篇章，推动对外经贸合作交流。牵头闽西南协同发展区外事工作交流合作机制，与大连、青岛、宁波、深圳市外办建立计划单列市外办协作工作机制，完成厦门市公共服务领域英译文译写规范。加强海外安全和领事保护宣传，处置涉疫领保案（事）件28起，派员赴境外协助企业接返滞留劳务人员，相关工作被《人民日报》等国内20余家媒体转载报道。

【服务金砖基地建设工作】2021年，厦门市外办承办2021金砖国家智库国际研讨会，举办俄中投资合作论坛和2021厦门“行·摄友城”摄影展暨金砖国家城市友好交流图片展，深化与俄罗斯喀山、南非德班、巴西福塔莱萨、伊瓜苏以及智利圣地亚哥首都大区的友好往来，开拓与巴西圣保罗市、马托格罗索州和印度联系渠道，加强与特立尼达和多巴哥、科特迪瓦等在科技、工业、经贸领域的合作，参与编制《金砖创新基地建设三年行动方案》，拓展金砖和“金砖+”友好交往。推动厦门市与金砖国家领导人第六次会晤举办城市——巴

表13-1　　2021年厦门接待部级、大使级外宾团组情况一览表

序号	到访时间	离开时间	到访团组名称	团组人数（人）
1	1月9日	1月12日	新加坡驻华大使吕德耀一行	9
2	4月1日	4月8日	韩国驻华大使张夏成一行	5
3	4月2日	4月3日	韩国外交部长郑义溶一行	11
4	4月9日	4月10日	西班牙驻华大使德斯卡亚一行	4
5	4月20日	4月20日	特立尼达和多巴哥驻华大使馆临时代办艾德里安·托马斯一行	2
6	5月13日	5月15日	菲律宾驻华大使何塞·圣地亚哥·罗马纳一行	13
7	6月9日	6月11日	金砖国家新开发银行副行长阿尼尔·基肖拉一行	3
8	7月7日	7月8日	科特迪瓦驻华大使多索·阿达马一行	3
9	7月13日	7月14日	22国驻华使节团	22
10	9月6日	9月12日	俄罗斯驻华商务代表达赫诺夫斯基一行	12
11	9月7日	9月9日	太平洋岛国驻华使节代表团	13
12	9月7日	9月10日	菲律宾驻华大使何塞·圣地亚哥·罗马纳一行	3
13	9月7日	9月11日	印度尼西亚驻华大使周浩黎一行	2

2021 年 11 月 29 日，厦门市与巴西福塔莱萨市签署友好交流意向书（市外办　供图）

西福塔莱萨市签署友好交流意向书，借助金砖国家平台，互学互鉴，深化各领域交流合作。

【涉外疫情防控工作】 2021 年，厦门市外办牵头市疫情防控指挥部外事组工作，全年畅通 24 小时 7 语种疫情防控热线，为数千名在厦门外籍人士申领闽政通健康码，组织驻厦门领事官员等重点人群进行疫苗接种，保障驻华使领馆及国际组织重点人员经厦门入境隔离，完成外国来华采购医疗物资的专机、包机等协调保障任务。开展国际抗疫合作、“云上外事”对外交流等活动，分享厦门防控经验，推动友城交流交往。

【对外经贸合作服务】 2021 年，厦门市外办协助外国驻华使领馆、商协会与市商务局、市贸促会及厦门航空、建发集团、夏商集团、元初食品等部门和企业建立联系，推动中德科教园、新西兰电影委员会、韩国全罗南道（省）政府中国代表处等与厦门市开展合作，畅通厦门市对接印尼泗水港、泰国廉差邦港、科特迪瓦阿比让港和俄罗斯阿祖尔航空等渠道。保障重大项目重点工程急需邀请外籍专家、技术人员入境事项，协调解决外企、外籍人员疫情防控期间生产生活问题，推进厦门市因公出入境管理智能化、便利化，协助打造厦门市外国人才服务站官任分站，服务对外经贸合作。

【对外宣传推介工作】 2021 年，厦门市外办接待 22 国驻华使节团参访厦门，组织外国驻厦领团参访特区纪念馆，举办“‘老’·‘外’邀您‘留厦过年’”等暖心活动，印发十九届六中全会精神英文解读手册，向中国人民对外友好协会推荐“五色”（古色、红色、绿色、蓝色、炫色）参访点，策划讲述外事党员故事的微视频，上线双语“红色闽西南”、在厦外籍人士“春天的故事”等外宣专栏，用厦门声音讲好中国故事和中国共产党的故事。参与承办“中法对话：中法文明互鉴”论坛，研究推介鼓浪屿的保护、传承与利用。

【驻厦领团市情通报会】 2021 年 2 月 2 日，厦门市举办“2021 年驻厦领团市情通报会”，新加坡驻厦总领事吴俊明、泰国驻厦总领事马家汉、菲律宾驻厦总领事馆代馆长何怡莲等 9 名领事官员参加。会议通报厦门 2020 年经济社会发展情况及 2021 年主要工作规划。各国驻厦总领事表达与厦门在友好港口、人工智能、智慧城市等领域继续携手合作的意愿。

【特立尼达和多巴哥凤凰工业园推介会】 2021 年 4 月 20 日，由特立尼达和多巴哥驻华大使馆，厦门市外办、贸促会联合主办的“特立尼达和多巴哥凤凰工业园推介会”在厦门举行。特立尼达和多巴哥驻华临时代办艾德里安·托马斯和厦门市外办、北京建工国际公司、厦门市贸促会、商协会代表与 30 余家企业的代表参加，探讨在“一带一路”框架下，推动厦门市企业与特立尼达和多巴哥开展务实合作。会后，部分企业与特立尼达和多巴哥驻华大使馆、北京建工集团就赴特立尼达和多巴哥签证政策、工业园基础设施、投资便利政策等相关问题进行现场对接交流。

【厦门—以色列科技合作论坛】 2021 年 5 月 10—11 日，由厦门火炬高新区管委会、市外办、市科技局、市商务局和以色列驻广州总领事馆共同主办的 2021 厦门—以色列科技合作论坛在厦门举行。论坛以“共享新机、共创新局”为主题，20 名以色列高新技术企业代表与近 70 名厦门企业代表通过线上、线下结合的方式，参与主论坛、项目路演、

2021 年 4 月 27 日，“中法对话：中法文明互鉴”论坛在鼓浪屿举行。图为论坛开幕式现场（市外办　供图）

2021 年 6 月 10 日，2021 金砖国家智库国际研讨会在厦门举行。图为论坛专家授课现场（市外办　供图）

对接签约等活动，举办光伏新能源、孵化器、农业科技、乡村振兴示范基地等项目签约仪式。副市长黄晓舟、副市长张志红、以色列驻广州总领事劳霈乐等参加各项活动。

【新加坡企业发展局代表团访问厦门】2021 年 5 月 12—14 日，新加坡总领事吴俊明携新加坡企业发展局及企业代表一行 23 人到厦门考察访问。17 日，中共福建省委常委、厦门市委书记赵龙会见吴俊明，探讨与新加坡在共促绿色发展、加强产业对接、促进临空经济、发展海洋经济等方面深化发展合作。市委副书记、市对外友好协会会长陈秋雄会见代表团一行。新加坡代表团参加市外办联合市政府办、市发改委、市商务局举办的厦门“十四五”规划及重点招商项目推介会，参访马銮湾新城和机场片区指挥部，交流探讨合作机遇。

【金砖国家智库国际研讨会】2021 年 6 月 10 日，由金砖国家智库合作中方理事会和厦门市人民政府共同主办，市外办和市金砖办承办的 2021 金砖国家智库国际研讨会在厦门国际会议中心举行。开幕式上，金砖国家智库合作中方理事会理事长、中联部副部长郭业洲作主旨演讲，中共福建省委常委、厦门市委书记赵龙，福建省副省长黄海昆，新开发银行副行长阿尼尔·基肖拉分别致辞。金砖国家智库合作中方理事会秘书长、中联部研究室主任金鑫主持开幕式。工业和信息化部、科技部有关司局领导，金砖国家智库巴西、俄罗斯、印度、南非牵头方负责人在开幕式上发言或视频发言。研讨会以“携手共建创新基地　打造金砖合作典范”为主题，聚焦推进金砖创新基地建设、促进投资贸易便利化、促进金融创新合作等议题，吸引金砖各国学界、业界和政府部门、国际组织、商协会代表等线上、线下参会。

【22 国驻华使节团访问厦门】2021 年 7 月 13 日，应中国外交部邀请，来自萨摩亚、汤加、贝宁、阿尔巴尼亚、索马里、布基纳法索、老挝等 22 国驻华使节团访问厦门，中国政府欧洲事务特别代表吴红波陪同。中共福建省委常委、厦门市委书记赵龙会见使节团一行，介绍厦门改革开放 40 多年来的发展成就，推动与各国的友好交流合作。在厦门期间，使节团实地考察筼筜湖治理、鼓浪屿历史文化遗产保护与传承，参观天马微电子等，了解厦门在生态文明建设、文化遗产保护、科技创新等领域的实践与成果。各国驻华使节表示要继续发挥桥梁与纽带作用，进一步加强与厦门各领域务实合作。相关活动报道全网累计浏览量近 2000 万次，外交部称赞“活动取得超出预期的效果”。

【太平洋岛国驻华使节代表团访问厦门】2021 年 9 月 7—9 日，太平洋岛国驻华使节代表团（由萨摩亚、汤加、密克罗尼西亚联邦、所罗门群岛、巴布亚新几内亚 5 个太平洋岛国驻华使节及太平洋岛国贸易与投资专员署代表等组成）一行 13 人访问厦门。代表团出席投洽会开幕式暨 2021 国家投资论坛、省市领导集体会见等相关配套活动。访厦门期间，代表团到海洋国际合作中心、海洋三所等厦门市海洋经济及国际交流合作相关参访点考察，了解寻求经贸、投资、海洋、渔业等领域的交流合作机遇。全国友协副会长姜江陪同访问。

【俄罗斯—中国投资合作论坛】2021 年 9 月 8 日，由厦门市外办和俄罗斯联邦驻华商务代表处共同主办的俄罗斯—中国投资合作论坛在厦门召开。政府、商协会、企业等机构代表通过“线上＋线下”方式参会，俄罗斯驻华商务代表阿

2021 年 7 月 13 日，中共福建省委常委、厦门市委书记赵龙（右七）会见 22 国驻华使节团。图为会见合影现场（杨景初　摄）

列克谢·达赫诺夫斯基率俄罗斯政府及俄企业代表现场推介，80多名中国企业代表线下对接，线上参与人数超14万人。俄罗斯联邦驻华商务代表处、鞑靼斯坦驻华代表、VTB银行、长城汽车、万科中俄产业园、斯科尔科沃创新中心、中俄机电商会、俄罗斯团结商业银行、中兴通讯俄罗斯子公司等各界代表围绕投资、金融、贸易等主题交流发言。

【金砖国家城市友好交流图片展】 2021年9月8日，由厦门市外办（市友协）与市文联联合主办的2021厦门“行·摄友城”摄影展暨金砖国家城市友好交流图片展在厦门举行。摄影展以“团结抗疫·共创未来”为主线，收到来自22个国家、25个城市选送的近400幅图片，其中包括18个厦门的国际友城及7个金砖国家城市。日本佐世保市市长、英国加的夫市议会主席、荷兰祖特梅尔市市长等18个城市的市长（或代表）送达寄语，表达加强合作、共创未来的愿望。印度尼西亚泗水市市长发视频致辞。

【市外办出入境管理系统通过验收】 2021年11月30日，厦门市外办出入境管理系统通过竣工验收。系统运用先进信息技术，打造集成因公出国、到华邀请、APEC商务旅行卡申办等业务的综合性、一站式智能管理平台。申请单位可进行在线填报、在线申请、进度查询等，实现“远程办”“线上办”；申请人的信息一经录入，系统将自动记录，无需重复录入，提高信息复用率；打通与内部办公系统和公文交换系统的数据通道，实现办公效率与数据安全双提升；通过智能提醒，辅以大数据分析，实现智慧管理。

【中新交流视频会】 2021年12月18日，福建（厦门）—新加坡友好医疗服务中心成立10周年暨中新交流视频会在厦门举行。副市长廖华生致辞。新加坡驻厦门总领事吴俊明出席活动并表示将进一步探索新加坡与中国在绿色、数字经济、公共卫生等领域的交流合作。中新双方医疗专家就加强合作进行探讨与交流。

【国际青少年友好交流音乐会】 2021年12月19日，由厦门市外办、市教育局、市友协、厦门广电集团及厦门国际友好交流城市联合主办，由厦门鹭岛少年合唱团与来自国际友好交流城市（英国加的夫、日本佐世保、新西兰惠灵顿、墨西哥瓜达拉拉哈拉、印度尼西亚泗水、德国特里尔、加拿大列治文、泰国普吉、土耳其伊兹密尔、以色列内坦亚、巴西福塔莱萨11个城市）青少年合唱团联合演出的庆祝厦门经济特区建设40周年国际青少年友好交流音乐会在厦门卫视推出。音乐会以“传递友谊　放飞梦想”为主题，借助国际友城为主渠道的外事资源优势，以主题音乐会的形式，深化友好交流，展示特区建设40周年国际化成果，增进厦门人民与世界各国人民的相互了解和友谊。

（陈巧玲）

侨　　务

【概　况】 2021年，中共厦门市委统战部（简称市委统战部）启动“暖侨行动”新春系列慰问活动。以市海外联谊会名义，向长期与厦门市保持密切联系的海外侨团负责人、侨领代表、侨社知名人士、海外嘉庚后裔代表等114人，向支持厦门市抗疫积极捐款捐物的侨胞，新冠病毒肺炎疫情防控期间在厦门推动复工复产以及增资扩产的荣誉市民和侨商侨企等，通过国际快递寄送新春祝福包（“福”字、对联、慰问信、爱心礼物）。协同市侨联，继续向入住定点酒店进行集中医学观察的境外到厦门人员开展人文关怀活动，向在厦门接受集中医学观察的返乡侨胞、留学生共800人送上慰问卡、爱心果篮。市委统战部按照“上下联动、规范程序、保障重点、注重实效”的长效机制，全年贯穿实施困难归侨侨眷救济补助工作。元旦、春节期间，市委、市政府分管领导及“五侨”（全国人大华侨委员会、国务院侨务办公室、全国政协港澳台侨委员会、致公党中央和中国侨联）单位领导深入困难归侨侨眷家中开展新春慰问活动，走访慰问困难归侨侨眷67人，补助金额3.95万元；补助2021年度低保标准的散居社会贫困归难侨23人，补助金额5.52万元；特殊补助突发重大疾病的归侨1人，补助金额6000元。

【“三侨生”身份证明审核】 2021年3月10日至4月23日，厦门市委统战部在中共厦门市委统一战线网站、厦门市行政服务中心网站和《鹭风报》公众号发布通知，向社会公告“三侨生”（归侨、归侨子女、华侨在国内的子女）参加高考享受加分政策的证明办理条件、程序和材料等。经审核，全年出具参加高考“三侨生”身份证明书31份，其中归侨身份证明3份、归侨子女身份证明19份、华侨在国内的子女身份证明9份。

【海外华商“一带一路”研修班】 2021年6月2—5日，由国务院侨办主办，

2021年4月22日，金砖国家华侨华人创新合作对接会在厦门举行　（刘东华　摄）

福建省侨办、厦门市侨办承办的2021年海外华商“一带一路”暨中国国情研修班在厦门举行。国侨办领导及福建省海外联谊会副会长郑惠文，厦门市委统战部常务副部长、市侨办主任何秀珍，厦门大学副校长邓朝晖，厦门大学管理学院党委书记邱七星等出席开班仪式。来自32个国家和地区的49名海外华商参加包括厦门段和北京段历时7天的课程。在厦门期间，研修班邀请厦门大学教授为学员讲授国际安全格局与周边形势、“一带一路”建设与华侨华人、陈嘉庚的历史与精神等课程。研修班前往美峰创谷、环东海域、银城智谷等地考察，并参观陈嘉庚纪念馆、筼筜书院金砖中俄领导人双边会晤活动场所等。学员们表示，该次研修班有助于大家更好地了解“一带一路”倡议，发挥侨资侨力，增进交流合作，助推厦门高质量发展超越。

【归侨侨眷快闪在《新闻联播》播出】 2021年6月28日，《唱支山歌给党听》快闪节目在中央电视台《新闻联播》播出。该节目由厦门市委统战部组织50名老归侨、侨眷参与录制，展现归侨对中国共产党成立100周年的祝福。

【海外侨胞庆祝厦门经济特区建设40周年座谈会】 2021年12月17日，由厦门市侨办、市侨联主办的海外侨胞庆祝厦门经济特区建设40周年座谈会在厦门金雁酒店举行。座谈会以线上线下相结合方式，以“发挥海外新优势　再创特区新辉煌”为主题，交流在厦门的创业历程，回顾厦门40年的发展巨变，展望厦门的发展。市委统战部部长王雪敏通过线上视频致辞。中共厦门市委统战部常务副部长、市侨办主任何秀珍，市侨联主席陈俊泳，中共厦门市委统战部副部长陈宏，致公党市委、市外办、中共厦门市委网信办等相关单位领导参加座谈会，在厦门荣誉市民、侨领侨商代表30多人现场参加，海外侨团代表线上参会20多人。

（吴　曦）

港澳事务

【概　况】 2021年，厦门市新设港资企业248家，比上年增长10.7%，实际使用港资152亿元，增长33.4%；新设澳资企业47家，增长113.6%，实际使用澳资490万元。厦门市台港澳办公室（简称市台港澳办）走访调研在厦门港澳企业，协助澳门旅游局副局长程卫东一行到厦门筹备“厦门澳门周”大型推广活动筹备会。支持港澳青年交流促进会参访团一行17人到厦门开展“追寻历史足迹”活动；支持厦门大学、华侨大学30多位港籍学生到宏泰集团智能制造基地参加“港青看福建活动”。处理涉港澳求助投诉案件，维护在厦门港澳同胞和港澳企业的合法权益。为港澳青年学生搭建实习就业平台，鼓励厦门企业聘用港澳人才，做好在厦门港澳同胞的疫情防控工作。

【首条台港澳同胞办税绿色通道开通】 2021年4月8日，集美区税务局、集美区台港澳办和集美区行政审批管理局在集美区行政服务中心联合开展“便民办税春风行　台胞驿站心连心”活动。现场，厦门市首条台港澳同胞办税绿色通道开通。该绿色通道覆盖台港澳同胞的就业创业优惠政策、个人出租房产相关涉税事项、个人所得税综合所得年度汇算、对外支付备案、参保等高频办税业务，为台港澳同胞提供“一窗式”便捷服务，当天首位利用该绿色通道办理个人所得税汇算业务的台胞不到十分钟办妥。

【港澳适龄儿童入学办法】 2021年4月10日，厦门市教育局发布《厦门市2021年秋季小学招生工作意见》，香港和澳门特别行政区居民适龄儿童申请在厦门市就学的，其父亲（母亲）为香港、澳门特别行政区居民的，到居住地片区学校报名，由教育主管部门根据其父亲（母亲）房产所在地或居住地统筹安排；其父亲（母亲）为厦门市户籍的，到其父亲（母亲）户籍地片区学校报名，由其父亲（母亲）户籍地教育主管部门统筹安排；其父亲和母亲均非香港、澳门特别行政区居民且均非厦门市户籍，申请就读公办学校的，其父亲（母亲）应在厦门务工、居住和最近参加厦门市社会保险的年限满1年（含1年）以上，其中申请在思明区、湖里区入学的，其父亲（母亲）在厦门务工、居住和最近参加厦门市社会保险的年限满2年，到居住地片区学校报名，由教育主管部门统筹安排。全年全市小学招录港澳适龄儿童126人。

【“e政务”上刷脸办事】 2021年6月21日，厦门“e政务”推出“出入境证件便利化使用”新功能，持电子出入境证件港澳同胞可以“刷脸办事”。支持在厦门工作生活的港澳同胞自助办理社保缴费信息查询打印、医保个人权益单查询与打印等社保、医保业务。该功能借助电子出入境证件读卡器，通过对接国家移民管理局出入境证件身份认证系统，实现持外国人永久居留身份证件（中国绿卡）、电子港澳居民来往内地通行证（回乡证）、港澳台居民居住证（居住证）等电子出入境证件人员的刷脸身份核验。实现境外人员和大陆居民同等待遇，为境外人员在厦工作、生活提供更多便利。

（谢嘉兴）

责任编辑：林德全　明安文
审　　稿：林建高
校　　对：熊焱峰

14 对台事务

综　述

【概　况】 2021年，厦门市新批台资项目688个，比上年增长19.2%；合同使用台资11.1亿美元，实际使用台资2亿美元。厦台贸易额77.8亿美元，比上年增长33.9%；厦台海运邮快件完成2394个标准箱，金门“海外仓”中转97个标准箱；大嶝对台小额商品交易市场交易额3.9亿元。厦门市组织在厦门涉台媒体对“农林22条措施”进行宣传解读，在中央电视台、今日头条、新福建、厦门卫视、海峡卫视、《厦门日报》等12个媒体平台推出专题报道50余篇，转载相关权威报道文章30余篇，网上传播量超过200万人次；在脸书、YouTube上面向台湾推出相关宣传报道9篇，总浏览量2.6万次。驻厦门台湾媒体《台湾导报》推出相关宣传报道5篇，总阅读量2500万次。7月15—16日，中国国民党前主席、“中华青雁和平教育基金会”董事长洪秀柱一行7人到厦门参访，中共福建省委常委、厦门市委书记赵龙与洪秀柱一行餐叙交流。洪秀柱在厦门期间与厦漳泉保生文化代表座谈交流，并到厦门市台商协会与台商代表座谈交流。7月20—21日，省药品监督管理局党组成员、副局长黄维军一行到厦门开展调研活动，并召开在闽台胞用药需求调研座谈会。9月8日，国家发改委外资司（台港澳办）副司长吴红亮一行2人到厦门，实地调研台湾青年创业基地，召开两岸融合发展座谈会。12月10日，中共福建省委书记尹力在厦门分别会见台湾新党主席吴成典、全国台湾同胞投资企业联谊会会长李政宏等参加第十三届海峡论坛的台湾嘉宾代表。省委副书记、代省长赵龙出席。

【厦台经贸交流】 2021年，厦门市引入龙熙半导体、华晖昇生物科技等台企，推动玉晶光电、星宸科技、建霖家居等台企增资。举办2021工博会、第十七届旅博会等两岸经贸产业交流活动和知名台企福建行厦门对接交流会。推进厦台经贸交流合作领域改革，设立台商海峡两岸产业私募基金管理公司和台商海峡两岸产业投资基金。自贸区打造两岸机电产业融合发展示范平台，引入上银股份、百德机械等12家台企。“源头管理、口岸验放”贸易便利模式扩大至198种台湾输大陆产品。厦门两岸集成电路产业园获评国家级科技企业孵化器。厦门市帮扶台企安心发展，走访重点台企100多家次，召开厦门市台商台企代表座谈会，设立大陆首个银行业保险业台胞台企服务站。厦门银行20家支行挂牌为“对台特色支行”。多家台企获得各类奖补资金支持。台企东亚机械获评第三批国家级专精特新“小巨人”企业。

【厦金合作推进】 2021年，厦门市推进厦金基础设施联通。厦金通电、通气、通桥工程取得进展。完善五通码头基础设施和厦金航线票务系统。国际邮轮码头通过省级口岸开放验收，对台“小三通”货运业务由同益码头向邮轮中心码头转移。“厦金共同生活圈”加快构建。厦门市加强与金门方面沟通协调，在农历正月初一共同举办海峡两岸春节焰火晚会。气象和地震部门为金门提供民生服务，每天发布3次金门天气预报，在春运期间发布专题气象预报86期；记录台湾及沿海地区4级以上地震51次，提供震情服务信息61条。对台湾水果和农产品实施随到随检快速查验，厦门—金门—高雄台海快线持续做大，国际邮轮码头获批全国第五批试行更开放管理措施对台小额贸易点。

【惠台利民政策出台】 2021年，厦门市出台《厦门市打造台胞台企登陆第一家园第一站的若干措施》，相关部门出台金融、农业、教育等领域的惠台利民政策。在全国率先实现台胞按内资企业注册公司。全市公共图书馆、文化馆、美术馆实现台胞同等待遇。金圆统一证券在全国率先推出台港澳客户网上A股账户开户服务。厦门市为在厦门台胞提供新冠疫苗接种同等待遇。对台引才力度持续加大，出台进一步鼓励和支持台湾青年到厦门实习就业创业的若干措施等鼓励政策。举办第十六届台湾人才厦门对接会。2家单位获批省级台湾青年就业创业基地，云创智谷两岸青创基地入选2021年度国家小型微型企业创业创新示范基地。厦门市两岸青年创业联盟成立。厦门农商银行发行福建省首张台胞专属白金借记卡“台青创业白金卡”。25名台湾人才入选省级高层次人才。厦门市涉台服务水平日益提升，依托“12345”便民服务平台开通涉台服务热线，在市行政服务中心的11个审批窗口和各区行政服务中心设立“台胞台企服务专窗”。简化台胞子女就学流程，提供“一站式”辅导咨询。市台商协会设立全省首个台胞台企出入境服务站，集美区设立全省首个区级台胞警务服务站。厦门银行推出全省首个台胞专属线上两岸汇薪产品“薪速汇”。

【厦台社会文化交流】 2021年，结合庆祝中国共产党成立100周年，《厦门日报》推出“先行先试，当好促进两岸融合发展排头兵”专版报道，《台海》杂志出版“百年光耀，厦台融合”专刊。联合中央电视台推出《同名村·同根生》系列报道，厦门广电集团推出《融合之“鹭”》系列报道，制作《跨海“乡约”》系列报道。厦门广电集团以线上线下结合方式举办第十三届海峡论坛。厦门广电集团举办各类重要涉台活动50多场，线上和线下参与的两岸同胞超过10万人次。惠和石文化园获批福建省对台交流基地。厦门广电集团在龙山文创园设立“两岸青年心家园”，在海峡设计文创园设立两岸首个设计研学中心。1名台湾青年和2个台湾青年集体获第十八届“福建青年五四奖章”。

【台胞台企金融服务协调工作机制建立】 2021年8月13日，为加大银行业保险业服务台胞台企工作力度，厦门市台港澳办会同厦门银保监局、市金融监管局、市财政局建立在厦门台胞台企金融服务协调工作机制。4家单位共同成立协调指导小组，组织、协调、沟通、指导台胞台企金融服务有关活动和事项，提高金融服务台胞台企的针对性和有效性，加大金融服务产品供给，满足台企融资需求，增强台胞金融服务便利性。

【台胞台企登陆第一家园措施出台】 2021年12月1日，厦门市出台《厦门市打造台胞台企登陆第一家园第一站的若干措施》，推出8条契合台胞台企所需的措施。该措施推动两岸人才职业资格共通，率先在全市范围内直接采认部分台湾人才职业资格。支持台企台胞在厦门发展，设立台商增信子基金；设立台企台胞银行保险服务站；对全市台胞台企适用自贸区对台部分先行先试政策；支持台湾高科技农业企业和农业等领域高端人才到厦门发展。鼓励台湾青年到厦门就业创业，支持台湾高校应届博士生到厦门高校、医院任职；鼓励主持、编辑、新闻专业的台湾青年到厦门就业；为到厦门就业创业的台湾青年提供租金优惠的公寓。

【第十三届海峡论坛】 2021年12月10—11日，由国务院台办和福建省台港澳办主办的第十三届海峡论坛在福建举办，主会场设在厦门国际会议中心，有关设区市和平潭综合实验区设分会场。论坛以“扩大民间交流、深化融合发展”为主题，采取线上与线下相结合、集中与分散相结合的举办方式安排青年交流、基层交流、文化交流、经济交流四大板块，聚焦两岸基层民众和青少年交流。论坛举办56场活动，其中两岸市集暨“两岸一家亲·从小心连心”研学营活动、海峡两岸青少年中华姓氏源流知识竞赛、海峡两岸社区治理论坛、台湾人才闽西南（厦门）对接会、海峡两岸通关论坛、海峡金融论坛·台企发展峰会6场活动由厦门市为主承办。论坛邀请台湾有关政党代表、台湾主办单位代表、台湾行业精英、社团负责人、工青妇代表、乡镇村里代表、农渔水利代表等嘉宾5000人，集中活动期间邀请台湾嘉宾约2000人。全国政协主席汪洋在厦门出席第十三届海峡论坛并致辞。在厦门期间，汪洋到厦门思明区两岸青年心家园、青礁慈济宫、通达集团调研，了解两岸交流合作等相关情况。全国政协副主席、台盟中央主席苏辉，十届全国人大常委会副委员长、中国关工委主任顾秀莲等中共中央和国家部委领导，尹力、赵龙、崔玉英等省领导，台湾地区新党主席吴成典、全国台湾同胞投资企业联谊会会长李政宏等来自台湾各界的嘉宾代表等约500人出席论坛大会。

（谢嘉兴）

惠台政策

【概　况】 2021年，厦门市依托“12345”平台开通“涉台服务热线”，统一受理各类涉台咨询、求助、投诉、建议等事项。在市人社局、市医保局等8个部门驻市行政服务中心11个审批窗口设立“台胞台企服务专窗”受理台胞台企审批事项，由“涉台服务专员”为台胞台商台企提供服务。福建省台港澳办发布的《福建省台胞台企同等待遇清单》中的惠台措施在厦门市落地，2名台胞在自贸区厦门片区市场监督管理局分别按大陆企业申请注册成立2家有限公司，标志厦门市贯彻落实国家《关于促进两岸经济文化交流合作的若干措施》取得实质性进展。厦门市人民政府办公厅印发《进一步鼓励和支持台湾青年到厦门实习就业创业的若干措施》，全方位优化台湾青年在厦门实习就业创业环境，建设台湾青年实习就业创业基地，助力台湾青年到厦门实习、就业、创业。厦门市税务局贯彻《国务院办公厅关于进一步支持大学生创新创业的指导意见》，到辖区高校、两岸青年创业基地等，开展小微企业税收优惠政策、新办企业涉税事项等宣传辅导，服务台籍大学生创业创新。

【台胞乘火车可刷台胞证】 2021年2月，厦门市在厦门北站车站检票口和出站口升级加装22台半自助检票终端机，持有台湾居民来往大陆通行证（简称台胞证）的旅客可接受“无接触式”的检票服务，在检票乘车和出站环节，使用台胞证刷证出行。使用台胞证的旅客在乘车各环节不再需要经过人工验证才能乘车，可通过刷台胞证完成“票、证、人”核验的快速出行。厦门北站售票厅内另设4台具备台胞证读取功能的自动售票机，方便台胞旅客自助购票。

【台湾青年创业就业扶持】 2021年4月8日，自贸区厦门片区管委会制定《进一步促进台湾青年创业就业的若干措施》，推进台湾青年到厦门创业就业。该措施明确支持台湾青年以独资、合资或合伙等形式创办企业，允许持大陆居住证台胞在厦门申请注册内资企业，并在项目经营、资金进出、政策享受等方面给予便利支持。对台湾青年创业项目，组织评审团队，根据项目科技含量、规模、经济社会效益、市场前景等给予最高15万元创业启动扶持资金。

对台湾青年创业企业台资实际到资的，给予台资部分实际到资金额30%奖励，最高20万元。该措施支持台企拓展大陆市场，对入驻区内青创基地，通过电商平台、网络直播平台等从事网络销售的台湾青年企业，其单个自然年度内网络交易规模500万元以上的，给予每500万元奖励5万元，每家企业最高50万元。交易规模5000万元以上的，参照市级电商政策执行并给予个税差额补贴。对入驻市级（含）以上众创空间的台湾创业青年，按照大陆与台湾地区个人所得税税负差额部分，给予100%全额补贴。对在税收收益归属自贸区厦门片区企业就业的台湾青年，给予1年内500元/月税费补贴。

【惠台政策宣传】 2021年4月27日，厦门市委台港澳办启动惠台政策宣传月活动，利用1个月时间在全市分区域组织5场政策宣讲培训会，提升经办人员业务水平，服务到厦门实习就业创业台湾青年。活动培训对象包括市、区台港澳办系统、行政服务中心、各台胞驿站等单位工作人员和各台青就业创业基地的负责人及工作人员等，涵盖厦门市整个涉台服务体系，内容包括厦门市出台的台胞到厦门“就学、实习、就业、创业、高层次人才”5类政策。

【台胞台企服务站设立】 2021年4月27日，厦门市公安局出入境管理局推进“我为群众办实事”实践活动，在厦门台商会馆举行“台胞台企服务站”揭牌仪式，标志着福建省首家设在台商协会内的台胞台企服务站启用。仪式上，市公安局、市台港澳办、厦门台商协会等单位领导共同为“台胞台企服务站”揭牌。揭牌仪式后，厦门出入境民警携带便携式受理一体机在服务站内为台胞现场提供指导和办证服务，当日办理业务6人次。服务站成立后，台胞台企首次申请或到期换领5年期台胞证，可通过台商协会预约，厦门出入境民警上门为台胞集中办理，提供填表、照相、受理、快递等“一站式”“就近办”服务，并不定期驻点接受台胞咨询，宣传各项惠台政策，帮助协调解决遇到的困难，让台胞台企在“家门口”便可享受到便利的往返服务。

（谢嘉兴）

厦台经贸合作

【概　况】 2021年，厦门对台货物吞吐量449.79万吨，比上年增长4.86%。邮轮中心码头完成对台“小三通”货运业务转移所需的设备设施建设，先后通过省、市两级口岸开放验收，完成对台“小三通”货运业务65艘，共运输665个标准箱。4月29日，运载台湾生鲜水果莲雾的“亿薪”轮靠抵邮轮中心码头3号泊位，标志对台“小三通”货运业务由同益码头转移至邮轮中心码头。厦门市出台闽台客滚航线更新船舶贴息扶持政策，“中远之星”运营81个往返航次，运载集装箱1.43万个标准箱、车辆35辆，分别比上年增长37.1%、45.8%。厦门市台资企业厦门东亚机械工业股份有限公司在深圳证券交易所创业板上市，是继灿坤B、华懋、建霖、宸展、欣贺、厦门银行成功上市后，厦门市第七家上市的台资企业，该司生产销售螺杆式空气压缩机、活塞式空气压缩机、空气干燥机、储气罐等空气压缩设备。

【闽西南涉台交流基地发展联盟会议】 2021年4月17—19日，闽西南涉台交流基地发展联盟第一次片区会议在厦门举行。会议听取各地市对台交流工作及基地管理的意见建议，讨论闽西南涉台交流基地发展联盟日常沟通交流机制，加强联盟日常联系、资源共享，共同推进闽西南协同发展区对台交流工作。来自泉州、龙岩、三明、漳州、厦门等对台交流相关部门的与会人员参观海峡两岸交流基地厦门市石室书院，并听取石室书院设立的缘起和自书院设立后开展的主要对台交流工作情况。

【首个两岸融合发展中心成立】 2021年6月11日，福建省首个两岸融合发展中心——集美区两岸融合发展中心在集美闽台研学总部揭牌。市委副书记陈秋雄，省委改革办、省委台港澳办相关负责人出席揭牌仪式。集美区两岸融合发展中心定位为服务两岸融合的专门机构，配备专职人员，推动两岸融合发展力量集成、措施集成和效果集成，助力打造“台胞台企登陆的第一家园”。揭牌仪式上，台企代表与海峡两岸（厦门）直播电商产业合作园、台青网红主播代表与厦门两岸青年直播电商就业创业基地、台青创业团队代表与集美两岸青少年发展中心分别签约合作，两岸青年研学导师代表获颁证书。

【海峡两岸航海技术与海洋工程研讨会】 2021年7月21—22日，由集美大学与中国航海学会、中国造船工程学会、福建省航海学会、福建省船舶与海洋工程学会、中国航海技术研究会、中国造船暨轮机工程师学会共同主办，福建省航海学会、集美大学航海学院承办的海峡科技专家论坛·海峡两岸航海技术与海洋工程研讨会在集美大学召开。研讨会开幕式和主旨报告会分别由福建省航海学会理事长杨锦昌和福建省船舶与海洋工程学会理事长张志彤主持，邀请来自海峡两岸的航海技术与海洋工程领域的专家学者、科技工作者代表和企业高管等140多人参加。研讨会以“传承中华海丝文化，助力两岸海洋发展”为主题，围绕两岸航海与海洋资源合作开发、航海技术与航运领域、船员劳务合作等课题进行交流研讨，促进两岸人才、技术、资源等互联互通和深度融合，推动海峡两岸特别是闽台经贸合作，促进海峡两岸的经济发展。

【第十五届两岸经贸合作与发展论坛】 2021年9月8日，由商务部与国台办共同主办的第十五届两岸经贸合作与发展论坛在厦门举行。商务部副部长兼国际贸易谈判副代表王受文等出席论坛并致辞，政府部门代表、两岸业界人士和专家学者约120人参加活动。论坛以“分享新合作机遇　融入新发展格局”为主题，围绕“台企融入新发展格局的需求和关注”“新发展格局下台商的机会与选择”“两岸产业合作发展契机与展望”等台商关注的热点话题展开，通过政策解读、专家研讨、交流互动等形式，宣介大陆重大发展战略，向台湾同胞分享大陆发展机遇。

【海峡金融论坛在厦门举行】 2021年12月10日，由福建省人民政府台港澳事务办公室、中国人民银行厦门市中心支行、厦门市地方金融监督管理局指导，厦门金圆投资集团有限公司主办，金圆统一证券有限公司承办的第十三届海峡论坛“海峡金融论坛·台企发展峰会”在厦门举行。论坛以“促进台资企业资本市场高质量发展”为主题，聚焦北京证券交易所开市政策解读和重大机遇等热点话题，旨在抢抓资本市场新机遇，深化两岸金融交流合作，助推台资台企高质量发展。省委常委、副省长郭宁宁出席并讲话。会上，全国台企联与金圆集团签署战略合作协议，发挥全国台企联的平台优势和金圆集团的综合金融服务优势，进一步拓展服务台企的广度和深度，推动台企融入与主动参与大陆经济发展新格局，探索创新台胞台企资本市场服务新路径，优化两岸金融合作环境，深化两岸融合发展。

（谢嘉兴）

2021 年 6 月 18 日，“2021 海峡两岸及港澳地区名导论剑”在厦门大唐景澜酒店举行。图为旅游业界专家主旨演讲现场 （市文旅局 供图）

厦台旅游

【概　况】2021 年，因受新冠病毒肺炎疫情影响，厦金航线处于暂时停航状态，厦台旅游人员线下往来减少，厦门对台旅游线上交流活动稳步推进，两岸旅游交流持续不断。厦门市推进闽西南五地对台多元营销，发挥在台北市和高雄市设立的“清新福建　山海闽西南旅游形象店”(厦漳泉三龙五市）窗口平台作用，重点针对台湾青少年群体、大学院校学生及潜在大众客户群体进行宣传。在台湾 9 所高校举办 9 场“山海闽西南·非遗文化”主题宣传和研学推广活动，举办“闽西南 FUN 学指南”线上活动，并通过现场互动、派发旅游宣传手册等方式向台湾青年宣传闽西南五市旅游资源和产品。在台湾北、中、南民众聚集商业区投放闽西南旅游宣传片；在台北、台中、高雄 30 辆公车车身广告发布“有一种生活叫厦门”“山海闽西南非遗文化”主题宣传广告。

【第十四届海峡两岸保生慈济文化旅游节】2021 年 4 月 18 日，由厦门海沧台商投资区管委会、海沧区政府、厦门市台办、厦门市民族宗教局担任指导单位，由海沧区民族宗教局主办的第十四届海峡两岸保生慈济文化旅游节在厦门海沧开幕。该节以“弘扬保生慈济精神，推进两岸融合发展”为主题，紧扣慈济文化大道、大爱精神，开展开幕式＋保生慈济宫庙进香系列活动、“心语献慈济”作品征集赛、保生慈济知识有奖问答、保生青草药及防疫知识宣传教育、“一轮明月照古今”主题摄影作品展五大板块配套活动，向两岸同胞和海内外华人华侨展现两岸传统文化、民俗精髓。来自海峡两岸约 800 名嘉宾参加，通过“线下＋线上”联动的方式，发挥保生慈济文化发祥地作用，倡导“健康、慈济、和谐”慈济理念，加深两岸同胞的情谊。

【海峡两岸及港澳地区名导论剑】2021 年 6 月 18—20 日，由福建省旅游协会、厦门市导游协会主办，建发国旅集团（建旅国际集团）承办，厦门市导游员基层工会联合会、金门县导游服务人员职业工会、台湾导游领队总工会、台湾观光领队协会、台湾观光导游协会、香港专业导游总工会、澳门国际注册导游协会协办的“2021 海峡两岸及港澳地区名导论剑”在厦门大唐景澜酒店举行。活动以“中华好导游·共创好生活”为主题，分为名导职业分享、两岸旅游业界专家主旨演讲、导游职业发展沙龙、2021 厦门导游宣言四大环节，开展交流互动。福建省文化和旅游厅、厦门市文旅局等领导嘉宾出席活动。近 250 名海峡两岸及港澳地区导游代表、业界专家及行业代表参加云端和线下活动，共同为旅游行业复苏出谋划策。

（谢嘉兴）

厦台教育交流

【概　况】2021 年，厦门市简化台胞子女就学办事流程，取消各部门审核盖章环节，简化后台胞只需在线上提交资料，经各部门审核后直接到学校报名即可；建立联席会议制度，在秋季招生前召开联席会议，协商台胞子女入学安排等相关事宜；举办政策宣讲会，提供“一站式”辅导咨询，集中在现场解答入学办理相关问题。市台港澳办做好 2021 年台胞、台籍、金门籍中考考生证明工作，为 194 名考生办理“录取照顾”资格确认。2021 年适逢“开台王”颜思齐拓台 400 周年，大陆统编初中历史教科书收录颜思齐率众开发台湾的史实内容，于 2021 年春季开学启用。

【海峡两岸大学生海洋文化与科技研习活动】2021 年 4 月 27 日，由集美大学等单位主办的 2021 年海峡两岸大学生海洋文化与科技研习营活动在集美大学开营，活动为期 5 天。研习活动以“热爱海洋·逐梦青春”为主题，邀请厦门大学、华侨大学、福建师范大学、福建医科大学、福建中医药大学、集美大学 6 所院校台湾学生和集美大学航海专业学生 80 名师生参加海洋科技文化探索活动。在活动中，两岸大学生参观集美学村、鼓浪屿、海洋科普基地、涉海企业等，参加专题讲座，共同制作船模，开展研学活动。

【首个海峡两岸设计研学中心成立】 2021年3月30日，海峡两岸首个设计研学中心在厦门海峡设计文创园成立。来自台湾的海峡两岸设计研学中心秘书长、亚太青年设计学院联盟理事长段湘麟指出，希望凭借“设计创生·共好生活”的理念，整合海峡两岸产、学、人的设计资源，打造城乡共通、社区共识、设计共学、价值共享的“四大目标”，能够带来两岸设计师及产业相关人才，在乡村振兴以及文旅板块中做出更多成绩。开幕式现场，厦门辉煌集团、厦门大学嘉庚学院、亚太青年设计学院、台湾CSID室内设计师协会、厦门文化创意产业协会等单位与海峡两岸设计研学中心签订战略联盟。

·小资料·

海峡两岸设计研学中心：海峡设计文创园与亚太青年学院联盟合作打造，以“设计创生·共好生活”为理念，通过整合海峡两岸产学研设计资源，汇集各领域人才，发展建筑设计、文化创意、研学教育、生活美学等产业，打造一个集交流、研习、对接项目、活动举办、“产学研”融合等综合服务于一体的复合型空间。

【厦门银行台籍实习生计划启动】 2021年7月19日，2021年度厦门银行台籍实习生计划启动，厦门银行举行开学仪式，来自厦门大学、福州大学、集美大学、福建师范大学、上海交通大学、郑州大学等高校的台湾学生50人开始为期30天的实习生活。活动旨在加强两岸青年交流，促进两岸发展，并且为两岸发展提供、培养青年人才。

【海峡两岸中学生闽南文化夏令营】 2021年7月14—18日，由厦门市教育局主办，厦门二中承办，集美闽台研学基地协办的第十一届海峡两岸中学生闽南文化夏令营在集美闽台研学基地举行，来自海峡两岸约130名师生参加活动。夏令营期间，营员们参加体验闽南文化活动，通过闽南文化课程、非遗文化课程、花灯课程、海丝文化课程、木偶课程、影雕课程等活动模块，共寻闽南文化。活动通过文化课程、考察研究等方式，提高学生对闽南文化的认识，提升两岸青少年的文化认同，促进交流，增进友谊。

【第七届两岸学子论坛】 2021年11月21日，由中华全国台湾同胞联谊会指导，两岸关系和平发展协同创新中心、海峡交流文化中心主办，厦门大学研究生院、共青团厦门大学委员会、厦门大学台湾研究院承办的第七届两岸学子论坛在厦门举行，来自北京大学、清华大学、台湾大学、台湾政治大学、台湾师范大学、香港中文大学、澳门科技大学等海峡两岸和港澳等地区60余所高校的290多名青年学子和台湾研究学者与会。论坛聚焦“传承与希望”，采取线下会议与线上连线同步进行，由开幕仪式、专家学者及研究生代表主题发言、两岸学子分论坛研讨会、微视频展播和“两岸融合·你我共践”圆桌论坛5个环节组成，旨在通过青年学子间的前沿理论探讨及学术观点交流，拓宽学术视野，激发思想创新，深化情感友谊，共同致力于推动两岸关系和平发展。海峡两岸关系协会副会长、厦门大学台湾研究中心主任孙亚夫教授通过视频连线的方式致开幕词。

【第十四届海峡两岸百名中小学（中职）校长论坛】 2021年12月8日，由厦门市人民政府和中国教育学会、台湾省教育会共同举办，厦门市教育局、厦门市台湾同胞联谊会、厦门市教育学会承办的第十四届海峡两岸百名中小学（中职）校长论坛在厦门举行。论坛采用“线上+线下”相结合的方式举办，并进行网络同步直播。两岸180名教育专家、校长参与活动，以“线上教育”为主题，展开研讨交流。中国教育学会秘书长杨银付、福建省教育厅副厅长王飚参会，教育部港澳台办常务副主任徐永吉线上参会并致辞。两岸的校长们表示，线上教学模式会让老师的备课更加严谨，内容更加丰富；亲子讲座、学校日、家长日活动等可以通过视频会议进行，扩大参与面。通过论坛促进两岸教育教学，为两岸教育交流与合作搭建起一座桥梁，为建立长效合作机制奠定基础。

（谢嘉兴）

厦台医学交流

【概　况】 2021年，厦门市启动新冠病毒肺炎疫苗紧急接种，将急需接种疫苗的在厦门台胞纳入接种范围，由市台商协会对符合条件且自愿接种的在厦门台胞进行摸底并安排预约、免费接种。厦门市台商协会与丽宝生医（厦门）生物科技有限公司合作首推新冠病毒核酸检测两岸同检服务。台商台胞从微信公众号搜索“丽宝检测”小程序，就能在线上下单预约，灵活选择检测时间，在厦门和台北两地各进行一次新冠病毒核酸检测。两岸同检为需要往返两岸的台商台胞在核酸检测方面提供便利服务，解决其在台湾核酸检测预约难、费用高的问题。

【海峡两岸消化系肿瘤早诊早治高峰论坛】 2021年5月12—16日，由海峡两岸医药卫生交流协会消化病学专家委员会、中国抗癌协会肿瘤内镜专业委员会、两岸关系和平发展协同创新中心、台湾消化系医学会、台湾消化系内视镜医学会、香港消化病学会、香港消化内镜学会、厦门大学消化疾病研究所、厦门市消化疾病中心联合主办，厦门大学附属中山医院、台湾大学医学院附设医院、香港中文大学威尔斯亲王医院共同承办的海峡两岸消化系肿瘤早诊早治高峰论坛在厦门大学附属中山医院举行。中国工程院院士樊代明、中华消化病学分会候任主委唐承薇、厦门大学副校长周大旺、厦门市卫健委主任姚冠华、厦门大学附属中山医院副院长任建林等参会。论坛采取线上、线下结合的形式，设有院士论坛，来自海峡两岸及港澳地区消化病学、消化内镜专家等500余名业界代表参加，围绕消化道肿瘤早诊早治、肠道微生态、人工智能消化内镜、消化病学新医科与新基建等领域的热点及未来发展方向展开交流。其间，举行2021厦门大学新医科、新基建、消化病学高峰论坛和2021海峡消化内镜培训基地高新技术培训班及海西整合消化病研讨会。

【海峡两岸第八届母胎医学研讨会】 2021年5月28—30日，由厦门市医师协会、厦门市医学会、厦门市妇幼保健院、厦门大学附属妇女儿童医院主办的海峡两岸第八届母胎医学研讨会暨第六届厦门市医师协会妇产科医师分会年会在厦门市妇幼保健院举行。该会旨在进一步延伸和深化两岸在母胎医学领域的交流合作，共享母胎医学临床资源，深入探讨相关领域的前沿动态，并通过对疑难危重病例与罕见特殊病例的会诊探究，在产科重症、产前诊断以及产房管理等重要领域，深化海峡两岸母胎医学合作，形成一系列具有临床价值与学术价值的成果，共同促进学科发展。会议邀请大陆、台湾等地区的多名产科专家参加，聚焦早产、双胎、产科危重症及出生缺陷防控等主要临床问题展开研讨，带来从基础科研到临床实践的最新进展和经验分享。

【第七届海峡两岸脑血管病暨神经病学研讨会】 2021年5月28—30日，由厦门大学附属中山医院神经内科承办的第七届海峡两岸脑血管病暨神经病学研讨会在厦门大学附属中山医院举行。来自海峡两岸的神经病学专家，围绕脑血管病和神经系统疾病最新诊疗方法展开交流研讨。脑卒中治疗成为与会专家关注的焦点，厦门大学附属中山医院上线“卒中＋胸痛”急救智能系统，可缩短患者救治时间。

（谢嘉兴）

厦台司法交流

【概　况】 2021年，厦门市围绕打造涉台法律政策研究高地、司法创新发展智库、司法实践基地、司法交流桥梁、司法成果展示窗口和涉台司法人才培养平台的目标定位，贯彻对台工作大政方针，确保涉台司法交流研究工作服从服务对台工作大局；坚持开放式建设，聚合各方资源，形成涉台司法交流研究合力。截至年底，厦门法院审执结各类涉台案件4728件，以案件审判、司法服务、司法互助、司法交流为主要内容的涉台司法工作基本格局不断完善，“厦门涉台司法”成为获得社会各界认同、享誉海峡两岸的人民法院司法品牌。

【全省首例跨境诉讼当事人网上立案】 2021年3月1日，台湾地区居民林某某通过“中国移动微法院”向海沧区人民法院提交跨境立案申请，海沧法院审查立案后为林某某提供身份验证审核及委托代理视频见证等诉讼服务，最终对该跨境网上立案申请予以立案，整个立案过程用时15分钟，并邀请人大代表、政协委员、台胞代表进行见证。该案系福建省首例跨境诉讼当事人网上立案。立案结束后，当事人林某某表示，通过手机端移动微法院上传材料，完成身份审核、委托代理见证和立案，海沧法院跨境立案服务方便台胞。委托代理视频见证是跨境网上立案的核心功能之一，即当事人可以申请委托代理视频见证，视频见证由法官在线发起，法官、跨境诉讼当事人和受委托律师三方同时视频在线，在法官视频见证下，跨境诉讼当事人、受委托律师签署有关委托代理文件，无需再办理公证、认证、转递手续。跨境诉讼当事人可以通过手机微信小程序登录“中国移动微法院”，向管辖法院提交立案申请及相关材料，法院审核材料后认为符合登记立案条件的，则依法予以受理。

【台青创新创业法律讲堂走进台商协会】 2021年4月20日，厦门市中级人民法院走访市台商协会，开展“台青创新创业法律讲堂——走进台商协会”主题调研活动，与在厦门台企代表和台湾青年代表开展座谈交流并进行普法宣讲，回应台胞台企司法需求，扩大司法服务的辐射面和影响力。座谈会上，通报2020年、2021年厦门涉台司法工作案件审判专业化、司法互助规范化、司法服务精细化、司法交流常态化等情况，以及涉台知识产权审判工作的基本情况，介绍台胞知识产权审判咨询专家聘任、海峡两岸知识产权法学教育实践基地建设、台青创新创业法律讲堂运作等情况，听取与会代表在厦门创新创业、企业合规风险防控、生产经营过程中的司法保护经验和需求，并对代表提出的法律问题进行解答。

【福建法院涉台司法交流研究（厦门）中心成立】 2021年5月19日，福建法院涉台司法交流研究（厦门）中心在厦门市中级人民法院揭牌，标志厦门法院先行先试、深入打造涉台司法创新发展工程进入新阶段。福建省法院台办、厦门市委台港澳办、厦门市委政法委、厦门大学台湾研究院相关负责人共同为中心揭牌。厦门中级人民法院、市人大、市政协、市台联、市律师协会、厦门大学法学院、集美大学法学院、海峡交流文化中心、海沧法院等相关单位代表参加。揭牌式上，厦门中级人民法院与厦门大学台研院签订关于深化涉台司法交流研究合作的协议。双方共建的台湾地区有关规定查明平台即日起通过“福建法院涉台司法服务网”向全省各级法院开放，无偿提供台湾地区有关规定查明服务，助力福建优化营商法治环境。双方在涉台审判前沿问题研究、涉台项目交流、院校专业人才交流等方面深化合作。该中心聘请相关领域的16位专家担任特邀研究员，通过打造兼具涉台司法研究、智库咨询、实践实验、融合交流、成果展示、人才培养6项功能的平台，促进涉台司法交流研究工作发展，为两岸融合发展提供司法服务保障。

【海峡两岸检察制度研讨会】 2021年5月29日，由福建省检察官协会、厦门大学法学院、海峡两岸检察制度研究中心联合主办的2021年海峡两岸检察制度研讨会在厦门大学召开。福建省法学会会长罗东川、福建省检察官协会会长霍敏、厦门大学校务委员会主任张彦出席会议并致辞。台湾地区司法界人士通过线上参加大会发言讨论或提交论文。研讨会以“两岸检察改革的比较与借鉴”为主题，围绕检察职能、经济发展和知识产权检察保护等主题进行研讨与交流。

【首次跨“海峡”在线庭审】 2021年7月8日，台湾地区的当事人以身在台湾地区因新冠病毒肺炎疫情原因无法到厦门为由向厦门市中级人民法院申请在线庭审。市中级人民法院通过“全在线庭审”平台审理该案，是首次以在线诉讼的方式跨海峡审理涉台民事案件，实现在台湾地区的当事人通过线上方式远程参加案件庭审。在当日的庭审过程中，法庭依托“全在线庭审”平台依法开展庭前准备、身份认证、法庭调查、法庭辩论，保障当事人申请回避、举证、质证、陈述、辩论等权利，完成各诉讼环节。

【两岸基层调解员联谊交流会】 2021年12月11日，由国台办法规局、司法部人民参与和促进法治局等指导，中华全国人民调解员协会、福建省人民调解员协会联合主办，福建省司法厅、厦门市司法局承办、协办的两岸基层调解员联谊交流会在厦门举行。交流会以“深化调解交流，共创和谐家园”为主题，共同探讨调解工作的创新发展。国台办法规局副局长宗政、司法部人民参与和促进法治局副局长闫晋东、中华全国人民调解员协会副会长兼秘书长李冰、福建省司法厅副厅长林德明等出席会议并致辞，来自云南、江苏、福建等省的台籍调解员和大陆调解员40余人参加座谈。交流会上，5名台籍调解员和5名大陆调解员分享各自的调解经验与心得。

（谢嘉兴）

厦台文化交流

【概　况】 2021年，厦台社会文化交流密切，以线上线下相结合的方式举办保生慈济文化节、龙舟文化节、郑成功文化节和海图会等两岸文化交流活动。5名在厦门台胞获评省级非物质文化遗产代表性传承人。集美区成立两岸融合发展中心。在市教育工会设立“厦门市台湾教师之家”。福建省发布第五批省级非物质文化遗产代表性传承人名单，厦门新增16人，其中包括5名在厦门开展非遗传承的台湾地区人员。两岸同书名句书法作品展是思明区庆祝中国共产党成立100周年系列活动之一，展出80幅作品，其中34幅出自台湾地区书法家之手，作品主要选取《习近平用典》第一辑中的内容。

【海峡两岸春节焰火晚会】 2021年2月12日，海峡两岸春节焰火晚会在厦门和金门的上空举行。晚会以“金牛迎新春，开创新局面”为主题，分为金牛迎新春、共享新生活、携手创未来、开创新局面4个乐章，燃放时长30分钟，燃放6.9万发烟花，全部是微烟低硫的赛事级产品。创意团队精确控制焰火运行方向、高度和燃烧时间，主要有高空造型礼花、和平鸽造型、艺术组合花、特效花束等烟花创意元素和七彩祥云、金冠瀑布、环带八花菊、彩虹桥等低中高空及特效焰火。截至晚会结束，厦门广电抖音、厦门广电微博、“看厦门”App（手机客户端）等平台直播观看78.7万人次，话题讨论2.3亿人次。中央电视台、《人民日报》、《台湾导报》等海峡两岸媒体相继报道。

【《台湾通史》出版百年纪念诗书画印展】 2021年4月17—25日，为纪念台湾爱国诗人、史学家连横所著《台湾通史》首版100周年，由福建省连横文化研究院、闽台历史文化研究院连横文化研究中心主办的“《台湾通史》出版百年纪念・诗书画印展”在厦门市美术馆举行。该展包括“诗书诵百年——两岸青少年研学活动”、“连横杯”中华诗词大赛、《台湾通史》转译白话文项目等活动，直接参与活动的两岸专家、学者、诗人、书法家、青少年超过2000人。该展展出作品255幅，其中包括海峡两岸青少年交互式书写的“连横杯”中华诗词大赛优秀诗作100幅、海峡两岸百名书画名家以连横诗词为内容创作的书画作品100幅。

【第八届海峡两岸大学生创意文化节】 2021年5月21日，由厦门市思明区人民政府、共青团厦门市委员会、厦门市文学艺术界联合会指导，厦门市文化改革发展工作领导小组办公室、思明区文旅局、厦门市大学生文化创意协会联合主办的第八届海峡两岸大学生创意文化节在厦门会展中心国际会议厅启动。60余名海峡两岸代表，超500名来自台湾艺术大学、厦门理工学院、华侨大学、厦门城市职业学院等院校的两岸学生代表出席活动。文化节持续至12月5日，以“与你一起实现梦想”为主题，围绕两岸大学生文化创意设计、实践、合作等方面进行文创交流。包括两岸大学生创意设计作品展、两岸文创青年交流营、海峡两岸大学生文创论坛3项主体活动，以及两岸大学生创意话剧周、两岸青年创业项目对接会、两岸大学生创意设计作品交流等相关配套活动。其中，“海峡两岸大学生创意设计作品展”是创新打造的重点项目，邀请两岸各高校学生代表参加，展览展示、组织收集两岸青年设计获奖作品28件，开展展示和互动。

【第十二届海峡两岸少儿美术大展】 2021年6月18—27日，由国务院台湾事务办公室指导，海峡经济科技合作中心、台湾“中华文创发展协会”、海峡两岸传媒人才与培训交流中心、云扬天际文化艺术机构共同主办的第十二届海峡两岸少儿美术大展在海沧区文化馆举行。展览以“发现・秘密”为主题，现场展出200余幅作品，设“生活小发现”“被发现的秘密”“世界真奇妙”“未知的奥秘”4个分主题。该展览联合

2021年4月17日，《台湾通史》出版百年纪念・诗书画印展现场

（连横文化研究院　供图）

"蒲公英行动"，展示"千人千字"书法创作项目。该项目邀请国内外3～15岁少年儿童，以千种不同且极具个性的手写字，共同完成《千字文》竹简书法作品。特邀台湾艺术家林永发、陈建明，各以4幅水墨作品描绘台湾花东地区独特的自然风貌与文化。展览特设"发现历史的秘密"板块，展出40余幅海沧学生作品。

【海峡两岸汉字文化创意大赛】 2021年8月9日，由中共海沧区委宣传部、厦门日报社《海西晨报》、厦门大学教务处、厦门大学创意与创新学院、厦门大学艺术学院、旺旺中时传媒集团主办的2021海峡两岸汉字文化创意大赛在海沧区启动。大赛旨在结合"颜思齐开台"400周年历史性节点，形式上求变创新，深化活动文化内涵。活动邀请100位海峡两岸设计师以大赛主题进行海报创作，传达对于汉字艺术的认识与期待，对设计的研究与思考，以及对未来设计发展的期待。大赛分为专题设计与自由主题设计。大赛收到参赛作品2200余件，最终评出优秀作品238件。

【第三届创意涂鸦大奖赛颁奖典礼】 2021年12月3日，由福建日报社主办，海峡导报社、集美街道办事处承办的第三届创意涂鸦大奖赛颁奖典礼在厦门集美大社文创旅游街区举行。大赛以"融通两岸　共绘家园"为主题，面向海峡两岸各大高校、社会团体进行稿件征集，收到原创设计稿近百幅。由海峡两岸专家学者组成的联合评审团评选出5幅作品入围线下比赛。来自海峡两岸的5支涂鸦队伍、20多名选手参加。作品《灯火阑珊处》获得一等奖，《圆梦一闽　两岸同门》获得二等奖，《寻根之旅》获得三等奖；《海峡一日游》《集装箱》获得优秀设计奖。国台办副主任龙明彪出席活动并为获奖代表颁奖。

2021年12月18日，第十二届海峡两岸国学论坛在厦门筼筜书院举行。图为厦门主会场
（市外办　供图）

【两岸新媒体发展论坛】 2021年12月11日，由中华全国台湾同胞联谊会指导，"今日头条"主办的第十三届海峡论坛·两岸新媒体发展论坛在厦门国际会展中心举行。论坛以"同心筑梦·共赴新程"为主题，活动现场同时开启"两岸寻宝盛典"，与会代表共同探讨两岸交流新方向，共同推动新媒体时代"两岸一家亲"。论坛现场，台湾新党创始人郁慕明、台湾时事评论员黎建南、台湾资深媒体人黄智贤、厦门大学教授陈先才等海峡两岸代表和海峡两岸青年一起，围绕"新媒体：内容的力量""新媒体与文化交流""新媒体的社会责任"等主题发表演讲、展开研讨，共论海峡两岸新媒体发展，思考如何借力新媒体为海峡两岸交流开启新征程，为两岸文化交流打开新窗口，增进海峡两岸文化认同。福建省政协副主席、民盟福建省委会主委阮诗玮，国务院台湾事务办公室新闻局局长、新闻发言人马晓光，国务院台湾事务办公室交流局局长黄文涛，中华全国台湾同胞联谊会副会长、福建省台联会长江尔雄等出席。

【第十二届海峡两岸国学论坛】 2021年12月18日，由厦门筼筜书院、厦门大学国学研究院、厦门白鹭洲建设开发有限公司主办的第十二届海峡两岸国学论坛在厦门筼筜书院举行。论坛以"国学·书院：新挑战　新发展"为主题，采取"线上线下"的方式在厦门、台北、高雄举行，由筼筜书院主会场与台北奉元书院、高雄师范大学经学研究所2个分会场进行连线，分别由厦门筼筜书院创院理事长、院长王维生，台北奉元书院理事长刘君祖，高雄师范大学经学研究所教授陈韦铨主持。3个会场的百余位海峡两岸学者相聚线上，探讨后疫情时代的人文思考、国学智慧与人类可持续发展、国学与现代生活方式、国学现代化的研究途径、新发展阶段书院的创新发展等议题。

（谢嘉兴）

责任编辑：林德全　明安文
审　　稿：曲　艺
校　　对：林建高

15 经济管理

宏观经济调控

【概 况】2021年，厦门市按照稳中求进工作总基调，统筹新冠病毒肺炎疫情防控和经济社会发展，落实“六稳”（稳就业、稳金融、稳外贸、稳外资、稳投资、稳预期）、“六保”（保居民就业、保基本民生、保市场主体、保粮食能源安全、保产业链供应链稳定、保基层运转）工作任务，推进“五中心一基地”（国际航运中心、国际贸易中心、国际旅游会展中心、区域创新中心、区域金融中心，金砖国家新工业革命伙伴关系创新基地建设）建设，经济社会实现平稳健康发展。年度目标任务全面完成，规模以上工业增加值、固定资产投资、社会消费品零售总额等增速排名全省各设区市前列；居民人均可支配收入稳步增长，居民消费价格指数、城镇登记失业率控制在预期目标范围内；万元生产总值能耗、主要污染物排放量完成国家、省下达目标。处置2轮输入性关联新冠病毒肺炎疫情，3.5万多名党员干部下沉一线，形成24小时内全市全员核酸检测能力。做好医疗救治、院感防控、社区防控、社会管控和城市运转保障等工作。境外输入关联新冠病毒肺炎疫情未扩散；本土新冠病毒肺炎疫情12天内社区传播清零，47天内所有患者治愈出院。出台助企纾困政策，实施40余项、200余条政策措施，“减、免、缓、补”惠企资金超170亿元。

【经济运行在合理区间】2021年，厦门市克服新冠病毒肺炎疫情和外部形势等影响，经济运行保持在合理区间。地区生产总值突破7000亿元，比上年增长8.1%。主要经济指标中，规模以上工业总产值突破8000亿元，规模以上高技术产业增加值占规模以上工业增加值比重42.6%，比上年提高2.8个百分点；批发零售销售额、人民币存贷款余额、固定资产投资、社会消费品零售总额分别增长43%、13.5%、11.3%、12.7%。一般公共预算总收入、地方一般公共预算收入分别比上年增长13.2%和12.4%，规模以上工业企业利润总额增长45.1%，增值税发票开票金额增长38.2%，新设企业数增长13%。

【重点项目建设】2021年，厦门市111个省重点在建项目、27个省“重中之重”项目分别完成年度投资计划126.3%、118.4%，投资完成率均居全省各设区市首位。435个市重点项目完成年度投资任务169%。“五个一批”（谋划一批、签约一批、开工一批、投产一批、增资一批）项目2个季度的正向激励综合考评成绩位列全省各设区市前三。新增项目659个，计划总投资5384亿元。厦门时代锂离子电池、字节跳动区域总部等项目开工，京东物流园、第二西通道等项目竣工，天马6代、新体育会展中心、第二东通道等项目按计划推进。

【产业创新升级】2021年，厦门市加快创新驱动和产业升级，增强产业竞争力。福厦泉国家自主创新示范区厦门片区在全省考核评估中连续4年获评第一。厦门科学城启动建设。嘉庚创新实验室形成锂电池铝塑膜等科技创新成果60余项，生物制品省创新实验室获批建设。厦门市引进落地国家新能源汽车技术创新中心厦门分中心、厦门时代新能源研究院等创新平台。新增国家级专精特新“小巨人”企业30家、国家企业技术中心4家、国家工业设计中心12家，净增国家级高新技术企业超500家。万泰沧海二价宫颈癌疫苗通过世界卫生组织预认证。国家双创示范基地增至4家。火炬高新区双创示范基地第三次获国务院办公厅通报表扬。新增国家科技企业孵化器2家。实施“人才留厦六条措施”，超额完成“三个七”引才（引进高校毕业生7万人、柔性引进人才7000人、引育高层次人才700人）目标。新材料产业链产值突破1000亿元，规模突破1000亿元的产业链（群）增至10条。生物医药与健康、集成电路等战略性新兴产业产值分别比上年增长17.9%、16.3%。厦门市促进工业稳增长和转型升级、战略性新兴产业集群培育工作获国务院办公厅通报表扬，集成电路、信息技术服务、新型显示器件产业获批省级战略性新兴产业集群。中航锂电厦门一期、海辰新能源等项目投产，厦门厦钨新能源材料股份有限公司、玉晶光电（厦门）有限公司等企业增资扩产。全市1亿元以上增资扩产产业项目277个，全年竣工44个，开工

62 个。厦门市推进港口型国家物流枢纽建设，入选国家绿色货运配送示范城市，集装箱吞吐量突破 1000 万标准箱。金融业增加值比上年增长 7%。新增境内外上市企业 12 家，获批国家金融科技创新监管试点。建设智能视听产业基地和海丝艺术品中心。中国电影金鸡奖等文化活动在厦门举行。厦门美图科技有限公司、厦门美柚股份有限公司、厦门点触科技股份有限公司等 5 家企业入选中国互联网百强，全市数字经济规模超 4000 亿元。厦门市规划建设海洋高新产业园，海洋经济增加值占地区生产总值约 23%。

【惠企服务】 2021 年，厦门市落实国家、省、市减税降费各项政策，为企业减负约 360 亿元。实施增产增效行动，推动 165 家省级增产增效企业和 23 个省级新增长点项目多产稳产、满产。发布 37 个“免申即享”惠企政策，全年累计兑现资金 1.5 亿元。设立厦门市首贷续贷服务中心和企业上市培育中心，普惠型小微企业贷款余额比上年同期增长 22.7%。推进涉企经营许可制度改革。

【乡村振兴推进】 2021 年，厦门都市现代农业产值 1170 亿元，比上年增长 7.8%。实施乡村振兴试点示范项目 197 个，总投资 3.86 亿元。实施乡村基础设施建设项目 32 个，完成投资 7.8 亿元，完成高标准农田建设 106.67 万平方米。创建市级以上绿盈乡村 18 个、美丽庭院示范户 1240 户，实现无害化农村卫生户厕全覆盖。农村居民人均可支配收入 29894 元，比上年增长 12.3%。同安区莲花镇获评全国首批乡村旅游重点镇，集美汽车小镇、动漫小镇被纳入省级特色小镇清单管理。

【重点领域改革】 2021 年，厦门市出台《新时代加快完善社会主义市场经济体制实施方案》《构建更加完善的要素市场化配置体制机制实施方案》。深化“放管服”改革，98% 的事项实现“一趟不用跑”，90% 的事项全程网办，117 项跨省通办，113 项“秒批秒办”，企业开办、不动产登记实现一日办结。深化零基预算和财政事权划分改革。实施国企改革三年行动，完成改革任务 66 项，市属国企资产总额、营业收入分别比上年增长 35.2%、40.7%。在全国率先推出医保“智能适老”服务，试行推广公立医疗机构“信用就医”和诊间结算。推进价格改革，机动车停放服务收费由即停即收调整为首次 15 分钟免费。

【国际一流营商环境提升】 2021 年，厦门市实施营商环境提升重点任务 225 项。在全国营商环境评价中，18 个指标全部获评“全国标杆”。出台实施《厦门经济特区优化营商环境条例》。推进信用示范城市建设，出台社会信用条例配套办法，建立信用分级分类监管机制，推广信用承诺制。市“信易贷”平台获评全国 2021 年“信易贷”示范平台（总分排全国第二名）。个人信用“白鹭分”覆盖近 200 万名市民。11 月，厦门海丝中央法务区运营。

【社会治理】 2021 年，厦门市公共服务质量满意度位居全国前五。推进智慧厦门工作，“城市大脑”启动建设，“数字身份”“图看厦门”等应用上线。推进安全厦门工作，各类生产安全事故和死亡人数分别比上年下降 40% 和 5.6%；创建国家食品安全示范城市，超 10 万家经营主体的近 52 万种食品被纳入食品安全信息系统；全省粮食安全责任制考核位居前列；反诈骗“厦门经验”在全国推广，累计建成智慧安防小区 1237 个，群众安全感率保持全省第一。开展“爱心厦门”工作，实名注册志愿者超 87 万人。加强双拥共建工作。近邻党建服务模式在全国推广。

（市发改委）

土地管理

【概　况】 2021 年，厦门市加快“批而未供”“供而未用”和闲置土地处置，出台工业、商业、办公提容增效、变更或改造等系列政策，打通存量房产转换和改造途径。制定出台产业园区利用自有用地建设宿舍型保障性租赁住房、国有土地使用权二级市场、规划条件分类设置和变更管理、土地储备实施办法、安置型商品房协议出让规程、宅基地批准文书调查指引等政策，完善城镇土地标定地价、农用地基准地价等城乡地价体系。探索研究低效工业用地、成片综合开发、集体经营性建设用地入市、工业物业分割转让、习惯性用地收储、混合用地等用地政策研究。保障重大重点项目建设，成立要素保障工作专班，推进宁德时代项目用地用林报批，用时 42 天，提前完成全部报批手续，创造全省用地报批最快速度。新机场用海获国务院批复，高崎污水处理厂尾水排海管工程、第二东通道工程施工用海得到全力保障。开展厦门湾口海砂出让工作，有效保障重点项目用砂需求。整合优化土地征收成片开发方案及农转用报批流程，畅通用地报批节点，提高用地审查效率，提升要素保障效能，提增报批服务效益。全年全市用地报批与用地报件质量、报批平均用时等要素保障指标位列全省第一。

【土地房屋征收】 2021 年，厦门市通过创新工作法、“榜单制度”、分层级调度机制、“三度”等工作方式，推动全市土地、房屋征收总量实现按时序如期完成年初计划。全市累计完成土地征收 2130.6 万平方米（含计划外 274.6 万平方米），累计完成房屋征收 605.45 万平方米（含计划外 75.84 万平方米）。

【土地供应】 2021 年，厦门市有序推动土地供应，供应国有建设用地 1440.15 万平方米，其中出让土地 389.94 万平方米（含协议出让 45.12 万平方米），总土地出让金收入 1031.81 亿元（含协议出让 208.1 亿元）。划拨土地 1050.19 万平方米（含地下用地）。落实住宅出让“两集中”（集中发布出让公告、集中组织出让活动），全年 3 个批次出让商品住宅用地 23 宗，总面积 109.73 万平方米，出让收入 793.85 亿元，比上年增长 35%。完成海洋职业大学、保障性租赁住房、武警海警局、综合保税区、劳教所、国际健康驿站、成长型总部等重大重点项目选址。承接市政府下放的划拨用地批复、储备用地红线等工作。

【存量土地盘活】 2021 年，厦门市出台政策促进用地盘活，陆续出台工业、商业、办公提容增效、变更或改造等系列政策，打通存量房产转换和改造途径，49个项目提出增资扩产、功能变更或改造申请，涉及建筑面积约130万平方米。推进批而未供土地处置，压实各区责任，加强跟踪督办，全市完成批而未供土地处置329.6万平方米，处置率17.27%，其中区级任务完成295.2万平方米，超额完成年度任务。

【闲置土地处置】 2021年，厦门市完成供而未用项目处置317宗1256.8万平方米，处置率60.9%。其中，闲置土地项目完成处置95宗377.4万平方米。针对省自然资源厅下达2021年度闲置土地处置任务，厦门市完成处置73宗328.4万平方米，超额完成20%的年度处置任务，厦门市闲置土地处置率在全省各地市中排名第一。厦门市闲置土地处置做法受上级部门认可，在自然资源部网站、海峡资源报等媒介推广宣传。

（杨　臻）

森林资源管理

【概　况】 2021年，厦门市出台《厦门市全面推行林长制实施方案》，在全省率先实现建立市、区、镇、村四级林长全覆盖，全市设市级林长2人、市级副林长2人、区级林长12人、区级副林长12人、镇（街道、林场）林长75人、镇（街道、林场）副林长84人、村（社区、工区）级林长410人、村（社区、工区）级副林长141人。

【"林长制"网格化管理】 2021年，厦门市针对林业实际情况，开展以森林资源网格划分设置林长公示牌管理、湿地保护、森林督查、新一轮林地保护利用规划编制、建设项目使用林地保障、集体林权制度改革、森林防灭火、提高林业产业总产值9个方面林长工作。实施网格化管理，构建"林长制"智慧监管系统，对接技术单位，搭建"林长制"智慧监管平台。7月底，厦门市林长制网格化智慧管理平台完成基本框架搭建，功能包括"林长一张图"、事件协同、巡护管理、森林督查、基础数据管理、监督考核、统计分析、综合查询、知识库、系统管理等功能，并对接全省森林资源巡护智慧平台。截至年底，厦门建立全市森林资源网格化管理体系，全市网格覆盖率100%。

【用林要素保障】 2021年，厦门市执行林地定额管理制度，合理分配定额指标，重点保障基础设施、公共事业和民生等建设项目，特别是省级以上重点重大建设项目，为建设项目用林提供审批服务。审核审批建设项目41个，涉及林地面积57.3万平方米。

【森林督查工作】 2021年，厦门市督促各区做好森林督查的问题图斑查处整改工作，实行森林督查问题责任清单和整改销号制度，指导各区林业主管部门继续采取措施，加大查处整改力度，完成案件销号任务。查处森林督查违法违规图斑39个，行政处罚30人，收回林地面积3.15万平方米，罚款21.98万元。

（杨　臻）

地理测绘管理

【概　况】 2021年，厦门市组织编制《厦门市"十四五"测绘地理信息发展规划》，制定新型基础测绘试点建设、"实景三维厦门"建设、自然资源三维立体时空数据库建设等方面的目标和主要任务，提升测绘地理信息服务保障水平。《厦门市自然资源和规划信息化总体设计》明确建设内容，旨在于"十四五"期间建成与自然资源管理体制相适应、统一融合的自然资源信息化框架体系，实现测绘地理信息化管理，提升部门间数据共享、业务协同和社会化服务水平。

【海岸线修测工作】 2021年，厦门市划定全市海岸线，明确海陆管理分界线、科学制定自然岸线保有率目标以及编制国土空间规划，完成海岸线修测工作并通过审核。根据修测成果，厦门海域面积333.34平方千米，海岸线总长265.21千米。其中，大陆海岸线（含厦门岛）长度215.19千米，有居民海岛海岸线（鼓浪屿、大嶝岛和小嶝岛）长度50.02千米，大陆自然岸线保有率18.30%。

【疫情地图】 2021年，厦门市发挥大数据空间信息技术优势，按照"疫情信息空间化、溯源信息可视化、人员管理精细化、社会服务公众化"的总体路径，实现新冠病毒肺炎疫情地图"精准研判、精细管控"，助力防控工作。通过将确诊病例、密接者流调报告的关键数据进行空间匹配、分析及可视化展示，辅助国务院专家组精准划定封控区和管控区。借助信息化手段，对疫情相关人员各环节管控措施落实情况进行全流程地图监督管理，相关工作得到国务院联防联控机制综合组福建工作组社区管控组肯定。

【测绘数据拓展】 2021年，厦门市探索应用新型测绘技术，拓展测绘数据来源。利用倾斜摄影开展大比例尺制图试点项目，获取实景三维数据和大比例尺地形图，测图视角直观，保证设计精度，解决传统测图中的天气干扰、成果单一等问题，降低实景三维建模成本。整合智能传感、GNSS（高精度定位系统）、物联网、云计算、大数据等技术，在重要的测量标志点加装传感器设备，形成厦门市测量标志在线监测管护系统"智慧测量标志"，强化测量标志实时监测能力。首次开展InSAR（合成孔径雷达干涉）监测，定期获取高分辨率地面目标图像和变化信息，监测建筑物及地表沉降及发展过程，实现滑坡等地质灾害监测和预警，提高资源规划、建设管理、安全监管与预警及应急处置能力。

【CIM基础平台建设】 2021年，厦门市制定CIM标准和配套政策，扩大CIM平台建设优势，强化试点片区示范作用，推动智慧城市建设，形成可复制可推广的"厦门经验"。CIM平台汇聚部分空间基础数据并提供对外共享服务，接入455个数据图层和5个试点片区、10个试点项目BIM（建筑信息模型）模型及各类IOT（物联网）数据，沉淀21种通用分析模型算法并拓展可视化能力，满足全市416个部门互联互通，打造共享服务平台升级版。形成二维、三维可视化空间底板、跨行业管理协同、数据汇聚共享、知识沉淀复用四大板块功能。推进空间数据共享共用，深化"CIM+"应用，为市生态环境局"三线一单"（生态保护红线、环境质量底线、资源利用上线和生态环境准入清单）系统、市应急局“森林防火一张图”，市市政园林局排水溯源排查、市自贸委空间信息数字化平台、湖里区执法局监控指挥系统等10余个应用提供空间数据可视化服务。

·小资料·

CIM（City Information Modeling）：指的是城市信息模型，是对城市各要素及其时空状态信息的数字化描述和表达。

（杨　臻）

海洋资源管理

【概　况】2021年，厦门市海洋发展局（简称市海洋局）围绕海洋经济发展示范区、示范市建设，推进厦门海洋高新产业园区建设，促进海洋新兴产业链延伸与产业配套能力提升，培育海洋战略性新兴产业，提升海洋科技创新能力，推动海洋产业全面、创新、集聚发展。全市海洋生产总值1644.94亿元，比上年增长17.1%，占全市地区生产总值比重23.4%。其中，海洋新兴产业实现增加值637.32亿元，比上年增长10.2%，占全市海洋经济增加值比重37.3%。市海洋局引导社会资本投入海洋生物医药与制品、海洋高端装备、数字海洋、海洋文化和现代渔业等海洋高新产业，立项产业化项目16个，带动投资5亿元。截至年底，累计支持海洋产业项目194个，总投资57.7亿元；扶持企业68家，新增产值235亿元。

【国家海洋经济示范区建设】2021年，厦门市印发实施《厦门市海洋经济发展“十四五”规划》，明确“十四五”期间厦门市海洋经济发展战略定位和发展方向，布局重点领域重大项目。印发实施《加快建设“海洋强市”推进海洋经济高质量发展三年行动方案（2021—2023年）》，明确海洋经济发展的主要目标、重点任务、支撑项目和保障措施。印发《厦门市海洋经济发展示范区暨海洋强市建设2021年工作方案及重点任务计划进度表的通知》，明确年度工作目标和重点任务，策划重点项目清单，量化细化投资工作计划。形成厦门市推进海洋经济高质量发展重点项目表，包含重点项目76个，其中在建项目57个、前期项目19个，总投资1382.14亿元，逐步形成以现代海洋科技文化服务业、海洋高端装备制造业、海洋药物和生物制品业、海洋旅游业、海洋交通运输业等为主体的现代海洋产业体系。

【全国首个海洋高新产业园区建设】2021年，厦门市规划建设全国首个海洋高新产业园区。市规委会明确在翔安区南部规划建设总用地面积12.9平方千米的厦门海洋高新产业园区，推动召开各级专题会议16次，接待实地调研12次，走访市属国企探讨园区开发建设思路8次；开展科学优化园区产业布局研究，重点布局以海洋生物医药与制品、海洋高端装备与新材料、海洋信息与数字产业、渔港经济与海洋种苗业、海洋文创与高端滨海旅游、蓝碳及海水综合利用为主导，以海洋研发创新载体、海洋总部经济为支撑的园区“6+2”产业体系；策划搭建园区组织架构，探讨园区投资开发体制机制、建设思路；向上争取省级海洋高新技术产业开发区。

【海洋科技创新能力建设】2021年，厦门市建设海洋科技创新载体，发挥厦门南方海洋研究中心在协调和汇集海洋科技资源上的作用，打造翔安火炬双创基地、沙坡尾海洋经济服务中心和欧厝海洋院士工作站等载体，为中小微企业和创业团队提供“拎包入住”式服务，促进海洋科技成果孵化育成落地；搭建海洋公共服务平台23个，累计提供“一站式”科研服务5.41万次；引导涉海企业建设企业技术中心、研究院等14家和涉海院士工作站4个，累计实现成果转化96个、申请专利551个。厦门大学的绿盘鲍、省水产所的海洋生物高值化开发2项成果获省科技进步一等奖，华侨大学的海藻高值化利用、海洋三所的印度尼西亚海洋站成果获得市科技进步一等奖。

【“智慧海洋”建设】2021年，厦门市推进“智慧海洋”二期建设，优化海洋经济运行监测与管理。建设海洋经济运行与监测、海洋经济项目支撑服务2个子系统，优化涉海企业填报海洋经济数据的流程，满足监管部门对海洋经济数据采集、汇总、分析评估及项目管理等工作需求。构建厦门海洋经济运行监测分析模型，从企业运营、产业关联、经济效益等方面展示海洋战略性新兴产业特点、海洋经济发展趋势等分析结果。8月19日，该项目完成竣工验收，投入使用，有200余家涉海企业在线填报。

【用海要素保障】2021年，厦门市合理安排用海保障任务，采取专人负责制，指导协调业主办理用海手续，做好省、市重点涉海工程服务保障工作。环东海域新城下后滨外侧海域生态修复工程、厦门新机场运输航道延长线工程、机场片区大嶝岛西侧护岸及环嶝路工程（蟳窟大桥）、高崎污水处理厂尾水排海管工程等15宗项目用海（面积793.3万平方米）获市政府批准。做好保障重大基础设施建设、生态修复工程实施建设，推进中央环保督察、国家海洋督察反馈的排污口设置问题整改工作；做好厦门新机场用海报批协调工作。厦门新机场2个项目用海申请获得国务院批复后，与自然资源部和财政部咨询对接，指导业主办理新机场海域使用金减免手续；做好重点项目及厦门新机场用砂保障工作，协助完成厦门湾口A矿区海砂采矿权和海域使用权“两权合一”出让工作，出让海域面积6.2平方千米，可开采海砂约3400万立方米，全部用于新机场建设。

【围填海问题处理】2021年，厦门市按照自然资源部、福建省海洋与渔业局关于围填海历史遗留问题处理有关文件要求，落实厦门市围填海历史遗留问题处置工作方案。对接并发函给各业主、各片区指挥部，督促协调已批未填项目按要求做好处置工作（24个项目，面积342.19万平方米），完成6个项目填海竣工验收工作。推进需拆除围填海图斑恢复海域原状。拆除图斑29个，总面积39.71万平方米，完成拆除面积24.32万平方米。指导各区、各业主策划项目，利用围填海历史遗留问题图斑开展重点项目建设。至年末，未批围填海历史遗留问题图斑84个，面积约430万平方米，完成审批面积268.72万平方米。

2021 年“9·8”投洽会期间，太平洋岛国使团参观调研厦门市海洋国际合作中心

（许晓煜　摄）

【用海项目监管工作】 2021 年，厦门市制定《厦门市 2021 年度海域海岛事中事后监管工作方案》，将海域海岛事中事后监管工作与年度海域海岛“双随机”检查工作同部署、同安排。对接自然资源部东海局、福建省海洋与渔业局，核查围填海疑点疑区图斑，开展 20 个围填海疑点疑区图斑核查工作，涉及面积 13.8 万平方米，全部解决。完善海域使用金征收管理制度，加大海域使用金征追缴力度。新批复的用海项目海域使用金应收尽收，对往年需逐年度缴交海域使用金的用海项目及往年欠缴海域使用金的用海项目进行催缴。建立海域海岛综合管理信息系统，实现与不动产登记中心、海洋行政综合执法支队的数据交互。

【海洋国际合作】 2021 年，厦门市海洋发展局开展海洋国际合作交流，推进厦门市海洋国际合作中心建设和发展。举办 2021 厦门国际海洋周，展开国际对话交流；举办 4 场海洋产业对外对接会，10 家海洋企业及埃及、南非、柬埔寨、缅甸等 22 个国家近 204 名官员、学者和企业家参加，促成柬埔寨农林渔业部渔业局、福建海洋研究所和新荣腾种业有限公司三方签署海水养殖产业合作与技术交流谅解备忘录；“9·8”投洽会期间，接待太平洋岛国驻华使团到厦门考察，调研厦门市海洋国际合作、海洋经济发展等工作，推动与太平洋岛国的经贸往来和人文交流；引进联成金枪鱼直运厦门项目。

【厦门国际海洋周】 2021 年 11 月 18—24 日，由自然资源部、中共厦门市委、厦门市人民政府共同主办，厦门国际海洋周秘书处、厦门市发改委、厦门市海洋发展局承办的厦门国际海洋周在厦门国际会议中心酒店举行。该届海洋周采用“线上 + 线下”相结合方式，举办中国水产品大会、第六届 APEC 蓝色经济论坛、2021 海岛生态保护国际论坛、第十六届 2021 东亚海岸带可持续发展地方政府网络（PNLG）年会、第十四届中国（厦门）国际游艇展览会、“‘蓝色梦想 2021·人类与海洋’国际当代艺术展”等 16 项活动。来自美国、南非、俄罗斯、澳大利亚、马来西亚等 42 个国家（地区），亚太经合组织（APEC）、东亚海域环境管理区域项目组织（PEMSEA）、世界经济论坛（WEF）、海洋行动之友（FOA）、世界自然基金会（WWF）等近 10 个国际组织代表，自然资源部、福建省委、省政府、厦门市委、市政府有关领导和各部门代表，两院院士，国内外海洋领域专家学者，高校院所学者、企业家代表等近 5 万人次参加，分别就“一带一路”、蓝碳、生物多样性保护及海洋命运共同体构建等方面展开国际对话交流。其中，厦门国际游艇展上，203 家游艇行业上下游企业线上展示展品 464 件，展商展品覆盖超过 15 个国家和地区，观众访问量近 15 万人次。

【东亚海岸带可持续发展地方政府网络年会】 2021 年 12 月 1 日，由柬埔寨西哈努克省政府主办的 2021 东亚海岸带可持续发展地方政府网络（PNLG）年会线上会议召开。年会分别在柬埔寨西哈努克省和 PNLG 秘书处（厦门）设线下会场。会议以“携手建设充满希望的海洋新十年”为主题，来自中国、柬埔寨、印度尼西亚、日本、马来西亚、菲律宾、韩国、东帝汶、越南 9 个国家的 30 多个 PNLG 成员单位的 100 多名代表通过线上线下的方式参加，研究通过《PNLG 战略行动计划（2022—2030）》并签署《西哈努克宣言》；完成换届选举，越南岘港市和印尼唐格朗市官员分别当选新一任 PNLG 主席和副主席；吸纳新成员韩国釜山市，PNLG 的成员增至 55 个，覆盖东亚 10 个国家。

（张　强　杨　臻）

国有资产监督管理

【概　况】 2021 年，厦门市国资系统推进国资国企发展、改革、监管，增强国有经济对全市经济社会发展的引领带动作用。厦门市人民政府国有资产监督管理委员会（简称市国资委）所出资企业经营业绩指标创历史最好水平。其中，实现营业收入 2.01 万亿元，比上年增长 40.66%；实现利润总额 388.38 亿元，增长 20.41%；税费 311.5 亿元，增长 34.38%；实现社会贡献总额 1071.57 亿元，增长 28.97%。至年末，市国资委所出资企业资产总额 1.72 万亿元，比上年同期增长 35.21%；所有者权益 5061.52 亿元，增长 25.50%；在岗职工人数 16.02 万人，增长 7.06%。市国资委所出资企业营业收入位居 5 个计划单列市第一，资产总额、所有者权益和利润总额位居第二。市国资委对 21 名市属国企副职领导人员开展经济责任审计，对 4 家企业资产出租情况和市二轻集体企业联社进行专项审计。开展市属国企境外投资专项审计问题整改“回头看”。推进“智慧国资”建设，构建国资监管信息化管理框架，国资国企大数据监管平台完成“三重一大”（重大事项决策、重要干部任免、重大项目投资决策、大额资金使用）、监督追责、大额资金等7个子系统（平台）建设。优化国有产权管理，完成审批产权交易项目84个，金额约316亿元。加强国有资本经营预算管理，上缴国资收益18.76亿元。审核批复10家市属国有企业发债申请781亿元人民币、3亿美元。市国资国企参与新冠病毒肺炎疫情防控工作，9月投入新冠病毒肺炎疫情防控工作总人数7.7万人，选派4万余名党员干部、职工群众下沉一线，成立新冠病毒肺炎疫情防控临时党支部25个。厦门建发集团有限公司、厦门安居集团、厦门翔业集团有限公司、厦门经济特区房地产开发集团有限公司、厦门市政集团有限公司等市属国有企业在工程建设、物资采购、物业管理等方面发挥作用，完成定点隔离公寓改造2万余套，累计接收隔离人员1.3万人。市国资委会同相关市属国有企业成立隔离场所服务保障工作专班。厦门夏商集团有限公司、厦门市储备粮管理集团有限公司等保障全市粮食、农副食品等重要民生商品供应；厦门翔业集团有限公司、厦门轨道交通集团有限公司、厦门路桥建设集团有限公司、厦门公交集团有限公司等保障机场、地铁、公交等运营安全；厦门市政集团有限公司等做好供水、供气、垃圾收运等民生保障工作，承担隔离点、核酸检测点等涉疫垃圾收运处置任务。市属国有企业落实市委、市政府援企纾困政策，为非国有企业和非机关事业单位减免租金4.05亿元，惠及承租户1.6万家（户）。

【国资国企运营】 2021年，厦门市国资委所出资企业累计上缴本地税金159.37亿元，贡献全市公共财政预算总收入的10.41%。重点国有企业累计实现批零销售额8252.71亿元（占全市批零销售额29.23%），比上年增长29.48%；进出口总额4590.24亿元（占全市进出口总额37.65%），增长57.13%，其中当地进出口额3341.88亿元，增长46.18%。承担省、市重点项目238个；完成投资额736亿元（占全市重点项目完成投资额32.22%），比上年增长15.07%。轨道3号线开通运营，海沧隧道建成通车，新机场项目获国家发改委批复并启动全面建设。市属国企服务城市功能完善、民生保障和改善等工作。其中，夏商集团实现肉禽蛋菜交易量206万吨，比上年增长8.38%；市政集团供应管道天然气和液化石油气共3.59亿立方米，增长19.84%；市政集团处理垃圾256万吨，增长33.49%；公交集团、轨道集团提供公交和地铁客运服务共7.92亿人次，增长11.29%。

【国资国企招商引资】 2021年，厦门市国资国企继续落实招商引资三年千亿行动。市国资委成立国资国企招商引资工作领导小组，下发《关于进一步加强国资国企招商引资的通知》，发挥建发集团、国贸控股集团、象屿集团等市属国有企业在业务链、资金链、价值链以及对外投资的作用，服务全市招商引资工作大局。厦门国有资本运营公司与融创文旅集团签订框架合作协议。市国资国企系统在第二十一届中国国际投资贸易洽谈会上签约10个项目，总投资68.95亿元。至年末，市国资国企招商引资项目管理库项目368个。全市落地项目264个、在谈项目71个、意向项目28个，意向计划总投资2596亿元；参与保障天马微柔性AMOLED、中航锂电、海辰新能源等15个高能级招商引资项目落地。

【国有资产证券化】 2021年，厦门市继续实施《厦门国有资产证券化及国有控股上市公司高质量发展三年（2020—2022年）行动计划》。厦门国贸控股集团有限公司旗下中红医疗在深交所创业板上市，国贸控股集团收购港股上市公司正通汽车，建发集团收购A股上市公司合诚股份。至年末，市属国有控股上市公司11家（A股8家、港股3家），8家A股上市公司总市值895.38亿元，厦门市属国有企业资产证券化率约40%（以上市公司合计净资产占市国资委所出资企业合计净资产的比例计算）。建发股份、厦门象屿、厦门国贸、厦门信达、建发国际集团5家市属国有控股上市公司推出股权激励计划。

【国资国企监管制度机制完善】 2021年，厦门市继续完善国资国企监管制度机制。厦门城市建设发展投资有限公司划归市国资委履行监管职责，市级经营性国有资产统一监管比例96.64%，扣除金融、文化类国有企业后比例100%。市委办公厅、市政府办公厅印发《进一步加强厦门市国有企业工程招投标廉政风险防控的若干措施》。市国资委下发《关于进一步加强厦门市市属国有企业工程招投标廉政风险防控的通知》。出台《关于加强所出资企业负债风险防控的实施方案》，指导督促企业优化债务结构，降低资产负债率。修订《厦门市市属国有企业投资管理办法》《厦门市市属国有企业投资项目负面清单》，下发《关于市属国有企业加强参股管理有关事项的通知》，加强市属国有企业投资监管，规范投资行为。

【城镇集体企业监管】 2021年，厦门市委办公厅、市政府办公厅印发《厦门市城镇集体所有制企业暂行办法》，加强城镇集体所有制企业管理，促进城镇集体经济健康发展。成立市城镇集体资产监管工作领导小组，领导小组办公室设在市国资委。厦门市二轻集体企业联社、厦门市法拉发展总公司监管职能由厦门市工业和信息化局（简称市工信局）移交至市国资委。全市完成70家市属城镇集体企业清产核资，建立市属城镇集体企业年度财务决算报告制度。

【国资国企参与东西部协作】 2021年，厦门市国资国企持续做好东西部产业协作和对口帮扶。厦临经济发展有限公司增资4000万元，用于稳岗稳产。厦门夏商集团、国贸控股、住宅集团、特房集团、市政集团、象屿集团6家市属国有企业与闽宁镇6个乡村结对帮扶。全市超额完成帮助宁夏销售消费帮扶产品任务，全年完成3434万元。市属国有企业组建的临夏州厦临经济发展有限公司获“全国脱贫攻坚先进集体”称号（全市唯一），市国资委获甘肃省“脱贫攻坚先进集体”称号。

【国企改革三年行动实施方案印发】 2021年1月14日，厦门市委办公厅、市政府办公厅印发《厦门市国企改革三年行动实施方案（2020—2022年）》。市属国有企业实现一级企业董事会应建尽建，依法落实董事会职权，14 名外部董事到位履职，建立外部董事履职和考核评价制度。厦门建发集团、国贸控股集团、象屿集团 3 家企业开展内设监事会试点。推进对标世界一流管理提升行动，建发集团获评国务院国企改革办“国有重点企业管理标杆”。重组整合市属国有企业间相同或相近业务，路桥集团、特房集团、市政集团、住宅集团共同出资设立园林花木集团，打造“高颜值生态花园之城”建设国企平台，国贸控股集团对海翼集团开展重组工作。全市完成僵尸企业处置、厂办大集体改革、“三供一业”（供电、供水、供热，物业管理）剥离与整合、剥离国有企业办社会职能等工作，全民所有制企业公司制改制基本完成。深化混合所有制改革，路桥信息公司完成混改，市国资委所出资企业子企业混改比例 70.71%，引入非国有资本超 200 亿元。健全市场化经营机制，市属国有企业超 90% 的经理层成员实现任期制和契约化管理，管理人员竞争上岗比例 94.41%，员工公开市场招聘比例 99.18%。至年末，完成市国企改革总任务 86%。

【国企《财富》世界 500 强排名上升】 2021 年 8 月 2 日，2021 年《财富》世界 500 强榜单发布。厦门市 3 家国有企业入选世界 500 强，排名上升至前 200 位。其中，厦门建发集团上年度营业收入 641.12 亿美元，排名由上年第 234 位上升至第 148 位；厦门国贸控股集团上年度营业收入 582.79 亿美元，排名由上年第 284 位上升至第 171 位；厦门象屿集团上年度营业收入 543.24 亿美元，排名由上年第 298 位上升至第 189 位。

（魏江南）

中小企业管理

【专精特新企业培育】 2021 年，厦门市认定专精特新中小企业 147 家，其中中型企业 39 家、小微企业 108 家（见表 15–1、15–2）。根据工业和信息化部公布的 3 批 4762 家“小巨人”企业名单，厦门进入全国专精特新城市企业数量十强，位列第九名，在副省级城市中位列第五名。至年末，厦门市累计培育国家级重点“小巨人”企业 27 家（占全省总量 49.1%，位列全省第一名）、国家级专精特新“小巨人”企业 79 家（占全省总量 35.7%，位列全省第一名）、省级专精特新中小企业 167 家、市级专精特新中小企业 769 家。2021 年，厦门市向工业和信息化部、财政部申请国家中小企业专

表 15–1　　2021 年厦门市认定的专精特新中型企业一览表

企业名称	企业名称	企业名称
厦门市科力电子有限公司	厦门唯恩电气有限公司	厦门东声电子有限公司
厦门市智联信通物联网科技有限公司	星宸科技股份有限公司	厦门熙重电子科技有限公司
罗普特科技集团股份有限公司	厦门市潮汇技术开发有限公司	厦门市世纪网通网络服务有限公司
厦门快商通科技股份有限公司	厦门威尔信息技术有限公司	厦门瑞为信息技术有限公司
稿定（厦门）科技有限公司	开发晶照明（厦门）有限公司	厦门华电开关有限公司
厦门三优光电股份有限公司	厦门银华机械有限公司	厦门达真电机有限公司
厦门市迈动体育用品有限公司	厦门市诺盛测控技术有限公司	厦门金汇峰新型包装材料股份有限公司
厦门麦丰密封件有限公司	麦克奥迪（厦门）智能电气有限公司	厦门华尔达智能科技股份有限公司
安越环境科技股份有限公司	爱源（厦门）电子有限公司	厦门铱科卫浴科技有限公司
厦门佳浴智能卫浴有限公司	厦门市鑫达兴医疗科技有限公司	厦门晶晟能源科技有限公司
厦门极致互动网络技术股份有限公司	厦门顶尖电子有限公司	厦门华盛弘精密模具有限公司
瑞华高科技电子工业园（厦门）有限公司	厦门市华测检测技术有限公司	厦门微能电子科技有限公司
厦门指纹科技有限公司	厦门市得尔美卫浴有限公司	厦门美科安防科技股份有限公司

表 15–2　　2021 年厦门市认定的专精特新小微企业一览表

企业名称	企业名称	企业名称
厦门万明电子有限公司	厦门松元电子有限公司	厦门信达物联科技有限公司
厦门宇电自动化科技有限公司	厦门众联世纪科技有限公司	睿云联（厦门）网络通讯技术有限公司
厦门她趣信息技术有限公司	厦门骏丰电子有限公司	数岩科技股份有限公司
厦门星科电子有限公司	厦门爱瑞克电子有限公司	厦门星纵信息科技有限公司
鸿汉（厦门）科技有限公司	厦门市惟贝特电子有限公司	厦门芯一代集成电路有限公司
厦门市石秀才电子商务有限公司	厦门华数电力科技有限公司	厦门烨映电子科技有限公司

续表 15-2

企业名称	企业名称	企业名称
厦门乾照半导体科技有限公司	厦门农芯数字科技有限公司	厦门美亚中敏科技有限公司
厦门尚为科技股份有限公司	厦门网为股份有限公司	厦门威芯泰科技有限公司
厦门鑫点击网络集团股份有限公司	稻兴电子科技（厦门）有限公司	三维码（厦门）网络科技有限公司
厦门鼎芯科技有限公司	厦门蓍赫电子科技有限公司	厦门骐俊物联科技股份有限公司
厦门锐骐物联技术股份有限公司	易联众智鼎（厦门）科技有限公司	厦门市鑫宏鹏电子有限公司
厦门凌阳华芯科技有限公司	柏科智能（厦门）科技有限公司	厦门奥普拓自控科技有限公司
中骏智能电气科技股份有限公司	厦门明翰电气股份有限公司	厦门维克机械设备有限公司
厦门思泰克智能科技股份有限公司	厦门扬森数控设备有限公司	睿科集团（厦门）股份有限公司
厦门兴全龙机械有限公司	厦门普诚科技有限公司	厦门拓宝科技有限公司
厦门精合电气自动化有限公司	厦门华晔精密模具有限公司	厦门佳创科技股份有限公司
厦门华普胜钣金制造有限公司	厦门南超机械有限公司	厦门乃尔电子有限公司
纳路（厦门）环保科技有限公司	厦门特盈自动化科技股份有限公司	厦门星纵智能科技有限公司
厦门保视丽无尘科技有限公司	厦门力迪塑胶有限公司	厦门唯自然工贸有限公司
福建祥云科创新型管业科技有限公司	厦门优力播休闲用品有限公司	中广核瑞胜发（厦门）新材料有限公司
厦门中构新材料科技股份有限公司	厦门腾诺光学科技有限公司	氟乐泰科（厦门）新材料有限公司
厦门柏润氟材料科技有限公司	厦门宏发先科新型建材有限公司	厦门通耐钨钢有限公司
厦门东顺涂料有限公司	厦门市豪尔新材料股份有限公司	厦门浩纬实业有限公司
厦门祥福兴科技股份有限公司	萨科（厦门）医疗科技有限公司	厦门宏驰实业有限公司
厦门众盛精密电路有限公司	厦门申颖科技股份有限公司	厦门爱迪特环保科技有限公司
厦门兴重环保化工有限公司	联合环境技术（厦门）有限公司	厦门环康环保科技股份有限公司
万嘉清水（厦门）环境技术有限公司	厦门恩成制药有限公司	致微（厦门）仪器有限公司
厦门通灵生物医药科技有限公司	厦门欧化实业有限公司	唐传生物科技（厦门）有限公司
太阳树（厦门）生物工程有限公司	博益宁（厦门）医疗器械有限公司	迈贝特（厦门）新能源有限公司
厦门昊亮能源科技有限公司	厦门博创汉津新能源科技有限公司	厦门联容电控有限公司
厦门英诺尔电子科技股份有限公司	厦门市戴尔乐新能源汽车有限公司	厦门大一互科技有限公司
吉门保险丝制造（厦门）有限公司	厦门市欧立通电子科技开发有限公司	厦门捷讯汽车零部件有限公司
厦门三德信科技股份有限公司	厦门捷昕精密科技股份有限公司	厦门鑫铭科技股份有限公司
厦门凯欣达体育用品有限公司	厦门伊科电子有限公司	厦门任和运动器材有限公司
厦门国毅科技有限公司	天海欧康科技信息（厦门）有限公司	厦门鑫德来工贸有限公司
厦门金恩塑胶有限公司	新诺北斗航科信息技术（厦门）股份有限公司	厦门雅信塑胶有限公司

项资金 7337 万元，用于专精特新中小企业高质量发展，其中 73.6% 用于企业研发投入和增资扩产，8.2% 用于“点对点”服务重点“小巨人”企业，18.2% 用于专精特新中小企业公共服务体系建设。

【“免申即享”政策实施】 2021 年，厦门市实施惠企政策“免申即享”线上直达兑现机制。搭建线上惠企政策“免申即享”兑现平台，通过对惠企政策兑现流程再造，实现惠企政策一站查询、精准匹配、在线确认、联合审查、资金直达等功能。初步完成《厦门市惠企政策‘免申即享’项目工作方案（讨论稿）》、“免申即享”政策直达兑现办理流程、首批共享数据目录建议清单等工作。7 月 31 日，“免申即享”惠企政策兑现平台电脑端程序发布，首批发布“免申即享”惠企政策 30 个。至年末，惠企政策“免申即享”平台上线政策项目 37 个，其中认定奖励类 27 个、资金补助类 10 个，涵盖市工信局、市商务局、市科技局、市市场监管局、市文发办以及集美区、自贸区厦门片区等单位；完成14个项目政策资金线上直达兑付1.5亿元，涉及企业936家。

【中小企业诉求解决】 2021年，厦门市畅通政企沟通渠道，完善政企直通车建设；推出24小时值班调度服务、新产品发布、典型示范应用协调、地产工业品随时申报等服务；印发《“应对疫情影响服务直通车”工作机制》，开通“应对疫情影响服务直通车”平台，受理新冠病毒肺炎疫情期间企业生产经营中用工、融资、供应链等问题，建立服务目标、服务流程、服务渠道、服务要求工作机制，健全市工业协调办、市三高办、市中小办等协同服务机制，接受企业政策咨询和反映问题，受理企业诉求，推动政企沟通。9月13日至年末，受理企业诉求问题981个。其中，政企直通车55个，中小服务热线平台832个，工业企业热线45个，小微问吧5个，全部解决；其他途径受理企业诉求问题44个，解决21个，转交20个，部分解决2个。

【中小企业管理提升培训】 2021年，厦门市开展中小企业管理工作培训，提升市中小企业管理能力，引领企业“走出去”学习先进制造工业企业经济发展经验和创新思维。开展中小企业管理提升系列培训52场、86天次，培训3807人次。举办2020级厦门市成长型企业高级研修班、2021级厦门市专精特新“小巨人”企业高级研修班等中长期深度培训课程，2021年厦门市中小企业精益生产专题研修班等模块专题班，2021年厦门中小企业高管赴上海交通大学研修班等外出培训班课程和公开课。

【中小企业融资】 2021年，厦门市帮助中小企业解决融资难、融资费用高等资金问题，拓宽企业融资渠道、降低融资成本。完善“产融云”平台，利用互联网信息技术和公共服务大数据，帮助企业实现融资需求提交、需求推送、金融产品匹配、进度跟踪等服务，畅通企业、金融机构、政府部门三方融资信息沟通对接渠道，推进银企对接和产融合作。至年末，“产融云”平台累计对接约5万笔，总金额约300亿元。厦门市组织设立小微企业信贷风险资金，用于小微企业信贷风险补偿，建立信贷风险分担机制。发放信用贷款2.64万笔，总金额154.02亿元，比上年增长15.2%。举办技改基金政策对接会，开展技改服务基金“白名单”项目征集工作，审批技改基金“白名单”项目13批、200个，总投资356.04亿元，资金需求137.33亿元。

【中小企业市场开拓】 2021年，厦门市工信局组织厦门市中小企业参加2021中国国际光电博览会、2021厦门智能制造展览会和2021年中国厦门国际卫厨产业展览会等20个展会，参展企业697家，参展展位总面积3.17万平方米，开拓国内市场成交总额19.71亿元。举办以“魅力厦门行·优品欢乐购”为主题的线上直播展销活动，209.46万人次在线观看，总成交2.02万单，成交226.5万元。全市各行业商协会组织企业参加2021全国网上年货节和第三届“双品网购节”活动，成交量7万单，销售总额2.5亿元。

【中小企业发展环境评估】 2021年3月30日，工业和信息化部发布《2020年度中小企业发展环境评估报告》，厦门市在36个参评城市中排名第七位，报告指出“厦门在促进中小企业发展方面有很多先进的经验和做法值得推广并借鉴”。按具体指标统计，法治环境方面，厦门排名第四位；融资环境方面，厦门排名第五位；市场环境方面，厦门排名第九位。10月8日，福建省促进中小企业发展工作领导小组办公室发布《2020年度福建省中小企业发展环境评估报告》，厦门市以综合评分73.15分排名全省第一位。具体指标中，财税、融资、创新、市场开拓、服务5个子环境均在全省排名第一位。

【中小企业服务月活动】 2021年6月，厦门市结合联合国“中小微企业日”主题宣传，开展市中小企业服务月活动。活动以“抢抓新机遇，创新迎发展”为主题，举办各类活动60场，同期联合举办“红帆领航 惠企同行”“厦门人才服务月”等活动。通过电视、报纸、微信、公交地铁广告等媒介进行宣传，7500余家中小企业、超7万人次线上线下参与，近100万人次关注。

【中小企业获全国创新创业大赛奖项】 2021年10月，工业和信息化部、财政部公布第六届“创客中国”中小企业创新创业大赛500强企业名单，厦门14家企业入选，入选数量为历年最多。该比赛分为企业组和创客组，厦门市中小企业入选企业组6家，入选创客组8家。厦门市“云数据分析系统”入选企业组项目50强名单并获决赛优胜奖。

（市工信局）

审　计

【概　况】 2021年，厦门市审计机关发挥审计监督保障作用，维护财政经济秩序，提高财政资金使用效益，促进廉政建设。完成审计或审计调查项目194个、交办配合事项11项。其中，完成审计项目174个、专项审计调查20项，出具审计报告和审计结果报告317份。审计处理处罚38.67亿元，移送纪检监察及有关部门处理事项5个。审计后促进增收节支和挽回经济损失27.6亿元。提交审计信息847篇，被批示、采用审计信息398篇（次）。提出审计建议606条，被采纳审计建议535条。

【预算执行审计】 2021年，厦门市审计局以促进国家财政经济安全和财政资金规范高效运行为目标，对市财政局等部门开展预算执行和决算审计，重点核查财政支出绩效、财力财源挖掘和政府过“紧日子”、相关政策落实、预算分配、财政决算草案编制、资金安全和绩效情况等。全市完成预算执行和财政决算审计项目58个，查出预算编报不真实不完整、编制批复不规范、未按规定纳入预算管理、未按规定征收缴纳收入、资金滞留闲置、未按进度支付工程款等问题金额32.67亿元。通过审计，促使相关部门单位完善制度、规范管理，推动财政领域改革；促进规范预算管理，完善公共财政管理体制，提高财政资金使用效益。“同级审”工作得到市委、市人大、市政府肯定。

【政策审计】 2021年，厦门市审计局以推动党中央重大决策部署和省、市相关政策措施贯彻落实为目标，重点针对“十四五”规划建议重点任务、党中央有关重大决策部署贯彻落实情况开展政策审计工作。分析审计发现问题，提出意见建议，推动补齐工作短板、堵塞制度漏洞、完善协同传导机制，促进相关领域深化改革、高质量发展。按季度开展城乡义务教育补助经费、财政事权和支出责任划分改革、防范化解政府债务风险、优化营商环境政策等专题审计。其中，优化营商环境政策等专题审计为省、市、县联动审计项目，市审计局针对营商环境改进任务清单，审计财政资金 181.86 亿元。将残疾人就业保障金、工会经费等资金量小、易被忽视、企业反映强烈的税费问题纳入审计范围。12 月 6 日，审计署《审计工作通讯》头条刊发《厦门坚持“三种思维”深入开展优化营商环境审计》。

【经济责任审计】 2021 年，厦门市审计局贯彻落实《党政主要领导干部和国有企事业单位主要领导人员经济责任审计规定》，以促进领导干部推动本地区、本部门、本单位科学发展为目标，以任职期间公共资金、国有资产、国有资源的管理、分配和使用为基础，关注贯彻执行党和国家经济方针政策、重大决策部署，本部门重要发展规划和政策措施制定、执行及效果，重大经济事项决策、执行及效果，财政财务管理和经济风险防范，落实党风廉政建设责任和遵守廉洁从政规定等情况。促进领导干部依法履职尽责、担当作为、廉洁用权、干净干事，推进国家治理体系和治理能力现代化。召开全市 2021 年经济责任审计工作联席会，研究做好经济责任审计工作实践路径。全市对 105 家单位的 126 名领导干部开展审计，坚持任中审计和离任审计相结合、经济责任审计和自然资源资产离任审计相统筹、党政领导干部同步审计。经济责任审计结果和审计查出问题的整改情况常态化作为全面从严治党主体责任检查、市委巡察重要内容，作为领导班子民主生活会、述责述廉、年度考核、任职考核依据之一。

【国有企业审计】 2021 年，厦门市审计局针对国有企业贯彻落实深化供给侧结构性改革、落实深化国有企业改革等重大政策措施和决策部署情况中存在问题，企业财务真实合法效益情况、企业风险管控情况、企业境外资产管理、生态环境保护等方面情况，开展国有企业审计工作。促进企业建立健全内部控制制度，维护国有资本安全。启动市、区国有企业商办资产闲置情况审计调查，分期分类上报审计成果。

【自然资源审计】 2021 年，厦门市审计局开展全市自然资源资产审计调查。按照省审计厅统一组织，对龙岩市连城县、福州市仓山区党政主要领导开展经济责任和自然资源资产离任审计。10 月，受市政府委托向市人大常委会报告厦门市 2020 年国有自然资源审计情况。

【审计整改推动】 2021 年，厦门市审计局探索巡审合作机制，把审计发现问题整改情况和巡察发现问题整改情况分别作为巡察和审计监督内容。推动建立“审计问题”和“整改结果”2 个台账，按季度梳理汇总未能整改到位问题清单，形成专报件报市政府，推进整改进度。配合市人大常委会开展审计整改情况满意度测评。落实市委工作要求，牵头开展中央和省委巡视反馈问题整改，通报审计情况，加强审计整改督促检查，协调解决整改中堵点难点问题。推动建立“点问题、批处理”内生整改机制，推进审计整改、审计成果运用，得到审计署领导、市主要领导批示，相关做法被省委办公厅《八闽快讯》采用并在全省范围内推广。

（郑恩辉）

统　计

【统计改革】 2021 年，厦门市统计局落实统计现代化改革部署。开展“三新”经济（新产业、新业态、新商业模式为核心内容的经济活动）统计监测，实施“三新”调查制度，围绕金融产业、健康产业、信息产业发展等领域，加强“三新”经济增加值测算和分析。跟进重点领域统计改革，联合自贸区厦门片区管委会开展数字经济统计监测研究课题。市统计局跟踪社会消费商品与服务零售总额等社会消费试点工作，开展地区生产总值核算及自然资源负债表编制工作调研，研讨金融业核算方法制度，探索企业电子统计台账制度。

【统计调查监测】 2021 年，厦门市统计局以数据为核心，开展统计调查监测。开展第七次全国人口普查工作，普查核定全市常住人口 516.4 万人，根据普查结果发布公报及解读文章。开展基本单位、投资消费、劳动就业、科技文化等领域统计调查。完成 1% 人口变动抽样调查。围绕战略性新兴产业、“三高”（高技术、高成长、高附加值）企业、能耗“双控”、“双碳”等重点工作，开展服务业、住宿餐饮业、工业受新冠病毒肺炎疫情影响情况电话访问调查，涉及企业 1746 家、市民 600 人，向市委、市政府报送关于疫情对各行业影响的信息、分析 10 余篇。

【统计服务】 2021 年，厦门市统计局针对指标运行“难点”“堵点”，立足统计咨询职能建言献策，向市委、市政府报送呈报 77 篇，获得市领导批示 61 人次。发挥统计“信息源”作用，增强统计分析服务及时性、针对性、有效性，被市委办、市政府办采用信息 203 篇，省政府办采用 9 篇，国务院办采用 4 篇。依托联席会议制度，加强与发改、工信、商务、建设、住房、金融等经济部门业务交流，为招商引资、“三高”企业、市对区绩效考评等工作建立专项监测机制，为健康产业、服务贸易、文化产业等工作提供数据汇总加工。推行新闻发布会制度，结合新媒体渠道解读经济指标，研究撰写统计分析、信息，被国家统计局采用 18 篇。编印《“十三五”期间厦门经济社会发展系列分析报告》《特区建设 40 周年发展成果》等。加强统计数据解读，在“学习强国”学习平台、《厦门日报》等登载统计文章 80 余篇。

（市统计局）

价格管理

【概　况】 2021 年，厦门市推进价格改革、保供稳价、清费降负、公共服务等工作。全市居民消费价格比上年上升1.2%，低于年度控价目标1.8个百分点。《厦门市发展改革委关于印发应对特殊时期重要民生商品保供稳价工作应急预案的通知》出台，全市重要副食品供应企业做好市场供应应急预案。

【蔬菜猪肉政府差价销售补贴】 2021年，厦门市依托100家平价商店，开展蔬菜、猪肉政府差价销售补贴工作，调控重要民生价格，保供稳价。1月28日至3月15日，启动蔬菜、猪肉政府差价销售补贴工作。其中，蔬菜类销售1133.94吨，补贴73.29万元；肉类销售173.72吨，补贴94.85万元。9月18日，为确保新冠病毒肺炎疫情防控期间市场价格稳定，启动为期1个月的蔬菜政府差价销售补贴工作，销售蔬菜1035.37吨，补贴85.7万元。

【日常价格监测】 2021年，厦门市发展和改革委员会（简称市发改委）按时开展全市各类监测商品和服务价格变动情况及变化趋势综合分析，分析居民消费价格指数运行特点，预测当月居民消费价格指数累计值，形成分析报告，报送国家发改委、省发改委、市委、市政府。通过公交车、楼宇移动电视等新媒体发布厦门市44种重要民生商品价格每日行情。新冠病毒肺炎疫情防控期间，每日按时报送价格数据及价格变动情况信息。开展农产品成本调查，每月完成生猪、6个蔬菜品种、早稻生产成本等专项调查工作，调查农户购买农资、农户存粮情况。

【清费降本】 2021年，厦门市推进清费降本工作，支持企业复工复产。1月1日起执行的电价政策，大工业电度电价、基本电价和农业生产电价下调，全年为企业减轻用电负担1.95亿元，其中农业企业用电减负约760万元。阶段性降低用气成本，2月1—28日，针对日均气量5000立方米及以上工业企业，降低终端气价0.15元/立方米（含税），涉及企业11家、气量627.08万立方米、优惠金额94.06万元。10—11月，对工业和一般商业企业用气给予0.2元/立方米优惠，用水给予0.8元/立方米的优惠，免收城镇污水处理费。其中，用气优惠4846万立方米，优惠金额969.2万元；用水优惠金额2029.98万元；免收污水处理费3804.1万元。降低制度性成本，免除企业转移非住宅产权所缴纳不动产登记费、特种设备检验检测收费标准，降低小微企业和个体工商户支付手续费标准，全年减负951.71万元。印发2021—2022年部分港口收费标准，对收费进行减免，降低厦门口岸进出口成本。至年末，货物港务费和引航费优惠措施共减免企业成本约9840万元。

【价格收费清单动态调整】 2021年，厦门市发改委审核、公示全市符合资质行政事业性收费单位名单、行政事业性收费项目清单，涉及单位270家、收费项目32个。落实政府定价经营服务性收费报告制度。发布《厦门市政府定价经营服务性收费目录清单》，共7个大项、11个小项。落实景区收费报告制度，全市实行政府定价管理的景区、景点共13个（8个收费景区景点、5个免费景区景点）。行政事业性收费涉企收费金额比上年减少0.78亿元，经营服务性收费总额减少6.94亿元。

【公用公益服务价格收费行为规范】 2021年，《厦门市人民政府办公厅转发市发改委等部门关于清理规范城镇供水供电供气行业收费促进行业高质量发展实施意见的通知》出台。全市开展规范行业协会商会收费清理整治工作。3月1日，全市供水供电供气行业收费清理工作完成，清理不合理收费项目7个，全年为企业减负约5846万元。市发改委开展行业协会商会清理整治，为企业减负约583万元。完善公益性服务价格政策，落实“双减”（减轻义务教育阶段学生作业负担和校外培训负担）政策，出台义务教育阶段线下学科类校外培训收费标准，遏制过高收费和过度逐利行为，义务教育阶段线下学科类校外培训收费标准降幅48.9%。做好殡葬服务收费专项整治工作。完成降低重点国有景区门票价格“回头看”工作。修订《厦门市机动车停放服务收费管理办法》。政府定价停车分类管理办法和收费标准配套出台。对实行政府定价管理的道路临时停车泊位由即停即收调整为首次15分钟免费。明确将政府与社会资本合作建设、通过“招、拍、挂”方式引入国有资本运营管理停车设施适用市场调节价。轨道交通推行“P+M”换乘出行方式（在地铁等沿线附近设置具有“停车+换乘”功能、享受停车换乘优惠停车场，实行市场调节价，实现市民私家车出行与公共交通衔接）。

【水价格改革】 2021年，厦门市推进水资源价格改革，助力生态文明建设。推动农业水价综合改革，完成年度改革面积5.06平方千米，主要涉及对2016年后建设的高标准农田建设项目中尚未实施农业水价综合改革区域。年度农业水价综合改革经费被列入市水利部门预算；市财政局落实农业水价综合改革经费50万元，用于支持各区实施农业水价精准补贴、节水奖励。分类制定汀溪水库非农业用水价格。建立健全促进水资源节约和水利工程良性运行、与投融资体制相适应的水利工程水价形成机制。

【成本监审】 2021年，厦门市发改委开展水务集团供水成本、汀溪水库供水成本、康桥中学高中学费成本、鼓浪屿景区门票价格成本、学科类校外培训机构成本5个监审项目。至年末，完成汀溪水库、康桥中学、学科类校外培训机构、厦门水务集团4个项目共64家企业成本监审（调查）任务，审核企业账面成本26.46亿元，核减不应计入定价成本费用2.44亿元，核减率9.22%。通过成本监审，为政府合理定价提供成本依据，减轻消费者和企业负担。

【价格认证认定】 2021年，厦门市发改委做好涉纪检监察、涉案、涉税价格认定，服务全市反腐倡廉、司法公正、社会治理、经济发展工作。完成由纪检监察部门提请的涉纪财物价格认定12件，认定总值约6419万元；完成由公安机关提请的涉案财物价格认定1686件，认定总值约5392万元；完成由税务、海关部门提请的涉税财物价格认定21件，认定总值超10亿元。

【价格争议调解】 2021年，厦门市开展以“社区、村居”为单元的“下沉服务”工作模式，进行价格争议调解工作。增设基层调处工作站2个，实现全市各区调处工作站全覆盖，形成市、区、社区、村居四级网络，价格争议调处进村居、进商场、进市场，排查和化解居民价格矛盾。厦门市价格认证中心及下设各价格争议调解处理工作站调解价格争议纠纷 120 件，调处率 100%，成功率 100%，调解范围主要涉及城市改造赔付、买卖合同纠纷、财物损毁理赔等。

【价格监管】 2021 年，厦门市市场监督管理局（简称市市场监管局）查办价格违法案件 104 起，办结 82 起，没收违法所得 793.94 万元，退款 249.2 万元，罚款 253.12 万元，累计实施经济制裁 1296.26 万元。开展水电气等公用事业、商业银行、行政审批中介服务机构、行业协会商会及交通物流 5 个领域收费专项检查，检查涉企收费单位 122 家，督促主动清退 225.68 万元，累计立案 14 件，办结 8 件，责令退款 328.96 万元，罚没 164.67 万元。查处厦门市殡仪服务中心不执行政府指导价行为，责令退款 280 万元，处罚款 28 万元；市政府专题研究完善殡葬领域收费政策。规范医疗服务价格，梳理问题清单 32 个，组织全市 86 家医疗机构对照自查自纠，查办医疗服务价格案件 4 件，实施经济制裁 112 万元，促使医疗机构主动清退约 16 万元。开展突发价格公共事件处置，处置“五一”前酒店客房价格大幅波动问题，查处相关案件 10 件。加强新冠病毒肺炎疫情防控期间市场价格形势分析和日常巡查，处置涉核酸检测费用投诉举报，督促个别医院取消不合理收费项目，落实黄码人员检测退费 1.29 万人次、15.53 万元，对商超重要民生物资价格欺诈典型案件快查、快办、曝光。

（市发改委　市市场监管局）

工商行政管理

【概　况】 2021 年，厦门市被国务院办公厅通报为“深化商事制度改革成效显著、落实事中事后监管等相关政策措施社会反映好的地方”，获得督查激励；在全国 100 个城市消费者满意度测评中位居第三；位列国家市场监管总局公布的公共服务质量满意度全国前五，制造业质量竞争力指数居全国前列，服务业社会公众满意度全省第一；中国营商环境评价中，市市场监管局牵头负责“开办企业”和“市场监管”指标位列全国前十，“知识产权公共服务”专项指标处于全国“最优表现”行列。全市新增各类商事主体 14.6 万家（户），比上年增长 10.5%；实有商事主体 76.8 万家（户），增长 6.9%，其中企业 41.1 万家。商事主体活跃度和成长性居全省前列。市市场监管局发挥零售药店“哨点”监测作用，通过“购药小程序”统计市民购买“四类药品”（退烧、止咳、抗病毒、抗生素类药）信息 382.8 万例，并推送至市卫健委。指导督促全市 108 个农贸市场开办单位执行“验码、测温、戴口罩、合理控制人员流量”等防控措施。维护重要民生商品价格稳定，查处乱涨价等违法案件 146 件。针对输入性新冠病毒肺炎疫情，加大市场监管力度，发挥社会面管控兜底作用，联防联控、群防群治，做好暂停和恢复室内公共服务场所营运、餐饮服务单位堂食等疫情防控工作。加强集中隔离点和隔离点集体用餐配送单位食品安全监管。

【防护物资保障】 2021 年，厦门市市场监管局为 280 个出口医疗器械产品出具应急证明，创新提出“医疗器械出口备案表作为通关凭证”长效解决方案，被海关总署采纳并公告实施。全市 93 家医疗器械生产企业出口总额约 300 亿元，新冠检测试剂出口额居全国第一，占全国比重超 50%，占全球比重约 1/3，得到市委书记、市长批示肯定。

【市场主体准入准营改革】 2021 年，厦门市市场监管局以超市、药店和母婴用品店等 3 个行业为试点，在全省率先实施市场监管领域“一业一证”改革（将一个行业经营涉及的多项行政许可事项，整合为一张载明相关行政许可信息的行业综合许可证，实现“一证准营”）。3 月 1 日，向厦门鹭燕大药房有限公司核发全省首张药店行业综合许可证。印发《厦门市市场监督管理局关于进一步明确自动售货食品经营许可监管相关工作的通知》，创新提出“一证跨区准营”制度，经营者只需在全市任一区办理食品经营许可证，经向许可所在地市场监管部门报备，即可在全市范围内布点食品自动售货设备。在全省率先推行食品经营许可证、药品零售企业经营许可证等五类许可证、备案凭证遗失声明通过厦门市商事主体登记及信用信息公示平台自主在线免费公告遗失声明。联合税务、公安等 8 部门印发《关于进一步加大改革力度不断提升企业开办服务水平的通知》，优化“一网通”平台涉税功能，实现增值税电子专用发票在线申领；推广电子营业执照在政务、商务领域的应用，实现通过电子执照“扫一扫”办理电子档案查询、银行开户、登录“i 厦门”平台等业务。推进“证照分离”改革，实现“食品经营（仅销售预包装食品）”审批改备案办理，在全省率先实现将仅销售预包装食品备案纳入“多证合一”范围“全程网办”。联合市医保局印发《关于深化“放管服”改革　促进药品、医疗器械流通领域健康发展的若干意见》，优化药品、医疗器械流通领域许可审批程序，合并程序、简化环节，支持相关领域经营规模化、集约化、规范化发展。

【简易注销改革】 2021 年，厦门市市场监管局推进简易注销登记改革。印发通知，自 1 月 20 日起，全市简易注销登记公告时限由 45 日压缩至 20 日；注销登记业务审核时限由 2 个工作日变为即来即办；允许申请人自主在线撤销“通过信息公示平台发布简易注销公告但尚未办理注销登记的”，恢复经营。联合市中级人民法院印发《关于推进企业破产程序中办理注销登记等有关事项便利化的实施意见》，规范破产及强制清算终结企业的注销办理程序，实现环节和材料同步简化。上线企业简易注销预检服务，企业可免费在线实时查询涉税事项办结情况。

【市场政务服务效能提升】 2021 年，厦门市市场监管领域 331 项行政审批服务事项实现全市无差别受理、同标准办理；行政许可事项承诺时限压缩至法定时限的 9.3%，即办件占比 76%，100% 实现“最多跑一趟”，98.8% 实现“一趟不用跑”；211 个办理情形实现“全程网办”“掌上办”。“厦漳泉省内通办窗口”2 月 8 日开通，厦漳泉三地辖区内公司迁移登记、企业登记基本情况表查询业务实现异地代收代办、省内通办，11 月起服务范围拓展至全省，实现“省内通办”“就近能办”“多点可办”。全程电子化登记“掌上办”系统5月上线，申请人可通过微信公众号“厦门市市场监管”、“i厦门”应用程序随时办理商事登记。9月，在全省首创“第一类医疗器械备案合并办理、全程网办”模式，企业在线提交申请材料，合并办理一类医疗器械产品备案与生产备案，实现全程零见面、一趟不用跑。“一件事”集成套餐服务项目优化整合，可办事项数由37个增加至70个，全年累计服务商事主体6.4万户（家）次。

【信用监管】 2021年，厦门市市场监管局优化完善市商事主体登记及信用信息公示平台，全市75.4万户（家）商事主体100%形成独立信用档案；完成食品生产经营主体特殊标注，强化食品生产经营信用信息公示；上线全省首个破产企业信息公示模块；经营异常名录纳入企业3.63万家，实施失信企业联合惩戒9930家次。升级“双随机”事中事后监管综合执法平台，实施抽查计划1511批次，抽查企业2.23万家。企业年报率96.54%，居全省第一。市市场监管局出台通知规范撤销冒用他人身份信息骗取商事登记工作，滚动清理各类市场主体1.83万户（家）。公示省级企业“守合同、重信用”230家、市级“守合同、重信用”企业836家。

【公平竞争审查】 2021年，厦门市市场监管局推动实施公平竞争审查制度，完善市区两级联席会议制度，统一审查形式，规范审查流程，建立日常抽查机制，推动公平竞争审查列入法治政府建设重点工作。全市审查增量文件160份。组织开展政策措施专项抽查和交叉抽查；开展第三方评估工作，首次通过公开招标引入第三方机构对全市6个区政府、33家市直单位及开发区共500份文件进行评估。

【反垄断反不正当竞争执法】 2021年，厦门市市场监管局配合国家市场监管总局、省市场监管局对阿里巴巴集团垄断行为案、唯品会不正当竞争行为案开展调查工作。组织开展“反不正当竞争执法 推动高质量发展超越专项整治”，开展防疫物资出口、旅游市场、校外培训、医疗等行业领域不正当竞争行为专项执法，立案查处不正当竞争行为案件47件，结案36件，案值801.64万元，罚没金额674.85万元。构建“点线面”立体化商业秘密保护模式，刊印发放《商业秘密行政保护》知识手册，指导企业维权，指导嘉庚创新实验室等创建厦门市第一批商业秘密保护示范点。

【传销查处】 2021年，厦门市市场监管局完善打击传销协作联动机制，健全各部门联防联控严打工作机制，加强线索通报、信息交流、数据共享、案件调查等方面合作。核查涉传销举报208次，专项监测排查3家公司涉嫌网络传销线索并分别立案查处，对国家市场监管总局、省市场监管局交办的14家企业涉嫌网络传销线索进行线下核查处置。整治以“微商”“医疗美容”“教育培训”等为幌子实施网络传销的行为，立案查处网络传销案件6件。湖里区实现创建无传销示范区工作目标。

【广告监管】 2021年，厦门市市场监管局加强广告导向监管，开展违法违规商业营销宣传专项整治工作，监测到涉嫌违法线索700余条，逐条进行核查。面向全市广告经营者发出“关于做好庆祝建党100周年公益广告宣传和自律规范广告发布行为倡议书”。推进“护苗助老”“天价岩茶”“教育培训”“医疗美容”等领域虚假广告专项整治行动，查处广告违法案件75件，罚没金额163.3万元。在率先全省出台“移动互联网广告监测平台工作机制”，监测并处置涉嫌违法移动互联网广告1727条次。

【网络市场监管】 2021年，厦门市市场监管局在全省率先建成“一网一中心一平台”，即网络商品交易监管信息系统和网络商品交易监测中心，其中网络商品交易监管信息系统由面向社会公众的厦门市网络商品交易监管服务网和服务于监管执法的厦门市网络商品交易监管平台组成。至年末，纳入厦门市网监系统商事主体19.44万家，涉及网络载体71.35万个，其中在线状态25.13万个（网站2.66万个，网店17.21万个，微信公众号2.23万个，微信小程序0.83万个，企业微博1.53万个，移动端应用程序0.67万个）；纳入监管系统商品2287.8万个；第三方平台企业25家。在全国首创监管业务子库概念，率先推进互联网食品、药品、计量、价格等32个监管业务子库建设。在全省率先建设移动电商监管系统，将“三微一端”（微信公众号、微信小程序、微博、手机端应用程序）纳入监管。组织开展“网剑行动”、网络餐饮服务等专项整治，开展“6·18”“双11”等热点监测。加大本地电商平台监管力度，摸底造册，落实网络交易平台内经营者身份信息报送工作。

【消费维权】 2021年，厦门市市场监管局实现“12315”热线与“12345”政务热线双号并行、7×24小时人工接听服务，听取消费者诉求。登记受理投诉举报件13.90万件，其中投诉9.12万件；办结8.66万件，为消费者挽回经济损失2.05亿元，投诉调解成功率比全国平均水平高13个百分点。针对旅游市场“开蚌取珠”乱象、校外培训机构退费纠纷等热点重点维权事件，开展行政约谈18场，组织签订承诺书115份，推动商家自行整改问题300余个。累计104家企业加入ODR（在线纠纷调解）。市市场监管局推进线下无理由退货，全市参与线下无理由退货承诺实体店300家，无理由退货3114件，退货金额432.9万元。发展汽车维权服务网点、农村消费维权网点共41个。组织开展“3·15”国际消费者权益日宣传咨询服务活动76场，发放消费宣传资料1.1万份；开展消费维权进校园、进社区宣传活动10余次。联合检察院、法院等部门，组织安踏集团、厦门美图网科技有限公司等23家企业召开消费投诉公示暨行政指导会，通报消费投诉情况，组织现场签署“消费维权承诺书”。联合厦门市室内装饰协会、厦门市建筑装饰协会、厦门市定制家居产业协会3家协会共同发起“诚信质量”主题公益活动。

【市场稽查执法】 2021年，厦门市市场监管局以民生领域“铁拳”行动、纪委“点题整治”等专项工作为重点，加大执法力度，查处各类违法案件3128件，结案2344件，罚没款6426万元。4—12月，围绕食品、药品、新冠病毒肺炎疫情防控、汽车市场、农贸市场、房地产市场等16个重点民生领域，组织开展2021民生领域案件查办“铁拳”行动，立案查处民生案件617件，结案404件，罚没款3500余万元。9件案件入选省级以上典型案例。查处的厦门香普尔日化有限公司无证生产儿童化妆品案，为《化妆品监督管理条例》实施后全国首个“处罚到人”并终身禁业的行政处罚案件，相关工作获国家药监局通报表扬。

【应对疫情影响助力市场主体措施出台】 2021年10月12日，厦门市市场监管局出台《关于积极应对疫情影响助力市场主体纾困解难的若干措施》，从降本减费、优化服务、包容审慎监管、柔性执法、倾斜支持同安等方面提出10条措施。聚焦受新冠病毒肺炎疫情影响较大企业，给予优先照顾和重点帮扶，对同安区市场主体在市场监管领域各类正向激励中优先推荐。回应企业诉求，从延长证照有效期、“先发证后核查”、降低检验检测费用（市级企业60%收费、同安区企业50%收费）、允许延期检验等方面提出实在管用的措施。在市场监管方面，从信用快速修复、实行“接诉即办”机制、实施包容审慎监管、推行柔性执法等方面提出综合性措施。

（市市场监管局）

食品药品监督管理

【食品安全监管】 2021年，厦门市市场监管局完成重大活动食安保障任务近30项。开展校园守护、农村假冒伪劣食品治理等十大攻坚行动及“炸油条”加工经营行为等专项整治。开展小作坊质量提升行动，推出全省首个食品生产加工小作坊卫生规范团体标准，指导帮扶3家小作坊转型升级为生产企业，10家小作坊产品被评为特色食品品牌。开展全市乳制品、肉制品质量提升行动，指导10家大中型生产企业通过HACCP（危害分析关键控制点）、ISO 22000食品安全认证等质量管理体系认证。2家企业获评全省保健食品质量受权人示范企业升级版。开展放心食品超市公开承诺活动，组织全市47家门店店长及12个品牌超市负责人公开承诺。10.2万家经营主体的51.5万种食品被纳入“一品一码”信息化追溯系统管理，累计交易台账3.5亿笔，追溯覆盖面超90%，预包装食品追溯量居全省第一。建设镇（街道）“爱心食物银行”12家，企业爱心捐赠点134个，接收捐赠物资超200万元，市“爱心食物银行”项目在省民政厅、省慈善总会主办的第四届“善行八闽——公益慈善项目大赛”中获评优秀奖。全市“明厨亮灶”持证餐饮总体覆盖率88.79%，学校、医院、养老院食堂覆盖率100%。学校食堂“互联网+明厨亮灶”覆盖率98.95%。80%的供校集体用餐配送单位通过HACCP或ISO 22000体系认证。“食品安全全链条智慧监管机制”得到国家市场监管总局批示肯定，被评为中共十八大后“厦门市全面深化改革优秀案例”。开展农贸市场改造工作，作为全市为民办实事项目之一。至年末，61个农贸市场完成改造提升。改造后的农贸市场依托标准化快检设备、视频监控系统、智能化显示屏等数字化设施，搭建市场智慧化信息管理平台，实现食用农产品“来源可查、去向可追、风险可控、责任可查”；建立完善市场公益属性、经营秩序、场容场貌、规章制度等规范化管理体系。

【食品药品抽检】 2021年，厦门市抽检食品和食用农产品4.24万批次，其中市场监督管理局抽检3.59万批次，合格率98.1%。各级核查处置不合格（问题）食品753起，罚没206.3万元。全市抽检药品753批次、化妆品243批次、医疗器械62批次，检出药品不合格3批次、化妆品2批次，均依法处置。依托夏商农产品检测室、快检车、快检室、快检工作站，建立具有厦门特色的源头管控、点面结合、快速联动、风险预警、科普宣传、监督考核“六位一体”快检工作体系。加强抽检结果运用，梳理水产品暂养水非法添加、餐饮自制酱腌菜防腐剂超标等20个风险点，研究引发风险因素、危害、防控措施等内容。

【药品化妆品安全监管】 2021年，厦门市加强新冠病毒疫苗质量安全监管，对7家疾控机构和52个疫苗接种点实施全覆盖监督检查。举行Ⅳ级药品安全突发事件应急演练，为《中华人民共和国疫苗管理法》出台后厦门市首次组织开展的疫苗安全突发事件应急演练。全年接种新冠病毒疫苗1031万剂，未发现疫苗质量问题，未接到严重异常反应报告。开展药品“双随机、一公开”监督检查，强化飞行检查后企业跟踪检查和督促整改，判定17家零售企业严重违反GSP（药品经营质量管理规范）并依法处理。持续推进中药饮片等专项整治，立案查处38件；开展药品网络销售专项整治，实施线上线下一致性、合法合规性检查。监督销毁回收家庭失效药品9吨。开展儿童化妆品专项整治，检查儿童化妆品经营企业622家次，责令整改50家，其中立案10家。

【医疗器械安全监管】 2021年，厦门市以新冠病毒核酸检测试剂、实时荧光定量PCR仪、医用防护服和医用防护口罩等医疗器械为重点品种，对全市42家核酸检测承检机构进行全覆盖检查，发现问题72个；立案查处机构1家，督促其整改到位。推进UDI（医疗器械唯一标识）试点工作，全市29家集中带量采购中选产品配送企业和代贮、代送企业完成UDI软硬件升级改造，实现产品来源可溯、去向可追。完成全市20家三级医院等级评定，评出医疗器械使用质量管理体系运行优秀的A级单位4家，体系运行较好的B级单位13家，体系运行一般的C级单位3家。

【进口冷链食品监管】 2021年，厦门市加强进口冷链食品新冠病毒肺炎疫情防控工作，未发生“物传人”事件。市市场监管局组织排查，强化“入厦通行码”管控，实现全链条追溯，审核进口冷链食品入厦申报34618单、41.7万吨。对137家未落实主体责任的企业立案调查，其中查办“蔚麟公司和汉记冷库违规经营、存储进口冷链食品”案，罚没金额1900余万元，处罚相关责任人。落实进口冷链食品集中监管仓作业人员闭环管理制度，检消进口冷链食品6040柜、14.9万吨，拦截新冠病毒检测阳性货物50批、305.1吨。厦门市进口冷链食品一体化防控经验得到国务院联防联控机制督导组和省委书记尹力等肯定，经验做法在全省推广。

【食品安全示范城市创建】 2021年，厦门市完成食品安全示范城市创建自查、省级初评和国家验收等阶段迎检工作，创建成效得到国务院食安办检查组肯定。建立食品安全公共责任险机制，政府每年出资900万元，托底购买食品安全公共责任保险，投保厦门市域范围内发生公共食品安全事件产生人身伤亡损害赔偿责任，覆盖率100%；引导企业购买食品安全商业保险，中央厨房食安责任险投保率69.4%，集中配餐单位投保率87.3%；支持美团、饿了么第三方平台食品经营者共投保食安责任险，3.5万家投保，投保率93%。组建由公务员、直属事业人员、合同制聘用人员和购买第三方服务等组成的食品检查员队伍，165名人员获得食品检查员资格。升级“食安斗阵行”系列活动，“月月十五查餐厅”活动开启网络现场直播模式，平均每期有5万人次在线观看。遴选餐饮企业从业人员、食品安全管理者共36人，成立食品安全志愿者民评小分队，常态化参与检查，通过“同行查同行”带动行业自律。举办第二届厦门市“十佳食安卫士”评选活动。

【供厦食品安全标准体系建设】 2021年，厦门市出台《供厦食品评定规范》《供厦食品“鹭品”标识使用办法》等制度，建设高于国家标准的供厦食品安全标准体系，累计制定发布供厦标准42项，平均每项农产品标准有31个安全指标高于国标。其中，分餐制管理规范、餐饮外卖一次性封签管理规范等标准为全省首创，土笋冻标准上升为福建省地方标准。注册厦门市首个全域公用品牌“鹭品”作为供厦食品标识，27家企业、236种产品通过评定，加贴“鹭品”标识上市销售，其中大米、食用油、肉等民生大宗食品占比超83%。

【第八届海峡两岸医药品论坛】 2021年12月10—12日，由福建中医药大学、厦门医学院、厦门市药学会和厦门市保健食品化妆品协会联合主办的第八届海峡两岸医药品论坛在厦门举行。论坛由主论坛、“大陆道地药材采购暨供应商交流合作”分论坛、“两岸化妆品产业交流合作政策解读暨台湾普通化妆品登陆备案辅导、通路商对接”分论坛、企业互动4个部分组成，开设厦门和台湾桃园2个主会场，以视频连线互动、线下线上相结合的方式举行。厦门主会场因新冠病毒肺炎疫情防控要求的限制，每场参会人数控制在50人以内。在厦门、福州、江苏、重庆、浙江等地开设23个分会场，351人通过分会场接入参会；通过定向邀请，部分嘉宾以视频方式介入主会场参会，接入数670人。论坛开通展播平台，线上浏览数超1万人次。台湾桃园主会场超100人参会。

（市市场监管局）

质量技术监督管理

【特种设备安全监管】 2021年，厦门市市场监管局开展特种设备安全整治三年行动，组织开展压力管道信息排查登记，快开门式压力容器、起重机械双限位专项治理，天然气场站、景区和非景区景点安全管理专项整治行动等，检查特种设备生产使用单位4506家次，消除问题隐患5639处，立案查处违法行为47件，罚没金额207.9万元，查封特种设备13台（套）。开展电梯安全监督管理，组织开展制动器安全隐患专项排查治理、紧急报警装置有效性专项监督检查、机房降温措施专项治理等专项整治。完成电梯维保质量监督抽查1030台，合格率87.38%，对发现存在不合格项目的321台电梯，督促相关单位落实整改。委托省特检院对全市电梯检验质量进行抽查，抽查电梯200台，合格率超95%。建设一体化智慧监管系统特种设备模块，通过8个维度、47个统计分析图表展示特种设备监管情况，为特种设备安全监察提供数据支撑，提高安全监管有效性、针对性。在全市推广电梯电子维保记录，规范电梯维护保养工作。全市推行电梯智慧码，市民用手机扫描电梯使用标志二维码可查看电梯运行状况、维保记录等相关信息；可扫码在线报警，实时查看救援流程。

【产品质量安全监管】 2021年，厦门市市场监管局加强非医用口罩质量监管，针对抽查中发现个别企业通过降低企业标准规避质量监管等问题，采取召开质量分析会、提供实地技术帮扶、组织跟踪抽查等方式，引导企业履行产品质量安全主体责任，提高生产领域非医用口罩产品质量。抽查非医用口罩30批次，帮扶生产企业30家次，产品质量复查合格率100%。强化油品质量管控，根据第二轮中央生态环保督察工作要求，在全省率先以市政府名义印发查处非法经营成品油行为工作方案，建立全市油品常态治理机制。组织油品质量抽查284批次，依法查处不合格油品案件2件，罚没金额50余万元，清除“黑加油点”35个。围绕学生、老人等重点人群和农资、塑料污染治理等社会综合治理重点，开展学生校服、水晶泥、农膜、塑料袋、燃气具、电动自行车用蓄电池等特殊产品质量问题分析，发布预警信息、通报检测结果，联合行业主管部门开展专项整治。组织开展电动自行车质量安全专项整治，发现问题电动自行车167辆，清退不符国标7辆，没收4辆，办结案件3件，案值1.72万元。

【计量服务】 2021年，厦门市市场监管局出台计量服务实体经济三年行动方案，组建计量服务队8支，帮扶企业110家，解决技术难题12个，免费培训企业110家、300余人次，为集成电路和半导体等8个行业提供帮扶活动。开展计量技术特派员驻企服务，市计量院与大博医疗共建联合实验室。完成13家重点用能单位能源计量现场审查工作，指导翔鹭化纤公司增加重点耗能设备计量器具，每年节约电量800余万千瓦时，节省电费450余万元。联合各职能部门在旅游市场、集贸市场等开展市场秩序综合整治，重点检查海鲜大排档、经营摊位电子计价秤是否存在未经检定、检定不合格或者超过检定周期使用等情况，打击缺斤短两和计量作弊等违法行为，发现4台作弊秤、3台超检未检秤，均立案查处，限期整改到位。加强农贸市场电子秤监管，为基层执法人员配备1000克、500克M1级标准砝码各470个。

【认证及检验检测】 2021年，厦门市检验检测机构175家、认证机构13家，均以地图标注方式按区划、类别在市市场监管局网站展示。市市场监管局组织开展“双随机一公开”，监督检查检测机构30家、认证获证组织28家，督促问题企业整改59家次。分3批次对全市31家机动车检测机构授权签字人进行书面能力验证考试。与厦门大学工学部签署“争创国家检验检测高技术服务业集聚区（厦门）合作备忘录”，建立合作联席会议制度，设立电子、机械等7个市校专项工作组；完成课题调研11个，申请专利4个，22个科研项目获批立项；联合开展全国显示产业计量测试联盟建设，推动智能传感与仪器协同创新中心建设，联合申报国家市场监管重点实验室项目，联合开展半导体集成电路质量评价等实验项目110个。市市场监管局对年度固定资产投资500万元及以上的支持赋能金砖创新基地重点发展产业检验检测认证企业，按不超过其固定资产投资额的12%给予补助，单家企业每年补助不超过1000万元，自企业在厦门市注册落户起，连续补助3年。指导食品加工、机械制造、玩具制造、新材料、物业管理服务等领域12家小微企业建立质量管理体系。

【质量强市战略】 2021年，厦门市继续推进质量强市战略。出台《关于推动制造业高质量发展的若干措施》。福建省智能网联汽车质量检验中心获厦门市发改委立项。福建省市场监管局设立的全省唯一“质量提升实践示范基地”落户厦门航空有限公司。厦门市在全省率先开展质量基础设施“一站式”服务行动，市市场监管局联合16个部门开展“质量月”系列活动。市质检院与第三方检测认证机构通标标准技术服务有限公司签署“产学研检”战略合作协议，成立动力电池领域联合实验室，实现“一个产品、一次检测、全球通行”。国家计量科学数据中心发文批准筹建厦门分中心，成为全国第四个分中心。厦门ABB开关有限公司获第七届福建省政府质量奖，全市累计5家；厦门盈趣科技股份有限公司获第七届福建省政府质量奖提名。厦门天马微电子有限公司、厦门会展集团股份有限公司、厦门长塑实业有限公司3家企业获第五届厦门市质量奖，全市累计18家。

【标准化建设】 2021年，厦门市市场监管局出台《厦门市地方标准管理办法》《关于进一步做好团体标准企业标准有关工作的指导意见》，推动标准供给由政府主导向政府与市场并重转变。新增主导或参与制定修订国际标准2项、国家标准237项，其中作为主要起草单位的标准125项；7项标准获全国企业标准“领跑者”，73项标准完成国际对标达标。推进两岸行业标准共通工作，建设“厦门两岸行业标准共通服务平台”。

（市市场监管局）

知识产权保护

【概　况】 2021年，厦门市新增发明专利3779件，8个项目获第22届中国专利奖。12家知识产权维权工作站累计服务企业1276家，举办知识产权线上线下培训107场次，提供各类判定意见300余份，调解各类知识产权案件97件。建立海外知识产权维权援助“一书一库一平台”（《厦门市海外知识产权维权援助指南》、海外知识产权维权援助专家库、厦门知识产权运营公共服务平台）。至年末，每万人口有效发明专利37.87件，其中每万人口高价值发明专利拥有量17.2件。

【知识产权战略】 2021年，厦门市政府印发《厦门市“十四五”知识产权事业发展规划》，部署25项重点工作。向上级争取在厦门设立中国（厦门）知识产权保护中心，围绕先进结构材料和生物技术领域开展快速审查、快速确权、快速维权服务。贯彻落实《厦门经济特区知识产权促进和保护条例》，制定完善展会知识产权保护、技术调查官、重大经济科技活动知识产权评议办法、“一带一路”知识产权运营引导资金管理办法等配套制度。

【知识产权分级分类监管试点】 2021年，厦门市入选国家第二批以信用为基础的知识产权分级分类监管试点城市名单。建立知识产权行政执法办案指导机制，办理知识产权行政执法案件1576件，比上年增长327%。打击不以创新为目的的非正常专利申请和不以使用为目的的恶意商标申请代理行为，开展4批次3778件非正常专利申请核查。开展知识产权代理机构“双随机、一公开”检查，对121家商标代理机构和19家专利代理机构进行重点检查。

【知识产权运用促进】 2021年，厦门市完成重点城市知识产权运营服务体系建设总结评价工作。完成高价值专利组合培育第二年度进阶考核，22个培育项目全部通过2级考核，纳入组合发明专利新增1060件、PCT（国际专利体系）新增204件，厦门大学夏宁邵团队牵头研制的全球首个鼻喷流感病毒载体新冠病毒肺炎疫苗计划开展Ⅲ期临床试验。厦门火炬高新区等园区开展产业规划类专利导航项目2个，相关企业开展企业经营类导航项目8个。全市新增省知识产权优势企业8家、市优势企业15家，2家企业案例入选2020年度“国家知识产权示范企业典型案例”。市市场监管局制定知识产权质押融资入园惠企工作方案，新增专利质押1132次，获得贷款金额17.64亿元；商标质押贷款254次，获得贷款金额7.52亿元；“美桐贰期”知识产权基金对外实际投资1.5亿元。厦门大学TISC（技术与创新支持中心）挂牌。知识产权协会等3家单位被认定为省级信息服务网点，大健康知识产权产业化联盟等4家联盟完成省级备案。“知创中国”“知创福建”落地厦门。厦门知识产权运营公共服务平台完成二期建设，入驻知识产权服务机构26家，银行、担保、保险、评估机构32家，高校科研院所19家，参与平台专利托管企业1368家，托管专利1.66万个。厦门市依托厦门大学TISC高校智力资源、厦门知识产权投资有限公司资本资源，探索构建知识产权跨区域协作模式，入选2021年全国知识产权信息公共服务优秀案例。12月29日，厦门市获批建设电子商务知识产权运营中心，为全国唯一专项试点。厦门市获评2020年度中国营商环境评价“知识产权创造、保护和运用”指标标杆城市（居全省首位），“知识产权公共服务”专项指标达到全国范围“最优表现”层次。

（市市场监管局）

责任编辑：林建高
林德全
审　　稿：阳晓儒
校　　对：曲　艺

16 财政·税务

财 政

【概 况】2021年，厦门市全市一般公共预算总收入1530.2亿元，为预算计划的100%。一般公共预算总收入比上年增长13.2%。一般公共预算总收入中，地方级收入881亿元，为预算的97.7%，比上年增长12.4%；上划中央收入649.2亿元，增长14.4%。全市一般公共预算支出1060亿元。其中，当年预算支出1020.1亿元，完成预算的96.2%。市本级一般公共预算收入607.2亿元，为预算的97%，比上年增长11%。市本级一般公共预算支出571.6亿元，其中当年预算支出540亿元，完成预算的97.6%。全市政府性基金收入1071.1亿元，为预算的95.2%。全市政府性基金支出1251.6亿元，其中当年预算支出1227.2亿元，完成预算的89.6%。市本级政府性基金预算收入744.9亿元，为预算的97.9%。市本级政府性基金预算支出754.4亿元，其中当年预算支出731.9亿元，完成预算的93.7%。全市国有资本经营预算收入24亿元，为预算的119.4%。全市国有资本经营预算支出22.4亿元，其中当年预算支出22.4亿元，完成预算的99.1%。市本级国有资本经营预算收入22.5亿元，为预算的125.2%。市本级国有资本经营预算支出21.9亿元，其中当年预算支出21.9亿元，完成预算的100%。全市社会保险基金预算收入199.2亿元，为预算的99.7%，其中保费收入171.7亿元、财政补贴收入13.5亿元。全市社会保险基金预算支出168.6亿元，完成预算的93.1%。

【疫情防控保障】2021年，厦门市财政支出52亿元支持新冠病毒肺炎疫情防控。其中，9月厦门市，市级投入28亿元用于隔离场所管理、核酸检测、物资保供、纾困减负等重点领域，投入5.3亿元支持同安等疫情较重地区有序运转。

【减税降负】2021年，厦门市财政局执行中央减税降费政策，新增减税降费超60亿元。争取上级政策支持，获批航空维修器材免关税，辅导30余家集成电路、平板显示企业享受进口税收优惠，减轻企业资金负担超80亿元。出台促消费、促外贸、促生产系列政策，快速打造助企纾困体系，兑现惠企资金超120亿元。落实政策巩固经济向好态势，与实体经济关系密切的增值税和企业所得税分别比上年增长14%和25.2%，高出全国、全省平均水平。坚持政府带头过紧日子，集中财力助企纾困和保障民生。多措并举对冲疫情减收影响，处置闲置资产，非刚性非重点项目支出平均压减16%，统筹部门资金16亿元，用于保障新冠病毒肺炎疫情防控、保工资保运转、基本民生、助企纾困等必要增支。争取新增政府债券额度319亿元，获批海洋生态保护修复等中央重大试点资金。

【财政服务招商】2021年，厦门市财政局投入120亿元服务招商。把好企业入门关，推动厦门时代新能源科技有限公司、中航锂电（厦门）科技有限公司等高能级项目落地建设。完善“基金+项目”招商，引进博裕资本、阳光融汇等国内基金，通过基金带动元气森林等高成长性项目落户。启动建设厦门科学城、海洋高新产业园等招商载体，出台“留厦六条”集聚人才，鼓励市区联动招商、协同扶持，强化招商要素保障。

【产业升级财政支持】2021年，厦门市财政投入81亿元促进产业升级发展。厦门市加快打造创新平台，嘉庚创新实验室、国家新能源汽车技术创新中心厦门分中心建设，生物制品省创新实验室启动建设；围绕金砖创新基地出台配套政策，布局一批新工业基础设施和公共服务平台。加力培育产业链群，鼓励重大技术攻关和企业研发创新，计算机和通讯设备、软件信息、集成电路、新能源等重点产业链群税收增幅超过20%，净新增国家高新技术企业500家、国家专精特新“小巨人”企业30家。

【岛内外发展财政投入】2021年，厦门市财政投入251亿元促进岛内外协同发展。岛内大提升进展明显，城市更新和重点片区提升有序展开，改造老旧小区2.5万户，打通断头路11条，建成南北向健康步道一期。乡村振兴稳步推进，加快30个试点村和10条动线提升建设，1256个自然村开展生活污水治

2021 年 3 月 18 日，厦门市财政局组织全市金融机构开展技改服务基金对接交流会（裴江龙　摄）

理，农村生活垃圾无害化处理率 100%。岛外公建配套更加完善，实施 32 个岛外旧村改造，开建市妇幼保健院集美院区等新城公建配套项目 179 个，竣工闽南戏曲艺术中心等项目 62 个。投入 117 亿元加快建设区域交通枢纽，进出岛大通道加快建设，地铁 3 号线开通运营，海沧隧道建成通车，跨岛交通更加便捷。区域综合交通枢纽功能强化，完善国际货运航线、“丝路海运”扶持政策，厦门机场货邮吞吐量比上年增长 9.7%，“丝路海运”航线突破 80 条。对外合作更加紧密，推进服务贸易创新发展、跨境电子商务综合试验区先行先试，打造进口贸易促进创新示范区，离岸贸易收支结算额、跨境电商交易额分别比上年增长 60% 和 148%。

【教育投入】 2021 年，厦门市财政投入 54 亿元推动教育强市。保障学有所教，加大困难学生奖助学金资助，新增中小学、幼儿园学位 5 万个。推动双十中学、外国语学校、实验小学等名校跨岛发展，全面推广中小学生课后延时服务，推进 100 所中小学人工智能教育、65 所幼儿园智慧教育试点。实施新一轮部省市共建厦门大学，开展职业教育创新发展高地试点，打造 7 所省级高水平职业院校。

【社会保障投入】 2021 年，厦门市财政投入 50 亿元优化多层次社会保障。强化就业优先政策，开展职业技能提升行动，新增就业 32.1 万人。做好民生兜底，低保标准提高到 850 元 / 月，向 5.5 万名困难群众发放新冠病毒肺炎疫情生活补助。加强“一老一小”服务保障，建成 2 个镇（街道）照料中心和 9 个农村幸福院，开展 10 个普惠托育服务试点，新增普惠型养老床位 1472 张。拨付 2.8 亿元对口帮扶资金，政府采购贫困地区农副产品完成率全国靠前。

【医疗事业投入】 2021 年，厦门市财政投入 54 亿元加快高水平健康之城建设。支持复旦儿科厦门医院、川大华西厦门医院入选第二批国家区域中心试点，投用开元等社区卫生服务中心，增加医疗资源供给。启动杏林医院扩建，组建 12 支卫生应急队伍，扩大应急储备医疗物资规模，强化公共卫生服务能力体系建设。城乡居民医保缴费补贴标准提高至 740 元 / 人 / 年，优化医疗服务项目价格。

【惠民实事财政投入】 2021 年，厦门市财政投入 91 亿元支持 48 项为民办实事项目。开展海漂垃圾治理，新建改造污水处理厂 9 座、污水管网 120 千米，饮用水水源地、主要流域国省控断面、小流域省考断面实现 100% 达标。深化住房租赁市场发展试点，新增租赁住房 2 万套；配租配售保障性住房 1.9 万套。促进文体事业发展，办好厦门经济特区建设 40 周年系列活动、金鸡电影节等重大活动，完成历史文化遗产保护修缮 56 个，新增校园免费开放体育设施 29 个。改造提升农贸市场 17 个。

【零基预算改革】 2021 年，厦门市财政局深化零基预算改革，扩大政府保障清单编制范围，基本实现全覆盖；实施保障内容、方式动态调整，继续厘清政府与市场边界。加强预算绩效管理，清理产出效益不高的政策，增强政策体系与发展战略的匹配度。建设智慧财政系统，全市 1500 多家预算单位上线编制预算，增强风险防控能力，强化财政改

2021 年，厦门市建设智慧财政强化财政改革技术支撑。图为 3 月 11 日厦门市财政局与阿里云计算有限公司签订厦门市智慧财政系统（一期）项目（裴江龙　摄）

革的技术支撑。

【财政投融资改革】 2021 年，厦门市财政局加快财政投融资改革，推动城市更新和轨道交通市场化投融资机制有效运作。在全省率先开展地方债券“柜台发行”。创新“财政 + 金融”扶持方式，中小微企业融资增信基金、技改基金撬动超 100 亿元社会资本，为超过 3300 家企业提供低成本融资，入选全国金融服务中小微企业优秀案例。运用“财政出资 + 国企跟投”放大投资乘数，保障重大招商项目落地。

【政府资产规范管理】 2021 年，厦门市政府资产管理成效明显。在政府投资领域，健全建设项目主要材料价格调整机制和设计费取费方式，加强绩效奖惩、促进降本增效。在公共事业领域，实施常规公交成本规制，完善垃圾特许经营管理，出台桥隧维护标准，建立农村污水、打通“断头路”对区奖补机制，结合进度质量确定补助水平。在行政运行领域，完善非在编人员、社区工作者待遇标准，控制一般性支出。推进财政投融资项目竣工财务决算，2000—2021 年项目决算完成率约 90%。下达并规范使用 45 亿元中央直达资金，惠及市民超过 180 万人次。完善公共资源交易监管制度，优化政府采购营商环境，政府采购透明度排名全国前列。各部门所属预算单位首次公开预决算，配合做好地方人大对政府债务审查监督。

（市财政局）

2021 年，厦门市在全省率先开展地方债券“柜台发行” （孔庆任 摄）

税　务

【概　况】 2021 年，国家税务总局厦门市税务局（简称厦门税务局）入库各项收入 1751.06 亿元，比上年增长 20.4%。其中，税收收入 1307.03 亿元，比上年增长 14.8%；社保费入库 397.23 亿元，增长 42.1%。实现水土保持补偿费等 6 个项目及土地出让金等 4 个项目平稳划转，非税收入入库 33.66 亿元、比上年增长 10.1%。新增减税降费 72 亿元。完成各项税收收入 1509.15 亿元（含海关代征增值税、消费税，未扣减出口退税），比上年增长 14.7%。其中，税务部门组织税收收入 1307.03 亿元，比上年增收 168.47 亿元，增长 14.8%。累计办理出口退税 368.43 亿元，比上年增加 77.48 亿元，增长 26.6%。海关累计代征税收 202.12 亿元，比上年增长 14.1%。厦门税务局围绕招商引资推出 8 方面的举措，聚焦支持小微企业发展出台 32 项措施，牵头出台支持民营经济、“三高”（高技术、高成长、高附加值）企业发展新举措，服务侨商，服务台商，编印金砖国家投资税收指南。协力推进政法系统整顿，协同打击发票违法犯罪。参与“岛内大提升”，配合做好湖滨片区改造提升。2021 年，厦门市税务局刊发原创税收宣传稿件 1474 篇次。便民办税和落实减税降费做法获央视新闻频道播报，6 项新闻作品获全国税务系统好新闻奖。“厦门税务”微博位列“全国十大税务微博”第七名。原创短视频在中央保密委、全国普法办短视频征集大赛分获一、三等奖，获评“2016—2020 年全国普法先进单位”。青少年税法宣传视频作品《古文话税收》获全国税务系统三等奖。

【税收收入特点】 2021 年，厦门市税收收入同比增幅较高，但月度增幅不均衡。受上年基数低及本年厦门市经济稳定增长的综合影响，全市税收收入比上年增长 14.8%，与上年同期相比，两年平均增幅 5.8%。上半年整体保持较高幅度增长，自 8 月后连续 3 个月负增长，税收运行的不稳定、不确定因素明显增加（见图 16–1）。税种增减分化明显，增值税和企业所得税贡献税收增量近 90%（见图 16–2）。增值税、企业所得税、个人所得税三大税种占税收收入的比重 73.8%。增值税收入规模居各税种之首，除九、十月新冠病毒肺炎疫情外，增值税收入基本保持稳定增长。随着企业经营效益持续改善，特别是规模以上企业利润总额的增长，企业所得税比上年增长 25.9%。个人所得税受限售股转让影响呈下降态势，比上年下降 9.1%。产业结构持续升级，制造业、批发零售业和租赁商贸服务业税收贡献居前，医药制造业增长最快。文化体育和娱乐业、租赁和商务服务业、批发零售业、信息传输软件和信息技术服务业等分别比上年增长 123%、63.5%、31.9%、29.6%。“三高”企业比上年增长 20.7%，高技术行业如医药制造业、计算机通信和其他电子设备制造业、汽车制造业等行业的增速均快于制造业平均水平，其中医药制造业增长最快，比上年增收 20.73 亿元，增长 3.2 倍。所有制结构不断优化，各经济类型协同发展。减税降费惠企政策持续发力，市场主体活力提升，经济税源呈现多元化格局。全市国有及国有控股企业比上年增长 41.4%，占全部税收收入的比重为 14.4%。民营经济比上年增长 18.2%，所占比重为 41.5%。体现外向型经济的港澳台商及

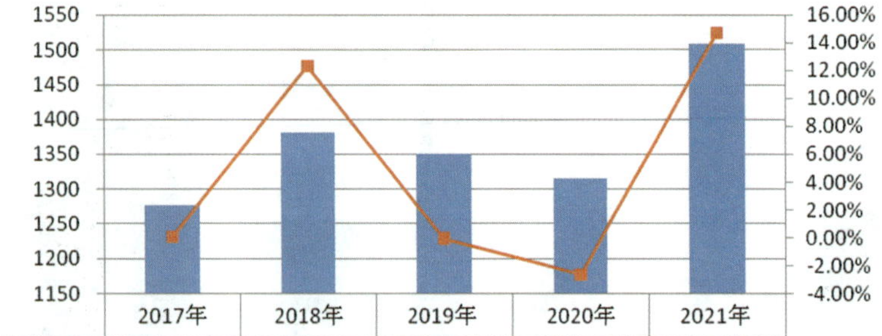

	2017年	2018年	2019年	2020年	2021年
税收收入	1277	1381	1351	1316	1509
增幅	0.09%	12.30%	-0.02%	-2.60%	14.70%

税收收入 增幅

图 16-1 厦门市税务局税收收入情况（含海关代征）(2017—2021 年)

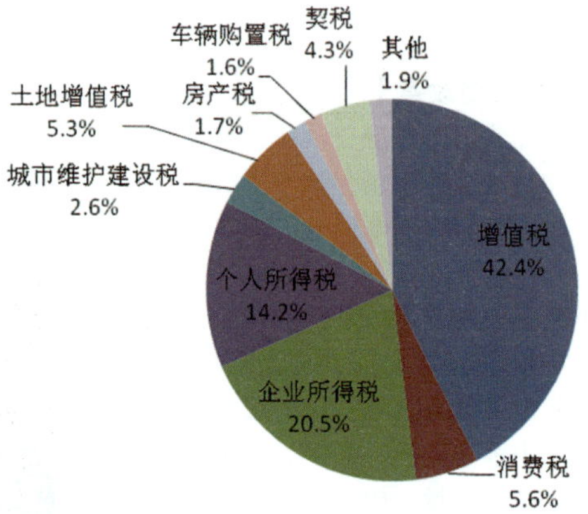

图 16-2 厦门市税务局税收收入分税种结构（2021 年）

外商投资企业比上年增长 15.7%，所占比重为 24%。

【社会保险费和非税收入】 2021 年，厦门市税务局组织入库各项社保费 397.23 亿元（不含职业年金 8.61 亿元），比上年增收 117.7 亿元。其中，基本养老保险费累计入库 248.39 亿元，比上年增收 89.84 亿元，增长 56.7%；基本医疗保险费累计入库 133.44 亿元，增收 19.4 亿元，增长 17%；失业保险费累计入库 8.45 亿元，增收 3.66 亿元，增长 76.4%；工伤保险费累计入库 6.95 亿元，增收 4.8 亿元，增长 223.4%。组织各项非税收入入库 38 亿元，比上年增长 20.32%。完成水土保持补偿费、排污权出让收入、防空地下室易地建设费、地方水库移民扶持基金、土地闲置费、城市绿化赔偿费的征收职责划转。做好国有土地使用权出让收入、矿产资源专项收入、海域使用金、无居民海岛使用金共 4 项非税收入征收职责划转准备。

【税收法治】 2021 年，厦门市税务局会同福建省税务局发布《福建省税务行政处罚裁量基准》。印发规范性文件 5 份，开展 5 批次文件清理。收到复议申请 18 件，依法受理 14 件，不予受理 4 件，已办结 16 件（含 2020 年度未办结的 2 件），发生行政诉讼案件 5 件，已办结 6 件（含 2020 年度未办结的 1 件）。组织参加税务总局执法资格统一考试，通过率 98.73%。推广“首违不罚”清单制度和稽查柔性执法，发挥复议化解行政争议作用。联合海关、银保监局、市场监管局等 22 个部门，联合惩戒“黑名单”企业 50 家。推进“鹭税明律”品牌建设，推出公职律师化解涉税费争议“厦门模式”，入选“社会保险费征缴争议本地化处理机制”全国试点。

【税费政策落实】 2021 年，厦门市税务局贯彻落实各项税收政策，新增减税降费 72 亿元。其中：增值税方面，完善电子税务局申报数据功能，“网格化”“滴灌式”辅导实现“应享尽享”。企业所得税方面，借助线上线下、互动交流平台、举办相关专题讲座等措施落实研发费用加计扣除新政，累计减免税款 236.13 亿元，比上年增长 50.31%。个人所得税方面，个体工商户经营所得减半征收个人所得税减免税额 1576.91 万元，惠及 5834 人次。财产和行为税方面，拓展小微企业普惠性减税成效，出台抗击疫情房、土两税困难性减免新政，减免各项财产和行为税 42.97 亿元。增值税小规模纳税人享受普惠性减免耕地占用税 927.04 万元，资源税 59.03 万元。社会保险费方面，兑现阶段性降低社保费率和纾困减负政策，为企业减免各项社保费 79.62 亿元。非税收入方面，减免非税收入 19.14 亿元，比上年增加减免 5.01 亿元，增长 35.46%。

【税收经济分析】 2021 年，厦门市税务局组织撰写税收经济分析报告 72 篇，获总局领导肯定性批示 3 篇，向各级地方党委、政府报送 31 篇，获肯定性批示 17 篇，被市委内参采用 5 篇，被国家税务总局《税收分析报告》专刊采用 1 篇。与市发改委、市统计局联合报送厦门市经济分析会议材料 12 篇。《厦门市跨部门税收经济联合分析工作方案》出台，完成 6 篇跨部门联合分析报告。

【税种管理】 2021 年，厦门市税务局聚焦恶意虚开风险源头企业，开展发票风险自主分析、快速识别、快速应对，风险识别准确率高；加强事前事中监控预警，完善增值税发票全链条风险防控。厦门作为全国首批试点单位，率先上线消费税简并申报、附件税合并申报功能。增值税发票管理方面，增值税发票管理系统、增值税电子发票用户分别为 28.68 万户、8.49 万户。企业所得税管理方面，实现纳税辅导查补税款 3227.14 万元，纳税评估查补税款 7.7 亿元。上线企业所得税税前扣除凭证（发票）风险管理系统，2072 户次纳税人通过接收风险推送信息和税务机关辅导，自查调增金额 9.6 亿元。个人所得税管理方面，强化数据分析，对重点人群精准发送 145 万条个性化手机短信提示提醒，汇算清缴总体申报率 98.52%。财产和行为税管理方面，做好新施行的契税法和城市维护建设税法实施准备及跟踪管理，规范房、土两税困难减免核准等地方性减免税管理，推行财产和行为税合并申报。

【国际税收】 2021 年，厦门市税务局组织非居民企业税收收入 28.61 亿元，比上年增长 11.82%。反避税方面，启动 4 家企业预约定价安排谈签程序，建立重点案源讨论联席会制度，全年税收增收贡献 5.3 亿元。推动国际税收协作，向 14 个 G20 国家发出自动情报 953 份，比上年增长 37%。办理专项情报案件 22 个，情报工作补征税款及滞纳金 2287 万元。

【办税缴费服务】 2021 年，厦门市税务局优化税收营商环境。联合市发改委等12部门，制定推进厦门市纳税缴费便利化改革优化税收营商环境若干措施，推动形成税收营商环境工作合力。在2020年中国营商环境评价中，纳税指标获全国第三，“鹭税捷办”品牌获评厦门市2020年度改革创新优秀案例、第四届福建省“推进机制活、建设新福建”三等奖。突出“优化执法服务·办好惠民实事”主题，连续8年开展“我为纳税人缴费人办实事暨便民办税春风行动”，推出100条便民办税缴费服务举措。依托服务热线、“税小夏”智能咨询平台、税企互动平台和企业微信群，构建集“AI智能+众包互助+精准推送”于一体的分类分级咨询模式。完成“12366”热线与“12345”政务服务热线归并工作，建成外包服务团队。全年咨询服务总量153.86万人次，其中“12366”热线接听量87.4万人次、智能咨询平台咨询量46.95万人次、税企互动平台咨询量19.51万人次。联合市工商联出台“春雨润苗”专项工作方案，推出助力中小微企业成长32项措施。新冠肺炎疫情期间，对接纳税人需求，实现“关门”不“打烊”，服务不断档。完成企业纳税人2020年度纳税信用评价38万家，评定A级纳税人2.44万家；推进“银税互动”，向8.08万家小微企业提供纳税信用贷款345.67亿元。

【征收管理规范】 2021年，厦门市有管理户59.08万户（包括正常户、非正常户、停业户），比上年增长8.79%。其中，企业纳税人41.49万家，比上年增长7.49%，占比70.23%；个体经营17.11万户，增长12.27%，占比28.96%；其他类型0.49万户，增长6.5%，占比0.83%。市税务局印发《国家税务总局厦门市税务局关于进一步规范个体工商户定期定额征收管理工作的通知》，明确个体定期定额管理的适用范围，规范核定方法，日常管理要求等。开展现金票证委托代征、征管档案管理情况检查，确保征管业务符合规范。加大普通发票清理力度，推动普通发票用户变更使用增值税普通发票，加快电子发票推广应用，提高发票管理水平。

【税务稽查】 2021年，厦门市税务局审结税收违法案件2273件，查补总额52.82亿元，入库总额6.02亿元。其中，1亿元以上案件5件，1000万元以上案件41件。全市随机抽查查补收入4911.82万元。联合厦门海关、厦门银保监局、厦门市市场监管局等30家单位，对326家次的“黑名单”企业实施包括加强不良贷款清理和催收、不予适用海关认证企业管理等有针对性的联合惩戒措施。查处虚开骗税案件1288件，挽损总额22.41亿元。集中力量查处“9·9”“P04”“X11”团伙案件。依托“警税人工智能作战平台”数据研判，摧毁全链条团伙4个，打击涉税违法企业367家，涉案金额44.19亿元。受理检举案件641件，查补总额7148万元。

【税费优惠】 2021年，厦门市税务局完善税费优惠政策，全年落实税收优惠461亿元。落实研发费用加计扣除，企业提前享受减免税33.2亿元。围绕提振工业运行和能源电力保供，组建服务团队，办理延期缴纳税款130家。鼓励外商扎根兴业创业，境外投资者享受再投资递延纳税优惠34家，非居民企业税收协定优惠备案改备查，减免3.14亿元。整合出口退税系统，压缩审批时间近40%，办退压至5个工作日，位居全国前列。

【电子税务】 2021年，厦门市税务局完成新版电子税务局系统改造上线，实现技术平台、操作界面、运维体系统一，提升系统安全性、稳定性、处理性能，保持连续42个征期平稳运行的全国最佳纪录。畅通“非接触式”办税渠道，提供330余项办税缴费和便民服务功能，实现主要涉税事项“一网通办”“全程网办”。作为全国试点，在全国率先推行增值税、消费税主附税合并申报，实施财行税十税合并申报，表单数、数据项各减少1/3。全国首创大学生医保“一件事办理”、城乡居民医保参保“一条龙服务”、新生儿医保参保报销“秒批”套餐，全国首创住房公积金在电子税务局一网通办，全国首推文书电子送达。至年底，厦门市税务局电子税务局企业活跃用户42万家，网上申报率超过99%，网上办理率95%，电子文书送达签约率98%。非接触式办税事项清单214项，其中全程网办事项212项，办理在线业务3564万笔，非接触式领用发票1.02亿份。

【大数据和风险管理】 2021年，厦门市税务局规范数据共享，开发“数据超市”，做好自然人电子税务局一体化运营。参与“城市大脑”平台建设，融入政务大数据环境。完成风险任务4765次，累计入库税款23.75亿元。建立“一户式”风险管理机制，“风险双向直推”实现智能化风险监管。全国首创企业人员风险穿透监管模式，识别厦门最大虚开团伙涉案总额逾50亿元。

（徐于平）

责任编辑：黄　澜
审　　稿：孙志红
校　　对：熊焱峰

17 口岸管理

口岸营运

【概　况】 2021年，厦门港货物吞吐量完成2.28亿吨，比上年增长9.67%。其中，外贸货物吞吐量1.17亿吨，比上年增长14.24%；集装箱吞吐量完成1204.63万标准箱，增长5.62%；对台货运直航36.22万标准箱，增长3.63%。厦门港是全国25个主要港口、12个区域性枢纽港、9个沿海国际集装箱干线港之一和对台航运重要口岸，范围跨厦门与漳州2个地市级行政区共8个港区（厦门市东渡、海沧、嵩屿、刘五店、客运，漳州后石、石码、招银）。2021年，厦门港有航线159条，外贸航线115条（其中国际航线102条、内支线13条），内贸线44条，通达52个国家和地区的141个港口；"一带一路"航线72条，途经23个"一带一路"沿线国家的53座港口；金砖航线4条，途经俄罗斯、南非、印度的6个港口；RCEP（区域全面经济伙伴关系协定）航线87条，途经10个国家的55个港口。3月16日，厦门港东渡港区邮轮中心码头1—3号泊位通过新改建码头市级验收，8月26日通过省级验收、启用。

2021年，厦门空港保障安全飞行12.8万架次，比上年下降8.42%；旅客吞吐量1495.2万人次，下降10.52%，其中出入境旅客30.6万人次，下降52.14%；货邮吞吐量29.8万吨，增长7.01%，其中出入境货邮15.2万吨，增长35.98%。厦门空港口岸为国家一类口岸，在厦门空港营运的航空公司有40家，其中国内航空公司30家、国际及地区航空公司10家；有航点117个，其中国内102个、国际航线及地区15个。

【口岸疫情防控】 2021年，厦门高崎国际机场国际港澳台到达第二通道启用，是独立于国内进出港旅客及国际出港旅客的全封闭式入境专用通道。厦门市政府口岸办公室（简称市口岸办）与卫健委、120急救中心、外办、航空公司、码头等单位加强联合管控与应急处置。坚持"人、物、环境"同防，做好进口冷链食品新冠病毒肺炎疫情防控及高风险非冷链集装箱货物口岸检测监测及预防性消毒。持续保障口岸单位防疫物资、工作人员核酸检测及新冠疫苗接种。

【口岸营商环境】 2021年，厦门口岸在十大海运集装箱口岸营商环境测评中获年度测评最高星级。多部门联合发布《关于厦门市持续优化口岸营商环境2021年专项工作方案的通知》，共同推进优化口岸营商环境。加强口岸收费清单管理，更新口岸收费目录清单，推广"单一窗口"全国口岸收费及信息发布系统，实现海运口岸港口、船代、理货等企业收费标准线上公开、在线查询。持续降低口岸收费，免除货物港务费地方政府留存部分，降低引航费收费标准；免除查验没有问题的外贸企业吊装移位仓储费用，年内免除查验无问题集装箱5.5万自然箱，减免企业查验费3600万元。推动压缩整体通关时间，厦门口岸进出口整体通关时间均位于沿海主要口岸前列。公开港口集装箱进出口环节作业时限，进一步提高口岸作业效率，建设稳定透明的口岸服务环境。联合印发《厦门市多式联运"一单制"试点工作意见的通知》，在福建省首发"一单制"提单。联合发布《关于在堆场全面实施集装箱设备交接单电子化操作的通知》，将设备交接单电子化推广至堆场。

【"单一窗口"建设】 2021年，厦门国际贸易"单一窗口"平台新增注册企业用户1119家，比上年增长97%。自平台上线以来，平台累计注册企业用户9264家，累计服务企业逾7.7万家，累计服务个人用户数超17.16万人次。2021年，平台单证处理量5028.5万票，比上年增长2.8%。厦门率先全国完成"单一窗口"航空物流公共信息平台验证工作并被国家口岸办选为"单一窗口"航空物流公共信息平台首批试点建设城市。推广标准版国际贸易"单一窗口"新功能，如监管证件申领功能、全国口岸收费及服务信息发布系统等。完成国际贸易"单一窗口"全国统一用户认证工作。开展2021年度国际贸易"单一窗口"安全自查及网络安全演练。

【口岸基础设施建设】 2021年，厦门市口岸办在嵩屿、海天、海润、国际货柜等大型码头相继投用移动口岸检疫方舱，进一步提高口岸检疫工作效率。邮轮中心码头完善包括监管围网、视频监控、恒温查验室、冻库、冷藏库、食用水生物暂养与扣检场等口岸配套设施以及技术业务用房建设，提升对台货运口岸监管水平。五通三期厦金客运候船楼海关卫生检疫通道改造完成，提升抗疫保障水平。翔安刘五店港区海翔码头按照口岸公共卫生核心能力的标准完善相关配套设施建设。

2021年，市口岸办推动同益码头对台货运业务转移至邮轮中心码头，邮轮中心码头开展“进境食用水生动物、冰鲜水产品海关指定监管场地”2项资质的相关建设及申报工作。探索两岸融合发展新路，加快对台海运快件“南向通道”建设。

（颜　娟）

海关监管

【概　况】 2021年，厦门外贸进出口比上年增长27.7%，高于全国6.3个百分点。厦门关区监管进出口货物总值11343.4亿元、货运量1.21亿吨，分别比上年增长27.7%、9.6%。全年税收入库391.44亿元，增长18.64%；关区属地企业在全国纳税额820.6亿元，位列全国第七名；签发原产地证书25.1万份，金额154.37亿美元，进口享惠货值339.11亿元。年内，厦门关区检出传染病病例472例，截获输入性病媒生物591批次、74.91万只；截获有害生物527种、8702种次；检出未准入境进口食品168批；检出不合格工业品1189批。厦门海关立案侦办走私犯罪案件168件，查办行政案件1823件。2021年，厦门关区有89人次和4个集体立三等功，755人次和72个集体受到嘉奖，10人次和52个集体受到系统内外党政部门表彰。

【口岸检疫】 2021年，厦门海关强化厦门口岸对高风险国家地区入境人员的卫生检疫，优化“海关检疫E码通”功能，将入境人员每人5～7分钟的检疫流程缩短至90秒，旅客通关效率居全国首位。完善包机入境、阳性船员处置工作机制，妥善处置4件入境船舶新冠疫情，年内检出新冠病毒肺炎阳性病例432例。坚持“人、物、环境”同防，从有利于防控疫情角度指导厦航、元翔货站及邮局快件中心完成场所改造，强化高风险入境客运航空器终末消毒和固液废弃物处理监督工作，严格进口冷链食品及高风险非冷链集装箱货物风险监测检测和预防性消毒监督工作，全年采集风险监测样本23.7万份，预防性消毒货物外包装502万件。严防疫情叠加，检出全国首例新冠病毒合并登革热感染病例。推进厦门海关自主研发的冷链消杀、病毒采检等4类新型智能化监管设备实战应用，压减作业时长60%以上，提升冷链货物通关效率。

【海关监管创新】 2021年，厦门海关参与厦门自贸区扩区和自由港型经济特区建设方案研究，完成国务院58项复制推广任务，年内推出19项试验任务。创新自贸试验区海关监管制度，“查验辅助机器人”“进境维修货物坏损件直通送修”等14项创新举措参加福建省自贸办第三方评估，其中3项获评全国首创，累计全国首创50项。创新举措“减免税智能审核”通过海关总署备案，累计有4项创新举措通过海关总署备案。特殊区域国内国际双循环交汇枢纽作用凸显，一线进出境贸易统计值1512.2亿元，比上年增长53.28%，高于全国平均水平30个百分点。探索适应大规模物流进出的新型监管模式，改造升级智能卡口，优化转关监管，推动建设口岸综合物流信息化服务平台，厦门空运货站作业效率提升90%以上。企业集团加工贸易监管模式在全国范围复制推广，累计为4家企业集团的16家企业减免保证金上亿元。

【海丝建设服务】 2021年，厦门海关与地方政府部门共同打造港口型国家物流枢纽与“丝路海运”“丝路飞翔”品牌，支持中欧（厦门）班列、“丝路海运”平台做大做强，探索“中欧班列+出口货物”新模式，实现跨境电商B2B出口与中欧班列优势叠加，监管中欧班列货值10.4亿美元，比上年增长8.1%，助力厦门港集装箱年吞吐量首次突破1200万标准箱。支持国际中转集拼、多式联运发展。支持厦门市开放平台建设，推动海关特殊监管区域整合升级，海沧港综保区一期通过验收，象屿综保区封关运作。贯彻落实《国务院关于促进综合保税区高水平开放高质量发展的若干意见》的“四自一简”（支持综合保税区内企业自主备案、合理自定核销周期、自主核报、自主补缴税款，简化海关业务核准手续）等13项政策落地实施，RCEP（区域全面经济伙伴关系协定）措施区内率先试点，关区4个特殊区域一线进出口总值创历史新高。深化海关系统首个中非关际合作项目，加强与南非德班、印尼泗水等海关机构合作，打造金砖国家海关之间合作示范项目，持续提升“海丝”通关便利化水平。监管“安智贸”货值7.14亿美元，比上年增长69.82%。

【通关业务改革】 2021年，厦门海关推动福州、厦门2关全业务领域一体化改革，探索口岸监管综合查验模式，研究提出30项具体措施，建立5个协作机制，实现全国第三个跨关区出口货物转关自动核销，提升驻闽海关监管服务质效。深化进出口货物“两步申报”“两段准入”通关模式改革，全年“两步申报”报关单9.1万份，应用率23.89%，高于全国平均3.98个百分点。“两步申报”模式下进口货物海关通关时间1.9小时，较一般模式压缩79.07%；“两段准入”模式减少货物口岸积压，降低货物滞港产生的仓储等成本，实现进口粮食整体通关时间压缩90%。

【外贸企业帮扶】 2021年，厦门海关落实海关总署、福建省的合作备忘录和58条稳外贸措施，开展助推民营企业发展、RCEP对省市外贸影响等专项调研，健全“问题清零”工作机制，解决企业“急难愁盼”问题89个，为天马微第六代柔性AM-OLED（有源矩阵有机发光二极体或主动矩阵有机发光二极体）、宁德时代锂电池出口等重点项目量身制定快速通关方案，宁德时代锂电池出口在厦门申报货值比上年增长16.96倍。全面落实国家减税降费等税收优惠政策，向海关总署提出减免企业滞报金、滞纳金，延长核销周期，便利企业内销等建议，厦门海关提出的7项税率调整建议被国务院关税税则委员会采纳，全年累计减免、减让税款34.52亿元。帮扶外贸企业保订单、保履约、保市场，推荐出口食品生产企业对外注册52家次。新增高级认证企业18家，比上年增长26.1%，助力关区高级认证企业获评全国“诚信兴商十大案例”。

【口岸监管优化】 2021年，厦门海关贯彻落实国务院《优化营商环境条例》，实施跨境贸易便利化专项行动，制定关区压缩通关时间9条措施。自主开发“数字监管”平台，破解重点企业商品通关瓶颈问题。进口“船边直提”、出口“抵港直装”范围持续拓展，进、出口整体通关时间持续压缩，2021年度厦门关区进出口整体通关时间分别为28.97小时、1.61小时，分列沿海十大口岸第四、五位，比上年分别压缩15.01%、24.40%。助推厦门市连续2年获评“全国营商环境标杆城市”，厦门口岸连续3年被评为“十大海运集装箱口岸营商环境测评”最高等级，相关做法入选特区40周年全面深化改革优秀案例。实施进口原油、矿产品“先放后检”便利化措施，惠及超千亿元进口大宗商品。优化进境动植物源性食品检疫审批，肉类、水产品进口比上年增长2.07%、11.99%；关区毛燕进口比上年增长2.1倍，创历史新高，是全国最大毛燕进口口岸。

【特色产业发展支持】 2021年，厦门海关出台促进跨境电商高质量发展12条措施，监管跨境电商3886.37万票，比上年增长1.45倍。围绕重点产业加强税政调研，16项税率调整建议被纳入《2021年关税调整方案》，约占全国海关税政建议采纳量的五分之一。深化全国唯一集成电路研发保税监管改革，覆盖面拓展至厦门市80多家中小微集成电路设计企业，监管货值比上年增长2.43倍，助力4家试点企业营业收入突破1000万元。支持厦门国际航材保障中心建设，研提税政建议为厦门市航材维修企业年减负近亿元，航材保障保税物流初步建成，监管各类保税航材191亿元，比上年增长28.4%。全国首创“减免税智能审核”模式，解决生产料件“货急票多”难题，促进厦门市显示面板产业转型升级。支持生物医药产业发展，推动建成福建省首家生物材料特殊物品出入境公共服务平台，助力厦门新冠检测试剂出口货值超30亿美元，比上年增长3.1倍，居全国第一。

【违禁品查处】 2021年，厦门海关改造提升全国海关首个政治保卫成果展厅，年内查获违禁印刷品、音像制品2641件。完成中国共产党成立100周年安保工作，出台打击违禁品走私11项措施，制发口岸反恐工作简明手册，组织口岸反恐演练13场次，妥善处置核辐射超标情事283起。持续推进安全生产专项整治3年行动，查获不合格危化品997批次。定期监测“洋垃圾”、成品油、农产品等重点敏感商品进出口情况，加强进出口防疫物资质量安全把关，查获无生产日期、无储存期、无生产商和生产商地址、无合格证、无执行标准出口防疫物资及伪瞒报等事件69起。

【口岸通关秩序维护】 2021年，厦门海关组织实施关区“国门利剑2021”行动，开展“忠诚”系列专项打私。全年，厦门海关立案查办各类走私违法案件1991件，其中海关总署刑事挂牌督办案件15件，入选全国海关打击走私以及“国门利剑2021”典型战法案例各2个。“洋垃圾”、象牙等濒危动植物及其制品走私得到遏制，查获走私香烟货值近4亿元，涉税17.21亿元，其中查获全国近10年来单次数量和货值最大的海上走私香烟特大案件，缴获走私香烟4.5万箱、烟丝616箱；查获1件特大毒品走私进境案，缴获可卡因61.3千克。推进打击跨境电商进口走私“断链刨根”专项整治行动，刑事立案2件。开展“龙腾行动”等知识产权保护专项行动，在邮快件、电商等各领域查获涉嫌侵权案件1025批，比上年增长28%；查扣口罩、服装等涉嫌侵权货物521万件。厦门海关有1件案例入选“2020年中国海关知识产权保护典型案例”。

【口岸动植物监管】 2021年，厦门海关落实野生动植物进出口证书等相关单证联网监管要求，查获非法进出口濒危野生动植物案件13件。强化对非洲猪瘟、沙漠蝗等重大动植物疫情和外来入侵物种防控，年内检出二类动物疫病3种、21种次，检出植物有害生物527种、8702种次，全国首次在大宗进口货物中截获玉米矮花叶病毒。开展“国门绿盾2021”专项行动，在非贸易渠道截获外来物种403批；监督退运及销毁进口不合格动植物及其产品42批。

【进口食品质量安全监管】 2021年，厦门海关持续推进进口食品“国门守护”行动，执行监督抽检和风险监测计划，检出未准入境不合格食品168批次，约谈相关进出口企业36家。开展进口美容药品和医疗器械专项整治，查获不合格进口医疗器械13批、进口特种设备4批，全年检验监管进出口法检商品17.12万批次，检出不合格商品1189批次，比上年增长84.9%。组织对进口固体废物和再生金属专项稽查行动，全年从货运渠道查获固体废物案件27件、924.7吨。

（喻　波）

海事监管

【概　况】 2021年，厦门海事局安全保障船舶进出港30.5万艘次、货物吞吐量2.2亿吨、集装箱吞吐量1200万标准箱；保障国际、国内航行船舶安全进出厦门港30.5万艘次（现代化超大型船舶310艘次）；服务厦门港新辟15条国际集装箱班轮航线，新增注册航运公司6家，新增船舶82艘，船舶总运力突破400万载重吨，新注册船员1110人。组织实施海上搜救行动15件次，救助遇险船舶13艘，救助遇险人员111人，连续3年未发生人员死亡的水上交通事故。做好海上新冠病毒肺炎疫情防控，排查入厦门重点船舶5915艘次，涉及船员11.9万人次，妥善处置船员涉疫事件49起，保障国际航行船舶、船员换班458艘次、4300人次。承担6项自贸创新试验任务，新建2项“单一窗口”海事侧信息化系统。完成3批次、27个“我为群众办实事”项目。“多证合一”改革惠及辖区船舶203艘，新增全国安全诚信公司2家、安全诚信船舶9艘。

【海上疫情防控】 2021年，厦门海事局建设“海事国际航行船舶疫情防控监管平台”，远端排查标识船舶疫情风险等级。依托厦门船舶交管中心，强化进入

12海里报告线国际、国内航行船舶的进港核查；通过“互联网+”远程执法、电子巡航巡查、海巡船艇外围巡查等非接触方式落实在港清查和远程检查。制定疫情处置动态滚动报告机制，所有涉疫船舶、船员信息快速上报。建立与市疫情防控指挥部外防组等信息通报渠道，明确联系专人，确保涉疫信息准确通报各联防联控单位并有效处置。落实涉疫信息上报审查制度，层层把关，防止涉疫事件引起不良社会影响，维护疫情防控大局。厦门海事局开辟“绿色通道”，设置船舶交管专台，建立民生能源物资船舶生产全周期动态信息共享、协同保障衔接机制。全面推行“一网通办”和“云指导”服务。推动设立港口疫情防控专班，在国内率先建立船员换班操作程序，制定涉疫突发事件应急联络与响应预案，妥善处置船员涉疫事件和船舶险情事故。

【海事安全监管】 2021年，厦门海事局贯彻落实新修订的《中华人民共和国海上交通安全法》规定要求，持续完善厦门市海上应急管理“一案三制”（应急预案，应急体制、机制和法制）建设，及时修订厦门市《海上搜救应急预案》《海上交通突发公共事件应急预案》，衔接口岸卫生防疫等应急程序，融入厦门市大应急体制机制建设。加强海上应急处置和搜救行动的组织、指挥和协调，完成“卢碧”“灿都”等台风灾害防御、抵抗工作。突出涉砂、涉渔、涉客、涉危等重点领域治理，强化涉海单位联防联控，联合厦泉漳三地海事、海警、海洋和渔业部门开展“雷霆2021”专项打砂行动，牵头签订“厦漳海域商渔船安全监管合作协议”并开展“商渔共治2021”专项行动，推动建立厦门市渡运管理联席会议制度，统筹应对海上疫情输入、非法交易风险。

【港口营商环境优化】 2021年，厦门海事局累计推出19项服务自贸区创新举措，其中“航运公司综合服务平台”“船员证书和海员证信息采集全城通办”入选福建自贸试验区第十八批创新举措，分别获评全国首创和省内可复制创新成果称号。加快海事信息化和现代化建设步伐，先后在厦门国际贸易“单一窗口”平台上线运行“航运公司综合服务平台”等信息化系统，实现安全监管和便利服务“双提升”。

【涉海工程建设保障】 2021年，厦门海事局争取上级和地方政府支持，统一建设区域海上指挥中心和海上警戒平台，保障项目实施和船舶安全运输，为企业节省建设安全保障资金。为助力企业复工复产，保障涉海工程建设安全有序，推出保障涉海重点工程建设10项举措，缩短通航水域岸线安全使用许可和水上、水下活动许可的审批时间，减少企业在行政审批上耗费的人力成本、资金成本和时间成本；通过建立全维度协同管理数据库、建设全要素动态管理系统、健全海上安全保障体系等措施，应对涉海信息数据源头多、分布广、收集难等问题，帮助企业破解水工作业密集区与通航水域存在项目多、船舶多、调度难、保障难等困难。

（全可可）

边防检查

【概　况】 2021年，厦门边检总站完成中国共产党成立100周年庆祝活动安保和世界遗产大会、海峡论坛等福建主场重要涉外活动口岸通关服务保障，完成集中打击妨害国（边）境管理犯罪、“三非”（未经合法手续而在中国非法就业、非法入境和非法居留的所有外国人的统称）外国人专项治理等工作。参与“丝路海运”，推出10个“为群众办实事”项目，助力福建更高水平对外开放。发挥区位优势，构建适应常态化疫情防控需要的闽台直航通关服务保障，建设台胞台企登陆“第一家园”。突出数据赋能、精准防疫，预警推送近10万条入境高风险人员信息，堵塞口岸防疫漏洞，助力厦门打赢两轮本土新冠病毒肺炎疫情“歼灭战”。厦门边检总站23项经验做法被上级推介，获教育整顿优秀单位、定点扶贫成绩突出集体等称号，23个集体、19名个人获二等功或省部级以上表彰奖励。

【边检疫情防控】 2021年，厦门边检总站对接属地联防联控机制，推动出台制度规范，堵塞口岸涉疫漏洞。率先推行高风险岗位人员集中闭环管理，推动福州、厦门空港完成高风险机组查验专区和国际及港澳台地区第二到达通道建设，推动厦门高崎国际机场成为国内首个高、低风险人员活动场所完全物理分离机场。成立50多人“疫情防控党员突击队”，全部下沉防疫一线协助做好社区新冠病毒肺炎疫情防控工作。

【边检部门服务两岸融合发展】 2021年，厦门边检总站针对夜间两岸直航货轮推行“24小时零等候”服务机制，提升两岸“大三通”“小三通”货物通关效率。支持福建省构建适应常态化疫情防控需要的闽台直航方式，做好高崎机场两岸客运直航航点出入境通关保障，高效查验往来两岸旅客7.3万人次。

【边检部门助力口岸发展】 2021年，厦门边检总站保障两岸空中直航航点平稳运行，助力对台融合发展。“一地办证，全省通用”创新做法得到服务对象认可。为厦门建设金砖国家新工业革命伙伴关系创新基地建设出谋划策，向上级提出12条边检便利措施，配合推动保税船燃供应业务在厦门复制落地。助力福建复工复产，累计为2000余艘次船舶、4800余万吨货物快速办理出入境边检手续。召开“开门纳谏”座谈会，邀请政府部门、联检单位、口岸生产企业等社会各界代表听民意察民情，结合放管服改革系列举措，落地、落实10条为群众办实事项目。

（沈荣标）

责任编辑：曲　艺
审　　稿：阳晓儒
校　　对：明安文

18 开放型经济

对外及对港澳台贸易

【概　况】 2021年，厦门市货物进出口总额（根据海关统计口径，进出口等数据指“关境”外，包括国外及中国港澳台地区）8876.52亿元，创历史新高，比上年增长27.7%，外贸增量对全省外贸增长的贡献率达44.3%。其中，进口额4569.22亿元，比上年增长35.3%；出口额4307.3亿元，增长20.6%。与2019年新冠病毒肺炎疫情前相比，厦门市进出口额、进口额、出口额分别增长38.4%、58.5%、22%。厦门市“源头管理、口岸验放”贸易便利模式扩大至198种台湾输往大陆产品，对台湾地区贸易额77.8亿美元，比上年增长33.9%。全市服务贸易进出口额655.3亿元，比上年增长38.3%，比全国增幅高22.2个百分点。

【进出口市场结构】 2021年，厦门市与主要贸易伙伴进出口总额保持增长，东盟、美国、欧盟为前三大贸易伙伴。对东盟（10国）进出口额1629.31亿元，比上年增长25.15%；对美国进出口额1132.88亿元，增长25.7%；对欧盟（27国，不含英国）进出口额982.84亿元，增长27.58%。对RCEP（区域全面经济伙伴关系协定）成员国进出口额3098.11亿元，比上年增长21.99%。对金砖国家（4国）进出口额首次突破700亿元，为737.76亿元，比上年增长20.67%。（见表18–1、18–2、18–3）

表18–1　　2021年厦门市进出口总额1亿元以上国家和地区一览表

国家（地区）	进出口额（万元）	比上年增长（%）	占全市比重（%）	国家（地区）	进出口额（万元）	比上年增长（%）	占全市比重（%）
美国	11328836	25.70	12.76	加拿大	2123429	16.76	2.39
澳大利亚	5961148	4.68	6.72	泰国	1864307	20.68	2.10
印度尼西亚	5655770	60.49	6.37	印度	1723085	15.07	1.94
中国台湾	5028847	24.97	5.67	沙特阿拉伯	1641470	99.14	1.85
日本	4508653	22.27	5.08	智利	1459001	36.79	1.64
韩国	3150737	49.07	3.55	秘鲁	1371659	113.70	1.55
英国	2894114	108.46	3.26	墨西哥	1249071	36.29	1.41
越南	2650142	13.15	2.99	荷兰	1175985	19.87	1.32
菲律宾	2618909	–0.13	2.95	法国	1144310	52.14	1.29
德国	2609245	23.04	2.94	南非	1138069	26.13	1.28
马来西亚	2463685	23.22	2.78	新西兰	1067450	21.06	1.20
巴西	2264632	12.55	2.55	乌克兰	1048063	–14.45	1.18
中国香港	2252249	15.18	2.54	波兰	1042725	45.14	1.17
俄罗斯联邦	2251785	32.33	2.54	阿联酋	1017915	82.11	1.15

续表 18-1

国家（地区）	进出口额（万元）	比上年增长（%）	占全市比重（%）	国家（地区）	进出口额（万元）	比上年增长（%）	占全市比重（%）
意大利	745639	13.21	0.84	挪威	104102	28.55	0.12
新加坡	691533	5.89	0.78	爱尔兰	99530	10.34	0.11
土耳其	679284	44.47	0.77	瑞士	98741	6.98	0.11
西班牙	609708	13.45	0.69	缅甸	95070	-41.55	0.11
阿根廷	566035	151.57	0.64	保加利亚	90926	128.32	0.10
刚果（金）	523538	145.18	0.59	阿尔及利亚	88507	31.16	0.10
比利时	411479	42.55	0.46	罗马尼亚	85814	-15.35	0.10
巴基斯坦	380105	60.02	0.43	肯尼亚	81229	4.47	0.09
尼日利亚	347760	10.31	0.39	约旦	80557	8.32	0.09
以色列	312973	41.30	0.35	几内亚	75979	28.15	0.09
希腊	288786	51.56	0.33	也门	72890	42.44	0.08
哥伦比亚	269139	60.10	0.30	危地马拉	63235	9.78	0.07
孟加拉国	265782	33.55	0.30	苏丹	60711	-3.58	0.07
埃及	253568	7.14	0.29	斯洛伐克	59984	-10.35	0.07
瑞典	243032	10.60	0.27	白俄罗斯	57150	0.17	0.06
巴拿马	231911	21.89	0.26	斯里兰卡	57123	-5.55	0.06
乌兹别克斯坦	230636	69.90	0.26	斯洛文尼亚	56730	6.73	0.06
奥地利	222993	136.42	0.25	多米尼加共和国	55776	-36.97	0.06
蒙古	211884	131.31	0.24	洪都拉斯	53887	98.78	0.06
哈萨克斯坦	205814	238.90	0.23	坦桑尼亚	51810	4.96	0.06
柬埔寨	201027	64.03	0.23	摩洛哥	50487	-5.76	0.06
丹麦	192356	34.48	0.22	尼日尔	48939	890.57	0.06
伊朗	174956	31.17	0.20	老挝	47325	137.16	0.05
乌拉圭	172735	124.63	0.19	安哥拉	47130	9.31	0.05
匈牙利	166877	24.81	0.19	哥斯达黎加	45759	44.76	0.05
捷克	163617	0.83	0.18	克罗地亚	39576	40.06	0.04
伊拉克	153141	-19.08	0.17	古巴	38671	194.67	0.04
芬兰	149781	25.84	0.17	纳米比亚	36490	42.25	0.04
卡塔尔	135854	14.20	0.15	马绍尔群岛	36156	-47.08	0.04
阿曼	133586	-9.06	0.15	委内瑞拉	34752	-38.15	0.04
塞尔维亚	127274	95.55	0.14	拉脱维亚	34320	9.96	0.04
科威特	123816	38.15	0.14	利比亚	34309	-55.76	0.04
葡萄牙	122408	32.23	0.14	阿尔巴尼亚	34077	104.50	0.04
加蓬	114792	-1.20	0.13	厄立特里亚	31171	-35.47	0.04
厄瓜多尔	114744	82.55	0.13	塞内加尔	29300	64.57	0.03
加纳	113760	-15.76	0.13	多民族玻利维亚国	28717	71.24	0.03
赞比亚	111211	635.92	0.13	萨尔瓦多	27630	23.94	0.03
莫桑比克	105776	17.05	0.12	突尼斯	25639	32.66	0.03

续表 18-1

国家（地区）	进出口额（万元）	比上年增长（%）	占全市比重（%）	国家（地区）	进出口额（万元）	比上年增长（%）	占全市比重（%）
科特迪瓦	24770	7.86	0.03	塞浦路斯	15433	-38.63	0.02
多哥	24667	38.66	0.03	巴布亚新几内亚	15116	25.45	0.02
吉布提	23760	-21.81	0.03	爱沙尼亚	14042	-2.28	0.02
喀麦隆	23690	-29.50	0.03	冰岛	13238	20.55	0.01
立陶宛	22064	-16.52	0.02	巴林	12005	37.05	0.01
马达加斯加	22001	-9.37	0.02	黎巴嫩	11597	62.71	0.01
亚美尼亚	21341	105.09	0.02	尼泊尔联邦民主共和国	11511	5.25	0.01
津巴布韦	18943	101.96	0.02	毛里塔尼亚	11451	-75.02	0.01
贝宁	17028	80.45	0.02	马耳他	11220	1.94	0.01
新喀里多尼亚	15973	-78.22	0.02	巴拉圭	11013	33.19	0.01
塞拉利昂	15451	130.76	0.02	刚果（布）	10259	-28.12	0.01

表 18-2　　2021 年厦门市进口额 1 亿元以上国家和地区一览表

国家（地区）	进口额（万元）	比上年增长（%）	占全市比重（%）	国家（地区）	进口额（万元）	比上年增长（%）	占全市比重（%）
澳大利亚	5200727	4.26	11.38	刚果（金）	484613	157.80	1.06
印度尼西亚	4709666	82.31	10.31	阿根廷	422536	225.06	0.92
中国台湾	3558616	28.35	7.79	阿联酋	416184	196.27	0.91
美国	2988721	59.91	6.54	土耳其	350420	34.06	0.77
日本	2084439	41.13	4.56	新加坡	325216	-7.17	0.71
韩国	1706917	75.74	3.74	墨西哥	314785	28.86	0.69
巴西	1693103	3.04	3.71	英国	290557	116.61	0.64
加拿大	1484211	18.58	3.25	乌兹别克斯坦	214925	82.44	0.47
俄罗斯联邦	1473524	35.53	3.22	蒙古	206940	133.67	0.45
越南	1457284	21.54	3.19	意大利	202203	22.79	0.44
马来西亚	1455102	31.45	3.18	哈萨克斯坦	189660	280.37	0.42
秘鲁	1218008	133.65	2.67	巴基斯坦	162557	68.20	0.36
沙特阿拉伯	1160477	242.35	2.54	乌拉圭	143215	164.18	0.31
智利	1130231	37.07	2.47	西班牙	135048	6.44	0.30
印度	1082598	7.31	2.37	荷兰	128186	-33.27	0.28
乌克兰	951789	-17.55	2.08	伊朗	122625	184.04	0.27
新西兰	947098	21.28	2.07	加蓬	109635	-1.73	0.24
南非	870966	29.97	1.91	赞比亚	105053	804.90	0.23
泰国	866361	8.63	1.90	哥伦比亚	103162	65.01	0.23
德国	756750	8.14	1.66	芬兰	100300	42.16	0.22
菲律宾	610714	49.40	1.34	希腊	93508	32.28	0.20
法国	562362	119.41	1.23	捷克	93464	-6.37	0.20

续表 18-2

国家（地区）	进口额（万元）	比上年增长（%）	占全市比重（%）	国家（地区）	进口额（万元）	比上年增长（%）	占全市比重（%）
卡塔尔	83158	-1.97	0.18	古巴	34297	510.23	0.08
莫桑比克	78537	66.42	0.17	厄立特里亚	31165	-31.88	0.07
瑞典	73527	-22.72	0.16	阿尔巴尼亚	29969	168.47	0.07
波兰	71854	-5.83	0.16	以色列	28990	-17.61	0.06
几内亚	71805	49.16	0.16	纳米比亚	28435	36.34	0.06
阿曼	70106	-40.36	0.15	挪威	27451	6.05	0.06
葡萄牙	69922	54.88	0.15	厄瓜多尔	26291	0.16	0.06
伊拉克	64463	-21.88	0.14	拉脱维亚	25396	27.08	0.06
保加利亚	58644	307.29	0.13	肯尼亚	22885	35.04	0.05
比利时	57117	66.57	0.13	安哥拉	22550	14.67	0.05
尼日尔	48711	938.88	0.11	斯洛伐克	21656	143.07	0.05
丹麦	48419	45.49	0.11	亚美尼亚	19934	123.68	0.04
塞尔维亚	48195	2573.50	0.11	摩洛哥	18877	80.15	0.04
苏丹	47664	57.84	0.10	中国香港	18655	0.08	0.04
老挝	45182	150.81	0.10	委内瑞拉	16890	-2.47	0.04
爱尔兰	43964	-6.54	0.10	巴拿马	16876	22039.93	0.04
白俄罗斯	43667	-8.32	0.10	孟加拉国	16674	154.31	0.04
科威特	39744	14.30	0.09	缅甸	16279	-46.30	0.04
瑞士	39124	13.47	0.09	津巴布韦	15058	118.75	0.03
尼日利亚	39027	83.01	0.09	新喀里多尼亚	14524	-79.85	0.03
奥地利	37298	-10.34	0.08	冰岛	11503	22.25	0.03
柬埔寨	36418	100.99	0.08	塞拉利昂	11456	2181.71	0.03
埃及	36026	26.92	0.08	多民族玻利维亚国	10147	88.64	0.02
匈牙利	34313	229.81	0.08				

表 18-3　2021 年厦门市出口额 1 亿元以上国家和地区一览表

国家（地区）	出口额（万元）	比上年增长（%）	占全市比重（%）	国家（地区）	出口额（万元）	比上年增长（%）	占全市比重（%）
美国	8340115	16.75	19.36	马来西亚	1008583	13.01	2.34
英国	2603557	107.59	6.04	泰国	997946	33.54	2.32
日本	2424215	9.67	5.63	波兰	970871	51.20	2.25
中国香港	2233594	15.33	5.19	印度尼西亚	946104	0.59	2.20
菲律宾	2008195	-9.28	4.66	墨西哥	934287	38.99	2.17
德国	1852495	30.38	4.30	俄罗斯联邦	778261	26.66	1.81
中国台湾	1470231	17.49	3.41	澳大利亚	760420	7.66	1.77
韩国	1443820	26.40	3.35	印度	640487	31.08	1.49
越南	1192858	4.35	2.77	加拿大	639218	12.75	1.48
荷兰	1047798	32.81	2.43	阿联酋	601731	43.79	1.40

续表 18-3

国家（地区）	出口额（万元）	比上年增长（%）	占全市比重（%）	国家（地区）	出口额（万元）	比上年增长（%）	占全市比重（%）
法国	581948	17.37	1.35	捷克	70152	12.33	0.16
巴西	571530	54.90	1.33	阿曼	63480	116.27	0.15
意大利	543436	10.02	1.26	瑞士	59617	3.12	0.14
沙特阿拉伯	480993	–0.89	1.12	肯尼亚	58344	–4.06	0.14
西班牙	474660	15.62	1.10	危地马拉	58237	57.27	0.14
新加坡	366317	21.02	0.85	爱尔兰	55566	28.72	0.13
比利时	354362	39.31	0.82	洪都拉斯	53885	98.82	0.13
土耳其	328865	57.50	0.76	卡塔尔	52695	54.43	0.12
智利	328770	35.84	0.76	葡萄牙	52486	10.67	0.12
尼日利亚	308733	5.03	0.72	伊朗	52331	–41.99	0.12
以色列	283983	52.42	0.66	斯洛文尼亚	50918	–0.06	0.12
南非	267103	15.03	0.62	斯里兰卡	50740	–5.52	0.12
孟加拉国	249108	29.44	0.58	芬兰	49481	2.08	0.11
巴基斯坦	217547	54.41	0.51	多米尼加共和国	49255	–9.64	0.11
埃及	217542	4.45	0.51	哥斯达黎加	44182	45.36	0.10
巴拿马	215035	13.07	0.50	坦桑尼亚	43474	5.87	0.10
希腊	195277	62.92	0.45	刚果（金）	38925	52.35	0.09
奥地利	185694	252.22	0.43	斯洛伐克	38327	–33.91	0.09
瑞典	169505	36.05	0.39	马绍尔群岛	36156	–47.08	0.08
哥伦比亚	165978	57.20	0.39	克罗地亚	35333	40.99	0.08
柬埔寨	164609	57.62	0.38	利比亚	34309	–55.76	0.08
秘鲁	153651	27.45	0.36	保加利亚	32282	26.97	0.07
丹麦	143938	31.14	0.33	摩洛哥	31610	–26.65	0.07
阿根廷	143500	51.03	0.33	乌拉圭	29520	30.11	0.07
匈牙利	132564	7.52	0.31	莫桑比克	27239	–36.91	0.06
新西兰	120352	19.33	0.28	安哥拉	24580	4.82	0.06
加纳	112115	–11.41	0.26	吉布提	23760	–21.77	0.06
乌克兰	96274	36.26	0.22	科特迪瓦	22744	–0.78	0.05
伊拉克	88678	–16.91	0.21	塞内加尔	22528	61.23	0.05
阿尔及利亚	88502	36.37	0.21	马达加斯加	19464	0.86	0.05
厄瓜多尔	88453	141.63	0.21	突尼斯	19413	21.93	0.05
科威特	84073	53.27	0.20	多民族玻利维亚国	18570	63.03	0.04
约旦	80133	8.25	0.19	萨尔瓦多	18002	20.09	0.04
塞尔维亚	79078	24.96	0.18	委内瑞拉	17861	–54.05	0.04
缅甸	78792	–40.47	0.18	立陶宛	17127	–13.09	0.04
挪威	76651	39.12	0.18	喀麦隆	16797	–41.81	0.04
罗马尼亚	76186	–16.67	0.18	贝宁	16334	73.13	0.04
也门	72890	42.44	0.17	哈萨克斯坦	16153	48.63	0.04

续表 18-3

国家（地区）	出口额（万元）	比上年增长（%）	占全市比重（%）	国家（地区）	出口额（万元）	比上年增长（%）	占全市比重（%）
乌兹别克斯坦	15711	-12.43	0.04	尼泊尔联邦民主共和国	11463	5.09	0.03
多哥	15425	-8.55	0.04	黎巴嫩	11361	72.36	0.03
塞浦路斯	15136	-37.98	0.04	巴拉圭	10940	33.03	0.03
白俄罗斯	13483	43.14	0.03	马耳他	10149	-4.27	0.02
苏丹	13047	-60.18	0.03				

【贸易方式】 2021 年，厦门市对外及港澳台进出口贸易方式主要有一般贸易、加工贸易、保税物流等（见表 18-4、18-5）。其中，一般贸易进出口占厦门市进出口额比重最高，为 72.8%。

【企业进出口】 2021 年，厦门市开展对外及对港澳台进出口业务企业类别主要有国有企业、民营企业、外商投资企业。其中，国有企业进出口额比上年增长 30.3%；民营企业进出口额 3248.7 亿元，增长 37.7%，占厦门市进出口总额 36.6%，比重提高 2.6 个百分点，拉动全市进出口增长 12.8 个百分点；外商投资企业进出口额增长 15%。（见表 18-6、18-7）

【进口产品构成】 2021 年，厦门市粮食、原油等大宗商品进口额比上年保持增长，其中资源类产品进口涨幅较大。粮食进口量 1210.5 万吨，比上年增长 73.3%。其中，大麦进口量 484.6 万吨，比上年增长 117.6%；高粱进口量 401.2 万吨，增长 135.2%；大豆进口量 148.1 万吨，增长 20.3%。原油进口量 272.6

表 18-4　2020—2021 年厦门市进口贸易方式情况表

项目	2021 年进口额（万元）	2020 年进口额（万元）
一般贸易	37339418	27422507
加工贸易	4858341	3968685
# 来料加工装配贸易	153896	171627
进料加工贸易	4704445	3797058
保税物流	3275474	2226078
# 保税监管场所进出境货物	1373507	1305474
海关特殊监管区域物流货物	1901967	920605
其他	219001	163644

表 18-5　2020—2021 年厦门市出口贸易方式情况表

项目	2021 年出口额（万元）	2020 年出口额（万元）
一般贸易	27282545	20904018
加工贸易	8142479	6966732
# 来料加工装配贸易	145279	128738
进料加工贸易	7997200	6837996
保税物流	7484613	7781468
# 保税监管场所进出境货物	2595798	2585665
海关特殊监管区域物流货物	4888815	5195798
其他	163378	67263

表 18-6　2020—2021 年厦门市企业进口贸易情况表

企业性质	2021 年进口额（万元）	2020 年进口额（万元）
国有企业	23751381	16847592
外商投资企业	10784365	9835020
# 中外合作企业	82410	61251
中外合资企业	3301144	3423937
外商独资企业	7400811	6349831
民营企业	11132747	7057187
# 集体企业	384084	338736
私人企业及个体	10748663	6718450
其他	23741	41116

表 18-7　2020—2021 年厦门市企业出口贸易情况表

企业性质	2021 年出口额（万元）	2020 年出口额（万元）
外商投资企业	15325277	12867020
# 中外合作企业	142795	96993
中外合资企业	3860219	3676609
外商独资企业	11322264	9093414
民营企业	21354698	16539926
# 集体企业	123322	166802
私人企业及个体	21231376	16373124
其他	15960	37667

万吨，比上年增长504.2%；铜矿砂进口量152.6万吨，增长63.3%；煤炭进口量位居全国首位。机电产品进口额1022.77亿元，比上年增长32.29%。高新技术产品进口额793.88亿元，比上年增长34.65%。（见表18-8）

【出口产品构成】 2021年，厦门市对外及港澳台出口产品以机电产品和劳动密集型产品为主。机电产品出口额1916.84亿元，比上年增长14.64%。其中，电子元件出口额比上年增长42.9%，液晶显示板出口额增长64.2%，汽车零配件出口额增长33.5%。纺织服装等7个大类劳动密集型产品出口额1253.9亿元，比上年增长9%。其中，民营企业劳动密集型产品出口额818亿元，占全市劳动密集型产品出口总值65.2%，占比远高于国有企业、外资企业。高新技术产品出口额890.75亿元，比上年增长43.16%。（见表18-9）

表18-8　　2020—2021年厦门市进口额前50位商品一览表

商品	2021年进口额（万元）	2020年进口额（万元）
矿砂、矿渣及矿灰	10568382	7732395
矿物燃料、矿物油及其蒸馏产品，沥青物质，矿物蜡	5087606	2468264
电机、电气设备及其零件，录音机及放声机、电视图像、声音的录制和重放设备及其零件、附件	3960349	3169418
核反应堆、锅炉、机器、机械器具及零件	3803396	2536113
钢铁	3109688	2521615
谷物	2057622	875186
光学、照相、电影、计量、检验、医疗或外科用仪器及设备、精密仪器及设备，上述物品的零件、附件	1890534	1481970
塑料及其制品	1650041	1755258
食品工业的残渣及废料，配制的动物饲料	1325827	814689
盐，硫磺，泥土及石料，石膏料、石灰及水泥	1234677	1180508
木及木制品，木炭	1183008	1146212
含油子仁及果实，杂项子仁及果仁，工业用或药用植物，稻草、秸秆及饲料	1029831	675651
乳品，蛋品，天然蜂蜜，其他食用动物产品	997501	813911
棉花	755388	483601
铜及其制品	733209	607860
动、植物或微生物油、脂及其分解产品，精制的食用油脂，动、植物蜡	723390	462143
木浆及其他纤维状纤维素浆，回收（废碎）纸及纸板	487877	585069
纸及纸板，纸浆、纸或纸板制品	455407	428879
其他贱金属、金属陶瓷及其制品	311001	118657
肉及食用杂碎	296011	273646
照相及电影用品	294735	279113
无机化学品，贵金属、稀土金属、放射性元素及其同位素的有机及无机化合物	253784	227680
有机化学品	241388	195656
铝及其制品	217020	116126
制粉工业产品，麦芽，淀粉，菊粉，面筋	208256	64069
鱼、甲壳动物、软体动物及其他水生无脊椎动物	201628	376549
橡胶及其制品	195418	231181
航空器、航天器及其零件	183465	174699
饮料、酒及醋	172939	185629
天然或养殖珍珠、宝石或半宝石、贵金属、包贵金属及其制品，仿首饰，硬币	170080	20571

续表 18-8

商品	2021 年进口额（万元）	2020 年进口额（万元）
玻璃及其制品	159455	76556
车辆及其零件、附件（铁道及电车道车辆除外）	148472	171926
杂项化学产品	142978	125510
蛋白类物质，改性淀粉，胶，酶	138625	113568
食用水果及坚果，甜瓜或柑橘属水果的果皮	125764	205946
钢铁制品	100943	71200
精油及香膏，芳香料制品及化妆盥洗品	99182	34677
家具，寝具、褥垫、弹簧床垫、软坐垫及类似的填充制品，未列名灯具及照明装置，发光标志、发光铭牌及类似品，活动房屋	74054	73850
食用蔬菜、根及块茎	62813	56658
生皮（毛皮除外）及皮革	61644	55916
糖及糖食	54094	102874
镍及其制品	48939	33116
石料、石膏、水泥、石棉、云母及类似材料的制品	45015	36515
化学纤维长丝，化学纤维纺织材料制扁条及类似品	43831	40946
贱金属杂项制品	41575	36351
书籍、报纸、印刷图画及其他印刷品，手稿、打字稿及设计图纸	39747	24080
鞣料浸膏及染料浸膏，鞣酸及其衍生物，染料、颜料及其他着色料，油漆及清漆，油灰及其他类似胶黏剂，墨水、油墨	39556	33573
杂项食品	34967	41108
艺术品、收藏品及古物	34236	6816
肥皂、有机表面活性剂、洗涤剂、润滑剂、人造蜡、调制蜡、光洁剂、蜡烛及类似品、塑型用膏、“牙科用蜡”及牙科用熟石膏制剂	33304	37516

表 18-9　　2020—2021 年厦门市出口额前 50 位商品一览表

商品	2021 年出口额（万元）	2020 年出口额（万元）
电机、电气设备及其零件，录音机及放声机、电视图像、声音的录制和重放设备及其零件、附件	6223584	5504347
核反应堆、锅炉、机器、机械器具及零件	4905738	4402122
针织或钩编的服装及衣着附件	2686726	1885999
鞋靴、护腿和类似品及其零件	2685927	2294660
光学、照相、电影、计量、检验、医疗或外科用仪器及设备、精密仪器及设备，上述物品的零件、附件	2420176	1857676
药品	2021224	466399
家具，寝具、褥垫、弹簧床垫、软坐垫及类似的填充制品，未列名灯具及照明装置，发光标志、发光铭牌及类似品，活动房屋	1787035	1647536
塑料及其制品	1714294	1634872
玩具、游戏品、运动用品及其零件、附件	1697853	1564745
钢铁	1470909	624561

续表 18-9

商品	2021 年出口额（万元）	2020 年出口额（万元）
车辆及其零件、附件（铁道及电车道车辆除外）	1440252	1123407
非针织或非钩编的服装及衣着附件	1327229	1221902
石料、石膏、水泥、石棉、云母及类似材料的制品	771779	687370
铝及其制品	751953	622074
皮革制品，鞍具及挽具，旅行用品、手提包及类似容器，动物肠线（蚕胶丝除外）制品	686916	562210
钢铁制品	656218	768412
陶瓷产品	645433	595623
化学纤维长丝，化学纤维纺织材料制扁条及类似品	552210	347697
其他纺织制成品，成套物品，旧衣着及旧纺织品，碎织物	525526	1042297
棉花	468599	509585
肉、鱼、甲壳动物、软体动物及其他水生无脊椎动物、昆虫的制品	436040	364551
贱金属杂项制品	431220	333534
纸及纸板，纸浆、纸或纸板制品	345203	327924
针织物及钩编织物	326506	346735
木及木制品，木炭	322235	262636
有机化学品	318574	287822
无机化学品，贵金属、稀土金属、放射性元素及其同位素的有机及无机化合物	299777	179961
食用水果及坚果，甜瓜或柑橘属水果的果皮	292925	274301
船舶及浮动结构体	275404	384386
橡胶及其制品	269274	235735
杂项制品	249080	227461
贱金属工具、器具、利口器、餐匙、餐叉及其零件	244623	203379
铁道及电车道机车、车辆及其零件，铁道及电车道轨道固定装置及其零件，附件，各种机械（包括电动机械）交通信号设备	219376	58178
化学纤维短纤	194835	154663
玻璃及其制品	190450	102328
絮胎、毡呢及无纺织物，特种纱线，线、绳、索、缆及其制品	189949	236795
蔬菜、水果、坚果或植物其他部分的制品	169176	181820
杂项化学产品	165686	201112
天然或养殖珍珠、宝石或半宝石、贵金属、包贵金属及其制品，仿首饰，硬币	158723	11518
雨伞、阳伞、手杖、鞭子、马鞭及其零件	154747	212632
航空器、航天器及其零件	145732	163788
矿物燃料、矿物油及其蒸馏产品，沥青物质，矿物蜡	129742	44664
精油及香膏，芳香料制品及化妆盥洗品	122374	108608
肥料	115357	43126
特种机织物，簇绒织物，花边，装饰毯，装饰带，刺绣品	113487	86340
咖啡、茶、马黛茶及调味香料	102738	70055
鱼、甲壳动物、软体动物及其他水生无脊椎动物	102235	92998
照相及电影用品	93858	77930
食用蔬菜、根及块茎	88240	109046
浸渍、涂布、包覆或层压的纺织物，工业用纺织制品	81787	81704

【服务贸易】 2021年，厦门市服务进口额285.8亿元，比上年增长25.8%，比全国增幅高21个百分点；服务出口额369.6亿元，增长49.8%，比全国增幅高18.4个百分点。企业承接服务外包合同额749.1亿元，比上年增长40.3%，比全国增幅高14.9个百分点；执行额481亿元，增长45.4%，比全国增幅高21.8个百分点。其中，承接离岸服务外包合同额272.5亿元，比上年增长21.6%，比全国增幅高5.6个百分点；执行额184.2亿元，增长25.5%，比全国增幅高7.7个百分点。美国、欧盟、中国香港地区合计占厦门市离岸服务外包执行额72.0%。企业承接欧盟市场离岸服务外包执行额比上年增长108.9%；承接“一带一路”沿线国家离岸服务外包执行额3.8亿美元，增长26.7%。承接离岸信息技术外包（ITO）、业务流程外包（BPO）、知识流程外包（KPO），执行额分别为5.6亿美元、18.2亿美元、4.1亿美元，分别比上年增长37.0%、31.9%、27.9%。其中，供应链管理服务、工业设计服务、集成电路和电子电路设计服务、文化创意服务、软件研发服务等离岸服务外包业务分别比上年增长106.2%、86.9%、60.6%、30.9%、25.6%。在2021中国数字服务暨服务外包领军企业推介活动中，厦门点触科技股份有限公司被评为“文创领域领军企业”，橙联（中国）有限公司、厦门中远海运集装箱运输有限公司被评为“供应链领域领军企业”，厦门软件园被评为“数字智慧园区”。厦门市制定《2021—2023年度厦门市外经贸发展专项资金（服务贸易和服务外包项目）管理办法》。在中国国际服务贸易交易会设立厦门馆，组织8家企业参展，举行服贸项目签约活动。服务外包产业新增从业人员5.2万人，比上年增长38.8%。至年末，厦门市服务外包产业累计吸纳从业人员22.8万人，比上年同期增长29.2%，其中大学及以上学历13.1万人，占57.3%。

【促进外贸发展惠企措施出台】 2021年，厦门市出台促进外贸发展惠企15条措施，从强化稳外贸工作机制、加强信保及融资支持、推进外贸结构优化、支持外贸创新发展、支持国内国际市场开拓、降低口岸通关成本、提升贸易救济水平7个方面支持外贸企业发展。出台年度扶持政策，支持企业保存量、拓增量及向品牌、跨境电商等新业态转型。结合金砖基地建设、扩大与RCEP国家贸易、新项目落地等配套支持措施。市商务局针对保税物流、跨境电商、外贸综合服务等类型企业，组织政策宣讲会12场。

【外贸营商环境优化】 2021年，厦门市发挥外贸外资专班机制作用，召开专题会议，协调解决涉企问题。通过实地走访和座谈等方式，组织企业调研活动超100次，了解企业经营情况、困难、问题，协调国家部委等部门解决厦门金龙联合汽车工业有限公司、厦门国贸集团股份有限公司货物滞留口岸问题。紫金国贸（贵金属加工出口）、汇立通（市场采购）等重点外贸增量项目在厦门落地。10月起，新签或续转小规模企业基本风险保障保单费率下调20%。

【外贸转型升级推动】 2021年，厦门市制定新业态新模式发展措施清单，落实国家、省各项促进外贸新业态新模式发展政策，梳理市级9个方面、35条细化发展措施清单。开展跨境电商综合服务企业试点，首批25家企业进入备选名单。构建跨境电商国际物流通道，引入厦门纵横集团股份有限公司在厦门开展航空货运业务，开通厦门—荷兰马城洲际航线，推动中外运菜鸟集货仓在7月投入运营。市商务局强化与亚马逊、阿里巴巴等平台合作，推动传统外贸转型跨境电商；协助举办首届厦门国际跨境电商产业展览会。启动市场采购业务试点。开展二手车出口试点。市、区协同成立进口贸易创新示范区领导小组，制定进口示范区实施方案，从规划制定、产业升级、供应链服务、消费平台建设等方面推动示范区建设。

【外贸品牌培育】 2021年，厦门市出台外贸自主品牌培育三年行动方案。在自主品牌营销、出口信保、开拓市场、品牌公共推广等8个方面配套支持措施，首批认定厦门亿联网络技术股份有限公司、奥佳华智能健康科技集团股份有限公司等品牌企业31家。完善品牌出海门户网站建设，组织专题推介活动5场，至年末累计上线企业121家、商品3700余种，收到海外询盘1.1万余件。市商务局推动外贸转型升级基地建设，4家国家外贸转型升级基地通过商务部重新认定。举办“外贸优品汇　扮靓步行街”出口产品转内销活动，60家外贸企业参加。组织企业参加广交会、进博会1500余家次。

【服务贸易创新发展试点】 2021年，厦门市落实服务贸易创新发展试点任务。自2020年8月（获批国家全面深化服务贸易创新发展试点）至2021年12月，试点任务88项，其中43项试点任务完成落实，占48.9%。全国首创5项，即成立首个外国人才服务站、移民事务服务站联动服务平台；首次实现跨境金融区块链服务平台的税务应用；在厦门远海码头建设全国首个5G（第五代通信技术）场景应用智慧港口项目；启用航空电子货运平台，在全国率先开展空运出口“一单多报”和“安检验讫放行电子化”，实现全链条可视化数字服务；厦门口岸物流公共服务平台（一期）上线，在全国率先提供全流程综合物流信息服务。全省首创2项，即建立首个工作、居留许可“一件事”联办窗口和打造“服务贸易支付便利化场景”。市商务局、自贸区厦门片区管委会与国家服务贸易创新发展引导基金签订战略合作协议，推动海峡西岸总部、厦门市服务贸易产业投资基金、中小服务贸易企业基金在厦门落地，通过资源导入、市场化投融资等方式支持服务贸易发展。

【特色服务出口基地建设】 2021年，福建自贸区厦门片区在商务部综合评价中获91.4分，位列国家文化出口基地功能区类基地首位。厦门市17家企业入选2021—2022年度国家文化出口重点企业。自贸区厦门片区入选首批13家国家文化出口基地创新实践案例；厦门外图集团有限公司的东南亚中国图书巡回展案例获评全球服务实践案例。数字服务出口基地（火炬）业务比上年增长28.3%，厦门梦加网络科技股份有限公司发展案例入选商务部国家数字出口基地企业发展案例。北京中医药大学厦门医院（厦门中医院）申报中医药服务出口基地，厦门精艺达翻译服务有限公司、华侨大学、厦门外图集团有限公司申报语言服务出口基地。

2021 年 6 月 2 日，中欧班列（厦门）开行第 1000 列（自贸区厦门片区管委会 供图）

【中欧班列（厦门）开行第 1000 列】 2021 年 6 月 2 日，第 1000 列中欧班列（厦门）从福建自贸区厦门片区海沧园区发运，开往德国汉堡。中欧班列（厦门）开运 5 年多，累计运输近 8 万标准箱、货值超 30 亿美元（含城际合作班列），货物种类覆盖电子、机械、日用品、食品、木制品等，促进区域供应链和产业链协调发展。

【月度进出口值首次突破 800 亿元】 2021 年 7 月，根据厦门海关统计，厦门市月度进出口值首次突破 800 亿元关口，为 812.9 亿元，比上年同期增长 30.1%。其中，进口 437.8 亿元，比上年同期增长 50.9%；出口 375.1 亿元，增长 12.1%。

【厦门入选中国外贸百强城市】 2021 年 10 月，《中国海关》杂志发布“2020 中国外贸竞争力百强城市”排名。在纳入中国城市外贸竞争力分析的 297 座城市中，厦门市位列第七位；在各分项排名中，厦门市在城市外贸水平竞争力排名中位居第五位，在城市外贸潜力竞争力排名中位居第五位，在城市外贸结构竞争力排名中位居第七位。

（市商务局　市统计局）

“一带一路”倡议支点城市建设

【概　况】 2021 年，厦门市拓展“一带一路”航线，厦门港“一带一路”航线通达 25 个国家和地区的 53 个港口。“一带一路”航线完成集装箱吞吐量 165.03 万标准箱，比上年增长 11.75%。打造“丝路海运”命名航线，80 条“丝路海运”命名航线开行 2829 个航次，完成集装箱吞吐量 351.62 万标准箱。其中，厦门 56 条命名航线开行 2135 个航次，完成集装箱吞吐量 258.68 万标准箱，比上年增长 12.82%。“丝路海运”联盟成员数 223 家。厦门市举办第三届“丝路海运”国际合作论坛。运用中央、地方外经贸发展专项资金，扶持企业开拓国际市场。对企业参加“一带一路”9 个重点市场展会进行扶持，展位费补助标准上浮 15%。修订“海丝”投资基金管理办法，建立基金管理运行工作机制，确定 3 个投资项目。厦门市健全外防输入机制，制定运输行业对外新冠病毒肺炎疫情防控规程和工作方案。厦门市企业为英国等欧洲国家提供新冠抗原试剂盒超 12 亿人份。厦门市以“一带一路”沿线国家与地区为重点，开展与友城、港口、商协会等对外友好合作工作。开拓对外联络渠道，新设立驻新西兰、法国、奥地利等海外联络处 6 个。至年末，厦门市有杜尚别、尼斯等国际友城 21 个。

【陆海双向互济】 2021 年，厦门市发挥中欧（厦门）班列优势，加密开行班次，助力新冠病毒肺炎疫情防控和企业复工复产。中欧（厦门）班列发运 197 列；货值 10.88 亿美元，比上年增长 11%。3 月，跨境电商货物首次以“9710”监管方式（跨境电商 B2B 直接出口）申报出口，为中欧班列（厦门）首次以整箱电商货物申报出口、福建省首票跨境电商班列货物出口。厦门市国际航线运营稳定，厦门航空有限公司运营厦门至阿姆斯特丹、洛杉矶等 10 条正班国际航线，与泰国、新加坡等 6 个“一带一路”沿线国家不断航。厦门建发股份有限公司、厦门航空有限公司、福建纵腾网络有限公司共同投资设立商舟航空物流有限公司。厦门市支持航空运输企业或货机包机企业开通直达货运航线，推动航空货运国际集货、国际中转集拼业务。厦门机场实现货邮吞吐量 29.78 万吨，比上年增长 7.01%。其中，境外货邮吞吐量 15.22 万吨，比上年增长 35.98%。厦门新机场项目工程可行性报告获国家相关部委批复。

【双向投资贸易】 2021 年，厦门市以重大项目、重要平台载体为抓手，加强与“一带一路”沿线国家等双向投资贸易水平。厦门市与“一带一路”沿线国家和地区进出口额比上年增长 38%，与 RCEP（区域全面经济伙伴关系协定）国家进出口额增长 30.8%。引进“一带一路”沿线国家和地区外资企业 77 家；合同利用外资 27 亿元；实际利用外资 5.2 亿元，比上年增长 54.9%。厦门市共有对“一带一路”沿线国家和地区“走出去”项目 31 个，厦门方对外投资额 1.56 亿美元。厦门市开展跨境电商综合服务企业试点，筛选和备案跨境电商综合服务企业，促进跨境电商进出口货物在厦门口岸集聚。鼓励企业布局欧美、RCEP 国家、“一带一路”沿线国家和地区的海外仓，全市跨境电商进出口额 85.5 亿元，比上年增长 207%。

【海洋开发合作】 2021年，厦门市发展现代都市渔业，推动建设厦门现代水产种业园区。发展海洋高端现代服务业、滨海旅游业和文化产业，做大做强国际航运中心。推进海洋高新产业园区规划建设，促进海洋产业集聚和规模化发展。推动高崎渔港提升改造和“渔市游”等项目建设，发展现代化渔业休闲产业。加强两岸水产品交易中心和高端水产品交易中心建设，制定三年升级改造提升计划。统筹开展远洋渔业活动，远洋渔业总产量5.49吨，总产值4.2亿元，运回量3.01万吨，其中运到厦门2.61万吨。推进南方海洋研究中心基地建设，项目完成工程建设，具备“拎包入住”式孵化环境。建设厦门市海洋国际合作中心，对接海洋国际合作资源，举办海洋产业对外对接会4场。发挥东亚海岸带可持续发展地方政府网络（PNLG）秘书处作用，召开PNLG执委会，促进PNLG成员信息分享及经验交流。

【教育科技合作】 2021年，厦门市以线上线下相结合方式举办“一带一路”系列国际研讨会。华侨大学等高校主办外国政府官员中文学习班等国际培训平台，采用线上线下相结合方式开展教学。在厦门的高校及科研机构组织各类学术研究联盟，与东盟国家等世界各国开展学术研究合作，围绕推进“一带一路”建设主题，开展课题研究。厦门大学马来西亚分校在校生人数6000余人，来自30个国家和地区。

（市发改委）

外资及港澳台资利用

【概　况】 2021年，厦门市新设外资及港澳台资企业数、合同利用外资及港澳台资额、实际利用外资及港澳台资额均居全省首位。新设外资及港澳台资企业1135家，比上年增长15.0%，占全省比重41.4%。合同利用外资及港澳台资435.2亿元，比上年增长14.1%，占全省比重40.2%。实际利用外资及港澳台资186.4亿元，比上年增长12.2%，比全省增幅高6.1个百分点，增速居全省第五位；比2019年增长38.9%，比全省同期增幅高21.9个百分点。实际利用外资及港澳台资规模占全省比重50.5%，比上年增加2.8个百分点，比重比2016年提高23.4个百分点。实际利用外资及港澳台资增量占全省比重95.6%。根据商务部统计口径，厦门市实际利用外资及港澳台资金额比上年增长22.9%，比全国增幅高8个百分点；比2019年增长37.4%，比全国同期增幅高22.1个百分点。服务业、制造业实际利用外资及港澳台资金额分别占全市77.1%、22.9%。服务业实际利用外资及港澳台资143.7亿元，比上年增长32.8%。高技术产业实际利用外资及港澳台资金额比上年增长59.4%。其中，研发与设计服务、医疗仪器设备及仪器仪表制造、信息服务实际利用外资及港澳台资金额分别比上年增长5.4倍、2.2倍、89.7%。主要投资来源地保持增长，其中实际利用中国香港资金152亿元，比上年增长33.4%，占全市81.6%。实际利用中国台湾（含转第三地）资金占全市7.9%。RCEP国家对厦门市实际投资比上年增长3.5倍，其中日本增长30.6倍、新加坡增长54.5%。新增合同利用外资及港澳台资1000万美元以上项目105个，比上年增长15.4%；合同利用外资及港澳台资64.95亿美元，比上年增长32.6%，金额占全市合同利用外资及港澳台资金额96.2%。新增实际利用外资及港澳台资1000万美元以上项目58个，比上年增长65.7%；实际利用外资及港澳台资25.38亿美元，比上年增长14.2%，金额占全市实际利用外资及港澳台资金额91.4%。

【外资及港澳台资投资促进】 2021年，厦门市商务局做好促进外资增长措施、中介引荐人等奖励政策宣传解读。下发《厦门市商务局关于进一步做好促进外资增长奖励政策审核兑现工作的通知》，推动在谈外资项目落地、到资、投产运营。出台《厦门市重大招商项目评审及决策方法》《厦门市招商引资实绩竞赛方案（2022年版）》。收集全市重点促落地、促到资招商项目，实行重点招商项目领导包联挂钩工作机制，强化督查督办力度，推动项目取得实质进展。针对省、市重大活动签约外资项目，协调促进项目落地、到资。梳理外方股东未分配利润5000万元以上外资及港澳台资企业清单、已落地未到资重点外资及港澳台资企业清单，协调解决企业困难问题，推动企业增资、到资。

【招商推介】 2021年，厦门市依托投洽会、进博会、侨商大会等平台开展招商推介。其中，厦门团在投洽会上梳理报送外资及港澳台资签约项目成果40个，合同利用外资及港澳台资21亿美元，外资及港澳台资项目合同金额居全省首位。厦门市参与福建省国际投资促进大会、“日资企业福建行”、“知名台企福建行”等招商活动，加强项目储备，推动项目进展。协办全国外资工作会。加强与联合国工发组织、德勤中国等组织机构、中介机构合作，探索开展海外委托招商。市商务局更新、编印《厦门招商手册》，新编《厦门外商投资环境白皮书》；做好投洽会布展工作，展示市及各载体区投资营商环境。完成“中欧全面投资协定对我市外向型经济影响及对策”课题调研。

【台资利用】 2021年，厦门市新批台资项目688个，比上年增长19.2%；新设台湾个体户110户，增长13.4%，在厦门的台湾居民个体户占全省30%。自贸区厦门片区打造两岸机电产业融合发展示范平台，引进企业12家。厦门两岸集成电路产业园获评国家级科技企业孵化器，累计引进两岸集成电路设计及相关应用企业100多家。厦门两岸股权交易中心“台资板”挂牌企业增至1497家。大陆首个“海峡两岸（厦门）直播电商产业合作园”运营。

（市商务局）

金砖创新基地建设

【概　况】 2021年，厦门市成立金砖创新基地建设领导小组，市委、市政府主要领导担任组长，下设领导小组办公室，4月8日挂牌。厦门火炬高新区和自贸区厦门片区为金砖创新基地核心区。8月，工业和信息化部、科技部、外交部和福建省联合印发《金砖创新基地建设方案》，金砖创新基地采用理事会、战略咨询委员会、实体机构三级架构运行机制，实行“机构化设置、实体化运作”。9月6日，金砖创新基地理事会第一次会议召开，选举产生理事会组成人员及单位，明确实体机构主任人选；福建省委编办批复同意设立金砖创新基地实体机构，暂不定规格。9月7日，工业和信息化部、福建省、厦门市签署共建金砖创新基地合作协议，建立部省市联动工作机制，实体机构揭牌。厦门市围绕金砖创新基地建设重点任务，发布2批重点任务清单共60项，开展金砖专题培训15期，建设新工业革命基础设施3个、新工业革命领域赋能平台7个，推出首批新工业革命领域示范标杆项目39个，签约金砖合作项目33个。举办2021金砖国家智库国际研讨会、2021金砖国家新工业革命伙伴关系论坛、大赛及展览等活动。联合工业和信息化部国合中心等编制金砖创新基地发展规划、功能产业规划及三年行动方案。与华侨大学、福建师范大学签订智库合作协议，开展专项课题研究，推出3期《厦门金砖研究专报》、《金砖及“金砖+”国家动态资讯》，发布《金砖创新基地发展报告（2021）》蓝皮书，联合举办线上线下学术研讨会和专题讲座3场。

【制度创新研究】 2021年，厦门市出台《关于加快金砖创新基地建设的若干措施》，围绕重点任务推出26条措施，鼓励加强与金砖国家在新一代信息技术、新能源、新材料等领域合作，支持设立金砖创新基地技术转移机构、金砖孵化载体等。中央驻厦门金融监管部门联合推出金融支持金砖创新基地20条措施。全市各相关部门梳理汇总向上争取政策项目清单。自贸区厦门片区获批新型离岸国际贸易试点、飞机经营性租赁外币计价结算试点。厦门市与工业和信息化部考试和教育中心联合推动开展面向金砖国家的培训和资格互认；与中国电子技术标准化研究院等专业机构合作，立项编制《金砖国家标准化研究报告》，推动金砖国家新工业革命领域标准制定及互认；与赛迪研究院合作，立项开展金砖国家工业互联网发展指数、金砖国家数字制造发展指数课题研究。厦门海关与南非德班海关开展通关便利化、智慧海关等交流合作，开展与俄罗斯“经认证经营者（AEO）”互认课题研究。厦门市税务局向辖区企业印发《中国居民赴金砖国家投资税收指南》。

【公共信息服务平台建设】 2021年，厦门市开通金砖创新基地中英文网站和微信公众号，发布金砖创新基地建设资讯、金砖各国新工业革命领域相关动态及政策信息，为企业、机构、高校等参与金砖创新基地建设提供政策咨询、人才培训、项目对接等服务。推出在厦门高校为先导、企业逐步加入模式，组建厦门金砖新工业能力提升培训基地联盟，首批授牌厦门大学、华侨大学、厦门技师学院等5所院校，针对金砖国家开发多语种线上线下培训课程。完成线上培训直播平台搭建。开展线上线下金砖人才培训6期，金砖五国及德国、荷兰、乌克兰、巴基斯坦、哈萨克斯坦、智利等10余个国家的参训学员超2万人次。海关总署在厦门设立金砖国家培训中心，举办南非海关培训班、德班海关能力建设研讨班等国际研讨培训活动。厦门市对接金砖国家工商理事会中方技能发展工作组，推动“厦门市金砖未来技能发展与技术创新研究院”落地。举办厦门金砖创新基地人才赛道暨留学人才创新创业大赛。与厦门大学、莫斯科大学筹建中俄数字经济研究中心。与厦门大学共建“嘉庚高新技术研究院”。与俄罗斯乌拉尔联邦大学联合成立中俄数字机械工程中心。建设“金砖+”科技加速器和Watson Build创新中心（金砖专区）。委托中国信通院建设新工业革命信息基础设施（“星火·链网”超级节点、厦门市工业互联网标识解析二级节点、国际互联网专用通道）。与4家工业和信息化部直属机构合作策划建设金砖新工业培训平台、金砖国家绿色发展服务平台、金砖国家工业能力共享平台、产业链供应链协同创新平台、制造业创新成果产业化服务平台、金砖国家知识产权交易平台、金砖国家数字技术标准创新示范平台。

【金砖人才服务】 2021年，厦门市针对金砖人才推出创新机制，开展金砖人才服务。在全国首创外籍人才专业水平评价机制，首批4名俄罗斯、印度等金砖国家外籍人才通过专业技术和技能认定，取得工作居留许可。印度2名专家加入厦门市科技特派员服务队。

【应用场景建设】 2021年，厦门市推动金砖合作应用场景建设。建设金砖创新基地展厅。建设厦门新工业革命标杆项目展示厅，发布首批39个新工业革命领域示范项目，涵盖智慧城市、新型基础设施、车联网先导区和智能制造先行区标杆项目及应用场景。针对智能制造和数字经济领域，打造金砖未来科技园、智能制造产业基地等领域场景应用特色载体。金砖未来创新园（软件园三期B区）开展招商，金砖数字经济孵化中心（软件园一期北片区）投入使用。金砖智能制造孵化中心（火炬新科广场）、金砖留学人员创业路演厅（火炬荟智空间）交付使用。

【重点项目推进】 2021年，厦门市对接国内外项目资源，推进金砖合作项目开发工作。全市180家单位开展摸底工作，累计反馈企业1288家，分析项目开发合作初步思路，形成《厦门与金砖国家往来情况简析》。签约第二批28个项目，总投资金额134.04亿元。推动园区交流，厦门市金砖创新基地建设领导小组办公室（简称市金砖办）、火炬高新区联合俄罗斯最大科技园“斯科尔科沃创新中心”举办“2021中俄项目开发合作对接会暨厦门路演活动”。厦门市加强与金砖国家在节能环保、清洁能源等领域合作。加强与金砖国家企业产业链供应链合作。推动金砖国家跨境电商发展，落地俄中跨境电商项目，建成金砖国家商品服务中心，设立俄罗斯、巴西等金砖国家商品馆。厦门互联网公司石头城打造金砖石材产业交易中心，集聚金砖国家石材供应商超700家。

【金砖产业基金】 2021年，厦门市推动设立金砖产业基金，中国通用技术集团提出100亿元母基金方案，引进金融机构总部、头部私募基金管理机构参与基金运营。厦门火炬集团与中信建投合作设立火炬润信科技创新产业投资股权基金，重点支持金砖智能制造基地产业项目。

【金砖专题系列活动】 2021年，厦门市举办金砖国家华侨华人创新合作对接会、2021金砖国家智库合作国际研讨会、金砖国家“海洋与极地科学”专题领域工作组第四届会议。工业和信息化部、福建省、厦门市联合举办2021金砖国家新工业革命伙伴关系论坛、促进金砖工业创新合作大赛及展览，88个创新项目参加总决赛，展览面积1万平方米，国内外参展企业122家。投洽会配套举办“2021金砖国家投融资论坛”，以“加强产业金融合作共建金砖创新基地”为主题，围绕推动产融结合、深化金融对外开放、开展绿色金融合作等进行探讨，会议现场发布《金砖国家国别分析报告》。

（市金砖办）

开发区建设

中国（福建）自由贸易试验区厦门片区

【概　况】 2021年，中国（福建）自由贸易试验区厦门片区（简称自贸区厦门片区）完成地区生产总值880.41亿元，比上年增长12.8%；财政收入131.28亿元，增长32.8%，其中地方级收入71.44亿元，增长42.2%。新增企业8089家，注册资本937.3亿元。其中，外资企业196家，注册资本118.7亿元。总面积43.78平方千米。其中，两岸贸易中心核心区19.37平方千米，涵盖象屿保税区、象屿保税物流园区；东南国际航运中心海沧港区24.41平方千米，涵盖海沧保税港区。《福建自贸试验区扩区方案》上报国务院。省商务厅向商务部提交《关于推进福建自贸试验区扩区建设有关事项的报告》，调整扩区空间布局，厦门扩区面积从50平方千米提高至70平方千米，规划范围包括两岸区域性金融中心、翔安南部片区。海沧港综合保税区通过一期验收。厦门新机场申报和规划设立空港综保区，空港综保区产业及空间发展规划由市资源规划局完成评审。自贸区厦门片区2015年挂牌后，累计新增企业4.7万家（含外资企业2149家），注册资本7021.8亿元，企业数为挂牌前的6倍。

【改革创新】 2021年，自贸区厦门片区推出创新举措52项，其中全国首创11项。年度49项创新试验任务的140项具体措施中，实施124项，部分实施6项，处于推进过程10项，任务落实率92.8%。国务院6批、143项改革试点经验中，落实141项，落实率98.6%。获批成为新型离岸国际贸易试点地区、飞机经营性租赁外币计价结算试点，成为国家口岸办首批建设的航空物流公共信息平台。至年末，自贸区厦门片区累计推出创新举措498项。其中，全国首创111项，被国务院发文向全国推广的厦门改革试点经验30项，入选全国自贸试验区“最佳实践案例”5个。

【营商环境提升】 2021年，厦门市制定《厦门经济特区促进中国（福建）自由贸易试验区厦门片区建设规定》。在自贸区厦门片区设立厦门知识产权法庭、自贸区法庭、自贸区检察室、厦门国际商事仲裁院、厦门国际商事调解中心、厦门港航调解中心、自贸区调解工作室、自贸区公共法律服务中心、公共法律服务协同创新基地等。成立全国首个知识产权司法协同中心，综合运用司法、行政、经济、技术和社会治理手段，开展知识产权协同保护、知识产权纠纷协同调处、知识产权理论协同研究工作。厦门知识产权司法协同中心移送调解案件1825件，调解成功率40%。中国厦门（厨卫）知识产权快速维权中心受理外观设计专利申请166件，预审通过150件，平均审查周期3天。建设自贸区进口酒、水产品、燕窝等进口商品统一溯源平台，有溯源数据117万条，入驻企业10多家，数据与相关部门共享，实现进口商品来源可查、去向可追、责任可究的数字化、精准式的链条监管。推进企业综合信息基础平台建设，归集市场监管、税务、发改、统计、科技、人社、医保等部门涉企信息近450万条数据，对自贸区厦门片区5.3万家企业注册、审批、监管、信用、服务和退出全生命周期进行数字化服务与监管。

【招商引资】 2021年，自贸区厦门片区出台《推进高端现代专业服务业发展的若干措施》，制定招商引资实绩竞赛工作方案和重点招商项目引、推、落、产工作机制。新增落地招商项目总投资额1393.1亿元，注册资本590.4亿元，其中世界500强、中国500强、大型央企等高能级落地项目数78个，总投资235.1亿元。落地项目中，实际到位内外资299.7亿元，其中高能级落地项目实际到位资金185.2亿元。自贸区厦门片区实际利用外资14.7亿元，完成年度任务115.7%。引入元气森林、桐邦信息、人力宝等总部项目。推动港务贸易、京东供应链、紫金国际贸易、傲农国际贸易等企业入驻海关特殊监管区，吸引厦航租赁、跨境飞机租赁、朝聚医疗、蜗帆启航等企业开展融资租赁、基金等业务。落地香港赛夫集团（注册资本2亿美元）、香港中南基金（规模20亿元）、独角兽企业能链集团（注册资本1.5亿美元）等项目。引进菜鸟合作伙伴汉连供应链、元翔跨境电商开展“9610”（跨境贸易电子商务）业务，南航租赁、厦航租赁等新设飞机SPV（特殊目的实体）公司开展20架飞机租赁业务，金额25.57亿元。推动中信产业基金增资，紫金矿业紫安、紫风等系列股权投资项目。与各区项目联动，落地团油科技、桐邦信息、华夏金鸡基金等项目201个。

【国际贸易“单一窗口”】 2021年，自贸区厦门片区发挥国际贸易“单一窗口”作用，复制推广建设经验。推动厦门口岸航空电子货运平台建设，获商务部肯定，国务院自由贸易试验区工作部际联席会议简报刊发《厦门片区积极服务国际经贸合作　创新建设口岸航空电子货运平台》专题推介。国家口岸办在厦门召开现场工作会议，宣传推广厦门国家航空物流公共信息平台验证工作经验做法。厦门被列为国家航空物流公共信息平台试点城市。“航空物流电子货运信息一点登录查询”“国际贸易口岸物流公共服务平台”“航运公司综合服务平台”“跨境电商汇总报关清单银行结算”4项举措入选福建自贸试验区第十八批创新举措，均被评为全国首创。

【航空维修平台建设】 2021年，自贸区厦门片区推动航空维修产业政策修订。落实清单内进口航材免税政策，推动航空维修业发展；支持举办2021年MRO中国航空维修峰会。航材公共保税仓库获批准设立。国泰航空发动机备发中心设立。厦门新科宇航科技有限公司成为全国首个具备CF34-10A发动机短舱维

2021 年 3 月 20 日，福建省跨境电商货物首次搭上中欧班列（厦门海投集团　供图）

修能力的企业。商舟航空物流公司及新舟航空货运公司设立。

【跨境电商平台建设】 2021 年，自贸区厦门片区出台支持跨境电商产业发展办法。上线跨境电商综合服务平台。落地海关监管方式代码“1210”（保税备货）商品首次进口免备案。开展综保区海关监管方式代码“9610”“9710”“9810”（跨境贸易电子商务、直接出口、出口海外仓）业务。首创海关监管方式代码“9610”出口通过公共服务平台自主结汇模式。拓展厦门—金门—高雄跨境电商物流通道，首发中欧班列跨境电商海关监管方式代码“9710”货物，开通厦门至欧美、俄罗斯等定期航空货运航线，全国首创“单一窗口 + 空运物流”模式。打造“京东自营仓 + 保税中心仓”模式，落地中外运菜鸟集货仓、亚马逊前置仓，推动易达优送、苏莱美等海外仓。

【文化贸易平台建设】 2021 年，自贸区厦门片区推动文化贸易平台建设，国家文化出口基地被商务部评为 2019 年功能类文化出口基地第一；两年一度的国家文化出口评选中，自贸区厦门片区新增重点企业 4 家（共 17 家），新增重点项目 1 个（共 3 个），数量居全国首位。“艺术拍”累计举办线上线下拍卖 88 场次。“大力发展文化保税业态”入选基地首批创新实践案例。依托“东南亚中国图书巡展”搭建图书版权“出海”平台，该工作获评中国国际服贸会“全球服务实践案例”。自贸区厦门片区推动举办 2021 年艺术厦门、海丝艺术中心 VR 线上展览等活动。修订出台国家文化出口基地扶持政策。

【供应链创新与应用】 2021 年，自贸区厦门片区入选商务部第一批全国供应链创新与应用示范城市和企业，是全国唯一进入示范城市公示的自贸试验区。厦门建发集团有限公司、厦门国贸控股集团有限公司、厦门象屿集团有限公司、林德（中国）叉车有限公司入选全国首批供应链创新与应用示范企业。自贸区厦门片区联合市商务局评选 20 家市级供应链创新与应用试点企业。举办供应链管理年会及创新成果展。联合商务部配额许可证事务局推动贸易数字化，支持数字化医疗、E 钢联等企业数字供应链平台，建设进口酒、水产品、燕窝等综合服务平台和外贸供应链综合服务平台。推动象屿、国贸等开展原油贸易，全年进口原油 36 批、464.8 万吨，进口金额 24.5 亿美元。开展厦门港保税船燃替代进口船燃业务，厦门保税船燃供应 69.6 万吨，比上年增长 12.6%。

【集成电路产业】 2021 年，自贸区厦门片区以监管创新服务全市中小微集成电路研发企业，保税监管试点累计对外付汇超 3 亿元。建成集成电路人才实训基地，启动与西门子等机构培训合作。自贸区厦门片区两岸集成电路产业园被科技部认定为“2020 年国家级科技企业孵化器”。厦门亿芯源半导体科技有限公司获评 2021 年省“瞪羚”创新企业、2021 年首批省重点上市后备企业。厦门凌阳华芯科技股份有限公司、烨映电子技术有限公司、开元通信技术（厦门）有限公司的产品获评第十六届中国集成电路产业促进大会中国芯“芯火”新锐产品。

【融资租赁产业】 2021 年，自贸区厦门片区推动融资租赁产业发展。至年末，在自贸区厦门片区注册的融资租赁企业 435 家（含特殊目的公司 123 家），注册资本总额 451.83 亿元，合同利用外资 220.31 亿元。引进融资租赁飞机 12 架（至年末，累计引进飞机 144 架，价值 84.62 亿美元）。引进融资租赁船舶 27 艘。集成电路租赁投放 55.84 亿元。自贸区厦门片区有全国性大型租赁公司 16 家，在厦门开展飞机租赁等业务，其中厦航租赁、中影华夏租赁、象屿金控、农商租赁等合计到资近 15 亿元。自贸区厦门片区沟通监管部门，举办飞机船舶业务交流会；到北京、上海等地走访建信租赁、农银租赁、中飞租、宏顺租赁、远东宏信租赁等企业，推动新增项目落地。

【数字自贸区建设】 2021 年，自贸区厦门片区推进数字自贸区建设，制定数字自贸区三年行动方案，落实数字基建、数字产业、数字监管、数字服务 4 个方面任务。推动数字基建，“数字港口”“智慧物流”建设初显成效，建成厦门港集装箱智慧物流平台、口岸物流公共服务平台，全面实现厦门海港口岸集装箱货物提货单及设备交接单电子化，码头闸口通过时间压缩 2/3，每年为企业节约成本 1.56 亿元。第一批数字应用数字国际酒平台、跨境电商综合服务平台、进口商品溯源平台、贸易数字化展厅等上线，厦门自贸数字化促进中心成立。“海运费境内外汇划转”应用场景上线，实现实时动态监管统计、发票自动验真、企业“一趟不用跑”，累计办理业务 1.54 万笔，金额 1.8 亿美元。实现区块链技术在小提单电子化应用，区块链存证平台上线试运行，提货单全流程电子化比例超75%，逐步实现设备交接单无纸化作业。自贸区厦门片区推动京东、布比区块链、涂鸦人工智能、蚂蚁开放联盟链（厦门）创新基地等40个数字化项目落地，总投资约110亿元。优化“数字+平台+基地”模式，实现数字进口酒等7个重点平台的数字化转型。出台配套政策措施，制定促进数字化发展措施，围绕数字技术应用、创新载体建设、开拓数字领域市场提出7条政策；出台数字化扶持政策，对企业开展数字化提升、建设数字领域示范工程、建设数字综合服务平台等给予补助和奖励。

【自贸区参与海丝中央法务区建设】 2021年，自贸区厦门片区围绕“数字化、国际化、市场化和创新型”工作思路，建设线下平台（海丝中央法务区自贸先行区服务大厅）、线上平台（海丝中央法务区云平台）。仲裁、公证、鉴定、税务、律师、维权等领域19家机构入驻海丝中央法务区自贸先行区服务大厅，海事法院法官工作室、国际商事纠纷调解中心等9家单位意向入驻。海丝中央法务区云平台电脑端测试版上线，开发建设“国际法务区”“海丝法淘”“AI咨询”等市场应用型模块。通过线下、线上平台，带动知识产权、国际法务、基金、会计等法务（泛法务）服务企业、平台集聚，“知创中国”知识产权综合运营公共平台、象屿集团国际法务运营平台、云尚互联网数字公证服务平台等项目签约入驻。

【自贸港口转型升级】 2021年，厦门市上线厦门港引航船舶信息可视化平台，牵头推进设备交接单、提货单等物流单证无纸化作业；远海码头5G（第五代通信技术）全场景应用智慧港口项目入选国家发改委“2020年新型基础设施建设工程”；海润码头全智能化升级改造等项目被列入“2020年度全国交通运输重大科技创新成果库”。开展口岸降本增效促便利工作，在全国沿海主要港口中实行最低收费（厦门口岸费用为大陆沿海主要港口最低，与新加坡基本持平，与中国香港基本持平，低于中国台湾），口岸进出口整体通关时间保持在最好水平（前三季度厦门口岸进出口整体通关时间较2017年底压缩72%和93%，均位于十大沿海口岸前列）。提升口岸配套创新服务，无纸化智慧港口、口岸物流服务平台等入选福建自贸试验区第17、18批创新举措，在全省复制推广。试点厦门市多式联运“一单制”，促进与中国台湾地区港口、“海丝”港口对接。厦门港推动“卸船直提”模式与海铁联运的无缝对接，建设集装箱枢纽港。

2021年11月5日，海丝中央法务区自贸先行区揭牌

（自贸区厦门片区管委会　供图）

【金融创新】 2021年，厦门市获批国家外汇管理局新型离岸国际贸易试点城市，成为全国5个试点省份（计划单列市）之一，全年收付汇突破100亿美元。获批国家外汇管理局贸易外汇收支便利化试点城市，试点银行可为试点企业开展贸易便利化外汇收支服务。自贸区厦门片区推出跨境电商“9610”汇总报关清单银行收汇模式，当地银行电商收汇业务取得突破；人民币贸易融资资产跨境转让试点通过个案模式落地。开展自贸区金融数字化建设。建设国际贸易“单一窗口”贸易金融一体化数字平台。落地海运费境内外汇划转支付场景、供应链融资和贷款用途跟踪、跨境贸易和投融资撮合平台、银行第三方电子函证平台等9个数字化场景。推动全市首家QFLP（合格境外有限合伙人）基金管理人落地并通过基协登记，推动全市首家RQFLP（在QFLP的基础上，在申请的额度内，让合格有限合伙人在合格一般合伙人管理下把海外募集的人民币资金进行各类私募股权投资）落地。累计批复参投有效基金18支，基金规模220亿元，承诺出资10.74亿元，撬动社会资本200多亿元。至年末，有339支备案私募股权基金落地自贸区厦门片区，基金总规模1057亿元。中文投、源峰、普洛斯、上海国盛、福旅联信等大型基金先后落地。联合湖里区出台私募股权和私募证券基金扶持办法并复制到国际航运中心和自贸金融中心，建设基金小镇共享空间，入驻私募合伙企业及基金管理人100多家。

【自贸区对外交流合作】 2021年，自贸区厦门片区开展“海丝”沿线交流合作，“丝路海运”航线增至80条，“丝路海运”联盟境内外成员250家，航线覆盖29个国家和地区、102座港口，合作涵盖港航、物流、商贸、金融、信息、科研机构等领域。“丝路海运”开行2829个航次，完成集装箱吞吐量351.62万标准箱。在金砖论坛上签约商舟物流、澳门长桥航空、南非甄钻贸易、俄中跨境电商平台4个金砖招商项目。其中，商舟物流计划开通厦门至金砖国家全货机航班。建成金砖国家商品服务中心，设立俄罗斯、巴西等金砖国家商品馆和金砖人才孵化中心，引入俄罗斯工厂企业、南非酒庄的产品。开展金砖国家原油进口业务，国贸石化从俄罗斯累计进口原油211万桶，货值1.3亿美元。运行厦门至汉堡、阿拉木图、莫斯科3条中欧班列干线，主要通达欧亚大陆12个国家及地区、24个城市，发运货值69.74亿元，比上年增长3%。自开通至2021年末，累计发运1107列、4.54万个货柜，累计进出口货值261.48亿元。

【自贸区海峡两岸融合推进】 2021年，自贸区厦门片区融入海峡两岸融合发展大局，打造台胞台企登陆第一家园“第一站”，吸引“大陆首家”“两岸首家”台企落户。试点允许台胞使用台胞证、台湾居民居住证申请注册内资企业，落地13家。在全国率先建设两岸青年创新创业创客基地。在全国率先开展海运快件试点，对台海运邮快件完成3224标准箱，比上年增长1.32%。全国首家两岸合资证券公司“金圆统一证券”获证监会批准设立。开通金门—刘五店—大嶝对台航线，以“正面清单”模式推动台湾原产地消费品进入大嶝对台小额商品交易市场销售。深化“源头管理、口岸验放”模式，新增7个品种，纳入8家台湾企业的194种食品。至年末，自贸区厦门片区累计新增台资企业1006家，注册资本182.48亿元。

（郭立群）

厦门海沧台商投资区

【概　况】 2021年，厦门海沧台商投资区（简称海沧台商投资区）完成地区生产总值938.24亿元，比上年增长11.9%；固定资产投资（不含农户）增长15.1%；财政总收入237.26亿元，增长25.6%；区级财政收入40.14亿元，增长18.1%；合同利用外资14.73亿元，实际到资17.34亿元。完成征地375.35万平方米，交地476.8万平方米，拆迁35.74万平方米，拆除74.06万平方米。海沧港综合保税区运营，21个项目签约入驻，总投资额超100亿元。中欧（厦门）班列首次以电商货物“9710”监管方式申报出口，3月20日开出全省首列跨境电商专列。全年中欧（厦门）班列发运197列、9634个货柜，累计货值69.74亿元。海投·厦门进口汽车贸易博览中心首次展出进口厢式货车，是厦门口岸首次进口厢式货车车厢。黄金产业园区建设累计引进26个境内外项目。黄金产业园黄金加工提纯实现工业产值143.68亿元，入园企业工业产值、销售收入合计约175亿元。燕窝加工、进口酒等平台有序运营。海沧港区完成集装箱吞吐量963.45万标准箱，占全市的75%；完成货物吞吐量12893.48万吨，占全市的50%。

【海峡两岸融合推动】 2021年，海沧台商投资区开展对台交流合作，海峡两岸产业合作稳步加强。新引进落地台资企业31家，合同利用台资比上年增长8.2%。实施“人才+”战略，加强台湾人才引进，集成电路产业引进台湾高层次人才20人。修订出台《海沧区促进工业经济转型升级提质增效若干措施》，兑付规模以上台资工业企业各类扶持资金34家次、2030万元。扶持台青创业就业，兑现台湾人才创业就业奖励补助、一次性生活补贴、优秀人才工作津贴。举办第十四届海峡两岸（厦门海沧）保生慈济文化节、第十三届海峡论坛、首届“海峡两岸城乡社区发展与社会治理创新”主题论坛、纪念颜思齐开台400周年等活动。全国政协主席汪洋到青礁慈济祖宫调研，对青礁慈济文化在对台民间交流的贡献给予肯定。海沧台商投资区举办第四十一届时报文学奖暨金沙书院散文奖活动，台湾16个县市的178篇作品参加，11件获奖作品中有4名台湾作者的作品。开展“两岸青年思享+”青少年社区治理金点子集市、乡村振兴“青春手牵手，两岸心连心”等活动。引进7名台湾教师到海沧区青少年宫海沧湾分部教学。推进两岸融合社区健康促进项目，开设台湾医师诊室。邀请台湾青年共同参与金沙书院的建设。打造两岸青年教学实践基地，组织4名台湾实习生到法院实习交流。成立全国首家“一带一路”国际商事调解中心涉台调解室、法官工作室、台商协会台胞调解员工作室，完成全省首例“跨海峡”远程立案。接收各类涉台案件996件，审结753件。

【招商引资】 2021年，海沧台商投资区建立长效招商机制，落地项目875个，总投资1164亿元。推动厦门万泰凯瑞生物技术有限公司、中谷海运集团有限公司中国第二总部、厦门宝太生物科技股份有限公司等项目落地。考察和对接重点企业125家，推动班纳利中国育种中心等项目落地；接待重点企业100余家，推动厦门元初食品股份有限公司等项目落地。依托厦门大学校友招商大会、第四届数字中国峰会、海沧港综合保税港区揭牌暨企业入驻签约会、第二十一届投洽会等，推动安捷利美维电子（厦门）有限责任公司等28个项目签约，签约总投资额382.2亿元。与马銮湾新城指挥部联合推动456个项目落地；与自贸区厦门片区管委会联合推动62个项目落地。对接石油交易中心，落地石油关联商贸项目78个，落地项目投资总额59.52亿元。全区直接新增录入市招商引资项目管理平台并审核通过的招商项目1144个，总投资额1204.7亿元。全区落地项目853个，落地项目投资总额1005.97亿元，注册资本439.86亿元。其中，高能级落地项目39个，高能级落地项目投资总额193.35亿元，高能级到资金额140.02亿元。实际到位内资金额288.11亿元。项目库外资促到资金额12.9亿元。全区合同利用外资完成14.73亿元；实际到资17.34亿元，比上年增长15.8%，完成全年任务107.2%。

【工业发展】 2021年，海沧台商投资区439家规模以上工业企业完成产值1809.2亿元，比上年增长27.6%；完成增加值576.2亿元，增长23.7%；实现销售产值1776.32亿元，产销率98.18；出口交货值643.68亿元，增长35.7%。生物医药、集成电路和新材料三大主导产业产值601.19亿元，比上年增长72.6%，拉动全区规模以上工业产值增长17.8%；生物医药、集成电路和新材料战略性新兴产业发展工作获国务院办公厅通报激励。生物医药企业数405家，实现产值516.24亿元，比上年增长57.42%，其中规模以上生物医药企业完成工业总产值371.38亿元，增长81.6%；获批第三、第二、第一类医疗器械产品分别为32个、62个、259个，分别占全市的82.05%、55.86%、71.94%。万泰沧海自主研发的宫颈癌疫苗获世界卫生组织认证，全国首座硼中子俘获治疗中心竣工。厦门艾德生物医药科技股份有限公司自主研发肺癌多基因联合检测产品（PCR-11 基因）获日本医药品医疗器械综合机构（PMDA）批准上市。以宝太、安邦、为正等新冠诊断产品出口企业营业收入比上年大幅增长。新冠病毒肺炎疫情突发应急工作中，博迪泰、美林美邦、迈达瑞、国贸艾迪康、医药港健康公司等防疫物资生产和第三方医学检验企业紧急增产，保障防疫物资供应，提供核酸检测力量支持。集成电路企业实现营业收入 26.3 亿元，比上年增长约 230%，其中规模以上集成电路企业完成工业总产值 15.44 亿元，增长 363.4%。年产值 1 亿元以上集成电路企业 4 家，总产值 13.74 亿元。海沧集成电路园区获评“2020—2021 中国集成电路高质量发展十大特色园区”，“三链融合”集成电路产业发展模式获评第四届“IC 创新奖”产业链合作奖。新材料产业按照“龙头培育—科技支撑—复合拓展”发展模式，围绕厦门厦钨新能源材料股份有限公司等企业，发展电池正极材料、铝箔加工、薄膜等优势产业，厦钨公司的钨钼制品产业链基本形成。新材料产业实现产值 214.37 亿元，比上年增长 52.7%。现代制造业中，机械制造、智能家居等产业产能提升，佳浴陶瓷、捷太格特等新产线投产；锐珂（厦门）医疗器材有限公司被评为第五批省级制造业单项冠军企业，厦门东声电子有限公司生产的手机扬声器受话器被评为第五批省级制造业单项冠军产品。建筑业完成产值 302.98 亿元，机械产业产值 452.83 亿元，水暖卫浴产值 100.46 亿元，电子信息产业产值 290.28 亿元。

【创新创业】 2021 年，海沧台商投资区结合国家级高新技术企业认定工作，推动自贸区和自创区协同发展。全区国家级高新技术企业 135 家，其中新认定 73 家、重新认定 62 家。至年末，全区资格有效国家级高新技术企业 289 家，比上年同期增长 24.6%，高技术产业规模以上工业企业 92 家，完成产值 543.43 亿元，占全区规模以上工业总产值的 30.0%。全年实现高技术产业增加值 189.78 亿元，比上年增长 58.7%，增速位居全市第一位。高新技术产业中，增产超 1 亿元企业 24 家，其中增产超 5 亿元 8 家（宝太生物、万泰沧海、安邦生物、法拉电子、士兰集科、联达兴、特宝生物、盈趣科技）。海沧台商投资区企业获得科学技术奖 10 项，其中通富微电子股份有限公司的“高密度高可靠电子封装关键技术及成套工艺”项目、厦门云天半导体科技有限公司的“高密度高可靠电子封装关键技术及成套工艺”项目获国家级科学技术进步一等奖。全区投入财政科技资金 1.44 亿元，组织实施科技计划项目 10 批。推进大众创新创业，累计建设无人机孵化基地、创业公社等众创空间 18 家。其中，获评国家级众创空间 2 家，国家专业化众创空间 1 家，省级众创空间 5 家，市级众创空间 6 家。众创空间累计孵化出国家级高新技术企业 14 家、市级高新技术企业 31 家、市“双百人才”企业 10 家。全区国内专利授权量 4685 件，比上年增长 30.7%；有效发明专利拥有量 1907 件，增长 20.2%。根据产业发展趋势，围绕产业所需，引育高层次人才 251 人，比上年增长超 250%，其中省级人才计划入选 91 人、市重点产业紧缺人才认定 117 人。新引进毕业生 6118 人，新增柔性引才 1992 人。举办“人才聚力发展系列活动”30 余场，成立全市首个产业引才联盟，推动人力资源服务产业园在海沧落地。继续开展生物医药产业职称评审，开辟工业设计专业职称评审试点，19 名工程师、11 名助理工程师通过职称评审。新增“一企一策”重点企业 8 家，开展重点群体项目制培训人数 1675 人（其中乡村振兴 993 人）。

【“一带一路”商事涉台调解室】 2021 年，全国首家“一带一路”国际商事调解中心涉台调解室在海沧区人民法院投用。该调解室依托“一带一路”国际商事调解中心外国法查明中心功能，为跨境、涉外、涉台调解程序正确适用法律等提供双向法律查明服务；依托科技化“人民法院调解平台”精准管控数据，开展在线调解。通过新增自助调解、挂号式调解、专业调解模式，开拓创新纠纷化解方式。全年接收案件 115 件，调撤结案 60 件，调撤率 52%，调解平均时长 11 天。

【6 家企业获集成电路产业技术创新奖】 2021 年 3 月 20 日，2021 中国集成电路创新联盟大会在北京举行，会上颁发第四届集成电路产业技术创新奖（“IC 创新奖”）相关奖项，厦门海沧士兰集科微电子、通富微电子、开元通信等 6 家集成电路企业联手获得产业链合作奖，是 2018 年该奖项设置后福建集成电路企业首次获该荣誉。海沧台商投资区打造涵盖芯片设计、制造（特色工艺）、封装、载板和装备的产业链布局，推动产业集聚、人才集聚，IC 产业链布局和部分半导体项目在应对“卡脖子”技术、关键领域产业链安全等方面发挥作用。

2021 年 3 月 20 日，海沧集成电路企业获“IC 创新奖”产业链合作奖

（厦门半导体集团公司　供图）

【移动 PCR 方舱实验室投入使用】 2021 年 3 月 27 日，厦门市首个区级移动 PCR 方舱实验室在海沧万纬进口冷链食品集中监管仓投用。移动 PCR 方舱实验室由厦门艾德负责建设，承担从海沧口岸入境、在厦门市流转的进口冷链食品核酸检测工作。方舱实验室成立后，核酸检测报告时间由 5 小时缩短至 3 小时，就地解决核酸检测问题并出具核酸检测报告，提高监管仓工作效率，加快产品入市时间。

（蔡秋娟）

厦门火炬高技术产业开发区

【概　况】 2021 年，厦门火炬高技术产业开发区（简称火炬高新区）完成规模以上工业总产值 3453.8 亿元，比上年增长 13.9%，占全市工业总产值 42%；完成规模以上工业增加值 833.02 亿元，增长 10.6%。固定资产投资完成 332.5 亿元，比上年增长 21.3%。实际利用外资及港澳台资 35 亿元，比上年增长 16.7%，超额完成任务。实现一般公共预算总收入 74.4 亿元，比上年增长 41.1%。其中，实现区级一般公共预算收入 19.9 亿元，增长 80.7%。净增企业 4148 家，比上年增长 39.6%。规模以上软件业营业收入比上年增长 10.7%。国家级高新技术企业超 1200 家。高技术产业产值占规模以上工业总产值 78.9%，数字经济产值占比 92%。高技术企业利润比上年增长 96.8%。双创示范基地第三次获得国务院办公厅表彰，创新服务经验被《人民日报》头版头条报道。厦门市外国人才服务站获科技部表彰。厦门软件园一期智慧园区项目被评为“2021 中国领军智慧园区”。厦门创新创业园获评国家级小型微型企业创业创新示范基地，运营管理能力排名全国留学人员创业园区孵化基地第一名。火炬高新区连续 6 年位居省开发区综合发展水平评价第一位，获 2020 年度全省首次园区标准化建设评价综合第一名。厦门软件园获评省级示范型数字经济园区。“四轮驱动”模式助力企业高质量发展案例入选厦门经济特区建设 40 周年 40 个优秀案例。市委、市政府出台《关于促进厦门火炬高新区高质量发展的意见》，理顺和拓展“一区多园”运行机制。

【招商引资】 2021 年，厦门火炬高新区落地招商项目 1751 个，总投资 1583.5 亿元，其中落地高能级项目 46 个；实际利用外资 35 亿元。开展平板显示、集成电路、计算机与通信设备、软件与信息服务业等主导产业链群系统研究，围绕产业链薄弱、缺失环节，提高招商精准度。百亿元级厦门时代项目落地，助推厦门市打造千亿元级新能源产业集群。引进中国电力、光谷云等十亿元级项目，烟台显华、南京高光、诺华精密等先进制造业强链补链项目。推动园区企业增资扩产，中航锂电、电气硝子、友达等重点企业增资 179 亿元。落地神州信创、和利时、她趣泛娱乐平台等 10 余个软件与信息服务业重点项目。设立火炬孵化加速母基金，落地惠新长期资本、惠友豪嘉、芯跑共创三号等产业基金。通过基金招商、基金投资，引进集睿致远、天德钰、华大北斗等项目，推进星宸科技、鑫天虹、熙重电子等企业发展。加快专业化招商队伍建设；依托赛迪、集邦等专业咨询机构，开展项目评估、平衡测算、谈判、决策等，提升招商项目科学决策和规范化管理水平。

【项目建设】 2021 年，厦门火炬高新区围绕推进产、城、人深度融合，加强项目策划，加快项目建设。超额完成省、市重点项目投资目标，连续 5 年在全市综合排名第一位。省重点项目 12 个，完成投资 189.35 亿元，完成年度计划 116.02%；市重点项目 37 个，完成投资 209.38 亿元，完成年度计划 115.88%。厦门时代项目 1 平方千米工业用地用时 42 天完成全过程审批并动工建设；天马 6 代项目近 65 万平方米主厂房不到一年实现建设封顶；海辰项目建设一年实现竣工投产。以项目为核心，推动重大片区规划建设。新储并供给产业用地超 65 万平方米，出让用地宗数、总量均居全市第一。推出国企回购存量土地房产举措，ABB、峻凌、麦克奥迪等工业地块回购取得进展。围绕同翔高新城、软件园三期等重大片区，推动产业项目和基建配套项目建设协同推进。推动同翔高新城市政设施、学校、安置房等 66 个重点配套项目落地。

【产业发展】 2021 年，厦门火炬高新区加强企业服务保障，促进主导产业供应链安全、价值链提升，推动主导产业稳增长。平板显示产业实现产值 1543.7 亿元，比上年增长 7.7%；计算机与通信设备产业实现产值 1006.6 亿元，增长 15.1%。半导体和集成电路、电力电器等其他主导产业增速均超过两位数。厦门火炬高新区推出专精特新“小巨人”企业 10 条专项扶持政策，每年安排不少于 1.5 亿元专项资金。新增国家级专精特新“小巨人”企业 9 家，总数 29 家。布局智能传感器与物联网、生物医药与健康等新兴产业，初步编制完成产业发展规划，启动专业产业园选址设计，筹划产业引导基金设立。与中科院计算所、中国芯片产业联盟等合作，打造全国首个集赛事论坛、项目加速、公共技术平台于一体的 RISC-V 开源芯片产业生态。

【“三高”企业培育】 2021 年，厦门火炬高新区落实企业服务“六必访”制度（企业创业孵化必访、入库纳统必访、增资扩产必访、战略调整必访、筹备上市必访、经营困难必访），实现“三高”（高技术、高成长、高附加值）企业精准服务全覆盖，协调解决企业问题和困难 1334 个。新增“三高”企业 179 家，增量居全市第一位，在库“三高”企业数 1116 家。四三九九网络股份有限公司等 3 家企业获评中国“软件百强”，厦门美图网科技有限公司等 4 家企业获评“中国互联网百强”。21 家企业入选“福建省软件 50 强”。

【科技创新】 2021 年，厦门火炬高新区围绕人工智能、新能源汽车等重点产业链部署创新链，推动国家新能源汽车技术创新中心厦门分中心、神州信创研究院等创新平台落地，布局创新平台。搭建工业和信息化部协同攻关和体验推广中心展示平台。建设人工智能、生物医药等专业孵化器，推动 IBM、微软、腾讯优图等创新赋能中心建设，新增各级孵化器、众创空间 12 家，其中省级 4 家，各类孵化载体在孵项目超 2000 个。火炬高新区新增国家级企业技术中心 1 家、国家技术创新示范企业 1 家、国家级工业设计中心 1 家，新增省级企业技术中心 8 家、省级新型研发机构 10 家，新增市级新型研发机构 2 家。获评市首批“重点研发机构”11 家。新增省科技小巨人领军企业105家，新认定火炬瞪羚企业16家。推动建立省协同创新院柔性电子产业分院，2家企业申报省级工程研究中心；新认定火炬创新研究院2家、火炬域外研发中心4家。科华数据参与完成的项目获国家科学技术进步奖二等奖。各类公共技术服务平台服务中小企业技术创新近2万家次，其中“火炬创新券”服务金额超2000万元。推进国家知识产权示范园区建设，新增省级知识产权优势企业7家、市级知识产权优势企业5家。1家企业获国家级专利优秀奖，21家企业获市专利奖。知识产权质押融资规模比上年增长近70%。

【人才培养引进】 2021年，厦门火炬高新区完善高层次人才政策，在全市率先上线人才政策智能匹配系统。联合高校院所，搭建百城千校万人（火炬高新区专场）云端招聘平台，启动“炬火种·燃新薪”2021首届高校新星挑战大赛。与南开大学、合肥工业大学、中南大学共建就业实习实践基地，与和君职业学院共建产教融合基地，与海洋学院、软件学院在全省首批试点共建同翔高新城、软件园三期2个省级职业技能提升中心。

【营商环境优化】 2021年，厦门火炬高新区开展“大走访、大调研”活动，完善企业扶持政策，出台《厦门火炬高新区进一步推进企业提质增效的若干措施》，梳理规范招商引资一企一策政策门槛；完成行政规范性文件清理工作，提升营商环境法治化、规范化水平。依托高新区产业联合会，搭建高新区供应链平台，近200家产业链上下游企业入驻。高新区智能制造服务平台整合各类产品和服务635个，撮合联芯等重点企业合作项目26个。高新区金融服务平台撮合融资783笔，累计放款约99亿元。开展软件园一期智慧园区试点工程。火炬高新区管委会自建系统全面接入“i厦门”平台，开设“火炬服务专窗”。

【厦门火炬大学堂创办】 2021年5月，厦门火炬高新区为主创办厦门火炬大学堂，是全国第一所高新区平台型产业（非学历）教育机构，承担火炬高新区企业人才培训、国际交流合作、产业研究咨询等工作，对接国内外战略合作伙伴，引入战略、学术和产业资源，汇聚知识、技术、经验和资本等产业生态要素，搭建政企学研深度合作平台。至年末，火炬大学堂出版首部案例集《走向卓越》，与18家合作伙伴建立战略伙伴关系，开展4个旗舰培训项目，学员来自100多家规模以上企业。

（火炬高新区管委会）

境外经济技术合作

【概　况】 2021年，厦门市推动股权置换、小股权投资等多元化投资合作，基金投资公司及合伙企业成为对外投资新兴力量。全市备案对外投资项目127个，投资分布于23个国家，主要在制造业、批发和零售业。协议投资额44.07亿美元，比上年增长210.9%。其中，厦门方协议投资额14.77亿美元，比上年增长39.2%；实际投资额13.53亿美元，增长32.9%。对“一带一路”沿线国家投资项目30个（主要集中在东盟），总协议投资额7833.8万美元，其中厦门方协议投资额7740.6万美元。对外劳务合作新签合同额1.90亿美元，比上年增长85.9%，完成营业额3.11亿美元，增长25.1%；外派劳务人员13112人，增长33.6%，年末在外10990人，增长19.9%。至年末，全市累计备案对外投资项目1708个，协议投资额264.89亿美元，其中厦门方协议投资额179.33亿美元。

【“走出去”服务】 2021年，厦门市提升“走出去”服务水平，改革对外投资领域审批制度，实施对外投资备案（核准）无纸化管理。修订对外投资合作项目专项资金管理办法，坚持资金绩效、政策引导及服务重点工作原则。发挥“走出去”服务联盟的综合服务能力，发布风险预警、国别投资环境、人员限制政策、新冠病毒肺炎防控措施等信息。100多家企业参加政策宣讲会和各类线上线下培训会。解决新冠病毒肺炎疫情下外派人员出境签证问题。强化外派劳务管理，召开外派劳务工作会，宣讲对外劳务合作政策。

【对外投资合作政策调整】 2021年，厦门市对外经贸合作政策进行调整，涉及对外投资合作、国际化企业评价等。调整对海外投资保险费用补助、境外经贸合作区考核办法、对外劳务合作和对外承包工程业务补助等。其中，对外投资合作项目政策15个补助项目调减为10个。

【海丝基金管理】 2021年，厦门市修订海丝基金管理办法，建立基金管理运行工作机制。加强和管理机构互动，基金投资步伐加快。理想汽车返投28亿元，设立南方总部。

【投资欧洲推介会】 2021年8月24日，由福建省商务厅、厦门市商务局指导，盈趣科技承办，匈牙利驻上海领事馆、中国国际贸易促进委员会厦门市委员会协办的投资欧洲暨厦门市一带一路（匈牙利）投资推介会在海沧盈趣创新产业园区举行，60多家企业的代表现场参加。会上，市商务局解读专项资金政策，根据厦门市国际化企业分类管理实施方案，对企业国际化进行分类定级，对评定为A类的企业，在年度对外投资合作项目专项资金给予政策倾斜，为企业融资保险需求提供信用背书等扶持措施。国际化企业分类评定每年组织1次，评定结果2年内有效。欧洲是厦门对外投资的第二大区域，厦门在欧洲投资主要涉及制造业、批发和零售业、租赁和商务服务业。

（市商务局）

责任编辑：林建高
审　　稿：阳晓儒
校　　对：曲　艺

19 金融业

综　述

【概　况】截至2021年12月31日，厦门市有银行、保险、证券金融机构274家，其中法人金融机构19家；地方金融机构553家，金融业总资产超2万亿元。厦门市金融业增加值865.50亿元，占地区生产总值比重12.30%；人民币存贷款余额合计2.86万亿元，比上年同期增长13.5%；本外币存贷款余额合计突破3万亿元，增长13.5%，排名全省前列。其中，厦门市本外币存款余额、本外币贷款余额分别为14767亿元、15317亿元，同比分别增长12.6%、14.1%。2021年厦门本外币存款、本外币贷款分别增加1650亿元、1892亿元，分别比上年增加143亿元、268亿元。社会融资规模存量比上年增长10.8%，增速高于全国平均增速0.5个百分点。社会融资规模增加2250亿元。其中，非金融企业债券净融资228亿元、股票融资58亿元。非金融企业累计发行各类债券1764亿元。其中，超短期融资债券、中期票据、公司债分别发行1158亿元、249亿元、231亿元等。新增境内外上市企业12家，总数99家，增量、总量均排名全省第一；“新三板”挂牌企业94家；厦门两岸股权交易中心挂牌展示企业4960家。厦门市备案登记私募基金管理机构358家，在厦门注册基金总规模突破3500亿元。全市绿色信用贷款余额858亿元，覆盖节能环保、清洁能源、绿色基础设施等领域。

2021年，厦门市公布9批2944家金融支持稳企业保就业工作重点企业名单。其中，90%以上名单企业实现融资对接，累计获贷3031亿元。制造业中长期贷款余额746亿元，比上年增长38.6%，增速快于本外币贷款余额增速24.5个百分点。制造业中长期贷款比上年增加208亿元，增加69亿元。普惠小微贷款比上年增加502亿元，普惠小微贷款户数增加3.6万户。民营企业贷款余额4709亿元，比上年增长12.4%。民营企业贷款比上年增加524亿元。其中，小微企业主经营性贷款比上年增加264亿元，私人控股企业贷款增加179亿元等。绿色贷款余额858亿元，比上年增长41.1%，增速快于本外币贷款余额增速27个百分点。绿色贷款比上年增加248亿元，增加47亿元。涉农贷款余额613亿元，比上年增长9.7%。涉农贷款增加54亿元。其中城市企业支农贷款增加51亿元。房地产贷款余额4476亿元，占本外币贷款余额的比重为29.2%，比上年末下降2.0个百分点，房地产贷款余额占比连续5年下降。一般贷款加权平均利率4.79%，下降0.17个百分点，其中，普惠小微贷款加权平均利率4.75%，下降0.26个百分点，均低于全国、福建省平均水平，持续维持低成本融资良好营商环境。涉外收支总额1967.77亿美元，银行结售汇总额1299.94亿美元，均创历史新高，分别比上年增加598亿美元、395亿美元。

2021年，为应对新冠病毒肺炎疫

2021年9月9日，2021年金砖投融资论坛在厦门举办。图为论坛现场

（李银宾　摄）

情，做好防控措施，厦门市出台《关于强化金融支持受疫情影响市场主体共渡难关若干措施》《厦门市促进绿色金融发展若干措施》《厦门市绿色融资企业及绿色融资项目认定评价办法（试行）》等文件。做好招商引资工作，市金融监管局举办中小银行金融科技论坛、金融科技50人论坛·2021南方峰会、金砖投融资论坛等。继续推行绿色经济理念，30亿元的绿色低碳发展基金、2支绿色低碳增信子基金在全省推广。首支全国性台商基金获设立。合格境外有限合伙人（QFLP）试点获推广，至2021年12月31日，试点落地外资基金管理公司2家、外资基金6支，总规模7.26亿美元（折合人民币46.06亿元）。厦门两岸股权交易中心与上海股权托管交易中心在全国首创台资企业开展“一地挂牌、两地展示”的业务模式。《厦门经济特区地方金融条例》实施。《厦门市小额贷款公司监督管理办法》出台。全国首创的金融纠纷调解平台——厦门市地方金融纠纷调解中心获设立，实现金融纠纷“调裁诉一体化”机制。2021年，厦门“绿色供应链金融平台”获中国人民银行金融科技创新监管试点，并入选全国金融科技创新优秀案例。

（邓超逸　孔德营　詹若楚）

【央行政策资金投放】 2021年，人民银行厦门市中心支行（简称厦门人行）累计投放央行低成本资金677亿元，创历史新高，比上年增长55.0%，惠及小微企业和个体工商户3.2万家（户），业务量位居福建省九地市第一位。其中，投放再贷款再贴现658亿元，加权平均利率2.06%，金融机构运用再贷款再贴现资金发放的贷款利率比自有资金发放的贷款利率低0.4个百分点，直接节约企业融资成本2.6亿元。

【普惠小微企业贷款】 2021年，人民银行厦门市中心支行通过普惠小微企业贷款延期支持工具提供激励金1亿元，直接带动法人银行对144亿元普惠小微企业贷款延期，撬动厦门市金融机构对320亿元普惠小微企业贷款延期；通过普惠小微企业信用贷款支持计划提供无息资金18亿元，带动法人银行发放普惠小微信用贷款68亿元，撬动厦门市金融机构发放普惠小微信用贷款380亿元。

【央行资金专属信贷产品落地】 2021年，人民银行厦门市中心支行推动“信易贷”平台上线“人行支小再贷款服务”专区，指导法人银行创新“再贷款+增信基金贷”“再贷款+科技贷”“再贷款+乡村振兴贷”等6款央行资金专属信贷产品。截至12月31日，“再贷款+”系列产品累计发放贷款8.57亿元，惠及企业3509家。

【绿色和科技企业票据贴现业务】 2021年，人民银行厦门市中心支行联合厦门市工信局创新推出“绿票通”业务，联合厦门市科技局继续做大“科票通”业务，单列再贴现额度专门支持厦门市金融机构办理绿色企业和科技企业票据贴现业务。截至12月31日，办理“科票通”17.33亿元，“绿票通”5.99亿元。

【银行保险业管理】 2021年，厦门市银行保险监督管理局（简称厦门市银保监局）制定《关于厦门法人银行保险机构在完善公司治理中加强党的领导的工作指引》，并联合法人机构上级党组织，推动法人机构加强党的建设。落实公司治理三年行动方案，完成6家机构公司治理评估。加强与省、市政府沟通协调，推动法人机构董、监事会及时换届并规范独立履职。组织开展机构员工违规持股排查，加强股东资质审核。指导成立全国首个银行业保险业台胞台企服务站，联合市台办等四部门建立在厦台胞台企金融服务协调工作机制，建立两岸银行业合作交流委员会。指导辖内法人银行将福建、重庆、厦门等地20家支行设为“对台特色支行”，为台胞投资兴业、居留生活提供专业、差异化的服务。

（孔德营　詹若楚　邓帅彪）

金融业监管

【概　况】 2021年，厦门市金融监管局推动《防范和处置非法集资条例》落实工作，构建公检法、金融监管部门联合的非法集资打防体系。组织金融领域风险专项排查整治，累计排查走访企业7800余家次。制定出台《厦门市小贷公司监督管理办法》《政府性融资担保机构奖补办法》，印发规范融资租赁、典当行、融资担保等行业提供产品和服务行为的文件，开展商业保理、典当行等行业监管制度研究和制定工作，推进政府性融资担保体系支持政策修订和完善工作，规范地方金融组织经营行为。《厦门经济特区地方金融条例》于2021年1月1日正式施行，进一步完善地方金融监管制度体系建设。加强分类监管，提高普惠水平。以摸清底数为目标导向，根据行业特性分类监管、分类施策。持续推进小额贷款行业整治二手房市场专项行动。统筹推进政策性融资担保扩面增量，截至2021年末，厦门市政府性融资担保总额154.33亿元，放大倍数3.23倍（含增信基金）。开展典当行业无证经营专项整治行动。开展融资租赁、商业保理行业清理排查工作，全年分别清退融资租赁公司、商业保理公司31家、54家。推动化解交易场所存量违规业务，引导区域性股权市场开展区块链+台资板创新试点工作。指导地方资产管理公司做好政策适应规划，协助向上反映并争取政策支持。

【监管行为规范】 2021年，厦门市金融监管局发展金融监管科技。厦门市地方金融非现场监管系统实现全市8类地方金融机构全覆盖，累计接入机构187家，严把数据审核关，深化数据分析，初步搭建市地方金融组织信息通报雏形。此外，加强现场监管，《厦门市地方金融组织现场检查办法》出台，全年完成现场检查任务56项。推进社会信用体系建设，开展小额贷款公司、典当行信用评级工作，依托“信用厦门”平台，加强信用监管。

【市地方金融纠纷调解中心】 2021年9月12日，厦门市金融监管局联合市中级人民法院指导设立的厦门市地方金融纠纷调解中心设立，是全国首创、依托府院联动的金融纠纷调解平台，完善金融纠纷“调裁诉一体化”机制，为金融稳定发展营造优良的法治和营商环境。中心成立有利于指导厦门市地方金融协会规范内部管理，实现金融安全的协同监管和保障。至2021年末，中心成功调解案件125件，涉及金额1.19亿元。

（邓超逸）

银行业

【概　况】截至2021年12月31日，厦门市有各类银行业金融机构48家，其中法人银行机构6家、法人非银行机构5家；中资银行分支机构21家，外资（国）银行分行及代表处16家。银行业机构网点698个，从业人员2.18万人。银行业资产规模22128亿元，比上年同期增长10.3%；各项贷款余额15317亿元，增长14.1%；各项存款余额14767亿元，增长12.6%；不良贷款174.63亿元，不良率1.14%；本年累计利润168.1亿元，增长27.28%。

【各项金融政策服务经济发展】2021年，厦门市银行保险监督管理局（简称厦门市银保监局）出台《银行业保险业高质量服务厦门建设“两高两化”城市的指导意见》《加大金融支持力度　促进两岸融合发展的指导意见》《金融支持厦门市高标准高质量高水平建设金砖国家新工业革命伙伴创新基地的若干措施》，助力实体经济发展。出台《贯彻落实金融支持经济持续恢复和高质量发展工作方案》《进一步深化供应链创新与应用试点　提升供应链金融服务质效的实施意见》等措施，引导银行保险机构加强制造业、科技金融、绿色金融和外贸金融服务对接。面对8月和9月两轮本土新冠病毒肺炎疫情及国际国内新冠病毒肺炎疫情的反复，要求机构合理安排营业网点，发布服务热线，加强线上服务。国庆期间，组织10家机构连续3天开展“服务不打烊‘疫’路相扶持”云直播。出台《强化金融支持受疫情影响市场主体共渡难关若干措施》，发布《关于在疫情防控常态化背景下用好用足各阶段金融支持政策的指导意见》等措施。指导6家银行与地方财政合作设立增信基金，推动小微企业贷款增量、扩面、降价。制定《厦门银保监局处理投诉举报信访事项工作规程》，实行“一个窗口对外”，理顺工作职责和流程。与厦门市中级人民法院等6个部门签订《厦门市金融纠纷多元协同调解机制合作备忘录》，构建“调诉一体”模式。

【金融风险防控】2021年，厦门市银保监局加强信用风险防控，拆解影子银行风险，推动辖内法人银行全部落实理财新规整改。重点防范房地产金融风险，落实“房住不炒”部署要求，开展整治房地产市场专项行动和银行房地产业务专项检查，并与厦门市住房局等部门联合发布《关于进一步加强房地产市场调控的通知》，持续抑制投机炒房行为。开展“内控合规管理建设年”活动，同步推进信贷服务高质量发展专项检查与风险管理及内控有效性现场检查等重点工作。指导5家法人银行制定完善恢复和处置计划，督促机构按季开展流动性压力测试，推动主要法人银行开展资产负债结构绿色调整。下调重点机构监管评级，确保评级结果真实反映银行风险状况和经营水平，为后续分类监管提供依据。成立偿付能力监管委员会，开展季度风险综合评级。开展银行业保险业案件集中清理专项行动，联合厦门市公安局开展第七轮银行业金融机构安全评估检查。配合市金融监管局开展防范非法集资宣传月活动，推动网贷行业机构数、借贷余额、出借人数“三下降”。

（邓帅彪）

【银行卡产业】2021年，厦门市银行卡发行总量超5120万张，人均持卡量9.88张（按常住人口518万人计算），银行卡ATM（自动柜员机）跨行交易341.0万笔，交易金额118.3亿元，全市ATM活动终端机2011台；POS（电子收款机系统）跨行交易6628万笔，交易金额4762.3亿元；移动支付6205.1万笔，交易金额182.2亿元。在厦门开展收单业务的支付机构82家，活动商户17.97万户、活动终端29.85万台；全市“一卡通”公共缴费业务笔数2194.6万笔，交易金额199.1亿元，委托用户超过390万户。

【银联“云闪付”业务】2021年，厦门市增加银联“云闪付”注册用户53.07万人，渗透率72.64%。至年末，厦门地区“云闪付”累计注册用户374.82万户，占厦门市常住人口总量的72.36%；累计绑卡用户295.9万户，绑卡率78.94%。银联“云闪付”厦门数字政务专区增加医保电子凭证功能，市民无需带医保卡，使用手机即可完成在医院、药店的医保就诊结算。“云闪付”支付平台覆盖厦门大学、集美大学、厦门医学院等辖内16所高校。其中，厦门大学建成全国创新的高校统一身份认证及聚合支付平台，在校师生、教职工及校友等多重身份人员可通过“云闪付”注册厦大数字校园卡，全年注册人数4.8万人。全市各高校受理“云闪付”交易笔数日均超过5万笔。

【银联降费惠民】2021年，中国银联（厦门）有限责任公司（简称厦门银联）发挥清算组织的平台优势，响应国家降低小微企业支付手续费等政策，通过实施“助商惠民——红火计划”等举措，组织产业各方通过降费率、提服务、发激励等组合式助商惠民措施，帮助小微商户纾困，受益商户超10万户。通过承办政府“留厦过年”、“五一促消费”、“温馨食尚　来去思明”、湖里“魅力购　购给利”、“集美欢乐购”、“同安消费节”、“云购海沧”等主题消费券活动，在云闪付平台发放消费券2000多万元，直接拉动各区餐饮、超市、百货、旅游等场景消费超1亿元。联合厦门市餐饮行业协会，开展“厦门好食惠”全民美食畅享季活动，20多家餐饮企业、50多家门店参加。

（曾　蓁）

【工商银行厦门分行】截至2021年12月31日，中国工商银行股份有限公司厦门市分行（简称厦门工行）有员工2300多人，下属机构69个，包括二级分行1个、一级支行（营业部）17个、二级支行51个。投产智能网点68家，自助银行78家，智能及自助设备661台，网点及设备遍布全市区域。该行实现拨备前利润37.61亿元，净利润20.55亿元，中间业务收入10.35亿元。年末存贷款余额分别为1530亿元、1764亿元，分别比上年同期增加197亿元、243亿元，存贷增量均创历史新高。不良贷款率连续多年保持下降，创十年来最低。全年上缴各类税收超11亿元，是厦门市纳税大户。拥有中国银行业协会“千佳网点”2家，工商银行总行五星级网点3个、四星级网点14个。2021年，厦门工行全口径投融资超2500亿元。重大银团承贷额、普惠贷款增速均居四大行首位，绿色贷款、战略性新兴产业贷款金额均比上年增长超

100%，项目贷款、制造业中长期贷款、金砖企业贷款均比上年增长超30%。推动企业综合融资成本明显下降，各类贷款利率均低于全市平均水平，超额完成利率下降目标，累计减费让利金额超3亿元。响应市委、市政府“1+N”助企纾困政策，为受疫情影响的小微企业发放贷款超58亿元，办理续贷近3亿元。强化信用风险防控和全面风险管理，不良贷款实现“双降”。工商银行是金砖国家工商理事会唯一金融机构成员，至2021年末，厦门工行为金砖国家企业提供跨境结算、跨境融资、资金汇兑等跨境金融服务，全面对接100家厦门市金砖重点企业，表内外信贷余额超150亿元，比上年增加近50亿元，金砖国家跨境结算规模增长超60%。年内，厦门工行获评厦门市金融支持“六稳”“六保”先进集体，厦门市小微企业优秀金融服务机构，服务乡村振兴考评优秀等荣誉，位列人民银行综合评价第一名。

年内，厦门工行加强跨境金融服务供给，陆续落地全市首笔“单一窗口”进口开证、首笔跨境金融区块链服务平台“出口信保保单融资”、工行系统首笔线上出口发票融资、首笔“单一窗口”进口T/T（电汇）融资业务、康拓平台正式上线后全球首笔区块链铁矿石跨境人民币信用证等“首笔”业务。

年内，厦门工行开展“春融行动”，加大支持重点外贸外资企业力度，将外贸外资重点企业名单扩大至75家，实行专班保障、专属服务、专项规模、专门渠道“四专”服务，促进外贸外资稳定发展。至2021年末，国际贸易融资客户比上年同期增长25%，国际贸易融资累计投放额增长40%；国际结算量超400亿美元，增长近90%；跨境人民币业务量超300亿元，增长近40%。

2021年3月，厦门工行新设工行系统全省唯一的科创中心，构建“1家科创企业金融服务中心+4家总行与分行级新市场特色支行+N家分行辖属其他支行”的“1+4+N”创新服务架构，为科创企业提供贯穿初创期、成长期、成熟期、转型期的“全周期”金融服务，综合运用“贷、债、股、代、租、顾”等服务，加强“全产品”支持，推动近100家企业纳入工行总行重点支持名单，在利率优惠、经济资本、内转价格、规模配置等方面给予专项保障。至2021年末，新办理各类非信贷融资超1000亿元，实现全省首单科创债、全市首批柜台地方债、全市首笔单一窗口进口信用证等创新业务落地，地方债承销额、技改基金投放额均居全市同业首位。

2021年8月23日，厦门分行积极支持光伏发电、风力发电、水力发电等清洁能源产业发展。图为厦门分行贷款支持的厦门华电“二期分布式光伏发电项目”

（厦门工行　供图）

2021年6月，厦门工行与厦门市发改委签署“培育发展战略性新兴产业集群战略合作协议”，下发《厦门工行支持战略性新兴产业发展金融服务简介》，政银合力推动战略性新兴产业发展。至2021年末，战略性新兴产业及科创企业贷款余额超100亿元；科创企业贷款余额比上年增长近30%。

2021年，厦门工行中标“厦门市技改服务基金”合作银行，投放市技改服务基金成立以来单笔金额最大的业务，技改服务基金授信额、投放额均居全市同业首位。开展“制造业金融服务深化年”活动，重点围绕新制造、新服务、新基础产业和高技术企业等客群，加强政策运用和服务落地，增强市先进制造业企业加快技改投资信心。至2021年末，厦门工行制造业中长期贷款比上年增长超35%。

2021年，厦门工行结合厦门区域经济、金融运行特点及经营发展实际情况，成立碳减排贷款工作专项小组，加快绿色金融市场拓展，引导信贷资金投向清洁能源、污水处理、绿色交通、循环经济、低碳经济等领域。至2021年末，厦门工行绿色贷款余额94.33亿元，比上年同期增长90.2%。涉及的节能环保项目节约标准煤2.54万吨，减少二氧化碳当量5.96万吨、化学需氧量650吨、氨氮160.81吨、氮氧化物686.92吨、二氧化硫1377.57吨。

（孔令晗）

【农业银行厦门分行】 截至2021年12月31日，中国农业银行股份有限公司厦门市分行（简称厦门农行）下辖二级分行1个、一级支行10个、二级支行72个，在岗员工近2000人。外币各项存款余额1143亿元，比上年同期增加115.2亿元；本外币贷款余额1604元，增加127.7亿元。全年实现拨备前利润29.8亿元，比上年增加9.1亿元；实现净利润19.7亿元，增加6.7亿元。上缴各类税收3.5亿元，是厦门市纳税大户。获评“厦门市金融支持‘六稳’‘六保’先进单位”“厦门市小微企业金融服务优秀机构”“厦门金融消费者权益保护优秀机构”“绿色信贷标杆机构”“海峡黄金珠宝产业园优秀合作伙伴”等称号，获评外汇管理A类行、金融系统反假业务A类行，在全市银行业金融机构安全评估中排名第一。

2021年，厦门农行聚焦招商引资和重大项目，拆借各项资金460亿元，居四大行首位。参与厦门市2021—2023年厦门市政府债券柜台业务投标工作，以第一名中选牵头承办银行。7月16日，厦门市政府债券柜台全省首发仪式于厦门农行举行，为全省首次通过商业银行柜台发售地方债。11月，厦门农行落地乡村发展建设用地保障性租赁住房项目贷款，为全市首笔农村集体经济合作社该类项目，授信金额1.36亿元。11月8日，由厦门农行牵头组建的厦门天马显示科技有限公司第六代柔性AMOLED生产线项目银团签约仪式在厦门举行。该项目银团贷款210亿元，由牵头行厦门农行、联合厦门进出口行、厦门国开行、厦门建行、参加行厦门工行、厦门中行、中国邮储银行共同组成；项目总投资480亿元，是厦门投资最大的单体高科技制造项目。

年内，厦门农行推动普惠金融业务下沉网点，在全市率先实现小微金融服务网点全覆盖，强化对首贷户、科技型小微企业信贷支持力度，推出普惠特色产品“首户e贷”“科技系列贷”；强化小微供应链金融服务，落地系统内首笔“票据e融”，线上供应链融资金额比上年增长178%。至年末，普惠贷款余额210亿元，保持四大行第一，完成银保监会“两增两控”监管考核要求，获2021年厦门市小微企业金融服务优秀机构称号。

（沈奕星）

【中国银行厦门分行】 截至2021年12月31日，中国银行股份有限公司厦门市分行（简称厦门中行）本外币存款时点余额796亿元，比上年同期增长12.51%，增速排名四大行第一，在四大行的份额提高0.26个百分点；本外币各项贷款余额953亿元，增长24.08%，增速排名四大行第一，在四大行的份额提高1.19个百分点。不良率0.92%，比上年同期下降0.22个百分点。全行在岗员工1249人，均为合同制员工，经营性机构47家（含分行营业部）。全年实现营业收入24.31亿元，比上年增长14.58%；实现拨备前利润18.64亿元，增长18.4%；实现税后利润11.99亿元，增长89.58%；实现EVA（经济增加值）5.04亿元，增加4.24亿元。

2021年，厦门中行入选厦门新一批“创业担保贷款业务银行”。集美支行获2021年“全国五一劳动奖状”。厦门中行与商务部投资促进事务局签署战略合作协议，成为该届投洽会唯一金融服务战略合作伙伴。

（沈棪悦）

【建设银行厦门分行】 截至2021年12月31日，中国建设银行股份有限公司厦门市分行（简称厦门建行）核心存款时点余额、各项贷款余额均突破2000亿元。一般性核心存款时点余额2040亿元，比上年同期增加219亿元，占四大行比重的34.9%；对公存款增加121亿元，增加额四大行占比33.6%；储蓄存款年增加98亿元，增加额四大行占比36.7%，以上指标均位居四大行第一。一般性核心存款日均余额1912亿元，比上年增加170亿元。各项贷款余额2048亿元，比上年同期增加242.5亿元，增加额占四大行比重30.4%。其中，对公本币贷款增加额、普惠贷款增加额、个人住房贷款累投额、信用卡贷款余额均保持四大行第一。厦门建行不良贷款额6.86亿元，不良贷款率0.34%，逾期贷款额3.91亿元，逾期贷款率0.19%，与上年同期相比，不良率和逾期率双降；按厦门同业同等口径，不良贷款率0.14%。厦门建行发挥集团全牌照优势，至年末，通过投行资管渠道提供直接融资534.7亿元，比上年同期增长42.88%；通过市场化债转股、永续债承销及投资、可续期信托、并表信托、并表基金等产品，为厦门市国有企业提供综合化降杠杆融资超100亿元。为中创新航厦门公司、天马第六代柔性AMOLED、浪潮南方总部制造基地等3个100亿元级先进制造业项目，以及华为鲲鹏、电气硝子三期、海辰新能源等重点项目提供金融服务支持。至年末，制造业贷款余额181.7亿元，比上年同期增加42.7亿元。

年内，厦门建行牵头地铁1号线和6号线、马銮湾片区城市更新一期和二期项目、厦门新机场片区城市更新一期项目银团贷款，为西海湾邮轮城、厦门新经济产业园、电子城·（厦门）国际创新中心、软件园三期、厦门新会展中心建设提供融资支持。至年末，基础设施贷款比上年同期增加103亿元，增长42.3%。为厦门新机场工程航站区和配套工程、厦门新体育中心项目、厦门机场国际/港澳台到达第二通道等重点项目建设提供造价咨询及招标代理服务。依托建行覆盖全球31个国家和地区的机构布局，运用海外代付、出口信贷等产品，累计为企业提供跨境低成本融资超20亿元；全国首创“9610”跨境电商出口汇总报关清单银行收汇模式，累计为跨境电商提供订单跨境收款服务约40万笔；为台胞、台企提供跨境快贷、区块链海运费支付、“关银一KEY通”、全球撮合家、跨境人民币业务等金融服务。至年末，厦门建行同包括中国台湾地区银行在内的共15家海外机构签订代理人民币结算协议，累计办理代理人民币清算额469.7亿元；创新开发“汇市慧算”产品，利用数字化经营工具助力客户规避汇率风险，代客外汇交易总量超342亿美元，比上年同期增长15%；累计为近200家企业办理衍生交易业务，衍生交易总量158亿美元，增长6%。开启乡村振兴金融服务示范工程，成为同安区“百企兴百村”首批示范单位。搭建“涉农资金监管平台”，实现同安区6个镇、2个街道、141个村居全覆盖；在全市72个行政村及村改居上线“智慧村务”管理平台。发放当地首笔国企乡村振兴贷款、首笔乡村振兴养老服务贷款。探索运用债券等投行手段对接“三农”领域需求，建行系统内首笔乡村振兴债落地，金额15亿元。为厦门金鸡百花电影节提供“金融+影视”综合服务。与厦门海关联合上线“公证电子送达及案款管理”应用，缩短公证送达时间超10天，项目被国务院列入自贸区试验区改革试点经验复制推广案例。

2021年9月，厦门建行为药品及医疗器械领域企业发放信贷资金2.08亿元，为教育卫生、住宿餐饮、文化娱乐体育等民生领域企业发放信贷资金7.32亿元。先后协助厦门科技馆、厦门园林博览苑等实现智慧化建设，助力旅游行业客户走出疫情困境。联动建信人寿，为厦门市派驻同安医护人员等重点人群提供每人10万元保额的“医鹭保”保险保障；与厦门国际信托共同发起设立省内首只绿色抗疫慈善信托——“壹‘鹭’同安抗击疫情慈善信托”。推进“适老化”服务，与南极光公益中心合作推广“黄手环行动”；手机银行、智慧柜员机上线“关怀模式”，在ATM自助取款机上推出大字体模式存取款功能，上线e通卡敬老卡项目，老年人携带本人身份证，可就近在“e政务”自助预约办理敬老卡。

年内，依托厦门建信住房子公司，推出10个CCB建融家园，房源超3000

2021年7月15日起，厦门建行依托厦门建信住房子公司陆续推出10个CCB建融家园，图为“宁海一号”CCB建融家园　（陈勇鹏　摄）

间，覆盖岛内外，满足不同客户群体的安居需求。创新推出“安心租”场景化理财运营平台，通过将账户资金监管及理财产品自动申赎功能嵌入住房租赁生活场景中。累计投放住房租赁贷款近6亿元；累计投放近30亿元支持安居集团保障性住房建设。联动建信理财子公司发行建行系统内首单保障性租赁住房专项债券。为住房租赁市场各参与主体提供多场景、全线上服务，为政府服务、监管市场提供强有力的系统支持。

年内，以薛岭新村拆迁安置房项目作为尝试，该行协同厦门建信住房子公司通过引入专业物业公司和公寓运营商，负责项目运营和物业管理。项目运营收益支付给村集体经济合作社，作为村民长期稳定的收益分红来源。规划社区图书馆、基层党建之家、劳动者港湾、村政村务议事厅、乡土文化长廊等社区公益拓展空间；通过打造“住房租赁＋综合金融服务”模式，为“城中村改造”提供可复制、可推广的建行方案。

至年末，厦门建行“惠懂你”授信客户数近1万户，授信金额103亿元；推出“增信快贷”及“增信e链通”产品，发放增信贷款超过19亿元，惠及客户近1500户。上线“闽叶云贷”业务，累计为653家小微企业提供授信额度共1.1亿元。

年内，厦门建行新投放普惠型贷款平均利率3.98%，比新冠病毒肺炎疫情前下降0.88个百分点。在34项服务收费减免基础上，推出减免小微企业人民币转账、票据、刷卡手续费等措施；推出“惠贷款　享红利”活动。2021年9月以来，该行为受疫情影响暂时还款困难的小微企业提供宽限期、延期、无还本续贷、应急贷等多项帮扶措施，累计优惠各项支付结算手续费1232万元。

年内，厦门建行联合有关部门在厦门国际贸易“单一窗口”上搭建全国首个金融区块链平台基础层及“海运费境内外汇划转支付场景”，至年末，平台有用户近400户，累计交易金额近11亿元。创新研发“龙智赢”全国资产管理运营平台，为客户提供自动申购、自动赎回资管产品等智能化资管服务，平台上线以来，产品管理规模突破100亿元，签约客户数超过1万户。此外，还打造“互联网＋会展＋金融”的数字会展专区，面向全球30多个国家和地区，举办跨境撮合对接活动110场，累计服务中外企业9000余家。

（康　瑞）

【交通银行厦门分行】 截至2021年12月31日，交通银行股份有限公司厦门分行（简称厦门交行）有正式员工501人，下辖22个管理部门和21个经营单位。全年实现考核口径净经营收入13.15亿元，比上年增长25.5%；实现经营利润10.17亿元，增长31.34%。本外币各项存款余额386.57亿元，较年初增长10.22%。本外币各项贷款余额505.31亿元，较年初增长19.31%。普惠“两增”口径贷款较年初增长46.24%。制造业中长期贷款较年初增长28.56%；绿色信贷增长59.68%；涉农贷款增长36.94%；战略新兴产业贷款增长69.43%。实现国际收支92.1亿美元，比上年增长137.17%，市场占比4.68%，较上年提升1.84个百分点。2021年，厦门交行落地持续推动“i厦门”电子钱包、公交大出行、袋鼠校园无卡消费、见福便利店线上消费等场景建设。7月3日，厦门交行落地“惠民就医”

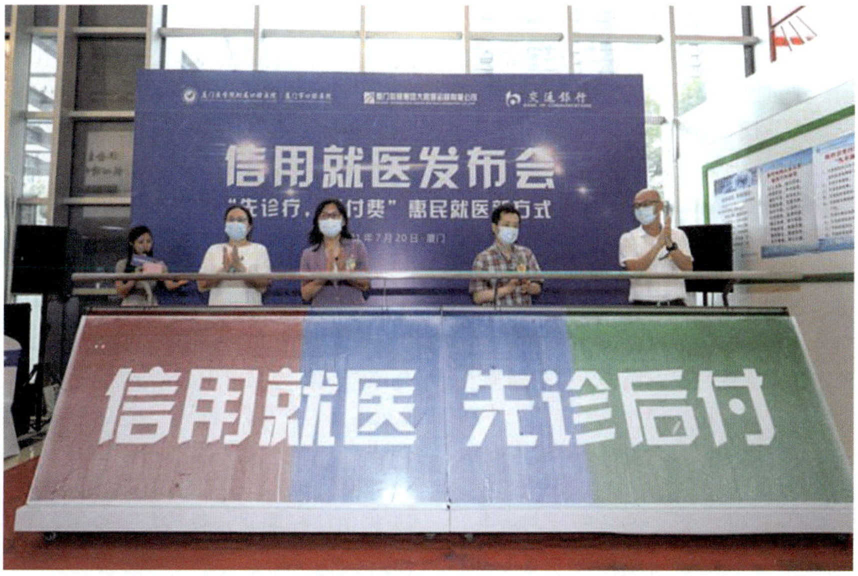

2021年7月20日，厦门交行举办“信用就医”惠民、便民服务发布会

（厦门交行　供图）

项目。项目在原有“医疗＋信用”的合作模式下，引入金融机构，为医保参保人定制专属金融产品，可在线申领就医额度，为医保参保人节省挂号、缴费排队等候时间，提供付费免排队、先看病后还款的体验。

年内，厦门交行被指定为厦门市金砖跨境人民币政策创新联合牵头行，并成为厦门当地首家为巴西金融机构开立跨境人民币代理清算账户的金融机构。分别与交行巴西子行、约翰内斯堡分行建立客户互荐机制和创新联动机制，为金砖国家企业提供便捷、高效、低成本融资支持。8月，与交通银行巴西子行联动，为全球知名纸浆集团提供供应链融资服务。8月，厦门交行落地全省首家CIPS企业版标准收发器，为银企间跨境人民币业务场景量身定做了业务处理与信息交互创新工具。年内，落地厦门首笔“单一窗口”项下跨境电商进口付汇及报关核验业务。牵头推进中证厦门发展主题指数发布。交行发挥数字化转型优势，与中国航天工业科学技术咨询有限公司等机构共同开发建设管理大数据系统。平台上线后将为相关企业在线提供包括开户、资金监管、订单融资等在内的“一揽子”综合金融服务。落地首笔国网“利民链”平台快易付融资业务。“利民链”平台是国家电网内部首个与商业银行合作的区块链共享金融服务平台，厦门交行为唯一合作银行。该平台由国家电网作为核心企业，开立应付账款电子凭证，为持有应付账款电子凭证的国网上游供应商提供保理融资。该业务填补分行区块链快保业务空白，满足了电网供应链上游企业融资需求，为分行实现普惠客户批量拓客提供坚实的交易场景平台。

年内，厦门交行通过引进子公司交银投资增资入股某企业农业物产板块，投放债转股项目10亿元。增资资金主要用于偿还企业农业物产板块银行贷款，在年末关键财务节点，增强企业资本实力、优化资本结构。推进新型农业经营主体信用建档评级工作，12月8日，投放厦门国有大行首笔农业专业合作社经营贷款。

（刘海丰）

【邮政储蓄银行厦门分行】 截至2021年12月31日，中国邮政储蓄银行有限责任公司厦门分行（简称厦门邮储）辖内共有营业网点81个，辖内机构员工数1180人。年内，为地方轨道交通、城市更新等重点项目提供金融支持超24亿元。为农户提供涉农贷款超15亿元。设置绿色信贷专项额度，累计发放绿色信贷超10亿元。厦门邮储自主创新的“工程企信贷”获评“厦门市支持民营企业十佳金融产品”，小微易贷跨境企业融资模式、工程企信贷入选第二届厦门市金融科技优秀项目。

年内，厦门邮储与政府部门、信用平台、科技公司合作，打造跨界大数据应用的线上金融产品，运用大数据为中小微企业增信。利用进出口小微企业海关报关等大数据，在全国邮储系统内首创针对进出口小微企业融资需求的纯信用线上产品小微易贷跨境企业融资模式业务，并复制推广至全国邮储系统。依托全国“信易贷”示范平台推出全国首个垂直工程行业领域信用大数据应用金融服务产品“工程企信贷”，入选厦门市支持民营企业十佳金融产品，为全国工程行业小微企业输送资金超50亿元。厦门邮储累计为因新冠病毒肺炎疫情影响而经营受困的小微企业客户提供延期还本付息贷款金额5.5亿元。

（李俊毅）

【农业发展银行厦门分行】 截至2021年12月31日，中国农业发展银行厦门市分行（简称厦门农发行）厦门农发行有员工61人。累计发放各项贷款79亿元，收回46亿元，年末贷款余额100.3亿元，日均存款余额7.4亿元（其中同业存款1.77亿元），净利润2285万元，全年让利约3000万元，累计纳税1502.76万元。9月，厦门农发行针对厦门新冠病毒肺炎疫情，制定信贷方案，开辟金融服务“绿色通道”“云服务”，累计审批贷款8.9亿元，投放粮棉油等贷款1.27亿元。在同安区新冠病毒肺炎疫情封闭区，厦门农发行同安支行作为3家金融机构保留柜面结算之一，成立“抗疫支付结算先锋队”，在疫情封闭期间共办理业务150笔，保障疫情防控各类资金到位。9—12月厦门新冠病毒肺炎疫情防控期间，投放贷款9笔、1.7亿元，引存同业存款6.5亿元，办理国际结算业务10笔、1300万美元。

（朱次郎）

【国家开发银行厦门分行】 截至2021年12月31日，国家开发银行厦门市分行（简称厦门国开行）管理资产1387亿元，贷款余额1231亿元，其中人民币贷款余额786亿元，较年初新增80亿元；外币贷款余额70亿美元，全市占比49%，持续居辖区同业第一。全年项目开发921亿元，实现拨备前利润12.8亿元，贡献税收2.96亿元，减费降价让利5470万元。

年内，厦门国开行聚焦厦门“十四五”规划和2035年远景目标，深化银政合作，注重将开发性金融理念与服务地方战略紧密结合，推动政府组织协调优势和开发性金融融资优势形成合力，与各区政府和重点国企签署22份“十四五”战略合作协议，涉及融资3379亿元。会同市发改委建立“300亿元促进有效投资融资”专项，完成率110%。开展PPP（政府和社会资本合作，是公共基础设施中的一种项目运作模式）融资模式研究，承办厦门市PPP项目央企及金融机构对接会，助力投融资体制改革，不断提升服务地方发展的契合度。聚焦城市建设领域，发放贷款93亿元，推动城市更新、轨道交通、水利等岛内外基础设施一体联动和闽西南区域协同发展。聚焦跨岛发展战略，实现岛外四区贷款发放149亿元，投放和增速均高于上年同期水平。聚焦产业转型升级提升城市动能，运用制造业专项和科技研发贷款等政策，发放先进制造业贷款106亿元，促进集成电路、平板显示、新材料等产业补链强链延链和新兴产业集群建设。

年内，厦门国开行运用“百县千亿”（国开行选取不少于100个县区，提供1000亿元的贷款承诺，支持建设覆盖县城，辐射农村的高标准垃圾污水处理设施）专项政策，支持各区垃圾、污水和工业废物处置等项目建设。推进绿色能源发展和生态环境治理，发放绿色贷款43亿元，绿色贷款余额占全市比重27%。发挥开行海外平台优势和东盟银联体牵头行、发起行身份，深化厦门与印度尼西亚等相关国家多边合作机制，保障雅万高铁等“一带一路”重点项目实施，支持青山、象屿德龙等中资企业“走出去”发展。支持金砖创新基地建设，牵头组建同翔高新城等银团贷款229亿元。围绕“开展对台合作业务和参与两岸区域性金融服务中心建设的窗口”定位，服务探索两岸融合发展新路，支持联芯等重点台企，涉台贷款余额69亿元，占全市比重30%。支持公租房、保租房建设，发放贷款11亿元；针对脱贫攻坚、乡村振兴、新冠病毒肺炎疫情防控、春耕备耕及农副产品稳产保供、煤电保供、文化教育、健康养老等社会民生领域发放贷款83亿元；发放转贷款27亿元，支持小微企业4100余家。

（林昱彤）

【进出口银行厦门分行】 截至2021年12月31日，中国进出口银行厦门分行上缴各类税收6278.86万元。实现本外币存款余额19.53亿元；本外币贷款余额357.47亿元，比上年同期增加32.89亿元；外贸产业贷款余额272.73亿元，增加22.14亿元；制造业贷款余额105.41亿元；小微企业银行转贷款余额33.39亿元，累计支持市小微企业超2000家。完成首笔小微企业“贸赢贷”业务线上自动放款。

（刘子耀）

【兴业银行厦门分行】 截至2021年12月31日，兴业银行股份有限公司厦门分行（简称厦门兴业银行）账面各项资产总额1327.53亿元，比上年同期增长9.58%。人行口径本外币各项存款余额1244.18亿元，比上年同期增长7.86%；各项存款日均数1293.32亿元，增长13.07%。本外币各项贷款余额1242.65亿元，比上年同期增长17.85%。下设综合性支行26家、社区支行3家，在册员工1200余人。

年内，厦门兴业银行支持火炬同翔高新城产城融合项目、市级污水治理等重点项目，服务联芯集成电路、海辰新能源等招商项目；开展减费让利，依托“连连贷”“政府还贷应急资金”为受新冠病毒肺炎疫情影响的企业办理无还本续贷。厦门兴业银行获厦门市“金融支持‘六稳’‘六保’先进集体”、厦门市小微企业优秀金融服务机构称号。服务地方债发行，所承销地方债金额市场排名第一，协助厦门市政府发行首只柜台债。投行业务国内融资额突破500亿元，落地福建省首单乡村振兴超短期融资债券、厦门市场首单权益出资型票据等。落地“蓝碳基金”“碳中和机票”等全国首单业务及“节水贷”“绿票通”等区域首笔业务。

年内，厦门兴业利用中征应收账款融资服务平台CFCA（中国金融认证中心）数字证书，以核心企业厦门柏事特信息科技有限公司在线确权的方式，为其上游供应商发放首笔贷款32.93万元，为厦门首笔核心企业入驻人行中征应收账款融资服务平台业务和全国首个在中征平台采用数字证书确认账款模式。由厦门兴业银行、厦门银行共同主承的厦门夏商集团有限公司2021年度第六期超短期融资券（乡村振兴）发行，为福建省首单乡村振兴超短期融资券和厦门市首单乡村振兴债，债券发行规模2.5亿元，其中0.75亿元募集资金用于乡村振兴，期限171天，发行年利率3.1%。厦门兴业银行落地厦门市首笔“绿票通”业务，金额1491.8万元，涉及金旸（厦门）新材料科技有限公司、厦门利德宝电子科技股份有限公司等9家工信部或省级绿色工厂及绿色设计产品企业。厦门兴业银行联合厦门航空在全国首创推出的“碳中和机票”，旅客可通过厦门航空应用程序等渠道购买有“碳中和”标识的机票（在航程最低价的基础上加收10元）。机票采用碳补偿机制，由厦门产权交易中心通过蓝碳基金购入海洋碳汇，用以抵消旅客旅程的碳排放，首批碳汇款项用于海岸带红树林生态修复项目。

（郑　静）

【光大银行厦门分行】 截至2021年12月31日，中国光大银行股份有限公司厦门分行（简称厦门光大银行）实现净利润4.22亿元，比上年增长517.44%；本外币存款余额250.67亿元，下降4.47%；本外币各项贷款余额338.52亿元，增长18.51%；不良贷款余额1.25亿元，下降49.19%；不良率0.37%，下降0.49个百分点；辖属二级分行1家、同城支行网点（包括分行营业部）14家、社区支行6家，员工497人。年内，厦门光大银行获“厦门市金融支持六稳六保工作先进集体”“2021年厦门市小微企业优秀金融服务机构”称号。6月21日，厦门光大银行通过云缴费电子钱包账户实现对校外培训机构一课一销的托管功能，落地光大银行系统首个教培行业对私资金托管项目。落地厦门建发集团权益出资型中票，为厦门首单权益出资型中票。完成与厦门国税的系统对接工作，成为光大银行系统首批试点分行，为小微企业提供对公小微银税互动产品。在厦门人行及厦门银保监局组织的金融服务乡村振兴考核中获评“优秀”等级，成为唯一获评的股份制商业银行。成立乡村振兴金融部。光大银行厦门台湾街支行获中国银行业协会授予的“2021年银行业营业网点文明规范服务千佳示范单位”称号。厦门光大银行上线万科泊寓长租云缴费项目，通过云缴费平台为万科泊寓32个城市的378家门店提供整体结算服务。

（吴传珍）

【中信银行厦门分行】 截至2021年12月31日，中信银行股份有限公司厦门分行（简称厦门中信银行）下辖同城支行15家、二级分行1家，员工460余人；实现拨备前利润3亿元，净利润3亿元，分别比上年同期增加1亿元、2亿元；上缴各类税收9841万元；本外币自营存款余额203亿元，增长12%；综合融资总额535亿元，增长76%；各项贷款余额195亿元，增长11%。11月15日，厦门中信银行联合中信证券福建分公司举办“服务实体经济　支持复工复产暨金融赋能企业发展交流会”，与复工复产企业代表和上市企业代表分别签订金融支持合作协议、战略合作协议。通过“融资＋融智＋融商”，推动区域经济金融发展。

（杨海榕）

【招商银行厦门分行】 截至2021年12月31日，招商银行股份有限公司厦门分行（简称厦门招行）员工868人；辖内营业网点25家；总资产601.53亿元，比上年同期增加82.9亿元；自营存款505.49亿元，增加93.08亿元；不良贷款率0.36%，下降0.13个百分点；零售客户数（不含信用卡）212.24万户，增加18.57万户。4月27日，由厦门招行牵头主承销的“紫金矿业集团股份有限公司2021年第一期绿色中期票据（碳中和债）”在银行间债券市场发行，成为全国贵金属行业首单、福建省地方国企首单“碳中和”债，发行募集资金用于光伏发电绿色低碳产业项目建设。2021年，厦门招行构建数据化、智能化、平台化、生态化的分层经营数字化服务平台，为28.2万用户提供“金融+生活”服务，该项目获第二届厦门市金融科技优秀项目二等奖。完善智慧校园云平台功能，推进学工系统、教务系统、金融服务等功能开发，累计合作10所学校，服务厦门校园用户1万多人。2021年，厦门招行建设国资国企大数据监管平台，提供“咨询顾问+系统建设”服务；参与智慧国资监管系统建设，上线“智慧国资”资金监管系统，落地国企CBS（跨银行现金管理平台）签约17家，其中市属国企9家、区属国企8家，管理国企集团及下属单位496家、账户2234个，实现国资监管数据自动化报送。打造信用就医平台、支付结算平台等智慧医疗综合解决方案，为电子健康卡平台、多码协同、互联网诊疗、基层健康服务等医疗场景提供金融支撑，实现线上办理出入院、押金充值、结算、先诊疗后付费等创新服务，打通“互联网+”医疗健康服务入口，该项目通过中国人民银行金融科技赋能乡村振兴示范项目立项。为国内物流控股企业上线集团资金管理及财务共享系统，帮助企业实现进口信用证申请开立、信用证项下承兑、付款等全流程线上办理，利用现金管理产品“CBS-TT”，实现跨国集团境内外账户信息的整合应用，采购端、付汇及报关单核注等均实现线上自动化、无纸化操作。为世界500强企业落地招行系统内首笔ESSDOCS电子交单业务，实现进口开证业务从无纸化申请向无纸化单据传递的延伸，加快单据和货物流转，实现贸易便利化、贸易全过程线上化管理模式。落地厦门地区首笔资本项目数字化服务业业务以及首笔货物贸易外汇收支便利化业务。

（张　悦）

【民生银行厦门分行】 截至2021年12月31日，中国民生银行股份有限公司厦门分行（简称厦门民生）有员工531人，辖区内设立11家同城经营网点、13家社区支行、2家小微支行和1家翔安民生村镇银行；各项存款余额322亿元，各项贷款余额415亿元，其中小微贷款余额159亿元。5月25日，厦门民生联合市财政局举办“增信基金、聚沙金服”绿碳产业链财政金融服务联盟发布会活动，标志全国首个绿碳产业链财政金融服务联盟在厦成立。联盟的成立，有效地将信贷、股权投资、担保、信托、产权交易等多种支持绿色低碳产业发展的财政金融政策联接起来，有助于增强绿碳行业投融资效率，优化绿碳行业金融服务体系，携手绿色低碳产业企业实现转型升级、共建共赢，助力推动绿色经济高质量发展。

（安致毅）

【华夏银行厦门分行】 截至2021年12月31日，华夏银行股份有限公司厦门分行（简称厦门华夏银行）营业收入6.56亿元，拨备前利润3.94亿元，缴交税款7796万元；本外币存款余额121.6亿元；本外币贷款余额137.85亿元，不良贷款率0.7%，比上年同期下降0.16个百分点，低于可比股份制同业平均水平。贷款余额137.85亿元，比上年增长4%；对公客户3864户，增长9.09%；个人基础客户11545户，增长15.27%；存贷利差3.97%；逾欠贷款余额1.39亿元，下降19.65%，逾欠双60天贷款余额0.96亿元，下降14.29%，两项指标均控制在华夏银行总行资产质量考核目标内。双60天贷款偏离度99.47%，低于100%的监管要求。年内，厦门华夏银行提供“放心贷·薪管家”等应对新冠病毒肺炎疫情专项金融服务，为符合条件的在疫情中受影响的小微企业和个体工商户提供专项薪资代发信用融资支持；为小微企业推出信用增值贷、“薪资贷”等信用贷款产品支持；为农业养殖户推出“一户一策”房贷通授信产品，6户农户共获940万资金支持。

厦门华夏银行对市重点项目金融服务力度，通过银团贷款的方式给予厦门市城市建设发展投资有限公司授信支持，授信额度10亿元，银团贷款份额8亿元，至年末，累计投放3.16亿元，用于支持厦门市两岸区域性金融中心片区城市更新一期项目建设。

（舒爱丽）

【浦发银行厦门分行】 截至2021年12月31日，上海浦东发展银行股份有限公司厦门分行（简称厦门浦发银行）实现营业净收入2.89亿元，拨备前利润9632.82万元，净利润6000.25万元（含龙岩分行）；本外币存款余额138.88亿元；本外币贷款余额161.94亿元，比上年同期增长11.28%；员工273人，内设管理部门18个、营销部门5个，下辖二级分行2家、同城支行（含分行营业部）6家。落地厦门某新能源科技企业锂电研发及智能制造项目融资银团贷款，厦门浦发银行份额8000万元，为厦门浦发银行首笔绿色银团贷款。实现北金所债权融资计划业务突破，累计募集资金26亿元。举办“金企携手　资本赋能”金融赋能企业发展交流会，活动邀请经济学家管清友博士和金融行业资深专家，围绕政策动态、市场走势、投资行情、最新产品等进行交流，110多家科技型企业代表到会。参与新冠病毒肺炎疫情防控，累计办理进口信用证开证、出口交单业务近5000万美元；开辟绿色通道，累计为20家小微企业办理“银税贷”和“政采E贷”等业务。

（张　君）

【平安银行厦门分行】 截至2021年12月31日，平安银行股份有限公司厦门分行本外币各项存款余额795.68亿元，比上年同期增长70.62%，存款余额占当地市场份额5.47%，增加1.86个百分点；表内外授信余额367.28亿元（其中表内159.65亿元、表外207.63亿元）；贷款不良率0.36%，低于当地同业平均水平；账面利润9.06亿元，非利息净收入0.72亿元；传统支行网点数12个、福建自贸试验区厦门片区分行1个、社区支行6个，员工总数435人。获首届“厦门十佳人才企业雇主品牌”称号。举办平安银行数字化浪潮下的企业上市发展论坛。召开平安集团“债生态”走进厦门暨平安银行债券投资交流会。

（李　敏）

【渤海银行厦门自贸区分行】 截至2021年12月31日，渤海银行厦门自由贸易试验区分行（简称厦门渤海银行）内设部门15个，下设分支机构2个，正式员工85人；表内外投放资产余额81.51亿元，比上年同期增长25%，其中表内贷款（含贴现）余额27.87亿元、表外业务余额53.64亿元。存款余额69.34亿元，比上年同期增长63.81%，其中批发存款余额66.75亿元，增长65%，零售存款余额2.59亿元，增长36%；普惠型小微贷款余额3.7亿元，增长57%。年内，厦门渤海银行支持受新冠病毒肺炎疫情影响的企业，为住宿类企业授信余额合计2688万元；为进出口企业开立进口信用证58笔、2.06亿美元，办理进口押汇2640.85万美元；通过“银税互动”渠道新投放税务贷96笔、1713.72万元。

（杨建辉）

【海峡银行厦门分行】 截至2021年12月31日，福建海峡银行股份有限公司厦门分行（简称厦门海峡银行）员工合计65人；资产总额46.78亿元，负债总额45.56亿元，各项贷款余额22.52亿元，各项存款余额42.81亿元；银行承兑汇票余额39.62亿元，跟单信用证余额5.91亿元；不良类贷款969.71万元，不良率0.43%；普惠型小微企业贷款余额合计12.43亿元，比上年同期增加2.93亿元。新冠病毒肺炎疫情防控期间，厦门海峡银行执行“敢贷、愿贷、能贷、会贷”长效机制，对住宿餐饮业客户的困境采取帮扶措施，对年内到期的2户住宿餐饮客户通过“续贷通”产品进行续贷。

（孙盈盈）

【泉州银行厦门分行】 截至2021年12月31日，泉州银行股份有限公司厦门分行（简称厦门泉州银行）本外币存款余额100.58亿元，比上年同期增长13.95%；各项贷款62.5亿元，增长45.18%；不良贷款0.43亿元，不良率0.69%；实现拨备前利润1.08亿元，增加0.46亿元；实现会计利润总额0.64亿元，拨备覆盖率209.82%，拨贷比1.45%；上缴各类税收0.27亿元；下辖10个营业网点（含4个社区支行），内设11个管理部门，从业人员176人。年内，厦门泉州银行入驻厦门岛内区域，在岛内开立湖里支行、同安支行和湖里江头社区支行3家营业网点。厦门泉州银行市民卡通过厦门人社局、厦门人行现场验收并对外发行。

（罗秋平）

【厦门银行】 截至2021年12月31日，厦门银行股份有限公司（简称厦门银行）资产总额3293.06亿元，比上年同期增长15.49%；归属于上市公司股东的净利润21.62亿元，增长18.65%；现代化经营网点87个，员工3134人。年内，牵头主承销夏商集团有限公司2021年度第六期超短期融资券（乡村振兴）发行。与厦门创翼数字科技有限公司合作的“基于物联网技术的绿色供应链金融”项目入选中国人民银行总行金融科技创新监管沙箱，成为福建省金融科技创新监管工具第一批创新应用，该项目运用物联网、大数据等技术对供应链各环节信息流、业务流、资金流、物流等进行整合，为供应链上中小微企业及个体工商户提供安绿色供应链融资服务。举办“厦门银行台籍实习生计划”，为2021年福建省唯一开展台籍实习生计划的银行机构。发布大陆首个线上海峡两岸薪资汇出产品“薪速汇”。厦门、福州、重庆、泉州、漳州的20家厦门银行支行成为“对台特色支行”。

（曹冠雄）

2021年10月25日，泉州银行厦门湖里江头社区支行开业 （厦门泉州银行 供图）

【厦门国际银行】 截至2021年12月31日，厦门国际银行股份有限公司（简称厦门国际银行）总资产突破万亿元大关，全行总资产10084亿元，存款6651亿元，贷款余额5671亿元；累计实现净利润58.24亿元，不良贷款率1.06%；缴纳税收35.54亿元，是厦门市纳税大户。在英国《银行家》杂志“2021全球银行1000强”榜单中，厦门国际银行按总资产排名第158位，按一级资本排名第180位，连续5年入围全球银行200强。境内法人小微企业贷款余额比上年同期增加459亿元，增幅29%，超出同期10%的各项贷款增幅。普惠型小微企业贷款余额505亿元，比上年同期增长41%；普惠小微户数增长131%；普惠型小微贷款增加146亿元，在同期各项贷款净增量占比超过51%。

厦门国际银行与大陆、香港、澳门三地国际银行举行“共建‘一带一路’闽澳‘并船出海’”签约仪式，支持闽籍企业跨境融资战略发展。至年末，支持闽籍企业到澳门融资金额合计102.03亿元（澳门币），联合福建省投资集团、厦门国贸集团到澳门发行债券融资合计金额4.5亿美元，推动闽籍企业赴澳门贷款金额65.72亿元（澳门币），厦门国际银行跨境联动业务累计突破200亿元。厦门国际银行三地机构均获跨境理财通（南向通+北向通）试点资格，旗下澳门国际银行发行首期熊猫债，成为澳门地区第一家发行熊猫债的机构；集友私募股权投资基金管理（深圳）有限公司获批私募基金管理人牌照，成立厦门国际银行境内外联动项下的第一支股权投资基金。澳门国际银行横琴粤澳深度合作区支行、厦门国际银行横琴粤澳深度合作区支行先后揭牌。厦门国际银行联合境内外30余家单位发起成立北辰山中小银行金融科技联盟。

2021年，厦门国际银行打造数字化金融科技，上线数字小微信贷平台、零售数字化消费信贷平台等，至年末，零售数字信贷累计增加214亿元，占零售贷款增量比重约66%，累计推出零

2021年2月3日，厦门国际银行签约共建"一带一路 闽澳'并船出海'"支持闽籍企业跨境融资战略合作协议

（厦门国际银行 供图）

售数字小微信贷产品13款，零售数字小微贷款比上年同期增长170%。增加交易银行产品14款，公司数字信贷余额46.7亿元，比上年同期增长400%，交易银行品牌"国行e家"获2021未来交易银行峰会"最佳交易银行品牌奖"、第二届厦门市金融科技优秀项目优秀奖。

至年末，厦门国际银行绿色金融业务余额41.5亿元，比上年同期增长1033.49%。在中国人民银行2021年三季度绿色金融评价中位居厦门辖内参评银行第一名，福建省排名第七名。厦门国际银行以积分商城为载体，设立"助农善行爱心购供"专区。

（姜童辉）

【厦门农村商业银行】 截至2021年12月31日，厦门农村商业银行股份有限公司（简称厦门农商行）资产总额1277.24亿元，负债总额1174.76亿元；实现拨备前利润25.97亿元，比上年同期增加1.65亿元；实现净利润11.82亿元，增加0.71亿元；上缴各类税收7.37亿元；本外币存款余额958.9亿元，增加97.55亿元；本外币贷款余额569.07亿元，增加63.7亿元。3月4日，福建省农村信用社联合社与厦门市人民政府签署服务乡村振兴战略合作框架协议，计划在厦门市累计投放资金3000亿元，2025年末余额达到1000亿元，重点支持厦门"三农"、民生、绿色生态等重点行业、重点领域，厦门农商行为上述业务的主办银行。

（杜宇飞）

【厦门同安农银村镇银行】 截至2021年12月31日，厦门同安农银村镇银行股份有限公司（简称同安农银）资产总额10.94亿元，负债总额9.07亿元，所有者权益1.86亿元；存款余额8.29亿元，贷款余额7亿元，实现净利润676万元，上缴各项税收295万元。年内，同安农银加大普惠小微和"三农"金融服务力度，加强"三农"领域金融服务，提升普惠小微投放力度。建设"三农+小微"的普惠金融服务体系，集中办理农户小额信用贷款，加大对新型农业经营主体、社保贷款、妇女创业贷款、新型职业农民小额贷款的信贷支持。农户贷款626户，贷款余额1.15亿元；普惠小微企业贷款余额6.27亿元，涉及户数828户。推进"党建+金融、整村授信"乡村振兴金融服务机制。签订信用村10个，完成农户授信190户，累计投放贷款金额0.68亿元。与同安区六镇两街的社会劳动保障工作站对接，召开被征地养老保险参保工作推进会。累计为全区643户农户投放社保贷款0.28亿元。

（吴静华）

【厦门翔安民生村镇银行】 截至2021年12月31日，厦门翔安民生村镇银行股份有限公司（简称翔安民生银行）资产总额10.79亿元，负债总额9.4亿元，所有者权益1.4亿元，累计未分配利润0.44亿元，本年利润793.16万元；存款余额8.72亿元，贷款余额7.51亿元，户均贷款余额54.49万元；不良贷款476.87万元，不良率0.64%。流动性比例50.22%，资本充足率22.18%，涉农比例21.43%，存贷比86.11%，拨贷比2.9%，总资产利润率0.71%，净资产利润率5.7%，拨备覆盖率455.94%，户均贷款余额54.49万元。年内，翔安民生银行推出"乡村振兴贷"产品。联合大宅社区在内的翔安区各重点村居挂牌成立信用村，以点带面完成首批6个乡村振兴金融合作协议签订。成立"乡村金融技术创新工作室"，搭建农产品田间自助采摘销售平台。翔安民生银行"胡萝卜种植及收购贷"入选全国"村镇银行助力乡村振兴典范案例"。

（黄 云）

【渣打银行厦门分行】 截至2021年12月31日，渣打银行（中国）有限公司厦门分行实现计提资产减值损失前的利润总额0.63亿元，比上年同期增长7%；实现净利润0.57亿元，增长51%，上缴各类税款0.14亿元。本外币存款余额28.79亿元，比上年同期增加6.65亿元；本外币贷款余额30.35亿元，减少0.95亿元；总资产36.88亿元，增加1.79亿元；不良贷款0.17亿元，减少0.06亿元；不良贷款率0.55%，下降0.18个百分点。

（吕志雄）

【集友银行厦门分行】 截至2021年12月31日，集友银行有限公司厦门分行（简称厦门集友银行）下辖两家支行（厦门集美支行、厦门思明支行），实现税前利润0.55亿元，净利润超0.38亿元；本外币存贷款余额超30亿元。9月10日，在中国中小企业协会、中国银行业协会、中国期货业协会联合主办的第九届中国中小企业投融资交易会暨2021年“小企业 大梦想”高峰论坛上，厦门集友服务中小微企业案例《弘扬“嘉庚精神”，践行社会责任》获“2021年金融服务中小微企业优秀案例”称号。

（邱美玲）

【首都银行厦门分行】 截至2021年12月31日，首都银行（中国）有限公司厦门分行（简称厦门首都银行）有员工18人，各项存款余额折合人民币3.23亿元、各项授信余额折合人民币1.97亿元（含表外业务）。厦门首都银行以“立足厦门、辐射周边、对接菲台”为发展战略，依托厦门城市定位，以跨境业务为特色，致力为当地及周边地区实体经济的对外经贸往来和“一带一路”国际产能合作提供金融服务。分行客户以“海西经济区”的企业为主，业务范围涉及东南亚“一带一路”相关沿线国家和地区。

（赖建基）

【外汇管理】 截至2021年12月31日，2021年，厦门市涉外收支总额1967.77亿美元，比上年增长43.66%，创历史新高。其中，涉外收入904.32亿美元，比上年增长42.77%；涉外支出1063.45亿美元，增长44.42%。涉外收支逆差159.13亿美元，比上年增长54.61%，创历史新高。经常项目涉外收支逆差183.34亿美元，比上年增长92.3%，其中货物贸易逆差180.1亿美元，为全市涉外收支逆差的主要来源。资本和金融项目涉外收支顺差24.21亿美元，上年同期逆差7.59亿美元。厦门市人民币涉外收支总额300.33亿美元，比上年增长44.12%，占整体涉外收支总额15.26%，上升0.05个百分点。其中，人民币涉外收入167.83亿美元，比上年增长56.77%；支出132.5亿美元，增长30.76%；实现顺差35.33亿美元，增长517.73%。人民币经常项目顺差18.18亿美元，比上年增长10.34%。货物贸易项下收支顺差25.07亿美元，比上年增长8.69%；受企业多采用人民币汇出利润影响，初次收入逆差10.36亿美元，比上年增长11.36%。人民币资本和金融项目涉外收支顺差17.14亿美元，上年同期为逆差10.76亿美元。受海外机构加强人民币债券配置意愿影响，证券投资顺差15.72亿美元，为人民币资本和金融项目顺差主要来源。厦门市银行结售汇总额1299.94亿美元，比上年增长43.72%；逆差253.26亿美元，增长85.91%。其中，结汇523.34亿美元，比上年增长36.23%；售汇776.6亿美元，增长49.24%。货物贸易结售汇总额1183.06美元，占比91.01%；逆差243.36亿美元，占比96.09%，是全市结售汇总额和逆差的主要来源。厦门市外汇衍生品（含远期和期权）结售汇签约总量410.61亿美元，比上年增长38.84%；外汇衍生品（含远期和期权）结售汇履约228.29亿美元，增长87.37%。企业外汇套期保值比率17.6%，比上年增加4.1个百分点。

（孔德营　詹若楚）

证券·期货业

【概　况】 2021年，厦门增加罗普特、东亚机械、立达信、厦钨新能4家上市公司。至年末，厦门共有上市公司62家，其中主板上市公司43家、创业板上市公司16家、科创板上市公司3家；上市公司总股本388.5亿股，总市值7081.62亿元。厦门上市公司从交易所市场发行股票和公司债券融资114.92亿元（见表19-1），比上年下降59.36%。62家上市公司共实现营业收入2.04万亿元，比上年增长40.43%；归属母公司股东的净利润285.34亿元，增长16.95%。厦门非上市公司通过交易所市场发行公司债券筹资268.63亿元（见表19-2）。厦门企业发行证监会主管资产支持证券104.4亿元，基础资产主要为应收账款。

至年末，厦门有证券公司2家、证券公司分公司34家、证券营业部108家、证券投资基金公司2家、证券投资基金分公司2家、独立基金销售机构分公司1家、证券投资咨询公司1家；证券从业人员2548人，比上年增加145人。长城国瑞证券有限公司在全国拥有营业网点37个，金圆统一证券有限公司在全国拥有营业网点2个。2021年，金圆统一证券、财通证券各设立1家分

表19-1　　2021年厦门上市公司筹资情况表

筹资渠道类别	企业名称	融资方式	发行日期	融资金额（亿元）
资本市场融资	罗普特	首发	2月23日	9.04
	东亚机械	首发	7月8日	5.04
	立达信	首发	7月9日	8.49
	厦钨新能	首发	8月5日	15.41
	学大教育	定向增发	3月19日	8.31
	厦门信达	定向增发	5月10日	5.82
	金牌厨柜	定向增发	7月1日	2.86
	日上集团	定向增发	9月8日	3.29
	厦门象屿	公司债	3月19日	10.00
	建发股份	（可续期）公司债	3月23日	15.70
	建发股份	（可续期）公司债	4月19日	10.00
	建发房产	公司债	7月8日	6.95
	厦门国贸	公司债	8月20日	6.00
	厦门象屿	公司债	12月6日	8.00
	合　计			114.92

表 19–2　　2021 年厦门非上市公司公司债券筹资情况表

序号	企业名称	发行方式	发行日期	融资金额（亿元）
1	厦门国贸控股集团有限公司	公开发行	1 月 21 日	19.00
2	厦门象屿金象控股集团有限公司	公开发行	3 月 2 日	4.00
3	厦门住宅建设集团有限公司	公开发行	3 月 10 日	14.00
4	厦门经济特区房地产开发集团有限公司	公开发行	3 月 12 日	17.00
5	厦门翔业集团有限公司	公开发行	3 月 16 日	10.00
6	厦门象屿集团有限公司	公开发行	4 月 8 日	5.00
7	厦门建发集团有限公司	公开发行	4 月 13 日	12.00
8	厦门火炬集团有限公司	公开发行	5 月 14 日	5.00
9	厦门火炬集团有限公司	公开发行	5 月 14 日	5.00
10	厦门经济特区房地产开发集团有限公司	公开发行	5 月 19 日	16.00
11	厦门住宅建设集团有限公司	公开发行	6 月 3 日	11.00
12	厦门翔业集团有限公司	公开发行	6 月 17 日	10.00
13	厦门路桥建设集团有限公司	公开发行	6 月 22 日	10.00
14	厦门经济特区房地产开发集团有限公司	公开发行	7 月 7 日	10.63
15	厦门资产管理有限公司	公开发行	7 月 20 日	5.00
16	厦门建发集团有限公司	公开发行	7 月 27 日	10.00
17	厦门港务控股集团有限公司	公开发行	8 月 12 日	15.00
18	厦门象屿金象控股集团有限公司	公开发行	8 月 24 日	10.00
19	厦门路桥建设集团有限公司	公开发行	8 月 27 日	5.00
20	厦门港务控股集团有限公司	公开发行	9 月 15 日	10.00
21	厦门港务控股集团有限公司	公开发行	10 月 15 日	13.00
22	厦门金圆投资集团有限公司	公开发行	10 月 15 日	5.00
23	厦门金圆投资集团有限公司	公开发行	10 月 15 日	10.00
24	厦门国际港务股份有限公司	公开发行	10 月 19 日	9.00
25	厦门象屿金象控股集团有限公司	公开发行	12 月 8 日	15.00
26	厦门经济特区房地产开发集团有限公司	公开发行	12 月 14 日	10.00
27	厦门建发新兴产业股权投资有限责任公司	非公开发行	12 月 23 日	3.00
合　计				268.63

公司；中信证券 1 家营业部升格为分公司；财信证券设立 1 家营业部，华福证券设立 2 家营业部。

2021 年，厦门证券交易总额 8.25 万亿元，比上年增长 16.96%；证券经营机构利润总额 4.46 亿元，下降 27.09%。至年末，各证券经营机构融资融券余额 289.06 亿元，股票质押回购余额 90.6 亿元。厦门投资者开立证券账户数和资金账户数分别为 647.57 万户和 269.51 万户，比上年同期增加 75.48 万户、26.67 万户。

截至 2021 年末，厦门有期货公司 2 家、期货分公司 23 家、期货营业部 18 家；期货从业人员 691 人，增加 54 人。瑞达期货股份有限公司在全国拥有营业网点 43 个，国贸期货有限公司在全国拥有营业网点 17 个。2021 年，光大期货、上海东亚期货、天风期货各设立 1 家分公司，广州期货、海航期货各减少 1 家营业部。

2021 年，厦门期货交易额 10.09 万亿元，比上年增长 53.33%；期货经营机构实现利润总额 8.51 亿元，增长 113.39%。至年末，厦门期货投资者开户数为 7.35 万户，比上年同期增加 0.71 万户；期货经营机构总资产 317.43 亿元，增长 44.34%。

【证券期货市场治理】 2021 年，中国证券监督管理委员会厦门监管局（简称厦门证监局）按照中央关于依法从严打击证券违法活动的意见和证监会统一部署，开展监管执法工作。开展各类市场主体检查走访 83 家次，下发行政监管措施、意见函等 49 份，发现制止纠正违规行为。开展案件调查 15 件，移送公安 5 件。作出行政处罚 4 件，罚没金额 1123.06 万元。调查涉嫌非法证券期货线索 20 条，移交公安刑侦对 2 家涉非机构抓捕 2 人，3 家涉非机构被判刑 9 人。

【企业参与资本市场】 2021 年，厦门证监局联合市金融监管局、沪深交易所等单位，持续开展法规宣传、业务培训、座谈调研，支持鼓励各行业各类型企业选择适当路径参与资本市场。开展上交所科创板厦门资本班第一、二期培训、台资企业资本市场培训班、厦门上市公司法规业务系列培训、上市公司董监高培训班、“新三板”（全国中小企业股份转让系统）公司治理专项培训等活动，参训参会超过4500人次。走访重点企业22家次。开展与厦门各区的交流合作，挖掘上市后备资源。完成6家拟上市企业的辅导验收。联合市台港澳办、市金融监管局等单位对厦门台资企业上市情况进行调研，形成《关于厦门市台资企业上市问题调研报告》。针对“新三板”改革和“北交所”设立，向市政府通报情况，分析问题，提出建议，开展企业走访和专题培训。2021年1月，厦门市政府出台《厦门国有资产证券化及国有控股上市公司高质量发展三年行动计划》，印发《进一步推进企业上市提高上市公司质量若干措施》。至年末，有3家企业通过交易所IPO（首次公开募股）审核等待注册；7家企业等待IPO审核，20家企业进入辅导备案。2021年，厦门13家上市公司入选工业和信息化部专精特新“小巨人”名单。

2021年5月26日，厦门两岸股权交易中心与上海股权托管交易中心在全国首创开展台资企业“一地挂牌、两地展示”的业务。图为代表出席活动现场　（李俊聪　摄）

【市场主体监管规范】 2021年，厦门证监局开展上市公司治理、“新三板”公司治理专项活动。成立专班，制定方案，切实督促企业健全公司治理、强化内部控制，提升健康发展的意识和能力。加强年报审计监管，指导上市公司办好业绩说明会，通报常见问题及典型案例，召开公司治理座谈会。9月，举办2021年度投资者网上集体接待日活动，全市62家上市公司累计收到关于公司治理、发展战略、经营情况的提问2250条，现场答复投资者2006条。厦门证监局指导证券期货法人机构加强公司治理和风险管理。制定下发健全厦门证券期货法人机构治理工作方案，督导法人机构建立健全全面风险管理体系。开展各类风险排查。重点关注上市公司、“新三板”企业股票质押风险、资金占用和违规担保风险、证券期货公司资管业务风险、证券期货机构信息系统安全、非法证券期货活动和“伪私募”等。开展股票质押风险监测，督促相关上市公司实际控制人将股票质押比例降至80%以下。排查厦门1家学科类教育上市公司风险。推动撤销3家交易场所资质，排查出风险私募机构9家。鼓励上市公司回报投资者，通过股权激励健全长效激励机制。50家上市公司实施2020年度现金分红，总金额89.31亿元。24家上市公司实施股权激励，激励股票金额（按行权价）23.8亿元。

【证券期货机构市场建设】 2021年，厦门证监局组织证券机构签署诚信文化倡议书。举办私募基金发展交流会，与郑商所、中证机构间市场联合开展培训。支持证券期货私募机构增强服务实体经济能力。鼓励长城国瑞证券、金圆统一证券提升投行业务能力，核准金圆统一投资咨询、财务顾问业务资格，指导金圆统一做好港澳台居民线上开户服务。指导期货机构加强培训引导，增强实体企业通过套期保值、“保险+期货”、基差定价、远期合约等控制价格风险的能力。全年推广“保险+期货”项目，覆盖生猪、尿素等8个品种，名义本金共2.5亿元；为170家实体企业提供场外衍生品服务，场外衍生品业务交易的名义本金365亿元。至年末，厦门登记备案的私募基金管理机构355家，管理基金1684支，管理规模（实缴规模）1340.51亿元。厦门两岸股权交易中心开展法规业务培训、管理咨询和融资中介，孵化培育挂牌展示企业，建设台资板、闽西南科技板等特色板块。

【投资者教育】 2021年，厦门证监局开展“3·15”消费者权益保护日、“5·15”全国投资者权益保护日暨防非宣传月、“新三板”改革暨北交所规则专项投资者教育、金融知识宣传月、2021年“宪法宣传周”等活动，启动“读懂上市公司报告”投资者教育活动。联合金融司法部门召开新闻发布会暨表彰优秀调解员、开展投资者教育标语创作评比展播，发送视频和普法文章，开展户外宣传和社区讲座，组织网上有奖问答。首次通过在线直播形式开展投资者教育宣传活动，累计观看量超100万人次。

【区域性股权市场】 截至2021年12月31日，厦门两岸股权交易中心累计展示企业4665家（台资1489家）。年内，厦门金融监管局累计为560家企业提供146.95亿股权登记托管服务；为193家企业完成258笔股份增资28.5亿元；为173家企业完成390笔股份转让20.34亿元；为12家企业办理15笔股份减资服务，减资金额21.94亿元；为32家企业办理退出登记，退出金额8.47亿元。

（李永毅　邓超逸）

保险业

【概　况】 2021年，厦门市有保险公司39家（含台资保险法人机构2家），其中，法人保险公司2家、财产险分公司20家、人身险分公司17家。保险专业中介市场主体86家。保险业从业人员5.2万人。保险业资产规模763亿元，比上年同期增长13.1%。全年实现保费收入244亿元，比上年同期增长3.1%；赔付支出83亿元，下降1.0%。全市保险深度3.5%，低于全国0.4个百分点。保险密度4722元，是全国平均水平的1.5倍。

【车险市场规范】 2021年，厦门银保监局巩固车险综合改革成果，降低车险价格。商业车险车均保费2946元，比上年同期下降8.34%。商业三责险平均保额由上年的153万元提高至213万元。车险综合赔付率74.72%，比上年增加7.12个百分点；车险综合费用率23.31%，减少8.34个百分点；综合成本率98.03%，减少1.22个百分点。在全国首批上线车险信息平台理赔实名认证服务，通过短信向被保险人和赔款收款人告知事故车辆厦门银保监局维修明细。

【实体经济安全保障】 2021年，厦门银保监局开展农业保险创新试点，保险责任涵盖暴雨、洪水、内涝、烂棒、不出菇等菌菇常见风险事件，对参加食用菌保险的农户给予80%保费补贴。辖内保险机构承保2户试点农户的食用菌1110万袋，提供风险保障2525万元。承保危险化学品、石油化工、城市燃气、交通运输、建筑施工等高危行业领域的安全生产责任保险，提高企业生产安全事故风险防范能力。辖内机构为859家企业提供135.13亿元安全生产风险保障，比上年同期增长140.33%。创新环境风险管理模式，推进环境污染强制责任保险工作。全市保险机构为562家企业提供10.69亿元环境污染风险保障，比上年同期增长60.8%。开展首台（套）重大技术装备保险试点，2020—2021年本地企业申请首台（套）重大技术装备保险补偿共3757万元，涉及3家企业、7个项目，保障装备总价值14.4亿元。

【健康风险保障】 至2021年末，厦门大病保险累计赔付94.81万人次，赔付金额12.85亿元。累计保单件数1377件，保费497.4万元。为377款保险产品免费扩展新冠病毒肺炎保障责任，惠及41.5万人，提供2820亿元风险保障。为新冠病毒肺炎疫苗接种工作提供20种意外险产品，惠及4.64万人，提供风险保障84.62亿元。

【养老服务保障】 2021年，厦门银保监局继续办好老年人意外险。老年人幸福安康保险覆盖全市户籍60岁以上老人39.9万人，2021年赔付金额1880万元。参与税延养老险试点，落实个人税收递延型商业养老保险政策。厦门老年人意外险等累计保单件数5520件，合计保费2881.1万元。

【保险消费者权益维护】 2021年，厦门银保监局推进人身险销售行为可回溯管理，辖内长期人身产品在个险渠道、银保渠道、中介渠道实现全面覆盖，做到保单销售行为可回放、重要信息可查询、问题责任可确认，防范销售端风险，提升保险销售行为质量。在全国率先建立保险销售人员信息管理平台、培训管理平台和电子执业证的“一证两平台”，构建保险销售人员管理厦门模式，强化销售人员服务意识，治理销售误导问题。

【出口信用保险】 2021年，厦门银保监局采取举措助力辖区内政策性出口信用保险的“稳外贸”工作。扩大出口信用保险覆盖面。新增服务支持出口企业1025家，比上年增长73%，出口渗透率25.8%，高于全国和全省水平。出口险期末有效限额金额比上年增长24.6%，限额满足率90%，出口前业务承保增长67%。生产型企业出口90亿美元，比上年增长22%。举办第二届“小微客户服务节”。为企业免费安装“信步天下”信用风险管理工具。服务支持小微企业3075家，比上年增长41%。参与外管局跨境金融区块链服务平台保单融资应用场景，与进出口银行合作落地全国首笔“贸赢贷”，通过保单融资增信支持68家民营企业，比上年增长33.3%；保单融资增信金额4.8亿美元，增长51.5%。通过对跨境电商主体授信，开展跨境电商赊账采购产品和物流、广告等服务。中欧（厦门—莫斯科）班列服务费和运费承保案例在2021年度服贸会上获“中国服务实践案例”称号。

（邓帅彪）

其他非银行金融机构

【概　况】 截至2021年12月31日，厦门市地方非银行金融组织553家，注册总资本821.74亿元。其中，小额贷款公司16家，融资担保公司27家，典当行26家，融资租赁公司318家，商业保理公司159家，地方资产管理公司2家，区域性股权市场运营机构1家，交易场所4家。2021年，厦门金融监管局制定出台《厦门市小贷公司监督管理办法》《政府性融资担保机构奖补办法》，印发规范融资租赁、典当行、融资担保等行业提供产品和服务行为的文件，开展商业保理、典当行等行业监管制度研究和制定工作，推进政府性融资担保体系支持政策修订和完善工作。推进政策性融资担保扩面增量，至年末，全市政府性融资担保总额154.33亿元，放大倍数3.23倍（含增信基金）。开展融资租赁、商业保理行业清理排查工作，全年分别清退融资租赁公司、商业保理公司31家、54家。规范监管行为，提升非现场监管工作质效，实现8类地方金融组织187家机构接入市地方金融非现场监管系统。出台《厦门市地方金融组织现场检查办法》，规范现场检查管理工作，推进“双随机、一公开”监管，全年完成现场检查任务56项。联合市中级人民法院指导设立厦门市地方金融纠纷调解中心，自9月12日该中心成立至年末，调解案件125件，涉及金额1.19亿元。

【小额贷款公司】 截至2021年12月31日，厦门市小额贷款公司资产总额67.12亿元，负债总额9.19亿元，所有者权益57.93亿元，贷款余额62.82亿元。2021年，全市小额贷款公司累计实现营业收入6.49亿元，实现净利润3.37亿元；累计发放贷款笔数1.15万笔，发放贷款金额212.82亿元。

【融资担保公司】 截至2021年12月31日，厦门市融资性担保机构资产总额122.69亿元，负债总额45.94亿元，所有者权益76.75亿元，担保在保余额436.58亿元。2021年，全市融资性担保机构实现担保业务收入15亿元，实现净利润2.61亿元；担保总额1051.35亿元，其中融资性担保总额636.71亿元、非融资性担保总额414.64亿元。

【典当行】 截至2021年12月31日，厦门市典当行资产总额11.9亿元，负债总额0.22亿元，所有者权益11.68亿元，典当余额7.66亿元。2021年，全市典当行实现营业收入0.71亿元，实现净利润0.15亿元；累计发生业务笔数5833笔，典当总额55.66亿元。

【融资租赁公司】 截至2021年12月31日，厦门市报送月度数据的融资租赁企业58家，注册资本130.39亿元，实缴资本92.13亿元，资产总额235.45亿元。融资租赁资产总额181.26亿元。其中，直接融资租赁资产总额40.48亿元，售后回租资产总额137亿元。

【商业保理公司】 截至2021年12月31日，厦门市报送月度数据的商业保理企业25家，注册资本40.15亿元，实缴资本36.21亿元，资产总额125.04亿元。发放保理融资款本金44.4亿元，不良保理资产余额1.94亿元，不良保理资产率4.37%。

【地方资产管理公司】 截至2021年12月31日，厦门市地方资产管理公司总资产80.97亿元，总负债51.13亿元，所有者权益29.84亿元。2021年，全市地方资产管理公司实现营业收入6.58亿元，利润总额2.95亿元，净利润2.21亿元；累计收购不良债权金额121.11亿元，其中市辖内债权金额48.82亿元，处置9.08亿元，跨省投资收购不良资产42.51亿元，存量不良资产账面值113.44亿元。同福建省20家金融机构建立业务合作关系。

【厦门海翼集团财务有限公司】 截至2021年12月31日，厦门海翼集团财务有限公司（简称海翼财务公司）资产总额39.62亿元，净资产10.91亿元，总负债28.71亿元，员工25人。海翼财务公司成员单位共68家，买方信贷客户3家。2021年，海翼财务公司实现营业收入0.63亿元，利润总额0.56亿元，净利润0.42亿元。信贷业务发放300笔，金额62.48亿元，年末用信余额22.12亿元。办理结算业务10.11万笔，金额6446.03亿元，比上年增长21.64%；为成员单位节约结算手续费90.69万元。搭建同业合作平台，运用有价证券投资资质，提升资金流动性和运营效率，日均投资规模4.67亿元，累计收益0.17亿元。海翼财务"新一代"信贷系统、投资系统，自主研发流动性风险系统、反洗钱系统等，上线财务核算平台。自主研发统一监管报送平台。上线"翼"系列产品。"翼秒付"实现7×24小时自动落地支付，至年末，完成6.1万笔，金额759.27亿元。

（刘昱晨）

【厦门翔业集团财务公司】 截至2021年12月31日，厦门翔业集团（简称翔业财务公司）资产总额97.09亿元，所有者权益15.45亿元。资本充足率30.65%，平均流动性比例65.8%，日均存款57.67亿元，日均贷款24.03亿元，全口径资金集中度97.64%。全年实现营业净收入1.73亿元，净利润1.19亿元，净资产收益率8.02%，资产收益率1.34%。翔业财务公司为翔业集团成员单位引入15个工作日内无成本的转贷资金5500万元；通过城银清算公司直连票交所，提高财务公司银行承兑汇票的市场接受度和流通性。7月22日，通过上海票据交易所系统平台，办理首笔票据转贴现业务。10月28日，办理首笔国债逆回购业务，金额1000万元。11月26日，通过本币交易系统的前台交易以及中债登系统的托管清算，办理首笔债券投资业务，票面金额1000万元。

（吴智鹏）

【厦门金美信消费金融】 截至2021年末，厦门金美信消费金融有限责任公司（简称金美信消费金融）年度放款总额79.01亿元，比上年同期增长46.5%；年度贷款余额41.55亿元，增长42.79%。全年营业收入3.12亿元，比上年增长29.95%；实现净利润0.69亿元，增长18.32%；上缴各类税收超过0.6亿元。至年末，金美信消费金融累计放款总额175.8亿元，年度贷款余额41.6亿元，服务客户突破220万人。上线"安心学享贷"助学类贷款，面向厦门地区院校大学生家长开放，可作为国家助学贷款的补充，用于支付青年学子在校期间的生活费开支，额度5万元，提供5年（等额本息）还款期限。面向在闽高校就读的台籍学生，组织举办台籍大学生暑期文化交流月活动。落地行业内首单纯台资两年期银团贷款，总募集金额4亿元。

（谢　歆）

责任编辑：黄　澜
审　　稿：林建高
校　　对：熊焱峰

20 农业农村

综　述

【概　况】2021年，厦门市贯彻中央经济工作会议和中央农村工作会议精神，坚持农业农村优先发展，推进乡村振兴。全市农林牧渔业总产值62.01亿元，比上年增长5.1%；农村居民人均可支配收入29894元，增长12.3%，农村居民人均可支配收入保持全省第一。

【耕地保护】2021年，厦门市自然资源和规划局开展耕地保护工作，制定《关于进一步加强耕地保护监督工作实施方案》，加大耕地保护工作力度，明确责任分工，组织签订市对区目标责任书，完成补充耕地199.47万平方米、补充水田102.13万平方米，指导开展耕作层剥离48.17万平方米，完成耕地保护目标任务。推进到期临时用地复垦，完成复垦或办理用地手续69宗（面积140.06万平方米），其余7宗（面积6.2万平方米）继续整改。

【都市现代农业发展】2021年，厦门市推进现代农业设施项目建设，扶持标准化农业设施大棚建设，补助新建温室大棚13万平方米；推进农田水利设施建设，建设高标准农田项目2个，完成高标准农田建设106.67万平方米。开展农作物全程全面机械化工作，落实农机购置补贴政策，提升农机社会化服务能力，完成机耕面积4293.33万平方米、机插面积480万平方米、农机专业合作社作业服务面积3313.33万平方米，全市农作物和水稻耕种收割综合机械化率62.6%和75.1%。推进农业信息化及技术服务工作，完善全市118个益农信息社和1个营运中心建设，编发农业农村信息738条。推进2家省级农业物联网应用基地建设，培育4家市级农业物联网应用基地，全市区（县）级物流节点覆盖率100%。

【农业绿色发展】2021年，厦门市推进农业地方标准修订工作，制定农业地方标准7项。新认证“三品一标”（无公害农产品、绿色食品、有机农产品和农产品地理标志）16个，全市“三品一标”产品数量112个。完善“一品一码”追溯体系建设，贴合格证/追溯码250多万张，厦门市蔬菜、畜禽产品例行监测综合合格率98.3%。全市完成推广应用测土配方施肥技术27.1万亩次（指万亩面积上发生的次数），推广使用有机肥22.7万亩次，化肥农药使用量实现零增长、减量化。建立农作物病虫害绿色防控与统防统治融合示范点9个，全市农药使用量309.15吨（比上年下降2.53%），全市化肥使用量1.05万吨（下降2.24%），完成福建省下达指标任务。开展畜禽粪污资源化利用，畜禽养殖废弃物综合利用率97.9%，其中生猪规模养殖场粪污处理设施装备配套率100%。

（李若霖　杨　臻）

种植业

【概　况】2021年，厦门市农作物总播种面积220平方千米。粮食播种面积4106万平方米，比上年增长0.2%；总产量2.54万吨，增长1.5%（早稻播种面积1300万平方米，下降3.7%；产量0.80万吨，下降3.5%。晚稻播种面积586.67万平方米，增长5.0%；产量0.37万吨，增长9.6%。甘薯播种面积1086.67万平方米，增长4.7%；产量0.73万吨，增长5.4%。马铃薯播种面积760万平方米，下降1.9%；产量0.47万吨，下降1.8%。豆类100万平方米，下降12.7%；产量0.03万吨，下降14.8%。玉米播种面积260万平方米，增长4.8%；产量0.15万吨，增长7.8%）。油料作物播种面积1340万平方米，比上年下降6.6%；产量0.41万吨，下降5.5%。蔬菜面积153平方千米，比上年下降2.5%；产量55.43万吨，下降1.4%。水果播种面积6053.33万平方米，比上年下降1.8%；产量7.53万吨，增长1.5%。食用菌产量3.09万吨，比上年增长0.6%。

【粮食生产】2021年，厦门市农业农村局按季节、分品种将全年粮食生产目标任务分解落实到区、乡镇（街道）、村，超额完成福建省政府下达的4066.67万平方米、2.5万吨粮食生产约束性任务。选聘粮食作物产业专家8人、技术指导员15人，培育种粮科技示范户174户，主要粮食作物示范种植面积83万平方米。筛选确定粮食主要作物主导品种16个，到位率100%，主推技术16项，到位率100%，带动全市粮食作物增产增收。

【农业设施项目建设】 2021年，厦门市农业农村局落实《厦门市农业农村局厦门市财政局关于印发都市现代设施农业建设实施办法的通知》，扶持各区建设标准化农业设施大棚，建成标准化设施大棚14.47万平方米，集美、海沧、同安、翔安区均新增面积1.3万平方米以上设施大棚，设施蔬菜种植示范面积均超3.33万平方米。

【惠农政策落实】 2021年，厦门市农业农村局出台高接换种、设施建设、商品有机肥补助等政策，全市发放耕地地力保护补贴资金1702.4万元。出台实施《厦门市商品有机肥补助实施方案》，组织实施面积533.4万平方米，市区两级补助资金386.6万元。发放农机购置补贴409.5万元，购置各类农机具1055台（套），受益农户791户。下达高接换种补助资金89.84万元，推广水果高接换种技术，引进推广凤梨穗龙眼、四季龙眼、无核荔枝、大丁香荔枝等，实施水果高接换种74.87万平方米。

【政策性农业保险】 2021年，厦门市农业农村局推进设施蔬菜种植保险和食用菌保险工作，全市设施蔬菜投保1家，投保面积14.94万平方米，保费3.37万元；设施蔬菜大棚投保19家，投保面积53万平方米，保费224.32万元。制定《关于印发食用菌保险实施试点方案的通知》，在如意集团有限公司等2家企业开展试点投保工作，市级预算下达资金14.4万元，保费22.8万元。

（李　超）

园艺业

【种苗业】 2021年，厦门市农业农村局推进高科技种苗业发展工作，扶持蔬菜种子种苗产业发展项目7个，补助国家级“育繁推一体化”农作物种子企业1家、省级重点种子企业4家；加强农业种质资源保护与利用，支持2家种子企业建立种质资源库，保存农作物种质资源近2万份。推进厦门同安闽台农业融合发展（种子种苗）产业园建设，入驻园区的种子种苗企业13家，其中台资5家。

【花卉林业产业招商】 2021年，厦门市市政园林局推动花卉林业招商项目落地19个。签署淘宝中国福建绿植花卉产业带直播平台合作协议，入驻企业90多家。整合厦门市国有企业资源，推动组建厦门园林花木集团公司，计划建设成市级园林花木行业平台。

【“国家三角梅种质资源库”揭牌】 2021年12月5日，国家林业和草原局、中国花卉协会联合颁发的“厦门市园林植物园国家三角梅种质资源库”在厦门市园林植物园揭牌，“厦门市三角梅研究院”“闽台三角梅研究中心”同时揭牌。厦门市园林植物园研究三角梅有30余年历史，拥有专业研发团队，从国内外引种和保存包含6个种群的三角梅种质资源400余份。其中，“中闽1号”三角梅由该园自主选育成功，获国家林业和草原局颁发的植物新品种权证书（证书号第1783号），成为中国首个自主培育的有知识产权的叶子花属植物新品种。

【班纳利中国育种中心落户】 2021年4月30日，德国班纳利（Benary）种子公司和厦门爱垦园艺公司共同投资项目——棠潮园艺暨班纳利中国育种中心在海沧举行开工仪式，项目总投资2亿元，用地面积15.87万平方米，项目一期规划建设7万平方米，建成温室3.4万平方米（现代化育苗温室2.39万平方米、花卉育种核心温室1.04万平方米）。该中心以花卉育种和种苗生产为主要方向，拟建成华南地区最具影响力的花卉种苗生产企业，欧洲花卉评选组织（Fleuroselect）全球新品种测试点（中国地区）计划落户于该育种中心内。

（宋文心）

林　业

【概　况】 2021年，厦门市市政园林局围绕乡村振兴、森林生态修复、松林改造提升、水土保持等重点工作，推进林相改造和森林景观带建设，统筹国土绿化工作。出台《厦门市市级林业专项资金管理办法》，下达2021年市级营造林补助资金1791万元，营造林面积8101.93万平方米，完成省级下达任务205.04%。其中，植树造林面积262.27万平方米，完成省级下达任务157.36%；森林抚育面积1173万平方米，完成省级下达任务219.94%，厦门市植树造林与森林抚育完成率均位居全省第一。完成曹坑山（海悦山庄后山）、狐尾山（市政府后山段）景观提升苗木种植，推进东坪山林相改造项目。

【林长制工作】 2021年，厦门市市政园林局会同市自然资源和规划局制定《厦门市全面推行林长制实施方案》，指导各区开展营造林、有害生物防治、林业产业发展等相关工作，分级设立林长，建立市、区、乡镇（街道、林农场）、村（社区、工区）四级林长组织体系，林长739人，实现各级林长全覆盖。出台《厦门市林长制市级会议制度（试行）》《厦门市林长制信息公开制度（试行）》《厦门市林长制市级督查制度（试行）》《厦门市林长制工作考核制度（试行）》《厦门市林长制市级部门协作制度（试行）》5项配套制度，建立林长会议制度、信息公开制度、部门协作制度、工作考核制度等，规范林长制工作议事程序。建立全市森林资源网格化、全覆盖管理体系，将全区林地按行政区域、自然地貌、交通状况、管护面积和难度等划分为若干网格，每个网格内的森林资源管护责任落实到具体护林员。每个网格四界明晰，权责清楚，在勘界时打桩定界，设立林长公示牌，全市网格覆盖率99.96%，其中思明区、集美区、同安区、翔安区网格化覆盖率100%。建立森林资源网格化管理体系，提升林长制监管手段智能化水平，建设“厦门市林长制网格化智慧管理平台”，系统对接福建全省森林资源巡护智慧平台，实现信息共享。厦门市加强森林资源管护，全市配备护林员548人，打击各类破坏森林资源违法行为，加强涉林行政案件处罚，截至11月底，厦门市森林督查违法违规图斑57个，查处到位57个，查处到位率100%。重点做好松材线虫病防治工作，实施古树名木专项保护，编制《厦门古树名木》画册工作，全市登记挂牌的古树名木1796株。

【森林火灾风险普查】 2021年，厦门市市政园林局在全市范围组织开展森林火灾风险普查工作，制定《关于印发厦门市第一次全市自然灾害综合风险普查总体方案的通知》，编制《厦门市森林火灾风险普查实施方案》，组织指导全市森林火灾风险普查工作。摸清森林火灾风险隐患底数，查明重点区域抗灾能力，认识全市及各区森林火灾风险水平，为各级政府开展森林火灾防治和应急管理工作提供森林火灾风险信息及科学决策依据。11月，厦门市在福建省率先完成森林火灾风险普查调查工作，相关信息在国家应急部第一次全国自然灾害综合风险普查网站、福建省林业局网站刊载。

（宋文心　市自然资源规划局）

畜牧业

【概　况】 2021年，厦门市肉蛋总产量3.82万吨，比上年增长16.82%。其中肉类产量3.57万吨，增长19.8%；禽蛋产量0.25万吨，下降13.79%。家禽存栏174.07万羽，比上年下降16.95%；出栏457.58万羽，下降28.23%。生猪存栏21.21万头，比上年增长5.57%。其中能繁母猪存栏1.98万头，增长2.06%；出栏36.12万头，增长38.55%。牛存栏0.75万头，比上年下降7.41%；出栏0.69万头，下降2.82%。羊存栏0.73万只，比上年下降5.19%；出栏0.75万只，下降14.77%。全市定点屠宰场屠宰牲畜86.38万头（只），其中生猪80.63万头、牛1.91万头、羊3.84万只。市农业农村局加强全市饲料行业产品质量监督检查，各级农业执法部门共出动检查人员549人次，检查企业180家次，责令整改10家，全部整改完毕。开展盐酸克伦特罗、莱克多巴胺及沙丁胺醇3个项目“瘦肉精”快速检测工作4.12万头份，其中屠宰场抽检3.68万头份、养殖场抽检4381头份。市动物产品检疫申报点受理动物产品申报检疫3.34万吨，未发现不合格动物产品。回收外来动物产品检疫合格证明5554张，开具动物产品检疫合格证明10.25万张。全市办理一般程序动物卫生类行政处罚案件21件、简易程序案件16件。开展打击私屠滥宰监督执法286次，其中联合执法36次，排查群众举报33件，查实31件，取缔私宰窝点16个，查获涉案生猪211头、猪肉产品1320千克，全部进行无害化处理。

【生猪稳产保供】 2021年，厦门市农业农村局兑现生猪养殖保险补贴、贴息贷款、能繁母猪存栏补贴、养殖用地和环评等政策措施，鼓励、促进生猪规模养殖场增养补栏、满产达产，完成福建省政府下达厦门市生猪存栏20万头，出栏36万头目标任务。4个上年度招商引资的新建和改扩建生猪养殖项目全部建设完成，4个生猪养殖场全部达产后，新增生猪存栏12万头。

【重大动物疫病防控】 2021年，厦门市农业农村局修订《厦门市突发重大动物疫情应急预案》，组织开展重大动物疫病防控监督抽样工作，完成春、秋季重大动物疫病防控工作，在海沧区组织开展突发重大动物疫情应急演练，50余人参加。开展动物疫病监测与流行病学调查20776份，其中开展禽流感、口蹄疫、猪瘟等9种病原监测8234份，开展禽流感、新城疫等12种动物疫病抗体监测12542份。群体免疫密度维持在90%以上，应免畜禽免疫密度全部达到100%。兑现7家养殖场“先打后补”补助，补助金额18.31万元。

【非洲猪瘟防控】 2021年，厦门市农业农村局落实非洲猪瘟监测排查、杀毒灭源、调运监管等防控措施，指导养殖场开展生物安全管理，加强养殖环节和屠宰环节检查，出动执法人员523人次，开展生猪养殖场和屠宰企业执法检查240场次。开展非洲猪瘟假疫苗打击专项行动，全市出动各类工作人员748人次，检查实验室5家次、兽药生产企业14家次、兽药经营企业76家次、生猪养殖场户198家次，未发现存在制售和使用非洲猪瘟假疫苗违法行为。

（杨晓萌）

渔　业

【概　况】 2021年，厦门市优化渔业产业结构，提升水产品质量安全监管能力，保护海洋渔业资源，促进渔业绿色发展。全市有渔业乡7个，渔业村5个，渔业户6559户，渔业人口18477人，渔业从业人员9690人，其中专业从业人员6131人、兼业从业人员2188人、临时从业人员1371人。渔业总产值61.54亿元，其中捕捞产值6.08亿元、养殖产值2.17亿元、苗种产值5.55亿元。水产品总产量6.96万吨，比上年下降8.29%。其中，水产养殖1.15万吨，捕捞产量5.81万吨。水产加工量9.65万吨，比上年增长1.18%；加工产值15.70亿元，增长8.70%。生产水产苗种596亿单位。夏商国际水产交易中心总交易量17.05万吨，交易额75.38亿元。市海洋发展局支持水产品加工企业技术创新和产品结构调整，开发高附加值功能性食品及高端生物制品，支持安井食品集团股份有限公司、厦门汇盛生物有限公司、厦门致善生物科技股份有限公司等海洋新兴产业龙头企业发展。新冠病毒肺炎疫情防控期间，厦门市海洋发展局派出驻港工作专班，加强高崎渔港和欧厝渔港船舶管控，推进各区海上船舶集中停泊点建设，实行“人、船、物”闭环管理，防止疫情通过渔船从海上输入、溢出。

【远洋渔业发展】 2021年，厦门市远洋渔业企业5家，远洋作业渔船54艘，远洋渔业捕捞总产量5.49万吨，产值近4亿元，自捕远洋水产品回运厦门2.6万吨。引进福建省远德胜远洋渔业有限公司，该公司整体迁入厦门。厦门市联成渔业有限公司的金枪鱼进口项目发展良好，累计投资5000万元，进口金枪鱼约2500吨，销售额约6500万元。

【水产苗种业发展情况】 2021年，厦门市生产水产苗种596亿单位，产值5.55亿元。厦门市海洋发展局利用专项资金支持水产种苗业发展。支持福建闽锐宝海洋生物科技有限公司承担的“绿盘鲍新品种产业化示范”项目，该项目总投资5019万元，开展绿盘鲍杂交制种专利技术与新品种的成果转化工作，研究绿盘鲍规模化生产关键技术，扩大苗种生产数量，提升绿盘鲍养殖规模与品质，研究创新高端鲍鱼产品，形成绿盘鲍“种、苗、养、加、销”一体化全产业链业态。支持厦门百利龙程水产养殖有限公司承担的“凡纳滨对虾良种繁育技术升级与产业化应用”项目，该项目总投资4514万元，规划建设凡纳滨对虾优良苗种繁育产业园，培育兼具高抗和速长的“平衡系”虾苗，开展虾苗繁育升级技术攻关并进行产业化应用，提高对虾育苗的生态化、智能化水平。

【水产品质量安全监管】 2021年，厦门市海洋发展局开展水产养殖投入品专项整治行动，加强水产品质量安全监测和执法监管，保障全市水产品质量安全。开展水产品质量安全监测，组织各类水产品质量安全监测1274批次，其中产地水产品合格率100%。把好水产品批发市场环节质量安全关，加强高崎水产品批发市场监管，开展流通环节水产品质量安全监测，合格率100%。

【渔业科技培训与推广】 2021年，厦门市海发展业局组织“观赏水族”“水产品质量安全”“绿色健康养殖”等为民办实事渔民培训11期，培训渔民490人次。建立一支在厦高校和科研院所专家服务队伍，协同各区渔业技术部门，按照生态健康养殖、尾水治理、用药减量、种业提升等绿色环保要求，开展“工厂化循环水养殖”“病害防治员”专题培训，提升渔业从业人员绿色发展理念和专业技术水平。

【海域非法捕捞整治】 2021年，厦门市海洋发展局执法支队开展“中国渔政亮剑2021”专项执法工作，采取海上严打和岸上严管结合方式，推进海上违法捕捞问题专项整治。摸清海上违法作业规律，加大夜间执法、巡航拆除、协同联动力度，提升“110”处置效率。岸上加大对辖区船舶停泊点的巡查宣传力度，走访属地派出所、社区及村两委，探索陆海联打联查，推动以岸制海和源头严控。截至年底，市海洋发展局执法支队依法没收拆解涉渔“三无”船舶62艘，拆除各类违法捕捞网具及设施4840件，辖区海域违法捕捞问题得到治理。

【小型渔船多证并联审批改革】 2021年，厦门市海洋发展局推进“放管服”改革，简化优化办事流程，印发实施《关于进一步推进小型渔船行政服务便利化实施方案（试行）》，提供“一站式”服务，率先在福建省试点改革小型渔船“一业一证”，实现渔民出海携带一本证。小型渔船换发申请材料压减43%，承诺时限压减50%；变更材料压减58%，时限压减63%；补发材料压减71%，时限压减50%；更新改造材料压减61%，时限压减52%。

【国家级沿海渔港经济区获批】 2021年12月9日，厦门市获农业农村部批准成为首批国家级沿海渔港经济区。厦门国家级沿海渔港经济区规划以高崎闽台中心渔港、欧厝对台渔业基地、厦门现代水产种业园区为核心，对接联动高崎渔港片区、厦门海洋高新产业园两大片区，规划建设现代化都市综合性休闲渔港、两岸水产品交易中心和高端水产品交易中心。

（市海洋发展局）

乡村振兴

农村改革

【全面推进乡村振兴】 2021年，厦门市加快乡村振兴千亿投资工程项目建设，完成投资334.76亿元，为年度计划投资的112.34%。制定市级资金对试点示范村、动线建设奖补机制，推进30个试点示范村和10条动线建设任务。加大乡村产业振兴项目比重，健全乡村振兴项目库，实施试点示范项目197个，总投资3.86亿元。鼓励先行先试，在海沧区过坂社区、洪塘社区和集美双岭村推行“陪伴式”乡村运营服务（乡村转型过程中，避免出现建设实施与规划设计不符的手段和措施）。海沧东孚街道获评省级乡村振兴特色镇称号，同安莲花村获评省级实绩突出村称号。

【农业农村制度改革】 2021年，厦门市农业农村局从农村集体产权制度改革、农村承包地管理、完善新型农业经营体系、农业“放管服”改革4个方面推进农村改革。拓展集体资产股份权能，海沧区试点开展集体资产股份抵押、担保业务，集美区5个“村改居”社区完成村（居）委会事务与集体经济事务分离工作；推进承包地确权登记颁证扫尾工作，规范承包地管理服务，推动土地经营权有序流转，做好农村土地承包经营纠纷调解仲裁基础工作；推进农民专业合作社质量提升整县推进全国试点（同安区、集美区）和全省试点（海沧区、翔安区），推进家庭农场示范区创建全省试点（集美区），新培育区级以上农民专业合作社示范社51家、家庭农场示范场21家；梳理细化42项审批服务事项，在省网上办事大厅发布，通过“减材料、减环节、减时限、减跑动”，优化审批流程，推行“不见面审批”，实行“网上办”，提升政务服务水平。

【农村居民收入提高】 2021年，厦门市农村居民收入持续增长。农村居民人均可支配收入29894元，比上年增长12.3%，继续位居全省首位。城镇居民与农村居民人均可支配收入差距从2020年的2.31∶1缩小至2021年的2.25∶1。

（邓军华）

乡村产业发展

【概　况】 2021年，厦门市现代农业招商组加大统筹指导力度，分析国内外产业发展情况，研究厦门市产业现状及短板弱项，提出产业发展路线图和招商重点，制定《都市现代农业产业链群指导手册》。加大对“促落地、促到资”项目及重点招商项目协调推进力度，项目22个，总投资52.06亿元。其中，促落地项目13个，总投资39.66亿元；促到资项目9个，总投资12.4亿元（到资项目8个，到资额2.72亿元）。

【农业产业集聚发展】 2021年，厦门市农业农村局加大对农业产业化重点龙头企业扶持力度，扶持资金 1300 余万元。43 家农业产业化重点龙头企业实现正增长，总营业收入 900 余亿元，比上年增长约 9%。截至年底，全市市级以上农业产业化重点龙头企业 55 家，其中国家级 11 家、省级 33 家、市级 11 家。

【乡村旅游建设】 2021 年，厦门市农业农村局加快乡村旅游品牌建设。莲花镇获评首批全国乡村旅游重点镇称号，汀溪镇获评福建省全域生态旅游小镇称号，古坑村和大宅村获评福建省金牌旅游村称号，田头村、隘头村获评福建省美丽休闲乡村称号。（参见本书 263 页【乡村旅游】）

（邓军华）

村镇建设

【概　况】 2021 年，厦门市建设局开展农村在建房屋安全清查整治专项工作，推进整治、核实、销号工作，累计排查农村各类在建房屋 2668 栋，完成核查整改并复工 2668 栋，复工率 100%，按时完成清查整治任务。实施城乡建设品质提升，完成 4875 栋农村既有裸房整治，为计划的 108.5%；完成投资额 3.51 亿元，完成投资率 167.28%。

【农村建房安全管理】 2021 年，厦门市建设局组织开展农村在建房屋安全清查整治专项行动，提高农村建房质量安全水平，防范发生各类建房安全事故。强化服务指导，提升安全管理意识，推广村民建房通用图集，为农村建房户型选择提供"菜单式"服务；印制分发《厦门市农房建设质量安全管控手册》《厦门市农房建设质量安全管控要点一张图》《农村建房安全常识》《农村自建房五提醒》等安全宣传材料；发布农房质量安全警示片；开展村镇建设管理干部、农村建筑工匠培训，启动农村建筑工匠网络培训工作，组织全市农村建筑工匠自主在线学习；组织专家到各区开展农村自建房施工安全质量服务指导，掌握农村在建房屋安全状况，提出建议措施。

【农村建设品质提升】 2021 年，厦门市建设局根据《2021 年全省城乡建设品质提升实施方案》要求，策划生成"崇尚集约建房"示范区（海沧区）、集镇环境整治样板（翔安区新圩镇）、新时代农村社区样板（同安区莲花镇白交祠村）3 个省级样板项目，建设周期 2 年，均超额完成年度目标。强化农村建筑风貌管控，集美区、海沧区、同安区、翔安区均完成建筑立面图集编制，建成示范房 1 栋。开展乡建乡创闽台合作，树立提升具有地方产业特色、可持续发展的农、文、旅结合的示范品牌，实施乡村产业振兴"陪护式"服务。

【乡村通信缆线整治】 2021 年，厦门市通信管理局开展乡村通信缆线整治工作，光缆及通信无线网络覆盖 164 个村，投资 1.99 亿元。海沧洪塘村赤土社、洪塘镇龙西社区、集美孙厝社区、汀溪镇褒美社区等 30 个镇（街道）、村（社区）通信基础设施完成专项整治。

（张婷婷　黄娜娜）

乡村治理

【乡村治理体系建设】 2021 年，厦门市农业农村局建立乡村治理联络员会商机制，形成工作合力，推进乡村治理工作开展。创新现代乡村治理手段，在农村垃圾分类、人居环境整治、好人好事等推广运用"积分制"，推行"积分制"的镇 4 个、行政村 8 个。巩固乡村治理试点示范，同安区莲花镇入选第二批全国乡村治理示范乡镇，翔安区内厝镇莲塘村入选第二批全国乡村治理示范村。海沧区《规范权责事项，推动村居减负增效》和同安区莲花镇《以"邻长制"优化，"微治理"激发振兴"新活力"》入选全国乡村治理典型案例。

【农村人居环境提升】 2021 年，厦门市农业农村局推进农村改厕工作，新建改造农村公厕 43 座，完善公厕管养长效机制。推进村庄清洁行动，推行农村生活垃圾分类、源头减量、资源化利用，海沧东孚街道、同安祥平街道、翔安新圩镇入选省示范片区创建项目。市农业农村局完成 10 个省定村庄污水治理项目任务，农村生活污水治理做法在全省推广。结合铁路沿线环境综合整治和乡村振兴示范村建设，推进既有农房整治，完成裸房整治 4875 栋。提升村容村貌，推进乡村绿化美化行动，建设"绿盈乡村"28 个。

【畜禽养殖废弃物资源化利用】 2021 年，厦门市农业农村局推进畜禽粪污资源化利用工作。组织实施畜禽粪污资源化利用提升行动，指导养殖场改造提升，推广畜禽粪污资源化利用典型模式和示范基地，打造废弃物综合利用畜牧业循环经济产业链，推进畜禽粪污高水平综合利用，提升绿色养殖水平。全市畜禽养殖废弃物综合利用率 98.56%，规模畜禽养殖场粪污处理设施装备配套率 100%，高于省下达的目标（92%）。

（邓军华）

农产品质量安全

【概　况】 2021 年，厦门市农业农村局开展农业地方标准修、制定工作，厦门农业地方标准通过评审和发布 3 项，修订 20 项，新立项 5 项。加强无公害、绿色、有机和地理标志农产品认证管理，全市新认证"三品一标"产品（无公害农产品、绿色食品、有机农产品和农产品地理标志）16 个，累计 106 个。制定农产品质量安全监测工作方案，部署开展市、区、镇（街道）三级农产品质量安全监测工作，查处农业生产违规使用农兽药行为，开展农残、兽残定量监测 3974 份，开展农残、兽残快检 4.2 万份。建成农业标准化示范基地 57 个。推动食品安全城市验收、农产品合格证与一品一码追溯、农产品专项行动治理、农业执法、农业标准化生产、农产品质量安全监测、宣传培训等工作。农业农村部对厦门市蔬菜、畜禽产品例行监测综合合格率 98.31%，全年农产品检测综合合格率 99.52%。厦门市完成福建省省级、国家级国家食品安全城市评审验收，全市未发生重大农产品质量安全事件。

【一品一码追溯体系建设】 2021 年，厦门市农业农村局落实《推进食用农产品合格证制度与一品一码追溯制度并行实施方案》，开展农产品"一品一码"（同一品种批次的食品和食用农产品要按照规定的追溯编码规则，赋予特定的识别追溯码）追溯体系建设专项检查和推动农产品合格证制度落实。规划建设一品一码追溯点70个、乡镇（街道）检测室16个，补助建设资金200.7万元。完善农业生产主体追溯平台备案工作，备案农业生产主体702家。发放合格证（追溯码）250多万张。

【食用农产品安全执法】 2021年，厦门市农业农村局等八部门出台《关于厦门市食用农产品“治违禁控药残促提升”三年行动实施方案的通知》，在全市范围联合实施为期3年的食用农产品“治违禁 控药残 促提升”行动，加大宣传、检查、抽检的工作力度，打击违法、违规行为。年内，全市出动各类执法人员超过9000人次，对全市2600多家种养殖基地、农资生产经营点和农民合作社、零星种植散户等开展各类农产品质量安全生产隐患排查工作，督促农产品生产者落实兽药休药期和农药安全间隔期制度，防止乱用、滥用国家禁、限用药物，办理行政执法案件15件。

（陈豆豆）

水利建设

【概　况】 2021年，厦门市平均降雨量1058.5毫米，属枯水年。厦门市地表水资源量6.21亿立方米，地下水资源量2.25亿立方米，扣除重复计算后水资源总量6.21亿立方米，比多年平均水资源总量低49.72%，以年末常住人口计算，人均水资源118立方米。全市供水总量7.36亿立方米，其中地表水供水量最大，占92.45%。城镇居民用水量占比32.22%。

【水利基础设施建设】 2021年，厦门计划水利投资14.9亿元，实际完成15.39亿元，完成率103.3%。厦门市水利局编制印发《厦门市水利改革发展“十四五”规划》《厦门市供水大水网系统工程规划》，构建大水网工程体系，保障中远期厦门发展原水需求。枋洋水利枢纽工程通过竣工验收，工程C2、C4标段分获2021年度福建省“闽水杯”水利优质工程金、银奖；莲花水库与汀溪水库联合供水；杏林湾排涝泵站试运行；本岛埔仔原水枢纽改造工程按计划开工；西水东调原水管道工程（二期泵站及电源总配）完工。

【水土流失防治】 2021年，厦门市水利局加强生产建设项目水土保持方案审批、监督管理和自主验收报备工作，落实水土保持信用“两单”（生产建设项目水土保持信用监管“重点关注名单”和“黑名单”）监管及监测“三色”（监测单位依据扰动土地情况、水土流失状况、防治成效及水土流失危害等监测结果，对生产建设项目水土流失防治情况进行评价，在监测季报和总结报告中明确“绿黄红”三色评价结论）制度。加强“天地一体化”监管，推进区域监管和项目监管全面落实，完成2021年水土流失遥感图斑核查及违规项目整改。完成水土流失综合治理面积6.79平方千米，减少入河入库泥沙，改善水体水质。厦门水土流失率持续保持全省最低。

【防汛抗旱】 2021年，厦门市水利局提前研判谋划，发挥水利设施基础性作用，运用“调、补、建、净、节、增”措施，增调原水约6000万立方米，实施汀溪水库和莲花水库联合供水，储备长泰枋洋、石兜水库和竹坝水库战略应急水源，保证供水稳定，应急补调水工作被中央电视台报道。厦门市抓住入汛后降雨时机，通过“一个流量、一方库容、一厘米水位”科学精细调度，主要供水水库增蓄约4500万立方米。成立市水旱灾害防御工作领导小组，印发《厦门市城市超标准洪水防御预案》，完成水库汛期防洪调度运用计划审查审批和防汛演练，加强重要部位风险隐患排查整治，落实各项防汛措施。水利部门加强强降雨和防台风过程值班值守，科学指挥调度，确保水势平稳，供水安全有序，实现“人员不伤亡、水库不垮坝、堤防不决口、重要基础设施不受冲击”目标。

【水利工程运行监管】 2021年，厦门市完成5座水库、5座水闸安全鉴定和13座水库标准化提升改造，马銮水闸船闸改造提升和杏林湾排涝泵站移交工作有序推进。全市有67座小型水库推行社会化管护，同安区、集美区分别获评全国第一批、第二批深化小型水库管理体制改革样板区。厦门市水利局严把在建水利工程质量关，全年组织巡查检查504人次、质量监督抽检66次，发出整改通知书43份、检查意见9份，约谈问题单位负责人2次，对5家单位记录不良行为信息。2020—2021年度厦门水利建设质量被评为A级，位列全省第一。继续开展安全隐患大排查大整治和安全生产专项整治三年行动，2021年水利部、省水利厅和市水利局检查发现的243个安全问题全部整改到位。

（邓军华）

责任编辑：熊焱峰
审　　稿：林建高
校　　对：黄　澜

21 工业

综　述

【概　况】2021 年，厦门市规模以上工业产值首次突破 8000 亿元，为 8354 亿元；占全市地区生产总值比重 30.7%，比上年提高 1.1 个百分点，对地区生产总值增长贡献率 35.8%，拉动地区生产总值增长 2.9 个百分点，增幅比地区生产总值增幅高 3.8 个百分点。工业纳税人开票 8455 亿元，比上年增长 19.7%。销售产值 7905.4 亿元，比上年增长 14.6%；产销率 94.6%，提高 0.8 个百分点。出口交货值 2827.1 亿元，比上年增长 15.1%；出口交货值率 35.8%，提高 0.2 个百分点。工业用电量 157.4 亿千瓦小时，比上年增长 12.3%。工业投资增长 22.6%，比全省平均增幅高 11 个百分点，居全省第二位。其中，制造业投资比上年增长 30.2%，居全省第二位。技改投资比上年增长 27.8%，比全省平均增幅高 14.3 个百分点，居全省第一位。规模以上工业增加值首次突破 2000 亿元，为 2185 亿元，比上年增长 11.9%，位列全省第二位，在 15 个副省级城市排名中位列第三位。高技术产业增加值比上年增长 19.9%，占全市工业增加值 42.6%。主要产业链中，平板显示、计算机与通信设备产值突破 1000 亿元（见表 21–1）。全市有液晶显示屏、集成电路等主要工业产品，有计算机、通信和其他电子设备制造业等主要产业（见表 21–2、表 21–3）。

表 21–1　　2020—2021 年厦门市主要产业链产值一览表

单位：万元

产业链	2021 年实绩	2020 年实绩
农副产品与食品加工	3339207	3959248
烟草加工与销售	1401524	1271049
运动器材	1330430	1228689
生物与新医药	4093805	2079130
汽车	4207913	3890821
水暖及厨卫	2386183	2047417
计算机与通信设备	13753612	11905415
工程机械	1089806	1169354
平板显示	16062430	15019988
输配电及控制设备	5124853	3973375
航空工业	586461	849071
船舶	93095	86007
LED	1718747	1709727

表 21–2　　2021 年厦门市主要工业产品产量情况表

工业产品	单位	产量	比上年增长（%）
液晶显示屏	万片	4960	7.5
集成电路	万块	270180	73.2
轮胎外胎	万条	1338	4.6
彩色电视机	万台	1356	4.4
液晶显示模组	万套	1804	-53.8
微型电子计算机	万台	935	-4.2

续表 21-2

工业产品	单位	产量	比上年增长（%）
笔记本计算机	万台	398	23.4
移动电话	万台	121	-56.6
印制电路板	万平方米	56	-85.2
数码相机	万台	64	4.8
民用钢质船舶	载重吨	1335	-91.0
路由器	万台	30	0.3
摩托车	万辆	23	39.7
客车	万辆	4	16.1
锂离子电池	万只	23	6.8
新能源汽车	辆	12845	50.2

【重点工业企业】 2021 年，厦门市工业和信息化局（简称市工信局）做好重点工业企业监测服务，开展重点工业企业评定工作，评出 153 户、222 家（见表 21-4）。

【工业布局规划】 2021 年，厦门市出台《厦门市工业布局规划（2019—2035）》，整合提升工业空间，保障制造业发展，推动城市产业转型升级。组织编制《厦门市“十四五”先进制造业发展专项规划》，包括先进制造业发展总体要求、发展重点、主要行动任务和保障措施等内容。加强能耗“双控”工作，排查在建“两高”（高耗能、高排放）项目，管控新上“两高”项目。推进工业互联网标识解析二级节点、“星火・链网”、制造业“单项冠军”、“专精特新”企业培育等项目。

表 21-3　　2021 年厦门市主要工业产业情况表

工业产业	规模以上企业数（家）	工业总产值（亿元）	营业收入（亿元）	利润总额（亿元）	利税总额（亿元）	年平均用工人数（万人）	行业总资产（亿元）
农副食品加工业	83	185.88	185.01	5.88	7.2	0.96	132.81
橡胶和塑料制品业	297	417.58	418.01	24.58	32.07	6.41	417.4
非金属矿物制品业	80	177.97	177.49	15.94	20.58	1.41	313.99
有色金属冶炼和压延加工业	29	347.69	392.91	14.63	16.37	0.9	308.01
金属制品业	256	453.93	455.82	31.58	37.47	5.13	407.58
通用设备制造业	154	250.09	262.53	25.1	30.13	3.91	282.85
专用设备制造业	205	230.64	209.99	23.67	31.4	3.38	300.23
汽车制造业	71	322.02	271.79	6.04	11.36	2.26	323.79
电气机械及器材制造业	306	664.03	643.51	57.73	70.26	6.97	772.21
计算机、通信和其他电子设备制造业	292	3042.73	2588.56	171.93	200.62	15.84	2568.35

表 21-4　　2021 年厦门市重点工业企业一览表

序号	企业名称	序号	企业名称	序号	企业名称
1	戴尔（中国）有限公司		宸鸿电子材料（厦门）有限公司	8	厦门金龙联合汽车工业有限公司
	戴尔（厦门）有限公司	3	厦门天马微电子有限公司		厦门金龙旅行车有限公司
2	宸美（厦门）光电有限公司	4	友达光电（厦门）有限公司		厦门金龙汽车车身有限公司
	宸鸿科技（厦门）有限公司		达运精密工业（厦门）有限公司	9	厦门正新橡胶工业有限公司
	祥达光学（厦门）有限公司	5	厦门烟草工业有限责任公司		厦门正新海燕轮胎有限公司
	宝宸（厦门）光学科技有限公司	6	冠捷显示科技（厦门）有限公司		厦门正新实业有限公司
	长鸿光电（厦门）有限公司		三捷科技（厦门）有限公司	10	路达（厦门）工业有限公司
	厦门京嘉光电科技有限公司	7	厦门海峡黄金珠宝产业园有限公司		百路达（厦门）工业有限公司

续表 21-4

序号	企业名称	序号	企业名称	序号	企业名称
11	稻兴电子科技（厦门）有限公司		厦门金越电器有限公司	49	厦门蒙发利电子有限公司
12	厦门宝太生物科技有限公司		厦门宏发开关设备有限公司		厦门奥佳华智能健康设备有限公司
13	厦门银鹭食品集团有限公司		厦门宏远达电器有限公司		厦门呼博仕环境工程产业股份有限公司
	厦门保沣实业有限公司		厦门金波贵金属制品有限公司	50	厦门翔鹭化纤股份有限公司
14	捷太格特转向系统（厦门）有限公司		厦门宏发信号电子有限公司		腾龙特种树脂（厦门）有限公司
	协富光洋（厦门）机械工业有限公司		厦门宏发电气有限公司	51	厦门 TDK 有限公司
	光洋连接器（厦门）有限公司		厦门精合电气自动化有限公司	52	厦门法拉电子股份有限公司
15	厦门三安光电有限公司		厦门宏发交通电器有限公司	53	施耐德电气（厦门）开关设备有限公司
	厦门市三安光电科技有限公司		厦门宏发工业机器人有限公司		施耐德电气信息技术（厦门）有限公司
	厦门市三安集成电路有限公司		厦门宏发精密机械有限公司	54	厦门松下电子信息有限公司
16	联芯集成电路制造（厦门）有限公司	31	欣贺股份有限公司	55	安费诺电子装配（厦门）有限公司
17	明达实业（厦门）有限公司	32	厦门弘信电子科技股份有限公司		安费诺（厦门）高速线缆有限公司
18	厦门中禾实业有限公司		厦门弘汉光电科技有限公司	56	电气硝子玻璃（厦门）有限公司
19	厦门盈趣科技股份有限公司	33	厦门厦工机械股份有限公司	57	春保森拉天时硬质合金（厦门）有限公司
20	厦门 ABB 开关有限公司		厦门厦工中铁重型机械有限公司		春保森拉天时精密钨钢制品（厦门）有限公司
	厦门 ABB 低压电器设备有限公司	34	厦门亿联网络技术股份有限公司	58	厦门万泰沧海生物技术有限公司
	厦门 ABB 高压开关有限公司	35	厦门固杰科技有限公司		厦门万泰凯瑞生物技术有限公司
	厦门 ABB 电力设备有限公司	36	开发晶照明（厦门）有限公司		厦门优迈科医学仪器有限公司
	厦门 ABB 智能科技有限公司	37	厦门乾照光电股份有限公司	59	厦门延江新材料股份有限公司
	厦门 ABB 避雷器有限公司	38	浪潮（厦门）计算机科技有限公司	60	厦门建松电器有限公司
21	厦门厦钨新能源材料有限公司	39	科华数据股份有限公司	61	厦门长塑实业有限公司
	厦门金鹭特种合金有限公司	40	厦门华特集团股份有限公司	62	大博医疗科技股份有限公司
	厦门钨业股份有限公司	41	通达（厦门）科技有限公司	63	厦门太古可口可乐饮料有限公司
	厦门虹鹭钨钼工业有限公司		通达（厦门）精密橡塑有限公司	64	佳格食品（厦门）有限公司
	厦门嘉鹭金属工业有限公司		通达创智（厦门）股份有限公司	65	厦门厦杏摩托有限公司
	厦门朋鹭金属工业有限公司	42	锐珂（厦门）医疗器材有限公司	66	厦门宝钢精密钢材科技有限公司
22	厦门太古飞机工程有限公司	43	厦门建霖健康家居股份有限公司	67	厦门龙胜达照明电器有限公司
	厦门太古发动机服务有限公司		厦门英仕卫浴有限公司	68	福建龙净脱硫脱硝工程有限公司
23	如意情集团股份有限公司		厦门百霖净水科技有限公司	69	弓立（厦门）医疗用品有限公司
24	厦门厦顺铝箔有限公司		厦门阿匹斯智能制造系统有限公司	70	翔声科技（厦门）有限公司
25	厦门金牌厨柜股份有限公司	44	厦门东方银祥油脂有限公司	71	厦门华联电子股份有限公司
26	世纪宝姿（厦门）实业有限公司		厦门银祥油脂有限公司	72	厦门松霖科技股份有限公司
27	林德（中国）叉车有限公司		厦门银祥肉业有限公司	73	同致电子科技（厦门）有限公司
28	玉晶光电（厦门）有限公司	45	厦门钢宇工业有限公司	74	厦门新长诚钢构工程有限公司
29	厦门金德威包装有限公司	46	贝莱胜电子（厦门）有限公司		厦门日上集团股份有限公司
30	厦门宏发电声股份有限公司	47	厦门强力巨彩显示技术有限公司		厦门日上金属有限公司
	厦门宏发电力电器有限公司		厦门强力巨彩光电科技有限公司	75	厦门群鑫机械工业有限公司
	厦门宏发汽车电子有限公司	48	厦门华夏国际电力发展有限公司	76	厦门星宸科技有限公司

续表 21-4

序号	企业名称	序号	企业名称	序号	企业名称
77	厦门瑞尔特卫浴科技股份有限公司	104	峻凌电子（厦门）有限公司	128	厦门狄耐克智能科技股份有限公司
78	品谱（厦门）工业有限公司	105	厦门三德信科技股份有限公司	129	厦门力隆氨纶有限公司
79	厦门阳光恩耐照明有限公司	106	厦门汉印电子技术有限公司	130	厦门华诚高新纺织有限公司
80	福建安井食品股份有限公司	107	中航锂电（厦门）科技有限公司		厦门华诚实业有限公司
81	古琳达姬（厦门）股份有限公司	108	福建星网智慧科技股份有限公司		厦门华诚纺纤有限公司
82	宸展光电（厦门）股份有限公司	109	厦门优尔智能科技股份有限公司	131	中铁海峡（厦门）建设工程有限公司
83	厦门台和电子有限公司	110	厦门雅迅网络股份有限公司	132	厦门厦晖橡胶金属工业有限公司
84	合联胜利光电科技（厦门）有限公司	111	博泰车联网（厦门）有限公司	133	厦门艾德生物医药科技股份有限公司
85	厦门通士达照明有限公司	112	厦门金达威维生素有限公司	134	瑞声达听力技术（中国）有限公司
86	华懋（厦门）新材料科技股份有限公司	113	爱逸（厦门）食品科技有限公司	135	厦门紫光展锐科技有限公司
	华懋（厦门）特种材料有限公司	114	福建宏泰智能工业互联网有限公司	136	联达电脑（厦门）有限公司
87	固克节能科技股份有限公司	115	厦门智欣建材集团有限公司	137	厦门金汇峰新型包装材料股份有限公司
88	厦门市燕之屋丝浓食品有限公司	116	厦门科牧智能技术有限公司	138	厦门海莱照明有限公司
89	厦门美塑工贸有限公司	117	厦门东亚机械工业股份有限公司	139	厦门光莆电子股份有限公司
90	厦门欧米克生物科技有限公司	118	厦门中坤化学有限公司	140	厦门万久科技股份有限公司
91	厦门华电开关有限公司	119	鹏威（厦门）工业有限公司	141	厦门新科宇航科技有限公司
92	厦门新凯复材科技有限公司	120	厦门象屿兴泓超细材料有限公司	142	沙迪克（厦门）有限公司
93	厦门百城建材有限公司		厦门象屿兴泓特种材料有限公司	143	厦门船舶重工股份有限公司
94	厦门路桥翔通股份有限公司	121	罗普特科技集团股份有限公司	144	林德气体（厦门）有限公司
95	厦门著赫电子科技有限公司	122	客贝利（厦门）休闲用品有限公司	145	英科新创（厦门）科技股份有限公司
96	赫比（厦门）精密塑胶制品有限公司		革新（厦门）运动器材有限公司	146	朗美（厦门）健身器材有限公司
97	来福太（厦门）塑胶制品有限公司		厦门革新金属制造有限公司	147	厦门宙隆运动器材有限公司
98	厦门特宝生物工程股份有限公司		厦门革新塑胶制品有限公司	148	ECCO（厦门）有限公司
99	东亚电力（厦门）有限公司	123	厦门嘉戎技术股份有限公司	149	厦门高时实业有限公司
100	正信（厦门）电子有限公司	124	国药控股星鲨制药（厦门）有限公司	150	厦门同恒金属有限公司
101	中粮海嘉（厦门）面业有限公司	125	厦门新技术集成有限公司	151	厦门太平货柜制造有限公司
102	厦门立林科技有限公司	126	厦门安踏实业有限公司	152	厦门古龙食品有限公司
103	厦门康乐佳运动器材有限公司	127	清源科技（厦门）股份有限公司	153	厦门新盛洲植物油有限公司

【营商环境优化】 2021年，厦门市上线“慧企云”政企协同服务平台，开通“应对疫情影响服务直通车”平台，完善“i厦门”一站式综合服务平台。拖欠账款“应还尽还”项目清偿率100%，减免企业税费负担374.23亿元。累计上线37个“免申即享”惠企政策，完成15个政策项目兑现，拨付资金1.6亿元，涉及企业940家次。

【技改扶持】 2021年，厦门市降低技改补助门槛，提高补助资金上限。市工信局开展工业投资奖励、技改奖补资金、新建或改建工业厂房“两税”奖励金“免申即享”和2022年技改补助资金先行拨付等惠企政策兑现工作，扶持企业958家次，兑现财政资金6.42亿元。技改服务基金企业融资年利息费用从3%降至2%，涉及企业33家，签约金额27亿元。

【企业扶持】 2021年，厦门市工信局制定《企业增资扩产上门服务方案》，针对线上调查反馈意愿增资扩产工业企业，采取市区联动、分级服务方式，联合各区工业和信息化部门开展上门对接服务，按企业增资扩产类型制定相应帮扶指导方案，推进项目建设。召开增资扩产企业系列座谈会，通过市区联动、部门协同，推动企业增资扩产问题协调解决。兑现集成电路产业发展专项资金1.15亿元，支持60家企业、649名毕业生、22名高端人才。累计支持厦门大学产教融合平台建设经费1200万元。组织厦钨新能源等4家企业申报并获得省稀土及关联产品生产应用奖励。推荐12家企业、13个项目入选国家集成电路税收优惠政策清单；推荐绿芯半导体（厦门）有限公司等7家企业申报工业和信息化部产业基础再造、智能光伏示范等项目。

【工业用地项目产业准入审查】 2021年，厦门市工信局开展新增用地工业项目产业审查工作。审查电气硝子等项目34个，项目计划总投资224.28亿元，新增工业用地215.3万平方米，计划达产年产值423.9亿元、达产年税收63.9亿元。

【制造业单项冠军培育】 2021年，厦门市开展培育制造业“单项冠军”工作，培育企业核心竞争力，促进企业做大做强，推动制造业高质量发展。兑现2020年度国家级、省级单项国家企业（产品）奖励资金500万元。组织开展企业2020年度国家、省级单项冠军企业（产品）申报、推荐工作，4家企业进入工业和信息化部第六批公示名单，21家企业进入第五批省级制造业单项冠军公示名单，数量均创新高。

【地产工业品目录发布】 2021年，厦门市发布第20批至第23批地产工业品目录，共111家企业、299个产品。市工信局开展2021年度厦门市地产工业品推荐目录复核工作，审核290家企业、1766个产品。厦门市政府采购和财政投融资工程采购地产工业品实际使用金额超20亿元。

【现代制造业和信息产业招商引资】 2021年，厦门市现代制造业和信息产业招商组新增入库项目5189个，总投资5205.4亿元。其中，在谈项目1805个，总投资2409.1亿元；新落地项目3384个，总投资2796.3亿元；落地高能级项目102个，总投资624.2亿元。列入重点跟踪招商项目115个，计划投资2242亿元。其中，新设项目73个，计划投资1430亿元；增资项目42个，计划投资812亿元。新增策划项目1011个，总投资1429.2亿元；新增意向项目315个，总投资504.5亿元；新增在谈项目479个，总投资475.4亿元（见表21-5、21-6）。策划生成潜在招商目标企业233家，其中平板显示25家、计算机与通信设备28家、半导体与集成电路47家、机械装备56家、新材料20家、生物医药与器械31家、软件与信息技术服务26家。外出招商15次，涉及正威国际、启明星辰、中国信通院等企业或平台企业47家。邀请或接访海尔集团（少海汇）、金山软件等103家企业到厦门考察洽谈。

表21-5　2021年厦门市现代制造业和信息产业招商项目情况表

承载区	在谈促落地		落地促到资	
	项目数（个）	投资额（亿元）	项目数（个）	投资额（亿元）
思明区	314	258.9	711	427.8
湖里区	176	162.5	201	181.2
集美区	272	317.9	202	406.2
海沧区	212	321.8	232	279.9
同安区	207	192.5	280	278.9
翔安区	91	193.7	232	144.2
自贸区厦门片区	57	59.9	74	78.9
火炬高新区	476	902.0	1452	999.2

表21-6　2021年厦门市现代制造业和信息产业链招商项目情况表

产业链	在谈促落地		落地促到资	
	项目数（个）	投资额（亿元）	项目数（个）	投资额（亿元）
平板显示	16	114.4	15	124.9
半导体和集成电路	93	245.6	83	150.1
计算机与通信设备	45	63.6	48	105.2
机械装备	120	153.9	150	185.0
生物医药与健康	139	126.5	180	115.9
新材料	95	311.9	118	182.5
软件和信息服务	680	613.0	1756	1184.1
其他	617	780.3	1034	748.5

【“三高”工业企业发展】 2021年，厦门市规模以上“三高”（高技术、高成长、高附加值）工业企业1104家，实现产值6800亿元，比上年增长18.3%，比全市规模以上工业增幅高4.7个百分点，占全市规模工业产值81.4%，提高7.7个百分点。“三高”规模以上工业企业实现利润609亿元，比上年增长46.0%，比全国、全省、全市规模以上工业企业利润增幅分别高11.7个百分点、21.3个百分点、6个百分点。全市工业主要支撑项目210个，完成投资380.4亿元，完成年度计划的112.1%。全市“三高”企业拥有市级以上企业技术中心193家，占全市市级以上企业技术中心总数84.3%，其中国家级33家、省级71家、市级89家；拥有市级以上重点实验室29家，占全市企业类96.7%；拥有市级以上工程技术研究中心58家，占全市企业类92.1%；新增授权专利1.4万件，其中发明专利1954件。

【工业安全生产保障】 2021年，厦门市制造业事故实现事故起数和死亡人数“双下降”。市工信局印发、转发安全生产和新冠病毒肺炎疫情防控等各类指导文件265份；到202家企业开展安全生产检查指导，排查问题隐患468处，组织落实整改措施，实行闭环管理；推动完成70处油气长输管道隐患整治。形成工业园区等功能区安全生产专项整治三年行动攻坚阶段重点任务清单（10项），组织各责任单位落实。开展“控事故 保安全 迎建党百年 安全生产百日集中攻坚”专项活动，组织安全生产专家到33家企业开展安全生产检查指导和隐患攻坚，发现问题隐患61处，督促企业整改，形成闭环管理。

【重大技术装备专项工程】 2021年，厦门市“多污染物协同治理装备（SSC-SN90）”等5个产品被认定为国内首台（套）重大技术装备，占全省国内首台（套）重大技术装备总数71.43%。“JGM857E电动轮胎式装载机”等8个产品被认定为省内首台（套）重大技术装备，占全省省内首台（套）重大技术装备总数17.02%。“LSA（L）20DEM1T/M1K舱门可调拉杆”等3个产品被认定为省内首台（套）关键配套基础件（见表21-7）。

表21-7　2021年福建省首台（套）重大技术装备产品一览表

序号	企业	产品及型号	认定意见
1	福建龙净脱硫脱硝工程有限公司	多污染物协同治理装备（SSC-SN90）	国内首套重大技术装备
2	科华数据股份有限公司	核级直流系统充电器、逆变器、UPS产品（CHG2201000HD、DL100HD、FR-UK33250HD）	国内首套重大技术装备
3	中机铸材科技（福建）有限公司	铸造废旧砂再生成套设备（CMFC-SFZS001酯硬化水玻璃砂再生系统成套设备）	国内首套重大技术装备
4	沙迪克（厦门）有限公司	数控电火花成形机床（AL60G）	国内首台重大技术装备
5	厦门船舶重工股份有限公司	7500PCTC双燃料汽车滚装船	国内首台重大技术装备
6	福建省威诺数控有限公司	双龙门三动力头组合机床（WN-LF9038Z×3）	国内首台重大技术装备
7	沙迪克（厦门）有限公司	数控单向走丝电火花线切割机床（ALN600G）	国内首台重大技术装备
8	福建晋工机械有限公司	JGM857E电动轮胎式装载机	省内首台重大技术装备
9	厦门嘉戎技术股份有限公司	两级DTRO成套处理设备（200立方米/天，DTRO-G542）	省内首套重大技术装备
10	福建兴翼机械有限公司	大型全液压地坪磨抛机（HTG-2500）	省内首台重大技术装备
11	机械科学研究总院海西（福建）分院有限公司	数控曲面磨床（UPG60光学元件超精密磨床）	省内首台重大技术装备
12	福清市永裕来齿轮有限公司	数控螺旋锥齿轮拉齿机（SKLX-2-800-I）	省内首台重大技术装备
13	泉州新日成热熔胶设备有限公司	全自动医用隔离服材料复合生产线（NTH-1750）	省内首套重大技术装备
14	福建龙净脱硫脱硝工程有限公司	燃气锅炉烟气脱硫除尘一体化装备（DSC-M-G160）	省内首套重大技术装备
15	厦工（三明）重型机器有限公司	氟化氢转炉（ϕ3.8X38M）	省内首套重大技术装备
16	福建屹立智能化科技有限公司	贾卡经编机（纱架）(YL-RDPJ6/1-EL-138-E24）	省内首台重大技术装备
17	福建国锐中科光电有限公司	3D打印机（Metal M3）	省内首台重大技术装备
18	泉州市汉威机械制造有限公司	全伺服成人失禁裤生产设备（HW-NKCX-400）	省内首套重大技术装备
19	福建省泰源船业有限公司	泰渔号深远海自动旋转养殖平台（泰渔1号）	省内首套重大技术装备
20	福建时代星云科技有限公司	光储充检智能微网系统（250千瓦/500千瓦小时）	省内首套重大技术装备
21	龙合智能装备制造有限公司	ZNPZC27-001上装式智能无人装车设备	省内首套重大技术装备
22	福州闽台机械有限公司	蛋品分级装托机（MT-101.3）	省内首台重大技术装备
23	漳州科华技术有限责任公司	一体化供电管理系统（KH-GDGL）	省内首套重大技术装备
24	全冠（福建）机械工业有限公司	全自动直线式PET高速吹瓶机（PL-CS6-38）	省内首台重大技术装备
25	福建省马尾造船股份有限公司	“探索二号”87米综合科学考察船	省内首台重大技术装备
26	泉州市泰智机械发展有限公司	铝合金旋压机（XY-3S）	省内首套重大技术装备
27	泉州巨能机械有限公司	伺服全自动造型机（JND60110）	省内首台重大技术装备
28	厦门威芯泰科技有限公司	玻璃盖板表面缺陷检测系统（VTC-IntelAGI-D-C01）	省内首台重大技术装备

续表 21-7

序号	企业	产品及型号	认定意见
29	福建福厦科技有限责任公司	紫外线消毒机（FSC-2000）	省内首台重大技术装备
30	晋江市鑫腾连盛机械有限公司	石板材双独立驱动自动磨机（LS-ZDMJ-24）	省内首台重大技术装备
31	福建龙净环保股份有限公司	LDD 型圆盘式干燥机（LDD-2200/56）	省内首套重大技术装备
32	福建佶龙机械科技股份有限公司	JXD 拉幅定型机（JXD-200-8）	省内首台重大技术装备
33	福建省中科生物股份有限公司	AK-PF-A10 自动化垂直植物工厂模组设备	省内首套重大技术装备
34	福建金风科技有限公司	8 兆瓦直驱永磁风力发电机组	省内首台重大技术装备
35	福建坤华智能装备有限公司	新能源汽车水热 PTC 智能检测装配线（KH-WHHZ-SRPTC001）	省内首套重大技术装备
36	福建成功机床有限公司	SCVT630/30/40 智能双柱数控立式车床	省内首台重大技术装备
37	漳州明建机械设备制造有限公司	动/静超高压灭菌处理设备（MJHPP+600-60L/S）	省内首套重大技术装备
38	晋江海纳机械有限公司	全伺服妇女经期裤生产线（HNJX-JQK300）	省内首套重大技术装备
39	宁德市国鑫印刷机械有限公司	GX1370G 程控全自动切纸机	省内首套重大技术装备
40	龙岩市海德馨汽车有限公司	HDX5180TSYC5DFCO 宿营车	省内首台重大技术装备
41	福建南方路面机械股份有限公司	GLV7150 干式制砂设备	省内首套重大技术装备
42	泉州恒毅机械有限公司	四工位三色调线双反面电脑提花针织机（36X17GX28F）	省内首台重大技术装备
43	福建省绿能环保科技有限公司	精品砂石骨料成套设备（LN-ZDS-1030）	省内首套重大技术装备
44	中机数控科技（福建）有限公司	光纤激光切割机（CAM-30120-12000W）	省内首台重大技术装备
45	厦门金龙旅行车有限公司	金旅牌纯电动电视车（XML5075XDSEV10）	省内首台重大技术装备
46	厦门扬森数控设备有限公司	龙门加工中心（YSM-6038）	省内首台重大技术装备
47	福建泉工股份有限公司	HP-1200T 型全自动仿石砖生产线	省内首套重大技术装备
48	福州国化智能技术有限公司	混合料和燃料粒度机器人检测平台（GH330）	省内首台重大技术装备
49	厦门达斯自动化技术有限公司	双腔室喷砂机（Inter-G-plus）	省内首套重大技术装备
50	福建省威盛机械发展有限公司	旋转型伸缩臂多功能叉装车（WSM1-1550）	省内首台重大技术装备
51	厦门厦工中铁重型机械有限公司	矩形顶管机（CTPJ12620×7670）	省内首套重大技术装备
52	福建永顺机械有限公司	籽棉打包机（YS-4MD240）	省内首台重大技术装备
53	厦门佳创科技股份有限公司	阀口袋制袋机（FK008）	省内首台重大技术装备
54	福建鑫丰船业有限公司	深远海自动旋转养殖平台（定海湾 1 号）	省内首台重大技术装备
55	福建龙溪轴承（集团）股份有限公司	LSA（L）20DEM1T/M1K 舱门可调拉杆	省内首台（套）关键配套基础件
56	三明市普诺维机械有限公司	成人拉拉裤 O 切总成（M/L/XL）	省内首台（套）关键配套基础件
57	福建福船一帆新能源装备制造有限公司	大功率海上风机塔筒（用于 10 兆瓦以上风机）	省内首台（套）关键配套基础件

（市工信局　市统计局）

电子信息制造业

【概　况】2021 年，厦门市计算机、通信和其他电子设备制造业规模以上企业完成工业总产值 3042.73 亿元，占全市规模以上工业总产值的 37.0%。其中，平板显示产业实现产值 1606 亿元，比上年增长 6.9%；计算机与通信设备产业实现产值 1375 亿元，增长 15.5%；半导体和集成电路产业完成产值 480.7 亿元，增长 10.2%（集成电路产业产值 308.8 亿元，增长 16.3%）；LED 产业产值 171.9 亿元，增长 0.5%。全行业拥有资产 2568.35 亿元，完成营业收入 2588.56 亿元，实现利润总额 171.93 亿元，创利税总额 200.62 亿元；年平均用工人数 15.84 万人。规模以上工业企业 292 家。其中，计算机制造企业 32 家，完成工业总产值 778.60 亿元；通信设备制造企业 25 家，完成工业总产值 94.58 亿元；广播电视设备制造企业 8 家，完成工业总产值 66.76 亿元；非专业视听设备制造企业13家，完成工业总产值223.78亿元；智能消费设备制造企业14家，完成工业总产值55.13亿元；电子器件制造企业104家，完成工业总产值1579.39亿元；电子元件及电子专用材料制造企业86家，完成工业总产值221.33亿元。全行业生产智能手机121.24万台、光电子器件344.78亿只、电子元件168.26亿只、集成电路27.02亿块、彩色电视机1356.24万台、打印机433.68万台、电子计算机整机1047.07万台（笔记本计算机397.87万台、平板电脑102.79万台）。有大型企业30家、中型企业62家。年工业总产值1亿元以上企业159家，完成工业总产值2982.12亿元，占行业的98.0%，占全市规模以上工业总产值36.2%。其中，年工业总产值1亿至10亿元企业123家；10亿至100亿元企业29家；100亿元以上企业7家，即戴尔（中国）有限公司、宸美（厦门）光电有限公司、宸鸿科技（厦门）有限公司、冠捷显示科技（厦门）有限公司、厦门天马微电子有限公司、友达光电（厦门）有限公司以及戴尔（厦门）有限公司。该行业有“三资”企业85家；完成工业总产值2137.92亿元，占全行业工业总产值70.3%。

【招商引资】 2021年，厦门市电子信息制造业招商工作被纳入现代制造业和信息产业招商组统一开展。外出招商15次，涉及企业或平台企业47家；邀请或接访103家企业到厦门考察洽谈。策划生成潜在招商目标企业，其中平板显示25家、计算机与通信设备28家、半导体与集成电路47家。平板显示招商项目31个，投资额239.3亿元。其中，在谈促落地项目16个，投资额114.4亿元；落地促到资项目15个，投资额124.9亿元。半导体和集成电路招商项目176个，投资额395.7亿元。其中，在谈促落地项目93个，投资额245.6亿元；落地促到资项目83个，投资额150.1亿元。计算机与通信设备招商项目93个，投资额168.7亿元。其中，在谈促落地项目45个，投资额63.6亿元；落地促到资项目48个，投资额105.2亿元。

【集成电路平台建设】 2021年，厦门市建成厦门市集成电路设计公共服务平台、厦门（海沧）基地EDA平台、厦门市集成电路研发设计试验中心等公共服务平台。获批建设海峡两岸集成电路产业合作试验区、芯火双创基地（平台）、国家集成电路产教融合创新平台。联芯集成电路制造（厦门）有限公司完成月产能25K机器设备安装调试及验证，厦门通富微电子有限公司、厦门士兰明镓化合物半导体有限公司、厦门美日丰创光罩有限公司等项目陆续投产。高光效长寿命半导体照明关键技术与产业化项目获国家科技进步一等奖。

2021年，厦门士兰明镓化合物项目投产。图为士兰化合物半导体芯片制造生产线
（郑伟明　10月27日摄）

【产业链调研】 2021年，厦门市工信局开展产业链梳理，编制半导体和集成电路、新材料产业链群指导手册，绘制招商图谱及发展路线图，编制半导体、新材料链长制招商工作方案。研究电子信息、第三代半导体、信创产业发展态势，形成《我市电子信息产业发展情况报告》《我市发展第三代半导体产业调研报告》《我市发展信创产业调研报告》《我市发展卫星产业调研报告》等行业分析报告。开展平板显示产业链本地配套摸底，走访火炬高新区，调研厦门天马微电子有限公司、友达光电（厦门）有限公司等企业，调查产业链配套情况，形成产业链配套调研报告。

【产业活动】 2021年，厦门市举办全国信息技术应用创新产业发展高峰论坛暨2020信息技术应用创新典型解决方案发布会、第一届新材料产业创新发展大会等电子信息制造产业活动。推动设立“信创企业专板”，开展物联网优秀案例征集评选等活动。《中国电子报》“强链补链在行动”调研专访厦门政府领导、高校协会专家、企业负责人，用近3个版面展示厦门光电显示产业强链补链成效及企业成就。

（市工信局）

生物医药制造业

【概　况】 2021年，厦门市生物医药与健康产业产值915.83亿元，比上年增长17.94%。生物医药与健康领域企业1000多家。省科技小巨人企业51家，国家企业技术中心6家，省市级新型研发机构18家，上市企业13家，资格有效国家级高新技术企业438家。106家企业营业收入比上年增长50%以上，其中宝太生物、波生生物、为正生物等59家企业增长100%以上。入选工业和信息化部专精特新“小巨人”的生物医药企业8家，其中入选第二批专精特新“小巨人”企业3家；入选国家发改委先进制造业和现代服务业融合发展试点企业1家、省工业龙头企业5家、省工业龙头培育企业8家、省重点上市后备企业4家、省科技“小巨人”企业51家。

【生物医药产业扶持政策兑现】 2021年，厦门市科技局组织实施2021年度《加快推进生物医药产业高质量健康发展若干措施》政策兑现。针对生物医药与健康产业，从临床研究、一致性评价、产业化、境外国际认证、销售收入奖励等方面，审核兑现项目120个，总金额1.15亿元。

【科技计划项目实施】 2021年，厦门市科技局强化需求及应用导向，组织实施生物医药领域市科技计划项目。组织实施中医医疗器械科技计划项目，围绕中医诊疗设备、中医康复设备及中医与新兴技术结合方向，立项支持5个项目，资助资金150万元。结合厦门市《“十四五”生物医药与健康产业发展规划》布局方向，围绕创新药物、高性能医疗器械研发、高价值功能性食品和特殊化妆品的研发、生物制造、数字医疗及数字健康器材设备等方向，组织实施市重大科技项目。

【疫情防控科技支撑】 2021年，厦门市聚焦冷链消杀、大规模筛查及高并发处理系统、新冠病毒检测设备与试剂、中医中药防治应用、疫苗免疫研究等方向，组织实施2批次应急攻关项目，立项项目13个，支持经费430万元。通过应急科技攻关项目带动新型冠状病毒检测为主的防疫产业发展。厦门宝太生物科技股份有限公司、厦门市波生生物技术有限公司等企业的新型冠状病毒检测试剂共取得国外注册认证100多项。宝太生物制造的新冠快速自检产品用于G7峰会（美国、英国、法国、德国、日本、意大利、加拿大7个主要工业国家集团峰会）。全市出口新冠病毒快速诊断产品超200亿元，约占全国的1/3。

【首个国产宫颈癌疫苗获世卫组织认证】 2021年10月14日，世界卫生组织（WHO）官网公布，首个国产宫颈癌疫苗产品通过世界卫生组织PQ（Pre-qualification，预认证）认证。馨可宁二价人乳头状瘤病毒疫苗由厦门大学和厦门万泰沧海生物技术有限公司联合研制，拥有自主知识产权的创新疫苗产品。该疫苗于2019年12月获得国家药品监督管理局批准取得药品注册批件，于2020年5月在中国大陆上市销售（不包括港澳台地区）。

（市科技局）

新材料产业

【概　况】 2021年，厦门市新材料产业实现产值1074.14亿元，比上年增长17.89%，成长为千亿产业链。全市新材料企业235家，其中前50强产值843.28亿元，占新材料产业总产值78.5%。厦钨系列、象屿兴泓系列、明达、长塑等企业营业收入均比上年增长超过29%。厦门市发挥龙头企业引领的作用，强化集聚发展，形成特种金属及合金材料、先进无机非金属材料、先进高分子材料、高性能纤维及制品和复合材料、前沿新材料五大特色产业集聚格局。全市建成嘉庚创新实验室、中科院厦门稀土材料研究所、厦门材料研究院等研发机构，国家、省、市级工程研究中心和重点实验室60余个，市级以上企业技术中心30余个。厦门钨业是全球最大钨丝生产基地，全球市场占有率超60%以上；厦顺铝箔是全球第三大、中国最大薄规格铝箔生产商，全球6微米至7微米铝箔最大生产企业；凯纳石墨烯是国内第一家石墨烯企业。

【厦钨新能源上市】 2021年8月5日，海沧区企业厦门厦钨新能源材料股份有限公司在上交所科创板上市，是福建省首家分拆上市企业。厦门厦钨新能源材料股份有限公司前身是厦门钨业股份有限公司旗下的电池材料事业部，2016年12月20日公司成立并独立运营。公司主营业务为锂离子电池正极材料的研发、生产和销售，主要产品为钴酸锂、镍钴锰三元材料等全系列能源新材料产品。2018—2020年，公司锂离子电池正极材料总体产销量及市场占有率持续居国内锂离子电池正极材料行业首位，成为全球锂离子电池正极材料领域的重要制造商。2021年，厦钨新能源营业收入超过155亿元，比上年增长94.7%。

【首届新材料科技创新发展大会】 2021年11月15日，由厦门市发改委、市工信局、市工商联、海沧区政府指导，市新材料产业协会、中华环保联合会可降解塑料专业委员会主办，中仑科技集团有限公司承办的首届新材料科技创新发展大会在厦门召开。大会以“共筑低碳未来·赋能绿色创变”为主题，围绕低碳经济、产业升级、绿色材料创新与应用等议题，政府相关部门及新材料领域的专家院士、行业协会代表、龙头企业代表参与研讨，探索“双碳”目标下新材料科技创新助力经济社会发展全面绿色转型路径。中国工程院院士蹇锡高作主题演讲。大会使用厦门长塑自主研发、国内首个实现量产新型生物基可降解膜材，用于制造大会会务用品，如手提袋、会务手册、胶带、口罩包装袋等。

（市工信局　海沧台商投资区）

责任编辑：林建高
审　　稿：阳晓儒
校　　对：曲　艺

22 商贸服务业

社会消费

【概　况】2021年，厦门市限额以上批发零售业销售额2.82万亿元，比上年增长45.5%，增速全省居第一位。全市社会消费品零售总额2584.1亿元，比上年增长12.7%，比全省高3.3个百分点，比全国高0.2个百分点。按消费形态划分，全市商品零售总额2313.6亿元，比上年增长12%；餐饮收入270.5亿元，增长18.6%。按构成划分，全市限额以上实现零售额1570.2亿元，比上年增长13.8%；限额以下实现零售额1013.9亿元，增长11%。按商品类别划分，全年汽车类商品零售额383.1亿元，比上年增长6.6%；化妆品增长92.8%；金银珠宝类增长18.6%；体育娱乐用品类增长50.5%；日用品类增长19.3%。按区域划分，思明区、集美区分别实现社会消费品零售额1007.1亿元、225亿元，分别比上年增长22.3%、16.7%；湖里区、翔安区分别实现社会消费品零售额526.3亿元、129.8亿元，增长11.3%、7.7%；海沧区、同安区实现社会消费品零售额300.9亿元、394.8亿元，增长4%、0.1%。按消费渠道划分，通过公共网络实现的商品销售额591.9亿元，比上年增长19.6%，占社会零售总额比重23%，提高3.1个百分点。

【传统消费提升】2021年，厦门市促进商品消费，畅通家电、家具、家装等大件商品消费链条，推进二手车便利交易，加大新能源汽车推广应用，促进汽车的梯次消费、循环消费。拓展服务消费，提振餐饮消费，促进家政服务提质扩容。加快发展夜间经济，打造以“食、游、购、娱、体”五大主题的夜间经济重点活动项目，形成夜间经济生态圈。发展首店经济，搭建首店聚集平台，鼓励高端商业品牌入驻厦门。加强老字号传承保护，推进老字号创新发展。组织开展系列促消费活动，提升市场预期，提振消费信心。

【新型消费培育】2021年，厦门市发展线上线下深度结合的“新零售”，促进消费新业态、新模式、新场景的普及应用。加快推进养老、家政、文旅、体育、医疗健康、教育等服务消费线上线下融合发展。培育电子商务企业，创建国家电子商务示范基地和示范企业，培育一批创新引领、协调发展的电子商务主体。结合优势特色产业、产品，做大做强地方特色突出、专业性、垂直性电商平台。加快培育直播电商新经济，推动直播带货和“网红经济”发展。

【消费市场主体完善】2021年，厦门市建设现代商贸流通体系，畅通流通网络，打通城乡流通渠道，加快线上线下融合，提高流通效率，降低流通成本。推动出台促进消费和现代流通体系建设的长、短期政策，打通生产分配、流通、消费各环节。加强消费信用和标准体系建设。强化市场供应保障，落实“菜篮子”市长负责制，持续做好市场监测及分析研判，指导批发市场及供应企业加强货源组织和调运，完善应急预案。

【消费商圈优化】2021年，厦门市加快建设区域性消费中心城市，推进中山路步行街改造提升试点。按照“岛内提升一批、岛外培育一批”思路，推进岛内商圈大提质、岛外商圈补短板，布局具有品牌影响力的大型消费商圈。建设“一刻钟社区便民生活圈”，完善便利店、菜市场等城市商业网点布局，发展社区商业中心，加快建设便民消费服务设施，开展便利店品牌化连锁化三年行动，推动便利店进社区。

（张　乐）

物流业

【概　况】2021年，厦门市物流产业总收入1527.14亿元，比上年增长17.36%。全市物流及相关经营企业9000家，其中AAAAA级企业8家、AAAA级企业41家、AAA级企业56家；中欧班列（厦门）开行196列，运输近2万标准箱，货值10.67亿美元；“丝路海运”命名航线80条，开行2829个航次，完成集装箱吞吐量351.62万标准箱；厦台海运快件完成1799标准箱、9312.54吨，货值9.42亿元；国家物流枢纽信息服务平台、闽西南物流信息管理平台和德邦智慧物流园开工建设，顺丰创新产业基地主体完工，信和达元器件智能物流中心部分投产；厦门市出台《进一步降低物流成本促进现代物流产业高质量发展的若干措施》，制定《厦门市“十四五”现代物流产业发展规划》《厦门市物流专项规划（2020—2035年）》，引导产业布局，推进产业高质量发展；开展“亮身份，亮承诺，比作为”活动，将组织优势转化为推动企业发展优势，全市非公物流企业党组织106个，其中单独组建64个、联合组建42个，设立党委1个、党支部105个。

【绿色货运配送示范城市】 2021年8月11日，交通运输部、公安部、商务部命名厦门等16个城市为首批“绿色货运配送示范城市”。截至2021年底，全市县（区）级物流节点覆盖率100%，乡镇级物流节点覆盖率100%，村级物流网络节点覆盖率70%以上。全市147个行政村，实现快递服务进村全覆盖；全市设置路内物流专用车位199个，新能源物流车保有量1万辆。2018年6月，厦门市被确定为绿色货运配送示范工程创建城市。2020年12月，厦门市绿色货运配送示范工程通过交通运输部、商务部、公安部专家组验收。

【物流行业委员会成立】 2021年11月24日，中共厦门市物流行业委员会揭牌仪式在思明区交通大厦举行。中共厦门市物流行业委员会在市委交通运输工委领导下、市委非公企业和社会组织工委指导下开展工作，负责协调推进厦门市物流企业和社会组织党建工作，引导行业党组织参与基层治理、志愿服务，推动行业党建与业务工作融合发展。

（俞　杰）

电子商务

【概　况】 2021年，厦门市发布《2021年电子商务发展资金申报指南》，对电商平台、电子商务园区、网络零售、公共性活动、电商示范等进行奖励，支持电商直播基地等新业态发展。市商务局指导企业和各区商务部门开展电子商务发展资金及支持线上消费政策申报。审核兑现奖励资金2937万元，惠及78家企业。限额以上网络零售额比上年增长19.6%，拉动社会消费品零售总额增长4.2个百分点。举办2021中国跨境电商发展趋势千人峰会、第十二届“鼓浪听涛”高峰论坛、2021中国直播电商产业发展大会等活动。指导和组织企业利用全国网上年货节、双品网购节、全闽乐购云上跨年购、“6·18”购物节、“双11”网购节等平台促进网络销售。其中，近2万家实物商品网零企业、18万个网络店铺参与“双品网购节”活动，实现实物商品网络零售额102亿元，比上年同期增长36%；“双11”中，全市网络零售额超200亿元，居全省第一位，占全省37.2%。

【直播电商】 2021年，厦门市通过政策引导、实地指导等措施，推动直播电商基地落地运营，推进直播活动开展。形成《厦门市直播产业存在问题及建议》课题调研报告。在2021中国直播电商产业发展大会上发布《厦门市直播电商产业白皮书》，为厦门市首个直播电商白皮书。探索海峡两岸直播电商合作，推进两岸商贸和产业融通，台湾青年直播电商就业创业的大陆首个“海峡两岸（厦门）直播电商产业合作园”开播。

【电子商务示范体系建设】 2021年，厦门市加强对国家电子商务示范基地、示范企业的业务指导和政策支持，组织开展2021年度国家电子商务示范基地、示范企业综合评价工作。先后培育3个国家级电子商务示范基地、3家国家级线上线下融合数字商务企业。8家企业参加商务部电子商务示范企业评价，5家入围。1家企业的案例入选全国商业科技创新应用优秀案例。

【电商企业招商】 2021年，厦门市推动跨境电商产业发展。推动跨境电商平台—阿里巴巴国际站闽汕大区总部，亚马逊全球开店中国第二个跨境电商产业园落户厦门。厦门市从事外贸企业2.8万家，其中跨境电商卖家5000余家。厦门市加强与阿里、腾讯、京东、字节跳动等平台联系，为入驻商贸企业提供流量支持和优惠政策。淘宝天猫商家厦门运营中心在厦门落地运营，朴朴超市等生鲜电商企业新建、改建生鲜前置仓48个。

【电商帮扶】 2021年，厦门市推动电子商务示范基地、直播电商基地等与对口帮扶宁夏回族自治区的电商合作。厦门中达电商园在闽宁落地协作，开展“直播＋短视频”活动。福氪电商直播基地通过见福优选电商渠道及见福直播间，进行宁夏帮扶对口地区特产直播，直播次数超20场，平均每场观众近1万人。引导生鲜电商平台企业、数字商务企业等与厦门农村市场主体开展对接合作，促进厦门市农产品利用互联网渠道销售。

（张　乐）

粮油储备与供应

【概　况】 2021年，厦门市粮食总供给和总需求基本平衡，全社会粮食总供给950.1万吨，比上年增加23.9万吨，增幅2.6%。粮食产量2.5万吨，与上年持平。进口粮食329.7万吨，增加17.6万吨，增幅5.6%。粮食总需求945.6万吨，增加81.9万吨，增幅9.5%。其中，社会粮食消费量165.5万吨，与上年基本持平；口粮消费96.7万吨，增加2.7万吨，增幅2.9%。食用植物油总供给188.6万吨，增加51.6万吨，增幅37.7%。食用植物油需求总量186.8万吨，增加54.5万吨，增幅41.2%。厦门市落实粮食安全行政首长责任制，在福建省粮食安全行政首长责任制考核中获优秀；完成全年储备粮轮换计划和增储任务，粮食储备数量真实、质量可靠、储存安全；巩固与产粮区的产销协作关系；加强粮油市场监管，完善粮食质量监测体系。

【粮油保供稳价】 2021年，厦门市发展改革委（简称市发改委）落实粮油市场保供稳价工作，开展市场巡查，了解粮食加工贸易企业和连锁超市货源、价格，协调解决粮油加工、配送等环节问题；启动粮食加工、库存、供应和价格日报制度，制订粮油保障工作方案。新冠病毒肺炎疫情期间增加应急成品粮储备2100吨、食用植物油500吨，向同安封控区提供粮油18万份，全市未出现粮油脱销、断供、抢购现象，粮食市场保持供应充足、品种丰富、价格平稳，受到国家、福建省粮储局的肯定。

【储备粮油管理】 2021年，厦门市发改委落实轮换计划，调增市级储备规模。组织招标采购和拍卖，完成年度储备粮轮出任务8.48万吨；根据全市人口增长情况，增加粮油储备规模，其中增加原粮6.7万吨、应急成品粮2100吨、食用植物油500吨。开展储备粮规范化管理，完善储粮管理各项规章制度，把好粮食入库质量、数量关；贯彻储粮安全"一规定两守则"（国家粮食局颁布实施的《粮油储存安全责任暂行规定》、《粮油安全储存守则》、《粮库安全生产守则》），加强仓储管理培训，提高仓储管理人员素质；推广科技兴储和绿色储粮技术，提升充氮气调储粮仓容量，提升储粮品质，全市粮食宜存率100%；开展规模以上粮食加工企业建立社会责任储备试点工作，在中粮海嘉（厦门）面业有限公司建立500吨小麦社会责任储备。

【粮油市场监管】 2021年，厦门市发改委做好全国政策性粮油库存检查工作，采取"双随机"抽查的办法，完成检查任务，厦门市储备粮数量真实、存储安全、账实相符、账账相符。强化粮食流通监督检查；配合食品安全城市创建和治理"餐桌污染"，开展粮食质量监管，开展粮油质量季度考评和粮食企业落实质量安全主体责任检查。做好福建省食品安全委员会到厦门开展创建国家第二批食品安全示范城市省级初评现场检查的相关工作，厦门市在执行国家粮食质量标准和食品安全标准、建立超标粮食处置长效机制、开展粮食质量安全检验监测工作、加强食品安全宣传教育等方面得到检查组肯定。市粮油质量监测站增加检测设备，加强技术人员培训，提升检验检测能力。

【粮食安全宣传】 2021年，厦门市发改委通过《厦门日报》、厦门电视台等媒体，以登载宣传文章、发送短信、播放短视频等形式进行粮食安全和爱粮节粮宣传；各区粮储局以张贴宣传海报、绘画比赛、文艺表演、知识竞赛等形式开展爱粮节粮进校园、进社区、进企业、进家庭宣传活动，增强社会各界的粮食安全和爱粮节粮意识。全市新增省级粮食安全宣传教育基地2家。

【粮食产销协作】 2021年，厦门市发改委与省内主产区发改粮食部门签订产销协议，落实2.8万吨订单采购任务，比上年增加4000吨。召开厦门市粮食产销协作对接洽谈会，与齐齐哈尔市粮食局签订"粮食产销全面战略合作框架协议"，巩固和拓宽引粮入厦渠道。厦门市粮食行业协会组织18家企业参加"6·18"福建省第十七届粮食产销协作洽谈会。

（陈学东）

副食品供应

【概　况】 2021年，厦门市"菜篮子"市场运行总体平稳，供应充足，品种齐全。蔬菜供应量58.8万吨，比上年增长7.4%；生猪定点屠宰量80.63万头，增长61.57%；禽类批发交易量356.3万羽，下降16.8%；水产品批发交易量17万吨，增长26.8%；蛋品交易量2.1万吨，增长23.2%。市商务局保障新冠病毒肺炎疫情防控市场供应，牵头市场供应保障组工作，协助城市运转保障组工作，协助制定保障供应规程，发放车辆通行证，解决民生保障车辆进出，确保全市物流顺畅。为310家企业办理车辆运输证明1719份，办理绿色通行证4088份及延期3000余份。落实商贸行业从业人员核酸检测工作，审核全市商贸企业检测信息9.41万人，录入检测信息4.12万人。推进新冠疫苗接种工作，重点保供企业从业人员2针接种率100%。加强常态化疫情防控督导检查。

【生活物资供应保障】 2021年，厦门市出台《同安区管控区域基本生活物资保障应急预案》《同安区封控区域基本生活物资保障工作方案》；制订市际中转运输接驳方案，协助城市运转保障组制订基本生活物资市际中转运输接驳工作预案，梳理形成工作规程，做好极端情况下基本生活物资运入厦门应对措施。与闽夏市场形成"双蔬菜一级批发市场"运转模式，发挥保障供应、平抑物价的功能。鼓励企业调运供应保障并落实政策，落实重要副食品储备，检查承储企业，核实储备情况，储备数量足额到位，产品质量合格，管理规范有序。落实节日市场供应保障，到中埔、闽夏等重点保供骨干企业检查市场落实供应保障，针对节日市场供应特点，加大调运力度，投放量比平时增长10%～20%。

【"菜篮子"市长负责制度考核】 2021年，厦门市"菜篮子"市长负责制考核成绩位居全国前列。市商务局落实"菜篮子"市长负责制考核工作，建立完善考核机制，印发《迎接2020年度"菜篮子"市长负责制考核工作方案》《2021年度厦门市菜篮子考评办法》，明确责任分工，建立市区配合、上下联动的考核工作机制，督促各成员单位落实。对照梳理，查缺补漏，针对生猪产量、产地低温处理率、批发市场抽检率等考核弱项，逐项沟通协调、督促落实。督促各责任单位做好迎检工作，主动与国家部委加强沟通，跟踪考核得分情况，落实市领导对菜篮子考核工作的批示。

【农产品产销帮扶】 2021年，厦门市巩固东西部协作成果，与临夏州商务局签订东西部协作战略框架协议，开展产销帮扶。引导厦门市大型商超、批发市场、电商平台加强与协作地区产品供应商和流通企业对接，通过建设生产基地、订单采购等建立稳定供销关系。兑现消费扶贫补贴政策，利用投洽会等展会平台，支持宁夏回族自治区、临夏回族自治州等协作地区到厦门集中推介、展示特色农产品，协调给予展位减免优惠，发动厦门企业参与产销洽谈。组织商贸及进出口企业参加闽宁经贸交流恳谈会，鼓励厦门市经贸企业参与消费协作。创新消费帮扶专柜运营模式，促成厦临公司与三个橘子公司以"点位运营+专柜运营"的模式开展合作，建成100个专柜、10个专馆、30个专区，累计销售额2485.3万元。

（张　乐）

供销合作

【概　况】 2021年，厦门市供销合作社联合社（简称市供销社）服务乡村振兴，提升供销合作社治理体系和治理能力现代化，提升为“三农”服务的能力和水平。全市供销系统实现营业收入4.01亿元，比上年增长2.69%；利润总额3772.32万元，增长5.29%。市供销社推进乡镇惠农综合服务中心建设，将新民供销社凤岗综合商场改造建设为供销社乡镇惠农综合服务中心，开展农副产品购销售、日用百货配送、综合维修、物流快递、公益服务等综合经营服务。推进市级星级服务社创建工作，打造市级农村社区综合服务网点星级社，由生活用品经营向提供农资配送、农机代耕预约、家电维修预约、快递代收寄等综合性服务网点发展。全年实地考察23家，发展6家星级社。厦门市供销合作社联合社获得全省设区市供销社工作综合业绩考评三等奖。

【农资供应保障】 2021年，厦门市供销社完成年度市级化肥冬储工作，指导系统农资企业承接3000吨化肥的冬季储备工作，联合市发改委、市财政局等部门做好各仓库的实地检查和协调指导。全系统供应优质化肥8260吨，各类农药10吨，农膜10吨，保障厦门市春耕备耕需求。市供销社组织农资供应、配送，筛选出69家系统春耕保供重点农资经营网点，向社会公布；通过微信、电话等方式预约，直接送肥到田间地头。

【惠农惠民活动】 2021年，厦门市供销社开展“农资科技下乡”“庄稼医生义诊”“义务维修”“送肥到田间地头”等惠农惠民活动18场次，免费提供农技、科普、维修、宣传材料等服务1.06万次，惠及近5040人次。到农村社区举办“义务维修活动”，全系统建设完成3个区级示范维修中心、21个镇级维修站及46个村级维修点，涉及农机农具、小家电等综合维修项目。市供销社通过规划布点、组织培训、改造提升，设立区级“庄稼医院”2家、镇级“庄稼医院”3家，通过“出诊”“坐诊”相结合，指导农民播种、耕种、用肥、用药。

·小资料·

坐诊：通过“庄稼医生”先确诊再买药，降低成本，提高效率。

出诊：“庄稼医生”及技术服务人员直接到田间地头巡诊指导，解决农业生产过程中的各种疑难杂症。

【“邮供快递”进村试点工作】 2021年，厦门市供销社推进邮（政）供（销）快递入村，市供销社与市邮政局、同安区邮政局开展“邮供快递”进村试点工作。利用同安区首批5家邮供快递站点挂牌营业及第二批完成7家前期摸底的基础上，依托线上网购平台，开拓农产品市场，打通快递进村“最后一公里”。联合交通运输部门开通“快递公交”，依托农村公交路线，通过各品牌分村集包，打通偏远建制村与城市之间的物流“堵点”，提升为农服务质量。

【农民专业合作社融合发展】 2021年，厦门市供销社发展农民专业合作社6家，开展“智慧农业”“智慧供销”工程，指导洪塘镇农民专业合作社引进先进技术打造全程温度、湿度、光照自动调节的智慧食用菌种植基地。与三明市供销社联合举办农民丰收节，促进两市农副产品产销资源对接。与宁夏银川永宁县供销社签署战略合作协议，筹建闽宁特色农产品展示展销中心。

【农村假冒伪劣食品问题治理】 2021年，厦门市供销社开展专项执法行动，成立农村假冒伪劣食品工作领导小组，制定《厦门市供销系统农村假冒伪劣食品专项整治行动方案》。市社系统各单位累计检查食品销售主体140个、学校及校园周边食品销售者13个、餐饮服务主体158个、校园周边餐饮服务提供者24个，组织开展食品生产经营者培训5次，组织开展宣传活动19次，开展规范化建设农村食品经营店15个。

（林世平）

烟草专卖经营

【概　况】 2021年，厦门市烟草专卖局（简称市烟草局）实现税利19.99亿元，比上年增长0.8%；上缴财政收入18.26亿元，增长14.13%；商业增加值21.7亿元，增长2.1%。实现卷烟销量19.88万箱，比上年增长0.56%；卷烟销售收入67.5亿元，增长2.6%。推广“e福通”安装使用，建立数据“采管用保”管理标准，与工业、银联、银行打造联合会员中心。推进客户信用体系建设，停供减供客户失信行为9566户次。常态化开展诚信互助小组建设、文明吸烟环境建设。

【烟草市场营销】 2021年，厦门市烟草局科学调控市场，坚持以市场需求为导向，保障卷烟货源供应，社会库存处于低位，价格指数维持高位，全年进度均衡合理，市场状态总体平稳。加强品牌培育，支持省产卷烟发展，金砖系列、古田金中支、古田金细支、鼓浪扬帆等省产重点规格销售态势良好。“细支、短支、中支、爆珠”等创新品类实现销量增长。推进数字化转型，搭建卷烟非烟精细化运营平台，科技项目成果鉴定为“行业领先”；推动行业生产经营管理一体化平台营销先行建设试点工作。零售客户盈利率13.84%。布点交通枢纽、景区、商场、医院等人流密集区域，建设吸烟亭28座、吸烟室5个，投放吸烟柱801个。

【烟草专卖市场监管】 2021年，厦门市烟草局加强卷烟市场管控力度，坚持“海上查、关口堵、岸上抓、陆上追”的卷烟打假打私工作机制，全市查获省督以上涉烟重大案件8件，其中5件获国家烟草专卖局重大案件表彰，“忠诚2106”专案为近10年全国单起走私卷烟数量最大、货值最高的案件，是海关总署2021年打击走私十大典型案例之一。全年查获各类违法卷烟4万余件（走私烟3.6万件），走私烟丝45吨，破获5万元以上案件110件，判刑30人，涉案实物案值超12亿元。市烟草局开展电子烟联合专项行动，查处全省首例向未成年人售卖电子烟行政处罚案件。

（李临夏）

责任编辑：林德全
明安文
审　稿：林建高
校　对：熊焱峰

23 会展业

综　　述

【概　况】 2021年，厦门市会展业实现经济效益174.59亿元，比上年下降1.33%。其中，直接经济效益81.34亿元，比上年下降2.75%；带动经济效益93.25亿元，下降0.05%。直接经济效益中，直接收入17.78亿元，增长21.7%；间接收入63.56亿元，下降7.92%。会展集团获“2018—2019年度福建省守合同重信用企业”。会议中心公司以场馆身份加入国际大会及会议协会（ICCA）。壹号公关公司获中国展览馆协会颁发的展览工程一级资质、市建设局颁发的装修装饰二级资质。

【展览业】 2021年，厦门市展览业实现经济效益92.19亿元，比上年增长7.13%。其中，直接经济效益42.46亿元，增长4.58%；带动经济效益49.73亿元，增长9.42%。直接经济效益中，直接收入17.45亿元，增长22.37%；间接收入25.01亿元，下降5.05%。举办展览项目104场。其中，经贸类展览会71场，比上年下降21.11%；书画艺术类展览会33场，增长43.48%。展览总面积126.3万平方米，比上年增长7.13%；吸引全球60多个国家和地区的驻华机构展客商1856人，境内展客商41.83万人，观众总人次300.14万人次，境内外展客商在厦门149.83万人・天。厦门市举办第二十一届中国国际投资贸易洽谈会、第二十八届中国国际广告节、2021厦门双赢家居行业展暨生活用品展览会、第二十一届中国厦门国际石材展览会、2021中国厦门国际佛事用品（春季）展览会、第七届中国（厦门）国际休闲旅游博览会、2021中国厦门国际跨境电商产业展览会、2021厦门工业博览会暨海峡两岸机械电子商品交易会等大型经贸专业展览。全年新办展览会12场，其中首次举办规模超过1万平方米的展览会有4场，分别为第七十九届中国教育装备展示会、2021中国厦门国际跨境电商产业展览会、2021厦门国际智能视听科技博览会、2021国际分析测试与实验室技术设备（厦门）展览会。

【会议业】 2021年，厦门市会议业经济效益82.4亿元，比上年下降9.34%。其中，直接经济效益38.88亿元，比上年下降9.67%；带动经济效益43.52亿元，下降9.05%。直接经济效益中，直接收入0.33亿元，比上年下降5.17%；间接收入38.55亿元，下降9.69%。厦门市举办50人以上的商业性会议2981场，比上年下降9.36%。规模以上会议220场，比上年增长2.32%。境内到厦门参会总人数57.13万人，比上年下降5.38%；在厦门停留287.95万人・天，下降2.28%。其中，思明区承接各类会议1870场，湖里区承接各类会议625场，集美区承接各类会议305场，海沧区承接各类会议71场，同安区承接会议90场，翔安区承接各类会议20场。2020国际投资论坛、第十三届海峡论坛、2021年中国材料大会、中华口腔医学会第十二次全国口腔种植学术大会、2021全美世界新品发布会暨润之夜等大型会议在厦门市举行。

【会展业数字化建设】 2021年，厦门市推动会展业数字化建设。在国内率先开展城市会展大数据平台建设，上线“厦门会展业公共信息服务平台”，利用物联网、云计算、大数据等新一代科技，展示厦门市优越的办展办会环境，为办展办会机构提供“一站式”地图服务，实现线上新展报备和奖补资金申请。推动“线下展会”向“云上展会”延伸，创新线上线下融合办展。推出“云上投洽会”数字矩阵，举办平台升级启动发布仪式，省长王宁出席仪式并启动平台。该平台发挥数字技术和数据资源作用，提供跨区域项目对接洽谈服务，提升“政府、客商、项目、资本”的对接效率。举办“云上石材展”“云上佛事展”“云上艺术厦门”等线上展会，形成双线会展、跨界融合格局。推动场馆引入智能化展馆服务管理，提升客商参展参会体验满意度；建设新会展中心场馆，突出信息化、智能化特色。

【会展疫情防控】 2021年，厦门市会议展览局（简称市会展局）研究制订《厦门市会展活动疫情防控应急处置方案》，按照“谁举办、谁负责，谁组织、谁负责”的原则，压实会展活动举办单位（主、承办单位）新冠病毒肺炎疫情防控主体责任，建立“防疫管理部门＋活动主办方+场馆方+参会人员”疫情联防联控机制，加强与所在社区、主管部门、疾控部门的对接和联系，通知会展各相关单位做好相关疫情防控措施。督促指导会展活动举办单位做好场馆疫情防控工作方案和应急处置方案，要求展会举办方审核参展、参会人员信息，发现并劝退中高风险地区人员。对展览面积1万平方米以上的展览和参会人数5000人以上的会议，报市应对新型冠状病毒感染肺炎疫情工作指挥部审批，协助19个展览项目报批疫情防控方案。对大型会展活动实行排班制，派员到会展活动现场值班，督促举办单位、场馆方落实现场防控措施。重点跟踪检查上海念观健康管理大会（6300人）、中国教育装备展（17万平方米、专业观众7万人）、2021厦门国际石材展（16万平方米）等大型会展活动，安排72人次进行现场检查。联合市卫健委制定疫情防控须知，召开展会疫情防控专题会，传达部署展会疫情防控要求，开发上线试用“厦门市会展业疫情防控监测系统”。

（林椰妃）

会展基础设施建设

【概　况】 2021年，厦门市各场馆举办各类展览活动104场，比上年增加11场；总展览面积256万平方米，增长30%。其中，厦门展馆举办展览活动69场，比上年增加1场；总展览面积138.6万平方米，增长10%。福州展馆举办展览活动35场，比上年增加16场；总展览面积117万平方米，增长67.8%。各场馆举办会议113场，比上年增加5场。其中，厦门场馆91场，比上年增加3场；福州场馆22场，增加2场。厦门市举办展会10个，比上年增加4个；总展览面积36.5万平方米，增长55%。其中，石材展面积16.2万平方米，1100家企业参展。“云上厦门石材展”全年持续运营，来自57个国家和地区的2000多家企业入驻。春季佛事展、寺院建筑与设计展、春季茶博会、新兴茶饮展、手工艺品展、花卉园艺展等同期举行，展览总面积17.3万平方米，近2000家企业参展。举办“云上厦门佛事展”，入驻企业120余家。第四届零售业博览会（智慧零售、设计美陈、自有品牌）展览面积2万平方米，设标准展位1000个，193家企业参展。

【展览场馆】 2021年，厦门市承办1000平方米以上的展览场所有11处，总面积25.57万平方米（见表23-1）。其中，思明区4处，面积17.42万平方米；湖里区4处，面积4.9万平方米；集美区2处，面积1.85万平方米；海沧区1处，面积1.4万平方米。思明区展馆有厦门国际会展中心，文化艺术中心美术馆、中华儿女美术馆、特步中心，该区展馆面积占全市展馆面积的68.13%，是厦门市经贸类展览和书画艺术类展览的主要举办地点。湖里区展馆有佰翔会展中心、乔丹海西中心、翔鹭酒店、海丝艺术品中心，该区展馆面积占全市展馆面积的19.16%，主要承办小型展览、订货会和小型艺术展。集美区展馆有集美新城市民广场展览馆、三影堂厦门摄影艺术中心，该区展馆面积占全市展馆面积的7.23%，主要承办艺术展，自2015年起连续举办阿尔勒国际摄影展。海沧区展馆有沧江会展中心，占全市展馆面积的5.48%，该馆由博物馆改建。全市在建展馆有2个，分别是翔安新城的新会展中心和厦门国际会展中心五期。

【饭店会议设施】 2021年，厦门市上报会展数据的高等级饭店和会议中心135家。其中，参加星级饭店评定的有48家，占全市纳入会展统计高等级饭店的36.6%。五星级19家、四星级20家、三星级9家。按星级饭店在各区分布划分，思明区28家、湖里区9家、集美区5家、海沧区3家、翔安区3家。截至年底，厦门市参与会议型饭店评定并达到标准的会议型饭店82家，占全市纳入会展统计高等级饭店的62.6%。AAAAA级41家（含10家五星级），AAAA级23家（含5家四星级），AAA级18家（含1家三星级）。按会议型饭店在各区分布划分，思明区45家、湖里区20家、集美区8家、海沧区5家、同安区4家。

【饭店会议承揽】 2021年，厦门市上报会展数据的高等级饭店131家。全市19家五星级饭店全年承接会议590场，每家饭店年平均承接会议31场；20家四星级饭店全年承接会议422场，每家饭店年平均承接会议21.1场；9家三星级饭店全年承接会议48场，每家饭店年平均承接会议5.33场。全市82家会议型饭店，其中41家AAAAA级会议型饭店全年承接会议1373场，每家饭店年平均承接会议33.49场；23家AAAA

表23-1　2021年厦门市能承办1000平方米以上的展览场馆一览表

序号	展馆名称	展馆总面积（平方米）	地址	举办展览（场）
1	厦门国际会展中心	150000	思明区会展路198号	76
2	佰翔会展中心	30000	湖里区环岛东路2480号	4
3	集美新城市民广场展览馆	15000	集美新城市民广场	2
4	沧江会展中心	14000	海沧区马青路91号	0
5	厦门市文化艺术中心	10958	思明区体育路95号	8
6	乔丹海西中心	10000	湖里区安岭上路82-86号	2
7	翔鹭酒店	8000	湖里区长浩路18号	3
8	三影堂厦门摄影艺术中心	3500	集美新城市民广场	0
9	特步中心	1700	思明区世纪大厦7楼	3
10	中华儿女美术馆	1500	思明区大学路沙坡尾66号	7
11	海丝艺术品中心	1000	湖里区翔云三路111号	8

级会议型饭店全年承接会议495场，每家饭店年平均承接会议21.52场；18家AAA级会议型饭店全年承接会议106场，每家饭店年平均承接会议5.89场。

（林椰妃）

会展市场开拓

【概　况】 2021年，厦门市加大营销推广力度，举办行业研讨推介，优化会展产业发展环境。市会展局整合境内外会展资源，开展全球化立体式营销推广，开拓国际"朋友圈"，通过Facebook（脸书）、Twitter（推特）、Linkedin（领英）等国际社交平台推送厦门会展业相关新闻；完善"厦门市会展业公共信息服务平台"（大数据平台）。加强对厦门会展行业信息网（厦门会展网）的维护管理，网站总访问量1503万次，比上年增长12.3%，其中中文网站访问量1400万次、英文网站访问量103万次。全年刊发《海峡会展》6期，《厦门会展动态》21期，在"厦门会展""海峡会展""厦门会展协会"等微信公众号发布数百条资讯。《厦门经济特区会展业促进条例》于2021年3月1日施行，通过立法赋能，规范会展业市场秩序，优化政务服务流程，优化产业发展环境，实现会展活动法治化发展。

【会展业促消费】 2021年，厦门市通过举办大型会展活动，发挥展会平台作用，拉动相关产业消费。出台促消费政策，对符合奖补条件的会展项目，奖补资金标准上浮10%～20%。通过厦门节能汽车暨生态人居博览会、厦门智能网联车展、2021厦门电商直播选品会等经贸技术类展会，对专业类展品进行促销。创新展示方式，采用直播、线上展、现场互动等线上线下融合发展模式，其中双赢家居行业展期间专门设立直播带货展区，茶叶展设立冰茶、果茶、花茶等展区，2021厦门当代艺术国际交易博览会展出世界各地名画，展会期间拍卖金额8000多万元。

【会展业公共信息服务平台】 2021年，厦门市完善会展业公共信息服务平台，利用物联网、云计算、大数据分析等新一代科学技术，通过"会展+"模式和"互联网+"模式的融合与创新，展示厦门办展办会、营商环境及会展政策，开通场馆、酒店、服务机构查找等功能，帮助到厦门办展办会的机构、团体一站式找到符合需求的办展办会场所和服务机构，为在厦门的办展办会机构和场馆推介引流。用户可通过该平台进行新展报备和奖补资金申请，系统自动审核、快捷报备、流程简便、奖补金额自动计算，随时查询审批进度。

【厦门会展业（北京）推介会】 2021年5月27日，由厦门市商务局（会展局）主办，市会展促进中心与市会展协会承办的厦门会展业（北京）推介会在北京举行。在北京的100多家全国性商协会、境外驻华会展促进机构、国际会展企业、国内大型巡回展会主承办方、会展专业媒体负责人出席，厦门市会展业代表50多人参与推介、对接。厦门市在推介会上介绍会展奖补新政策和《厦门经济特区会展业促进条例》，从硬件设施、营商环境、智慧会展、产业会展4个方面介绍厦门会展业发展优势。厦门国际会展中心、厦门国贸会展集团、厦门佰翔五通酒店及佰翔会展中心、厦门特房波特曼七星湾酒店的代表作推介。

（林椰妃）

展览选介

【第七十九届中国教育装备展示会】 2021年4月23—25日，由中国教育装备行业协会主办，福建省教育厅、厦门市人民政府共同承办，各省（自治区、直辖市）及计划单列市教育装备行业协会协办的第七十九届中国教育装备展示会在厦门国际会议展览中心举行。教育部原党组成员田淑兰、中国关心下一代工作委员会常务副主任刘晓连出席开幕式，厦门市政府副市长张志红、福建省教育厅副厅长陈明庆、中国教育装备行业协会常务副会长李兴植等出席开幕式并致辞。展示会设有标准展位9000多个，展示面积19万平方米，来自全国各地及美国、德国、丹麦、芬兰、澳大利亚、意大利、加拿大、日本等国家的1300余家企业参展，是厦门国际会展中心自建馆后举办的规模最大展示会。展示各级各类学校所需的教育装备产品和服务。其中，软件类产品5287件，计算机硬件及相关产品4266件，智慧教室、智慧校园相关产品760件，教育云产品261件。同期举办"首届全国书香校园阅读大会""第九届全国名师名校长峰会"等活动30余场。

【厦门双赢家居行业展】 2021年4月28—30日，由义乌市双赢广告有限公司主办、义乌控股集团有限公司承办的2021厦门双赢家居行业展暨生活用品展览会在厦门国际会议展览中心举行。展会展览总面积7.9万平方米，2084家展商参展。展会接待专业观众人数8.32万人，总进场11.12万人次，现场成交量10.2亿元。十八子、欧德罗、四通集团、顺祥陶瓷、哈尔斯、九阳等企业，柘荣县剪刀协会、揭阳市不锈钢制品协会、庆元县竹产业协会、重庆大足展团等15个产业展团参展。展会同期举办阿里巴巴集团旗下的天猫淘宝海外、天猫国际、考拉海购三大跨境平台家居行业进出口趋势分享会，老高电商俱乐部分享会，2021全球速卖通"质造家助力计划"线下招商会，杯壶产品标准应用的专题讲座等系列活动。

【中国厦门国际佛事用品（春季）展览会】 2021年5月6—10日，2021中国厦门国际佛事用品（春季）展览会在厦门国际会议展览中心举行。展会展览面积7.5万平方米，1200家专业展商参展，举办主题活动26场，同期举办"2021厦门寺院建筑与设计展""2021中国厦门素食暨有机产品（春季）展览会"。佛事展组委会在展会现场规划陈侃居士禅画特展、王牟云驰壁画展、华道家元池坊花道展示三大特展。举办春日·雅集活动，以及花道、香道、禅乐等；首次举办厦门寺院建筑与设计展；同期以寺院建筑的历史演变、寺院建筑新型材料的应用、闽南寺院的发展等为主题举办论坛，探讨寺院古建发展道路。

【中国厦门国际茶产业（春季）博览会】 2021年5月6—10日，2021中国厦门

2021年5月6—10日，中国厦门国际茶产业（春季）博览会暨茶叶包装设计（春季）展览会（简称茶博会）在厦门国际会展中心举行。图为展览区现场　（市会展局　供图）

国际茶产业（春季）博览会暨茶叶包装设计（春季）展览会（简称茶博会）在厦门国际会展中心举行。茶博会展览面积逾5万平方米，8个展厅，展会设品牌茶企展区、茶叶包装设计展区、茶器具展区、境外展区等，涵盖茶叶、茶器具、茶包装设计、茶空间美学等。展会特设1万平方米的茶叶包装设计展，展示木盒包装、锡器包装、金属罐包装、纸盒包装、竹木包装、复合薄膜袋包装、纸袋包装、包装面料、包装机械等茶包装产品。推出“2021世界绿茶采购交易会”“2021中国厦门国际新兴茶饮产业展览会”。

【第二十一届中国厦门国际石材展览会】2021年5月18—21日，由厦门会展集团股份有限公司、厦门会展金泓信展览有限公司共同主办，厦门会展金泓信展览有限公司承办的第二十一届中国厦门国际石材展览会在厦门国际会展中心举行。展会展览面积11.8万平方米（含同期相关展会），启用厦门国际会展中心20个展厅，设置八大展区，其中包括国内石材展区、国际展区、机械工具展区、室外展区、人造石展区、厦门卫厨展、设计展区及媒体区。来自全球的1100余家参展企业集中展示荒料板材、石材制品、机械工具、石材养护等产品。展会同期举办全球建筑大师论坛、厦门人居设计生活节、石无限产品设计展、厦门发布——2021全球新品展示、国际人居空间发展论坛、产品设计沙龙等活动。

【海峡西岸汽车博览会】2021年6月25—28日，由中国机械工业联合会主办，厦门市市场监督管理局、厦门市商务局（市会展局）指导，厦门市汽车流通协会承办的2021海峡西岸汽车博览会（简称海西汽博会）在厦门国际会展中心举行。厦门市人大常委会原副主任何清秋，中国机械工业联合会执行副会长张克林，中国国际贸易促进委员会汽车行业分会会长王侠，中国机械工业联合会展览工作部主任向辉及各相关部门代表，信达国贸、建发、盈众、盛元等副会长单位代表，各参展商代表出席开幕式。海西汽博会以“节能减排·低碳生活”的汽车消费为主题，吸引近80个品牌、100多家主机厂和经销商、500多款车型参展，总展览面积近6万平方米。展会期间举办“厦门汽车行业党建成果展”，展现厦门汽车行业党建工作风采。海西汽博会围绕“两岸交流、汽车文化、节能环保”三大特色，为海峡两岸汽车业界搭建合作交流的平台。

【第二十一届中国国际投资贸易洽谈会】2021年9月8—11日，第二十一届中国国际投资贸易洽谈会（简称投洽会）在厦门国际会展中心举行。投洽会举办60多场论坛研讨、发布、对接洽谈活动；吸引全球90多个国家和地区、820多个工商经贸团组、4900多家企业（其中包括110家世界500强企业和跨国公司）、约5万名客商通过线上线下方式参展参会。投洽会期间有512个项目达成合作协议，协议总投资额3920亿元；有31场专业论坛、345名演讲嘉宾围绕境内外投资趋势和国际产业合作展开研讨。联合国工发组织、联合国贸发会议、世界投资促进机构协会、金砖国家工商理事会、金砖国家新开发银行等国际和地区组织，以及阿根廷、菲律宾、约旦、叙利亚等16国驻华使节参展参会。《2021世界投资报告（中文版）》《中资

2021年5月18—21日，第二十一届中国厦门国际石材展览会在厦门国际会展中心举行。图为展会论坛现场　（市会展局　供图）

2021 年 9 月 8—11 日，第二十一届中国国际投资贸易洽谈会在厦门国际会展中心举行。图为会展区（市会展局　供图）

企业国别发展报告（新加坡、俄罗斯、德国、尼日利亚、日本篇）》《菲律宾投资指南》《“丝路海运”建设蓝皮书》等在大会上发布。投洽会展馆 11 万平方米，包括默克、强生、飞利浦等世界 500 强企业及百度、科大讯飞、宁德时代、大疆等行业领军企业和独角兽企业在内的 1000 多家国内外企业展示人工智能、智慧城市、装备制造等领域的前沿科技。组织智慧城市、节能环保、智能制造、生物医药等 10 多场不同主题产业对接会，300 多家投资机构、近 1000 个项目参与线下对接洽谈。投洽会聚焦数字经济、绿色经济、碳达峰碳中和等热点趋势，举办中美省州绿色低碳合作研讨会暨对接会、中国国际绿色创新发展大会、碳中和与全球投资贸易新格局研讨会、领航中国·国际新兴产业创新发展高峰论坛等论坛研讨活动。投洽会组委会创新线上线下融合办展办会模式，推出手机应用程序、小程序、官网、公众号等组成的“云上投洽会”线上矩阵，汇聚各地招商政策、投资环境展示、项目超级路演、园区推荐、产业智库等资讯，打造全天候、跨区域的“永不落幕的投资博览会”。截至大会闭幕，收集发布境内外各类招商项目超过 1.6 万个，“云上投洽会”累计访问量超 1480 万人次，发起云上洽谈 17 万多次，云上直播 21 场。践行“绿色会展”新理念，购买碳汇、减少排放，成为厦门市首个“碳中和”试点展会。

【第二十八届中国国际广告节】 2021 年 12 月 10—13 日，由中国广告协会主办，厦门市人民政府协办的第二十八届中国国际广告节在厦门国际会展中心举行。广告节展览面积 4.07 万平方米，全国各地近 1 万人注册参会。设置世界优秀广告作品展、AD.fair 媒企展示交易会、大国好货创新联展、广告四新展、中国户外媒体创新体验馆五大专业展览。广告节特别搭建 2021 年全国优秀党建标识作品汇展。广告节举办以“助力‘双循环’，赋能‘国品潮’”为主题的主论坛、2021 品牌全球化论坛、2021 中国内容商业大会、第三届广告人“吐槽会”等论坛和活动。

（林椰妃）

会议选介

【中国医院竞争力大会】 2021 年 4 月 16—17 日，由广州艾力彼管理顾问有限公司主办的 2021 中国医院竞争力大会首次在厦门国际会展中心举行。福建省政府原副省长李红，卫生部原副部长、中国医院协会创会会长曹荣桂，厦门市政府副市长张志红作开幕致辞。大会发布《医院蓝皮书：中国医院竞争力》、2020 年中国医院竞争力排行榜。大会举办智慧医院 HIC 案例大赛启动和星级医院 / 智慧医院 HIC 授牌仪式。

【第二十五届厦门工业博览会】 2021 年 6 月 8—11 日，由商务部授权的第二十五届厦门工业博览会暨海峡两岸机械电子商品交易会（简称厦门工博会）在厦门国际会展中心举行。该届工博会展览面积 7 万平方米，比上届增长近 30%；吸引参展企业 650 余家，增长 25%。参会客商发展到 27 个国家和地区。福建省机械工业联合会、福建省机床工具行业协会、福建省模具工业协会等 63 家商协会、机构组团到现场参观，采购设备。展品涵盖智能制造、机床及配件、激光设备、工模具、塑料工业、铸造工业、环保流体及水处理、智慧物流、城市智能交通、工程及建筑机械等。展会期间，吸引人流量超过 5.8 万人次，超 3 万名专业观众到场，83 名嘉宾在各种论坛活动上交流分享，90% 以上的参展企业拿到合同订单或意向订单，现场成交及意向订单金额 4.85 亿元。

【中国材料大会】 2021 年 7 月 8—12 日，由中国材料研究学会主办的 2021 中国材料大会在厦门国际会展中心举行。大会宗旨是为中国从事新材料科学研究、开发和产业化的专家、学者、教授、科技工作者、政府有关的管理部门和领导、企业家及其他相关人员搭建交流平台，提高新材料在中国国民经济和社会发展中的地位和作用。中国材料研究学会院士魏炳波、中国科协书记处书记吕昭平教授致开幕词，26 名两院院士等专家和学者、全国 1.2 万名新材料科技工作者和青年学者参会，探讨学术发展前沿。开幕式举办“2021 年中国材料研究学会科学技术奖”颁奖仪式，颁发 6 个一等奖和 7 个二等奖。开幕式及大会报告直播吸引相关领域专业观众累计 41 万人次，实时在线参与观看人数 4 万人。大会期间，参会专家和代表围绕能源材料、环境材料、结构材料、功能材料和材料设计、制备与评价五大主题，在 51 个细分分会和 3 个分论坛进行展示交流。

【第十二次全国口腔种植年会】 2021 年 7 月 15—18 日，由中华口腔医学会主办的第十二次全国口腔种植学术大会在厦门国际会展中心举行。大会以“口腔种植学最新进展”为主题，参会 4.1 万人次，参展厂商 75 家，展览面积 1 万平方米。有 55 场专题研讨会，其中省级

2021 年 9 月 8 日，2021 国际投资论坛在厦门国际会展中心举行（市会展局 供图）

口腔医学会种植专委会主委联席会议 1 场、专科会员大会 1 场、学术专题研讨会 36 场、企业专题研讨会 9 场、省专科会议 3 场、晚间专题研讨会 3 场、开闭幕式共 2 场。收到学术投稿 560 篇。国内外 100 余名专家发表演讲，6000 名从业人员参加会议，研讨口腔种植领域研究成果和临床进展。

【国际投资论坛】 2021 年 9 月 8 日，由商务部、中央广播电视总台主办，福建省人民政府、厦门市人民政府协办的 2021 国际投资论坛在厦门国际会展中心举行。论坛以“新发展格局下国际投资新机遇”为主题，共商合作开放，促进国际投资，提振投资信心，促进合作共赢。受新冠病毒肺炎疫情影响，论坛采用视频演讲结合现场演讲的方式举行。中央广播电视总台编务会议成员兼总经理室总经理彭健明在论坛现场发表题为《助力构建新发展格局，为国际投资贸易营造良好舆论环境》的致辞。菲律宾贸易和工业部部长拉蒙・洛佩兹代表该届投洽会主宾国进行视频演讲；青海省委副书记、省长信长星代表该届投洽会主宾省进行演讲。中粮集团董事长吕军、中国银行董事长刘连舸、国家金融与发展实验室理事长、中国社会科学院学部委员李扬、杜邦中国区总经理陈新、ABB 电气中国总裁赵永占先后发表主题演讲。白俄罗斯经济部部长亚历山大・切尔维亚科夫、匈牙利创新科技部国务秘书久尔吉・拉兹洛、联合国工业发展组织总干事李勇通过视频演讲方式参加论坛。

【海上丝绸之路国际产学研用合作会议】 2021 年 11 月 30 日，由教育部学校规划建设发展中心主办，福建省教育厅、厦门大学、厦门市教育局及广东、广西、海南、云南及深圳教育主管部门及高校承办的 2021 海上丝绸之路国际产学研用合作会议在厦门大学举行。教育部副部长孙尧，福建省副省长李德金以视频方式致辞，厦门市市长黄文辉在开幕式现场致辞，厦门大学校长张荣主持开幕式。会议以“产学研用赋新能，助力海丝共发展”为主题。来自中国、俄罗斯、乌克兰、加拿大、英国、美国、澳大利亚、日本、马来西亚、菲律宾、泰国、印度尼西亚、柬埔寨等国家（地区）的高校校长、院士和专家、学者 2700 多人通过线上或线下的形式参加。会议举办项目签约、揭牌和指数发布仪式，展示中俄数字机械工程中心等 32 个合作项目。与会嘉宾为厦门市未来显示技术研究院、福建海洋可持续发展研究院、海洋遥感应用技术创新研究院等揭牌。“海丝”沿线国家海岸带可持续发展能力指数在会上发布，为“海丝”沿线国家海岸带可持续发展能力首次评估。会议在广东等省、市设海洋科技与工程、未来显示技术、绿色智能装备技术、电子信息工程等分论坛 15 个。论坛上，厦门理工学院与海内外高校、企业签订产学合作、人才培养合作协议。

【世界美发大会】 2021 年 12 月 1—2 日，由中国商业联合会、中国商报社、中国美发美容协会、中华全国工商业联合会美容化妆品业商会、ICD 世界发型设计家协会（中国）、英国 Fellowship for British Hairdressing、西班牙 Salon Look、世界联合美发精英（海南）俱乐部、（中国）台湾省女子美容商业同业公会联合会、厦门市美发美容化妆品行业协会、欧芭集团有限公司等机构联合主办的 2021 世界美发大会在厦门国际会展中心举行。来自全国各地美发美容连锁品牌代表、服装设计人员、美发师等行业人士 1200 人参加大会。大会通过互联网直播形式，推出高奢品牌秀、服装金顶奖得主计文波大师团队 &Mizi 主创的跨界大师秀、复古油头秀、青年发型师设计年代秀等。与法国巴黎高级定制协会（PACA）合作，把奢侈品牌秀和发型秀融合。大会开设“流量匮乏时代探索美发高端品牌增长新阵地”“美发全域智慧论坛”等主题论坛。

（林椰妃）

责任编辑：林德全 明安文
审　　稿：林建高
校　　对：熊焱峰

24 交通邮政

综　述

【概　况】2021 年，厦门市公路运输总周转量 254.51 亿吨 / 千米，比上年增长 20.6%，增幅居全省第四位。对外交通客运总量 4667 万人次，比上年下降 3%。其中，铁路旅客总发送量 1659 万人次，比上年增长 4%；航空旅客吞吐量 1685 万人次，下降 4%；公路客运量 1068 万人次，下降 11%；水运旅客发送量 254 万人次，下降 1%。全市对外货运总量 3.89 亿吨，比上年增长 15%。其中，厦门铁路货物发送量 759 万吨，比上年增长 5%；航空货邮吞吐量 30 万吨，增长 7%；公路货运量 2.53 亿吨，增长 20%；水路货运量 1.29 亿吨，增长 6%。日均进出岛车流量 55 万辆次，比上年增长 1.2%。其中，日均进岛车流量 26 万辆次，日均出岛车流量 29 万辆次。海沧大桥日均进出岛车流量 15 万辆次，海沧隧道日均进出岛车流量 2 万辆次；杏林大桥、集美大桥日均进出岛车流量分别为 12 万辆次、11 万辆次，厦门大桥日均出岛车流量 5 万辆次；翔安隧道日均进出岛车流量 12 万辆次。全市机动车保有量 185 万辆，比上年增长 6%。全市在营公交线路 449 条，比上年增长 12%；月均在营公交车辆 3716 辆。巡游车企业 9 家，巡游车运营车辆数 5686 辆，其中 2533 辆为纯电动车，占比 45%；网约车企业 17 家，网约车运营车辆数 3.45 万辆，其中纯电动网约车 2.18 万辆，占比 63%。邮政业务总量 91.38 亿元，比上年增长 40.76%。快递服务企业业务量 5.9 亿件，比上年增长 8.66%。全市交通、邮政行业做好新冠病毒肺炎疫情常态化防控工作。9 月，全市组织公交企业投入 2.6 万人次，转运各类人员 10.4 万人次，转运物资 589 车次，全市货运企业向各封控隔离点运送保障物资 900 余吨；交通系统工作人员在各离厦门通道值守总时长超 6 万小时，查验离厦门人员 172 万人次。厦门市交通运输局与厦门港口管理局联合印发《交通运输行业应对新冠肺炎疫情影响助力企业纾困减负若干措施》，推进交通运输复工复产工作。

【交通基础设施建设】2021 年，厦门市交通基础设施建设项目完成投资 280 亿元，比上年增长 7.3%。公路、铁路等重点建设项目完成投资 132.99 亿元。其中，高速公路建设项目完成投资 53.19 亿元，普通公路建设项目完成投资 10.93 亿元，铁路建设项目完成投资 37.97 亿元。公路重点工程方面，翔安大桥完成全部预制构件安装；翔安机场高速公路（沈海高速—翔安南路）巷东隧道左洞于 10 月 19 日贯通；海沧疏港通道控制性工程蔡尖尾山 2 号隧道于 12 月 13 日全线贯通；厦门大桥完成“四改六”改造加固，12 月 19 日实现双幅通车，全市跨岛交通总车道数增至 40 条。铁路项目方面，福厦高铁主线全线油气管道及电力高压线全部拆迁完成，福厦高铁北站房及配套工程、进岛联络线开工建设，远海码头专用线工程实质性动工。机场航线方面，厦门高崎国际机场拥有通航城市 119 个，航线 163 条、国际及地区航线 21 条（其中洲际航线 4 条）；厦门机场新增至牡丹江、汉中、荆州、昭通、琼海、菏泽航线，续飞北海、洛阳、衡阳、中卫、唐山、潍坊、临沂等航线，新增厦门高崎机场直飞美国纽约 JFK 机场的全货机航线，新开通厦门至伦敦、温哥华“客改货”货运航线。

【交通发展规划】2021 年，厦门市印发实施《交通强国建设厦门行动方案》《全市打通断头路三年行动方案（2021—2023 年）》等行动方案。《厦门市“十四五”综合交通运输发展规划》于 9 月 24 日发布，确定厦门市交通运输总体发展目标：巩固“一座枢纽”，即打造国际性综合交通枢纽城市；优化“两层网络”，即优化区域综合立体交通网络和城市高品质交通网络；完善“三个体系”，即完善人民满意的现代运输服务体系、全国领先的智慧交通管理体系和保障有力的交通行业治理体系。

【“四好农村路”建设】2021 年，厦门市继续推进“四好农村路”（建好、管好、护好、运营好农村公路）建设。农村公路建设项目完成投资 5983.8 万元，为年度计划的 113.4%；完工里程 62.59 千米，为年度计划的 208.6%。推进农村公路亮灯工程建设，累计完成路灯工程 11 个，完成投资 2712.53 万元。至年末，全市农村公路通车里程 1631.37 千米，通自然村（组）道路硬化率 100%。完成 12 条美丽农村路建设与改造，完工里程 38.4 千米，完成路面修复面积 1.93 万平方米。全市通往山区村公交快递线路 7 条。

【绿色交通工程建设】 2021 年，厦门市推进绿色货运配送示范工程建设，围绕完善城市配送物流基础设施、推广新能源物流配送车辆普及应用、优化配送车辆便利通行政策、推广先进运输组织模式等，探索城市绿色货运配送发展“厦门经验”，获交通运输部、公安部、商务部联合授予的“城市绿色货运配送示范城市”称号。出台《厦门市网络预约出租车经营服务管理办法》，率先在全省实现新增网约车 100% 电动化，新增及更新投放巡游出租车 491 辆、网约车 4458 辆，全部为电动车。推进交通运输装备清洁化，逐步打造纯电动公共交通供需运营系统。厦门国际航运中心海铁多式联运项目通过省级审核。厦门市利用新技术、新设备开展道路养护工作，投入新能源洗扫车、智能网联主动发光标志等系统设备。

（市交通运输局　市邮政管理局）

港　口

【概　况】 2021 年，厦门港完成集装箱吞吐量 1204.64 万标准箱，比上年增长 5.62%；完成货物吞吐量 2.28 亿吨，增长 9.67%；旅客吞吐量 273.08 万人次，下降 0.2%；完成水运周转量 2572.8 亿吨千米，增长 10.06%。营运船舶运力规模 404.66 万载重吨，比上年增长 11.57%。水运固定资产投资完成 19.61 亿元，邮轮母港片区完成固定资产投资 20.1 亿元。

【港口安全管理】 2021 年，厦门港口管理局宣传贯彻新《中华人民共和国安全生产法》，完善安全风险分级管控和隐患排查治理双重预防体系建设。开展安全隐患大排查大整治和安全生产专项整治三年行动。开展船舶碰撞桥梁隐患治理。全覆盖排查 27 家危货企业建设手续、危货附证。委托第三方机构对码头开展安全生产全方位检查。化解“海丰巴生”轮罐式集装箱硝酸泄露、“中外运福州”轮货舱货物自燃等险情。做好新冠病毒肺炎疫情“外防输入”工作，细化外贸船舶登轮作业防控措施，落实“两集中、四固定”（作业人员、作业场地、生产设备、休息区域固定，相关工作区域、相关作业人员居住集中）措施，实施高风险岗位人员“N+7+7”集中封闭管理。全年接待外贸船舶 1.06 万艘次，外贸船员轮换 3695 人次，完成涉疫船舶应急处置 20 艘次，为 58 名核酸检测阳性船员提供就医服务。从业人员完成新冠疫苗“应接尽接”，累计核酸检测超 22 万人次，实现厦门港“本土零疫情”。

【国际集装箱干线港建设】 2021 年，厦门港抓住全国新冠病毒肺炎疫情形势平稳、外贸进出口高速增长机遇，做大做强集装箱干线枢纽港。集装箱吞吐量首次突破 1200 万标准箱，占全省比重 69.03%，比上年提高 2.69 个百分点。集装箱吞吐量超过高雄港逾 200 万标准箱，首次超越比利时安特卫普港。集装箱班轮航线 159 条，国际航线 102 条，比上年新增 3 条。“一带一路”航线完成 165.03 万标准箱，比上年增长 11.75%。对台航线完成 36.23 万标准箱，比上年增长 3.72%。金砖航线完成 18.6 万标准箱，比上年增长 47.24%。“一箱难求”困境缓解，在港空箱 16 万标准箱。中远海运港口海沧供应链项目开工，远海码头铁路专用线建设取得实质进展，中谷海运集团第二总部物流基地前期工作按计划推进。海丰国际控股有限公司在厦门落户“区域集装箱航运母港”。

【“一带一路”倡议落实】 2021 年，厦门市举办 2021 年“丝路海运”国际合作论坛，“丝路海运”信息化平台建设启动，“丝路海运”联盟成员突破 250 家，命名航线新增 16 条（累计 86 条），其中厦门港 57 条命名航线箱量比上年增长 12.82%。“中远之星”对台客滚航线稳定运行。多式联运“一单制”全省首份运单、首份提单均在厦门签发，厦门国际航运中心海铁多式联运示范项目（福建省唯一的国家多式联运示范工程）通过验收。服务粮食、电煤靠泊疏运，创新进口散粮多式联运模式，“一船一策”保障重点物资进口。

【营商环境优化】 2021 年，厦门港继续打造国际一流营商环境，厦门口岸跨境贸易指数位居全国第四位。厦门口岸在“2021 年十大海运集装箱口岸营商环境测评”中获评最佳等级。厦门港口管理局发放省、市专项扶持资金 5.18 亿元，减免货物港务费、引航费 9840 万元。集装箱进出口合规成本保持全国沿海主要口岸最低水平。厦门港集装箱空箱适用省高速公路差异化收费政策。厦门市出台海铁联运、邮轮旅游业发展扶持政策，完善集装箱专项扶持政策。“港航信易贷”入选福建自贸区创新举措，为 31 家企业提供融资授信金额 3.96 亿元。在全国率先打造的“航运公司综合服务平台”上线运行，船舶证书办理效率比上年提升 67%。

【厦门港转型升级】 2021 年，厦门市、漳州市 12 个部门联合印发《厦门港建设世界一流港口工作方案》。厦门港口管理局完成《厦门港“十四五”发展规划》编制。古雷作业区北 1 号、2 号泊位、南 15—19 号泊位工程入选全国首批平安百年品质工程创建示范项目。推进同益码头对台货运功能转移，邮轮中心码头对台小额贸易点投入运营。古雷航道三期工程等省、市重点项目完成竣工验收，古雷南 22—24 号泊位工程、邮轮物供基地等项目前期工作按计划推进，后石港区 4 号、5 号泊位大宗散货合作项目投资主体签署合作意向。完成 15 个历史挂账项目攻坚清理，实现港口建设轻装上阵。

【智慧绿色港口建设】 2021 年，厦门市继续推动智慧绿色港口建设。远海码头获亚太港口服务组织（APSN）2021 年度“亚太绿色港口”称号，海润码头获评最高星级“四星级中国绿色港口”。“厦门港务 5MW 分布式智能光伏”项目入选全国智能光伏试点示范项目。厦门港口管理局持续推进船舶和港区设备改造使用清洁能源，新增电动集卡、电动堆高机，投用 3 艘柴电混动渡轮。远海码头建成“智慧港口 2.0”，5G（第五代通信技术）智慧港口从技术试验投入商业应用，发布全国首个港口无人驾驶集装箱车技术标准。海润码头全智能化改造工程列入全国智慧港口建设重点工程，嵩屿码头智能装卸平台上线运行。建成厦门港引航船舶信息可视化平台，实现船舶进港作业各环节无缝衔接。

（厦门港口管理局）

公　路

【概　况】 2021年，纳入厦门公路事业发展中心专养的公路总里程约610千米，其中国省道321千米，其他重要道路（主要为交通繁忙重要县道）289千米；路面面积2006万平方米（含车行道、辅道、人行道），绿化面积1245万平方米，中小桥面积11.5万平方米，人行天桥、地下通道等过街设施面积18万平方米，车行下穿通道面积18.5万平方米，涵洞693座，雨水管道951千米，标志标线69.3万平方米。管养道路呈现高等级公路占比高、设施规模量大（车道数多、设施数量多、绿化面积大）、养护管理要求高等特点。

【公路项目建设】 2021年，厦门市修订《公路养护工程类等项目限额以下监理单位名单目录及有关选择办法》《政府采购及工程招标代理、造价咨询单位名单目录》《路政赔（补）偿标准》等公路工程规范化文件。开展公路类基建项目57个，其中前期工作30个、在建25个、完工2个，新建、改（扩）建里程约361千米，项目计划总投资577.06亿元。推进第三东通道、同安进出岛通道等项目政府与社会资本合作（PPP）。公路重点建设项目完成年度投资23.7亿元，超额完成序时计划。厦门新机场东进场路、海翔大道二期工程、芦澳路工程等27个新建、提升改造项目建设按计划推进。

【公路养护管理】 2021年，厦门市公路事业发展中心理顺公路养护机制，提高公路养护成效。推动出台《厦门市关于交通道路设施事权支出责任和移交接养工作的通知》及《厦门市交通道路设施移交接养工作管理实施细则》，明确全市交通道路设施事权和支出责任划分，市区交通道路与市政道路管养统一标准，规范道路移交接养工作。结合第六轮岛外养护招标工作，制定出台《公路精细化养护履约评价实施细则》《养护机械设备考核管理办法》《沥青路面养护小修工程管理办法》等制度办法，推进公路养护项目从业单位信用考核系统建设。投入资金5129万元，用于国省道及重要道路大中修改造，实施道路空洞检测，利用雷达检测技术检测管养重要道路空洞病害30处。完成道路交通双语标志提升1275面。开展公路交通标志标线优化提升专项工作。市公路事业发展中心2021年度国省道路况检测排名居福建省第二位，综合评估排名居全省第二位。提高公路养护安全作业主动预警能力，在急弯事故易发路段上试点安装“超视距危险路段预警系统”。配置防撞缓冲车8辆。引入“预警精灵”智慧锥桶，融合手机地图信息引导，实现施工作业路段的避让或减速，累计投入96台，服务驾乘2000多万人次，基本覆盖全市国道、省道、城市主次干道。厦门岛成功大道交通指引系统进行智能化提升，将传统反光标志升级为智能互联主动发光标志，实现厦门市交通标志智能化“零”的突破。

【路产路权综合管理】 2021年，厦门市公路事业发展中心办理各类行政许可申请326件；收取路政许可占（破）路赔补偿费5618万元，比上年增长48%。开展监督检查3840车次、9549人次，纠正、制止违章799次。开展联合整治行动174次，办理路产损坏索赔案件276件；收取路产损坏案件赔补偿费177万元，比上年增长19%。

【公路安全隐患整治】 2021年，厦门市公路事业发展中心开展安全隐患大排查大整治、道路交通安全综合整治70天冲刺等安全生产集中攻坚专项行动，发现一般隐患454处，全部整改完毕。累计修复路面面积2.7万平方米、人行道面积2.9万平方米，更换浸塑护栏2.6万米，施画标线10.4万平方米。推进县道411交通隐患整治工程、成功大道南山路高架桥等12座桥梁护栏改善工程，增设路口交通信号灯。完成省道217同集路3处积水点改造等安全（提升）改善工程。完成公路承载体自然灾害普查工作，普查573千米，其中国道、省道341千米，农村公路232千米。市公路事业发展中心同安分局被省公路事业发展中心评为2021年度“平安单位”，泥山、孙坂等公路站被评为“平安班站”，省道507线54K至64K被评为“平安路段”。

（厦门公路事业发展中心）

公共交通

【概　况】 2021年，厦门市城市公交线路458条（常规公交450条、快速公交8条），公交线路总长7461.35千米；公交车辆4111辆，每万名常住人口拥有公交车辆9.93辆。公交日均客运量151.9万人次，其中BRT快线（快速公交）日均客运量20.1万人次。在营出租车企业9家，出租车5688辆（岛内5588辆、岛外100辆），在岗出租车驾驶员0.8万人。在营网约车企业15家，网约车3.6万余辆，日均活跃驾驶员2.4万人。地铁1、2、3号线总客运量1.7亿人次，其中1号线客运量8343.76万人次，2号线客运量6926.68万人次，3号线客运量1729.64万人次。厦门轮渡有限公司完成航班13.13万个、客运量1451.29万人次，安全航行33.87万千米。

【网约车订单合规率排全国首位】 2021年，厦门市根据新业态下网约车行业发展特点，以交通运输部批复同意厦门市开展交通强国建设试点为契机，做好网约车新业态服务和监管。2月，交通运输部网站首次对外通报网约车行业运行情况，在36个中心城市（直辖市、省会城市、计划单列市）中，厦门双合规（车辆、人员合规）完成订单率排名第一位。至年末，厦门市网约车双合规完成订单率有7个月排名第一位。

【公交线路优化调整】 2021年，厦门市结合地铁3号线及海沧隧道开通，分批调整常规公交线网，优化进出岛线路结构，强化公交地铁接驳换乘功能。新增公交线路66条，优化调整159条次；

2021 年 6 月 28 日，厦门市敬老爱心车联盟启动仪式举行

（市运输事业发展中心　供图）

新增投放运营公交车 84 辆；新增公交站点 108 个。启用地铁林前、集美新城、紫云府 3 处公交场站。

【轨道交通 3 号线初期运营】 2021 年 6 月 25 日，厦门轨道交通 3 号线（厦门火车站—蔡厝站）初期运营。3 号线全长 26.5 千米，设置车站 21 座，为连接岛内和翔安区的跨岛公共交通干线，与 1、2 号线共同形成连接集美、海沧、翔安三向出岛的轨道交通线网。

【敬老爱心车联盟组建】 2021 年 6 月 28 日，厦门市巡游车企业以敬老车队为基础，联合组建厦门市敬老爱心车联盟。组织出租车辆 180 辆、驾驶员 250 人，为老年人提供打车出行服务。升级完善召车系统，通过增设“敬老打车”语音导引、优化派单模式，为老年人提供 24 小时精准出行服务保障，厦门市成为福建省内首个、全国首批依托“95128”热线开通老年人专属打车服务的城市。

【同安公共交通有限公司挂牌】 2021 年 12 月 31 日，厦门公交集团同安公共交通有限公司挂牌，归属区一级国有企业。该公司是全市首家市、区两级共同参股公交运营公司，标志厦门市公交运营管理体制改革启动。

（市运输事业发展中心）

铁　　路

【概　况】 2021 年，厦门车站完成客运发送量 1532.11 万人次，比上年增长 2.03%，比 2019 年下降 45.66%，完成年度计划任务的 85.83%；完成运输收入 17.85 亿元，比上年增长 1.44%，比 2019 年下降 48.40%，完成年度计划的 86.13%。厦门车站其他业务收入 8885 万元，比上年下降 0.84%，完成任务的 88.16%；毛利润 8734 万元，下降 1.45%，完成任务的 88.53%。至年末，厦门车站从业人员 423 人，固定资产 9.11 亿元。

【铁路客运】 2021 年，厦门车站辖厦门站和厦门北站，均为客运一等车站。厦门站位于思明区，设有站台 5 座、旅客列车到发线 9 条，总建筑面积 6.86 万平方米，候车室面积 7400 平方米，最高聚集人数 3500 人 / 小时，设有售票窗口 16 个、自动售票机 29 台、自助取票机 19 台、自助检票闸机 62 台、实名制验证口 19 个、查危口 15 个、商务座专用候车区 2 个，开行图定旅客列车 83 对，发送旅客 467.30 万人次，完成运输收入 5.33 亿元。厦门北站位于集美区，设有站台 6 座、旅客列车到发线 12 条，总建筑面积 10.9 万平方米，候车室面积 2 万平方米，最高聚集人数 6300 人 / 小时，设有售票窗口 16 个、自动售票机 22 台、自助取票机 3 台、自助检票闸机 64 台、实名制验证口 30 个、安检查危模块 7 个、商务座专用候车区 1 个，开行图定旅客列车 161 对，发送旅客 1064.81 万人次，完成运输收入 12.52 亿元。

【运输安全保障】 2021 年，厦门车站强化高铁和旅客列车安全管控，实现铁路运输安全 8567 天。重新修订《安全红线管理办法》《全员安全生产责任制》《安全风险一览表》《安全风险库》。开展围歼客车一般 C 类及以上事故、安全风险全系统性辨识研判和安全隐患排查活动，追踪安全信息 664 条，下发周安全通报 36 次，下达预警通知 16 次，建立安全隐患清单 640 个，其中重大安全隐患挂牌督办 1 个，均整改销号。组织劳动安全风险排查，完善上线作业人员防护体系，落实人身安全防护制度。实施消防安全网格化管理，开展电气防火安全、夏季防火等专项整治。坚持常态化新冠病毒肺炎疫情防控措施，制定、修订《厦门车站疫情防控工作措施基本指引》《厦门车站疫情防控从业人员应急处置方案》等，在厦门站、厦门北站增加测温仪 4 台，储备手持身份证查验机 34 台，开展进出站测温验码，规范职工口罩、手套、护目镜（面罩）“三件套”上岗措施，按规定开展核酸检测、疫苗接种工作。9 月 14 日至 10 月 8 日，厦门车站组织部分干部和行车岗位、售票值班员、客运值班员和综控员等关键岗位职工 130 人，驻站留守，确保铁路运输生产畅通；协调市政府在厦门站、厦门北站设立铁路职工专门核酸检测点，对厦门铁路地区所有职工集中开展核酸检测，减少与社会人员交叉感染可能，进行全员核酸检测 10 轮、12.69 万人次。

【车站服务水平提升】 2021 年，厦门车站优化旅客运输服务。新建厦门站、厦门北站商务座专用候车室。以商务座服务为平台，为有需求的非商务座旅客提供有偿服务。建设“海峡情 · 小白鹭”服务品牌，推行“亲情服务卡”，解决旅客进站乘车、中转换乘、下车出站困难等问题，“海峡情 · 小白鹭”服务台获“中国铁路党内优质品牌”称号。购置双源双视安检查危仪 8 台，落实“一门双手检”作业方式，提升安检查危效率。协调相关部门配备厦门北站无障碍电梯，增设3号线地铁口至厦门站到达层盲道。

（厦门车站）

轨道交通建设

【概　况】 2021年，厦门市轨道交通完成固定资产投资150亿元，在全市八大片区排名第一位。至年末，累计完成固定资产投资1218亿元。全市轨道交通建设规划中，批复的5条线路全部开工建设，其中1、2、3号线开通运营。3号线（机场段）长10千米，设站5座，完成车站主体结构1座，在建车站2座；4号线（软三东至翔安机场段）长45千米，设站12座，软三至蔡厝段实现区间贯通，同步开展铺轨施工并转入机电施工；6号线（林埭西至华侨大学段）长19千米，设站13座，车站全部开工建设，区间掘进完成82%，双线区间贯通7个。全市完成轨道交通土地征收39.73万平方米，为市重大片区年度任务的317%；房屋签约16万平方米，为年度任务的220%。地铁3号线在全国轨道交通新线开通前安全评估中，成为唯一一条没有影响运营安全A类问题的线路。厦门市《城市轨道交通工程施工质量安全管控成套关键技术研究与应用》获中国轨道交通协会“城市轨道交通科技进步奖”二等奖，《厦门地铁盾构孤石和突出岩石爆破技术研究》获中国爆破行业协会科技奖二等奖。

【地铁沿线综合开发】 2021年，厦门市继续推进地铁沿线综合开发配套。开工建设项目16个，其中完工12个。地铁1号线文灶、塘边安置房交房1300余套，交付率98%。地铁1号线4个综合开发商服项目完成整体招租，合同保底收益超8亿元。地铁2号线湿地公园TOD（以公共交通为导向的城市发展模式）开发试点工作启动，项目完成出让（由厦门轨道交通集团有限公司以93亿元竞得）。12月22日，地铁1号线将军祠站“MIX生活街”开业，为厦门地铁首个上盖综合体项目，周边500米内有小区35个、居民6万人。

2021年，厦门市地铁6号线加快建设。图为6号线涉铁段施工现场

（商桐林　11月12日摄）

【轨道交通安全保护】 2021年，厦门市地铁办公室利用信息化平台，推动保护工作信息化、数字化、智能化。坚持“三个一”轨道交通安全保护工作机制，即每季度集中宣传贯彻和线路巡查督导一次，每月地铁保护标识督查一次，每周违法项目核查一次。联合市交通运输局等单位组织督查检查工作70余次。联合厦门轨道交通集团有限公司到地铁沿线指挥部、建设单位等开展宣传130余次。

（市地铁办）

航　空

航空港

【概　况】 2021年，厦门机场累计保障安全飞行12.81万架次，旅客吞吐量1495.21万人次，完成货邮吞吐量29.78万吨。（见表24-1）厦门机场运营航空公司境内30家、境外10家。开通运营境内外156条航线，其中国内147条（含地区5条）、国际9条。与境内外112个城市通航，其中国内102个（含地区3个）、国际10个。厦门机场获民航资源网CAPSE“最佳机场”称号。厦门翔业集团有限公司（简称翔业集团）第十二年入围“中国500最具价值品牌”榜单，以360.37亿元的品牌价值排名第201位；入围“中国服务业企业500强”榜单，排名第296位。

【机场建设】 2021年，厦门翔业集团旗下厦门新机场、福州机场建设按计划推进。厦门新机场审批取得突破，航站楼桩基工程开工。4月23日，国家发改委批复厦门新机场工程可行性研究报告，审批时间在全国新建大型机场中时间最

表24-1　　2021年度厦门机场生产指标完成情况表

项目	飞机起降（架次）	架次比上年增长（%）	旅客吞吐量（万人次）	旅客量比上年增长（%）	货邮吞吐量（万吨）	货邮量比上年增长（%）
国内	121795	-7.77	1478.39	-9.14	19.09	-9.14
地区	3352	2.98	13.75	-31.13	4.53	3.62
国际	4120	-30.98	16.81	-61.7	10.69	56.7
总计	128057	-8.42	1495.21	-10.52	29.78	7.01

短。6月25日，厦门新机场航站区桩基工程开工。11月，厦门新机场航站区和配套工程初步设计及概算获得审批。12月21日，厦门新机场取得大型填海机场项目的海域使用权证。厦门新机场工程按照满足年旅客吞吐量4500万人次、货邮吞吐量75万吨目标进行设计，项目新建远距跑道2条、55万平方米航站楼、196个机位站坪及相关配套设施。福州机场二期扩建工程按计划推进。4月27日，福州机场二期扩建T2航站楼工程先行用地获自然资源部审批，飞行区工程于5月底动工；航站区及配套工程初步设计8月获批，12月桩基工程动工；货站扩建工程9月底动工。福州机场二期扩建工程按照满足年3600万人次、货邮45万吨吞吐量目标进行设计，项目新建3600米跑道及相应的滑行道、25.5万平方米T2航站楼及停车楼、综合交通中心、60个机位站坪等设施。

【全封闭式入境专用通道启用】 2021年10月23日，厦门机场T2航站楼专用通道启用，为全封闭式入境专用通道。该通道主力承担厦门机场入境航班及旅客的保障任务，服务厦门机场口岸新冠病毒肺炎疫情"外防输入"工作。

（乔晓微）

厦门航空公司

【概　况】 2021年，厦门航空有限公司（简称厦航，含本部、河北航、江西航）安全飞行49.9万小时，起降22.3万架次，主要安全指标均控制在年度目标范围内；运输总周转量39.07亿吨千米，旅客运输量2612.19万人次，货邮运输量19.29万吨。厦航本部创连续35年盈利纪录。航班正常率84.09%。厦航获评APEX"五星级国际航空公司"、CAPSE"年度最佳航空公司"。国内首创线上国际航线证件预审，推出特殊旅客全流程电子化预约、行李"门到门"等服务；完成"两会"、阿富汗撤侨包机等航班保障任务。推出经济舱选餐服务，发布"厦航空厨"。《人民日报》10月28日头版头条刊发长篇通讯《创新引领率先实现东部地区优化发展》，在"把高质量发展着力点放在实体经济"方面，记述厦航在习近平总书记关心支持下不断做大做强的案例，评价"厦门航空公司从无到强的发展历程，是习近平总书记一直关心实体经济的又一个缩影"。

2021年12月31日，厦门航空年度安全运行工作收官　（厦门航空　供图）

【航空安全运行管理】 2021年，厦航开展《中华人民共和国安全生产法》宣传贯彻工作，推进安全专项整治三年行动"集中攻坚"，开展百日安全整顿及"问题隐患清零"活动。以SMS（安全管理体系）效能评估、IOSA（国际航空运输协会运行安全审计认证）内审为重点，修订安全类手册。发布《航线训练指南》、统一飞行理论题库，首次实现全公司飞行训练统一考核。健全"飞行学员成长档案"，实现院校训练质量常态化监控，获得ACPC（运输航空副驾驶预备课程）训练资质。成立PLM（飞行员技能全生命周期管理体系）建设领导小组，完成全体航线教员提升培训。常态化开展资质排查，对重点人员实施针对性帮扶管控。完善从业人员负面行为清单，制定安全管理干部正面行为清单，建立空勤作风纪律电子档案，制定飞行作风量化考核标准。对2235名维修人员实施"工卡执行能力考核"。全年人为原因不安全事件万时率比上年下降28%。推进安全领域数据应用，获民航科学技术一等奖。构建新冠病毒肺炎疫情防控体系，发布厦航《疫情防控手册》；疫苗接种率99.36%，加强针接种率92.22%；建立防疫监督检查机制，实施专项考核；建立机组全流程闭环管理模式，对重点岗位人员执行隔离规范管理，将1162间自有房源改造为隔离用房；制定境外"一航线一方案"，细化梳理7个环节、28项举措，创新实施行前闭环隔离、双机构双试剂交叉检测、登机前快筛检测等手段。厦门为全国第三大航空入境口岸，阳性旅客输入率按高到低在全国前15大口岸中排名第十四位。

【航运提质增效】 2021年，厦航完善航班快速优化和运力转投机制。福建和河北新冠病毒肺炎疫情防控期间，通过外放运力减少损失。对重大运输航班能接尽接，组织执飞"客改货"航班。境内、境外"座公里收入"实现"双增长"，总体"座公里收入"比上年增长11.5%。部署"增产提效"措施核减预算；通过排班管控、压降采购、暂缓设备投资等措施，进行降本节支，成本费用收入比比全行业平均低6.1个百分点。提升人效，人机比从上年末的120.5∶1降至112.3∶1。

【厦航转型发展】 2021年，厦航发布总体发展思路和"十四五"规划。成立商舟物流，筹备新零售公司。完善北方总部区域管理新模式。完成旗下融资租赁公司6架飞机交易。完成空客A321neo构型、座舱布局评估。推进B737-8复飞准备。新聘机长46人。推进国企改革三年行动方案，推行基于人效提升和价值贡献的薪酬预算管理，实施考核积分制，首次组织直属单位班子遴选。"提升福建航空枢纽能力"提议被纳入民航"十四五"规划。

（章国宝）

邮政和快递

【概　况】 2021年，厦门市邮政业务总量累计完成91.38亿元，比上年增长40.76%。其中，快递服务企业业务量累计完成5.91亿件，比上年增长8.66%。邮政行业实现收入90.49亿元，比上年增长13.24%。其中，快递服务企业业务收入81.98亿元，比上年增长21.32%。全市有邮政普遍服务营业场所89个、普遍服务邮件投递营业部26个、智能化邮政信筒（箱）264个。取得快递业务经营许可证企业46家，其中经营国内快递业务企业12家，经营国际快递业务企业12家，兼营国内、国际快递业务企业3家，开办服务站经营快递业务的企业18家，运营智能快件箱经营快递业务的企业1家。11月12日，中共厦门市快递行业委员会揭牌。12月28日，《"十四五"厦门市邮政业发展规划》出台，提出发展目标和主要任务，明确邮政业发展空间布局定位。

【品牌快递服务进村全覆盖】 2021年，厦门市邮政管理局以"建网络、提水平、强功能"为目标，综合运用政策宣讲、下村调研、数据摸底、集体约谈等措施，推动全市"快递进村"工程建设。通过"一村一策"方式，全市147个建制村基本实现4个品牌快递（邮政、顺丰、京东、德邦）服务进村全覆盖。市政府出台《关于进一步降低物流成本促进现代物流产业高质量发展的若干措施》，对列入邮政管理部门快递服务薄弱行政村目录末端网点，运营每满1年给予5000元补助，最多补助3年。市邮政管理局联合交通运输部门开通"快递公交"，依托农村公交路线，通过分村集包，以"公交车将各村总包快件运输进村—村内代办点接收—村民到代办点领取快件"方式，打通偏远建制村与城市之间物流"堵点"。

【全市首个农场驿站揭牌】 2021年1月，厦门市首个农场邮政驿站揭牌，解决大帽山"最后一公里"的快递物流寄送、配送服务的难题。大帽山村民可以在山上就近领取、寄递包裹，改变骑车下山领取快递的局面。大帽山的农特产品可以通过快递销往全国各地，实现送快件进村和卖农产品出山的双向流通。

【顺丰中大型全货机开通】 2021年3月31日，由顺丰航空执飞的全货机B757-200从厦门机场飞杭州萧山机场。该货机搭载24.3吨快递物资，是厦门顺丰货运专库发挥直集、直散货运枢纽优势，开通的首班B757全货机航班，标志厦门市启动中大型全货机运输。

【智慧物流产业园项目开工】 2021年6月7日，德邦快递福建总部暨厦门智慧物流产业园开工，该项目是福建省重点推进快递核心产业集群21个骨干项目之一，位于厦门马銮湾新城前场物流园区，占地5.8万平方米，计划总投资5.5亿元。项目计划建设德邦物流在全国单体最大、计容建筑面积10.1万平方米的库房。设计上考虑投入智能化的分拣机器人。项目建成后成为德邦快递福建总部基地和集智能分拣中心、结算中心、科技研发为一体的综合性物流园区。

【海峡两岸快捷物流通道建设】 2021年7月，厦门中外运集运仓上线，对台海运业务综合能力提升。中外运集运仓位于厦门海沧国贸启润库B区1楼。中外运跨境电商物流有限公司厦门分公司承担菜鸟天猫海外（台湾）集货仓及海运干线业务，7月中旬起常态化运营。其中，菜鸟天猫海外（台湾）集货仓业务为消费者在淘宝网和天猫购物平台的订单提供服务，包括包裹入库、包裹存储、包裹出库等仓内订单操作服务；海运干线业务提供中国大陆至中国台湾地区的仓库提货、报关等服务。

【全市首批物流无人车投入使用】 2021年11月15日，厦门大学智慧物流项目发布会暨无人车启动仪式在厦门大学翔安校区举行。在市邮政管理局推动下，厦门大学与菜鸟签署达成校企战略合作协议，建设"厦门大学菜鸟智慧物流服务中心"。首批引入3辆菜鸟无人车"小蛮驴"，在校园内开展无障碍通行派件和预约送货工作，为全市首次引入无人车。厦门大学引入"校园智慧物流服务中心"概念，厦门大学翔安校区菜鸟智慧物流服务中心占地180平方米，日常处理包裹量6000单，服务范围覆盖翔安校区师生1.6万余人。

（翁秋梅）

责任编辑：林建高
审　　稿：曲　艺
校　　对：熊焱峰

25 信息服务业

信息服务业基础设施建设

【概　况】2021年，厦门市新增5G基站4625个，累计建设5G基站10284个（共建共享7513个），每万人拥有5G基站数超过20个（共建共享14.5个），位居福建省第一名。3月，市政府正式批复《厦门市5G移动通信基础设施专项规划（2020—2035年）》并纳入厦门国土空间规划。厦门市通信行业加快5G融合创新和应用赋能，根据工信部等10部委《5G应用“扬帆”行动计划（2021—2023年）》要求，推进5G在基础电信企业和增值电信企业的融合应用，形成5G可研报告。在行业融合应用领域，推动远海码头5G智慧港口（全国唯一获新基建国拨补贴的港口）和厦门智慧公交项目获批国家新型基础设施建设专项，获国家财政资金补贴约1亿元；在工业互联网领域，实施“5G+工业互联网”创新发展工程，承办工业互联网大会，推动厦门二级节点建设，组织信息通信企业与制造业企业对接。在新型信息消费领域，5G+超高清视频、直播带货等新型消费应用加速生成；在社会民生服务领域，面向医疗、教育、智慧城市等民生保障应用陆续落地。聚焦重点应用场景，持续推动“有优势、能创新、强赋能”的标杆应用示范。厦门在智慧港口、智慧教育、智慧医疗、智慧交通、媒体直播、智慧工业互联网等应用场景开展新业态的探索实践，并实现垂直行业的复制推广和水平化输出。

【5G三期工程完成】2021年，厦门电信推进5G三期项目各项配套建设工作，加快5G建设，11月16日（提前14天）完成5G三期站点的建设开通任务，累计完成建设开通5G站点2800个，实现城市核心区域室内外连续覆盖、区县发达乡镇以及重要产创园等热点区域的信号覆盖，厦门地铁1号、2号、3号线4G/5G信号全线覆盖。厦门A类道路覆盖率由81.79%提升至95.82%，5G面覆盖率72.94%，接入成功率99.32%，CQI优良率95.8%。

【海沧隧道5G网络覆盖】2021年6月23日，厦门联通与厦门电信共建共享，提前完成福建省最长的海底隧道——海沧隧道5G网络覆盖。建设安装基站设备51台，经测试，海沧隧道全程5G网络覆盖良好，平均下载速率联通506兆比特每秒、电信502兆比特每秒，平均上传速率联通142兆比特每秒、电信150兆比特每秒，双方切换成功率100%；4G网络覆盖良好，平均下载速率联通92兆比特每秒、电信90兆比特每秒，平均上传速率联通41兆比特每秒、电信45兆比特每秒，双方切换成功率100%，VoLTE（一种语音通信标准）接通率100%，掉话率0%，整体使用感知良好。

（黄娜娜）

通信及网络服务

【概　况】2021年，厦门市基础电信业完成业务总量81.1亿元，比上年增长23%；实现电信业务收入74.7亿元，增长5.2%。全市电话用户总数约767万户，其中固定电话用户100.7万户，移动电话用户666.1万户。全市互联网用户854.7万户，其中固定互联网宽带接入用户263.1万户，移动互联网用户591.6万户。家庭千兆光纤网络覆盖率85.3%，位居福建省第二名。10G PON（万兆光猫）端口数占比28.7%，位居全省第一名。

【电信服务提升】2021年，厦门电信以“开启老年人5G智慧生活”为主题，在江头、滨北、海沧、杏西等营业厅开展老年人爱心服务活动，涵盖防诈骗指南、社交媒体使用教学、5G智能改变生活等与现今数字生活紧密关联的知识。完成8家核心厅（店）“爱心翼站”建设改造工作，其中老年人幸福课堂活动是“爱心翼站”的服务内容之一，旨在为老年人等特殊群体搭建服务网。“爱心翼站”设置优先办理专席、休息区、补给区等服务专区，配备爱心大使25人，提供无障碍通道、休息座椅、瓶装水、便民药箱、充电插头、免费网络、微波炉等服务。

【通信信息治理】2021年，厦门市通

信管理局推动电信网络诈骗防范治理工作，落实《福建省内申请使用通信服务涉嫌电信网络新型违法犯罪的法律责任及防范提示告知书》制度，加强通信工具入网事前监管，推进“断卡”行动，规范企业电话卡销售行为，打击整治非法开办倒卖电话卡违法犯罪。加强对“携号转网”服务的日常监管，做好群众来信来访工作，处理用户来信投诉、“12345”平台投诉和转办投诉96件。落实互联网平台安全监管工作，做好网站备案主体信息核查以及相关违规网站处置工作，协助关闭违法违规网站和App共600家。

2021年9月8日，厦门移动公司等共同举办5G网联无人机示范项目建设成果发布会

（厦门移动公司 供图）

【5G智慧公交项目】 2021年3月4日，国内首个面向5G的城市级智能网联应用示范项目——5GBRT项目，入围中国信息通信研究院发布的21个最具领先意义的5G行业应用成果之一。该项目由厦门联通与大唐移动、厦门公交集团、厦门金龙等单位共同开展，将厦门联通的5G网络和厦门城市公交运营专网的需求结合，通过将5G、C-V2X、MEC等先进网联技术与单车智能驾驶技术相融合，利用部署在BRT（快速公交）车辆上的5G车载融合网关构建车内、车际、车云“三网融合”的车联网系统架构，满足低时延、大带宽、高可靠的信息交互，同时利用边缘计算单元实现协助感知、协同决策以及协同控制的服务闭环，打造新一代智慧公交运营网络服务典范。

【首辆5G智慧医疗车】 2021年6月22日，厦门移动联合厦门弘爱医院、金龙客车、网智慧瑞、科技谷等企业共同打造的省内首辆5G智慧医疗车——5G蓝巴士正式发车并投入使用。5G蓝巴士搭载5G远程医疗系统，实现临床决策及医疗数据的智能化应用，并具备部分疾病的检查功能，可为社区居民提供便捷就医服务。

【“5G空域覆盖第一城”发布会】 2021年9月8日，在2021中国国际工业互联网大会上，厦门移动联合中移（成都）产业研究院、厦门市公安局、厦门市交通运输局及华为公司举行“5G空域覆盖第一城”发布会，共同发布《基于5G通信技术的无人机立体覆盖网络白皮书》及中移5G网联无人机系列产品。白皮书系统阐述无人机低空场景行业应用、网联无人机生态进展、5G网联无人机低空组网等解决方案，提出通过2.6G+4.9G双频协同组网，打造低空地面一体化网络，为技术演进和网络规划部署提供指导，助推“低空经济”跳跃式增长。年内，厦门移动联合市公安局完成2.6G+4.9G频段协同的5G低空覆盖验证。试点选取密集城区、普通城区、空旷区域等典型场景，测试300米以下低空的网络覆盖和性能情况，摸索出2.6G公网与4.9G专网的协同覆盖模型及切换策略，通过网联无人机平台完成高清视频回传等业务测试，95%以上飞行区域保持最低25兆比特每秒上行速率，满足4K视频业务需求，解决厦门公安无人机操控频段受扰严重、飞行范围受限的痛点，为网联无人机远控飞行、实时操控、超高清视频等低空标准化应用提供测试依据。

【厦门远海码头港口专网】 2021年12月21日，厦门移动、中国远海、东风汽车联合在北京、上海、武汉、厦门四地同步举行“5G+北斗+无人驾驶智慧港口2.0商业化运营”云发布会，共同发布5G+北斗+无人驾驶智慧港口2.0升级方案和全国首个港口无人驾驶集装箱车的标准——《港口无人驾驶集装箱车技术要求》，厦门移动现场向中国远洋海运交付全国首个基于5G+北斗高精度定位系统打造的厦门远海码头港口专网。5G港口专网可实现AI智能理货、5G远控装卸、5G无人驾驶、5G智能安防等智慧应用，厦门远海码头获评国家发改委“2020年新型基础设施建设工程（宽带网络和5G领域）”，成为国内首个、全球领先的5G全业务场景智慧码头。

（黄娜娜）

软件信息服务业

【概　况】 2021年，厦门市软件业营收1368.8亿元，比上年增长10.27%（工信部口径）。截至2021年11月，软件园（一、二、三期）注册企业数8592家。其中，软件园三期成为重要载体，累计注册企业数5742家，入驻员工超5万人，建成交付340万平方米研发及公寓楼，建筑规模相当于2个软件园二期。市工业和信息化局（简称“市工信局”）上线“慧企云”政企协同服务平台，开通“应对疫情影响服务直通车”平台，完善“i厦门”一站式综合服务平台，提前拨付惠企资金13亿元，保障企业稳投资稳增长。举办“绽放杯”5G应用大赛福建区域赛、厦门5G应用大赛，涵盖工业互联网、交通、电力、医疗、教育、车联网、智慧城市以及新型信息消费等20余个行业领域。获评住建部、工信部“智慧城市基础设施与智能网联汽车协同发展第二批试点城市”。启动工业互联网标识解析综合型二级节点的建设，为各工业领域的企业和用户提供标识编码注册和标识解析服务，具备基础服务能力。厦门市信息集团、四三九九、吉比特3家企业入选“年度中国软件企业百强”（全省7家），美图公司、四三九九、吉比特、美柚、点触科技5家企业入选“年度中国互联网企业百强”（全省7家），美亚柏科、亿联网络等27家企业入选“福建省软件和信息服务业综合竞争力50强”，易联众、咪咕动漫等34家企业入选福建省互联网企业综合实力评价前50家企业。美亚柏科、厦门大学入选工信部印发新一代人工智能产业创新重点任务揭榜优胜单位名单（全省2家）。新增2个工信部新型信息消费试点示范项目（全省3个）、9个国家级5G+医疗健康应用试点项目（全省23个）、3个工信部大数据产业发展试点示范项目（全省5个）、5个福建省工业互联网App典型应用案例（全省11个）。

【惠企政策制定与落实】 2021年，厦门市工信局制订《厦门市“十四五”数字厦门专项规划》，总结梳理厦门的发展基础，提出建设总体要求和具体建设任务，推动部门（行业）按照全市统一规划编制本部门业务系统建设规划，完成部门规划编制的单位10余家；编制《厦门市政务信息资源共享管理实施细则》《厦门市公共数据资源开发利用提升方案》，健全数据共享协同和开放利用支撑机制；市数字办发布《厦门市政务数据开发利用情况报告》，建立数据开放情况通报机制；起草《厦门市公共数据开发利用管理办法》，编制《厦门市公共数据资源开放分级分类指南（试行）》等，加强对公共数据开发利用管理；修订《厦门市信息中心财政性投资信息化项目立项预审管理办法》并正式印发。出台《厦门市市级财政性投资信息化项目和专项资金管理办法》，进一步规范市级财政性投资信息化项目和资金的管理工作。兑现市、区两级软件相关产业资金超2亿元，支持1042家（次）软件和新兴数字产业企业。开展软件企业所得税“两免三减半”优惠政策核查，帮助31家企业减免税额约4.2亿元。

【工业互联网标识项目试运行】 2021年，厦门市工信局推进厦门工业互联网标识综合型二级节点项目，该项目通过初步验收并上线试运行。项目包含标识解析基础平台及应用服务系统，完成标识解析、标识赋码及10个行业应用、3个典型应用服务工作，实现与国家顶级节点联调测试，初步形成服务能力。截至年底注册接入22家企业，首批标识注册数量11万条。

【第三届中国人工智能大赛】 2021年10月29日，第三届中国人工智能大赛在北京国际会议中心启动，该赛事由国家互联网信息办公室、工信部、公安部、国家广电总局和厦门市政府联合主办，比赛地点设在厦门，与往届相比，活动规格大幅提高。大赛赛题分为三大方向——算法治理方向、深度伪造方向和网络安全方向，七个赛项——过滤算法鲁棒性（指在异常和危险情况下系统生存的关键）赛项、深度伪造视频检测赛项、深度伪造视频生成方法识别赛项、基于人工智能的音视频合成比赛赛项、说话人无关的音频深度伪造检测识别赛项、说话人相关的音频深度伪造检测识别赛项、Webshell（以网页文件形式存在的一种命令执行环境）检测识别赛项。来自企业、高校、科研院所等单位的163支队伍参与232个项目。

（林逸君）

智慧城市建设

【概　况】 2021年，按照厦门市委市政府“高标准建设城市大脑”的工作要求，市工信局推进城市大脑项目建设。项目采取“总牵头＋组团实施”的模式，大数据应用部总牵头负责项目的总体组织建设，各部门分工负责任务的具体实施。组织编订城市大脑V1.0项目建设方案，通过市工信局组织的项目立项技术方案的初审、复审，其中数字身份场景在市行政服务中心试运行，免申即享功能初步完成，数看厦门、图看厦门功能基本完成。推进“城市大脑”建设，编制建设总体方案，完成“城市大脑”1.0版建设部署。依托大脑中枢数据中台（通过数据技术，对海量数据进行采集、计算、存储、加工，同时统一标准和口径），汇聚交通运输、公共信用、生态环保、城市管理、医疗卫生、雪亮视频、应急管理等13类专题业务数据，实现城市运行态势“一屏通览”。推进市级疫情防控一体化平台建设，整合卫健、公安、工信、通管、交通、文旅等多源数据，建设支撑多部门协同流调溯源、轨迹摸排、转运智能调度、隔离场所人员管理、村居网格协同配合的市级疫情防控一体化平台，经过在海沧、同安实战演练后在全市推广使用。

【城市大脑特色创新】 2021年，厦门市工信局依托城市大脑平台，推进“免申即享”“数字身份”“数看厦门”“图看厦门”4个应用场景建设。其中，“免申即享”兑现平台完成9个项目7027万元政策资金的线上直达兑付，惠及企业138家；“数字身份”在市行政服务中心试运行，开通558人，验码883次；“数看厦门”完成经济指标、市场监管、工信管理、资源规划等13个委办局主题开发，在工信局处级以上干部和市府办四处开通试用；“图看厦门”完成人口分析、市民诉求、疫情防控3个专题一张图，开展紧邻党建和舆情热点等专题开发工作。

【大数据工作开展】 2021年，厦门市工信局推动《厦门经济特区数据条例》立法，优化公共数据共享开放机制，探索数据要素市场建设，加强数据安全保护。出台《厦门市政务信息资源共享管理实施细则》《厦门市公共数据资源开发利用提升方案》，推动公共数据资源共享和开发利用。编制《厦门市公共数据资源目录编码规范》《厦门市数据开放分级分类指南》，规范全市公共数据资源目录编制，提高政府数据开放的精细化水平。编制《厦门市政务数据供需清单（第一批）》，汇集各区各部门的政务数据需求，协调相关部门共享数据，提升政务服务效率，匹配25个部门227项业务的数据共享需求。通过编制目录，初步掌握全市政务数据“家底”。截至10月底，全市各部门业务系统621个，数据目录3105个。按照“应汇尽汇”的原则，推动政务数据汇聚到共享协同平台，新增住房、民政等部门汇聚数据3亿条。建成人口、法人、空间地理、信用和电子证照五大基础数据库，拥有数据13.2亿条。在大数据安全开放平台发布7000多万条政务数据，面向社会开放，涉及40个政府部门，涵盖信用、交通、市场监管、生态环境、地理空间、生活服务等24个领域主题、20个行业分类，推动政务数据开放。通过横向连接各市直部门，纵向连接街镇的市政务信息共享协同平台，为各部门提供数据共享服务。此外，根据不同类型的数据需求，通过数据接口调用的方式提供数据共享服务。截至年底，为76个单位（含6个区）、113个公共应用，提供数据共享服务1730个，累计调用15.80亿次。加强平台安全防护，从实施运维、数据存储、应用开发等层面重点落实安全防护措施，开展平台系统安全应急演练，平台系统通过年度国家信息安全等级保护三级测评。

【大数据利用】 2021年，厦门市在全国率先建成大数据安全开放平台，搭建“可用不可见”的环境，实现数据所有权和使用权分离，为大数据开发应用提供技术平台。平台征集公共数据资源应用场景和数据需求，探索建立政银企数据的合作机制和方式，对接连锁机构等企业开展商业选址模型应用需求撮合等。面向企业征集21项数据应用场景，会同相关部门进行遴选，择优开放数据进行应用开发，暂时未满足的场景纳入应用场景库，推动应用场景开发。大数据平台上线后，来自北京、上海、深圳及厦门本地的高校、企事业单位、科研机构等126家单位加入生态圈。通过举办大数据创新应用大赛，激发数据开发的市场热情，先后举办数字中国大数据赛道、厦门大数据安全开放创新应用大赛等4场活动，共有3000多支队伍参加。厦门市工信局举办2021数字中国创新大赛大数据赛道——城市管理大数据专题、厦门大数据安全开放创新应用大赛·资源规划专题2场赛事及赛后研讨会，吸引优秀机构、企业和人才加入厦门市大数据生态圈，推动数字技术创新与融合应用，进一步挖掘开放数据价值。平台实现与市信用平台对接，举办企业信用数据应用专题沙龙，推动公共信用数据开放，申请开放企业的公共信用信息2500万条；助力个人信用，白鹭分调用信用数据超1000万次。撰写《厦门市数据流通交易发展研究》，参与编制《厦门市健康医疗大数据业务规范和技术标准》等，持续探索数据确权、数据交易。结合开放数林（政府数据开放利用的生态体系）评价体系进行平台功能优化升级，提升开放平台的用户使用友好度。

（林逸君）

无线电管理

【概　况】 2021年，厦门市无线电管理局在国家无线电发射设备销售备案登记平台上受理并审核备案申请17批次2268种型号设备，受理并审核9家经营主体备案申请。开展新版无线电频率台站管理系统试运行工作。完善更新台站信息，核对电台执照过期信息，督促办理延期或注销手续。

【频率台站管理】 2021年，厦门市无线电管理局开展频率台站管理工作，核查无线电台（站）数据，确保数据库完整、准确。赴市气象局了解气象业务用频设台情况，气象系统在用的无线电台（站）12个，其中无线电频率使用许可证和无线电台执照（简称两证）齐全的雷达站2个，未取得无线电台执照的雷达站1个，两证皆未取得的雷达站9个。市无线电管理局督促、指导市气象局更新上报气象系统无线电频率台站自查登记表，对设备参数有变化的S波段气象雷达及时办理电台执照变更。11月17日在市无线电管理局召开厦门辖区广电、铁路系统无线电台站核查工作座谈会，核查单位7个，台站264个，并按时上报工作总结。

【无线电检查】 2021年，厦门市无线电管理局配合国家型号核准双随机检查，抽样3家单位4个型号产品。发现受检企业日本Koden Electronics Co雷达铭牌上没有主设备型号和核准号，要求立即改正。发现1起擅自设置频率的违法行为，责令相关企业完成整改。检查电信运营商基站路测工作，根据测试数据与设备厂家沟通，要求改进路测软件。12月6—14日，市无线电管理局执法人员对全市2019—2021年度在国家无线电管理机构实施许可的6家业余无线电台开展全覆盖现场检查，检查无线电台执照，核查业余无线电台和呼号使用情况、设备型号和技术指标、业余无线电爱好者操作证书、通联记录等情况，并对每个业余无线电台形成检查报告，没有发现违法违规事项。

【无线电整治】 2021年，厦门市无线电管理局受理干扰投诉16起。其中，来自厦门移动公司的干扰投诉6起、来自厦门广播电视监测台的黑广播投诉2起、“12345”平台投诉3起、民航空管站投诉2起、卫星测控站投诉2起、铁路投诉1起。市无线电管理局查找干扰设备并进行检测，确定干扰源，主动约谈相关负责人，解决所有干扰投诉问题。办理行政处罚案件3件，其中厦门兆月珑房地产公司非法设置、使用无线电发射设备案被列为2021年上半年全国无线电管理行政执法十大典型案件；公众来信投诉厦门欣奥维商贸有限公司在天猫平台非法销售无线电设备案件，处罚没收违法销售所得1100元。

（厦门市无线电管理局）

责任编辑：熊焱峰
审　　稿：曲　艺
校　　对：黄　澜

26 城市建设

城乡规划设计

【概　况】2021年，厦门市“两级三类”（市、区2个层级，总体规划、专项规划、详细规划3种类型）的国土空间规划体系逐步建立完善，推进国土空间总体规划编制，完成公示并通过市人大常委会审议，完成25个配套专项规划的编制工作，其中16个批准实施、4个通过市规委会审议。市自然资源和规划局（简称市自然规划局）持续推进启动区级国土空间总体规划和国土空间总体规划近期实施规划的编制工作。全年推动14个控制性详细规划编制，完整控规覆盖率提高15个百分点。加快村庄规划编制工作，城镇开发边界外的92个村庄规划全部获批复；承办第二季度福建省村庄规划现场会，会议肯定厦门市“多规合一”实用性村庄规划编制工作。全面提高城市设计水平，加大重要新城、重大片区、重点地段的城市设计编制力度，通过国际竞赛方式征集高水准城市设计方案，提升城市规划建设水平。市资源规划局组织和配合各重大片区指挥部开展10余项重点片区城市设计及重要公建建筑设计方案的国际征集工作。组织开展2020年度城市体检评估工作和实时体检评估试点工作，形成体检评估报告上报自然资源部。构建“市级—专项—社区”实时体检评估模式，制定实时体检评估试点方案。

【国土空间总体规划】2021年，厦门市资源规划局持续推进《厦门市国土空间总体规划（2020—2035年）》编制工作。摸清存量土地现状，厘清增量需求，形成建设用地现状分析和需求报告，呈报自然资源部。完善城镇开发边界划定方案，推进基数转换，统筹“双评价”“双评估”，衔接自然保护地优化、永久基本农田核实整改等工作，修改完善全市城镇开发边界划定方案，形成报告和数据库等成果并上报。推动国土空间基础信息平台和规划“一张图”信息系统建设，7月通过自然资源部空间规划局的预验收。深化对人口、城市空间结构、双评价、规划数据库建设等问题的研究，完善文本内容，提升规划编制水平。11月16日，市城市规划委员会听取并原则同意关于《厦门市国土空间总体规划（2020—2035年）》的汇报。12月31日，市第十五届人民代表大会常务委员会审议并通过关于《厦门市国土空间总体规划（2020—2035年）》编制成果的报告。

【专项规划编制】2021年，厦门市资源规划局组织开展《基于国土空间体系的交通发展战略研究》《厦门市城市公交场站专项规划》等市政交通专项规划编制；配合推动物流、绿地系统、综合防灾、教育、5G（第五代通信技术）基础设施、产业空间布局指引等专项规划的编制，推动绿地专项规划与国土空间总体规划的衔接。组织开展已批和在编专项规划的空间核实，协调处理各专项规划空间上矛盾，进一步做好专项规划和总体规划的衔接。

【片区规划编制】2021年，厦门市资源规划局推动编制厦门科学城空间布局研究和用地规划，配合自贸区厦门片区管委会编制《厦门空港综合保税区空间发展规划》。按照市人大常委会要求，对2020年到期的城市总体规划和土地利用总体规划实施评估，并于4月经市人大常委会审议通过。对跨岛发展战略进行再研究并形成调研报告，开展《基于大数据的厦门夜市空间布局研究》，配合住建部丛书《致力于改革开放的城市变迁》厦门分册编写工作。完成《厦门经济特区国土空间规划条例》立法的前期调研工作，完成《厦门市生态控制线管理实施规定》修订。

【详细规划编制】2021年，厦门市资源规划局根据《厦门市国土空间规划三年行动计划（2022—2024年）及年度实施规划（2022年）》，策划2022—2024年实施项目2502个，共81.3平方千米。创新构建详细规划体系，构建“全区域要素覆盖、全立体空间设计、全链条周期管理”详细规划架构。厦门全域陆域详细规划覆盖率85%，同时制定《厦门市村庄规划管理办法》等规划管理政策。加快控制性详细规划编制及调整工作，控制性详细规划论证报告编制时间平均为6.2天，比计划时间缩短30%，完成控制性详细规划调整论证报告约60篇。加强与各区、指挥部沟通，制定

《重大片区规划控规及城市设计管理实施细则》。编制《厦门市国土空间详细规划编制导则》，做好“空间设计”。92个村庄全面完成批复工作，汇交与备案率为100%，位列福建省第一。在《福建日报》、《中国自然资源报》、自然资源公众号上发表《全维度管控 抒写美丽乡村规划建设厦门新篇》等3篇。

（杨 臻）

新城建设

【概 况】 2021年，厦门市15个新城配套项目完成投资716.72亿元，比上年增长31.79%，完成率203.02%。马銮湾新城推动智能制造产业集聚，金柏超精密集成电路项目竣工建成。同翔高新城加快新材料、新能源、信息技术优势产业集聚，天马第六代柔性AM-OLED项目、中航锂电二期、中国移动（福建厦门）数据中心加快建设。环东海域新城以智能、智慧为代表的“三谷三园”（“智谷”银城智谷、“创谷”美峰科创园、“云谷”新经济产业园，海沧涉海园区、同集涉海园区、翔安涉海园区）建设和产业招商协同推进。集美新城软件园三期、机械工业集中区三期加速开发。新机场片区快速路网框架基本形成，东部体育会展新城新体育中心、新会展中心快速推进，新体育中心钢结构基本建成。

（市建设局）

【厦门新机场片区建设】 2021年4月23日，厦门新机场工程可行性研究报告获批；6月28日，海洋环评获自然资源部批复；11月3日，新机场工程航站区及配套工程初步设计获国家民航局批复；12月21日，新机场工程用海获自然资源部批复，至此完成新机场全面开工各项手续办理。

新机场工程对标国内外先进机场，2021年完成片区145项规划梳理工作，对片区空间、交通、市政等规划进一步修编完善，加快推动新机场片区城市设计成果落地、片区产业落地实施等方案编制，推动前期项目90个、总投资735亿元，其中新策划项目37个、总投资375亿元，开展高铁进机场、南石高速公路、第三东通道与新机场同步建设投用等项目前期工作。

年内，片区固定资产投资完成150亿元。大小嶝造地工程剩余8.23平方千米开始吹填造地，主航站楼桩基工程1号和2号标段，城际R1线，轨道3、4号线土建预留工程，东进场路等有序推动。片区“两高两快”（“两高”即南石高速与机场高速，“两快”即第三东通道和溪东路）道路体系、“两快一普”（地铁3号线、4号线、R1）轨道交通体系加快建设，道路项目设计总里程132.4千米，其中44.2千米具备通车条件，片区快速路网框架基本形成。片区综合管廊规划47千米，完成21千米，其余水电气市政配套工程及社会事业项目建设全面铺开，片区“规划蓝图”逐步落地。

年内，新机场片区招商引资任务50亿元，片区累计注册企业数161家，注册资本金99.3亿元，完成年度招商指标任务的198%。推进山航、厦航、ESR易商等重点在谈项目，完成厦门航空产业启动区、太古新机场基地土地出让工作，加快编制招商一张图和机场片区产业落地实施方案。

【马銮湾新城建设】 2021年，厦门市马銮湾新城累计建成道路50千米，新城“两环七横七纵”路网基本成形，其中新阳大道、环湾大道等主干道路建成通车；轨道交通2、4、6号线贯穿新城，其中2号线通车；开通810路“环湾巴士”，串联新城，绕行整个湾区，满足市民对于地铁换乘的需求；孚莲路、海翔大道、西滨路、疏港通道和新324国道多点接入马銮湾新城。

马銮湾新城片区指挥部从政务环境、人才服务、空间资源等方面做好要素保障工作，为企业提供服务，加快项目推进。3月23日，位于马銮湾新城前场物流园区内的象屿东南智慧供应链产业园项目开工；3月27日，作为新城首个大型商业综合体SM马銮湾项目开工；3月31日，德邦快递福建总部＆厦门智慧物流产业园开工，项目从土地获取到进场施工用时3个月，创德邦快递全国项目筹备时效最快纪录。

【环东海域新城建设】 2021年，厦门市环东海域新城累计完成固定资产投502亿元，以项目建设“百日攻坚”行动和“三保一创”（保安全、保质量、保进度、创精品优质工程）活动为载体，引入竞争机制，推进环东海域新城后吴幼儿园、2017TP02地块（保利中玮）、厦门信和达元器件智能物流中心项目（二期）等49个项目竣工。

打造特色招商平台，依托美峰创谷、银城智谷、环东云谷等招商主体，合力开展招商工作。2021年，环东海域新城完成招商引资1114.06亿元，完成年度任务的464.19%。重点推动安邦总部项目、蒙泰健康科技基地、厦门数字工业计算中心等9个用地项目。引入配套商业项目，完成浪漫线一期段1—10号公建招商工作。位于同安新城西柯北片区的泰康之家鹭园建成，用地面积4.76万平方米，总建筑面积13.9万平方米（含医院、养老设施用房、市政配套用房、通信汇聚机房等）。泰康之家鹭园是泰康医养大健康产业在东南沿海城市落地的首个项目，计划成为该区域的医养健康综合体项目标杆，为同安新城构建多样化、多层次的医疗健康体系提供补充。

【两岸区域性金融中心片区建设】 2021年，两岸区域性金融中心片区累计完成固定资产投140亿元，完成年度计划的116%。开展五通高端商务区空间详细规划国际征集竞赛和五缘体育公园城市设计及建筑概念性方案征集竞赛、五通一期（A组团）道路交通组织设计及五通金谷项目方案论证。会展五期、厦门银行总行大厦、产业人才子弟学校等11个市重大、重点项目有序推进。

2021年，该片区新增企业4188家，注册资本1040.61亿元，占年度计划的260%。落地厦门国际银行总部项目、郭氏闽南区域总部项目、九牧全球运营中心、三峡资本壹号基金项目、台商海峡基金项目等重点项目。

【集美新城建设】 2021年，厦门市集美新城实现固定资产投资232.5亿元，完成年度任务的100.65%。入库“五个一批”（谋划一批、签约一批、开工一批、投产一批、增资一批）项目28个，总投资83.62亿元。厦门外国语学校集美校区、华侨大学集美附属学校等一批优质学校建成投用，厦门二中集美校区局部封顶，集美中学新校区启动建设，闽南戏曲艺术中心竣工验收，四川大学华西厦门医院精装修施工，市妇幼保健院集美院区主体封顶。圣岩路东延伸段、杏锦路（跨沈海高速段）、软件园三期一号公园等项目开工建设。

集美新城片区指挥部研究出台《集美新城片区2021年招商引资工作实施方案》，制作发布2021年版《集美新城招商手册》及新版集美新城招商宣传片。全年完成招商引资925亿元，完成年度任务的420.45%。软件园三期全年新增注册企业1669家、注册资本金146.62亿元，入驻员工5.05万人。杏林湾基金集聚区基金总规模1182亿元。5宗用地挂牌出让，金砖未来创新园揭牌，美团城市智慧交通（东南）运营总部、中安能建设项目、国投厦钨基金等32个高能级项目落地。

2021年，环杏林湾景区接待游客681.45万人，比上年增长39.71%；实现旅游收入41.13亿元，增长47.31%。园博苑景区实现免费对外开放，大型商业综合体世茂广场、IOI MALL开业运营，集美大悦城、地铁1号线集美软件园站TOD综合体开工建设。举办第十三届海峡论坛配套活动两岸好势集暨“两岸一家亲·从小心连心”研学体验营、第三十六届福建省青少年科技创新大赛、阿尔勒国际摄影季等大型活动。

【东部体育会展新城建设】 2021年，新体育中心“一场两馆”由白鹭体育场、凤凰体育馆和白海豚游泳馆组成，总建筑面积53.3万平方米，建成后计划承办全国综合、国际A级单项赛事。年内，新体育中心完成混凝土主体结构施工，白鹭体育场屋盖钢结构全部吊装完成。

新会展中心由展览中心、会议中心组成，总建筑面积106.4万平方米，展览规模排名全国前列。新会展中心建筑以“南海大厝，九天白鹭”为设计理念，运用闽南大厝文化中“燕尾、曲脊、重檐”等元素。年内，展览中心钢结构主体全面进入屋盖管桁架施工阶段，会议中心实现4个展厅上部框架结构和中央廊道地下室主体结构全面封顶。

2021年，东部体育会展新城完成招商引资223.3亿元，完成年度任务的558.15%。新增注册企业数266家，注册资本223.26亿元。一宗高星级酒店办公用地（2021XP05）出让。签约东航总部、特步盖世威、博德宝集团总部、FILA研发中心、中海福林总部、天马科技总部6个项目，签约金额218亿元。

【同翔高新城建设】 2021年，同翔高新城累计完成固定资产投资255.4亿元，比上年增长46.3%，完成年度的159.6%。完成苏厝溪流域水环境综合整治系统化方案和景观设计规划、同翔高新城核心区中央公共走廊城市设计等13项专项规划。片区基础设施配套日臻完善，全年续建市政道路、综合管廊、电力设施等配套项目16个，新建项目42个，竣工项目10个，产业项目周边基础设施配套初步形成框架。

2021年，同翔高新城新增落地建设重点产业项目53个，新增投资约270亿元。天马第六代柔性AMOLED项近65万平方米主厂房实现封顶，刷新同类专业厂房建设全球最快速度，实现主体工程全部完工，首批核心生产设备入场安装；中航锂电一期项目投入生产，全年累计贡献产值超40亿元，二期项目主体基本建成；海辰研发及智能制造项目实现1年内即建成投产，新材料一期项目进入竣工验收阶段，片区新能源、平板显示等产业形成集聚发展态势。加速在谈项目签约落地，重点用好用活“以会招商”等招商渠道，参加“云签约”、第四届数字中国建设峰会、厦门大学百年校庆、火炬三十周年庆、火炬大学签约、厦门—以色列科技合作论坛等活动。全年签约项目数188个，签约总投资425.3亿元。

（市发改委）

重点项目建设

【概　况】 2021年，厦门市安排重点在建项目435个，年度计划投资1351.2亿元。全年开工项目89个，竣工项目55个，实际完成投资2283.3亿元，超额完成932.1亿元，完成年度计划的169%，市重点项目投资完成额连续7年破千亿元，2021年首次突破2000亿元。厦门市建设与管理局（简称市建设局）推进街区立面整治、夜景照明提升等工作，推进停车设施建设，全年新增公共停车泊位1.08万个；开展无障碍设施排查，完成182个无障碍设施改造项目。

【产业类重点项目建设】 2021年，厦门市134个产业项目完成投资553.3亿元，比上年增长24.64%，完成率158.52%。中航锂电二期、当盛新材料、泰亘信智能制造基地、东南智慧供应链产业园、厦门时代、字节跳动区域总部等26个项目开工。京东电子商务产业园、东亚纳米科技园、中航锂电一期等19个项目竣工。天马6代加快主厂房装修及设备安装施工，厦钨新能源、玉晶光电等一批龙头企业增资扩产。

【社会事业类重点项目建设】 2021年，厦门市134个社会事业项目完成投资323.92亿元，比上年增长6.84%，完成率138.25%。海沧新阳居住区保障性安居工程三期、厦门市中小学综合实践基地二期工程等26个项目开工。新店保障房地铁社区林前综合体、集美新城亭北中学等26个项目竣工。其中，保障性住房新竣工1.3万套（近5年累计竣工近6万套），超额完成保障性住房建设任务；华东师范大学希平双语学校、厦门二中集美校区、厦门六中同安校区等教育项目加快建设；闽南戏曲艺术中心建成，四川大学华西医院、环东海域医院、马銮湾医院进入装修施工阶段。

【城乡基础设施类重点项目建设】 2021年，厦门市152个城乡基础设施项目完成投资689.33亿元，比上年增长44.54%，完成率166.18%。新机场工可（工程项目可行性研究报告）、用海和初步设计获批，航站区桩基工程、厦门北高铁站房、轨道3号线南延段等37个项目开工，杏林湾排涝泵站等10个项目竣工。其中，第二西通道、厦门大桥改造加固工程全面建成通车，轨道3号线开通运营；轨道4号、6号线有序推进，第二东通道进入上部结构施工；集美、高崎污水处理厂具备通水条件，筼筜湖生态环境整治提升工程有序推进；湖滨一里至四里片区改造等旧城旧村改造片区拆迁工作完成，湖里东部旧村改造拆迁基本完成。

【老旧小区改造】 截至2021年底，厦门市累计完成613个老旧小区改造，涉及居民 6.6 万户、房屋 3337 栋、建筑面积 515.76 万平方米，完成投资 13.33 亿元。厦门市持续加大老旧小区改造力度，编制老旧小区改造专项规划和技术导则，全面梳理厦门市老旧小区底数，结合城市更新总体部署进行统一规划、分步实施。年内，槟榔深田片区改造提升工程在 2021 年福建省老城更新样板项目考核中排名第三。

【街区立面综合整治】 2021 年，厦门市建设局牵头组织开展南北向健康步道沿线景观提升改造、湖里区海堤路沿线建筑外立面提升改造，会同市资源规划局编制《建筑外立面装饰装修、改造、维护技术导则（试行）》，配合推进中山路片区“一路五街”（“一路”即中山路步行街，“五街”即串接镇邦路—水仙路、大中路、局口街、升平路—思明西路、钓仔路—泰山路等道路）立面改造及总商会旧址、高崎渔港片区东侧组团外立面墙绘等立面更新改造工作。

【夜景照明品质提升】 2021 年，厦门市建设局会同市财政局、市资源规划局联合印发《厦门市城市夜景照明管理办法》，明确厦门市夜景照明管理的责任主体和管理机制，为规范厦门市夜景照明的运行管理提供政策依据。根据城市品质提升工作要求，开展以鹭江道为主要区域的灯光亮化补充完善工程，提升夜景照明品质。策划制作以庆祝中国共产党成立 100 周年、第二十一届中国国际投资贸易洽谈会和庆祝厦门经济特区建设 40 周年活动等专题灯光秀，面向市民、游客播出，庆祝中国共产党成立 100 周年专题灯光秀在央视《东方时空》栏目直播，展示厦门城市的良好形象。依托集中控制平台，强化夜景照明设施运行维护监管，做好元旦、春节、“投洽会”、海峡论坛及金鸡百花电影节等重要节日、重大活动期间的亮灯保障。

【公共停车设施建设管理】 2021 年，厦门市推动公共停车设施建设，通过月跟踪、季督查、年考核，推进市、区两级公共停车设施建设项目“完工一批、续建一批、开工一批”，全年实际新增路外公共停车泊位 1.08 万个，超额完成福建省城乡建设品质提升“新增 3000 个路外公共停车泊位”计划目标，自 2016 年累计新增 5.7 万个公共停车泊位。开展城区公共空间经营性停车场专项整治，规范经营行为。组织停车信息联网，截至 2021 年底，有 170 个停车场实现实时信息联网。

【无障碍设施品质提升】 2021 年，厦门市建设局牵头组织开展厦门市无障碍设施品质提升工作，制定《厦门市无障碍设施品质提升三年行动方案》。按照“行业 + 属地”管理机制开展无障碍设施排查，完成 182 个无障碍设施项目改造。

（张婷婷）

勘察设计

【概　况】 2021 年，在厦门承接勘察设计业务的企业有 206 家，其中勘察单位 77 家、建筑设计单位 129 家（不含装修等其他专项）。全年，市建设局完成厦门市勘察设计工程项目 2717 个，其中工程勘察项目 505 个、设计项目 1826 个（含装修工程）、市政工程设计 386 个。

【施工图审查管理】 2021 年，厦门市建设局组织开展施工图审查购买服务绩效水平考核工作，对列入厦门市施工图审查机构采购名录的审查机构的良好行为（审查执业、社会贡献）、不良行为、服务评价等方面进行考核，发布考核评价结果，调整审查机构承接业务的随机抽定代表权重。发布《厦门市建设局关于进一步缩小施工图审查范围的通知》，扩大原有小区用地范围内未新改扩建建筑（即不涉及结构变动）等 4 类项目免审范围。做好服务保障，对部分因工期紧、规模大、技术要求高等因素无法按既定流程开展施工图审查的项目，对部分尚未立项批复文件或工程规划批准文件的重点项目容缺相关批准文件，先行开展施工图设计文件审查工作。

【工程勘察监管】 2021 年，厦门市建设局根据《福建省房屋建筑和市政基础设施工程勘察设计招标投标管理若干规定》《福建省住房和城乡建设厅关于进一步加强工程勘察现场质量管理工作的通知》，强化土工实验室及勘察现场管理，以文件形式公布符合规定条件的土工试验室名单 37 家，重点监管涉及安全的周边及地下工程原始资料收集工作。

【工程设计】 2021 年，厦门市建设局深化厦门市勘察设计行业信用体系建设，推广勘察设计招投标“评定分离”模式，出台进一步强化勘察设计事中事后监管工作方案，优化市财政投资项目勘察设计计费体系，会同多部门联合出台优化市财政投融资建设项目勘察设计计费体系的举措，分类分档浮动计费，差异化管理，通过科学合理的计费激发勘察设计单位积极性，提升项目品质。做好重点文化企业服务工作，推荐厦门市 4 家工程设计企业入选厦门市文化企业 30 强。

小资料

评定分离： 将招投标活动中“评标委员会评标”与“建设单位定标”分离为两个相对独立的环节，遵循权责统一、规则公开、竞争择优的原则，由建设单位在评标委员会评审的基础上，根据建设单位制定的定标方案进行定标，确定中标人。

【消防设计管理】 2021 年，厦门市消防审验中心抽查消防设计技术审查文件 55 件，完成建设工程消防验收（备案抽查）项目 256 个，消防审验工作机制进一步完善，审查信息化运用得到加强，市区消防验收管辖分工逐步理顺，实现市、区消防审验机构全覆盖。初步建立消防救援部门信息共享机制。首次将消防分部纳入建筑市场主体信用行为认定范围，在福建省率先针对部分火灾危险性小、技术简单的房屋建筑和既有建筑的室内装饰装修工程建立消防设计技术审查豁免清单。组织会议中心和天马 -6 项目等重点项目的消防设计专家评审论证会，配合省住建厅完成厦门新机场项目特殊消防设计专家评审。

（张婷婷）

建 筑 业

【概　况】 2021 年，注册地在厦门的企业完成建筑业总产值3189.71亿元（排名福建省第二），比上年增长12.8%（排名福建省第三），高于全省平均增幅0.8个百分点。厦门市建设局创新推动国有企业投资建设项目按规定直接委托设计施工，全年推动11个项目直接委托设计施工，项目合同总金额28.29亿元。"厦门开展围标串标等违法违规行为专项整治""厦门怎样做好招标投标活动异议和投诉处理工作"2个案例入选国家发改委《优化营商环境百问百答（2021年）》汇编。建筑业改革发展、建筑市场违法行为案件查处、根治欠薪联动机制、保障农民工工资支付工作等做法经验得到国家发改委、省住建厅及市级的表扬和推广。厦门市有2个项目获"中国建设工程鲁班奖（国家优质工程）"（占全省50%），5个项目获"国家优质工程奖"，1个项目获中国公路学会"世界人行桥奖"银奖，推荐房建项目17项44个单位工程和市政园林工程项目4项参评"闽江杯"，101项工程通过"市建设工程评优活动"评审。至年底，厦门市监管在建工程项目1792个，全年在建工程质量安全生产形势平稳，没有发生较大及以上等级安全生产事故。

【招商引企】 2021年，厦门市建设局出台《关于建筑业招商引进企业营收和业绩促进措施的通知》，促进企业更多产值和税收落地，提高企业市场竞争力。厦门市全年累计引进中建五局、北京建工、上海建工等建筑施工企业在厦门成立子公司35家（含总承包一级企业29家），累计新增入统企业136家，带来197.66亿元的新增产值，拉动全市建筑业产值增幅7个百分点，对建筑业产值贡献率54.7%。

【招投标改革】 2021年，厦门市进入全国营商环境"招投标"指标标杆城市行列，"招投标"指标在全国营商环境评价中居福建省第一、全国第十三，多家大型建筑企业在厦门设立子公司。市建设局为发挥市场主体能动性，强化招投标事中、事后监管力度，出台《厦门市建设工程招投标后评估暂行办法》《厦门市建设局关于进一步完善〈标准设备采购招标文件〉评标办法（综合评分法）的通知》《厦门市建设局关于应用在线监督平台大数据分析结果强化招投标监管的通知》《厦门市建设局关于建设工程招标代理机构实行差异化监管的通知》等文件，对参与招投标活动的各方主体进行标后评估，有效限制招标人、招标代理机构"量身定制"不良行为，打击围标串标等行业乱象，构建"诚信激励、失信惩戒"市场氛围。完善招投标制度，出台《厦门市建设工程电子投标保函管理办法》《厦门市建设局关于规范采用BIM技术工程建设项目招标活动有关事项的通知》。12月30日，厦门市首个"远程异地"评标项目招投标在厦门市和泉州市两地公共资源交易平台远程协同完成。

【"评定分离"试点】 2021年，厦门市建设局推动"评定分离"试点工作，出台《建筑工程和市政公用工程标准施工招标文件（"评定分离"版）》《建设工程招投标"评定分离"定标工作指引》，引导和规范"评定分离"试点项目招投标工作，将定标权赋予业主，方便业主选择到实力强、信誉好的参建单位。年内，29个项目通过审批采用"评定分离"办法招投标，其中27个项目顺利定标，中标总金额44.65亿元，2个项目有序推进。

【建筑施工企业信用评价】 2021年，厦门市建设局完成建筑施工企业信用综合评价和补充评价工作，全市有1290家施工总承包企业参评，其中233家A等级，669家BB+等级；有438家施工专业承包企业参评，其中36家A等级，232家BB+等级。修订发布《厦门市建筑施工企业信用综合评价实施办法》，配套出台《厦门市建筑市场主体信用监管行为认定范围和档次操作标准》，健全建筑市场诚信体系。

【建筑市场监管】 2021年，厦门市建设局为加强建筑市场整顿，打击招投标市场乱象、转包挂靠和评标专家违法违规等行为，将4家企业列入"黑名单"，对5家企业和1位评标专家作出行政处罚，对39家企业作出不良行为记录，对工程建设项目招投标活动中存在违法违规行为的16位专家进行公开曝光，净化厦门市建筑市场。开展招标代理机构、造价咨询企业行风整顿和建设工程合同履约检查，依法依规对一批从业主体作出处理。年内，核查建筑企业资质14家、对应资质16项，核查通过12项、企业主动撤销4项。为进一步规范和提升房建市政领域施工合同履约管理水平，出台《厦门市房屋建筑和市政基础设施工程施工合同履约行为评价办法》《厦门市房屋建筑和市政基础设施工程领域施工合同履约验收指导意见》。

【清欠工作】 2021年，在福建省治欠领导小组组织的2020年度保障农民工工资支付考评中，厦门市在全省考核等级为A级第一名。《摸排拖欠问题　维护群众合法权益》案例在全市"我为群众办实事"实践活动中获得"十佳优秀案例"。市建设局、市造价站按照"明确责任、规范流程、提高效率"工作思路，构建"1+1+4"清欠工作机制（"1"即组织架构，明确提出领导小组主要职责、领导成员及其办公室职责分工等；"1"即联动保障，出台房建市政工程根治欠薪联动机制，建立规范、有序、高效的协同联动工作机制，有效提升应对突发性、群体性事件的应急处置能力；"4"即4项工作机制，分别为欠款、投诉、应急处置、协同联动等4项实施细则，分别对清欠相关事项作出详细规定），立足源头化解拖欠隐患。出台《关于加强厦门市建设工程主要材料和设备价格风险管控的通知》《关于完善财政投融资建设项目主要材料价格调整机制的通知》《关于进一步明确市级政府投资项目支付担保有关事项的通知》《关于规范财政投融资建设项目进度款拨付管理的通知》等文件，将工程主材的风险包干幅度调整为±5%，财务项目原则上施工单位从申请款项拨付至其账户时限不超过45天，财政投资项目开工前必须提供支付担保等。年内，主动排查厦门市房建市政在建工程项目779个，存在拖欠问题项目51个，经协调督促后全部得到解决，清欠拖欠工程款金额首次破亿元，为6.66亿元，清欠拖欠农民工工资7512万元，维护建筑市场主体的合法权益。

【建筑工程计价服务】 2021年，厦门市建设局编制发布《盘扣式钢管支撑架模板补充定额》《厦门市城镇生活排水设施养护维修年度经费定额》《厦门市城镇排水管道检测与非开挖修复定额》《市场计价参考》，编制出版《厦门建设工程信息》《厦门市建设工程材料价格》，完善综合价格发布机制，每日发布大宗商品信息价45条，每周发布地材信息价35条、混凝土信息价100余条，每月发布市场材料综合价格、苗木参考价格，为建筑市场公平交易提供保障。

【建筑材料管理】 2021年，厦门市办理建设工程材料备案82件。全年办结返退墙改项目29个，返退墙改基金总金额2099.76万元。继续开展混凝土绿色生产管理，除5个环保型新建站外，全市其余30个既有预拌混凝土搅拌站均通过质量管理体系、环境管理体系、职业健康安全管理体系认证。

【绿色建筑推广】 2021年，厦门市建设局、市发改委等5个部门联合发布《厦门市绿色建筑创建行动实施计划》，开展全市绿色建筑创建行动。全年累计推广绿色建筑873.63万平方米，绿色建筑占比92.45%。4月，厦门中航紫金广场A、B栋办公塔楼工程项目获得全国绿色建筑创新奖二等奖。

【装配建造规模发展】 2021年，厦门市建设局推动项目系统生成。专函敦促装配式供地，建立实施市对区考核，参谋供地定品质指标，促成放宽商品房预售。开展一系列装配建造政策指导，引导企业比对分析其各地项目，宣讲中央部署及省市政策。争取多方共同努力，推动厦门市装配建造的首次规模化落地，全年生成8个装配式商品房项目；认定10个项目总建筑面积141.4万平方米，比上年增长21%。

【新兴技术应用促进】 2021年，厦门市建设局推进企业技术建设，指导6家企业申报省级技术中心，推进项目策划实施的专业交流。组织装配技术研讨，举办装配建造技术问题研讨2场，督促问题防治技术课题协作。完善多项技术标准，完成BIM（建筑信息化模型）应用交付、分类编码、数据储存及海绵城市图集等标准编制及修订。促成技术应用配套，推动BIM应用的分档服务取费，促成制订招投标鼓励BIM措施。

【工程质量安全监管】 2021年，厦门市建设局根据厦门市建设工程质量安全生产及消防工作目标管理责任书，加强建设工程质量安全生产工作，提高施工现场安全防护能力和文明施工水平。坚持建设工程质量安全“双随机”检查、监管警示和约谈制度。巩固并推广质量安全巡查模式，按照“全覆盖、零容忍、严执法、重实效”的要求，开展各类质量安全生产专项整治活动。全年召开4次全市建设工程质量安全生产形势分析会议，部署各阶段建设系统质量安全生产主要工作，累计巡查工程项目2124个，出动监督巡查人员1.1万人次，发现一般事故隐患1.19万处（一般安全隐患均整改到位），发出责令整改通知书2061份，发出局部停工通知34份，发出全面停工通知7份，通报批评单位475家，记录信用监管行为P类单位581家，约谈责任主体504家（次），施工企业违规记分14353分，监理企业违规记分10845分，对7家施工单位做出暂扣安全生产许可证的行政处罚。

【监管工作机制完善】 2021年，厦门市建设局出台《关于加强建设工程质量检测管理工作的通知》，通过强化建设单位委托、检测结果通报给市属国企建设（代建）单位等举措，压实建设单位首要责任。落实监理单位进场材料检测旁站制度，构建“企业负责、行业自律、政府监管、社会监督、齐抓共管”工作局面。按照“全覆盖、季检查、年总结”模式推进检查工作。厦门市建设工程质量安全站出台《关于进一步加强基桩施工质量管理的若干规定（暂行）》《关于规范基桩验收检测选桩及验收会议纪要有关内容的通知》等制度，修订完善《关于进一步完善建筑起重机械监管机制的通知》《关于修订〈厦门市建设工程质量安全站新冠肺炎疫情防控应急预案〉的通知》，不断完善监管制度体系，实施科学有效监管。

【轨道工程防事故管理】 2021年，轨道3号线实现厦门火车站至蔡厝段全面开通，轨道4号线（后溪至翔安机场段）11个车站主体结构完成，轨道6号线（林埭西至华侨大学段）11个车站主体结构完成、5个区间实现双线贯通。加强事故防范，市建设局会同市地铁办组织防台防汛、防隧道涌水涌泥、道路预防坍塌、消防安全、脱轨复轨等应急演练，其中轨道交通6号线杏滨站应急演练作为中央电视台全国安全月的亮点报道。吸取郑州地铁事故教训，会同参建各方研究地铁防淹措施，加高U型槽挡墙高度，抬升联络通道底板高度使其疏散平台平齐，并在工程中得以落实。

【建筑行业质量安全整治】 2021年，厦门市建设工程质量安全站组织开展建设工程实体质量监督检测行动，全年参与监督抽检337次，出动检查人数1011人次，抽检主要原材料、构件等2970组，发出《检测不合格项（异常报告）的通知及处理反馈单》151份。对全市37家预拌混凝土企业、18家检测机构进行全覆盖监督检查，全年抽检预拌混凝土试块及其原材料528组，发出65份责令改正（整改）通知单，累计计分515分，约谈17家次企业，保障全市预拌混凝土质量整体稳定可控。

【重点工程靠前服务】 2021年，厦门市建设工程质量安全站探索“精准滴灌”重点工程创新举措（监督专班、样板先行、延时服务），保障厦门大学百年校庆、中国电影金鸡奖活动场馆等17个重大活动临建设施安全。采取设立项目服务专班、主动梳理提请协调跨部门的问题、畅通与指挥部的协调对接等服务举措，推进天马第六代柔性AMOLED生产线项目、新体育中心、华西医院等重点项目建设。创新推行审批资料移交电子化，精简验收申报材料，推行不见面审批，及时办结率100%，提前办结率80%。

【工程建设项目审批制度改革】 2021年，厦门市建设局精简审批材料，在办理施工许可证时，经公开招标中标的厦门市施工企业无需提供安全生产许可证。合并办理事项，对符合条件的社会投资简易低风险工程项目，推行一站式申请施工许可证，相关项目工程建设许可阶段和施工许可阶段合并办理，一并发放工程规划许可证和施工许可证。推行告知承诺，社会投资简易低风险工程项目，采用告知承诺的方式办理施工许可证。

【建筑废土处置监管】 2021年，厦门市建筑废土站办理建筑废土处置外运许可证536件，申报外运量约4641万立方米；备案《建筑垃圾处置核准》(建筑废土处置证—工程消纳场—审批改备案)75件，消纳量1131万立方米。核准《城市建筑垃圾处置核准》(建筑废土处置证—消纳场)(资源化利用)4件，申报年处理量约856万立方米。审批数据同步推送至市渣土管控平台，实现共享。加强在建工地的日常检查，年内检查工地约483个次，对未及时办理建筑废土处置许可、文明施工管理措施不到位的141家施工企业进行约谈，对116家施工企业发出责令整改通知书，对12家违反规定的在建工地的建设、施工、监理单位列入不良行为记录。市建设局落实厦门市房屋拆除工程实施建筑废土就地资源化利用政策，把建筑废土资源化利用企业纳入消纳场管理，有19家建筑废土资源化利用企业投入生产，全年资源化利用建筑废土约312.4万吨。

【渣土运输安全监管】 2021年，厦门市建筑废土站加强渣土车管控平台建设应用，全市纳入平台管理渣土车2617辆，全部按规定安装车载智能终端、对接入库，渣土车入网率100%。强化建筑渣土运输处置和建筑消纳场安全、施工扬尘日常监管，每月开展消纳场安全管理情况检查巡查，督促运营单位及时消除安全隐患，及时处理未按要求落实扬尘防治措施造成污染等行为。

【废土消纳场地管理】 2021年，厦门市建筑废土站开展建筑废土消纳场检查115家(次)，确保消纳场安全有序运营。结合汛期、重要节假日，不定期组织建筑行业专家开展“安全隐患拉网式大排查专项行动”，组织检查36家(次)，对5个未按规定落实相关管理措施且经约谈仍未及时整改的消纳场，采取暂停回填权限的措施，有效防止安全事故的发生。对3个已回填到位的消纳场及时注销建筑废土处置许可证，并发函属地街道办，协调加强场地的监管。

【代建管理】 2021年，厦门市建设局会同市发改委、市财政局和市国资委印发施行《关于推动市级财政投融资重点项目代建工作全方位高质量发展的若干措施》，修订印发《建设项目代建招标文件示范文本(2021年版)》。年初，公布43家代建企业2020年度信用综合评价结果(A等级10个、BB+等级15个、BB-等级13个、不定等级5个)，作为业主择优选取代建企业、管理部门实施差异化监管的依据之一。会同市重点办对43家代建企业的96个项目开展季度指导服务，及时公布指导结果(优秀43个、良好39个、合格13个，不合格1个)，督促参建单位履约履责。建立政企业务交流平台，建设、发改、财政、国资等部门联合持续开展季度指导讲评会，组织人员前往市政集团、火炬集团、路桥景观艺术公司、海投建设咨询公司、同安市政建设开发公司开展代建政策培训，促进企业取长补短、主动提升管理水平。落实机场片区工作专班机制，服务片区项目建设。协调推进软件园三期1号污水处理站规划及人防验收手续办理，于3月底前完成全部验收手续。加强对复旦大学附属中山医院厦门医院科研教学楼、国家会计学院研究生(教学科研)综合用房等项目指导服务，加快推进前期工作。协调推进厦门国际健康驿站建设，确保按期完成建设任务。组织改造团队，克服施工环境防疫风险高等不利因素，到第一医院杏林分院负压病区开展施工改造，完成应急突击任务。

(张婷婷)

市政建设

【概　况】 2021年，厦门市市政园林局加快推进市政道路建设和市政设施提升改造。建成西亭路(滨海东大道—万家春路段)道路工程、祥岭路下穿铁路西侧接线工程和同安东路(同新路—同安大道段)工程，完成新改建市政道路60千米。结合轨道交通2、3号线建设，完成沿线道路市政改造及景观提升。通过完成多功能智慧杆改造、LED灯改造、架空线落地缆化、慢行系统完善等精细化建设管理，打造“安全、通畅、舒适、景观”的通行空间和道路环境。新建阳翟小学等人行天桥，对厦门宾馆及中山公园周边道路进行提升改造。启动打通城市道路“断头路”三年行动，年内打通16条“断头路”。年内，厦门市政建设项目中，福建省重点项目5个，实际完成投资8.44亿元，占年度计划150.66%；市重点项目22个，实际完成投资25亿元，占年度计划129.85%。省、市级为民办实事项目8项，完成投资25.99亿元，占年度计划255%。组织实施城乡品质提升项目35个，完成投资37.8亿元，占年度计划149%。

市市政园林局实施东西向健康步道景观提升工程，优化完善绿化景观，打造“山海同框”景色。在东西向健康步道沿线新建便民服务点5处，提升步道便民服务保障能力。打造山海健康步道(五缘湾—湖边水库—东坪山步道)慢行系统示范区，其中一期工程建成开放。

【城市排水防涝能力提升】 2021年，厦门市市政园林局完成筼筜湖流域36条排洪管涵清淤及修复工程，累计清淤8.1万立方米。全市完成新建、改造雨水管网64.5千米，占年度任务的107.5%。全年整治28处道路局部短时积水点，提升市政道路收水能力。通过排水防涝领导小组办公室统筹全市建成区防汛工作，暴雨防御应急响应期间，全市累计出动1.26万人次，巡查道路1.87万条次，巡查雨水箱涵1050条次，清理雨水箅1.4万个。

【管廊建设体系完善】 2021年，厦门市市政园林局结合新城开发、旧城改造、市政提升、高压电力缆化等，持续推进全市综合管廊建设。新开工综合管廊项目15千米，完成新建地下综合管廊16.8千米。截至2021年底，全市投用干支线综合管廊64千米，缆线管廊226.24千米，入廊管线超1000千米。

【海绵城市建设】 2021年，厦门市海绵城市建设由试点转到全市域，以内涝防治、污水收集处理、河道治理及水体生态修复为重点，梳理并明确各区海绵城市建设任务和要求，形成年度工作任务下发各区并跟踪督促。年内，各区任务基本完成，全市25%以上建成区面积达到海绵城市建设目标要求。市市政园林局完成《厦门市市政道路雨水径流面源污染研究》《厦门市市政道路海绵城市建设导则》编制工作。结合海绵城市理念，选定宋洋片区水环境综合整治作为水环境样板工程，全流域、系统化的开展水环境综合治理。

【功能智慧杆建设】 2021年，厦门市市政园林局牵头推进多功能智慧杆建设，结合新建道路、道路提升改造、慢行步道等项目同步实施，主要分布于轨道沿线市政道路、湖边水库、南北健康步道、环东海域滨海浪漫线等区域，整合智能照明、交通信号灯、交通标牌、公安监控、气象监测、环境检测、信息显示屏、国旗灯箱等多种设备。年内完成1500杆智慧杆的建设任务。

【湖滨北路品质提升工程】 2021年11月，厦门市湖滨北路（建业路—湖滨东路段）品质提升工作基本完成。该项目全长2.3千米，秉承“集约、生态、人文”的精细化理念，以群众“痛点”和“关注点”为导向，进一步整合道路功能，优化交通组织，完善管网系统，提升绿化景观。提高道路平整度、通畅性，完善慢行系统和安全辅助设施，构建一体化地铁接驳体系；提升路侧空间的通透和舒适性，通过“多箱合一”“多杆合一”，规整城市家具（指城市中各种户外环境设施），净化路侧带空间；优化管线功能，完善地下市政管网系统、补齐短板，落地缆化架空线；提升道路空间的整洁美观度，规整沿线环卫设施和广告设施，提升改造沿线建筑立面，消除消极空间；打造道路景观性，改造提升沿线绿化和口袋公园；采用先进工艺和新型材料实现精细化改造成效，包括推行智慧杆、融嵌式自行车停放点、装配式砂基树篦子、定制异形路缘石、人非分流过街设施、整体式景观型井盖、管道内衬修复等。该项目在2021年省城乡品质提升工作评比中获得福建省城市主干道整治样板第一名，成为厦门市道路提升改造工程的标杆项目。

【市政设施养护】 2021年，厦门市市政园林局推进市政道路精细化维修工作。道路方面，改造“零高差”坡道口119处，更换人行道下沉式井盖285个，迁移隔离墩458个，拆除功能重复的隔离墩436个，优化盲道627平方米；桥梁及地下通道方面，设置缆线规整线槽7225米，清洗栏杆27.17万米，清洗高架声屏障23.04万米，天桥及地下通道整体涂装66座，防撞护栏整体涂装4.15万米；巩固路灯设施管养成果，根据每月考核实际统计，1—10月，路灯平均亮灯率99.60%，设施完好率99.34%，均高于住房和城乡建设部《“十三五”城市绿色照明规划纲要》中的要求。

【市政道路建设】 2021年，厦门市市政园林局打通断头路，畅通路网结构，完成祥岭路下穿铁路西侧接线工程，打通断头路140米。对接轨道交通，沿线市政道路大提升，完成轨道交通3号线道路景观提升改造工程。主要结合轨道交通3号线站点及区间段施工路面恢复，对既有湖滨东路、华泰路、湖里大道、火炬路、枋湖北二路、钟宅路等6条道路和10个站点进行市政改造和景观提升。

【市政道路养护】 2021年，厦门市市政园林局健全每年度道路地下空洞探测和桥梁检测工作机制，形成探测检测和病害治理、应急处置常态化。推进仙岳高架桥护栏改造和园博园景区特殊桥梁养护工作。

【市政设施信息化管理系统完善】 2021年，厦门市市政园林局对接“智慧市政园林”信息化系统建设，配合主管局做好智慧市政综合管理平台项目的设计和建设工作。改造升级市政设施信息化管理系统平台，推动桥梁管理系统及地下通道监控预警系统升级改造。完善智慧照明管理平台，实现全部远程控制。完善道路挖掘（占用）管理信息化平台功能，在全市统一的道路挖掘（占用）申报调度管理信息化平台往期实现应用功能的基础上，针对现有平台在使用出现的监管过程不完善、监管和综合调度手段缺乏等问题，结合视频分析技术、智能路锥等智能化设施和综合调度中心建设继续对现有管理平台的功能进行完善，实现对于道路挖掘占用全链条、全过程闭环综合调度和监管。

（宋文心）

公用事业

供　水

【概　况】 2021年，厦门水务集团完成原水供应量5.1亿吨，总供水量5.18亿吨，总售水量4.7亿吨；清水产销差率9.62%，水费回收率99.77%；自来水水质合格率99.94%，给水管网压力合格率97.79%。全年，厦门市投入7.87亿元进行给排水设施建设，重点开展长泰枋洋水利枢纽工程、厦门市水源连通工程（石兜水库至西山水厂段）、西水东调原水管道工程（二期泵站及电源总配）、厦门本岛埔仔原水枢纽改造工程、翔安水厂二期扩建工程、海沧水厂三期工程等项目。

【长泰枋洋水利枢纽工程】 2021年，厦门长泰枋洋水利枢纽工程是福建省重大水利骨干项目，位于龙津溪中上游，由上存水库、溪口闸坝、引水隧洞及尚吉水电站等组成。年内，该工程通过竣工验收，福建龙津溪引水工程C2标和长泰枋洋水利枢纽工程C4标获“闽水杯”金奖和银奖的第一名，上存大坝溢洪道闸门顺利下闸，进入蓄水调试阶段，尚吉电站实现投产。

【水厂建设项目】 2021年，厦门市翔安水厂二期工程完成联合验收并投产运行，翔安片区日供水能力提升15万吨。该工程土建规模为30万吨/日，按15万吨/日的规模进行设备安装。海沧水厂三期工程完成项目部的搭建及厂区三通一平，已推动农转用报批工作。

【管网及配套加压泵站项目】 2021年，厦门市新建、改造给水管道85.87千米。完成海沧区（鹰厦铁路—东孚大道）给水管道工程、沧虹路给水管道工程，加强海沧片区供水保障；完成美上路（海翔大道—内垵大道）给水管道工程，推动美上路（内垵大道—民安大道）给水管道工程，保障天马微电子新厂的用水需求；完成竹坝片区供水工程，解决五显、竹坝片区的供水问题；完成翔安水厂DN2000配套出厂管、海翔大道（翔安水厂—翔安大道）给水管道，提高整个翔安片区的供水水压、水量。

新建片区给水加压泵站5个，其中洪塘泵站建成，完成由水厂到泵站的切换；大嶝泵站并网通水，为新机场全面开工提供供水要素保障；东寮给水泵站、灌口给水泵站、竹坝泵站推动前期手续办理。

【供水服务改革】 2021年，厦门水务集团针对工程建设项目新装供水接入工程进一步“减环节、减材料、减时间、减费用、减跑动”，实现1个环节、0份材料，1天内完成接入通水，提升供水接入服务效能。完善“互联网+供水服务”模式，增加线上办理业务渠道及项目，涵盖用户用水全生命周期的25项高频供水服务项目实现线上办理。贯彻落实《国务院办公厅转发国家发改委等部门关于清理规范城镇供水供电供气供暖行业收费促进行业高质量发展意见的通知》文件精神，实施城镇供水接入工程费用改革，取消4个涉企收费项目。全年，厦门水务集团自筹资金承担建筑区划红线外供水接入工程费用4292.64万元，惠及1975件供水接入项目，降低企业和群众的用水成本。

（宋文心）

供　　气

【概　况】 2021年，厦门市瓶装燃气用户数44.75万户，液化气销量10.59万吨；管道天然气用户数71.29万户，天然气销量（含汽车加气）为3.78亿立方米。新建、改造管道95.05千米，新增管道用户3.71万户，管道燃气居民用户占比约为61.4%。实施“瓶改管”三年行动（2020—2022年），采取户内管道设施建设费用打折优惠等措施促进瓶装餐饮用户改用管道天然气，结合老旧小区改造推进小区、住户管道设施建设，完成“瓶改管”餐饮用户405家、居民用户2253户。引导管道燃气用户从原来使用普通橡胶软管改用安全金属包覆软管，截至年底，更换2.08万条。建成大嶝LNG（液化天然气）气源站，基本完成配套管网规划建设前期工作。完成9座瓶装燃气供应站建设任务。全市燃气汽车加气站24座，其中运营的汽车加气站15座，关停状态的加气站9座。加气站天然气销量4512.13万立方米。

【民生用气保障】 2021年，厦门市市政园林局针对国家实施“南气北调”、福建省调用天然气发电造成管道气源紧缺的情况，建立每日监测调度机制，牵头制定《天然气有序用气应急预案》，于10月25日获市政府批复同意。组织参加10月29日全国、全省“压非保民”实战演练，启动应急响应，确保全市管道用户生产生活需求。

【燃气安全监管】 2021年，厦门市市政园林局落实福建省住建厅《关于印发城市建设品质提升行动燃气安全设施与管理任务清单的通知》要求，实行清单式管理，提前完成任务。完成燃气场站设施提标改造，组织燃气企业对照标准规范、对标华润公司，投入6961万元改造场站101处。完成燃气管道信息化建设，完成全部2920千米户外燃气管道普查建档，在GIS（地理信息系统）系统导入2413.35千米地下管线数据，并建立新增管线更新录入制度。提高标准完善燃气管道设施标志，将直线管段标志间隔不得大于100米的标准提高至50米，加密设置管道位置标识、警示标志1.56万处。重新划定管道安全保护范围，按照中低压管两侧各5米、次高压管道两侧各7米、高压管两侧各10米为燃气管道安全保护范围的标准，办理地下燃气管道安全咨询1761件，其中安全保护范围内的1455处。加强施工现场燃气管道保护，建立落实市政高压管和排洪沟交叉铺设管道每天一巡、市政中低压管每周二巡、小区庭院管每月二巡制度，落实市政管道沿线工地咨询交底、警示宣传、动土确认、巡查旁站要求，联合物业管理单位、老旧小区改造代建单位加强小区庭院管的保护，对接市公共安全平台“雪亮工程”视频资源并运用电子围栏、无人机、智能头盔等先进技术加强地下管线实时监测预警，提高隐患险情处置效率。发生第三方施工破坏市政公共管道4起，比上年下降43%；破坏小区庭院管道2起，下降60%，未发生起火爆炸、未造成人员伤亡。瓶装燃气企业执行灌装站视频图像信息系统值班监看、信息保存使用、运行维护等管理制度，确保视频监控正常运行并达到90天以上存储；落实钢瓶“可追溯管理、实名制销售”要求，如实记录进、销、存等信息，确保供应的钢瓶合格安全。加强重点用气单位管理，成立市、区商业综合体燃气安全专项整治工作小组，督促华润公司和46家使用管道燃气的商业综合体制定现场处置预案，建立每天巡查、每月气密性测试安全管理机制，对其中1家使用液化石油气瓶组供气的要求改造使用管道天然气，对3家既有管道气又有瓶装气的列入餐饮集中区“瓶改管”试点范围强力推进改造，确保人员密集场所用气安全。

【燃气安全隐患整治】 2021年，厦门市市政园林局组织开展燃气安全隐患再排查再整治暨百日攻坚行动等5轮专项整治，对全市燃气场站、管网设施、燃气用户等所有涉气部位、环节进行拉网式排查。全年整改隐患问题1.39万处，认定瓶装燃气企业不良行为209起，查处“黑气”16起、暂扣钢瓶782个。实现安全生产责任零事故的目标，全市燃气用户和户外管网泄漏起火燃爆数量比上年下降14%。

【智慧燃气规划建设】 2021年，厦门市市政园林局完成智慧燃气监管平台设计招标工作，开展燃气安全信息化管理平台升级改造方案设计。督促、指导燃气企业对接福建省住建厅燃气安全综合监管信息系统，实现省、市、区、企业信息互联互通。会同市工信局完成全市地下油气管线“一张图”建设，在华润公司GIS（地理信息系统）系统汇总展示市域范围内长输油气管线数据信息，为统筹加强地下空间规划和管理奠定基础。

【军营村瓶装液化气临时供应站点投用】 2021年4月20日，厦门市海拔最高的瓶装液化气供应站——厦门华润燃气同安区莲花镇军营村瓶装液化气临时供应站点投用。该供应站设计最大液化石油气储存量总容积6立方米（相当于168瓶14.5千克容量的钢瓶），存储钢瓶以14.5千克容量的液化石油气瓶为主，能满足区域内20～30天的液化石油气供应需求。

【石湖山液化石油气储配站技改工程投产】 2021年7月1日，厦门华润燃气石湖山液化石油气储配站技改工程投产。厦门华润燃气原灌瓶站位于东渡，1986年建成，站内设施投用时间较早，为提升瓶装液化石油气灌装生产安全可靠性，推进燃气场站提标改造工作，2018年10月，厦门华润燃气在石湖山液化石油气储配站内进行改造建设，新增灌瓶间、实瓶库、运瓶车和槽车回车场及停车场等，并采用国内外自动化程度较高、安全可靠的流水线设备，实现"精确灌装+信息化"，实现液化石油气接卸、储存、灌装、仓储、配送运输在同一个基地内进行。

（宋文心）

供　电

【概　况】 2021年，厦门地区电网是以500千伏电网为主干，±320千伏柔性直流为辅，220千伏多环互联和110千伏辐射型网络相协调的电网架构。地区电源点主要在岛外，由500千伏厦门变电站、海沧变电站、东岗变电站、金辉变电站以及220千伏嵩屿电厂、新店燃气电厂组成。岛内主要由4个输电通道7回220千伏线路及1回±320千伏柔性直流线路供电。地区电厂装机容量253.9万千瓦，变电站总容量3193.6万千伏安；输电线路317条，长度1835.2千米。厦门岛内10千伏系统以电缆环网为主，绝缘化率100%、缆化率97.9%；岛外电缆架空混合多分段、多联络，绝缘化率100%、缆化率77.8%；全市供电可靠率99.99%。

全市用电客户158.9万户，全社会用电量328.05亿千瓦小时，排名福建省第三，比上年增长12.64%，增速排名全省第六。第一产业用电1.44亿千瓦小时，比上年增长10.91%；第二产业用电162.17亿千瓦小时，增长11.95%；第三产业用电90.21亿千瓦小时，增长16.59%；居民生活用电74.22亿千瓦小时，增长9.63%；工业用电量147.36亿千瓦小时，增长12.8%，增速排名全省第七。制造业累计用电量142.85亿千瓦小时，比上年增长12.35%，近90%的行业用电量正增长；制造业用电量排名前三位的行业分别为计算机、通信和其他电子设备制造业，橡胶和塑料制品业，金属制品业，该三大行业用电量占制造业用电53.4%。

国网厦门供电公司服务"双碳"目标，代表福建省打造全国示范引领的重要实践基地。国网厦门供电公司推动能源产业联盟、科研院所等单位参与示范项目建设和重大技术攻关，助力上下游产业链发展。全国率先发布电碳生态地图，支撑政府科学施策和社会用能转型。试点居民充电桩"联网通办"，办电服务前置至购车环节。国内首创与物业协会联合发文，破解充电桩进小区难问题，装桩接电效率提升85%。

【防疫保供电】 2021年，国网厦门供电公司确立"保供电、保员工"工作主线，落实各项防疫措施。响应重要保电，"一户一策"制定落实保电方案，确保所有重点保障场所、封控区和管控区供电。响应紧急用电，落实厦门市防疫工作要求，成立攻坚专项小组，给13个紧急项目送电，满足1.76万户隔离用房用电需求。响应应急抢修，组建10支"特战队"，完成应急抢修任务96项。统筹应对复工复产和供电紧张的双重压力，建立政企协同高效应急机制，争取调减压降负荷指标，配合制定"错避峰+轮休"方案，平稳完成有序用电工作。

【电网建设】 2021年，国网厦门供电公司依据跨岛发展战略，完成电网投资14.68亿元，投运500千伏集美变电站等13项高压电网重点工程，累计建成环筼筜湖等8个10千伏零计划停电示范区。与市重点办联合印发《关于加快重点项目及电网建设若干措施的通知》，将电网重点项目建设成效纳入各区年度绩效评价；与同安区成立电网建设协调领导小组，建立协同工作机制，共同推进征地拆迁、施工保障等工作，确保项目按期落地。政企协同参照"深圳模式"，加快建设城中村配电站房。推进"蜘蛛网"整治，规整电缆线路73.3千米，完成军营村等12个示范村、2个老旧街区线路整治；结合中山路等历史文化街区改造，整治17台10千伏变压器低压线路，惠及居民2000余户。

【供电安全建设】 2021年，国网厦门供电公司落实市委、市政府关于安全生产工作要求，吸取辽宁沈阳"10·21"燃气爆炸等事故教训，修订安全奖惩实施细则、反违章管理等相关制度。推进"查隐患、控风险、保安全"等专项行动。完成"闽盾2021"网络空间演习，在参演队中以唯一零失分、指标全A的最高分通过考验。完成支援郑州抢险救灾等紧急任务，完成庆祝中国共产党建党百年、经济特区建设40周年等85项重大活动保电。

【厦台电力合作】 2021年，国网厦门供电公司按时序推进与金门电力联网大陆侧配套工程。推进两岸技术交流，连续3年承办海峡两岸能源电力发展论坛。落实服务台企12项举措，主动对接台商协会，提供办电"绿色通道"，提前投运天马6代线220千伏专用变电站，为台企供电。

【农村供电服务】 2021年，国网厦门供电公司配合推进20条乡村振兴动线建设，及时为50个乡村电气化惠农富民项目送电。持续补强农村电网，助力推进农村人居环境整治提升，累计投资2.9亿元，竣工岛外农村电网项目450个，户均停电时间比上年下降8.7%。落实"低保户""五保户"免费电量政策，减免电费68.6万元。

【供电营商环境优化】 2021年，国网厦门供电公司建成国内首个电力营商环境体验中心。与市发改委等7个部门联合印发行动方案，"获得电力"获评全国标杆。供电服务前置至招商环节，建立"一对一"服务机制，优化厦门时代等政府重点招商引资项目供电方案，提前投运中航锂电专用变电站，完成电气硝子等101个重点项目送电。落实1250千伏安及以下中小企业外线"零投资"政策，"三零"（针对小微企业提出的"零上门、零审批、零投资"服务）"三省"（针对10千伏及以上大中型企业推出"省力、省时、省钱"服务）覆盖节约客户成本1.47亿元。典型经验获新华社《国内动态清样》刊发，入选《中国营商环境报告2021》。福建省内率先实现政务渠道线上办电，5项业务嵌入全市"e政务"终端。创新"四个一"（中心—社区—网格—家庭）社区服务新模式，建立450个服务微信群、136个电力社区服务站，"双长融合"网格服务覆盖93个社区。提前完成市委、市政府为民办实事项目，改造老旧小区15

个、二次供电小区电力设施11个，惠及居民1.1万户。

【电力改革创新】 2021年，国网厦门供电公司推进国企改革三年行动，任务完成率超70%；落实电价市场化改革，实施首次代理购电，所有工商业用户平稳进入市场化交易。成立全国首个绿碳财政金融服务联盟，落地全国首单电e金服“光伏绿色贷”，以金融力量助力绿色低碳产业发展。3个项目获省部级及以上科技奖，21个专利获授权，1个项目获中电联管理创新二等奖。

（陈　胤）

市容环境卫生

【概　况】 2021年，厦门市市政园林局通过主次干道保洁全程跟踪、背街小巷保洁以克论净的量化指标考核、农村生活垃圾专项治理考评及以奖代补机制，以考核促整改，以整改促提高，不断提升城乡环境卫生水平。扩大60平方千米海域纳入海域保洁范围，基本实现厦门岛及周边内湾海域保洁全覆盖。厦门市通过国家餐厨废弃物资源化利用和无害化处理试点城市验收。

厦门市成立垃圾分类学院，与吉林、黑龙江2省开展垃圾分类交流协作，生活垃圾分类厦门模式得到进一步提升和推广。全市垃圾分类知晓率100%，参与率90%，准确率85%，回收利用率超40%，资源化利用率超80%。自2018年以来，厦门市在住房和城乡建设部对全国46个垃圾分类重点城市工作情况历次通报中持续保持第一，8个镇街入选福建省生活垃圾分类示范片区。

厦门市通过国家发展改革委、财政部、住房和城乡建设部对餐厨废弃物资源化利用和无害化处理试点城市的终期验收。后坑、海沧垃圾焚烧发电厂被授予国家“AAA级生活垃圾焚烧发电厂”荣誉，实现福建省在该领域“零的突破”。开工建设东部固废中心生物质一期、填埋场二期、垃圾焚烧发电厂三期等项目，生活垃圾处理能力为5350吨/日。启动东部固废中心改造提升。完成1500个垃圾投放点的改造提升，全面实现各类垃圾分类直运。推动公厕建设，全市新建农村公厕52座，建成区公厕为4.8座/平方千米。

【垃圾分类迈进“3.0”阶段】 2021年，厦门市各部门围绕《厦门经济特区生活垃圾分类管理办法》，实现垃圾分类工作从1.0版抓全覆盖全普及、2.0版抓标准化管理，迈入3.0版推进减量化、资源化阶段。创新推进“减量化、资源化”，落实限制商品过度包装、禁止或限制一次性用品、反食品浪费法、办公场所无纸化办公等源头减量工作；进一步破解可回收物体系建设难题，在低值可回收物分拣、资源化利用试验成功的前提下，采取以奖代补等措施，投建全国首个低值可回收物分拣中心；探索厨余处理技术，推动农村厨余垃圾就地资源化处理，集美区、海沧区、翔安区、同安区均联合果蔬基地等开展生厨余就地处理项目。修订《厦门市生活垃圾分类设施设备配置导则》，规范投放点和收集容器的维护管理；上线直运APP（手机软件），实现垃圾收运“掌上实时查询”，减少垃圾滞留，提升收运效率。全市1436个小区实行定时定点投放，设置726条直运线路，对3848处接驳点进行错峰直运，岛外部分农村推行上门收运。推进垃圾分类省示范片区、市样板片区建设，推动创建6个省示范片区和97个市样板片区，6个省级示范片区高分通过验收，包揽福建省前五。投放点改造提升，在完成分类投放点合并基础上，由原来露天点位改造提升为垃圾亭或垃圾屋，将分类投放、宣传引导、消毒除臭、密闭美观等多项功能融于一体，改善居民生活环境。8月23日，国家发展改革委办公厅印发《关于国家生态文明试验区建设成效和制度成果的调研报告》中，厦门市垃圾分类模式列入可复制可推广的改革举措和经验做法。

【涉疫垃圾协助处理】 2021年，厦门市市政园林局面对新冠病毒肺炎疫情防控形势，指导各区利用垃圾分类体系，做好废弃口罩和涉疫垃圾专桶收集、专车收运、专炉焚烧。及时启动海沧、翔安垃圾焚烧发电厂应急协助处置涉疫生活垃圾，调整统筹安排，在保障垃圾焚烧发电厂平稳运行的前提下，实现涉疫垃圾和其他垃圾处置两不误，保证涉疫垃圾得到及时处置。

【厦门市垃圾分类培训学院成立】 2021年8月20日，为适应厦门市垃圾分类工作任务长期性、艰巨性要求，提升垃圾分类骨干力量培训规范化水平，厦门市垃圾分类工作领导小组办公室与厦门城市职业学院共同组建的厦门市垃圾分类培训学院成立。借助院校平台优势，聚集国内垃圾分类人才，围绕垃圾分类宣传、垃圾分类人才培养、垃圾分类相关问题研究3项任务，开展专业培训，提高生活垃圾分类管理人员综合素质。

【福建省首个市级环卫科普馆揭牌】 2021年11月11日，位于翔安区新圩镇东部固废中心内的厦门环卫科普馆揭牌。科普馆以“创新·探索·美丽”为主题，将展馆分为“形象序厅”“重新认识垃圾”“垃圾分类是新时尚”“荣耀与未来”“观影区”5个展区，展示从垃圾产生到资源再利用的全过程，是一座展现改革开放以来厦门环卫发展历程、垃圾分类及处置成效、未来发展方向的综合性大型环卫科普馆。展陈展现厦门市环卫工作的成效，一系列场景通过全息投影、互动屏幕等多种现代化技术，让参观者能够沉浸式体验垃圾分类投放、收运、处置的完整流程，感受厦门垃圾分类的发展与进步。

（宋文心）

园林绿化

【概　况】 2021年，厦门市新增或改造提升城市园林绿地435万平方米（其中公园绿地152万平方米），占年度计划的108.8%。市市政园林局继续推进环山、滨水、穿城的绿道建设，逐步形成系统完善的绿道网络，新增或改造提升绿道建设约60千米。以全民义务植树40周年为契机，引导全社会参与“建绿、爱绿、护绿”，累计完成义务植树83.61万人次，折算植树279.1万株。继续在城市重要点位、重要路段、重要区域打造园林精品，完成中山路花漾街区、滨海旅游浪漫线一期特色园林风情道路等样板项目。举办“众心向党，‘境’彩争辉”首届花境大赛，完成68个点位的花境布置。中国共产党成立100周年、特区建设40周年等重大活动期间，在全市160余个重要节点开展绿化彩化布置。强化行业管理，完善绿化养护考评办法，常规化开展考评工作，全市每月考评258条道路，发现问题52013个，整改率98.8%。继续推动实施园林绿化施工企业信用评价，进入年度等级评定610家。

推进公园建设管理，按照“间绿透绿、显山露水”的思路，推动口袋公园、立体绿化建设，完成口袋公园建设34个、立体绿化建设30处。结合自然山水地貌，统筹全市郊野公园建设，完成新增或改造提升郊野公园120万平方米。园博苑实现免费开放，全年累计入园总人数178.3万人次，比上年上升43.5%。进行筼筜湖片区文化大提升工作，建成“筼筜故事”馆。公园配套服务设施全面提升，其中白鹭洲中公园“十点读书”阅读空间、“墨迹咖啡”建成开放，南湖公园脚踏船营业。

【口袋公园建设】 2021年，厦门市把加强口袋公园建设作为落实“我为群众办实事”具体举措。在具备建设条件的街旁绿地上进行改造提升，同时利用边角地、空地策划新增口袋公园（小游园）建设。全年新建或改造提升思明文兴园、湖里近邻公园、海沧医院南侧地块口袋公园、集美杏林岸线宁海路北侧段口袋公园、同安东宅行军桥邻家公园、翔安区府大道南侧口袋公园等34个口袋公园，因地制宜设置游园广场、园路和可供市民休息的整石桌椅等配套设施，打造舒适的休憩健身空间。市市政园林局编制《厦门市游园（口袋公园、街心公园）建设技术导则（试行）》，并于12月9日组织各区园林主管部门、局属公园管理单位前往湖里区进行口袋公园现场观摩会，学习交流湖里区口袋公园建设好的做法。

【园林绿化行业管理】 2021年，厦门市市政园林局牵头编制园林绿化行业指导文件。印发《厦门市三角梅养护管理导则》《园林绿化工程扬尘防治工作方案》等行业指导文件，多部门联合发布《关于优化我市政府投资项目勘察设计费管理的通知》，推动园林绿化设计服务收费优化。进行园林绿化工程监管，年度受理报监项目75个，累计对164个项目进行检查，发出253张责令整改通知单，记录信用评价不良行为（P4）1次，（P5）2次，（P6）24次。完成年度园林绿化施工企业信用评价工作，评定A级企业50家，BB+企业100家，BB-企业413家，C级企业47家。做好园林绿化养护专项考评工作，制定下发《厦门城市园林绿化养护专项考评办法》，进一步规范城市绿地养护等级评定程序。常态化开展道路绿地养护专项考评，每月对纳入考评范围的258条道路进行全覆盖考评，累计发现问题52013个，整改51439个，整改率98.8%。举办第十二届园林绿化技术培训，组织绿化作业综合安全应急演练，全市相关单位及企业累计参与1300余人次。开展“双报到进社区”、行业绿化指导进社区、进学校，组织开展43次宣传活动，向市民群众传达绿化管养新理念。

【古树名木保护】 2021年，厦门市市政园林局推行“一树一园”的创新举措，新增或改造提升18处古树公园。开展古树名木“双随机”巡查和技术指导，检查古树300余株，发现并督促问题整改1100多个（处）。完成编制《厦门古树名木》画册，编制印发厦门市《古树名木养护技术标准》。举办古树名木保护与复壮技术培训推广会，加强古树典型案例宣传。

创新全民义务植树尽责方式。以“深化生态文明城市建设，共建高颜值美丽厦门”为主题，举办第六届市民绿化活动节。线上线下多形式宣传生态文明理念。参与建设福建省“互联网+全民义务植树”基地，促进线上线下全民义务植树融合。12月，厦门园林植物园被正式命名为福建省“互联网+义务植树基地”。

【厦大百年校庆氛围布置】 2021年3—4月，厦门市市政园林局组织实施厦门大学100周年校庆校外氛围布置和校内氛围布置的技术指导。围绕火车站南广场、厦门北站、海沧大桥、翔安隧道口、机场T3等11个重要节点开展氛围布置，展现厦门生态花园之城的高颜值形象。

【首届花境大赛】 2021年4月，厦门市市政园林局开始筹办厦门市首届花境大赛，以“众心向党，‘境’彩增辉”为主题，赛程历时4个多月，104家企事业单位报名参赛，通过4轮随机抽签确定最终参赛企业名单，6月底完成68个点位花境布置，遍布岛内各重要节点，以优质景观向中国共产党成立100周年献礼。该次大赛应用超百种宿根、球根花卉，30余种新优植物品种首次在厦门应用，为高颜值厦门建设花境景观营造积累经验。大赛评选出一等奖1名、二等奖3名、三等奖5名、优秀奖31名。

【七一道路彩化氛围布置】 2021年6—7月，厦门市市政园林局根据全市七一气氛布置统一部署，对10个常态固化节点及6个全市重要道路节点进行彩化布置。以中国共产党成立100周年庆祝标识为主，搭配不同规格、不同造型的三角梅，营造出大气磅礴、热闹喜庆的节日气氛，合计布置多花三角梅1.4万余盆，道路街头节点绿地和重要节点更换时令花卉22万余株。

【山樱花新品种获国家植物新品种权】 2021年6月25日，厦门园林植物园选育的6个福建山樱花新品种获家植物新品种权。该次入选的6个新品种均由市园林植物园福建山樱花育种团队选育。自2011年起，该团队不断开展福建山樱花种质资源收集和新品种选育技术研究。经过多年的观测，科研人员从最初播种的1000多棵实生苗中选择出一批特异性明显、观赏性强的变异植株。该6个新品种的山樱花分别是：“厦美人”“双旗”“元旦红”“小飞寒”“相思红”“女儿红”。该次选育的6个福建山樱花新品种在花型、花色上各有千秋；在花期上，6个品种从12月下旬到3月上旬陆续开放，各品种间隔栽种，可极大延长福建山樱花的整体观赏期。为同时满足课题研究与服务游客需要，市园林植物园在南山门附近定植近千株福建山樱花，每年的12月下旬至3月，该处山樱花渐次盛开，尤其在春节前后是樱花的最佳观赏期。

（宋文心）

城市管理

【概　况】 2021年，厦门市城市管理行政执法局（简称市城管执法局）受理城市管理事件（包括市容环境、宣传广告、施工管理、突发事件、街面秩序、其他事件等六大类）、部件（公用设施、交通设施、市容环境设施、园林绿化设施、其他部件等五大类）问题113.1万件，全市城管执法系统作出行政处罚1.7万件，罚款金额和没收违法所得合计2876.9万元。厦门市构建完善城市精细化管理体系、全面提升城市精细化管理水平的经验做法，作为典型经验在福建省城市精细化管理现场会推广。

【“大城管”格局构建】 2021年，厦门市城管执法局推动出台实施福建省首部综合性城市管理地方立法《厦门经济特区城市综合管理条例》，试点开展祥店路省级精细化管理样板街区建设。牵头厦门市文明创建市容市貌专项整治协调工作，开展占道经营、“门前三包”不落实、共享单车乱停放等10个方面重点整治，将59项文明城市测评指标纳入城市综合管理考评体系，深度融合文明创建与城市综合管理工作，获评厦门市创建全国文明城市工作突出贡献单位。创新“考评+核查+督察+媒体”模式，优化考评方式和标准，逐步实现平台自动考评，全年开展考评、巡查1338次，及时发现、协调解决各类城市管理问题2.8万个。完成“9·8”投洽会等重大活动、节日期间城建配套保障和氛围布置，服务保障厦门第二东通道等重大重点项目建设，助力厦门市推进国际一流营商环境建设。

【“两违”综合治理】 2021年，厦门市城管执法局按照“坚决遏制增量、逐步消化存量、全力防范变量”工作思路，出台厦门市没收违法建筑物处置办法、“两违”（违法用地、违章建设）综合治理专项行动实施意见，推动开展农村乱占耕地建房问题整治、房屋安全隐患排查整治等7项专项整治攻坚战，完成万石山违建别墅拆除任务、全市76座报刊亭整治拆除任务。全年处置“两违”953.3万平方米，完成全市年度目标任务的238.3%，腾出并利用土地1207.9万平方米，拆后土地利用率98.3%，保障厦门时代等一批重大项目落地，助力“岛内大提升、岛外大发展”。

【城市管理精细化模式创新】 2021年，厦门市城管执法局创新六方共建共管工地管理模式（执法部门、业主、施工、监理、街道社区和居民代表六方共建共管），试点推进在建工程噪声扬尘在线监控，逐步实现人工巡查向智能监控转变，全年受理施工噪声类投诉件（次）比上年下降34%。创新推行城管执法领域轻微违法行为不予处罚制度，开出“首违不罚”第一单，促进包容审慎监管执法，让城管执法既有力度又有温度。探索共享单车社会化共治，开发“社会力量参与共享单车秩序规整奖补模块”App，试点环卫工人“加盟”共享单车秩序管理，共享单车“五化”管理模式（法治化运行、常态化监管、信息化增效、科技化助力、精准化治理）和“摊规点”管理模式入选首届厦门口碑榜基层政务及公共服务十大经典案例，推动厦门市立法引领共享单车共治共享社会治理新模式获评福建省首批法治政府建设示范项目，并作为全省5个项目之一推荐参评第二批全国法治政府建设示范项目。联合市公安局在福建省率先研发推出“厦门市智慧养犬管理系统”，建立“联合执法+立案处罚+强制免疫+督促办证”规范依法养犬模式，不文明养犬发生率、涉犬投诉量分别比上年下降42.5%和61.4%。

【智慧城管建设】 2021年，厦门市城管执法局制定《厦门市智慧城市管理运行平台建设五年规划》和《推进智慧平台体系建设工作实施方案》，调整优化智慧城市管理监督指挥中心组织架构和人员配置，建成基于网格化管理的横纵协同系统，完成城市运行管理服务平台一期建设，全市6个区和37个横向城市综合管理成员单位纳入平台，基本形成“网格采集、流程处置、横向联动、三级督办、综合考评”的城市综合管理服务模式。“创新科技助力城市精细化治理”获评厦门市全面深化改革优秀案例。

【户外广告店招设置管理】 2021年，厦门市城管执法局按照“整治规范、美化提升、美丽时尚”3个阶段发展思路，推动成立厦门市户外广告设置管理工作领导小组，制定规范户外广告设施设置行政许可若干意见、户外公益广告设施设置管理指导意见等7项制度，开展全市LED（发光二极管）走字屏清理工作，持续整治违法违规户外广告设施及招牌，全年清理违规广告招牌1.3万块，面积6.6万平方米，户外广告设施设置审批时限压缩89.6%。

【城市运行安全守护】 2021年，厦门市城管执法局推进安全隐患大排查大整治和安全生产专项整治三年行动攻坚，围绕违法整治、燃气执法、市容环境巡查、户外广告监管和自身安全等重点领域安全生产工作，常态化开展安全生产大检查和应急演练，依法查处厦门华达石化工程有限公司非法提供经营性气源等一批重大案件，罚款并没收非法所得39.9万元，确保全市城管执法领域安定稳定。围绕信息网络、自然资源、交通运输、工程建设等4个重点行业领域，常态化、机制化开展扫黑除恶工作，全年厦门市城管执法系统摸排涉黑涉恶线索43条。

（陈彦曜）

责任编辑：曲　艺
审　　稿：孙志红
校　　对：林建高

27 房地产业

房地产开发

【概　况】2021年，厦门市房地产开发完成总投资1069.66亿元，比上年增长1.32%。其中，建安投资378.1亿元，比上年下降5.22%，占总投资的35.35%；土地购置费691.56亿元，增长5.28%，占总投资的64.65%。在各类物业投资中，住宅投资709.89亿元，比上年增长3.2%，占总投资的66.37%。全市商品房施工面积3661.02万平方米，比上年增长1.24%。其中，住宅施工面积1850.67万平方米，比上年增长12.98%，占总施工面积的50.55%。全市商品房新开工面积566.33万平方米，比上年增长39.6%。其中，住宅新开工面积352.76万平方米，比上年增长54.31%，占总新开工面积的62.29%。全市商品房竣工面积385.85万平方米，比上年增长10.63%。其中，住宅竣工面积171.82万平方米，比上年增长59.94%，占总竣工面积的44.53%。2021年，厦门市商品住宅网签面积361.16万平方米，比上年增长54.09%；二手住宅成交面积351.28万平方米，增长5.75%；商品住宅供应面积309.20万平方米，增长11.69%。

【房地产企业资质检查】2021年，厦门市住房保障和房屋管理局（简称市住房局）开展房地产开发企业资质检查工作。通过信息系统和现场检查的方式，检查企业是否符合资质等级标准，商品房售楼处公示情况及销售行为是否符合规范要求。全年，全市有246家应检房地产开发企业参与年检，其中242家企业完成资料申报，4家企业不参加2021年资质年检。

【房地产开发企业“双随机”检查】2021年，厦门市住房局完成房地产开发企业资质及预售商品房项目“双随机”抽查工作。全年完成3家企业（3个商品房项目）抽查，1家企业符合要求，2家企业按规定要求完成整改。

（邹　婷）

房地产市场管理

【概　况】2021年，厦门市住房局坚持“房住不炒”定位，围绕“稳房价、稳地价、稳预期”目标，落实房地产市场长效机制和城市主体责任，加强市场监测，优化调控措施，整治市场秩序，持续推动房地产业良性循环和平稳健康发展。出台《关于进一步加强房地产市场调控的通知》，聚焦房地联动、限售管理、金融管理、市场整治等方面，明确商住用地综合采用限房价、限地价、定配建、定品质、摇号等房地联动出让方式，进一步抑制投机炒房，稳定市场预期。加强新建商品住房销售管理，出台《关于加强预售商品住房项目装饰装修公示管理的通知》和《关于印发新建商品住房公证摇号公开销售实施方案的通知》，规范销售行为，维护房地产市场秩序。2021年，全市新建商品住宅价格销售指数环比上涨3.8%，二手住宅价格销售指数环比上涨1.5%。

【住房发展规划编制】2021年，厦门市住房局组织编制《厦门市住房发展规划（2020—2035年）》和《厦门市住房发展规划（2021—2025年）》，分别于2月8日和12月27日印发。2个规划明确“十四五”和中长期住房发展目标和任务，构建“三房”（保障房、刚需房、改善房）保障体系，以深化住房供给侧结构性改革为主线，以优化住房供应、稳定住房价格、提升居住品质、推进区域供求均衡为目标，实现住房总量平稳增长、住房品质逐步提高、住房消费健康发展、住房结构更为均衡、区域布局更加合理、治理能力显著提升。至2025年，厦门市预计可新增住房供应较“十三五”期间增长62%。到2035年，基本形成“租购并举”的住房供应体系。

【安置型商品房制度创新】2021年，厦门市住房局研究探索更加科学的安置房建设管理机制，推进安置房项目全面采用安置型商品房模式，出台《厦门市安置房建设与管理规定（试行）》和《关于明确安置型商品房相关事项的通知》，从制度层面建立职权相符的安置房全流程全链条管理体系，并明确新出让安置型商品房项目开发模式等事项。2020—

2021年6月9日，厦门市住房局召开整治二手房市场专项行动工作推进会

（市住房局　供图）

2021年，累计完成19个存量安置房项目转为限制性出让安置房，批准同意城市更新安置房项目49个，推出新建安置型商品房项目7个。2021年，完成安置型商品房销售112万平方米，增加投资约168亿元。

【二手房市场整治】 2021年，针对上半年学区房上涨问题，厦门市住房局与网信、公安、司法、资源规划、市场监管、金融监管、税务、人行、银保监等10部门合作，开展为期9个月的整治二手房市场专项行动，全链条全方位打击学区房炒作。查实违规流入房地产领域资金17.93亿元，提前收回违规贷款16.6亿元；完成104套违规“炒房”交易的税务检查，所涉13名“炒房客”全部立案；对54起涉嫌“炒房”交易的房地产经纪违法违规行为进行立案查处，暂停或取消33家中介机构门店的二手房网上签约资格。

【商品房销售线上监管】 2021年，厦门市住房局搭建售楼处线上监管平台（“雪亮售房”平台），创新商品房销售监管模式，实现售楼现场视频监控和统计分析实时上墙，全面掌握全市房地产市场的整体运行情况，形成楼盘客流、楼盘表数据对比、公示区对比、违规标记统计等智能分析应用，为房地产市场监管提供决策依据，监管标价混乱、虚假销售、信息不透明等违规行为。结合售楼处信访室接入的视频监控及信访接待对讲咨询系统，构建市住房局、各房屋事务中心、房地产企业3方联动对讲机制，确保及时掌握情况、预警报告、依令处置，提供线上答疑和实时调解，督促开发企业及时化解矛盾纠纷。年内，“雪亮售房”视频监控平台对接121个在售楼盘。

【存量房线上交易】 2021年，厦门市住房局适应营商环境、疫情、新技术等因素对存量房网签备案服务水平提出的新要求，强化信息技术应用，逐步利用人脸识别、电子签名等技术，推进存量房线上交易，缩短交易时间，方便群众，提高办事效率；同时，利用线上数据采集，对存量房交易服务系统进行升级调整，逐步完善存量房交易挂牌、居间、买卖的全流程监管。

【公积金业务创新】 2021年，厦门市在全国率先推出员工入职“一件事一次办”服务，实现企业员工就业登记、住房公积金建缴、社会保险投保一次登记当场办结。在全国率先推出员工离职“一件事一次办”服务，实现企业员工离职失业登记、社保减员、住房公积金封存3个业务“一次登记、一次提交、当场办结”，让企业足不出户就能批量、快速办理员工离职事项。在省内率先推出年度住房公积金缴存基数和社保缴费基数一键申报服务，探索“五险一金”基数申报新模式。在全国率先推出住房公积金、社保线上一键缴纳业务，企业通过厦门市电子税务局平台，只需一次登入、一键操作，即可完成跨部门、跨业务的费用缴纳。在全国率先推出住房公积金提取与二手房转移登记联办服务，缴存职工购买厦门市二手房，可在办理房屋权属转移登记的同时申请提取本人或配偶的住房公积金，实现一张表填写信息，一次性提交材料，多部门依申请协同联办。

【住房公积金政策完善】 2021年5月17日，厦门市住房局印发《关于规范调整我市住房公积金部分提取贷款政策的通知》和修订《厦门市利用商业银行信贷资金发放个人住房公积金贴息贷款暂行办法》，规范住房公积金提取范围，调整还贷方式，完善住房公积金最高贷款额度动态管理机制。由原来的公积金中心向借款人每月贴息，改为向受委托银行贴息，借款人在偿还公转商贷款期间，按公积金贷款利率还款，无需再垫付利息差额，实现按公积金贷款利率支付利息，提升贷款职工的满意度和获得感。

（邹　婷）

房地产中介服务

【概　况】 2021年，厦门市有1427家房地产经纪机构、2228家门店、房地产经纪从业人员20235人。根据中国房地产估价师与房地产经纪人学会《关于在部分城市开展“全房联卖”试点工作的通知》，厦门为4个试点城市之一。厦门市房地产中介行业协会召开专题会议研究，为“全房联卖”工作做线上线下准备。做好全国房地产经纪人及经纪人协理考试实施工作，厦门考点全国房地产经纪人协理资格报考447人，全国房地产经纪人资格报考518人。

【房地产经纪信用综合评价】 2021年，厦门市房地产中介行业协会完成对房地产中介机构1427家、门店2228家，房地产经纪从业人员20235人的信用综合评价工作。其中，信用等级为AAAAA级机构11家，AAAA级机构49家，AAA级机构1040家，AA级机构324

家，A 级机构 3 家，C 级机构 2 家；五星经纪人 196 人，四星经纪人 36 人，三星经纪人 1896 人，二星经纪人 6544 人，一星经纪人 11563 人。推进房地产经纪从业人员挂牌上岗及上墙工作，将经纪从业人员的实名登记卡更新为星级卡，2021 年更新经纪从业人员星级卡 19171 张。通过星级卡展示，加强社会监督，推动引导经纪从业人员诚信执业。

【房地产（土地）价格评估】 2021 年，厦门市房地产估价机构 44 家，从业人员 1286 人（含持证的专业人员 661 人）。其中，注册房地产估价师 476 人、注册土地估价师 259 人。全年，除司法和征收评估业务外，厦门市房地产（土地）估价行业通过厦门房地产中介行业协会网签的估价业务 27601 份，总建筑面积 2195 万平方米，评估总值 2832 亿元，协调合同异议案件 781 件，外地机构零星业务备案 171 件。全年，厦门市房地产估价权属证明核验系统核验 2668 件权属证明。

【房地产纠纷投诉调解】 2021 年 5 月，厦门市房地产中介行业协会成立人民调解委员会，承接市中级人民法院的房地产经纪、租赁纠纷类诉前调解，全年受理 24 件诉前调解案件，办结 24 件，调解成功 1 件。全年，人民调解委员会受理各类纠纷案件 1713 件（投诉 373 件、调解 311 件、咨询 1029 件）。其中，住房租赁类案件 1069 件，办结率 100%；二手房交易类案件 619 件，办结 563 件，办结率 91%；其他类案件 25 件，办结率 100%。

（邹　婷）

房屋租赁

【概　况】 2021 年，厦门市住房局坚持“租购并举、供需匹配”原则，加强规划引导，优化租赁住房供应结构，不断完善租赁住房政策体系，推进中央财政支持住房租赁市场发展试点工作，探索保障性租赁住房发展路径；开展住房租赁行业专项整治行动，整顿租赁市场秩序，规范市场行为，稳定租金价格，培育专业化住房租赁企业，盘活存量、提升增量，扩大租赁住房供给，满足多元化的租赁需求。建立信息协同联动机制，住房、网信、市场监管等多部门联合加强租赁市场秩序监管，逐步构建起租期稳定、租金可控、监管有序的住房租赁格局。厦门市新增和完善住房租赁配套政策 11 项，住房租赁政策体系框架基本形成；新建、改建和盘活各类租赁住房，筹集新增项目 154 个，租赁房源 13.89 万套（间），房源整体供需平衡；设立启动资金和发展基金，建立资金绩效自评机制，加快试点资金拨付，促进资金使用提质增效，累计审批专项资金 21.14 亿元，实际拨付 18.62 亿元；新增租赁企业 30 家，完成商事主体登记 1040 家；升级租赁交易服务系统，建设存量房数据平台，实现新增奖补项目房源备案率 100%，形成覆盖全市房源基础数据库。

【大学生租房保障】 2021 年，厦门市通过“租金补贴”和“实物配租”方式，定向为新到厦门就业、创业大学生提供“5 年内 5 折租房”保障，重点解决到厦门 5 年内的过渡性居住需求。2021 年 1 月 1 日后首次到厦门就业、创业，在厦门无住房、30 周岁以下的本科以上大学生，均可连续 5 年申请每年 8000 元（思明、湖里）、6000 元（海沧、集美）、5000 元（同安、翔安）的租金补贴，或者申请租赁租金为市场价五折的实物配租房源。市住房局开发新就业大学生租赁住房保障系统，协调各部门开通社保、就业、法人、商事主体、户籍、人员背审、婚姻、不动产、保障房、直管公房等 12 个数据接口，实现资格申请、结果公示、租金申领等流程全程网办、无纸化审批。

【住房租赁市场稳定维护】 2021 年，厦门市住房局围绕热点区域短期租金上涨等问题，多方联动、综合施策，成立住房租赁市场风险防范工作专班，通过盘活存量安置房、机关事业单位及国有企业自有住房转化、加快租赁住房项目建设等方式，快速筹集约 6 万套租赁住房入市投用，平衡区域租赁住房供需。进行市场整治，综合运用司法、行政等手段，加强涉访维稳问题协调处置和舆论引导，打击、查处扰乱市场秩序等违法违规行为 25 件，督促转租 10 套（间）以上二房东办理商事主体登记 1535 家。

【住房租赁管理网格建立】 2021 年，厦门市住房局在全域 6 个区、38 个街（镇）建立住房租赁管理网格。网格员通过实地核验房源、定期巡查中介门店和走访住房租赁企业、动态采集信息等方式，及时掌握市场动态，形成“横向到边、纵向到底”的住房租赁市场风险防护网络，将风险矛盾化解在一线，推动市场规范运行。

【住房租赁市场租金价格监测】 2021 年，厦门市住房局在全市设立 853 个租金监测点，逐步建立完善租金检测分析体系。通过对线下租赁市场总体供需情况、租金情况等进行分析，形成租金市场动态监测；对租金价格、市场供需、市场主体、市场舆情等重要指标进行动态监管与调节，全面掌握住房租赁市场有关信息；针对租赁市场出现的新情况、新问题，预测租赁市场季度及年度的走势，及时作出调整及制定应对措施，实现对住房租赁全主体和全过程的监测督导，为租赁市场常态化管理提供保障。

【住房租赁信息发布规范】 2021 年 11 月，厦门市住房局与市委网信办、市市场监督管理局联合发布《关于进一步规范住房租赁信息发布工作的通知》，聚焦主体资质、发布规范、房源核验、过程管理等 4 个环节，对加强住房租赁信息发布主体管理、规范住房租赁房源信息发布、加快住房租赁信息系统对接和完善监管机制等方面从制度上进行规范。房地产经纪机构、住房租赁企业、网络信息平台开展经营活动的信息系统需接入“厦门市住房租赁交易服务系统”进行房源信息核验，并生成房源核验码，实现“一房一码”，确保租赁房源信息发布做到“真房真人真委托”。

（邹　婷）

物业管理

【概　况】 2021 年，厦门市备案物业服务企业545家，实施物业管理的项目2488个，物业管理总建筑面积1.74亿平方米。其中，住宅小区项目数1399个，物业管理面积1.17亿平方米，其他类型物业管理项目1089个，物业管理面积0.57亿平方米。

【物业行业管理】 2021年，厦门市建设局全面推进住宅小区星级评定工作，对全市1297个物业服务管理项目开展物业服务质量星级评定，根据物业企业的服务水平由高到低将小区划分为五星级到一星级，将服务品质特别低下的小区设定为不达标小区，小区业主通过星级直观了解物业企业服务水平。经评定，五星级项目172个，占比13.26%；四星级项目60个，占比4.63%；三星级项目475个，占比36.62%；二星级项目450个，占比34.7%；一星级项目110个，占比8.48%；不达标项目30个，占比2.31%。

【房屋专项维修资金】 2021年，厦门市建设局专项维修资金专户缴交专项维修资金及公共收益7.79亿元，划拨3009.66万元，产生增值收益1.81亿元，全年存款合计增加10.41亿元。截至年底，市建设局专项维修资金专户累计缴交专项维修资金及公共收益71.41亿元，划拨2.46亿元，产生增值收益12.90亿元，账户存款合计81.84亿元。

（张婷婷）

房屋管理

【概　况】 2021年，厦门市住房局推进房屋管理信息化建设，打造“智慧住房”，为厦门市“城市大脑”建设提供完善房屋数据基础库，推动房屋管理数字化转型。搭建房屋信息基础数据库，采集全市2.38万栋商业办公厂房和公共建筑外业信息，初步构建全市统一楼盘表。完善厦门市房屋安全信息管理系统，健全房屋安全大数据，46万栋房屋安全信息全部入库，开展危房历史鉴定数据等标准化整理。探索基于大数据的房屋精细化管理模式，“房屋管理”App实现房屋管理、房屋租赁管理、公房租赁管理、房屋安全管理、风险防控等业务动态巡查、日常监管、数据处理分析等功能的全程移动办理。住房租赁交易服务系统二期实现“一站式找房”，房地产市场监控指挥中心二期实现可视化监管3级联动。

【房屋安全整治】 2021年，厦门市住房局开展农村房屋安全隐患排查整治专项工作，全市147个行政村全覆盖，排查各类房屋15万余栋。开展房屋结构安全专项治理3年行动，与旧城旧村改造、提前安置等工作相结合，采取“证保拆除”、翻建翻修、维修加固等方式，多渠道实施危房整治改造。全市4663栋重大安全隐患房屋，除49栋涉及文物、风貌保护建筑纳入专项整治外，其余4614栋全部通过拆除、加固落实长效处置，长效处置率100%。

【直管公房安全管理】 2021年，厦门市直管公房面积189.3万平方米。市住房局出台《关于进一步规范直管公房住宅承租人变更户名工作的通知》，规范直管公房住宅承租人变更户名工作，起草公有住房出售办法，化解历史遗留问题。成立直管公房老旧房屋安全隐患深度排查小组，对全市公房逐片、逐栋、逐户展开拉网式排查，做到一栋不少、一户不漏，全面掌握公房老旧房屋安全隐患底数。建立隐患台账，配齐消防设施，推动解危整治。区分轻重缓急逐栋研究整治方案，依托属地区街、消防、执法等部门，开展专项整治排险解危。全年投入维修经费2467.53万元，完成全市直管公房维修大中修项目256栋。

【保障性住房小区监管】 2021年，厦门市住房局根据《厦门市社会保障性住房管理条例》，进一步梳理和明晰市、区、街及物业服务企业各自职权职责和工作联动机制，对入住备案管理、人口变更备案、临时居住备案、空置申请报备、巡查制度、重点监管办法等监管制度进行修订完善。会同相关部门针对保障性住房涉嫌违规使用行为，开展专项查处行动，组织入户巡查9.25万户次，对发现的190户疑似违规使用家庭列入重点监管名单进行重点监管并督促整改，整改率100%。

【房屋安全常态化管理机制建立】 2021年6月，厦门市住房局出台《厦门市房屋结构安全网格化管理工作导则（暂行）》，明确房屋安全网格化管理机制，以“属地管理、条块结合、以块为主、多级协同”为原则，建立区、镇（街）、村（居）房屋结构安全5级网格化管理机制，实现网格管理全覆盖，推进管理机制向规范化、常态化、精细化发展。

（邹　婷）

责任编辑：曲　艺
审　　稿：孙志红
校　　对：明安文

28 生态环境保护

生态环境质量

【概　况】2021 年，厦门市空气质量综合指数 2.62，在全国 168 个重点城市中排名第六位；空气质量优良率 99.7%，排名并列第三位。集中式饮用水水源地水质优良率、主要流域国控断面水质优良率、主要流域省考断面水质优良率、小流域省考断面水质达标率、小流域“以奖促治”断面水质达标率实现“5 个 100%”，隘头潭国控点水质连续 6 个月进入全国前 30 名红榜。近岸海域水质良好，海域功能区达标率 81.0%。土壤环境质量保持稳定，危险废物处置率 100%。厦门公众对生态环境质量满意度保持全省第一。

【大气环境质量】2021 年，厦门市空气质量指数（AQI）优的天数 203 天，良的天数 161 天，轻度污染的天数 1 天；空气质量优良率 99.7%，优级率 55.6%。空气中主要污染物二氧化硫（SO_2）、二氧化氮（NO_2）、一氧化碳（CO）、臭氧（O_3）、可吸入颗粒物（PM_{10}）、细颗粒物（$PM_{2.5}$）年均浓度分别为 5 微克 / 立方米、19 微克 / 立方米、0.7 毫克 / 立方米、128 微克 / 立方米、36 微克 / 立方米、20 微克 / 立方米。与上年相比，SO_2 浓度下降 16.7%，NO_2、CO 浓度持平，O_3、PM_{10}、$PM_{2.5}$ 浓度分别上升 1.6%、9.1%、11.1%。

【水环境质量】2021 年，厦门市 3 个主要饮用水水源地坂头—石兜水库、汀溪水库以及北溪引水库区水质类别均为Ⅱ类，水质达标率均为 100%。西溪隘头潭水质为Ⅲ类，水质指数 3.24。上李水库水质类别为Ⅲ类，营养状态为中营养。新丰水库水质类别为Ⅱ类，营养状态为中营养。两二水库水质类别为Ⅰ类，营养状态为中营养。筼筜湖水体中活性磷酸盐和无机氮浓度分别为 31 微克 / 升和 457 微克 / 升，分别比上年下降 13.9% 和 16.8%。马銮湾水体中活性磷酸盐和无机氮的平均浓度分别为 23 微克 / 升和 185 微克 / 升，分别比上年下降 73.6% 和 76.4%。主要流域 6 个省控断面水质全部为Ⅰ～Ⅲ类。全市断面水环境功能区达标率 86.2%，比上年上升 15.3 个百分点。

【土壤环境质量】2021 年，厦门市完成 11 个市控土壤环境监测点位和 5 个农村环境土壤点位监测，土壤环境质量保持稳定；受污染耕地安全利用率达到省考核目标（93%），11 个市控农用地土壤监测点位中属于清洁水平、污染等级为安全，比例 81.8%。危险废物处置率 100%，重点建设用地安全利用率 100%。全市危险废物产量 14.52 万吨（不含医疗废物），全部安全处置。全市医疗废物（含涉疫垃圾）产生量 1.42 万吨，处置率 100%。

【海洋环境质量】2021 年，厦门市近岸海域主要污染物为无机氮和活性磷酸盐，平均浓度分别为 182 微克 / 升、16 微克 / 升，比上年分别下降 30.8%、20.0%。海域功能区达标率 81%，比上年上升 11.0 个百分点。4 个国考点中，3 个水质为优良。华天学院外浴场（H1）、椰风寨外浴场（H2）、明丽山庄外浴场（H3）、艺术学校、水产研究所外浴场（G1）、鼓浪屿别墅美华浴场（G2）、港仔后菽庄花园外浴场（G3）、公主园海鲜酒店外浴场（Z1）和厦门大学白城浴场（Z2）年度水质评价等级均为良。海域保洁范围从 120 平方千米扩大到 180 平方千米，海上环卫打捞海漂垃圾 3141 吨，福建省生态环境厅无人机航拍厦门市海漂垃圾分布密度比上年下降 16%。

【声环境质量】2021 年，厦门市区域声环境质量总体水平等级为三级，道路交通声环境强度等级为一级。昼间区域声环境质量为一般，声级范围在 51.2 分贝至 61.5 分贝，平均等效声级为 55.8 分贝，污染程度与上年基本持平；昼间道路交通声环境质量为好，平均等效声级为 67.3 分贝，其中等效声级超过 70 分贝路段长 32.7 千米；城市功能区声环境质量较好，昼间、夜间达标率分别 100%、85.0%。

【辐射环境质量】2021 年，厦门市辐射环境质量保持稳定，电离辐射与电磁辐射环境处于正常水平。放射源及射线装置均处于可控状态，未发生放射源丢失、射线装置失控误照射事件。全市有核技术利用单位531家，射线装置1301台，放射源458枚。厦门市办理辐射安全许可证349件，完成核技术利用单位隐患排查207家次，整改问题隐患183处；开展以放射源丢失、射线装置失控为情景的辐射事故应急演练，提高辐射事故应对处置能力。

（唐　未）

海洋生态保护

【概　况】 2021年，厦门市以生态用海理念为指引，以用海服务保障为重点，加强海洋生态修复，强化海域动态系统的运用。保障重大项目用海面积约1413万平方米（含厦门湾口海砂出让约620万平方米），征收海域使用金21.19亿元（含厦门新机场约15亿元），自然岸线保有率超过18.16%目标值。紧把生态红线，抓好养殖清退、生物资源保护等工作，落实海洋生态保护养护等工作。加强生态修复总结宣传，筼筜湖生态修复案例入选自然资源部《中国生态修复典型案例》，下潭尾滨海湿地公园项目被自然资源部列为海洋生态修复工程实践案例。厦门下潭尾红树林公园通过国家蓝色海湾整治行动项目验收，入选国家海岸带生态和减灾协同增效典型案例。联合国秘书长海洋事务特使汤姆森在接受新华社书面采访中，对厦门开展“海上森林”保护和恢复种植给予肯定。

【海域海岛生态修复】 2021年，厦门市牵头组织申报中央财政支持海洋生态保护修复项目，2021年鳌冠海域岸线保护和生态综合整治和厦门大桥—集美大桥段集美侧海岸带保护修复一期工程进入中央财政支持的海洋生态保护修复工程项目库，获得3亿元中央财政资金支持。继续加强环岛路沙滩的养护工作，同时开展环岛路（白城—五通段）沙滩修复效果评估工作。开展鳄鱼屿、宝珠屿等6个海岛整治清理工作，对无居民海岛上杂物、垃圾等进行收集及无害化、资源化、减量化处理，清理面积12.69万平方米。开展厦门海域清淤整治工程实施方案再分析研究工作。

2021年，厦门市组织对86个沿海沙滩岸线开展23期无人机航拍巡查检查。图为9月8日执法人员开展巡查检查现场

（黄依文　摄）

【海漂垃圾综合治理】 2021年，厦门市印发实施《进一步加强海漂垃圾综合治理行动方案》《2021年“海漂垃圾综合治理”为民办实事项目实施方案》，海域保洁范围从120平方千米扩大至180平方千米，实现近岸重点海域全覆盖。每日对九龙江入海垃圾漂移轨迹及分布区域开展预测预报，提升精准清理保洁效率。组织对厦门市86个沿海沙滩岸线开展23期无人机航拍巡查检查，累计航拍岸段225.4千米。

【入海排放口排查整治】 2021年，厦门市对8家重点直排海污染源加强监管，建立完善信息台账，纳入“双随机”执法检查，每季度开展监督性监测，全年均达标。建立全市400个入海排放口“一本账”，更新完善档案信息，实行动态管理。强化巡查管控，委托第三方技术单位开展检查监测，形成8期监测简报，推进溯源整治。印发《建设项目环境影响评价文件与入河入海排污口设置审批融合改革实施方案》，实现入河入海排污口设置与建设项目环境影响评价文件审批同步申请、同步审查、一证批复的办理模式。

2021年6月7日，厦门市海洋发展局在下潭尾红树林公园开展增殖放流活动

（王火炎　摄）

2021年5月1日，厦门市渔业执法人员开展伏季休渔执法行动 （陈都 摄）

【海域养殖清退】 2021年，厦门市发挥市海域养殖整治办作用，督导翔安区完成全区海蛎石上岸工作，完成超规划海水养殖整治。督促各区落实防止养殖回潮责任，修订完善、强化实施《厦门市海域养殖整治考核工作方案》。市、区建立“养殖回潮”快速处置机制，通报督促各区清理新增养殖设施。

【渔业资源增殖放流】 2021年，厦门市投入资金253万元，组织开展“6·6”全国放鱼日、“6·8”全国海洋宣传日专场、厦金海域增殖放流活动等10批次，放流鱼虾苗4.81亿尾，其中放流鱼苗1458万尾；放流虾苗4.66亿尾。组织开展黄鳍鲷增殖放流效果评估工作。举办“增殖放流海洋文化科普研学”宣传活动。

【海洋意识教育】 2021年，厦门市推进市海洋意识宣传教育基地建设，沙坡尾厦门海洋经济公共服务中心正式开放，累计组织活动70多场，参观1600多人次，宣传介绍厦门市海洋科研成果及转化情况。搭建多元化的海洋科普文化传播交流平台，依托海洋媒体实验室，推出科普短视频产品100余条；出版厦门海洋文化丛书《海族列传》被“学习强国”平台推荐。举办“海洋公约”儿童艺术展、海洋科学开放日、下潭尾红树林公园科普活动、“爱厦门、爱海洋”摄影比赛等。

【伏季休渔】 2021年，厦门市围绕“加强海洋资源养护，促进生态文明建设”目标，加强港内渔船动态管控，推动渔船点验常态化、制度化，从源头杜绝伏季休渔渔船违规出海作业。伏季休渔期间，渔业执法部门累计出动执法人员4000余人次、执法车辆455车次、执法船艇317艘次；查获违法涉渔船舶及排筏57艘，没收肩背式电鱼设备4套，拆除违法捕捞网具552张，办结案件19件，罚款5.91万元，移送海警部门行刑衔接案件2件，拆解涉渔“三无”船舶62艘，印发相关宣传材料1000余份，张贴宣传通告400余张。

【“封港清查”行动】 2021年，厦门市清查整治涉渔“三无”船舶，实现全覆盖排查、全链条整治、全方位监管。排查各类无证船舶5109艘，对其中4159艘乡镇船舶进行建档造册，安装定位系统，纳入统一管理，明确管理主体及责任，建立健全乡镇船舶长效监管机制。拆解涉渔“三无”船舶823艘。

（市海洋发展局）

水资源保护

【概 况】 2021年，厦门市饮用水源达标率保持100%；主要流域隘头潭国控断面水质类别为Ⅲ类，6个国省控断面水环境功能区达标率100%、Ⅰ～Ⅲ类水质比例为100%；小流域8个省控断面水环境功能区达标率100%。对10个典型劣Ⅴ类流域断面挂牌督办，其中8个消除劣Ⅴ类。国控点隘头潭断面水质连续6个月进入全国前30名红榜。全市79个安全生态水系建设项目全部完工，累计完成投资5.7亿元，建设生态河道244.3千米。

【河湖综合治理】 2021年，厦门市委常委会专题研究部署，市总河长先后签发第1号、第2号总河长令，发起强化全流域综合治理总动员，确立每年3月30日为厦门市“河（湖）长日”。市级河长11次巡河、7次召开工作调度会，推动河湖长制具体工作落实。厦门市印发《关于强化全流域综合治理的实施意见》《关于进一步推进河湖共管共治的实施意见》《关于市区镇（街）三级河长制办公室标准化建设的指导意见》等。推进埭头溪、浯溪等河湖生态补水先行项目。组织河湖“四乱”（乱占、乱采、乱堆、乱建）排查专项行动，整改督办32个河湖问题。中央环保督察水电站退出问题全省率先交账销号。督促全市1386个入河排放口全监测，存在污水排放的395个入河排口全部整改完毕。将全市910处小微水体纳入河长制监管，完成302处受污染小微水体治理，结合打造景观示范点83处。开发“爱河湖”微信巡河小程序，建立市民群众参与巡河护湖、问题举报交流的平台。

【水资源节约】 2021年，厦门市落实《国家节水行动方案》，推进厦门市水资源节约集约利用先行示范区建设，贯彻落实用水统计调查制度，开展取水许可电子证照改革，推动规划和建设项目节水评价工作，开展计划用水和重点取水户监控管理工作。完成厦门第一中学等6家节水型单位和厦门太古可口可乐公司等4家节水型企业创建。厦门市妇幼保健院获得国家机关事务管理局、国家发改委、水利部三部委联合发布的“公共机构水效领跑者”称号。

【筼筜湖水质大提升项目】 2021年，由厦门市市政园林局作为责任单位的筼筜湖水质大提升系列项目相继开工建设。经研究讨论，论证各方案工程措施影响，确定工期较短、影响较小、费用较低的筼筜湖第二排涝泵站及西堤闸工程内湖侧方案，对护岸进行加固修复，打造出潮汐广场、观鸟廊等景观工程。筼筜湖生态环境整治一期工程是全国首个水质大提升项目。

【污水处理】 2021年，厦门市计划新建改造污水管网100千米，实际完成126千米；计划完成90.6平方千米正本清源改造任务，实际完成100平方千米。推进9座新建、扩建污水处理厂建设，其中澳头二期第一阶段、集美四期、高崎一期等3个污水厂通水调试，调试合格后增加污水处理能力29万吨/日。全年，埭头溪水质提升30个项目，完成26个、在建4个，埭头溪西浦水闸、埭头溪桥2个监测点位均未出现黑臭情况。督察报告反馈的4个应急处理站关闭，11个直排口基本完成整改。同安湾水质优良率100%，其中同安湾五通湾—西北（FJS0201）监测点位水质由2019年的劣四类提升为二类。12月31日，厦门市高崎污水厂投用，厦门岛内污水“零排放”目标得到保障。该项目位于高崎机场以南，鼻子沟及高崎道围合区域内，总占地面积15.5万平方米，远期规划处理污水能力为50万立方米/天。其中，一期占地面积8.36万平方米，一期项目处理污水能力为20万立方米/天。

（市水利局　市市政园林局）

土地资源保护

【概　况】 2021年，厦门市编制印发《厦门市国土空间生态修复专项规划（2021—2035年）》，成为福建省第一个完成市级国土空间生态修复规划的城市。制定《厦门市国土空间生态修复工作协调管理办法》并印发实行。协调管理办法明确建立由市自然资源和规划局、市生态环境局、市市政园林局、市水利局、市农业农村局、市海洋发展局以及各区政府、各相关工程项目建设指挥部等单位联合协作的厦门市国土空间生态修复管理工作制度。建立工作调度制度，提出“十四五”期间以《厦门市国土空间生态修复专项规划（2021—2035年）》为主要调度内容。

【耕地保护】 2021年，厦门市落实耕地保护目标任务。组织签订市对区目标责任书，市政府办公厅印发《关于进一步加强耕地保护监督工作实施方案》，进一步明确责任分工，全方位加强耕地保护工作推动力度，全年完成补充耕地200万平方米、补充水田102万平方米，指导开展耕作层剥离48万平方米，完成耕地保护目标任务。加快推进到期临时用地复垦，完成复垦或办理用地手续69宗（面积140万平方米）。加强耕地保护监督管理。出台《关于进一步加强耕地保护监督工作实施方案》，落实耕地卫星图片监督和耕保督察工作要求，对发现的问题组织整改，坚决防止耕地“非粮化”。加快推进到期临时用地复垦，完成55宗（面积118万平方米）。

【卫星图片执法】 2021年，厦门市开展2020年和2021年卫星图片执法工作和省天地网卫星图片图斑执法工作。完成2020年卫星图片图斑核查4791个，违法图斑整改373个；完成2021年卫星图片图斑核查910个，整改58个。完成省天地网卫星图片图斑核查5586个，整改309个。

【土地例行督察整改】 2021年，国家自然资源督察上海局下发厦门市2019年耕地保护督察问题194个，年内完成整改189个。国家自然资源督察上海局下发厦门市2020年例行督察问题33个，重点督办问题3个，全部完成整改。厦门市批后监管平台监督检查建设项目批后监管流程1246条，开展“双随机”检查项目119件，信用认定334件，抽查竣工规划和土地核实抽查105件。

（杨　臻）

自然保护区保护

【概　况】 2021年，厦门市自然保护区总面积138.97平方千米。其中，国家级海洋公园24.87平方千米，珍稀海洋物种国家级自然保护区面积75.88平方千米，五缘湾栗喉蜂虎自然保护区面积40万平方米，林业自然保护区面积37.82平方千米。海域白海豚数量保持稳定，栗喉蜂虎繁殖亲鸟数量80～100只。初步划定生态保护红线301.44平方千米，其中陆域面积217.94平方千米、海域面积83.5平方千米。厦门市有国家级自然保护区1个（厦门海洋珍稀物种国家级自然保护区），森林公园6个（莲花国家森林公园、天竺山森林公园、同安郭山村森林公园、集美灌口镇越尾山森林公园、翔安吕塘村森林公园、同安洋麻山森林公园），市级自然保护区1个（厦门五缘湾栗喉蜂虎自然保护区）。

【生态保护与修复】 2021年，厦门市实施“绿盾”自然保护地强化监督工作，开展生物多样性本底资料整编，核查涉及厦门珍稀海洋物种国家级自然保护区的遥感监测线索，确认均位于保护区外。联合举行国际生物多样性日主题宣传等活动，通过线上答题、媒体宣传、微信推广、科普推文等方式开展宣传。保护区基础设施建设稳步推进，主要保护物种种群数量基本稳定，中华白海豚遇见率稳步提高。

【保护区管理】 2021年，厦门市稳步推进自然保护地整合优化工作，服务保障涉及保护区的省市重点建设项目，开展项目建设现场指导和监督检查；进一步推进保护区信息化建设，开展视频监控监测二期系统建设，栗喉蜂虎保护区二期生态提升，加大保护区科技防控的力度。抓好保护区资源管护和日常巡护工作，发现和查处破坏生态环境等违法违规活动，保护区人类活动变化情况遥感监测问题销号率100%。主要保护物种种群结构合理，文昌鱼、白鹭种群数量稳定。

（唐　未　杨　臻）

节能减排

【概　况】 2021年，厦门市工业和信息化局（简称市工信局）做好节能监察、节能技术服务及推广、节能宣传培训、固定资产项目节能评审等技术性、辅助性工作，推进厦门市能耗“双控”（总量控制和强度控制）目标落实。监察各类用能单位68家，开出节能监察建议书7份；协助评选12项节能产品和技术，审核2份合同能源管理项目；清算新能源汽车推广应用中央财政资金4.62亿元，下达5659辆市级财政补贴资金1.76亿元。调研厦门天马微电子有限公司等15家工业企业用电情况，了解企业“双控”指标完成情况、用能情况、设备运行情况和节能技术改造情况。

【节能监察】 2021年，厦门市工信局累计监察工业企业30家，开具节能监察建议书5份；监察服务业用能单位7家，开具节能监察建议书2份；监察公共机构7家（含4家医院，2所大学、1家数据中心），均符合要求。通过开展日常节能监察和指导工作，强化企业执行国家节能法律法规意识，督促企业采取节能措施，开展节能技改，提高企业节能管理水平。

【固定资产投资项目节能审查】 2021年，厦门市工信局落实《福建省工业和信息化厅关于开展固定资产投资项目节能审查制度执行情况专项监察的通知》的要求，对5家企业开展厦门市辖区的固定资产投资项目节能审查制度执行情况专项监察，着重检查自查自纠发现的问题项目，“十四五”期间投产、达产的部分高耗能项目，投资项目库中投资1亿元以上的在建或拟近期投产的部分重点工业项目。完成年耗能5000吨标准煤以上的固定资产投资项目的节能评审11个。按项目类型分，工业交通类项目10个，基础设施项目1个。能评项目总投资334.57亿元，年综合能耗增量76.25万吨标准煤。节能评审提出各类节能技术和管理措施，实施节能措施后，核减能源消耗5629.12吨标准煤。审核2份EMC（电磁兼容）合同能源管理项目税收减免材料，现场核查项目实施情况，项目总计投资3605.51万元，年节能量2486.12吨标准煤，年节能效益475.85万元，帮助企业减免税收269.6万元。

【企业及产品获绿色荣誉】 2021年，厦门ABB开关有限公司等12家企业入选工业和信息化部绿色工厂名单，安费诺（厦门）高速线缆有限公司等13家企业的15个产品获得工业和信息化部绿色设计产品称号，厦门东亚机械工业股份有限公司获得工业和信息化部绿色供应链管理企业称号。（见表28-1）

【绿色技术和产品目录】 2021年，厦门市工信局开展绿色技术和产品征集，经组织申报、材料审核、专家评审，包括供热系统节能改造、供配电系统节能、绿色照明、余热余压利用、热泵技术、循环水泵、中央空调节能改造的12个项目被列入《厦门市2021年绿色技术和产品目录》。结合目录成果，引导厦门市企业加大节能产品研发和应用。（见表28-2）

表28-1　2021年厦门市入选工业和信息化部绿色制造企业及产品一览表

企业名称	获得荣誉
厦门ABB开关有限公司	2021年绿色工厂
厦门太平货柜制造有限公司	2021年绿色工厂
锐铭运动用品（厦门）有限公司	2021年绿色工厂
厦门明和实业有限公司	2021年绿色工厂
金牌厨柜家居科技股份有限公司	2021年绿色工厂
厦门立林科技有限公司	2021年绿色工厂
厦门芯阳科技有限公司	2021年绿色工厂
厦门钨业股份有限公司	2021年绿色工厂
厦门绿洲环保产业股份有限公司	2021年绿色工厂
厦门龙胜达照明电器有限公司	2021年绿色工厂
晶宇光电（厦门）有限公司	2021年绿色工厂
厦门银华机械有限公司	2021年绿色工厂
安费诺（厦门）高速线缆有限公司	2021年绿色设计产品 （有接头线缆NDAAFF0002）
厦门宏远达电器有限公司	2021年绿色设计产品 [功率继电器HF3FD/012-ZTF（088）]
德彦纸业（厦门）有限公司	2021年绿色设计产品 （K460-360纸管纸板）
厦门扬森数控设备有限公司	2021年绿色设计产品 （金属切削机床YSV-1265）
厦门环信达化工有限公司	2021年绿色设计产品 （超耐候外墙涂料Bower-W50-02）
正信（厦门）电子有限公司	2021年绿色设计产品 （电视机32LH0201）
科华数据股份有限公司	2021年绿色设计产品 [KR系列单进单出UPS（KR1110）]
厦门亿联网络技术股份有限公司	2021年绿色设计产品 （VC800全高清视频会议终端）
厦门联容电控有限公司	2021年绿色设计产品 （塑料外壳式断路器XKM1-63）
厦门厦钨新能源材料股份有限公司	2021年绿色设计产品 [三元材料（镍钴锰酸锂）HEC400、HGB320、LFB320]
奥得奥科技（厦门）有限公司	2021年绿色设计产品 （空气净化器ADA981）

续表 28-1

企业名称	获得荣誉
厦门普利得汽车电子有限公司	2021 年绿色设计产品（基础继电器 MC2/012）
厦门文仪电脑材料有限公司	2021 年绿色设计产品（一体式鼓粉盒 HF-TN420）
厦门东亚机械工业股份有限公司	绿色供应链管理企业名单

【节能宣传】 2021 年，厦门市工信局采用“线上＋线下”启动宣传模式，组织参加 2021 年全国节能宣传周福建启动仪式活动，举办“节能降碳·绿色发展”厦门市 2021 年全国节能宣传周全城云启动仪式。通过主会场分会场联动、云探访等活动形式，带动全民参与互动，线上宣传和线下活动互为补充，引导大众参与节能行动，践行绿色生产和生活方式，活动覆盖出行人群约 400 万人。开展节能进基层活动，成立节能宣传志愿服务队，并组织开展线下“节能进企业”“节能进乡村”“节能进公交场站（绿色能量出行站）”活动，通过政策和知识宣讲、现场答疑、发放宣传资料等方式，形成强大的宣传声势，唤起人们的节能意识。开展“云竞答”，通过“厦门市节能中心”微信公众号开展为期 1 周的在线节能知识有奖竞答，向大众传播节能理念、普及节能知识、提升节能意识，推动形成崇尚节约能源、环保低碳消费的社会风尚。策划《准时出发》节能宣传周特别节目，结合厦门电视台移动电视《准时出发》栏目，特邀节能专家、嘉宾，以访谈、脱口秀的形式，并通过现场游戏、弹幕进行互动科普节能知识。制作发放各类宣传品，节能宣传周系列活动累计发放宣传海报、节能灯、广告扇子、环保袋、宣传手册等宣传品 1.35 万余份。

【新能源汽车推广应用】 2021 年，厦门市汽车保有量 157.4 万辆，其中新能源汽车保有量 7.24 万辆，占比 4.6%，高于福建省（2.5%）、全国（2.6%）平均水平。厦门市落实新能源汽车国家补贴工作，审核厦门市汽车生产企业申报的符合上年度新能源汽车中央财政补助资金清算条件的新能源汽车 6532 辆，向上申请补助金额 4.6 亿元。落实新能源汽车地补，全年组织针对 24 家企业、9526 辆新能源汽车材料的审核，经专家评审和现场抽查等环节，对通过审核的

表 28-2　厦门市 2021 年绿色技术和产品目录

序号	企业名称	申报技术或产品	产品及型号
1	厦门势拓伺服科技股份有限公司	智能永磁直驱风扇	工业风扇 STF7.3、STF6.1、STF4.9、STF3.7，商业风扇 CF3.0、CF2.5、CF2.0、CF1.5
2	厦门绿信科技有限公司	绿信 Greentruss 工业循环水绿色节能节水处理系统	GTC-48A、GTC70V、GTC-24B、GTR-RR
3	厦门节节多科技有限公司	泵的控制方法和系统、水泵控制系统及水泵控制柜、冷却泵的控制方法、中央空调系统冷冻泵运行控制方法及冷冻泵控制器	FLSK
4	厦门矽创微电子科技有限公司	供水管网渗漏报警平台	V4.0
5	厦门航天思尔特机器人系统股份公司	空压站云智控节能管理系统	云智控智能控制系统
6	厦门捷能通光电科技有限公司	LED 教室灯具	NT-JSD-1501、NT-JSD-1502
7	厦门乾照光电股份有限公司	高光效高可靠性 RGB 显示屏用 LED 制造技术	CL-05A1BAC、CL-0406HOMGUC、CL-0406HOMBUC
8	厦门市致创能源技术有限公司	5G 智慧路灯杆及其综合管理系统	单灯控制 FC-LCTR-A120、单灯控制器 FC-LCTR-A120-TS、远程照明控制终端 FC-LCTR-B200、远程照明控制终端 FC-LCTR-B210、远程照明控制终端 FC-LCTR-B230
9	厦门金名节能科技有限公司	高效制冷机房智慧 AI 控制器	JM-Aicenter
10	厦门市朗星教育科技有限公司	LED 照明灯具（教室灯、黑板灯、面板灯）	LED 教室灯 JY-JSD38W01、LED 黑板灯 JY-HBD42W01、LED 面板灯 JY-MBD38W01
11	厦门盛世欣兴格力贸易有限公司	磁悬浮变频离心机组	CCE 系列磁悬浮变频离心机组
12	厦门昊星电子有限公司	LED 道路交通信号灯系列、LED 道路倒计时显示器系列、LED 高速公路车道控制标志系列	JD400、FX400、RX300，DX，HX-CKB

2021年8月23日，厦门市2021年全国节能宣传周全城云启动 （市工信局　供图）

19家企业、5659辆新能源汽车下达市级财政补贴资金1.76亿元。搭建新能源汽车补贴数据库，督促企业完善年度、月度数据。

（林逸君）

污染防治

【概　况】 2021年，厦门市生态环境局坚持生态文明对标新加坡，创建全国生态文明示范市，坚定不移“当好生态省建设的排头兵”，持续推进疫情防控阻击、污染防治攻坚、助力复工复产“三线联动”。总结推广臭氧和$PM_{2.5}$协同治理经验，加强超标排放机动车管理和非道路移动机械排放监管，推进绿色海港空港建设，深化VOCs（挥发性有机物）排放企业全过程管理。制定实施《关于进一步加强工地扬尘污染防治工作的通知》，开展工地扬尘“测管联动”和督导帮扶，查处扬尘污染问题866起、罚款935万元，对137个项目记不良信用记录。

【大气污染防治】 2021年，厦门市生态环境局组织实施3轮“守护蓝天百日攻坚”专项行动。加强移动源污染防治，推进绿色海港空港建设，执行在用车排放检测与强制维护制度，开展非道路移动机械编码登记工作，全年登记1.98万辆。加强城市面源污染治理，加大露天焚烧和餐饮油烟整治力度，持续开展工地扬尘走航监测和专家督查，推动整改194个工地的592个扬尘问题。加强臭氧污染防控，完成大气污染物重点工程减排项目34个，对105家次涉VOCs（挥发性有机物）企业和26家次锅炉窑炉企业开展测管联动，整治“散乱污”企业118家。完成空气质量年度目标任务，空气质量综合指数和优良率持续保持全国前列，$PM_{2.5}$年均浓度连续2年全省并列最低。召开闽西南大气污染防治联防联控联治联席会并签署合作备忘录。

【水污染防治】 2021年，厦门市生态环境局开展水污染防治，实施碧水工程。推动莲花水库、枋洋水利枢纽工程周边环境综合整治和保护区划定，出台坂头—石兜水库生态补偿制度，实现市级水源地全覆盖。组织开展农村水源地摸排和“划、立、治”。制订《全面消除劣Ⅴ类水体三年行动方案》，阶段性消除劣Ⅴ类断面14个。开展入河排放口整治和小流域周边专项执法。完成污水管网建设126千米，新增污水处理能力29万吨/日。推动农村生活污水雨污分流和提升治理，强化农村生活污水“收集端”精细化、规范化收集与管理，有关做法被福建省生态环境厅作为全省示范引领案例推广。

【土壤污染防治】 2021年，厦门市生态环境局贯彻国务院《土壤污染防治行动计划》。动态更新市级土壤污染重点监管单位名录并向社会公开。印发《厦门市重点重金属污染物排放总量管理方案（试行）》。严格项目准入，落实建设用地污染防治。加强土壤详查成果运用，动态更新疑似污染地块名录及土壤风险管控与治理修复名录。推进地下水基础环境状况试点调查评估，开展危险废物风险排查，排查整改隐患165个，均不属于重大隐患。

【海域污染防治】 2021年，厦门市生态环境局强化陆海统筹，开展九龙江口和厦门湾生态综合治理攻坚，强化入海排放口巡查管控，开展8轮检查监测，推

2021年3月30日，厦门市首辆环境空气走航监测车通过验收，并正式投入使用。图为工地扬尘监测现场 （市生态环境局　供图）

2022 年 3 月 28 日，厦门市生态环境执法人员现场检查厦门国际健康驿站涉疫垃圾及污水处置情况 （市生态环境局　供图）

进溯源分析，提升整治成效。强化海漂垃圾综合治理，清理海漂垃圾 3141 吨。在全市建立湾（滩）长制，市、区制订湾（滩）长制实施方案。“厦门岛东南部海域美丽海湾建设”入选福建省“美丽海湾”建设优秀案例并在全省展示推广。近岸海域优良水质面积占比 87.3%，比上年提高 4.9 个百分点。

【固体废物污染防治】 2021 年，厦门市生态环境局压实监管责任和主体责任，确保医疗废物和涉疫垃圾应收尽收，日产日清，涉疫废水消杀到位，达标排放。制定《厦门市应对新冠肺炎疫情医疗废物应急处置预案》《涉疫垃圾收运处置操作规程》《隔离场所涉疫污水处置规程（试行）》等文件，完善规程体系。推动全市医疗废物和涉疫垃圾产生单位在厦门市医疗废物环境监管平台注册并使用电子联单，提升信息化监管水平。出动人员 3.22 万人次，检查单位 1.54 万家次，医疗废物（含涉疫垃圾）安全转移处置率 100%。

（唐　未）

环境监管

【概　况】 2021 年，厦门市生态环境局聚焦解决突出环境问题，推进 2 轮中央生态环保督察反馈问题整改。第一轮中央生态环境督察涉及厦门市 18 项反馈问题全部完成交账销号程序。第二轮督察涉及厦门市 12 项反馈问题按序时进度推进。完成全市海域超规划养殖清退任务。梳理明确企业内设加油站点监管职责分工，排查出企业内设加油站点 141 个，依法关停取缔黑加油点 84 家，查获成品油 523 吨。配合公安等部门办理各类涉成品油案件 29 件，打掉犯罪团伙 1 个，立案侦查 3 件，抓获犯罪嫌疑人 41 人，查获涉案成品油 4397 吨，案值 1692 万元。结合“除隐患、保安全、迎建党百年”安全生产集中攻坚和“迎建党百年　安全生产百日攻坚”等专项行动，开展危险废物隐患排查，排查整改隐患 165 个，完成全市 40 家放射性物品单位隐患排查整改工作。推进构建诉讼与非诉讼相衔接的矛盾纠纷多元化解体系建设，调解成功环境类民事纠纷 15 件。建设市域法治实施体系，推进市域网格运行管理智能化建设。常态化开展扫黑除恶专项斗争，推进“行业清源”清理整治，打击环境违法，获评 2018—2020 年度全市扫黑除恶专项斗争先进集体。

【生态文明体制改革】 2021 年，厦门市生态环境局推进落实局系统年度 31 项改革任务，每季度调度推进。梳理形成 10 项改革经验报福建省生态环境厅。东坪山片区近零碳排放区示范工程入选生态环境部绿色低碳典型案例，《厦门市“三线一单”空间管控系统，织就“生态绿网”》入选生态环境部第一批“三线一单”落地应用案例汇编，湖里区、集美区获“国家生态文明建设示范区”称号。省生态环境厅专题发文推广厦门市全面推进农村生活污水高质量高标准提升治理经验做法。“生态文明制度创新的‘厦门实践’”入选厦门经济特区建设 40 周年全面深化改革优秀案例，并获评厦门市 2021 年度改革创新最佳案例。排污许可一证式、局队合一等改革试点落地实施，全市首例入刑、金额大的生态环境损害赔偿案件被省生态环境厅列为典型案例。

【营商环境建设】 2021 年，厦门市生态环境局提速增效、服务发展，助力经济社会高质量发展。牵头出台“蓝天碧水净土森林覆盖率”专项提升方案，助力营商环境建设“厦门市包容普惠创新指标”被省评为标杆指标典型经验。印发积极应对新冠病毒肺炎疫情影响助力企业纾困减负 6 条措施，开展“三送三促”（送政策、送服务、送法律，促复工复产、促环保落实、促环境安全）服务企业活动，兑现生态环保专项补助资金 1219 万元，对 14 类轻微环境违法行为不予行政处罚，实行监督执法正面清单。动态更新 236 家生态环保领域严管优服企业名单，坚持挂钩服务制度，实地调研企业 565 家次，解决企业需求 184 项。印发《厦门市“三线一单”生态环境分区管控方案》《厦门市生态环境总体准入要求》，实施厦门市生态环境分区管控，推进深化建设项目环评审批改革。获评全国“三线一单”（生态保护红线、环境质量底线、资源利用上线和生态环境准入清单）工作表现突出集体称号。

【现代环境治理体系】 2021 年，厦门市生态环境局编制实施“十四五”生态环境保护“1+6”专项规划。修订实施《厦门市环境保护条例》《厦门经济特区生态文明建设条例》，印发《厦门市市直有关部门生态环境保护责任清单》，强化党政领导生态环保“三合一”考核，实施生态环境监管能力建设三年行动，重点推进智慧环保平台三期、生态环境大数据平台项目建设，“三线一单”“海洋生态环境监管”应用系统在第四届数字中国建设峰会“数字生态分论坛”上展示推广。

【环评审批服务】 2021年，厦门市生态环境局结合新版分类管理名录的颁布实施，深化环评文件审批告知承诺制的实施范围。环评审批告知承诺制由95类扩展到137类，实行审批告知承诺制项目504个，占总数58.5%，共节约审批时限1.51万个工作日；豁免30类登记表项目；备案审批告知承诺制项目729个，比上年下降68.8%。组建环评审批工作专班，保障新机场海洋环评、项目环评获批，保障厦门时代一期、中航锂电二期、电气硝子四期等项目环评审批。

【"放管服"改革】 2021年，厦门市生态环境局强化严管优服意识，推进"互联网+"政务，实现审批事项"最多跑一趟"甚至"一趟不用跑"。推进和鼓励申请人通过网络提交审批申请，为申请人提供便利，提升审批服务水平。推行区域评估，简化项目环评，对五缘体育公园片区、同安区西柯北（12—14）编制单元等6个完成区域评估的片区，实行环评"一本制"管理。印发《厦门市建设项目环评与排污许可深度衔接改革试点实施方案（试行）》，开展环境影响评价、排污许可和排污权交易3项制度融合和衔接试点探索。

【生态环境损害赔偿制度改革】 2021年，厦门市生态环境局印发《关于进一步加快推进生态环境损害赔偿制度改革实施工作的通知》，拓宽线索渠道、引入由3位专家出具专家意见的简易评估方式。建立会商机制，召开市生态环境损害赔偿改革实施工作推进会，加强部门协同。探索多元化修复，在同安区汀溪镇堤内村建立厦门生态环境损害赔偿异地生态修复基地。

【环境信用建设】 2021年，厦门市生态环境局印发《关于落实〈厦门市社会信用体系建设2021年工作要点〉任务计划及责任分工表》《厦门市社会信用体系建设工作2021年考核指标及标准》，细化工作措施。完成2021年信用"双公示"（行政许可、行政处罚）工作，信用监管第三方评估成绩全市第一。完成2批次719家企业环境信用评价，结果均公开并上传至"信用厦门"共享平台；完成环保信用信息目录梳理463项；在"信用厦门"共享平台公示环境保护信用信息5668条、信用承诺信息750条；引导企业自主做出信用承诺258家次；落实信用审查4654家次；研究梳理公共信用信息报告三大类应用；发布第六批、第七批环保红黑名单，联合奖惩对象185家次；查询惩戒1198家次；对信用良好的企业和个人在办理行政许可过程中落实予以优先支持的便利服务措施；为企业完成575条行政处罚信息信用修复；在厦门市生态环境局官网、微信公众号、"信用厦门"共享平台等发布宣传文章36篇；举办23次线下信用相关的宣传活动。

【监测能力建设】 2021年，厦门市生态环境局持续推进监管能力建设三年行动方案项目建设，制订实施年度监测方案，建立监测结果回流、公开机制。推进超级站监测能力提升改造等重点项目前期工作，统筹推进国控气站（国控空气质量监测站）$PM_{2.5}$监测设备更换工作。组织推动41家重点排污单位安装自动监控设备并联网上传，自行监测完成率超过90%。组织编制《厦门市"十三五"生态环境质量报告书》并获生态环境部通报表扬。开展重点领域环境监测数据质量监督检查，会同市市场监督管理局对25家检验检测机构开展"双随机"监督抽查，发现104个问题并督促整改。

【生态环境应急管理】 2021年，厦门市生态环境局修订《厦门市突发环境事件应急预案》；各行政区域开展突发环境事件风险评估及预案修编；198家企业开展环境风险评估，编制、修订突发环境事件应急预案并备案。组织以"滩涂含油危险废物泄漏"为主题的年度突发环境事件应急演练。开展"以案促建　提升环境应急能力"专项活动。组织重点企业、重点高校参加环境应急管理相关业务培训，落实应急指挥车、应急防护装备常态化操练。

【生态环境执法监管】 2021年，厦门市生态环境局贯彻生态环境综合执法"夯基固本优化提升年"活动，拟订《厦门市生态环境保护履职评估试点工作方案》《厦门市生态环境保护综合行政执法现场工作规程和操作手册》《2021年厦门市生态环境保护执法计划》，规范执法程序，提升执法效能。开展执法大练兵，组织"学党史、勇担当"生态环境保护执法大练兵技能竞赛，选拔业务骨干参加全省技能竞赛并获团体一等奖。推行行政执法"三项制度"（公示制度、行政执法全过程记录制度、重大执法决定法制审核制度），开展"双随机、一公开"执法和蓝天、碧水、碧海、净土保卫战。市生态环境局获评福建省生态环境保护执法大练兵表现突出市级单位称号，集美、同安生态环境局获评表现突出市局派出机构称号。

（唐　未）

责任编辑：林德全
明安文
审　　稿：林建高
校　　对：黄　澜

29 旅游业

综述

【旅游接待】 2021年，厦门市接待国内外游客8940万人次，比上年增长34.69%；旅游总收入1301亿元，增长34.54%；游客人均花费1455元，比上年减少2元，下降0.12%。接待国内游客8909.56万人次，比上年增长36.21%，占接待总人数的99.66%，实现国内旅游收入1285.92亿元，增长42.66%，占旅游总收入的98.84%。接待国内过夜游客3269.35万人次，比上年增长29.44%，占国内游客的36.69%；接待国内一日游游客5640.21万人次，增长40.47%，占国内游客的63.31%。接待入境游客30.44万人次，比上年下降68.38%，占接待总人数的0.34%，实现旅游创汇2.34亿美元，下降75.40%。其中，接待入境过夜游客30.44万人次，比上年下降66.13%，占入境游客的100%。至年末，全市旅游住宿单位2553家。其中，星级饭店48家，五星级饭店19家。

【旅游业扶持】 2021年，厦门市文化和旅游局（简称市文旅局）加大市场主体帮扶力度，适时出台帮扶措施，加快推动各项援企稳岗政策落地见效，全力协助解决企业资金难题，增强企业生存和发展能力，助力厦门广大文旅中小企业纾困解难。贯彻落实福建省旅游发展工作视频会议精神，牵头起草《厦门市关于促进旅游业高质量发展的实施意见》，提出升级产业结构、丰富产品供给、做强市场主体、激发消费潜力、推进数字赋能以及强化要素保障6个方面27条具体措施。推动出台《厦门市促进旅游发展若干措施》《关于做好在厦过年人员服务保障相关工作的通知》《厦门市人民政府办公厅关于印发进一步加大消费旅游扶持力度的通知》《厦门市文化和旅游局　市财政局关于进一步促进旅游发展若干措施的通知》。曾厝垵文创街区创建第一批国家级夜间文化和旅游消费集聚区，推动文旅市场强劲复苏。树立抓经济促全局理念，市文旅局领导对口密集走访调研定点挂钩的瑞颐酒店、马哥孛罗酒店、灵玲大酒店、格芮希尔顿酒店、凯宾斯基酒店及建发国旅集团等重点限额以上住宿单位和规模以上旅行社，实地掌握企业经营情况，帮扶企业破解难点、痛点和堵点问题，助推企业加快发展。

（张雅婧）

【鼓浪屿场馆数字化建设】 2021年，鼓浪屿管委会借鉴敦煌莫高窟的经验做法，完成钢琴博物馆、风琴博物馆、故宫鼓浪屿外国文物馆数字化建设，完成360°全景虚拟实境、线上展览等。整合数字建设成果，按照文化遗产、旅游导览、公共服务三大类内容，提供涉及文化遗产介绍、鼓浪屿历史文化陈列馆、云游特色展馆、旅游服务信息和市民服务信息查询等12个方面内容。展示形式包括小视频、VR虚拟全景、图文信息等，满足在线浏览鼓浪屿文化遗产和主要景区的基本需求。

（郭阿妹）

旅游规划建设

【概　况】 2021年，厦门市文旅局坚持招商引资，推动文旅产业高质量发展，建立完善旅游产业链链长制支撑服务机制、议事协调机制、考核督查机制和决策咨询机制，按照“一条产业链、一张产业发展路线图、一套班子、一抓到底”的工作要求和模式，优化完善产业发展路线图，梳理编制龙头企业清单、目标企业清单、重点项目清单、支持政策清单，及时制定和动态更新厦门市文旅产业招商地图和招商手册，深度走访30余家国内头部文旅企业，联合各区赴13个城市开展精准推介招商，实现旅游产业链招商更精准、更专业、更高效。全年，全市文化旅游产业入库项目235个，其中策划意向项目31个，在谈项目30个，落地项目174个。2021年新增入库项目69个，预计投资总额61.94亿元；新增落地项目57个，预计投资总额54.48亿元。

【文旅规划建设】 2021年，厦门市重点在建文旅项目18个，总投资约272.73亿元，年度计划投资28.61亿元。厦门市重点在建文旅项目完成投资28.43亿元，占年计划投资99.37%。其中，文旅融合示范工程项目5个，总投资37.86亿元，年度计划投资5.60亿元，完成4.17亿元，完成年计划投资74.46%；生态旅游精品工程项目1个，总投资3.50亿元，年度计划投资0.21亿元，完成投资0.29亿元，完成年计划投资138.10%；滨海旅游开发工程项目2个，总投资139.53亿元，年度计划投资14亿元，完成投资15.25亿元，完成年计划投资108.93%；景区创新提升工程项目2个，总投资2.999亿元，年度计划投资1.90亿元，完成投资1.08亿元，完成年计划投资56.84%；乡村旅游休闲工程项目1个，总投资30亿元，年度计划投资1亿元，完成投资额0.2亿元，完成年计划投资20%；文化旅游基础设施和公共服务提升工程项目7个，总投资58.85亿元，年度计划投资5.9亿元，完成投资7.44亿元，完成年计划投资126.21%。

【乡村旅游“百镇千村”创建】 2021年，厦门市文旅局按照省、市年度乡村振兴总体部署，落实《福建省乡村旅游“百镇千村”提质升级三年行动方案》，全面实施《厦门市休闲农业与乡村旅游发展实施规划（2018—2035年）》，依托“百镇千村”平台，引导乡村旅游空间布局和业态优化，加强乡村文旅融合，稳步推进乡村旅游提质升级。莲花镇获评首批全国乡村旅游重点镇，汀溪镇获评福建省全域生态旅游小镇，古坑村和大宅村获评福建省金牌旅游村。

（张雅婧）

旅游推介

【概　况】 2021年，厦门市文旅局研究制订《关于创新做好2021年厦门四季生活之旅旅游宣传推广工作的方案》，创新丰富“厦门四季生活之旅”系列产品。在街巷、景区景点、公共交通等场所按照厦门春季、夏季应季特点结合场所特色，进行“厦门四季生活之旅”主题装扮装饰。针对游客和市民刚性需求，发布“春季休闲生活之旅”“夏季滨海生活之旅”“秋季人文生活之旅”90个网红打卡点和75条精品旅游线路。市文旅局与阿里巴巴集团飞猪平台及口碑平台联合举办“厦门文旅消费季”活动，发放文旅消费优惠折扣券，开展惠民消费补贴，持续拉动消费。举办厦门“康养大道”线上平台宣传推广促销活动宣传旅游产品。整合湖里区、集美区、海沧区推出的“天竺山桐花季”等文旅主题活动，带动住宿、餐饮等消费。各区利用“全闽乐购”等促进消费平台，以大型商业城市综合体、旅游景点等为依托，举办促消费活动。通过住店圈、侠侣网等平台和辖区酒店、景区景点开展“聚鹭岛·住思明”“YOU思明·畅心玩”秋冬亲子旅购节等促消费活动，激发秋冬文旅消费爆点。同安影视城和北辰山为留在同安过年的非福建省户籍学生和家长设计印制专用家庭套票入园券，发放免费入园券。国际游艇汇与支付宝口碑平台合作，发放“滨海生活消费券”，商家联合推出优惠活动，进一步促进游艇等休闲消费复苏。首次以“缤纷五一　畅游厦门”统一品牌，组织旅游饭店企业设计推出“五一”康养特惠产品和家庭度假特色服务1669款。推出“缤纷五一　畅游厦门”“欢乐端午节　粽情厦门游”等微信、微博新媒体宣传，制作《厦门地铁沿线酒店优惠特辑》《厦门文化公共服务场馆周边酒店优惠特辑》《厦门景区休闲酒店特辑》等游客导览新媒体宝典，总阅读量7665万人次，引导市民和游客到岛内外度假休闲游，精准拉动文旅消费。联合OTA平台开展宣传推广，结合“厦门康养大道”旗舰店活动，在携程集团上海总部举办“缤纷五一　畅游厦门”旅游产品推介会。

【“厦门四季生活之旅”旅游推广】 2021年，厦门市文旅局以“厦门四季生活之旅”为主题，围绕“厦门生活”主线开展旅游主题宣传推广工作，举办“厦门四季生活之旅”发布系列活动。春季以“春天第一杯茶”，夏季以“夏天的第一次玩海”，秋季以“迓”为爆点联合各区开展系列发布活动。分三季组织150名旅游达人、网红达人和新闻媒体代表开展旅游产品体验和踩线活动，在线上进行实时传播，累计观看量1.496亿人次。3月30日，在思明区东坪山举办“厦门春季休闲生活之旅”旅游产品发布会；6月10日，在湖里区五缘湾举办“厦门夏季滨海生活之旅”旅游产品发布会；8月26日，在集美杏林湾举办“厦门秋季人文迓发布会”。中央电视台新媒体平台、新华社现场云等进行直播，累计观看量突破1.6亿人次。

【闽西南旅游推广】 2021年，闽西南五市（厦门市、漳州市、泉州市、三明市、龙岩市）文旅部门牵头召开2021年度闽西南协同发展区旅游工作联席会议，举办“山海闽西南·魅力世遗游”文旅品牌宣传交流活动，聚焦“魅力世遗游”主题，发布八大类55条精品旅游线路，丰富“山海闽西南”区域旅游品牌内涵。倡议成立闽西南协同发展区旅行社联盟，促进闽西南旅行社业优势互补、抱团发展。推进闽西南旅游宣传

2021年12月31日，最闽台伴手礼评审展销会在厦门磐基中心启动

（市文旅局　供图）

2021年5月19日，金牌导游光耀厦门活动在厦门地铁某站中开展体验式宣传
（陈灿彬　摄）

推广“五个一”综合平台工作，发挥闽西南旅游网、闽西南五市自媒体矩阵、山海闽西南（台湾）旅游形象店等宣传推广平台作用，组织五市参加第十七届海峡旅博会，完成《闽西南旅游指南》康养休闲篇、乡村生态篇编印工作。

【最闽台伴手礼评选系列活动】 2021年3月31日，在厦门市文旅局的指导下，厦门晚报社与厦门老字号协会、厦门市商业联合会、厦门市台商协会、厦门市旅游协会饭店分会、厦门银联、厦门茶叶进出口有限公司等单位合作，启动2021最闽台伴手礼评选系列活动。活动包括老字号品牌创意设计大赛和“最闽台伴手礼评选”2个主题。其中，最闽台伴手礼评选从2021年11月18日开始，通过热心市民读者推荐、企业自荐、专业人士初选、线下评审展销会及获奖公示等环节，40多家企业携各自招牌产品登台角逐，接受10名专家评审及200名市民的评选，最终确定20家企业的产品分获“最闽台伴手礼十佳”和10个单项奖。

【“金牌导游·光耀厦门”系列活动】 2021年5月，厦门市文旅局组织全国83位金牌导游到厦门踩线体验，推介厦门四季生活之旅，形成“厦门四季生活之旅”100个故事。编辑拍摄《金牌导游·光耀厦门——厦门四季生活之旅的100种味道》系列宣传片，并通过新媒体平台及金牌导游自媒体进行传播。结合“5·19”中国旅游日主题活动，“全国金牌导游联盟”成立大会在集美研学城召开。联盟总部设在厦门，将在旅游供给侧打造厦门文旅精品，助力厦门文旅事业发展。在厦门航空、厦门地铁等宣传场景中开展“金牌导游·光耀厦门”体验式宣传，以全国导游员圈层作为厦门旅游放大镜，进行主题推广。联合厦门广电集团开辟“金牌导游·光耀厦门”《厦门生活100天》专栏，全国金牌导游在广播中讲述厦门生活故事；联合光大银行印制“金牌导游·光耀厦门”《厦门生活100种味道》宣传册，以图文形式展示全国金牌导游厦门生活故事。“金牌导游·光耀厦门”系列活动实现传播覆盖约3.5亿人次。

【旅游博览会联合举行】 2021年6月18—20日，由云南省和宁波市分别作为主宾省和主宾市的第十七届海峡旅游博览会和第七届中国（厦门）国际休闲旅游博览会（简称旅博会）联合在厦门国际会展中心举行。福建省旅游协会副会长伍世代、厦门市文旅局副局长陈桂林、厦门市会展协会会长郑智、厦门建发国旅集团董事长兼CEO陈丽霜、厦门建旅会展传媒集团总经理蒋利君等领导嘉宾出席发布会。发布会由厦门建发国旅集团副总经理王珺瑜主持，活动同步进行网络直播。两展联合展出面积5万平方米，展位约2000个。该届展会采取场内场外活动相结合的方式，主要活动概括为“2+3+4+N”，进一步升级资源整合的平台功能，通过呈现“吃、住、行、游、购、娱、学、喜”八大消费元素，紧贴文旅发展新趋势，做好国内国际旅游合作的重要链接，助力文旅行业复苏。国内15个省（自治区、直辖市）组团及省内各设区市文旅局参展，西藏昌都、新疆昌吉、甘肃临夏等原厦门市对口帮扶脱贫地区参展。

·小资料·

2+3+4+N：“2”即两个精品展会，

2021年6月18—20日，第十七届海峡旅游博览会和第七届中国（厦门）国际休闲旅游博览会联合在厦门国际会展中心举行。图为海上花园展厅　（市文旅局　供图）

具体是第十七届海峡旅游博览会、第七届中国（厦门）国际休闲旅游博览会；“3”即三个主题论坛，分别为2021中国（厦门）海洋旅游热力论坛、2021中国（厦门）国际休闲旅游论坛、2021海峡两岸及港澳地区名导论剑；“4”即四大旅游推介活动，包括“厦门四季生活之旅”文旅推介会、“全福游 有全福”及“海上花园 诗意厦门”特色旅游资源考察踩线、全球知名旅行商休闲旅游产品采购大会、厦门旅游产品买家“一对一”交流会。“N”即配套活动，包括主宾省市推介活动、2021闽西南（国际）游客节、第八届建旅老年旅游节、厦门旅游线路产品热卖会、各展商推介表演等，打造区域交流合作的品牌旅游盛会。

（张雅婧）

旅游业态

【概　况】2021年，厦门市结合地域特点、景区特色、节事活动、文化资源、城市特质及文创产业发展的优势，指导景区点、旅行社等主动开发新产品，推动“会展+旅游”“研学+旅游”“影视+旅游”“乡村+旅游”“演艺+旅游”“夜间休闲+旅游”“文创+旅游”“智慧+旅游”等新兴业态的发展。持续推进厦门市全域旅游示范区创建，以集美区国家全域旅游示范区为样本，指导思明区做好创建国家全域旅游示范区的各项准备工作，推进海沧区争创福建省全域生态旅游示范县（区），指导同安区做好各项创建工作，有序推进和提升厦门市全域旅游发展质量。

【会展旅游】2021年，厦门市出台《关于加快推进旅游业高质量发展的意见》，围绕专业化、品牌化、国际化目标，发挥区位优势和自然资源禀赋，争取国内大型品牌展会长久落户厦门，吸引国家级商协会的年会、研讨会以及上市公司等大型企业的年度董事会、监事会、经营研讨会到厦门举行，吸引各类高端客群到厦门开展商务会展旅游，壮大厦门市商展旅游。市文旅局筹划和举办第十七届海峡旅游博览会（旅博会）、第十七届海峡两岸图书交易会（海图会），以会展带动旅游，以旅游促进会展，推动厦门会展旅游高质量发展。

【红色旅游】2021年，厦门市文旅局联动高德地图，梳理50个红色旅游资源参观点标注在电子导览导航图上，同时用40个红色资源参观点连成“星火燎原·红色记忆”“高山党校·红色军营”“特区蝶变·华侨足迹”等“2021厦门市十条红色旅游线路”，并向社会各界推出，其中涉及军营村红色旅游线获评文旅部推出的全国百条红色旅游精品线路。制作《厦门红色资源参观点和十条红色旅游线路》电子书供市民和游客查询，并通过厦门市文旅局自有媒体平台及市属媒体进行宣传。该次红色旅游线路推送，是庆祝中国共产党成立100周年的重要举措，对传承红色基因，赓续精神血脉，展示改革开放最美风景，打造独具厦门特色的红色旅游品牌都具有重要意义。

【工业旅游】2021年，厦门市实施《关于加快推进福建省工业旅游发展的意见》《厦门市全域旅游发展规划（2017—2035年）》，继续培育若干工业元素浓厚、代表地方工业特色的工业旅游项目。海沧区结合“中国制造+中国创造+工厂货源选品基地”概念，围绕“吃住行游购娱”旅游要素，推出6条工业旅游线路，进一步推动厦门市工业旅游发展。2021年，厦门三圈电池有限公司、厦门正新橡胶工业有限公司等被列为第二批福建省省级工业旅游示范基地。

【文化旅游】2021年，厦门市文旅局指导厦门各旅行社深入挖掘厦门人文民俗、景区景点内涵，融入闽南文化、嘉庚文化、祖地文化、海洋文化等元素，联合研学机构和基地策划推广寓教于乐、游学相长、文旅融合的研学旅行体验项目，包装推出闽南文化研学之旅、侨乡文化研学之旅、海洋文化研学之旅、浪漫滨海之旅等主题研学旅行线路，丰富厦门研学旅游产品和亲子游产品。指导集美区发挥研学优势，开展特色非遗研学课程，将南音、剪纸、影雕等传统艺术融入研学内容之中。集美区不断提升厦门（集美）闽台研学旅行基地的功能与内涵，探索出“1+1+N”（1个研学总部+1个研学大营地+N个研学单元）的研学模式，每年研发推出课程不少于3个，定向开发适合3～18周岁不同年龄段的122个王牌研学课程。市文旅局对接全市大中专院校和中小学校、民间社团协会、青少年宫、科技馆、博物馆、艺术演出团体等，挖掘特色资源，打造全市研学课程。

【乡村旅游】2021年，厦门市实施《厦门市乡村旅游发展三年行动计划》，促进乡村旅游发展全面融入乡村振兴大局，用好乡村旅游政策，完成支付2020年度农村旅游服务业投资项目贷款贴息补助227万元，组织实施2021年度乡村旅游专题培训班，引导乡村旅游从业人员结合新形势有效推进工作开展。市文旅局联合市发改委、市建设局组织遴选推荐，同安区汀溪镇古坑村和翔安区香山街道大宅村获评“2021年福建省金牌旅游村”；联合市发改委推动同安区莲花镇申报第三批全国乡村旅游重点镇。截至年底，厦门市初步形成海沧东孚片区、集美灌口片区、同安北部山区和翔安澳头片区等多个乡村旅游发展集聚区，建成运营大帽山境、香山乡苑、田园竹坝、七彩田园、万丰果业等乡村旅游重大项目，拥有11个中国美丽休闲乡村、2个全国乡村旅游重点村和1个重点镇、1个福建省全域生态旅游小镇、4个金牌旅游村、21家省级休闲农业示范点。

（张雅婧）

旅游资源

【概　况】2021年，厦门市有国家A级旅游景区21家。其中，AAAAA级旅游景区1家，AAAA级旅游景区10家，AAA级旅游景区8家，AA级旅游景区2家。全市有独立法人旅行社472家、出境游组团社46家、赴台游组团社5家、台资合资旅行社2家。全市有星级饭店48家，其中五星级饭店19家、四星级饭店20家、三星级饭店9家。高星级饭店数量、品质居福建省首位。国庆节期间，受新冠病毒肺炎疫情影响，景区暂停对外开放。厦门市文旅局自媒体矩阵通过“海上花园 诗意厦门”微信公众号、抖音号和官方微博联合厦门旅游集散服务中心等单位，在假期推出“景点背后的故事”专栏。其中，通过“云上赏厦门”，带领游客从空中视角“云上看厦门风景”，讲述景点背后的秘闻趣事；“动物园里的家”为游客呈现厦门灵玲马戏城里动物“宅”家抗疫的有趣场景；“科学大城堡”邀请厦门市科技馆、诚毅科探中心的讲解员老师，通过线上讲述藏在“科学大城堡”中的科学道理。通过自媒体推出《“厦门市文化和旅游局自媒体矩阵云赏厦门”观赏指南》，为隔离场所人员提供“云游厦门”的线上旅游服务。

【旅游景区】 2021年，厦门市文旅局继续指导推动园林植物园创建国家AAAAA级旅游景区，指导灵玲马戏城创建AAAA级旅游景区；指导海沧区成功创建福建省全域生态旅游示范县（区）；推动旅游年卡及户外运动卡优化升级，两卡签约单位24家，进一步提升便民惠民服务。指导A级旅游景区按照《旅游景区恢复开放疫情防控措施指南》，落实“限量、预约、错峰”要求，坚持常态化新冠病毒肺炎疫情防控，指导景区做好防疫物资储备、有效设置警示提示标志，加强人员巡查劝导，做好预约、入园扫码、限流、执行1米线等，推进全市A级旅游景区常态化疫情防控工作得到落实。全年，厦门市A级旅游景区接待游客1463.21万人次，比上年增长19.65%；门票收入39.22亿元，增长41.9%。其中，园林植物园接待游客155.09万人次，门票收入2802.34万元；园博苑接待游客194.57万人次，门票收入565万元。

【夜间文旅消费集聚区】 2021年，厦门市坚持把创建国家级夜间文旅消费集聚区作为推进夜间经济的重要内容，注重固强补弱、精准发力，不断推动集聚区提质增效、晋位升级，思明区曾厝垵文创村获评首批国家级夜间文化和旅游消费集聚区。做好鹭江两岸灯光秀旅游产品开发推广，依托鹭江两岸灯光秀资源包装设计生成旅游产品，提出以“3线多点”（鹭江夜游航线、鹭江道沿线、海沧湾沿线，鼓浪屿观景点、海湾公园观景点、海沧湾大道观景点、重点酒店观景点等）为重点，开展通过建设单位推荐、游客“人气灯光游网红打卡点”评选等多种方式，发布一批灯光秀网红打卡点，打造“夜赏灯光秀晚茶”“夜游灯光秀晚宴”“巴士灯光秀夜游 酒店自助餐”等特色产品，推出“厦门灯光夜游十大网红线路”，进行全方位宣传推广、全力度招徕游客。

【海外旅游市场】 2021年，厦门市强化涉海外各社交媒体平台的功能性和创新性，优化海外社交媒体矩阵，开展精准化宣传推广活动，以“有一种生活叫厦门”为宣传推广主题（英文 Enjoy the Xiamen Life），以四季为切入点，通过规划性更强的宣传内容增加厦门在世界范围内的影响力。全年，市文旅局脸书平台粉丝72.48万人，平台全网曝光量超1亿次，脸书账号综合影响力在全国近60家出海的省市级旅游单位中排名第三，推特账号综合影响力在所有的市级单位中排名第一。通过海外文旅代表处在境外旅游客源市场进行宣传推广，保持厦门城市形象和文旅资源在境外市场的热度，为疫情结束后入境旅游市场恢复打好基础，15个境外代表处持续开展境外宣传推广工作，向所在地市民和重点旅行商、主流媒体，相关商会协会提供各类厦门文旅宣传资料及咨询服务，参加境外线上推介活动，转载市文旅局海外社交媒体平台推文，推送厦门文化旅游资源和产品。以线上宣传与线下推广相结合的方式提升厦门在华外国人中的影响力，吸引在华外国人到厦门旅游，通过在华外国人辐射影响境外市场，为疫情结束后入境旅游市场恢复打好基础。

【国内重点旅游市场】 2021年，厦门市文旅局根据“厦门四季生活之旅”宣传推广工作安排及客源市场需求，按照“春季休闲生活之旅、夏季滨海生活之旅、秋季人文生活之旅、冬季温馨生活之旅”的四季主题，市区联动、政企互动联合推广，突出全媒体复合营销，多渠道宣传推广，提升厦门文旅品牌在国内旅游市场的占有率和影响力。市文旅局联合6个区和全市各大旅游企业组织“海上花园 诗意厦门”全国巡回宣传推广活动，覆盖河南、陕西、山东、湖北、江西、山西、内蒙古、青海、甘肃、新疆、福建等11个省（自治区）、17个城市，有效开拓西北、华中、华东、省内重点客源市场。

（张雅婧）

旅游公共服务

【概　况】 2021年，厦门市文旅局指导旅游景区按照《旅游景区恢复开放疫情防控措施指南》，落实“限量、预约、错峰”要求，坚持常态化疫情防控，持续推进厦门市全域旅游示范区创建，推进景区高质量发展及旅游公共服务体系更加完善。按照市政府关于“一核五中心多网点、岛内岛外全覆盖”发展理念，在邮轮码头、中山路、和平码头、胡里山炮台、曾厝垵、观音山、机场T3和T4航站楼及同安BRT总站、同安莲花高山服务点等全市主要交通节点和游客集中地区设立11个服务点和2个线上服务平台（“厦门乡村游”和“厦金旅游通”）。全年累计服务游客353.3万人次（含线上服务平台、服务热线服务人次），发放宣传资料7.05万（页/册）份，播放公益宣传视频3.8万小时，应急医药服务560人次，抽样回访游客满意度99.87%。

【旅游厕所建设】 2021年，厦门市新改建旅游厕所33座（其中新改建示范性旅游厕所1座），完成年度计划（18座）的184%，在全市AAAA级以上景区增设“第三卫生间”11间。截至年底，全市有旅游厕所307座，其中获评国标AAA级旅游厕所34座，AA级旅游厕所105座，A级旅游厕所130座，全部实现在百度和高德地图线上标注。

【旅游人才队伍建设】 2021年，厦门市加强导游队伍建设，完善导游执业保障，开展导游执业改革试点，举办导游服务技能竞赛，建设导游培训“云课堂”，建立导游服务评价体系，实施“金牌导游”和中高特级导游培养项目。建发国旅导游陈慧君完成2020年文化和旅游部“金牌导游”培训项目，厦门市导游协会导游韩凝华入选文化和旅游部2021年“金牌导游”培养项目。举办市级导游大赛、饭店服务技能竞赛和高校未来导游之星大赛，参与全国导游大赛、全国红色故事讲解员大赛、饭店服务技能竞赛，支持旅游行业协会开展旅游饭店、旅游景区等旅游从业人员技能竞赛。实施旅游行业服务质量人才培训行动，加强旅行社、星级饭店、A级旅游景区等高级经营管理人才培养。支持旅游企业完善内训制度，加强企业人力资源部门相关管理骨干培训。发挥“金牌导游”等行业拔尖人才作用，充实旅游服务质量培训师资队伍，发挥服务质量提升传、帮、带作用。持续推动落实“厦门市旅游产业高层次人才计划”，加大厦门市旅游产业高层次人才引进培养力度。组织开展多层次、多类别的旅游服务标准化、旅游服务质量管理和服务技能培训。支持各类职业院校开展旅游服务技能培训，推进产教融合、校企合作，促进行业服务质量提升。健全线上线下“双轨道”旅游服务质量提升培训机制，完善政府部门针对性集训、行业企业不间断自训、行业协会分批次轮训的旅游服务质量培训体系。鼓励有条件的旅游企业建立实训中心，完善企业旅游服务质量培训制度，加强企业管理人员和从业人员培训。先后举办导游员素质提升、星级旅游饭店培训师、新设立旅行社负责人、行业诚信经营、行业标准化建设等专题培训班，开展旅游饭店服务技能竞赛、第十五届厦门高校未来导游之星大赛，促进疫后旅游复苏人才储备和从业人员素质提升。全年组织开展旅游行业线下培训12期、线上培训项目3个、行业技能赛事2个、旅游企业和导游复工复产指导直播2场，培训41450人次，为厦门市旅游业发展提供支撑保障。

【旅游行业信用体系建设】 2021年，厦门市文旅局完善文化、旅游信用信息平台，以“厦门文化和旅游行业信用平台”为基础，提升信用目录、信用数据管理功能，完善信用动态、诚信档案、信用公示、信用服务、信用曝光等应用功能，推进文化和旅游领域信用建设。开展行业企业信用评价，推动实施分级分类监管。实施行政审批告知承诺制度，鼓励旅游市场主体主动向社会作出信用承诺，指导旅游行业协会建立健全行业信用承诺制度，加强行业自律。坚持“应列入、尽列入”原则，依法依规将符合列入条件的失信主体列入失信名单，依法实施联合惩戒。落实信用修复机制，加强协同联动，提高信用修复效率。探索信用建设服务实体经济发展新路径，加强诚信文化建设，打造一批诚信企业。对信用等级高的旅行社、A级旅游景区、星级饭店等，推荐有关单位在市场准入、资质审核、评优评奖等方面依法予以优待。全年，公示行政处罚信息120件、行政许可信息2139条。举办2期2021年厦门市行业诚信经营培训班，厦门市旅行社及分支机构、景区、酒店等旅游企业相关负责人近600人参加培训。

（张雅婧）

旅游管理

【概　况】 2021年，厦门市文旅局健全监管机制，进一步提升旅游市场治理水平，维护良好市场环境。开展旅游市场秩序优化提升行动和旅游行业专项整治行动，推进常态化扫黑除恶专项斗争，联合有关部门捣毁两个涉“低价套路游”犯罪团伙，约谈旅行社34家，开展联合执法检查8次。完善培育体系，促进服务质量提升。制订《加强旅游服务质量监管提升旅游服务质量实施计划》，推动旅游服务质量工作主体责任落实，督促行业企业强化质量意识，指导行业品牌化、品质化发展。制订《厦门市促进旅游发展若干措施实施细则》，鼓励酒店做大增量，全年奖励26家酒店317万元。举办多层次、多类别旅游行业教育培训，不断增强行业企业管理人员和从业人员质量意识，促进行业服务能力和水平提升。举办旅游饭店服务提升、导游素质提升、旅游企业高质量发展、乡村旅游等培训13场，参训人员6500余人次，推动全市旅游业高质量发展。推进优质旅游服务品牌创建，厦门建发国旅集团获评“国家级文明旅游示范单位”。完善文化和旅游信用“一网一库一平台”建设，整理归集486家旅行社信用信息，纳入1例黑名单并在信用厦门公示，列入省级黑名单，在全省范围内加强信用联合惩戒。

【旅游行业安全管理】 2021年，厦门市文旅局继续借助第三方专业力量，对全市星级饭店开展安全隐患排查，进一步提高厦门市星级饭店安全管理水平，实现对厦门市星级饭店安全隐患排查全覆盖，从源头上防范安全生产事故，促进厦门市星级饭店管理形成企业自查整改、行业管理部门不定期暗访抽查、第三方专业机构隐患排查的三级评价与监管体系。市文旅局举办文旅行业安全生产培训，组织演出企业参加应急处置演练观摩，促进行业企业安全管理能力水平提升，全年行业未发生重大和责任安全事故。

【隔离酒店保障】 2021年，厦门市、区两级着眼供需动态“紧平衡”，动态保障境外入厦人员隔离酒店需求，高峰时期保障酒店46家近万间客房。定点酒店累计接待入境人员150593人次。紧盯隔离酒店“三区两通道”（清洁区、半污染区和污染区，医务人员通道和病人通道）设置、涉疫垃圾处置、污水处理、专班管理责任落实等重点环节和风险点，制定并完善隔离酒店规定规程，开展高频次、全覆盖督查指导，确保隔离酒店规范设置、规范管理、规范操作。9月新冠病毒肺炎疫情突发，陆续启用本土密接隔离酒店73家、客房1.35万间，确保有充足房源供密接、次密接人员集中医学观察使用，确保各隔离场所运行正常、物资充足、保障到位。

【旅游投诉和维权】 2021年，厦门市文化市场综合执法支队通过“12301”全国旅游监管服务平台、福建省“12315”旅游投诉服务平台、厦门市“12345”便民服务平台、厦门市公共安全管理平台等相关信访投诉渠道，接收各类旅游投诉和维权咨询、情况反映事项1882件，均按时限要求办理完毕，累计为游客挽回经济损失211万余元。投诉件按时办结率和办结件游客满意率均为100%。适时推进旅游投诉纠纷调解与司法仲裁相衔接，提升旅游投诉调解成功率。定期发布旅游投诉受理情况、典型旅游纠纷调解案例，加强“以案释法”，引导游客理性消费、依法维权。及时分析研判投诉内容，做好“诉转案”工作。持续开展文明旅游主题实践活动，弘扬文明、健康、绿色旅游新风尚。

【旅游市场治理】 2021年，厦门市建立“市政府办牵头，旅产办协调，成员单位参与”的旅游市场监管机制，完善监管执法协作，健全应急联动机制，加强旅游市场秩序治理统筹协调。深化“跨部门”联合监管，联合市场监管、公安、交通等部门约谈旅行社34家次，开展联合执法检查8次，进一步推动旅游市场秩序联管共治。市文旅局会同市市场监管局、市公安局、市交通局等部门和各区，先后开展旅游市场秩序优化提升行动、暑期旅游市场秩序治理、旅游行业专项整治等行动，聚焦旅游市场突出问题，落实市区互动、部门联动、条块结合、分域施策，持续共同打击扰乱市场秩序违法违规行为，营造良好旅游市场环境。市委政法委、市文旅局牵头，联合市公安局、市市场监管局、市交通局等部门成立旅游市场秩序问题摸排打击小组，加强协同协作，推动“行转刑”，打击旅游市场违法犯罪行为，公安机关捣毁2个涉“低价套路游”犯罪团伙。

【旅游饭店管理】 2021年，厦门市文旅局继续加大饭店评星与管理力度，引领饭店业发展。厦门市有星级饭店48家，其中五星级饭店19家、四星级饭店20家、三星级饭店9家，高星级饭店数量、品质居福建省首位。星级饭店营收13.30亿元，比上年下降18.2%。其中，客房收入7.19亿元，比上年下降15.21%，客房收入占营收总额54.07%；餐饮收入4.48亿元，比上年下降24.83%，餐饮收入占营收总额33.71%。星级饭店平均房价466.27元/间·天，比上年增加33.27元/间·天，平均出租率47.18%，增长3.66个百分点。其中，五星级饭店平均房价563.12元/间·天，比上年增加28.12元/间·天，平均出租率47.77%，比上年增长5.82个百分点；四星级饭店平均房价334.46元/间·天，增加4.46元/间·天，平均出租率48.64%，增长1.93个百分点；三星级饭店平均房价210.62元/间·天，下降49.38元/间·天，平均出租率36.68%，下降6.84个百分点。

（张雅婧）

鼓浪屿名胜保护

【概　况】 2021年，鼓浪屿—万石山风景名胜区管理委员会（简称鼓浪屿管委会）推进《鼓浪屿文化遗产地保护管理规划》《鼓浪屿历史建筑保护与利用导则》《历史风貌建筑防火设计导则》等规划修编工作，出台《鼓浪屿商业业态导则》《鼓浪屿公共设施设置技术导则》，开展《厦门市经济特区鼓浪屿历史风貌建筑保护条例实施细则》修订，建立动态鼓浪屿文物建筑保护工程建筑行业企业名录库，增强“科学保护”“有效利用”的专业规范。出台《鼓浪屿历史国际社区品质提升重点项目引进工作机制》及《鼓浪屿重点空间使用内控制度》，严格按照与世界文化遗产地保护标准相匹配、有利于历史文脉传承的原则，出台重点项目引进工作机制和重点空间使用内控制度，详尽梳理全岛重点可利用空间，重点引进音乐、美术、影视等相关项目，引入规格高、影响力大的文化机构，完善鼓浪屿业态准入机制，打造文化展示创作新高地，助力鼓浪屿历史国际社区品质提升。

2021年，鼓浪屿管委会推出“游有优惠、住有补助、商有减免、乐在琴岛”扶持政策，通过国有核心景点联票优惠、对住岛消费者发放住宿券、减免公房承租人租金、常态化举办高水平文化活动等措施引导旅游经济回暖复苏。

【文化遗产保护】 2021年，鼓浪屿管委会制订提升文化遗产保护工作方案，明确责任部门和时间节点。对7个“启动一批”项目、5个“完成一批”项目进行细化分工。自来水公司旧址、三落姑娘楼、黄氏小宗后落、中共福建省委机关旧址、会审公堂、鹿礁李氏宅、廖家别墅、延平戏院旧址等8个修缮项目完工；延平戏院旧址、黄赐敏别墅等2个修缮项目提前完工，八卦楼主副楼加固修缮及整体提升项目动工，作为鼓浪屿世界文化遗产核心要素、标志性建筑物的修缮工程，被《新闻联播》报道和《新闻直播间》专场直播；美国领事馆旧址、博爱医院旧址、四落大厝等3个项目启动修缮。以推动鼓浪屿历史国际社区品质提升为目标，组织一批展示项目，加快文化遗产活化利用，展示鼓浪屿文化遗产保护成果。设计世界遗产大会鼓浪屿2条考察线路，整治提升市容环境，完善市政设施，推进重要干线、节点的绿化、美化、彩化工作，展示鼓浪屿街区肌理中的美好环境。参加第四届世界遗产大会管理者论坛，向国内外嘉宾介绍“鼓浪屿保护模式”，成为论坛活动主要研究案例。高标准做好参加第四十四届世遗大会领导和外国使团接待保障工作，向国内外嘉宾介绍鼓浪屿文化遗产保护成果。

【文化遗产预警监测体系】 2021年，鼓浪屿管委会定期巡查遗产区的界碑界牌，确保边界清晰，标识完好，守护好完整性。将建设活动、历史道路、自然景观、园林宅院等要素纳入监管范围，从核心要素点、道路网线到遗产区，从物质遗存隐患到社区动态变化，落实全面动态数据监测，留存动态影像资料，对八卦楼、廖家别墅、延平戏院修缮过程进行影像记录，为决策提供更全面的遗产地动态数据参考。《鼓浪屿历史国际社区监测年度报告》连续3年获评全国优秀年报，监测云台监控体系在全国世界文化遗产年会上作专题推介。

【中法对话论坛】 2021年4月27日，由中国外文局、厦门市政府主办，今日中国杂志社、厦门市人民政府外事办公室、鼓浪屿管委会共同承办的“中法对话：中法文明互鉴——鼓浪屿的保护、传承和利用”论坛在鼓浪屿八卦楼举办。法国前总理让－皮埃尔·拉法兰、联合国教科文组织驻华代表处代表夏泽翰、中国外文局副局长兼总编辑高岸明、厦门市副市长林建出席论坛开幕式并致辞，法国前文化部部长、尼斯申遗委员会主席让－雅克·阿亚贡等来自中法双方近10名建筑遗产保护领域的专家、学者以视频的方式围绕如何推进鼓浪屿的保护与传承、中法合作保护和修复遗产、遗产保护智慧化等主题建言献策，为支持两国古迹遗址间缔结友好关系、进一步增进两国在文化旅游的交流合作带来重要契机。论坛对话环节由厦门市人民政府外事办公室主任李啸萍、今日中国杂志社法籍记者朱利安·布菲主持。论坛通过今日中国多语种频道全程直播，并在人民网、中国国际电

2021 年 4 月 27 日，“中法对话：中法文明互鉴——鼓浪屿的保护、传承和利用”论坛在鼓浪屿八卦楼举行
（鼓浪屿管委会　供图）

视台、《欧洲时报》等中法媒体报道和转载。

【鼓浪屿红色教育基地启用】 2021 年 5 月 28 日，由厦门市委组织部牵头，思明区委、鼓浪屿管委会、市委党史和地方志研究室、市文旅局、市广电集团共同参与打造的鼓浪屿红色教育基地在曾家园举办启用仪式。该基地包括 1 个鼓浪屿红色教育主题馆和 8 个红色遗址“打卡点”（中共福建省委第二次代表大会会址、中共福建省委军委机关旧址、中共福建省委机关旧址、中共厦门中心市委联络站旧址、厦门青年战时服务团旧址、启新书店旧址、中共厦门市委机关旧址、英雄园）。参加仪式的领导、嘉宾和少先队员共同唱响《没有共产党就没有新中国》。8 个红色遗址记录许多革命斗争故事，留下曾志、陶铸、罗明、叶飞、恽代英等一大批革命先辈战斗的足迹，是厦门的重要文脉和弥足珍贵的精神财富。3 名参与解放鼓浪屿和厦门革命前辈，通过对战争的回忆，寄语年轻一代赓续党的精神血脉；青年党员代表、鼓浪屿红色教育基地讲解员张彤则结合自身工作，现场讲述如何在本职岗位传承好鼓浪屿红色基因、传播好革命故事。年内，红色教育主题馆（虎巷 8 号）接待近 1 万名党员群众参观学习。

【文化项目扶持】 2021 年，鼓浪屿管委会用好《鼓浪屿公益性文体项目“以奖代补”暂行规定》等文化扶持政策，扶持公益性音乐会、音乐快闪、庭院音乐会等群众性音乐文化活动，让音乐文化走进老建筑，使老建筑焕发生机活力。修订完善《鼓浪屿重点文化发展扶持暂行办法》等文化回归扶持政策，加大重点文化扶持力度，累计扶持重点文化项目 14 个，奖补公益性文体项目 562 个，助推鼓浪屿文化回归。定时在钢琴博物馆、管风琴艺术中心面向游客讲解、演奏，加强与国内外音乐大师对接，筹划举办演奏会、大师班等活动。加快推进鼓浪屿音乐厅文化功能提升，引进高端音乐演出，提升琴岛文化氛围。开展“我在鼓浪屿弹钢琴”全网征集活动，打造高端钢琴人才向往之地，中央电视台和厦门电视台等媒体进行现场直播。年初，22 个国家驻华使节到访鼓浪屿，为“雷厝组合”家庭音乐会点赞，高度评价鼓浪屿深厚的音乐文化底蕴。

【旅游市场秩序规范】 2021 年，鼓浪屿管委会根据厦门市景区和非景区安全管理专项整治联席会议办公室《关于印发厦门市旅游景区安全管理专项整治工作实施方案的通知》要求，开展专项整治，常态化开展民营景点旅游安全、消防设施、疫情防控措施等安全检查，做好回头看的整改落实工作。落实旅游景区安全管理专项整治工作，做好消防、森林防灭火、景区和景点等重点行业领域安全防范措施。落实文化和旅游部关于景区疫情防控的工作要求，制订节假日期间景区疫情防控和安全有序开放工作方案，确保旅游市场安全有序。全年对景区各级各类文保单位进行全覆盖巡查，出动执法力量 3900 余人次，检查旅游团队 1978 团次，从严查处扰乱市场秩序现象，净化鼓浪屿旅游市场环境。

【旅游环境整治】 2021 年，鼓浪屿管委会建立“互动式管理体系”“市容市貌管理体系”“物防技防指引体系”“安全感服务体系”“市容违规纠治体系”等全面、立体的城市治理新模式，提升鼓浪屿旅游环境整治水平。推进长者餐厅、病媒生物防制等惠民措施，启动居民庭院绿化项目。完善《绿化提升策划规划（暨绿化设计导则）》《重点片区绿化景观方案设计》，在原样修缮历史风貌建筑的同时，开展绿化、美化、亮化等“我为群众办实事”项目，有针对性增补色彩丰富、层次感强的本地树种、花卉，种植草花近 30 万株，免费为居民商家发放三角梅、马缨丹、炮仗花等植物 1018 株，提供肥料 210 袋，让浪漫“琴岛”芳菲常驻。加强对全岛古树名木巡查及保护，完成倒伏古树名木铭牌更换。

（郭阿妹）

责任编辑：林德全
明安文
审　　稿：曲　艺
校　　对：黄　澜

30 民营经济

综　　述

【民营经济产业增加值】 2021年，厦门市民营经济发挥占比大、实力强的优势，继续推动厦门市经济实现高质量发展。民营经济对全市地区生产总值增长的贡献率58.3%，拉动全市经济增加4.7个百分点。全市民营企业382841家，比上年增长5.57%。其中分支机构12943户（家），增长4.07%；注册资金总额29980.79亿元，增长19.73%。全市有个体工商户353558户，比上年增长8.31%；注册资金总额353.76亿元，增长12.33%。全市民营经济新增从业人员27.68万人，占全市城镇新增就业人数83.7%；全市民营经济从业人员217.82万人，占全市城镇就业登记在职人数的81.78%。其中，民营企业就业在职人数146.79万人，占全市在职人数的55.11%；个体工商户就业在职人数71.03万人，占全市在职人数的26.67%。全市民营（个私）经济实现增加值2626.46亿元，比上年增长26.28%，占全市生产总值比重为37.34%。其中，第一产业实现增加值29.06亿元，比上年增长0.59%，占全市一产增加值的100%；第二产业实现增加值1016.67亿元，增长20.5%，占全市二产增加值的35.27%；第三产业实现增加值1580.73亿元，增长30.94%，占全市三产增加值的38.35%。全市民营（个私）经济增加值产业比重依次为1.11：38.71：60.18。

【民企进出口】 2021年，厦门市民营企业加快转型，适应国外市场需求，开拓疫情防控相关产品等领域，推动进出口保持增长。全市民营企业外贸进出口总值3248.74亿元，比上年增长41.01%，占全市外贸进出口总值36.6%，提升3.23个百分点。其中，完成出口值2135.47亿元，占全市出口值49.58%，比上年增长30.4%；完成进口值1113.27亿元，占全市进口值24.36%，增长67.11%。实现贸易顺差1022.2亿元，比上年增长5.22%。

【民营经济税收】 2021年，厦门市民营经济在纳税方面发挥龙头带领作用。全市民营企业和个体工商户缴纳各项税收总额319.3亿元，占厦门市地方财政中税收收入的47.21%，比上年增长37.62%。其中，民营企业纳税额285.76亿元，比上年增长38.43%；个体工商户纳税额33.54亿元，增长31.12%。

（严　旭）

民营经济构成

【民营企业产业构成】 2021年，厦门市从事第一产业民营企业数量占全市民营企业总数0.41%；注册资金128.4亿元，占全市民营企业注册资金总额0.43%。从事第二产业民营企业数量占全市民营企业总数14.58%，比上年增长4.84%；注册资金4208.77亿元，占全市民营企业注册资金总额14.04%，增长16.63%。从事第三产业民营企业数占全市民营企业总数85.01%，比上年增长5.72%；注册资金25643.62亿元，占全市民营企业注册资金总额85.53%，增长20.31%。（见表30–1）

表30–1　　2021年厦门市民营企业产业构成一览表

产业	行业	数量（家）	分支机构（家）	注册资本（万元）
第一产业	农、林、牧、渔业	1580	34	1284040.68
	合计	1580	34	1284040.68
第二产业	采矿业	76	1	213441.50
	制造业	32593	447	18463472.35

续表 30-1

产业	行业	数量（家）	分支机构（家）	注册资本（万元）
第二产业	电力、热力、燃气及水生产和供应业	348	72	626959.21
	建筑业	22794	1918	22783794.97
	合计	55811		42087668.03
第三产业	批发和零售业	133837	4073	58714922.52
	交通运输、仓储和邮政业	8932	625	4854786.08
	住宿和餐饮业	4270	655	1210223.61
	信息传输、软件和信息技术服务业计算机服务和软件业	27431	594	15083869.44
	金融业	683	142	3883919.43
	房地产业	6774	743	11438807.01
	租赁和商务服务业	61321	1976	107484456.65
	科学研究和技术服务业	52431	839	39874892.28
	水利、环境和公共设施管理业	1255	56	1738513.36
	居民服务、修理和其他服务业	7160	415	1599523.89
	教育	1816	71	463215.05
	卫生和社会工作	1189	48	682514.81
	文化、体育和娱乐业	18343	234	9401966.62
	其他	8	0	4570.00
	合计	325450		256436180.75

【个体工商户产业构成】 2021年，厦门市从事第一产业的个体工商户户数占全市个体工商户总户数1.09%；注册资金13.72亿元，占全市个体工商户注册资金总额的3.88%。从事第二产业的个体工商户户数占全市个体工商户总户数的3.69%，比上年下降1.64%；注册资金15.24亿元，占全市个体工商户注册资金总额的4.31%，增长0.15%。从事第三产业的个体工商户户数占全市个体工商户总户数95.22%，比上年增长8.85%；注册资金324.8亿元，占全市个体工商户注册资金总额的91.81%，增长13.67%。（见表30–2）

表 30–2　　2021年厦门市个体工商户产业构成一览表

产业	行业	数量（户）	注册资金（万元）
第一产业	农、林、牧、渔业	3838	137234.70
第二产业	采矿业	27	316.60
	制造业	11900	130069.01
	电力、热力、燃气及水生产和供应业	13	119.00
	建筑业	1117	21895.61
第三产业	批发和零售业	212217	2058824.55
	交通运输、仓储和邮政业	1949	20007.65
	住宿和餐饮业	68732	639497.32
	信息传输、软件和信息技术服务业计算机服务和软件业	1292	12762.70
	金融业（保险业）	13	122.00

续表 30-2

产业	行业	数量（户）	注册资金（万元）
第三产业	房地产业	2695	58205.92
	租赁和商务服务业	11745	118495.81
	科学研究和技术服务业	1186	15542.61
	水利、环境和公共设施管理业	129	3562.20
	居民服务、修理和其他服务业	31428	259605.56
	教育	129	1346.10
	卫生和社会工作	713	11229.69
	文化、体育和娱乐业	4433	48731.67
	其他	2	60.00

【民营企业第一、二产业行业构成】 2021年，厦门市从事农业民营企业比上年净增12家，增长1.29%；注册资金净增0.94亿元，增长1.51%。从事制造业民营企业比上年净增672家，增长2.11%；注册资金净增133.01亿元，增长7.76%。从事建筑业民营企业比上年净增1913家，比上年增长9.16%；注册资金净增463.53亿元，增长25.54%（见表30–3）

【个体工商户第一、二产业行业构成】 2021年，厦门市从事农业个体工商户户数比上年净增17户，增长0.64%；注册资金净增30万元，增长0.03%。从事制造业个体工商户户数比上年净减246户，下降2.03%；注册资金净减0.02亿元，下降0.19%。从事建筑业个体工商户户数比上年净增29户，增长2.67%；注册资金净增0.05亿元，增长2.39%。（见表30–4）

表30–3　　2021年厦门市民营企业第一、二产业行业构成一览表

产业	行业	数量（家）	分支机构（家）	注册资本（万元）
第一产业	农、林、牧、渔业	1580	34	1284040.68
	农业	943	16	632202.47
	林业	79	0	58424.00
	畜牧业	72	3	30036.70
	渔业	158	4	266302.81
	农、林、牧、渔专业及辅助性活动	328	11	297074.70
第二产业	（一）采矿业	76	1	213441.50
	煤炭开采和洗选业	2	0	2088.00
	石油和天然气开采业	1	0	2800.00
	黑色金属矿采选业	1	0	1000.00
	有色金属矿采选业	4	0	22980.00
	非金属矿采选业	51	0	131593.50
	开采专业及辅助性活动	4	0	11050.00
	其他采矿业	13	1	41930.00
	（二）制造业	32593	447	18463472.35
	农副食品加工业	420	9	422743.18
	食品制造业	606	18	525043.26
	酒、饮料和精制茶制造业	212	13	296586.49

续表 30-3

产业	行业	数量（家）	分支机构（家）	注册资本（万元）
第二产业	烟草制品业	1	0	100.00
	纺织业	757	10	287181.37
	纺织服装、服饰业	2421	40	1094283.25
	皮革、毛皮、羽毛及其制品和制鞋业	746	8	265506.60
	木材加工和木、竹、藤、棕、草制品业	866	14	1002390.10
	家具制造业	1200	23	510172.88
	造纸和纸制品业	1025	8	290569.45
	印刷和记录媒介复制业	927	20	335575.09
	文教、工美、体育和娱乐用品制造业	1343	16	616077.69
	石油、煤炭及其他燃料加工业	61	1	101374.02
	化学原料和化学制品制造业	616	20	442397.94
	医药制造业	133	0	377552.52
	化学纤维制造业	54	1	87312.51
	橡胶和塑料制品业	3513	29	1095614.20
	非金属矿物制品业	986	22	874461.81
	黑色金属冶炼和压延加工业	35	1	26944.65
	有色金属冶炼和压延加工业	214	1	92189.80
	金属制品业	2379	46	902534.79
	通用设备制造业	2889	19	1153814.41
	专用设备制造业	3196	29	1454072.46
	汽车制造业	366	8	359940.95
	铁路、船舶、航空航天和其他运输设备制造业	129	2	203315.96
	电气机械和器材制造业	1570	19	1609527.66
	计算机、通信和其他电子设备制造业	1576	23	2004252.66
	仪器仪表制造业	487	4	393473.29
	其他制造业	3388	24	1475477.76
	废弃资源综合利用业	55	2	30593.00
	金属制品、机械和设备修理业	422	17	132392.60
	（三）电力、热力、燃气及水生产和供应业	348	72	626959.21
	电力、热力生产和供应业	204	4	559030.21
	燃气生产和供应业	81	66	19120.00
	水的生产和供应业	63	2	48809.00
	（四）建筑业	22794	1918	22783794.97
	房屋建筑业	3488	515	6867082.70
	土木工程建筑业	3336	285	4717610.86
	建筑安装业	2278	98	1514050.69
	建筑装饰、装修和其他建筑业	13692	1020	9685050.72

表 30-4　2021 年厦门市个体工商户第一、二产业行业构成一览表

产业	行业	数量（户）	注册资金（万元）
第一产业	农、林、牧、渔业	3838	137234.70
	农业	2678	99063.00
	林业	186	3170.23
	畜牧业	247	6831.36
	渔业	573	25465.11
	农、林、牧、渔专业及辅助性活动	154	2705.00
第二产业	（一）采矿业	27	316.60
	非金属矿采选业	26	315.60
	其他采矿业	1	1.00
	（二）制造业	11900	130069.01
	农副食品加工业	504	5795.72
	食品制造业	1004	8751.62
	酒、饮料和精制茶制造业	10	209.00
	纺织业	673	5817.17
	纺织服装、服饰业	1099	10842.90
	皮革、毛皮、羽毛及其制品和制鞋业	534	4426.46
	木材加工和木、竹、藤、棕、草制品业	367	5409.00
	家具制造业	249	3613.21
	造纸和纸制品业	164	2054.80
	印刷和记录媒介复制业	31	524.00
	文教、工美、体育和娱乐用品制造业	488	5992.94
	石油、煤炭及其他燃料加工业	7	47.00
	化学原料和化学制品制造业	55	563.50
	化学纤维制造业	1	0.50
	橡胶和塑料制品业	437	5280.80
	非金属矿物制品业	425	8986.05
	黑色金属冶炼和压延加工业	40	378.00
	有色金属冶炼和压延加工业	96	916.10
	金属制品业	3135	32263.98
	通用设备制造业	475	6175.01
	专用设备制造业	750	8914.68
	汽车制造业	37	199.80
	铁路、船舶、航空航天和其他运输设备制造业	7	207.00
	电气机械和器材制造业	50	578.90
	计算机、通信和其他电子设备制造业	108	1107.20
	仪器仪表制造业	3	24.00
	其他制造业	771	7242.62
	废弃资源综合利用业	32	242.61

续表 30-4

产业	行业	数量（户）	注册资金（万元）
第二产业	金属制品、机械和设备修理业	348	3504.44
	（三）电力、热力、燃气及水生产和供应业	13	119.00
	电力、热力生产和供应业	2	32.00
	燃气生产和供应业	11	87.00
	（四）建筑业	1117	21895.61
	房屋建筑业	28	527.40
	土木工程建筑业	280	6637.21
	建筑安装业	91	1299.40
	建筑装饰、装修和其他建筑业	718	13431.60

【民营企业第三产业行业构成】 2021年，厦门市从事批发和零售业民营企业比上年净增1679家，增长1.27%；注册资金净增741.89亿元，增长14.46%。从事租赁和商务服务业民营企业比上年净增3509家，增长6.07%；注册资金净增1869.68亿元，增长21.06%。从事科学研究和技术服务业民营企业比上年净增8627家，增长19.7%；注册资金净增870.89亿元，增长27.94%。（见表30–5）

【个体工商户第三产业行业构成】 2021年，厦门市从事批发和零售业个体工商户户数比上年净增14634户，增长7.41%；注册资金净增22.96亿元，增长12.55%。

从事住宿和餐饮业个体工商户户数比上年净增4897户，增长7.67%；注册资金净增3.73亿元，增长6.2%。从事居民服务、修理和其他服务业个体工商户户数比上年净增2113户，增长7.21%；注册资金净增3.28亿元，增长14.46%。（见表30–6）

表 30–5　　2021年厦门市民营企业第三产业行业构成一览表

行业	数量（家）	分支机构（家）	注册资金（万元）
1. 批发和零售业	133837	4073	58714922.52
批发业	95312	1217	42935839.72
零售业	38525	2856	15779082.80
2. 交通运输、仓储和邮政业	8932	625	4854786.08
铁路运输业	13	2	4607.00
道路运输业	3517	96	1683176.50
水上运输业	440	21	601544.22
航空运输业	74	6	113838.89
管道运输业	6	0	2010.00
多式联运和运输代理业	3840	276	2012994.70
装卸搬运和仓储业	671	45	378201.77
邮政业	371	179	58413.00
3. 住宿和餐饮业	4270	655	1210223.61
住宿业	1221	47	542242.29
餐饮业	3049	608	667981.32
4. 信息传输、软件和信息技术服务业计算机服务和软件业	27431	594	15083869.44
电信、广播电视和卫星传输服务	129	13	107639.55
互联网和相关服务	3933	44	2101356.80

续表 30-5

行业	数量（家）	分支机构（家）	注册资金（万元）
软件和信息技术服务业	23369	537	12874873.09
5. 金融业	683	142	3883919.43
货币金融服务	64	13	368961.00
资本市场服务	187	13	2389653.87
保险业	156	108	64732.00
其他金融业	276	8	1060572.56
6. 房地产业	6774	743	11438807.01
7. 租赁和商务服务业	61321	1976	107484456.65
租赁业	4083	108	1657207.96
商务服务业	57238	1868	105827248.69
8. 科学研究和技术服务业	52431	839	39874892.28
研究与试验发展	15643	99	13377685.43
专业技术服务业	7105	466	3895851.53
科技推广和应用服务业	29683	274	22601355.32
9. 水利、环境和公共设施管理业	1255	56	1738513.36
水利管理业	23	1	9027.00
生态保护和环境治理业	659	19	771914.50
公共设施管理业	563	36	956111.86
土地管理业	10	0	1460.00
10. 居民服务、修理和其他服务业	7160	415	1599523.89
居民服务业	3629	243	844036.12
机动车、电子产品和日用产品修理业	2015	84	294238.04
其他服务业	1516	88	461249.73
11. 教育	1816	71	463215.05
12. 卫生和社会工作	1189	48	682514.81
卫生	1019	39	401213.55
社会工作	170	9	281301.26
13. 文化、体育和娱乐业	18343	234	9401966.62
新闻和出版业	25	0	12278.00
广播、电视、电影和录音制作业	1977	12	1570692.64
文化艺术业	9965	75	4360249.32
体育	1463	84	581941.35
娱乐业	4913	63	2876805.31
14. 其他	8	0	4570.00

表 30-6　　2021 年厦门市个体工商户第三产业行业构成一览表

行业	数量（户）	注册资金（万元）
1. 批发和零售业	212217	2058824.55
批发业	20494	285245.12
零售业	191723	1773579.43
2. 交通运输、仓储和邮政业	1949	20007.65
道路运输业	325	3301.10
水上运输业	1	3.00
多式联运和运输代理业	1369	13778.44
装卸搬运和仓储业	187	2360.21
邮政业	67	564.90
3. 住宿和餐饮业	68732	639497.32
住宿业	2214	72679.78
餐饮业	66518	566817.54
4. 信息传输、软件和信息技术服务业计算机服务和软件业	1292	12762.70
电信、广播电视和卫星传输服务	47	192.00
互联网和相关服务	158	1676.53
软件和信息技术服务业	1087	10894.17
5. 金融业（保险业）	13	122.00
6. 房地产业	2695	58205.92
7. 租赁和商务服务业	11745	118495.81
租赁业	663	18391.33
商务服务业	11082	100104.48
8. 科学研究和技术服务业	1186	15542.61
研究与试验发展	7	70.00
专业技术服务业	1013	13835.21
科技推广和应用服务业	166	1637.40
9. 水利、环境和公共设施管理业	129	3562.20
水利管理业	1	20.00
生态保护和环境治理业	23	248.00
公共设施管理业	103	3089.20
土地管理业	2	205.00
10. 居民服务、修理和其他服务业	31428	259605.56
居民服务业	23133	196853.13
机动车、电子产品和日用产品修理业	5316	37058.82
其他服务业	2979	25693.61
11. 教育	129	1346.10
12. 卫生和社会工作	713	11229.69
卫生	707	11097.69
社会工作	6	132.00

续表 30-6

行业	数量（户）	注册资金（万元）
13. 文化、体育和娱乐业	4433	48731.67
新闻和出版业	1	50.00
广播、电视、电影和录音制作业	19	288.00
文化艺术业	931	11660.72
体育	1612	20891.37
娱乐业	1870	15841.58
14. 其他	2	60.00

【民营企业登记情况】 2021年，厦门市民营企业第二产业登记5993家，认缴出资额163.14亿元；第三产业登记55012家，认缴出资额562.26亿元。（见表30-7）

【民营企业注销和吊销情况】 2021年，厦门市民营企业第二产业注销1943家，吊销691家；第三产业注销21474家，吊销6626家。（见表30-8）

表 30-7　2021年厦门市民营企业登记情况一览表

产业和行业		本期登记			# 有限责任公司		
		数量（家）	分支机构（家）	认缴出资额（万元）	数量（家）	分公司（家）	认缴出资额（万元）
合　计		61129	3230	58050214.34	58693	3141	43772557.23
第一产业	1. 农、林、牧、渔业	124	6	192533.00	124	6	192533.00
	农业	70	4	20553.00	70	4	20553.00
	林业	4	0	2238.00	4	0	2238.00
	畜牧业	2	0	150.00	2	0	150.00
	渔业	14	0	58112.00	14	0	58112.00
	农、林、牧、渔专业及辅助性活动	34	2	111480.00	34	2	111480.00
第二产业	2. 采矿业	8	0	18800.00	8	0	18800.00
	有色金属矿采选业	2	0	16000.00	2	0	16000.00
	非金属矿采选业	4	0	1100.00	4	0	1100.00
	其他采矿业	2	0	1700.00	2	0	1700.00
	3. 制造业	2735	32	1592214.89	2723	30	1573132.89
	农副食品加工业	26	1	7357.00	26	1	7357.00
	食品制造业	35	2	20298.00	34	1	20298.00
	酒、饮料和精制茶制造业	29	3	11949.99	28	3	11449.99
	纺织业	62	0	12805.00	62	0	12805.00
	纺织服装、服饰业	245	1	105299.19	245	1	105299.19
	皮革、毛皮、羽毛及其制品和制鞋业	86	1	76359.00	85	1	71359.00
	木材加工和木、竹、藤、棕、草制品业	65	1	12341.00	65	1	12341.00
	家具制造业	137	1	103505.00	137	1	103505.00
	造纸和纸制品业	44	1	16676.00	44	1	16676.00
	印刷和记录媒介复制业	49	2	10294.00	49	2	10294.00

续表 30-7

产业和行业		本期登记			#有限责任公司		
		数量（家）	分支机构（家）	认缴出资额（万元）	数量（家）	分公司（家）	认缴出资额（万元）
第二产业	文教、工美、体育和娱乐用品制造业	113	0	136359.52	113	0	136359.52
	石油、煤炭及其他燃料加工业	6	0	2400.00	6	0	2400.00
	化学原料和化学制品制造业	27	0	57378.44	27	0	57378.44
	医药制造业	15	0	12300.00	14	0	11300.00
	化学纤维制造业	9	0	21508.00	9	0	21508.00
	橡胶和塑料制品业	286	5	77155.88	286	5	77155.88
	非金属矿物制品业	95	2	70056.00	94	1	70056.00
	黑色金属冶炼和压延加工业	1	0	100.00	1	0	100.00
	有色金属冶炼和压延加工业	56	0	10606.80	56	0	10606.80
	金属制品业	172	1	51766.00	171	1	51716.00
	通用设备制造业	345	1	98962.16	343	1	93960.16
	专用设备制造业	328	1	114795.00	327	1	108995.00
	汽车制造业	21	0	27960.00	21	0	27960.00
	铁路、船舶、航空航天和其他运输设备制造业	8	0	14220.00	7	0	14200.00
	电气机械和器材制造业	101	0	105434.00	100	0	103824.00
	计算机、通信和其他电子设备制造业	121	3	298916.00	120	3	298816.00
	仪器仪表制造业	43	0	18154.00	43	0	18154.00
	其他制造业	155	0	80720.91	155	0	80720.91
	废弃资源综合利用业	9	0	4489.00	9	0	4489.00
	金属制品、机械和设备修理业	46	6	12049.00	46	6	12049.00
	4. 电力、热力、燃气及水生产和供应业	15	3	20000.00	15	3	20000.00
	电力、热力生产和供应业	5	0	5200.00	5	0	5200.00
	燃气生产和供应业	6	3	12000.00	6	3	12000.00
	水的生产和供应业	4	0	2800.00	4	0	2800.00
	5. 建筑业	3235	383	3812196.86	3224	379	3810096.86
	房屋建筑业	572	143	764451.90	571	143	764401.90
	土木工程建筑业	721	128	1086165.18	718	126	1086065.18
	建筑安装业	280	18	391649.00	279	18	391049.00
	建筑装饰、装修和其他建筑业	1662	94	1569930.78	1656	92	1568580.78
第三产业	6. 批发和零售业	19918	840	13552994.26	19805	820	13540358.66
	批发业	11192	244	7533600.39	11155	236	7528179.99
	零售业	8726	596	6019393.87	8650	584	6012178.67
	7. 交通运输、仓储和邮政业	1073	66	439615.79	1069	64	438605.79
	铁路运输业	1	0	300.00	1	0	300.00
	道路运输业	485	16	164843.80	483	15	163843.80
	水上运输业	72	5	67971.00	71	5	67961.00

续表 30-7

产业和行业		本期登记			#有限责任公司		
		数量（家）	分支机构（家）	认缴出资额（万元）	数量（家）	分公司（家）	认缴出资额（万元）
第三产业	航空运输业	11	3	2150.00	11	3	2150.00
	管道运输业	1	0	300.00	1	0	300.00
	多式联运和运输代理业	373	29	164064.99	372	28	164064.99
	装卸搬运和仓储业	98	7	37051.00	98	7	37051.00
	邮政业	32	6	2935.00	32	6	2935.00
	8. 住宿和餐饮业	618	217	75959.28	609	216	75531.28
	住宿业	53	4	14504.00	47	4	14226.00
	餐饮业	565	213	61455.28	562	212	61305.28
	9. 信息传输、软件和信息技术服务业计算机服务和软件业	4339	309	2214833.53	4223	309	2193462.66
	电信、广播电视和卫星传输服务	9	2	4101.00	9	2	4101.00
	互联网和相关服务	772	14	232917.59	764	14	230057.59
	软件和信息技术服务业	3558	293	1977814.94	3450	293	1959304.07
	10. 金融业	109	5	1427621.42	37	2	81400.00
	货币金融服务	4	3	10000.00	1	0	10000.00
	资本市场服务	103	0	1417621.42	34	0	71400.00
	保险业	2	2	0.00	2	2	0.00
	其他金融业	0	0	0.00	0	0	0.00
	11. 房地产业	1298	287	1965255.70	1293	285	1965245.20
	租赁和商务服务业	11221	593	20420407.78	9456	588	7788661.45
	租赁业	622	12	286896.00	616	12	286586.00
	商务服务业	10599	581	20133511.78	8840	576	7502075.45
	12. 科学研究和技术服务业	11108	259	9303244.31	10967	249	9094650.52
	研究与试验发展	3248	38	2056468.76	3219	36	2036663.77
	专业技术服务业	1070	106	643012.86	1061	103	642602.86
	科技推广和应用服务业	6790	115	6603762.69	6687	110	6415383.89
	13. 水利、环境和公共设施管理业	108	7	418117.00	108	7	418117.00
	水利管理业	2	0	608.00	2	0	608.00
	生态保护和环境治理业	47	1	30912.00	47	1	30912.00
	公共设施管理业	53	6	385487.00	53	6	385487.00
	土地管理业	6	0	1110.00	6	0	1110.00
	14. 居民服务、修理和其他服务业	1068	117	279421.90	1003	78	278604.90
	居民服务业	770	88	191284.90	708	49	190532.90
	机动车、电子产品和日用产品修理业	175	18	17087.00	173	18	17072.00
	其他服务业	123	11	71050.00	122	11	71000.00
	15. 教育	134	22	11726.00	134	22	11726.00
	卫生和社会工作	269	20	92077.09	241	20	91868.09

续表 30-7

产业和行业		本期登记			#有限责任公司		
		数量（家）	分支机构（家）	认缴出资额（万元）	数量（家）	分公司（家）	认缴出资额（万元）
第三产业	卫生	226	16	68549.09	198	16	68340.09
	社会工作	43	4	23528.00	43	4	23528.00
	16. 文化、体育和娱乐业	3747	64	2213085.53	3652	63	2179652.93
	新闻和出版业	1	0	300.00	1	0	300.00
	广播、电视、电影和录音制作业	492	1	359189.60	459	1	345802.50
	文化艺术业	681	8	146054.08	649	7	142768.58
	体育	248	20	166478.87	246	20	166398.87
	娱乐业	2325	35	1541062.98	2297	35	1524382.98
	17. 其他	2	0	110.00	2	0	110.00

表 30-8　　2021 年厦门市民营企业注销、吊销情况一览表

单位：家

产业与行业		本期注销	本期吊销
合　计		23497	7331
第一产业	1. 农、林、牧、渔业	80	14
	农业	37	8
	林业	3	1
	畜牧业	4	0
	渔业	18	0
	农、林、牧、渔专业及辅助性活动	18	5
第二产业	2. 采矿业	1	2
	非金属矿采选业	1	0
	开采专业及辅助性活动	0	2
	3. 制造业	1008	462
	农副食品加工业	23	2
	食品制造业	28	5
	酒、饮料和精制茶制造业	6	5
	纺织业	11	10
	纺织服装、服饰业	110	100
	皮革、毛皮、羽毛及其制品和制鞋业	28	21
	木材加工和木、竹、藤、棕、草制品业	16	15
	家具制造业	48	18
	造纸和纸制品业	26	10
	印刷和记录媒介复制业	11	6
	文教、工美、体育和娱乐用品制造业	40	21
	石油、煤炭及其他燃料加工业	4	0

续表 30-8

产业与行业		本期注销	本期吊销
第二产业	化学原料和化学制品制造业	16	3
	医药制造业	4	1
	化学纤维制造业	1	1
	橡胶和塑料制品业	93	53
	非金属矿物制品业	34	10
	黑色金属冶炼和压延加工业	1	0
	有色金属冶炼和压延加工业	8	0
	金属制品业	64	23
	通用设备制造业	48	21
	专用设备制造业	85	40
	汽车制造业	20	3
	铁路、船舶、航空航天和其他运输设备制造业	3	0
	电气机械和器材制造业	45	17
	计算机、通信和其他电子设备制造业	67	29
	仪器仪表制造业	14	2
	其他制造业	138	39
	废弃资源综合利用业	7	0
	金属制品、机械和设备修理业	9	7
	4. 电力、热力、燃气及水生产和供应业	18	1
	电力、热力生产和供应业	14	0
	燃气生产和供应业	0	1
	水的生产和供应业	4	0
	5. 建筑业	916	226
	房屋建筑业	162	18
	土木工程建筑业	148	21
	建筑安装业	49	14
	建筑装饰、装修和其他建筑业	557	173
第三产业	6. 批发和零售业	8883	3551
	批发业	5657	2946
	零售业	3226	605
	7. 交通运输、仓储和邮政业	510	170
	铁路运输业	1	0
	道路运输业	117	50
	水上运输业	13	4
	航空运输业	3	2
	多式联运和运输代理业	177	91
	装卸搬运和仓储业	16	8
	邮政业	183	15

续表 30-8

产业与行业		本期注销	本期吊销
第三产业	8. 住宿和餐饮业	476	95
	住宿业	63	53
	餐饮业	413	42
	9. 信息传输、软件和信息技术服务业计算机服务和软件业	2217	469
	电信、广播电视和卫星传输服务	10	0
	互联网和相关服务	599	75
	软件和信息技术服务业	1608	394
	10. 金融业	46	8
	资本市场服务	7	0
	保险业	11	2
	其他金融业	28	6
	11. 房地产业	457	85
	12. 租赁和商务服务业	4083	1601
	租赁业	257	58
	商务服务业	3826	1543
	13. 科学研究和技术服务业	2611	416
	研究与试验发展	763	106
	专业技术服务业	276	42
	科技推广和应用服务业	1572	268
	14. 水利、环境和公共设施管理业	49	12
	水利管理业	1	0
	生态保护和环境治理业	25	3
	公共设施管理业	23	9
	15. 居民服务、修理和其他服务业	505	77
	居民服务业	312	36
	机动车、电子产品和日用产品修理业	80	26
	其他服务业	113	15
	15. 教育	192	11
	16. 卫生和社会工作	101	4
	卫生	92	4
	社会工作	9	0
	17. 文化、体育和娱乐业	1343	127
	新闻和出版业	0	1
	广播、电视、电影和录音制作业	147	9
	文化艺术业	768	93
	体育	108	11
	娱乐业	320	13
	18. 其他	1	0

【个体工商户登记和注销、吊销情况】 2021年，厦门市个体工商户第二产业注册登记1322户，注册资金1.8亿元；第二产业注销1128户，吊销408户。第三产业注册登记80328户，注册资金87.73亿元；注销43046户，吊销9057户。（见表30-9）

表30-9　　2021年厦门市个体工商户登记和注销、吊销情况一览表

产业和行业		本期登记		本期注销吊销（户）	
		数量（户）	注册资金（万元）	注销	吊销
合　计		81921	902846.07	44450	9514
第一产业	1. 农、林、牧、渔业	271	7555.60	276	49
	农业	192	5244.60	162	20
	林业	5	165.00	8	9
	畜牧业	41	1040.00	18	9
	渔业	21	791.00	76	10
	农、林、牧、渔专业及辅助性活动	12	315.00	12	1
第二产业	2. 采矿业	0	0.00	0	1
	非金属矿采选业	0	0.00	0	1
	3. 制造业	1213	15805.67	1052	397
	农副食品加工业	31	377.30	34	20
	食品制造业	133	1248.60	154	44
	酒、饮料和精制茶制造业	1	10.00	3	2
	纺织业	64	631.25	52	4
	纺织服装、服饰业	165	1643.80	101	22
	皮革、毛皮、羽毛及其制品和制鞋业	43	562.50	46	20
	木材加工和木、竹、藤、棕、草制品业	23	446.00	25	11
	家具制造业	24	523.51	31	24
	造纸和纸制品业	22	306.00	15	6
	印刷和记录媒介复制业	3	80.00	0	0
	文教、工美、体育和娱乐用品制造业	37	477.20	56	16
	石油、煤炭及其他燃料加工业	1	3.00	2	0
	化学原料和化学制品制造业	6	103.80	4	3
	医药制造业	0	0.00	0	0
	化学纤维制造业	0	0.00	0	0
	橡胶和塑料制品业	52	778.50	33	8
	非金属矿物制品业	12	203.50	43	20
	黑色金属冶炼和压延加工业	2	35.00	6	2
	有色金属冶炼和压延加工业	13	217.50	11	2
	金属制品业	197	2956.70	275	158
	通用设备制造业	59	956.51	29	8
	专用设备制造业	88	1314.10	46	6
	汽车制造业	0	0.00	1	0
	电气机械和器材制造业	3	61.00	1	0

续表 30-9

产业和行业		本期登记		本期注销吊销（户）	
		数量（户）	注册资金（万元）	注销	吊销
第二产业	计算机、通信和其他电子设备制造业	26	292.40	7	1
	仪器仪表制造业	1	1.00	0	0
	其他制造业	110	1763.50	57	17
	废弃资源综合利用业	6	26.60	2	1
	金属制品、机械和设备修理业	91	786.40	18	2
	4. 电力、热力、燃气及水生产和供应业	0	0.00	1	0
	燃气生产和供应业	0	0.00	1	0
	5. 建筑业	109	2229.40	75	10
	房屋建筑业	1	0.60	1	0
	土木工程建筑业	6	108.00	20	5
	建筑安装业	6	83.00	8	2
	建筑装饰、装修和其他建筑业	96	2037.80	46	3
第三产业	6. 批发和零售业	41997	470676.81	20988	5628
	批发业	8119	88315.45	1351	193
	零售业	33878	382361.36	19637	5435
	7. 交通运输、仓储和邮政业	581	5589.91	216	47
	铁路运输业	0	0.00	0	0
	道路运输业	251	2023.50	15	1
	水上运输业	0	0.00	3	1
	多式联运和运输代理业	277	2875.60	170	44
	装卸搬运和仓储业	48	656.21	15	0
	邮政业	5	34.60	13	1
	8. 住宿和餐饮业	22738	204631.49	15498	2291
	住宿业	412	14341.81	290	24
	餐饮业	22326	190289.68	15208	2267
	9. 信息传输、软件和信息技术服务业计算机服务和软件业	549	5071.33	103	26
	电信、广播电视和卫星传输服务	0	0.00	5	0
	互联网和相关服务	22	438.10	16	8
	软件和信息技术服务业	527	4633.23	82	18
	10. 金融业	0	0.00	1	0
	保险业	0	0.00	1	0
	11. 房地产业	1903	50210.16	369	16
	12. 租赁和商务服务业	3600	40276.01	1114	118
	租赁业	178	4883.92	59	3
	商务服务业	3422	35392.09	1055	115
	13. 科学研究和技术服务业	600	7194.41	100	7

续表 30-9

产业和行业		本期登记		本期注销吊销（户）	
		数量（户）	注册资金（万元）	注销	吊销
第三产业	研究与试验发展	2	12.00	0	0
	专业技术服务业	453	5728.21	86	7
	科技推广和应用服务业	145	1454.20	14	0
	14. 水利、环境和公共设施管理业	26	376.00	10	1
	生态保护和环境治理业	12	112.00	1	0
	公共设施管理业	14	264.00	8	1
	土地管理业	0	0.00	1	0
	15. 居民服务、修理和其他服务业	6944	75391.74	4026	781
	居民服务业	6019	66651.28	3335	596
	机动车、电子产品和日用产品修理业	781	6240.16	397	123
	其他服务业	144	2500.30	294	62
	16. 教育	5	13.00	27	2
	17. 卫生和社会工作	194	2606.88	103	0
	卫生	192	2586.88	103	0
	社会工作	2	20.00	0	0
	18. 文化、体育和娱乐业	1191	15217.66	487	140
	新闻和出版业	1	50.00	0	0
	广播、电视、电影和录音制作业	0	0.00	1	1
	文化艺术业	281	3223.40	87	10
	体育	525	6568.15	220	22
	娱乐业	384	5376.11	179	107
	19. 其他	0	0.00	4	0

【民营独资企业构成】 2021 年，厦门市从事第二产业民营独资企业有 211 家，注册资金 1.06 亿元。从事第三产业民营独资企业有 2282 家（其中分支机构 79 家），注册资金 18.62 亿元。民营独资企业出资额共计 19.81 亿元，比上年净增 0.6 亿元，增长 3.12%。（见表 30-10）

【民营合伙企业构成】 2021 年，厦门市民营合伙企业分支机构有 34 家，其中制造业 1 家、商务服务业 21 家、科学研究和技术服务业 11 家、住宿业 1 家。从事第二产业民营合伙企业有 63 家，注册资金 2.9 亿元；从事第三产业民营合伙企业有 6877 家，注册资金 6106.58 亿元。民营合伙企业认缴出资额 6109.67 亿元，比上年净增 1552.78 亿元，增长 34.08%。（见表 30-11）

表 30-10　　2021 年厦门市民营独资企业构成一览表

产业和行业		数量（家）	分支机构（家）	出资额（万元）
合　计		2519	79	198109.10
第一产业	1. 农、林、牧、渔业	26	0	1320.00
	农业	20	0	1171.00
	畜牧业	2	0	70.00
	渔业	4	0	79.00

续表 30-10

产业和行业		数量（家）	分支机构（家）	出资额（万元）
第二产业	2. 采矿业	3	0	68.00
	非金属矿采选业	3	0	68.00
	3. 制造业	153	0	7538.80
	农副食品加工业	8	0	644.00
	食品制造业	2	0	13.00
	酒、饮料和精制茶制造业	2	0	200.00
	纺织业	9	0	110.00
	纺织服装、服饰业	32	0	633.00
	皮革、毛皮、羽毛及其制品和制鞋业	4	0	37.00
	木材加工和木、竹、藤、棕、草制品业	4	0	42.00
	家具制造业	2	0	20.00
	造纸和纸制品业	5	0	181.00
	印刷和记录媒介复制业	10	0	1085.00
	文教、工美、体育和娱乐用品制造业	5	0	152.00
	化学原料和化学制品制造业	1	0	200.00
	医药制造业	1	0	1000.00
	橡胶和塑料制品业	12	0	1301.00
	非金属矿物制品业	12	0	924.00
	金属制品业	11	0	341.80
	通用设备制造业	6	0	166.00
	专用设备制造业	13	0	137.00
	汽车制造业	1	0	100.00
	电气机械和器材制造业	1	0	2.00
	计算机、通信和其他电子设备制造业	5	0	73.00
	其他制造业	6	0	162.00
	金属制品、机械和设备修理业	1	0	15.00
	4. 电力、热力、燃气及水生产和供应业	0	0	0.00
	5. 建筑业	55	0	2963.70
	土木工程建筑业	4	0	362.60
	建筑安装业	2	0	603.00
	建筑装饰、装修和其他建筑业	49	0	1998.10
第三产业	6. 批发和零售业	662	7	65975.06
	批发业	241	0	7769.75
	零售业	421	7	58205.31

续表 30-10

产业和行业		数量（家）	分支机构（家）	出资额（万元）
第三产业	7. 交通运输、仓储和邮政业	10	0	235.20
	道路运输业	2	0	60.00
	水上运输业	3	0	40.20
	多式联运和运输代理业	1	0	5.00
	装卸搬运和仓储业	2	0	100.00
	邮政业	2	0	30.00
	8. 住宿和餐饮业	441	45	20750.10
	住宿业	319	3	17083.50
	餐饮业	122	42	3666.60
	9. 信息传输、软件和信息技术服务业计算机服务和软件业	78	0	3443.10
	互联网和相关服务	19	0	386.00
	软件和信息技术服务业	59	0	3057.10
	10. 金融业（保险业）	1	0	3.00
	11. 房地产业	14	1	126.00
	12. 租赁和商务服务业	206	2	13361.20
	租赁业	7	0	222.00
	商务服务业	199	2	13139.20
	13. 科学研究和技术服务业	40	5	3380.00
	研究与试验发展	16	5	1346.00
	专业技术服务业	20	0	2001.00
	科技推广和应用服务业	4	0	33.00
	14. 水利、环境和公共设施管理业	5	0	1360.00
	生态保护和环境治理业	1	0	1000.00
	公共设施管理业	4	0	360.00
	15. 居民服务、修理和其他服务业	154	11	3591.15
	居民服务业	110	10	2510.00
	机动车、电子产品和日用产品修理业	28	1	479.15
	其他服务业	16	0	602.00
	16. 教育	3	0	70.00
	17. 卫生和社会工作（卫生）	314	2	11355.69
	18. 文化、体育和娱乐业	354	6	62568.10
	广播、电视、电影和录音制作业	77	0	15522.00
	文化艺术业	83	0	36051.50
	体育	12	0	154.00
	娱乐业	182	6	10840.60

表 30-11　　2021 年厦门市民营合伙企业构成一览表

产业和行业	合计		普通合伙		特殊的合伙		有限合伙	
	数量（家）	认缴出资额（万元）	数量（家）	认缴出资额（万元）	数量（家）	认缴出资额（万元）	数量（家）	认缴出资额（万元）
总　计	6945	61096709.05	220	51696.70	27	369.00	6698	61044643.35
1. 农、林、牧、渔业	5	1900.00	2	400.00	0	0.00	3	1500.00
农业	2	400.00	2	400.00	0	0.00	0	0.00
林业	1	500.00	0	0.00	0	0.00	1	500.00
农、林、牧、渔专业及辅助性活动	2	1000.00	0	0.00	0	0.00	2	1000.00
2. 采矿业	0	0.00	0	0.00	0	0.00	0	0.00
制造业	53	20805.00	36	10171.00	0	0.00	17	10634.00
农副食品加工业	1	50.00	1	50.00	0	0.00	0	0.00
食品制造业	1	3.00	1	3.00	0	0.00	0	0.00
纺织业	1	5.00	1	5.00	0	0.00	0	0.00
纺织服装、服饰业	12	282.00	12	282.00	0	0.00	0	0.00
家具制造业	1	10.00	1	10.00	0	0.00	0	0.00
造纸和纸制品业	2	2110.00	2	2110.00	0	0.00	0	0.00
印刷和记录媒介复制业	1	33.00	1	33.00	0	0.00	0	0.00
文教、工美、体育和娱乐用品制造业	1	8.00	1	8.00	0	0.00	0	0.00
化学原料和化学制品制造业	2	68.00	2	68.00	0	0.00	0	0.00
医药制造业	3	650.00	0	0.00	0	0.00	3	650.00
化学纤维制造业	1	500.00	0	0.00	0	0.00	1	500.00
橡胶和塑料制品业	4	392.00	3	140.00	0	0.00	1	252.00
非金属矿物制品业	1	50.00	1	50.00	0	0.00	0	0.00
金属制品业	1	200.00	1	200.00	0	0.00	0	0.00
通用设备制造业	2	52.00	1	50.00	0	0.00	1	2.00
专用设备制造业	3	158.00	1	38.00	0	0.00	2	120.00
铁路、船舶、航空航天和其他运输设备制造业	1	20.00	0	0.00	0	0.00	1	20.00
电气机械和器材制造业	2	2610.00	1	1000.00	0	0.00	1	1610.00
计算机、通信和其他电子设备制造业	3	5918.00	1	5668.00	0	0.00	2	250.00
仪器仪表制造业	1	180.00	0	0.00	0	0.00	1	180.00
其他制造业	9	7506.00	5	456.00	0	0.00	4	7050.00
3. 电力、热力、燃气及水生产和供应业	0	0.00	0	0.00	0	0.00	0	0.00
4. 建筑业	10	8164.80	4	404.80	0	0.00	6	7760.00
房屋建筑业	4	6750.00	0	0.00	0	0.00	4	6750.00
土木工程建筑业	1	50.00	1	50.00	0	0.00	0	0.00
建筑装饰、装修和其他建筑业	5	1364.80	3	354.80	0	0.00	2	1010.00
5. 批发和零售业	77	163730.54	20	898.50	0	0.00	57	162832.04
批发业	49	159929.84	10	718.00	0	0.00	39	159211.84
零售业	28	3800.70	10	180.50	0	0.00	18	3620.20

续表 30-11

产业和行业	合计		普通合伙		特殊的合伙		有限合伙	
	数量（家）	认缴出资额（万元）	数量（家）	认缴出资额（万元）	数量（家）	认缴出资额（万元）	数量（家）	认缴出资额（万元）
6. 交通运输、仓储和邮政业	4	2550.00	0	0.00	0	0.00	4	2550.00
道路运输业	1	1000.00	0	0.00	0	0.00	1	1000.00
多式联运和运输代理业	1	1000.00	0	0.00	0	0.00	1	1000.00
装卸搬运和仓储业	2	550.00	0	0.00	0	0.00	2	550.00
7. 住宿和餐饮业	16	1400.00	6	142.00	0	0.00	10	1258.00
住宿业	5	126.00	5	126.00	0	0.00	0	0.00
餐饮业	11	1274.00	1	16.00	0	0.00	10	1258.00
8. 信息传输、软件和信息技术服务业计算机服务和软件业	272	399093.79	10	950.00	0	0.00	262	398143.79
互联网和相关服务	30	7576.82	1	20.00	0	0.00	29	7556.82
软件和信息技术服务业	242	391516.97	9	930.00	0	0.00	233	390586.97
9. 金融业	96	1859300.87	0	0.00	0	0.00	96	1859300.87
资本市场服务	93	1850158.87	0	0.00	0	0.00	93	1850158.87
其他金融业	3	9142.00	0	0.00	0	0.00	3	9142.00
10. 房地产业	5	55765.00	1	5.00	0	0.00	4	55760.00
11. 租赁和商务服务业	5947	58193684.47	89	31246.40	20	0.00	5838	58162438.07
租赁业	2	261.62	0	0.00	0	0.00	2	261.62
商务服务业	5945	58193422.85	89	31246.40	20	0.00	5836	58162176.45
12. 科学研究和技术服务业	344	343483.48	30	4016.00	7	369.00	307	339098.48
研究与试验发展	86	64645.57	2	1000.00	0	0.00	84	63645.57
专业技术服务业	18	2855.00	1	500.00	0	0.00	17	2355.00
科技推广和应用服务业	240	275982.91	27	2516.00	7	369.00	206	273097.91
13. 水利、环境和公共设施管理业（公共设施管理）	1	500.00	1	500.00	0	0.00	0	0.00
14. 居民服务、修理和其他服务业	31	3320.00	13	293.00	0	0.00	18	3027.00
居民服务业	23	2232.00	8	155.00	0	0.00	15	2077.00
机动车、电子产品和日用产品修理业	3	125.00	3	125.00	0	0.00	0	0.00
其他服务业	5	963.00	2	13.00	0	0.00	3	950.00
15. 教育	7	1610.00	2	510.00	0	0.00	5	1100.00
16. 卫生和社会工作	4	2400.00	2	1200.00	0	0.00	2	1200.00
卫生	2	1200.00	2	1200.00	0	0.00	0	0.00
社会工作	2	1200.00	0	0.00	0	0.00	2	1200.00
17. 文化、体育和娱乐业	73	39001.10	4	960.00	0	0.00	69	38041.10
新闻和出版业	1	100.00	0	0.00	0	0.00	1	100.00
广播、电视、电影和录音制作业	15	28274.10	0	0.00	0	0.00	15	28274.10
文化艺术业	34	6159.00	3	950.00	0	0.00	31	5209.00
体育	5	1300.00	0	0.00	0	0.00	5	1300.00
娱乐业	18	3168.00	1	10.00	0	0.00	17	3158.00

【民营有限责任公司构成】 2021年，厦门市从事第二产业的民营有限责任公司有55308家，注册资本4100.76亿元；从事第三产业的民营有限责任公司有315105家，注册资本19176.37亿元。全市民营有限责任公司注册资本23403亿元，比上年净增3373.16亿元，增长16.85%。实收资本4397.88亿元。（见表30-12）

【民营股份有限公司构成】 2021年，厦门市从事第二产业的民营股份有限公司有229家，注册资金104.05亿元；从事第三产业的民营股份有限公司有1186家，注册资金342.05亿元。全市民营股份有限公司注册资本448.31亿元，比上年净增13.64亿元，增长3.14%。实收资本193.93亿元。（见表30-13）

表30-12　　2021年厦门市民营有限责任公司构成一览表

产业和行业		有限责任公司			#自然人独资		法人独资	
		数量（家）	分公司（家）	注册资本（万元）	数量（家）	注册资本（万元）	数量（家）	注册资本（万元）
合　计		371956	12433	234029963	110228	41538748	12225	31340590
第一产业	1. 农、林、牧、渔业	1543	34	1258719.68	498	294656.40	42	76906.10
	农业	915	16	608530.47	308	122752.00	23	40876.00
	林业	78	0	57924.00	30	10308.00	4	9466.00
	畜牧业	70	3	29966.70	27	8046.70	2	6000.00
	渔业	154	4	266223.81	44	22096.00	2	7000.00
	农、林、牧、渔专业及辅助性活动	326	11	296074.70	89	131453.70	11	13564.10
第二产业	2. 采矿业	71	0	203373.50	10	41250.00	1	11000.00
	煤炭开采和洗选业	2	0	2088.00	0	0.00	0	0.00
	石油和天然气开采业	1	0	2800.00	0	0.00	0	0.00
	黑色金属矿采选业	1	0	1000.00	0	0.00	0	0.00
	有色金属矿采选业	4	0	22980.00	0	0.00	1	11000.00
	非金属矿采选业	48	0	131525.50	8	39750.00	0	0.00
	开采专业及辅助性活动	4	0	11050.00	1	500.00	0	0.00
	其他采矿业	11	0	31930.00	1	1000.00	0	0.00
	3. 制造业	32236	434	17553735.41	9526	3544898.32	568	2131987.24
	农副食品加工业	410	9	414889.18	78	65234.00	20	61140.00
	食品制造业	599	17	495764.82	133	62067.68	27	34435.00
	酒、饮料和精制茶制造业	207	12	226887.49	37	23535.00	18	23080.00
	烟草制品业	1	0	100.00	0	0.00	0	0.00
	纺织业	744	10	279727.77	260	57178.94	5	17437.43
	纺织服装、服饰业	2370	40	1083018.25	789	265381.93	36	65175.98
	皮革、毛皮、羽毛及其制品和制鞋业	740	8	256423.10	263	52297.39	13	33250.00
	木材加工和木、竹、藤、棕、草制品业	861	14	997348.10	319	694805.80	8	9650.00
	家具制造业	1196	23	503589.65	411	99078.35	7	11370.00
	造纸和纸制品业	1015	8	286146.45	313	74282.59	3	1068.00
	印刷和记录媒介复制业	910	20	317954.49	208	52532.59	12	17190.12
	文教、工美、体育和娱乐用品制造业	1334	16	612417.69	428	132525.93	18	125878.85
	石油、煤炭及其他燃料加工业	60	1	61583.67	17	8500.00	1	25000.00
	化学原料和化学制品制造业	607	20	422788.20	126	63081.05	11	26490.93

续表 30-12

产业和行业		有限责任公司			# 自然人独资		法人独资	
		数量（家）	分公司（家）	注册资本（万元）	数量（家）	注册资本（万元）	数量（家）	注册资本（万元）
第二产业	医药制造业	126	0	333165.41	16	11110.00	19	181012.49
	化学纤维制造业	51	1	77054.51	11	3148.00	3	22001.00
	橡胶和塑料制品业	3492	29	1040106.30	1017	201027.39	27	129399.89
	非金属矿物制品业	966	21	856142.37	236	101097.48	30	94830.67
	黑色金属冶炼和压延加工业	35	1	26944.65	11	1266.00	1	8000.00
	有色金属冶炼和压延加工业	214	1	92189.80	78	17496.00	4	7718.00
	金属制品业	2362	46	882012.99	646	181025.84	14	33917.81
	通用设备制造业	2865	17	1093008.37	967	249243.96	26	56196.00
	专用设备制造业	3159	28	1332663.67	952	255617.84	57	147317.04
	汽车制造业	365	8	359840.95	92	37041.00	10	47456.00
	铁路、船舶、航空航天和其他运输设备制造业	127	2	201735.96	35	72940.00	8	16386.15
	电气机械和器材制造业	1553	18	1501038.79	368	203435.80	48	241103.22
	计算机、通信和其他电子设备制造业	1550	21	1845717.57	317	91302.75	71	555225.82
	仪器仪表制造业	476	2	344764.85	122	50074.16	21	72855.20
	其他制造业	3366	23	1445739.76	1126	384754.05	43	63391.64
	废弃资源综合利用业	55	2	30593.00	16	4830.00	0	0.00
	金属制品、机械和设备修理业	420	16	132377.60	134	28986.80	7	4010.00
	4. 电力、热力、燃气及水生产和供应业	342	72	612674.21	56	55910.00	29	66900.00
	电力、热力生产和供应业	200	4	551380.21	37	48318.00	27	64400.00
	燃气生产和供应业	81	66	19120.00	4	2000.00	1	2000.00
	水的生产和供应业	61	2	42174.00	15	5592.00	1	500.00
	5. 建筑业	22659	1876	22637804.45	6975	3768348.24	643	2037049.18
	房屋建筑业	3470	509	6813424.70	757	764282.68	209	741838.00
	土木工程建筑业	3317	278	4677298.26	995	800873.07	119	798161.00
	建筑安装业	2275	98	1512692.69	770	367005.98	39	70754.00
	建筑装饰、装修和其他建筑业	13597	991	9634388.80	4453	1836186.51	276	426296.18
第三产业	6. 批发和零售业	132839	3920	58160382.71	42919	13842550.23	2870	4693143.42
	批发业	94908	1183	42553958.30	30262	10538260.97	1493	3072621.73
	零售业	37931	2737	15606424.41	12657	3304289.26	1377	1620521.69
	7. 交通运输、仓储和邮政业	8897	618	4823348.13	2823	990255.89	358	390491.77
	铁路运输业	13	2	4607.00	4	2400.00	0	0.00
	道路运输业	3509	95	1676093.50	1177	397291.00	82	88344.00
	水上运输业	436	21	600964.02	97	97020.00	20	58250.00
	航空运输业	73	6	108838.89	19	17598.89	9	32700.00
	管道运输业	6	0	2010.00	2	800.00	0	0.00
	多式联运和运输代理业	3826	272	1994899.95	1248	419902.00	123	180871.00

续表 30-12

产业和行业		有限责任公司			#自然人独资		法人独资	
		数量（家）	分公司（家）	注册资本（万元）	数量（家）	注册资本（万元）	数量（家）	注册资本（万元）
第三产业	装卸搬运和仓储业	666	44	377551.77	206	48726.00	36	21826.77
	邮政业	368	178	58383.00	70	6518.00	88	8500.00
	8. 住宿和餐饮业	3803	601	1173073.51	815	273100.60	223	108112.68
	住宿业	896	43	515032.79	112	33125.88	39	68585.68
	餐饮业	2907	558	658040.72	703	239974.72	184	39527.00
	9. 信息传输、软件和信息技术服务业计算机服务和软件业	26856	561	13911617.40	6977	2217887.45	1359	2030779.31
	电信、广播电视和卫星传输服务	125	12	87011.55	29	12242.55	10	6300.00
	互联网和相关服务	3851	41	2002066.83	1091	302864.31	214	308089.24
	软件和信息技术服务业	22880	508	11822539.02	5857	1902780.59	1135	1716390.07
	10. 金融业	554	115	1948715.56	62	134418.00	89	653998.00
	货币金融服务	52	4	294561.00	3	4000.00	6	44500.00
	资本市场服务	88	7	539495.00	6	17360.00	22	308000.00
	保险业	143	96	64729.00	6	7210.00	36	29150.00
	其他金融业	271	8	1049930.56	47	105848.00	25	272348.00
	11. 房地产业	6736	732	11272206.71	1897	714529.71	652	5239334.90
	房地产业	6736	732	11272206.71	1897	714529.71	652	5239334.90
	12. 租赁和商务服务业	55018	1927	48768949.80	14417	6147588.17	2476	7081210.88
	租赁业	4072	106	1656724.34	1364	386388.00	117	72725.00
	商务服务业	50946	1821	47112225.46	13053	5761200.17	2359	7008485.88
	13. 科学研究和技术服务业	51682	784	38194103.80	14513	6824916.39	1892	5137752.76
	研究与试验发展	15440	86	12894925.04	4490	1957690.90	480	2162518.69
	专业技术服务业	7029	452	3806403.34	1974	771154.95	221	285311.62
	科技推广和应用服务业	29213	246	21492775.42	8049	4096070.54	1191	2689922.45
	14. 水利、环境和公共设施管理业	1234	55	1687400.85	356	201902.81	44	432828.07
	水利管理业	22	1	8527.00	5	1810.00	3	608.00
	生态保护和环境治理业	645	18	732161.99	196	117431.92	17	242762.07
	公共设施管理业	557	36	945251.86	149	81710.89	24	189458.00
	土地管理业	10	0	1460.00	6	950.00	0	0.00
	15. 居民服务、修理和其他服务业	6926	361	1574751.04	2307	375540.35	143	152757.00
	居民服务业	3450	191	824432.42	1092	194260.69	87	110353.00
	机动车、电子产品和日用产品修理业	1984	83	293633.89	780	91874.89	28	6716.00
	其他服务业	1492	87	456684.73	435	89404.77	28	35688.00
	16. 教育	1803	70	460835.05	528	87339.01	128	42604.69
	教育	1803	70	460835.05	528	87339.01	128	42604.69

续表 30-12

产业和行业		有限责任公司			#自然人独资		法人独资	
		数量（家）	分公司（家）	注册资本（万元）	数量（家）	注册资本（万元）	数量（家）	注册资本（万元）
第三产业	17. 卫生和社会工作	868	46	651759.12	187	77853.30	130	158948.60
	卫生	700	37	371657.86	160	67638.30	102	70880.60
	社会工作	168	9	280101.26	27	10215.00	28	88068.00
	18. 文化、体育和娱乐业	17882	227	9132992.42	5360	1945602.94	577	893785.21
	新闻和出版业	24	0	12178.00	10	4265.00	0	0.00
	广播、电视、电影和录音制作业	1875	12	1457630.54	415	219715.60	170	118536.88
	文化艺术业	9834	74	4284878.82	3174	1133547.04	220	401097.11
	体育	1442	84	536907.35	419	174797.88	60	57670.00
	娱乐业	4707	57	2841397.71	1342	413277.42	127	316481.22
	19. 其他	7	0	3520.00	2	200.00	1	1000.00

表 30-13　　2021 年厦门市民营股份有限公司构成一览表

产业和行业	数量（家）	分公司（家）	注册资金（万元）
合　计	1421	397	4483107.96
1. 农、林、牧、渔业（农业）	6	0	22101.00
2. 采矿业	2	1	10000.00
3. 制造业	151	12	881393.14
农副食品加工业	1	0	7160.00
食品制造业	4	1	29262.44
酒、饮料和精制茶制造业	3	1	69499.00
纺织业	3	0	7338.60
纺织服装、服饰业	7	0	10350.00
皮革、毛皮、羽毛及其制品和制鞋业	2	0	9046.50
木材加工和木、竹、藤、棕、草制品业	1	0	5000.00
家具制造业	1	0	6553.23
造纸和纸制品业	3	0	2132.00
印刷和记录媒介复制业	6	0	16502.60
文教、工美、体育和娱乐用品制造业	3	0	3500.00
石油、煤炭及其他燃料加工业	1	0	39790.35
化学原料和化学制品制造业	6	0	19341.74
医药制造业	3	0	42737.11
化学纤维制造业	2	0	9758.00
橡胶和塑料制品业	5	0	53814.90
非金属矿物制品业	7	1	17345.44
金属制品业	5	0	19980.00

续表 30-13

产业和行业	数量（家）	分公司（家）	注册资金（万元）
通用设备制造业	16	2	60588.04
专用设备制造业	21	1	121113.79
铁路、船舶、航空航天和其他运输设备制造业	1	0	1560.00
电气机械和器材制造业	14	1	105876.87
计算机、通信和其他电子设备制造业	18	2	152544.09
仪器仪表制造业	10	2	48528.44
其他制造业	7	0	22070.00
金属制品、机械和设备修理业	1	1	0.00
4. 电力、热力、燃气及水生产和供应业	6	0	14285.00
电力、热力生产和供应业	4	0	7650.00
水的生产和供应业	2	0	6635.00
5. 建筑业	70	42	134862.02
房屋建筑业	14	6	46908.00
土木工程建筑业	14	7	39900.00
建筑安装业	1	0	755.00
建筑装饰、装修和其他建筑业	41	29	47299.02
6. 批发和零售业	259	146	324834.21
批发业	114	34	214181.83
零售业	145	112	110652.38
7. 交通运输、仓储和邮政业	21	7	28652.75
道路运输业	5	1	6023.00
水上运输业	1	0	540.00
航空运输业	1	0	5000.00
多式联运和运输代理业	12	4	17089.75
装卸搬运和仓储业	1	1	0.00
邮政业	1	1	0.00
8. 住宿和餐饮业	10	8	15000.00
住宿业	1	0	10000.00
餐饮业	9	8	5000.00
9. 信息传输、软件和信息技术服务业计算机服务和软件业	225	33	769715.15
电信、广播电视和卫星传输服务	4	1	20628.00
互联网和相关服务	33	3	91327.15
软件和信息技术服务业	188	29	657760.00
10. 金融业	32	27	75900.00
货币金融服务	12	9	74400.00
资本市场服务	6	6	0.00
保险业	12	12	0.00
其他金融业	2	0	1500.00

续表 30-13

产业和行业	数量（家）	分公司（家）	注册资金（万元）
11. 房地产业	19	10	110709.30
12. 租赁和商务服务业	150	26	508461.18
租赁业	2	2	0.00
商务服务业	148	24	508461.18
13. 科学研究和技术服务业	365	39	1333925.00
研究与试验发展	101	7	416768.82
专业技术服务业	38	14	84592.19
科技推广和应用服务业	226	18	832563.99
14. 水利、环境和公共设施管理业	15	1	49252.51
水利管理业	1	0	500.00
生态保护和环境治理业	13	1	38752.51
公共设施管理业	1	0	10000.00
15. 居民服务、修理和其他服务业	49	43	17861.70
居民服务业	46	42	14861.70
其他服务业	3	1	3000.00
16. 教育	3	1	700.00
17. 卫生和社会工作（卫生）	3	0	17000.00
18. 文化、体育和娱乐业	34	1	167405.00
广播、电视、电影和录音制作业	10	0	69266.00
文化艺术业	14	1	33160.00
体育	4	0	43580.00
娱乐业	6	0	21399.00
19. 其他	1	0	1050.00

【民营企业及个体工商户组织形式和投资规模构成】 2021年，厦门市民营企业组织形式仍然以有限责任公司为主，占总数的97.16%，注册资金占总额的78.06%；独资、合伙企业占总数的2.47%，注册资金占总额的20.44%；股份有限公司占总数的0.37%，注册资金占总额的1.5%。（见表30-14）

表 30-14　　2021年厦门市民营企业及个体工商户组织形式和投资规模一览表

单位：万元

行业	民营企业户均注册资金					个体工商户户均
	独资企业	合伙企业	有限责任公司	股份有限公司	行业户均	
农、林、牧、渔业	50.77	380	815.76	3683.5	812.68	35.76
采矿业	22.67	0	2864.42	5000	2808.43	11.73
制造业	49.27	392.55	544.54	5837.04	566.49	10.93
电力、燃气及水的生产和供应业	0	0	1791.44	2381.33	1801.61	9.15
建筑业	53.89	816.48	999.06	1926.6	100.19	19.6

续表 30-14

行业	民营企业户均注册资金					个体工商户户均
	独资企业	合伙企业	有限责任公司	股份有限公司	行业户均	
批发和零售业	99.66	2126.36	437.83	1254.19	438.7	9.7
交通运输、仓储和邮政业	0	23.52	542.13	1364.43	543.53	10.27
住宿和餐饮业	47.05	87.5	158.65	0	283.42	9.3
信息传输、计算机服务和软件业	44.14	1467.26	518.01	3420.96	549.88	9.88
金融业	3	19367.72	3517.54	2371.88	5686.56	9.38
房地产业	9	11153	1673.43	5826.79	1688.63	21.6
租赁和商务服务业	64.86	9785.38	886.42	3389.74	1752.82	10.09
科学研究和技术服务业	84.5	998.5	739.02	3654.59	760.52	13.11
水利、环境和公共设施管理业	272	500	1367.42	3283.53	1385.27	27.61
居民服务、修理和其他服务业	23.32	107.1	227.37	364.53	223.4	8.26
教育	23.33	230	255.59	233.33	255.07	10.43
卫生和社会工作	36.17	600	750.87	5666.67	574.02	15.75
文化、体育和娱乐业	176.75	534.26	510.74	4923.68	512.56	10.99
其他	0	0	502.86	1050	571.25	30

生产经营

【概　况】 2021年，厦门市民营企业和个体工商户共创产值5859.24亿元，其中第一产业产值62.01亿元，占全市一产100%；工业产值2905.12亿元，占全市工业总产值的36.31%；建筑业产值2892.11亿元，占全市建筑业总产值的90.67%。社会消费品零售额1955.06亿元，占全市社会消费品零售总额75.66%，比上年净增325.74亿元，增长19.99%。

【民营重点上市后备企业】 2021年，福建省地方金融监督管理局公布491家2021年省重点上市后备企业名单，其中，首批厦门市51家，民营企业占40家；第二批厦门市57家，民营企业占46家。厦门市地方金融监督管理局、市上市办公布新一批254家厦门市重点上市后备企业名单，其中民营企业占223家。

【45家民营企业入围省工业龙头及培育企业名单】 2021年，福建省工业和信息化厅发布2021年第一、二批福建省工业龙头企业名单，有175家；厦门市上榜44家，其中民营企业17家。发布工业龙头培育企业名单，有504家，厦门市上榜58家，其中民营企业28家。

【民营企业列入市重点项目45个】 2021年，厦门市政府公布2021年市重点建设项目409个。其中，产业项目123个，民营企业占43个，总投资额236.58亿元，占产业项目总投资额的7.76%；年度计划投资额37.05亿元，占产业项目年度计划投资额的11%；社会事业项目126个，民营企业占2个，总投资额24亿元，年度计划投资额12.71亿元。（见表30-15）

【民营境内外上市公司新增3家】 2021年，厦门市新增4家A股上市公司，其中民营企业2家。全市境内上市企业共62家（其中B股上市1家），其中A股上市民营企业39家。年内共有1家厦企在美国纳斯达克上市，为民营企业。全市共有境外上市公司32家，其中民营20家，按上市地分，中国香港地区15家，澳大利亚1家，新加坡1家，美国2家，荷属库拉索1家。（见表30-16）

表30-15　　2021年民营企业列入厦门市重点产业项目一览表

单位：万元

所在区	项目名称	总投资额	年度计划投资额
思明	华源国际中心（东源置业）	55000	2000
思明	华远商务中心	36777	4000
思明	奥佳华总部大楼和商务中心	68800	8000

续表 30-15

所在区	项目名称	总投资额	年度计划投资额
思明	厦门九牧创新中心	35000	8000
湖里	厦门市华东师范大学希平双语学校	200000	122077
湖里	阳光龙净集团“一带一路”国际总部建设项目	143000	58000
湖里	亿联网络总部大厦	65300	8000
集美	厦门燕来福制药厂区 8# 办公楼、9# 生产车间	13000	6000
集美	利郎集美侨英街道地块项目	25000	5000
集美	扬森数控精密机床装备制造基地增资项目	30000	3000
集美	耐德电气增资项目	20000	3000
集美	美科安防增资项目	20000	3000
集美	科力电子增资项目	18000	3000
集美	世茂璀璨天城商业综合体	274345	40000
集美	三李城商业中心	58831	18000
集美	厦门华锐双语学校	50000	15000
集美	厦门华厦学院扩建项目二期	40000	5000
海沧	一点科技	39089	5000
海沧	厦门固杰科技泛半导体产业园建设项目	80000	5000
海沧	大博医疗科技产业园	105000	4000
海沧	大博医疗医用材料项目	35000	2000
海沧	蛋白质药物生产改扩建和研发中心建设项目二期（特宝生物）	21147	2000
同安	海辰新材料一期项目	105000	15000
同安	厦门傲祥农业科技古宅生猪养殖项目	18000	10000
同安	厦门嘉烨兴生猪生态改扩建项目	25000	5000
同安	韦尔通科技园	13000	4000
同安	优尔智能化小家电	18000	4000
同安	金牌橱柜四期（厂房及配套设施）	64532	10000
同安	豪帝总部基地及智能化家居生产基地	27000	6000
同安	汇盛微生物发酵项目	14800	3000
同安	容大科技自建厂房	12000	3000
同安	厦门百利龙程子虾繁育产业园	20000	3000
同安	精研工业园	32000	3000
同安	精密智能流体传动设备制造项目（环海流体）	11868	2500
同安	京东电子商务产业园	200000	25000
同安	趣店科技金融创新项目	145262	15000
同安	厦门信和达元器件智能物流中心项目	60000	10000
同安	顺丰创新产业基地	60000	10000
翔安	思泰克智能科技产业园	15000	5000
翔安	延江新材料项目	60000	5000
翔安	厦门唯恩电气翔安新厂房	17000	5000

续表 30-15

所在区	项目名称	总投资额	年度计划投资额
翔安	犄夫健康科技园	11000	4000
翔安	晟腾祥输配电项目	12000	3000
翔安	著赫（厦门）科技园	21000	3000
翔安	海晟 X2018P01 地块	210000	15000

表 30-16　　2021 年厦门市新增民营境内外上市公司一览表

股票名称	证券代码	发行股数 / 总股本（万股）市盈率（倍）	发行价（元 / 股）	募集资金总额 / 净额（万元）	拟投项目	上市时间	上市地和板块
罗普特	688619	4683/18728.8 41.47	19.31	90428.73/81878.7	厦门研发中心建设、市场拓展及运维服务网点建设及补充营运资金	2021.2.23	上交所科创板
立达信	605365	5000/50000 22.99	16.97	84850/77100	智能制造基地、研发中心、国内营销及服务网络建设项目	2021.7.20	上交所主板
股票名称	证券代码	发行股数（万股）	发行价（美元 / 股）	开盘价（美元）/ 较 IPO 发行价上涨	当日市值（亿美元）/ 最高涨幅	上市时间	上市地
普普文化	CPOP	620	6	12.26/104.33%	14.29/460%	2021.6.30	美国纳斯达克

【民营上市公司年度发展情况】 2021 年，根据闽商网的福建省 162 家境内上市公司排行榜，厦门市 40 家民营上市公司市值合计 4397.32 亿元，占全市上市公司总市值的 62.09%。其中，11 家民营上市公司市值超百亿元，占 64.7%。根据东方财富发布中国上市公司 500 强，厦门市 3 家企业上榜，其中民营企业 2 家，即亿联、安井食品。根据上市公司 2021 年报，净利润 5 亿元以上 16 家，其中民营企业 8 家；营业收入 50 亿元以上 18 家，其中民营企业 9 家。全市上市公司员工总数 25.31 万人。员工人数超万人有 6 家，其中民营企业 3 家，即安井食品 1.58 万人、合兴包装 1.12 万人、奥佳华 1.08 万人；年内，员工人数增长超千人有 7 家，其中民营企业 5 家，即安井食品 2569 人、松霖科技 1817 人、弘信电子 1646 人、金牌橱柜 1056 人、吉宏股份超 1000 人。（见表 30-17、表 30-18、表 30-19）

表 30-17　　2021 年厦门民营上市公司市值一览表

排名	企业简称	证券代码	总市值（亿元）	股价（元）	2021 年涨幅（%）
6	亿联网络	300628	734.93	81.45	12.39
11	安井食品	603345	417.43	170.78	-11.11
16	吉比特	603444	303.16	421.85	1.90
18	盛屯矿业	600711	294.77	10.73	17.27
20	盈趣科技	002925	266.19	34.03	-8.64
23	大博医疗	002901	205.08	50.62	-30.59
24	金达威	002626	193.14	31.33	-8.04
29	科华数据	002335	167.83	36.36	64.97
39	特宝生物	688278	119.11	29.28	-14.01
41	瑞达期货	002961	109.65	24.64	3.83
46	立达信	605365	95.85	19.17	12.96
51	吉宏股份	002803	82.26	21.23	-33.95

续表 30-17

排名	企业简称	证券代码	总市值（亿元）	股价（元）	2021 年涨幅（%）
52	奥佳华	002614	81.23	12.88	-2.06
55	松霖科技	603992	78.64	19.61	8.10
58	圣元环保	300867	74.92	27.57	-16.91
59	弘信电子	300657	73.48	16.51	25.74
64	力鼎光电	605118	67.65	16.60	10.67
70	乾照光电	300102	63.59	8.99	50.34
77	金牌橱柜	603180	59.44	38.50	9.88
78	麦克奥迪	300341	59.43	11.65	27.74
85	万里石	002785	53.00	26.50	59.64
88	国安达	300902	52.74	41.21	25.72
89	垒知集团	002398	52.60	7.30	-5.19
93	红相股份	300427	47.98	13.32	-45.09
97	光莆股份	300632	45.56	14.88	6.21
98	合兴包装	002228	45.21	3.65	-11.19
111	罗普特	688619	40.85	21.81	13.48
113	新华都	002264	40.53	5.92	37.67
115	瑞尔特	002790	39.57	8.98	11.69
116	易联众	300096	38.61	8.98	11.69
120	清源股份	603628	36.61	13.37	26.37
123	狄耐克	300884	34.60	19.22	-33.70
127	日上集团	002593	33.05	4.09	8.49
137	鹭燕医药	002788	30.34	7.81	1.03
138	安妮股份	002235	30.31	5.23	15.20
144	中创环保	300056	25.79	6.69	11.50
146	延江股份	300658	24.67	10.84	-44.07
152	学大教育	000526	22.36	18.99	-63.75
160	ST 三五	300051	16.42	4.49	-14.48

表 30-18　2021 年度厦门市净利润 5 亿元以上民营上市公司一览表

前十排名	企业简称	净利润（亿元）	比上年增幅（%）
5	亿联网络	16.16	26.38
6	吉比特	14.68	40.33
8	盈趣科技	10.93	6.68
9	盛屯矿业	10.31	1646.62
	金达威	7.89	-18
	安井食品	6.82	13
	大博医疗	6.73	11.17
	瑞达期货	5.03	102.51

表 30-19　2021 年度厦门市营收额 50 亿元以上民营上市公司一览表

排名	企业简称	营收额（亿元）	比上年增幅（%）
5	盛屯矿业	452.37	15.29
8	合兴包装	175.49	46.16
9	鹭燕医药	175.45	12.94
12	安井食品	92.72	33.12
13	奥佳华	79.27	12.25
14	盈趣科技	70.61	32.79
15	立达信	64.77	19.55
17	吉宏股份	51.78	17.4
18	新华都	50.32	-3.06

【1 家民营企业入围中国涂料企业百强】 2021 年，涂料采购网统计 2021 年中国涂料企业百强榜，厦门固克节能科技股份有限公司销售量 19.59 万吨，排名第 18 位；销售额 11.68 亿元，排名第 36 位。

【7 家民营企业上榜中国房地产开发企业 500 强】 2021 年 3 月 16 日，中国房地产业协会、上海易居房地产研究院中国房地产测评中心联合发布 2021 中国房地产开发企业 500 强榜单，厦门有 12 家企业上榜，其中民营企业 7 家，分别为宝龙地产控股（排名第 38 位）、禹洲集团（排名第 39 位）、中骏集团控股（排名第 41 位）、大唐房地产集团（排名第 88 位）、明发集团（排名第 211 位）、新景地集团（排名第 309 位）、源昌房地产开发（排名第 312 位）。

【7 家民营物流企业获评全国 A 级】 2021 年 3 月 22 日和 9 月 5 日，中国物流与采购联合会发布第三十一、三十二批全国 A 级物流企业名单，有 1008 家。厦门上榜 11 家，民营企业占 7 家。其中，AAA 级 6 家，即厦门国达海运有限公司、厦门邦云物流有限公司、厦门金通行国际物流有限公司、弘联通（厦门）有限公司、厦门元舜供应链有限公司、厦门畅隆物流有限公司；A 级 1 家，即厦门市九通物流有限公司。

【24 家民营企业入围市文化企业 30 强】 2021 年 3 月 29 日，厦门市文化改革发展工作领导小组发布 2020—2021 年度厦门文化企业 30 强名单，其中民营企业上榜 24 家，即厦门吉比特网络技术股份有限公司、厦门十点文化传播有限公司、家乡互动（厦门）网络科技有限公司、厦门点触科技股份有限公司、厦门极致互动网络技术股份有限公司、趣游（厦门）科技有限公司、刀舞天下（厦门）网络科技有限公司、厦门风云科技股份有限公司、倍视（厦门）文化发展有限公司、厦门美柚股份有限公司、厦门铠甲网络股份有限公司、厦门东帝士广告股份有限公司、厦门合立道工程设计集团股份有限公司、厦门佰地建筑设计有限公司、福建绿城建筑设计有限公司、厦门万仟堂艺术品有限公司、厦门市拙雅科技有限公司、厦门多想互动文化传播股份有限公司、四三九九网络股份有限公司、华侨城天视文化集团股份有限公司、厦门合兴包装印刷股份有限公司、厦门强力巨彩光电科技有限公司、厦门吉宏科技股份有限公司、厦门长辉实业有限公司。

【110 家民营企业入选省数字经济领域创新企业】 2021 年 4 月 7 日，福建省发改委公布 2021 年度福建省数字经济领域创新企业名单，共 295 家，厦门上榜 112 家，其中民营企业 110 家。遴选 1 家独角兽企业，厦门民企上榜 1 家，即四三九九网络股份有限公司；遴选 20 家未来独角兽企业，均为民企；遴选出 91 家瞪羚企业，其中民营企业 89 家。

【54 家民营企业列入年度市重点工业企业】 2021 年 5 月 21 日，厦门市公布 153 户 222 家“2021 年厦门市重点工业企业”名单，其中民营企业占 54 户 84 家。（见表 30-20）

表 30-20　　2021 年度厦门市民营重点工业企业名单

排名	企业名称	排名	企业名称	排名	企业名称
12	厦门宝太生物科技有限公司	30	厦门金波贵金属制品有限公司	41	通达创智（厦门）股份有限公司
13	厦门银鹭食品集团有限公司	30	厦门宏发信号电子有限公司	43	厦门建霖健康家居股份有限公司
13	厦门宝沣实业有限公司	30	厦门宏发电气有限公司	43	厦门英仕卫浴有限公司
15	厦门市三安光电有限公司	30	厦门精合电气自动化有限公司	43	厦门百霖净水有限公司
15	厦门市三安光电科技有限公司	30	厦门宏发交通电器有限公司	43	厦门阿匹斯智能制造有限公司
15	厦门市三安集成电路有限公司	30	厦门宏发工业机器人有限公司	44	厦门东方银祥油脂有限公司
18	厦门中禾实业有限公司	30	厦门宏发精密机械有限公司	44	厦门银祥油脂有限公司
19	厦门盈趣科技股份有限公司	32	厦门弘信电子科技有限公司	44	厦门银祥肉业有限公司
23	如意情集团股份有限公司	32	厦门弘汉光电科技有限公司	47	厦门强力巨彩光电科技有限公司
25	厦门金牌橱柜股份有限公司	34	厦门亿联网络技术股份有限公司		厦门强力巨彩显示技术有限公司
29	厦门金德威包装有限公司	35	厦门固杰科技有限公司	49	厦门蒙发利电子有限公司
30	厦门宏发电声股份有限公司	37	厦门乾照光电股份有限公司		奥佳华智能健康设备有限公司
30	厦门宏发电力电器有限公司	38	浪潮（厦门）计算机科技有限公司		厦门呼博仕环境工程产业股份有限公司
30	厦门宏发开关设备有限公司	39	科华数据股份有限公司	58	厦门万泰沧海生物技术有限公司
30	厦门宏发汽车电子有限公司	40	厦门华特集团有限公司		厦门万泰凯瑞生物技术有限公司
30	厦门金越电器有限公司	41	通达（厦门）科技有限公司		厦门优迈科医学仪器有限公司
30	厦门宏远达电器有限公司	41	通达（厦门）精密橡塑有限公司	59	厦门延江新材料股份有限公司

续表 30-20

排名	企业名称	排名	企业名称	排名	企业名称
61	厦门长塑实业有限公司	88	厦门市燕之屋丝浓食品有限公司	115	厦门智欣建材有限公司
62	大博医疗科技股份有限公司	89	厦门美塑工贸有限公司	116	厦门科牧智能技术有限公司
72	厦门松霖科技股份有限公司	95	厦门著赫电子科技有限公司	118	厦门中坤化学有限公司
74	厦门新长诚钢构浪板有限公司	98	厦门特宝生物工程股份有限公司	121	罗普特科技集团股份有限公司
	厦门日上集团股份有限公司	102	厦门立林科技有限公司	123	厦门嘉戎技术股份有限公司
	厦门日上金属有限公司	103	厦门康乐佳运动器材有限公司	126	厦门安踏实业有限公司
77	厦门瑞尔特卫浴科技股份有限公司	105	厦门三德信科技股份有限公司	127	清源科技（厦门）股份有限公司
79	厦门阳光恩耐照明有限公司	106	厦门汉印电子技术有限公司	128	厦门狄耐克智能科技股份有限公司
80	福建安井食品股份有限公司	109	厦门优尔智能科技股份有限公司	135	厦门紫光展锐科技有限公司
81	古琳达姬（厦门）股份有限公司	111	博泰车联网（厦门）有限公司	139	厦门光莆电子股份有限公司
87	厦门固克节能科技股份有限公司	112	厦门金达威维生素股份有限公司	153	厦门新盛洲植物油有限公司

【2 家民营企业名列全球涂料企业 100 强】 2021 年 7 月 16 日，《涂界》杂志公布“2021 全球涂料企业 100 强”排行榜，厦门市 2 家民营企业上榜，即华特集团、固克节能，排名分别为第 91 位、第 97 位，上年度销售额 1.43 亿美元、1.31 亿美元。

【5 家民营企业入围中国印刷业企业百强】 2021 年 7 月 24 日，《印刷经理人》杂志社公布 2021 年度中国印刷包装业企业百强榜单，厦门 5 家民营企业上榜，分别为厦门合兴包装印刷股份有限公司（排名第 1 位，产品销售收入 120.07 亿元）、厦门吉宏包装科技股份有限公司（排名第 5 位，产品销售收入 44.10 亿元）、厦门保沣实业有限公司（排名第 17 位，产品销售收入 21.57 亿元）、厦门金汇峰新型包装材料股份有限公司（排名第 72 位，产品销售收入 5.70 亿元）、易联众信息技术股份有限公司厦门市思明区分公司（排名第 85 位，产品销售收入 4.63 亿元）。

【1 家民营企业上榜中国地理信息产业最具活力小企业榜单】 2021 年 9 月 4 日，中国地理信息产业协会公布“2021 中国地理信息产业百强暨最具活力中小企业、高成长企业”名单，厦门市 1 家民营企业上榜最具活力中小企业名单，即厦门集恩图造信息科技股份有限公司，排名第 32 位。

【3 家民营企业上榜中国正餐企业 50 强】 2021 年 9 月 17 日，中国饭店协会发布《2021 中国餐饮业年度报告》，厦门豪客来餐饮有限公司、厦门舒友海鲜大酒楼有限公司、厦门豪享来餐饮娱乐有限公司上榜 2021 中国正餐企业 50 强，分别排名第 15 位、第 22 位、第 24 位。

【1 家民营企业上榜中国企业 500 强】 2021 年 9 月 25 日，中国企业和企业家联合会、中国企业家协会在长春联合发布“2021 中国企业 500 强榜单”，厦门市 5 家企业上榜，其中民营企业 1 家，即厦门盛屯矿业集团有限公司，排名第 500 位，上年度营业收入 392.36 亿元。

【2 家民营企业上榜中国制造业企业 500 强】 2021 年 9 月 25 日，中国企业和企业家联合会、中国企业家协会联合发布“2021 中国制造业企业 500 强”，厦门市 4 家企业入围，其中民营企业 2 家，即盛屯矿业，排名 338 位，福建三安集团有限公司排名 338 位。

【8 家民营企业上榜中国服务业企业 500 强】 2021 年 9 月 25 日，中国企业和企业家联合会、中国企业家协会联合发布“2021 中国服务业企业 500 强”，厦门市 18 家企业入围，其中民营企业 8 家。（见表 30-21）

【1 家民营企业入围中国食品饮料 100 强】 2021 年 9 月 1 日，食品饮料创新论坛（FBIF）发布 2021 中国食品饮料 100 强，厦门市 1 家民企上榜，即福建安井食品股份有限公司（排名第 43 位、上

表 30-21　厦门市民营企业入围 2021 中国服务业企业 500 强名单

位次	企业名称	营业收入（万元）
186	厦门中骏集团有限公司	3553889
188	宝龙地产控股有限公司	3490704
306	鹭燕医药股份有限公司	1553127
332	厦门市嘉晟对外贸易有限公司	1350237
352	厦门恒兴集团有限公司	1220631
365	厦门航空开发股份有限公司	1139279
386	厦门禹洲集团股份有限公司	1041160
387	厦门鑫东森控股有限公司	1039322

年度销售业绩 69.65 亿元）。

【4 家民营企业入围中国民营企业 500 强】 2021 年 9 月 25 日，全国工商联在长沙发布 3 个榜单，中国民营企业 500 强入围门槛营收 235.01 亿元，厦门 3 家民企上榜，即盛屯矿业集团股份有限公司、福建三安集团有限公司、福信集团有限公司，排名依次为第 262 位、第 444 位、第 448 位，上年度营收总额分别为 392.36 亿元、254 亿元和 252.09 亿元。同时公布中国制造业民营企业 500 强和中国服务业民营企业 100 强，厦门市 1 家企业入围中国制造业民营企业 500 强，即福建三安集团有限公司，排名第 250 位。

【4 家民营企业入围中国物业服务企业综合实力 500 强】 2021 年 10 月 9 日，上海易居房地产研究院中国房地产测评中心发布"2021 物业服务企业综合实力 500 强"榜单，厦门市 11 家企业上榜，其中民营企业 4 家，即厦门合嘉源生活服务集团有限公司（排名第 124 位）、厦门兆翔物业服务有限公司（排名第 317 位）、厦门唐人嘉物业管理有限公司（排名第 327 位）、厦门华菲物业管理有限公司（排名第 370 位）。

【宏发电声入围中国电子元件百强】 2021 年 10 月 12 日，中国电子元件行业协会发布 2021 年（第三十四届）中国电子元件百强企业名单，厦门市 2 家企业上榜，其中民营企业 1 家，即宏发电声股份有限公司，排名第 6 位，上年度主营业务收入 753.96 亿元。

【1 家民营企业上榜中国电子信息百强】 2021 年 10 月 25 日，中国电子信息行业联合会公布 2021 年（第三十五届）中国电子信息竞争力百强企业榜单，厦门市民营企业厦门宏发电声股份有限公司上榜，排名第 89 位。

【7 家民营企业获评年度全国建筑业 AAA 级信用企业】 2021 年 10 月 12 日，中国建筑业协会公布 2021 年度全国建筑业 AAA 级信用企业，共计 431 家。厦门市 8 家企业上榜，其中民营企业 7 家，即厦门中联永亨建设集团有限公司、福建巨岸建设工程有限公司、厦门源昌城建集团有限公司、厦门鲁班源房屋营造有限公司、厦门中宸集团有限公司、厦门鹭恒达建筑工程有限公司、福建铭泰集团有限公司。

【1 家民营企业入围中国茶企百强】 2021 年 10 月 29 日，第十七届中国茶业经济年会在广西举行，中国茶叶流通协会发布两项榜单，厦门市 1 家民营企业上榜，即厦门山国饮艺茶叶有限公司，入围"2021 年中国茶叶百强企业"排名 52 位，入围"2021 年度中国茶业畅销品牌"，排名第 37 位。

【37 家民营企业入围福建省民营企业 100 强】 2021 年 10 月 15 日，福建省工商联在三明召开"2021 福建省民营企业 100 强发布会"，入围门槛营收 35.4 亿元，厦门民企上榜 37 家。同时发布"2021 福建省创新型民营企业 100 强""2021 福建省民营企业制造业 50 强"榜单，厦门市上榜民营企业分别为 12 家、21 家。

【市民营企业 100 强及特色榜单发布】 2021 年 11 月 1 日，厦门市工商联首次发布"2021 厦门市民营企业 100 强"榜单，入围门槛营收 10.14 亿元，民企百强总营业收入 4885.47 亿元，税后总净利润 238.81 亿元，纳税总额 175.94 亿元。从营业规模看，民企百强中营收突破 100 亿元有 9 家，50 亿～100 亿元 17 家，20 亿～50 亿元 40 家，10 亿～20 亿元 34 家。从行业分布看，百强榜中第一产业 1 家；第二产业 35 家，营收 1718.62 亿元；第三产业 64 家，营收 3149.63 亿元。同时发布"2021 厦门市民营企业制造业 20 强""2021 厦门市民营企业服务业 20 强""2021 厦门市民营企业科技创新 20 强"3 个特色榜单。（见表 30-22、表 30-23）

表 30-22　　2021 年厦门市民营企业 100 强榜单

位次	企业名称	所属行业	营业收入（万元）	省百强位次
1	均和（厦门）控股有限公司	综合	4362050	12
2	盛屯矿业集团股份有限公司	有色金属矿采选业	3923619	13
3	福建三安集团有限公司	其他制造业	2540036	18
4	福信集团有限公司	综合	2520871	21
5	鹭燕医药股份有限公司	批发业	1553127	27
6	厦门市嘉晟对外贸易有限公司	批发业	1350237	28
7	厦门恒兴集团有限公司	批发业	1220631	31
8	厦门航空开发股份有限公司	批发业	1139279	33
9	厦门禹洲集团股份有限公司	房地产业	1041160	36
10	厦门宏发电声股份有限公司	电气机械和器材制造业	951599	38

续表 30-22

位次	企业名称	所属行业	营业收入（万元）	省百强位次
11	盈众控股集团有限公司	零售业	940679	39
12	厦门安踏电子商务有限公司	零售业	917608	
13	斐乐服饰有限公司	零售业	786107	
14	厦门市明穗粮油贸易有限公司	批发业	755755	50
15	鼎丰集团（中国）有限公司	综合	740245	
16	奥佳华智能健康科技集团股份有限公司	专用设备制造业	704916	53
17	福建安井食品股份有限公司	食品制造业	696511	54
18	福建人力宝科技有限公司	道路运输业	687264	55
19	厦门信和达电子有限公司	批发业	679948	56
20	厦门宝拓资源有限公司	批发业	665117	58
21	大洲控股集团有限公司	综合	647606	61
22	福建省九龙建设集团有限公司	房屋建筑业	638719	62
23	厦门海澳集团有限公司	批发业	601729	64
24	立达信物联科技股份有限公司	电气机械和器材制造业	541789	69
25	厦门中联永亨建设集团有限公司	房屋建筑业	539959	70
26	紫森（厦门）供应链管理有限公司	批发业	507334	75
27	均达升（厦门）控股有限公司	批发业	474706	78
28	弘信创业工场投资集团股份有限公司	商务服务业	474453	79
29	原闰建设集团有限公司	房屋建筑业	458877	80
30	厦门乔丹发展有限公司	批发业	452872	83
31	厦门吉宏科技股份有限公司	互联网和相关服务	441021	84
32	厦门鼎免供应链科技有限公司	批发业	422676	85
33	厦门宝太生物科技有限公司	医药制造业	422636	86
34	科华数据股份有限公司	计算机、通信和其他电子设备制造业	416758	87
35	厦门银祥集团有限公司	农副食品加工业	408580	88
36	华特控股集团有限公司	石油、煤炭及其他燃料加工业	390620	91
37	厦门信和达供应链有限公司	批发业	386841	92
38	厦门建霖健康家居股份有限公司	橡胶和塑料制品业	383508	94
39	厦门西海控股有限公司	批发业	362919	98
40	恒晟集团有限公司	房屋建筑业	351014	
41	厦门金达威集团股份有限公司	食品制造业	350441	
42	泉舜集团有限公司	综合	339034	
43	厦门嘉联恒进出口有限公司	批发业	331574	
44	鑫泰建设集团有限公司	房屋建筑业	318748	
45	厦门强力巨彩光电科技有限公司	计算机、通信和其他电子设备制造业	307483	
46	厦门亿联网络技术股份有限公司	软件和信息技术服务业	275429	
47	厦门吉比特网络技术股份有限公司	互联网和相关服务	274229	
48	厦门瑞悦隆供应链管理有限公司	批发业	270282	

续表 30-22

位次	企业名称	所属行业	营业收入（万元）	省百强位次
49	金牌厨柜家居科技股份有限公司	家具制造业	263984	
50	福建中绿投资有限公司	商务服务业	256332	
51	坤健控股（厦门）有限公司	批发业	251986	
52	成记泰达航空物流股份有限公司	多式联动和运输代理业	245758	
53	厦门大亮贸易有限公司	批发业	242177	
54	厦门市美亚柏科信息股份有限公司	软件和信息技术服务业	238610	
55	厦门匹克贸易有限公司	批发业	232911	
56	厦门誉联集团有限公司	批发业	232877	
57	厦门源昌城建集团有限公司	房屋建筑业	230056	
58	通达（厦门）科技有限公司	橡胶和塑料制品业	227991	
59	福建阳光集团厦门进出口有限公司	批发业	223383	
60	厦门华铸实业有限公司	批发业	220538	
61	厦门保沣实业有限公司	金属制品业	215666	
62	厦门庆通新材料科技有限公司	批发业	214735	
63	厦门鑫通贸易有限公司	批发业	213802	
64	厦门展志钢铁有限公司	零售业	211077	
65	厦门松霖科技股份有限公司	橡胶和塑料制品业	203481	
66	厦门中禾实业有限公司	农副食品加工业	200467	
67	四三九九网络股份有限公司	软件和信息技术服务业	189792	
68	浪潮（厦门）计算机科技有限公司	计算机、通信和其他电子设备制造业	189777	
69	成浩石化（厦门）有限公司	批发业	187135	
70	厦门良和国际贸易有限公司	批发业	184914	
71	厦门福慧达果蔬股份有限公司	农业	172210	
72	厦门金华南进出口有限公司	批发业	166351	
73	厦门市和利商贸有限公司	批发业	163943	
74	厦门树鑫建设集团有限公司	房屋建筑业	162037	
75	大博医疗科技股份有限公司	专用设备制造业	158686	
76	厦门新五菱汽车销售有限公司	批发业	158466	
77	新天钢国贸矿业有限公司	批发业	153968	
78	厦门元初食品股份有限公司	零售业	153682	
79	厦门趣店科技有限公司	软件和信息技术服务业	152693	
80	通达（厦门）精密橡塑有限公司	橡胶和塑料制品业	151883	
81	厦门市旺紫洲工贸有限公司	批发业	148675	
82	厦门石头城信息服务有限公司	批发业	145809	
83	福建南泉集团有限公司	批发业	141783	
84	厦门乾照光电股份有限公司	计算机、通信和其他电子设备制造业	131572	
85	厦门市建安集团有限公司	房屋建筑业	130344	
86	厦门瑞尔特卫浴科技股份有限公司	橡胶和塑料制品业	128419	

续表 30-22

位次	企业名称	所属行业	营业收入（万元）	省百强位次
87	鑫东森（厦门）进出口贸易有限公司	批发业	126785	
88	上糖网电子商务（厦门）有限公司	批发业	126784	
89	厦门市信德辉贸易有限公司	批发业	126390	
90	厦门点触科技股份有限公司	软件和信息技术服务业	122072	
91	厦门鲁班源房屋营造有限公司	房屋建筑业	119031	
92	厦门亿广进出口贸易有限公司	批发业	114778	
93	厦门华诚实业有限公司	纺织业	114459	
94	厦门辉跃商贸有限公司	批发业	108618	
95	厦门固杰科技有限公司	计算机、通信和其他电子设备制造业	106368	
96	福建铭泰集团有限公司	房屋建筑业	106176	
97	厦门中艺抽纱进出口有限公司	批发业	105958	
98	易联众信息技术股份有限公司	软件和信息技术服务业	105106	
99	均达升（厦门）能源有限公司	批发业	104239	
100	厦门青瓷数码技术有限公司	软件和信息技术服务业	101372	

表 30-23　　2021 年厦门市民营企业制造业及服务业 20 强榜单

位次	厦门市民营企业制造业 20 强	营业收入（万元）	位次	厦门市民营企业服务业 20 强	营业收入（万元）
1	福建三安集团有限公司	2540036	1	均和（厦门）控股有限公司	4362050
2	厦门宏发电声股份有限公司	951599	2	福信集团有限公司	2520871
3	奥佳华智能健康科技集团股份有限公司	704916	3	鹭燕医药股份有限公司	1553127
4	福建安井食品股份有限公司	696511	4	厦门市嘉晟对外贸易有限公司	1350237
5	立达信物联科技股份有限公司	541789	5	厦门恒兴集团有限公司	1220631
6	厦门宝太生物科技有限公司	422636	6	厦门航空开发股份有限公司	1139279
7	科华数据股份有限公司	416758	7	厦门禹洲集团股份有限公司	1041160
8	厦门银祥集团有限公司	408580	8	盈众控股集团有限公司	940679
9	华特控股集团有限公司	390620	9	厦门安踏电子商务有限公司	917608
10	厦门建霖健康家居股份有限公司	383508	10	斐乐服饰有限公司	786107
11	厦门金达威集团股份有限公司	350441	11	厦门市明穗粮油贸易有限公司	755755
12	厦门强力巨彩光电科技有限公司	307483	12	鼎丰集团（中国）有限公司	740245
13	金牌厨柜家居科技股份有限公司	263984	13	福建人力宝科技有限公司	687264
14	通达（厦门）科技有限公司	227991	14	厦门信和达电子有限公司	679948
15	厦门保沣实业有限公司	215666	15	厦门宝拓资源有限公司	665117
16	厦门松霖科技股份有限公司	203481	16	大洲控股集团有限公司	647606
17	厦门中禾实业有限公司	200467	17	厦门海澳集团有限公司	601729
18	浪潮（厦门）计算机科技有限公司	189777	18	紫森（厦门）供应链管理有限公司	507334
19	大博医疗科技股份有限公司	158686	19	均达升（厦门）控股有限公司	474706
20	通达（厦门）精密橡塑有限公司	151883	20	弘信创业工场投资集团股份有限公司	474453

【海辰新能源项目开工奠基】 2021年11月28日，厦门海辰新能源科技有限公司在厦门开工奠基。项目位于同翔高新城，占地19.13万平方米，总投资27亿元，规划5条锂电池及配套系统产线，计15亿瓦时，满产后年产值超百亿元。

【126家民营企业获市“专精特新”中小企业认定】 2021年11月29日，厦门市工信局公布2021年厦门市“专精特新”中小企业名单，有147家，其中中型企业39家（民营企业27家）、小微企业108家（民营企业99家）。

【1家民营企业获省质量奖提名奖】 2021年11月17日，福建省政府质量奖评审工作联席会议办公室公布第七届福建省质量奖，厦门市2家企业上榜，其中1家民营企业上榜省政府质量奖提名奖拟奖励企业名单，即厦门盈趣科技股份有限公司。

【民营企业新增1家国家级工业设计中心】 2021年11月24日，工业和信息化部发布第五批国家级工业设计中心名单，共计118家，厦门新增3家，其中民营企业1家，即厦门狄耐克智能科技股份有限公司。至年末，厦门有国家级工业设计中心12家，其中民营企业7家。

【民营企业1个项目获鲁班奖】 2021年11月24日，中国建筑业协会公布2020—2021年度第二批中国建设工程鲁班奖（国家优质工程）入选名单，厦门市2个项目入选，其中1个由民企承建和参建，即由福建三建工程有限公司承建，厦门中联永亨建设集团、厦门金腾装饰集团参建的厦门市心脏中心。

【5家民营企业入围中国互联网综合实力企业百强】 2021年11月26日，中国互联网协会揭晓“2021年中国互联网综合实力企业”前百家榜单，厦门4家民营企业上榜，分别为美图公司（排名第28位）、四三九九网络股份有限公司（排名第35位）、厦门吉比特网络技术股份有限公司（排名第65位）、厦门点触科技有限公司（排名第99位）。同时公布2021中国互联网成长型前20家企业，厦门1家民营企业上榜，即厦门鑫点击网络集团股份有限公司，排名第15位。

【2家民营企业入围制造业单项冠军企业（产品）】 2021年11月8日，工业和信息化部和中国工业经济联合会公布第六批制造业单项冠军企业（产品）名单，厦门市上榜3家，其中民企2家，厦门汉印电子技术有限公司获单项冠军示范企业称号、厦门狄耐克智能科技股份有限公司的楼宇对讲产品获单项冠军产品称号。厦门市有9家企业入围中国制造隐形冠军企业名单。其中，5家民营企业被列为单项冠军示范企业，1家民企产品获单项冠军产品。

【11家民营企业上榜福建省企业百强】 2021年11月3日，福建省企业和企业家联合会、福建省影视广播集团与福建省社科院联合发布“2021年福建省企业100强”榜单，厦门市29家企业上榜。其中民营企业11家，即均和、盛屯、中骏、三安、鹭燕、嘉晟、恒兴、航空开发、禹洲、巨岸、宏发。

【民营企业上榜福建省制造业服务业战略新兴产业企业百强】 2021年11月3日，福建省企业和企业家联合会、福建省影视广播集团与福建省社科院联合发布“2021年福建省制造业企业100强”榜单，厦门市28家企业上榜，其中民营企业14家，即盛屯、中骏、三安、宏发、九牧、奥佳华、安井、立达信、宝太、科华、银祥、建潘、建霖、强力巨彩；发布“2021年福建省服务业企业100强”榜单，厦门市37家企业上榜，其中民营企业20家，即均和、鹭燕、嘉晟、恒兴、航空开发、禹洲、鑫东森、巨岸、明穗粮油、四三九九、宝拓、九龙建设、万科企业、海澳、中联永亨、新华都、源昌城建、联美建设、华特、恒晟；发布“2021年福建省战略新兴产业企业100强”榜单，厦门市32家企业上榜，其中民营企业19家，即强力巨彩、吉比特、科之杰、弘信电子、松霖、中创环保、石头城信息服务、乾照、点触、圣元环保、蒙发利、汉印电子、清源、金达威、雷霆互动、狄耐克、梦加网络、罗普特、嘉戎。

【3家民营企业上榜中国企业信用500强】 2021年12月，中国企业改革与发展研究会、中国合作贸易企业协会在北京联合发布“2021年中国企业信用500强”名单，厦门5家上市企业上榜，其中民营企业3家，分别为厦门吉比特网络技术股份有限公司（排名第203位）、厦门亿联网络技术股份有限公司（排名第237位）、厦门金达威集团股份有限公司（排名第378位）。

【3家民营企业上榜中国农业企业500强】 2021年12月16日，农民日报社公布“2021（第五届）中国农业企业500强”榜单，有4家厦门企业上榜，其中民营企业3家，分别为厦门市明穗粮油贸易有限公司、福建安井食品股份有限公司和厦门银祥集团有限公司，排名依次为第150位、第159位、第211位，上年度营业收入分别为75.58亿元、69.65亿元、40.86亿元。

【1家民营企业入围全国农业产业化头部企业百强】 2021年12月，中国农业产业化龙头企业协会发布2021年全国农业产业化头部企业百强名单，厦门市2家企业上榜，其中民营企业1家，即厦门明穗粮油贸易有限公司，排名第79位。

【2家民营企业上榜第十批全国放心粮油示范企业】 2021年12月6日，中国粮食行业协会公布第十批全国放心粮油示范企业名单，共计444家。厦门2家民营企业获评，即厦门鹭南米业有限公司、厦门新盛洲植物油有限公司。

【1家民营企业上榜中国最受消费者信赖食品企业百强】 2021年12月，中国董事局网、中国数据研究中心发布“2021第六届中国最受消费者信赖食品企业百强榜”，厦门市1家民企上榜，即福建安井食品有限公司，排名第35位。

【14家民营企业入围第五批省制造业单项冠军企业（产品）】 2021年12月8日，省工信厅公布福建省第五批制造业单项冠军企业（产品）名单，厦门市上榜18家，其中民企14家。厦门汉印电子技术有限公司（主营产品“热敏打印机”）、韦尔通（厦门）科技有限公司（主营产品“消费电子结构粘接用反应型聚氨酯热熔胶”）2家民企获单项冠军示范企业称号。厦门欣众达科技有限公司的充气泵专用微型串激电机、厦门嘉戎技术股份有限公司的高浓度难降解污

水应急处理轻量化智能设备、厦门狄耐克智能科技股份有限公司的楼宇对讲产品、厦门赛尔特电子有限公司的合金型温度保险丝、厦门东声电子有限公司的手机扬声器受话器、厦门美科安防科技股份有限公司、容大合众（厦门）科技集团股份有限公司、厦门松元电子有限公司的电子陶瓷材料、麦克奥迪实业集团有限公司的医用显微镜及应用系统、厦门麦丰密封件有限公司的橡胶密封件、科之杰新材料集团有限公司的聚羧酸减水剂、厦门美塑工贸有限公司的口子胶 12 个产品获单项冠军产品。

【4 家民营企业获中国餐饮红鹰奖】 2021 年 12 月，由世界中餐业联合会、红餐网联合主办的第三届中国餐饮红鹰奖揭晓 3 个榜单，厦门豪客来餐饮管理有限公司入围“2021 年度中国餐饮品牌力百强”，排名第 77 位；厦门市临家社区餐饮投资有限公司入围“2021 中国餐饮区域标杆品牌榜”，排名第 49 位；厦门快乐番薯股份有限公司、厦门猪角猪脚饭餐饮管理有限公司入围“2021 中国餐饮最具商业价值品牌榜”，分别排名第 23 位、第 50 位。

【民营企业新增 8 家市级工业设计中心】 2021 年 12 月，厦门市工信局公布 2021 年厦门市级工业设计中心认定名单，共计 10 家，其中民营企业 8 家，即厦门市迈动体育用品有限公司、厦门美科安防科技股份有限公司、厦门市科力电子有限公司、厦门市得尔美卫浴有限公司、厦门市欧立通电子科技开发有限公司、厦门力巨自动化科技有限公司、厦门东昂科技股份有限公司、厦门市爱维达电子有限公司。年末，厦门市共有工业设计中心 80 家（省级 22 家、市级 46 家），民营企业 52 家（省级 13 家、市级 32 家）。

【34 家民营企业获认定省“专精特新”中小企业】 2021 年 12 月 30 日，省工信厅、财政厅联合公布 2021 年福建省“专精特新”中小企业名单，有 189 家，厦门 43 家企业上榜，其中民营企业 34 家。

【1 家民营企业上榜中国石化民营企业百强】 2021 年 12 月 27 日，中国石油和化学工业联合会发布“2020 中国石油和化工民营企业百强榜”，民企厦门华特集团有限公司上榜，排名第 86 位。

【4 家民营企业上榜中国机械 500 强】 2021 年 12 月 9 日，中国机械工业企业管理协会发布 2021 中国机械 500 强榜单，厦门市 7 家企业上榜，其中民营企业 4 家，分别为科华数据股份有限公司（排名第 189 位）、红相股份有限公司（排名第 389 位）、厦门日上集团股份有限公司（排名第 445 位）、厦门中创环保科技股份有限公司（排名第 472 位）。

【8 家民营企业上榜中国建材企业 500 强】 2021 年 12 月 15 日，中国建筑材料企业管理协会发布“2021 年中国建材企业 500 强”，厦门市有 10 家企业上榜，其中民营企业 8 家，即厦门垒知控股集团股份有限公司（排名第 73 位）、厦门松霖科技股份有限公司（排名第 146 位）、厦门美益集团有限公司（排名第 185 位）、厦门瑞尔特卫浴科技股份有限公司（排名第 203 位）、厦门威迪亚科技有限公司（排名第 219 位）、厦门万里石股份有限公司（排名第 247 位）、厦门固克节能科技股份有限公司（排名第 261 位）、厦门宏发先科新型建材有限公司（排名第 300 位）。

【宁德时代新型锂离子电池项目开工】 2021 年 12 月 19 日，庆祝厦门经济特区建设 40 周年重大项目集中开竣工暨时代新型锂离子电池项目开工仪式在厦门举行。厦门时代新型锂离子电池项目（一期）位于火炬高新区同翔高新城洪塘北片区地块，总投资 70 亿元，总建筑面积 71 万平方米，拟建设新型锂离子电池动力电池生产基地。项目的落地成为同翔高新城新能源千亿产业集群发展的动力。

（严　旭）

科技创新

【民营高新技术企业新增 1158 家】 2021 年，厦门市科技局和财政局、税务局联合分 2 批认定 1224 家（第一批 568 家、第二批 656 家）高新技术企业，其中民营企业 1158 家（第一批 537 家、第二批 621 家）。至年末，厦门市累计认定 31 批高新技术企业 6641 家，其中民营企业 5665 家。

【民营企业 1 个项目列入“揭榜制”市重大科技项目】 2021 年，厦门市科技局公布厦门市 2021 年“揭榜制”拟立项重大科技项目清单 3 项，其中民营企业 1 项，发榜方厦门鸿鹭联创工具有限公司，揭榜方集美大学，项目为“高性能 PCB 印制电路板微型刀具”。

【民营企业获 34 个市科学技术奖】 2021 年，厦门市政府公布“2021 年厦门市科学技术奖”获奖名单，60 个项目获奖，其中民营企业 34 个，分别为一等奖 5 个、二等奖 9 个、三等奖 20 个。

【民营企业获 4 个省专利奖】 2021 年，厦门市福建专利奖评审委员会办公室公示 2021 福建省专利奖拟奖励项目，共计 44 个。厦门上榜 10 个，其中民营企业 4 个，包括一等奖 1 个、二等奖 3 个。（见表 30–24）

表 30–24　　2021 厦门市民营企业获福建省专利奖项目

等次	专利名称	专利权人	发明人
一	一种维生素 D_3 中间体 7– 酮胆固醇乙酸酯的合成方法	厦门金达威维生素有限公司、厦门金达威集团股份有限公司	马瑞达、何剑洋、蔡育森、朱俊岩、张水陆、江朝钦
二	一种紫外半导体发光器件及其制造方法	厦门市三安光电科技有限公司	钟志白、杨建健、陈文欣、梁兆煊
二	一种沙链霉菌的用途及香兰素的生产方法	厦门欧米克生物科技有限公司	赵希景、邢晨光、黄志强、刘伟、龚宏灿
二	一种医用钛种植体微弧氧化膜层及制备方法	百齿泰（厦门）医疗科技有限公司	陈艳文、王世强、林志雄

【民营市级科技企业孵化器】 2021年8月9日，厦门市科技局公布2021年厦门市科技企业孵化器名单3家，其中民营企业为运营主体的有2家，即中智启达科技企业孵化器（厦门华启创达科技服务有限公司）、厦门航智天汇孵化器有限公司。年末，厦门市有科技企业孵化器47个（国家级10个），其中民营企业20个（国家级2个）。

【202家民营企业获认定省科技小巨人企业】 2021年9月1日，福建省科技厅、发改委、工信厅、财政厅联合公布2021年福建省科技“小巨人”企业名单，全省1458家。厦门市236家，其中民营企业202家。

【9家民营企业入选省级新型研发机构】 2021年9月9日，福建省科技厅公布第六批省级新型研发机构名单，厦门上榜13家，其中民营企业9家，即厦门海迈科技股份有限公司、厦门瑞为信息技术有限公司、汉纳森（厦门）数据股份有限公司、厦门市巨龙信息科技有限公司、厦门市江平生物基质技术股份有限公司、厦门物之联智能科技有限公司、传孚科技（厦门）有限公司、红相股份有限公司、爱芯环保科技（厦门）股份有限公司。年末，厦门市有新型研发机构53家（省级51家、市级2家），其中民营企业39家（省级37家、市级2家）。

【1家民营企业入选国家技术创新示范企业】 2021年10月11日，工业和信息化部发布2021年国家技术创新示范企业拟认定名单58家，厦门上榜1家，即民企厦门韦尔通科技有限公司。至年末，厦门市有国家级技术创新示范企业10家，其中民营企业7家。

【23家民营企业上榜全国民营企业研发投入500家】 2021年10月11日，全国工商联在广州举行的2021粤港澳大湾区民营企业科技创新峰会暨民营企业科技成果对接会上发布“2021全国民营企业研发投入500家”名单，厦门有8家，分别是安踏体育、三安集团、吉比特、美亚柏科、立达信、宏发电声、亿联网络、奥佳华智能健康科技集团；发布“2021民营企业发明专利500家”名单，厦门有15家，分别是宏发电声、建霖家居、乾照光电、三安集团、美亚柏科、科华数据、立达信、金达威、铱科卫浴、罗普特、鸿星尔克、安井食品、奥佳华、瑞尔特、四三九九。

【8家民营企业入选市技术先进型服务企业】 2021年11月11日，厦门市科技局、财政局、税务局、商务局、发改委联合公布新认定的2021年厦门市技术先进型服务企业名单12家，其中民营企业8家，即厦门跨境网信息技术有限公司、厦门钧亮科技有限公司、厦门神州聚海产业服务股份有限公司、厦门港巢网络科技有限公司、晟景科技（厦门）股份有限公司、厦门尚艺芯网络科技有限公司、厦门联接科技有限公司、厦门地心互娱网络科技有限公司。

【国家级民营企业技术中心新增4家】 2021年12月29日，国家发改委、科技部、财政部、国税总局、海关总署联合发布2021年国家企业技术中心名单101家，厦门市上榜4家，均为民营企业，即红相股份有限公司、厦门力鼎光电股份有限公司、厦门长塑实业有限公司、厦门中创环保科技股份有限公司。年末，厦门市有国家级企业技术中心35家，其中民营企业22家。

【6家民营企业上榜福建省知识产权优势企业】 2021年12月28日，福建省知识产权局公布2021年度福建省知识产权优势企业名单61家，厦门上榜8家，其中民营企业6家，即厦门汉印电子技术有限公司、厦门东昂科技股份有限公司、厦门立达信照明有限公司、厦门绵羊抗疲劳垫有限公司、厦门韦尔通科技有限公司、厦门立业卫浴工业有限公司。

（严　旭）

社会活动

【民营企业获省级表彰】 2021年6月22日，福建省民营企业发展大会在福州召开。会上宣读了省委、省政府关于表彰福建省优秀民营企业家和优秀民营企业的决定和省委关于表彰福建省民营企业党建工作先进单位的决定，各有50个被表彰对象上榜。其中，厦门市有8名民营企业家、8家民营企业、8个民营企业党建工作先进单位上榜。

【中国慈善榜厦门民营企业家占5席】 2021年5月11日，胡润研究院发布“2021胡润中国慈善榜”，上榜“亿级慈善家”39人，厦门有1人。7月21日，《福布斯》中文版发布2021福布斯中国慈善榜，上榜企业100家，其中厦门民营企业家4人。（见表30–25）

表30–25　　2021年厦门民营企业家上榜中国慈善榜情况表

排名	姓名	公司	现金捐赠总额（万元）	主要捐赠
胡润中国慈善榜				
33	苏庆灿	华厦眼科	10000	教育
福布斯中国慈善榜				
39	侯昌财	源昌集团	11566	南安市十一小及六幼校舍
57	许健康	宝龙集团	8048	澳门福建同乡总会
65	丁世忠	安踏集团	5674	晋江和木文化中心
75	吴　迪	福信集团	4116	厦门大学建设与发展

【2名企业家上榜胡润中国富豪榜】 2021年10月27日，胡润研究院发布“2021胡润中国百富榜”，厦门民营企业家2位上榜，即安踏体育的丁世忠家族、丁世家家族，排名第66位、第67位，财富770亿元、760亿元，分别比上年增长73%、75%。

（严　旭）

责任编辑：林德全
明安文
审　稿：阳晓儒
校　对：林建高

31 科学技术

综　述

【概　况】 2021年，厦门市净增国家高新技术企业超过500家；年技术合同交易额超过127亿元。资格有效国家高新技术企业营业收入比上年增长19.47%；高技术产业工业增加值占规模以上工业增加值比重42.64%。引进落地国家新能源汽车技术创新中心厦门分中心等一批高能级创新平台。福厦泉国家自主创新示范区考核评估中，厦门片区连续四年位居全省第一位；厦门创新能力指数位居全国72个国家创新型城市第11位。

年内，市委、市政府出台《关于全面建设高素质创新名城的若干意见》，提出“四大计划八大工程”，全力打造高素质创新名城。厦门科学城列入省委、省政府重点工作。科学城战略发展及空间规划经市规委会研究通过并备案，总体规划面积34.12平方千米，计划打造“一湾联动，两区先行”的空间发展格局，建设“原始创新—成果转化—产业落地”的全链条科创湾区。建立科学城项目储备库并完成项目入库100多个。策划推进科学城Ⅰ号孵化器及中关村大学科技园联盟成果转化基地等首批重点项目落地。

嘉庚创新实验室7万平方米大楼投入使用，落成世界第四、亚洲首座无噪声实验室等先进研发设施；开展30余个科技攻关项目，攻克铜抗氧化防腐等近10项关键技术，形成60余项科技创新成果。生物制品省创新实验室获批建设，一期总投入30亿元，已开工建设。市科技局策划布局海洋领域省创新实验室。引进落地国家新能源汽车技术创新中心厦门分中心、国家政法智能化技术创新中心东南分中心、国家心血管疾病临床医学研究中心分中心、中科院西安光机所厦门卫星产业基地等高能级创新平台，新增16家新型研发机构、技术创新中心及细胞治疗研究中心，促进研究机构量质齐升。

年内，市科学技术局（简称科技局）围绕柔性电子、第三代半导体、新型显示、IC设计、海洋高新等细分领域，加大培育力度，打造增长新动能。开展未来产业创新态势分析，首期编制形成《厦门市人工智能产业创新态势研究》和《厦门未来产业精准招商地图》，成为市精准招商引智的工具书。推进第三代半导体、航空航天等产业规划研究。首批备案69家未来产业骨干企业，加快柔性电子、第三代半导体等支撑性研究院建设，组织实施一批重大关键技术科技攻关项目。企业创新成效初显，其中厦门亿芯源半导体科技有限公司攻克高速光通信芯片“卡脖子”技术，纳入国家“十三五”创新成就展。

【生物医药与健康产业】 2021年，厦门市科技局从政策、平台、环境等多方位持续推进生物医药与健康产业发展，全年产值超过900亿元，兑现扶持资金超过1.15亿元。搭建产业发展平台，筹划推进厦门中医药产学研协同创新试验区、厦门国际生物经济研究院。围绕创新药物、高性能医疗器械研发、新冠疫情防控等方面，实施科技攻关助力产业发展。以新冠病毒检测为代表的体外诊断细分领域产值持续爆发式增长，其中宝太生物自主研发的新冠抗原检测（POCT）试剂盒获英国大量订单；波生生物新冠抗原试剂被列入欧盟各成员国均认可的“欧盟通用清单”，为第一家获得公告机构颁发的自测CE证书。第三方诊断服务等高端科技服务业新业态呈现良好发展势头。推动创新成果加速涌现。疫苗研发取得新进展，国产鼻喷流感病毒载体新冠疫苗进入Ⅲ期临床阶段；厦门万泰生产的首个国产宫颈癌疫苗通过世界卫生组织PQ认证，为首个获得认证的国产宫颈癌疫苗产品。

【科技体制机制创新】 2021年，自创区厦门片区策划推出23项创新事项。完善多元化科技投入机制，进一步提升研发投入强度。优化企业研发费用补助政策，拨付5376家次企业研发费用补助资金11.65亿元；深化科技金融结合，发放科技信贷资金13.88亿元。试点“揭榜挂帅”新型研发组织模式，在社会需求领域立项支持细胞治疗研究中心项目；在企业需求领域聚焦高端装备、新材料、集成电路和第三代半导体领域“卡脖子”问题，凝练出3张榜单向全国发榜，调动全社会力量解决企业技术难题。快速推进抗疫应急科研攻关，聚焦大规模筛查及高并发处理系统、新冠病毒快速检测设备与试剂、中医中药防治应用、新冠特效药研究等疫情防控急需方向，开通“绿色通道”，以经费“包干制”方式推进立项13项。

（李　根）

【现代气象保障技术应用】 2021年，厦门市气象局组织厦门站、同安站对气象监测软件升级，建成南碇岛“丝路海运”灯塔气象站，厦门新一代天气雷达（新址）业务运行准入申请获批。开展自动放球系统业务试运行。市气象局开展预报员“人民至上、生命至上”主题实践活动，新增海雾影响风险预报，开展海表面温度模式产品检验评估；优化升级落区制作软件平台，实现靶向气象服务。获全省预报员竞赛团体第一名，并包揽个人全能前三名。开展人工增雨作业194站次，发射火箭增雨弹136枚，燃烧烟条318根。市气象局制作农业气象服务产品96份，覆盖80%以上的农业生产者；推进“丝路海运”命名航线气象导航应用，上线“厦门市道路交通气象保障系统”，推动新机场片区开展区域气候可行性论证，马銮湾片区开展区域雷电灾害风险评估。搭建厦门市环境气象监测预报服务平台、海上卫星降水实时展示系统，研发相控阵雷达组网数据实时监控告警软件，开展海雾观测试验；完成2020年《气象工作年报》《气象观测年报》《气象预报年报》《气候年报》《实验室年报》等分析编制工作。

【气象科技发展促进】 2021年，厦门市气象局海峡气象开放实验室被确认为市重点实验室。市气象局开展X波段相控阵雷达观测试验、海雾科学观测试验。获省自然基金获立项4个、省局课题7个、省重点实验室课题1个、厦门市科技局指导性科技专项13个，获支持资金共107万元；《海峡地区台风强降水对流系统形成机理与监测预报技术》获2021年度福建省气象科技成果一等奖。1人入选厦门市高层次C类人才，5人入选福建气象高层次科技创新人才，4人入选福建省气象青年新秀，引进博士2人；优化调整部分事业单位的机构、职能和人员。年内，厦门市气象局协办第十三届海峡论坛·第九届海峡两岸民生气象论坛。举办闽西南气象部门业务科研人员专家微课7期，邀请台湾专家线上授课；推进闽西南区域内X波段天气雷达、区域自动气象站观测统筹布局，提升灾害性天气联防水平。

（罗　丹）

高新技术及新兴产业

【概　况】 2021年，厦门市科技局完善“科技型中小微企业—市级高企—国家级高企”的全周期梯次培育体系，加快发展高新技术产业。全市规模以上高技术产业工业产值3711.21亿元，占全市规模以上工业产值的44.42%；完成高技术产业工业增加值931.58亿元，占全市规模以上工业增加值的42.64%，比上年增长19.9%。推动双创孵化载体转型升级，新增国家级科技企业孵化器2家、省级科技企业孵化器和众创空间4家，培育高新技术企业后备力量。

【国家级高新技术企业】 2021年，厦门市国家级高新技术企业上报备案数首次超过1000家，为1246家，比上年增长34.85%。至年底，全市资格有效国家级高企数2801家，比上年净增519家。工业产值3211.91亿元，增长19.58%；全年实现营业收入3513.07亿元，增长22.68%，其中营业收入或产值超过1亿元的企业有522家。年内，市罗普特科技集团股份有限公司、厦门东亚机械工业股份有限公司、厦门厦钨新能源材料股份有限公司3家国家级高企在A股上市，至年底，全市A股上市企业中主体为国家级高企或旗下拥有国家级高新技术企业的上市企业39家，占全市上市企业的60%以上。国家级高新技术企业成为促进厦门市经济高质量发展和实施创新驱动发展战略的重要力量。865家规模以上工业高新技术企业实现产值2872.08亿元，比上年增长22.34%，其中产值或营业收入超过1亿元的企业有395家。面对新冠病毒肺炎疫情持续影响，市国家级高新技术企业推进复工复产，创新开拓市场，展现出产业链联动优势及科技型企业抵御风险的实力和韧性，全市733家高新技术企业营业收入比上年增长50%以上，365家高新技术企业增长100%以上。

【科技“小巨人”企业培育】 2021年，厦门市科技局遴选推荐236家企业获评福建省科技“小巨人”企业。获评的企业2020年实现销售收入357.99亿元，其中销售收入上亿元企业82家，2018—2020年研发费用投入占销售收入的比例平均为10.61%，获得知识产权5393项。

【光电产业创新驱动】 2021年，厦门光电半导体产业形成“创新·品牌·专业·专注”的产业特色，持续成为国家电子信息·显示产业的新型工业化基地、国家半导体照明工程高新技术产业化基地、国家节能灯外贸转型升级示范基地等国家产业示范基地的排头兵和骨干力量。年内，光电半导体行业克服全球新冠疫情及中美贸易摩擦等不良影响，从高速增长进入高质量增长的阶段，直接总产值2075.08亿元，比上年增长12.72%，占全省直接总产值一半。其中，平板显示产业直接产值1317.62亿元，比上年增长13.41%，占光电产业直接总产值的63.50%；半导体照明产业直接产值510.23亿元，增长7.34%，占光电产业直接总产值的24.59%；LED外延芯片产值约90亿元，占全国LED外延芯片产值29.5%。厦门持续17年成为全国LED外延芯片领域规模最大、技术最强、品种最全的地区；连续11年成为全国高端LED球泡灯等光源类产品制造和出口规模最大、档次最高的地区；成为全国高端教育照明产品研造和销售的集聚地，立达信照明、捷能通光电、光莆电子等牵头树立国内教育照明产品标准和知名品牌。光电半导体产业正加速向新型显示、第三代半导体等未来产业转型升级，向智慧照明、Mini/Micro-LED、电力电子半导体和射频半导体等方向发展。

【集成电路产业】 2021年，厦门市半导体和集成电路产业完成产值480.7亿元，比上年增长10.2%。其中，厦门大学国家集成电路产教融合创新平台通过中期评估，国家“芯火”双创基地建设顺利推进。厦门市已建设火炬高新区、海沧台商投资区、自贸区湖里片区3个集成电路重点集聚区域，全市集成电路产业链企业300余家，已形成覆盖芯片设计、先进工艺及特色工艺制造、第三代半导体、封装测试、设备、材料及应用等各环节的较为完整全产业链生态体系。厦门市5家企业获第十六届“中国芯”称号。

【科技型中小企业参赛】 2021年，厦门科技型中小企业参加全国各科技行业的参赛项目总数402个。其中，262家企业入围复赛。参赛的项目，经过厦门赛区初赛、复赛层层筛选，21个参赛项目入围全国行业总决赛，其中厦门通灵生物医药科技有限公司获第十届中国创新创业大赛生物医药行业全国总决赛的优胜奖、白鸽在线（厦门）网络科技有限公司获新一代信息技术行业总决赛优胜奖；16家企业参加“创客中国”全国总决赛，其中14个项目入围“创客中国”全国500强，厦门安胜网络科技有限公司入围第六届“创客中国”中小企业创新创业大赛50强。

（许　敏）

科技计划项目与投入

【概　况】 2021年，厦门市科技局投入市科学技术创新与研发资金20.56亿元。其中，科技项目计划资金支出0.59亿元，占比2.87%；补助企业研发费用11.50亿元，占比55.87%；科技与金融结合资金支出0.67亿元，占比3.27%；科技定额兑现政策支出7.79亿元，占比37.84%。科技定额兑现政策支出中，引进大院大所0.4亿元，生物与新医药产业政策兑现1.16亿元，高新技术企业奖励1.1亿元，厦门国创中心先进电驱动技术创新中心补助1.2亿元、嘉庚创新实验室补助1.5亿元，生物制品实验室补助0.68亿元，重点实验室资助0.33亿元，科学技术奖奖励资金590万元，成果转化奖励资金0.19亿元，创新创业大赛奖励资金850万元，科学仪器共享补贴258.29万元，新型研发机构建设资助0.16亿元，留学人员创业扶持资金700万元，国家科技计划项目地方配套资助0.44亿元，“三高”企业（高技术、高成长、高附加值企业）孵化高新技术企业奖励及使用研发设备补贴302.71万元，生物医药产业人才个税奖励381万元，支持三明龙岩科技特派员专项资金0.3亿元，厦门金砖创新基地人才赛道暨留学人员创新创业大赛奖金、科技特派员等574万元。厦门市获上级资金9.4亿元，其中国家资金5.84亿元、省级资金3.56亿元。

【企业研发费用补助政策】 2021年，厦门市科技局继续贯彻落实《厦门市人民政府关于印发加快创驱动发展若干措施的通知》，激励企业加大研发投入，深入实施“普惠与重点”相结合的企业研发费用补助政策，增强市场核心竞争力。根据企业年度享受税前加计扣除政策的研发费用金额，按照基础补助和增量补助相结合的方式予以扶持。全年厦门市有2698家科技企业填报研发费用补助，企业申报研发费用额170.79亿元，比上年增长6%。5883家次企业获研发费用补助资金12.6亿元。

【科技支出】 2021年，厦门市科技局加大科技支出。支出中央引导地方科技发展专项资金0.24亿元，主要用于科技计划项目资助、企业研发费用补助、新型研发机构补助、技术交易奖励等；支出福厦泉国家自主创新示范区厦门片区专项资金0.67亿元，主要用于科技计划项目资助、企业研发费用补助、引进大院大所、国家级高新技术企业奖励等；支出省创新实验室资金1.1亿元；支出其余省级资金0.15亿元，主要是省级新型研发机构补助、省引导性项目资助等。

（邓　敏　陈卫锋）

科技与金融结合

【概　况】 2021年，厦门市继续推进科技与金融相结合，发挥财政资金的杠杆作用，使之成为撬动银行、担保、保险、创投以及社会资金的支点。通过政银企对接，投保贷联动，不断创新科技金融产品和服务，持续完善厦门市科技金融服务平台，建立以科技担保贷款、科技保证保险贷款、科技信用贷款、科技成果转化与产业化基金、科技保险补贴、科技资本对接会等直接融资与间接融资相结合，以政府引导、社会资本为主的科技投融资体系。全年新增220个科技担保贷款项目，实际发放科技担保贷款12.79亿元；新增科技保证保险贷款84家、1.81亿元，新增科技信用贷款369家、8.69亿元。11月，厦门市科技局修订印发《厦门市科技信贷及保险扶持管理办法》，有效期5年。新办法增加科技信用贷款章节，明确信贷办法申请主体，并调整科技保险的补贴

2021年10月28日，第十届“中国创新创业大赛”、第六届“创客中国”中小企业创新创业大赛（厦门赛区）举行颁奖活动。图为颁奖现场　（市科技局　供图）

险种。科技成果转化与产业化基金完成第十三批、第十四批共11家企业投资0.27亿元。至年底，完成85家科技初创企业投资2.19亿元，其中，51个项目成功回购，59家企业升级成为国家、市级高新技术企业。所投企业累计创造税收1.2亿元，带动社会融资10.05亿元。

【科技资本对接会融资】 2021年，厦门市科技资本对接会聚焦于厦门市重点发展的产业，厦门市科技局举办厦门大学生物经济、人工智能、软件园、“大数据、人工智能、物联网”项目，集成电路园区、新能源等7场专场对接会。为满足科技企业进入多层次资本市场的需求，对接会还联合厦门两岸股权交易中心举办闽西南科技板企业的融资路演会。通过2021年8场对接会累计有30个项目，5家企业共获得0.7亿元的融资。

【转贷款支持小微企业发展】 2021年，厦门市科技局根据与国家开发银行厦门市分行签订的合作协议，继续通过3家本地法人银行进行转贷款业务合作，全年累计向厦门银行、厦门国际银行和厦门农商行转贷款合作银行发放转贷款27亿元，转贷款余额33亿元，当年新增13亿元，累计惠及小微企业4100余家，其中支持科技企业及个体户146家（户）。

（李小清）

区域创新体系建设

【概　况】 2021年，厦门以加快建设国家自主创新示范区为主线，做好新冠病毒肺炎疫情防控和经济社会发展系列工作，全面推动改革创新，持续营造良好创新创业创造生态环境。厦门市先后颁布《厦门市“十四五”科技创新发展规划》《厦门经济特区促进科技创新若干规定》《全面建设高素质创新名城的若干意见》，印发《关于积极应对新冠肺炎疫情影响助力企业纾困减负若干措施》《关于进一步全力支持科技企业抗疫情稳发展若干措施的通知》，出台《厦门市科学仪器设备资源共享管理办法》《厦门市级高新技术企业备案管理办法》《厦门市促进科技企业孵化器高质量发展实施办法》《进一步优化高新技术企业扶持政策》《厦门市科技信贷及保险扶持管理办法》《厦门市产学研项目补助办法》《厦门市企业研发费用补助管理办法》等一系列促进创新发展的科技创新政策，积极防控和抗击疫情，支持经济快速复苏，推动企业成为技术创新主体，进一步营造良好的科技创新环境。

【国家心血管疾病临床医学研究中心分中心落户厦门】 2021年10月23日，国家心血管疾病临床医学研究中心分中心授牌仪式在厦门大学附属心血管病医院举行，为福建省心血管疾病领域唯一的国家分中心、厦门市首个获批的国家临床医学研究分中心。厦门市人民政府副市长廖华生，国家心血管疾病临床医学研究中心常务副主任李静，福建省科技厅副厅长叶碧海，福建省卫健委副主任王喜瑛，厦门大学党委副书记全海及厦门市科技局、卫健委、发改委、财政局、人力资源和社会保障局、自然资源和规划局、医疗保障局等领导到场参加授牌仪式。国家中心旨在面向国家和区域临床医学科技创新需求，协同国家中心开展临床研究、学术交流、人才培养、成果转化和推广应用，是国家中心创新网络体系的重要组成部分。心血管疾病仍是危害中国城乡居民健康的第一大类疾病，该中心的建设，将在临床医学研究上催生一批原创成果、突破一批“卡脖子”技术，推动厦门市乃至全省临床医学科技创新体系建设更上新台阶。年内，为对接国家、省级临床医学研究中心建设，规范厦门市临床医学研究中心的建设和运行管理，市科技局联合市卫健委出台《厦门市临床医学研究中心管理办法》，推动市第一批临床医学研究中心建设，支持厦门大学附属翔安医院、厦门大学附属第一医院、复旦大学附属中山医院厦门医院、厦门大学附属心血管病医院、厦门大学附属中山医院在心血管系统疾病、神经系统疾病、恶性肿瘤3个领域建立7个临床医学研究中心。

【科技创新“十四五”规划印发】 2021年12月6日，厦门市委办公厅印发《厦门市“十四五”科技创新发展规划》。规划紧盯“建设高素质创新名城”目标，加快构建以厦门科学城为牵引的创新布局，深化“双自联动”机制，完善以企业为主体、市场为导向、“产学研”深度融合的创新体系，优化创新生态，汇聚创新资源，强化人才支撑，促进创新链与产业链深度融合，更好地激发全社会创新活力，计划在“十四五”期末使厦门市跻身全国创新型城市前列。

【新型基础设施建设】 2021年，厦门市新型基础设施中科技基础创新平台13个项目实际支出资金4.77亿元，占当年预计投入资金总额的40.26%。其中嘉庚实验室3月开设政府采购账号后，设备需政府采购流程，资金支出进度偏慢，全年支出2.64亿元，占当年计划投入资金总额的50.78%；生物制品科学与技术省创新实验室支出0.55亿元，占当年计划投入资金总额的30.7%；国家新能源汽车技术创新中心厦门分中心6月开工，12月正式运作，全年支出0.29亿元，占当年计划投入资金总额的24.34%；新松机器人全年支出0.18亿元，占当年计划投入资金总额的447.5%；厦门联合呼吸健康研究院全年支出0.21亿元，占当年计划投入资金总额的205.7%。

【嘉庚创新实验室建设】 2021年，嘉庚创新实验室累计采购65台（套）仪器设备，到位设备52台（套），吸引人才团队900余人，其中院士、杰出青年等高层次人才90余人，有氢能与燃料电池、二次电池、半导体产业链关键材料、绿色能源装备、仪器装备网络等9个项目群，多项技术研究成功后可打破国外垄断或颠覆现有工艺。年内，实验室与宁德时代、华商国际、厦门金龙、联芯等70余家单位开展合作，并推动硅基负极材料、抗氧化导电铜浆、半导体高端材料、石墨烯材料等近20类科技成果的产业化落地。

【翔安创新实验室建设】 2021年12月25日，厦门翔安创新实验室（福建省生物制品科学与技术创新实验室）举行奠基仪式，12月31日，获福建省创新实验室建设工作联席办批复。实验室的项目团队暂时租用厦门大学跃进楼2000

多平方米场地，投入人员 47 人，其中专职人员 7 人、兼职人员 40 人；项目团队研发的鼻喷流感病毒载体新冠病毒肺炎疫苗是中国五条技术路线之一，先后完成一期和二期临床试验，同时开展三期临床试验。2021 年 10 月，研发的首支国产二价宫颈癌疫苗通过世界卫生组织 PQ 认证，成为国内第一支通过世界卫生组织 PQ 认证的宫颈癌疫苗；研发出全世界品种最齐全的新冠病毒系列检测试剂，包括六大检测平台的 24 个检测试剂，取得 46 项注册证，在 90 多个国家投入使用，其中总抗体试剂在国际评价中获评最优并被优先推荐。

【科学仪器共享优惠政策】 2021 年，厦门市科技局完成《厦门市科学仪器设备资源共享管理办法》修订。全市财政性投资信息化项目《闽西南科学仪器设备资源共享平台》获得市工信局立项。至年底，厦门市科学仪器设备资源协作共享平台累计有 240 家设备提供方加入，共享仪器设备 2241 台，价值超过 19.5 亿元。全年有 7 家高层次人才单位获得使用补助 116.95 万元；8 家科学仪器设备提供单位获得服务奖励 141.34 万元，其中服务"三高"企业（高技术、高成长、高附加值企业）奖励金额 104.29 万元。该项优惠政策实施以来，全市总计拨付科学仪器设备资源共享优惠扶持资金 0.17 亿元。

（杨国宁　陈彬强　高爱绒　黄睿播）

科技普及应用

【概　况】 2021 年，厦门市科学技术局牵头举办以"百年回望：中国共产党领导科技发展"为主题的 2021 年厦门市科技活动周系列活动，启动仪式现场展示 26 家机关企事业单位的 30 个科普项目。举办"2021 年全国科普讲解大赛厦门地区预选赛"，选拔选手参加福建省赛和全国赛，大赛首次面向青少年开放。举办科普讲堂，邀请厦门"双百计划"领军型创业人才叶志成到厦门同安一中为学生展示最新的科研成果。市科技局投入 1760 万元，通过推进种业创新、强化农业科技和装备支撑、建设科技特派员创新服务载体，发展中草药方向，推动农业科技创新，带动乡村产业振兴。

【"三下乡"活动】 2021 年 3 月 12 日，厦门市科技局联合厦门科技交流中心、省亚热带植物研究所、厦门市科技信息院、厦门市曙光救援队到新圩镇乡村党校，举办科技系统"三下乡"暨学雷锋系列活动；编印《社会治安综合治理与平安厦门创建》《心肺复苏与 AED 使用》《珍惜生命远离危险水域》3 本科普宣传册，翻印《消防安全知识教育》等科普宣传册，用于重大活动及日常科普宣传。省亚植所的博士、研究员介绍先进农业种植技术，并现场解答村民的疑问。

【科技活动周系列活动】 2021 年 5 月 21 日，以"百年回望：中国共产党领导科技发展"为主题的 2021 年厦门市科技活动周在湖里区创新园举行。该次科技周系列活动由市科技局、市委宣传部、市科协、湖里区人民政府主办，湖里区工信局联合主办，市应急局、公安局、人社局、工信局、生态保护局等 16 家单位协办。启动仪式现场展示 26 家机关企事业单位的 30 个科普项目。22 日，"科技创新　玩转科学"——2021 年厦门科学之夜主题活动在厦门科技馆举行。活动邀请 120 组亲子家庭参加体验，活动内容包括党旗下的表白、主题科学探秘、科学特工队、科学嘉年华四大板块。为庆祝中国共产党成立 100 周年，广泛宣传党的光辉历程、伟大成绩、优良传统，活动中开展"我与党旗合个影"活动。现场设有"爆发·反思——健康与防疫主题展"，展览分为"危机四伏的星球""史上重大传染病""流行风暴来袭"3 个展区。聚焦 2020 年新冠病毒肺炎疫情，以时间故事线贯穿，剖析人类历史上几次重大疫情抗争胜利背后的科学知识，认识科学技术在人类健康中起的作用，了解抗疫知识，弘扬抗疫精神，助力国家战疫。

【市科普讲解大赛】 2021 年 5 月 20 日，由厦门市科技局、市委宣传部、市科协、湖里区工信局联合主办，厦门科技交流中心承办的"2021 年全国科普讲解大赛厦门预选赛"举行。来自全市各领域的 50 名选手参加，活动涉及结合气象科学知识、新技术、新成果、VR 技术、人工智能、环境保护、健康养生、防震减灾等领域。大赛首次面向青少年开放，厦门一中、厦门外国语学校、五缘实验学校、翔安一中和湖里中心小学的 12 名中小学生与成人选手同台比赛。其中，12 岁的选手罗雩桐获青少年组冠军。为激发全市参与积极性，扩大活动影响力，活动首次与厦门科技创新创业综合服务平台联合，采用线上和线下相结合的方式，对大赛现场进行报道，直播和回放观看累计 1200 余人次。

（魏　云）

【国家政法智能化技术创新中心东南分中心揭牌】 2021 年 9 月 9 日，国家政法智能化技术创新中心东南分中心在厦门揭牌，该中心是首批列入国家技术创新中心批复的地方创新机构。该中心将聚焦区域政法智能化工作需求与痛点，聚集国内一流科研院所、高校、企业的优势资源，攻克和应用一批核心技术，打造和推广一批优秀产品，孵化和培育一批优质企业，建成和推出一批示范应用场景，致力将厦门打造为全国"政法智能化建设示范基地"。

【《海归科特派的"芯"使命》获评科技部优秀作品称号】 2021 年，科技部面向全国开展"大美科技特派员"微视频征集活动，活动共征集到作品 460 余部。经专家评审、网站公示，最终评出优秀作品 66 部，厦门市科技局推荐的《海归科特派的"芯"使命》获评为优秀作品。

【对口帮扶宁夏科技】 2021 年，厦门市科技局从福建省亚热带植物研究所选派 5 名科技特派员，到宁夏固原市（彭阳县、泾源县）和闽宁镇开展为期半年至一年的科技对口帮扶工作，支持对口帮扶科技人员带项目援宁。年内，累计立项科技协作项目 5 个，资助金额 117.75 万元，项目重点围绕特色农业资源的实际发展需求，开展栽培技术和提取技术研究，进一步深化闽宁协作工作，助力宁夏协作地区巩固拓展脱贫攻坚成果和全面推进乡村振兴。

【第四批"下派制"科技特派员选派】 2021 年，厦门市科技局推行科技特派员制度，创新选派机制，实行“平台制”和“下派制”，为做好“下派制”科技特派员的选派工作，市委组织部、市科技局、市人社局联合发文，从市属和区属的企事业单位，挑选81名科技特派员，下派到岛外四区（集美区、海沧区、翔安区、同安区）27个镇（街），每个镇（街）3人，全脱产开展为期1年的科技服务。至年底，市科技局累计选派288名科技特派员。

【科技特派员注册】 2021年，厦门市科技局建立“厦门市科技特派员与技术服务对接平台”，服务平台制科技特派员灵活对接各区需求，开展技术服务和产学研合作。对接平台依托市科技局网站和微信小程序同步运行，注册个人科技特派员1149人、法人科技特派员160家。

（孙　卓　方舒玫　谢　平）

科技成果转化

【概　况】 2021年，厦门市科技成果登记统计工作按照科技部《科技成果登记办法》规定，规范科技成果登记工作，统计科技成果，为科技成果转化和宏观科技决策服务。2021年登记的科技成果346项，以验收为主的科技成果147项，占登记成果的42.49%；其他评价方式登记的成果199项，占登记成果的57.51%。2021年登记的346项科技成果中，申请1284项知识产权，其中发明专利713件，占知识产权数的55.53%。已授权专利863件，其中由企业获得的授权专利585项，占比67.79%，表明市企业自主研发能力不断提高，企业创新的主体地位更加凸显。制定标准数4项，其中行业标准1项、地方标准2项、企业标准1项。2021年登记的科技成果类别中，应用技术类成果仍位于登记成果的榜首，共304项，占登记成果总数的87.86%；基础理论成果数42项，占总数的12.14%；无软科学成果。

【技术合同成交额】 2021年，厦门市技术合同登记量及技术合同成交额比上年大幅度增长。全市认定登记技术合同7050项，比上年增长21.70%；技术合同成交金额127.11亿元，增长9.45%，占全省59.29%。

【技术合同交易】 2021年，厦门市科技局出台《厦门市促进科技成果转移转化若干规定政策操作规程》《关于进一步全力支持科技企业抗疫情稳发展若干措施》《厦门市科学技术局关于修订印发厦门市产学研项目补助办法的通知》等，支持应急科技攻关，提供科技服务。厦门市技术交易市场继续呈现活跃状态。新增注册443家技术贸易机构，全年有1025家技术机构（含自然人）参与技术交易，比上年增长6.77%。高校和科研机构全年登记合同数1030项，合同额5.96亿元，合同数和合同额分别比上年增长120.56%和140.32%。其中，厦门大学登记技术合同数326项，合同额3.04亿元，占全市高校和科研机构合同登记总额的一半以上。从合同类型构成看，2021年，厦门市“四技”（技术转让合同、技术咨询合同、技术服务合同、技术开发合同）合同交易中，技术服务、技术开发两类合同成交额占比较大，分别占全市技术合同成交总额的56.29%和30.06%。

【国家科技成果转化服务（厦门）示范基地】 2021年7月，国家技术转移人才培养基地（厦门）完成《国家技术转移人才培养基地（厦门）运行管理办法（试行）》的制定印发，理顺各项工作机制。完成厦门科技交流中心有限公司、厦门科易网科技有限公司、厦门海丝创谷创新研究院有限公司3家培训机构的备案工作。基地与3家机构签订委托培训协议，与厦门市技术市场协会签订关于组织培训考核及专题政策宣讲的合作协议。全年举办6期技术经纪人培训班，参加培训学员479人，培训合格学员441人。其中，厦门科易网科技有限公司2021年全年促成技术转移项目427项，技术交易金额22.45亿元，新增合作高校院所79家，新增合作技术服务机构、科技服务机构49家，为7.94万家企业、1839项技术需求提供技术信息服务、技术经纪服务、技术交易服务、技术转移人才培养等技术转移服务，开展线上线下技术对接1983场、线上线下技术经纪培训56场（其中协办厦门市技术经纪人培训会2场），并再次通过国家中小企业公共服务平台认定，入选工业和信息化部建议支持的“国家专精特新‘小巨人’企业公共服务平台”。

（苏文鑫　陈　力）

科技交流与合作

【概　况】 2021年，厦门市科技局向科技部推荐申报“国家重点研发计划政府间国际科技创新合作/战略性科技创新合作重点专项”共21项，申报金额4650万元，合作地域涉及美国、日本、巴西、马来西亚等13个国家与地区，获支持国际科技合作项目3项，资助金额232.35万元。年内，启动金砖国家科技创新合作，支持并组织厦门企业参加港澳“产学研”对接活动，推动闽西南协同区科技创新合作，举办“2021年两岸科技创新融合发展研讨会”。

【金砖国家科技创新合作启动】 2021年，厦门市科技局策划建设“嘉庚高新技术研究院”“厦门市人工智能协同创新平台”等一批金砖项目。组织并参与一系列金砖会议，支持厦门大学承办金砖国家“海洋与极地科学”专题领域工作组第四届会议，利用金砖论坛、“9·8”洽谈会等契机与巴西驻华科技参赞、俄罗斯国家科技园首席代表等进行座谈交流，探讨合作机会。举办“金砖国家科创人才大讲堂”“金砖等国外籍教师技能培训”等活动，为吸引金砖人才到厦提供支持。

【企业参加港澳“产学研”对接活动】 2021年，厦门市科技局组织企业参加香港特区政府主办的首届亚洲医疗健康高峰论坛，超过30多家生物医药企业和专注生物医药板块的投资机构参加，其中有3家生物医药企业与项目投资方开展3场线上一对一视频对接会。发动企业参加内地与澳门“产学研”项目对接活动，市科技局推荐4家企业报名，最终2家企业到澳门参加活动。论坛上，星速购网络科技有限公司与澳门东盟国际商会现场签署战略合作框架协议。

【区域科技合作深化】 2021年，厦门市财政分别拨付1500万元合作经费到三明、龙岩两市，用于支持双方在科技特派员领域开展合作，进一步深入推进山海协作。厦门市科学技术局推动建设“闽西南科学仪器设备资源共享平台”，建立协同区内科学仪器共享大平台，扩大厦门市科学仪器设备资源开放共享补贴范围，促进协同区科学设备资源共用共享。11月，发布2021年厦门市科技特派员专项创新服务载体项目申报指南，推进“闽西南科技特派员中药材协同创新中心”项目。12月30日，闽西南协同发展区科技合作领导小组第四次工作会议暨技术成果推介会在三明市召开，持续加强协同区各地市科技部门沟通协作。

【“产学研”项目补助办法修订印发】 2021年，厦门市科技局修订印发《厦门市产学研项目补助办法》，进一步赋予高校科研院所更大的自主权，减轻科研人员事务性负担，引导高校院所围绕以成果产出和转化为绩效考核目的，与市企开展“产学研”合作，根据企业转给高校院所的到账经费按不高于50%的比例进行直接补助。

【中科院STS计划厦门专项设立】 2021年，厦门市科技局与福建省科技厅签订协议，启动福建省中科院STS计划（中国科学院科技服务网络计划）配套项目厦门子专项。根据协议，每年将统筹不少于1000万元专项资金用于配套支持获得立项的STS厦门子专项。2021年，厦门乾照光电股份有限公司等承担的11个项目（其中产业化项目1个、产业化平台项目1个、院省合作项目9个）获建省中科院STS计划配套项目立项，总资助金额960万元。

【厦门13家单位获评省级新型研发机构】 2021年，厦门市13家单位获省级第六批新型研发机构称号。截至12月31日，厦门市有51家省级新型研发机构。年内，市科技局拨付第六批省级新型研发机构一次性奖励经费总计650万元。17家单位获2021年度省级新型研发机构设备补助，总资助金额1306.48万元（其中省级财政资助653.24万元）。

【科技展会】 2021年，厦门市科技局组织40家厦门市企业参加第十五届中国西安国际科学技术产业博览会、第二十四届中国北京国际科技产业博览会、第二十三届深圳高交会，参展项目75个。厦门展团开通线上云看展直播，推介参展企业、高新技术成果。参展项目涵盖电子信息、新材料、高技术服务等高新技术领域成果。厦门代表团获得展会组委会颁发的“优秀组织奖”和“优秀展示奖”，2个项目获“亮点项目推荐”。

【新型研发机构管理办法政策操作规程】 2021年8月，《厦门市新型研发机构管理办法政策操作规程》印发，当年受理13家研发机构申报，厦门市博瑞来医药科技有限公司、厦门承葛生物科技有限公司、厦门奥普拓自控科技有限公司3家单位获市级新型研发机构称号，拨付初创期建设经费补助总计250万元。

【两岸科技创新融合发展研讨会】 2021年11月，2021年两岸科技创新融合发展研讨会在厦门举行。研讨会由厦门市科技局与科技部海峡两岸科学技术交流中心主办，活动邀请海峡两岸专家学者、青年企业家共376人参加，围绕未来产业、产业发展趋势、人工智能前沿技术、两岸青创等主题，与厦门科技企业、高校院所共话发展。研讨会特别增设“科技创新成果推介”“智慧生活展”“项目人才资本对接”等系列活动，通过项目路演、应用场景展示、现场互动体验等方式，寻找项目落地合作伙伴，加快海峡两岸创新创业项目落地进程。澳门科学技术发展基金、澳门大学、澳门科技大学应邀在线上“云”推介澳门创新成果和相关政策，进一步推动科技合作创新融合发展。

（张翠兰　刘杨曦）

科技人才

【概　况】 2021年，厦门市科技局建立科技顾问体系，遴选首批市政府科技顾问。厦门市外国人来华工作许可、居留许可“一件事”外国人来华工作许可、居留许可“一件事”联办入选福建自贸试验区第18批创新举措。市科技局与市公安局、人社局、火炬管委会等部门配合，建立全国首个“外国人才服务站”和“移民事务服务站”二合一的联动服务平台；全国首创试行外籍人才专业技术、技能评价机制，并将人才评价与工作、居留许可整合为“一件事服务套餐”；组建全国首支外籍科技特派员服务队。组建“碳汇率”女科技特派员联盟厦门小分队市外籍人才服务创新举措被科技部、国家移民管理局作为优秀案例在官网展示，入选“十三五”国家科技创新成果展，入选市全面深化改革优秀案例并获得通报表扬，先后百余次登上《科技日报》、《福建日报》、“学习强国”学习平台、新华网、人民网等媒体。年内，经科技部（国家外专局）批准立项国家外国专家项目6个。组织申报福建省引才引智计划，2名外国专家入选2021年度省“外专青年外国专家引进计划”，2个外国专家团队入选省“高端外国专家团队引进计划”，6人入选第二批省“创业之星”“创新之星”。市科技局兑现生物医药与健康产业个税奖励175人380.99万元，兑现留学人员创业扶持项目经费26家单位700万元。

【外专技术和技能评价试点】 2021年，厦门市在全国率先开展专业技术、技能水平评价试点。首次引入大数据平台机构参与评定，构建“人才—企业—技术—产业”关系图谱，并对外籍人才与聘用岗位的适应性、创新性、稀缺性等进行综合分析，形成“一人一报告”的多维度人才画像。人才评价认定结果可作为申请来华工作许可的重要依据，打破学历、来华工作时间等限制。至年底，认定19名外籍人才，其中具备初级、中级专业技术水平的，可分别申请有效期1年内和3年内的来华工作许可（B类）。

【全国首支外籍科技特派员服务队组建】 2021年，厦门市组建全国首支外籍科技特派员服务队，10名来自印度、新加坡、澳大利亚、埃及、韩国、日本和丹麦等国家涉及电子信息、智能制造、动漫设计、海洋生态等领域的外籍人才受聘为厦门市科技特派员。相关科技特派员分别在联芯集成电路、瑞为信息技术、海洋三所等单位担任中高级管理或专业技术职务，作为外籍专家科技特派员，通过技术咨询、项目对接、联合攻关等方式，到市“三高”企业开展精准产业帮扶服务，发挥国际化人才“智囊团”作用，助推市企业技术创新、成果转化和产业发展。

【外国人才服务站服务范围拓展】2021年，厦门市科技局联合筼筜街道办事处在外籍人才集中居住的官任社区新设一家社区外国人才服务分站，侧重于为外籍人才提供语言培训、文化交流、人文关怀、信息咨询、纠纷调处等生活类服务，为外籍人才提供便捷、高效的服务。该服务措施得到《厦门日报》、厦门电视台、“学习强国”学习平台等媒体给予关注和报道。

【“三高双百”企业家沙龙活动】2021年，厦门市科技局会同市委组织部人才局支持引导厦门“三高双百”企业家研修班60多名学员举办主题沙龙活动，围绕“创业时经历的那些事”主题，分享创新创业经历、企业经营之道与社会责任担当，通过交流，吸取经验教训。活动旨在提升“三高”“双百”企业家人才的国际化视野和现代管理理念，构建交流合作平台，营造“三高”“双百”企业家融合贯通、自主交流、资源共享、抱团发展的生态。

（魏　云）

科研院所

自然资源部第三海洋研究所

【概　况】2021年，自然资源部第三海洋研究所（简称海洋三所）各类收入到款合计3.92亿元（含基本支出8179万元和修缮购置3495万元），其中纵向项目到款1.4亿元（不含修缮购置）；横向项目到款1亿元，产业开发类项目到款1743万元。全所新签订纵向项目合同124个，合同总额1.03亿元（不含修缮购置），新签订横向技术合同437个，合同总额1.45亿元，新签订产业开发类项目合同62个，合同总额2554万元。组织申报“十四五”海洋领域重点研发计划项目7个，获批国家外国专家项目1个，国家自然科学基金获批20个，其中重点项目1个，总经费1220万元；牵头实施国家重点研发计划5个；合作开发中国首个“蓝碳”交易项目；牵头编制的《海洋生态修复技术指南（试行）》《红树林生态修复手册》印发实施。与厦门大学签订“科教融合”共建合作协议。科研设施与仪器开放共享工作在科技部、财政部2021年评价考核结果为优秀。获海洋工程科学技术奖一等奖、海洋科学技术奖一等奖、厦门市科学技术进步奖一等奖各1项。发表研究论文325篇，其中SCI收录232篇；申请专利36项，获授权发明专利29项；《应用海洋学学报》影响力指数在28个海洋类期刊中排名从12名上升到9名。

【大洋专项研究】2021年，海洋三所完成“大洋生物多样性观测与评估”专项2020年度任务验收并启动2021年度任务。完成国际海域资源研究开发“十三五”资源环境2个主题项目、11项课题自验收；研究构建东太平洋中国大洋协会多金属结核勘探合同区及邻近海域水文、化学、沉积地质环境基线，形成区划管理技术，并选划2个环境保全参照区和1个环境影响参照区，向海底管理局提交2017—2020年度报告（环境部分）。牵头实施完成中国大洋69航次暨北京先驱第01航次，组织17人次参加中国大洋60、65、66、68航次，完成年度西太平洋海洋环境与生物多样性、深海微生物多样性调查任务。启动与深圳华大集团合作开展的深海生物资源共享利用先行先试工作。

【海洋生态保护与修复】2021年，海洋三所牵头编制《海岸带生态保护和修复重大工程建设规划（2021—2035年）》，承担《“十四五”海洋生态保护修复行动计划》编制工作，完成意见征集并送审。牵头编制的《海洋生态修复技术指南（试行）》由自然资源部办公厅印发；牵头编制完成《海洋生态修复监测评估指南》（初稿）和《海洋生态修复标准体系》行业标准（初稿）。牵头编制完成的《红树林生态修复手册》由自然资源部、国家林业和草原局联合印发。编制完成《生物多样性保护关键区域识别建议报告》，提出海洋生物多样性保护关键区域识别工作的建议。编制完成《海洋生态系统生态产品价值评估技术导则（草案）》，形成包括红树林、珊瑚礁、滨海湿地典型海洋生态系统以及珍稀物种在内的海洋生态产品价值评估案例分析。编制完成《基于生态价值实现的海洋生态保护补偿机制研究报告》。与广东湛江红树林国际级自然保护区管理局合作开发的中国首个符合核证碳标准（VCS）和气候社区生物多样性标准（CCB）的“广东湛江红树林造林项目”。

【海洋生态预警监测】2021年，海洋三所编制完成“华南沿岸造礁珊瑚群落的分布及其预警监测”。完成《红树林预警监测技术指南》初稿。编制完成《海洋生态分类标准南海北部湾试点区试用报告》。编制完成《海洋生态廊道划定技术指南：总则》《河口生态廊道划定技术指南》《珊瑚礁生态廊道划定技术指南》初稿。开展海洋生物多样性的变化监测及保护研究，在靠近芹澎岛西南侧发现近200头印太瓶鼻海豚，是汕头海域该物种记录数量最多的一次。

【海岸带保护修复工程和防灾减灾】2021年，海洋三所承担10个砂质海岸修复项目、3个红树林保护修复项目和1个珊瑚礁保护修复项目实施情况的调查监管工作，全年执行3次调查监管，并在监管过程中对2020年颁发的系列标准的适用性和可操作性进行分析和验证。编制完成《海岸带生态减灾修复技术手册》和《珊瑚礁海岸带生态修复技术手册》初稿，修改完善《砂质海岸带生态减灾修复技术手册》。

【海洋战略规划制定与实施】2021年，海洋三所编写完成《国家管辖外海域活动环境影响评估技术与配套制度研究报告》。提出中国的选划标准建议，编写完成《划区管理工具选划原则、标准和技术方法研究报告》。参与编写完成《海洋遗传资源获取、储存、利用现状分析及应对建议报告》。制定和提交《我国海洋药物与生物制品产业公共服务平台建设发展研究报告》《海洋生物医药与制品产业发展行动计划（2021—2025年）》等有关海洋生物医药产业方面的报告。

【海洋科技开发与技术咨询服务】 2021年，海洋三所承担完成福州、珠海、莆田、石狮、晋江等地多项国土空间规划、“十四五”海洋强市建设或海洋经济发展示范区建设的海洋专项研究。编制完成的《福建省“十四五”海洋强省建设专项规划》《漳州市“十四五”海洋强市建设专项规划》2项规划由当地政府印发实施。初步完成《福建省、海南省滨海湿地类型分布调查报告》，初步整理中国南方片区滨海湿地类型分布数据库。承担完成“湛江市海洋生态保护修复项目”等多项工程的海洋生态保护修复专项研究，建立生态修复绩效评估方法，科学指导生态修复工程。承接并完成“华龙一号及在役核电机组关键核心技术装备攻关项目冷源致灾物报警预警系统研究”等国家重大能源、资源工程用海项目的前期涉海咨询服务工作。完成“三亚凤凰岛二期项目拆除工程环境影响评价编制及相关专题论证”。完成“厦门新机场工程”用海环评等论证工作。

【科技成果转化公共服务】 2021年，海洋三所新转化14项专利或技术秘密给企业，转化合同金额600万元。转化技术形成8种产品在市场销售，企业实现销售额3000多万元；为海南琼中送去3.33平方千米茶叶苗及种植桑树用的海藻寡糖生物肥，科技助力乡村振兴；5项成果转化新开发10种新产品拟推向市场。对虾育种科研取得重大突破，与亚太海洋生物公司合作研究获得抗“玻璃苗”疫病对虾种苗，存活率90%以上。与35家企事业单位达成合作项目50个，新增产业技术服务合同额约1270万元。海洋生物产业化中试技术研发公共服务平台实现稳定运营，对外提供免费技术服务20余项，签订技术服务委托合同8项，成果转化1项。

【国际海洋科技合作交流】 2021年，海洋三所无人员派出活动，共16批次36人次参加线上国际会议。先后与马来亚大学、缅甸勃生大学、德国汉堡大学、马来西亚理科大学签署合作协议。与巴布亚新几内亚大学、俄罗斯科学院远东分院太平洋海洋研究所等涉海单位合作协议待签署。协助孟加拉国1人、巴基斯坦2人申请中国政府海洋奖学金。

（龙邹霞）

中国科学院城市环境研究所

【概　况】 2021年，中国科学院城市环境研究所（简称城市环境所）有在职职工241人。其中，科技人员185人、科技支撑人员25人，包括研究员及正高级工程技术人员37人、副研究员及高级工程技术人员52人；全所进入创新岗位160人。其中，中国科学院院士1人，中国工程院院士1人，发展中国家科学院院士1人，国家杰青4人，国家青年科技奖2人，国家优青4人，享国务院特殊津贴6人，科技部中青年科技创新领军人才3人，中科院青年科学家奖1人，福建省高层次人才29人，福建省特殊支持高层次人才“双百计划”5人，厦门市“双百计划”7人，浙江省151人才工程1人，浙江省宁波市3315团队1个，浙江省宁波市顶尖人才1人等。4月26日，城市环境所国际科技合作基地作为示范型基地2020年度评估结果为“优秀”。

【代表性科技成果】 2021年，城市环境所编制的《九龙江流域山水林田湖草沙一体化保护和修复工程实施方案》入选中央财政支持项目；《“一带一路”创新发展报告（2021）》（城市环境所负责城市微生物安全与人群健康部分）得到中央常委领导批示；畜禽废弃物热解炭化资源化利用技术和集约化养殖畜禽污水达标排放与氮磷资源回收技术在“美丽中国”专项中开展工程示范，突破集约化畜禽养殖资源回收和污染治理卡脖子问题，实现出水水质全面达到或优于国家和地方排放标准；大湾区场地土壤环境物联网智能监测与管理系统技术，实现适合国情的污染场地智能管理，相关成果总体达到国内领先水平；研发垃圾焚烧飞灰和污泥协同水热耦合高温烧结资源化利用技术，为解决困扰城市固废处置卡脖子问题提供可行的新技术工艺；提出低碳资源型城镇雨污分流排水新模式，大大节省管网施工工程量。

【公共科学日活动】 2021年5月22日，城市环境所举办2021年公众科学日活动。活动的主题为“百年复兴路，科学正当时”，活动围绕庆祝中国共产党成立100周年，通过多种形式向公众展示科学的魅力。活动展现研究所科技创新成果，弘扬科学精神，营造科学氛围，厚植科学文化，激发公众尤其是青少年对科学的关注和兴趣。

【“城市环境与健康”优秀大学生夏令营】 2021年7月15—18日，城市环境所举办2021年“城市环境与健康”优秀大学生夏令营。经过遴选，来自全国46所知名高校的近100名大学生参加夏令营。夏令营期间，共举办11场学术讲座，报告者来自研究所的一批科技骨干。围绕城市化进程中的环境问题及其对人类健康带来的各种影响，从环境与健康、城市生态系统、固体废弃物资源化技术、水污染控制与水质保障、大气污染控制技术及新兴污染物等多个视角，研讨城市和城市化地区面临的环境与发展挑战及其对策。

【九龙江生态保护修复方案】 2021年8月2日，由城市环境所牵头与中科同恒环境科技有限公司组成联合编制团队完成的福建省《九龙江流域山水林田湖草沙一体化保护和修复工程实施方案》通过国家竞争性评审答辩，在全国29个申报项目中位列第5名，入选中央财政支持项目，获补助资金20亿元。这是继2017年闽江流域山水林田湖草生态保护修复工程纳入全国试点后，福建省再次获中央财政支持的重大生态保护修复项目。九龙江流域山水林田湖草沙一体化保护和修复工程项目计划投资78.61亿元，实施期为2021—2023年，重点开展水环境治理与生态廊道建设、重要生态系统保护修复、农地生态功能提升与面源污染防治、矿山生态修复、机制创新与能力建设五大类工程。该项目的实施将促进九龙江流域主要生态环境问题的解决，提升流域生态系统稳定性，筑牢中国东南沿海生态安全屏障，是城市环境所助力地方生态文明建设和产业技术创新的又一重大举措。

【第五届海峡两岸城市环境青年学者研讨会】 2021年11月4—7日，城市环境所召开第五届海峡两岸城市环境青年学者研讨会，会议围绕低碳发展背景下的城市环境保护、污染防控和数字化精准管理等城市环境发展问题，设立“城市环境与健康”“城市生态数字化分析与管理”“城市污染控制与废弃物资源化”3个主题，以专题报告、考察、座谈和学术沙龙等多种形式呈现，共安排38场学术报告。研讨会上，台湾成功大学教授林财富、厦门大学教授任斌、台湾义守大学教授廖健森、北京大学教授孙卫玲和研究员沈国锋做大会报告，城市环境所人力资源处处长方财王介绍研究所的博士后政策。研讨会组织研究生学术沙龙，共有来自厦门大学、城市环境所等的11名研究生到场进行报告交流。最终评选4项优秀报告奖。会议由城市环境所的中国科学院青年创新促进会小组、环境生物技术研究组和中科院城市污染物转化重点实验室共同主办。

【3项成果获市科学技术进步奖】 2021年11月9日，城市环境研究所3项成果获2020年度厦门市科学技术进步奖。其中，“生物质废弃物的炭转化成套技术研发与产业化应用”获一等奖，“内外环境因素在子宫内膜异位症发生发展中的作用机制及临床应用策略”“典型污染场地土壤和地下水修复关键技术研究与应用”均获二等奖。

（聂　璇　魏振宝）

共青团福建省委、福建省青年联合会联合通报表彰第十八届“福建青年五四奖章”集体和个人

（叶佳　2021年4月30日摄）

福建省水产研究所

【概　况】 2021年，福建省水产研究所新增各级各类项目69个，其中参与国家自然科学基金面上项目1个，承担省引导性项目1个、第四轮种业创新与产业化工程项目3个、省公益基本科研专项15个、省海洋经济发展补助资金项目2个、省渔业结构调整专项31个、省海洋与渔业发展补助专项1个，省渔业发展专项6个、结余经费自立项目9个，多项渔业资源、生态环境、病害监测、水产品检测等专项任务实现新增科研经费3456.04万元。承接科技服务项目35个，累计到位经费961.62万元。全年全所发表科技论文67篇，其中SCI（科学引文索引）收入17篇。申请专利32件，其中发明专利26件；授权专利30件，其中发明专利13件；获得软件著作权2项；水产行业标准《调味烤虾》及参与制定的国际标准质量管理体系认证《冷冻鱼糜》发布实施。组织参加2021中国（福州）国际渔业博览会和2021年厦门科技活动周，推介研究所科研公共平台、海马齿生态修复技术、经济型湾外及深远海养殖装备技术、牡蛎全值化开发技术体系等内容，展示与推介所里的最新的海洋与渔业科技创新成果。组织科技特派员投身农村渔村创业创新和服务，发挥专业优势，帮助涉渔涉海企业解决技术问题和困难。承担海洋与渔业科普教育社会责任，以全国水产科普教育基地、省科普教育基地——福建海洋渔业科学馆为平台，开展海洋渔业科普宣传，为公众普及水产科技知识，增强海洋渔业的科技影响力。共青团福建省委、福建省青年联合会联合通报表彰第十八届“福建青年五四奖章”集体和个人，福建省水产研究所现代渔业科技青年创新团队获2020年度“福建青年五四奖章集体”称号。

【科研成果获海洋科学技术一等奖】 2021年4月，福建省水产研究所作为第二完成单位参与的“高质牡蛎创制技术体系的构建与应用”项目获2020年度福建省海洋科学技术一等奖。该项目阐明牡蛎种质资源格局，建立基因组资源产业转化关键技术、牡蛎品质性状遗传选育技术，育成“金蛎1号”“海蛎1号”和“福蛎1号”3个牡蛎新品种（系），创新单体牡蛎种苗设施制备和单体养成技术，实现高质牡蛎养殖技术的产业应用。较好地解决牡蛎产品与高端市场的对接，实现牡蛎产业的提质增效。高质牡蛎在山东、辽宁、广西、福建等省区进行中试及应用。2012—2019年，项目累计产值8.56亿元，取得重大经济和社会效益，对产业整体提质增效和参与国际竞争产生积极推动作用。

【《冷冻鱼糜》研制国际标准发布】 2021年9月，国际标准化组织发布水产领域国际标准——ISO 23855：2021《冷冻鱼糜》研制标准，是中国首项主持并由福建省水产研究所参与完成的国际标准。《冷冻鱼糜》主要内容包括产品等级划分、品质要求、关键指标的检测方法，以及产品包装、标识、储藏和运输等要求，建立冷冻鱼糜产品质量评价体系。研究所主要负责收集冷冻鱼糜国内外生产企业及质量标准等相关信息和资料以及对冷冻鱼糜质量指标和检测方法进行验证和确认。该标准实现中国主导制定水产领域国际标准零的突破，提高中国在水产领域国际标准化舞台上的话语权和国际影响力，助力中国优势水产品“走出去”，提高了中国水产品在国际上的竞争力。

【第三轮省种业创新与产业化工程项目通过验收】 2021年11月12日，福建省水产研究所实施的福建省种业创新与产业化工程（2017—2020）海洋与渔业项目“海带、凡纳滨对虾、东方鲀种业创新与产业化工程”通过验收。项目通过4年的实施，建设省级海带良种场2个、省级对虾良种场2个、省级东方鲀良种场2个。建成海带遗传育种中心及引育种检测中心、对虾活体种质库和育种数据库、东方鲀种质资源库。育成海带新品系2个、东方鲀新品系2个、凡纳滨对虾新品系1个。繁育海带新品系苗种35.70万张苗帘（片），示范养殖229平方千米，新增产值57.52亿元，新增利润41.95亿元。制种扩繁优质种虾43.83万对，培育健康虾苗378.99亿尾，辐射养殖面积119平方千米，新增产值10亿元。培育无毒级东方鲀优质苗种2623.2万尾，示范养殖23平方千米。项目通过联合攻关和协同创新，提高海带、凡纳滨对虾、东方鲀种苗繁育基地的设施条件与装备水平，提升海带、凡纳滨对虾、东方鲀种质创新、产业化及标准化水平。

【所企战略合作协议签订】 2021年4月15日，福建省水产研究所与福建天马科技集团股份有限公司在福清签订战略合作协议。福建天马科技集团股份有限公司是农业产业化国家重点龙头企业、国家技术创新示范企业、国家企业技术中心，目前核心产品鳗鲡配合饲料产销量居全球首位，特种水产配合饲料产销量居福建省第一位。公司通过打造自动化、智能化、数据化的产业链体系，布局全产业链项目建设，建立从“科研→种苗繁育→鳗鱼养殖→饲料加工→动保生产→冷链物流→食品加工→休闲娱乐→餐饮消费”一体化的绿色环保型科研创新生态式全产业链发展模式。根据协议，双方计划打造共赢、可持续发展的战略合作伙伴关系，助力双方在水生生物苗种繁育、饲料研发、疾病防控及水产品高值化利用等全产业链“卡脖子”环节开展战略合作，实现绿色环保型科研创新生态式全产业链和第一、二、三产业融合发展。

（郭书悦）

福建省亚热带植物研究所

【概　况】 2021年，福建省亚热带植物研究所（简称亚植所）在研的各类各级研发项目73个。其中，国家自然科学基金3个，财政部条件基础建设项目1个，厦门市科技计划项目65个，对外横向合作项目4个，项目为亚热带、热带作物的栽培技术，品种选育、植物生理生化及提取技术的研究。全年新增研发项目15个，到位资金1226.4万元；企业合作项目3个，项目资金13.5万元；获国家发明专利授权5项，实用新型专利授权3项，申请国家发明专利6项，申请实用新型专利3项；通过市级验收和科技成果登记8项，发表论文15篇，出版编著1本。累计获资助的基础理论研究项目13个。全所科技工作者参与厦门市科技活动周，向市民宣传科普植物相关知识。

【产学研合作】 2021年，福建省亚热带植物研究所继续与福建农林大学及华侨大学联合运作研究生工作站，全年承接厦门大学、华侨大学、集美大学相关技术专业教学实习业务。科研人员到厦门、泉州、三明等地区，发挥科研院所的科研优势，为地方农业技术提供技术指导：为福建明台农业投资有限公司解决国兰的病害快速检测及防治问题，开发一款兰科CYMV和ORSV联合检测的胶体金快速检测试剂条；指导永春县颐园生态农业发展有限公司改良土壤、改进栽培设施、引种红油香椿新品种，并给予关键技术指导；对接厦门同安鑫美园果蔬专业合作社，共谋“福建厦门三秀山村山药科技小院”发展模式。

【分析检测技术服务社会】 2021年，福建省亚热带植物研究所继续完善实验室计量计证管理体系，提高测试服务水平，主动对接为社会提供测试服务，全年为39家公司或单位提供测试服务，完成60批次202个样品的检测，检测样品的类别包括有机肥和土壤等，检测项目包括氮、磷、钾、有机质、pH值等。

【科研平台建设】 2021年5月，福建省亚热带植物研究所的“海西植物天然产物提取纯化中试基地”中试平台投入运营。至年底，平台完成紫花罗勒、茉莉花、锡兰红茶、清钱柳等产品的提取工艺研究，获得紫花罗勒精油、茉莉花芳香水、锡兰红茶提取物和清钱柳喷雾干燥粉若干；为厦门荷蓬生物科技有限公司、厦门国昂生物医药有限公司、漳州金三角生物科技有限公司提供技术服务和技术支持。中试平台与7家企业签订战略合作协议，并与其中3家签订技术服务合同。

【科技计划项目】 2021年5月26日，厦门市科技计划项目“金线莲微生物病害海洋来源生防菌株的筛选及开发”通过厦门市科学技术局组织的验收。该项目将深海微生物资源与中国药用植物资源相结合，从深海微生物中筛选获得对金线莲茎腐病致病菌具有较强生物防治能力的草酸青霉，研制出可湿性粉剂配方及生物农药。该生物农药不污染环境、不毒害人畜、不伤害天敌，不会诱发抗药性，可有效防治病害的发生，减少化学杀菌剂的使用量，进而减少农副产品中的农残，提高金线莲品质，提升农副产品出口的竞争力。

【彭阳县乡村振兴专家服务工作站成立】 2021年7月31日，由厦门市科学技术局、福建省亚热带植物研究所与彭阳县城阳镇长城塬村闽宁现代农业科技示范园共同搭建的“乡村振兴专家服务工作站”挂牌。工作站重点围绕“闽宁现代农业科技示范园区老旧产业升级”“建立专家人才攻关团队、深化产学研政合作机制”“加强深化闽宁合作”3个方面，实现政府、企业、基地资源无缝对接，针对彭阳县“卡脖子”的科技问题进行攻坚，带动周边区域经济发展，推动乡村振兴。年内，研究所3名专家进驻工作站，实施3项闽宁科技协作计划项目。

（李　影）

责任编辑：黄　澜
审　　稿：阳晓儒
校　　对：林建高

32 社会科学

课题研究和学术成果

【概 况】2021年，厦门市社会科学界联合会（简称市社科联）组织举办厦门市第十七届社会科学普及宣传周活动。依托“鹭江讲坛”、同文讲堂等阵地，组织社科专家学者深入机关、高校、军营、学校、社区开展社科知识普及宣传活动，推动新理论新思想深入基层。发挥厦门社科网站、“厦门社科”微信公众号、《厦门社会科学》等理论宣传平台作用，持续刊发理论文章，宣传阐释习近平新时代中国特色社会主义思想。加强对哲学社会科学研讨会、报告会、讲座等各类意识形态阵地的管理，举办社科联系统干部培训班，将意识形态教育纳入社科联系统干部培训班内容。组织举办厦门市第十二届社会科学学术年会。组织开展课题研究109项。编撰出版《厦门市经济社会发展与预测蓝皮书（2021—2022）》。编辑《厦门社会科学》6期、《智库报告》20期、《台情内参》20期。出版厦门社科丛书12本、《鼓浪屿研究》辑刊2期。

【社科基金立项项目】2021年，厦门市各高校、党校及社科研究机构获立国家社会科学基金项目131个（见表32–1），获立福建省社会科学基金项目160个（见表32–2），其中重大项目17个。

【社科学术成果】2021年，厦门市获得省部级优秀社会科学成果奖175项（见表32–3），其中一等奖20项。全市社科专家学者出版专著172部（不含其他境外地区出版社作品）（见表32–4）。

表32–1　　2021年厦门市列入国家社会科学基金项目一览表

序号	项目承担单位	负责人	项目名称	项目类别
1	厦门大学	王　波	到二〇三五年建成社会主义文化强国的总体逻辑与战略路径研究	十九届五中全会重大项目
2	厦门大学	李　非	打造两岸共同市场、壮大中华民族经济研究	十九届五中全会重大项目
3	厦门大学	张艳涛	习近平新时代中国特色社会主义思想话语体系研究	重点项目
4	厦门大学	石红梅	马克思恩格斯的家庭观及其当代价值研究	一般项目
5	厦门大学	徐雅芬	习近平总书记关于党内监督重要论述研究	一般项目
6	厦门大学	陈　玲	《宋会要》科技思想的搜集、整理与当代价值研究	一般项目
7	厦门大学	和　溪	朱子《家礼》诠释史研究	一般项目
8	厦门大学	张会永	康德的元伦理学思想研究	一般项目
9	厦门大学	张传国	我国隐含石油外流的规模测度与结构路径追踪研究	一般项目
10	厦门大学	武力超	碳中和背景下企业技术创新引领型发展与政策引导研究	一般项目
11	厦门大学	陈爱贞	全球产业链收缩对中国产业链影响机制研究	重点项目
12	厦门大学	张国清	国家善治导向的政府财务报告审计体系构建研究	一般项目
13	厦门大学	张铭洪	反垄断视角下的数字经济税收研究	一般项目
14	厦门大学	林季红	中间品贸易自由化对中国制造业企业出口产品质量和出口行为的影响	一般项目

续表 32-1

序号	项目承担单位	负责人	项目名称	项目类别
15	厦门大学	文　娟	复杂网络视角下投入产出数据的应用研究	一般项目
16	厦门大学	唐礼智	连续处理效应的异质性分析及其在政策评估中应用研究	一般项目
17	厦门大学	朱仁显	习近平总书记以人民为中心发展思想的政治学研究	重点项目
18	厦门大学	夏　路	统一之后国家整合的比较研究	一般项目
19	厦门大学	李　学	政务信息公开制度治理效能研究	一般项目
20	厦门大学	刘连泰	中国征收法的体系化研究	重点项目
21	厦门大学	郑晓剑	比例原则在民法上的适用研究	重点项目
22	厦门大学	薛永慧	“法理台独”及其应对机制研究	一般项目
23	厦门大学	王天民	刑事庭审实质化背景下的积极辩护制度研究	一般项目
24	厦门大学	李晓辉	数据要素市场化配置改革的财税法治保障研究	一般项目
25	厦门大学	魏磊杰	大国崛起语境下我国国际法能力建设存在的问题与对策研究	一般项目
26	厦门大学	陈　欣	我国参与数字货币背景下的国际货币治理变革研究	一般项目
27	厦门大学	朱晓勤	陆海统筹的生态环境治理制度研究	一般项目
28	厦门大学	陈福平	数字社会建设中志愿服务团体的能力发展研究	重点项目
29	厦门大学	魏爱棠	居家养老服务体系下城市社区邻里关系建设的行动研究	一般项目
30	厦门大学	张进福	拉萨流动人口问题研究	一般项目
31	厦门大学	王　霏	重大突发事件中“心理台风眼”效应机制及干预措施研究	一般项目
32	厦门大学	董建辉	台湾少数民族习惯法的历史演变与现代转型研究	重点项目
33	厦门大学	张亚辉	川甘青地区传统藏族社会的亲属制度和基层政治结构	一般项目
34	厦门大学	王　虎	中国与东盟国家的民间组织合作参与共建“一带一路”研究	一般项目
35	厦门大学	陈忠纯	“两蒋”时期台湾地区台湾史研究的变迁与考论	一般项目
36	厦门大学	朱圣明	简牍所见秦汉赋税体系研究	一般项目
37	厦门大学	吴海兰	唐代前期儒释道三教与史学关系研究	一般项目
38	厦门大学	李　莉	20 世纪美国联邦政府住房政策研究	重点项目
39	厦门大学	黄永锋	北美珍稀道经搜集整理与近代道教传播影响研究	重点项目
40	厦门大学	林观潮	渡日明僧隐元所传黄檗文化与中日交流的研究	一般项目
41	厦门大学	黄向春	闽东浙南畲族道教仪式文献研究	一般项目
42	厦门大学	刘家军	闽南祖庙在台湾分支结构的中国结与祖国认同研究	一般项目
43	厦门大学	钱建状	清代宋诗选本辑评	一般项目
44	厦门大学	杨惠玲	明清典籍刊刻史	一般项目
45	厦门大学	洪迎华	明本唐人别集汇辑、叙录与研究	一般项目
46	厦门大学	吴舒洁	20 世纪 30 年代中国左翼文学与国际共产主义运动的关系研究	一般项目
47	厦门大学	张坤坤	儿童绘本数字媒介改编的多模态叙事研究	一般项目
48	厦门大学	王增红	新世纪之交美国新种族冒充小说研究	一般项目
49	厦门大学	李　焱	基于近代东西方拉丁化注音文献的二百年来粤语方音系统及演变研究	重点项目
50	厦门大学	洪　捷	数字人文视域下中国网络文学英译与接受研究	一般项目
51	厦门大学	钱奠香	明清散佚官话方言韵书 4 种研究	一般项目
52	厦门大学	叶玉英	出土文献用字差异与战国雅言语音及秦楚方音研究	一般项目

续表 32-1

序号	项目承担单位	负责人	项目名称	项目类别
53	厦门大学	张灵芝	新加坡华语文教科书中的中国形象话语建构与演变研究	一般项目
54	厦门大学	殷　琦	平台社会语境下网络内容安全的结构性风险及其治理研究	一般项目
55	厦门大学	李德霞	21 世纪以来美国对华媒体外交演变与中国的应对策略研究	一般项目
56	厦门大学	向佳丽	高校图书馆引进国外数字资源的合同风险防控体系研究	一般项目
57	厦门大学	周　星	后疫情时代服务消费嬗变与服务供给机制重塑问题研究	重点项目
58	厦门大学	肖　珉	贸易政策不确定条件下出口企业及其供应商财务柔性的价值研究	一般项目
59	厦门大学	林　澜	以儒家传统文化为内核的组织幸福观实现机制研究	一般项目
60	厦门大学	严金海	博弈均衡下集体土地建设租赁住房政策长效机制研究	一般项目
61	厦门大学	张　薇	城市群区域综合立体交通网与国土空间规划协同理论与策略研究	一般项目
62	厦门大学	连文妹	新中国成立初期华南城市政权建设研究（1949—1952）	青年项目
63	厦门大学	申祖胜	太仓朱子学研究	青年项目
64	厦门大学	常青松	未成年人口自杀风险的社会根源和预防策略研究	青年项目
65	厦门大学	赵珽健	川西藏区牧业社会的等级制变迁与现代工商业市场研究	青年项目
66	厦门大学	王昭晖	东南亚海岛国家外交决策对“一带一路”基础设施项目的影响研究	青年项目
67	厦门大学	张　淼	中国—东盟产业链合作的政治经济风险与化解路径研究	青年项目
68	厦门大学	张　超	近代中国国库制度研究（1905—1949）	青年项目
69	厦门大学	宣长春	基于计算方法的社交媒体广告社会效果与综合治理研究	青年项目
70	厦门大学	李　珊	财务报告文本信息对股市波动的影响机制及风险防控研究	青年项目
71	厦门大学	戴一峰	中国海关通史	重大项目
72	厦门大学	李智君	《中国历史海洋地图集》编绘研究	重大项目
73	厦门大学	王传超	多学科视角下的汉藏语系的起源和演化研究	重大项目
74	厦门大学	王　烨	革命文化与新时代高校现代文学课程思政研究	思政专项
75	厦门大学	李无未	东亚汉语音韵学史文献发掘与研究	冷门绝学研究专项
76	厦门大学	冯　霞	新发展理念对人类社会发展规律认识的新贡献研究	后期资助一般项目
77	厦门大学	李仙飞	马克思与黑格尔论人类自由	后期资助一般项目
78	厦门大学	杨春时	中国恩德文化研究	后期资助一般项目
79	厦门大学	赵向琴	政策环境、系统性金融风险和宏观政策调控	后期资助一般项目
80	厦门大学	蔡伟毅	中国 OFDI 逆向技术溢出与技术进步及其异质性研究	后期资助一般项目
81	厦门大学	戴平生	拓展基尼系数理论及其应用研究	后期资助重点项目
82	厦门大学	游　宇	案例导向研究的比较技艺：哲学基础与研究设计	后期资助一般项目
83	厦门大学	林亚清	公务员变革行为形成机制与推进路径研究	后期资助一般项目
84	厦门大学	董慧娟	中国知识产权保险理论与实务研究	后期资助一般项目
85	厦门大学	林秀芹	知识产权司法特别程序制度比较研究	后期资助一般项目
86	厦门大学	王量量	闽海民系传统聚落空间形态研究	后期资助一般项目
87	厦门大学	衣　远	当代越南华人社会地位变迁研究	后期资助一般项目
88	厦门大学	王　勤	当代东南亚海洋经济研究	后期资助一般项目
89	厦门大学	孙飞燕	上博简灾异类文献整理与思想研究	后期资助一般项目
90	厦门大学	张　群	宁夏地区汉墓出土人骨的生物考古学研究	后期资助一般项目
91	厦门大学	刘荣平	福建词史	后期资助一般项目
92	厦门大学	杨仁敬	海明威作品多角探视	后期资助一般项目

续表 32-1

序号	项目承担单位	负责人	项目名称	项目类别
93	厦门大学	王晓梅	全球华语视角下的马来西亚华语研究	后期资助一般项目
94	厦门大学	朱　宇	学术及行业语域语言差异多维度分析	后期资助一般项目
95	厦门大学	蔡淑美	汉语中动句形义关系研究	后期资助一般项目
96	厦门大学	杨方方	慈善市场的失灵与矫治	后期资助一般项目
97	厦门大学	郭　颖	明清福建家族组织与社会变迁（增订版）	中华学术外译项目
98	厦门大学	江桂英	瀛海方程	中华学术外译项目
99	华侨大学	苏梽芳	经济数字化对通货膨胀的影响机制及货币政策优化研究	重点项目
100	华侨大学	邵传林	新发展格局构建中的金融资源有效配置机制研究	重点项目
101	华侨大学	许培源	“双循环”新格局下推进“一带一路”投资与价值链构建研究	一般项目
102	华侨大学	王景河	数字经济环境下的产业虚拟集群路径创新研究	一般项目
103	华侨大学	王惠娜	生态环保督察制度的运行机理与绩效评估研究	一般项目
104	华侨大学	姜大伟	民法典实施中身份关系协议的参照适用及其限度研究	一般项目
105	华侨大学	蔡文灿	环境风险治理智能化的法治路径研究	一般项目
106	华侨大学	孙琼如	新媒体技术与女性农民工职业发展研究	一般项目
107	华侨大学	黄日涵	基于“一带一路”理念传播视角下的新媒体时代增强中国国际话语权研究	重点项目
108	华侨大学	王雪瑜	新时代国家治理“中国方案”的话语建构与对外传播模式研究	一般项目
109	华侨大学	郝瑜鑫	基于句法标注语料库的汉语中介语句法发展计量研究	一般项目
110	华侨大学	衣长军	“一带一路”中国跨国企业与海外华商双向互动赋能机理及政策机制创新路径研究	重点项目
111	华侨大学	张　华	海外华人科学家跨国流动对我国前沿知识创新的影响研究	一般项目
112	华侨大学	郭惠玲	海外华侨华人双重三维网络关系对其在华创业绩效的影响研究	一般项目
113	华侨大学	裴学亮	社交媒体场景驱动的中小企业数字化转型实现机制与路径研究	一般项目
114	华侨大学	阮文奇	旅游地文化失真风险的生成逻辑、演化机理与治理机制研究	一般项目
115	华侨大学	刘京星	数字经济驱动全球价值链重构机理与我国制造业升级对策研究	青年项目
116	华侨大学	林刘巍	以模态逻辑为参照的汉语情态和否定互动研究	青年项目
117	华侨大学	孙祎妮	音乐传播政治化视域下台湾青年的身份认同研究	青年项目
118	华侨大学	黄怡丹	基于“需求侧管理”的农产品区域母子品牌体系建设研究	青年项目
119	华侨大学	黄晓瑞	慈善的第三次分配效应与机制优化研究	青年项目
120	华侨大学	王　玮	尤袤本《文选》文献研究	后期资助一般项目
121	华侨大学	孙　锐	个性化推荐用户隐私应对的认知神经机制研究	后期资助一般项目
122	集美大学	黄阳平	基于城市规模和产业集聚协同演进的中国城市效率提升路径研究	重点项目
123	集美大学	李　创	公众绿色行为的促进机制与引导政策研究	一般项目
124	集美大学	姚进忠	残疾人家庭内生动力培育的社会工作行动研究	一般项目
125	集美大学	王艳萍	英国新历史小说的历史叙事研究	一般项目
126	集美大学	毛　永	我国竞技体育科技成果服务军事训练提高军队战斗力研究	一般项目
127	集美大学	杨　岭	国家亲权视野下流动未成年人虞犯教育保护体系构建研究	青年项目
128	集美大学	彭春艳	汉赋篇名分歧考辨	后期资助一般项目
129	厦门理工学院	洪认清	中国共产党开展历史学习教育的百年历程与基本经验研究	一般项目
130	厦门理工学院	李　文	大数据时代大学生政治认同的培育与强化机制研究	一般项目
131	厦门国家会计学院	刘天琦	双循环视域下国内价值链促进全球价值链重构的理论机制与实现路径研究	青年项目

表 32-2　　2021 年厦门市列入福建省社会科学基金项目一览表

序号	项目承担单位	负责人	项目名称	项目类别
1	厦门大学	戴淑庚	数字普惠金融与福建县域经济高质量发展	重点项目
2	厦门大学	吴琳琳	闽台融合发展的舆论引导研究	重点项目
3	厦门大学	许志端	福建省数字经济营商环境建设及优化研究	重点项目
4	厦门大学	胡金帅	数字社交媒体与资本市场效率研究	重点项目
5	厦门大学	吴红军	习近平总书记关于科技创新重要论述中企业社会责任对创新的促进作用研究	重点项目
6	厦门大学	赵　颖	习近平总书记关于强化党内监督重要论述研究	一般项目
7	厦门大学	徐春华	资本技术构成对省界及非省界贫困县经济增长的产出效应差异研究	一般项目
8	厦门大学	谭旭东	“双循环”新发展格局下的中国货币政策设计研究	一般项目
9	厦门大学	覃志刚	福建省企业数字化转型推动高质量发展研究	一般项目
10	厦门大学	许　莉	积极老龄化战略下商业养老保险需求助推的机制与政策研究	一般项目
11	厦门大学	李天相	市民环境公约的生成与执行研究	一般项目
12	厦门大学	郝玉玲	福建省残疾人按比例就业政策执行研究	一般项目
13	厦门大学	陈祺祺	数字化干预福建中学生互联网欺凌行为的追踪研究	一般项目
14	厦门大学	宋　平	东南社群文化共同体与两岸佛教复兴问题研究	一般项目
15	厦门大学	胡　荣	生物人类学视野之下的畲族研究	一般项目
16	厦门大学	梁　心	文化建设视野下二十世纪前期中国“以农立国”思想研究	一般项目
17	厦门大学	杨　玲	跨媒介叙事文献整理与研究	一般项目
18	厦门大学	李美华	后现代视域下琼・狄第恩非小说作品研究	一般项目
19	厦门大学	郭亚娟	伊恩・麦克尤恩中前期作品的声音艺术与现实的建构研究	一般项目
20	厦门大学	许彬彬	闽南方言语法学史研究	一般项目
21	厦门大学	钟叡逸	语法地图比对闽客方言疑问词拓展句式	一般项目
22	厦门大学	张培欣	基于人工智能的中国大学生英语口语产出中母语迁移过程研究	一般项目
23	厦门大学	梁　琳	16 世纪欧洲视域下的《中国札记》与闽台形象研究	一般项目
24	厦门大学	王昌松	文化视角下南洋华文新闻出版对福建软实力的关照	一般项目
25	厦门大学	智晓静	两岸文化融合视野下闽台图书馆出版转型与合作研究	一般项目
26	厦门大学	杨　薇	面向国家自主创新的数字内容服务区块链解决方案研究	一般项目
27	厦门大学	黄浩洁	大学生腰背痛与久坐行为相关性分析和运动治疗处方研究	一般项目
28	厦门大学	陈文川	制度压力、非正式制度因素与政府会计准则变革研究	一般项目
29	厦门大学	高月涛	网上双边服务产品平台运营管理研究	一般项目
30	厦门大学	章永奎	学者型独立董事、公司创新与“内卷化”抑制	一般项目
31	厦门大学	袁喜娜	大数据背景下直播电商“品效合一”路径研究	一般项目
32	厦门大学	刘　涛	海峡两岸闽南语音乐文化融合发展新路径研究	一般项目
33	厦门大学	叶　蓬	影视动画剧中的中世纪战争比较研究	一般项目
34	厦门大学	郭建鹏	深度融合视域下大学翻转课堂教学环境研究	一般项目
35	厦门大学	陈兴德	“学科治理”与“新型研究型大学”关系研究	一般项目
36	厦门大学	蔡秀英	构建“全球课堂”推动高等教育“在地国际化”的价值与策略研究	一般项目
37	厦门大学	林　敏	基于心理健康双因素模型的研究生心理健康促进方式研究	一般项目
38	厦门大学	张凯泉	制造业企业绿色技术创新提升机制及优化路径研究	青年项目

续表 32-2

序号	项目承担单位	负责人	项目名称	项目类别
39	厦门大学	申屠李融	区域高铁网络发展对董监高劳动力市场的影响研究	青年项目
40	厦门大学	苏　宇	跨界水资源治理中的国际法话语形成机制及中国对策研究	青年项目
41	厦门大学	王　翔	新发展理念下福建省优化营商环境的法治保障研究	青年项目
42	厦门大学	景欣悦	现代化转型视阈中的当代女作家战争叙述研究	青年项目
43	厦门大学	廖荣发	中国文学对日本平安朝汉诗功用演变的影响研究	青年项目
44	厦门大学	沈安妮	石黑一雄影视剧本创作档案研究	青年项目
45	厦门大学	孙　敏	1915—1940 年间中国和西班牙的文学交流	青年项目
46	厦门大学	王天骁	在闽台胞语言生活现状研究	青年项目
47	厦门大学	吕伯宁	基于探究社区理论的国际中文在线学习成效研究	青年项目
48	厦门大学	张　楠	乡村振兴背景下促进村民环保参与的媒体策略研究	青年项目
49	厦门大学	谭江明	乡村振兴视域下福建省体育赛事旅游产业运营机制研究	青年项目
50	厦门大学	李　峥	乡村振兴与碳中和背景下福建省“两山”理念转化路径研究	青年项目
51	厦门大学	许雁翔	企业行为理论视角下结束国际合资关系的动因和效益研究	青年项目
52	厦门大学	周颖南	闽籍当代艺术家的创作实践及其地缘文化特性研究	青年项目
53	厦门大学	张先婷	“两次倒转”机制下舞蹈理论教学创新研究	青年项目
54	厦门大学	李　维	“十四五”时期福建农村义务教育师资保障机制问题诊断及创新研究	青年项目
55	厦门大学	江宜珍	健康老龄化新时代下的心理健康促进实证研究	台胞专项扶持项目
56	厦门大学	吴清锋	“人民城市”理念下福建省城市更新对策研究	博士扶持项目
57	厦门大学	吴　尧	十九路军“福建时期”的抗战文学研究	博士扶持项目
58	厦门大学	李　非	支持福建探索海峡两岸融合发展的新路研究	重大项目
59	厦门大学	唐永红	关于发挥海峡两岸融合发展示范区功能研究	重大项目
60	厦门大学	吴崇伯	关于把碳达峰、碳中和纳入福建生态省建设布局研究	重大项目
61	厦门大学	徐旖瑶	“大一统”国家体制与国家生长理论	马工程基地重大项目
62	厦门大学	卓　越	基层社会治理创新的路径研究	马工程基地重大项目
63	厦门大学	徐朝旭	生态维度下美好生活与高质量发展研究	马工程基地重大项目
64	厦门大学	秦　洋	马克思主义视野下知识的模态规范性研究	马工程基地重大项目
65	厦门大学	张　侃	龙岩扶植自耕农运动的报刊资料整理与研究	马工程基地重大项目
66	华侨大学	汤兆云	我国生育支持的社会政策体系完善研究	重点项目
67	华侨大学	罗建平	人民美好生活需要视域下发展体育消费问题研究	重点项目
68	华侨大学	洪谊雅	新发展阶段共享发展长效机制研究	一般项目
69	华侨大学	薛子燕	严复诸子学思想研究	一般项目
70	华侨大学	吴贵华	建设创新型省份战略下福建打造科技创新中心的机制、模式与路径	一般项目
71	华侨大学	杨广亮	职业异质性视角下新冠肺炎疫情对中国劳动力市场的影响研究	一般项目
72	华侨大学	杜宇洪	工作任务视角下新技术变革对劳动就业与收入的冲击研究	一般项目
73	华侨大学	赵　威	中国古代国家治理中的“政道－治道”模式研究	一般项目
74	华侨大学	聂国良	新发展阶段下我国碳排放权交易政策研究	一般项目
75	华侨大学	叶麒麟	国家治理视域下中西政党政治民主比较研究	一般项目
76	华侨大学	隋昌鹏	总体国家安全观视域下香港青年国家认同问题研究	一般项目

续表 32-2

序号	项目承担单位	负责人	项目名称	项目类别
77	华侨大学	张赛群	后疫情时代福建省侨胞事业扶助长效机制研究	一般项目
78	华侨大学	林维斌	闽台传统乡村聚落空间发展演变及地区性应答研究	一般项目
79	华侨大学	刘子瑄	“互联网 +”背景下福建省警务新媒体服务模式与效能研究	一般项目
80	华侨大学	欧达毅	声学特性视角下的世界非遗“南音”的保护和传承	一般项目
81	华侨大学	欧阳光明	“代际”视野下旅美华人学者的中国现当代文学研究	一般项目
82	华侨大学	林小云	汉代传书与文史分流研究	一般项目
83	华侨大学	苏文健	美国华人学者与现代汉诗的整体性研究	一般项目
84	华侨大学	马绍华	上代日本汉文中的古汉语句式影响研究	一般项目
85	华侨大学	洪晓婷	中古词汇在闽语中的存留与变异研究	一般项目
86	华侨大学	吕晓玲	基于共时比较与历史文献的闽南方言语法史研究	一般项目
87	华侨大学	汤　明	基于听音模态的二语词汇附带习得研究	一般项目
88	华侨大学	王华珍	基于智能语音模型的洋腔洋调评测与识别系统研究	一般项目
89	华侨大学	李　欣	“一带一路”沿线国家中文教师职业生存状态研究	一般项目
90	华侨大学	徐婷婷	汉语动作概念心理语义特征的知识库构建	一般项目
91	华侨大学	王　祎	东南亚华裔新生代媒介接触与使用对中华民族共同体意识的影响研究	一般项目
92	华侨大学	柯籙晏	境外社交媒体中介民间华人跨境沟通研究	一般项目
93	华侨大学	瞿　辉	基于数字人文的福建省涉侨文化资源整理与开发研究	一般项目
94	华侨大学	张颖慧	体育赛事助推乡村振兴的内在机理、实践模式与创新路径研究	一般项目
95	华侨大学	张　慧	福建省旅游业高质量发展的动力机制与推进路径研究	一般项目
96	华侨大学	张　媛	“互联网 +”背景下不确定性营销策略对顾客融入的影响研究	一般项目
97	华侨大学	郭　韧	基于深度学习的企业信用违约风险演化研究	一般项目
98	华侨大学	康青松	福建省企业国际创业创新驱动因素研究	一般项目
99	华侨大学	吴振东	动态意象视角下的城市人——车交会区智慧光空间设计实证研究	一般项目
100	华侨大学	檀革胜	闽系作曲家南音交响化的实践研究	一般项目
101	华侨大学	梁继林	泉州南音箫弦“做韵”研究	一般项目
102	华侨大学	王　蕾	福建高校华侨华人新生代中华优秀传统文化认同现状及对策研究	青年项目
103	华侨大学	李　翔	积极老龄化视域下互联网使用对老年红利的影响研究	青年项目
104	华侨大学	许立群	对话融合为流水句的动态研究	青年项目
105	华侨大学	田洁玫	社区生活圈视角下福建省基本公共服务均等化水平提升研究	青年项目
106	华侨大学	王　轲	习近平总书记关于全面净化党内政治生态的重要论述研究	博士扶持项目
107	华侨大学	康志林	基于投资者情绪的指数化投资决策机制研究	博士扶持项目
108	华侨大学	宋　琳	政府债务风险下的地方融资平台转型研究	博士扶持项目
109	华侨大学	黄春黎	《国粹学报》文学类文献研究	博士扶持项目
110	华侨大学	黄城烟	语言规划理论下的术语异形词规范研究	博士扶持项目
111	华侨大学	许斗斗	实现第二个百年奋斗目标全面建设社会主义现代化国家新发展阶段研究	重大项目
112	华侨大学	殷　杰	提升福建海洋经济竞争力的对策研究	重大项目
113	华侨大学	苏梽芳	福建省推动现代服务业与先进制造业、现代农业深度融合研究	重大项目
114	华侨大学	李勇泉	关于推动两岸文化旅游产业融合发展研究	重大项目

续表 32-2

序号	项目承担单位	负责人	项目名称	项目类别
115	集美大学	张　冬	基于新发展理念的我国科技可持续创新法律机制研究	重点项目
116	集美大学	丁莲芝	物流供应链法律体系建构研究	一般项目
117	集美大学	程国琴	金融治理现代化视阈下福建省司法与监管协同共治研究	一般项目
118	集美大学	刘成墉	海峡两岸暨港澳信用治理之法治化研究	一般项目
119	集美大学	邓远平	居住安排与代际关系对农村老年人自我忽视的影响研究	一般项目
120	集美大学	黄明慧	俄国十月革命后起之美感经验与艺术实践研究（1917—1921）	一般项目
121	集美大学	贾艳瑞	文化自信导向下福建本土企业品牌故事构成要素的挖掘和运用	一般项目
122	集美大学	汪晓东	徙居视角下中国传统建筑风火墙形制文化研究	一般项目
123	集美大学	许国红	南音乐人口述史研究	一般项目
124	集美大学	谢慧英	传统资源转化与闽系当代艺术家创融研究	一般项目
125	集美大学	滕　腾	闽南地方音乐文化传统资源在学校美育中的应用研究	一般项目
126	集美大学	汪贤俊	福建当代艺术的中国故事表述与传播	一般项目
127	集美大学	赖　婷	“海丝”战略下福建海洋非物质文化遗产整体保护与开发对策研究	青年项目
128	集美大学	黄　倩	旅游产业脆弱性对旅游安全事件的多尺度影响机制研究	青年项目
129	集美大学	朱文涛	高铁服务供给对城市经济高质量发展的影响及作用机制研究	博士扶持项目
130	集美大学	马　文	《民法典》背景下数据权利的刑法保护	博士扶持项目
131	集美大学	邹　喆	乡村振兴视域下的福建全域旅游生态规划研究	博士扶持项目
132	集美大学	张劲松	坚持创新驱动全面塑造福建发展新优势研究	重大项目
133	集美大学	汤　韵	持续优化市场化法治化便利化国际化营商环境研究	重大项目
134	集美大学	黄阳平	关于壮大福建海洋新兴产业研究	重大项目
135	厦门理工学院	郭小燕	新时代高校思政课中党史教育的话语体系构建研究	一般项目
136	厦门理工学院	蒋清泉	低碳经济背景下金砖国家合作机制的可持续发展研究	一般项目
137	厦门理工学院	谢智颖	闽南历史建筑数字建档资料的综合性应用研究	一般项目
138	厦门理工学院	宋婧婧	现代汉语语体特征量化指标研究	一般项目
139	厦门理工学院	刘为洁	生态翻译学视阈下的林语堂翻译思想研究	一般项目
140	厦门理工学院	林文广	基于知识图谱的复杂装备专利质量评价方法	一般项目
141	厦门理工学院	李晓青	绿色发展理念下企业创新能力的综合评价、驱动因素与提升路径	一般项目
142	厦门理工学院	陈秋英	“双循环”新发展格局下福建旅游目的地意象感知与旅游高质量发展研究	一般项目
143	厦门理工学院	黄晶晶	“数学鸿沟”背景下老年智能技术教育需求研究和解决策略	一般项目
144	厦门理工学院	申宁宁	非遗保护视野下闽南讲古艺术的保护与传承研究	一般项目
145	厦门理工学院	陈辰立	闽西苏区卫生防疫运动研究	青年项目
146	厦门理工学院	潘　临	新证券法实施背景下审计项目质量控制复核人执业压力对复核质量的影响研究	青年项目
147	厦门理工学院	杨锦坤	新时代城市旧工业区的功能转向、更新机制与提升路径	青年项目
148	厦门理工学院	陈永宝	朱熹的“家”思想研究	博士扶持项目
149	厦门理工学院	阮辉玲	中国民法典中法律与道德的相互作用研究	博士扶持项目
150	厦门理工学院	刘　玲	融合发展背景下闽台短视频产业的价值共创策略研究	博士扶持项目
151	厦门理工学院	丁智才	关于打造文化领域台胞台企登陆“第一家园”研究	重大项目
152	厦门城市职业学院	张文树	百年中国共产党意识形态建设的基本经验研究	一般项目

续表 32-2

序号	项目承担单位	负责人	项目名称	项目类别
153	厦门国家会计学院	杨　熠	以 ESG 理念引导福建省企业高质量发展研究	一般项目
154	厦门国家会计学院	高明华	绿色经济背景下企业碳排放信息披露研究	一般项目
155	厦门国家会计学院	陈丽芳	社保征收体制改革、劳动雇佣与企业创新的联动效应研究	青年项目
156	厦门国家会计学院	叶　凡	新证券法与质量管理准则下审计行为的变化及其经济后果研究	青年项目
157	厦门国家会计学院	陈秋平	基于企业环境社会责任视角的绿色金融影响机制研究	青年项目
158	中共厦门市委党校	杨正武	习近平总书记关于“不忘初心、牢记使命”重要论述的政治话语体系构建研究	一般项目
159	中共厦门市委党校	张憬玄	领导干部党史教育中的叙事有效性研究	青年项目
160	中共厦门市委党校	付小红	关于着力固根铸魂不断提高政治判断力、政治领悟力、政治执行力研究	重大项目

表 32-3　　2021 年厦门市获省部级优秀社会科学成果奖项目一览表

序号	获奖者	获奖者单位	获奖成果名称	成果形式	获奖等级	颁奖单位
1	王艺明	厦门大学	马克思主义两大部类经济增长模型的理论与实证研究	论文	一等奖	省政府
2	赵西亮	厦门大学	教育、户籍转换与城乡教育收益率差异	论文	一等奖	省政府
3	童锦治	厦门大学	中国间接税税负归宿的测算：模型与实证	论文	一等奖	省政府
4	魏志华	厦门大学	IPO 首日限价政策能否抑制投资者“炒新”?	论文	一等奖	省政府
5	吴超鹏	厦门大学	*Intellectual Property Rights Protection, Ownership, and Innovation: Evidence from China*（知识产权保护，股权性质和企业创新：来自中国的证据）	论文	一等奖	省政府
6	胡金帅	厦门大学	*The Effect of Fair Value Accounting on the Performance Evaluation Role of Earnings*（公允价值会计对盈余信息的业绩评估角色的影响）	论文	一等奖	省政府
7	朱建平	厦门大学	大数据——统计理论、方法及应用	专著	一等奖	省政府
8	刘连泰	厦门大学	中国合宪性审查的宪法文本实现	论文	一等奖	省政府
9	高和荣	厦门大学	底线公平：基础普惠型事业单位养老保险制度的建设	专著	一等奖	省政府
10	郑振满	厦门大学	福建宗教碑铭汇编・漳州府分册	专著	一等奖	省政府
11	杨春时	厦门大学	中国现代美学思潮史	专著	一等奖	省政府
12	冯寿农	厦门大学	法国文学批评史	专著	一等奖	省政府
13	李无未	厦门大学	日本近现代汉语语法学史	专著	一等奖	省政府
14	宫　贺	厦门大学	多元归因与信任重建：危机传播情境理论的中国情境——以 2018 长生疫苗事件为例	论文	一等奖	省政府
15	朱人求	厦门大学	苏颂全集	专著	一等奖	省政府
16	史秋衡	厦门大学	高等学校分类体系及其设置标准研究	专著	一等奖	省政府
17	黄鸣奋	厦门大学	科幻电影创意研究系列（三卷本）	专著	一等奖	省政府
18	林　密	厦门大学	马克思“以时间消灭空间”的空间生产思想及其深层逻辑探微	论文	二等奖	省政府
19	张艳涛	厦门大学	《共产党宣言》是“四个伟大”的重要思想来源	论文	二等奖	省政府
20	张有奎	厦门大学	三种类型的历史虚无主义及其批判	论文	二等奖	省政府
21	张　曦	厦门大学	道德理由与正确行动	专著	二等奖	省政府
22	王晓阳	厦门大学	为他心辩护——处理他心问题的一种复合方案	论文	二等奖	省政府

续表 32-3

序号	获奖者	获奖者单位	获奖成果名称	成果形式	获奖等级	颁奖单位
23	王燕武	厦门大学	企业存货调整与中国财政政策的效力发挥	论文	二等奖	省政府
24	陈勇兵	厦门大学	对外反倾销与贸易转移：来自中国的证据	论文	二等奖	省政府
25	蔡庆丰	厦门大学	信贷资源可得性与企业创新：激励还是抑制？——基于银行网点数据和金融地理结构的微观证据	论文	二等奖	省政府
26	林伯强	厦门大学	中国经济集聚与绿色经济效率	论文	二等奖	省政府
27	许文彬	厦门大学	金融监管与金融创新的共同演化分析——一个基于非线性动力学的金融监管分析框架	论文	二等奖	省政府
28	岳　阳	厦门大学	医患关系与医学专业报考和录取	论文	二等奖	省政府
29	谢贞发	厦门大学	税收分成、财政激励与城市土地配置	论文	二等奖	省政府
30	郭　晔	厦门大学	战略投资者选择与银行效率——来自城商行的经验证据	论文	二等奖	省政府
31	倪骁然	厦门大学	卖空压力、风险防范与产品市场表现：企业利益相关者的视角	论文	二等奖	省政府
32	杨子砚	厦门大学	从务工到创业——农地流转与农村劳动力转移形式升级	论文	二等奖	省政府
33	陈振明	厦门大学	中国特色公共管理学的建构与发展	论文	二等奖	省政府
34	王艳艳	厦门大学	银行高管薪酬延付政策能抑制影子银行扩张吗?	论文	二等奖	省政府
35	陈爱贞	厦门大学	并购模式与企业创新	论文	二等奖	省政府
36	杜兴强	厦门大学	儒家文化与会计审计行为	专著	二等奖	省政府
37	罗进辉	厦门大学	本地独立董事监督了吗？——基于国有企业高管薪酬视角的考察	论文	二等奖	省政府
38	于文轩	厦门大学	公共管理学科的定量研究被滥用了吗？与刘润泽、巩宜萱一文商榷	论文	二等奖	省政府
39	钟　威	厦门大学	*Nonparametric Additive Instrumental Variable Estimator: A Group Shrinkage Estimation Perspective*（经济变量的内生性问题研究：基于组压缩的非参数可加工具变量估计方法）	论文	二等奖	省政府
40	徐国栋	厦门大学	《十二表法》研究	专著	二等奖	省政府
41	陈　鹏	厦门大学	公法上警察概念的变迁	论文	二等奖	省政府
42	周东平	厦门大学	论佛教对中国传统法律中罪观念的影响	论文	二等奖	省政府
43	郑永宽	厦门大学	医疗损害赔偿中原因力减责的法理及适用	论文	二等奖	省政府
44	施余兵	厦门大学	*Settlement of Disputes in a BBNJ Agreement: Options and Analysis*（BBNJ 国际协定下的争端解决机制：选项与分析）	论文	二等奖	省政府
45	王云清	厦门大学	制定法解释中的立法意图——以英美国家为中心的考察	论文	二等奖	省政府
46	童　敏	厦门大学	社会工作理论：历史环境下社会服务实践者的声音和智慧	专著	二等奖	省政府
47	朱冬亮	厦门大学	农民与土地渐行渐远——土地流转与“三权分置”制度实践	论文	二等奖	省政府
48	张先清	厦门大学	认同、认知与实践：当代西方族性研究的三种路径	论文	二等奖	省政府
49	龚浩群	厦门大学	佛与他者：当代泰国宗教与社会研究	专著	二等奖	省政府
50	李春圆	厦门大学	“大元”国号新考——兼论元代蒙汉政治文化交流	论文	二等奖	省政府
51	王传超	厦门大学	*Ancient Human Genome-wide Data from a 3000-year Interval in the Caucasus Corresponds with Eco-geographic Regions*（高加索地区跨越 3000 年的古人类基因组数据与生态地理区域的一致性）	论文	二等奖	省政府
52	代　迅	厦门大学	从西方文论到马列文论：文化身份挪移与中国主体建构	论文	二等奖	省政府
53	王凡柯	厦门大学	青春与死亡——本雅明早期十四行哀诗与德国青年运动	论文	二等奖	省政府
54	乐　耀	厦门大学	功能语言学视野下的现代汉语传信范畴研究	专著	二等奖	省政府

续表 32-3

序号	获奖者	获奖者单位	获奖成果名称	成果形式	获奖等级	颁奖单位
55	叶玉英	厦门大学	基于古文字材料的上古汉语清鼻流音之历史考察	论文	二等奖	省政府
56	黄合水	厦门大学	广告的演变及其本质——基于 1622 条教科书广告定义的语义网络分析	论文	二等奖	省政府
57	郑若玲	厦门大学	中国教育改革 40 年：高考改革	专著	二等奖	省政府
58	刘振天	厦门大学	共治・分类・增效：新时代高校教学评估变革的三个向度	论文	二等奖	省政府
59	刘海峰	厦门大学	高考改革新方案的顶层设计与实践推进	论文	二等奖	省政府
60	吴　凡	厦门大学	面向 2030 的教育质量：核心理念与保障模式——基于联合国教科文组织等政策报告的文本分析	论文	二等奖	省政府
61	邬大光	厦门大学	我国高校大规模线上教学的阶段性特征——基于对学生、教师、教务人员问卷调查的实证研究	论文	二等奖	省政府
62	陈兴德	厦门大学	改革开放以来我国高等教育研究的经验、问题与趋势	论文	二等奖	省政府
63	陈世雄	厦门大学	戏剧大三角：斯坦尼—梅耶荷德—梅兰芳	专著	二等奖	省政府
64	夏　路	厦门大学	复合权力结构与中国统一问题——兼论“两制”台湾方案探索	论文	二等奖	省政府
65	包广将	厦门大学	中美战略信任的维系：不对称结构与国际体系的互动视角	论文	二等奖	省政府
66	别敦荣	厦门大学	现代大学制度：原理与实践	著作	二等奖	教育部
67	史秋衡	厦门大学	国家大学生学情发展研究	著作	二等奖	教育部
68	原宗丽	厦门大学	网络问政视阈下的当代中国参与式民主研究	专著	三等奖	省政府
69	吴　茜	厦门大学	现代金融垄断资本主义的危机及其制度转型	论文	三等奖	省政府
70	贾　凯	厦门大学	中国共产党早期理论家对马克思主义经济学的认识与运用	论文	三等奖	省政府
71	谢晓东	厦门大学	人性、优良政府与正义——政治哲学视角下的先秦儒学与古典自由主义研究	专著	三等奖	省政府
72	曹剑波	厦门大学	蕴涵论题的实验之争	论文	三等奖	省政府
73	杨仕健	厦门大学	何为生命之单元？——现代生物学思想中的个体性概念研究	专著	三等奖	省政府
74	唐　瑭	厦门大学	旁观者何以转化为行动者	论文	三等奖	省政府
75	龚　敏	厦门大学	论收入倍增与中国经济增长方式转变	专著	三等奖	省政府
76	张少军	厦门大学	外包对发展中国家的影响机制：全球价值链视角	专著	三等奖	省政府
77	孙传旺	厦门大学	交通基础设施与城市空气污染——来自中国的经验证据	论文	三等奖	省政府
78	柏培文	厦门大学	劳动力议价能力与劳动收入占比——兼析金融危机后的影响	论文	三等奖	省政府
79	周颖刚	厦门大学	高房价挤出了谁？——基于中国流动人口的微观视角	论文	三等奖	省政府
80	方　颖	厦门大学	*A Semiparametric Quantile Panel Data Model with an Application to Estimating the Growth Effect of FDI*（半参数面板数据分位数模型及其对估计 FDI 影响经济增长的应用）	论文	三等奖	省政府
81	朱孟楠	厦门大学	加息周期、汇率安排与储备需求	论文	三等奖	省政府
82	李嘉楠	厦门大学	贸易成本、市场整合与生产专业化——基于商品微观价格数据的验证	论文	三等奖	省政府
83	顾　明	厦门大学	巴菲特的阿尔法：来自中国股票市场的实证研究	论文	三等奖	省政府
84	董晓芳	厦门大学	*The Role of Transportation Speed in Fasili Tating high skilled teamwork Across Cities*（交通基础设施建设对高技能人才跨城市合作的促进作用）	论文	三等奖	省政府
85	潘　越	厦门大学	民营资本的宗族烙印：来自融资约束视角的证据	论文	三等奖	省政府
86	梁若冰	厦门大学	财政激励与消失的女性	论文	三等奖	省政府

续表 32-3

序号	获奖者	获奖者单位	获奖成果名称	成果形式	获奖等级	颁奖单位
87	韩晓祎	厦门大学	*Spatial Modeling Approach for Dynamic Network Formation and Interactions*（动态网络形成与互动的空间建模方法）	论文	三等奖	省政府
88	蔡熙乾	厦门大学	*Recover Overnight? Work Interruption and Worker Productivity*（隔夜就能恢复吗？工作中断与劳动生产力）	论文	三等奖	省政府
89	陈国进	厦门大学	经济政策不确定性与股票风险特征	论文	三等奖	省政府
90	缪朝炜	厦门大学	*Models for Closed-loop Supply Chain with Trade-ins*（以旧换新政策下的闭环供应链决策模型）	论文	三等奖	省政府
91	方　斌	厦门大学	*Social Influence and Monetization of Freemium Social Games*（社会影响与免费增值社交游戏中的变现）	论文	三等奖	省政府
92	曹慕昆	厦门大学	*A Portfolio Strategy Design for Human-Computer Negotiations in e-Retail*（电子商务人机谈判组合策略设计研究）	论文	三等奖	省政府
93	严金海	厦门大学	转型期土地供给管制政策对房价波动的影响机制与政策效果评估研究	专著	三等奖	省政府
94	乔永忠	厦门大学	专利维持理论及实证研究	专著	三等奖	省政府
95	黄炳艺	厦门大学	资本弱化税制与外资企业税收规避行为研究	论文	三等奖	省政府
96	于李胜	厦门大学	薪酬——职务倒挂是否具有“黑色嫉妒”效应？——基于国有企业薪酬激励对企业行为的影响研究	论文	三等奖	省政府
97	刘馨茗	厦门大学	*Is Audit Committee Equity Compensation Related to Audit Fees?*（审计委员会股权报酬会影响审计费用吗？）	论文	三等奖	省政府
98	吴育辉	厦门大学	“投资人付费”VS“发行人付费”：谁的信用评级质量更高？	论文	三等奖	省政府
99	宁　博	厦门大学	信用风险传染与企业盈余管理：基于信用债违约的视角	论文	三等奖	省政府
100	赵　华	厦门大学	跳跃、共跳和非预期宏观信息	论文	三等奖	省政府
101	邓　明	厦门大学	企业劳动生产率差异分解：技术选择效应与技术吸收效应	论文	三等奖	省政府
102	黄新华	厦门大学	论深化公共服务供给侧结构性改革	论文	三等奖	省政府
103	李　丹	厦门大学	“去全球化”：表现、原因与中国应对之策	论文	三等奖	省政府
104	郭春镇	厦门大学	数字人权时代人脸识别技术应用的治理	论文	三等奖	省政府
105	朱　冬	厦门大学	网络服务提供者间接侵权责任的移植与变异	论文	三等奖	省政府
106	曾华群	厦门大学	共同发展：中国与“一带一路”国家间投资条约实践的创新	论文	三等奖	省政府
107	宋雷鸣	厦门大学	棠棣——一项基于汉人村庄的兄弟关系研究	专著	三等奖	省政府
108	刘　悦	厦门大学	跨文化记忆与身份建构——欧洲华裔新生代的文化认同	专著	三等奖	省政府
109	杜树海	厦门大学	从广西左江上游地区民间宗教仪式看中国文化统一性	论文	三等奖	省政府
110	付　琳	厦门大学	吴越之迹：江南地区早期国家形态变迁	专著	三等奖	省政府
111	刘诗古	厦门大学	资源、产权与秩序：明清鄱阳湖区的渔课制度与水域社会	专著	三等奖	省政府
112	陈博翼	厦门大学	限隔山海：16—17 世纪南海东北隅海陆秩序	专著	三等奖	省政府
113	刘婷玉	厦门大学	凤凰于飞：家族文书与畲族历史研究	专著	三等奖	省政府
114	冯立军	厦门大学	海上丝绸之路与中医药文化的海外传播——以中医药文化在东南亚的传播和影响为中心	专著	三等奖	省政府
115	任智勇	厦门大学	咸同时期的榷关与财政	专著	三等奖	省政府
116	曾　玲	厦门大学	新加坡华人宗乡文化研究	专著	三等奖	省政府

续表 32-3

序号	获奖者	获奖者单位	获奖成果名称	成果形式	获奖等级	颁奖单位
117	吴舒洁	厦门大学	世界的中国："东方弱小民族"与左翼视野的重构——以胡风译《山灵》为中心	论文	三等奖	省政府
118	沈安妮	厦门大学	跨媒介的审美现代性：石黑一雄三部小说与电影的关联	专著	三等奖	省政府
119	苏欲晓	厦门大学	中世纪宇宙模型中的"道"——C.S. 路易斯"中世纪模型"及其现代主观论批判	论文	三等奖	省政府
120	戴鸿斌	厦门大学	缪里尔·斯帕克小说研究	专著	三等奖	省政府
121	苏新春	厦门大学	义务教育常用词表	专著	三等奖	省政府
122	宣长春	厦门大学	社交媒体使用对广告态度影响的倒 U 形模式研究	论文	三等奖	省政府
123	王洪才	厦门大学	教育治理体系与治理能力现代化论略	论文	三等奖	省政府
124	覃红霞	厦门大学	高考法律问题研究	专著	三等奖	省政府
125	孙亚夫	厦门大学	两岸关系 40 年历程（1979—2019）	专著	三等奖	省政府
126	郑若玲	厦门大学	中国教育改革 40 年：高考改革	著作	三等奖	教育部
127	王洪才	厦门大学	学科排名：利大还是弊大——对我国学科评估特征、正当性与机理的省思	论文	三等奖	教育部
128	邬大光	厦门大学	论我国高等教育学体系的特殊性	论文	三等奖	教育部
129	张亚群	厦门大学	从经学到国学：近代大学传统学科变革的逻辑	论文	三等奖	教育部
130	刘荣军	华侨大学	财富、权力与正义：现代社会发展的历史唯物主义研究	专著	一等奖	省政府
131	杨莉莎	华侨大学	中国碳减排实现的影响因素和当前挑战：基于技术进步的视角	论文	一等奖	省政府
132	林木材	华侨大学	基于高频收益率曲线的中国货币政策传导分析	论文	一等奖	省政府
133	马　雷	华侨大学	*Substitution Logic: An Extension of Syllogism*（替换逻辑：三段论的拓新）	论文	二等奖	省政府
134	杨少涵	华侨大学	"道不远人"的思想实验与证成方案	论文	二等奖	省政府
135	周　飞	华侨大学	网络虚拟人物对消费者行为的影响研究	专著	二等奖	省政府
136	尚会鹏	华侨大学	从"国际政治"到"国际关系"——审视世界强联结时代的国际关系本体论	论文	二等奖	省政府
137	陈历明	华侨大学	*Nietzsche as Precursor of Postmodern Translation Studies*（尼采：作为后现代翻译研究的先驱）	论文	二等奖	省政府
138	陈文革	华侨大学	话语视角下的批评词典学研究：理论、实践与方法	专著	二等奖	省政府
139	游国龙	华侨大学	中国文化的印度影响力调查	专著	二等奖	省政府
140	张志伟	华侨大学	中国古代艺术政治学与艺术形而上学	专著	二等奖	省政府
141	华侨华人蓝皮书课题组	华侨大学	华侨华人蓝皮书：华侨华人研究报告（2020）	专著	二等奖	省政府
142	郭克莎	华侨大学	紧紧依靠创新培育发展新动能	论文	三等奖	省政府
143	张钟鑫	华侨大学	结构与功能：当代东南亚华人基督教的内部社会资本初探	论文	三等奖	省政府
144	许斗斗	华侨大学	真理必须走向现实——马克思对黑格尔真理观的批判与超越	论文	三等奖	省政府
145	冯　兵	华侨大学	朱熹礼乐哲学思想研究	专著	三等奖	省政府
146	魏下海	华侨大学	地区性别失衡对企业劳动收入份额的影响：理论与经验研究	论文	三等奖	省政府
147	蓝嘉俊	华侨大学	就业结构、刘易斯转折点与劳动收入份额：理论与经验研究	论文	三等奖	省政府
148	吕延方	华侨大学	中国服务贸易融入数字全球价值链的测度构建及特征研究	论文	三等奖	省政府

续表 32-3

序号	获奖者	获奖者单位	获奖成果名称	成果形式	获奖等级	颁奖单位
149	阮文奇	华侨大学	自然灾害事件下景区风险管理：危机信息流扩散与旅游流响应	论文	三等奖	省政府
150	王　伟	华侨大学	*Emphasizing the Entrepreneur or the idea? The Impact of Text Content Emphasis on Investment Decisions in Crowdfunding*（强调“人”还是强调“创意”？众筹中文本内容强调对投资决策的影响）	论文	三等奖	省政府
151	张国安	华侨大学	宗族社会纠纷解决机制研究—以明清时期为中心	专著	三等奖	省政府
152	张　燕	华侨大学	用神话书写被遮蔽的历史记忆——《棕榈酒酒徒》《我在鬼林中的生活》主题新论	论文	三等奖	省政府
153	刘丙丽	华侨大学	*Paternal origin of Tungusic-speaking populations: Insights from the updated phylogenetic tree of Y-chromosome haplogroup C2a-M86*（通古斯语人群的父系起源：基于更新的 Y 染色体单倍群 C2a-M86 谱系树的见解）	论文	三等奖	省政府
154	侯国金	华侨大学	语用翻译学：寓意言谈翻译研究	专著	三等奖	省政府
155	吕晓玲	华侨大学	从明清戏文看泉州方言“会”“得”相关结构的演变	论文	三等奖	省政府
156	徐基中	华侨大学	城市与媒介：1936 年《大公报》南迁的文化解读	论文	三等奖	省政府
157	肖　航	华侨大学	华文媒体创新性话语研究与传播	专著	三等奖	省政府
158	檀革胜	华侨大学	20 世纪 50 年代江文也交响音乐的创作观念研究	论文	三等奖	省政府
159	彭前生	集美大学	改革开放以来巡视制度重构的阶段、特征及理论逻辑	论文	二等奖	省政府
160	曲金良	集美大学	中国海洋文化遗产保护研究	专著	二等奖	省政府
161	刘欣然	集美大学	体育、人的主体存在与全面发展	专著	二等奖	省政府
162	陈　旻	集美大学	后趋同时代的权益资本成本异质性分析	论文	三等奖	省政府
163	常莹莹	集美大学	环境信息透明度与企业信用评级——基于债券评级市场的经验证据	论文	三等奖	省政府
164	谢书书	集美大学	颜色范畴知觉效应发生在大脑两半球：来自纳西族和汉族的证据	论文	三等奖	省政府
165	郑志强	集美大学	中国赛事产业链与城市发展研究	专著	三等奖	省政府
166	兰润生	集美大学诚毅学院	我国畲族民间体育文化保存现状与保护措施研究	专著	三等奖	省政府
167	林小勇	理工学院	厦门智能视听产业发展及创建国家级智能视听产业基地对策	调研报告、决策咨询报告	二等奖	省政府
168	尹　进	理工学院	社会化商务中基于经验及推荐的消费者感知信任模糊融合模型	论文	三等奖	省政府
169	陈莹盈	理工学院	强关系网络移动社交平台旅游分享行为研究——基于微信与 QQ 用户的资料分析	论文	三等奖	省政府
170	肖丽红	理工学院	文本、讼争与区域司法实践：清代福建省法律运作的多面考察	专著	三等奖	省政府
171	黄小芳	理工学院	省域应用型本科教育质量监测评价研究——以福建省为例	专著	三等奖	省政府
172	何军明	理工学院	“一带一路”背景下中国—东盟关系与自贸区升级研究	专著	三等奖	省政府
173	康晓丽	中共厦门市委党校	“一带一路”沿线相关侨务资源大国侨务政策比较研究	专著	三等奖	省政府
174	黄寿峰	厦门市劳动关系管理研究会	财政分权对中国雾霾影响的研究	论文	三等奖	省政府
175	王森生	福建省厦门第一中学	概念：数学教学永恒主题	著作	二等奖	教育部

表 32-4　　2021 年厦门市社科界公开出版专著一览表

序号	著作名称	出版社名称	作者单位和姓名
1	高等学校分类设置与质量提升研究	厦门大学出版社	厦门大学　史秋衡
2	谢・多甫拉托夫的伪纪实主义叙事研究	厦门大学出版社	厦门大学　胡晓静
3	《源氏物语》与白居易文学	厦门大学出版社	厦门大学　梁　青
4	厦门大学海外教育学院 / 国际学院院史	厦门大学出版社	厦门大学　覃红霞
5	台湾能源转型与两岸能源合作	九州出版社	厦门大学　杨　芳
6	民法典与罗马法	清华大学出版社	厦门大学　徐国栋
7	中华文化与传播研究第九辑	九州出版社	厦门大学　谢清果
8	19 世纪稀见英文期刊与汉语域外传播研究	厦门大学出版社	厦门大学　方环海
9	华夏传播研究第七辑	九州出版社	厦门大学　谢清果
10	东南亚蓝皮书：东南亚地区发展报告（2020—2021）：全球疫情下的东南亚	社会科学文献出版社	厦门大学　王　勤
11	民法的人文精神	法律出版社	厦门大学　徐国栋
12	*The Prehistoric Maritime Frontier of Southeast China Indigenous Bai Yue and Their Oceanic Dispersal*	Springer	厦门大学　吴春明
13	中国外汇储备风险测度与管理	厦门大学出版社	厦门大学　朱孟楠
14	华夏礼乐传播论	九州出版社	厦门大学　谢清果
15	西口闲笔	法律出版社	厦门大学　徐国栋
16	医学专业研究生教育与保障体系研究文论	西南交通大学出版社	厦门大学　胡伟力
17	绿雪芽：一部白茶的文化志	河南文艺出版社	厦门大学　张先清
18	立法机关的宪法解释机能——比较法视野中的体系性研究	清华大学出版社	厦门大学　陈　鹏
19	厦门大学教育研究院院史	厦门大学出版社	厦门大学　张亚群
20	大学体育与健康教程（第 3 版）	厦门大学出版社	厦门大学　陈志伟
21	闽台文化记忆与海峡传播研究	九州出版社	厦门大学　谢清果
22	海峡两岸数字公共领域与文化认同研究	九州出版社	厦门大学　谢清果
23	地铁 2035	上海文化出版社	厦门大学　李春雨
24	地铁 2034	上海文化出版社	厦门大学　李春雨
25	乐活汉字——海峡两岸汉字文化创意	厦门大学出版社	厦门大学　甘森忠
26	青年研究与融合发展	九州出版社	厦门大学　唐　桦
27	国民经济统计学——国民经济核算原理（第三版）	科学出版社	厦门大学　杨　灿
28	哲学领域女性偏少问题研究	厦门大学出版社	厦门大学　曹剑波
29	本科阶段基于量表的口译评估研究	外语教学与研究出版社	厦门大学　苏　伟
30	我国养老保险制度的经济效应与改革问题研究	厦门大学出版社	厦门大学　黄　莹
31	传承与创新・健身手拍鼓	北京体育大学出版社	厦门大学　冯　菲
32	大学生协同式成长促进机制研究	厦门大学出版社	厦门大学　文　静
33	帝国潜流：清代前期的天主教、底层秩序与生活世界	社会科学文献出版社	厦门大学　张先清
34	文本、话语与政治：新闻传播研究的新视野	九州出版社	厦门大学　阎立峰
35	迈向高收入经济的增长动力转换	人民出版社	厦门大学　李文溥
36	西风已至：近代东亚灯塔体系及其与航运格局关系研究	厦门大学出版社	厦门大学　伍伶飞

续表 32-4

序号	著作名称	出版社名称	作者单位和姓名
37	乡村文化振兴实践研究	海峡出版发行集团 / 鹭江出版社	厦门大学　朱冬亮
38	乡村产业振兴实践研究	海峡出版发行集团 / 鹭江出版社	厦门大学　朱冬亮
39	乡村生态振兴实践研究	海峡出版发行集团 / 鹭江出版社	厦门大学　朱冬亮
40	乡村人才振兴实践研究	海峡出版发行集团 / 鹭江出版社	厦门大学　朱冬亮
41	*Children Affected by Armed Conflict in the Borderlands of Thailand*	Springer	厦门大学　陈　偕
42	在教育与法律之间	厦门大学出版社	厦门大学　覃红霞
43	绿色经济视域下中国工业结构转型	厦门大学出版社	厦门大学　朱东波
44	“一带一路”沿线国家金融合作研究	光明日报出版社	厦门大学　杨　权
45	华夏传播研究第六辑	九州出版社	厦门大学　谢清果
46	产能过剩、行业垄断与国际产业转移：基于一般利润率的透视	社会科学文献出版社	厦门大学　徐春华
47	中国民法典与罗马法	法律出版社	厦门大学　徐国栋
48	师道	东方出版社	厦门大学　李　琦
49	跨区域公共事务的协作治理绩效研究	中国社会科学出版社	厦门大学　孟　华
50	美国本土裔文学研究论集	厦门大学出版社	厦门大学　陆晓蕾
51	核心专利管理与司法保护	知识产权出版社	厦门大学　罗立国
52	网络金融犯罪的刑事治理研究	厦门大学出版社	厦门大学　李兰英
53	国际投资仲裁程序问题研究：以 ICSID 仲裁规则修订为背景	法律出版社	厦门大学　陈辉萍
54	商法学案例教程	厦门大学出版社	厦门大学　阳建勋
55	汉语读写困难儿童形音捆绑机制及干预	厦门大学出版社	厦门大学　林　敏
56	中国高等教育发展路径的探索	厦门大学出版社	厦门大学　陈武元
57	心系两岸	九州出版社	厦门大学　陈孔立
58	自媒体时代网络传言的法律治理研究	厦门大学出版社	厦门大学　郭春镇
59	台湾史事解读	九州出版社	厦门大学　陈孔立
60	台湾民意与群体认同	九州出版社	厦门大学　陈孔立
61	风下之海：明清中国闽南海洋地理研究	商务印书馆	厦门大学　李智君
62	*Innovations in Communication Theories: The Man Is the Message*	Springer	厦门大学　陈嬿如
63	“一带一路”视野下妈祖文化传承发展研究（欧美卷）	人民出版社	厦门大学　刘婷玉
64	大学管理与治理	中国海洋大学出版社	厦门大学　别敦荣
65	大变局世界中的公共治理	厦门大学出版社	厦门大学　陈振明
66	女性国际化与高等教育	厦门大学出版社	厦门大学　赵叶珠
67	高考——在教育与社会之间	厦门大学出版社	厦门大学　郑若玲
68	厦门大学百年体育发展史	厦门大学出版社	厦门大学　陈志伟
69	中外合作办学学科建设　人才培养与改革咨询	厦门大学出版社	厦门大学　林金辉
70	决策的本质——还原古巴导弹危机的真相（第二版）	商务印书馆	厦门大学　王伟光
71	重要产品供应链追溯系统与实践案例	厦门大学出版社	厦门大学　许志端
72	大学的文化使命与理性沉思	厦门大学出版社	厦门大学　王洪才

续表 32-4

序号	著作名称	出版社名称	作者单位和姓名
73	高等教育管理探微	厦门大学出版社	厦门大学　别敦荣
74	从水平评估到审核评估　我国高校教学评估理论认知及实践探索	厦门大学出版社	厦门大学　刘振天
75	两岸的文化认同	九州出版社	厦门大学　陈孔立
76	Python 3：语料库技术与应用	厦门大学出版社	厦门大学　陆晓蕾
77	民法哲学	中国法制出版社	厦门大学　徐国栋
78	传染病防治法制体系建设研究	西南交通大学出版社	厦门大学　胡伟力
79	冰上丝绸之路（英文）	外文出版社	厦门大学　连哲彧
80	字母词的称名学研究及其对词典编纂的启示	厦门大学出版社	厦门大学　谢　君
81	消费者保护视角下的技术措施规制研究	知识产权出版社	厦门大学　董慧娟
82	国际关系理论文选	厦门大学出版社	厦门大学　周桂银
83	中华老学第六辑	九州出版社	厦门大学　谢清果
84	中华老学第五辑	九州出版社	厦门大学　谢清果
85	泉州：宋元中国的世界海洋商贸中心遗产图录（汉英对照）	福建人民出版社	厦门大学　连哲彧
86	瓦伦西亚多明我会传教士在美洲及亚洲地区的跨文化传播研究	中国海洋大学出版社	厦门大学　梁　琳
87	档案中的永定近代社会生活	厦门大学出版社	厦门大学　董兴艳
88	*International Political Economy of China's Exchange Rate Policy Making*	Springer	厦门大学　王昭晖
89	论婚姻与道德	上海人民出版社	厦门大学　汪文娟
90	中华人民共和国婚姻法评注 . 夫妻关系	厦门大学出版社	厦门大学　蒋　月
91	重要产品供应链追溯系统与实践案例	厦门大学出版社	厦门大学　许志端
92	财务管理	高等教育出版社	厦门大学　林　涛
93	管理会计（新形态教材）	高等教育出版社	厦门大学　郭晓梅
94	高级财务会计（新形态教材）	高等教育出版社	厦门大学　杨　绮
95	葛家澍教授学术思想研究	厦门大学出版社	厦门大学　杜兴强
96	中国企业国际化的理论与实践	厦门大学出版社	厦门大学　陈福添
97	应用多元统计分析（第四版）	科学出版社	厦门大学　朱建平
98	中国人中国梦：中国人的生活变迁与脱贫攻坚	外文出版社	厦门大学　William Neil Brown
99	固定收益证券	高等教育出版社	厦门大学　陈　蓉
100	“一带一路”视阈下的周边公共外交研究	世界知识出版社	华侨大学　王秋彬
101	与生育政策配套衔接的家庭发展支持体系完善研究	中国社会出版社	华侨大学　汤兆云
102	福建陶瓷文化与华人社会	海峡文艺出版社	华侨大学　叶扬秋
103	谦逊型领导与员工主动性的关系研究	经济管理出版社	华侨大学　陈艳虹
104	人、国家与国际关系：心理文化学路径	经济管理出版社	华侨大学　尚会鹏
105	中国历史典籍英语：案例、教学与研究	苏州大学出版社	华侨大学　吴国向
106	中国体育用品企业成长性评价研究	社会科学文献出版社	华侨大学　黄亨奋
107	中国工业企业创新异质性与出口动态	社会科学文献出版社	华侨大学　陈乘风
108	十九世纪的闽南方言语音与词汇	社会科学文献出版社	华侨大学　杜晓萍

续表 32-4

序号	著作名称	出版社名称	作者单位和姓名
109	法律基础	清华大学出版社	华侨大学　赵　威
110	后现代公共行政理论的纲领及反思	东北大学出版社	华侨大学　陈永章
111	乡村振兴战略背景下福建省精准扶贫协同帮扶机制研究	经济日报出版社	华侨大学　张赛群
112	蜕变：娱乐传播视野下中国文化分层的网络时空	厦门大学出版社	华侨大学　马　溧
113	现代汉语附缀研究	社科文献出版社	华侨大学　张　斌
114	利率市场化风险定价机制	社会科学文献出版社	华侨大学　吴泽福
115	水彩风景写生的体验与表达	中国建筑工业出版社	华侨大学　林攀科
116	网络游戏：行为、意识与成瘾	上海财经大学出版社	华侨大学　朱丹红
117	俄罗斯中等职业教育质量保障体系研究	上海财经大学出版社	华侨大学　刘金花
118	“三化”协调发展背景下鹤壁市高标准粮田布局优化研究	经济日报出版社	华侨大学　田洁玫
119	我国食品召回管理模式研究	社会科学文献出版社	华侨大学　潘文军
120	“一带一路”经贸合作及其经济效应研究	社会科学文献出版社	华侨大学　许培源
121	旅游目的地游客安全感测评与提升路径研究	中国旅游出版社	华侨大学　邹永广
122	华侨华人与中国经济高质量发展动力研究	北京工业大学出版社	华侨大学　张向前
123	日本人与日本国研究：心理文化学范式下的考察	社科文献出版社	华侨大学　尚会鹏
124	新世纪福建侨捐研究	经济日报出版社	华侨大学　张赛群
125	转售价格维持规制模式的多维透视	社会科学文献出版社	华侨大学　张　骏
126	中国与“一带一路”国家钢铁产能合作研究	经济管理出版社	华侨大学　刘京星
127	基于产业链视角的文化创意产业发展研究——以厦门为例	经济科学出版社	集美大学财经学院　林媛媛
128	企业涉税诉讼经典案例研究	经济科学出版社	集美大学财经学院　宋生瑛
129	中国高校的科技创新政策促进、知识传播及其经济影响	经济科学出版社	集美大学财经学院　易　巍
130	基于灰色系统的双向直接投资	东南大学出版社	集美大学工商管理学院　江　航
131	闽籍诗人的诗意人生	厦门大学出版社	集美大学海洋文化与法律学院　曾丽华
132	风雅颂——思明人物春秋记忆	武汉大学出版社	集美大学海洋文化与法律学院　戴嘉树
133	独特的乡村文化形态——竹坝农场	武汉大学出版社	集美大学海洋文化与法律学院　戴嘉树
134	特区高山样板——白交祠村	武汉大学出版社	集美大学海洋文化与法律学院　戴嘉树
135	海事电子数据的证据法问题研究	厦门大学出版社	集美大学海洋文化与法律学院　高　波
136	人工智能与著作权制度创新研究	武汉大学出版社	集美大学海洋文化与法律学院　罗施福
137	安宁与缓和照护：概念与实务 *Hospice and Palliative Care: Concepts and Practice*	华格那国际出版社	集美大学海洋文化与法律学院　施胜烽
138	家庭文化资本与农民工随迁子女学业教育研究	中国社会科学出版社	集美大学海洋文化与法律学院　孙文中
139	书法基础与鉴赏	厦门大学出版社	集美大学海洋文化与法律学院　张克锋
140	摄影如何影响绘画	武汉大学出版社	集美大学美术与设计学院　汪贤俊
141	高职院校混合所有制及其内部治理研究	厦门大学出版社	集美大学师范学院　陈春梅
142	绘画心理分析与治疗的理论与实践	厦门大学出版社	集美大学师范学院　徐建财

续表 32-4

序号	著作名称	出版社名称	作者单位和姓名
143	学前儿童戏剧教育的理论和实践	天津大学出版社	集美大学师范学院　徐皖闽
144	可持续发展观视域下的我国女排科学训练探蹊	厦门大学出版社	集美大学体育学院　连道明
145	青少年体力活动干预的社会生态模型构建研究	电子科技大学出版社	集美大学体育学院　苏美华
146	大学英语写作教学中的数字读写素养研究	吉林大学出版社	集美大学外国语学院　王玮韦
147	文化传统与革命传统：闽西客家革命歌曲研究	武汉大学出版社	集美大学音乐学院　黄文杰
148	蒙古族音乐数据库的设计与制作	文化艺术出版社	集美大学音乐学院　滕　腾
149	拉丁语西班牙语歌唱语音・指南	厦门大学出版社	集美大学音乐学院　詹士华
150	中国航海船舶史	慧眼出版社	集美大学航海学院　崔云峰
151	*Ship Management Theory and Practice*	Routledge	集美大学航海学院　张鹏飞
152	*Advanced Nondestructive Detection Technologies in Food*	Springer	集美大学海洋食品与生物工程学院　陈全胜
153	晚安好梦——走进鼓浪屿的梦幻世界	福建海峡出版社	厦门理工学院　郑　峰
154	新媒体时代短视频监管及产业融构	厦门大学出版社	厦门理工学院　郑　峰
155	CMOS 模拟集成电路版图设计：基础、方法与验证	机械工业出版社	厦门理工学院　陈铖颖、范　军（外）、尹飞飞（外）、王　鑫（外）
156	海岸带城市景观格局演变与热岛效应关系研究	厦门大学出版社	厦门理工学院　花利忠
157	住房、宏观经济与货币政策	厦门大学出版社	厦门理工学院　段忠东
158	中美媒体人工智能应用发展的国际竞争力研究	九州出版社	厦门理工学院　贺　莹、胡　丹、陈莹盈、何　鹏
159	播音主持能力与素养多元探究	吉林出版集团股份有限公司	厦门理工学院　李玲玲
160	华语在东南亚的视听觉传播研究	九州出版社	厦门理工学院　周秀杰
161	企业家精神差异化配置与企业创新绩效的关系研究	经济科学出版社	厦门理工学院　张　晔
162	芯片制造——半导体工艺与设备	机械工业出版社	厦门理工学院　陈　译、陈铖颖、张宏怡
163	芯片设计— CMOS 模拟集成电路版图设计与验证——基于 Cadence IC617	机械工业出版社	厦门理工学院　陈铖颖、范　军（外）、尹飞飞（外）
164	GNSS 地基增强网络差分定位关键技术	中国矿业大学出版社	厦门理工学院　邓　健
165	我国企业内部审计有效性评价研究	中国财政经济出版社	厦门理工学院　庄　莹
166	东南亚闽侨民俗文化交流史	海峡出版发行集团 / 海峡文艺出版社	厦门理工学院　林江珠
167	中厚板机器人自动化焊接技术与应用	东北大学	厦门理工学院　易际明
168	签字会计师繁忙度的审计影响研究	经济管理出版社	厦门理工学院　潘　临
169	5G 时代程序化思维的智媒体技术发展	厦门理工学院	厦门理工学院　李建勋
170	未来媒体蓝皮书・中国未来媒体研究报告 2020	社会科学文献出版社	厦门理工学院　林小勇、林朝霞、冷莹莹（外）、孙　璐、贺　莹、李建勋、杨　阳
171	中国传统文化元素与艺术设计实践	吉林文史出版社	厦门理工学院　姬　喆
172	中国大陆报刊公益广告发展研究（1986—2018）	厦门大学出版社	厦门理工学院　赖祯黎

【社科理论研究】 2021年，厦门市社科联配合市委宣传部组织高校、社科研究机构等开展“习近平在厦门”系列理论研究，推动第一批关于扶贫、特区发展等7个课题项目的成果转化，做好第二批关于生态文明、对台等6个课题项目立项研究，深化对习近平总书记在厦门工作时的重要理念和重大实践的研究阐释。召开学习贯彻习近平总书记在福建考察时的重要讲话精神、“七一”重要讲话精神、中国共产党十九届六中全会精神等5场社科界座谈会。组织庆祝厦门经济特区建设40周年理论座谈会，邀请全国专家学者交流研讨，为推动经济特区在新发展阶段办得更好、水平办得更高提供理论支持。围绕中国共产党成立100周年、两岸融合发展、厦门经济特区建设40周年等议题，举办11场学术论坛及研讨会，吸引国内专家学者关注厦门、研究厦门，为厦门发展献计献策，营造浓厚理论氛围。（参见P89【社科理论研究】）

【社科智库建设】 2021年，厦门市社科联紧扣建设金砖国家新工业革命伙伴关系创新基地、服务贸易创新发展、市域社会治理现代化等中心工作，开展2021年度调研课题109项。课题成果转化显著，获市政协提案立案14项，可行性建议被多部门采纳。编发2021年度调研课题成果推介、经济社会发展与预测蓝皮书，办好《智库报告》，为厦门经济社会发展建言献策，获省、市领导批示16件。与厦门大学等高校合作共建9个人文社科研究基地，与市委改革办等多部门合作开展应用对策研究，协同市委教育工委在高校组织开展思想政治理论课题研究。

【鹭江讲坛】 2021年，厦门市社科联发挥“鹭江讲坛”根植基层、深受大众喜爱的老品牌优势，组织市社科专家、名家开展党的创新理论和社科知识宣传普及，开展说党史、讲理论等讲座192场。讲坛通过线上、线下的宣讲，受益群众10多万人次，被百姓称为“家门口的思想盛宴”，被列为厦门市“我为群众办实事”第二批优秀案例评选项目之一。

【厦门文史研究传承】 2021年，厦门市社科联以“鼓浪屿国际研究中心”为平台，吸纳海内外研究力量共同深化鼓浪屿历史与现实学术研究，编辑出版《鼓浪屿研究》学术辑刊第十三、十四辑，推出鼓浪屿原创性学术论文20余篇。加强“同文书院”平台建设，汇聚一批历史文化研究人才，编辑出版社科丛书12本。

（市社科联）

学术活动

【概 况】 2021年，厦门市各高校和社科研究机构克服新冠疫情影响，采取线上、线下结合的方式，开展国际和全国性的学术交流活动100多场（次），其中重大学术交流活动50场（次），涉及若干学科和学科群以及“一带一路”系列论坛，反映社会科学研究的多样性和互补性。

【人文社会科学国际论坛】 2021年4月4—7日，厦门大学举行人文社会科学国际论坛。论坛以“人类命运共同体中的人文社会科学”为主题，下设12场分论坛，吸引来自美国、英国、法国、德国等28个国家和地区的1800余名专家学者通过线上、线下方式的参与。厦门大学数百位专家学者与国内外同行一道，围绕全球人文精神、跨文化传播、比较文学与跨文化研究、经济科学前沿与教育、气候与能源金融、国际法治的理论与实践、人类命运共同体与21世纪马克思主义、全球风险社会下的公共治理挑战与应对、中国与东南亚关系、大学促进人类命运共同体发展、两岸命运共同体认知与建设、全球化背景下的多元文化与社会等重要议题，共同探讨人类命运共同体中的人文社会科学建设，力图抓住变革中的历史机遇，从多角度、多领域寻找各国间的学术交流、合作共赢、文明互鉴之道。论坛收录会议论文500余篇。

【“十四五”时期关税调整思路专家研讨会】 2021年5月7日，财政部关税司与厦门国家会计学院举办“十四五”时期关税调整思路专家研讨会。财政部关税司副司长陈智远、厦门国家会计学院党委书记韩景义会同经济规划、农业、轻工、钢铁、医药等多领域专家，围绕“十四五”规划纲要及关税职能作用，讨论“十四五”时期关税调整思路。市财政局和厦门海关有关人员参会。

【第十七届海峡两岸（集美）端午文化论坛】 2021年5月21日，以“爱国主义”和“民族情怀”为主题的第十七届海峡两岸（集美）端午文化论坛在厦门市集美区山水宾馆举行。该届论坛由中共厦门市集美区委宣传部主办，厦门市中华传统文化研究会和集美区社科联承办。论坛上，厦门市中华传统文化研究会会长陈支平发表主旨演讲。专家和学者们凭吊爱国诗人屈原，缅怀先贤陈嘉庚，并提出在新时代下尤其是在网络时代，要摈弃历史虚无主义的观点，坚持捍卫爱国主义立场，热爱民族英雄，拥抱民族文化。厦门大学教授周建昌以《贯通三千年的端午爱国文化——从先秦的屈原到当代的陈嘉庚》为题发表讲话，其他学者围绕“陈嘉庚先生家国情怀有感”“陈嘉庚与赛龙舟”“两岸端午一条心——公部门补助传统艺文活动创新可行性探讨”“屈原的爱国情怀及其影响”等主题进行交流讨论。

【首届人类学与国别区域研究论坛】 2021年5月22—23日，由厦门大学社会与人类学院、浙江师范大学非洲研究院、中国农业大学国际发展与全球农业学院主办的首届人类学与国别区域研究论坛“日常生活与变动中的世界秩序：人类学与国别区域研究的对话”在厦门大学举行。来自北京大学、清华大学、北京师范大学、中国社会科学院、厦门大学、浙江师范大学、外交学院、上海外国语大学、四川大学、中央民族大学、中国农业大学、云南大学、东南大学、西南民族大学等10余所高校、科研机构50余名专家学者参加。浙江师范大学非洲研究院院长刘鸿武、北京师范大学珠海校区人文与社会科学高等研究院教授高丙中、厦门大学社会与人类学院人类学与民族学系特聘教授高畅（Augustin F. C. Holl）分别作主旨发言，浙江师范大学非洲研究院副院长徐薇主持主旨发言。之后进行“全球化中的生命与治理”“民族国家的经济与政治转型”“宗教、族群与现代性问题”“多元和一体：族裔身份与公民身份研究”“中国与世界：贸易网络、文化交流和社会融合”5个小组发言。16名从事海外人类学研究的发言人围绕着相关议题，结合自己的调研进展，在呈现不同社会的日常生活的同时，从细微之处探讨当代世界变化大势和全球秩序的重塑过程。评议专家分别从国际关系、政治学、历史学、国际发展等不同学科的角度对会议论文进行深入点评，帮助发言人进一步扩展个案研究的历时与共时维度，并促进国别区域研究领域的学术议题生产。

【国家高端智库建设工作座谈会】 2021年5月24日，厦门大学举办学习贯彻习近平总书记重要贺信精神暨国家高端智库建设工作座谈会，会上举行厦门大学台湾研究院国家高端智库（培育）理事长聘任仪式，全国台湾研究会会长、全国台联原会长汪毅夫受聘为智库理事长，校党委书记张彦为其颁发聘书。学校部分智库建设单位代表就“进一步落实习近平总书记重要贺信精神”“推动人文社会科学高质量发展”“建设好校智库”等议题作交流发言。厦门大学法学院和国际关系学院的院领导和智库代表参加座谈会，台湾研究院教授陈孔立、两岸关系和平发展协同创新中心主任刘国深、台湾研究院党委书记曾云声等领导及各所所长、副所长、学生代表出席会议。

【中国特色社会主义制度理论与实践探索学术研讨会】 2021年5月29日，由厦门大学马克思主义学院、厦门大学中国特色社会主义研究中心、厦门市社会科学界联合会共同主办，厦门大学马克思主义学院、厦门市社会科学界联合会、厦门市社会科学院、《厦门大学学报（哲学社会科学版）》编辑部、《理论与评论》编辑部联合承办的厦门市第十二届社会科学界学术年会首场论坛“庆祝中国共产党成立100周年——中国特色社会主义制度理论与实践探索”学术研讨会在厦门大学开幕。厦门大学党委副书记、马克思主义学院院长徐进功，厦门市社会科学界联合会党组书记、常务副主席潘少銮致辞。中共福建省委党校（福建行政学院）党建教研部原主任、教授李新生，中山大学政治与公共管理学院教授郭忠华，吉林大学马克思主义学院教授陈松友，厦门市社科联党组成员、副主席庄志辉，厦门大学组织部副部长、党建办主任廖志丹等出席开幕式。来自中山大学、四川大学、吉林大学、南开大学、同济大学、兰州大学、厦门大学、福建师范大学、福建省委党校、厦门市委党校和厦门市社会科学院等高校和研究机构，以及《厦门大学学报（哲学社会科学版）》编辑部、《理论与评论》编辑部的近100名专家学者参加会议。与会专家学者还围绕“‘中国之治’的厦门探索与实践”“厦门特区党的建设历程与基本经验”“新时代中国特色社会主义制度建设和国家治理现代化的新成就新进展”“‘中国之治’的制度密码与制度优势”“中国共产党推进制度创新的百年历程、经验及启示”“中国共产党制度创新与社会主义现代化”等议题，展开交流与研讨。

【第三期“一带一路”财经论坛】 2021年7月10日，“一带一路”财经论坛第三期暨共建“一带一路”高质量发展与金砖国家新工业革命伙伴关系创新基地建设学术研讨会在厦门国家会计学院开幕。该次研讨会由清华大学一带一路战略研究院、厦门国家会计学院“一带一路”财经发展研究中心与厦门理工学院马克思主义学院联合举办。研讨会关注面对百年未有之大变局如何更好地推动“一带一路”建设、打造金砖国家新工业革命伙伴关系创新基地、为国家对外开放大局贡献“厦门力量”等问题，探讨推动共建“一带一路”高质量发展、深化金砖合作的思路与建议，针对厦门“十四五”时期的对外开放、融入“一带一路”、建设金砖国家新工业革命伙伴关系创新基地建言献策。

【厦门（同安）第六届国际朱子文化节】 2021年7月18日，由厦门市委宣传部，市社科联，同安区委、区政府指导，中共同安区委宣传部、同安区社会科学界联合会、朱子学会共同主办的厦门（同安）第六届国际朱子文化节开幕。该届朱子文化节以“熹光永照　与民同安”为主题，其间举办“朱子首仕同安与社会治理”论坛、“朱子之路”研习营、文化雅集等系列活动。文化节展出AI融媒体产品——“朱熹带你重读《朱子家训》”，发布“同安朱子之路”研学旅游精品线路，举行《朱子家礼》文献集成项目启动仪式、同安朱子自画像揭幕仪式等。

【高质量建设厦门现代化国际化科技创新城市论坛】 2021年10月22日，由厦门市经济师协会主办的高质量建设厦门现代化国际化科技创新城市论坛在港湾大酒店召开。市社科联党组书记、常务副主席潘少銮到会致辞。论坛以习近平新时代中国特色社会主义思想为指导，研讨“厦门如何加快完善科技创新体制、汇聚高质量创新资源”“增强高端产业集聚功能”“强化科技自立自强战略支撑”“加快打造更具全球竞争力的高素质人才创新创业之城”“加快打造具有国际影响力的区域科技创新中心”“加快打造厦门金砖国家科技创新中心”等方面的问题，为厦门“两高两化”建设献计献策，也为厦门市的党政部门在经济发展研究工作方面提供有益的决策参考。来自厦门高校、民主党派、社科专家的代表出席研讨会并作发言。论坛收到论文11篇，遴选8篇编印成论文集。

【中国宏观经济学术研讨会】 2021年10月30日，由中国宏观经济研究中心（华侨大学与中国社会科学院财经战略研究院共建）、《财贸经济》杂志社、《经济学动态》杂志社及中国社科院经济政策研究中心联合主办，中国社会科学院财经战略研究院和华侨大学经济发展与改革研究院承办，华侨大学数量经济研究院协办的“中国宏观经济学术研讨会（2021）——我国新发展阶段加快构建新发展格局的宏观经济政策研究”在华侨大学陈守仁经济管理大楼多功能会议厅举行。会议吸引来自中国社会科学院、中央财经大学、首都经贸大学、上海财经大学、中国政法大学、山东大学、西南大学等国内研究机构和高校的300名专家学者参会，会议采取线上与线下并行的模式。参会嘉宾围绕“中国宏观经济学术研讨会（2021）——我国新发展阶段加快构建新发展格局的宏观经济政策研究”议题，在5个分论坛（各两个半场）进行论文汇报和点评，共计43篇。

【第三届“一带一路”国家会计准则合作论坛】 2021年11月2日，第三届“一带一路”国家会计准则合作论坛以线上形式召开。合作论坛由财政部会计司、会计准则委员会主办，厦门国家会计学院承办。财政部会计司副司长吴祥云、会计准则委员会副主任张娟、厦门国家会计学院副院长郑涌出席论坛。吴祥云作开幕致辞，张娟作闭幕总结。来自中国、柬埔寨、老挝、蒙古国、尼泊尔、新西兰、巴基斯坦、俄罗斯、沙特、越南10个国家会计准则制定机构代表参加。论坛邀请国网国际发展有限公司副总经理、首席财务官刘彦丽基于“一带一路”投资视角分享资本跨境流动中会计作用方面的经验和体会；俄罗斯与会代表分享俄会计准则制定与执行过程中取得的最新进展，包括俄会计准则体系当前遵循的法律法规、与国际会计准则趋同过程中的实施经验及面临的挑战等。中国与巴基斯坦会计准则制定机构代表分享有关同一控制下企业合并会计处理的意见及建议，巴方与会代表还就国际会计准则理事会推行费率管制背景下巴基斯坦采取的会计处理方法进行介绍。

【厦门产业发展与城市建设论坛】 2021年11月17日，厦门市第十二届社会科学界学术年会“厦门经济特区建设四十周年产业发展与城市建设的经验与启示”论坛在厦门大学嘉庚学院举办。该次论坛由厦门社会科学界联合会、厦门市社会科学院指导，厦门大学嘉庚学院主办，厦门大学嘉庚学院国际商务学院、会计与金融学院、管理学院联合承办。论坛分4个模块，设1个主论坛和3个分论坛。主论坛以“厦门经济特区建设四十周年产业发展与城市建设的经验与启示”为主题，分论坛分别以“产业发展与新城市建设”“财金助力构建城市建设新局面”和“区域经济协作下供应链企业的经营思维”为主题。主论坛邀请3名主讲嘉宾就厦门经济特区40年建设展开研讨。厦门大学建筑与土木工程学院教授洪世键以“区域发展视野下的厦门城市空间拓展优化策略研究”为主题，围绕厦门经济特区的发展情况、对标借鉴、优化策略3个方面进行汇报；集美大学海洋文化与法律学院教授罗施福从现代化城市综合治理的角度开展交流与分享；厦门市委党校公共管理教研部副教授岳世平运用历史唯物主义的分析视角，对40年来厦门经济特区发展进行多方面的总结。高校代表和部分企业代表参加论坛。

【第二届海西（厦门）信用论坛】 2021年11月18日，第二届海西（厦门）信用论坛暨建筑行业信用体系建设发展论坛召开。论坛作为“2021年厦门市第十二届社会科学界学术年会”活动之一，由厦门市社会信用建设体系建设工作领导小组办公室、厦门市建设局、厦门市社会科学界联合会及厦门市社会科学院指导，厦门市诚信促进会、厦门国信信用大数据创新研究院联合举办。作为国内唯一聚焦行业信用建设的系列论坛，该论坛以“信用筑企共建诚市”为主题，邀请到来自中央部委所属部门、信用研究机构、部分行业协会商会、海峡两岸业界代表、相关社团组织负责人及专家学者近300人参会。与会嘉宾就建筑行业信用体系建设的最新进展以及存在的难点、痛点等问题展开交流与探讨，为下一步以信用体系建设为抓手共同打造诚信市场环境，推动行业高质量发展提供新视角、新思路、新办法。

【海峡两岸（厦门）共同精神家园论坛】 2021年11月19日，海峡两岸（厦门）共同精神家园暨融合发展路径论坛在厦门举行。来自福建省委、厦门市党史学习教育领导小组有关人员，以及来自驻厦门高校、市社科研究中心、市社科学会的专家学者参加，共同探讨海峡两岸（厦门）共同精神家园建设，谋划两岸融合发展路径。该论坛是落实习近平总书记关于“以通促融、以惠促融、以情促融，勇于探索海峡两岸融合发展新路”的具体举措，由厦门市社科联指导，厦门市社科院主办，厦门市陈元光学术研究会、厦门市城市发展研究会承办，集美区社科联协办。与会7名专家围绕“两岸共同精神家园”“两岸金融科技融合”“民间文化交流”等角度进行主题发言，共同研讨两岸融合发展路径理论，碰撞出许多新观点和新对策。

【中国海洋经济（国际）论坛】 2021年11月20日，中国海洋学会、集美大学、中国海洋大学联合举办2021中国海洋经济（国际）论坛。论坛以“海洋经济高质量发展与现代海洋产业体系构建”为主题，以线上线下相结合的方式举行，主会场设在集美大学。论坛针对“现代海洋产业体系构建与海洋新旧动能转换对策”“区域海洋产业协同创新体系与平台载体建设”“新基建与海洋产业智慧化”“国家海洋经济发展示范区建设”“海洋产业绿色发展与海洋生态文明建设”“区域海洋公共服务体系构建与共享机制设计”“全球海洋中心城市与‘一带一路’发展”“海洋环境保护法律法规”等相关议题进行探讨，提出对策建议和政策主张，为各级政府提供决策参考。会上还对2020年海洋科学技术奖暨2021海洋经济（国际）论坛优秀论文获得者进行表彰。

【第四届“旅游三十人论坛”】 2021年11月20—21日，由厦门大学发起主办、厦门大学管理学院承办、建发国旅集团（建旅国际集团）协办的2021第四届“旅游三十人论坛”以“旅游·传播力&引导力”为主题召开，邀请旅游业界近30名顶级专家和行业领军人物，以线上直播的方式全面解读新文旅营销时代的大趋势和新格局，进一步推动中国旅游业的发展和创新。

【陈嘉庚爱国主义精神在新时代的传承与弘扬论坛】 2021年12月，由厦门市社会科学界联合会、市社会科学院指导，集美区社会科学界联合会主办的“致敬嘉庚·春风化雨——陈嘉庚爱国主义精神在新时代的传承与弘扬”论坛在集美区举行。2021年是陈嘉庚147周年诞辰，论坛围绕如何在新时代进一步弘扬陈嘉庚的爱国主义精神开展研讨，并延伸至“陈嘉庚先生对中华优秀传统文化传承与弘扬”及“嘉庚精神与孟子的得天下英才教育之伟大理想”等主题，为弘扬嘉庚精神寻找“源头活水”。该论坛吸引40多名专家学者、高校学子参与。论坛结束后，与会成员参访陈嘉庚纪念馆、鳌园、陈嘉庚故居、归来堂等嘉庚纪念胜地，实地感受嘉庚精神魅力。

【第七届北辰山闽王民俗文化节】 2021年12月6日，由中共同安区委宣传部、同安区文化和旅游局、同安区社会科学界联合会、同安区文学艺术界联合会指导，同安区五显镇人民政府主办，以“开闽第一·光泽惠民”为主题的第七届北辰山闽王民俗文化节在同安北辰山景区举行，专家学者、嘉宾及王氏宗亲等参加，采用“线上＋线下”模式，利用各类直播平台进行“节会云直播”。活动现场表演现代舞蹈《鹭之梅》、歌仔说唱《垃圾要分类，生活有品位》、答嘴鼓《改革开放就是好》、闽南乡村歌曲《买菜义仔》等，让海峡两岸的人民感受、传承和发扬开闽王精神，打造具有国内外影响力和辐射力的同安开闽王文化地标，促进区域文化旅游事业的发展，以文化助力同安乡村振兴。

【第十届厦门（同安）苏颂国际文化节】 2021年12月10日，纪念苏颂诞辰1000周年暨第十届厦门（同安）苏颂国际文化节在同安影剧院开幕。文化节由厦门市社会科学界联合会、中共同安区委宣传部指导，同安区社会科学界联合会主办，同安区教育局、文旅局、科学技术协会、闽南文化研究会、同安芦山堂苏颂研究会等协办。来自全国各地的专家学者、海内外苏氏宗亲以及市民群众通过“线上＋线下”的方式参与。主办方举行纪录片《仰望星空的人——北宋宰相科学家苏颂》首映仪式和《苏颂文脉传承与延展》新书发布仪式。专家学者围绕“守正为民，政简兴同”主题展开研讨。

【中国体育非物质文化遗产国际会议】 2021年12月11—12日，“保护·研究·传承——2021年中国体育非物质文化遗产国际会议”在集美大学召开。会议分为专题报告、墙报交流、书面交流3种形式，采用“线上＋线下”的形式同步进行。大会主报告以“关注新时代文化的新特征：文化的层级结构趋于扁平化”为主题，详细阐释文化层级结构的六大要素。来自中国、日本、韩国、爱尔兰的专家学者分别就各自领域进行分会场主报告。专题报告聚焦“中国体育非物质文化遗产的新时代发展”主题，来自中外专家学者的205篇专题报告在14个线上分会场同步展开深度研讨。受邀专家在对每篇专题报告做出详细点评的同时，也对青年学者提出研究建议。会议收到全国226所高校师生投稿1406篇，录用1233篇，含专题报告205篇、墙报交流404篇、书面交流614篇。

【大变局时代的高端装备制造产业和投资策略论坛】 2021年12月16日，大变局时代的高端装备制造产业和投资策略论坛在线举办。该论坛由清华大学全球私募股权研究院、集美大学主办，清华海峡研究院协办。与会嘉宾以“构建与国内大循环相协调的横向金融系统”“大变局与高端制造”“我国高端装备制造业发展的金融支持研究”“厦门制造业的演变与发展路径”“创新引领高端制造”等为题目开展主旨演讲。该论坛旨在研判中国高端装备制造产业的投资环境、科研水平、细分领域各环节发展趋势以及产业整体趋势，结合厦门市高端制造区位优势，为地方政府制定高端装备制造产业相关政策、进行相关工作部署提供及时、准确、全面、客观的决策建议和参考。

【首届民族英雄陈化成文化论坛】 2021年12月21日，由厦门市思明区社科联指导，福建省民俗学会、厦门市思明区正公忠城隍庙文化传习中心主办，厦门市民俗学会、厦门大学人类学研究中心、厦门市思明区畅德青年汇联合承办的首届民族英雄陈化成文化论坛在厦门大学社会与人类学院举行，是两岸专家学者首度联合举办陈化成历史人物的文化论坛。论坛通过研讨、论坛、展览等形式，弘扬民族英雄陈化成廉政、兴文、爱国等高尚人格，挖掘和研究两岸民族英雄陈化成历史，来自海峡两岸的专家学者百余人以“线上＋线下”的方式参与该活动。厦门、金门两地青少年现场“云”合作，分别以诗歌朗诵与战鼓表演的形式，表达对陈化成将军的崇敬之情。论坛上，来自两岸的专家学者立足于陈化成在两岸的历史史迹，围绕陈化成所体现的民族英雄气节，从不同研究角度展开研讨活动。活动邀请上海陈化成纪念馆代表参会，通过论坛形式将厦门、金门、上海、新北四地陈化成史迹进行联结，多维度展现民族英雄陈化成的故事。

【《华侨华人研究报告（2021）》发布会】 2021年12月23日，由华侨大学主办、华侨大学国际关系学院承办的《华侨华人研究报告（2021）》发布会暨涉侨研究主题学术研讨会在华侨大学王源兴国际会议中心举办。华侨大学校长吴剑平，华侨大学原校长、《华侨华人研究报告》主编贾益民，以及华侨华人研究相关学科领域专家学者、学校有关部门负责人与会。在研讨环节，校内外专家学者围绕《华侨华人研究报告（2021）》的特点、成果和未来展望进行交流。《华侨华人研究报告（2021）》分为5个部分，其中总报告以英国本土华文教师群体对自身工作满意度进行调查，教育文化篇、文化认同篇、移民与留守篇、专题篇以定量分析与定性分析相结合的方式，对华侨华人在海外的最新生存状况进行研究，提出有价值的政策建议。

【纪念施琅将军诞辰400周年座谈会】 2021年12月31日，由厦门市施琅研究会主办的纪念施琅将军诞辰400周年座谈会在厦门举行，海峡两岸的专家学者参加。专家学者从“学习贯彻六中全会精神及中央对台大政方针”“统一台湾是中华民族的历史使命”“晚近施琅研究若干问题辨析”“坚持台湾应纳入大清版图的施琅”“融合问题在融合中解决”“融合领头，产业领军”等方向多维度、深层次讨论纪念施琅将军统一台湾的历史功绩和现实意义，分析两岸融合发展的必要性与紧迫性，为促进海峡两岸交流融合、促进祖国统一、实现中华民族伟大复兴而建言献策。

（市社科联）

责任编辑：黄　澜
审　　稿：曲　艺
校　　对：明安文

33 教育

综述

【概况】 2021年，厦门市有各级各类全日制学校1500所，其中普通高等学校16所、普通中等学校136所、小学297所、特殊教育学校7所、幼儿园1044所。学年初招生数29.54万人，毕业生数23.91万人，在校学生数107.4万人；学校教职工8.79万人。2021年，厦门市教育局实施中小学教师信息技术应用能力提升2.0工程，组织300名中小学教师人工智能教学专项培训，建设福建省人工智能试点校9所。市教育局被教

表33-1　2021年厦门市各级各类全日制学校基本情况表

类别	学校数（所）	毕业生数（人）	招生数（人）	在校学生数（人）	教职工数（人）	#专任教师数（人）
普通学校合计	1500	239066	295394	1074048	87858	64089
（一）研究生	0	5201	7532	21637	—	—
（二）普通高等学校本专科	16	38556	49995	178179	16685	10748
1. 本科院校	7	22738	27144	102211	12304	7603
2. 专科院校	9	15818	22851	75968	4381	3145
（三）普通中等学校	136	72333	96190	269919	21394	18148
1. 中等职业学校	13	9273	14148	37975	2754	2131
#调整后的中等职业学校	13	8683	11686	32934	2754	1837
附设中职班（不计校数）	7	590	2462	5041	—	—
2. 技工学校	8	6557	7448	23515	1290	962
3. 普通中学	115	56503	74594	208429	17350	15055
#高中	33	16371	23014	62304	—	—
初中	82	40132	51580	146125	—	—
（四）小学	297	53036	72418	385133	21153	20144
（五）特殊教育学校	7	186	253	1109	326	288
（六）幼儿园	1044	69754	69006	218071	28300	14761

注：1. 上表中研究生不包含厦门国家会计学院的研究生数（毕业生数79人、招生数99人、在校生数281人）、自然资源部第三海洋研究所的研究生数（毕业生数21人、招生数39人、在校生数97人）；

2. 附设中职班不计校数，教职工数已包含在相应主体校中，不并入总数计算；

3. 上表数据不包含华侨大学厦门校区、福州大学工艺美院；

4. 统计节点：2021年9月

育部列为第二批人工智能助推教师队伍建设试点单位，在全市100所项目校开设人工智能课程。举办首届厦门市人工智能嘉年华活动和第四届厦门市中小学创客大赛。市教育局评选智慧校园达标学校39所，推进学校智慧教育创新融合发展。落实国家资助政策，加强资助工作信息化和规范化管理，全年发放市本级各类资助资金3623.89万元，受助学生2.26万人次。

【校园新冠病毒肺炎疫情防控】 2021年，厦门市教育局坚持“快、严、实、细”原则，召开新冠病毒肺炎疫情防控专题会议20多次，开展10轮督导，坚持人、物、环境同防，持续强化学校防控工作。全市师生新冠病毒疫苗全程接种率86.32%。12万多人次教师干部参与全市新冠病毒肺炎疫情防控工作，近300所学校、1700间学生宿舍用于防控。对110多万名师生进行全覆盖健康监测、全覆盖家访，教职员工至少进行6轮核酸检测，学生至少进行4轮核酸检测，心理热线服务学生超800人次。全市未发生校园传染病例。

【校园安全稳定】 2021年，厦门市教育局落实意识形态工作责任制，实施校园安全“小片区管理”和“学校安全一年常规”制度。开展学校安全隐患排查整治三年专项行动，创建平安校园1085所，解决校园周边道路安全隐患65个。将全市167辆校车纳入安全动态监管平台。全覆盖开展反恐处突演练和应急疏散演练。

【学校建设】 2021年，厦门市教育局实施补短扩容建设计划，建成中小学27所、幼儿园21所，新增学位5.1万个。推进16所普通高中学校建设，其中开工2个、续建12个、竣工2个。编制《厦门市“十四五”教育事业发展专项规划》，明确到2025年新改扩建中小学幼儿园（含中职）项目360个，新增学位32万个。编制《厦门市教育设施规划（2020—2035年）》，按照15分钟以内生活圈标准，从近期、中长期规划学校建设，推动解决“入学难”问题。

【教育资源均衡布局】 2021年，厦门市教育局继续推进全市教育资源均衡布局工作。双十中学翔安校区初中部、实验小学翔安校区、外国语学校集美校区和同安一中滨海校区高中部办学招生。双十中学翔安校区高中部、厦门二中集美校区、厦门六中同安校区建设有序推进，集美中学、实验中学新校区开工建设。修订合作办学经费使用管理办法，健全保障机制，鼓励名师出岛从教，均衡布局教育优质资源。组织111所农村幼儿园与城区幼儿园共建帮扶，培育岛外福建省义务教育教改示范校22所。

【教育资源引进与培育】 2021年，厦门市教育局新办长菁外籍人员子女学校。市政府与上海音乐学院签订战略合作框架协议，共建鼓浪屿音乐研究中心，举办首届上海音乐学院鼓浪屿音乐周活动。承办第七十九届中国教育装备展，观展32.17万人次。创建省级示范性幼儿园2所、市示范性幼儿园7所。培育省级示范性高中建设校7所、省级高中课改基地建设校13所、市级国际化试点校13所，新增具备接收外国学生资格的学校70所。

【劳动教育改革】 2021年，厦门市教育局出版《大中小幼一体化劳动育人融入课程学科教育指导纲要（中小幼部分）》（简称《指导纲要》）。根据《指导纲要》，教育局汇编大中小幼劳动教育融入课程育人、文化育人、实践育人案例，并评选市级劳动实践教育基地29个、劳动教育实践特色项目12个、市中小学劳动教育示范学校87所。

【心理健康教育】 2021年，厦门市教育局出台全面加强新时代学生心理健康教育工作方案、心理危机干预手册、心理健康教育指导意见、心理调适指南等，建立学生心理健康教育资源库。举办心理健康夏令营、“健康教育月”、考前考后心理辅导专题讲座等活动，评选全市中小学心理辅导优秀案例86个，录制名师课堂24节，开展居家心理健康教育，提升心理辅导站和24小时学生心理援助热线服务水平。

【厦台教育融合】 2021年，厦门市教育局修订完善《厦门市台湾中小学生奖助学金管理办法》，帮助在厦门中小学就读的家庭经济困难台湾学生完成学业。评出中小学生奖学金获得者139人，助学金获得者9人。2月，市教育局首创设立“厦门市两岸教师之家”，举办厦门市两岸教师新春联谊活动、端午安康传统节庆等活动，推动两岸教师融合。3月，教育局会同市台港澳办、市台联，继续完善台湾学生入学手续，缩减办事流程，简化申办材料。各级各类学校继续发布台湾教师岗位需求，按照程序组织招聘工作。7月14—18日，第十一届海峡两岸中学生闽南文化夏令营在厦门举办，约130名两岸中学生参加。厦门双十中学与台中双十中学、香港福建中学、澳门濠江中学共同举办“线上文化艺术交流营”活动。12月8日，第十四届海峡两岸百名中小学（中职）校长论坛在厦门国际会议中心召开，约180名两岸校长就“线上教育”主题展开研讨。

【新课程改革实验区框架协议签订】 2021年4月7日，厦门市教育局与中国教育学会“新课程改革实验区专业服务项目框架协议”签约仪式在市教育局举行。全国政协教科卫体委员会副主任、教育部原副部长、中国教育学会会长朱之文，厦门市副市长张志红，中国教育学会秘书长杨银付，厦门市教育局局长郭献文参加签约仪式。双方计划探索中小学新课程实施及幼儿园课程改革的区域特点、整体框架、政策制度、技术路线，形成“1+5+N”合作内容。“1”为厦门市中小幼新课程一体化改革顶层设计方案的咨询与指导，“5”为“五育并举育人模式建设行动”“学生创新能力提升行动”“核心素养培育能力提升行动”“教育教学评估指导行动”“区域教育发展成果提炼推广行动”5个行动方案，“N”为其他专项委托工作。至年底，厦门市有1个基础教育科研项目首次获全国教科研奖二等奖。

【教师队伍建设】 2021年，厦门市委、市政府召开教师节表彰大会，表彰市先进教师85人、教育工作先进个人15人、先进集体40个。3名教师获评省杰出教师称号。援藏教师刘斯获全国脱贫攻坚先进个人称号。市教育局开展教师有偿补课、违规兼职取酬专项整治。新招中小幼教师2425人、高校教师178人。评选中小学教师发展示范校30所，认定市专家型教师29人、“双师型”职教教师 123 人，选拔市学科带头人培养对象 108 人，47 名教师通过省学科带头人考核认定。开展乡村学校“一校一骨干”培训项目，培训乡村市级骨干教师 108 人。

【校长专业发展改革】 2021 年，厦门市教育局实施校长任职资格管理，明确校长任职资格，构建校长准入选拔机制，在福建省首创校长任职资格考试。至年底，全市认定正职校长 317 人、副校级干部 414 人的任职资格并纳入数据库统一管理，实现先训后用、持证上岗，提升校长专业化水平和治校育人能力。

【第八届课堂教学改革创新大赛】 2021 年，厦门市有 2.6 万余名教师参加市教育局主办的第八届课堂教学改革创新大赛。经教师自主练兵、学校评价考核、区级评选、市级评选 4 个阶段，评出先进集体 25 个，教师获一等奖 306 个、二等奖 610 个、三等奖 748 个。

【教育改革】 2021 年，厦门市教育局落实《福建省中小学教师减负清单》，开展教师减负监测工作。清理督查检查评比考核事项 24 个，保留 12 个；向社会公布社会事务进校园活动 20 个，减少 17 个。推进教育政务服务事项全程网办改革行动，44 个审批服务事项全部实现“一趟不用跑”和“最多跑一趟”目标，28 个行政许可事项实现全流程网上办理，全程网办率 100%。做好教育系统“双随机、一公开”监管工作，加强事中事后监管，上半年对 4 所直属校、5 家校外培训机构开展 3 个监管事项的随机抽查，下半年对 12 所直属校开展 6 个监管事项的随机抽查。

【基础教育精品课遴选】 2021 年，厦门市教育局印发《厦门市教育局办公室关于开展“基础教育精品课”遴选工作的通知》，全市 31 个学科（小学 7 个、中学 11 个、高中 13 个）的 398 节精品课参与评选。市教育局组织专家评选市级精品课 200 节，其中 94 节被评为省级精品课，省级精品课数量位居福建省前列。

（熊　杰）

学前教育

【概　况】 2021 年，厦门市教育局结合顺位招生和就近分流等举措，完成幼儿园招生工作。全市 3～5 周岁幼儿秋季入园率 99%。全市公办性质幼儿园 392 所，在园幼儿 11.1 万人，公办率 51%；民办幼儿园 641 所，其中普惠性民办幼儿园 562 所，覆盖率 96%。市教育局网站和各区政府官网开设专栏，设计制作 83 个主题，展现全市学前教育改革发展成就。

【农村学前教育发展水平提升】 2021 年，厦门市教育局完成 23 个乡村幼儿园软硬件办学条件改善工作，组织市级专班核查各区整治情况。集美区 2 所幼儿园完成整改；同安区 6 所幼儿园通过区级评估达到三级园水平；翔安区 15 所幼儿园全部完成整改，其中 9 所改造提升、2 所整合搬迁、3 所撤并分流到周边幼儿园、1 所改造提升并部分分流。市教育局进一步落实镇（街）、村（居）幼儿园精准帮扶机制，完善镇中心幼儿园统一管理体制。

【幼小衔接】 2021 年，厦门市教育局抓住暑假时机，部署开展幼儿园和小学的双向衔接工作，成立市区两级“幼小衔接”专家指导组，建立幼小教师联合教研机制，盯住重点年级，从校园环境、课程内容、作息安排、学生评价等方面开展改革探索，推进幼儿园和小学实施入学准备和入学适应教育。湖里区被确认为省级幼小衔接实验区，全市 6 所学校被确定为省级试点校（园）。

【示范性幼儿园建设】 2021 年，厦门市教育局常态化、制度化推进示范性幼儿园创建工作，评定省级示范性幼儿园 2 所、市示范性幼儿园 7 所。完善示范性幼儿园与薄弱幼儿园、农村幼儿园结对帮扶机制，组织同安区、翔安区乡村幼儿园和省优幼儿园结对帮扶进展情况专题调研。至年底，全市有各级示范性幼儿园 326 所，覆盖率 53%。

（熊　杰）

义务教育

【概　况】 2021 年，厦门市教育局探索多校划片招生，依据人口结构调整招生政策，出台《厦门市教育局关于印发厦门市学区划片听证工作规程（试行）的通知》，落实划片招生工作程序和信息公开制度，厦门实验小学、湖里区梧桐实验学校、厦门市教育科学研究院附属小学和附属幼儿园实施多校划片招生。指导各区教育局合理制定招生政策，根据热点学校学位供给、片区生源等情况做好招生工作，保持积分入学政策延续性和稳定完成随迁子女积分入学工作。全市派位 1.54 万人，其中派入公办学校 0.93 万人、民办学校 0.61 万人。

【“双减”政策落实】 2021 年，厦门市教育局加强中小学生作业、睡眠、手机、读物、体质“五项管理”，推行校本作业，建立作业校内公示制度，基本实现学生在校完成大部分家庭作业。实施“亮眼工程”，持续推进综合防控儿童青少年近视工作，小学、初中、高中学段近视率分别比上年降低 3 个、0.7 个、0.6 个百分点。开展校外培训机构管理，整治关停无证无照、无证有照校外培训机构 175 家，发布白名单 251 家、黑名单 19 家，出台《厦门市校外培训机构培训费监管办法（试行）》。全市“双减”（减轻义务教育阶段学生作业负担和校外培训负担）工作得到教育部督导组的肯定。

【课后服务】 2021 年，厦门市教育局健全政策保障体系，全面实施课后服务，有 41.9 万名中小学生参与，学校覆盖率 100%，有意愿的学生覆盖率 100%。推行全天候服务，为 366 所中小学校的 28.7 万名学生提供在校午餐午休服务。有条件的公办初中工作日晚上开设自习班，安排教师进行辅导。有 135 所学校为 2.1 万名学生开展暑期托管服务。中央政法委领导批示宣传推广厦门市学校课后服务经验。

【农村教育提质】 2021 年，厦门市教育局加快推进义务教育阶段城区及镇区优质学校与乡村学校结对紧密型教育共同体，与城区学校建立对口帮扶关系或教育共同体的乡村学校占比100%。市级义务教育质量调研小组到海沧区、集美区6所农村学校开展质量提升主要做法和典型经验调研活动，市教科院组织25场农村学校课程培训和业务视导。市教育局完成60个农村义务教育学校质量提升改革实践项目结题评估，组织海沧区青礁小学、华中师范大学厦门海沧附属小学开展中医药文化教育试点工作。总结厦门市农村留守儿童关爱保护工作经验，在全市联席会议上做典型报告。

【标准化学校创建活动】 2021年，厦门市教育局按照福建省教育厅《义务教育管理标准化学校评估办法与标准（修订）》，结合贯彻落实"双减"和"五项管理"等工作情况对申报学校进行综合评定，组织校长汇报、资料查阅、访谈座谈、问卷调查、实地考察、随堂听课等评估。12所学校通过义务教育管理标准化学校省级评估。

（熊　杰）

普通高中教育

【概　况】 2021年，厦门市教育局深化新高考育人方式改革，建设适应学生发展的课程体系和管理机制，提升省级达标高中创建水平。制定普通高中特色多样化发展实施方案，对普通高中分类办学和特色发展进行总体布局，设立特色项目学校和特色多样化学校。扩大定向生比例，招收定向生的学校从4所增加至14所。信息学、物理、生物、数学、化学五大学科竞赛中，厦门市76名学生获省一等奖，12人入围省队，3人进入国家集训队。市教育局根据省达标高中复查要求，组织市级专家对杏南中学申报省一级达标高中复查进行现场评估。

【高考录取情况】 2021年，厦门市高考中，本科上线率85.8%，600分以上学生占10.7%。福建省物理类前50名、历史类前15名中，厦门占17人，人数全省最多。通过"强基计划"被清华大学、北京大学录取的学生17人，人数全省最多。51名学生入围厦门大学"英才"计划，人数全省最多。

【达标校复查及示范校申报】 2021年，根据省达标高中复查要求及示范校遴选增补规定，市教育局组织市级专家对杏南中学申报省一级达标高中复查进行现场评估，并支持厦门科技中学、厦门实验中学、海沧实验中学申报新一轮省级示范性高中建设校。支持7所省级示范性高中建设校培育、13所省级课改基地校项目建设。

【普通高中项目建设推进】 2021年，厦门市教育局推进16所普通高中项目。16所高中建设项目计划提供学位4.1万个，其中公办高中14所，可提供3.9万个普高学位，民办高中2所，可提供民办普高学位0.2万个。同时，推动开工新高中4所：集美中学新校区、厦门实验中学新校区、同安仰正高中、翔安浦园高中。

（熊　杰）

特殊教育

【概　况】 2021年，厦门市有特殊教育学校7所、特殊教育幼儿园1所、市级特殊教育资源中心1个、区级特殊教育资源中心6个。普通学校教室118间，特殊学生2197人，其中随班就读1088人、在特殊教育学校就读的学生1109人，入学率100%。

【首场省级特殊教育教学开放活动】 2021年6月17—18日，由福建省教育厅主办，厦门市教育局承办的福建省首场省级特殊教育教学开放活动在厦门举行。省教育厅党组成员、副厅长李迅、教育部基础教育司特教处处长黄伟、厦门市同安区区长陈高润、厦门市教育局副局长郑朝南等出席启动仪式并致辞，省教育厅基教处、省普教室、省内外专家学者、各设区市教育局和教科研机构负责人、全省特殊教育学校及省级融合教育试点校（园）领导和教师代表等200多人参加现场活动。仪式结束后，黄伟作《以适宜融合为目标办好特殊教育促进特殊儿童和普通儿童共同成长》报告。该活动以"普特双向共力，犇向优质融合"为主题，在省普教室和相关设区市、县市区教研部门的专业指导下，在厦门同安区、海沧区6所学校同步进行，全省各地市19所学校集中展示31节普特融合研讨课和8场主题讲座。

【自闭症教育研讨会】 2021年4月2日，厦门市教育科学研究院（简称教科院）举办全市自闭症教育教学研讨和课题研究成果交流活动。活动旨在组织全市各区特殊教育学校教师共同探讨自闭症儿童教育康复的实践方法，提高厦门市自闭症儿童教育水平，推动自闭症教育向专业化、规范化方向发展。系列活动持续一周，分3个阶段：第一阶段是全市各特教学校围绕教科院提出的研讨主题开展校本教研，进行教学设计，相关课题组梳理研究成果；第二阶段基于第一阶段校本教研形成的教学设计方案，开展全市各特校教师参与的市级特殊教育教研组网络线上集体备课；第三阶段是现场教学研讨交流活动。

（熊　杰）

职业教育

【概　况】 2021年，厦门市有职业院校9所。其中，省属职业院校1所（厦门海洋职业技术学院），在校生1.4万人；市属公办高职院校1所（厦门城市职业学院），在校生1.04万人；民办高职院校7所（厦门华天涉外职业技术学院、厦门兴才职业技术学院、厦门软件职业技术学院、厦门演艺职业学院、厦门南洋职业学院、厦门东海职业技术学院和厦门安防科技职业学院），在校生4.87万人（见表33-2）。市教育局组织年度中职学校新设专业市级评审，对学校专业设置和建设情况进行检查，推动专业设置与调整的规范化和常态化。评审新设移动应用技术与服务、跨境电子商务等11个中职专业。

【普职融通试点】 2021年，厦门市教育局开展普职融通试点工作，选取2所中职学校（厦门工商旅游学校、厦门信息学校）和3所普通高中（翔安一中、乐安中学、新店中学）开展试点。年内，增设普职融通试点班，面向初中毕业生招收100人。福建技术师范学院附属厦门工商旅游学校挂牌，探索中职与本科“3+4”贯通人才培养，在教师素质提升、专业学科建设、职业教育师资培训基地建设等方面开展实质性合作。

【参赛获奖】 2021年，厦门市教育局举办厦门市中等职业学校技能大赛、厦门市高职院校技能大赛。厦门城市职业学院承办2021年全国职业院校技能大赛“关务技能”赛项。在2021年全国职业院校班主任能力比赛中，厦门市职业院校获一等奖1个、二等奖3个，并获最佳组织奖。在2021年全国职业院校技能大赛中，市职业院校学生获一等奖2个、二等奖3个、三等奖2个。在2021年全省职业院校技能大赛中，市职业院校获一等奖46个、二等奖118个、三等奖161个、优秀奖165个。

【职教高考】 2021年，厦门市教育局做好中职学校学业水平考试指导工作，组织市教科院开展教学业务指导和质量监测等工作，组织学业水平考试公共基础知识考试的市级模拟考试。市职教高考成绩位居福建省前列，7所公办中职学校参加高职分类考试的考生8068人，本科上线人数539人，占全省高职分类招考本科计划招生数比重37.4%。高职大专上线率97.26%。

【师资培养】 2021年，厦门市教育局实施国培省培联动项目和国培市级实施项目。自主实施11个职业院校素质提高计划项目，参加13个省级联动项目，选派528名职业院校教师参加素质提高计划项目。新入职教师规范化培训、公共基础课骨干教师研修、中高职衔接专业教师协同研修等项目纳入国培省培联动项目。教师企业实践、管理人员高级研修、“双师型”骨干教师专业技能培训和创新项目列入市级国培项目，市级统一组织实施。市教育局开展职业院校教师素质提高计划“十三五”完成情况分析和总结，组织相关调研，编制《厦门市职业院校教师素质提升计划（2021—2025年）》。

【职教帮扶】 2021年，厦门市教育局深化闽宁协作工作，与宁夏职业学校签订新一轮结对帮扶协议，结对帮扶宁夏回族自治区固原市泾源县、彭阳县职业教育发展，助力协作地区巩固拓展脱贫攻坚成果和全面推进乡村振兴。厦门工商旅游学校与宁夏固原西吉县职业中学签订结对共建协议，厦门海沧职业中专学校与宁夏泾源县民族职业中学签订结对共建协议。厦门工商旅游学校与西吉职中开展“互联网+”教研，开展“一拖二”课堂、名师工作室活动、信息化2.0提升实践等形式的线上教学。厦门海沧职业中专学校与宁夏泾源县民族职业学校联办旅游服务与管理专业。

【终身教育】 2021年，厦门市教育局加强政策引领，健全终身教育服务体系。推进厦门开放大学综合改革进度，增强在线学习平台功能。扩大老年教育资源供给，推动印发《关于推动全市老年教育事业高质量发展的若干意见》，支持办好市、区老年大学和基层老年学校，鼓励社会力量参与老年教育。市教育局整合各级各类终身教育资源，持续支持社区书院总部、职工学堂等建设，开展“求学圆梦”学历提升行动。建设终身教育特色品牌，组织申报省级和国家级终身教育重点项目，“好厝边”闽南角获全国“终身学习品牌项目”称号，1人获全国“百姓学习之星”称号，“声动海沧”全民朗读等3个项目获福建省“终身学习品牌项目”称号，4人获福建省“百姓学习之星”称号，“长者智能应用学习能力提升”等4个项目被列入第一批省级“智慧助老”优质工作案例、教育培训项目及课程资源。开展厦门市2021年“9·28”终身教育活动日暨全民终身学习活动周活动。

【全国职教创新高地建设试点】 2021年3月15日，教育部、福建省人民政府联合印发《教育部　福建省人民政府关于支持厦门职业教育高质量发展助力两岸融合的意见》。4月6日，教育部、福建省支持厦门职业教育高质量发展助力两岸融合启动大会在厦门举行。教育部党组书记、部长陈宝生，福建省委书记、省人大常委会主任尹力，福建省委副书记、省长王宁出席会议，福建省委常委、厦门市委书记赵龙主持会议。4月29日，全市职业教育工作会议在市行政中心召开，市政府成立工作领导小组，出台推动职业教育高质量发展的若干意见，制定实施方案，细化建设任务，组织“一区一案”“一校一策”推动落实。全市有7所学校纳入省级高水平职业院校建设，19个专业群纳入省级高水平专业群建设。市教育局在全市确定10个服务产业特色专业群项目，遴选10家产教融合型培育企业，建成4所产业学院。全市二元制、现代学徒制、订单式培养人数7070人。推进“1+X”（学历证书＋若干职业技能等级证书制度）证书制度试点工作，全年14所试点职业院校申报“1+X”证书培训考核计划1.51万人次。

【在厦台企与职业院校产教融合校企合作座谈会】 2021年6月24日，由厦门市教育局、市委台港澳办共同主办的在厦台企与职业院校产教融合校企合作座谈会在厦门台商会馆召开，全市12家台资企业与10所职业院校代表，市委台港澳办副主任王培城，市教育局副局长洪军，台资企业董事长、总经理及职业院校校长等近50人参加会议。与会者就深化产教融合校企合作、推动市职业教育高质量发展、助力两岸融合进行交流座谈。会上，市教育局鼓励职业院校利用市政府引进人才政策，引进台湾职业教育专业人才；指导厦门城市职业学院、厦门海洋职业技术学院等职业院校制定引进台湾专才暂行办法，吸引台湾职教专才到厦门从事教学和科研工作。在厦台企董事长、总经理和职业院校校长就创新办学机制、优化人才培养模式、提升毕业生就业能力和创新创业方面开展交流，并达成初步的合作方向。

【职业技术教育中心揭牌】 2021年12月15日，厦门市职业技术教育中心在市教育科学研究院成立，高等职业教育研究被纳入市教科院的业务范围，是厦门市对中（职）高（职）本（科）衔接等改革的探索。福建省委教育工委委员、省教育厅副厅长刘健，厦门市政府副秘书长王庭亮，市委教育工委书记、市教育局局长郭献文及省教育厅职成处、省职教中心、市教育局高教职教处、教育科学研究院相关负责人等为中心揭牌。

（熊　杰）

高等教育

【概　况】2021年，厦门市有部委院校3所（厦门大学、华侨大学、厦门国家会计学院）、省属院校3所（集美大学、集美大学诚毅学院、厦门海洋职业技术学院）、市属院校12所（本科4所、高职8所）。市属院校中，在校生10.47万人（其中研究生0.14万人、本科生4.13万人、高职生6.19万人）。市属院校中，公办本科高校2所（厦门理工学院、厦门医学院），在校生2.7万人；民办本科院校2所（厦门工学院、厦门华厦学院），在校生1.86万人；公办高职院校1所（厦门城市职业学院），在校生1.04万人；民办高职院校7所（华天涉外职业技术学院、演艺职业学院、兴才职业技术学院、软件职业技术学院、南洋职业学院、东海职业技术学院和安防科技职业学院），在校生4.87万人。市属高校在职教职工总数0.73万人。民办独立学院1所（集美大学诚毅学院，招收本科生）。（见表33–2、表33–3）

【大学生创新创业就业】2021年，厦门市教育局以福建省大学生创新创业基地（厦门）为平台，开展大学生创新创业扶持。该基地入驻大学生团队102个，累计入驻团队400多个。开展影视、动漫、财经等专题创业就业讲座36场，参与人数5000多人次。承办2021海峡两岸女大学生创新创业大赛，海内外108个院校的1587个项目参赛，其中台湾团队参赛项目31个。开展海峡两岸“梦想工场”青年科创训练营、福建省“两岸青年乡建乡创研习营”对台交流活动。承办2021海峡两岸高校文化

表33–2　　2021年厦门市普通高等学校基本情况表

学校	校数（所）	2021年毕业生数（人）	2021年招生数（人）	在校学生数（人）				
				合计	女性	在校研究生	本科生	专科生
厦门大学	1	9266	11075	38703	19810	18238	20465	
集美大学	1	6002	7526	28000	13032	1968	26032	
集美大学诚毅学院	1	3476	4351	14336	7707		14336	
厦门理工学院	1	4495	5240	19349	7685	1431	17918	
厦门医学院	1	453	1313	7642	5124		5145	2497
厦门工学院	1	2628	2981	10866	4637		10866	
厦门华厦学院	1	1619	2190	7775	4414		7449	326
厦门海洋职业技术学院	1	3198	4766	14035	4532			14035
厦门城市职业学院	1	2570	2986	10437	4761			10437
厦门演艺职业学院	1	548	514	2187	1435			2187
厦门华天涉外职业技术学院	1	2088	2625	8302	3559			8302
厦门兴才职业技术学院	1	2024	2902	7743	4083			7743
厦门软件职业技术学院	1	2061	2838	10563	3377			10563
厦门南洋职业学院	1	1430	3597	9928	4549			9928
厦门东海职业技术学院	1	1000	1422	5261	3092			5261
厦门安防科技职业学院	1	899	1201	4689	1753			4689
总计	16	43757	57527	199816	93550	21637	102211	75968

注：1. 从2016年起，厦门大学嘉庚学院不列入厦门市高等教育统计范围；
2. 数据不包含成人教育本专科生、网络教育本专科生、非全日制研究生数

表33–3　　2021年厦门市普通高等学校教职工基本情况表

学校	校数（所）	教职工数（人）						
		合计	专任教师数	行政人员	教辅人员	工勤人员	科研机构人员	其他
厦门大学	1	5531	2961	970	1109	20	471	0
集美大学	1	2450	1585	436	301	75	3	50

续表 33-3

学校	校数（所）	教职工数（人）						
		合计	专任教师数	行政人员	教辅人员	工勤人员	科研机构人员	其他
集美大学诚毅学院	1	967	736	177	52	2	0	0
厦门理工学院	1	1669	1128	289	171	80	0	1
厦门医学院	1	626	418	111	87	10	0	0
厦门工学院	1	613	455	75	66	6	0	11
厦门华厦学院	1	448	320	71	52	5	0	0
厦门海洋职业技术学院	1	650	546	84	12	8	0	0
厦门城市职业学院	1	607	383	146	63	15	0	0
厦门演艺职业学院	1	225	149	54	12	9	1	0
厦门华天涉外职业技术学院	1	649	434	98	46	16	0	55
厦门兴才职业技术学院	1	487	340	86	41	20	0	0
厦门软件职业技术学院	1	590	409	116	42	20	3	0
厦门南洋职业学院	1	620	487	56	52	18	3	4
厦门东海职业技术学院	1	293	218	58	6	11	0	0
厦门安防科技职业学院	1	260	179	48	19	14	0	0
总计	16	16685	10748	2875	2131	329	481	121

创意设计展和福建省高校艺术设计奖工作，海峡两岸37所高校报名参加，共展出作品3181件。

（熊　杰）

厦门大学

【概　况】 至2021年12月31日，厦门大学设有学院（直属系）33个、研究院16个，形成包括人文科学、社会科学、自然科学、工程与技术科学、管理科学、艺术科学、医学科学等学科门类在内的完备学科体系。有一级学科国家重点学科5个、二级学科国家重点学科9个。设有博士后流动站32个；博士学位授权一级学科37个，硕士学位授权一级学科46个；自主设置二级交叉学科8个；博士专业学位授权类别2个，硕士专业学位授权类别29个。化学、海洋科学、生物学、生态学、统计学5个学科入选国家公布的世界一流学科建设名单。有专任教师近3000人。其中，教授、副教授占专任教师总数的72.5%，有博士学位的占86.8%。学校有两院院士32人（含双聘18人），文科资深教授1人，发展中国家科学院院士4人，中国医学科学院学部委员1人，国家重点研发计划项目负责人30人，国家杰出青年科学基金获得者58人，国家级教学名师6人，国家“百千万人才工程”入选者26人，中宣部“四个一批”人才工程入选者8人，教育部新（跨）世纪优秀人才135人，国家优秀青年科学基金获得者58人；国家创新研究群体11个、国家自然科学基金基础科学中心项目2个、教育部创新团队9个。

2021年，厦门大学有在校学生4.3万人，其中本科生2万人、硕士研究生1.8万人、博士研究生0.5万人。学校设有研究机构200多个，其中国家级协同创新中心2个（牵头单位）、国家重点实验室4个、国家工程技术研究中心1个、国家工程实验室1个、国家地方联合工程研究中心2个、国家地方联合工程实验室3个、国家产教融合创新平台1个、国家野外科学观测研究站1个、教育部重点实验室5个、教育部工程研究中心3个、教育部野外科学观测研究站1个、教育部人文社科重点研究基地5个。年内，学校有20个专业入选第二批国家级一流本科专业建设点。

2021年，厦门大学获国家自然科学基金项目立项329个，其中基础科学中心项目1个、创新研究群体项目1个、杰出青年科学基金项目5个、优秀青年科学基金项目10个、重大科研仪器研制项目1个、重大项目1个、重大研究计划重点支持项目1个、重点项目9个、联合基金集成项目1个、联合基金重点支持项目11个。获国家社科基金年度项目68个，国家社科基金后期资助暨优秀博士论文出版项目21个，教育部人文社会科学研究一般项目35个，立项数均位列全国高校第一位。以第一作者单位或通讯作者单位在《自然》正刊上发表论文2篇，在《科学》正刊上发表论文1篇，在《细胞》正刊上发表论文1篇。获国家自然科学二等奖1个、中国专利优秀奖1个、何梁何利基金科学与技术青年创新奖1个。获第八届高等学校科学研究成果奖（人文社会科学）18个、理工医科成果奖获4个。与境外259所高校签校际合作协议，与52所世界排名前200名的高校开展实质性交流合作，在五大洲的12个国家建设孔子学院14所、孔子课堂48个。

2021 年 4 月 6 日，庆祝厦门大学建校 100 周年大会在建南大会堂举行

（厦门大学　供图）

【新增 4 个教育部拔尖计划 2.0 基地】 2021 年，教育部分别发布关于基础学科拔尖学生培养计划 2.0 基地（2020 年度）名单和（2021 年度）名单的通知，厦门大学景润拔尖班——数学拔尖学生培养基地、萨本栋物理学拔尖学生培养基地、历史学拔尖学生培养基地（傅衣凌班）、“鼓浪文兴”中国语言文学拔尖学生培养基地获评教育部基础学科拔尖学生培养计划 2.0 基地。入选基地总数并列全国第十一位。

【厦门大学建校 100 周年大会】 2021 年 4 月 6 日，庆祝厦门大学建校 100 周年大会在建南大会堂举行。中共中央政治局委员、国务院副总理孙春兰向厦门大学建校 100 周年表示祝贺，就学习贯彻习近平总书记贺信精神作出批示。教育部党组书记、部长陈宝生宣读习近平总书记致厦门大学建校 100 周年的贺信。原国务委员、第十一届全国人大常委会副委员长陈至立出席大会并为南强杰出贡献奖章获得者颁奖。福建省委书记、省人大常委会主任尹力，福建省委副书记、省长王宁，福建省政协主席崔玉英，第十三届全国人大外事委员会副主任委员刘赐贵，中国社科院原党组副书记、常务副院长，厦门大学原党委书记王洛林，台盟中央常务副主席、第十三届全国人大常务委员会委员李钺锋，福建省委常委周联清，福建省委常委、厦门市委书记赵龙，福建省委常委、福州市委书记林宝金，北京大学校长郝平，陈嘉庚长孙陈立人出席大会。会上还举行了《教育部、福建省人民政府、厦门市人民政府继续重点共建厦门大学协议书》签约仪式。

【课程思政示范项目】 2021 年 5 月，教育部公布课程思政示范项目名单，厦门大学课程思政教学研究中心获批全国“课程思政教学研究示范中心”。经济学院朱孟楠教授及其团队讲授的“国际金融学”和海洋与地球学院蔡明刚教授及其团队讲授的“海洋环境化学”获教育部课程思政示范课程、思政教学名师和教学团队称号。

【国务院副总理到厦门大学调研】 2021 年 7 月 7 日，中共中央政治局委员、国务院副总理孙春兰到厦门大学视察指导工作。孙春兰到国家传染病诊断试剂与疫苗工程技术研究中心了解新冠病毒疫苗和诊断试剂研发等情况，到翔安校区图书馆观看校区建设专题片和“新时代、新使命、新征程——站在新百年起点的厦门大学”展览。国家卫生健康委员会主任马晓伟，福建省委书记尹力，国务院副秘书长陆俊华，国家医疗保障局局长胡静林，福建省委常委、厦门市委书记赵龙，福建省委常委、秘书长、副省长崔永辉，副省长李德金等参加调研。

【国家野外科学观测研究站建设】 2021 年 10 月 11 日，科技部公布国家野外科学观测研究站批准建设名单，厦门大学“福建台湾海峡海洋生态系统国家野外科学观测研究站”入选。该研究站拥有 2 个综合观测实验场（即东山实验场和漳江口实验场）、4 个观测区域（即上升流观测区、东山湾观测区、厦门湾观测区、漳江口观测区），以长期监测台湾海峡典型生态系统的连通性、阐明生态系统的长期演变及其驱动机制为主要科学目标，系统开展台湾海峡生态系统的研究、监测和示范服务，为保障海洋生态环境健康和促进经济可持续发展提供科技支撑。

【夏宁邵获全国表彰并入选全球转化研究者】 2021 年 10 月 28 日，第六届全国杰出专业技术人才表彰会在北京召开。会上，中共中央组织部、中共中央宣传部、人力资源和社会保障部、科技部联合表彰 93 名全国杰出专业技术人才和 97 个全国专业技术人才先进集体。夏宁邵教授获“全国杰出专业技术人才”称号，成为厦门大学首位获此称号的教师。11 月 9 日，期刊《自然·生物科技》（*Nature Biotechnology*）公布“2020 年度全球前 20 位转化研究者”（Top 20 translational researchers of 2020），夏宁邵教授入选榜单，是该年度唯一入选的中国内地学者。

·小资料·

夏宁邵简介：男，1964 年 7 月出生，湖南娄底人。厦门大学公共卫生学院院长、国家传染病诊断试剂与疫苗工程技术研究中心主任、分子疫苗学和分子诊断学国家重点实验室主任。入选国家杰出青年科学基金、中组部第一批科技创新领军人才、国家级人才工程、教育部跨世纪优秀人才，兼任国家科技重大专项“艾滋病和病毒性肝炎等重大传染病防治”总体专家组成员、国家科技计划战略咨询与综合评审特邀委员会委员、教育部科技委生物与医学学部委员、全国体外诊断产业技术创新战略联盟理事长。

【科研成果获国家自然科学奖二等奖】 2021 年 11 月 3 日，2020 年度国家科学技术奖励大会在人民大会堂召开，厦门大学科研成果“碳链与金属的螯合化学”获国家自然科学奖二等奖，该成果主要完成人夏海平、张弘、朱军、朱从青、王铜道参加奖励大会。碳—金属键

2021 年 11 月 3 日，厦门大学科研成果“碳链与金属的螯合化学”获国家自然科学奖二等奖，图为代表领奖

（厦门大学 供图）

的形成是金属有机化学的核心问题，也是金属参与各种有机化学反应的关键步骤。研究团队使用共轭碳链螯合金属，挑战在金属的赤道平面上构筑碳—金属键数量的极限、挑战卡拜碳的键角纪录、突破 Hückel 规则，揭示“芳香性突变”，证实半个多世纪前发表于《自然》杂志的理论推测。研究团队发现一系列 Craig 型芳香结构基元，建立并命名“碳龙化学”（Carbolong Chemistry）。多个碳龙化学相关的词条及其代表性分子结构被国际经典教科书 *March's Advanced Organic Chemistry* 收录，有 6 种“碳龙试剂”进入百灵威试剂目录销售，开辟全新领域，对金属有机化学、配位化学、芳香化学的发展做出贡献。

【2 名教授当选中国科学院院士】 2021 年 11 月 18 日，中国科学院发布《关于公布 2021 年中国科学院院士增选当选院士名单的公告》。厦门大学生命科学和医学学部生物化学与细胞生物学研究方向的林圣彩和化学部无机化学方向的谢素原 2 名教授当选为中国科学院院士。

【省生物制品科学与技术创新实验室奠基】 2021 年 12 月 25 日，福建省生物制品科学与技术创新实验室奠基仪式在厦门举行。福建省生物制品科学与技术创新实验室是福建省第二批建设的 2 家省创新实验室之一，由福建省政府、厦门市政府和厦门大学三方共建共管。实验室主要围绕生物医药重大科技问题、生物医药产业发展瓶颈和医疗健康需求改善，研发引领性重大产品，解决重大科学问题，突破关键核心技术，建设生物医药技术创新和转化综合型平台。

【海洋领域首个国家基金委基础科学中心获批】 2021 年 12 月，由厦门大学海洋与地球学院牵头申报的国家自然科学基金委基础科学中心“海洋碳汇与生物地球化学过程”获批，成为海洋领域首个国家基金委基础科学中心。该中心以“应对气候变化、支撑碳中和需求”为出发点，瞄准海洋碳汇形成过程与调控机制基础科学国际前沿，以原创的“微型生物碳泵”理论为交叉核心，通过生物、化学、地质等学科的融合，系统研究海洋碳汇的形成过程、调控机理与环境效应及其对气候变化的响应与反馈。

（钟书库）

集美大学

【概　况】 至 2021 年 12 月 31 日，集美大学有学院 20 个、本科专业 74 个，涵盖经济学、法学、教育学、文学、理学、工学、农学、管理学及艺术学学科门类 9 个。拥有福建省一级重点学科 8 个、博士后科研流动站 1 个、一级学科博士点 4 个、一级学科硕士点 15 个、硕士专业学位类别 18 个，专任教师共 1500 余人，其中高级职称教师 800 余人。在校全日制本科生 2.6 万人、研究生 2300 多人、国际学生近 200 人。学校拥有国家级、省部级教学科研平台 63 个，国家级专业综合改革试点项目 3 个、国家级“卓越”人才培养计划专业 6 个、国家级特色专业 4 个、国家级一流本科专业建设点 14 个、国家级教学团队 1 个。集美大学与美国、英国、澳大利亚等国家和中国港澳台地区的 100 多所高校、科研机构及国际海事组织（IMO）、国际航标协会（IALA）、国际海事大学联合会（IAMU）等开展学术交流合作，与教育部（中国）留学服务中心开展战略合作，共建出国留学培训基地。集美大学是陈嘉庚奖学金和福建省政府奖学金招生单位，是大陆唯一获交通运输部海事局批准具有开展台湾船员适任培训资格的院校，是香港特别行政区政府“青年内地交流计划”福建省唯一资助单位。

【学生培养】 2021 年，集美大学增设戏剧影视文学、人工智能、网络空间安全等专业 3 个，申报新专业 3 个，通过交通运输部海事局组织的航海教育培训质量评估。获批国家级和省级新文科研究与改革实践项目 6 个、省级研究生教育教学改革项目 3 个、省高校思想政治工作培育建设项目 3 个，入选全国慕课与线上线下混合式教学案例 1 个，研究生学位论文入选福建省研究生优秀学位论文 7 篇。2021 年，集美大学录取本科生 6484 人、研究生 1001 人、少数民族预科生 98 人、第二学士学位学生 528 人、港澳台等学生 104 人、国际留学生 41 人、成人专升本学生 3520 人；新增 19 所福建省重点中学为优质生源基地。2021 届毕业生毕业去向落实率 95.10%。集美大学先后获“中国科协 2021 年学风传承示范基地”“2020 年度全国优秀易班工作站”“福建省高校毕业生就业创业工作先进单位”等称号。

【参赛获奖】 2021 年，集美大学学生在第七届中国国际“互联网 +”大学生创新创业大赛总决赛中取得 1 金 1 银 6 铜的历史性突破成绩；获第十五届“挑战杯”福建省大学生课外学术科技作品竞赛一等奖 1 个、二等奖 3 个、三等奖 11 个；获全国第六届大学生艺术展演活动二等奖 2 个。2019 级学生朱德宁获 2020 年东京残奥会男子跳远 T38 级比赛金牌并打破世界纪录，获男子 100 米 T38 级比赛银牌，获第四届“福建励志先锋”称号；2019 级学生林文君获 2020 年东京奥运会女子单人划艇 200 米第六名。集美大学学生在第十四届全国运动会中获 1 金、5 银、4 铜，在第十四届全国学生运动会中获 1 金、3 铜，并获“校长杯”。

【学科建设】 2021 年，集美大学获批数学、交通运输工程等一级学科博士点 2 个，马克思主义理论、软件工程等一级学科硕士点 2 个，金融、国际商务、法律、翻译、电子信息、资源与环境、能源动力、土木水利等硕士专业学位点 8 个，获批数并列全国高校第四、位居福建省高校首位。植物与动物科学进入 ESI 学科全球前 1%。完成海洋食品与生物工程学院等学院更名、合并工作6个，在计算机工程学院的基础上挂牌设立网络空间安全学院。

【科研工作】 2021年，集美大学新增科研项目830余个，科研经费超过1.7亿元，其中国家自然科学基金重点项目和国家社会科学基金重点项目均实现零的突破。获批首个省级“一带一路”对外合作科技创新平台、厦门市重点实验室3个和省科技经济融合服务平台1个，“福建航运研究院”获批福建省重点智库培育单位。集美大学成立“集美大学海洋牧场养殖装备研究院”“集美大学极地与海洋研究院”等校级研究机构。由集美大学牵头或参与完成的科研成果获福建省科技进步奖一等奖5个、三等奖3个及辽宁省科技进步奖二等奖1个，获福建省社科优秀成果奖二等奖3个、三等奖4个，获2020年度中国发明协会发明创业奖·成果奖一等奖1个、厦门市科技奖7个。通过装备承制单位资格审查与GJB 9001C质量管理体系认证。

【师资建设】 2021年，集美大学引进各类人才138人，其中高层次人才16人、台籍教师3人。以非全职方式聘请院士2人、讲座教授10人、客座（兼职）教授14人、讲座教师122人。入选“百千万人才工程”省级人选、闽江学者、省“雏鹰计划”青年拔尖人才、交通运输青年科技英才、市拔尖人才、省级高层次人才等人才项目59人次，入选福建省优秀教师2人，获中国交通教育突出贡献奖1人，获“第十六届福建青年科技奖”1人，获“第七届福建省优秀科技工作者”称号1人，入选厦门市经济特区建设40周年创新创业人物1人，获“省五一劳动奖章”称号1人，获“厦门市劳模”称号1人，获“厦门市工人（五一）先锋号”团队1个，获批省劳模创新工作室1个。

【社会服务】 2021年，集美大学选派省级个人科技特派员75人、省级科技特派员团队38个参与多个省、市、区的合作建设。深化闽宁协作，落实与北方民族大学、银川科技学院的合作；参与闽西南协同发展区建设，与三明市政府开展战略合作，推进与三明市大田县、龙岩市永定区对口支持协助协议。继续资助漳州市华安县湖林乡考取普通全日制本科院校的高中应届毕业生。自然科学馆获评福建省优秀科普教育基地。集美大学当选第三届厦门海洋新兴产业创新联盟主席单位，获批成为全国首批“全国水产技术推广人员培训基地”。

【合作交流】 2021年，集美大学继续争取交通运输部、教育部、农业农村部、自然资源部的支持；深化与厦门市和集美区的共建，完成各项共建任务并启动新一轮共建合作；推进与新加坡三达国际集团、建潘鲲鹭物联网技术研究院、罗普特科技集团等企业共建产业学院。新增美国密歇根州立大学等4家合作单位，推进与英国赫特福德大学合作举办数据科学与大数据技术专业中外合作办学项目，成立“集美大学东盟教育中心”。成立陕西、珠海、江西、新疆、昌吉、福州6个地区校友会及工商管理学院校友会，启动水产高等教育50周年、海外教育学院成立20周年纪念活动。淡水渔业专业77级校友陈松林当选中国工程院院士，运动训练专业2015级校友卢云秀获得东京奥运会女子帆板RS:X级比赛冠军。

（魏纯辉）

华侨大学（厦门校区）

【概　况】 2021年，华侨大学（厦门校区）专任教师1115人，高级职称占比53.86%；具有博士学位教师占比66%。2021年，招生数4615人、在校学生数17963人、毕业生人数3394人，有来自港澳台地区和90多个国家的学生7070人。

2021年，华侨大学（厦门校区）获批国家语言文字推广基地、福建省教材建设重点研究基地；编写海外《华文（初中版）》教材，参与编制《国家海外华文教育工作发展规划（2021—2025年）》，编撰完成《世界华文教育年度发展报告（2020）》。编辑出版《华侨华人蓝皮书》，1名老挝校友在国内出版《中国与东盟：命运共同体的生动实践》，1名校友获泰国社会发展与人类安全部“杰出贡献奖”。完成“风味中国”等实景课堂、视频课程等线上华文教育课程8个。建设华文学校数据库，开发华文教育深度学习平台、研学智慧管理平台、活动综合报名系统。出台《海外华校合作帮扶方案》，与15所华文学校开展实际对口支持。举办国际青年学者云论坛，全年引进教师63人，新增福建省特级后备人才1人、省部级及以上高层次人才34人次，其中福建省“雏鹰计划”青年拔尖人才3人、闽江学者特聘教授3人、“百千万人才工程”省级人选1人。2名学者入选“2020年中国高被引学者榜单”，1人当选英国皇家化学会会士，1人获2020年度文化和旅游部优秀专家称号，1名教师获福建省杰出人民教师称号。年内，华侨大学厦门校区的华文学院研究生第一党支部获评第二批全国高校“百个研究生样板党支部”，材料科学与工程学院材料系教工党支部书记工作室、土木工程学院现代组合结构和抗震防灾创新团队党支部书记工作室入选福建省高校“双带头人”教师党支部书记工作室建设名单。

【传播工作】 2021年，华侨大学（厦门校区）推动“国际传播人才培养基地”建设，开展“睦友乐相知”友城文化系列交流，建设陶瓷、茶文化等研学基地3个；举办“理想”家长讲坛10期，覆盖16个国家师生2000人次；线上举办“中华文化大乐园”南美园、“学做中国菜”直播活动，世界各地的581名华裔青少年参加。组织“华文星火”18支团队185人开展中华文化海外传播实践，在海外建立“华文星火”书屋15个、传播实践基地8个。搭建短视频传播为主的新媒体矩阵，“海外新声代”新媒体工作室栏目获中央网信办、全国青联境外文化影响力重点项目立项，在中央广播电视总台国际在线设立外宣专栏。组织在校留学生团队创作中英双语短视频146期，原创短视频入选中央网信办《网络传播》“两会短视频9个创新典型案例”，1个作品获第三届“第三只眼看中国”国际短视频大赛优秀作品奖，是唯一获奖的高校团队。

【智库建设】 2021年，华侨大学（厦门校区）成立中华文化与世界文明研究院、华侨华人与区域国别研究院，设立中华文化海外传播与文明互鉴等委托课题36项；组建大数据采集、分析核心队伍，成立大数据研究机构，与福建省民宗厅共建“福建省宗教中国化研究中心”；聘请32名媒体人和学者担任学校世界文明对话研究中心兼职教授。举办“中国共产党百年历史与华侨华人”等学术研讨会35场；报送决策咨询报告134篇，获部领导批示81篇，被省部级以上单位采用67篇，《华侨华人研究报告2020》获中国社科院第十二届优秀白皮书二等奖。

【培训交流】 2021年，华侨大学（厦门校区）的华文学院举办第十六期外国政府官员中文学习班、菲律宾金达沃省及首期达沃市政府官员中文培训班、泰国上议员汉语培训班等，培训政府部门官员265人。举办泰国政府官员校友线上中秋联欢活动，146名政府官员班校友参加。拓展“送教上门”，举办“双喜企业管理能力提升培训班”，培训缅甸、越南、老挝等沿线国家留学生25人。推出中文旁听课程服务计划，18个国家的700余名学员参加。承办“海外华校校长线上研习班”“国际中文教师培训班”，累计培训海外华文师资近800人次。牵头成立“一带一路”智能制造研究与培训中心。举办“一带一路”贸易畅通云上高级研修班等培训班，累计培训26个国家和地区的236名政府官员、专家学者和科技工作者，与泉州中院共建海上丝绸之路司法联合研究中心、最高人民法院法官国际交流中心福建基地。

·小资料·

华侨大学简介：华侨大学设有26个学院、90个学系（部、中心），有18个国家级一流本科专业、26个省级一流本科专业，17个专业通过国际及国内专业认证。有18门国家级一流本科课程，120门省级一流本科课程。学校是国家大学生文化素质教育基地和全国深化创新创业教育改革示范高校。学校有国家地方联合工程研究中心、省部共建协同创新中心、教育部工程研究中心、虚拟仿真实验中心、实验教学示范中心等省部级以上教学科研平台80余个。学校形成文理渗透、理工结合、工管相济、协调发展的学科布局，覆盖11个学科门类。现有一级学科博士点9个、一级学科硕士点26个，专业学位硕士点22个，博士后流动站5个。拥有国家和省部级重点学科41个，福建省高峰高原学科17个。工程学进入ESI世界排名前5‰，化学、材料科学、计算机科学3个学科居ESI前1%。

在学校1700余名专任教师中，具有高级职称者占56%、博士学位者占67%、海外留学经历者占38%，45岁以下中青年教师占66%。有双聘院士、国家领军人才等各类高层次人才百余名，有教育部“全国高校黄大年式教师团队”、科技部“创新人才推进计划”重点领域创新团队等多支高水平团队。

（庄　蕾）

厦门理工学院

【概　况】 2021年，厦门理工学院设有二级学院（部）19个，有省级高原学科1个、省级应用型学科6个，一级学科硕士学位授权点4个、专业硕士学位授权点8个，工程科学首次进入ESI（基本科学指标）全球排名前1%。有本科专业64个，其中国家级一流专业6个、省级一流专业15个。在校生19599人，其中研究生1504人。专任教师1128人。其中，高级职称教师占比54%，硕士及以上学位教师占比为94%，“双师双能型”教师占比约52%，享受国务院特殊津贴6人。入选教育部新世纪优秀人才支持计划1人、闽江学者14人、全国模范教师1人、全国优秀教师2人、福建省教学名师6人、福建省优秀教师6人。获评2018—2020年度“福建省文明校园”和2021年“厦门市绿色学校”。

【学科建设】 2021年，厦门理工学院获批省级一流本科课程23门，获批新工科、新文科研究与改革实践项目国家级各1个，教育部高教司产学合作协同育人项目22个。根据中国高等教育学会发布的排行结果，学校在2017—2021年全国普通高校学科竞赛排行中位列全国新建本科院校第一名。

【学术科研建设】 截至2021年底，厦门理工学院有省市级科研平台58个，其中省级“2011协同创新中心”2个。获批国家级项目16个、省级项目92个，科研到账经费0.82亿元；获批4个省、市级科研平台（智库）；获省部级科研奖励5个、市级科研奖励5个；获授权发明专利168件；出版学术著作13部，发表被SCI、EI、SSCI、A&HCI、CSSCI等收录的高水平学术论文195篇；被采纳的咨询报告72篇。

【中共厦门理工学院第一次代表大会召开】 2021年3月31日，厦门理工学院召开中国共产党厦门理工学院第一次代表大会。厦门理工学院党委书记林进川代表校党委向大会作题为《勇担新时代教育使命，深化高质量内涵发展，为早日建成国内一流高水平应用技术大学而努力奋斗》的工作报告。报告提出“十四五”发展目标和建校50周年愿景目标，确定“两个五年、两步走”战略，致力把学校建成亲产业、开放式、国际化的国内一流高水平应用技术大学。会议选举产生中共厦门理工学院第一届委员会和中共厦门理工学院第一届纪律检查委员会，并通过关于校党委工作报告的决议。

【产学研合作】 2021年，厦门理工学院成立盈趣科技电子信息产业学院等5个校级现代产业学院，推动学校人才培养供给侧与产业需求侧紧密对接。统筹协调跨学院、跨学科研发团队，成立校产业技术研究院和文化产业研究院。与厦门轨道集团、市规划数字技术研究中心、厦门火炬大学堂等签订战略合作协议，深化校企合作。拓展外驻龙岩研究院的科技服务力量，与龙岩技师学院、福龙马公司、连城县政府等签订战略合作协议。推动“产学研”合作与科技成果转化，2021年，学院完成科技成果转化203个，转移转化金额0.4亿元。举办“2021海上丝绸之路国际产学研用合作研讨会绿色智能制造分会场”会议。推进厦门“厦门金砖基地”建设，与俄罗斯奥廖尔国立大学共建“高端轴承研究中心”。落实与海上丝绸之路沿线国家教育交流，与马来西亚理科大学共建“工业物联网研究院”项目。

【建校40周年活动】 2021年是厦门经济特区建设40周年，作为与厦门经济特区同年同月同日诞生的厦门市属高校，厦门理工学院通过建设校史馆、组织教职工合唱比赛、召开教工座谈会和校友座谈会、编印校友名录等方式开展

2021 年 11 月 30 日，2021 海上丝绸之路国际产学研用合作研讨会召开。图为分会场会议现场（王玉敏　摄）

庆祝建校 40 周年活动。10 月 15 日，学校举行校庆日升旗仪式暨校史馆揭牌仪式。校史馆通过图文介绍和实物展示，展现校 40 周年来在人才培养、科学研究、学科建设、社会服务、文化传承创新等方面取得的发展成就。

（钟　然）

厦门国家会计学院

【概　况】 2021 年，厦门国家会计学院设内设机构 10 个，有教职员工 167 人，会计（MPAcc）、审计（MAud）、税务（MT）硕士专业学位在校研究生共计 277 人。举办各类培训班 357 期（线下面授班级 268 期、线上班级 89 期），培训学员合计 2.73 万人次。其中，承办 15 个中央国家部委委托培训 114 期，23 个省（区、市）厅局级及以上单位委托培训 80 期，世界五百强企业委托培训 31 期，大型中央企业委托培训 43 期，大型地方企业委托培训 16 期，金融机构委托培训 10 期。举办各类公开班 46 期，培训人数超 3000 人次；承担 3 期全国高端会计人才项目的培养工作；举办总会计师素质提升工程培训 37 期，参训学员 3800 余人次；完成 8 场国际化高端会计人才培养工程培训；围绕预算一体化、预算绩效管理、国有企业改革三年行动计划等热点内容进行高端培训项目开发；启动实施"高端绩效评价人才"培训项目。

2021 年，厦门国家会计学院"一带一路"财经发展研究中心突出高端化、品牌化平台特色，结合厦门地域优势，先后举办第四届"一带一路"发展高层论坛、第三届"一带一路"国家会计准则合作论坛、"十四五"时期关税调整思路专家研讨会、共建"一带一路"高质量发展与金砖国家新工业革命伙伴关系创新基地建设学术研讨会等。启动与厦门大学"一带一路"研究院、丝路国家战略（厦门）研究中心合作编纂《"一带一路"年鉴》工作。厦门国家会计学院上报研究专报 16 篇，其中被国务院办公厅《专报信息》采用 1 篇并得到国家领导人批示，被中共中央办公厅采用 1 篇，获财政部主要领导批示 2 篇。获国家自然科学基金项目 3 个、国家社会科学基金项目 1 个，福建省社会科学基金项目 5 个，部省共建项目 4 个，横向项目 12 个。在《会计研究》《财政研究》《金融研究》等期刊上发表学术论文 143 篇，其中英文期刊 12 篇、专业权威核心期刊 34 篇，出版书籍 17 部，5 个案例研究成果入选国内外重要案例库。在 2021 年度财政部财政工作"优秀论文、优秀调查报告"评选中，学院科研成果获"优秀论文"一等奖 1 篇、二等奖 7 篇、三等奖 3 篇、优秀奖 5 篇，获"优秀调查报告"优秀奖 1 篇。1 名教师获聘为财政部企业会计准则咨询委员会咨询委员，2 名教师被新增认定为福建省高层次人才，6 名教师被新增认定为厦门市高层次人才。

2021 年，厦门国家会计学院推进研究生联合培养项目，继续组织优秀研究生赴境外攻读联合培养项目学位。加强就业指导，毕业生就业率 97.5%。在校研究生在 2021 年度全国大学生英语竞赛、CMA 案例大赛、全国数学建模大赛、"诚信杯"案例大赛和全国"数字经济时代下会计与财务"案例大赛中均取得佳绩。

【第十届校园管理会计案例大赛华南区决赛】 2021 年 5 月 9 日，由 IMA 美国管理会计师协会主办，厦门国家会计学院承办的 IMA（第十届）校园管理会计案例大赛华南区决赛在学院举行。来自中山大学、暨南大学、厦门国家会计学院、广东理工学院、桂林理工大学等高校的 8 支队伍参加决赛。最终，中山大学 Light Chaser 队获一等奖，厦门国家会计学院 IYAMAYA 队、中山大学 SYSM 队获二等奖，中山大学 Lamplighter 队、桂林理工大学 Infinite 队、暨南大学 Dazzle Win 队、广东理工学院 The Black Pearl 队、中山大学 GOGO 队获三等奖。

【数字经济与财务智能化高峰论坛】 2021 年 5 月 21 日，由厦门国家会计学院和金蝶软件（中国）有限公司联合主办，厦门火炬高新区产业联合会和厦门企业和企业家联合会共同协办的数字经济与财务智能化高峰论坛在厦门国家会计学院举办。该论坛以"数字经济与财务智能化"为主题，300 多名数字化转型领域企业家、研究机构专家及企业财务智能化工作者参加，共同探讨数字经济下财务管理理论和实践的变革与创新。论坛上，厦门国家会计学院与金蝶软件公司签署战略合作协议，计划在平台共建、资源共享、技术研讨、创新发展和人才培养等方面继续合作与交流。

【共建"一带一路"发展与金砖国家基地建设学术研讨会】 2021 年 7 月 10 日，由厦门国家会计学院"一带一路"财经发展研究中心、清华大学一带一路战略研究院与厦门理工学院马克思主义学院联合举办的共建"一带一路"高质量发展与金砖国家新工业革命伙伴关

2021年5月21日，厦门国家会计学院和金蝶软件（中国）有限公司签署战略合作协议。图为签约仪式现场 （厦门国家会计学院 供图）

系创新基地建设学术研讨会在学院举办。来自主办单位及中国社会科学院、厦门大学、湖南大学、厦门市金砖创新基地建设领导小组办公室、厦门市社科联、河北大学、华侨大学、中共厦门市委党校、世界金融论坛、金砖国家未来网络研究院中国分院、中俄数字经济研究中心等高校、科研机构、政府部门的专家，围绕高质量共建“一带一路”目标，“一带一路”投融资风险，绿色“一带一路”，中国—东盟经贸合作，金砖机制下的全球治理、中俄合作以及信息通信、科研等领域合作，疫情对金砖合作的影响及厦门应对，中国地方政府对外交往与金砖创新基地建设等议题进行研讨。

【第四届“一带一路”发展高层论坛】 2021年9月9日，第四届“一带一路”发展高层论坛在厦门国际会议中举行，论坛为第二十一届中国国际投资贸易洽谈会专题论坛之一，由投洽会组委会、中国国际经济合作学会和厦门国家会计学院联合主办。论坛以“‘双循环’新发展格局背景下‘一带一路’国际合作”为主题，相关领导、专家、驻华使节、企业代表出席，探讨新形势下推动共建“一带一路”高质量发展的途径，搭建中国企业“走出去”交流与合作平台。与会代表围绕“一带一路”投资贸易合作、基础设施互联互通、税收合作等方面取得的成就，全人类共同价值、中国方案与“一带一路”建设，绿色金融与“一带一路”高质量发展，百年变局与疫情交织下“一带一路”面临的挑战及应对等议题进行交流与研讨。

【ESG研究中心成立】 2021年12月21日，厦门国家会计学院举办ESG研究中心成立暨主题研讨会，宣布组建ESG（Environmental Social and Governance，环境、社会和治理）研究中心，重点开展ESG领域相关研究，培养ESG专门人才，打造ESG高端培训课程，推动ESG研究成果转化，助力“碳达峰、碳中和”目标实现和相关财政政策制定实施。至年底，ESG科研团队发表ESG主题文章10余篇，申请3项ESG主题科研项目并获得福建省社科基金资助，同澳洲会计师公会合作研究并发布《全球ESG发展白皮书》。

【自主招生高端培训项目】 2021年，厦门国家会计学院围绕预算一体化、预算绩效管理、国有企业改革三年行动计划等热点内容进行项目开发，落地自主招生高端培训项目。举办2期“对标世界一流管理提升行动”背景下的财务管理专题培训班，启动2期“高端绩效评价人才”岗位能力证书培训项目。

（陈粤闽）

厦门工学院

【概　况】 2021年，厦门工学院招收本科生的二级学院有机械科学与电气工程学院、计算机科学与信息工程学院、艺术与传媒学院、建筑科学与土木工程学院、商学院、数据科学与智能工程学院、外国语学院，并设有马克思主义学院、博雅教育学院、教师进修学院、体育部、国际教育学院、继续教育学院、职业技术教育学院、研究生辅考学院等教学单位。2021年，厦门工学院汉语言文学、日语、智能制造工程3个新专业获准批建，有本科专业38个，在校生总数10871人，是一所以工学为主，工学、理学、文学、经济学、管理学、艺术学等多学科协调发展的多科性本科高校。

2021年，厦门工学院更新教学内容、改进教学方法、创新教学模式，加大投入强化学科与专业建设，有省级一流专业4个、省级一流课程25门。培育机械制造、电子信息、土木工程、国际商务4个重点学科，机械电子工程、电气工程及其自动化、电子信息工程、土木工程、建筑学、软件工程、财务管理、动画、音乐表演、网络与新媒体、商务英语11个品牌专业。

2021年，厦门工学院有专任教师606人，双聘院士1人，享受国务院政府特殊津贴2人，福建省高等学校新世纪优秀人才支持计划3人，福建省高校杰出青年科研人才培育计划8人，博硕士研究生指导老师48人，“双师型”教师165人，占专任教师的比例为39.66%。厦门工学院制定“卓越学科建设计划”的战略构想并拟定具体实施方案，承担西安交通大学、北京交通大学国家重点实验室开放课题；全校教职工发表论文129篇；承办微纳传感与智能制造学术论坛等4场学术活动；15名骨干教师成为西交大对应学科硕士生合作导师，7名教师成为北交大硕士研究生合作导师。2021年，厦门工学院品牌专业第一期实验室建设项目落地。

【教学改革】 2021年，厦门工学院加快教学改革，改革的核心目标是适应“厚基础、宽口径、强能力、高素质”的现代人才培养思想及“大类招生、大类培养”的人才培养路径，促进学科交叉融合，应对经济社会发展变化，发挥各学

2021 年，厦门工学院品牌专业建设第一期（2021 年）实验室建设项目剪彩仪式现场

（卢伟明　摄）

科专业的资源集聚效应。获批省级教改项目 7 个，其中重大项目 1 个；1 个教改项目入选福建省本科高校教育教学改革研究典型案例。电子信息工程、软件工程 2 个专业获批省级一流本科专业建设点，7 门获批省级一流课程，25 个项目获批教育部产学合作协同育人项目立项。

【全员育人】 2021 年，厦门工学院推行全员育人工作，强化教师的教书育人责任，带动管理育人、服务育人，把“育人”工作摆到学校工作的首位。第一课堂与第二课堂相结合，教师在教书中育人，在育人中教书。厦门工学院首次在“互联网 +”全国大学生创新创业大赛中获得全国总决赛银奖，为国家级奖项首次突破；2021 年全国大学生电子设计竞赛中，学生团队获全国二等奖。

【招生就业】 2021 年，厦门工学院的 3240 个招生计划均一次录满，各省文理科的出档线不同程度地高于各省的本科线，其中有黑龙江、辽宁、吉林、湖南、湖北、广东、新疆等多个省的出档线超出本科线 30 分以上。厦门工学院推进 2021 届毕业生就业工作，邀请 574 家用人单位到校招聘，“德文人才苗圃”培养（孵化）体系入选“福建省人力资源服务创新特色品牌项目”。2021 届毕业生有 2628 人，就业人数 2446 人，就业去向落实率 93.07%。

（白雪静）

厦门华厦学院

【概　况】 至 2021 年 12 月 31 日，厦门华厦学院在校生 7775 人，年内本科招生 1717 人，报到率 94%。2021 届本科毕业生就业率 95.06%。教职员工 462 人，其中拥有高级职称 119 人。设信息与智能机电学院、环境与公共健康学院、商务与管理学院、人文学院等二级学院及马克思主义学院、通识教育中心、体育教学部 4 个，开设本科专业 27 个。获厦门市人社局“创享厦门”创业大赛优秀奖，入围“厦门市创业孵化示范基地”。

【教学科研】 2021 年，厦门华厦学院物流工程专业入选国家级一流本科专业建设点，环境科学与工程专业入选省级一流本科专业建设点。厦门华厦学院推动教育教学研究与改革，开展校级本科教改项目申报暨福建省本科高校教育教学改革研究项目推荐工作，校级立项 15 个，其中获批立项为 2021 年福建省本科高校重大教育教学改革研究项目 1 个，获批立项为 2021 年福建省本科高校一般教育教学改革研究项目 3 个；获省级 2021 年度慕课与线上线下混合式教学案例二等奖 1 项。“环境监测实验”等 16 门课程为 2021 年校级“课程思政”示范课程，并按每门课程 5000 元的标准给予安排建设经费。年内，有 28 门“课程思政”示范课，获批移动应用开发职业技能等级证书（高级）、实用英语交际职业技能等级证书（中级）、大数据应用部署与调优职业技能等级证书（高级）3 个“1+X”证书制度试点项目。

2021 年，厦门华厦学院入选厦门市第六批青年创新人才 1 人，选任省级个人科技特派员 1 人。获第十四届福建省

2021 年 3 月 19 日，中物联、物流教指委领导考察指导华厦学院物流与供应链产教融合基地建设工作

（厦门华厦学院　供图）

自然科学优秀学术论文评选三等奖2个，获厦门市2021年度第一批专利资助2个，获福建省2021年百万职工“五小”创新活动三等奖3个，入选厦门市2021年职工小发明小创造项目3个，其中1个项目获第一名。加盟集美区“高校产业技术联盟”、海沧区“产业引才联盟”、集美区“校地乡村振兴联盟”等。

【学生参赛获奖】 2021年，厦门华厦学院学生参加各类学科竞赛，累计获第二届全国供应链大赛、全国大学生工程训练综合能力竞赛、福建省大学生工程训练综合能力竞赛等省级以上奖项29个，包括国家级一等奖2个、二等奖3个、三等奖7个，省级特等奖1个，一等奖8个，二等奖4个，三等奖4个；在2021年全国大学生数学建模竞赛中，获国家级二等奖1个，省级一等奖3个、二等奖7个，连续5年获国家级奖项，各项成绩均位居福建省民办本科院校、独立学院前列；在福建省第六届大学生艺术节中获三等奖9个。在“互联网+”高校主赛道项目比赛中，学生团队“钟灵毓秀”获银奖，“原优社”项目在全国大学生电子商务“创新 创意 创业”挑战赛中获省级一等奖、市级特等奖。

（苏文雅）

厦门城市职业学院（厦门开放大学）

【概　况】 截至2021年12月31日，厦门城市职业学院（厦门开放大学）有教职工623人，其中博士50人、高级职称146人，厦门市拔尖人才1人，29人次先后入选福建省高职院校名校长、福建省教学名师、福建省高职院校专业带头人、福建省高校杰出青年科研人才培养计划和厦门市海纳百川人才计划。学校设有专业教学学院8个，2021年高职招生专业33个，全日制高职在校生9147人；开放教育招生专业30个，成人教育招生专业12个，开放教育、成人学历教育学生1.18万人；累计招收来自18个国家的留学生226人。学校馆藏纸质图书52.2万册，电子图书68万册，中外文数据库10个。建有校内实训室185个，校外实习实训基地154个，中央和省财政支持实训基地32个。2021届毕业生就业率95.21%，专业对口率76.33%，留厦门就业率60.51%，用人单位满意度98.63%。4月27日，学校被省委文明办授予“福建省2018—2020年度省级文明校园”称号。12月21日，《厦门城市职业学院“十四五”改革与发展规划》发布。

【4个项目获省级教学成果奖】 2021年2月1日，福建省教育厅公布省级教学成果奖获奖项目名单，厦门城市职业学院4个项目获奖。其中，“实施‘云顶人才计划’培育职教名师的策略与实践创新”项目获特等奖，“共建‘腾讯云工匠工坊’培养有匠心的IT产业人才”项目获一等奖，“‘三方联动、四项融合、五环相扣’物流人才培养创新实践”项目和“社区教育公共服务协同供给模式的探索与实践”项目均获二等奖。

【2门课程入选教育部课程思政示范课】 2021年5月10日，教育部公布课程思政示范项目名单，全国职业院校共200门入选、福建省职业院校5门入选。厦门城市职业学院“箱体类零件编程加工与检测”“电子商务基础”2门课程入选，授课教师入选课程思政教学名师和教学团队。

【全国职校技能大赛高职组“关务技能”赛】 2021年6月21—22日，2021年全国职业院校技能大赛高职组“关务技能”赛在厦门城市职业学院举行，来自全国29个省（自治区、直辖市）的代表队参加。安徽工商职业学院、重庆城市管理职业学院和厦门城市职业学院参赛队获一等奖。

【学院入选福建省“双高”计划项目】 2021年6月24日，省教育厅、省财政厅公布“福建省高水平职业院校和专业建设计划”立项建设单位名单。厦门城市职业学院入选“福建省高水平高职院校”A类建设单位，数控技术、云计算技术应用2个专业群入选高水平专业群建设项目。

【学院入选市金砖新工业能力提升培训基地首批成员单位】 2021年10月，厦门市金砖办举办厦门金砖新工业能力提升培训基地授牌仪式，厦门城市职业学院成为厦门金砖新工业能力提升培训基地联盟首批授牌成员单位。厦门城市职业学院与市金砖办、厦门市知识产权协会等共同举办首期金砖国家企业知识产权能力提升培训班，培训中英文网上同步直播，来自金砖国家及厦门市的知识产权从业人员9000多人通过线上、线下方式参加培训。

（林艺立）

责任编辑：黄　澜
审　　稿：林建高
校　　对：曲　艺

34 文化

公共文化

【概　况】 2021 年，厦门市文化和旅游局（简称市文旅局）推进公共文化服务体系示范区创新发展进程，实施厦门市《关于加快构建现代公共文化服务体系的实施意见》《关于推进基层综合性文化服务中心建设的实施方案》，稳步推进厦门市公共文化服务体系示范区创新发展建设。开展国家公共文化服务体系示范区创新发展复核工作，提交 2018—2021 年的厦门市公共文化服务体系示范区创新发展总结报告、过程管理总结报告和厦门市图书馆集美新城创新发展、高质量发展优秀案例以及相关佐证材料，力争厦门市在复核工作中保持厦门市公共文化服务体系示范区在全国、福建省的排名。全市共有公共文化馆 7 家，公共图书馆 10 家，博物馆、纪念馆 11 家。厦门市文化馆获评全国文化和旅游工作先进集体，厦门群众文化团体在第八届福建艺术节暨全省群众合唱会演活动中获得佳绩。市文旅局组织厦门市属专业文艺院团到社区、乡村、景区、剧场、学校等场所，开展公益性惠民演出 500 场，惠及群众 10 余万人次。通过“互联网 +”开展线上文艺展演、展播 138 场次，参与观众近 800 万人次。

【公共文化服务体系建设】 2021 年，厦门市人民政府批复并发布《厦门市公共文化设施规划（2020—2035）》，持续深化岛内外公共文化服务体系一体建设，促进岛内外同步协调发展，推动规划、新建一批文化广场、美术馆、博物馆、图书馆、纪念馆、演艺中心、镇（街）文化站等公共文化设施。推进城乡公共文化服务一体化建设，累计完成全市 38 个镇（街）文化站、38 个镇（街）图书馆分馆、500 个村（居）文化中心提升达标建设；在原实体农家书屋的基础上，通过数字化农家书屋网络管理平台建设和应用系统功能开发，推进翔安区古宅村、海沧区渐美村试点农家书屋建设；组织编辑《福建乡村文化记忆丛书》第四辑、第五辑故事素材 60 篇，编辑出版《厦门乡村文化记忆》丛书；推动县级文化馆、图书馆总分馆制建设，思明区、海沧区、翔安区建立“上下联通、资源共享、服务优质、惠民利民”的公共文化服务新模式。在《中国改革报》、《福建瞭望》、“学习强国”学习平台等媒体以“打造公共文化服务高质量发展标杆城市”为主题，对厦门市公共文化服务高质量发展的成果和经验进行宣传报道。继续推动闽南戏曲艺术中心项目建设，年度完成建设项目联合竣工验收，年内拨付建设资金 0.47 亿元，累计拨付建设资金 1.35 亿元。

【文化场馆服务】 2021 年，厦门市文旅局举办“书香鹭岛地铁同行”全民阅读地铁专列、“2021 品读厦门”、“2021 书香鹭岛活动月”三大系列活动，将全民阅读活动贯穿全年始终，营造良好的城市阅读风尚。做好公共图书馆、文化馆常态化免费开放服务及各类文艺培训、展示展演和阅读等活动。通过开展政府向社会力量购买公共文化服务，组织和引导社会力量参与运营公共文化设施建设、参与公共图书服务、参与举办群众文化活动。各区通过劳务派遣、购买公共文化服务等创新手段，保证各街道分馆安排 3 名文化工作人员、社区服务中心安排 1 名文化工作人员。市文旅局联合厦门市纪委监委在厦门市图书馆设立“清风书屋”，拓展庆祝中国共产党成立 100 周年和党史学习阅读阵地。鼓励、引导群众参与公共文化活动，全市发展文化志愿者超过 3 万人。关注特殊人群的公共文化服务需求，针对低收入群体、外来务工群体、残疾人、老年人、未成年人等，定期举办公益讲坛、技能培训等活动。创新实施文化惠民工程，扩大文化服务对象覆盖面，激发群众文化新活力。进一步完善数字图书馆、数字文化馆等公共数字文化服务。各级各类文化服务机构推出微信公众号等便民服务举措。厦门市文化馆（厦门市美术馆、厦门市非物质文化遗产保护中心）“打造数字联合网　推动服务均等化”举措入选厦门特区 40 周年全面深化改革 100 个优秀案例。

2021 年，厦门市经福建省文物局登记备案的在册博物馆 11 家，其中国有博物馆 5 家、非国有博物馆 6 家。全市在册博物馆线下接待观众 82.28 万人次，线上观展人数 1880.3 万人次，举办展览 61 场，其中临时展览 39 场。各博物馆到外地举办展览15场，举办各类社教活动583场次。厦门市博物馆、华侨博物院为国家二级博物馆，厦门奥林匹克博物馆创建成为国家三级博物馆。组织开展厦门市博物馆系列丛书《厦门古代邮驿交通》《厦门近年考古发现与研究》编写工作。厦门市博物馆利用馆藏革命文物资源举办的原创展览“厦门红色记忆”被市党史学习教育领导小组指定为党史学习教育参观点。厦门市博物馆“‘风华正茂·建党百年’红色年代融合展”，陈嘉庚纪念馆“延安精神　永放光芒”“同心　同向　同行——陈嘉庚与中国共产党”，华侨博物院“理想照耀中国”“历史的丰碑　制胜的法宝——纪念毛泽东同志提出‘三大法宝’重要思想之统战篇”“厦门市各民主党派庆祝中国共产党成立100周年摄影展”“中国出了个毛泽东——庆祝中国共产党成立100周年大型图片展”，厦门奥林匹克博物馆承办的“不忘初心　砥砺前行——福建省非国有博物馆纪念建党100周年专题展”等红色主题展览受到社会各界好评。市博物馆依托厦门破狱斗争旧址，举办纪念“5·25”破狱斗争胜利91周年主题活动，开展党史宣讲活动838场次；成立“奋斗百年路　启航新征程”理论宣讲轻骑兵团，成为厦门市委宣传部授旗的3支宣讲团之一，开展团队宣讲1221场，受众3.5万人次。推出的“行走的红色厦博”系列课程、“重温百年党史　弘扬嘉庚精神”党史知识有奖竞答社教活动、“党的故事我来讲、争做红领巾讲解员”实践活动、“学党史　颂嘉庚　跟党走”系列活动、“百年党史　庚读集美”、“厦门红色故事我来说”主题征文比赛、“星火密令”游戏和“鼓浪屿红色之旅”研学活动深入多个学校、社区。

（张雅婧）

2021年12月21日，“踏浪高歌”庆祝厦门经济特区建设40周年情景音诗画文艺演出在闽南大戏院上演

（市文旅局　供图）

文化艺术

【概　况】2021年，厦门市文旅局持续推动文艺精品创作与文化惠民演出。组织厦门艺术学校、厦门演艺职业学院、华侨大学和集美大学4所院校154名学生到北京参与庆祝中国共产党成立100周年文艺演出《伟大征程》；完成厦门市庆祝中国共产党成立100周年主场晚会任务，“永远跟党走”——厦门市庆祝中国共产党成立100周年文艺演出获得好评；完成“踏浪高歌”庆祝厦门经济特区建设40周年大型情景音诗画文艺演出，向社会各界展现厦门经济特区40年来的奋斗历程。厦门市专业艺术院团获中国舞蹈“荷花奖”等国家级、省级文艺比赛各类奖项87个。

【群众文艺创作】2021年，厦门市文旅局会同市有关部门组织6个合唱团参加“唱支山歌给党听”第八届福建艺术节暨全省群众合唱会演活动，厦门市合唱团体获得一等奖3个、二等奖3个、优秀指挥奖2个、优秀钢琴伴奏奖2个，创造历届以来厦门市最好成绩。组织创作党史学习红色题材群文作品——高甲戏现代小戏《送枪》，在第三届“华东六省一市现代地方戏小戏大赛”中获得金奖。制定实施《厦门市关于发展街头文化丰富文化供给总体方案》，全市6个区全部完成街头艺人招募，设立25个街头文化活动点位，举办街头艺人集中展演；组织5个节目参加福建省街头艺人线上比拼、线下展演，并获“全省街头文化展演优秀组织奖”。

【文艺精品创作】2021年，厦门市文旅

2021年6月26日，“永远跟党走”——厦门市庆祝中国共产党成立100周年文艺演出在海峡大剧院举行

（市文旅局　供图）

局组织市属专业文艺院团围绕“庆祝中国共产党成立100周年”“厦门经济特区建设40周年”等重要时间节点开展优秀剧目提升和文艺创作。推出歌仔戏《侨批》、舞蹈诗《厦门故事》、音乐剧《鼓浪如歌》及厦门市庆祝经济特区建立40周年大型交响音乐会——“厦门交响”等10个精品剧目。其中，交响乐《安岐随想》、舞蹈诗《沉沉的厝里情》入选庆祝中国共产党成立100周年舞台艺术精品创作工程重点扶持作品；南音《白鹭赋》、歌仔戏《海边风》、话剧《小城春秋》、舞蹈诗《沉沉的厝里情》、高甲戏《回甘》5个节目入选2021年度福建省舞台艺术精品工程重点剧目，为福建省入选项目数的1/5。组织市属文艺院团围绕上级中心任务，创排抗疫主题节目40个。厦门小白鹭民间舞艺术中心创排的舞蹈《春会来》获得第十二届中国舞蹈“荷花奖”当代舞大奖，取得福建省历史性的突破。

【第十四届闽南语原创歌曲歌手大赛】 2021年1月31日，由音乐厦门组委会指导、厦门市文旅局主办的第十四届闽南语原创歌曲歌手大赛在厦门星巢越中心举行。大赛受新冠病毒肺炎疫情影响，现场不安排观众，全程通过网络直播。赛事设有两大创作主题——“我们的歌”“鹭岛星河”，邀约来自闽南地区的具有闽南语歌曲创作能力的12支乐队参赛，其中有来自台湾的1支乐队。9支乐队、10首原创闽南语歌曲进入决赛，其中“四只鱼”乐队、叁圈环流乐队、活人俱乐部乐队分别夺得冠亚季军，“四只鱼”乐队的原创歌曲《龟粿的味道》获得歌曲一等奖。大赛实现多个首次，首次将个人比赛改为团体竞技，专注歌曲打磨及歌曲推广两大重点，打造以音乐团队为参赛单位的主题性竞技类音乐赛事；首次采用街头路演的形式，让乐队近距离与乐迷互动，营造厦门街头音乐氛围，推广闽南文化；首次引入乐迷评分的方式，由乐迷投票选出2轮路演中入围决赛的乐队。

【第五届全国（小幅）工笔画双年展】 2021年4月19日，由中国美术家协会、厦门市文旅局主办，中国文联美术艺术中心、中国工笔画学会、厦门市美术馆承办，福建省工笔画学会、厦门市美术家协会协办的第五届全国（小幅）工笔画双年展在厦门市美术馆开幕。该届双年展有别于往届大尺幅创作，改以小幅尺寸为创作范围，甄选适合的表现题材，彰显工笔画精微细致的艺术特征。展览收到来自全国工笔画创作者的投稿作品4036幅，其中476幅作品进入复评，遴选出优秀作品260幅进行展览。展览为激励艺术家的创作动力，设立入选前60幅作品的作者在申请加入中国美术家协会会员时具备一次入会资格的规则，入选的前29件作品将被厦门市美术馆收藏。

【第十五届闽南语原创歌曲歌手大赛街头音乐季启动】 2021年10月26日，由音乐厦门组委会指导，厦门市文旅局主办的第十五届闽南语原创歌曲歌手大赛街头音乐季在厦门 live house 音乐工场启动，计划历时74天。大赛以“街艺福见 因乐相逢”为主题，吸引来自印度尼西亚及中国台湾地区和厦门漳州泉州等地近百名选手报名参赛，选手最年长65岁，最小10岁。经过初评、街头音乐展演、晋级赛，最终有9名闽南语音乐人、10首闽南语原创歌曲进入总决赛。赛事首次采用“闽歌唱作人＋街头展演”的模式，结合打造“一歌一街头”城市音乐系列展演活动，邀请大赛20强选手们携原创音乐走向中山路、鼓浪屿等历史文化街区，世贸双子塔、建发湾悦城、阿罗海城市广场等都市商圈，沙坡尾、曾厝垵、白鹭洲、山海健康步道、集美学村、澳头艺术小镇、园博园等公园景区，组织开展19场闽南语街头音乐展演，增加公共文化供给，丰富人民群众的精神文化生活，营造浓厚的街头文化氛围，助力闽南文化的传播发展。

（张雅婧）

文化遗产保护

【概　况】 2021年，厦门市继续推进非物质文化遗产系统性保护和闽南文化整体性保护，全市有文物保护单位250处（303个点），其中全国重点文物保护单位7处（50个点）、省级文物保护单位54处（61个点）、市级文物保护单位95处（98个点）、县（区）级文物保护单位94处（94个点），涉台文物古迹89处。市级以上非物质文化遗产代表性项目89个，其中国家级15个、省级33个、市级41个；市级以上非物质文化遗产代表性项目的代表性传承人175人，其中国家级13人、省级51人、市级111人。厦门各博物馆综合现代先进技术采用H5（程序语言）、短视频、图文等各种技术形式推出“郑成功”“云逛厦门文化线路”“瓷器上的春天”“文物鉴赏”“财神道线上展”“厦门破狱斗争旧址”“闽台民俗陈列”“故宫鼓浪屿外国文物馆云博物馆”等线上展览、虚拟展览，利用门户网站、微信公众号、微博等多渠道讲好文物故事。各博物馆利用各种方式开展社教活动，架起博物馆与社会公众沟通桥梁。组建厦门市各文博场馆“学习强国”学习平台专栏投稿联络群，厦门市博物馆全年推送100多条“学习强国”学习平台信息，阅读量187万人次。《厦门经济特区闽南文化保护发展办法》施行情况通过厦门市人大常委会执法检查组执法检查并获得较好评价。厦门市获文化和旅游部颁授的国家级文化生态保护区牌匾。

【文物保护】 2021年，厦门市文旅局健全文物保护长效机制，开展《厦门市“十四五”文物事业发展规划》《厦门市不可移动文物保护规划》编制，组织《“8·23”炮战战地遗址保护规划》修编，完成闽南红砖建筑、胡里山炮台等保护规划编制。研究制定《厦门市红色资源保护利用办法》，印发《关于加强非国有不可移动文物保护管理的通知》《文物审查委员会工作规则》等文件。

加强文物安全工作，完善文物档案，进行新公布不可移动文物保护标志设立，与文物所有者、使用者或管理者签订文物安全责任书，实行挂牌保护。部署文物消防“四个能力”（检查消除火灾隐患的能力、组织扑救初起火灾的能力、组织人员疏散逃生的能力、消防宣传教育培训能力）建设达标创建和文物安全专项整治。参加旧城改造、项目建设和50年以上历史建筑普查甄别，运用“多规合一”平台及时提出保护利用意见建议。落实文物安全“双随机”检查制度，组织安全检查和专项整治，指导各区协调政法、公安部门将文物安全纳入“雪亮工程”（即公共安全视频监控建设联网应用，被认为是守护人民安宁的“千里眼”），联合执法等部门开展“红色利剑”——厦门市红色资源保护专项整治行动。配合公安部门破获文物犯罪案件3起，查扣、拍卖涉嫌国有珍贵文物1件。组建全市文物保护志愿者联盟，开发“厦门文物管家”小程序。推进文物保护修缮工作，推进第四十四届世界遗产大会厦门市“六个一批”（公布一批省级文保单位，启动一批重点文物保护项目，完成一批文物保护修缮项目，展示一批文物保护利用成果，预备一批申遗项目，推荐表彰一批先进单位和个人）专项工作，按要求全面完成88项各类修缮、展示项目，其中厦门世界文化遗产专题宣传视频受到福建省文物局表扬并在世遗大会现场播放。落实全市历史文化遗产集中保护修缮专项工作部署，推进163项抢险、抢救性维修项目，全年超额完成年度市政府下达的80处“为民办实事”项目（完成99处）。完成福海卢厝修缮、台湾公会旧址修缮、陈化成墓安防等工程，启动破狱斗争旧址、厦门城旧址修缮等工程。报审、获批国家文物保护专项资金1637万元，市、区两级累计投入近2亿元用于文物保护修缮。通过集中修缮专项工作，使众多未定级尤其是私人产权不可移动文物得到有效保护。推进文物合理利用，完成中共福建省委机关旧址修缮、展陈并打造成鼓浪屿红色教育基地，开展“8·23”炮战遗址群保护利用、何厝红色文化教育基地和破狱斗争旧址周边环境整治，完成厦门经济特区纪念馆展陈提升。厦门市博物馆与厦门广电集团合作拍摄3期反映革命文物题材的专栏《厦门宝藏》，利用馆藏革命文物资源举办的原创展览“厦门红色记忆展”被市党史学习教育领导小组指定为各级党史学习教育参观场所。陈嘉庚纪念馆“延安精神　永放光芒”“陈嘉庚与中国共产党”、华侨博物院“理想照耀中国”等展览吸引众多观众。

【世界文化遗产保护】 2021年，厦门市开展鼓浪屿申遗成功“回头看”工作，推动实施《厦门经济特区鼓浪屿世界文化遗产保护条例》，履行鼓浪屿申遗时的“四项承诺”，加强对53项核心要素保护，实现对遗产本体和遗产影响要素的全方位管控。完成鼓浪屿文物修缮工程10个、文物和历史风貌建筑小修保养项目3个，文物建筑“三防”（防雷，消防，安防）项目2个，报审文物修缮方案2个。相关涉建项目按要求开展，上报涉建项目3个，其中批复1个。加强遗产地安全检查和监测，较好地保证遗产地安全。做好鼓浪屿人流量控制，实行日均上岛最高承载量5万人次（到岛游客量不超过3.5万人次）规定，继续推进噪声、垃圾和业态整治工作。

·小资料·

四项承诺：在2017年6月开始试行游客控制措施两年后向世界遗产中心及其咨询机构提供评估报告；建议对游客控制进行监控，定期修订有关到岛游客量可接受变化的限值得研究，以确认目前的游客人数上限确实足以保护“突出普遍价值”；制定和实施对砖石结构历史建筑的加固计划；扩展保存措施的重点范围，把建筑物内部纳入其中。

【非物质文化遗产保护】 2021年，厦门市文旅局完善非物质文化遗产保护传承体系，推进人类非遗“送王船”保护传承，指导各相关社区宫庙举办送王船民俗活动，举办中马送王船联合申遗一周年暨“城市与海洋”——闽南文化论坛活动，开展厦门海洋历史文化学术研讨，开展媒体宣传，扩大人类非遗“送王船”的社会能见度和影响力。推荐申报第五批国家级非物质文化遗产代表性项目，厦门珠绣、惠安石雕（影雕）、民间信俗（延平郡王信俗）以及厦门市参与申报的福建香制作技艺被国务院认定公布为第五批国家级非物质文化遗产代表性项目。开展《中华人民共和国非物质文化遗产法》在厦门市贯彻实施10周年评估，加大资料收集整理，完善非遗档案和数据库，提交贯彻落实情况总结报告，全面统计非遗保护数据。组织论证、评审，推荐厦门市18个市级非遗代表性项目申报福建省第七批省级非物质文化遗产代表性项目，14个项目进入福建省文化和旅游厅公示名单。启动市级第六批非遗代表性项目申报工作，重点支持闽南文化保护名录对象等非遗项目申报。

2021年，市文旅局加强对非遗代表性传承人管理与支持。首次开展国家级非遗代表性传承人评估，对厦门市首名国家级非遗代表性传承人蔡水况去世表示慰问，开展纪念宣传并上报福建省文化和旅游厅。推荐申报福建省第五批省级非物质文化遗产代表性传承人，厦门市新增16名省级非物质文化遗产代表性传承人。非遗传承人卓圣翔等5名台胞首次被认定为省级非遗代表性传承人。制定出台《厦门市市级非物质文化遗产代表性传承人认定与管理办法》，加强对市级非遗代表性传承人的管理与支持。市文旅局会同市财政局将市级非遗代表性传承人传承工作补贴标准由每人每年3000元提至6000元，2022年开始执行。启动厦门市国家级非遗代表性传承人记录工作，推出国家级代表性传承人系列短视频《掌上非遗·厦门守艺人》。厦门卫视制作播出12集微纪录片《绽放吧非遗》，聚焦12项厦门非遗代表性项目，讲述12名非遗传承人传承故事。举办2021年度全市非遗传承人和工作队伍培训班，提高相关人群的非遗传承能力和管理能力。

【闽南文化（厦门）生态保护】 2021年，厦门市文旅局推动《厦门经济特区闽南文化保护发展办法》普法宣传和施行工作，建设好国家级的闽南文化（厦门）生态保护区。参加文化和旅游部非遗司举办的国家级文化生态保护区建设经验交流活动，获得文化和旅游部颁授国家级文化生态保护区牌匾。建立完善闽南文化生态保护区管理机构，加强对闽南文化保护发展的组织领导和统筹协调。研究起草印发《〈厦门经济特区闽南文化保护发展办法〉施行工作任务分工方案》，落实《厦门经济特区闽南文化保护发展办法》各项任务。研究起草印发《厦门市闽南文化保护发展专家委员会组织形式和工作规程》，厦门市人民政府办公厅发文设立闽南文化保护发展专家委员会。督促各区相应建立闽南文化保护发展工作机制。参与制定出台《厦门市文艺发展专项资金管理办法（试行）》，开展厦门市文艺发展专项资金闽南文化进校园项目资助，支持闽南文化进校园传承、宣传、传播。市文旅局联系马銮湾新城建设指挥部推进闽南文化集中展示中心（闽南文化博物馆）项目筹建工作，完成项目选址（集美区西滨村）和概念设计，由马銮湾新城建设指挥部进行国际设计竞赛招标。配合市外事办、市市场监管局制定发布《公共服务领域英文译写规范》之十四“闽南风俗”部分，成为国内首个特设传统文化板块的地方标准。参与建立福建省文化和旅游厅闽南文化生态保护区联动会商机制，参加在漳州举办的2021年闽南文化生态保护区联动会商。配合和迎接市人大常委会进行《厦门经济特区闽南文化保护发展办法》施行1周年执法检查，组织各区、各部门开展报告和实地检查，市人大常委会对施行情况总体评价较好。

【非遗宣传展示传播活动】 2021年，厦门市文旅局组织举办“非遗过大年　文化进万家”春节宣传展示活动19场次。编辑出版《厦门市闽南非物质文化遗产丛书·第二辑》8册、《厦门市非物质文化遗产图典·项目篇》3册。联合福建日报社开设《非遗传承的力量》专栏，宣传厦门非遗。创新非遗宣传传播方式，开展“云游厦门·掌上非遗”系列宣传活动，引导和支持开展自媒体宣传，组织12个非遗项目保护单位参加“非遗购物节”，提高厦门非遗的能见度，促进文化自觉、文化自信。开展闽南新童谣征文活动，收到1965篇，其中290篇进入最终评选并出版《厦门闽南新童谣》图书。举办“2021文化闽南”非遗摄影作品征集，精选20张厦门非遗照片在《中国摄影报》刊发。全市策划举办105项非遗宣传展示活动，启动仪式暨闽台文化交流展演展示活动在湖里区惠和石文化园举行；举办闽台文化交流展演暨新晋省级非遗代表性传承人展演、“百年百艺·薪火相传”厦门新晋国家级非遗代表性项目展、台湾手工技艺交流展示等活动，各平台线上直播收看收听超850万人次。组织珠光青瓷传承人及其作品参加文化和旅游部举办的“薪传奖传统工艺大展”，组织漆线雕、闽南传统民居营造技艺等项目传承人及作品参加文化和旅游部“百年百艺薪火相传”中国传统工艺邀请展。配合中山路改造提升指挥部开展非遗展示工作，为中山路注入非遗内容和文化内涵，新“厦门四宝”（闽南传统天然香、珠光青瓷、传统中药八宝丹、海堤乌龙茶）入住中山路“岛美路头”项目进行常态化展示。联合相关方面开展非物质文化遗产宣传展示进A级景区、进高端酒店试点活动，厦门市文化馆（厦门市非物质文化遗产保护中心）在胡里山炮台景区举办的“厦门市非物质文化遗产厦门巡礼”展览吸引28万名游客参观学习。

【“文化和自然遗产日”非遗宣传展示活动】 2021年6月11日，由厦门市文旅局、湖里区人民政府主办的2021“文化和自然遗产日”非遗宣传展示活动启动仪式在湖里区惠和石文化园举办，展示历时1个月。活动聚焦“非遗+”，探讨当非遗与党建、旅游、闽台交流、夜经济、数字化、文创、产业等碰撞，如何打造非遗传承与发展新亮点。活动现场举行《厦门非物质文化遗产图典》首发式和授书仪式，举办非物质文化遗产和闽台文化交流展示展演活动，展示厦门市非遗保护名录体系建设成果。启动仪式上，厦门市入选第五批国家级非遗代表性项目，第五批省级非遗代表性传承人获得证书。厦门推荐的“厦门珠绣”“民间信俗（延平郡王信俗）”等4个项目全部入选。非遗宣传展示活动包括闽台文化交流展演暨新晋省级非遗代表性传承人展演、“百年百艺·薪火相传”厦门重点非遗代表性项目展、“守艺·传承”湖里区非遗项目集锦暨街头手艺人展演互动、非遗“云分享”等。厦门市围绕“人民的非遗人民共享”的主题，以线上、线下相结合的方式，在全市各区举办105场（次）非遗宣传展示及活动。在内容和形式上，以“非遗+”的概念将活动办到城市党建学院、景区、商场、校园、社区等多个领域，通过闽台两地非遗传承人同台献艺和网络直播、网红带货等举措，让市民游客走近非遗，了解非遗，喜爱非遗。

【厦门文博IP应用大赛】 2021年6月11日，由厦门市文旅局主办、厦门市博物馆和厦门市文化创意产业协会承办的厦门文博IP应用大赛（2021）颁奖仪式在厦门市博物馆举行。大赛以“文博·创意·生活”为主题，采取网上观众投票和线下专家评审相结合的形式，最终《嘉禾礼——厦门红色文化旧址建筑群》和金沙IP家族分别在产品组和概念组夺冠。产品组要求参赛作品为实物，概念组为设计稿或数字产品。产品组和概念组另外分别评出二等奖3名，三等奖5名，最佳设计创新奖和最佳文博应用奖等奖项。除福建省博物馆、高校、文创企业外，来自北京、四川、湖北、广东、新疆、海南、台湾等地区的文化创意产品设计制造单位及个人参加比赛，同时配套举办参赛优秀作品展及高峰论坛，征集参赛作品2564件，其中产品组1676件，概念组888件。厦门市博物馆微博在国际博物馆日参与话题联动，各平台直播流量43.5万人次，网络访问量101.1万人次。

2021年6月11日，厦门文博IP应用大赛（2021）在厦门市博物馆举行

（市文旅局　供图）

【闽南文化论坛】 2021年12月4日，由厦门市文旅局、民盟厦门市委主办，厦门市闽南文化研究会承办的中马送王船联合申遗1周年暨厦门城市与海洋——闽南文化论坛在思明区群众文化艺术中心举办。论坛有文化和旅游部、福建省文化和旅游厅、福建省闽南文化研究会、市委宣传部、市文旅局等有关领导，以及来自厦门、漳州、泉州等地的数十名闽南文化专家和近200名闽南文化爱好者参加。论坛现场，闽南文化专家学者们围绕“城市与海洋”主题，从历史发展、海洋精神、当代研究等不同角度，共同探索海洋文化视角下的城市新发展理念。

【“海洋—非遗文化”论坛】 2021年12月10—11日，由福建省闽南文化研究会和厦门市文化旅游局联合主办，厦门市闽南文化研究会承办的“海洋—非遗文化（厦门）”论坛暨2021年福建省闽南文化研究会学术年会在华侨大学厦门校区举行。论坛以“建设海洋强国、文化强国”为主题，开展闽南海洋历史文化和非遗传承保护发展等各项学术研究，探索文化“生态密码”，突出闽南文化特色，延续优秀传统文脉，筑牢文化自信根基。出席论坛的有来自省内外、海峡两岸的各级领导、嘉宾、专家学者、文史研究者、社会各界人士150余人。论坛分海洋文化、非遗文化、红色文化及其他3个分组展开学术交流，收到来自海峡两岸各地的学术论文162篇，对闽南海洋文明、海洋历史文化、非遗等研究意义重大。

（张雅婧）

文化产业

【概　况】 2021年，厦门市有国家级文化产业园区和基地8个、省级文化园区和示范基地21个、市级重点文化企业50家。全年，厦门市文化产业主营收入约1900亿元，文化产业实现逆势增长。新增经营性互联网文化单位5家、艺术品经营单位4家、演艺经纪机构1家。厦门民营实体书店行业发展呈转型升级态势，一、二、三季度抗疫扶持中有18家书店20个项目获113.5万元扶持。

【文化产业链建设】 2021年，厦门市继续扶持一批重点企业和重点项目发展，重点培育海峡两岸龙山文创园、特区1980创意园、海丝艺术品中心、沙坡尾海洋文化创意港、嘉禾良库文化创意产业园、集美集影视创意园、厦门影视拍摄基地等文化产业园区和基地；继续支持美图科技、美亚柏科、咪咕动漫等厦门互联网文化科技企业做强做大，持续跟踪和服务保障手机（移动终端）动漫国际标准（T.621）的推广应用全产业链产业园项目。推进中国（厦门）智能视听产业基地（拓展区）招商工作，有46家企业签约入驻，总注册资本金3.37亿元。完成首届中国电视剧大会活动方案制订，开展2021年度厦门市智能视听产业发展专项资金申报指南编制工作。4个项目入选广电总局“首届广播电视和网络视听人工智能应用创新大赛”“首届高新视频创新应用大赛”，占福建省4/5。

【广播电视节目】 2021年，厦门市有广播节目7套、电视节目6套（根据频道优化精办设置，原全心购物频道经国家广电总局批准停播）、移动电视节目1套。广播电视节目无线数字化覆盖工程免费为城乡居民提供16套中央电视台数字电视节目。全市有线电视覆盖率100%，数字电视整转基本完成。电视剧备案14部，发行7部；电视动画片备案10部，发行1部；全市重点网络影视剧规划备案119部，成片上线备案22部。全年，市属广播电视媒体播发报道近5万条次（仅首播）；新媒体平台发稿7.2万篇，总阅读量13亿人次，推送短视频5100条，总点击量5.6亿次；在中央电视台、中央广播电视台发稿1071条次，其中中央电视台《新闻联播》48条；排播各类公益宣传约60万分钟。

（张雅婧）

文化交流

【概　况】 2021年，厦门市文旅局通过艺术创作、曲艺交流、文化展演等方式，加强中外以及海峡两岸艺术家、非遗传承人等的互动交流，不断提升厦门市的国际知名度，促进两岸共同传承中华传统文化。市文旅局办理记者到台驻点采访1批5人次。开展闽台文化交流展演暨新晋省级非遗代表性传承人展演，首次被认定公布为省级非遗代表性传承人的5名台胞，在活动中与厦门市非物质文化遗产代表性传承人同台展演，开展文化交流。厦门外图集团打造“国际图书版权超市”，建立线上中外版权信息平台、版权作品展示平台、版权经理人展示平台和线下版权展示交流中心，促进图书版权对外贸易和交流发展，构建国际化图书版权授权交易平台。

【两岸合作创排艺术精品】 2021年6月17日（农历五月初八），为民族英雄郑成功逝世纪念日，由台南市文化协会商请厦门歌仔戏研习中心授权使用防疫歌曲、安平文教基金会文创工作团队制作歌曲的动画动漫版歌仔调《防疫歌》在网络上发表，该歌曲充满闽台元素，表达两岸文艺团体面对疫情携手合作、共同鼓励之情谊。6月26日，由厦门市金莲陞高甲剧团邀请台湾导演李小平执导的高甲戏《回甘》在厦门集美福音堂举行公演。该剧取材于同安区莲花镇军营村，将厦门脱贫攻坚、乡村振兴的事迹搬上舞台，为中国共产党成立100周年献礼。

【中日曲艺交流】 2021年9月24日，厦门市文旅局组织厦门市南乐团应邀参加由日中文化交流协会、中国曲协联合举办的“妙曲弦音——中日曲艺弹拨乐器的对话”第二次中日曲艺线上交流活动。中日双方艺术家分别介绍各自民族音乐的历史演进与艺术特色，并在线上献艺。该次交流活动为中日两国曲艺艺术家深化友谊、加强交流提供平台，为两国曲艺文化的传播与推广作出贡献。

【两岸传统技艺（非遗项目）展演】 2021年12月13日，由福建日报报业集团旗下海峡导报社、福建省金门同胞联谊会、台湾金门同乡会总会联合主办的第十三届海峡论坛·两岸传统技艺（非遗项目）展演在华侨大学厦门校区举行。中央台办、国务院台办副主任龙明彪，福建省委副书记、政法委书记罗东川，福建省委台港澳办主任林文生，厦门市委常委、政法委书记李伟华，厦门市副市长廖华生等出席活动。龙明彪、罗东川与台湾金门同乡会总会长杨维居及金门民间艺术家王明宗进行互动。来自海峡两岸的非遗传承人、手工艺人和文创业者参加活动，展演剪纸、刺绣、南音、漆线雕等11个非遗项目。

【国际青少年友好交流音乐会】 2021年12月19日，由厦门市外办、市教育局、市友协、厦门广电集团及厦门国际友好交流城市联合主办，由厦门鹭岛少年合唱团与来自11个国际友好交流城市的青少年合唱团联袂演出的庆祝厦门经济特区建设40周年国际青少年友好交流音乐会在厦门卫视推出。音乐会由厦门大同中学男声合唱团以庆祝中国共产党成立100周年为主题的歌曲《红歌的青春打开方式》开场。英国加的夫、日本佐世保、新西兰惠灵顿、墨西哥瓜达拉哈拉、印度尼西亚泗水、德国特里尔、加拿大列治文、泰国普吉、土耳其伊兹密尔、以色列内坦亚、巴西福塔莱萨等11个国际友好交流城市开展表演。片尾曲各友城同唱《友谊地久天长》，音乐中巧妙地融入各国的传统乐器，并且通过各城市不同肤色、种族的青少年相互击掌切入镜头，在传递守望相助的正能量的同时，为世界各国团结合作战胜疫情加油鼓劲。音乐会以“传递友谊　放飞梦想”为主题，旨在践行“外事为民”理念，借助国际友城为主渠道的外事资源优势，以主题音乐会的形式，以歌为媒，跨越地域和语言的障碍，深化友好交流，展示厦门经济特区建设40周年国际化成果，增进厦门人民与世界各国人民的相互了解和友谊，推动厦门城市国际化进程。

（张雅婧）

文化管理

【概　况】 2021年，厦门市文化和旅游行政部门继续推进文化市场综合执法改革，市文化市场综合执法“五合一”（5个相关单位整合重新组建成厦门市文化和旅游市场综合执法支队）改革成效的典型经验，在全国文化市场综合执法改革推进现场会暨综合执法工作会上作经验交流介绍。组织开展“扫黄打非·新风2021”、打击网络侵权盗版“剑网2021”、文旅市场禁毒等专项整治行动，出动执法人员1.93万人次，检查各类文化和旅游市场经营场所6411家次，立案查处文化和旅游市场综合执法案件268件，办结311件（含2020年立案，2021年结案），罚没款累计290.08万元。配套开展平安文化市场创建、网吧上网人员信息实名登记、禁毒、校园及周边安全、“静夜守护”等专项整治行动和“绿书签行动”宣传活动，加强网络文化、互联网上网服务营业场所、文化娱乐场所、营业性演出和旅游市场的监管。组织召开全市文旅系统非法卫星电视接收设施专项整治工作推进会和全市非法卫星电视接收设施专项整治联席会议，规范卫星电视收视，发放宣传资料1.33万份，查处并拆除非法卫星接收设施425座。全市新增无“小耳朵”（境外卫星电视接收设施）社区6个、无“小耳朵”小区1个。

【“扫黄打非”工作】 2021年，厦门市“扫黄打非”工作领导小组研究制订《厦门市2021年“扫黄打非”工作行动方案》，组织召开全市“扫黄打非”工作会议，围绕庆祝中国共产党成立100周年，始终保持“扫黄打非”高压严打态势，开展“正道”“新风”“净网”集中行动，打防并举，标本兼治，持续推进“扫黄打非”工作纵深开展。全市出动文化市场监管执法人员4.6万余人次，检查文化企业、门店11万多家次；查缴各类非法出版物5.2万余件，处置网络有害信息12万余条，关闭淫秽色情网站15个；查办涉黄涉非案件53件，其中1件刑事案件被全国“扫黄打非”办公室列为挂牌督办案件。

【行政审批制度改革与服务】 2021年，厦门市文旅局根据“放管服”改革工作部署，在全面落实“五级十五同”的基础上，结合“证照分离”改革工作对现有的审批事项进行调整优化。经梳理，有审批事项49大项、118小项。按类别分类，行政许可34大项100小项，行政确认2大项3小项，其他行政权力13大项15小项；按行业方面分类，文化方面2大项14小项，旅游方面3大项8小项，新闻出版方面19大项28小项，广电方面16大项53小项，文物方面9大项15小项；按审批权限分类，市文旅局法定职权的事项12小项，省级下放的事项23小项，省级委托的事项26小项，审核转报的事项57小项。市文旅局通过“压时限、少跑动、减材料”等方式优化审批服务、减少企业办事负担。市文旅局有118项审批事项承诺总时限压缩至法定总时限的8.6%；所有事项全部实现“一趟不用跑”，并可全流程网上办理；所有事项平均需提交申请材料由原来的5.23份减少到3.42份。全年，市文旅局办理文化行政许可和其他行政权力事项746件，比上年增长11.84%。其中，通过市行政服务中心窗口办理550件，通过“福建省网上办事大厅”办理78件，通过“全国文化市场技术监管与服务平台”办理118件。

·小资料·

五级十五同： 省、市、县、乡、村各级行政审批服务事项名称、颗粒度、基本编码、实施编码规则、事项类型、设立依据、申请材料、办事流程、业务经办流程、事项办理深度、承诺时限、表单格式、审查要点、办理条件、收费项目等方面全省范围规范统一。

【新闻出版行业管理】 2021年，厦门市文旅局开展报刊审读工作，编印《厦门报刊审读》17期。加强出版、印刷、发行市场日常检查，指导厦门市网络游戏运营企业加入国家新闻出版署防沉迷系统，持续保持市场监管的高压态势，促进行业有序发展。加强行业生产安全的监管，组织全市印刷发行企业安全隐患大排查大整治活动等各类安全活动，履行安全监管责任。厦门市版权局持续提升版权创造、保护、运用、管理和服务能力。将版权工作纳入全市经济和社会发展总体规划，协同市相关部门研究制定《厦门市“十四五”知识产权事业发展规划》，围绕“增强版权创造、运用和保护能力”“打造精品特色版权”“打造全产业链版权运营综合服务”等提出目标措施，制定《厦门市“十四五”文化和旅游发展专项规划》将“深化全国版权示范城市建设”列为发展目标和中心任务。以“4·26”知识产权宣传周为重点，拓展宣传领域，创新宣传形式，利用互联网多媒体平台，以“线上直播活动+线下限流活动”的方式，开展版权系列宣传服务活动19项。支持国家海峡版权交易中心等综合性版权公共服务平台及各类专业化数字版权服务平台建设，提升版权社会服务便利度。安妮股份有限公司获国家版权局授予“全国版权示范单位”和“版权保护新技术研究推广站点”。2021年，全市作品版权登记30718件，居福建省前列。打击侵权盗版行为，组织开展院线版权保护、打击网络侵权盗版“剑网2021”等专项行动，全市查处侵权盗版案件4件，市版权工作在全省“双打”工作考评中连续多年名列第一，厦门市文化市场综合执法支队获国家版权局授予“全国查处侵权盗版有功单位”称号，2名执法人员获评“全国查处侵权盗版有功个人”。

【广播电视行业管理】 2021年，厦门市文旅局依法依规履行广播电视舆论阵地、节目内容和安全播出等各项管理职能。对广播电视和网络视听持证机构开展擅自以庆祝中国共产党成立100周年名义违规从事商业谋利活动进行专项监督检查，未发现违法违规行为；对由广播电视和网络视听机构主办并播出的晚会实施备案管理，全年备案9件；审批群众参与的广播电视直播节目5件；完成播音员、主持人资格证年审。加强广播电视节目内容管理，编印《厦门视听评议》20期，发出宣传提示10份，发现问题，督促整改，严把节目政治方向、舆论导向、价值取向关。开展12次广告月巡查监管通报，市级播出机构制作公益广告479条（其中广播类219条、电视类260条）；强化网络视听平台的监管和服务，召开8家厦门市互联网视听节目服务单位监管会议，讨论并通过《厦门市互联网视听节目服务单位监管制度》；确保重要保障期网络播出安全，完成庆祝中国共产党成立100周年、清明节及两会等中央广播电视台重要转播任务，确保正确的内容导向和良好的播出秩序。做好广播电视节目制作经营机构的业绩审核申报、年检换证及“双随机”检查工作。开展“双随机”工作检查1次，抽查广播电视节目制作机构20家。组织开展安全播出检查53次，出动检查288人次。组织开展全市广播电视安全播出和网络安全应急演练183次，参加人数1828人次。全市播出广播电视设施保护新闻61条、公益广告（含宣传片和字幕滚动标语）235条。市级广播电视播出停播率均优于国家广电总局下达的指标任务。

（张雅婧）

新闻出版

【概　况】 2021年，厦门市文旅局（厦门市新闻出版广电局）依法依规加强对出版、印刷、发行行业的监督管理；加强对报纸、期刊、侨刊乡讯、内部资料性出版物的事中事后监管，强化阵地管理，做强、做大主流思想宣传。2021年，全市有印刷企业759家，发行单位609家，连续性内资料性出版物编印单位51家、侨刊乡讯社14家。其中，印刷业产值306.5亿元，比上年增长10.3%，位居福建省第一。在“2020年中国印刷包装企业百强排行榜”评选中，厦门市有5家企业进入榜单，其中厦门合兴包装印刷股份有限公司连续3年位居榜首。

【厦门日报社】 2021年，厦门日报社新设“党史学习教育”频道，开辟《学党史　悟思想　办实事　开新局》专题；依托重要时间节点和重大活动，加强线上线下活动，连续策划推出“学习强国”学习平台主题公交专线、主题地铁专列和党史知识挑战赛、大型征联大赛等活动。“学习强国”厦门学习平台和《厦门日报》强国号发布图文视频稿件14009篇，总阅读量2.2亿次。其中，“学习强国”厦门学习平台发布图文视频稿件8830篇，432篇被总平台选用、1175篇被省平台选用，总阅读量超过2.15亿次，792篇稿件点击量超过10万次；《厦门日报》强国号发布图文视频稿件5179篇，118篇被总平台选用，总阅读量超1000万次。厦门日报社针对国内疫情零星散发和过年人员流动增加等特点，推出“我们一起留厦过大年”等系列专栏专题报道，倡导市民群众就地过节。跨界尝试制作厦门网络春晚——“通往春天幸福路”，实时观看量近300万人次，全网点击量800多万次。7—10月，厦门日报社运用纸媒全部重要版面和新媒体全平台，组建报道小分队下沉抗疫主战场，围绕“快严实细”工作要求，推出“全力以赴　同心抗疫”“我们就是厦门　厦门就是我们”“抗疫　直击一线”“强信心、暖人心、聚民心”“做好常态化疫情防控”等系列报道栏题和融媒体产品。厦门日报社全媒体刊发疫情防控相关报道2万多篇，各平台总阅读量约19亿次，多条融媒体产品点击量过百万次；编制报送《防抗新型冠状病毒肺炎疫情——厦门舆情专报》13期，总字数逾4万字，提出系统性建议50条，为市委、市政府决策提供重要参考。全年，厦门日报社获得国家新闻出版总署颁发的2020年中国报业深度融合发展创新案例奖项。厦门网原创栏目《厦门人的一天》被中宣部新闻阅评点赞、新闻专题《潮起鹭江唱大风》提名中央网信办2021正能量“五个一百”网络精品。新华社客户端《厦门日报》订阅号于5月上线试运行，成为全国首个入驻新华社客户端的地方党媒；7月，推出以“解读政策、一图看懂”为目标的融媒体产品“读策”，打造对政策发布、权威解读的融媒体新闻产品。

2021年，厦门日报社做好习近平总书记“来闽考察”、在“七一”庆祝大会和党的十九届六中全会上的重要讲话精神的宣传报道，在报纸重要版面、新媒体（含“两微一端”、“学习强国”厦门学习平台）首屏首页及时转载推送新华社重要稿件、刊发评论员文章；开设“认真学习贯彻习近平总书记‘七一’重要讲话精神”“深入学习贯彻党的十九届六中全会精神”“党的十九届六中全会精神在基层”等专栏，多角度阐释、深层次解读全会精神，形成规模和声势；在《鹭江秋红》《理论在线》《特区论坛》《人大视窗》《统战在线》《政协之声》等专版做好理论研究、集体学习等方面报道。做好庆祝中国共产党成立100周年和党史学习教育宣传报道，组织好“奋斗百年路　启航新征程”“央媒党史学习教育厦门行”“我为群众办实事”大型蹲点集中采访活动宣传报道，开设《学党史　悟思想　办实事　开新局》《党史学习在厦门》《我为群众办实事》等专

2021年5月15日，厦门日报社、市委党史方志室在厦门英雄小八路纪念广场联合主办“踏寻厦门红色足迹”系列活动　（厦门日报社　供图）

栏专题。策划“踏寻厦门红色足迹”系列活动、“红色印记”大型新闻图片资料回顾展、“学党史　正清风”厦门市宣传系统党史学习教育廉政文化展，举办“我为群众办实事”实践活动优秀案例评选等系列活动，累计刊发相关报道1万多篇，总点击量超1亿次。《厦门日报》推出大型特刊《党旗高高飘扬》。开设“奋力跑好厦门发展接力赛”“新时代　新起点　新征程”“走好新时代赶考路”“认真学习贯彻省党代会精神　全方位推进高质量发展超越”等专栏，刊发“不自满、不懈怠”“敢担当、善作为”等《厦门日报》评论员文章。开辟《沿着习近平总书记指引的方向奋力前行》总栏题。连续推出《四十年接续奋斗　新征程再谱新篇》等社论、系列评论员文章和系列反响报道。推出长篇通讯《一场伟大变革的生动缩影》。各报全媒联动统一推出“‘奋进四十年　迈向新征程’——庆祝厦门经济特区建设40周年特别报道”专栏，策划“我心目中的厦门地标”“我心目中的厦门品牌”“走进厦门高新企业”“踏寻特区足迹　发扬特区精神”“民生数据看特区巨变”“我与特区共成长”等报道，累计发稿约2800篇，总阅读量约2亿人次。《厦门日报》《厦门晚报》《海西晨报》分别策划推出《大潮起鹭江　扬帆再出发》《勇立潮头再扬帆》《奋进四十年　迈向新征程》等大型系列特刊。厦门日报社、市委党史方志室联合主办“踏寻厦门红色足迹”系列活动。主办方甄选出优秀作品结集出版《厦门市红色资源手册》《踏寻厦门红色足迹》，梳理出厦门市近100个红色地标；评选出的“厦门百名红色文化义务讲解员”与红色教育基地挂钩。该活动获评第四届全国副省级城市党报媒体融合新闻大赛的优秀案例。

（李莉琴）

【厦门晚报社】 2021年，厦门晚报社提升“周报＋新媒体＋活动策划＋运营平台”的全效聚能传播运营模式。新增微信视频号和今日头条号发布渠道，进一步扩大厦门晚报社新媒体产品的矩阵规模和全网影响力。《厦门晚报》策划的教师节短视频《她的一天》播放量5215万次。厦门晚报社抖音官方号粉丝数82.9万个，9条作品播放量破500万次。集美悦读季、两岸斗茶、最闽台伴手礼评选、放心购年货营销、厦门老字号诚信企业评选等专项活动通过立体传播模式播出。《厦门晚报》推荐的“集美好儿媳”纪惠娇与丈夫吴绍剑获评2020年度全国“十佳最美家乡人”，与阿里巴巴天天正能量合作启动2021“最美家乡人”评选活动。通过《厦门晚报》报道，厦门好人故事多次获得福建省、全国荣誉。发挥“我要说”和“我要帮”平台作用，“再探怪坡”“聚焦电动车消防安全隐患”“扫码点餐”“700多米路段竖了64块标识牌”等系列报道，引发各界关注，并得到有效解决。做好常态化新冠病毒肺炎疫情防控工作报道，加强服务性和引导性宣传，推出“全力以赴同心抗疫——坚决打赢疫情防控歼灭战”等专栏，全年刊发相关报道500多篇。《厦门晚报》有6篇新闻作品分别获得中国晚报新闻奖一等奖、二等奖、三等奖，1个专栏获得中国晚报优秀专栏奖二等奖；5篇作品分别获得福建省新闻奖一等奖、二等奖、三等奖。

2021年，厦门晚报社策划推出系列特刊庆祝中国共产党成立100周年，其中7月1日推出《永远跟党走》百版大型珍藏特刊。围绕庆祝中国共产党成立100周年、党史学习教育、厦门经济特区建设40周年、文明典范城市创建等主题宣传，先后开辟“党史学习教育在厦门——我为群众办实事”“奋斗百年路　启航新征程——庆祝中国共产党成立100周年特别报道”“我在厦门圆梦——庆祝厦门经济特区建设40周年融媒体报道”等专栏，刊发相关报道800多篇。特区建设40周年主题宣传中，创新性推出“星辰大海40风华——厦门经济特区建设者口述史”大型策划，并在12月21日推出64版大型特刊《勇立潮头再扬帆》。春节、学雷锋日、“三八”妇女节、“3·15”、“五一”劳动节、国际护士节、“六一”儿童节、医师节、教师节、投洽会等节点策划推出相应的主题特刊，全年推出27个特刊。

（谢　磊）

【海西晨报社】 2021年，海西晨报社结合新冠病毒肺炎疫情防控的形势和要求，推出讲述厦门抗疫一线工作人员故事的《一条电话线的“守”与“望”》；推出持续追踪《解决断头路　规划很重要》“断头路”系列融媒体报道；抓住关键节点，策划推出庆祝中国共产党成立100周年之《幸福来敲门》《逐梦幸福路》等百版特刊；庆祝厦门经济特区建设40周年，推出超过40版的“巨鹭之变”的系列专版。全年策划执行各类活动约500场，内容涉及重大活动、体育赛事、文明创建等主题。包括以庆祝中国共产党成立100周年为主题的“百福颂党恩”活动，以庆祝特区建设40周年为主题的“踏寻特区足迹 发扬特区精神”活动。承办文明示范月等相关文明宣传活动10多场；与市退管中心合作开展300场“退服健康大讲堂”活动；策划推出中秋敬老公益博饼、重阳敬老公益博饼活动；承办首届“社区运动会”项目等，报社自有活动品牌项目“两岸汉字节”“两岸风筝节”连续举办10多年。承揽新媒体代建代运营相关业务，代运营的微信公众号超过60个，先后打造市人社局新闻中心、工信局新闻中心等综合性新闻宣传服务项目。报社代运营厦门外宣平台推特和脸书账号“China xiamen”，1年内用户数破10万人，综合影响力居全国同类媒体前6位。推进融媒体转型发展，成立短视频制作小组和直播团队，健全涵盖全媒体传播矩阵，发挥传播集聚效应，抖音号粉丝超过365万人。报社各新媒体平台推文超7万篇，总阅读量约2亿次；发布短视频上万条，总播放量7.5亿次。海西晨报社与厦门网共同组建的厦门报数信息科技有限公司即厦门日报社舆情研究院进入实质性运作。信息服务反映社群民意、百姓呼声，发挥主流媒体的宣传引导作用。开展社会公益活动，参与厦门市文明城市创建、疫情防控等重点工作，10月，获“抗疫战友”称号；11月，获第十届厦门网络文化节优秀传播奖；12月，获评厦门市“爱心厦门建设工作先进集体”。

【城市捷报社】 2021年，城市捷报社结合地铁报定位增强服务意识，在满足读者获取信息、了解政策等方面需求上下功夫，推出地铁建设进展及相关服务报道，以《厦门地铁重塑厦门》为题，总结厦门轨道交通发展的变化，获得好评。在融媒体创新方面，城市捷报社完善由主流新闻客户端搭建的融媒体矩阵，在项目宣传报道中形成合力。全年，承接多个单位微信公众号的代管代运营，《城市捷报》抖音平台发布图文视频稿件291篇，总阅读量2092.5万次，22篇视频稿件阅读量超10万次。城市捷报微信平台发布图文视频稿件657篇，总阅读量34.64万次。城市捷报社通过版面及微信、抖音等平台全方位报道中国百年取得的辉煌成就，包括故事展现、各区党史学习教育的实际行动、厦门各处红色印记的讲解等。持续做好相关重大主题策划，围绕庆祝厦门经济特区建设40周年主题，在报纸和微信公众号推出专栏，多角度聚焦厦门经济特区40年发展亮点，先后推出关于厦门未来5年奋斗目标的解读、交通提升项目建设成绩等报道，以及有关厦门桥隧发展、厦门人生活变化等专题文章。

2021年6—7月，由城市捷报社承办的“红色奇石”党史学习教育主题展在厦门心和美术园举行，展览围绕庆祝中国共产党成立100周年主线，征集到近300平方米的红色奇石作品，从中甄选100平方米进行集中展览，以“中国共产党百年历史重大时期”“奋进新时代，启航新征程”“绿水青山就是金山银山”等为主题的天然文字石、画面石、造型石形象地再现中国共产党百年历史瞬间，让党员群众在参观展览的过程中接受党史学习教育。人民网、中新社、厦门日报社等多家媒体持续关注和报道，累计获得18万次点击量；展览期间，接待学习参观团体10批次，参观人数累计600人次。

（庄　昭）

【厦门网】 2021年，厦门网围绕“习近平到福建考察调研”“党史学习教育”“庆祝中国共产党成立100周年”“厦门经济特区建设40周年”“党的十九届六中全会”等重要时间节点及活动前后，开设“习近平在福建考察调研”“学党史 悟思想 办实事 开新局”“蝶变四十 大厦新篇——庆祝厦门经济特区建设40周年”“学习贯彻落实党的十九届六中全会精神”等专题127个；推出原创H5、图解、海报、微视频等融媒体作品92件；原创栏目“厦门人的一天”聚焦基层党员、志愿者、公益人物等推出48期人物直播；结合中高考、新冠疫苗接种、厦门大学百年校庆等推出58期“厦门网眼”；组织党史征文、党史答题、网友采风等，开展线上线下活动15场；执行新闻发布会等直播31场。厦门网策划执行厦门市青少年网络文明素养大赛、厦门市青少年校园足球中小学联赛、厦门市青少年阳光体育竞赛、厦门市青少年三大球联赛、思明区全民健身运动会等项目，赛事专题总浏览量超1600万人次。2021年，厦门网原创栏目“厦门人的一天”被中宣部新闻阅评点赞，厦门网新闻专题《潮起鹭江唱大风》被提名为中央网信办2021正能量“五个一百”网络精品，厦门网网评文章《奥运会的精彩，不仅是金牌》入选全国优秀网评选。厦门网新闻作品获得2020年度福建新闻奖二等奖、三等奖各1个，获得2020

2021年6—7月，“红色奇石”党史学习教育主题展在厦门心和美术园举行。图为6月17日开展现场

（城市捷报社　供图）

2021 年 5—12 月，第四届厦门市中小学创客大赛在厦门城市职业学院举行。图为 5 月 20 日启动会嘉宾致辞现场　（厦门网　供图）

年度厦门新闻奖一等奖、二等奖、三等奖各 1 个及 2021 年城市网盟优秀网媒奖。2021 年 11 月，厦门网获得第十届厦门网络文化节特别奖及优秀传播奖。

2021 年，厦门网参与举办第四届厦门市中小学创客大赛。大赛以“人工智能改变生活，改变未来”为主题，全市 400 多所学校近 1.6 万名中小学生参赛。参赛项目包括智造创客、“3D+ 创客”、机器人创客、动漫创客、编程创客、实验连环创客、物联网创客、无人机创客、创客建模评比、智力挑战赛。厦门网负责赛事全程执行与运营，完成组织协调、人员安排、物资保障、宣传推广等工作。

（孙冰冰）

【海峡导报社】 2021 年，海峡导报社持续做深做强媒体融合，立足对台，建立对台宣传新媒体矩阵，推出“大陆巡礼”“新福建”等固定新闻专栏，在境内外 30 多个平台开设 100 多个账号，总粉丝数近 5000 万人。台海网继续打造“互联网 +”融合发展，台海网媒体号，包括头条号、抖音号、企鹅号、百家号等，粉丝 1500 多万人，其中抖音号粉丝超过 1200 万人，在大陆涉台媒体号中居前列。海峡导报社提交的海峡论坛非遗传统技艺展演、海峡论坛 IP 设计大赛及海峡论坛创意涂鸦巡回赛 3 项活动项目通过海峡论坛组委会审核，4 月立项，3 项活动于 7—12 月陆续举办。融媒体项目《雄观天下》、《蔡后驾到》、《爱台犀利帮》、《进步师千新闻》、《忠言 Near 耳》、台青直播基地、海峡书院获国台办“全国重点对台宣传项目”立项。两岸融媒体中心、地产事业部被评为优秀专业工作室；抗疫专题报道——“疫散花开　向春天进发”获融媒体案例奖。海峡导报社获福建新闻奖 1 个一等奖、2 个二等奖和 2 个三等奖。海峡导报社派出代表队参加福建省“百年党史铸辉煌”全媒体党史知识竞赛，获得集团第 1 名，省直机关第 11 名，全省 11 个赛区第 27 名。海峡导报社推出“爱心岗位——梦想加油站”全新模式，为家庭经济困难的准大学生提供暑期助学岗位。报社爱心助学专用账户收到社会各界爱心捐款 68 万多元，以“加油包”的形式全部发放给参与爱心岗位助学的 60 名困难家庭学子。在由《海峡导报》刊发的系列报道改编的国内首部见义勇为题材电影《直击现场》全国院线公映前后，《海峡导报》策划推动厦门设立“见义勇为日”。

2021 年，海峡导报社组织宣传报道中国共产党成立 100 周年。1 月底，推出《奋斗百年路　启航新征程》大型系列报道；4 月，推出《一颗初心　百件实事》《百姓写百信》两大策划；7 月 1 日，推出百版特刊《向党报告》，营造举国同庆百年华诞浓厚氛围。由厦门市委宣传部、福建日报社（报业集团）指导，海峡导报社发起的“百琴齐奏颂党恩”——2021 年厦门市民钢琴嘉年华大型公益活动，被列为厦门市庆祝中国共产党成立 100 周年系列百项文化

2021 年 6 月 24 日，厦门市民钢琴嘉年华活动在厦门岛内外 10 个会场同时启动。图为在中山路西段（鹭江道入口）的主会场活动　（海峡导报社　供图）

活动之一，2个月时间举办活动20场。共计200台钢琴送往街头，1000多人次演出，活动新闻在央视《新闻联播》播出。

（陈巧凤）

【鹭江出版社】 2021年，鹭江出版社出版图书216种；总印数324.83万册；总印张2826.49万印张。输出实物图书90种、210册、码洋1.3万元。完善和提升原有的主题出版、地方文化、教育3条产品线，涉足海洋科普领域，延伸并打造健康、稳定、可持续发展的海洋文化产品板块。出版《红色经典诗文诵读（4册）》《时代荣光——闽南红色风华录》《永定革命老区发展史》《乡村振兴实践研究丛书（5册）》等10多种主题图书。推出具有独特地域特点、不可复制的出版物，出版《法映刺桐》《福建优秀传统文化·历史与研学旅行》《福建优秀传统文化·名家名篇赏析》《厦门老手艺》《闽南民居探秘》《闽风翔画》等。在第三十四届全国城市出版社优秀图书评选活动中，《逆行天使》丛书获得一等奖，《闽南非物质文化遗产（第二辑）》获得二等奖；在第三十五届华东地区优秀哲学社会科学图书评选中，《逆行天使》《近代厦门华侨档案选编》获得一等奖，《闽南非物质文化遗产（第二辑）》《思明记忆之厦门海洋历史文化丛书》《中国为什么成功——社会变革中的传统力量》获得二等奖；《福建优秀传统文化》获2021年度"闽版好书"提名奖，《海族列传》入选"中国好书"8月榜单。围绕庆祝中国共产党成立100周年，出版《红色经典诗文诵读》《时代荣光——闽南红色风华录》等图书。其中《红色经典诗文诵读》（4册）销售12.84万册，销售码洋约280万元。《中国侨乡稀见谱牒整理与研究丛书》入选"十四五"国家出版规划，《中国海上丝绸之路通史（20卷）》入选国家出版基金项目，《给孩子读唐诗》《少年林则徐》入选国家农家书屋推荐目录。

2021年，鹭江出版社获得2020年社店合作之出版单位省内市场开拓奖、集团版出版物营销策划奖、集团版出版物发行突出贡献奖。多种图书分别在《光明日报》、《中国新闻出版广电报》、《福建日报》、《中华读书报》、《文艺报》、东南卫视等媒体宣传。向中国台湾地区输出《海洋里的小怪物》《欧欧猫与冲冲鼠——思念的手指头》《灯塔守望者》《延平郡王信俗》4种图书的中文繁体版权。

（金月华）

【厦门大学出版社】 2021年，厦门大学出版社出书919种。其中，新版图书478种，重版重印图书441种，图书销售码洋1.28亿元。厦门大学出版社连续10年入选"中国图书世界影响力出版100强"，获省部级以上立项79个。《互联网金融欺诈识别与风险防范》《中国会馆史研究丛书（8册）》《肿瘤微创手术学》列入"十四五"国家重点出版物出版规划；《电化学测量原理与方法》《邮票上的杰出共产党人》获国家出版基金资助；《慈善市场的失灵与矫治》《闽海民系传统聚落空间形态研究》《汉语中动句形义关系研究》入选国家社科基金后期资助项目；《折纸创新法》《高尿酸血症与痛风的认识误区》入选2021年农家书屋重点出版物推荐目录；《邮票上的杰出共产党人》入选2020年全国高校出版社主题出版选题名单；《百年大党治理的"免疫系统"研究》《邮票上的杰出共产党人：献给中国共产党成立一百周年》《宋代闽本图书传播研究》等8种书获2021年度福建省重点出版项目立项，《百年大党治理的"免疫系统"研究》《邮票上的杰出共产党人：献给中国共产党成立一百周年》《宋代闽本图书传播研究》获福建省优秀出版项目资助。厦大社图书获省部级以上表彰28项，论文获省部级以上表彰10项，集体获省部级以上表彰10项。《我在厦大三十年》《王亚南传》获评2021年度"闽版好书"；《儒家文化与会计审计行为》《话语视角下的批评词典学研究：理论、实践与方法》《以人民为中心的幸福：理论·测量·实践》等14种书获评福建省第十四届社会科学优秀成果奖；《我在厦大三十年》入选2021中华读书报年度图书之100佳，《粤港澳大湾区协同创新机制研究——基于自由贸易组合港模式》入选《中国出版传媒商报》2020影响力图书·年度榜单，《王亚南传》入选第八届读友读品节推荐100种好书，《邮览中国：农耕文明与乡村振兴》入选第八届读友读品节主题出版书单。《从珠澳合作看城市群金融创新与合作路径》一书入选中国出版传媒商报2020年度影响力图书推展·第四季书目，《粤港澳大湾区协同创新机制研究——基于自由贸易组合港模式》入选中国出版传媒商报2020影响力图书·年度榜单，《吴越之迹：江南地区早期国家形态变迁》入选2020中华读书报年度图书之100佳。厦大社申报的《电化学测量原理和方法》是2020年度福建省重点出版项目，入选厦门大学"南强丛书"（第七辑），在厦门大学百年校庆时推出。在第八届（2020）厦门文化产业年度风云榜颁奖典礼暨"2020—2021年度厦门市文化企业30强和创新成长型文化企业"颁奖仪式上，厦门大学出版社入选"2020—2021年度厦门市文化企业30强"。在厦门大学100周年校庆总结大会上，厦门大学出版社获"厦门大学百年校庆筹备工作先进集体"称号。

（王洪春）

【福建新华发行（集团）有限责任公司厦门分公司】 2021年，福建新华发行（集团）有限责任公司厦门分公司（简称厦门分公司）实现营业收入2.6亿元，比上年增加3434.08万元。全年发行政治理论读物4070万元，发行《论中国共产党历史》等4本党史学习指定用书8.5万套，发行《习近平在福建》22万册，满足全市党员干部群众党史学习教育需要。2月18日，厦门分公司首次创新开展"新华书香之旅"营销活动，全年举办29场，服务读者1169人次，该活动获市总工会优秀职工代表提案三等奖。3月11日，厦门分公司与团市委签订战略合作协议，在中山、永同昌、厦禾、集美、同安5家门店联合设立"青年之家"，打造青少年红色经典阅读平台，满足广大团员青年精神文化生活需求，让"青年之家"成为青少年阅读打卡的"网红地"和学习提升的"充电场"。4月24日，"书香鹭岛·阅读到家"上线启动，厦门分公司8家门店入驻阿里巴巴本地生活"饿了么"平台，让读者足不出户就能体验阅读的快乐，打通服务读者"最后一公里"。12月23日，与某部队共建的"新华·云顶哨所书屋""新华·东坪书屋"揭牌，助力"书香八闽"建设。（见表34–1）

表 34-1　　2021 年厦门市新华书店各类畅销书排行榜

排名	书号	书名	编著者
		政治类	
1	9787503571800	习近平在福建（上下）	作　　者：中央党校采访实录编辑室 责任编辑：唐　晓
2	9787507348057	论中国共产党历史	作　　者：习近平
3	9787010232034	中国共产党简史	编　　者：中国共产党简史编写组 责任编辑：任　民
4	9787507348088	毛泽东邓小平江泽民胡锦涛关于中国共产党历史论述摘编	编　　者：中共中央党史和文献研究院
5	9787514710298	习近平新时代中国特色社会主义思想学习问答	编　　者：中共中央宣传部 责任编辑：边　极、任　民
6	9787010237268	中华人民共和国简史	编　　者：中华人民共和国简史编写组 责任编辑：任　民
7	9787514710748	社会主义发展简史	编　　者：社会主义发展简史编写组 责任编辑：边　极
8	9787010231860	改革开放简史	编　　者：改革开放简史编写组 责任编辑：任　民、钟　社
9	9787514710533	新征程面对面（2021 理论热点面对面）	编　　者：中共中央宣传部理论局 责任编辑：边　极、任　民
10	9787519754747	中国共产党党内法规汇编（精）	编　　者：中共中央办公厅法规局 责任编辑：张　岩
		文学类	
1	9787020116133	红星照耀中国	作　　者：[美]埃德加・斯诺 译　　者：董乐山
2	9787500601593	红岩	作　　者：罗广斌、杨益言
3	9787559439833	某某	作　　者：木苏里 责任编辑：孙金荣
4	9787530215593	活着（精）	作　　者：余　华
5	9787229100605	三体（典藏版）/ 中国科幻基石丛书	作　　者：刘慈欣 总 主 编：姚海军
6	9787559452788	难哄	作　　者：竹　已 责任编辑：张　倩
7	9787559439482	撒野（完结篇）	作　　者：巫　哲 责任编辑：张　倩、王　青
8	9787552558487	斗罗大陆（第 5 部重生唐三 1）	作　　者：唐家三少 责任编辑：申　佳、郑晨阳、陈建琼
9	9787530221099	文城（精）	作　　者：余　华 责任编辑：陈玉成
10	9787572602825	天堂旅行团	作　　者：张嘉佳 责任编辑：吕苗莉

续表 34-1

排名	书号	书名	编著者
社科类			
1	9787010215778	乡土中国	作　　者：费孝通 责任编辑：周果钧
2	9787545520262	红船	作　　者：黄亚洲 责任编辑：李建波、郭　森、杨永龙
3	9787208165373	火种（寻找中国复兴之路）	作　　者：刘　统 责任编辑：鲍　静、李　旭
4	9787559449863	半小时漫画中国哲学史	作　　者：陈　磊·半小时漫画团队 责任编辑：丁小卉
5	9787115536198	心（稻盛和夫的一生嘱托）	作　　者：（日）稻盛和夫 责任编辑：张渝涓 译　　者：曹　寓
6	9787572600739	断舍离人生清单	作　　者：（日）山下英子 责任编辑：匡杨乐 译　　者：许　天
7	9787559648600	我们为什么要睡觉	作　　者：（英）马修·沃克 责任编辑：徐　樟 译　　者：田　盈
8	9787540479732	破茧（隔离信任与未来）	作　　者：施　展 责任编辑：丁丽丹
9	9787572600845	情绪自由人生更轻盈	作　　者：张德芬 责任编辑：匡杨乐
10	9787572601491	自律修炼手册	作　　者：（美）史蒂夫·帕弗利纳 责任编辑：匡杨乐
少儿类			
1	9787539574066	顽皮同学（7 追踪孙悟空）	作　　者：商晓娜 责任编辑：孟令娟、陈捷翔
2	9787539570839	马戏团里的巨怪（最强大脑版）/ 少年侦探团	作　　者：（日）江户川乱步 责任编辑：黄　萍 译　　者：焦　玥
3	9787539570259	奶茶侦探社（博物馆里的怪事）/ 拇指班长	作　　者：商晓娜 责任编辑：缪婷婷、陈　佳
4	9787539574691	镜子里的我 / 读写桥梁书	作　　者：邱易东 责任编辑：金旻甦、陈　果
5	9787539570235	拇指班长奇妙假期（拼音版 7 意想不到的旅行）	作　　者：商晓娜 责任编辑：缪婷婷、陈　佳
6	9787539570211	爷爷的铁皮桶	作　　者：赖妙宽 责任编辑：谢艳燕、张文欣
7	9787539574578	来自明朝的女孩（1 冰山里的秘密）	作　　者：栗　亮 责任编辑：谢道廉
8	9787533563981	从青藏高原到阿尔卑斯山 / 小贝尔环球探险记	编　　者：铁皮人科技 责任编辑：夏丹丹、李丛彦
9	9787539574899	猫巧可救了小红帽 / 彩虹桥系列桥梁书	作　　者：王淑芬 责任编辑：谢道廉、谢宏澜
10	9787559712424	会弹吉他的猫（实验版）/ 孩子的趣味科学童话书	编　　者：张　康、蒋德仁 责任编辑：马樱滨

续表 34-1

排名	书号	书名	编著者
		生活类	
1	9787552230512	脑筋急转弯（共 4 册）/ 小小口袋书	作　　者：魏红霞
2	9787020161850	吾皇喊你解数独（共 6 册）	编　　者：马殿佳 责任编辑：徐子茼、马圆圆、李丹丹
3	9787559655417	不可思议的人体	作　　者：（日）茨木保 责任编辑：夏应鹏 译　　者：周岩蕾
4	9787505749993	斯坦福抗疲劳法	作　　者：（日）山田知生 责任编辑：马　燕 译　　者：程雨枫
5	9787533541620	标准对数视力表（最新版国家标准）	作　　者：本书编写组
6	9787545916881	乌龙茶〈铁观音〉制作技艺 / 闽南非物质文化遗产丛书	作　　者：林燕婷、林水田
7	9787521720433	张文宏说传染（补上这堂健康常识课）	作　　者：张文宏 责任编辑：鄢林敢
8	9787571306502	好吃易做家常菜（视频版）	编　　者：孔　瑶
9	9787571004491	湿胖	作　　者：佟　彤 责任编辑：林澧波
10	9787521609783	头号玩家（侦探推理游戏挑战 100 关超级钻石级）	编　　者：于富荣、周　婷 责任编辑：周熔希
		旅游类	
1	9787546701028	厦门市交通旅游图 / 福建省九设区市交通旅游图系列图	编　　者：福建省地图出版社
2	9787555016786	福建省主要旅游景区景点讲解词（福建省导游人员资格现场考试导游服务能力辅导教材）	编　　者：福建海峡旅游人才发展中心
3	9787563739844	阅厦门　悦厦门——精编厦门导游词	编　　者：厦门市文化和旅游局
4	9787546701165	迷失鼓浪屿 / 福建手绘图系列	作　　者：胡本光、程维新、洪　辉
5	7539412577	到鼓浪屿看老别墅 / 老别墅丛书	作　　者：龚洁著
6	9787211077632	福州古厝 / 福州民俗文化丛书	作　　者：曾意丹
7	9787503181214	中国地图册	编　　者：中国地图出版社
8	9787114119125	福建省 / 中国分省交通地图	编　　者：人民交通出版社股份有限公司 责任编辑：董京礼
9	9787561521267	魅力厦门（中文版）	作　　者：（美）潘维廉 译　　者：精艺达翻译服务有限公司
10	9787546703206	厦门市商贸旅游交通图	编　　者：福建省制图院

（苏素湖）

广播影视

【概　况】2021 年，厦门市有广播节目 7 套、电视节目 6 套（根据频道优化精办设置，原全心购物频道经国家广电总局批准停播），移动电视节目 1 套。广播电视节目无线数字化覆盖工程免费为城乡居民提供 16 套中央电视台数字电视节目。全市有线电视覆盖率 100%，数字电视整转基本完成。电视剧备案 14 部，发行 7 部；电视动画片备案 10 部，发行 1 部；全市重点网络影视剧规划备案 119 部，成片上线备案 22 部。播出广播电视公益广告 26.51 万条次，26.56 万分钟；播出广电总局推荐优秀公益广告 3.61 万条次，计 2.62 万分钟。

【影视制作与放映】2021 年，厦门市院线影院 59 家、银幕数 392 块，全年商业电影票房 3.41 亿元。全市获得电影公映许可影片 7 部，获得剧本备案影片 147 部，获得拍摄许可影片 130 部，全国公映影片 6 部；电视剧备案 14 部，发行 7 部；电视动画片备案 10 部，发行 1 部；全市重点网络影视剧规划备案 119 部，成片上线备案 22 部。全年厦门电影票房 3.41 亿元，比上年增长 109.2%。厦门市加强影视放映企业的事中事后监管，配合开展“双随机”工作检查，抽查电影放映机构 4 家。厦门市实施“以节促产”战略，举办中国金鸡百花电影节暨第三十四届中国电影金鸡奖活动，首次设立金鸡奖最佳外语片奖，展示高素质高颜值现代化国际化的厦门城市形象。举办 53 项、700 多场次的电影文化活动，吸引超 5 万人次观影，《人民日报》、新华网、央视总台及境内外新媒体报道信息 87 万多条，全网总阅读量超过 240 亿次。全市新增影视企业 350 家，恒业影业总部、中影华夏等头部企业落户厦门，全年备案电影剧本 147 部，拍摄剧组 98 个，出品《山海情》《绝密使命》《扫黑·决战》《门锁》等影视精品，《绝境铸剑》获第三十二届中国电视剧“飞天奖”，《山海情》获第二十七届上海电视节“白玉兰奖”。

【市属主流媒体正面宣传】2021 年，厦门市组织庆祝中国共产党成立 100 周年宣传工作，围绕庆祝中国共产党成立 100 周年和党史学习教育，结合厦门经济特区建设 40 周年等重大主题，指导广播电视和网络视听机构深化“头条”和“首页首屏首条”建设，在《奋斗百年路，启航新征程》栏目下开设子栏目，做好主题主线宣传。厦门电视台《厦视新闻》开设《学党史　悟思想　办实事　开新局》《我为群众办实事》等子专栏目，1 月 1 日起排播专题片《历史上的今天》；厦门电视台影视频道于 4 月 8 日起推出包含《开国十大名将》《十大元帅》系列的“看电影　学党史”展播；厦门卫视集中排播《敢教日月换新天》《山河岁月》理论文献片。厦门综合广播《早安，厦门》开设《党史上的今天》专栏，每天 4 次播出 1 集《中国共产党的百年瞬间》，推出“百年百集——庆祝建党百年精品广播剧”展播；厦门经济交通广播制作 100 期“主播讲厦门党史”，共同追寻红色记忆；厦门音乐广播 6 月 1 日启动“音乐党史课”系列节目，用红色音符凝聚奋进力量。厦门广电融媒体推出《追寻》《闪光的记忆》《大陆纪行》《风展红旗》等系列报道；相继推出电视系列片《百年伟业》《我们的小康——厦门全面建成小康社会纪实》《复兴路上》《战鼓逐浪》《厦忆百年》《红色种子》《100 分的礼物》《啥叫小康》等百集优质重点片。开展厦门市第七届“弘扬社会主义核心价值观　共筑中国梦”暨“奋斗百年路　启航新征程”主题原创网络视听节目展播活动。市委宣传部开展的“火红的七月”厦门市庆祝中国共产党成立 100 周年系列文化活动，征集到作品 45 件，从中优选 20 部作品在全市 8 家网络视听平台集中展播。针对“七一”重大活动安全播出重要保障期，厦门市完成“七一勋章”颁授仪式现场直播、“庆祝中国共产党成立 100 周年大会”和《伟大征程》文艺演出实况转播任务，形成多屏联动的立体传播格局。厦门市、区两级广播电视栏目播发疫情防控相关报道超过 4000 条次，新媒体平台发布疫情相关信息超过 3000 条次。相关疫情防控新闻在央视、央广发稿 186 条次，其中央视发稿 126 条次、《新闻联播》播发 9 条、央广发稿 60 条次。厦门广电转播厦门市疫情防控情况新闻发布会 19 场，线上观看总量超 567 万次。加强全媒体宣传，指导制作短视频在微信视频号、抖音、快手及户外公共大屏上播出，形成网上网下、声频荧屏立体宣传格局。厦门广电成立赴同安全媒体报道小分队，多平台推出“厦门疫情防控情况新闻发布会”及“记者直击同安抗疫一线”等网络直播。厦门电视台策划播出宣传普及防疫知识专题节目和系列访谈。其中，专题类节目《TV 透》《两岸直航》《名医大讲堂》围绕疫情防控知识、心理健康与心理疏导等话题推出 10 多期特别节目。指导全市广播电视播出机构制作播出防疫抗疫公益广告，累计播放相关公益广告超 8000 条次。优化节目排播，加强节目调度，调整节目编排，增加广播电视和网络视听优质节目供给，向公众提供一批优秀影视剧、动画片、纪录片、综艺节目等。

【广电项目扶持推优】2021 年，厦门市引导全市广播电视和网络视听节目播出制作经营播出机构，围绕庆祝中国共产党成立 100 周年、厦门经济特区建设 40 周年等主题开展作品创作推优工作。全年开展各类征集评选活动 31 批次，征集作品 304 件，其中 68 件被评为优秀或向国家广电总局推荐，报送量和入选量均位居福建省前列；获省级以上各类评优推优作品（项目）72 个、获扶持资金 1097 万元。纪录片《北宋科学巨匠苏颂》入选国家广播电视总局季度优秀国产纪录片。网络短视频作品《劳动人民最光荣》入选国家广电总局 2021 年“弘扬社会主义核心价值观共筑中国梦”主题优秀网络视听节目推选名单，网络电影《我是人民——越冬》在由国家广播电视总局、福建省人民政府主办的第六届海峡两岸青年网络视听优秀作品展上被评为最佳微电影；短视频《盼归》《再见，王美丽》《星空解语人》被广电总局评选为年度优秀网络视听节目。广电集团《谁不说我家乡好》《精彩闽南第四季——绽放吧非遗》《唱忆青春唱享未来——海峡两岸青少年新媒体“唱”论坛》分别被省广电局评选为第一季度、第三季度创新创优栏目（节目）；厦门广电集团《战鼓逐浪》、厦影文化传媒有限公司《闪耀的军魂》、鼎立中和文化产业有限公司《千年马巷·守厝人》获 2021 年度“百年丰碑福建故事”电视短纪录片扶持；6 件作品、1 家机构入选2020年度广播电视公益广告扶持项目和“党旗飘扬　筑梦中国”公益广告扶持项目，7个项目获2021年度福建省电视剧创作生产专项资金扶持补助；厦门广电集团广播节目《音乐党史课》、电视节目《大海的回响——第33届中国电影金鸡奖电影音乐会暨开幕式》获评2021年全省广播电视创新创优节目；5件作品、3家单位在全省广电系统“理想铸丰碑　我说新福建”主题活动中获表彰；7件作品入选2021年全省“信仰的力量”百集微广播剧优秀作品名单；2个项目入选“中国经典民间故事动漫创作工程”评选扶持。全市有6人入选2020年度全国广播电视和网络视听行业领军人才和青年创新人才选拔，数量居全省九地市首位。厦门正午阳光影视有限公司生产的电视剧《山海情》获得第二十七届上海电视节白玉兰奖的最佳中国电视剧等四大奖项。厦门广播电视集团8K户外大屏项目建设获2021年全省广播电视科技创新扶持项目一等奖。

【广电集团】 2021年，厦门广播电视集团（简称厦门广电集团）电视总体收视份额18.95%（中国视听大数据），15个副省级城市台收视份额排名中位列第二名，其中综合频道5.68%、海峡频道4.50%、影视频道5.57%、厦门卫视3.20%，均进入厦门地区频道收视排行榜前十名；厦门卫视省网市场份额1.48%，在福建地区所有频道中排名第十五；广播总体市场份额84.21%，居15个副省级城市中的第二位。“看厦门”App累计装机量112万台；“厦门广电”官微粉丝数61万个，113条推文阅读量突破10万次；“厦门广电”抖音号粉丝超200万个，总播放量15.8亿次；“厦门广电”微博粉丝92万个，超20条话题登上全国热搜；“厦门广电”快手粉丝数超41万个；全网55条短视频超千万播放量。2件作品获得国家级奖项，32件作品上榜福建新闻奖和福建省广播电视艺术奖，25件作品入围国家广电总局、省广电局的扶持项目，95件作品获厦门新闻奖。电视向央视多个栏目供稿被采用802条次，其中《新闻联播》栏目采用56条，2次实现同一天两登《新闻联播》；向中央广播电台供稿591篇，向福建省台供稿300多篇。参与东京奥运会等大型体育赛事直播，完成联合国《生物多样性公约》缔约方大会第十五次会议新闻中心的建设运营，运营2021年金鸡电影节等品牌活动。实现合并收入11.35亿元，利润1650万元。

2021年，厦门广电集团强化“看厦门”App新媒体平台首发、优发，增强“新闻＋政务＋服务”定位，丰富平台内容、增强互动及技术安全。新设腾讯视频、腾讯新闻、好看视频、秒拍视频、土豆视频、优酷、网易号、百家号等新媒体平台账号，新媒体平台20个。慢直播系统新增全市主要交通路段监控镜头和景观监控摄像头，并增加政务民生服务小程序。5套广播节目进行全新改版，提升全媒体的传播效果。推进《厦视直播室》《两岸直航》等一系列重点节目栏目改版，强化大小屏联动。策划“看见闽西南”等互动活动。强化微（短）视频创作和新媒体直播，推出11场“国字号”融媒体直播、16场《台青西游记》《台青加油赞》系列网络直播，推出原创网络专栏《中国史NICE》。《台青说》原创短视频获国台办转发点赞，15小时的厦门大学百年校庆主题大型融媒体直播《百年荣光》被列为年度“现象级”大型直播成功案例，《厦门职工春晚》观众互动4000万次，《名医大讲堂》全年84期微视频被选送上“学习强国”学习平台。推进智慧广电建设，4K高清转播车、4K纯电动力移动转播车、4K超高清电视信号卫星传输车成功运用于厦门马拉松赛、2021中国金鸡百花电影节等重大活动、赛事的转播中，实现户外8K超高清试验频道播出。

2021年，厦门广电集团开设“学党史　悟思想　办实事　开新局”“我为群众办实事”等新闻专栏，策划推出《追寻》《风展红旗》等融媒体重大报道；推出电视系列片《百年伟业》《我们的小康》《复兴路上》《战鼓逐浪》《厦忆百年》等百集优质重点片；策划组织《党的光辉照我心》《奋斗百年路　再启新航程》大型快闪活动；举办“最美的歌儿献给党”青少年儿童歌手赛颁奖晚会等一系列活动；序时排播庆祝中国共产党成立100周年优秀电视剧、“红色”电影作品，以及《党史上的今天》《百炼成钢》《历史上的今天》等专题片、系列片。开设《认真学习贯彻党的十九届六中全会精神》等专栏，搭建《聚焦党的十九届六中全会》等专题，推出《走好新时代赶考路——区委书记访谈》等系列报道，在“看厦门”App、“厦门广电”微信公众号、微博、视频号等新媒体平台推送，展示厦门市上下学习宣传贯彻热潮。策划厦门经济特区建设40周年宣传，全媒体、全方位推出大型全媒体报道《与特区同行》，电视系列片《潮涌　风帆起——沿着习近平总书记指引的航向奋勇前进》，系列报道《特区记忆》《融合之“鹭”》《厦门向未来》以及《40，正青春》直播特别节目，《映像40》短视频系列，挖掘各区、街道、国企等各领域与特区共成长的故事，全方位展现特区40年砥砺前行所取得的巨大成就。策划文明创建宣传，开设《树立标杆争当典范　建设更高水平文明城市》《不文明现象曝光台》等专栏，加大曝光力度，推动问题整改提升，制作147条公益宣传片，弘扬优秀中华传统文化，助力主题宣传。策划“留厦过年”专题报道，推出《强信心　暖人心　聚民心》《全力以赴　同心抗疫》等专栏，派遣全媒体报道小分队到同安抗疫一线报道，大小屏直播连线30场，采编新闻报道、新闻故事、短视频产品250条，总阅读量超过1800万次。开辟“心理健康特别节目”，推出《战疫心力量》《我们都是志愿者》《心理加油站》等“同心抗疫”特别节目，制作推出《定点救治医院里的故事》《同安的动与静》《我的这些天》系列短音视频，策划制作《有爱的厦门》《我们在一起》《我们之间》等多首MV作品，多部被人民网、新华网、央视网链接推送。实行动态排播，制作《如何降低感染》《新冠疫苗科普》《新冠疫苗接种问答》等公益宣传片，推出动画版闽南顺口溜、闽南童谣等新媒体产品，以接地气的方式传播防疫知识。

（石兆阳）

【厦门文广影音有限公司】 2021年，厦门文广影音有限公司实现营业收入1.15亿元，实现利润667.76万元，获第十届福建省“文化企业十强”称号，2020年度福建省国有影视企业社会效益考核居福建省国有企业第一位。全年开展视频内容制作、影视剧投资、网络视听内容运营、闽南文化内容运营等业务。制作完成电视系列片《百年伟业》，专题片《潮涌风帆起》《海角往事》，系列微视频《战鼓逐浪》，系列微纪录片《人生海海（第一季）》，以及金鸡奖宣传片《梦境之地》等120多部纪录片、专题片、宣传片。参投院线电影《没有一个春天不会来临》、网络大电影《人鱼》等影视剧投资。大型纪录片《南侨诗宗——邱菽园》于6月12日在中央电视台老故事频道首播，并获2021年度福建省优秀出版项目称号；系列微纪录片《人生海海（第一季）》入选国家广电总局2021年第四季度网络视听优秀节目。完成第三十四届金鸡奖宣传片、2021年中国金鸡百花电影节开幕式暨第三十四届金鸡奖提名者表彰仪式及终评会、《大众电影》宣传合作、电影节碳中和试点项目等保障工作。参与策划执行第十五届闽南语原创歌曲歌手大赛、厦门市第二十四届南音比赛、2021闽南（翔安）好声音歌手大赛等闽南文化活动。承制厦门卫视闽南话节目7档，完成59331分钟。其中，自制节目《斗阵来讲古》252期、《闽南通》49期、《斗阵来看戏》360期，译制《宇宙护卫队3》《百变布鲁可》《奇趣特工队2》《巨兵长城传》等动画片14部、270集，译制《幸福从天而降》《幸福美丽绽放》《爱情不打烊》等电视剧6部、300集，译制《印象中国》261期、《两岸秘密档案》76期。完成出版选题11个，完成2019年国家出版基金项目《“世界闽南话音视频出版工程”之闽南海丝先贤纪录片系列（一）》及《民间艺术家王泗水》《剧作家陈耕》《纽纽仔》等出版；完成第三十四届中国电影金鸡奖配套图书《光影故事——中国优秀编剧访谈录》组稿编撰出版工作。

2021年11月，厦门文广影音有限公司完成国家出版基金项目《“世界闽南话音视频出版工程”之闽南海丝先贤纪录片系列（一）》出版　（厦门文广影音有限公司　供图）

【中国（厦门）智能视听产业基地建设】 2021年，中国（厦门）智能视听产业基地入驻企业47家，新增注册资本3.44亿元。其中，重点引入人民网与中科院自动化所共同建设的“人工智能技术引擎”“人才创新平台”，整合数据采集、识别、分析、检索等技术通路，打造以内容审核等为主要能力的“互联网风控大脑南方总部”；引入互影互娱科技公司，通过“互动＋故事”的技术变革，着力“科技＋内容”的双轮驱动；推进与成都易精、上海谷元等头部和成长型企业对接。该基地重点推进内容审核、教育培训、产业交流三大平台搭建，与人民中科共建内容审核平台，向全省网信、网安、广电系统、校园系统及视听企业全面开展业务；就非学历制教育对接广电总局研修学院，推动合作打造厦门新视听学院，搭建人才交流和教育培训平台，第一期培训业务于7月下旬开班举办；推进与厦门理工学院对接智能视听学院共建合作。基地作为省、市重点打造的文化产业发展和招商引资平台，基地建设被列入2021年12月19日发布的《中共福建省委、福建省人民政府关于支持厦门建设高质量发展引领示范区的意见》。

（袁雪鹏　蔡嘉奖）

责任编辑：林德全　明安文
审　　稿：曲　艺
校　　对：林建高

35 卫生健康

综述

【医疗改革】 2021年，厦门市委、市政府印发《厦门市进一步深化医药卫生体制改革的实施意见》，建立健全公立医院内部运行机制。市属公立医院成立运营管理部，设置总会计师，推动公立医院从经济管理向运营管理转变。国家紧密型医共体试点单位厦门市同安区总医院整合辖区医疗卫生资源，融合公共卫生服务，医共体运行取得实效。厦门市持续深化“三医联动”改革，动态调整医疗服务项目规范及价格，累计调整770项医疗服务项目规范。推进按病种收付和按疾病诊断相关分组（DRG）收付费改革，实现按病种分值付费（DIP）为主的复合式支付方式改革全覆盖。厦门市卫生健康委员会（简称市卫健委）开展公立医疗机构经济管理年活动，围绕“规范管理、提质增效、强化监管”主题，完善公立医疗机构经济管理长效机制，助力公立医院高质量发展。城乡居民医保筹资标准调整为每人每年1140元，其中财政补助740元、个人缴纳400元，财政补助和个人缴费比例均达到国家要求。

【医疗科研成果】 2021年，厦门市获批1个国家临床医学研究中心分中心、2个福建省临床医学研究中心。16个医院科室进入2020年度中国医院科技量值百强，其中6个排名为福建省内第一；2个专科获得2020年度全国专科声誉排行榜提名，8个专科获得2020年度华东区域专科排行榜提名；2家医疗机构进入“CCHRPP全国GCP机构药物临床试验量值”综合榜前200名。厦门市组织申报年度市临床重点专科建设项目，评审立项18个市临床重点专科建设项目。有复旦中山厦门医院、复旦儿科厦门医院、四川大学华西厦门医院3个国家区域医疗中心。厦门大学附属心血管病医院获批委省共建国家心血管病区域医疗中心和国家心血管疾病临床医学研究中心分中心。厦门大学附属第一医院连续4年入选艾力彼“中国医院竞争力顶级医院百强榜”。国家耳鼻咽喉疾病临床医学研究中心福建临床创新技术研发基地落户厦门大学附属中山医院。新批准设置16个名医工作室，累计有42个名医工作室（其中院士工作室5个、国家级主委工作室25个），引进国内专家及团队近300人，部分病种基本实现“大病不出市”的目标。厦门市“全专协作、创新分级诊疗制度建设”“创新打造国家区域医疗中心”入选庆祝厦门经济特区建设40周年全面深化改革优秀案例。

【公共卫生应急处置】 2021年，厦门市接警17.32万次，比上年增长26.57%；接诊病人8.4万人次，增长15.98%，含疫情防控相关接诊转运任务2.52万次。处置大嶝岛机场指挥部火灾、观音山海滩直升机坠海、罗宾森二期火灾等各级各类突发事件473件。完成2021年厦门马拉松赛、第三十四届中国电影金鸡奖等各类医疗保障及演练工作415次。完成急救知识和急救技能培训119场次，参训6449人次。建设医疗应急辅助分析系统，改造第一期救护车实现应急人员和物资可视化指挥调度以及患者救治全程可视化追踪。推进厦门岛内急救分中心建设，组建成立市级卫生应急队伍4支、区级卫生应急队伍8支。依托医疗卫生机构、医药生产配送企业、区域仓储基地，构建实物储备与产能储备相结合的应急物资保障网络。

【计生服务】 2021年，厦门市发放计生扶助金4414.8万元，计生奖励金2.2亿元，一次性紧急救助333万元，计生特殊家庭成员医疗救助报销经费270余万元，计划生育奖励兑现率100%。开展特殊家庭联系人制度、就医绿色通道、家庭医生签约“三个全覆盖”工作，计生服务群众满意率95%。全年计生统计年度总人口524.85万人，其中常住人口270.1万人、流动人口254.75万人；总出生人口4.48万人，政策符合率95.96%，出生率8.9‰，信息统计准确率97%以上，流动人口服务管理覆盖率95%以上。

【国家医保信息平台对接】 2021年，厦门市推动对接国家医保信息平台工作，市分管领导召开专题会议协调推进，市委常委会听取汇报，市政府专门成立以分管副市长为组长，厦门市医疗保障局（简称市医保局）及市委宣传部、市委网信办、市公安局、市卫健委、市市场监管局、市审批管理局、市信访局、各区政府为成员单位的工作专班，各区参照成立工作组，强化对上线国家平台工作的统一领导，健全工作机制，落实分类培训、宣传引导。10月26日，医保信息系统停机上线国家医保信息平台，全市1948家定点医药机构信息系统完成对接。

（张道宇　谢亚琴）

医疗卫生机构

【概　况】2021年，厦门市医疗卫生机构总数2284个（不含部队医院），比上年增加113个。其中医院65个、基层医疗卫生机构2168个、专业公共卫生机构24个、其他卫生机构27个。按经济类型分，全市公立医疗卫生机构722个，比上年增加24个；民营医疗卫生机构1562个，增加89个。全市实有床位总数20272张，其中医院床位19153张、基层医疗机构床位228张、公共卫生机构床位数751张、其他医疗机构床位140张。按经济类型分：公立医疗机构床位14992张，占总床位73.95%，比上年增加553张；民营医疗机构床位5280张，占总床位26.05%，增加249张。卫生人员总数50064人，比上年增加1846人。其中，卫生技术人员40602人，比上年增加2062人；执业（助理）医师16859人，增加738人，其中执业医师15712人，增加757人；注册护士17798人，增加932人；药师（士）2166人，增加74人；技师（士）2464人，增加389人。（见表35-1）

【医疗机构业务量】2021年，厦门市医疗卫生机构总诊疗人次数3897.88万人次，比上年增加184.65万人次。按机构类别分，医院总诊疗人次数1810.98万人次（占46.46%），比上年增加172.10万人次；基层医疗卫生机构1858.89万人次（占47.69%），增加2.02万人次；专业公共卫生机构及其他机构228.01万人次（占5.85%），增加10.25万人次。按经济类型分，公立医疗卫生机构总诊疗人数2958.25万人次（占75.89%），

表35-1　2020—2021年厦门市医疗卫生机构与床位情况表

类别	机构数（个）		实有床位数（张）	
	2020年	2021年	2020年	2021年
医院	62	65	18238	19153
#综合医院	35	36	12820	13628
中医医院	6	6	1650	1650
专科医院	19	21	3668	3775
护理院	2	2	100	100
基层医疗卫生机构	2064	2168	338	228
#社区卫生服务中心（站）	26	27	95	43
卫生院	13	12	243	185
村卫生室	280	276	0	0
门诊部	463	505	0	0
诊所、卫生所、医务室	1282	1348	0	0
专业公共卫生机构	24	24	754	751
#疾病预防控制中心	7	7	0	0
专科疾病防治院（所、站）	1	1	16	16
妇幼保健院（所、站）	7	7	738	735
急救中心（站）	1	1	0	0
采供血机构	1	1	0	0
卫生监督所（中心）	7	7	0	0
其他卫生机构	21	27	140	140
#康复医疗机构	1	2	140	140
医学科学研究机构	1	1	0	0
临床检验中心（所、站）	10	14	0	0
其他	9	10	0	0

表35-2　2021年厦门市医疗卫生机构人员情况表

单位：人

类别	总计	医院	基层医疗卫生机构	专业公共卫生机构	其他卫生机构
卫生技术人员	40602	24100	13606	2450	446
执业（助理）医师	16859	8454	7407	913	85
执业医师	15712	8269	6462	898	83
注册护士	17798	12282	4614	835	67
药师（士）	2166	1179	890	89	8
技师（士）	2464	1529	458	295	182
其他卫生技术人员	1093	656	237	96	104
其他技术人员	2184	1293	575	187	129
仅从事管理人员	1948	1255	391	199	103
工勤技能人员	4879	2914	1317	483	165
乡村医生和卫生员	451	0	451	0	0

比上年增加 139.73 万人次；民营机构为 939.63 万人次（占 24.11%），增加 44.92 人次。（见表 35-2）

【医疗机构基础项目建设】 2021 年，厦门市卫健委作为建设责任单位的市重点在建项目 3 个，年度投资 1.95 亿元，完成年度总计划 116.38%。其中，四川大学华西厦门医院主体结构封顶，市儿童医院科研楼项目开工，杏林医院项目、复旦中山厦门医院科研楼项目、市中医院康复楼项目立项。完成开元、禾山、梧村街道社区卫生服务中心项目并投用。厦门市医疗卫生机构拥有房屋建筑面积 370.83 万平方米，比上年增加 52.04 万平方米。其中，业务用房面积 233.72 万平方米，比上年增加 9.93 万平方米。全市医院有房屋建筑面积 257.46 万平方米，比上年增加 14.69 万平方米，其中业务用房面积 196.36 万平方米，增加 8.03 万平方米。厦门市医疗卫生机构 1 万元以上设备 51673 台，比上年增加 5779 台；总价值 96.33 亿元，增加 8.35 亿元。

【家庭发展事务中心揭牌】 2021 年 7 月 20 日，厦门市家庭发展事务中心揭牌，前身为厦门市流动人口计划生育服务站。该中心主要承担婴幼儿照护、老龄健康、人口监测、家庭发展、流动人口计划生育管理服务、卫生健康宣传教育等方面事务性工作。推动厦门市婴幼儿照护服务发展工作，发展普惠托育试点，助推新建和投用 10 家普惠托育机构，可提供 985 个普惠托位。实施婴幼儿照护服务发展工作，为双职工家庭解决幼小儿童无人照管的问题，为 3 岁以下婴幼儿提供日间照护。推进厦门市母婴设施建设，在省内首家推出公共场所母婴设施建设导航系统，组织建设爱心便民母婴室 503 家。对接老龄健康工作。开展卫生健康宣传教育和健康促进行动。

【"互联网 +"医保服务定点医疗机构上线】 2021 年 9 月 3 日，厦门首家"互联网 +"医保服务定点医疗机构在厦门弘爱医院正式上线。市医保局、市审批局、市卫健委等部门及 23 家三级医疗机构相关代表出席上线仪式。参保人在"互联网 +"医保服务定点医院进行线上复诊时，仅需凭医保电子凭证即可进行复诊、续方、开药、在线即时结算诊察费和药品费用、预约物流送药上门等。与传统医保服务相比，"互联网 +"医保服务开通专业医师线上复诊续方开药、医保即时在线支付、快递送药上门等业务，免去参保患者去医院挂号排队、结算缴费等工作。

2021 年 12 月 6 日，厦门市翔安教育集团天成托育园授牌　　（市卫健委　供图）

·小资料·

"互联网 +"医保服务：是指厦门市具备"互联网 +"医疗服务的医疗机构，依托实体定点医疗机构，自愿向医保经办机构申请签订"互联网 +"医疗服务医保补充协议后，为参保人复诊产生的诊察费、药品费可按规定实现在线医保结算，执行与所依托实体医疗机构相同的医保报销比例。

（张逍宇　谢亚琴）

疾病防控

【概　况】 2021 年，厦门市卫健委印发《2021 年厦门市疾病预防控制项目管理方案》。其中，学生常见病和健康影响因素监测与干预工作首次实现覆盖全市 6 个区。厦门市完成碘缺乏病和饮水型地方性氟中毒监测任务，碘缺乏病防治各项指标继续保持在国家消除标准内，饮水型地方性氟中毒各项指标继续保持在国家控制地氟病标准内。做好妇女"两癌"（宫颈癌、乳腺癌）筛查工作，推广为全市适龄（13 周岁至 14 周岁半）在校女生免费提供国产 2 价 HPV 疫苗接种服务。4 月 7 日，厦门市疾控中心举办厦门市慢阻肺早期干预及规范化管理项目启动仪式，与广州医科大学附属第一医院国家呼吸系统疾病临床医学研究中心联合开展"厦门市慢阻肺早期干预及规范化管理项目"，提升呼吸系统疾病诊治水平，中国工程院院士钟南山出席仪式。

【疫苗接种】 2021 年，按照国家和省新冠病毒疫苗接种总体部署，在原有 18 周岁以上人群接种基础上，厦门市扩大接种范围，分步骤实施 12～17 周岁人群新冠病毒疫苗接种工作。7 月 26 日启动到 8 月 9 日，完成 15～17 周岁人群（12.6 万人）第一剂次接种；8 月 10 日，启动 12～14 周岁人群（12.9 万人）第一剂次接种和 15～17 周岁人群第二剂次接种；9 月底前完成 12～14 周岁人群第二剂次接种；10 月 29 日，启动 3～11 岁儿童新冠疫苗接种工作。在开展 12～17 周岁人群接种的同时，厦门市继续对 18 周岁及以上人群进行接种，

2021年4月7日，厦门市慢阻肺早期干预及规范化管理项目启动仪式在厦门市疾控中心举办。图为中国工程院院士、共和国勋章获得者钟南山（右五）出席启动仪式

（市卫健委　供图）

做到应种尽种。至年末，18岁以上人群完成全程接种393.3万人，接种覆盖率94.89%；12～17岁人群完成全程接种29.69万人，超额完成年度计划。

【环境健康宣教】 2021年，厦门市疾控中心在全市各类场所开展环境健康宣教系列活动。在厦门实验小学、厦门金山小学、厦门曾营小学、梧侣社区，后田社区开展现场宣讲活动，发放清洁空气与疾病防控相关知识宣传材料5000多份，宣传品200多份。在全市中小学以“清洁空气与疾病防控”为主题，开展“环境健康杯”征文绘画比赛活动，全市80余所中小学参与，收到绘画类作品507份、作文类作品240份。完成以“清洁空气与疾病防控”为主题的图文和视频类环境健康宣教材料制作征集活动，提交1份视频类作品和1份图文类作品参与省级评比。

【艾滋病防治】 2021年，厦门市防治艾滋病工作委员会办公室召开厦门艾滋病综合防治示范市专题工作会，明确各成员单位的工作任务与职责，推动市艾滋病防治工作质量提升。全市利用报刊、宣传折页、电视、“两微一端”（指微博、微信及新闻客户端）等媒体平台开展艾滋病防治知识普及宣传活动，推进预防艾滋病宣传教育进社区、学校、工地、娱乐场所等。开展经常性宣传、集中性宣传活动。社区组织参与艾滋病防治工作，在艾滋病防治知识宣传、消除艾滋病歧视等方面发挥作用。全市建立艾滋病确证实验室2个，艾滋病筛查实验室36个，自愿咨询检测点18个，基本形成覆盖全市的艾滋病检测网络。全市累计报告检测各类人群44万余人次，约占全市人口的9%。设立艾滋病哨点监测点6个，针对艾滋病高危人群和重点人群开展监测。推广指尖血快速检测、同伴推动检测等方式，扩大检测覆盖面，免费发放指尖血快检包2000余份。

（张逍宇）

城乡医疗卫生服务

【概　况】 2021年，厦门市5家基层医疗卫生机构通过国家级“优质服务基层行”推荐标准评审。同安区乡镇卫生院、翔安区乡镇卫生院成为福建省农村医疗卫生机构基础设施管护实施试点。22家基层医疗机构建设智慧药房，实现签约居民的慢性病用药、常见病用药等自助取药。截至年末，全市家庭医生签约服务80.45万人。重点人群中，65岁以上老年人签约服务16.72万人，高血压签约服务17.9万人，糖尿病患者签约服务7.39万人。居民对签约基层医疗机构的首诊意愿92.48%，签约居民对签约机构的综合满意度96.62%。厦门市在2020年度基本公共卫生服务项目省级绩效评价中排名第三。

【大病医疗保险缴费标准调整】 2021年6月22日，厦门市医保局印发《关于调整2021—2022医保年度大病医疗保险缴费标准的通知》。职工基本医疗保险参保人参加大病医疗保险的缴费标准为每人每年173元，其中由参保人个人账户每人每年承担84元，职工基本医疗保险社会统筹基金每人每年承担89元。城乡居民（含未成年、大学生）基本医疗保险参保人参加大病医疗保险的缴费标准为每人每年68元，由城乡居民基本医疗保险基金承担。

【“近邻”“党建＋医保”社区治理共建新模式】 2021年7月6日，厦门市医保局与思明区政府在万象里广场举办“近邻”党建＋医保社区治理共建签约授牌仪式。针对社区居民普遍存在的就医难、购药难、照护难“三难”问题，创新打造“近邻”“党建＋医保”社区治理共建新模式，构建党建引领、部门联动、社会协同、全民参与、法治保障“五位一体”医保治理模式。通过聚合筼筜街道、金桥社区、官任社区、定点医药机构、市民等力量，组建“近邻＋志愿服务”“近邻＋护老互助”2支队伍，形成社区内互助循环照护，为老弱病等重点人群提供医保、医药、医养、志愿四大服务，急救、抢救药物免费送药上门，24小时药品配送，打造“十五分钟医药上门服务圈”，爱心服务就医困难居民40余人。

【城乡居民基本医疗保险筹资标准和住院待遇调整】 2021年7月14日，厦门市医保局、市财政局、市税务局联合印发《关于调整城乡居民基本医疗保险筹资标准和住院待遇的通知》，调整城乡居民基本医疗保险筹资标准。从2021医保年度起，厦门市城乡居民基本医疗保险的筹资标准从原来的每人每年1070元调整为每人每年1140元，其中财政补助标准由原来的每人每年710元调整为740元，个人缴费标准由原来的每人每年360元调整为400元。调整后，厦门市人均财政补助标准比国家规定的最低补助标准（每人每年580元）高出160元。调整城乡居民基本医疗保险住院待遇，自2021医保年度起，将城乡居民医保住院三档报销比例进行合并统一，即参保居民在定点医疗机构住院发生的起付标准以上基本医保统筹基金最高支付限额以下的医保费用不再分档，统一报销比例，在三级、二级、一级定点医疗机构的报销比例分别调整为73%、80%、90%。

【台胞医保服务站建设】 2021年12月，厦门市医保局在7家定点医疗机构增设台胞医保服务站，包括厦门大学附属第一医院、厦门大学附属中山医院、厦门市中医院、厦门医学院附属第二医院、厦门大学附属第一医院同安院区、厦门市第三医院、厦门长庚医院、厦门弘爱医院，为在厦门就医的台胞代办门诊、急诊及住院（5日内）等健康保险核退业务，提供报销流程指导、报销材料汇总、复核及申报提交等“一站式”代办服务，报销费用由台湾地区健康保险机构直接汇入台胞在台湾地区的个人银行账户，解决参加台湾地区健康保险的台胞在大陆就医医疗费用回台报销“路途远、手续杂、期限久”等困难。全年，接受1225次台胞健保报销咨询，为126名台胞代办健保报销业务。

（张道宇 谢亚琴）

计划生育服务

【概　况】 2021年，厦门市计划生育协会（简称市计生协）围绕6项重点任务（宣传教育、生殖健康咨询服务、优生优育指导、计生家庭帮扶、家庭健康促进、权益维护），聚焦生育支持与家庭健康，投入工作经费近1亿元，其中生育关怀经费4926.86万元，受益计生家庭30多万户次、人口100万人次。8所高校为国家级青春健康项目点，同安区、集美区为国家级流动人口项目点，集美区暖心家园成为全市第四个中国计生协项目点，海沧区探索推进儿童早期发展联盟，同安区获中国计生协优生优育指导中心称号。市计生协推进全市计生家庭意外伤害保险项目，开展失独家庭住院护理补贴保险，全部失独家庭和部分伤残家庭参保的保费300元/人。2020—2021年度投入2781.99万元，受益计生家庭26.64万户，惠及73.58万人，简单赔付率132.11%。联合省计生协、市卫健委等单位开展庆祝中国共产党成立100周年暨健康知识进万家“5·29”会员活动日系列宣传服务活动，设立宣传点近20个，线上观看群众60万人次。建立区级法律援助站6个，镇（街）法律援助点36个，村（居）法律援助联络点451个，聘请法援律师289人，协调维护计生家庭合法权益1078次。打造湖里区湖里街道村里社区计生家庭权益维护示范点，成立全市首个计生家庭权益维护“村里人”法律援助服务示范点。计生保险项目分别在全国、全省计生保险工作评奖中获三等奖、一等奖。市计生协被省计生协授予全省宣传教育工作先进单位称号。市计生协发表的《增进生育支持，守护家庭健康》等50多篇工作典型被中宣部“学习强国”平台、中国计生协《工作通讯》《中国人口报》等国家级媒体报道。在中国计生协第三届计生协好新闻评选中，厦门市计生协获中国计生协“组织工作奖”，选送的新闻作品有1篇获二等奖，5篇获三等奖。

【计生关怀服务】 2021年，厦门市各级计生协帮扶计生困难群众，开展节日走访、结对帮扶、心理疏导、联谊活动等8项系列关怀服务，开展各类慰问、联谊、讲座等节日主题帮扶活动300多场次，参与群众1万多人次。全市农村计生投入经费43万元，帮扶86户；幸福工程投入经费153.8万元，帮扶72户。市级金秋助学投入经费37.5万元，帮扶75人，助学模式从一次性资助拓展为一次性与续助相结合。通过微信公众号“厦门市计划生育协会”建立直通卫健单位“预约导诊”等线上健康服务平台，关注人数1.4万人。

【家庭健康建设】 2021年，厦门市各级计生协围绕健康厦门建设，实施家庭健康促进行动。市计生协联合市卫健委下发《关于开展厦门市健康知识进万家的通知》，对接16家卫生健康单位结对共建，组建由200名专家组成的健康促进专家库，开展“健康厦门行”线上线下家庭健康教育讲座60多场。推动计生协小组长向“家庭健康助理员”“家庭健康宣导员”转型，协助做好健康知识宣传、卫生防疫、家庭医生签约服务等工作。市计生协先后下发《关于在家庭健康促进行动中切实做好老年健康服务的通知》《关于开展百场“暖心大学堂”主题活动的通知》，联合各区组织老年健康“暖心大学堂”主题活动35期。推进流动人口服务，湖里区入选全国新市民健康行动项目点。全市共建立流动人口计生协示范点国家级4家、市级6家、区级33家。

【优生优育指导】 2021年，厦门市各级计生协开展优生优育进万家活动，宣传普及优生优育知识，引导育龄群众自觉接受婚孕检，推进防止出生缺陷工作。建立“中小学生青春期教育、高校同伴教育和家长沟通之道教育”三位一体的青春健康教育格局，厦门大学、集美大学理学院、梧侣学校入选全国青春健康教育示范基地，集美区入选青春健康沟通之道家长培训第二轮全国项目点。全市建立儿童早期发展项目点36个，开展婴幼儿家庭科学育儿知识讲座和亲子互动辅导示范活动，服务家庭超6000户。举办育婴员培训班、青春健康同伴教育大学生主持人培训班，近100人参加。

【社会治理参与】 2021年，厦门市175个村（居）达到计生基层群众自治“六好”（组织保障好、政策倡导好、民情联络好、家庭关怀好、文明诚信好、群众参与好）示范标准。各级计生协将计生群众自治融入基层群众自治工作，参与社区治理。海沧区、思明区、集美区、同安区入选全国计生基层群众自治示范区。全市计生协工作人员、会员参与社区联防联控3万余人，慰问失独家庭数368户，发放慰问金、慰问品8.48万元，健康宣传949篇。各级计生协参与防抗重大自然灾害、清洁家园、垃圾分类、平安创建、打黑扫恶等活动。

（柯淑娴）

妇幼保健

【概　况】2021年，厦门市孕产妇死亡率为零，婴儿死亡率1.50‰，5岁以下儿童死亡率2.92‰。全市艾滋病、梅毒和乙肝的孕期检测率99%以上，孕早期检测率83%，乙肝感染孕产妇所生新生儿乙肝疫苗及乙肝免疫球蛋白及时注射率99%以上，未发现艾滋病感染或梅毒感染产妇所生儿童检测阳性个案，艾滋病母婴传播率为零。加强出生缺陷综合防治，全市婚检率95.85%，形成"4+6+基层"（4家产前诊断机构+6家产前筛查机构+社区/区妇幼）的产前诊断筛查联动网络，新生儿遗传代谢率及先心病筛查率均在99%以上。优化厦门市妇幼信息系统妊娠风险管理模块，推出群发功能和妊娠风险顺位统计功能。

【新生儿参保报销"秒批"服务】2021年8月，厦门市医保局推进"我为群众办实事"实践活动，试点推行新生儿医保参保报销"秒批"服务，打造出生"一件事"掌上办，实现"一趟不用跑"。新生儿参保报销"秒批"服务推广至22家医院，实现开设产科的医院全覆盖，2.8万户新生儿家庭报销医疗费用超1000万元。

【婴幼儿照护托育服务】2021年，厦门市出台托育机构卫生评价报告（试行），对托育机构卫生评价独立测评。全市有托育服务机构近350家，收托婴幼儿近8000人。新建成省级托育服务试点单位4家、市级托育服务试点单位6家，新增普惠托位1085个。新建母婴室44家，全市有母婴室527家，基本实现公共场所母婴室全覆盖，母婴设施建设数量居福建省首位。在福建省首推"多性别使用母婴室"，建设完成16家。全市有29家母婴室获得"福建省我最喜爱的妈妈小屋"称号，83家母婴室获得"厦门市示范母婴室"称号。市卫健委开展"优生优育进万家"活动，建设市、区两级优生优育指导基地8个，儿童早期发展示范点36个，"向日葵亲子小屋"7个，印发《科学育儿指导手册》2.5万份，海沧区构建区级儿童早期发展联盟网，同安区将中国计生协优生优育指导中心活动延伸到村居（基层）。

【婴幼儿照护托育服务协会成立】2021年11月9日，厦门市婴幼儿照护托育服务协会在厦门市妇幼保健院成立，会员150家，为福建省首家婴幼儿照护托育行业协会。成立大会上，举办揭牌仪式及会长、副会长、常务理事和理事单位个人授牌仪式，厦门市妇幼保健院原党委书记张明河当选首任会长。该协会主要宣传贯彻有关3岁以下婴幼儿照护服务发展的方针、政策；部署研究国家、省、市相关行业规划、政策、举措，研究厦门托育行业发展情况；构建服务、培训、品牌、营销、展示等行业发展平台；建立完善行业信息网络，推广应用信息化管理；开展有关3岁以下婴幼儿照护服务行业的交流与研讨；开展行业执业资格技能培训，提供法律、人才、技术、宣传等综合性服务和规范普及质量标准等专业服务；组织开展公益活动，提供家庭育儿指导服务；建立适合厦门市市场环境的托育服务行业标准服务体系及各项评价体系等。

【首届婴幼儿照护师技术比赛】2021年11月14日，由厦门市卫健委主办的厦门市首届婴幼儿照护师技术比赛决赛在翔安区举行。该比赛采取理论和实践相结合的方式进行，20家托育机构的33名选手入围决赛。决赛开展保健护理、生活照料的项目考试。福翔幼儿园的照护师周茹婷获得冠军。该比赛是福建省首个针对0～3岁托育服务专业机构从业人员的专项（婴幼儿照护师）技能大赛。

（张道宇）

爱国卫生

【概　况】2021年，厦门市人民代表大会常务委员会公布实施《关于深入开展爱国卫生运动的决定》。厦门市通过2021年国家卫生城市复审。推进控烟工作，创建"无烟党政机关""无烟单位""无烟学校"，组织"世界无烟日"等大型卫生健康宣传活动9场，开展2轮公共场所控烟专项行动。推进农村人居环境整治工作，建设卫生村镇，推荐申报省级卫生乡镇2个、省级卫生村4个、省级卫生社区46个。开展疫情防控消毒工作，印发《厦门市新冠疫情防控消毒工作方案》，对疫源地、隔离酒店、封控小区、农贸市场等重点区域开展消毒督导检查，协调组织消毒机构专业人员104人、过程评价员36人、消毒效果评价采样检测人员8人，参与同安区疫点消毒工作。

【"世界无烟日"活动】2021年5月29日，由厦门市卫健委和市疾控中心主办的大型无烟日宣传活动在思明区育秀广场举行。活动邀请厦门市康桥中学的学生和思明艺术幼儿园的小朋友们，以"珍爱生命，拒绝烟草；拒吸第一支烟；小手拉大手，远离烟草伤害"为主题，描绘少年儿童心目中的无烟世界，并为获得2021年世界无烟日"禁烟"主题学校绘画比赛的优秀学生颁奖。厦门市创建"无烟党政机关""无烟单位""无烟学校""无烟酒店"等无烟单位653家，创建无烟城市。市爱卫办倡议全体市民、各党政机关、企事业单位参与控烟行动。

【秋季爱国卫生运动】2021年9月30日至10月6日，厦门市在全市范围内开展秋季爱国卫生运动。该活动以专业防治与群众运动相结合，疫情防控与日常爱国卫生运动相结合，主要抓好城中村、城乡接合部、农贸市场等薄弱环节，清理环境，开展消毒和病媒生物防治工作，该运动分为4个层级进行。全市企事业单位对单位内外环境卫生进行整治，对办公室、楼道、公共外环境、食堂、厕所等进行大扫除，清理垃圾、杂物、积尘等。街道（镇）、社区（村）动员辖区群众，组织"卫生大扫除"活动，加强环境卫生清理，重点清理城中村、城乡接合部等薄弱环节，解决垃圾堆、臭水沟等脏乱差问题，动员居民、村民进行环境卫生大扫除，清除室内外病媒生物滋生地。小区物业组织保洁力量开展小区内绿地、楼道、电梯、地下车库、垃圾收集点、公共厕所等重点区域大扫除，组织专业力量对小区内重点区域开展消毒和"四害"消杀。家庭打扫家庭卫生，清理楼道垃圾，保持整洁的居住环境，勤洗手、不聚集，做好居家卫生。

【爱国卫生组织管理培训班】 2021年12月2—3日，由厦门市爱卫办主办的爱国卫生组织管理培训班在市老年活动中心举行。厦门市卫健委副主任林进春致辞。市疾病预防控制中心分管领导和健教所、消杀科负责人，各区爱卫办负责人，各区疾病预防控制中心代表等100余人参加培训班。培训内容涵盖病媒生物防治、农村户厕改造、新型冠状病毒肺炎疫情消毒技术要求等内容，以工作讲评、专题讲座、经验交流等形式开展。

（张道宇）

职业健康

【概　况】 2021年，厦门市卫健委制定《中华人民共和国职业病防治法》《工作场所职业卫生管理规定》《职业卫生技术服务机构管理办法》《放射工作人员职业健康管理办法》《放射诊疗管理规定》《职业健康检查管理办法》《职业病诊断与鉴定管理办法》7部职业健康相关法律法规的行政处罚自由裁量标准。对全市10家职业健康检查机构进行质量考核，组织开展全市职业卫生与放射卫生专业技术人员能力考核，扩充职业健康技术服务机构队伍，构建“镇（街）职业健康管理员、企业职业健康管理员、职业健康监督员、区直部门职业健康工作人员”四位一体的职业健康工作网格化管理体系。市、区两级监督执法机构完成职业健康专项监督执法工作，监督抽查工业企业893家、放射诊疗机构378家、职业健康检查机构及职业健康技术服务机构24家，监督覆盖率达到专项监督任务指标。国家职业卫生与放射卫生“双随机”工作任务完成率100%。举办“鹭岛健康潮”“医企健康日”等企业公益宣讲活动20场，邀请职业病防治、医学保健、医学应急处置等专家现场授课答疑，宣传推广职业健康与卫生科普。打击职业健康违法违规行为，立案查处工业企业15家、放射诊疗机构9家、职业卫生技术服务机构1家。

【健康教育与促进】 2021年，厦门市卫健委开展健康知识进万家工作，组织“健康厦门行”服务行动，组建家庭健康专家库。开展全生命周期健康服务50多场，推广“健康知识进万家小程序”，举办线上宣传活动14场。开展健康教育“五进”（进机关、进企业、进学校、进社区、进农村）活动，组织“健康轻骑兵”志愿者队伍进企业、社区、养老院等，开展健康知识宣讲、现场义诊等健康促进活动86场，直接受众超50万人。厦门市卫健委、市教育局、团市委、市计生协会联合印发《厦门市青春健康工作五年规划》《厦门市青春健康进高校实施方案》，推动18所高校青春健康工作全覆盖，厦门大学、厦门医学院、厦门东海学院等8所高校入选国家级青春健康高校项目点。打造“近邻健康茶座”，开展老龄健康讲座，举办人口老龄化、老龄政策法规、积极老龄观等方面宣讲活动，开设“文明实践、智慧助老”老年人手机培训驿站。

【《中华人民共和国职业病防治法》宣传周活动】 2021年4月25日至5月1日，厦门市以“共创健康中国，共享职业健康”为主题，开展《中华人民共和国职业病防治法》宣传周活动。厦门市常见的职业病主要以尘肺病、呼吸系统疾病、耳鼻喉口腔疾病，职业性化学中毒和职业性肿瘤为主。活动现场，医院专家为湖里区企业职工进行职业病诊断和健康义诊等服务，开展职业病防护和噪声危害预防等讲座。专家建议企业从源头上控制和消除职业病危害，采用有利于防治职业病的新技术、新工艺；长期接触粉尘、噪声等职业病的高危人群加强自我防护意识，使用防护用品。

【职业性放射性疾病监测培训班】 2021年11月，厦门市卫生和计划生育监督所举办2021年职业性放射性疾病监测培训班。来自各区卫生计生监督所、各职业健康检查机构、监测医院的项目相关人员30余人参加培训。培训班分析厦门市监测工作经验和存在问题，对监测工作内容进行培训讲解。

（张道宇）

老年健康

【概　况】 2021年，厦门市出台地方性法规《厦门经济特区老年人权益保障规定》。厦门市委办公厅、市政府办公厅印发《厦门市贯彻〈国家积极应对人口老龄化中长期规划〉实施方案》。厦门市推进医养结合，成立厦门大学附属翔安医院老年康养医学中心，首期床位60张。遴选6家市级医养结合试点单位，医疗卫生机构与养老服务机构合作签约153对，天梭凯德养老服务有限公司和源泉山庄老年公寓成为国家卫健委第二批老龄健康医养结合远程协同服务试点机构。12家二级以上综合性医院设置老年医学科。开展“智慧助老”，推动医疗卫生机构为老年人日常就医提供便利。实施老年人心理关爱项目，完成3200名老年人心理健康状况调查。组织失能老人健康评估与服务项目工作，开展2021年老年健康宣传周活动。编印老年健康知识宣传手册1万份，举办各类健康讲座150余场，发放宣传材料4万余份。全市4个社区获评“全国示范性老年友好型社区”称号，8家单位申报创建“全国敬老文明号”。实施老年人意外伤害险项目“厦门市老年人幸福安康险”，区级财政投入资金2080.65万元，为41.96万名户籍老年人投保。

【医保智能适老服务】 2021年1月，厦门市医保局在全国率先推出医保“智能适老”服务。推出大字、语音播放的“关怀模式”、“家庭代办求助子女”模块、“亲情账户”绑定等，保障账户安全的前提下提供便利。全年服务43.82万人次。

【慰问困难失能老人启动仪式】 2021年1月27日，由厦门市卫健委、市民政局、市老年基金会主办，各区老年福利协会、筼筜街道协办的春节慰问困难失能老人启动暨爱心单位捐赠仪式在厦门市爱心护理院扩建大楼举行。市、区领导以及市卫健委、市民政局、建发集团、轻工集团、厦门中胤建筑公司、市老年基金会代表参加。现场，厦门建发集团向“建发特困老人救助基金”追加100万元；厦门轻工集团及旗下的厦门古龙食品有限公司向市老年基金会及厦门爱心护理院赠送500份食品罐头；厦门中胤建筑工程有限公司捐赠助老爱心款12万元。启动仪式后，与会人员到湖里街道康乐社区慰问困难失能老人。

【"健康厦门·近邻健康"进养老机构活动】 2021年12月3日，厦门市卫健委在厦门象屿慈爱老年养护中心开展"健康厦门·近邻健康"进养老机构活动。活动现场，厦门市中医院老年病科叶文彬主任医师进行题为"中医体质与进补"的健康讲座；老年病科、脑病科、康复科、心血管科、针灸科、脾胃病科、眼科、护理部等学科专家进行现场义诊；活动参与单位开展健康常识、"三减三健"（减盐、减油、减糖，健康口腔、健康体重、健康骨骼）、糖尿病防治等健康科普知识宣传。

（张道宇　谢亚琴）

卫生监督

【概　况】 2021年，厦门市卫健委开展医疗机构和医疗服务全行业监管，扩大"信用+综合监管"试点工作至医疗美容机构。做好中考、高考期间学校传染病防控工作和学校生活饮用水卫生监督工作，完成全市23个高考考点和86个中考考点卫生安全保障任务。做好"9·8"投洽会、厦门经济特区成立40周年庆祝活动、金鸡百花电影节等活动的卫生监督保障工作，对二次供水的清洗消毒、水质卫生进行监督快检，出动卫生监督员227人次，检查各类活动场所103家次。开展食品污染及有害因素监测工作，食品化学污染物及有害因素监测计划采样及检测完成率、食品微生物及其致病因子监测计划样品采样及检测完成率均为100%。组织集中式消毒餐具抽检工作，抽检合格率99.9%。开展小型医疗机构和隔离场所"三区两通道"（清洁区、污染区和半污染区，医务人员通道和病人通道）专项综监督检查，重点对89家境外隔离场所"三区两通道"设置规范、人员防护、医废处置等开展检查，专项检查期间累计出动检查卫生监督人员118人次，排查小型医疗机构647家次，停诊关闭小型医疗机构378家，对违规接诊发热病人的医疗机构进行立案查处。市医保局"医保网格化社区治理智能监控平台"入选2021年度厦门市社会治理智能化建设"创新应用项目"。

【医疗机构驻点监督】 2021年，厦门市卫健委创新医疗机构监管方式和方法，通过医疗机构驻点监督，对医疗机构依法执业情况进行评估。市管医疗机构由市卫生监督机构牵头负责，区管医疗机构由各区卫健局牵头负责，涉及母婴保健、麻精药品的医疗机构，市区卫生监督机构按照监管权限协同参与驻点监督。抽取厦门友好妇产医院、厦门鹭港妇产医院、厦门如心妇产医院开展驻点监督工作，各区卫健局开展驻点监督工作。在医疗服务（含中医）方面，对机构执业、人员执业、医疗文书、医疗技术、临床用血、药品器械管理使用等内容进行监督；在传染病防控方面，对预防接种、疫情报告、疫情防控、消毒隔离、医疗废物、重点传染病管理、实验室生物安全等内容进行监管；在妇幼计生方面，对母婴保健技术服务、计划生育技术服务、人类辅助生殖技术服务及人类精子库等内容进行监督；在职业与放射卫生方面，对建设项目、放射诊疗许可、放射工作人员、设备与防护设施、质量保证与放射卫生防护、警示标志、放射事件处置及职业健康检查、职业病诊断等内容进行监督。

【医保基金监管集中宣传月活动】 2021年4月，厦门市医保局在全市范围内开展医保基金监管集中宣传月活动，贯彻解读国务院《医疗保障基金使用监督管理条例》。宣传月活动采取线上线下相结合、宣传与培训相结合、普法与执法相结合方式，利用官方网站、微信公众号、户外大屏等宣传载体，面向全市定点医药机构近2000家、参保人员近450万人，分级分类开展普法活动39场；组织定点医药机构从业人员近4万人，开展线上培训和知识竞赛。

【学生常见病和健康影响因素监测与干预工作培训班】 2021年11月4日，厦门市疾病预防控制中心采用线上直播的方式举办学生常见病和健康影响因素监测与干预工作培训班。厦门市各区疾控中心和学校等单位从事学生卫生工作人员100余人参加培训。培训班介绍学生常见病防治技术规范、学生健康影响因素相关问卷填写、学生常见病和健康影响因素干预内容介绍、中国儿童青少年主要健康问题和应对策略、儿童肥胖、龋病、脊柱侧弯等学生常见病现状及防治要点等内容。

（张道宇　谢亚琴）

中医药事业

【概　况】 2021年，厦门市委、市政府印发《厦门市促进中医药传承创新发展若干措施》。厦门市中医院获批国家中医特色重点医院，入选商务部全面深化服务贸易创新发展试点、中华中医药学会"金砖国际中医药健康智库"。厦门市中医院肝病科入选艾力彼"2021届中医医院最佳研究型专科"，肛肠科、儿科、骨科入选艾力彼"2021届中医医院最佳临床型专科"。厦门市3个专科获评福建省医疗"创双高"建设省级临床重点专科（中医类）建设优秀项目。建立中医药家庭签约服务团队242支，中医药签约服务23.15万人，占家庭医生签约人数的28.78%。厦门"八宝丹"中医药文化馆通过福建省卫健委、福建省文化和旅游厅组织的福建省中医药文化宣传教育基地建设单位验收。厦门市海沧区青礁小学、华中师范大学厦门海沧附属小学成为福建省首批中医药文化教育试点学校。

【福建首个国家中医药服务出口基地】 2021年3月，商务部公布第二批国家中医药服务出口基地名单，厦门市中医院（北京中医药大学厦门医院）入选，成为福建首个国家中医药服务出口基地。厦门市中医院拓展"互联网+中医药"服务模式，结合打造金砖国家创新基地、"海丝"核心区和台胞台企登陆第一家园第一站，推进中医药服务出口基地建设。市商务局支持该基地发展中医药服务贸易，推动厦门市中医药服务走向世界。

【市级中医适宜技术推广培训班】 2021年7月20日，由厦门市卫生健康委员会主办、厦门市中医院承办的厦门市级中医适宜技术推广培训班在厦门市中医院举行。培训班课程以中医适宜技术在“冬病夏治”中的运用为主题，以三伏贴的标准操作流程、三伏贴在儿科的应用及相关伦理问题、三伏贴常见不良反应及处理原则、三伏贴的药物、热敏脐灸理论基础与临床应用、火龙罐的操作及临床应用、腰痛的中医诊疗思路、潜龙刮疗法的辨证施治技巧等为主要内容。来自公立医院、基层卫生医疗机构及民营医疗机构医务人员531人参会，其中基层324人、三甲医院207人。

【中医药健康产业博览会】 2021年8月27—29日，由中国民族贸易促进会、中国民族卫生协会、中国民族医药学会、中国药膳研究会等单位主办的2021厦门中医药健康产业博览会在厦门国际会展中心举行。展会面积约3万平方米，设国际标准展位约1500个，由4个展区组成。民族医药卫生成果展示区有各民族医药卫生成果展示、医药卫生扶贫成果展示、中药材产业扶贫等展示；民族医药非物质文化遗产展示区有民族医疗方法、民族医药制作工艺、民族医药传统文化等展示；民族医药产品展示区有民族地区道地药材、中药饮片、民族制药企业产品展示及药食同源产品、制药机械设备等展示；健康服务与科技展示区有民族地区特色医疗机构、特色森林康养、特色健康旅游、民族特色产品展示及“互联网+”中医药等展示。配套举办民族医药非物质文化遗产论坛、民族医药产业发展论坛、民族地区道地药材产业发展论坛等活动。

（张逍宇）

医政医药管理

【概　况】 2021年，厦门市推进医保公共管理服务，落实异地就医直接结算制度。优化异地就医政策，简化备案手续，加快推进基本医保跨省异地就医直接结算。全市符合条件的91家定点医疗机构全部实现跨省住院直接结算，73家定点医疗机构实现跨省门诊直接结算。推动“互联网+”医保服务，优化医保服务“一网通办”“异地通办”。推出医保“智能适老”服务，持续深化新生儿医保参保报销“秒批”服务。全年，现场检查定点医药机构1672家，向130家定点医药机构发放提醒函，约谈207家，处理违法违规544家，联合公安机关查处欺诈骗保案件2件，与法院、公安等部门联合开展普法宣传39场。

【卫生人才培养】 2021年，厦门市卫健委所属单位通过实施校园招聘、社会招聘、简化程序招聘、引进招聘录用专业技术人才972人，其中博士、硕士研究生学历人员365人。新增国务院特殊津贴专家4人、国家卫生健康突出贡献中青年专家2人、福建省卫生健康突出贡献中青年专家3人。组织开展2020年度厦门市卫生系列副高级职称评审，580人通过评审。组织申报2021年度福建省卫生系列高级专业技术职务任职资格评审委员库委员，入库专家51人。组织选派专业技术人员4批次、58人支医宁夏、新疆及西藏，市、区两级13家卫生健康单位与宁夏银川、中卫、固原等地12家单位开展医疗卫生协作。建立职业技能等级认定合作机构22家。举办医疗护理员培训、退役军人健康管理师项目制培训、老人照护专项能力培训，开展防疫消毒员、健康管理师、公共营养师培训，发放健康管理师职业资格证3982本。组织实施婴幼儿早期教育指导考核鉴定2期，开展婴幼儿早期教育指导专项能力鉴定资质申请。开展第三方等级资质养老护理员、保育员、育婴员申报工作。

【卫生健康“放管服”改革】 2021年，厦门市卫健委出台《厦门市卫生健康领域首次或轻微违法行为不予行政处罚办法》，制定《厦门市卫生健康领域首次或轻微违法行为不予行政处罚清单》，对首次或轻微违法行为不罚的原则、适用范围、执法流程等进行规定。11月17日，市卫健委开具首份不予行政处罚决定书。印发《厦门市卫生健康委员会关于印发全面推行证明事项告知承诺制实施方案的通知》，明确实行告知承诺制的证明事项范围。开展试行医疗机构从业领域“一业一证”改革，实行医疗机构执业许可证、放射诊疗许可证、母婴保健（计划生育）技术服务执业许可证等“多证合一”。推行“互联网+”政务，卫生健康行政审批31个事项、132个子项目均可在“福建省网上办事大厅”办理，“全程网办”占比87%，70%行政许可审批项目实现“即办件”。试点开发“护士执业注册—证书遗失补发”掌上秒批功能，实现全程无纸化、无人工干预智能化审批。

【药品及耗材集中带量采购】 2021年，厦门市医保局推动落地10批次国家和省组织的药品和医用耗材带量采购工作。有262种药品、12类医用耗材被纳入集采范围，中选产品平均价格下降超50%。做好药械货款统一结算支付工作，向企业直接支付货款39.61亿元。11月，市医保局拟定《厦门市公立医疗机构普通医用耗材集中带量采购试点工作方案》。

【“厦漳泉省内通办”便民专窗开设】 2021年2月，厦门市医保局在医保政务窗口开设“厦漳泉省内通办”便民专窗。11月，升级为“省内通办”专窗。对常驻异地工作人员、异地安置退休人员、异地长期居住人员、异地转诊人员异地就医备案事项以及出具医保参保凭证等医保业务，进行“代收件、代办理”。

【国家深化医疗服务价格改革试点城市建设】 2021年11月24日，国家医保局召开深化医疗服务价格改革试点动员部署会，会议宣布国家深化医疗服务价格改革试点城市遴选结果，厦门成为全国5个试点城市之一。厦门市制定试点实施方案，成立改革试点领导小组，组建医保改革专班。围绕总量调控、价格分类形成和动态调整、评估考核等机制开展试点，建立医保与卫健、发改、财政、人社、市场监管等部门协同机制。

【国家谈判药品落地】 2021年，厦门市医保局落实国家医保惠民工程，推进国谈药落地进医院。国家谈判的221种药品中，厦门市医疗机构采购184种，采购量比上年增长261.71%。市医保局出台厦门市国家谈判药品“双通道”落地政策，自11月1日起执行，将厦门中医院等11家定点医疗机构、厦门鹭燕大药房有限公司镇海路分店等4家定点零售药店纳入国家医保谈判药品“双通道”协议管理。

【跨省异地就医直接结算】 2021年，厦门市医保局优化异地就医结算政策，简化备案流程、开发微信备案模块，实现异地就医备案线上承诺制“一趟不用跑”。至年末，全市有103家定点医疗机构支持跨省住院直接结算，76家定点医疗机构支持跨省门诊直接结算。办理跨省异地就医住院费用直接结算备案的参保人员，同步开通跨省异地就医普通门诊直接结算服务。

【新冠病毒核酸检测项目价格下调】 2021年，厦门市医保局转发、印发通知，下调新冠病毒核酸检测项目价格。1月4日，厦门市医保局转发省医保局通知，将新冠病毒核酸1人1检测项目价格调整为每人次80元，新冠病毒核酸10合1混采检测调整为每人次15元，新冠病毒核酸5混1检测调整为每人次30元。8月30日，市医保局转发省医保局通知，将新冠病毒核酸1人1检测项目价格调整为每人次53元，5混1检测项目价格调整为每人次22元，10合1混采检测项目价格调整为每人次12元，新冠病毒抗体检测项目价格调整为每人次30元。11月23日，厦门市医保局印发通知，将新冠病毒核酸1人1检测项目价格调整为每人次39元，5混1检测、10合1混采检测项目价格统一调整为每人次8元。

（张逍宇　谢亚琴）

新冠病毒肺炎疫情防控

【概　况】 2021年，厦门市采取措施遏制新冠病毒肺炎疫情扩散蔓延，处置“7·30”厦门航空境外输入病例关联新冠病毒肺炎疫情和“9·12”本土新冠病毒肺炎疫情。厦门市应对新冠病毒肺炎疫情工作指挥部印发《厦门市应对新冠肺炎疫情工作指挥部关于调整强化指挥部成员和各工作组组成的通知》，下设综合协调组（办公室）、口岸协调组、疫情防控组、流调工作组、大数据工作组、隔离场所管理组、医疗救治组、医疗物资保障组、垃圾污水处置组、交通防控组、市场供应监管组、进口冷链食品疫情防控组、外事组、海上疫情防控组、基层防控组、督导检查组等18个工作组。每日组织召开疫情防控综合协调调度工作会，研究疫情形势。成立常态化疫情防控办公室，抽调各工作组人员集中办公，提升防控工作效率。各区设立相应工作专班，实施集中办公，提升协同处置速度。

【“9·12”新冠病毒肺炎疫情处置】 2021年9月12日，厦门市同安区通过对莆田市仙游县枫亭镇等中高风险地区到厦门人员进行筛查，发现1名到厦门人员新冠病毒核酸检测阳性。厦门市激活应急指挥体系，按照“快严实细”工作要求，采取措施遏制疫情扩散蔓延。13日，厦门市应对新冠病毒肺炎疫情工作指挥部发通告，全市居民小区（村）实行闭环管理，加强对车辆、人员离厦门的规范管理。耗时2天在厦门国际会展中心完成4个大型气膜（方舱）检测实验室建设，实现每日核酸检测能力450万人份。24小时内完成全部在厦门人员的核酸检测工作，约530万人。开展6轮全市全员核酸检测，开展10轮同安区全员核酸检测。设立国家、省、市、区四级统筹的“三公（工）融合”疫情防控流调溯源工作专班，加强现场流调、分析研判、转运协调、信息汇总等工作，提升快速精准流调和隔离管控能力，做到30分钟内完成基本信息和活动轨迹分析，1小时内出具详细分析报告，4小时完成核心信息报告，24小时内形成流调报告。划定封控区46个、管控区19个，封控区实行“区域封闭、足不出户、服务上门”，管控区实行“人不出区、严禁聚集”，防范区实行“强化社会面管控，严格限制人员聚集”。集中全市骨干医疗力量，与援厦门医疗团队协同配合，增强医疗救治合力，坚持中西医结合，做好患者救治工作。各医疗机构按要求落实院感防控工作，落实入院预检分诊、扫码亮码及发热门诊工作人员闭环管理等工作。累计召开新闻发布会20场，媒体刊播相关报道866篇（条）。

【抗疫医疗救治综合保障】 2021年9月后，厦门市医保局部署综合施策，组建抗疫应急响应力量，支援一线防疫工作，解决参保人特别是疫区群众的就医购药急难愁盼问题。针对疫情影响导致部分大医院、药店关停，部分封控区、管控区居民存在慢性病断药且无法到院购药的情况，紧急出台支持慢性病长处方、取消特殊用药备案、支持线上续方等10余项便民举措。牵头开展全市抗疫医疗救治综合保障工作，协调爱心企业捐赠近100万元抗疫物资。在医疗卫生领域为企业减负16.38亿元。结算新冠病毒疫苗及接种费用5.27亿元。

【“八个确保”措施出台】 2021年10月6日，厦门市医保局出台《关于进一步助力企业及参保人纾困减负若干措施的通知》，在阶段性降低本市城镇职工基本医疗保险单位缴费费率、允许困难企业延缓缴纳基本医疗保险费的基础上，出台“即时审批预拨资金，确保机构资金需求”“及时拨付救治款项，确保机构救治需求”“优先保障参保人药品支出，确保患者用药需求”“延长医药机构还款时限，确保机构经营需求”“提高药企转配送变更效率，确保机构药品供应”“创新‘一对一’医保服务模式，确保机构疫后需求”“放宽医保经办条件，确保企业复工需求”“延长医保报销时限，确保参保人利益不受损”举措，助力厦门市企业、定点医药机构、参保人尽快复工复产。10—12月，缩短定点医药机构医保资金预拨付审批时限，由“半月一审批”调整为“即申请即审批”；调拨救治专项备用金，保障确诊或疑似患者救治医疗费用。

（张逍宇　谢亚琴）

责任编辑：林德全
　　　　　明安文
审　　稿：林建高
校　　对：黄　澜

36 体　育

体育设施

【概　况】 2021年，厦门市体育场地13448块，比上年增长7.77%；体育场地总面积1234.85万平方米，增长9.73%；人均体育场地面积2.38平方米，增长9.17%。厦门市推进体育场地设施建设与开放，新增体育设施对外开放学校29所，建成开放智慧健身房14家。下拨体育彩票公益金，支持乡村健身设施建设。新体育中心智慧场馆项目入选体育类国家智能社会治理实验基地。

【学校体育设施开放】 2021年，厦门市新增体育设施对外开放学校29所（见表36-1），累计117所。注册的市民超过47万人，进校健身人数256万人次。

【体育智慧健身房建设】 2021年，厦门市建设体育智慧健身房15间（见表36-2），其中14间面向社会免费开放。截至年底，入场健身市民6万多人次。厦门体育智慧健身房建设工作经验在福建省推广。

表36-1　　2021年厦门市新增体育设施对外开放学校一览表

序号	区划	学校名称	地址
1	市属	厦门市实验小学	厦门市思明区同安里5号
2	思明区	松柏第二小学	厦门市思明区西埔路1号
3		厦门第二实验小学（展城分校）	厦门市思明区会展北里45号
4		外国语学校瑞景分校	厦门市思明区莲前东路2号
5		槟榔中学	厦门市思明区槟榔西里199号
6		金鸡亭中学	厦门市思明区西林东里1号
7		厦门第二实验小学（总校）	厦门市思明区盈翠里9号
8		前埔南区小学（店上校区）	厦门市思明区店上西里1号
9		前埔南区小学（古楼校区）	厦门市思明区古楼北里68号
10		莲龙小学	厦门市思明区龙翔里15号
11		第九中学	厦门市思明区厦禾路848号
12		湖明小学	厦门市思明区湖滨六里95号
13		公园小学	厦门市思明区后河路17号
14	湖里区	天安小学	厦门市湖里区嘉园路8号
15		吕岭小学	厦门市湖里区双浦西里55号
16		康乐小学	厦门市湖里区南山路247号

续表 36-1

序号	区划	学校名称	地址
17	集美区	杏北小学	厦门市集美区杏滨街道锦园东路 57 号
18		康城小学	厦门市集美区杏滨街道锦英南路 61 号
19		诚毅中学	厦门市集美区杏林街道杏北六里 126 号
20	海沧区	海沧区东孚中心小学	厦门市海沧区东孚街道板南路 88 号
21		海沧区芸美小学	厦门市海沧区孚莲二里 18 号
22		海沧区新江中心小学	厦门市海沧区新阳街道新垵中路 6 号
23	翔安区	民安中学（原厦门市巷南中学）	厦门市翔安区民安街道山亭社区舫山西二路 453 号
24		金海小学（原翔安区新店中心小学）	厦门市翔安区金海街道鼓锣二里 36 号
25		厦门市刘五店中学	厦门市翔安区凤翔街道埔南路 555 号
26		厦门市莲河中学	厦门市翔安区新店镇莲河村中学路 1 号
27		志翔中学（原厦门市巷西中学）	厦门市翔安区民安街道垵边路 333 号
28		翔安区教师进修学校附属小学	厦门市翔安区新店街道洪前社区宫边里 268 号
29	同安区	厦门市同安区洪塘中心小学	厦门市同安区洪塘镇洪塘里 221 号

表 36-2　　2021 年厦门市体育智慧健身房一览表

序号	所在区	智慧健身房名称	地址
1	思明区	思明嘉莲友邻中心站	厦门市思明区盈翠里 101—104 号
2		思明梧村金祥站	厦门市思明区湖滨东路 102 号
3		思明梧村滨中站	厦门市思明区禾祥东路 1 号 109 室
4	湖里区	湖里金安站（计划 2022 年开放）	厦门市湖里区高林三里 55 号 3 楼
5		湖里禾盛站	厦门市湖里区枋湖路 326 号四楼
6		湖里街道站	厦门市湖里区竹坑路 18 号
7		湖里嘉福站	厦门市湖里区嘉福社区居委会嘉福花园 1 期
8		湖里金尚站	厦门市湖里区江头街道金泰路 152 号金尚小区
9	集美区	集美海凤站	厦门市集美区海凤南里 86 号
10		集美银亭站	厦门市集美区中心花园 98 号 1 楼
11	海沧区	海沧温厝站	厦门市海沧区兴港二里 301 号
12		海沧海翔站	厦门市海沧区钟林璐 62 号五楼
13		海沧东孚站	厦门市海沧区东孚大道 3001 号东孚卫生院三楼
14	同安区	同安人民体育场	厦门市同安区同安人民体育场
15	翔安区	翔安翔美站	厦门市翔安区新店街道祥吴二里 104—105 号

（邓丽萍）

群众体育

【概　况】 2021 年，厦门市体育局制定《关于促进体育社会组织健康发展的实施意见》，建设体育类社会组织孵化基地和实践基地，全市体育社会组织 283 家，实现人群体育协会、单项体育协会全覆盖。落实《厦门市社会办群众性体育赛事活动奖励办法》，兑现奖励金 148 万元，支持企业举办各类群众赛事活动。成立社会体育指导员志愿服务队，开发社会体育指导员管理服务平台，建设福建省首个社会体育指导员志愿服务驿站。推动体医融合试点工作，启动“运动处方师工作站”，实现常态化看诊。到基层社区、企事业单位开展国民体质监测，为1万余名群众提供健康指导服务。围绕全民健身季、全民健身运动会重点工作，举办体育时尚季、世界城市定向挑战赛、中国俱乐部杯帆船赛等赛事，采取线上线下相结合方式创新赛事，各类赛事40多项、300多场次，参与群众30余万人次。国家体育总局群体司公布《2017—2020年度全国群众体育先进单位和先进个人表彰对象名单》，厦门市7家单位获先进单位称号，5名体育工作者获先进个人称号。

【全民健身活动】 2021年，厦门市体育局克服新冠病毒肺炎疫情反复的不利影响，根据防控措施关闭和恢复开放体育场馆，举办各项体育比赛，推动全民健身活动。1月2日，由中华全国体育总会主办全国跳绳比赛及展演活动在厦门举行，设置30秒单摇跳（男子组、女子组）、3分钟单摇跳（男子组、女子组）、个人花样（男子组、女子组）、3分钟10人长绳“8”字跳（混合组）等比赛项目。2月8日，厦门市全民健身线上运动会开赛，设置跳绳、广场舞、线上马拉松、广播操4个项目，参赛人数4.75万人。4月13日，第六届“谁是球王”厦门乒乓球民间争霸赛总决赛在五缘湾运动馆举行，参赛选手350多人。4月17—18日，厦门射箭精英赛暨中国射箭协会首届认证达级赛在思明区人民体育场和五一广场举行，赛事设置达级赛、精英赛，分别对应反曲弓、复合弓、传统弓、光弓4个项目、20个组别，全国各地射箭爱好者400余人参与。5月22日，“2021穿越厦门·世界城市定向挑战赛”在厦门市五一文化广场开赛，挑战赛分布在思明、湖里、消防教育和研学体验等12个点，近2000名市民和游客参与。8—11月，厦门市全民健身运动会在厦门市各体育场馆举办，设置五人制足球、三人篮球、气排球、羽毛球、乒乓球、网球、10千米路跑、棋类、社会体育指导员技能大赛、六区趣跑联赛、80分扑克牌等项目，参赛人数近3万人次。

【青少年体育】 2021年，厦门市体育局加强引导青少年热爱体育专项工作。5—11月，厦门市举办青少年锦标赛，项目包括模型类（航海模型、建筑模型、航空模型、车辆模型）、操类（啦啦操、健美操）、棋类（围棋、中国象棋、国际象棋）、沙滩橄榄球、速度轮滑、排舞、定向越野、舞龙舞狮、体育舞蹈、棒垒球。参赛人数2.8万余人。7月11日，厦门市小篮球联赛在SM新生活广场闭幕，赛事吸引全市7个赛区、200多支队伍、1600多人参加，比赛约500场，为青少年提供锻炼篮球技能，参与全民健身的舞台。12月19日，“家有元杯”第五届（厦门）神州跆拳道馆联盟大赛在厦门市体育中心综合馆篮球训练场举行，来自福建省30支代表队参赛，项目包括竞技、品势、特技表演，神州跆拳道馆联盟大赛自2015年创办，第五届赛事规模、组织水平、影响力均有较大提升。举办厦门市“奔跑吧·少年”儿童青少年主题健身活动，包括22个项目、33场活动，参与2.7万人次。

【老年人体育】 2021年，厦门市体育局推进老年人体育活动，通过体育运动应对人口老龄化问题。6月20日，由厦门市体育局、市老体协主办“百年华诞颂党恩，老年体育展风采”体育健身展演大会在市体育中心体育场举行，参加柔力球、健身球等项目表演的老年人5000余人。10月25日，由厦门市老年人体育协会主办2021年厦门市老年人重阳登山活动启动，重阳登山活动是厦门市老年体育品牌项目，根据新冠病毒肺炎疫情防控需要，将全市大型活动调整为以“小型分散、形式多样、精心组织、安全第一”为原则的系列小活动，2.9万人次参加。厦门市老体协推进“康乐家园”试点工作，全市康乐家园436个，其中省级康乐家园148个，创建率83%，居福建省前列。

【村居篮球赛】 2020年12月至2021年4月，厦门市举办第七届村居篮球赛，6个行政区及119支村、社区队伍的1386名球员报名参赛，蟳窟社区获得冠军（三连冠），兑山社区、诗坂村分别获得亚军、季军。厦门市村居篮球赛，由厦门市村村篮球赛改名，早期由岛外4个行政区的行政村参赛，2014年，赛事规模扩大到全市所有行政村、居委会，为厦门市群众体育品牌赛事之一，为全市规模最大的民间篮球赛事。

【“乔丹杯”厦门市篮球联赛】 2021年11月19—25日，“乔丹杯”2021年厦门市篮球联赛甲级赛在厦门市体育中心篮球训练馆举办，全市12支球队参赛，牛基地、公安前卫、厦门市安溪商会分别获得前三名。10月30日至11月8日，“乔丹杯”2021年厦门市篮球联赛暨“丝路海运杯”乙级赛在市体育中心篮球场举行，32支球队参与，启新体育、咖米科技、集美城发分别获得前三名。

【体医融合】 2021年，厦门市体育局推进体医融合试点工作，市国民体质监测站拓展运动处方服务内容，为群众提供健康指导服务1.06万人次。《2020—2021年度厦门市“体医融合”示范社区建设项目干预成果报告》显示，参与结构化体医融合运动干预课程慢性疾病患者203人（男性81人、女性122人），运动干预前后比较，糖尿病前期参与者在干预后血糖、血压、尿酸、体脂、腰围、腰臀比等指标均有明显改善。3月4日，福建省首个社会体育指导员志愿服务驿站在厦门市体育中心启用，截至年底，参与公益课程服务社会体育指导员志愿者300多人，服务时长超1000个小时，参与公益课程的市民超3000人次。

（邓丽萍）

竞技体育

【概　况】 2021年，厦门市体育局优化全市体育项目发展布局，新增市级体育传统项目学校18所、竞技体育后备人才培养基地校项目（队）15个。截至年底，全市体育传统校72所，包括1所国家级、34所省级体育传统校，开展足球、篮球、排球、田径、网球、武术、游泳、羽毛球、体操、蹦床等19个项目；竞技体育后备人才培养基地校项目（队）77个，涉及田径、乒乓球、游泳、击剑、射击、射箭、水上运动项目、手球、攀岩等22类体育项目。采取市队校办或区办形式，建立足篮排三大球男女甲乙丙组市级运动队共18支以及武术套路市级运动队。推进体教融合工作，在全市6个区形成竞技体育后备人才培养布局。引进竞技体育后备人才11

2021 年 8 月 2 日，厦门籍运动员谌龙获东京奥运会羽毛球男子单打第二名

（厦门日报　供图）

人，在全运会、省年度锦标赛中取得成绩。厦门市运动员在 2020 东京奥运会获得 1 枚银牌和 2 个第六名。厦门市代表队在第十四届全运会获得 7 金 3 银 7 铜，奖牌数创历史新高，金牌数位居福建省第二。13 家社会力量代表厦门市组队参加省运会青少年部社会俱乐部组比赛。

【厦门运动员参加东京奥运会成绩】 2021 年，厦门运动员在 2020 东京奥运会获得 1 枚银牌和 2 个第六名。8 月 2 日，厦门选手谌龙获得 2020 东京奥运会羽毛球男子单打银牌。7 月 30 日，厦门市和三明市共同培养运动员葛曼棋在 2020 东京奥运会女子 100 米预赛中以 11 秒 20 的成绩晋级女子百米半决赛，成为中国田径参加奥运会 37 年中第一个晋级奥运会女子 100 米半决赛的中国选手。8 月 6 日，2020 东京奥运会女子 4×100 米接力赛，葛曼棋与梁小静、黄瑰芬、韦永丽代表中国队出战，以 42 秒 71 的成绩获得第六名，为中国田径队在该项目上奥运最好成绩。8 月 5 日，在 2020 东京奥运会女子 200 米单人划艇 A 组决赛中，林文君以 47.608 秒获得第六名。

【厦门运动员参加东京残奥会获奖】 2021 年 9 月，2020 东京残奥会在日本举行，厦门市运动员代表中国队参赛，取得 2 金 1 银成绩。9 月 1 日，朱德宁以 7.31 米的成绩获得男子跳远 T38 决赛冠军，并打破该项目世界纪录和残奥会纪录；9 月 2 日，叶超群在乒乓球项目男子团体 -TT8 比赛中，与队友合作获得金牌；8 月 28 日，朱德宁获得男子 100 米 T38 级比赛银牌。

【运动员参加国际国内大赛获前三名情况】 2021 年，厦门市运动员在国际、国内比赛上获得第一名 30 项，第二名 20 项，第三名 20 项。（见表 36-3）

表 36-3　　2021 年厦门籍运动员参加国际国内大赛获奖情况一览表

运动员姓　名	比赛名称	比赛项目	获奖名次	比赛地点	比赛时间
刘　成	苏迪曼杯羽毛球公开赛	羽毛球混合团体	1	芬兰万塔	9 月 26 日至 10 月 3 日
朱德宁	2020 东京残奥会	男子跳远 T38	1	日本东京	9 月 1 日
叶超群	2020 东京残奥会	乒乓球男子团体 -TT8	1	日本东京	9 月 2 日
谌　龙 刘　成	第十四届全运会	羽毛球男子团体	1	陕西西安	9 月 5—17 日
葛曼棋	第十四届全运会	田径女子 100 米	1	陕西西安	9 月 20—26 日
葛曼棋	第十四届全运会	田径女子 200 米	1	陕西西安	9 月 20—26 日
葛曼棋	第十四届全运会	田径女子 4×100 米接力	1	陕西西安	9 月 20—26 日
虞琳敏	第十四届全运会	体操个人	1	陕西西安	9 月 25 日
黄齐滨	第十四届全运会	男子水翼风筝板	1	陕西西安	9 月 10 日
陈惠超	第十四届全运会	帆船男子激光级	1	陕西西安	9 月 25 日
葛曼棋	全国田径锦标赛	田径女子 100 米	1	重庆市	6 月 24—27 日
葛曼棋	全国田径锦标赛	田径女子 200 米	1	重庆市	6 月 24—27 日
葛曼棋	全国田径锦标赛	田径女子 4×100 米接力	1	重庆市	6 月 24—27 日
王　晓	2021 年全国击剑锦标赛	击剑团体	1	南京溧水	6 月 11—15 日

续表 36-3

运动员姓　名	比赛名称	比赛项目	获奖名次	比赛地点	比赛时间
林文烨	2021 年全国跆拳道精英赛	跆拳道	1	江苏无锡	12 月 20—22 日
张宸昊	2021 全国冲浪（长板）锦标赛	公开组男子长板团体赛	1	广西北海	8 月 11—13 日
林文君	2021 年全国皮划艇秋季冠军赛	甲组 4×250 米划艇混合接力	1	浙江丽水	12 月 11 日
叶贵桐	2021 年全国皮划艇秋季冠军赛	桨板男子专业组桨板 200 米	1	浙江丽水	12 月 11 日
叶贵桐	2021 年全国皮划艇秋季冠军赛	龙舟男女混合 200 米	1	浙江丽水	12 月 11 日
陈清莹	2021 年全国皮划艇秋季冠军赛	龙舟男女混合 200 米	1	浙江丽水	12 月 11 日
叶贵桐	2021 年全国皮划艇秋季冠军赛	龙舟男女混合拔河	1	浙江丽水	12 月 11 日
叶俊鑫	2021 年全国皮划艇秋季冠军赛	龙舟男女混合拔河	1	浙江丽水	12 月 11 日
曾　怡	2021 年全国皮划艇秋季冠军赛	龙舟男女混合拔河	1	浙江丽水	12 月 11 日
王俊龙	2021 年全国帆船冠军赛（470& 激光级 & 芬兰人级）	男子激光级 U21 场地赛	1	海南海口	12 月 9—19 日
黄齐滨	2021 年全国风筝板锦标赛	男子水翼风筝板场地赛	1	海南海口	12 月 9—19 日
黄齐滨	2021 年全国风筝板锦标赛	男子水翼风筝板长距离赛	1	海南海口	12 月 9—19 日
林文君	2021 全国皮划艇静水春季冠军赛暨东京奥运会选拔赛	女子单人划艇 200 米	1	湖北武汉	4 月 3 日
林文君	2021 全国赛艇、皮划艇静水锦标赛暨东京奥运会选拔赛	女子单人划艇 200 米	1	湖北武汉	6 月 26—27 日
黄　震	2021 年全国帆板锦标赛暨全国青年帆板锦标赛	男子水翼帆板场地赛	1	海南海口	12 月 1—8 日
董一诺	2021 年全国帆板锦标赛暨全国青年帆板锦标赛	女子青年帆板 U21 长距离赛	1	海南海口	12 月 1—8 日
谌　龙	第三十二届奥运会	羽毛球男子单打	2	日本东京	8 月 2 日
刘　成	汤姆斯杯	羽毛球男子团体	2	丹麦	10 月
朱德宁	2020 东京残奥会	男子 100 米 T38 级	2	日本东京	8 月 28 日
吴思彤	2021 全国冲浪（长板）锦标赛	公开组女子长板团体赛	2	广西北海	8 月 11—13 日
吴思彤	2021 全国冲浪（长板）锦标赛	U18 组女子长板团体赛	2	广西北海	8 月 11—13 日
林文君	第十四届全运会	女子单人划艇 200 米	2	陕西西安	9 月 23 日
林文君	2021 年全国皮划艇秋季冠军赛	甲组女子单人划艇 8000 米（左桨）	2	浙江丽水	12 月 11 日
林文君	2021 年全国皮划艇秋季冠军赛	甲组女子划艇铁人两项	2	浙江丽水	12 月 11 日
王俊龙	2021 年全国帆船冠军赛（470& 激光级 & 芬兰人级）	男子激光级场地赛	2	海南海口	12 月 9—19 日
王俊龙	2021 年全国帆船冠军赛（470& 激光级 & 芬兰人级）	男子激光级 U21 长距离赛	2	海南海口	12 月 9—19 日
黄　震	2021 年全国帆板锦标赛暨全国青年帆板锦标赛	男子水翼帆板长距离赛	2	海南海口	12 月 1—8 日
钟良炜	2021 年全国帆板锦标赛暨全国青年帆板锦标赛	男子青年水翼帆板 U19 长距离赛	2	海南海口	12 月 1—8 日
黎咏琪	2021 年全国帆板锦标赛暨全国青年帆板锦标赛	女子青年水翼帆板 U21 长距离赛	2	海南海口	12 月 1—8 日
潘秋羽	全国羽毛球冠军赛	羽毛球女子团体	2	河南郑州	4 月 9 日至 5 月 2 日
张秉琛	第十四届全运会	射击男子 10 米气手枪团体	2	陕西西安	9 月 13—18 日
张秉琛	全国射击锦标赛	射击 10 米气手枪混合团体	2	江苏南京	5 月 21—27 日
高依眉	全国女子举重锦标赛	举重女子 45 公斤级挺举	2	浙江江山	5 月 10—14 日
高依眉	全国女子举重锦标赛	举重女子 45 公斤级总成绩	2	浙江江山	5 月 10—14 日
朱嘉铭	第十四届全运会	游泳女子 200 米蝶泳	2	陕西西安	9 月 19—26 日
林益新	全国冲浪锦标赛	冲浪公开组男子团体	2	海南万宁	9 月 19 日

续表 36-3

运动员姓名	比赛名称	比赛项目	获奖名次	比赛地点	比赛时间
林文君	2021 年全国皮划艇秋季冠军赛	甲组女子陆上赛艇 2000 米（左桨）	3	浙江丽水	12 月 11 日
林文君	2021 年全国皮划艇秋季冠军赛	甲组女子单人划艇 1000 米（左桨）	3	浙江丽水	12 月 11 日
叶俊鑫	2021 年全国皮划艇秋季冠军赛	龙舟男女混合 200 米	3	浙江丽水	12 月 11 日
曾　怡	2021 年全国皮划艇秋季冠军赛	龙舟男女混合 200 米	3	浙江丽水	12 月 11 日
陈惠超	2021 全国帆船锦标赛	男子激光级长距离	3	山东日照	6 月 6—15 日
黎咏琪	2021 年全国帆板锦标赛暨全国青年帆板锦标赛	女子青年水翼帆板 U21 场地赛	3	海南海口	12 月 1—8 日
黎咏琪	2021 年全国帆板锦标赛暨全国青年帆板锦标赛	女子青年水翼帆板 U21 场地赛	3	海南海口	12 月 1—8 日
董一诺	2021 年全国帆板锦标赛暨全国青年帆板锦标赛	女子青年帆板 U21 场地赛	3	海南海口	12 月 1—8 日
钟良炜	2021 年全国帆板锦标赛暨全国青年帆板锦标赛	男子青年水翼帆板 U21 长距离赛	3	海南海口	12 月 1—8 日
庄少园	2021 年全国帆板锦标赛暨全国青年帆板锦标赛	男子青年帆板 U16 场地赛	3	海南海口	12 月 1—8 日
虞琳敏	2021 年全国体操锦标赛	体操个人	3	四川成都	5 月 9 日
叶双双	第十四届全运会	排球	3	陕西西安	9 月 18 日
林宏伟	第十四届全运会	散打	3	陕西安康	9 月 23 日
叶珍羽	第十四届全运会	空手道	3	陕西西安	9 月 17 日
林文烨	第十四届全运会	跆拳道	3	陕西汉中	9 月 24 日
郭莉智	第十四届全运会	羽毛球女子团体	3	陕西西安	9 月 5—17 日
潘秋羽	第十四届全运会	羽毛球女子团体	3	陕西西安	9 月 5—17 日
张秉琛	全国射击锦标赛	射击 10 米男子气手枪	3	江苏南京	5 月 21—27 日
袁程飞	第十四届全运会	举重男子 73 公斤级	3	陕西渭南	9 月 22 日
林益新	全国冲浪锦标赛	冲浪公开组男子接力赛	3	海南万宁	9 月 2 日

表 36-4　　2021 年厦门市社会力量承办市级运动队情况表

项目	承办单位
田径	厦门市路桥体育集团产业有限公司
游泳	厦门市游泳协会
乒乓球	湖里区乒乓球协会
羽毛球	厦门市羽毛球协会
网球	厦门市网球协会
跆拳道	湖里区跆拳道协会
击剑	福建省雄沁击剑俱乐部有限公司厦门分公司
足球（男子）	厦门市集美中学
足球（女子）	厦门市双十中学
三人篮球	厦门市路桥体育集团产业有限公司
排球	厦门市排球协会
手球	厦门球球体育有限公司
轮滑冰球	厦门冰睿雪体育文化有限公司

【社会力量承办市级运动队】 2021 年，厦门市体育局探索社会力量承办市级运动队新路，资助的运动项目为省级以上（含省级）综合性运动会（奥运会、全运会、青运会、省运会等）有设置，但厦门市训练单位未开展的运动项目。通过面向社会公开征集，厦门路桥体育集团、市游泳协会、市羽毛球协会等 13 家社会力量承办市级运动队，代表厦门市组队参加 2022 年省运会，项目包括田径、游泳、乒乓球、三人篮球、手球、轮滑冰球等 12 个大项。（见表 36-4）

【中国铁人三项协会厦门训练基地成立】 2021 年 3 月 7 日，中国铁人三项运动协会厦门办公室及厦门训练基地揭牌，厦门体育局和中国铁三协会在场地建设、赛事运营、人才培养等方面开展合作，共同建设国家队高水平训练基地、举办世界铁人三项国际赛事、共同建设铁三学院。中国铁人三项队在厦门进行 2 个月封闭训练，仲梦颖、陈紫、韦雯等铁人三项运动员随队集训。

【青少年参加省级比赛】 2021 年 11 月，厦门代表队在福建省青少年网球锦标赛中获得男子团体总分冠军、女子团体总分亚军，单、双打方面男女组获 7 枚金牌、3 枚银牌、7 枚铜牌；12 月，厦门代表队在福建省青少年足球锦标赛（乙组）中获得男女赛事冠军；12 月，厦门市代表队在福建省青少年武术散打锦标赛获得个人赛 10 金、10 银、10 铜，并获得女团冠军、男团亚军。

（邓丽萍）

体育产业

【概　况】 2021 年，厦门市在福建省率先建立体育产业服务工作站，创新企业扶持方式，推进国家体育消费试点城市建设。市体育局制定《厦门市推进国家体育消费试点城市建设实施方案》，落实产业扶持政策，推荐钢宇工业获评国家体育产业示范单位，指导 8 家企业获得 2133 万元补助，评选 10 个项目（单位）为市体育产业示范项目（单位）。厦门鹭岛足球俱乐部、厦门观音山女子围棋队、厦门特房羽毛球俱乐部获评高水平职业体育俱乐部，获得奖金 730 万元。厦门文广体育有限公司获评“国家级体育产业示范单位”称号，厦门三圈模型科技体验基地获评“国家级体育产业示范项目”。海峡两岸龙舟赛、中国俱乐部杯帆船赛等 7 个项目被评为中华体育文化优秀项目和中国体育旅游精品项目。厦门马拉松赛获评“世界田联精英白金标”赛事。

2021 年 4 月 10 日，建发厦门马拉松赛在厦门环岛路举行。图为比赛路线图

（厦门日报　供图）

【厦门马拉松赛】 2021 年 4 月 10 日，2021 建发厦门马拉松赛在环岛路举办，来自 24 个国家的 1.2 万人参赛，完赛率 97.8%。男子成绩 2 小时 35 分钟以内有 54 人，女子成绩 2 小时 50 分钟以内 13 人。杨定宏以 2 小时 15 分 25 秒夺得男子第一名，焦安静以 2 小时 35 分 30 秒夺得女子第一名。比赛当日还开展其他相关比赛，马拉松赛竞速轮椅专项赛是东京残奥会轮椅马拉松资格赛，8 名国家残疾人田径队轮椅马拉松运动员参加，6 名运动员超过 1 小时 35 分东京残奥会达标线。厦门马拉松赛首次将比赛路线规划入厦门大学校园，开展“厦门大学百年校庆专项赛”，专项赛赛道长 13.8 千米，厦门大学师生校友近 3000 人参赛。成立厦门马拉松公益基金会，为国内首个由马拉松赛事组委会独立运营的公益基金会。厦门马拉松赛于 2 月 25 日获 2021“世界田联精英白金标”赛事认证，为世界田联赛事评定体系中最高等级。

【“9·8”体育招商工作】 2021 年 9 月 8 日，在福建省体育产业招商及赛事推介活动会上，厦门市体育局推动生成的 2022 中国国际体育用品博览会、海峡两岸（厦门）体育产业创新创业园、厦门路桥海上运动学院等 6 个项目现场签约，总投资额 6.1 亿元。

【厦门体育消费生活节】 2021 年 12 月起，厦门市体育局采取线上线下相结合方式举办第二届“爱生活　爱运动”体育消费生活节系列活动，开展冬奥大看台、体育大市集、体育大拓展、运动大打卡及惠民大运动等活动。该活动线上发放 100 万元惠民运动券；线下举办体育大市集，面积超过 4000 平方米。

（邓丽萍）

责任编辑：熊焱峰
审　　稿：林建高
校　　对：黄　澜

37 社会生活

人口家庭

【概　况】 2021年，厦门市户籍人口数2828052人，人口自然增长率8.69‰，人口机械增长率23.22‰。2021年，厦门市流动人口2858572人，其中思明区363951人、湖里区629873人、海沧区385365人、集美区713425人、同安区454939人、翔安区311019人。（见表37-1、表37-2）

【城乡居民家庭居住情况】 2021年，厦门市城镇居民家庭住房人均建筑面积30.38平方米，比上年减少0.39平方米；农村居民家庭现住房人均建筑面积67.32平方米，减少6.77平方米。（见表37-3、表37-4）

【清明祭扫服务保障】 2021年清明期间，厦门市民政局建立市政府牵头多部门密切配合的应急处置机制，投入工作人员1600人，16天接待祭扫人数60.1万人次、车辆6.7万车次，未发生安全、疫情和火灾等突发事件。“厦门云祭园”网上祭扫平台继续发挥作用，新领取或自建馆550多个，访问量近8000人次。

【殡葬管理】 2021年，厦门市民政局先后举办2021年骨灰集体海葬和公益花坛葬活动，有172位逝者亲属参加活动。对殡葬领域损害群众利益问题开展专项整治行动，加强全市殡葬领域监

表37-1　2020—2021年末厦门市户籍人口变动情况表

	2021年	2020年
总户数（户）	876002	849240
总人口（人）	2828052	2731781
#男	1380702	1338005
女	1447350	1393776
城镇人口（人）	2469377	2376483
年内自然净增人口（人）	24152	28282
人口自然增长率（‰）	8.69	10.59
#出生人口（人）	32114	38350
出生率（‰）	11.55	14.36
死亡人口（人）	7962	10068
死亡率（‰）	2.86	3.77
年内机械净增长人口（人）	64552	92822
人口机械增长率（‰）	23.22	34.75
#迁入人口（人）	152856	183389
迁入率（‰）	54.99	68.65
迁出人口（人）	88304	90567
迁出率（‰）	31.76	33.90
年平均人口（人）	2779917	2671392

表37-2　2014—2021年末厦门市流动人口统计情况表

单位：人

年份	厦门市	思明区	海沧区	湖里区	集美区	同安区	翔安区
2014	2634861	527978	273394	796920	534287	328725	173557
2015	2831180	548352	323921	887070	573720	330557	167560

续表 37-2

年份	厦门市	思明区	海沧区	湖里区	集美区	同安区	翔安区
2016	2998099	538131	332188	856378	640775	387482	243145
2017	2973838	490231	344059	885283	633246	408995	212024
2018	3154561	588910	359315	845231	706007	418250	236848
2019	3217039	580669	379111	822346	721683	447674	265556
2020	2917221	405204	382387	720036	665508	472582	269038
2021	2858572	363951	385365	629873	713425	454939	311019

管。重新修订《厦门市基本殡葬服务费免除办法》，并由市政府办公厅印发，全年补助2261人次，补助总金额385万多元。做好违建坟墓专项整治行动、殡葬业价格秩序和公益性安葬设施建设经营专项整治工作"回头看"，巩固专项整治行动成果。人文公园（城市公益性公墓）项目完成方案优化设计，上报投资概算审定。薛岭山墓陵园配套设施和公用停车场建设开展前期策划。

表 37-3　2020—2021 年厦门市城镇居民家庭居住情况表

	2021 年	2020 年		2021 年	2020 年
住房人均建筑面积（平方米）	30.38	30.77	按用水情况分（%）		
按房屋产权分（%）			经过净化处理的自来水	99.13	99.57
租赁公房	2.38	2.03	井水和泉水	0.87	0.43
租赁私房	47.76	50.87	按卫生设备情况分（%）		
原有私房	15.84	16.28	水冲式卫生厕所	99.80	99.90
房改私房	1.44	2.31	水冲式非卫生厕所		
商品房	26.80	22.38	卫生旱厕		
其　他	5.77	6.13	普通旱厕		
按住宅建筑式样（%）			无厕所	0.20	0.10
单栋楼房	13.44	15.23	按炊用燃料使用情况分（%）		
单栋平房	0.80	1.41	液化石油气	26.64	28.99
四居室及以上	6.00	4.76	管道天然气	30.73	27.89
三居室	19.56	19.46	电	37.44	36.44
二居室	21.40	18.50	其　他	5.18	6.68
一居室	36.03	36.73			
筒子楼或连片平房	2.58	3.79			
其　他	0.15	0.11			

表 37-4　2021 年厦门市农民家庭居住情况表

	单　位	2021 年		单　位	2021 年
住房建筑面积	平方米 / 人	67.32	沙石或石板等硬质路面	%	1.62
住房空间样式			其他路面	%	
单栋楼房	%	84.35	住房卫生设备使用情况		
单栋平房	%	8.81	使用水冲式厕所	%	100.00
单元房	%	5.94	使用旱厕	%	
其　他	%	0.89	无厕所	%	
住房建筑材料			炊事使用的主要能源		
钢筋混凝土	%	36.75	使用燃气	%	28.99
砖混材料	%	48.88	使用电	%	71.01
砖瓦砖木	%	13.78	其　他	%	
其　他	%	0.59	饮用水来源情况		
住宅外道路路面状况			饮用自来水	%	85.93
水泥或柏油路面	%	98.38	井水和泉水	%	

【婚姻和收养登记】 2021年，厦门市民政局办理国内婚姻登记结婚19254对、离婚5865对，补领婚姻登记证2390对/件；办理涉外婚姻登记结婚104对、离婚登记13对，补领婚姻登记证11对/件。办理国内收养登记5件，解除收养登记3件，婚姻和收养登记合格率均为100%。

（市民政局）

就业创业

【概　况】 2021年，厦门市城镇新增就业33.07万人，帮扶城镇失业人员再就业11.07万人、城镇就业困难对象就业1.4万人。全市登记用工企业22.01万家，登记在职职工267.96万人（其中到厦门务工人员189.78万人），分别比上年增长12.99%、6.67%。全年发放困难性稳岗返还和普惠性稳岗返还2.76亿元，发放春节期间一次性稳就业奖补2.28亿元。分批次向临夏地区和宁夏地区推送企业招聘信息，两地有1.49万名务工人员到厦门就业，其中脱贫人口6415人。

全年，厦门市人力资源和社会保障局（简称市人社局）发放提升企业职工职业技能补贴2.77万人、4271.12万元，开展各类职业培训28.09万人次，发放补贴4.94亿元。其中，重点企业"一企一策"职工技能培训22.60万人次，发放培训补贴3.86亿元；企业以工代训4209人次，发放培训补贴810万元。推进技能大师工作室建设，认定20家市级工作室，推荐12家单位参评省级工作室。组织25个项目参加首届全国技能大赛，8个项目入围国家集训队。依托厦门技师学院现有办学资源，建设金砖新工业能力提升培训基地和未来技术技能与人文交流人才国际训练基地。承办完成"2021一带一路暨金砖国家技能发展与技术创新大赛"（厦门赛区）增材制造技术技能、电子信息技术应用、机械设备装调与控制技术技能3个赛项，完成针对金砖和"金砖+"国家的4个培训项目课程体系和3个专业留学生课程体系建设。全年开展技能人才评价2.47万人次，其中职业资格鉴定5840人次，核发职业资格证书4309本；技能等级认定6178人次，发证3019本；专项职业能力考核1.27万人次，发证9776本；新增职业技能等级认定备案8家。

全年为2587家次单位5934人次待就业毕业生发放见习生活补助1040.86万元，受理29所厦门市院校4692名毕业生（其中大专毕业生1432人）求职创业补贴申请，拨付求职创业补贴资金938.4万元。1月，开展以"就业帮扶真情相助"为主题的就业援助月专项活动，集中帮扶就业困难人员、残疾登记失业人员等劳动者就业创业。全面推进"充分就业社区"创建，同安区同新社区、海沧区未来海岸社区被评为第五批国家级充分就业社区。

落实各类特殊就业群体社保补贴补差、公益性岗位工资性补贴、企业自主招工招才奖励、台湾人才就业补助等多项优惠政策，全年发放资金6.12亿元。认定创业孵化示范基地15家，发放各类创业扶持资金、创业担保贷款贴息及银行奖励金4112.49万元。

厦门市认定高层次及骨干人才896人、柔性引进人才9615人，接收毕业生7.06万人；引进留学人员1821人，比上年增长8%，其中新引进高层次留学人员170人、增长47.8%。厦门市2个博士后科研工作站获评福建省2020年综合评估优秀站点，占全省获评总数的40%；2个项目获得全国首届博士后创新创业大赛银奖，占福建获奖项目的50%。厦门市有博士后科研工作站33家、创新实践基地4家。在全国优秀农民工和农民工工作先进集体表彰大会上，厦门有6人当选全国优秀农民工，1个单位获得全国农民工工作先进集体。

【劳动关系】 2021年，厦门市劳动保障监察机构处理工资纠纷案件补发工资728人、603万多元，实现涉案人数及金额指标与上年同期相比较大幅度下降；处理劳动人事争议13569件，调解成功率69.44%，结案率94.95%；培育评定89个"无欠薪项目部"；评出901家A级"守信红名单"和23家C级"严重失信黑名单"并推送至市信用平台，实施守信激励和失信惩戒。在福建省根治欠薪工作考核中，厦门市连续4年获得全省考核A级第一名；市劳动保障监察支队获评"全国根治拖欠农民工工资工作先进集体"。1月，市人社局印发《2021年春节期间工资支付与调休政策指引》，为春节期间加班的职工依法支付加班工资和调休提供相关法律和政策依据。制定实施《厦门市落实技能人才薪酬分配指引工作方案》。

【和谐劳动关系创建】 2021年，厦门市人社局培育评定年度市级劳动关系和谐商业楼宇1家、社区6个、企业109家，思明区、湖里区被福建省人社厅认定为"福建省和谐劳动关系示范区"。落实劳动关系"和谐同行"能力提升三年行动计划2021年度任务，完成培育13家"和谐同行"企业，服务指导480家新企和80家重点企业，培训213名劳动关系协调员，培育选树29名市级金牌劳动关系协调员和8家市级金牌协调劳动关系社会组织等重点工作。开展以"稳岗留工、稳增促产、共享发展"为主题的集体协商"要约行动月"活动。

【劳务输入基地合作建立】 2021年1月11—15日，厦门市人社局、市劳动就业中心根据前期调研情况赴云南楚雄州、文山州、红河州，与当地人社部门合作建立劳务输入基地。初步考核楚雄金泰人力资源、云南圣源劳务、红河州尼龙门人力资源等14家劳务输入运营机构，宣传厦门就业、生活环境及招工引才优惠政策，发挥当地人社部门及人力资源服务机构作用，鼓励更多人到厦门求职就业。

【"金砖+"国家留学人才群英论坛举行】 2021年1月23日，由厦门市委组织部、市人社局主办，市留学人员服务中心、市欧美同学会承办的"金砖+"国家留学人才群英论坛在厦门宾馆举行。活动吸引来自全市各企事业单位30余位留学人才代表参加。参会人才代表围绕如何发挥留学人才优势助力金砖国家新工业革命伙伴关系创新基地建设建言献策。现场邀请6位金砖国家留学人才和各产业高层次留学人才代表分别就"设立金砖产业应用人才研究院的建议""金砖国家知识产权大数据分析"等作主题发言。

【全市人社工作视频会议召开】 2021年2月5日，厦门市人社局召开全市人力资源和社会保障工作会议，对2021年全年工作提出要求。突出稳就业、保就业工作主线，坚持经济发展就业导向，突出企业用工需求收集与信息推送、外出招工和校企对接、劳务输入基地新建和劳务输转工作，加强企业用工保障。加大困难群体帮扶，促进困难群体增收，推进多渠道灵活就业和创业。加强人才人事体制机制创新，加强人才服务，实施职业技能提升行动，加强事业单位管理服务。深化社会保障制度改革，实施好企业职工养老保险纳入省级统筹过渡衔接方案，继续做好工伤保险全省统筹各项工作，加强退休人员社会化管理服务。加强劳动关系形势分析研判，提升劳动关系治理效能，根治欠薪，开展企业薪酬指引行动。打造留学人员回国创业的“金砖”赛道，依托厦门技师学院建设金砖新工业能力提升培训基地，逐步建立金砖国家职业技能等级认证机制。

【扩岗留工稳就业措施发布】 2021年2月10日，厦门市人社局等9个部门联合发布《关于做好当前扩岗留工稳就业工作十五条措施的通知》，通过继续降低社保费率、实施稳就业奖补、加强灵活就业人员保障等举措，助力企业稳定生产。

【赴成都举办首场专场引才推介活动】 2021年3月12—13日，由厦门市委组织部、市人社局、思明区委、思明区政府主办的“厦门C位无限量·走进成都”厦门专场引才推介会在四川大学、电子科技大学举办，是2021年度厦门市首次赴外地开展城市品牌推介活动。现场设置城市推介、“校友说”、“企业说”等环节，通过开展城市品牌、人才政策、线上线下招聘等推介活动，向成都学子推介厦门。会上，分别为2所高校各6位“引才使者”颁发聘书。该次活动还配套举办厦门企业专场招聘会，现场有40多家厦门重点企业参与，提供300多个岗位，需求人数2300多人。

【“留厦来·更精彩”校园引才活动】 2021年3月24日，由厦门市委组织部、市人社局、市国资委、厦门大学主办的“留厦来·更精彩”厦门大学引才推介会暨专场招聘会在厦门大学科学艺术中心举办。活动吸引近百家厦门市重点企事业单位（其中市属国有企业39家），提供460余个优质岗位（包含实习岗位），需求人数3200多人。该次活动是厦门市“留厦来·更精彩”校园引才活动的首站，活动还陆续走进厦门工学院、集美大学、厦门理工学院、华侨大学等本地高校。

【省公务员录用笔试】 2021年3月27—28日，2021年福建省公务员录用考试笔试举行。厦门考区考生36338人，设41个考点、1217间标准化考场、135间备用隔离考场。该次考试，厦门市设岗位192个，招考204人。

3月24日，“留厦来·更精彩”厦门大学引才推介会暨专场招聘会举办，图为活动现场（市人社局 供图）

【制造业实训基地奠基】 2021年5月10日，厦门市制造业实训基地奠基仪式在厦门技师学院举行。该实训基地建成后计划和厦门技师学院已有的多个国家级和省级实训基地一起，形成厦门市最大规模的制造业高技能人才培养中心。该实训基地计划2022年6月投入使用，结合厦门技师学院多个实训平台开展实训，年培训规模为1.76万人。基地针对机械工程、电气自动化等专业开展培训，同时主动服务企业，开展校企合作，向企业推荐实训基地项目，并为企业打造量身定制的实训项目。

【第十六届台湾人才闽西南对接会】 2021年5月29日，第十六届台湾人才闽西南（厦门）对接会在厦门悦华酒店举行。大会由厦门市委组织部及厦门、漳州、泉州、龙岩、三明五市人社局联合主办，来自闽西南53家用人单位、7家海峡两岸青年就业创业基地，以及200余名台湾专业人才、在闽台籍学生到场交流对接。对接会为台湾人才提供职位1603个。现场，相关负责人介绍在厦门就业前景、发展机遇，解读有关就业创业惠台政策。长期在厦门工作的5位台湾人才登台分享在大陆就业创业的经验，鼓励台湾优秀人才到厦门发展。主承办方在现场设立闽西南惠台人才政策咨询服务专区，集美区行政服务中心台胞驿站到场提供相关服务咨询。

【留学人才创新创业大赛】 2021年6月2日至11月17日，2021厦门金砖创新基地人才赛道暨留学人才创新创业大赛举行。大赛收到来自“金砖”国家外籍人才、留学人才等百余个项目报名，项目涉及人工智能、新一代信息技术、生物医药与医疗器械等厦门市急需紧缺和重点发展行业领域，最终27个项目分获一、二、三等奖和优秀奖，获奖项目会获得奖金及优惠政策支持。其间，市人社局在“i海归”掌上通平台上举办人才技术资本线上对接洽谈会，发动厦门大学、华侨大学、集美大学、中科院稀土所等高校和创新平台以及厦门市龙头企业、“高技术、高成长、高附加值”企业、各大园区等产业资源与参赛项目团队进行线上对接洽谈，有10余个参赛人才项目与厦门企事业单位和园区达成初步对接意向。

【人力资源服务产业园创建】 2021年6月3日，《厦门市级人力资源服务产业园管理暂行办法》实施。内容包括：厦门市辖区范围内办理商事登记的企业或依法成立具有独立法人资格的政府机构、事业单位等均可申报；探索建设人力资源数据共享和分析中心，运用大数据、云计算、人工智能等手段搭建园区"互联网+"人力资源服务平台，为入驻机构提供便捷高效的"一站式"云服务；实施优惠政策，运营补贴政策包含建园补贴、升级奖励、房租补贴、招商奖励、专项扶持5项措施，园区入驻机构奖励政策包含租金优惠、总部入驻优惠、税收奖励、引才奖励、人才奖励、活动奖励、优秀机构奖励7项措施。

【创业扶持政策申请条件放宽】 2021年7月28日，厦门市人社局出台《关于进一步加强创业支持带动就业促进工作的通知》，相比旧政策放宽申请条件：扩大扶持对象范围，创业大本营认定对象范围增加"创业孵化基地及三农主题创业服务载体"；自主创业扶持对象范围新增"本市户籍城镇登记失业人员及返乡入乡创业人员"及"来厦创业港澳同胞"。降低政策申请门槛，取消创业大本营吸纳带动就业奖励纳税、创业补贴（助）奖励首次创业要求，降低缴纳社会保险费时间要求，各项补贴（助）奖励要求的社保缴纳时间减半；创业项目带动就业奖励的吸纳人员不再要求特定身份。新增优质创业项目奖励，在市人社部门组织的创业创新大赛、优秀创业项目评选活动中，对获得市级一、二、三等奖的，给予最高10万元/个一次性奖励。

【"大数据+根治欠薪"专项行动】 2021年8月16日至9月30日，厦门市依托福建省劳动监测预警和智慧就业大数据平台，开展"大数据+根治欠薪"专项行动，对全市所有在建工程项目，重点是政府投资工程项目、国企项目（国有企业作为建设单位或施工总承包企业的工程项目）及有欠薪记录的其他在建工程项目，进行新一轮排查。通过全面对照在建工程项目台账，对大数据平台在建工程项目基础信息及工程款支付担保、实名制管理、工资专户、工资支付、工资保证金等信息逐一排查，建立未"入库"项目信息清单，逐个项目推进落实，逐项信息推进"入库"。通过运用大数据平台，对厦门市所有在建工程项目逐一排查分析，明确每一个在建工程项目大数据平台排查责任人，建立排查清单、问题清单，确保整改到位、处理到位、追责到位。

【援疆专业技术人才中期轮换】 2021年8月23日，厦门市人社局举行第八批中期轮换援疆专业技术人才欢送仪式。该批专业技术人才在新疆昌吉州开展为期1年半的对口支援工作。根据福建省委组织部、省人社厅的工作安排，厦门市精准对接受援地的实际需求，选派教育、医疗卫生、建设、宣传、自然资源规划、企业经营管理等领域的专业技术人才援疆。第八批中期轮换援疆专业技术人才共19人，均具有大学以上学历，其中硕士7人、博士1人，中级以上专业技术职称17人。

【第一届全国技能大赛表扬总结会】 2021年8月25日，厦门市人社局举办第一届全国技能大赛表扬总结会暨2021年厦门市技能大师工作室授牌仪式。2020年12月，全国第一届职业技能大赛在广东举行。厦门派出27名选手，参加25个项目的比赛。其中，10个项目获得优胜奖，占福建代表团获得优胜奖项目的三分之一；8个项目入围国家集训队，占福建代表团入围项目一半，刷新厦门市参加国家级职业技能竞赛的最好成绩。会上，为20家市级技能大师工作室授牌。这些技能大师工作室可获得补助经费8万元，用于开展培训、研修、攻关、交流等技能传承提升活动。

【高层次人才网络对接会】 2021年9月1—11日，由厦门市委组织部、市人社局主办，市人才服务中心承办的2021投洽会"人才项目资本合作展"高层次人才网络对接会在厦门人才网线上举行。该次对接会吸引厦门市126家用人单位提供招聘职位840个。会议期间，在线交流活动网页累计访问量2.1万人次，促成1387人次与用人单位交流对接，产生初步意向643人。

【"i海归"平台上线】 2021年9月9日，厦门市留学服务中心推出"i海归"掌上通综合服务平台，并上线"找工作""找项目""找政策"等功能模块。该平台汇集223个海外人才项目，涉及人工智能、半导体和集成电路等人才紧缺和重点发展产业领域；发布269家单位、1266个年薪20万元以上的高层次人才岗位。在厦门留学人才可随时登录平台求职，了解留学人才政策、人才项目。

【《厦门市技工院校管理办法》出台】 2021年9月16日，厦门市人社局出台《厦门市技工院校管理办法》，在招生管理、学籍管理、学生管理、教师管理等方面进行明确，并鼓励技工院校承担更多社会技能培训服务。通过进一步规范技工院校管理工作，保证教育和培训质量，培养更多高素质技术技能人才，服务厦门市国民经济和社会发展。

【"毕业生来厦留厦云集成平台"上线】 2021年9月24日，依托厦门人才网搭建的"毕业生来厦留厦云集成平台"上线运行。该平台涵盖"云端求职""留厦政策""留厦指南"三大功能板块，是毕业生到厦门求职发展的"一站式"综合服务平台，为毕业生到厦门、留厦门提供全流程、全方位在线服务。

【秋冬季毕业生招聘工作启动】 2021年10月26日，厦门市2021秋冬季毕业生招聘工作启动式暨集美大学专场招聘会在集美大学举行。招聘现场对厦门进行推介，嘉庚创新实验室等10家厦门市企业代表上台宣讲，展示企业发展亮点和岗位需求。6名来自集美大学的校园引才使者向在场学生发出"留厦倡议"。当天下午，配套举办集美大学专场招聘会，百家企事业单位入校招聘，并同步在厦门人才网举办线上招聘专场，共计261家单位提供岗位6000余个。

【企业工资指导线发布】 2021年11月，厦门市人社局发布2021年厦门市企业工资增长指导线，为企业和员工提供参考。其中，企业工资指导线基准线为7.5%，企业工资指导线下线为3%，适用于企业在岗职工工资分配。企业生产经营正常、经济效益增长的，可围绕基准线安排工资增长；企业生产经营正常、效益增长缓慢的，可在下线和基准线之间安排工资增长；企业确因生产经营困难，经与工会或职工代表协商同意，可低于工资指导下线（含零增长或负增长）确定工资水平，但其支付给在法定工作时间内提供正常劳动的职工工资不得低于当地最低工资标准。

【企业薪酬调查信息发布】 2021 年 11 月，厦门市人社局发布厦门市 2021 年企业薪酬调查信息，公布厦门市 2020 年工资价位和企业人工成本信息，其中包含 350 个职业工资价位。该调查覆盖全市 18 个行业门类下 73 个行业大类的 2120 家企业（剔除不符合标准的无效数据后，有效样本 2029 家），覆盖全市 6 个职业大类、64 个职业中类、289 个职业小类、627 个职业细类的职工 271507 人（剔除不符合标准的无效数据后，有效样本 270501 人），反映厦门地区参与薪酬调查的样本企业人工成本情况和从业人员工资报酬情况。工资价位和企业人工成本水平发布 90% 分位、75% 分位、50% 分位、25% 分位和 10% 分位，适合于不同企业的需求。其中 50% 分位代表数据的中间水平，指的是有一半的样本在该指标上低于或等于该数值，并不等于平均值。（见表 41-15、41-16、41-17）

【“十四五”人社事业发展专项规划发布】 2021 年 11 月 3 日，厦门市人社局发布《厦门市“十四五”人力资源和社会保障事业发展专项规划》。加强就业促进行动，扩大创业扶持政策对象范围，加大优惠力度；精准帮扶就业困难群体，加大公益性岗位开发力度；“十四五”期间，厦门市计划实现城镇新增就业人数 65 万人、城镇失业人员再就业人数 20 万人。推进人才强市战略，优化人才交流合作机制，搭建高校引才联络平台，强化线上线下招聘服务。推进技能强市战略，深化技能人才评价制度改革；加大技工院校建设力度，促进产教融合、校企合作；推动金砖国家各类人才技能培训合作，完善社会保障体系，推进社会保险参保扩面，实施全民参保计划。

【线上直播引才模式升级】 2021 年 11 月 10 日、15 日，由厦门市人才中心主办的百城千校万人云端大招聘“国企及三高企业‘直播推岗’专场”及“电子信息产业集群‘直播推岗’”专场创新上线。与直播带岗不同，直播推岗邀请专业主播及职位分析师对多家企业和岗位进行推介，无需企业 HR（人力资源）上台直播，提高直播效率。

12 月 3 日，2021 年优秀创业项目评选资助暨“创享厦门”创业创新大赛举行

（市人社局　供图）

【事业单位招聘笔试】 2021 年 11 月 13 日，厦门市事业单位联合招聘编内工作人员笔试举行，市委组织部、市人社局、市教育局、市公安局、市卫健委等相关部门负责人共同坐镇总主考室指导协调。该次招聘有 74 家事业单位发布 173 个岗位，计划招聘 242 人。9 个岗位因无人报考或无人通过网上资格初审取消招聘，9 个岗位未达到 3：1 开考比例，4 个岗位因报名人数不足相应减少拟聘人数为 1 人。笔试应考总人数 28509 人，全市岛内外设 30 个考点、951 间标准化考场，实际到考 14643 人，缺考 13866 人，参考率 51.36%。

【整治扰乱用工市场行为工作会议】 2021 年 11 月 30 日，为进一步规范用工市场行为，提升营商环境，推进稳定和谐的劳动关系，厦门市人社局召开整治扰乱用工市场行为工作会议，就整治扰乱用工市场行为提出工作意见，明确工作任务。根据《厦门市人力资源和社会保障局办公室关于开展规范用工市场行为专项整治的通知》，该次专项整治针对各类劳务中介乱象，重点整治哄抬和操纵人力资源市场价格、“市内抢人”、“假外包真派遣”、非法使用“小时工”等违法违规行为。整治分各区组织辖区人力资源服务机构（劳务派遣机构）开展自查自纠与各区联合相关部门开展集中整治两步骤实施。

【“创享厦门”创业创新大赛】 2021 年 12 月 3 日，由厦门市人社局主办、各区人社部门和市劳动就业中心协办的 2021 年优秀创业项目评选资助暨“创享厦门”创业创新大赛举行。大赛吸引 117 个创业项目报名参赛，项目涵盖一、二、三产业及电商服务等多个领域，最终 1 个项目获一等奖，资助奖金 10 万元；3 个项目获二等奖，资助奖金 5 万元；10 个项目获三等奖，资助奖金 3 万元。在参赛条件设置方面，大赛突出近 3 年内新创办企业，近 5 年内大中专院校毕业生、城镇登记失业人员、就业困难人员、复转退役军等重点创业群体。

【招聘会送岗下乡】 2021 年 12 月 16 日，厦门市 21 家企业走进海沧东孚街道洪塘村举行专场招聘会，为当地村民送上 95 个工种、2348 个工作岗位。招聘会主题为“打造充分就业，助力乡村振兴”，是市人社局开展乡村振兴工作系列活动之一。市人社局相关处室和直属单位在现场开展惠民政策宣传咨询活动，送政策上门。

（叶　盈）

收入消费

【概　况】 2021年，厦门居民人均可支配收入64362元，比上年同期增长10.7%，增幅居福建省榜首，分别比全国、全省高出1.6和1.4个百分点；比2019年增长15.2%，两年平均增长7.3%。分城乡看，城镇居民人均可支配收入67197元，比上年增长9.6%，增幅分别比全国、福建省高出1.4和1.2个百分点，位居全省首位；农村居民人均可支配收入29894元，增长12.3%，增幅分别比全国、全省高出1.8和1.1个百分点，位居全省第二位。2021年，厦门市全体居民人均生活消费支出41644元，比上年增长14.1%。

【城乡居民收入】 2021年，厦门居民人均年收入增速呈“前高后低”。2020年4月之后，新冠疫情防控进入常态化，复工复产稳步推进。受同期基数“前低后高”及2021年9月的疫情冲击影响，2021年厦门居民收入增幅逐季收窄，呈前高后低态势。分城乡看，2021年厦门城镇居民收入比上年增长9.6%，增幅较一季度、上半年和前三季度分别回落3.5、3.9和2.0个百分点；农村居民收入全年增长12.3%，增速较一季度、上半年和前三季度分别回落7.0、6.3和2.6个百分点。

城乡收入差距持续缩小。2017—2021年，厦门农村居民人均可支配收入增速连续5年高于城镇居民，城乡居民收入差距持续缩小。2021年，厦门农村居民人均可支配收入增速比城镇居民高2.7个百分点，城乡居民收入比由2017年的2.44∶1缩小至2.25∶1（以农村居民收入为1）。

就业形势平稳，工资性收入是增收主动力。政府相关部门加强企业用工服务工作，出台扩岗留工稳就业15条措施，多措并举强化稳定和扩大就业。2021年厦门全体居民人均工资性收入45681元，比上年增长10.1%，占可支配收入的比重为71%，拉动收入增长7.2个百分点，对可支配收入的贡献率为67.3%。其中，城镇居民人均工资性收入47898元，比上年增长9.1%，占可支配收入的比重为71.3%；农村居民人均工资性收入18728元，增长5.7%，占可支配收入的比重为62.7%。

拆迁改造加速，财产净收入增长最快。随着“岛内大提升、岛外大发展”的全面推进，拆迁改造加速使得周边居民房屋租金收入提高，同时拆迁赔偿款给居民带来较为稳定的利息及分红收入。2021年，厦门全体居民人均财产净收入8174元，比上年增长15.3%，增速为四项收入（工资性收入、财产净收入、经营净收入、转移净收入）之最，占可支配收入的比重为12.7%。其中，城镇居民人均财产净收入8725元，比上年增长13.6%；农村居民人均财产净收入1472元，增长19.2%。

消费市场回暖，经营净收入持续恢复增长。2021年，厦门持续出台一系列促消费激励政策，为市场发展营造良好环境，下半年疫情虽然造成一定影响，全年社会消费品零售总额2584.07亿元，比上年增长12.7%，增幅位居福建省首位。消费市场持续回暖，助推居民经营收入恢复性增长。2021年，厦门全体居民人均经营净收入5549元，比上年增长10.8%。其中，城镇居民人均经营净收入5433元，比上年增长9.6%；农村居民人均经营净收入6959元，增长26.4%。

民生保障有力，转移净收入平稳增长。2021年，厦门地方各级政府持续着眼民生，通过覆盖全面的社会保障体系确保离退休人员和低收入群体的稳定增收。2021年，厦门全体居民人均转移净收入4958元，比上年增长9.0%。其中，城镇居民人均转移净收入5141元，比上年增长7.3%；农村居民人均转移净收入2734元，增长27.3%。

【城乡居民消费】 2021年，厦门全体居民八大类消费支出实现全面增长。与2019年相比，除交通通信仍未回到2019年同期水平外，其余七类消费实现正增长。

食品与居住依然是居民消费支出的主要组成部分，2021年厦门全体居民人均食品烟酒支出12403元，比上年增长11.9%，恩格尔系数为29.8%，比上年回落0.6个百分点；人均居住支出13334元，增长9.2%。二者合计占消费支出的比重为61.8%。

受新冠病毒肺炎疫情影响，居民保健意识增强，出行意愿降低。2021年，厦门全体居民人均医疗保健支出2330元，比上年增长26.5%，与2019年相比，两年平均增幅22.7%；人均交通通信支出4685元，增长2.8%，增幅为八大类消费最低，与2019年相比，仍下降1.3%。

随着经济社会秩序的逐步恢复及疫情催生的线上教育、线上娱乐等多元化消费模式兴起，2021年厦门全体居民人均教育文化娱乐支出3753元，比上年增长47.4%，增幅为八项消费支出之最。

【市场物价】 2021年，厦门市居民消费价格总指数比上年增长1.2%，商品零售价格总指数增长1.5%。（见表37-5）

（市统计局）

【消费者满意度厦门排名全国第三】 2021年3月13日，中国消费者协会发布2020年全国100个城市消费者满意度测评报告，根据2020年消费者满意度调查结果，排名前10位的城市依次为杭州、南京、厦门、青岛、吴忠、上海、苏州、烟台、常州、无锡；排名后10位的城市依次为长春、唐山、松原、汕头、合肥、遵义、邯郸、衡阳、昆明、贵阳。

测评结果显示，2020年全国100个城市消费者满意度测评综合得分为79.32分，总体处于良好水平，相比2019年提升2.3分，相比2018年、2017年分别提升5.64分和7.57分。2020年位列前3的杭州、南京、厦门得分为86.67分、86.08分、84.20分。

从地区对比和城市综合表现来看，消费者满意度仍然存在较大的地区间差异，除个别城市外，东部和南部城市、经济发展水平高的城市得分明显要高于中西部及经济发展一般的城市；城市满意度综合得分排名总体稳定，多数城市得分有所增长，杭州、南京、青岛、厦门、吴忠、上海等城市消费者满意度综合得分排名靠前。

结合新冠病毒肺炎疫情防控常态化下的消费生活，中消协还增加对于消费者信心的调查。结果显示，百分制下全国100个城市消费者对于未来1年的消费信心评分为78.76分，按照满意度测评同等标准衡量，总体属于良好水平，但是信心得分略低于满意度测评得分，

表 37-5　　　　2021 年厦门市物价指数变动情况表

项目	2021 年（上年同期 =100）	项目	2021 年（上年同期 =100）
居民消费价格总指数	101.2	衣　着	104.6
食品烟酒	98.7	居　住	102.8
粮　食	101.6	生活用品及服务	101.6
鲜　菜	105.4	交通、通信	103.6
畜肉类	79.8	教育、文化、娱乐	101.7
水产品	103.0	医疗保健	99.4
蛋　类	104.4	其他用品及服务	96.1
干鲜瓜果类	102.2	商品零售价格指数	101.5
食　品	98.4	交通、通信用品	99.3
饮料、烟酒	100.3	家　具	100.6
服装、鞋帽	104.6	化妆品	99.7
纺织品	101.4	金银饰品	97.4
家用电器及音像器材	101.8	中西药品及医疗保健用品	99.5
文化办公用品	101.6	书报杂志及电子出版物	99.6
日用品	101.2	燃　料	114.1
体育、娱乐用品	101.0	建筑材料及五金电料	102.5

也表明消费者的慎重态度。

（《海导报讯》）

社会保险

【概　况】 2021 年，厦门市基本养老、工伤、失业保险参保人数分别为 356.63 万人、273.22 万人、270.33 万人，分别比上年末增长 3.39%、5.36%、4.63%。全市纳入社会化服务退休人员 41.08 万人，社会化管理率 100%。全年，全市 3 项社保费阶段性减费率降成本 62.34 亿元。发放厦门市失业人员失业保险金 4.24 万人、3.98 亿元；发放临时价格补贴 3.86 万人、3477.78 万元；发放外来失业员工一次性生活补助金 10.57 万人、6075.66 万元。

市人社局牵头拟制并平稳实施厦门市企业职工基本养老保险纳入省级统筹过渡衔接方案，开展工伤、失业保险纳入省级统筹相关工作，稳步提高养老保险待遇。通过线上办理跨制度转移、省内外接续，实现养老保险转移接续无纸化全程网办、“一地办理”和“跨省通办”。第十七次提高工伤保险定期待遇，5 项工伤保险待遇申领实现全程网办。为 4.16 万人发放疫情生活补助金 2078.25 万元。推动第三代社会保障卡（市民卡）换发卡工作，全年发卡量 110 多万张，优化拓展社保卡功能；推动社保卡“省内通办”，协调完成闽西南五地市异地停用社保卡并拓展至全省。拓展退休人员资格认证方式，强化认证服务，构建退休人员递延认证机制。推进 186 个行政审批和公共服务事项提速办，“即办件”122 项；年内新增全程网办事项 58 项，市人社局全程网办数增至 157 项；持续推动高频政务服务事项“跨省通办”，实现“跨省通办”事项 30 项；推动实现 10 个“打包一件事”线上办、掌上办。

【退休人员基本养老金上调】 2021 年 6 月 16 日，厦门市人社局根据福建省人社厅、财政厅下发的《关于 2021 年调整退休人员基本养老金的通知》，从 2021 年 1 月 1 日起，为厦门市 2020 年底前已办理退休手续，并领取养老金的企业和机关事业单位退休人员提高养老金待遇。总体调整水平按照 2020 年退休人员月人均基本养老金的 4.5% 确定。新增基本养老金于 7 月 1 日前发放到位。此举惠及企业职工退休人员逾 34 万人，一次性补发 1—6 月养老待遇超 2.6 亿元。

【首批社保社会监督员上岗】 2021 年 9 月 9 日，厦门市人社局召开厦门市社会保险社会监督员会议。会议宣读厦门市社会保险社会监督员聘任文件，聘请 30 人为厦门市社会保险社会监督员，聘期 3 年。厦门市首批社会保险社会监督员兼顾不同行业和群体，对人社部门、社保经办机构及其工作人员，以及社会保险服务机构（工伤医疗机构、工伤辅助器具机构、工伤康复机构、补充社会保险承办机构）、退休人员服务机构、培训机构、用人单位、参保人员遵守社会保险法律法规政策的情况进行监督，对社会保险工作提出工作意见和建议，宣传社会保险法律法规和政策，并收集、报告社会保险领域违法违规线索。

【就业困难群体疫情生活补助金发放】 2021 年 10 月 8 日，厦门市人社局、市财政局发布《关于发放就业困难群体疫情生活补助的通知》，为 9 月 13 日至 10 月 31 日新申领失业保险金、一次性生活补助金、失业补助金和临时生活补助的失业人员，以及享受 2021 年第三季度灵活就业社保补贴的就业困难人员每人发放 500 元疫情生活补助金。补助金采取“非申即享”方式发放，市、区人社部门进行数据比对，通过银联系统直接发放至个人账户。

【电子社保卡同步申领】 2021 年 10 月 28 日起，厦门市人社局为让持卡人更便捷地享受电子社保卡的服务，1 月 1 日以后申领、补换的厦门市第三代社保卡（市民卡），将同步生成电子社保卡，持卡人无须签发，可直接领取使用电子社保卡。1 月 1 日之前申领、补换的厦门市第三代社保卡，则需要参保人在“厦门人社”、“厦门智慧人社”微信公众号、银行 App 等服务渠道，通过实名、实卡、实人认证自主完成签发流程并领取电子社保卡。参保人可以通过电子社保卡查询和申领各项人社待遇、申办人社业务、找工作等。

【工伤保险定期待遇提高】 2021年，厦门市第十七次提高工伤保险定期待遇，调整范围为2020年12月31日前，取得按月领取伤残津贴待遇（不含已享受基本养老保险待遇的工伤人员）、生活护理费待遇资格的工伤职工，以及取得按月领取工亡职工供养亲属抚恤金待遇资格的人员。该次符合待遇调整对象1209人，其中一级至四级伤残职工374人、供养亲属835人。据统计，每月增发待遇20万元，待遇调整计发时间从2021年1月起算。增发的定期待遇于11月24日发放至待遇领取人员指定银行账户。

（叶　盈）

住房保障

【概　况】 2021年，厦门市推出各类保障房房源5.1万套。其中，面向中低收入群体安排保障性租赁房4200套，面向“三高”（高技术、高成长、高附加值）企业骨干员工、厦门市无房家庭安排保障性商品房8000套，面向骨干人才、高层次人才安排房源450套，面向企业职工推出市级公共租赁住房26批次、6575套；提供保障性租赁住房房源3.17万套（间）。向1135户低保对象发放廉租房租金补助279.58万元，做到应保尽保。

【高层次人才安居政策优化】 2021年，厦门市住房局针对厦门市引进的A、B、C类高层次人才，通过“租、售、赠、补”等方式，精准保障人才安居需求。符合申请条件的厦门市高层次人才，可选择申购人才住房，解决在厦门住房问题。7月，在厦门市“留厦六条”中加大人才住房保障力度：人才住房交房入住满5年且在厦门工作满5年，可上市交易；双满5年后人才在厦门工作每增加一年，可将人才应缴土地价款等增值收益比例的10%按年赠送给人才，双满10年全部赠完。2021年，开展2个批次面向符合条件的厦门市高层次人才申请家庭配售人才住房，房源数量予以足额保障。

【保障性商品房分配】 2021年，经厦门市人社局认定的骨干人才，每年安排单独批次配售保障性商品房；向“三高”企业骨干员工切块分配保障性商品房；符合条件的厦门市户籍无住房家庭，可按批次房源市场评估价的45%申请购买保障性商品房。2021年第一批、第二批保障性商品房（骨干人才）申请对象为符合条件的厦门市骨干人才申请家庭，房源数量予以足额保障；2021年第三批保障性商品房（社会批次）面向厦门市符合条件的住房困难家庭，推出房源4000套。面向“三高”企业骨干员工切块分配保障性商品房（2021年批次）推出房源4000套。其中，面向“三高”企业的房源中，首次设置企业间剩余房源调换环节，申请企业在满足本企业符合条件的骨干员工选房需求后，如有剩余房源，可通过申请企业之间相互调换，实现房源优化利用。

【稳定就业无住房职工住房需求保障】 2021年，厦门市级公共租赁住房累计新推出岛内外房源26批次、6575套，年度累计配租面积8.39万平方米。配租对象主要为市级公共租赁住房各类型保障群体，包括面向“三高”企业批次，面向“夹心层”家庭批次，面向西柯镇综合服务中心、软件园二期、湖里创新园、银城智谷、美峰创谷、厦门特房新经济产业园等重点产业园区批次，面向教育、卫健、公安等系统单位，面向翔安医院、海辰新能源、东亚机械等群体批次。

【社会保障性租赁房配租】 2021年，厦门市住房局为逐步解决厦门市户籍中低收入住房困难家庭基本居住需求，面向厦门市户籍低收入、中等偏下收入住房困难家庭配租社会保障性租赁房，年内推出2个批次、4200套房源。2021年，第一批保障性租赁房面向厦门市住房困难的低收入、中等偏下收入家庭开放申请；第二批保障性租赁房面向2015年10月以后、3次以上（含3次）参加保障性租赁房意向登记且摇号均未入围的申请人员家庭开放申请。

【廉租住房租金补助发放】 2021年，厦门市住房局进一步加大对困难群众住房保障力度，以解决群众需求为目标，落实廉租住房租金补助“政策找人”，建立困难群体主动发现机制，依托社会救助部门间的数据共享，主动通过数据分析、排查符合条件的低保对象，利用住房大数据等核查低保对象家庭的住房情况。年内，对新增的1596户低保对象2336人的住房情况开展排查核实工作，对符合廉租住房租金补助条件的对象及时主动纳入补助保障范围。开展廉租住房租金补助保障1135户1591人。其中，新增保障对象240户384人，取消保障对象145户249人，发放补助金额279.6万元。

【房源调换机制创新】 2021年，厦门市住房局针对保障性租赁房申请户入住后人口数量变化，与申请时房型不匹配问题，创建已入住保障性租赁房房型调整机制。在总结2020年推出已入住保障性租赁房房型调整（试点）批次的经验基础上，12月7日发布《厦门市已入住保障性租赁房2021年房型调整批次轮候分配方案》，一次性推出2200套房型调整现房房源，承租期间符合房型调整批次轮候分配方案的承租家庭，可根据房型调整批次方案要求提出申请。启动保障性租赁房房源互换的前期工作，起草《已入住保障性租赁房房源互换工作规程》，承租家庭人口数量发生变化符合互换申请条件的，可根据家庭实际人口结构和居住需求与其他承租家庭房源自愿互换，提高房源利用率。

【保障性租赁住房政策制定】 2021年6月，国务院办公厅印发《关于加快发展保障性租赁住房的意见》，厦门市探索发展模式，在全国率先发布《关于加快发展保障性租赁住房的意见》，制定存量非住宅类房屋临时改建等配套政策，突出“小户型、低租金”，注重解决新市民、青年人过渡性住房困难和城市公共服务群体住房需求，初步形成保障性租赁住房“1+N”政策体系。拓宽房源供给渠道，打通利用农村集体预留发展用地建设、非居住存量房屋改建、企事业单位自有用地建设等7种房源供应渠道，通过“盘活、改建、新建”等方式，筹集保障性租赁住房项目9.27万套

（间）。厦门市在集租房建设、存量非住宅类房屋临时改建、盘活闲置房源、坚持小户型低租金和利用企业自有用地建设保障性租赁住房等12个方面的做法得到住房和城乡建设部肯定，并作为全国第一、二批可复制可推广清单转发。先后在全国建设工作会议、保障性租赁住房政策专题培训会议上，通过视频汇报等方式介绍厦门发展保障性住房相关做法，央视《新闻联播》和《人民日报》《光明日报》《中国建设报》等主流媒体密集报道。

（邹　婷）

【保障性住房建设】 2021年，厦门市建设局推进新阳三期2900套保障房开工建设，全市保障性住房竣工1.29万套，提前超额完成市委、市政府为民办实事"计划竣工保障性住房1万套"任务。2017—2021年累计推进开工10.3万套，竣工6.5万套，约为22.7万人提供居住保障。2021年涉及的各项建设投资任务中，市重点项目投资任务完成40.9亿元，占年度计划的145.5%，双千亿投资工程保障房项目建设投资任务完成35.8亿，占年度计划的120.1%。根据城市品质提升工作要求，完成"2021年需新开工安置型商品房10个"任务。

市建设局通过健全设计质量提升机制，引入专家组成保障性住房方案评审小组，按照代建优化、专家把关、政府审定的设计方案审查机制，多层次提升设计质量，强化细节设计，合理利用空间，督促代建单位针对各项目特点，对使用频率较高的厨房、卫生间、阳台、洗衣池等细节进行反复推敲，对走廊吊顶、外墙线条、施工工艺等进行研究，通过提高建设标准、健全质量提升制度、鼓励采用先进的技术及工艺、不断完善住宅通病防治手段、加强质量管控等措施，促进厦门市保障性住房建设质量稳步提高。

（张婷婷）

医疗保障

【概　况】 2021年，厦门市基本医疗保险参保人数457.19万人，比上年增长2.7%，其中城镇职工参保人数308.86万人，增长4.6%（本市职工138.25万人、外来员工170.61万人）；城乡居民参保人数148.33万人，下降1.1%，其中城镇居民8.29万人、未成年人94.56万人、农村居民34.87万人、大学生10.61万人。生育保险参保人数270.9万人，比上年增长4.88%。其中，厦门市人员参保人数100.3万人，外来员工参保人数170.61万人。基本医疗保险基金总收入152.61亿元，总支出120.15亿元，年末累计结余300.01亿元。职工基本医疗保险基金（含生育保险）收入134.29亿元，比上年增长14.07%；基金支出103.22亿元，增长9.27%；年末累计结余296.50亿元，其中个人账户累计结余244.05亿元。城乡居民基本医疗保险基金收入18.32亿元，比上年增长4.73%；支出16.93亿元，增长10.03%；年末累计结余3.5亿元。医疗救助特困供养人员、"低保"人员、残疾人等五类对象65.73万人次，救助金额1.99亿元；资助参加城乡居民基本医疗保险3.78万人。

【医保减负降费】 2021年，厦门市医保局执行减负降费政策。1—9月，城镇职工基本医疗保险单位缴费费率按7%执行；外来从业人员基本医疗保险单位缴费费率按3%执行，参保人员待遇保持不变。新冠病毒肺炎疫情防控期间，市医保局调低缴费费率。10—12月，市职工基本医疗保险单位缴费费率下调至6%。全年减少征缴企业职工基本医疗保险费16.38亿元。

【医保电子凭证】 2021年，厦门市医保局推广医保电子凭证，结合"我为群众办实事"实践活动，开通"国家医保服务平台"App、"厦门医疗保障"微信公众号等6个激活使用医保电子凭证渠道。至年末，全市有292万名参保人医保电子凭证激活，全市100%定点零售药店支持扫码购药，95.79%定点医疗机构支持扫码就医，医保经办窗口100%业务支持扫码办事。

·小资料·

医保电子凭证：由国家医保信息平台统一签发，是全国医保业务唯一身份凭证，具有方便快捷、应用丰富、全面通用、安全可靠等特点，应用于医保查询、参保登记、报销支付等医保业务应用场景，适应新冠病毒肺炎疫情防控常态化要求。

【爱心医保活动】 2021年，厦门市医保局拓展"爱心医保"党建品牌内涵，推动党建与业务融合发展。协调市医保学会，筹集社会爱心资金100多万元，按照"目录制""一事一议"，做好2名重特大罕见病患者精准救助。市医保局与市红十字会签订"倡导爱心善举　帮扶困难群体"合作备忘录。协调市医保学会和南普陀寺慈善会，为仙岳医院的"孤独症"患儿筹资购买康复训练设施设备。市医保局帮扶慰问海沧东屿等社区困难家庭17户。

【医保重复参保清理】 2021年6月28日，厦门市医保局、市财政局、市税务局联合印发《关于做好基本医疗保险重复参保清理工作的通知》开展医保重复参保清理工作。清理过程发现存在重复享受医保待遇等欺诈骗保行为的，依法处理。通过数据筛查比对摸清底数，按3个大类、6个小类分类处理，全年清理重复参保1.9万人。

【基本医疗保险家庭共济】 2021年11月16日，厦门市医保局印发《厦门市医疗保障局关于贯彻落实福建省基本医疗保险家庭共济账户若干事项的通知》。参保人的厦门市医疗保险健康账户家庭医疗共济网停止使用，切换到福建省基本医疗保险家庭共济账户，基本医疗保险健康账户资金同步平移到省家庭共济账户内；未建立省家庭共济账户的参保人，可自愿按照相关规定设立家庭共济账户，用于本人及其在福建省内参加基本医疗保险的父母、子女、配偶等直系亲属之间的健康综合保障。参保人可通过福建、厦门医疗保障微信小程序等渠道，从健康账户划转资金到省家庭共济账户，每人每月可划入一次，具体划入的共济额度由参保人授权确定。基本医疗保险健康账户以及家庭共济账户资金，支付范围按《福建省医疗保障局 福建省财政厅关于印发福建省基本医疗保险家庭共济账户使用管理办法（试行）的通知》规定执行。

【医保费用审核机制构建】 2021年11月18日，厦门市医保中心发布《关于印发厦门市医疗保障定点医药机构医保费用审核规程等3个文件的通知》，创新出台医保费用、病种审核及特例单议3个审核规程，从审核范围、方式、依据、内容、重点等方面构建审核机制，推动基金使用规范化和标准化。剔除不合理单据明细30万余条，剔除高套分值100余万分，节约和挽回医保基金2.4亿元。

（谢亚琴）

社会救助

【概　况】 2021年，厦门市民政局健全社会救助制度，先后出台《厦门市改革完善社会救助制度实施方案》《厦门市临时救助工作规范》《关于进一步完善困难群众基本生活保障的通知》等文件，从拓宽救助范围、放宽低保认定条件、降低低保准入门槛、优化规范救助流程等方面，及时有效解决居民突发性、紧迫性和临时性生活困难。全年民政领域支出社会救助资金2.04亿元，为全市8.99万户次、13.98万人次低保对象发放低保金1.17亿元，人均月补差835.1元。全市特困人员1713人，供养支出4012.26万元。全市临时救助3.56万人次，支出临时救助资金4718.65万元。其中，主动发现并实施救助501人次，急难会商（急难救助的会商制度）9次。发放疫情防控期间一次性临时补贴588.38万元，惠及困难群众1.49万人次。

【大爱寻亲活动】 2021年，厦门市救助站开展“大爱寻亲，温暖回家”救助寻亲工作。全年寻亲成功204人次，其中救助落户特困人员寻亲成功21人，推送寻亲公告2批371人次，推送抖音寻人视频45条。寻亲案例被厦门电视台等官方媒体宣传报道，市救助站获评“头条寻人”五周年荣誉合作救助机构。

【慈善救助】 2021年，厦门市民政局支持市慈善总会及各区慈善会开展“新春慈善快车”、“雨露育青苗”结对帮扶孤困儿童、药品援助等项目，其中，“新春慈善快车”项目向全市近5000户困难家庭发放款物300余万元；药品援助项目约3600人次，发放药品价值3211万元；“雨露育青苗”项目向1515名孤困儿童发放结对帮扶款378.75万元。同时，引导其他慈善组织在元旦、春节、妇女节、劳动节、儿童节、中秋节、重阳节等重要节点，开展各类慈善活动，慰问帮扶残疾人、老年人、低保低收入家庭、困境儿童、特殊岗位工人等困难、特殊群体。据不完全统计，全市各慈善组织投入4591.31万元开展扶贫济困、扶老救孤等各类慈善活动，受益人数17.65万人次。疫情防控期间，组织协调慈善组织、爱心企业等捐赠款物约1亿元，并依托“i厦门”紧急建成启用“防疫物资捐赠对接平台”，实现捐赠物资供需对接20单、总价值约20万元。

【困难群众走访慰问】 2021年元旦、春节、国庆、中秋4个法定节日，厦门市民政局慰问低保对象、特困供养人员每人每年1300元，慰问低收入家庭每户每年2500元。全年慰问3.47万人次、2210.33万元。

【“爱心厦门·圆梦助学”公益项目启动】 2021年4月24日，“爱心厦门·圆梦助学”公益项目启动仪式在市青少年宫举办。该项目依托“爱心厦门”专项基金，由市民政局牵头组织实施，对困难家庭中全日制大专及以上在读学生，在政府兜底保障的基础上，每月按低保标准50%给予每人425元的“圆梦助学”生活补助金，助力困难家庭学生安心学习。建立健全帮扶结对的长效机制，发动社会认领帮扶困难家庭学生，有近70个爱心社会组织和爱心人士认领帮扶困难家庭学生，认捐帮扶意向资金620余万元。4—12月，累计向480多名困难大学生发放生活补助金179.31万元。

（市民政局）

社会福利

【概　况】 2021年，厦门市拥有养老机构44家、照料中心41家、农村幸福院148家、居家养老服务站及村改居幸福院434家，各类养老床位总数1.7万张。依托养老机构和社区养老服务中心设立敬老餐厅39个、嵌入式助餐点339个。全市有孤儿256人，其中机构养育215人，分散养育41人；农村留守儿童9人；困境儿童5514人；新增孤儿总数9人，事实无人抚养儿童55人。逐步提高基本生活保障标准，从2021年1月起孤儿（含事实无人抚养儿童）保障标准每人每月2000元提高到2125元，新增每人每年儿童节慰问500元。

【福彩公益金助学】 2021年，厦门市民政局使用中央集中彩票公益金支持社会福利资金13.57万元资助20名孤儿，主要用于为年满18周岁考入普通全日制本科院校、普通全日制专科学校、高等职业学校等高等院校及在中等职业学校等就读的中专、大专、本科和硕士孤儿每年提供1万元助学金，直至毕业。经评估，接受孤儿助学项目资助的孤儿满意度100%。

【“福蕾行动计划”推进】 2021年，厦门市逐步推广开展以关爱网络建设、假期关爱、结对帮扶、亲情关爱等10项工程为核心内容的“福蕾行动计划”试点工作。引入22个社工机构开展84个儿童关爱服务项目，投入2216.81万元，入户740名困境儿童家庭，建立档案740份，开展活动46场次（含“政策宣讲进村居”20场），服务2026人次。推动集美区欣立社工“新市民计划”流动儿童亲社会行为介入社会工作服务示范项目申报2021年度中央财政支持，获得中央财政资金立项支持38.36万元，项目开展家庭陪伴营、阅读营、研学营活动31个，开发流动儿童在地生活研学路线9个，组织各类主题陪伴活动46场次，培育儿童陪伴志愿者69人，服务惠及在厦门流动儿童1166人、流动儿童家庭309个，总服务人次超过2442人次。

【儿童福利机构优化提质】 2021年，厦门市在福建省率先完成儿童福利机构转型升级，出台《厦门市民政局等14部门关于印发进一步推进儿童福利机构优化提质实施方案通知》，持续推进儿童福利机构优化提质，加快基础设施建设，完善康复、特教等功能设置，并拓展社会服务功能，从“院内办院”向“开门办院”转变，使“养、治、教、康”更好地惠及社会困境儿童。强化信息化建设，依托“i厦门”平台等信息平台，创建社会福利儿童信息监管平台，实现信息化管理。

【孤儿保障】 2021年8月，厦门市民政局联合市公安局、市财政局印发《关于进一步做好事实无人抚养儿童保障工作的通知》，新增加2种保障情形，明确9类特殊情形的处置，将年满18周岁仍在全日制学校就读的事实无人抚养儿童继续给予基本生活费。利用信息系统开展孤儿、事实无人抚养儿童“跨省通办”工作，为异地困境儿童提供便利。

【残疾人补贴】 2021年11月4日，厦门市民政局、市财政局、市残联印发《厦门市困难残疾人生活补贴和重度残疾人护理补贴发放管理办法》，进一步固化困难残疾人生活补贴和重度残疾人护理补贴对象范围和标准，优化申请办理流程，强化全程监测预警。全年，全市有困难残疾人1.05万人，发放生活补贴4513.68万元；有重度残疾人2.47万人，发放护理补贴1.15亿元。

【农村幸福院质量提升行动】 2021年12月，厦门市民政局印发《厦门市农村幸福院质量提升三年行动（2021—2023年）实施计划》。进一步提升农村幸福院运营质量和服务水平，实现“有人管事、有钱办事、有章理事”，持续增强农村老年人幸福感和获得感。全年完成51所农村幸福院提升。

（市民政局）

老龄事务

【概　况】 2021年，厦门市下辖6个区、32个街道、10个镇、396个社区和147个建制村，有户籍人口280.7万人，其中60周以上户籍老年人39.6万人，占比14.1%。全市村（居）委会配备987位助老员为老年人提供助餐、助洁、助行等“六助”服务。6月24日，厦门市第十五届人民代表大会常务委员会第四十三次会议通过《厦门经济特区老年人权益保障规定》。7月，国家发改委发布2020年全国营商环境评价结果，厦门市包容普惠创新（含养老服务）指标在98个参评城市中排名第九位，进入领先水平。

【省首批家庭养老床位试点】 2021年7月，福建省民政厅、财政厅联合下发《关于开展家庭养老床位试点工作的通知》，厦门市被列为全省开展家庭养老床位试点城市，在全省开展家庭养老照护床位建设。试点期限为2021年8月至2022年12月。7月，市民政局牵头印发实施《厦门市养老服务机构拓展居家养老服务试点工作方案》，开展家庭养老床位试点。鼓励养老服务机构拓展居家养老服务，将专业化服务延伸到失能老年人家中，满足老年期全龄段照护需求，支持老年人根据健康状况在居家、社区、机构之间接续养老。截至2021年底，有14家试点机构建设床位674张，意向签约360人。

【养老服务促进会成立】 2021年7月，厦门市养老服务促进会成立，吸纳101家企业会员和38名个人会员入会。协会为行业企业和跨界合作提供学习交流平台，集聚起更多助老、为老资源要素，有助于全市养老服务高质量发展。

【养老护理职业技能大赛】 2021年8月，厦门市民政局组织106名养老行业能手参加全市养老护理职业技能培训和竞赛，并从中选拔5名选手代表厦门参加福建省养老护理职业技能大赛暨全国养老护理职业技能大赛福建赛区选拔赛，获得一、二、三等奖。厦门爱心护理院护理员李丽珠夺得冠军，被授予“福建省技术能手”称号并被推荐参加“福建省三八红旗手”评选。李丽珠、谢弯弯、陈燕华3名选手代表福建省参加全国比赛，李丽珠获得三等奖，谢弯弯获得优胜奖。

【《厦门市养老服务机构预收资金管理暂行办法》出台】 2021年9月，厦门市民政局牵头印发实施《厦门市养老服务机构预收资金管理暂行办法》。围绕规范养老服务机构预收资金管理，加强对养老服务领域非法集资的防范、监测和预警工作，制定51条具体办法，全面保护服务对象老年人合法权益和财产安全。

【《厦门市养老服务人才奖励补助办法的通知》出台】 2021年12月，厦门市民政局牵头印发《厦门市养老服务人才奖励补助办法》。在养老服务人员入职和职业技能等级提升奖励，学历继续教育、职业技能等级培训和专项职业能力培训补助等方面，进一步加大财政支持力度，鼓励从业人员提升学历层次和职业技能等级水平。

【第三个高端养老项目落地】 2021年12月，厦门市第三个高端养老项目国寿项目在翔安区签约落地，计划投资15亿元，建成后可提供1600张高品质养老床位。

（市民政局）

社会组织管理

【概　况】 截至2021年底，厦门市有社会组织7430个。其中，社会团体1724个（市级849个、区级875个）、民办非企业单位1819个（市级410个、区级1409个）、基金会41个、备案社区社会组织3846个。

【社会组织专项整治】 2021年，厦门市民政局会同市教育局、市场监督局等部门，开展校外培训机构专项整治行动。研究制定“厦门市社会组织注销工作流程”，在全市范围内开展“僵尸型”社会组织专项整治行动。年内，市、区两级民政部门对社会组织行政立案32家，责令限期停止活动1家、撤销登记6家；指导完成社会组织注销16家；列入社会组织活动异常名录231家；对41家社会组织下发“整改通知书”，指导18家完成整改。结合年报、“双随机”执法检查、重点抽查等工作，联合市公安局、市场监管局等部门开展各类执法检查30余次，劝散摘牌各类校友会、商会等非法社会组织23家，向上级和兄弟省市民政部门上报和移交非法社会组织线索2条。在行业协会商会领域组织开展“我为企业减负担”专项行动和乱收费专项清理整治工作。全年266家市级行业协会商会减轻企业负担583.03万元，惠及企业1200家。检查发现存在违规涉企收费问题的行业协会商会68家，29家主动整改到位，对39家出具“整改通知书”。对2021年以来减免收费、减轻企业负担的23家行业协会商会先进典型进行2批通报表扬，对2起违规收费案件予以公开曝光。

【社会组织综合监管】 2021年，厦门市民政局制定出台《厦门市社会组织综合监管工作规则》，重点厘清11个职能部门、业务主管单位、业务指导部门和行业管理部门的监管职责；公布“社会组织行为负面清单”；制定《关于加强社会组织监管的若干制度措施》，建立社会组织日常执法检查调研、重点监管、投诉举报受理等制度；出台《关于进一步规范社会组织举办研讨会论坛活动的通知》《关于进一步加强社会组织重大事项报告工作的通知》。按照《厦门市社会组织综合监管工作规则》，加强社会组织日常监管，组织开展社会组织年报、“双随机”检查、重点检查和财务检查。指导1047家社会组织完成年度报告。分2批次抽取170家社会组织进行“双随机”检查，对市会议展览业协会等47家社会组织开展重点检查。通过政府购买服务委托会计师事务所对161家社会组织进行法定代表人离任审计、注销清算审计。

【社会组织社会责任承担】 2021年9月，厦门市民政局引导市伞业协会第一时间捐赠100顶帐篷支持同安抗疫，厦门市建筑行业协会、同安区同心慈善会等为疫区53名尿毒症患者搭建“血透转运”生命通道，全市社会组织及会员企业累计捐赠款物价值1亿元。对照《2021年闽宁协作重点任务厦门分工方案》，发动厦门市建筑行业协会、南安商会8家社会组织对口帮扶闽宁镇6村1社区30余万元，勘察设计协会消费扶贫6.2万元。厦门市建筑行业协会、泉水慈善基金会被福建省委、省政府表彰为脱贫攻坚先进集体。启动“爱心厦门·圆梦助学”公益项目，发动近70家社会组织及个人参与“圆梦助学”项目，帮扶金额600万元，每年帮助约500名特困、低保家庭中全日制大专及以上在读子女解决生活费短缺问题。推荐市慈善总会、市教育基金会等13家社会组织获评“爱心厦门”建设先进集体。

（市民政局）

基层社会治理

【概　况】 2021年，厦门市民政局健全基层政权和社区治理体系，做好村（社区）“两委”换届工作，全市533个村（社区）完成换届。4月，联合市委组织部等相关部门印发《关于加强村民小组长队伍建设的指导意见》，从科学选强配齐、明确岗位职责、加强教育培训、实施监督考核、注重培养激励等5个方面强化对村民小组长的管理。4月，以市社区办名义转发同安区社区办《关于莲花镇军营村开展村级议事协商创新实验的实施方案的通知》，指导各区抓好村级议事协商工作。6月，市民政局申报的同安区莲花镇《以“邻长制”优化“微治理”激发振兴“新活力”》案例被农业农村部评为第三批全国乡村治理典型案例（福建省2个）；同安区大同街道东宅村和翔安区新店镇澳头社区2个村规民约获评省民政厅第一批优秀村规民约；思明区厦港街道下沃社区“五好邻里”工作法、思明区滨海街道白城社区为老服务“分级预防、三聚三化”工作法、湖里区禾山街道禾缘社区“五缘”工作法、集美区杏林街道宁宝社区为民服务“四部曲”工作法、同安区祥平街道陆丰社区“户联网+”工作法5个工作法获评省民政厅第三批优秀社区工作法。11月，思明区嘉莲街道“德法并济爱溢嘉莲”案例和同安区芸溪社区“挂图作战动态管理联防联控”工作法分别入选全国基层干部学习培训教材《城市基层治理实践案例选编》和《城市基层干部一线工作法》。

【城乡社区近邻服务推进】 2021年3月，厦门市民政局印发《厦门市城乡社区近邻服务实施方案》，以近邻敬老、济困、扶幼、助残、育德、医疗、关爱为主要内容，在城乡社区推行近邻服务。开展近邻服务试点，4月，厦门市获评福建省唯一的省级城乡社区近邻服务试点市，思明区获评省级试点区，深田社区等36个社区获评省级试点社区，占全省总数三分之一。梳理近邻敬老项目（老年康养近邻服务示范点建设）和近邻扶幼项目（设立村居未成年人保护岗），获市近邻办认定为第一批近邻党建引领基层社会治理项目。市民政局与市委党校教授牛君团队合作撰写《厦门市城乡社区近邻服务调研报告》。10月27日，市民政局受邀在民政部全国民政厅（局）长基层治理现代化建设专题培训班上以《深化“近邻”模式打造社区服务“厦门样本”》为题进行专题授课。12月10日，福建省城乡社区近邻服务现场推进会在厦门市召开，民政局以“创新近邻服务机制推动社区治理现代化”为题，在会上作经验介绍。

【社区疫情防控】 2021年9月，厦门市同安等地发生新冠病毒肺炎疫情，根据市疫情防控指挥部指示，市委组织部、市民政局等相关部门牵头成立社区管控指导组，参与疫情防控。社区管控指导组落实落细中央、省、市关于社区管控工作决策部署，坚持群防群控、分级分类、精准施策，发动群众共同创建“无疫小区”。建立“三级包保”制度，区干部包镇（街），镇（街）干部包行政村、社区，行政村、社区干部包户；执行“五包一”机制，创新疫情防控网格化管理，由下沉干部、公安干警、社区工作者、志愿者和医护人员组成网格管理员，驻点开展工作，包片到人，确保调查摸底、核酸检测、流调溯源、隔离管控、健康监测、服务保障等措施落实到位，做到落地、查人、管住。开展近邻党建引领“无疫小区”创建活动，进一步强化联防联控、群防群治机制，落实“清零、洁净、健康、关爱、动员、激励”等创建内容，快速阻断社区传播链条。派员参与疫情防控期间市对接国家指导组工作，先后陪同并协调国家指导组到村（居）、企业、隔离酒店等调研89次，收集并转办国家指导组意见、建议150余条。疫情结束后，指导各区按照1000～2000人一个网格标准，重新划分网格，将辖区内所有居民住宅楼、工厂、企业等均纳入社区网格范围，实现定人、定岗、定责。全市城乡社区划分为4509个网格单元，配备专职网格员 6654 人。印发《厦门市常态化疫情防控网格化管理实施细则》，规范网格管理。

【第八届海峡两岸社区论坛】 2021 年 12 月 10 日，由中国社区发展协会、台湾社区发展协会联合总会和台湾卓越社区联合会联合主办的第八届海峡两岸社区治理论坛在厦门举行，民政部司长陈越良、省民政厅厅长程强、市政府副市长黄燕添、市民政局局长洪全艺等 80 多名嘉宾出席论坛。该届论坛以“敦亲睦邻守望相助”为主题，来自福建省各设区市民政局和部分省级社区近邻服务试点单位的领导、一线社区工作者代表以及在厦门生活的台胞社区志愿者代表共计 80 余人参会。论坛上，与会人员观看厦门社区邻里守望相助工作微专题片，参观厦门市思明区深田社区、湖里区嘉福社区和金安社区，与会两岸社区治理领域专家学者就新发展阶段社区治理创新进行深入交流，两岸社区工作实务人员分享交流社区治理和服务经验做法。

（市民政局）

民族与宗教事务

【概　况】 2021 年，厦门市民族与宗教事务局（简称市民宗局）开展铸牢中华民族共同体意识专题调研，把民族团结进步创建同争创全国文明典范城市结合起来，推动民族工作融入和服务新发展格局。加强宣传教育，构建铸牢中华民族共同体意识宣传教育机制，采取多批次、小规模、常态化的方式开展民族团结进步宣传教育活动，联合厦门日报社、厦门电视台，利用网站、微信等平台，开展“铸牢中华民族共同体意识、庆祝中国共产党成立 100 周年”“同心筑梦跟党走、感恩奋进谱新篇”等主题宣传活动。开展以“铸牢中华民族共同体意识·永远跟党走”为主题、以学习宣传贯彻中央民族工作会议精神为主要内容的民族团结进步宣传月活动。培育和树立全市民族团结进步试点示范单位 48 个，全国、福建省民族团结进步示范单位各 3 个，全国模范集体 2 个、模范个人 4 人。厦门天马微电子有限公司被命名为全国民族团结进步示范单位。依托民族团结进步教育基地，组织开展“践行社会主义核心价值观、铸牢中华民族共同体意识”等主题教育实践活动。为少数民族流动人口协助办理大病医疗互助保险，保障各族群众平等享有公共卫生保障的权益。

开展庆祝中国共产党成立 100 周年主题活动，支持宗教界开展爱党爱国爱社会主义主题教育和以党史为重点的“四史”（中共党史、新中国史、改革开放史、社会主义发展史）学习宣传。引导全市宗教界服务疫情防控工作大局，做到精准防控、科学防控。发扬宗教界崇德向善和扶贫济困的优良传统，参与倡导文明、爱心帮扶、大病救助、社区创卫、消防安全宣传等慈善公益活动和爱心厦门、平安厦门、全国文明典范城市创建。加强政策法规宣传，组建宣讲骨干队伍到相关单位进行政策法规宣讲，开展宗教政策法规学习月活动。多次对市、区、镇（街）民宗干部及镇（街）分管领导进行民族宗教理论政策及工作实务培训。指导市佛教协会、市天主教爱国会、市基督教青年会完成换届工作。召开全市性宗教团体联席会，就场所管理、爱党爱国爱社会主义主题教育、创建全国文明典范城市、学习习近平总书记贺信重要精神等专题进行交流。指导场所完善和落实人员、财务、消防、卫生防疫等各项管理制度，推进宗教活动场所安全标准化创建，加强重大节日安全检查。开展民间信仰活动场所登记备案试点及联系点工作。开展民族宗教法律法规和政策贯彻执行情况的监督检查和“双随机”执法检查。

【少数民族流动人口大病医疗互助保障】 2021 年，厦门市民宗局会同市总工会、青海省海东市驻厦办依据有关政策为在厦门少数民族流动人口以工会卡等形式办理大病医疗互助保险，并免除首年保费，减少后续保费。

【新年书画慈善行活动】 2021 年 1 月 1 日，由厦门市佛教协会、市书法家协会、市慈善总会和厦门日报社主办的“2021 年慈悲心·翰墨情——厦门新年书画慈善行”在厦门南普陀寺举行。活动以“爱心厦门·四爱报恩”为主题，征集 430 幅书画作品和 105 个“福”字参与展出与义卖。新年书画慈善行活动已举办 7 届，活动将慈善宗教与书画艺术相融，成为厦门市一年一度的传统爱心活动之一。2015—2021 年，活动征集义卖书画作品 2700 多幅，筹集爱心善款 660 多万元，关心慰问 3500 多名厦门市社区困难群众和 5000 多名一线环卫工人。

【天主教爱国会第十次代表大会】 2021 年 6 月 27 日，厦门市天主教爱国会第十次代表大会召开，会议审议通过厦门市天主教爱国会第九届常委会工作报告和厦门市天主教爱国会章程（修正案），选举产生新一届委员会和领导班子成员。蔡炳瑞当选为厦门市天主教爱国会主任。

【基督教会员大会】 2021 年 9 月 11 日，厦门市基督教青年会、女青年会第八次会员大会在华建大厦召开，会议审议通过厦门市基督教青年会、女青年会第七届理事会工作报告和厦门市基督教青年会、女青年会章程（修正案），选举产生新一届理事会和领导班子成员。李丽辉当选为厦门市基督教青年会、女青年会会长。

【佛教协会第十次代表大会】 2021 年 12 月 5 日，厦门市佛教协会第十次代表大会在南普陀寺召开，会议审议通过厦门市佛教协会第九届理事会工作报告和厦门市佛教协会章程（修正案），选举产生新一届理事会和领导班子成员。则悟当选为厦门市佛教协会会长。

【宗教界人士培训班】 2021 年 12 月 14—16 日，厦门市民宗局在市社会主义学院举办全市宗教界人士培训班，来自市社会主义学院、华侨大学的专家学者分别就深入学习党的十九届六中全会精神、习近平总书记在福建的探索与实践、中国共产党统一战线工作条例及中央民族工作会议精神、全国宗教工作会议精神及坚持中国宗教中国化方向、中华优秀传统文化进行讲解，来自五大宗教的代表人士近 50 人参加培训。

（谢璐璐）

责任编辑：曲　艺
审　　稿：阳晓儒
校　　对：熊焱峰

38 应急管理

综　述

【概　况】 2021年，厦门市有国家级专业应急救援队伍5支，市级专业应急救援队伍10类、557支，社会救援力量11支，救援人员11970人，形成海陆空一体应急救援力量。市应急管理工作以创造良好安全环境为目标，围绕防风险、保安全、护稳定重点工作，建设应急管理体系，提升城市智慧应急能力，全市安全生产、综合防灾减灾形势趋稳向好。市委常委会、市政府常务会和安全生产月度形势分析会等20余次研究部署应急管理工作。厦门市应急管理局牵头编制应急管理“十四五”规划，推动城市智慧应急指挥平台建设，谋划建立防台防汛、地质灾害、危险化学品、气象、地震、救援等风险数据“一张图”，为城市安全发展提供支撑。围绕城市发展需求，市应急管理局会同建设部门出台《厦门市小散工程和零星作业安全生产纳管办法》，消除装修建设领域的监管盲区。市应急部门制定《应急管理领域轻微违法行为从轻减轻不予处罚指导意见》，提升依法行政水平。建立安全生产、防汛抗旱、森林防灭火、抗震救灾、减灾等工作规则，完善镇（街道）、村（居委会）、社区三级安全生产网格化管理，打通应急管理“最后一公里”。出台应急管理领域社会组织管理、应急管理专家使用管理、应急物资储备保障等制度办法，制定危险化学品和烟花爆竹“禁限控”目录，推动应急管理工作规范化、法治化。厦门市防御12轮强降水和5轮台风带来的风雨影响，做到“零伤亡、少损失”。厦门市率先福建省完成同安区自然灾害综合风险普查试点工作，获国务院普查办肯定，全市普查工作进度位居福建省第一，普查宣传设计作品入选应急部普查作品展播。厦门市曙光救援队队长王刚获评全国应急管理系统先进工作者称号，入选市第十一批拔尖人才。厦门市蓝天救援队队长陈素珍被授予第八届全国道德模范荣誉称号。

【应急救援】 2021年，厦门市协调海上、空中搜救中心实施救援行动28起，救助遇险人员158人，救助遇险船舶13艘次，人命救助成功率100%、船舶救助成功率92.86%。协调、调度曙光、蓝天救援队参加河南抗洪抢险救援任务。协调安能、曙光、蓝天和“519”救援队1087人参加厦门新冠病毒肺炎疫情防控，完成翔安区98套隔离房配套设施安装任务、同安区14千米隔离围栏安装任务和53个核酸检测点防疫消杀任务，组织特殊人员转运74批次、药物接力投送602批次、抗疫物资接转835车次。

【应急管理专家库】 2021年，厦门市应急管理局制定印发《厦门市应急管理专家管理办法（暂行）》《应急管理专家抽取办法（暂行）》2项管理办法，按照“门类齐全、数量充足、构成合理、管理规范”原则，建立22个类别的厦门市应急管理专家库。全年从专家库中抽取调用专家85批次124人，发挥专家技术和智力支撑作用。

【社会应急救援力量培育规范】 2021年，厦门市应急管理局印发《市级社会应急救援力量培育规范（暂行）》，对应急救援队伍核心力量、场地保障、主要装备、专业特长、管理能力、救援贡献、年检审计等方面标准进行明确。对具备能力，拟成立开展生产安全事故、自然灾害事件应急抢险救援的社会组织，采取“使用+服务”结合方式，引导社会应急救援队伍从制度规范、宣传培训、应急救援、服务社会等方面加强自身建设，鼓励社会应急救援队伍参与应急工作，健全完善厦门市应急救援力量体系。

【应急物资储备】 2021年，厦门市应急管理局制定《厦门市应急管理局应急物资储备保障制度（试行）》，明确应急装备物资计划采购、储存保管、调配使用、消耗补充具体规定，采取采储结合、平急结合、点面结合的应急物资储备模式，建立“统一管理、资源共享、综合协调、协同配合”的应急救援物资保障体系。全市各重点行业领域、重点企业、镇（街道）、村（居委会）584个防汛物资储备仓库均落实物资储备，市、区两级完成105976件（套）生活救灾物资实物储备，依托主要救援力量建设9个应急救援物资仓库分别储备水下机器人、救助直升机、海巡船艇、挖掘机等应急救援设备12类、54辆（架、艘、台），7个森林防火物资储备库存有灭火机具、安全防护、通信设备等5类装备9300余件（套），全市9支地震应急救援队伍装备配备达标率100%，满足物资装备随时能用、急时调用的要求。

【巨灾保险】 2021年，厦门市推出具有厦门特色的新一轮巨灾保险项目，作为全国第四个推出巨灾保险的城市，在国内首次把外来人员纳入巨灾保险参保体系，实现巨灾保险全员覆盖，全年赔付火灾、台风、暴雨、雷击等594起灾害损失约256.33万元。厦门地处中国东南沿海，邻近地震带，地震、台风、暴雨等自然灾害时有发生，自2017年厦门市建立巨灾保险制度，采用"政府主导、商业保险经办、社会化参与"模式，以商业保险为平台，为全市居民提供多层次自然灾害保障。

【应急管理及产业发展论坛】 2021年6月5日，第二届厦门应急管理及产业发展论坛暨展览在厦门国际会展中心举行，该论坛由中国灾害防御协会主办，厦门市应急管理局承办。活动旨在推动厦门应急产业发展升级，在政府应急管理体系建设、应急救灾技术装备、应急救灾物资供应、应急通讯和指挥、交通物流、特种装备、公众防灾、减灾、救灾意识和应急文化教育普及等多方面进行展示、体验和交流。论坛邀请中国工程院院士、中国安全生产科学研究院、国家自然灾害防治研究院、水利部防洪抗旱减灾工程技术研究中心、应急管理部国家减灾中心、清华大学合肥公共安全研究院等多位专家出席。展览展出面积近12000平方米，近120家企业参展，参展企业呈现跨行业、多元化、科学化的特点，汇聚国内外高、精、尖上百种展品，覆盖全灾种安全应急产品及应用服务。展会期间对群众开放，现场进行演示体验，提高社会大众对安全、灾害的预防意识及处置能力。

（陈佳玮）

防震减灾

【应急预案体系建设】 2021年，厦门市应急管理局制定《厦门市应急管理局应急处置流程图》涵盖地质灾害、防汛防台风、森林火灾、生产安全事故等7类自然灾害和生产安全事故的应急响应流程，对应急救援要素（救灾库）、防汛要素、易涝点和地质灾害点、危险化学品重大危险源、森林防火要素分布图实行数字化落图，实现应急管理"一张图"。推进应急预案体系建设工作，组织开展《厦门市突发公共事件总体应急预案》研究编制；印发《关于进一步加强应急预案管理的通知》，汇集新修订或编制市级专项应急预案8个，市级部门应急预案24个，区级应急预案16个；全年汇总市级应急预案134个（总体预案1个，专项预案31个，部门预案102个），区级应急预案276个（总体预案6个，专项预案152个，部门预案118个），乡镇（街道）级预案165个，基层组织（村、居委会）应急预案492个，覆盖各区域、各灾种、各行业、各层级的应急预案体系基本构建完成。开展全国综合减灾示范社区建设，通过提高社区综合减灾能力和居民自救互救技能，提升抵御各种灾害的综合防范能力，全市建成全国综合减灾示范社区110个。

【全市自然灾害综合风险普查】 2021年，厦门市应急管理局建立普查工作综合协调制度、联络员会议制度、走访调研制度、定期报告和通报制度。全年完成普查数据16288条，其中清查数据3458条、调查数据12830条，按类型划分为承灾体数据2140条、减灾能力数据9059条，历史数据5089条。完成普查数据质检核查工作，核查系统调查指标数据11103条，正确的调查指标数据10876条，错误的调查指标数据227条，遗漏调查对象0个，差错率为2.04%，全市普查总进度92.5%，普查进度位居福建省第一。同安区被国务院列为国家自然灾害综合风险普查试点县，市应急管理局印发《厦门市第一次全市自然灾害综合风险普查总体方案》，制订《厦门市第一次全市自然灾害综合风险普查实施方案》，率先福建省完成同安区自然灾害综合风险普查试点工作，获国务院普查办肯定。

【防汛防台风安全隐患排查整治】 2021年，厦门市应急管理局对防汛防台风重点部位和关键环节开展安全隐患排查整治，重点针对海上船只、滨海景点、跨海通道、建设工地、深基坑、高陡边坡、下穿通道、隧道、地铁站台、地下空间、易涝点、地灾点、老旧危房、高空悬挂、广告牌、下水通道、排水管道、雨水口、水库、水闸、海堤、大坝、排涝泵站、供水管网、电力设施、通信设施、重点工业企业、能源企业、养殖场、蔬菜大棚等开展防汛防台风安全隐患排查，对照排查发现安全隐患问题形成整改清单，对短期可以解决问题立查立改，消除隐患；对一时难以解决问题落实应急抢险措施，形成整改项目清单，加快推进整改。

【区域地震安全性评估监管】 2021年，厦门市地震局加强区域地震安全性评估（简称区评）事中、事后监管工作，对两岸金融中心、集美新城、新机场、东部体育会展中心、同翔高新技术产业基地、环东海域新城和马銮湾新城等项目开展区评工作。对区评单位开展的浅层地震探测、地质钻探区域地震安全性评估报告编写进行指导，检查施工现场组织情况、指导浅层地震探测操作、听取区评单位现场汇报，解决区评单位困难问题，确保区评工作顺利开展。

【海洋防灾减灾】 2021年，厦门市海洋渔业局在福建省范围内率先完成全国首次自然灾害风险（海洋灾害风险）普查工作。开展风暴潮、赤潮等海洋灾害的预警预报工作，海洋防灾减灾能力进一步提升，为厦门市开展海洋灾害防治和应急管理工作提供基础数据支撑和科学决策依据。落实渔业安全生产目标责任制，组织开展渔业安全生产专项整治三年行动、水上和渔业船舶安全整治三年行动和商渔船碰撞治理行动，清查整治涉渔"三无"船舶，落实海上新冠病毒肺炎疫情防控措施，组织全市渔船应对影响厦门台风6次，组织安全演习4次。全年渔业安全生产形势平稳，实现全年渔业安全生产零事故、零死亡，获评厦门市安全生产工作优秀单位。

【地质灾害检查和治理】 2021年，厦门市自然资源和规划局推进地质灾害安全隐患排查与治理工作。完成同安区地质灾害1∶5万风险调查评价工作，指导督促同安区加快并完成淡溪、西坑整村搬迁，确保汛期安全。推进白交祠村滑坡点、内庵自然村就近搬迁工作，实质启动安置房项目建设。组织各区对新增地灾隐患点进行滚动治理，对存量地灾隐患点进行攻坚治理，开展10处工程治理项目。开展搬迁避让和工程治理，实施和计划实施消除在册地灾隐患点安全风险40处。加强治理工程质量回头看，组织专家技术组对2017年后完成的工程治理项目进行专项检查。完善汛期台风暴雨引发地质灾害防御机制，编制2022年度地灾防治方案应急方案，加强气象会商，及时发布地质灾害风险预警；加强强降雨期间应急值守和应急处置，指导督促镇（街道）、村（居委会）根据预警提前转移受威胁人员，做到应转尽转；提升地质灾害防治管理信息平台信息化水平，对气象风险预警、视频防御部署、人员转移避险、险情灾情应急指挥等信息平台进行优化；加强对隐患点监测预报，规划开展倾斜摄影实景模型建设、采用普适型设备用于10处以上隐患点，为应急指挥决策提供直观准确支持。

【景区和非景区景点安全整治】 2021年，厦门市应急管理局强化景区和非景区景点安全管理，提升应急救援保障能力，制订《景区和非景区景点安全管理专项整治工作实施方案》，针对市海岸线长、沙滩分散、各类船舶生产经营活动繁忙实际，将6类非景区景点、7类江河湖海水库等涉水危险区域列为重点整治内容，突出排查山地、林地、水塘、无人居住海岛、各类船舶等存在风险隐患的重点部位，细化各区和17个部门职责分工，建立非景区景点和江河湖海水库等涉水危险区域安全管理联席会议制度，实行周报送、旬会商、月通报工作推进机制，建立“属地负责、行业监管、主体单位具体管理”责任体系，确保专项整治工作落实到基层一线。制定景区、非景区景点和其他涉水危险区域突发事件专项应急预案，指导镇（街道）、村（居委会）针对当地景区、非景区景点和其他涉水危险区域突发事件应急处置，制定应急处置行动方案和应急救援手册，整合民兵、保安员、基层警务人员、医务人员、志愿者等人员，组建专兼结合、一队多能的综合性应急救援队伍，实行24小时应急值守和定时巡检。加强应急物资储备，优化应急物资装备调配机制，加强海上专业救援队伍建设，配备水上搜救、潜水救援等专业装备，快速调动开展救援处置工作。

【“5·12”全国防灾减灾日】 2021年5月12日，厦门市开展第13个全国防灾减灾日活动，以“防范化解灾害风险，筑牢安全发展基础”为主题开展防灾减灾宣传活动。通过微信推广、报刊发布、短信推送等方式宣传防灾减灾知识；在公交、地铁、城市楼宇滚动播放《防灾减灾救灾应知应会》短视频；在文化艺术中心组织线下活动，现场设置VR（虚拟现实技术）自然灾害逃生体验活动，通过虚拟现实技术，模拟地震、台风、火灾等自然灾害逃生自救的沉浸式体验；邀请蓝天、曙光等救援队伍现场教授心肺复苏、结绳等应急救护技能；现场展示应急救援车辆、无人机、水上救援等应急救援设备，向市民科普自然灾害类、事故灾难类应急避险知识和公共安全基础知识。厦门市应急管理、水利、气象、海事、住房、资源规划、人防、农业农村、海洋发展、消防救援、地震、红十字会等市减灾委员会成员单位及防灾减灾有关社会组织设立咨询展台，发放主题宣传材料及宣传品，为市民提供防灾减灾救灾咨询服务，引导社会公众增强灾害风险防范意识，提升抵御灾害综合防范能力。

【应急救援综合演练】 2021年5月25日，厦门市防汛抗旱指挥部、厦门市应急管理局在翔安区扬帆公园举行防汛防台风应急演练暨市级主要应急救援力量授旗仪式，副市长黄燕添出席。该次演练设置“台风临近时海上人员紧急转移上岸”“台风登陆前危险地域村民紧急转移疏散”“海上船舶遭遇强风倾覆落水人员联合搜救”“台风正面登陆房屋倒塌人命搜救”“台风登陆后低洼地带防洪排涝”5个实战化科目，采用“海陆空”救援战法，动员全市32个部门和单位200余人参演，出动车辆27辆、船舶18艘、直升机1架。演练成果在中央电视台、《厦门日报》等媒体报道。

【台风“卢碧”防抗】 2021年7月末至8月2日，厦门市连续出现降雨过程，累计平均降雨量127.1毫米，降水导致土壤含水量增大，山地滑坡、泥石流等地质灾害风险加大。8月2日起，受9号台风“卢碧”影响，厦门市累计平均降雨增至165.3毫米，过程最大雨量达316.4毫米。根据省委和省政府工作部署，市启动应急响应，党员干部到一线9147人，预置各类抢险队伍1195支14518人次，排查整治积涝、危房、地灾、涉海安全、地下空间等各类隐患553处，协调设置避灾点713处，转移危险区域人员15634人，在册渔船1035艘和其他各类船舶全部及时就近进港避风，船上人员撤离上岸，实现“不亡人、少损失”。

（陈佳玮　市海洋发展局
市市政园林局　市自然资源规划局
市地震局　市气象局　市水利局）

安全生产监督

【概　况】 2021年，厦门市发生各类生产安全事故101起、死亡68人，比上年分别下降39.9%和5.6%，延续事故起数和死亡人数“双下降”趋势。市应急管理局开展宣传教育、政策规范、行政执法等工作。开展“安全宣传咨询日”线下活动、网络安全知识答题活动、安全宣传活动网络直播、制作安全生产动漫短片等宣传活动，“央视新闻+”“看厦门”“厦门网”及新浪微博等媒体对活动进行同步视频及图片直播；完成《厦门市生产安全事故灾难应急预案》《厦门市危险化学品事故灾难应急预案》《厦门市非煤矿矿山事故应急预案》修订评审和印发公布；制定《厦门市贯彻落实〈高危行业领域安全技能提升行动计划〉实施方案》及相关配套补充文件，对在厦门市培训经考核合格首次取得特种作业操作证、特种设备安全管理和作业人员证的人员，给予500元/人补贴，特种作业补贴6465人次、特种设备安全管理和作业人员证补贴6259人次，发放补贴636.2万元。

【安全生产专项整治】 2021年，厦门

市应急管理局推进安全生产专项整治工作，建立安全生产网格化机制，完善街道“大网格”、社区“中网格”、村居小组住宅小区“小网格”的“三级网格化”管理工作机制；实行“一区（镇街）一册、一企一档”，开展“树典型、开小灶”整治，选取翔安区和嘉莲街道作为安全生产典型进行推广，针对10家安全隐患问题突出、事故多发、屡罚不止企业实施“开小灶”整治；将个别难以在短时间内解决的问题纳入集中攻坚项目，形成重点任务清单70项，截至2021年底全部整治完成。全年排查各类隐患113621处，其中一般隐患113620处，完成整改110481处，整改率97.2%；重大隐患1处，完成整改1处，整改率100%。行政处罚2061次，停产整顿142家，暂扣吊销执照7家，关闭取缔7家，罚款2758万元，移送司法机关5人，约谈警示企业754家。

【安全生产行政执法】 2021年，厦门市应急管理局加强安全生产行政执法工作，查处危险化学品、烟花爆竹企业违法违规行为75起，罚款107.51万元，责令停产停业整顿1家。6月27日至7月31日，在全市范围开展危险化学品经营企业储存安全专项整治，排查企业非法、违法储存危险化学品行为，向危险化学品经营企业宣传《安全生产法》《中华人民共和国刑法修正案（十一）》等法律法规，向群众告知非法生产经营储存危险化学品的危害和法律责任，鼓励群众举报涉及危险化学品违法、违规行为，形成全民共治氛围。市、区两级出动检查人员959人次，检查危险化学品经营企业746家次，发现问题隐患93条，对6家企业违法、违规行为实施行政处罚，罚款11.68万元。9月26日至12月26日，开展涉及粉尘、涉爆作业工贸行业企业专项整治行动，依法处理违反安全生产规章制度、设备保养和安全设施检查检验不到位企业，发现隐患220项，整改完成220项，处罚企业2家，罚款9.5万元。对非煤矿山开展执法检查，重点检查非煤矿山企业未取得《安全生产许可证》擅自生产行为，加强对依法关闭的非煤矿山巡查。5—12月，开展安全评价机构执业行为专项整治，重点整治“两虚假”（安全评价机构弄虚作假、生产经营单位以虚假报告获取相关许可）、“两出借”（安全评价机构出租出借资质、评价人员出租出借资格证书）问题，排查“两个全覆盖”（对法定评价项目和现有安全评价机构全面排查），延伸检查相关生产经营单位、专业技术人员，全面清理整顿安全评价市场。根据上级部门移交线索，市安全生产执法支队依法对北京某安全评价机构展开立案调查，发现该机构安全验收评价过程存在安全评价报告危险有害因素漏项、开展技术服务未提前告知有关部门等问题，涉嫌违反《安全评价检测检验机构管理办法》规定，依法给予该公司警告，罚款1.25万元。

2021年6月16日，厦门市安全生产委员会办公室在五一文化广场举办以“落实安全责任，推动安全发展”为主题的安全宣传咨询日活动 （罗晓莉 摄）

【“3·19”直升机坠海事故处置】 2021年3月19日，北京泛亚通用航空有限公司贝尔206B飞机（机号7720），执行空中游览飞行任务时，坠落在厦门东部海域，造成机上4人遇难，其中机组人员2人、乘客2人，当日找到3具遇难者遗体，3月20日找到最后一名遇难者遗体，打捞起直升机残骸运送至五通码头。该事故涉及空中、海上、陆域多部门联合指挥救援处置，厦门市应急管理局指挥中心、市海上搜救中心、市消防支队指挥中心3家单位配合安排搜救力量、搜索区域、搜索时间、搜索方式，各部门接报后启动市级预案开展救援工作，调集海事、消防、曙光和蓝天等7支救援队伍及近百艘船艇参与搜救行动，利用无人机、水下声纳、水下机器人等先进装备搜寻搜救，完成全部遇难者遗体、直升机残骸打捞工作。

【厦门首例危险作业刑事案件查处】 2021年6月26日，厦门市翔安区应急管理和公安部门根据群众举报，在翔安区一民房内查获涉嫌非法储存的清漆、稀释剂、固化剂、色母等疑似危险化学品约50吨，当场予以扣押转移。经厦门市应急管理局提级调查发现该案涉嫌危险作业罪，依据《安全生产行政执法与刑事司法衔接工作办法》规定，于7月19日将该案移送公安机关立案处理，9月3日检察机关对违法主体的法定代表人、副总经理、供应链主管3人依法做出批准逮捕决定。该案是《中华人民共和国刑法修正案（十一）》施行后，市安全生产领域首次以涉嫌危险作业罪入刑的案件。

（陈佳玮）

消　防

【概　况】 2021年，厦门市发生火灾2567起（统计口径调整），死亡9人，伤16人，直接财产损失近4000万元，火灾四项指示（火灾起数、受伤人数、死亡人数、直接财产损失）稳中有增。厦门消防救援支队（简称厦门消防支队）聚焦消防安全专项整治三年行动，以消防安全百日攻坚、冬春火灾防控为主线，实现火灾防控工作持续平稳，连续18年未发生死亡3人以上的较大火灾事故。全市消防部门检查单位17656家，督促整改隐患7852处，下发责令改正通知书5454份、罚款574.9万元；处置疫情防控、抢险救灾、灭火救援等任务8300余次，抢救疏散被困群众4700余人，抢救保护财产价值6亿多元。完成庆祝中国共产党成立100周年、特区建设40周年纪念活动、第30届金鸡百花电影节、“9·8”投洽会、海峡论坛、厦门大学百年校庆等消防安保任务。福建省大型商业综合体消防安全管理试点示范创建现场会在厦门召开。支队下属特勤大队被应急管理部记集体二等功，翔安区消防救援大队被应急管理部消防救援局记集体三等功。

12月2日，“绿盾—2021”厦门市森林火灾扑救应急综合演练在同安区洪塘镇新霞村举行（黄志杰 摄）

【森林防火工作】 2021年，厦门市市政园林局编制森林防火基础设施“十四五”规划、生物防火林带建设专项规划，完成森林火灾综合风险普查试点和森林防火网格化试点任务及林地（林区）网格划定，全市林地（林区）划定网格613个，率先在福建省完成全市森林火灾风险普查调查工作。推进市森林防灭火提升工作三年行动，提升改造防火林带14.18千米，岛内林火预警监控覆盖率超过90%，全市森林防火形势总体平稳。

【森林防火设施和队伍建设】 2021年，厦门市加大林火阻隔系统和基础设施建设，完成森林防火项目投资2.4亿元。新建防火林带提升改造14.18千米、维护防火林带190千米，新建和扩建防火道路11条、15.12千米，维护防火道路256千米，新建防火哨卡10座、护林点2个、消防蓄水池4座。建成狐尾山仙岳山森林火情预警处置系统，实现3千米热成像、5千米可视消防，覆盖岛内林区超过90%，该项目获评市社会治理创新应用项目。推进森林消防队伍建设，岛外4个区及国有林场专业森林消防队伍完成组建，所有队伍配备消防水罐车和运兵车，森林消防队伍建设达标率100%。

【森林消防队伍比武】 2021年，厦门市依托福建省森林消防总队厦门市驻防分队开展首届森林消防专业、半专业队伍大比武活动。厦门市森林防灭火指挥部办公室商请福建省森林消防总队厦门市驻防分队采取送教上门的方式，为全市6个区森林消防队伍开展业务培训，培训各类队员325人，确保各区推荐比武人员业务提升基础达标。比武课目设置森林防灭火理论、基础体能和森林防灭火技能3项内容，设置班组灭火战斗、水泵架设与撤收、灭火装备操作与使用、3000米跑、100米跑、专业理论测试6个课目。集美区、翔安区、思明区3个单位分获总评前三名。通过比武检验厦门市各区森林消防队伍训练开展情况和前期业务培训效果，增强全市森林消防队伍业务训练氛围，推动各级队伍训练工作发展。

【“绿盾—2021”森林火灾应急演练】 2021年12月2日，“绿盾—2021”厦门市级森林防灭火应急救援综合演练在同安区洪塘镇新霞村举行。该演练由厦门市森林防灭火指挥部指导，同安区森林防灭火指挥部主办，同安区森林防灭火事务中心、福建省森林消防总队厦门市驻防分队承办。演练假想以村民违规开荒烧杂，酿成森林火灾为背景，科目涵盖市区两级指挥部“同步响应、分级指挥、属地为主”指挥办法，应急救援队伍融合通信、融合作战新战法，对扑救森林火灾过程中初火处置、现场指挥、火情侦察、医疗救护、协同作战、紧急避险等能力进行检验。该次演练出动队伍17支共301人，消防水车、运兵车、通信保障车26辆，无人机4架。演练中，市、区、镇、村四级联动响应，逐级启动应急预案和处置办法，发挥数字通讯技术、无人机技术在森林火灾扑救中作用，检验指挥效率、协同配合、应急处置等方面能力，实现“练指挥、练协同、练战法、练队伍”的既定目标。

（陈佳玮　厦门消防支队　市资源规划局　市市政园林局）

责任编辑：熊焱峰
审　　稿：孙志红
校　　对：明安文

39 市辖区概览

思 明 区

【概 况】思明区是厦门市的政治、经济、文化、金融中心，位于厦门市南部（含鼓浪屿全岛），三面临海，与小金门诸岛和漳州大陆隔海相望，面积 84.28 平方千米。2021 年，全区常住人口 106.2 万人，户籍人口 88.86 万人。下辖鼓浪屿、鹭江、中华、厦港、开元、筼筜、梧村、嘉莲、莲前、滨海 10 个街道，设有 98 个社区居委会。2021 年，完成地区生产总值 2258.08 亿元，比上年增长 8.2%；财政总收入 427.43 亿元，比上年增长 9.4%，连续 6 年居福建省县（区）首位。地方一般公共预算收入 73.23 亿元，比上年增长 16.2%；城镇居民人均可支配收入 81224 元，增长 9.7%；城镇居民人均消费性支出 55318 元，增长 13.2%。思明区规模以上工业完成产值 452.63 亿元，比上年增长 20.4%。工业实现增加值 96.52 亿元，比上年增长 12.5%。完成工业投资 12.8 亿元，投资项目 32 个。兑现工业相关政策奖励 3937.69 万元，惠及企业 99 家次。全区有资质以上建筑企业 309 家，完成建筑业总产值 917.70 亿元，比上年增长 15.7%。签订合同额 1753.53 亿元，比上年增长 6.6%。全年房屋建筑施工面积 6156.9 万平方米，比上年增长 8.1%。思明区加强总部经济发展，绿发、华西集团等总部企业入驻。出台帮扶企业若干措施，兑现扶持资金 9.1 亿元。思明区入选“2021 中国最具安全感百佳县市”，获评“首届省级文明示范城区”。曾厝垵文创街区获评“首批国家级夜间文化和旅游消费集聚区”，中华街道便民服务中心获“全国巾帼文明岗”称号，瑞景社区、龙山社区获评“全国最美志愿服务社区”，长青社区获第九批“全国民族团结进步示范社区”称号，演武社区获评“首批全国示范性老年友好型社区”，鼓浪屿华侨文化展馆获评“全国优秀侨胞之家”，“思明区职工加油站”项目获评“全国首批工会联系社会组织优秀项目”称号，莲前街道退役军人服务站入选“全国百家红色退役军人服务站”。

2021 年，思明区办理市、区人大建议 107 件、议案 2 件，市、区政协提案 186 件，满意率 100%。启动“八五”普法，完成行政复议体制改革，依法办理行政复议案件 114 件。率先全市打造企业全生命周期服务，启用首个政银合作政务服务专区，建立政务服务体验官制度。严控“三公”经费等非刚性预算支出，完成财政资金使用、项目建设等重点领域审计项目 22 个。（见表 39-1）

【第三产业】 2021 年，思明区社会消费品零售总额 1007.07 亿元，比上年增长 22.3%。电子商务持续增长，全区限额以上批发零售企业实现网络零售额 247.32 亿元，比上年增长 43.3%。限额以上住宿餐饮企业实现营业额 102.68

表 39-1　　2021 年思明区各街道基本情况表

名称	面积（平方千米）	户籍人口（人）	财政收入（亿元）	社区（个）
鼓浪屿街道	3.12	12595	3.5	2
鹭江街道	2.42	67604	19.4	7
中华街道	1.47	44692	17.88	6
厦港街道	1.75	39063	10.37	7
开元街道	6.65	96988	17.6	12
筼筜街道	10.35	180330	31.66	15
梧村街道	6.02	117251	26.65	11
嘉莲街道	4.58	120423	32.23	10
莲前街道	29.25	169193	33.8	23
滨海街道	18.66	40495	30	5

亿元，比上年增长27%。算能、链建科技等一批数字化创新企业落地，四三九九、吉比特、信息集团上榜全国2021年度软件和信息技术服务竞争力百强企业榜单，美图、四三九九、吉比特、美柚、点触入选“2021年中国互联网综合实力百强”。思明区打造万科创想中心等4个金融科技产业示范园，设立“思明·波特曼基金集聚区”，推动红杉、挑战者、愉悦等基金引入30家企业、51支基金，注册资本276亿元。新增省重点上市后备企业36家，青瓷游戏在港交所上市。引进中烨控股等大宗商品贸易项目，朴朴、叮咚买菜等新零售发展迅速，网络销售额比上年增长41.7%。厦门大学、龙山文创园成为第三批国家双创示范基地。在全市率先发放500万元消费券，新增减税降费20.3亿元，新增商事主体2.9万户。举办厦门音乐季、思明影视季、体育时尚季等活动，推进“文化+旅游”“赛事+旅游”融合发展。

【招商引资】 2021年，思明区优化“1+10+N”招商机制（“1”是指区商务局，“10”是指十个街道，“N”是指各行业主管部门），抓住“9·8”投洽会、金砖国家新工业革命伙伴关系论坛、厦门大学百年校庆全球校友招商大会等契机，拓展平台招商、以投带引等渠道，在招商引资实绩竞赛中排名居全市前列。新增华电福新等世界500强项目50个、华泰证券等中国上市公司500强项目28个、便利蜂等“独角兽”项目7个，落地五矿集团等高能级项目113个，总投资888亿元，项目数与投资总额增幅实现翻番。全年完成合同外资94亿元，实际利用外资52.29亿元，比上年增长73.6%。

【城区建设】 2021年，思明区推进软件园二期扩区、开元国际创新社区建设，滨北超级总部基地字节跳动项目开工。加快“岛内大提升”项目建设，完成湖滨、何厝—岭兜、泥窟石村等片区征拆170万平方米。整合组建资源规划和城市更新工作架构，协调推进楼宇、土地、住房等要素保障，盘活存量土地40多万平方米。打造中山路花漾街区、体育路特色园林风情道路等样本项目，建成5个“口袋公园”，亮化世茂海峡大厦等17栋建筑，改造提升2.6千米海滨沿线夜景观光带。完成槟榔东里等18个老旧小区改造，利用各类地下空间和闲置边角地块等建设共享停车位2024个。完善沙坡尾片区规划，推进滨海片区征收工作。打通东坪山路、龙山东二路等，新建、改造禾祥西路等道路23条，完成中山公园和厦门宾馆周边改造提升工程。加快梳理海湾公园、鹭江道、沙坡尾、环岛路、观音山、筼筜湖、铁路公园等节点、片区资源，打造集休闲、娱乐、消费于一体的城市阳台。

【生态环境保护】 2021年，思明区在全市率先启动“绿水青山就是金山银山”实践创新基地建设，完成官任社区低碳社区、万石植物园低碳景区、云顶学校低碳学校建设。开展全域雨污分流工作，加快污水处理设施建设，完成鼓浪屿片区等7个正本清源项目，打造官任试点片区水环境整治样板。推行垃圾定时定点投放，新建276座智能环保垃圾屋，嘉莲街道在创建省级垃圾分类示范片区中获评福建省第一名。完成东坪山片区平岩、西面等景观生态恢复工程，东坪山近零碳排放区示范工程入选生态环境部“2021年度绿色低碳典型案例”，厦门岛东南部海域（思明岸线）入选福建省“美丽海湾”优秀案例。

【社会事业】 2021年，思明区加大财政支出用于保障和改善民生。失业人员再就业4.16万人，发放各类救助保障资金7163万元。全市首创在社会治理协同平台添加社会救助模块，运用大数据实现“政策找人”。新改扩建深田小学、演武小学、第五幼儿园等项目，新增学位2700个。落实国家“双减”政策，全面铺开课后服务，引导校外培训机构规范发展。开展历史文化遗产“三年集中保护修缮行动”，完成陈化成故居等9处文物修缮。推动塔埔等卫生服务站点建设，成立全市首家独立设置互联网医院。完善居家社区为老服务体系，新增4家五星级养老服务设施，演武社区获首批全国示范性老年友好型社区称号。建成思明“两岸青年心家园”并作为第十三届海峡论坛参访点。成立全市首个“两岸人才会客厅”，兑现实习创业就业等方面优惠政策1700余万元。实施“人才强区”战略，引育高层次人才156人。联合厦门大学开展“思志明德”计划，引进毕业生2.8万人。完善平急一体化疫情防控指挥体系，成立常态化疫情防控办公室和行动指挥中心，运用“大数据+网格化”实现排查、流调、转运、隔离无缝衔接，精准划定封控管控区，切断传播链，有效处置“7·30”“9·12”两轮新冠病毒肺炎疫情，阻止疫情扩散外溢。全年接种疫苗207万剂次，开展核酸检测828万人次，形成24小时内全员核酸检测能力。成立党员先锋队200余支，发动基层干部、党员志愿者15.5万余人次参加疫情防控。

【社会治理】 2021年，思明区实施营商环境提升专项行动，率先全市首推“企业全生命周期”服务。深化“两违”（违法占地、违法建设）整治，拆除违建57.5万平方米。落实“门前三包”，规范设置广告店招，创建精细化管理样板街区。巩固提升“片长制”“随手拍”等创建机制，打造全市首个志愿服务公园。深化近邻党建，20个社区被列为省级近邻服务试点社区，“构筑‘没有围墙的养老院’”项目成效被《中国组织人事报》刊载，3个项目获评“厦门市‘我为群众办实事’实践活动十佳（提名）优秀案例”。打造深田完整社区升级版，下沃、白城等社区治理入选省第三批优秀社区工作法。完成社区换届，社区书记、主任“一肩挑”比例100%。推进安全生产专项整治“三年行动”，完善应急指挥管理平台建设，完成C、D级危房解危59处。创建全国食品安全示范城区，升级改造6个农贸市场，实现校园食堂“云监控”全覆盖。打击电信网络诈骗，挽回群众经济损失3500多万元。优化多元矛盾纠纷调处中心运作机制，调处成功率99%。

【厦门音乐季】 2021年，思明区举办“厦门音乐季”活动，历时158天，涵盖弦乐、钢琴、打击乐、吉他四大主题音乐周。音乐季以2021年厦门钢琴公开赛暨青少年钢琴比赛、2021厦门吉他弹唱大赛、2021厦门音乐季第一届全国爵士鼓大赛三大品牌赛事为主，配套举办45场次音乐艺术活动，邀请国内外艺术家120人进行表演，累计4.7万

2021 年 7 月 24 日，2021 厦门音乐季“千与千寻”久石让·宫崎骏动漫原声视听大型交响音乐会在厦门白鹭洲下沉式广场举办 （思明区　供图）

人次参与。思明区打造音旅潮流消费热点，加强音旅融合创新发展，联合旅行社开发系列音乐研学旅游产品，联动各大景区、音乐场所、商场、酒店等促进立体消费，间接带动经济收益 1.8 亿元。

（纪兴塔）

湖 里 区

【概　况】 湖里区位于厦门岛北部，三面海域环抱，南与思明区交界，陆地面积 72.26 平方千米。辖 5 个街道、59 个社区，常住人口 104.66 万人。2021 年，实现地区生产总值 1539.41 亿元，比上年增长 7.2%，全市各区排名第二；服务业增加值 918.24 亿元，增长 9.4%；固定资产投资（含铁路）增长 13.7%，全市各区排名第二；财政总收入 260.08 亿元，全市各区排名第二，其中区级财政收入 55.56 亿元。全年完成房屋征收签约 103.1 万平方米，房屋拆除 200 万平方米，年度安置返迁人口约 3500 人。湖里区获国家生态文明建设示范区、中国创新城市治理新典范、中国市容环境高品质城市、全省城市发展“十优”区等称号，获全省文明城区测评第一名。财政管理工作获国务院办公厅通报表扬。“劳动关系调节数字云”系统获评全国政法智能化建设智慧司法创新案例。（见表 39–2）

【第三产业】 2021 年，湖里区加快推进产业转型，坚持“优二进三”“二三产融合发展”战略，发展先进制造、新一代信息技术、商贸物流、新兴金融、旅游文化健康以及建筑业等重点产业链群。突出产业导向，因地制宜规划产业和公建配套用地，瞄准总部、金融、医疗健康、影视文化、科技创新、交通运输、平台经济、建筑、商贸九大产业板块，加速重大项目生成落地，实现产业发展和城区面貌的双提升。出台助力企业纾困减负 12 条措施，联合火炬高新区推动工业企业稳产能、稳增长。计算机制造业、电气机械器材制造业、软件信息业产值分别比上年增长 20%、30%、30%。入选国家专精特新（专业化、精细化、特色化、新颖化）小巨人企业 10 家、省级科技小巨人企业 17 家。

【招商引资】 2021 年，湖里区开展精准科学招商，实际利用外资 21.96 亿元，实际到位内资 179.86 亿元。依托“9·8”投洽会、厦大百年校庆等招商平台，深化联动招商、校友招商、专业招商，新增落地项目 1351 个、投资额 3304 亿元。其中，高能级项目 77 个，投资额 883 亿元。金融业、总部经济加速集聚，新落地高能级金融业项目 21 个、总部项目 8 个，新增商事主体 4.48 万户，数量位居全市第一，引进和培育市级以上高层次人才 102 人、柔性人才 1484 人。

【城区建设】 2021 年，湖里区坚持“高标准、高颜值、高素质、高品质”规划东部新城，加快西部城区改造，完成东渡社区老城更新样板项目，建成湖里花漾街区；加快推进健康步道湖里段、海堤路沿线立面整治和铁路沿线景观综合整治工程；试点完成围里社、湖里社空中线缆改造。高林—金林、五缘湾营运中心成片综合开发试点项目地块出让，开工建设 29 条市政道路。完成 21 个老旧小区改造提升，惠及 6890 户家庭。打通“断头路”9 条，新增公共停车泊位 465 个，建成 17 个口袋公园，在园山南路等 16 条道路打造约 1.3 万平方米的“红色文化”园林景观。全面推进“摊规点”建设，建成 12 处 273 个摊位，完成 12 个农贸市场改造提升。打造江头祥店全省精细化管理样板街区，垃圾分类持续走在全市各区前列，连续 3 年位居城市综合管理年度考评第一。

2021 年，湖里区旧村改造、轨道平衡用地、市政配套等项目征地拆迁工作全面推进，全年完成房屋征收签约 103.1 万平方米，房屋拆除 200 万平方

表 39–2　　2021 年湖里区各街道基本情况表

名称	面积（平方千米）	户籍人口（人）	财政收入（亿元）	社区（个）
湖里街道	12	112132	26.62	18
殿前街道	29.82	47048	70.37	9
江头街道	10.41	76937	21.60	11
禾山街道	16.04	93287	27.83	12
金山街道	13.8	61065	38.18	9

米，征收土地144.2万平方米，提交用地168.5万平方米。其中，东部旧村整村改造七大片区涉及33个自然村、约6.7平方千米，涉及常住人口约30万人，完成32个自然社整村签约、29个自然社整村拆除，完成房屋签约96.3万平方米，完成房屋拆除192万平方米，其中7个自然社完成整村签约、6个自然社实现整村拆除。全年完成塘边、东宅、薛岭、枋湖、忠仑5个项目安置返迁工作，返迁人口约3500人。

【生态环境保护】 2021年，湖里区持续推进中央生态环保督察反馈问题整改，编制实施《湖里区国家生态文明建设示范区规划（2021—2025）》。五缘湾片区生态修复与综合开发入选自然资源部首批生态产品价值实现典型案例。湖里区建立“湾（滩）长制”，推进“美丽海湾”保护与建设；开展排水管理进小区试点工作，完成雨污分流改造101千米，加快推进辖区44.4平方千米正本清源。全年，实现排海口晴天污水“零排放”，水环境功能区水质达标率、近岸海域水质优良率、空气质量优良率实现“三个100%”。推进碳达峰、碳中和工作，全面推行机关单位无纸化办公，区机关事务管理局获颁福建省首个政府机关“碳中和认证证书”。

【社会事业】 2021年，湖里区实施湖里教育“十四五”规划“十大重点项目工程”，加快实施“补短扩容”行动，不断扩充优质学位，深化教育集团办学模式，推动教育资源均衡化。全年新增金安教育集团，新增学位3480个，率先实施“多校划片”，新开办5所校园，完成“优质放心午餐工程”“校园清凉工程”“课后延时服务”全覆盖，连续5年中考学业评估全市居首。探索建立“医院—社区—政府部门”三位一体的体医融合模式，完成马垅社区、海天社区、后浦社区基层综合文化服务中心提升改造，开展社区文化艺术节、城市诵读节等群众文化品牌活动，启动修缮或迁移保护王清祥宅等60处文物。推进社区工作者职业化体系建设，试点“智慧小区”建设，建立健全以物理网格为基础的网格化管理服务体系，辖内金安、嘉福等8个社区入选省级近邻服务试点社区，禾缘社区“五缘”工作法入选福建省优秀社区工作法。

【社会治理】 2021年，湖里区推动“大文明＋大城管”机制创新，拆除“两违”（违法占地、违法建设）6192万平方米，完成年度任务480%，名列全市第一；完成历时35天的石头皮山综合整治；推广西潘地块扬尘防治、双十中学地铁口整治经验。落实“四门四访”（开门接访、进门约访、登门走访、上门回访），完善调解工作格局，成立全市首家区级人民调解员协会，深化访调对接、诉非联动机制，探索警民联调模式，推进“治重化积”专项行动。升级交调委“一条龙”服务平台，处置各类矛盾纠纷6051件，“最多投一次”的1122件信访件100%及时受理、按时办结。获评全国信访工作“三无”县区称号。常态化开展扫黑除恶斗争，整治“黑灰产业”、无证旅馆等突出问题，推进“五安”工程，查办恶势力集团4个，创建110个AAAAA级平安校园，建成智慧安防小区460个。在全省首创“避灾点数字地图”。全年火灾事故数量比上年下降1.9%，生产安全事故数量、死亡人数分别下降60.9%、70%。

2021年，湖里区推进常态化新冠病毒肺炎疫情防控工作，围绕“外防输入、内防反弹”，健全完善扁平高效的指挥体系和以网格化为基础的常态化防控体系，坚持每日例会调度全区疫情防控工作。组建20支流调队伍，培训储备核酸采样信息录入人员6810人，开展各类场景应急演练14场次。划分设立710个网格，建立三级管理网格体系。发挥党支部“主心骨”作用，统筹“近邻”资源和力量，创建“无疫小区”，辖区512个小区全部实现闭环管理。9月，厦门市突发疫情，湖里区响应市指挥部部署，激活启动区应急指挥体系，统筹调度各方力量，组织动员670支党员突击队、1.3万人次医务人员、4.4万人次社区工作者、19.4万人次党员志愿者和32万人次群众志愿者，下沉市、区干部职工1675人，精准流调密接、次密接3765人，实施5个小区封闭管理、99个重点防范区挂牌管理。230名干部职工驰援同安区，启用15家隔离酒店，服务近8000名隔离人员。科学设置141个集中采样点，组织开展6轮近600万人次的全员核酸筛查，创造最高每小时超过10万人次检测采样纪录。

·小资料·

大文明＋大城管：通过管理机构融合、资源共享、力量整合、目标一致的方式，将城市治理提升与文明城市建设有机融合，实现城区治理制度化、管理手段信息化、文明提升精准化、文明管理常态化。

黑灰产业：是指电信诈骗、钓鱼网站、木马病毒、黑客勒索等利用网络开展违法犯罪活动的产业。

“五安”工程：家安、业安、路安、食安、心安。

【“悦游·湖里”系列文化旅游活动】 2021年，湖里区举办跨越全年的“悦游·湖里”系列文化旅游活动。活动以“庆祝中国共产党成立100周年”为主题，联动五缘湾城市新客厅、“特区·1980”湖里创意产业园、仙岳山公园三大片区，举办社会主义核心价值观宣传、行业品牌发展、区域品牌推广、节庆赛事拉动消费、文化旅游推介、群众性文体活动6大类、25场活动。活动在方式方法、工作理念、活动内容及活动载体上进行创新，突出融媒体优势，充分运用报纸、广播、电视、网络和抖音、短视频等多种媒体形式进行全媒体、全矩阵推广，着眼于更好地满足人民精神文化生活新期待，把“悦游·湖里”作为高质量文化产品供给的重要项目，不断提升文化活动的品质和影响力，使湖里区“月月有活动、处处有欢笑”，推动特区发祥地影响力不断扩大。

（缪峻涛）

集 美 区

【概　况】 集美区位于厦门西北部，东北与同安区接壤，西北与漳州市长泰县交界，西南毗邻海沧区，东南由高集海堤、厦门大桥、集美大桥和杏林大桥连接至厦门岛，辖区总面积275.79平方千米（含农林场），海岸线长约60千米。下辖2个镇、4个街道、21个行政村、48个社区。全区总人口985400

表 39-3　　2021 年集美区各镇（街）基本情况表

名称	面积（平方千米）	总人口（人）/流动人口（人）	财政收入（亿元）	行政村（个）	社区（个）
灌口镇	70.67	178555/106705	2.25	12	7
后溪镇	44.1	141313/69758	16.78	9	6
杏林街道	24.7	199215/103204	2.84	0	11
集美街道	4.6	47380/16499	5.52	0	5
侨英街道	19.437	287744/219640	2.04	0	11
杏滨街道	21.6	190675/121611	1.082	0	8

人，其中户籍人口 427594 人、流动人口 557806 人。（见表 39-3）

2021 年，集美区实现地区生产总值 876 亿元，比上年增长 6.8%；固定资产投资增长 4.4%；规模以上工业总产值 1296.94 亿元，增长 14.5%；财政总收入 148.79 亿元，增长 2.6%，其中区级财政收入 47.53 亿元，增长 18.4%。城乡居民人均可支配收入 58219 元，增长 10.8%。

2021 年，集美区入选 2021 年度全国综合实力百强区、科技创新百强区、新型城镇化质量百强区，获评国家生态文明建设示范区、2021 年度福建省城市发展“十优”区，集美学村获批省级历史文化街区。

【农　业】2021 年，集美区农林牧渔业总产值 75805 万元，比上年增长 11.2%。加强粮食产能区建设，主要种植水稻、水果、甘薯、花生、油菜等农作物，有效遏制耕地“非农化”“非粮化”，粮食种植面积和产量连续三年稳步提升。农村居民人均可支配收入 3.62 万元，比上年增长 12.9%，增速排名全市第一。巩固拓展脱贫攻坚成果同乡村振兴有效衔接，启动与彭阳县东西部协作五年总体规划编制，落实各类帮扶资金 5496.32 万元。“引智下乡”策略在中央电视台七套专题报道。探索村集体自筹资金开发建设，策划生成叶厝霞梧大厦、铁山外口公寓三期等项目，助力村集体经济发展。

【工　业】2021 年，集美区工业龙头企业转型升级成效凸显，规模以上工业企业产值 1296.94 亿元，增加值比上年增长 14.5%，排名全市第三。出台工业转型升级奖励、成长型工业企业认定和扶持等政策措施，加大扶持补贴力度，鼓励企业加大研发投入、提高创新能力，2021 年兑现奖励补助资金 630.73 万元；兑现“三高”（高技术、高成长、高附加值）企业奖励资金 1.12 亿元，惠及企业 364 家；兑现工业惠企政策扶持资金约 1.8 亿元。企业创新能力不断激发，宏发电声、建霖健康家居、罗普特科技入围 2021 民营企业发明专利 500 强，5 家企业获评第一批国家级“专精特新”重点小巨人企业、5 家企业获评第三批国家级“专精特新”小巨人企业、13 家获评省级“专精特新”中小企业。推动产学研深度融合，推动“华侨大学（集美）政产学研基地”及“嘉庚高新技术研究院”建设，为企业与高校的产学研合作牵线搭桥，鼓励更多高校科研成果在集美区转化。

【第三产业】 软件园三期形成规模效应，注册企业数近 5000 家，金砖未来创新园在此落地。德邦快递福建总部暨厦门智慧物流产业园项目开工，橙联跨境电商产业园建成投用。数字经济保持快速增长，金信润天、神州信创、禾苗优品等 7 个重点项目落地。商贸服务业持续繁荣，限额以上批发零售业销售额 1161.29 亿元，2021 年首次超千亿元。世茂广场、iOi MALL、灌口三李城万达广场相继开业，集美首家国际高端品牌酒店皇冠假日酒店开门迎客，同集路商业带、集美新城核心商圈、北站商圈连片成势，大悦城商业体项目开工建设。开展“2021 年集美欢乐购”活动，共核销消费券 179 万元，带动消费金额 630 余万元。持续举办汽车购物节等系列促销活动，发放购车补贴 371.7 万元，覆盖辖区 18 家车企，补贴车辆 1100 台，直接带动交易金额超 3 亿元。全域旅游打开新局面，共接待游客 1361.92 万人次，比上年增长 36.49%；实现旅游收入 82.21 亿元，增长 44.78%。

【招商引资】 2021 年，集美区落地项目 1115 个，投资总额 3020.2 亿元、落地项目注册资本金 1473.7 亿元，完成内资到资 415.5 亿元，落地高能级项目 69 个，完成高能级落地项目投资总额 444.6 亿元，完成高能级项目到资 182.4 亿元。编制产业“招商图谱”，建专业化招商队伍，成立区招商公司，完善促进商贸服务业发展、促进文化旅游业高质量发展等扶持政策，落实促进外贸发展“20 条”措施，发挥联瑞影业、东娱传媒公司、咪咕动漫等龙头企业带动作用，形成产业链群吸力，引入影视企业 85 家。集美（杏林）台商投资区园区循环化改造示范试点通过验收。杏林湾基金聚集区基金管理规模超过 1100 亿元，区产业引导基金获评中国母基金 50 强，在全国区级产业引导基金中排名第三，位居省内第一。成立全省首个区县级“两岸融合发展中心”，开通全市首条台胞办税绿色通道，建立全省首个区级台胞警务服务站。全面落实减税降费政策，全区新增减税降费 9.27 亿元。建立区级营商环境改进提升工作机制，深化“放管服”改革，梳理省网入驻事项 1324 项，“一趟不用跑”和“最多跑一趟”事项占比 98.5%。推进“不见面审批”，梳理网上可办 1324 项，全程网办 1222 项，手机可办 194 项，自助机可办 194 项，双向邮寄 876 项。搭建线上融资平台，在“集美 i 企宝”首创金融超市模块，优化执行合同指标，在全市营商环境评估排名位居六个区第一。成立“厦门软件园三期法治驿站”，设立“企业服务日”，提供定制化、“一站式”司法服务。全区 177 个重点项目完成投资 309.29 亿元，完成年度计划 128%，省市重点项目完成情况排名全市第二。

【城乡建设】 2021 年，集美区实施城市更新行动，推进城镇老旧小区改造，完成 27 个改造项目，投资 5523.67 万元。持续改善城乡居住环境，编制《2021 年城乡建设品质提升实施方案》，生成项目 183 个，总投资 369.69 亿元。新城公共配套再上新台阶，闽南戏曲艺术中心竣工验收，四川大学华西厦门医院加快推进，集美北大道提升改造工程基本完工，圣岩路东延伸段、杏锦路（跨沈海高速段）道路工程等项目开工，新城市政路网日益完善。马銮湾新城片区旧村改造投资力度加大，完成蔡林和浦边、潮瑶整村征收和交地，有序推进西滨、陈井整村征收。推进村庄清洁行动，开展美丽庭院创建，完成22个“绿盈乡村”建设，超额完成农村公厕新建改造任务。交通保障水平提升，新增开通公交线路4条，完成新改扩建农村公路约6千米、市政道路18.98千米。投用月美池地下停车场、区政府北侧临时公共停车场等公共停车场8座，新增路外停车泊位1309个。提升路内停车泊位管理水平，新增1163个路内停车泊位，并规范收费管理。

【生态环境保护】 2021年，集美区获“国家生态文明建设示范区”称号。抓实抓细中央、省生态环保督察反馈问题整改，积极开展领导干部自然资源资产离任（任中）审计，持续提升生态文明建设水平。全区环境空气质量综合指数2.48，优良率98.9%。完成集美后溪工业组团低碳工业园区试点创建工作，完成招商海德公园小区低碳社区、双龙潭近零碳排放景区创建。推进全面消除劣V类水体工作，3个国、省控断面水质达标率100%，177个村庄农村生活污水治理工作有序推进，集美污水处理厂四期、前场污水处理厂一期等工程加快建设。新增或改造提升园林绿地0.7654平方千米，垃圾分类工作提质提效，高标准高质量推进“1+14”（1个示范片区、14个样板片区）示范片区及样板片区建设。

【社会事业】 2021年，集美区成立区级教育基金会，整合成立九年一贯制华侨大学集美附属学校并加挂厦门五缘第二实验学校集美分校，福建教育学院附属集美实验学校揭牌，厦门外国语学校集美校区、诚毅幼儿园润德分园等一批学校开办。全面推进卫生健康事业，完成灌口镇中心卫生院提升改造，川大华西厦门医院、市妇幼集美院区超序时进度推进，医药卫生体制改革不断深化。健全养老服务体系，太保家园项目硬件设施建设加快实施，引进中日康养产业示范中心项目，推动集美新城片区崎沟机构养老设施项目用地挂牌，推动养老服务品质升级。落实就业优先政策，全区登记在职人数366226人，比上年增长7.2%，引进大专以上学历毕业生9494人，就业困难人员实现就业1967人。巩固拓展脱贫攻坚成果，强化返贫监测，推进低保扩面，对2020年以来全区低保对象834户1074人发放低保金1138.42万元，发放残疾人“两补”资金2187.21万元。落实台胞同等待遇，率先全省将台胞纳入临时救助范畴，2021年救助台胞3人次、发放临时救助金1.02万元。关爱特殊群体，完善困境儿童常态化排查机制，摸清全区困境儿童底数597人，发放基本生活费73.55万元。健全流浪乞讨人员联动救助机制，年内救助59人次。住房保障力度不断增强，启动前期手续及开工在建的安置房项目建筑面积406.17万平方米，房源总套数约2.75万套。

【社会治理】 2021年，集美区刑事警情比上年下降1.3%，连续五年居全市第一，做好中国共产党成立100周年庆祝活动和重大活动期间全区安全保障工作。设立全省首个“英模会客厅”，培育选树英模和先进典型26人；政法战线推出为群众办实事项目80个，便民利民措施27项；完成顽瘴痼疾处理整治58个；开展信访积案化解、道路交通安全整治、流动人口服务管理、社会治安突出问题整治等专项攻坚行动，常态化推进扫黑除恶专项斗争。深化“雪亮工程”建设，完善社会治安防控体系。常态化开展文明创建，成立区“大城管委”，强化“两违”整治和城市精细化管理。强化网格化管理，科学细分社区网格708个，实行“一岗多责、一专多能、有效衔接、及时相应”网格员运作机制。创新启动集美地校“平安大联盟”共建活动，推动平安星级小区创建工作。

9月，厦门新冠病毒肺炎疫情防控期间，面对“外防输入、内防扩散”的巨大压力，集美区全面动员，周密部署，靠前指挥，推动全区各级基层党组织和广大党员冲锋在前、坚守一线，1100多个基层党组织和1.8万余名党员干部投身疫情防控一线，2批次819名干部职工增援同安，牢牢守住疫情不反弹底线。推动“健康集美·无疫小区”创建，开展“清除蚊穴、筑牢疫情防控堤坝”专项行动，强化网格化管理，新增区派干部、医务人员等网格员28332个，构建联防联控、群防群治严密防线，辖区持续保持社会面“0病例”“0感染”。

【福建省首个“5G+AR”党史馆开馆】 2021年6月29日，由集美区委宣传部、区文旅局主办的福建省首个“5G+AR”党史馆在厦门集美塔开馆。厦门市委常

2021年6月29日，福建省首个“5G+AR”党史馆在集美塔开馆。图为党史馆一隅
（林志杰　摄）

委、宣传部部长、市委党史学习教育领导小组副组长、办公室主任李辉跃，市委宣传部常务副部长、市委党史学习教育领导小组办公室副主任上官军，集美区委书记、区委党史学习教育领导小组组长何东宁，中国移动福建有限公司厦门分公司党委书记魏汉辉等参加开馆仪式。“5G+AR”党史馆位于福建省内第一高、全国第二高的仿古宝塔——集美塔的B2层区域，面积约200平方米。展馆内分为“红色记忆学史崇德”“入党宣誓不忘初心”“特色互动红心向党”三大区域，设有AR探究镜、AR眼镜、VR一体机、AI拍机等高科技设备，以丰富的形式呈现中国共产党历史、嘉庚精神、“薪火相传”厦门红色记忆、集美红色资源、集美城市建设等内容。馆内还设有场景式入党宣誓台、5G融媒体党员直播间等，可满足基层党组织多元化的学习、活动需求，全方位打造富有集美特色的党史学习教育新课堂。

（叶　薇）

海沧区

【概　况】海沧区位于厦门岛西面、闽南金三角突出部，西与漳州市接壤，北与集美区相连，东南与厦门岛隔海相望。海沧区国土总面积184.73平方千米，海岸线长35千米（大陆岸线）。下辖4个街道、15个行政村、12个“村改居”社区、20个城市社区，及厦门市第一农场、海沧农场和天竺山林场3个农（林）场。海沧区户籍人口280057人，常住人口673961人，流动人口393904人。2021年，海沧区实现地区生产总值938.24亿元，比上年增长11.9%；固定资产投资（不含农户）增长15.1%；区财政总收入237.26亿元，增长25.6%；区级财政收入40.14亿元，增长18.1%。全区合同外资完成14.73亿元，实际到资17.34亿元，比上年增长15.8%。实现城镇居民人均可支配收入61664元，比上年增长10.1%；农村居民人均可支配收入36948元，增长12.7%。（见表39–4）

表39–4　　2021年海沧区各街道基本情况表

名称	面积（平方千米）	户籍人口（人）	财政收入（亿元）	行政村（个）	社区（个）
海沧街道	37.61	63001	43.41	6	5
新阳街道	22.36	42803	3.48	1	7
东孚街道	48.82	50646	6.06	6	8
嵩屿街道	27.06	123607	11.54	2	12

【农　业】2021年，海沧区实现农林牧渔业总产值4.21亿元（现价），比上年下降0.9%（可比价）。抓好粮蔬生产保障，发动育培大型花卉企业水旱轮作，开展防止耕地“非粮化”、耕地撂荒统筹利用等工作，将有限的耕地用于粮食生产，全年完成粮食种植面积74.44万平方米，粮食产量403吨；完成蔬菜种植面积746.67万平方米，产量2.61万吨。开展生猪宰前检疫2584车次，屠宰检疫合格生猪21.23万头。持续开展农产品质量安全专项整治，继续推动一品一码追溯点建设，推行农产品合格证制度，完成4家自检型一品一码追溯点建设。组织做好重大动物疫病防控，开展3种重大动物疫病检测32.7万头羽，免疫抗体合格92.29%。创建困瑶蔬菜新品种示范基地，启动农民专业合作社质量提升省级试点工作，完成5个田间肥效试验任务，创建1个绿色防控与统防统治融合示范点。推动实施悠闲古楼农场果园等2家生产主体、面积约4.67万平方米的节水灌溉项目，实施7家农业经营主体、合计面积27.07万平方米商品有机肥推广工作，推动开展农作物秸秆制成酵素肥、使用可降解膜工作。

【第三产业】2021年，海沧区批发零售贸易业完成销售额4458.34亿元，比上年增长64.4%；社会消费品零售总额300.97亿元，增长4.0%。完成汽车限上批零销售额112.79亿元，比上年下降4.95%。完成汽车限额以上零售额92.94亿元，比上年增长4.7%。厦门建通凯迪拉克于12月12日试营业。

开展“暖心年夜饭·百万消费券·乐购在海沧”主题促销活动，区工信局联手区内商圈综合体、品牌餐饮、特色商超、老字号企业代表，为超500家海沧企业留“厦”过年的职工送出2021份暖心年夜饭，并在春节期间派发100万元消费券，累计拉动消费超400万元。

举办海沧春季欢乐购车节，以线上广告和线下活动相结合方式，线上广告以海沧区域为主，辐射思明区、湖里区主要人口集中区，线下在阿罗海、SM、湖里万达三大场商超开展展示活动，活动期间销售汽车4693台，营业额12.3亿元，比上年增长6.2%。3月启动厦门云创直播小镇，聚集62家“短视频+直播”新兴电商和服务企业，累计开展数十场活动，吸引近300人次参与，服务厦门及周边企业超200家。电商产业园于9月挂牌厦门市首批人力资源服务产业园，新阳人力资源市场入驻园区并于12月1日试运营。年内，累计聚集207家零售电商和服务企业，为超2000名青年提供创业就业岗位，整体产业链年产值超过25亿元。开展“云Shopping·GO海沧”促消费活动，分3期发放400万元消费券，促进辖区餐饮商超消费。

全年海沧区接待国内外游客663.04万人次，旅游收入74.67亿元。限额以上住宿餐饮业营业额6.15亿元，比上年增长26.3%；限额以上住宿业营业额4.02亿元，增长24.9%；限额以上餐饮业营业额2.12亿元，增长29.2%。新增金融项目10个，总注册资本2.73亿元，外资3630.55万美元，其中股权投资类企业6家，担保、信用服务等金融类机构4家。

【城乡建设】2021年，海沧区加快城区开发建设步伐，城市建设品质提升项目年度实际完成投资9.96亿元，占年度计划投资约141.37%。策划生成厦门中心夜景提升改造工程、厦门海沧 H2015P03 地块及融信夜景工程 2 个项目，完成投资约 5000 万元；马銮湾新城 SM、海沧招商花园城商业综合体、象屿东南智慧供应链产业园等项目开工。第二西通道 6 月 17 日通车，缩短马銮湾片区、新阳工业区等到厦门岛内距离。实施市政基础设施项目 58 个，完成霞光西路及霞阳东路（南段）道路工程、东屿东路道路工程、临港新城二期配套道路工程（A 地块）等 14 项道路工程建设，建设改造市政道路 10.98 千米、污水管网 11.3 千米。完成全区 54.4 平方千米建成区排水管网溯源排查工作，根据溯源排查成果，推进 8 个正本清源项目，开工 8 个，完成正本清源改造 14.2 平方千米；同步推进排水管理进小区工作，10 月首批实行排水管理进小区 21 个。全年，市考核海绵城市建设重点项目海沧区项目完工 34 个，完成市下达工作任务。全区新、改、扩建项目均按照《厦门市海绵城市建设管理办法》要求，严格落实海绵城市管控指标。新增停车位 1270 个，优化调整公交线路 25 条次，新增公交线路 5 条、团体定制公交线路 10 条，增设公交站点 11 个，更名公交站点 2 对。

2021 年，海沧区全面推进乡村振兴，市对区乡村振兴实绩考核排名全市第一，乡村治理体系建设工作在全国交流活动中作典型经验发言（全国仅 16 家，全省唯一），典型做法得到农业农村部、国家乡村振兴局发文推广。打造贞庵、新垵、莲花、山边、古楼 5 个乡村振兴试点示范村和芦塘、海沧、一农、赤土、过坂 5 个两岸融合乡村振兴示范点，新打造“灵动东孚”“醉美临港”2 条乡村振兴动线。推动乡村振兴试点示范村项目 151 个，完成投资 5.8 亿元。开展帮扶屏南工作，对口帮扶资金拨付 1600 万元。推动温厝社区等 7 个农村集体经济项目，在建莲花汤岸公寓及新垵正顺公寓年内累计完成投资约 2.5 亿元，温厝项目办理用地手续，继续深化祥露、过坂等项目方案。推进现代都市农业发展，棠潮园艺暨班纳利中国育种中心项目一期完成主体建设并开始部分投产。梳理形成农村建设品质提升项目第一批实施项目，总投资 2.4 亿元。制定美丽庭院创建方案，完成美丽庭院创建 300 户，其中 45 户获评省级美丽庭院。推进锦里村外围滨渠路改造工程项目等 5 个农村公路项目建设，完成投资计划 297%。完成 6.4 千米“四好农村路”建设、1259 栋裸房整治，77 个村纳入雨污分流整治范围；完成第一批 8 个自然村改造，其中 6 个村竣工验收；完成第二、三批 60 个改造工程项目打包，15 个项目进场施工，40 个项目立项。建立全区建房安全五级网格员监管机制，加强农村建房安全管理工作。

【生态环境保护】 2021 年，海沧区生态环境保护工作在全市保持前列，年度公众对环境质量满意度评价连续 4 年全市第一；市对区党政领导生态环保目标责任制考核全市排名第一。环境空气质量综合指数 2.31，全市排名第二，空气质量优良率 100%，优级率全市排名第一。水环境功能区达标率 98.57%，入海排放口水质达标率 92.67%。过芸溪全流域水质达Ⅳ类以上标准，汤岸桥省考断面年均水质类别达到Ⅲ类，新阳主排洪渠稳定消除黑臭。土壤环境安全可控，危险废物处置利用率和医疗废物无害化处理率 100%。山长制调整为林长制，完成造林绿化 545.13 万平方米，全区林地面积 5888.36 万平方米，森林覆盖率 39.72%，活力木蓄积 37.495 万立方米。建立“湾（滩）长制”，马銮湾再生水厂和海沧水质净化厂投入使用，完成正本清源改造 12.7 平方千米。打造低碳智慧工业园区和低碳试点区，厦门海润码头获评国家“四星级中国绿色港口”。建成马銮湾生态三岛公园，投用 5 座“口袋公园”，新增（改造）园林绿地 89.9 万平方米、绿道 11.2 千米，完成造林绿化 545.13 万平方米。

【社会事业】 2021 年，海沧区建成 14 所中小学幼儿园，新增学位 17700 个，新开工项目 7 个，续建项目 6 个。完成首次“3+1+2”新高考改革，2 所高中校获评省高中课程改革基地建设学校。落实国家“双减”政策，实现中小学课后延时服务全覆盖。启动海沧青少年研学实践营地项目，成立夏令营 176 个和暑期托管班 5 个，惠及学生近 9000 人。创建特色名师工作室 19 个，考核认定新一批市级骨干教师 94 人，推荐获评省正高级教师、省学带及市先进教师和教育工作者等高层次荣誉 17 人。升级合作办学，成立海沧区第一个教育集团——北附学校教育集团，探索拓展与北师大合作办学内涵，布局 5 个校区集团化管理模式。统筹师资配置，推动教师校际交流 109 人次，支持、扶持乡村校、薄弱校、新建校等骨干师资力量 79 人，占比 72.48%。投用海沧街道社区卫生服务中心、海沧医院互联网医院，完成马銮湾医院主体建设，深化与复旦中山厦门医院医疗技术协作，其中 2 家基层医疗卫生机构获国家卫健委通报表扬。推进适龄女生免费国产二价宫颈癌疫苗接种工作，完成全程接种 2459 人，全程接种率 99.03%。做实家庭医生签约服务，结合家庭医生签约开展大肠癌、妇科“两癌”（宫颈癌和乳腺癌）、甲状腺癌筛查和管理，签约 61339 人，签约覆盖率 27.16%，完成率 90.52%。其中，重点人群完成签约 11761 人，签约覆盖率 66.57%，完成率 110.95%。全区门急诊量 267.4 万人次，比上年减少 3.74%，医院、卫生院实际拥有床位 2100 张。全区低保对象 540 户 858 人，比上年增长 8.33%。全区 47 个村（居）划分 625 个网格，增加 93 个，新增招聘城乡社区网格员 208 人。打造“区—街道—村（社区）”三级养老服务体系建设，推进第二社会福利中心建设。全年发放各类救助帮扶资金 2327 万元，惠及困难群众 3.9 万人次，实地走访老人 4.8 万人次，电访老人 2 万人次，开展活动 1270 场，参与老人 3 万人次；发放养老、失业、工伤待遇约 1.1 亿元（不含社保转移，实现社会化发放的养老待遇和厦门市失业金领取），被征地人员养老保险新增参保 874 人；发放参保补贴 1812.83 万元、灵活就业社保补贴 191.87 万元，惠及 2651 人次。完成失业人员再就业 8627 人、城镇就业困难人员再就业 483 人、农村富余劳动力转移就业 599 人。推进住房保障工作，兴钟林安置房二期、临港新城二期 A 地块项目交付使用，新增 2191 套安置房。筹建马銮湾智慧体育公园，建设智慧健身房、二代健身路径、智能健身驿站及基层近 100 项健身设施。全年累计开展各类体育赛事活动 70 余场、中小学校校运会 20 余场，参加人数 5 万人次。增设全域旅游导览牌，搭建海沧智慧文旅信息平台。开展送书下乡活动 11 次，累计送书 1.45 万册。区档案馆新大楼投用，年度接收各类档案 1.2 万件。加强非遗传承发展，编印出版《铭记海沧——海沧楹联碑刻精选汇编》（上下册）；推动传统香制作技艺（福建香制作技艺）入选第五批国家级非遗代表性项目。

【社会治理】 2021年，海沧区推进平安海沧、法治海沧建设。建立健全新冠病毒肺炎疫情防控网格化管理及发生散发病例情况下网格化管理机制，重新划分625个网格，推进区、街道、村（社区）三级综治中心联动运行。创建“平安星级小区”，在全市率先完成三星、四星平安小区认定与授牌等工作，相关工作经验得到市平安办推广。五星级平安小区占全区小区总数的44.7%，为全市最高比例。开展扫黑除恶专项斗争，打掉恶势力犯罪集团3个、恶势力犯罪团伙1个。加强流动人口服务管理，全区“一标三实”（标准地址、实有人口、实有房屋和实有单位）基础信息采集率与核实率均95%以上。打击治理电信网络诈骗，实行专群结合，依托综治中心平台落实平安巡防员在线管理，激发群防群治活力。设立全市首个驻企警民调解工作室，年内通过警民联调化解各类纠纷1279起。开展诉非联动工作，化解纠纷1001起，万人成讼率稳步下降。成立福建省首个“合作父母教育社区课堂”。深化执法司法规范化建设，深化“法治助企”专项活动，为139家企业免费提供“法治体检”、法律咨询、矛盾纠纷调处等服务。进行道路交通安全整治，开展摩托车、电动车“戴头盔保安全”专项攻坚行动，佩戴头盔率99%。深化校园“微治理”，巩固提升“午餐工程”“护学岗”“定制公交”等经验做法，落实校园专职保安员、实体防护围墙、校内视频监控和校门口一键报警监控建设，并建设校园监控视频专网。设立全市首个24小时不打烊的政务服务“无人超市”。做好城中村综合治理，探索推进智慧出租房建设。开展重点行业领域整治，依法拆除“两违”建筑106.37万平方米。强化对第五立面、占用耕地、农田、河湖领域、热点区域新增“两违”的巡查监管，拆除各类新增“两违”395宗，拆除面积7.2万平方米。年底，辖区群众安全感率99.6%，未发生较大及以上安全生产事故，安全生产形势持续平稳。

【颜氏开漳祖祠揭牌暨纪念颜思齐开台400周年】 2021年4月18日，颜氏开漳祖祠揭牌暨纪念颜思齐开台400周年活动在开台王颜思齐故乡海沧区青礁村举行。海内外颜氏宗亲代表、嘉宾等500多人参加开漳堂祭拜颜氏先祖，台湾大学建筑与城乡研究所名誉教授夏铸九等海内外嘉宾共同为颜氏开漳堂祖祠尚书坊揭牌。海内外颜氏宗亲共同前往开台王文化公园，向颜思齐雕像敬献鲜花并参观课文碑。作为颜思齐故里，厦门市多年来与台湾同胞一起，共同追思纪念颜思齐，开展祭拜颜思齐、重修颜氏族谱和修建颜思齐纪念设施场所等活动。

2021年4月18日，颜氏开漳祖祠揭牌暨纪念颜思齐开台400周年活动在海沧区青礁村举行 （海沧区 供图）

·小资料·

颜思齐：字振泉，明海澄青礁人，开拓台湾的先驱者，被尊为“开台王”。明天启元年（1621年），颜思齐率众分乘13条船，从日本平户航行8个日夜前往台湾，在台湾云林与嘉义一带建立“十寨九庄”。随后，又派人到漳州、泉州招募闽南船工、农民等，赴台拓垦，先后带进3000多人。闽南人开创有组织迁徙开拓台湾先河，因此颜思齐被称为开发台湾的第一人，且成为被《台湾通史》列为列传的第一人。

（蔡秋娟）

同安区

【概　况】 同安区位于厦门市北部，东与翔安区相连，南与湖里区隔海相望，西南与集美区相连，北与泉州南安市、安溪县交界，西北与漳州长泰区接壤。全区土地面积669.05平方千米，海岸线长11千米，森林覆盖率54.51%。下辖2个街道、6个镇、81个行政村、61个社区。户籍人口43.25万人，常住人口89万人。人口自然增长率5.35‰。（见表39-5）

2021年，同安区实现地区生产总值640.36亿元，比上年增长6.8%。实现规模以上工业增加值293.20亿元，比上年增长4.7%；一般公共预算总收入112.09亿元，其中地方一般公共预算收入30.66亿元；固定资产投资增长13.1%；社会消费品零售总额394.84亿元，增长0.1%；实际利用外资22.82亿元，增长20.8%；城镇居民人均可支配收入56461元，增长9.1%；农村居民人均可支配收入27564元，增长12.0%。在全市公布的主要经济指标中，批发业销售额、住宿业营业额、实际使用外资等5项指标增幅位居全市前列。省市重点项目土地房屋征收完成情况综合考评全市第一，第二季度“五个一批”项目正向激励综合考评位居全市第一名、福建省第八名。继续保有国家外贸转型升级基地（运

表 39-5　　2021年同安区各镇（街）基本情况表

名称	面积（平方千米）	户籍人口（人）	财政收入（亿元）	行政村（个）	社区（个）
大同街道	18.07	66131	2.52	6	14
祥平街道	27.49	75456	1.75	3	15
洪塘镇	37.50	48333	1.02	13	3
五显镇	75.56	49698	0.65	15	3
汀溪镇	136.90	25385	2.37	13	1
莲花镇	207.63	47188	1.23	19	1
新民镇	69.90	54403	2.75	10	9
西柯镇	41.39	65945	2.0	2	15

动健身器材）、国家级出口健身器材质量安全示范区、厦门同安国家农业科技园、省级出口食品农产品质量安全示范区称号。同安区入选“中国放心食品百佳县市”，为厦门市唯一入选的行政区。

【农　业】 2021年，同安区农林牧渔业总产值22.92亿元，比上年增长7%。严格落实粮食安全责任制，全年粮食播种面积2180.85万平方米，粮食产量1.3万吨。推进科技特派员制度，培育“种子种苗示范基地”“山药产学研示范基地”“智慧乡村旅游示范基地”等创新服务载体。发展都市现代农业，建成傲农嘉烨兴、百利垅程仔虾、振坤记生猪养殖场改扩建等项目；都市现代农业产业集群实现营收325亿元。推进闽台农业融合发展产业园建设，引入种子种苗企业13家。持续打造“一村一品”，稳步实施生态茶园建设试点，三角梅交易集散中心落地。连片发展莲花—汀溪—五显—竹坝都市观光休闲农业，促进“红色教育游”“绿色生态游”深度融合，莲花镇获评全国首批乡村旅游重点镇，汀溪镇获评省全域生态旅游小镇，军营村入选建中国共产党成立100周年红色旅游百条精品线路。

【工　业】 2021年，同安区规模以上工业企业826家，完成产值1192.6亿元，比上年增长6.7%；销售产值1147.14亿元，增长11.4%，产销率96.2%；规模以上工业用电22.67亿度，增长8.3%。机械装备、新材料等6条重点产业链实现产值960亿元，其中新一代信息技术产业链产值比上年增长42.5%。“三高”（高技术、高成长、高附加值）企业增至423家，国家级高新技术企业增至360家，省级以上专精特新小巨人企业增至48家；高技术产业增加值50.65亿元，比上年增长18.6%。百亿量级重点项目——时代新型锂离子电池项目落地建设，冠烽医疗、泰亘信等11个项目开工，桑雷、鑫中塑等6个项目竣工，海普锐等13个项目投产，全年工业投资比上年增长42.6%。支持企业自主创新研发，投入技改经费3449万元，63项高新技术成果实现转化。完善扶持上市企业若干意见，助力实体企业做大做强，东亚机械在创业板上市。

【第三产业】 2021年，同安区第三产业增加值288.64亿元，比上年增长10.1%。第三产业在三次产业结构中占比45.1%。全年批发业销售额1634.05亿元，比上年增长66.5%，高于全市平均增幅21.4个百分点；社会消费品零售总额394.84亿元，增长0.1%，低于全市平均增幅12.6个百分点。住宿业营业额比上年增长28.2%，增速全市第一。接待游客612万人次，实现旅游收入82.22亿元。厦门科学城同安核心区启动建设，中关村大学科技园联盟成果转化基地、腾讯云启产业基地等首批项目入驻。“三谷”磁场效应持续释放，“银城智谷”开园，“美峰创谷”基本建成，“环东云谷”一期投入使用，美亚培训中心、福华技术等优质项目落地。京东电子商务产业园建成投产。梅花创投等产业基金项目落户运营。华彬快消品等新项目增长迅速。直播经济、夜间经济等新模式发展壮大，“线上超市”“云逛街”等新型消费增长点加速形成，全区限额以上企业通过公共网络实现商品零售183.61亿元。

【招商引资】 2021年，同安区抓住中国国际投资贸易洽谈会、厦大百年校庆全球校友招商大会等契机，实施产业链招商，对接签约华润啤酒小镇、明略科技、绿发抽水蓄能文旅项目等60个优质项目，推动腾讯云区域总部、中交四公局区域结算总部、华润系列、宁德时代等一批世界500强、央企、上市公司投资项目落地。全年引入高能级项目19个，投资总额43.1亿元。新设外资项目61个，合同使用外资24.9亿元，实际使用外资22.8亿元。

【城乡建设】 2021年，同安区构建大交通格局，推进轨道4号线、国道324复线二期完善工程等项目，启动同安隧道、海上交通线路前期工作，6号线涉铁段破土动工，同翔大道全线通车。加快推动同安新城和同翔高新城（同安片区）开发建设，实施仰正中学高中部等民生项目和同翔高新城骨干路网等基础设施项目；华润啤酒小镇启动规划，环东文体公建群开工动建，滨海西大道提升改造、西柯污水处理厂一期等12个项目竣工；新拓产业用地240万平方米，完成投资167亿元。提升城市承载力，完成16个老旧小区、6个市场改造，处置存量“两违”226.5万平方米；开展工地扬尘、占道经营等治理，新增公共停车位324个，城市综合管理考评位居全市第二；省级文明城区综合排名居福建省第九名。全面推进乡村振兴，提标建设22个试点示范村，持续打造古坑—竹坝等精品动线，7个美丽乡村项目通过考核，农村人居环境整治提升行动获评优秀等次，乡村振兴热度指数综合排名全省前十名。

【生态环境保护】 2021年，同安区争创国家生态文明建设示范区，做好中央生态环保督察反馈问题整改，生态环境质量稳中有升，公众环境质量满意度排名全市第二。空气质量综合指数2.24，空气质量优良率100%，排名全市第一。水环境功能区达标率71.05%，埭头溪稳定消除黑臭，汀溪水库饮用水源及国、省控断面水质100%达标。危废管理平台备案率100%、医废安全处置率100%、涉疫垃圾安全处置率100%，率先建立废蓄电池监管机制。183家风险企业落实预案备案，132家风险源企业完成169个问题整改，63家辐（核）射单位全面落实设施安全使用与管理，全年未发生一般级别以上突发环境事件。正本清源、农村生活污水治理提升等项目高标准推进。地灾防治与生态修复等工作获评福建省第一。同安区完成11个“绿盈乡村”的创建，建成莲花镇军营村低碳社区、莲花国家森林公园小坪景区近零碳排放景区和同安保洋工业园区低碳园区。

【社会事业】 2021年，同安区加强社会保障工作，投入社会保障及救助资金8.5亿元。深化“幸福晚年”计划，被征地人员基本养老参保人数全市第一。新增就业3.8万人，失业人员再就业9920人，同新社区获评全国充分就业社区。新增保障性住房近5000套，群众住房困难问题得到缓解。深化拓展“爱心厦门，同安在行动”，帮扶群众2933户。建设同安职业技术学校扩建等45个项目，第三实验小学凤祥校区等12个项目竣工，新增学位10710个。上海世外、新教育等教育品牌签约落地。市教科院附属学校、厦门外国语附小同安校区、五缘第二实验学校同安分校等“名校跨岛”项目加速推进。省“两项督导”获评“双优秀”。推进紧密型医共体改革，完善分级诊疗体系，公共卫生服务投入12.9亿元。区总医院康复医学中心挂牌成立，环东海域医院、福建中医药大学科教综合楼等项目加快建设。引进北京中日友好医院“林江涛名医工作室”。完成新冠病毒肺炎病毒疫苗接种任务。

【社会治理】 2021年，同安区加强城乡社会治理，创新推行“邻长制”，莲花镇获评全国乡村治理示范镇。推进基层自治建设，有序开展村（社区）“两委”换届选举工作。科学划分社区网格，公开招聘560名本科以上学历网格员。持续深化“议理堂”公证调解室试点，矛盾纠纷人民调解成功率96.1%。建立健全应急管理体系，灾害综合风险普查试点工作获国务院肯定。全面开展安全生产专项整治行动，安全形势总体稳定。扫黑除恶好评率连续3次居全市第二，刑事警情为10年来最低。

【银城智谷开园】 2021年5月20日，环东海域新城首个集办公、商业、众创空间、配套公寓等物业于一体的现代化产业园区——银城智谷开园。作为厦门现代服务业的重要承载基地，园区以“信息服务”“企业总部”“研发设计”“教育培训”“文化旅游与体育”等产业为主导，打造厦门产业转型升级的智慧核心、高端人才聚集和输送中心、高新技术类服务业总部基地和厦门未来产业孵化基地。自2016年动工以来，银城智谷项目一期基本建成，二期进入主体工程施工，三期及集中商业区全面开工。华云数据、金牌厨柜等高能级项目落户，累计注册企业206家、注册资本49亿元。

（蔡　杰）

2021年5月20日，环东海域新城首个一体的现代化产业园区——银城智谷开园

（同安区　供图）

翔安区

【概　况】 翔安区位于厦门市东北部，地处厦门、漳州、泉州闽南“金三角”中心地带，东、北与泉州市交界，西与同安区接壤，南与厦门岛、金门岛隔海相望，经翔安隧道可直通厦门岛。全区陆域总面积415.57平方千米（其中滩涂面积62.43平方千米），大陆海岸线长95.8千米，占厦门市大陆海岸线总长的38%。辖2个镇、7个街道，有30个村委会、98个社区居委会。2021年，全区户籍人口407139人，常住人口317704人，人口出生率12.89‰，人口自然增长率8.82‰。翔安区实现地区生产总值781.79亿元，比上年增长7.3%；规模以上工业增加值434.54亿元，增长6.2%；固定资产投资增长13.7%；财政总收入93.45亿元，增长15.9%；区级财政收入26.61亿元，增长18.5%；社会消费品零售总额129.82亿元，增长7.7%；限额以上批发零售额1478.47亿元，增长60.6%；城镇居民人均可支配收入47730元，增长8.9%，农村居民人均可支配收入27045元，增长11.7%。（见表39–6）

2021年，翔安区深化“放管服”改革，成为福建省唯一的区级相对集中行政许可权改革工作试点，首批283项审批服务事项实行“一枚印章管审批”；开辟“i厦门”“翔安智慧办”模块，17项事项实现“秒批秒办”。完善区领导挂钩联系重点企业制度，实地走访“三高”企业622家次。应对新冠病毒肺炎疫情出台“春节留厦8条”“助企纾困10条”等扶持政策，为企业减免税

表 39-6　　2021 年翔安区各镇（街）基本情况表

<table>
<tr><th>项目</th><th colspan="3">户籍人口（人）</th><th>土地面积（平方千米）</th><th>财政收入（万元）</th><th>社区（个）</th><th>行政村（个）</th></tr>
<tr><td>合计</td><td>407139</td><td>202219</td><td>204920</td><td>413.01</td><td>661759</td><td>98</td><td>30</td></tr>
<tr><td>大嶝街道</td><td>27890</td><td>13380</td><td>14510</td><td>14.16</td><td>14381</td><td>10</td><td>0</td></tr>
<tr><td>新店街道</td><td>53324</td><td>25370</td><td>27954</td><td>18.14</td><td rowspan="6">572170</td><td>11</td><td>0</td></tr>
<tr><td>凤翔街道</td><td>65002</td><td>32203</td><td>32799</td><td>37.04</td><td>17</td><td>0</td></tr>
<tr><td>金海街道</td><td>35045</td><td>17707</td><td>17338</td><td>28.07</td><td>15</td><td>0</td></tr>
<tr><td>香山街道</td><td>48935</td><td>24867</td><td>24068</td><td>34.05</td><td>10</td><td>0</td></tr>
<tr><td>马巷街道</td><td>53764</td><td>27903</td><td>25861</td><td>24.48</td><td>18</td><td>0</td></tr>
<tr><td>民安街道</td><td>32088</td><td>15820</td><td>16268</td><td>25.42</td><td>12</td><td>0</td></tr>
<tr><td>内厝镇</td><td>50149</td><td>24997</td><td>25152</td><td>70.12</td><td>43624</td><td>1</td><td>16</td></tr>
<tr><td>新圩镇</td><td>40942</td><td>19972</td><td>20970</td><td>103.58</td><td>31584</td><td>4</td><td>14</td></tr>
<tr><td>滩涂</td><td>—</td><td>—</td><td>—</td><td>62.43</td><td>—</td><td>—</td><td>—</td></tr>
</table>

费 1.6 亿元，协助融资 12.3 亿元，兑现财政补助 3.8 亿元。新增商事主体 5000 家，比上年增长 50%。

【农　业】 2021 年，翔安区林业用地面积 107 平方千米，占土地面积的 31.52%；全区非规划林地 899 万平方米，占土地总面积 2.66%。建设设施农业项目 1 个、高标准农田项目 1 个，新建农田水利基础设施项目 3 个，完成 5 个农作物新品种试验示范项目，新建绿色防控示范点 3 个。新增省级农业产业化重点龙头企业 1 家、市级农业产业化重点龙头企业 6 家，16 家市级农业龙头企业完成产值 70.55 亿元，比上年增长 71.57%。“大帽山境”田园综合体品牌特色明显，获评“2019 年省级养生旅游休闲基地”。承办厦门市第二届“中国农民丰收节”。水环境治理成效明显，多措并举筑牢非洲猪瘟“防火墙”，防汛防台风工作落实到位，森林防火工作稳妥有序，农机道路交通安全连续 12 年保持“零事故”，渔业安全生产继续保持“零死亡”，胡萝卜实现连续 6 年出口“零通报”，32 座水库平稳运行。

【工　业】 2021 年，翔安区全社会研发投入 25 亿元，排名全市第二，专利授权量比上年增长 7%，每万人有效发明拥有量全市第二。新增“三高”（高技术、高成长、高附加值）企业 58 家，高技术产业增加值比上年增长 15.8%。与中国技术交易所等建立人才培育战略合作，打造“产学研”人才发展生态圈，引育高层次人才 84 人，柔性引才 1136 人。建设科研技术全国领先的生物制品省创新实验室，投入运营厦大嘉庚创新实验室、南方海洋研究中心，新增省级以上企业技术中心 7 家。新增“五个一批”项目 135 个，总投资约 1000 亿元，新增开工项目数位列全市第一，综合考评 2 次进入福建省前 10 名。

【第三产业】 2021 年，翔安区融入厦门国家自主创新示范区、厦门科学城、金砖国家创新基地建设，海洋高新产业园区落地翔安，厦大嘉庚创新实验室投入运营。支持龙头企业加大研发投入，打造产学研人才发展生态圈，兑现“双百”扶持资金 1218.24 万元。引进南京高光、隆利科技等项目 13 个，中创新航、冠捷科技等 32 家龙头企业达产扩产，新增入库企业 38 家。加速培育新产业链群，引进太古飞机工程项目、厦航工业临空产业园。首创奥特莱斯主体完工，数字经济产业园配套升级。调整优化重大片区开发建设领导小组架构，122 个省市重大重点项目完成投资 736 亿元，完成年度计划 136%。

【招商引资】 2021 年，翔安区领导带队赴上海、深圳等地招商 7 次，累计签约项目 31 个。实施“引强入翔”，与国家开发银行开展开发性金融合作，与象屿集团等实力国企签署全面战略合作协议。拓展校友招商、以商引商等方式，新增入库项目 1639 个，落地 1432 个，落地华润集团等 12 个高能级项目。基金招商 5 亿元财政资金撬动社会资本 130 亿元，带动 16 个项目返投，实缴资本 7 亿元。设立区属国企融资平台，争取地方专项债，全年筹措各类资金与国家开发银行签订总投资超 700 亿元的金融合作协议。

【城乡建设】 2021 年，翔安区落实“跨岛发展”战略，拓展新城格局，完善城区功能，提升城区形象。厦门翔安新机场全面开工，厦门航空产业启动区、太古翔安维修基地完成土地出让；新会展中心、新体育中心初具雏形，白海豚游泳馆、凤凰体育馆完成主体结构封顶；下潭尾湿地公园二期基本完工，浪漫线三期澳头段、东山片区文化艺术中心等项目前期提速推进；同翔高新城市政基础配套日臻完善，新兴产业加快集聚。新店地铁社区二期竣工验收，阳塘安居小区、会展嘉园、新浦嘉园完成“安转商”。福厦高铁（翔安段）南清隧道全线贯通，翔安大桥进入桥面铺装施工阶段，东坑湾大桥轮廓初现。地铁 4 号线除大嶝段外全线贯通，地铁 3 号线开通运营。实施项目建设攻坚行动，祥福一路等“断头路”成功打通，55 万平方米阳塘整村搬迁全面完成，37 万平方米东界片区整村搬迁进入扫尾，7.5 万平方米琼头村局部搬迁实现突破，全年土地交地 693 万平方米，房屋拆除 112 万平方米，省市重点项目土地房屋征收工作综合考评全市第二。推进 10 个乡村振兴试点示范村和 2 条乡村振兴动线创建工作，沿线村庄风貌全面提升。

【生态环境保护】 2021 年，翔安区开展以扬尘为重点的大气污染防治，$PM_{2.5}$ 比上年下降 36%，空气质量优良率 99.7%。深化“河（湖）长制”，创新“三水”联治模式，新建 30 千米污水管道，完成 27 平方千米正本清源改造，建区以来监测断面平均水质首次实现 100% 达标。实施“湾（滩）长制”，推动入海排口常态化治理，近岸海域水质优良率 100%。落实耕地保护制度，依法整治农村乱占耕地建房 224 宗。全面推行“林长制”。磋商全市首例涉刑生态环境损

福建省最大人工重构红树林——下潭尾红树林公园（黄嵘 2021年12月4日摄）

害赔偿案。推进市政排水管网正本清源改造，创新农村生活污水治理“四化并举、两率并重”模式，成为全市“样板”，并获生态环境部肯定。

【社会事业】 2021年，翔安区创新转产就业集中区、片区招聘、项目制培训等帮扶举措，持续拓宽被征地农民和海域退养渔民等重点群众转产就业渠道，推动困难群体实现就业2513人、就业率95.88%。新建15所中小学幼儿园，新增学位1.4万个，开办双十中学初中部、实验小学翔安校区等“跨岛名校”，招录高层次教育人才和教师214人；落实“双减”政策，中小学课后延时服务全覆盖。引进厦门市第一医院临床医学研究院，建成厦门市第五医院医技科教综合楼，厦门市第五医院在全国三级公立医院绩效考核中排名全市第四、岛外各区第一。对外开放文体设施8处，修缮文物10处、烈士纪念设施20处；原创作品《送枪》在“华东六省一市现代地方小戏大赛”上获福建省唯一的金奖。健全养老服务和婴幼儿照护服务体系，16～59周岁城乡居民养老保险参保基本实现全覆盖，发放被征地人员基本养老保险参保补助5126.97万元。困难群体救助保障力度不断加大，累计发放各类救助资金8047.9万元。打造以文化振兴为抓手的黄厝模式和以产业振兴为抓手的马塘模式，加快发展壮大都市现代农业和特色优势产业。持续推进农村人居环境整治，完成农房“平改坡”183栋、裸房整治1558栋。

【社会治理】 2021年，翔安区开展安全隐患大排查大整治和安全生产专项整治“三年行动”，生产安全事故及亡人数实现“双下降”。坚持主动创稳，侦破涉恶犯罪团伙2个，严打海上偷渡行为11起；全方位筑牢禁毒防线，破获毒品案件25件，缉毒执法成效居全市前列；调解矛盾纠纷2500起，涉案金额3.4亿元，“平安三率”排名全市首位、福建省前列。推动食品药品安全形势平稳向好，做好双拥共建、退役军人工作。

2021年，翔安区实现全年当地病例“零新增”、防疫人员“零感染”、关键节点“零反弹”。特别是面对“9·12”厦门疫情，做好各项防控措施，5轮全员核酸检测结果全部阴性，改造3个定点公寓为异地隔离场所，实现“零感染”，安全暖心做好1222名密接、次密接者和3587名隔离人员服务保障。推进“无疫小区”“无忧驿站”创建，成为全市唯一一年度“零病例”的行政区。全区“快速反应，靠前指挥，严防死守，织密疫情防控网”的做法，获国务院联防联控机制专家组的高度肯定。

【下潭尾红树林公园开放】 2021年12月4日，翔安区完成下潭尾红树林公园园区湿地探索区、户外红树林科普区、生态观鸟区、红树林保护区、科研科普区建设，并免费开放。下潭尾红树林公园位于厦门市翔安区民安街道核心地带，火炬大桥两侧，总规划面积404万平方米。园内种植红树林约85万平方米，建设有4.2千米的科普、休闲栈道及4个船码头。下潭尾红树林公园为福建省最大的人工重构红树林生态公园。公园园区建设有湿地探索区、户外红树林科普区、生态观鸟区、红树林保护区、科研科普区。

（许晨光）

责任编辑：林德全 明安文
审　　稿：曲　艺
校　　对：黄　澜

40 人物·荣誉

新任市领导

赵　龙　1967 年 9 月出生，汉族，辽宁盘锦人，1988 年 12 月加入中国共产党，1989 年 7 月参加工作，中国人民大学土地管理系土地管理专业毕业，大学本科学历，公共管理硕士。2021 年 1 月至 2021 年 10 月，任福建省委常委，厦门市委书记。2021 年 10 月，调任福建省委副书记，省人民政府副省长、代省长、党组书记。

崔永辉　1970 年 11 月出生，汉族，湖北恩施人，1991 年 3 月加入中国共产党，1991 年 7 月参加工作，华中师范大学政治教育专业毕业，大学学历。2021 年 10 月起任福建省委常委，厦门市委书记。

黄文辉　1964 年 6 月出生，汉族，福建仙游人，1985 年 12 月加入中国共产党，1986 年 3 月参加工作，华中工学院动力工程系工程热物理专业毕业，获工学硕士学位。2021 年 7 月起任福建省厦门市委副书记，市政府党组书记、市长。

模范人物

陈清地　1962 年 6 月出生，厦门市同安区第一建筑工程公司工程部项目经理。陈清地作为公司劳动技能培训负责人，多次组织承办全区各项职工技能竞赛活动，带领公司获得施工电梯技能竞赛一等奖 3 个、“闽南工匠”技能竞赛二等奖 5 个。他所负责的工地 2 次获评省级安全生产标准化工地、6 次获评市级安全生产标准化工地；他负责的厦门国际银行科技研发中心（一期）工程在 2016 年 11 月被中国建筑协会推荐为全国范围组织学习交流的建设工程项目施工安全生产标准化工地。他担任项目经理的项目 2 次获评福建省优质工程、3 次获评厦门市优良工程。2005 年，陈清地被同安区建筑业协会评为先进生产工作者，2006 年被推选为中共同安区第十届代表大会代表，2007、2012、2013 年被评为厦门市建筑工程质量安全生产文明施工先进个人，2013 年获厦门市“五一劳动奖章”，2014 年获福建省“五一劳动奖章”，2015 年带领班组获得福建省“安康杯”竞赛先进班组的荣誉称号，2020 年以“陈清地”命名的劳模创新工作室通过厦门市总工会验收并授牌。2021 年，获得全国“五一劳动奖章”。

林碧玲　1974 年 3 月出生，女，厦门市五缘实验幼儿园园长、书记。林碧玲从事幼教 28 年，任园长 22 年，曾同时担任五缘实幼等 4 所幼儿园园长，被称为创新办园的“疯子园长”、抗击“莫兰蒂”台风的“汉子园长”，被授予省骨干园长称号及省五一劳动奖章。作为厦门市林碧玲劳模创新工作室和林碧玲名师工作室的领衔人，她紧盯幼教前沿，聚焦办园内涵，打造品牌示范，被聘为教育部园长培训中心教学实践指导专家、集美大学教师学院客座教授，被授予市级“林碧玲党员名师先锋岗”称号，获评省三八红旗手集体奖。全国人大常委会副委员长、全国妇联主席沈跃跃，教育部部长陈宝生先后在考察中均给予其高度赞誉。2017 年金砖国家峰会期间，五缘实验幼儿园作为基础教育唯一接待单位，接受各国领袖夫人们的参观，展示中国文化、中国魅力，获得领袖夫人们的赞誉和各界首肯。五缘实验幼儿园被厦门市委、市政府授予“金砖国家领导人厦门会晤筹备及服务保障工作先进集体”称号；福建省委、省政府为林碧玲颁发“金砖国家领导人第九次会晤筹备和服务保障工作”优秀证书。2021 年，获得全国五一劳动奖章。

蔡月英　1973 年 2 月出生，女，海沧区属国企厦门海沧城建集团下属子公司厦门城建市政建设管理有限公司嵩屿管理站环卫组长。自 2004 年走上环卫岗位以来，她从一名环卫工人成长为组长，从一名普通群众成长为一名中共党员。蔡月英所在的嵩屿管理站负责海沧 60 多条道路的清扫保洁工作，总面积约 137 平方千米。走上环卫岗位十几年来，每天凌晨 4 点，蔡月英就和工友们准时开工，每天至少需要徒步六七千米进行清扫。18 年来，蔡月英负责的路段从来没被扣分，海沧区实现全市市容考评“六连冠”。她曾多次被评为厦门市、海沧区“十佳城市美容师”“优秀环卫职工”，并于2010年获得福建省“技术标兵”“二十佳城市美容师”称号，2011年被评为区“巾帼建功”先进个人、市“行业技术能手”，2012年被评为市群众性精神文明创建活动积极分子，2013年被评为“职业道德建设十佳标兵”并获得市“五一劳动奖章”，2014年被评为厦门市“巾帼建功标兵”，2016年被评为厦门市防抗“莫兰蒂”台风及灾后恢复重建工作先进个人，2017年被评为福建省“三八红旗手”和2014—2016年度厦门市劳动模范，2018年获得“福建省劳动模范”称号，2020年获得“全国优秀农民工”称号，2021年被评为全国“三八红旗手”。

新闻人物

高泉阳 1970年11月出生，军营村党支部第一书记。1997年起，任军营村村主任；2009—2018年，任军营村党支部书记；2018年至2020年3月，任军营村党支部第一书记、福建省第十三届人民代表大会代表。作为基层带头人，他在边远山村脱贫攻坚战线上奋战25年。他申请把第一条电话线架到高山上，动员村民转型建设特色茶园，发展乡村旅游，还号召全村修路，军营村成为莲花镇第一个家家户户通水泥路的山村。25年过去了，高山党校红红火火，“红+绿”发展模式成效显著，合作社连年给村民分红，节假日游人如织、民宿“一房难求”，军营村成为“望得见山，看得见水，记得住乡愁”的最美乡村。军营村农民人均年收入从1997年的1980元跃增至2021年的4.36万元，实现脱贫致富。2020年3月8日，高泉阳因患间叶源性恶性肿瘤去世，年仅50岁。2021年，他被福建省委追认为“福建省优秀共产党员”，被评为“2021感动厦门十大人物”。

刘　斯 女，1964年9月出生，厦门信息学校正高级讲师。先后参加福建省第八、第九批援藏，帮助西藏昌都市左贡县成立教育科学规划领导小组，引入援藏力量建立教师发展培训中心。自费近10万元资助来自贫困家庭的扎西江村、向巴曲珍兄妹完成学业。全身心投入教学一线，被藏区的孩子们称为“刘妈妈”。她承担着七年级6个班的信息技术教学工作，教学生电脑动画及图像处理技术，是孩子们眼中的“技术通”。她还任教科室副主任，创办援藏名师工作室，在学校开设讲座和示范课，指导青年教师提升备课、设计教学方案等技能。她深入昌都市多个县，为2000多名教师开展信息技术培训，让当地老师获得最新的教育理念，把信息技术渗透到日常教学中。她搭建“云课堂”，开展“云教研”，进一步提升当地的教学水平。刘斯先后获得“厦门市劳动模范”“福建省优秀援藏干部人才”“厦门市最美教师”“福建好人榜·敬业奉献”“全国脱贫攻坚先进个人”“2021感动厦门十大人物”等称号。

吴志强 1965年12月出生，厦门自贸片区管委会信息化服务中心主任。多年来，他围绕“数字福建”“数字厦门”的部署要求，以中国（厦门）国际贸易单一窗口平台为基础载体，打造厦门自贸片区大数据服务中心，建设厦门口岸航空电子货运平台，首创“单一窗口+航空物流”模式，在全国率先实现空运运单“一单多报”、全链条物流可视化、海关转关放行信息无纸化及货运安检验讫放行电子化，5年来带领团队实施20余项“全国首创”。2021年1月，吴志强被中共厦门市委组织部评为“新时代的奔跑者”；12月，被厦门市委、市政府评为“厦门经济特区建设40周年先进模范人物和创新创业人物”；被评为“2021感动厦门十大人物”。

周辉燕、苏俊杰、程先进 周辉燕，1990年5月出生，江西人，从事外卖配送行业；苏俊杰，1977年1月出生，从事市政设计院工作；程先进，1981年7月出生，从事网络软件行业。2021年9月5日晚10时，一女子坠湖，情况危急。刚好经过的周辉燕发现异样后，匆匆下车，跃入水中。当他抱起女子时，才发现对方失去知觉，全身瘫软，给救援增加了难度。就在这时，身为退伍军人的苏俊杰也跳入湖中参与救援。苏俊杰的好友程先进协助报警后，寻来1米多高的梯子放入水中，等到周辉燕和苏俊杰踩着梯子将女子托起到一定高度时，在岸上的两人则合力将女子拉起，前后用时约7分钟。直到坠湖女子状态缓和后，周辉燕才放心继续工作，送完当天最后一单外卖。因为这次救人事件，周辉燕与苏俊杰、程先进成了好友，并以兄弟相称。嘉莲派出所为3人申报见义勇为奖，他们被评为“2021感动厦门十大人物”。

赵蚰竹 1993年5月出生，辽宁辽阳人，厦门大学环境与生态学院2019级博士生。4岁时，赵蚰竹被确诊为先天性神经性耳聋，父母亲便全力对她开展语言训练。日复一日地练习，她在学龄前学会汉语拼音、珠算法和唇语。从小学到大学，赵蚰竹从未上过特殊教育学校，都是在公立学校通过读唇语听课。通过努力，她的学习成绩总是名列前茅。最终，她先后考进211类院校的本科和研究生。硕士期间曾发表6篇期刊论文，包括2篇在国际期刊上刊登的论文。2019年，赵蚰竹如愿考取厦门大学的博士研究生。她在硕士期间研究的是系统动力学在水资源方面的应用，申请博士时发现向往的厦门大学没有相关专业，但因为喜欢厦门这座滨海城市，她转而“跨专业”，申请海洋事务专业。在读期间，她已开始向SCI（科学引文索引）投稿，并继续撰写新的专业论文。赵蚰竹被评为“2021感动厦门十大人物”。

谢燕萍 1979年3月出生，指挥情报中心110接警员。2021年5月14日，谢燕萍接到一通特殊的报警电话：报警人不断发出“嗯嗯啊啊”的怪声，不会写字且身旁没有人帮忙接听，语气十分着急。第一次遇到这种情况的谢燕萍通过提问，她从语调变化判断出肯定或否定，并通过地图定位到报警人辖区，又耐心引导报警人“报数”，确认了门牌号。谢燕萍马上通知辖区民警到场处置。后经了解，报警人是一名语言障碍残疾人，因家庭纠纷寻求民警帮助，民警到场后，妥善处理这场家庭纠纷。这通特殊的接警电话，先后被《厦门日报》《人民日报》和央视等媒体报道，引发全社会关注。自2013年5月从事接警工作以来，谢燕萍受理13万余起群众报警、求助，数以万计“不见面”的报警人，在她的帮助下渡过难关。此外，她还先后参与多起紧急敏感案事件的成功调度处置，至2021年保持零投诉纪录。谢燕萍被评为“2021感动厦门十大人物”。

纪惠娇 1977年10月出生，集美区后溪镇前进村人，从事保洁工作。纪惠娇的前任丈夫在2009年因车祸不幸离世，那一年，他们的孩子才9岁，家里还有前任丈夫的爷爷需要照顾。聋哑多病的婆婆让纪惠娇带着孩子改嫁。后来，纪惠娇在亲戚的介绍下与吴绍剑重组家庭，成婚后一直守候在前婆婆身边，细心照顾老人十余年。多年来，纪惠娇的每一天都是从凌晨4点开始的，她要赶在6点上班前，帮前婆婆做好个人卫生护理并为家人准备早餐。老人时常因为病痛住院，每次住院基本都要1个月，她工作再辛苦，下班后也会坚持去医院陪护。老人大小便失禁，纪惠娇和丈夫都辞去原先的保洁和保安工作，纪惠娇加入村里的环卫岗位，丈夫去了有夜班轮岗的公司，这样白天就有更多时间照顾老人。2020年10月，纪惠娇入选“福建好人榜”孝老爱亲榜单；同年12月，纪惠娇获全国“十佳最美家乡人”称号。2021年，被评为“2021感动厦门十大人物”。

黄小梅 1983年3月出生，翔安人，厦门柯依达工贸有限公司外务部主任。2010年，厦门柯依达工贸有限公司创办莲塘老人之家，当时27岁的黄小梅主动担任这个纯公益项目的负责人，牵头成立柯依达爱心红十字帮扶基金、厦门市翔安区内厝镇莲塘村幸福老人服务中心，免费为村里70岁以上老人提供一日三餐及娱乐场所。最初老人之家只有14人，到后面有近120位老人一日三餐在老人之家解决，平均年龄达到80岁。十几年来，黄小梅几乎全年无休，尽心照料着老人们的饮食生活，锅具从小砂锅升级到直径近1米的大铁锅。食材从哪儿来、饭菜好不好、合不合胃口，都是黄小梅非常关注的问题。黄小梅被评为爱心厦门十大“最美爱心人物”之一、“2021感动厦门十大人物”。

陈全志 1949年12月出生，莲塘别墅的守护者。作为莲塘别墅创建者陈炳猷的曾孙，退休后的陈全志一直在努力传承、保护这座省级文保单位——莲塘别墅。莲塘别墅规模宏大，功能齐全，是厦门保存面积最大的古建筑群，具有人居、教育、祭祀三重功能。作为美丽厦门新二十四景的它被誉为“冠绝八闽”，也是研究中国古代民居文化和生活的活化石。2017年，经政府部门修缮后的莲塘别墅，吸引越来越多的中外游客，人们对这座宏伟古建筑群叹为观止。但是，在陈全志看来，只有建筑远远不够，就劝导陈氏宗亲捐出各自的收藏，打造15间陈列室，将上千个老物件分享给世人。陈全志几乎捐出自己所有的收藏，为打造15间陈列室，几乎掏光他的积蓄。为了解祖上在越南创业的足迹，陈全志曾率领宗亲到胡志明市（原西贡）。离开的时候，陈全志记录下当年陈炳猷相关资料，带回莲塘别墅。他被评为“2021感动厦门十大人物”。

刘睿欣、王菲、庄子薇、赖美妍、万宸（莲花中学“五朵金花”） 2021年6月，1名3岁男孩中午独自出门，放学回家的“五朵金花”看到男孩从人行道上径直走向马路，女孩们赶忙将男孩抱到路旁休息，还贴心地用文件袋遮阳，拿小风扇帮男孩降温。因男孩无法说出姓名、家庭住址等信息，女孩们借路人手机拨打“110”求助，直到民警到场把孩子接走，她们才放心地回家。随后，央视的《新闻直播间》栏目报道了女孩们的善举，央视新闻的官方微信公众号以“这就是传说中的天使小姐姐吧”为题，为几个小姐姐点赞，并称其为“五朵金花”，网友们看后纷纷表示，“这才是青年该有的样子！”她们被评为“2021感动厦门十大人物”。

逝世人物

吴荣南 1942年6月出生，汉族，中共党员，福建厦门人。曾任厦门航空有限公司总经理、党委副书记，厦门市第八届政协委员。2018年12月18日，党中央、国务院授予吴荣南改革先锋称号，颁授其改革先锋奖章，并获评厦门航空事业的开拓者。1986年，他开始担任厦航总经理，在任职的近20年间，厦航从借来的5000元钱启动金，发展成拥有波音飞机27架、净资产达14多亿、连续18年盈利的优质航空公司。吴荣南带着干部员工“摸着石头过河”，建立起一套完整而科学的现代企业制度，使厦航成为民航体制改革和国企改革的一面旗帜，探索出一条独具特色的发展之路，为民航企业化改革作出突出贡献。

在“2004年度厦门经济十大影响人物”评选活动中，吴荣南获得年度经济影响人物称号。他曾获厦门市劳动模范、福建省“突出贡献企业家”称号，2018年11月入选100名改革开放杰出贡献对象。2011年11月26日，获得“厦门经济特区建设30周年杰出建设者”称号。2021年9月15日，吴荣南因病医治无效，在厦门逝世，享年80岁。

责任编辑：曲　艺
审　　稿：白延蜻
校　　对：熊焱峰

41 附　录

组织机构及干部名录

（以 2021 年 12 月 31 日在职者为准）

中共厦门市委员会

书　记　崔永辉
副书记　黄文辉　张毅恭
常　委　李伟华　陈沈阳　李辉跃　吴子东　郑福源
　　　　游文昌　黄晓舟　王雪敏　连坤明　严志铭
秘书长　连坤明
副秘书长　赖建州　蔡蔚荻　赖祖辉　李　刚

中共厦门市纪律检查委员会、厦门市监察委员会

纪委书记、监委主任候选人　严志铭
纪委副书记、监委副主任　柯　军　薛　坚　莫建鹰
纪委常委、监委委员　刘琦龙　黄绿青　谢国辉
纪委常委　黄华松　李艳春
监委委员　张建春　林永基
秘书长　谢国辉
内设机构负责人　汪　威　纪建发　韩　珺　卢建华
　　　　　　　　李艳春　薛　芬　张建艺　王志昂
　　　　　　　　宿明章　江玉华　陈信用

市委工作部门及直属单位

市委办公厅（市档案局）
主　任　赖建州
市档案局局长　张善斌
副主任　郑　耀　郑尚定　黄硕新　王　宇
纪检监察组组长　马海陆
厅务会成员、二级巡视员　蒋仕东　陈仲坚

市委组织部（市委非公有制企业和社会组织工委、市公务员局）
部　长　陈沈阳
常务副部长　石牵助
副部长　颜云蔚　曾丽娟
纪检监察组组长　章高祥
部务委员　施志勇
市公务员局局长　颜云蔚
市委非公有制企业和社会组织工委书记　曾丽娟

市委宣传部（市人民政府新闻办公室）
部　长　吴子东
常务副部长、市人民政府新闻办公室主任　上官军
副部长　赖朝晖（兼）姚玉萍（兼）欧阳丽娟
　　　　戴志望　唐向阳
纪检监察组组长　王才能

市委统一战线工作部（市人民政府侨务办公室）
部　长　王雪敏
常务副部长、市人民政府侨务办公室主任　何秀珍
副部长　陈永东（兼）陈　宏　郑秀文
纪检监察组组长　陈善志

市委政法委员会
书　记　李伟华

常务副书记　黄平南
副书记　陈育煌（兼）　余小明
委务会成员　杨长明　严为民

市委政策研究室
副主任　温金辉

市委全面深化改革委员会办公室（市委财经委员会办公室）
主　任　连坤明（兼）
常务副主任　李　刚
副主任　唐明娟

市委网络安全和信息化委员会办公室（市互联网信息办公室）
主　任、市互联网信息办公室主任　姚玉萍
副主任　符长泉

机构编制委员会办公室
主　任　吴毅飚
室务会成员、二级巡视员　杨土墩
室务会成员、一级调研员　周温平

市委台港澳工作办公室（市人民政府台港澳事务办公室）
主任、市人民政府台港澳事务办公室主任　刘金柱
室务会成员、二级巡视员　林奕田
副主任　谢永福　邵育秦　王培城

市委市直机关工作委员会
书　记　连坤明（兼）
常务副书记　曾丽娟
纪检监察工委书记　黄继红
专职委员　陈瑞芬
副书记　李庆东　缪金坤

市委巡察工作领导小组办公室
主　任　刘琦龙
副主任　许海溪　张　毅
室务会成员、巡察组组长　张美彪　蔡山田　陈建南　白世伟
副局级巡察专员　陈建国　吴劲谦　袁丰平

市委机要保密局（市密码管理局、市国家保密局）
局长、市密码管理局局长、市国家保密局局长　陈江波
副局长　田承洋　林　源

市委老干部局
局　长　陈秀新
副局长　林　刚　柯东熙　郭　龙
市委离退休工委专职副书记　黄光华

市委精神文明建设办公室（市精神文明建设指导委员会办公室）
主任、市精神文明建设指导委员会办公室主任　赖朝晖
副主任　纪　菁　虞圣贤

室务会成员、一级调研员　雷清平

市人大常委会

主　任　陈家东
党组书记　杨国豪
副主任　黄　强　刘育生　孙明忠　陈紫萱　陈　琛
　　　　刘绍清　林德志　郑岳林　黄延强　王成全
秘书长　陈鸿萍
副秘书长　李本年　陈灿煌　韩文祥　许　霖
委　员　万文蓉　上官军　王春生　方　斌　由　欣
　　　　则　悟　江根云　许晓斌　许晓曦　许毅青
　　　　杜　刚　杨　琪　吴申宇　吴丽冰　何秀珍
　　　　邹庆键　宋方青　张曙东　陈永茂　陈李升
　　　　陈泰生　陈甦帆　林进川　波拉提　徐平东
　　　　郭晓芳　黄向阳　颜云蔚

市人大常委会工作部门

办公厅
主　任　李本年
副主任　王永胜
纪检监察组组长　谢飞国

人事代表工作室
主　任　蒋娇容
副主任　孙桂艳

研究与宣传工作室
主　任　翁振生

信访局
局　长　方　斌

市人大常委会各专门委员会

法制委员会（法制工作委员会）
主任委员（主任）　郭晓芳
副主任委员　李本年　宋方青（兼）
法制工委副主任　贺菊英

财政经济委员会（预算工作委员会）
主任委员（主任）　陈永茂
副主任委员　张凌云　江孔雀（兼）　王国利（兼）
　　　　　　张祖康（兼）　王彦青（兼）

监察和司法委员会
主任委员　邹庆键
副主任委员　陈甦帆（兼）　张玉生（兼）　苏国强（兼）

城市建设环境资源委员会
主任委员 由 欣
副主任委员 杨贤平（兼）

教育科学文化卫生委员会
主任委员 陈李升
副主任委员 陈金华（兼）

侨务外事委员会（台胞工作委员会）
主 任 王春生
副主任委员 洪春凤（兼） 徐平东（兼）
台胞工作委员会主任 洪春凤

社会建设委员会
副主任委员 段小红 许毅青（兼） 杨 琪（兼）
江根云（兼） 黄向阳（兼） 陈 耿（兼）

市人民政府

市 长 黄文辉
常委、副市长 李辉跃 黄晓舟
副市长 黄燕添 张志红 陈育煌 廖华生
秘书长 黄 杰
副秘书长 张家伟 颜文聪 廖兆平 林海平 王庭亮
练更生

市政府工作部门及直属单位

市政府办公厅
副主任 白晓辉 许珠明 李德才 苏国辉
纪检监察组组长 周会德

市发展和改革委员会
主 任 孙建辉
副主任 傅如荣 张伟生 梁向阳 李晓燕
纪检监察组组长 候卫群
总经济师 陈锡彬

市教育局（市委教育工作委员会）
工委书记、党组书记、局长 郭献文
工委副书记、党组副书记 施琦婷
副局长 吴亿年 陈 珍 郑朝南 洪 军
纪检监察工委书记、纪检监察组组长 陈本杰
工委委员、党组成员、一级调研员 李燕娜

市科学技术局
党组书记、局长 孔曙光
党组副书记、二级巡视员 谢 松
党组成员、中科院城市环境研究所党委副书记 白国华
纪检监察组组长 吕舰艇
副局长 曹伟民 黄慰萍 黄 颖 范者胜

市工业和信息化局（市大数据管理局）
党组书记、局长 周桂良
副局长 阮燕山 邓建华 叶 健 李建明 许文恭
党组成员、二级巡视员 张世照
纪检监察组组长 陈志毅
总工程师 上官峰
市大数据管理局局长 许文恭

市民族与宗教事务局
党组书记、局长 苏清臻
副局长 苏人登 张 智

市公安局（市人民政府打击走私综合治理办公室）
党委书记、局长，市人民政府打击走私综合治理办公室主任
陈育煌
党委委员、二级巡视员 林明良
副局长 邓海鹰 张书晖 黄卫东 林传灿 林世国
纪检监察组组长 洪朝墙
党委副书记 陈志洪
政治部主任 曾嘉贤
政治部副主任 白惠敏
指挥情报中心政委 纪边强
支队长 黄嘉雄 陈 煌 陈清钳 郑勇胜 杨振亮
支队政委 叶出宗
机关党委专职副书记 王海堤
分局局长 王嘉兴 戚乐健 刘海闽 韦信斌 陈大铭
吕培勤 黄文墙
分局政委 林志强

市民政局
党组书记 王 中
党组副书记、局长 洪全艺
副局长 张凌云 林声群 邹仁刚
纪检监察组组长 柯庆龙

市司法局
党组书记、局长、司法强制隔离戒毒所第一政委（兼） 丁贤志
副局长 唐 乾 贾国先 石德明 崔永贵 李明哲
政治部主任 李祖宝
司法强制隔离戒毒所党委副书记、政委 戴福生

市财政局
党组书记、局长 黄珠龙
副局长 陈向光 王明汉
总会计师 纪 豪

市人力资源和社会保障局
党组书记 颜云蔚
局 长 李宗泽
党组成员、二级巡视员 陈国栋
总会计师 陈国荣

副局长　彭新良
纪检监察组组长　黄文展

市自然资源和规划局
党组书记、局长　柯玉宗
副局长　洪耀同　陈　勇　沈瑞全　张盛生
纪检监察组组长　缪太生
总工程师　胡仕汉
总规划师　黄　英

市生态环境局
党组书记、局长　何伯星
副局长　周海萍　张　宇　胡　军　陈秋茹
纪检监察组组长　王泽岩

市建设局
副局长　张文勤　叶文语　朱文彬
总工程师　庄毅伟
总建筑师　苏青云
纪检监察组组长　吴志生

市交通运输局（市委交通运输工委）
工委书记、党组书记、局长　王文杰
总工程师、二级巡视员　林树枝
工委委员、党组成员、二级巡视员　吴洪钦
副局长　任国岩
工委副书记、党组副书记　张　松
纪检监察工委书记、纪检监察组组长　钟少伟

市水利局
党组书记、局长　王伟文
副局长　陈　忠　周光明　林　明
市河长制办公室专职副主任　康永滨
纪检监察组组长　李永福

市农业农村局（市委农办）
党组书记、局长、主任　邱武伟
副局长、副主任　许心凌　周绍金
党组成员、二级巡视员　陈世真
纪检监察组组长　李金玉

市商务局（市口岸工作办公室、市会议展览局）
党组书记、局长、市口岸办主任　陈　敏
副局长　陈跃进　林珍雅　陈颢颖　柯碧如
纪检监察组组长　陈波澜
党组成员、市口岸办副主任　王宝玉
党组成员　江美月
市会议展览局局长　陈颢颖

市文化和旅游局［市新闻出版广电局（市版权局）、市文物局］
党组书记、局长，市新闻出版广电局（市版权局）局长、市文物局局长　张　权
副局长　张剑辉　陈章志　陈桂林　钟海林　王国娣
纪检监察组组长　岳庆就

市卫生健康委员会
党组书记、主任　姚冠华
党组副书记、市计生协常务专职副会长　丁红斌
副主任　陈文锋　苏妙玲　林进春　许　龙　陈长荣
纪检监察组组长　王章荣
党组成员、市计生协专职副会长　陈艺真

市退役军人事务局（市双拥共建工作领导小组办公室）
党组成员、二级巡视员　许加坤
副局长　曾福华

市应急管理局
党委书记、局长　兰贵兴
副局长　郑宝华　欧卫国　庄育霖　项文胜
总工程师　罗水香
纪检监察组组长　郭小岩

市审计局
党组书记、局长　陈添友
党组副书记、副局长　朱庆华
副局长　陈爱忠　许希嘉　刘海山
市经济责任审计工作联席会议办公室主任　杨水凉
总审计师　史春玲
副局级稽查专员　蔡乾坤　杨佳音　余永福

市人民政府外事办公室
党组书记、主任，市对外友好协会常务副会长　李啸萍
副主任　孔速婷　姚建洪　喻　皓
市对外友好协会专职副会长　林　娜

市人民政府国有资产监督管理委员会
党委书记、主任　王跃平
党委副书记　陈　华　傅建洪
副主任　陈海涛　曹征宇　万红丹
党委委员　颜清旗
纪检监察组组长　张　晶

市海洋发展局
党组书记、局长　曾东生
副局长　吴国粱　林国忠　林宜光
总工程师　林怀远
纪检监察组组长　李宏辉

市市场监督管理局（市知识产权局）
党组书记、局长　许国华

党组副书记、二级巡视员　吴惠芬
党组成员、市知识产权局局长、二级巡视员　卢琳兵
副局长　饶满华　曾　琳　张治祥　黄立红　罗承贤
药品安全总监　杨学勇
食品安全总监　李加明
纪检监察组组长　陈全兵
总工程师　钟向阳

市体育局
党组书记、局长　阮敦梁
副局长　陈　岚　李丽娜　杜新飞　劳建军

市统计局
党组书记、局长　郭华生
副局长　梁玉珍　彭　勇
总统计师　李　薇

市人民防空办公室（市民防局）
党组书记、主任、市民防局局长　赵晓波
副主任　万国辉　刘继明

市市政园林局
党组书记、局长　詹艳清
党组副书记、副局长　王伟军
副局长　李敢良　曹国华　沈伯员
总工程师　王艳艳
纪检监察组组长　林丹东

厦门港口管理局
党组书记、局长　吴顺彬
副局长　洪里专　朱建良　余先锋　任晓梅
总工程师　张丽炜
党组成员、一级调研员　林建宁

市城市管理行政执法局
党组书记、局长　钟伟东
党组副书记、副局长　叶恒忠
副局长　李伟宏　李明泉
纪检监察组组长　熊余清

市医疗保障局
党组书记、局长　花育明
党组成员、二级巡视员　林权水
副局长　曹小平　蒋更生

市住房保障和房屋管理局
党组书记、局长　郭俊胜
党组副书记、副局长　王星旦
副局长　叶德传　陈江生
纪检监察组组长　潘贵泉

市地方金融监督管理局（市金融工作办公室）
党组书记、主任，市金融工作办公室主任　林志成
党组副书记、副局长　姚志萍
副局长　连　任

市行政审批局
党组书记、局长　张朱及
副局长　陈玉辉　林　曦

市人民政府信访局（市委信访局）
党组书记、局长　颜文聪
副局长　吕曙辉（兼）沈庆章　黄道清
党组成员、一级调研员　林吉春　李祖康

市机关事务管理局
党组书记、局长　林培森
副局长　童育才　郑端文　漆陆安

海沧台商投资区
党工委
书　记　游文昌
副书记　龚建阳
纪工委书记、监察工委主任　邓英志
党工委委员　张善美　章春杰

管理委员会
主　任　龚建阳
副主任　张善美　章春杰

自贸区厦门片区（海沧保税港区）
党　组
书记　何东宁
副书记　熊衍良　林树溪
成员、纪检监察组副组长　吕　宁
成员　卢海林　马自力　陈燕彬

管理委员会
主　任　何东宁
常务副主任　熊衍良
副主任　龚建阳（兼）林树溪（兼）卢海林　郑　耀
　　　　黄　颖（兼）
内设机构负责人　陈燕彬　黄劲松　代　斌

象屿保税区管理委员会
党工委书记、主任　林树溪
副主任　陈青峰　周　谋

火炬高技术产业开发区管理委员会
党工委
书　记　庄荣良
副书记　林卫东

委　员　张斌娜　邱　尖
委员、纪工委书记、监察组组长　陈静玲

管理委员会
主　任　庄荣良
副主任　林卫东　眭国瑜
总经济师　张斌娜
总工程师　邱　尖

鼓浪屿—万石山风景名胜区管理委员会
党工委
书　记　黄河明（兼）
副书记　林跃峰（兼）
委　员　黄　峰　陈向忠　廖晓东

管理委员会
主　任　林跃峰（兼）
副主任　黄　峰　陈向忠　廖晓东

市政府驻北京办事处
党组书记、主任　叶茂伟
副主任　郑永泓　谢少慧　陈　刚（兼）

市政府驻福州办事处
主　任　吕曙辉

政协厦门市委员会

主　席　魏克良
副主席　陈永裕　黄国彬　陈昌生（兼）　黄世忠（兼）
国桂荣　黄培强（兼）　王　焱（兼）　卢炳椿
薛祺安　黄奋强　李钦辉
秘书长　张仁苇
副秘书长　胡延洵　关琰珠　陈永东（兼）　许黎明（兼）
曾庆军（兼）
常　委　王少华　王东红　王丽玲　王春新　吕　鑫
朱福志　齐晓玲　汤惠华　许黎明　孙弘宇
孙　黎　巫　斌　李跃民　杨泽声　杨　槐
杨毅融　吴亿年　吴丽雪　吴秋北　吴亚汝
邱太厦　陈永东　陈志炜　陈佩玲　陈育斌
陈泽荣　陈荣旋　陈铁铭　陈敏伟　周文勇
周永伟　郑金泉　郑智敏　胡政兴　柯　军
柯希平　柯明哲　柏华冰　施立华　施佳汶
洪永淼　洪清岩　徐芳菲　徐爱聪　郭英兰
郭勇毅　唐怡源　涂崇禹　黄娇灵　黄敏沁
黄新英　蒋志鹏　彭剑平　程　璇　傅一民
释定恒　曾庆军　曾丽娟　蔡加培　蔡炳瑞
滕　达　潘少銮　戴志望

市政协工作部门

办公厅
主　任　胡延洵
副主任　于之义　徐　艳

委员工作室
主　任　洪忠捍

提案委员会
主　任　蔡加培
副主任　周文勇（兼）　黄敏沁（兼）　柯明哲（兼）
李友华（兼）　陈敏伟（兼）

经济城建委员会（人口资源环境委员会）
主　任　郭勇毅
副主任　王文杰（兼）　卢海林（兼）　张新潭（兼）
陈飞铭（兼）　陈铁民（兼）　林志成（兼）
郑　耀（兼）　黄火遭（兼）　曾　琳（兼）
傅如荣（兼）

资源环境和农业农村委员会
主　任　齐晓玲
副主任　杨　槐（兼）　陈世真（兼）　葛小清（兼）
蔡庆丰（兼）

教科卫体委员会
主　任　吴亚汝
副主任　傅一民　巫　斌（兼）　吴亿年（兼）
徐爱聪（兼）　童绥君（兼）

社会法制委员会（民族宗教委员会）
副主任　黄娇灵　李志远（兼）　张尚清（兼）
陈俊泳（兼）　范锦昌（兼）　彭剑平（兼）

港澳台侨和外事委员会
主　任　胡政兴
副主任　王少华（兼）　邓　飚（兼）　刘国深（兼）
李啸萍（兼）　陈永东（兼）　黄河明（兼）

文化文史和学习委员会
主　任　邱太厦
副主任　柯献星　陈怀群（兼）　陈章志（兼）
林朝晖（兼）　夏　炜（兼）　蔡廷谦（兼）
戴志望（兼）

研究室
主　任　杜　亮

法检机关

市中级人民法院
党组书记、院长 谢开红
党组副书记、副院长 李志远
副院长 郑一琳 吴丽雪 傅远平 廖惠敏
政治部主任 彭剑平
审委会专职委员 郭福全 温文华
纪检监察组组长 于珍凤
执行局局长 张 嵘

市人民检察院
党组书记、检察长 吴金喜
党组副书记、副检察长 张尚清
副检察长 曾文生 郑国钦 洪智勇
党组成员、二级巡视员 林育清
政治部主任 黄素丽
纪检监察组组长 黄依柱
检委会专职委员 郭有评 白珍琼

厦门海事法院
党组书记 周红岩
院 长 夏先鹏
政治部主任 陈平狮
副院长 许俊强 张 胜
审判委员会专职委员 李 涛
纪检监察组组长 杨建章

民主党派

中国国民党革命委员会厦门市委员会
主 委 程 明
专职副主委 周文勇
兼职副主委 黄向阳 周立新 骆 阳 缪朝炜 林日清

中国民主同盟厦门市委员会
主 委 陈昌生（兼）
专职副主委 黄敏沁
兼职副主委 胡 荣 齐晓玲 陈希梅
秘书长 王东良

中国民主建国会厦门市委员会
主 委 黄世忠（兼）
专职副主委兼秘书长 柯明哲
兼职副主委 杨清泉 薛雄志 曾文生 吴 迪 陈颢颖

中国民主促进会厦门市委员会
主 委 吴丽冰
兼职副主委 许黎明 黄继义 林升栋 陈佩玲

中国农工民主党厦门市委员会
主 委 王 焱（兼）
兼职副主委 万文蓉 吴崇伯 李友华 谢 强

中国致公党厦门市委员会
主 委 徐平东
专职副主委 李瑞盛
兼职副主委 张志红 关琰珠 滕 达 施雪琴

九三学社厦门市委员会
主 委 黄培强（兼）
专职副主委 孙笑东
兼职副主委 张玉生 杨 槐 林少芬 吕 鑫

台湾民主自治同盟厦门市委员会
主 委 陈紫萱（兼）
专职副主委 陈敏伟
兼职副主委 廖明宏 郑 直 郭海峰

群团组织

市总工会
主 席 王雪敏
党组书记、副主席 许毅青
党组成员、二级巡视员 陈幼萍
副主席 朱秀敏 朱福志 刘义平 彭新良（兼）
江彩蓉（兼） 马瑞达（兼） 林功师（兼）
席雅君（挂职）
纪检监察组组长 郭守新
经费审查委员会主任 林良芽

团市委
书 记 吴申宇
副书记 何艺晖 陈怀锋（兼） 王舜钦（兼）

市妇女联合会
党组书记、主席 庄海英
副主席 陈超英 朱秀敏（兼） 林进春（兼） 谢立武
江彩蓉 陈可芳（兼） 杨 敏（兼） 周 琛（兼）

市工商业联合会（总商会）
主 席 柯希平（兼）
党组书记、常务副主席 陈永东
专职副主席 周 敏 邱加海 林志宏 邱向东

市科学技术协会
主 席 江云宝（兼）
党组书记、副主席提名人选 黄锦城
副主席 林秋松 林燕诚 马荣根

市文学艺术界联合会
主 席 舒 婷（兼）

党组书记、副主席　黄碧珊
副主席　陈　影　王　元　陈春洋

市台湾同胞联谊会
副会长、秘书长　张劲秋

市归国华侨联合会
党组书记、主席　陈俊泳
副主席　邓　飚　林中英

市社会科学界联合会
主　席　吴子东（兼）
党组书记、常务副主席　潘少銮
副主席　陈怀群　陈艺萍　吴文祥

市计划生育协会
会　长　林世彝
常务副会长　丁红斌
专职副会长　陈艺真　陈文生
秘书长　陈艺真

市残疾人联合会
党组书记　吴明哲
理事长　傅晓春
副理事长　丘勇才　林跃算　林建业　苏秋华（兼）

市国际贸易促进委员会
党组书记、会长　张全军
副会长　颜志平　黄安杰　朱红旗

市红十字会
会　长　廖华生（兼）
党组书记、常务副会长　蔡伟中
专职副会长　蔡志凯　张福林　陈　鸣

市法学会
会　长　李伟华（兼）
党组书记、常务副会长　黄平南（兼）
专职副会长　吴少鹰　李包明

中华职业教育社
主　任　黄世忠（兼）
专职副主任　翁玉华　张培和

市辖区

思明区

中共思明区委员会
书　记　黄河明
副书记　陈通汕　林跃锋
常　委　陈挺华　金季昆　孙燕杰　颜跃喜　倪　杰
黄铭典　黄晓军　岳英超

思明区人大常委会
主　任　吕永辉
副主任　卢　彬　赵建明　洪　亮　柯友谊　龚　佶

思明区人民政府
区　长　陈通汕
副区长　倪　杰　黄铭典　曾繁振　王嘉兴　占兆文
王一青　张云鹏　何毅伟

政协思明区委员会
主　席　苏德本
副主席　许建民　郑尤男　陈自平　梁黎虹　梁怡新

思明区法院
院　长　刘新平

思明区检察院
检察长　郑祥发

湖里区

中共湖里区委员会
书　记　吴新奎
副书记　黄　颖　陈晓东
常　委　林天德　戴乐生　刘云标　潘敏毅　沈　萍
叶荣昌　王　达　刘如山

湖里区人大常委会
主　任　吕参军
副主任　林充贺　黄向阳　陈雄辉　曾文生　陈　滨

湖里区人民政府
区　长　黄　颖
副区长　戴乐生　王　达　戚乐健　蒋晓民　周小刚
柯友升　朱碧蓉　邓小达

政协湖里区委员会
主　席　王秀珠
副主席　谢国勇　黄格成　张金坪　洪志彬

湖里区法院
院　长　李　桦

湖里区检察院
检察长　李才利

集美区

中共集美区委员会
书　记　林重阳
副书记　胡旭彬　周　昱
常　委　施耿瑶　肖　峰　庄志辉　洪清岩　陈志永
　　　　徐香平　江庆生　林增坚

集美区人大常委会
主　任　张剑鸣
副主任　石　扬　陈小强　邱晓晖　丁加生　苏群明

集美区人民政府
区　长　胡旭彬
副区长　肖　峰　刘海闽　张　达　林伟艺　郑小妍
　　　　苏　克　李俊勇

政协集美区委员会
主　席　蔡冬梅
副主席　陈来福　黄云茜　蔡路鹏　李　梅

集美区法院
院　长　刘辉煌

集美区检察院
检察长　叶　斌

海沧区

中共海沧区委员会
书　记　游文昌
副书记　龚建阳　连维兴
常　委　邓英志　林江帆　杜昌营　谢舒展　黄　芳
　　　　柯少敏　陈仲谋　赖小平

海沧区人大常委会
主　任　江根云
副主任　苏亮文　郭素芬　蔡德进　杨　文　张　骏

海沧区人民政府
区　长　龚建阳
副区长　陈仲谋　韦信斌　黄书枚　林丽征　苏永昌
　　　　庄源源　王继东

政协海沧区委员会
主　席　黄炳文
副主席　吴金平　乐智强　赵雪晖　颜丽珍

海沧区法院
院　长　黄冬阳

海沧区检察院
检察长　孙文华

同安区

中共同安区委员会
书　记　张毅恭
副书记　陈高润　许永良
常　委　林进柱　康自展　李祖光　徐少敏　林郁香
　　　　林生海　颜志良　李进党

同安区人大常委会
主　任　叶晓东
副主任　林国财　李水龙　李大出　蔡志宏　陈晓军

同安区人民政府
区　长　陈高润
副区长　李祖光　陈大铭　王旭辉　王永欣　黄祖南
　　　　何岚岚　林云青

政协同安区委员会
主　席　洪国平
副主席　叶文雅　庄　毅　林　涛　吕　方　洪祖溢

同安区法院
院　长　陈穆峰

同安区检察院
检察长　戴　静

翔安区

中共翔安区委员会
书　记　黄鹤麟
副书记　李　毅　温普华
常　委　陈佳锻　庄平勇　吴鲤鹏　卢少进　翁晓岚
　　　　王婴水　吴扬帆　李　斌

翔安区人大常委会
主　任　杜　刚
副主任　蔡江瑶　邱明发　宋淑敏　张清海　许瑞敏

翔安区人民政府
区　长　李　毅
副区长　卢少进　翁晓岚　郭三温　徐得志　黄亚祥
　　　　洪求瑛　吕培勤　颜莉莉

政协翔安区委员会
主　席　吴旗荣
副主席　蔡清发　陈炜彪　冯　波　陈可芳

翔安区法院
院　长　刘友国

翔安区检察院
检察长　柯振敏

部分事业单位

厦门理工学院
党委书记　林进川
党委副书记、院长　朱文章
党委副书记　李泽彧　林志成
副　院　长尤国顺　赵振祥　吴克寿
纪委书记、监察专员　肖　平

厦门医学院
党委书记　徐国庆
院　长　吴小南
副书记　林　辉
纪委书记　蔡顺华
副院长　李黎明　洪丰颖

厦门城市职业学院、厦门市广播电视大学
党委书记　蒋先立
院长、市广播电视大学校长　唐　宁

市委党校（行政学院、社会主义学院）
校（院）长　陈沈阳
常务副校（院）长　张　谷
副校（院）长　林玉梅　陈顺龙　苏秋华
行政学院（社会主义学院）副院长　孙弘宇
校（院）务委会委员、一级调研员　杨立茂

市委党史和地方志研究室
主　任　赖祖辉
副主任　曹　丽　樊荣兵　刘世生

市档案馆
馆　长　张善斌
副馆长　林金煌　李志宏　林黎明

厦门日报社
副书记、总编辑　蔡廷谦
副总编辑　林晓尧　汪金铭　许若鲲

厦门广播电视集团
党委书记、董事长　沈艺奇
党委副书记、总裁　陈桂林
党委副书记　曹爱忠
副总裁　林洪美　沈　勇

市公立医院发展管理中心
党组书记　姚冠华（兼）

市专用通信局
局　长　许显峰

市委讲师团
团　长　彭心安

文化和旅游市场综合执法支队
支队长　李智国

厦门大学附属中山医院
党委副书记、院长　蔡建春

厦门一中
党委书记、校长　陈文强

福建省亚热带植物研究所
党委书记、所长　邱晓晖

社会保险管理中心
主　任　关庆勇

市土地开发总公司
总经理　朱旭东

厦门经济管理学院
常务副校长　程常建

市属国有企业

厦门建发集团有限公司
党委书记、董事长　黄文洲
党委副书记、总经理　王　沁
监事会主席　黄威飘
党委副书记、工会主席　苏江萍
纪委书记、监察专员　张树国
副总经理　庄跃凯（职业经理人）　叶衍榴（职业经理人）
　　　　　郑永达（职业经理人）　王文怀（职业经理人）

厦门国贸控股集团有限公司
党委书记、董事长　许晓曦
党委副书记、总经理　郭聪明
监事会主席　马陈华
党委副书记、工会主席　张金龙
副董事长　陈金铭
副总经理　郑家辉　王琼文　张运明（职业经理人）
　　　　　李植煌（职业经理人）　高少镛（职业经理人）
　　　　　曾挺毅（职业经理人）
纪委书记、监察专员　杨建东

厦门象屿集团有限公司
党委书记、董事长　张水利
党委副书记、总裁　陈　方
监事会主席　方弘哲
党委副书记、工会主席　邵蕴默
纪委书记、监察专员　许振龙
副董事长　谢滨侨（兼）
副总裁　廖世泽（职业经理人）　刘信平（职业经理人）
林俊杰（职业经理人）　曾仰峰（职业经理人）
林志勇（职业经理人）

厦门翔业集团有限公司
党委书记、董事长　陈　斌
党委副书记、总经理　王良睦
总会计师　邱怀东
纪委书记、监察专员　刘丽仙
副总经理　汪晓林　蔡明理　张　波

厦门夏商集团有限公司
党委副书记、总经理　文　杰
党委副书记　郭晓芳
副总经理　林韶坚　陈亨溉　欧鹭红　陈一江
副董事长　陈守碰
纪委书记、监察专员　黄永金
工会主席　熊彬辉

厦门路桥建设集团有限公司
党委副书记、总经理　吴灿东
党委副书记　杨　辉
副总经理　吴明显　李春龙　谢子山　江志勇
纪委书记、监察专员　王纯泉
总工程师　王华琪

厦门海翼集团有限公司
党委书记、董事长　许晓曦（兼）
党委副书记、总经理　谷　涛
党委副书记　朱国安
工会主席　杨全发
副总经理　黄　荣　王功尤
纪委书记、监察专员　戴伟建

厦门轻工集团有限公司
党委书记、董事长　杨庆伟
副总经理　谢　垠　陈炎村　郭青峰
副董事长　黄东文
工会主席　邱曙平
纪委书记、监察专员　洪海波

厦门住宅建设集团有限公司
党委书记、董事长　杨贤平
党委副书记、总经理　马洪斌
党委副书记　周奕麟
副总经理　李少波　徐晓煜　高志松
纪委书记、监察专员、工会主席　陈　明
总会计师　梁志刚
总工程师　宋　剑

厦门经济特区房地产开发集团有限公司
党委书记、董事长　黄偏明
党委副书记、总经理　许文杰
党委副书记、工会主席　陈上族
副总经理　王水育　阮悦欣　卢丹丹
纪委书记、监察专员　刘苏红
总工程师　刘蔚宏

厦门信息集团有限公司
党委书记、董事长　江孔雀
党委副书记、总经理　黄昆明
党委副书记　苏永忠
副总经理　林荣生　黄中祥　张　瑜
纪委书记、监察专员　郑陆全
工会主席　陈永年

厦门金圆投资集团有限公司
党委书记、董事长　檀庄龙
党委副书记、总经理　洪文瑾
党委副书记、工会主席　黄雀喧
副董事长　王燕惠
总会计师　杨清榕
纪检监察组组长　方伟毅
副总经理　李云祥　王建平　林　晟　薛　荷（职业经理人）

厦门轨道交通集团有限公司
党委书记、董事长　王文格
党委副书记、总经理　程正明
党委副书记　张建军
副总经理　卢荣度　张大成　陈晓坚　王澍陶　黄四海
副董事长　许黎明
总会计师　方耀民
纪委书记、监察专员　史永飞
工会主席　曾锦红
总工程师　贺斯进

厦门市政集团有限公司
党委书记、董事长　陈飞铭
党委副书记、总经理　黄志华
党委副书记　柳颂清
副总经理　徐建平　陈智强　庄志龙　赵付一
纪委书记、监察专员　陈瑞珍
总会计师　李晓阳
工会主席　兰　勇
总工程师　谢志金

厦门火炬集团有限公司
党委书记、董事长　苏玉荣
党委副书记、总经理　童平平
党委副书记　邢　津
工会主席　陈朝峰
副总经理　吴成灶　郭晓平
纪委书记、监察专员邵友亮

厦门国有资本运营有限责任公司
副总经理　张立勇　徐万坪　谢　漪

厦门公交集团有限公司
党委书记、董事长　陈卫文

厦门市储备粮管理集团有限公司
党委书记、董事长　陈友贺

厦门安居集团有限公司
党委书记、董事长　钟兴弘
党委副书记、总经理　王朝晖

厦门银行股份有限公司
党委书记、董事长　吴世群
党委副书记、监事长、纪委书记、工会主席　张永欢

厦门农村商业银行股份有限公司
党委书记、董事长　谢滨侨

文献选编

厦门市政府工作报告

（2022 年 1 月 7 日在厦门市第十六届人民代表大会第一次会议上）

厦门市人民政府市长　黄文辉

各位代表：

现在，我代表市人民政府向大会报告工作，请予审议，并请市政协委员提出意见。

一、2021 年和过去五年工作回顾

2021 年是中国共产党成立一百周年，也是厦门经济特区建设 40 周年和“十四五”开局之年。习近平总书记向厦门经济特区建设 40 周年发来贺信，充分肯定了厦门经济特区实现的历史性跨越、作出的重要贡献、发挥的独特作用，对办好厦门经济特区寄予了殷切期望、提出了重要要求。一年来，我们始终坚持以习近平新时代中国特色社会主义思想为指导，全面贯彻党的十九大和十九届历次全会精神，深入贯彻落实习近平总书记在福建考察时的重要讲话精神，在市委的正确领导下，持续巩固拓展疫情防控和经济社会发展成果，全面落实“六稳”“六保”任务和“五促一保一防一控”工作，较好完成全年目标任务。全市地区生产总值增长 8.1%；固定资产投资增长 11.3%；一般公共预算总收入、地方一般公共预算收入分别增长 13.2% 和 12.4%；全体居民人均可支配收入稳步增长；年度节能减排任务全面完成。

过去一年，我们成功应对处置境外输入关联疫情和本土疫情。特别是在处置本土疫情过程中，党中央国务院高度重视，孙春兰副总理亲临我市指导，省委省政府直接领导指挥，兄弟省市大力支援，市委市政府坚决落实“快、严、实、细”工作要求，立即启动扁平高效指挥体系，3.5 万多名党员干部下沉一线，迅速形成 24 小时内全市全员核酸检测能力，快速精准开展流调溯源，实现所有密接、次密接人员应隔尽隔、应转尽转，强化社区防控、社会管控和物资保障，全力做好医疗救治和院感防控。境外输入关联疫情迅速切断，本土疫情 12 天内社区传播清零、47 天内所有患者治愈出院，取得疫情防控人民战争、总体战、阻击战的胜利。

在抗击疫情中，全市党员干部冲锋在前，广大医务工作者逆行出征，社区工作者、口岸单位工作人员、政法干警、新闻工作者、志愿者等日夜奋战，全体市民同心抗疫，一起成功“把生活的魔方拧回原位”。在此，向在抗击疫情中作出积极贡献的广大市民朋友、全体抗疫工作者，表示崇高敬意和衷心感谢！

过去一年，在深受疫情影响的情况下，我市经济社会仍然取得较好发展。主要工作和成效：

（一）坚持创新驱动发展，现代产业体系加快构建

区域创新中心加快建设。规划建设厦门科学城，嘉庚创新实验室形成 60 余项科技创新成果，生物制品省创新实验室建设全面启动。新增 4 家国家级和 21 家省级企业技术中心、13 家省级新型研发机构、2 家国家级科技企业孵化器。净增国家级高新技术企业超 500 家。累计培育国家级专精特新“小巨人”企业 79 家、省级专精特新中小企业 167 家、市级 769 家。出台“留厦六条”政策，大专以上学历人口达 139 万。

产业转型升级成效显著。促进工业稳增长和转型升级等 5

项工作获国务院办公厅通报表扬。厦门时代等一批重大项目落地，厦钨新能源等一批龙头企业增资扩产。生物医药与健康、集成电路、新材料等战略性新兴产业产值分别增长17.9%、16.3%和17.9%。金融业增加值增长7%，人民币存贷款余额增长13.5%，新增境内外上市企业12家。物流业营业总收入增长17.4%，集装箱吞吐量增长5.6%。成功举办中国教育装备展等重大展会活动。总部企业税收增长23%。数字经济规模超4000亿元。海洋生产总值增长17%。

助企纾困有力有效。落实国家和省各项减税降费措施，适时出台"1+N"政策体系，实施企业降本、用工等12条普惠性政策以及200多条产业扶持政策，推行政策"免申即享"，为企业减负约360亿元。举办全城欢动消费节和文旅消费季等系列促销活动，社会消费品零售总额增长12.7%。新增商事主体14.6万户，增长10.5%。

招商引资加速推进。开展全员精准招商、产业链招商，组建市投资促进中心。通过第21届中国国际投资贸易洽谈会、第四届数字中国建设峰会、央地对接会、厦门经济特区建设40周年重大项目签约、厦大百年校庆全球校友招商大会等重大活动开展招商引资，新引进项目1.1万个、计划总投资1.76万亿元。实际使用外资增长12.2%，总量占全省50.5%，比上年末提高2.8个百分点。

（二）坚持深化改革开放，发展动力活力持续增强

金砖创新基地建设加快。制定金砖创新基地建设三年行动方案以及功能产业规划。编制金砖国家标准化研究报告，推动标准制定和资格互认。组建厦门金砖新工业能力提升培训基地联盟，参训学员覆盖15个国家超2万人次。建设金砖工业能力共享平台等7个赋能平台，成立中俄数字经济研究中心等机构，推出首批39个示范标杆项目。成功举办金砖国家新工业革命伙伴关系论坛等系列活动，签约项目28个、总投资134亿元。对金砖国家进出口增长20.7%。

自贸试验区建设提档升级。新推出创新举措52项，其中全国首创11项。象屿、海沧港综合保税区正式运营。进口酒等重点平台加快数字化转型。入选全国供应链创新与应用示范城市，获批开展新型离岸国际贸易等试点，离岸国际贸易收支结算额增长62.9%。

重点领域改革成效凸显。在全国营商环境评价中18个指标全部获评"全国标杆"。海丝中央法务区落地建设。连续两年位居中国十大海运集装箱口岸营商环境第一。国企改革三年行动进展顺利，市属国企资产总额、营业收入分别增长35.2%和40.7%。深化"放管服"改革，98%的事项实现"一趟不用跑"，超90%的事项全程网办，117项跨省通办，113项"秒批秒办"，企业开办、不动产登记实现一日办结。

对外交流合作水平持续提升。外贸进出口总额超8800亿元，增长27.7%。实施外贸自主品牌培育三年行动，建成品牌出海门户网站。跨境电商进出口额增长207%。"丝路海运"新增16条航线，厦门机场货邮吞吐量增长7%。对"一带一路"沿线国家、RCEP国家进出口分别增长28.7%和22%。新增对外投资项目108个，实际投资12.8亿美元。

对台交流融合积极推进。持续做好"通、惠、情"三篇文章，成功举办第十三届海峡论坛，全国政协主席汪洋出席大会并致辞，台湾各界嘉宾踊跃参与。新批台资项目688个，增长19.2%。"源头管理、口岸验放"对台贸易便利模式扩大至194种台湾输大陆产品，厦台进出口贸易额增长33.9%。率先实现台胞按内资企业注册公司。台商海峡两岸产业投资基金落户。台企东亚机械在A股上市。厦金通电、通气、通桥项目厦门侧相关工作进展顺利。

（三）坚持实施跨岛发展战略，城乡区域发展更加协调

岛内外一体化纵深推进。岛外重大片区完成投资1868亿元，占全市总投资近七成。环东海域创谷、智谷、云谷等一批重点产业园区加快建设，新机场片区快速路等一批骨干路网建成，"一场两馆"等一批公建配套进展顺利。岛内城市有机更新加速推进，何厝岭兜、湖里东部等重点片区改造提升按序时推进。闽西南协同发展区28个涉厦重大项目完成投资192.7亿元。

基础设施日趋完善。新增"五个一批"项目659个、总投资5384亿元。435个市重点项目完成投资2283.3亿元，111个省重点项目投资完成率全省第一。新机场工可、用海、环评、初设等获批，航站楼主体工程和填海造地全面开工。厦门港加快建设世界一流港口，远海码头获评亚太绿色港口。地铁3号线开通运营，福厦高铁加快建设，厦门大桥拓宽改造工程顺利完工，海沧隧道建成通车。新建改造供水管网78.7公里、雨水管网64公里、天然气管道95公里、电力线路42公里。

城市管理更加精细。推进房屋安全隐患排查整治等七个专项整治攻坚战，处置"两违"953.3万平方米。完成老旧小区改造2.6万户。完成21个道路交通安全隐患整治项目、13个路网改造提升项目，打通断头路14条，新增路外公共停车泊位10757个。新增改造公园绿地152公顷，新建及提升绿道60公里，园博苑免费开放。

乡村振兴战略深入实施。都市现代农业产业集群总收入增长7.8%。30个试点示范村和10条动线建设进展顺利。完成既有裸房整治4875栋。农村雨污分流工作加快推进，开工建设441个项目。莲花镇获评全国首批乡村旅游重点镇。

生态环境更加优美。加快中央生态环保督察反馈问题整改，信访件全部办结销号。公众生态环境质量满意度位居全省第一，空气质量综合指数在全国168个重点城市排名第六，饮用水水源地、主要流域国考、省考断面、小流域省控断面水质实现"四个100%达标"，国家"蓝色海湾"综合整治工程全面推进，土壤环境质量保持稳定。加快建设9座污水处理厂，新建改造污水管网126公里。湖里、集美获批国家生态文明建设示范区。

（四）坚持增进民生福祉，人民群众获得感明显增强

公共服务水平持续提升。建成48个中小学幼儿园项目，新增学位5万个。实验小学翔安校区、外国语学校集美校区等一批学校建成招生。中小学课后延时服务实现全覆盖。成为健康中国行动创新模式首批试点城市。厦门珠绣等4个项目获评国家级非物质文化遗产代表性项目。入选首批国家体育消费试点城市。

社会保障体系更加完善。48项为民办实事项目全部完成。城镇新增就业33.1万人，城镇登记失业率控制在年度目标范围内。上线全国医保信息平台。城乡居民基本医疗保险筹资标准提高至每人每年1140元。最低生活保障、特困人员供养、残疾人两项补贴等各类保障标准均居全省第一。建成2个镇

（街）级养老服务照料中心、9个农村幸福院，新增普惠型养老床位1472张。稳定房价，整治二手房市场，配租配售保障性住房1.9万余套（间），房地产市场平稳健康发展。

平安厦门建设不断深化。“近邻”党建模式向全国推广。食品、药品、产品质量安全形势稳中向好，消费者满意度居全国第三。粮食安全责任制考核全省领先。深入推进安全生产专项整治三年行动，安全生产形势总体稳定。常态化开展扫黑除恶斗争，坚持和发展新时代“枫桥经验”，反诈骗精准宣防模式向全国推广。

此外，国防动员、双拥共建、优抚安置工作进一步加强。民族宗教、侨务外事、档案方志、人防海防、防灾减灾、仲裁、信访、气象工作取得新进展，工会、共青团、妇女儿童、老龄、残疾人、红十字、慈善事业实现新进步。

（五）坚持依法履行政府职能，行政效能不断提升

大力弘扬伟大建党精神，深入开展党史学习教育和“再学习、再调研、再落实”活动，政府系统党的建设全面加强。不折不扣抓好中央审计、省委巡视反馈问题整改。严格落实中央八项规定及其实施细则精神，力戒形式主义、官僚主义，统筹督查增效和基层减负，文风会风不断改善，“三公”经费持续下降。自觉接受人大法律监督、工作监督和政协民主监督，认真办理市人大代表议案3件、建议283件、市政协提案449件，办复率均为100%。提请人大常委会审议法规草案9件，制定修改废止政府规章7件。做好民法典普法宣传。政府透明度指数位居全国前列，法治政府建设取得新成效。

各位代表！本届政府任期届满。过去五年，是极不平凡的五年，各种风险隐患叠加，新冠肺炎疫情大流行使百年未有之大变局加速演进。五年来，习近平总书记对厦门关怀备至，分别就经济特区建设40周年、弘扬嘉庚精神、保护传承鼓浪屿历史文化遗产、办好“9·8”投洽会等发来贺信、作出重要指示；特别是2017年9月出席金砖国家领导人厦门会晤时，寄予我们建设高素质高颜值现代化国际化城市的殷切嘱托；2020年11月亲自宣布在厦门建立金砖国家新工业革命伙伴关系创新基地；2021年3月考察福建时，明确提出“四个更大”重要要求和四项重点任务，为我们做好工作提供了根本遵循。五年来，我们坚定不移贯彻新发展理念，有力抗击新冠肺炎疫情，有效应对国际贸易摩擦，圆满完成金砖国家领导人厦门会晤服务保障，加快建设金砖创新基地，实施“双千亿”工程，坚持抓招商促发展、抓经济促全局，各类助企纾困政策为企业减负累计超千亿，决胜全面建成小康社会取得决定性成就，更高水平建设高素质高颜值现代化国际化城市取得重大阶段性成果。一是经济规模质量效益明显提升。地区生产总值五年跨越五千亿、六千亿、七千亿三个千亿关口，历史性摆脱长期位居副省级城市末位的状况。10条产业链产值突破千亿。规上高技术产业增加值占规上工业增加值42.6%。一批百亿级先进制造业项目签约落地。3家市属国企跻身世界500强前200位。二是中心城市功能更加凸显。厦门机场国际旅客中转量位居全国第五。开通运营地铁1、2、3号线。入选全国首批港口型国家物流枢纽，集装箱吞吐量突破千万标箱、排名全球第14位。跨岛发展纵深推进，岛外建成区面积新增58.2平方公里，岛内外一体化水平实现跃升。深入实施乡村振兴战略，完成农村人居环境整治三年行动计划。闽西南协同发展区建设取得扎实成效。三是改革开放迈出重要步伐。自贸试验区累计推出创新举措498项，其中全国首创111项。完成新一轮政府机构改革。工程建设项目审批制度改革成为全国蓝本，获评全国营商环境标杆城市、首批全国法治政府建设示范市。引进外商投资企业5805家，实际使用外资111.7亿美元。外贸综合竞争力位居全国第七。国际友城增至21个，海上合作战略支点城市作用更加凸显。四是对台交流融合不断深化。累计新设台资项目3621个，实际使用台资19.7亿美元。两岸股权交易中心“台资板”挂牌台企增至1497家。打造7个国家级海峡两岸青年就业创业基地、3个国家级海峡两岸交流基地。出台首个地方版台胞台企同等待遇政策，成为惠台利民融合发展典范城市。五是民生福祉持续改善。新增中小学幼儿园学位17.6万个、医疗床位9498张。复旦中山厦门医院等3家医院入选国家区域医疗中心建设试点。获评全国居家和社区养老服务改革试点优秀地区。城镇新增就业132.3万人，城乡居民人均可支配收入稳居全省首位。累计开工建设保障性住房10.3万套、配租配售4.69万套（间）。“鼓浪屿：历史国际社区”入选世界文化遗产名录。获评平安中国建设示范市，荣获全国文明城市“六连冠”、全国双拥模范城“九连冠”。六是三大攻坚战成效显著。政府债务率处于绿色等级，金融、房地产市场风险可控，社会大局和谐稳定。获评国家生态园林城市。垃圾分类工作在全国考评中保持第一。筼筜湖综合治理等5项改革举措在全国推广。全面完成对口帮扶任务，连续四年获得全国东西部扶贫协作“好”的等次。

各位代表！成绩来之不易，这是习近平新时代中国特色社会主义思想科学指引的结果，是在市委正确领导下，在市人大、市政协的大力支持和监督下，全市人民齐心协力、砥砺奋进的结果。在此，我谨代表市人民政府，向全市人民，向全体人大代表和政协委员、各民主党派、工商联、各人民团体、无党派人士、离退休老同志和社会各界人士，向中央和省驻厦单位、驻厦人民解放军、武警部队官兵，向来厦的投资者和劳动者，向关心支持厦门发展的台港澳同胞、海外侨胞和国际友人，表示衷心感谢！

各位代表！我们要清醒认识到，前进中还面临不少困难和挑战，主要是：外部环境更趋复杂严峻和不确定，经济发展面临需求收缩、供给冲击、预期转弱三重压力；经济总量在副省级城市中规模偏小，具有市场话语权的核心产业不多，龙头企业较少；创新驱动发展作用不够明显，一流学科和创新人才不足；改革的系统性协同性还需加强，营商环境仍需进一步优化；岛内外发展不平衡，岛外产城融合程度不够高，城市管理精细化水平与群众期待仍有差距；基本公共服务均等化水平有待提高，教育、医疗、养老、住房等方面存在不少短板，社区治理还有薄弱环节；政府职能转变不够到位，有的部门回避矛盾、推诿扯皮，有些干部担当意识、责任意识不强，办事效率不高。为此，我们既要正视困难，又要坚定信心，要坚持问题导向，创新工作举措，切实补短板强弱项，推动工作再上新台阶。

二、今后五年工作思路和2022年主要工作建议

按照市第十三次党代会精神，今后五年工作总体要求是：坚持以习近平新时代中国特色社会主义思想为指导，全面贯彻

党的基本理论、基本路线、基本方略，深入学习贯彻习近平总书记重要讲话重要指示精神，特别是在福建考察时的重要讲话精神和致厦门经济特区建设40周年贺信重要精神，坚定捍卫“两个确立”，坚决做到“两个维护”，紧紧围绕统筹推进“五位一体”总体布局、协调推进“四个全面”战略布局，坚持稳中求进工作总基调，立足新发展阶段，完整准确全面贯彻新发展理念，积极服务和深度融入新发展格局，勇立潮头、勇毅前行，全面深化改革开放，加快打造高质量发展引领示范区，全方位推进高质量发展超越，更高水平建设高素质高颜值现代化国际化城市，努力率先实现社会主义现代化。

主要目标和任务是：紧盯“十四五”发展目标和2035年远景目标，推动厦门的高素质更具实力、高颜值更富魅力、现代化更增活力、国际化更有张力，把厦门建设得更加美丽、更加富裕、更加平安、更加繁荣。

——更加美丽，就是生态文明建设和城乡面貌再上新台阶。城市更加美丽时尚，乡村更具田园风光，岛内外均衡协调发展，城乡功能品质提档升级，生态文明制度基本完善，建成全国生态文明示范市。

——更加富裕，就是产业发展和人民生活水平实现新跨越。经济实力大幅提升，到2025年地区生产总值突破万亿元，全社会研发经费投入强度超过3.5%，高质量发展水平全国领先，人类发展指数达到发达国家水平，加快迈向共同富裕。

——更加平安，就是平安厦门和法治厦门建设取得新进步。社会安定稳定，治理更加高效，城市安全体系更加健全，最具安全感城市的成色更足、质量更高，法治成为核心竞争力，率先建成市域社会治理现代化示范市。

——更加繁荣，就是城市现代化和国际化水平达到新高度。创新活力更加充沛，改革开放走在前沿，市民文明素质和城市文明程度跃上新台阶，区域中心城市更具竞争力，国际知名度和影响力更加彰显，经济社会高质量发展的内生动力更加强劲，成为展示“中国之治”蓬勃生机活力的生动窗口。

各位代表！2022年是实施“十四五”规划承上启下的关键一年。我们面临严峻复杂的外部环境，同时也迎来新的发展机遇。习近平总书记要求厦门要努力率先实现社会主义现代化，省委省政府全力支持厦门建设高质量发展引领示范区。我们要牢记嘱托、务实创新、创造机遇，稳字当头、稳中求进，加强统筹协调，坚持系统观念，当好改革开放先锋，发挥辐射带动作用，努力在新时代展现新担当新作为。发展的主要预期目标为：地区生产总值增长7.5%左右，规上工业增加值增长11%，固定资产投资增长8%，一般公共预算总收入、地方一般公共预算收入分别增长7%和7.5%，社会消费品零售总额增长6.5%，外贸进出口总额增长持平，实际使用外资增长3%，居民消费价格涨幅控制在3%左右，全体居民人均可支配收入保持稳定增长，完成国家和省下达的节能减排任务。

重点做好十个方面工作：

（一）持续发扬特区精神，进一步深化改革开放

全力推进金砖创新基地建设。坚持国家所需、厦门所能、金砖国家所愿，扎实推进政策协调、人才培养、项目开发等重点任务。积极争取金砖中国年一批重大活动在厦举办。健全完善国际化专业化金砖人才培训体系，重点打造10–20个示范性培训项目。务实推进工业化、数字化等领域合作，打造一批标志性金砖项目。

全力推进自贸试验区高水平建设。积极推动自贸试验区扩区，申报设立新机场空港综合保税区。深化国际贸易“单一窗口”建设，实施大通关工程，提升跨境贸易便利化水平。推进数字自贸试验区建设，优化“数字＋平台＋基地”模式，做强做大14个重点平台。

全力推进重点领域和关键环节改革。加快投融资体制改革，积极推动PPP、REITs等投融资模式运用。深化财政预算管理体制改革，促进财政提质增效。推进“放管服”改革，优化审批流程和环节，提高“秒批秒办”和“免申即享”事项比重。推进商事制度改革，推动证照分离改革全覆盖。

全力打造国际一流营商环境。坚持市场化、法治化、国际化方向，持续在跨境贸易、招投标、办理破产等方面补短板优服务。推动《厦门经济特区优化营商环境条例》全面有效实施，出台数字化营商环境行动方案。加大各领域信用信息归集力度，健全信用分级分类监管机制，倡导诚信文化，营造守信氛围。

全力推进更高水平开放合作。高标准建设海上合作战略支点城市，用好投洽会等各类开放平台，深化与“一带一路”沿线国家、RCEP国家经贸合作。落实外商投资法和外资准入负面清单，提升外商投资便利化水平。发挥“侨”的优势，有效吸引跨境资金流和人流。深耕传统市场、开拓新兴市场，鼓励企业“走出去”。促进货物贸易和服务贸易协调发展，做强做大转口贸易、离岸贸易、跨境电商等新业态新模式，支持企业拓展海外仓、前置仓等新业务。扩大优质产品进口，加快建设进口贸易促进创新示范区。

（二）强化创新驱动发展，加快构建现代产业体系

建设高素质创新名城。加快厦门科学城建设，深化“双自联动”。加快建设嘉庚创新实验室、生物制品省创新实验室，筹建福建海洋创新实验室。推动一批大院大所来厦设立新型研发机构。加大科技投入，鼓励企业开展产业关键共性技术研发，推进科技成果转化。力争净增国家级高新技术企业400家。加快国家双创示范基地建设，持续打造一批专精特新、瞪羚和独角兽企业。加快建设质量强市和知识产权强市。切实将人才作为创新的核心要素，争创全国人才高地，优化人才成长环境，为人才创造施展才华的平台。

加快发展先进制造业。实施龙头企业培优扶强和企业梯度培育行动，启动一批产业基础再造工程项目，提升产业链供应链现代化水平。紧盯150家重点工业企业、165家省级增产增效企业、445家高技术制造业企业、499个在建增资扩产项目，加大服务保障力度。推动28个新建项目早日开工、95个续建项目加快建设、60个拟竣工项目早日投产。

优化发展现代服务业。加快滨北超级总部等规划建设，推动一批高能级总部企业落户。实施金融强市战略，做强做优法人金融机构，鼓励基金行业发展，培育更多上市公司，增强金融服务业竞争力。推动软件和信息服务业发展壮大，着力培育和打造软件名园名企。加快生产性服务业向专业化和价值链高端延伸，推动生活性服务业向高品质和多样化升级。

培育壮大战略性新兴产业。全力发展新一代信息技术、生物医药与健康、新材料等新兴产业，大力培育柔性电子、第三代半导体等未来产业。加快建设全国数字经济发展示范区，培育和引进一批数字化转型标杆企业。加快新型基础设施建设，尽早实现5G网络全覆盖，提高数字技术基础研发能力，打造工业互联网示范园区。大力发展海洋经济，推进海洋高新产业园区建设，打造国家海洋经济发展示范区。

持续加强招商引资。招商引资力度只能加强不能有丝毫削弱。继续把招商引资作为“一号工程”，全方位优化招商工作体制和考核机制，强化专业招商队伍建设，发挥驻外招商小组前哨和桥梁作用，把准趋势、精准发力。持续招大引强，紧盯世界500强、中国500强和行业领军企业，吸引更多优质企业落户我市。进一步创新招商方式，鼓励资本招商、基金招商、校友招商、以商招商和企业增资扩产，切实提高招商引资的针对性和实效性。

（三）强化供需同步发力，加快打造服务国内国际双循环的枢纽节点

积极服务和深度融入新发展格局。充分发挥区位和政策叠加优势，推动更多优质要素集聚，提升厦门在全球资源配置中的地位和作用。围绕“空”的优势，全力加快新机场建设，拓展国际航线网络，打造国际枢纽航空港。围绕“港”的优势，加快建设国际枢纽海港，发展多式联运，提升厦门港的辐射力。更好发挥3家世界500强国企优势，增强国有经济产业布局和资源整合效率，提升服务城市发展能力。

促进消费提质扩容。改造提升核心传统商圈，优化布局岛外商圈，培育发展新兴商圈、特色商圈。大力培育品牌消费、商旅文体会展融合消费等新型消费热点，提振新能源汽车、家电家具、餐饮住宿等消费，推动商品市场优化升级，争创国际消费中心城市。

持续扩大有效投资。抢抓中央积极扩大有效投资有利时机，更好发挥投资的关键作用。围绕抢项目，推动“十四五”规划项目加快落地建设，加速推进“两新一重”和制造业、民生补短板五大建设行动。围绕抢时间，压缩项目落地开工时间，完善“五个一批”项目推进机制，强化重大重点项目挂钩联系机制、要素保障机制、晾晒考评机制，每季度组织一批重大重点项目集中开工。围绕抢资金，发挥预算内投资等资金效益，用好专项债和产业引导基金，千方百计拓展市场化投融资渠道，以“大融资”保障“大投资”。

激发各类市场主体活力。保市场主体就是保社会生产力。继续落实领导干部挂钩重点企业机制，落实国家税收优惠政策，持续清理规范涉企收费，帮助市场主体特别是中小微企业、个体工商户减负纾困、恢复发展。加强政银企合作，用好应急还贷资金、融资增信基金，引导金融机构加大对实体经济特别是小微企业、科技创新、绿色发展的支持。优化民营经济发展环境，依法保护各类市场主体产权和合法权益。办好“企业家日”活动，构建亲清政商关系。

（四）增强综合承载能力，提升城市核心竞争力

深入推进跨岛发展。优化完善市级重大片区指挥部运行机制，加快推进岛内大提升、岛外大发展。岛外新城片区要坚持基础设施和民生社会事业规划建设标准高于岛内，推动产业发展、城市建设、生态优化和人口集聚。岛内要稳妥有序推进城市有机更新，优化盘活空间资源，加快11个片区改造提升。畅通岛内外连接，加快地铁4号线建设，实现6号线区间洞通，开工建设3号线南延段工程，加快建设翔安大桥、同安进岛通道等一批交通重点项目。科学开发利用岛内外地下空间，提高城市空间资源利用效率。

提升城市管理水平。推进城市治理体系和治理能力现代化，构建“大城管”治理格局，注重在科学化、精细化、智能化上下功夫，加快建设智慧城市。用好全国首批城市更新试点城市政策，全面推进2000年底前建成的老旧小区改造，加快建设一批“完整社区”，打造“15分钟社区生活圈”。加大城中村综合治理力度，完善“两违”综合治理体系，确保新增“两违”零增长。完成23个重点道路交通安全隐患整治项目，打通18条断头路，新增3000个以上路外公共停车泊位。新建改造园林绿地400公顷、雨水管网40公里、燃气管道60公里。加快垃圾焚烧发电厂三期等项目建设，确保垃圾分类工作继续领跑全国。

深化区域战略合作。推进厦漳泉都市圈建设上升为国家战略，推动闽西南协同发展，推进城际铁路、九龙江水源保护等一批重大协作项目，完成长泰枋洋水利枢纽工程并实现供水。加强与长三角一体化、粤港澳大湾区等国家区域重大战略对接联动。做好东西部协作和对口支援工作，推动闽宁协作再上新台阶。

（五）更好发挥对台优势，加快促进两岸深度融合

着力以通促融。发挥“台”的优势，推进两岸集成电路产业合作试验区、两岸数字经济融合发展示范区建设，鼓励台企增资扩产，做强两岸股权交易中心。持续推进厦金通电、通气、通桥项目厦门侧相关工作，建成厦金电力联网工程220千伏望嶝输变电站，加快建设大嶝岛LNG气化站及配套管道。

着力以惠促融。落实台湾同胞在大陆享受同等待遇政策，扩大对台湾专业人才职业资格认证范围，鼓励台湾同胞特别是青年朋友来大陆追梦筑梦圆梦。支持台商台企参与两岸青年就业创业基地建设。优化提升涉台服务热线、服务专窗工作质量。

着力以情促融。办好海峡论坛、工博会等重大涉台活动，发挥保生慈济文化节、郑成功文化节等民间交流活动作用，共同传承发展中华优秀传统文化，加强两岸基层和青少年交流，推动两岸同胞走近走亲、心灵契合。

（六）全面推进乡村振兴，促进城乡共同富裕

促进农业做精做优。引进培育现代农业龙头企业，发展农村电商、生态农业、乡村旅游，推进一二三产融合发展。深入推进科技特派员制度。坚决遏制耕地“非农化”、防止“非粮化”，做好粮油肉菜等重要民生商品保供稳价工作，保障好“米袋子”“菜篮子”。

促进乡村宜居宜业。科学开展村庄规划编制，加大闽南传统村落、古民居和历史文化名镇名村保护力度，留住乡愁记忆。统筹推进农村雨污分流、生活垃圾处理、农房整治、厕所革命等工作，推动农村基础设施提档升级，改善农村人居环境。

促进农民更加富裕。落实承包地“三权分置”制度，促进农村土地经营权有序流转，推进农业适度规模经营。稳妥推进农村宅基地改革，落实集体预留发展用地政策。提高新型农业经营主体管理水平，推动产供销一体化，促进农民增收。

（七）持续改善生活品质，提升群众幸福指数

加强就业服务和社会保障。完善重点群体就业支持体系，保障新就业形态劳动者权益，加强就业困难人员托底帮扶，推动居民收入稳步增长。完善多层次社会保障体系，加大基本养老保险、基本医疗保险保障力度。坚持"房住不炒"，促进房地产业良性循环和健康发展。完善公租房、保障性租赁住房和共有产权房政策体系，着力解决城市新市民等住房困难问题。保障妇女、儿童、老年人、残疾人合法权益，发展社会救助、社会福利、慈善事业。

建设高质量教育体系。落实中央深化新时代教育评价改革总体方案，落实义务教育"双减"政策，深入实施教育补短扩容行动，促进学前教育普及普惠发展、义务教育优质均衡发展，进一步提高普通高中招生比例，有力推进教育公平。建成76个中小学幼儿园项目，新增学位8万个。加快建设职业教育创新发展高地，促进产教融合。支持在厦高校"双一流"建设，加快应用型高校建设发展。

推进健康厦门建设。建成马銮湾医院、环东海域医院，启用川大华西厦门医院，新增床位2800张。加快中医药传承创新发展。推进药品耗材集中采购，健全医疗服务价格动态调整机制。突出抓好"一老一小"民生工程，实施应对人口老龄化工程和普惠托育服务专项行动计划。深入开展爱国卫生运动，倡导文明健康生活方式。加强全民健身设施建设，建成投用南北向健康步道，广泛开展群众性文化体育活动，发展"体育+"多元业态，做好2023年亚洲杯足球赛场地建设和筹备工作。

（八）聚焦软实力提升，努力打造文化强市

争创全国文明典范城市。坚持创建为民惠民靠民，培育和践行社会主义核心价值观，实施公民道德建设工程，加强网络文明建设，提升市民素质，推进新时代文明实践中心建设，推动哲学社会科学繁荣发展。巩固"爱心厦门"建设成果，推进志愿服务常态化、专业化、品牌化。把深化文明创建与补齐民生短板等重点工作结合起来，狠下功夫整治重点难点问题，持续提升城市文明水平。

争创国家历史文化名城。加快打造"文化中心"，敬畏历史、敬畏文化、敬畏生态，有序推动同安老城、中山路、集美学村等历史文化街区有机更新，推进鼓浪屿世界文化遗产和革命文物等保护修缮和活化利用。加快打造"艺术之城"，实施文艺作品质量提升工程，精心办好中国电影金鸡奖活动。加快打造"音乐之岛"，厚植音乐艺术创作和产业发展土壤。

做优做强文旅经济。坚持以文塑旅、以旅彰文，加快建设国家文化和旅游消费试点城市。推进一批重点文化旅游项目建成运营，促进文旅产业集聚发展。积极拓展国内中高端旅游市场，大力发展海洋旅游、夜间旅游、研学旅游等多元业态，打造精品旅游线路，进一步丰富文旅消费内容和场景，构建文旅发展新格局。

（九）深化生态文明建设，展现美丽厦门更高颜值

加强生态保护修复。严格落实国土空间开发保护和用途管控制度。加强国土绿化、水土保持、山海廊道生态修复，保护好海湾、湿地、山体等生态功能区和中华白海豚、文昌鱼等珍稀物种，加强生物安全监管和风险防控，提升生态系统稳定性和生物多样性。

深入开展污染防治攻坚。持续推进中央生态环保督察反馈问题整改。实施蓝天工程，抓好细颗粒物与臭氧协同治理，深化移动源、工业源和扬尘污染防控，确保空气质量在全国位居前列。实施碧水工程，落实河湖长制，全面完成污水处理"三个一百"计划，持续推进消除劣Ⅴ类水体专项行动，建设美丽河湖。实施碧海工程，强化陆海统筹，全面推行湾（滩）长制，加强入海排放口溯源整治、海漂垃圾清理，打造美丽海湾。实施净土工程，强化土壤污染风险管控和治理修复。

有序推进碳达峰碳中和工作。深化低碳城市建设试点，制定2030年碳排放达峰行动方案。坚决遏制"两高"项目盲目发展，加快推动能耗"双控"向碳排放总量和强度"双控"转变。大力发展绿色经济，抓好制造业绿色化改造，推进用能权、碳排放权、排污权等市场化交易，争创绿色金融改革创新试验区。深化生态文明体制改革，推广绿色生产生活方式，创建国家生态文明建设示范市。

（十）深入建设平安厦门，推动社会治理体系和治理能力现代化

提升疫情常态化防控和应急处置能力。坚决贯彻"外防输入、内防反弹"总策略、"动态清零"总方针，压实"四方责任"，落实"四早"要求，毫不放松抓好常态化疫情防控。坚持人、物、环境同防，建成投用国际健康驿站，强化重点人群排查管控，严格进口冷链食品检测、消毒和追溯管理。加强疫苗接种工作，构筑人群免疫屏障。健全公共卫生服务体系，加强市区疾控队伍建设，提高基层社区疫情防控能力，更好发挥信息化在疫情防控中的支撑作用，加快杏林医院建设和发热门诊标准化改造。

加强社会治理创新。推广"近邻"党建模式，提高"大数据+网格化"治理水平，夯实基层社会治理基础。稳步推进海丝中央法务区建设，打造现代化国际化法治高地。坚持和发展新时代"枫桥经验"，加强社会矛盾纠纷多元化解，更好发挥12345政务热线作用，用心用情解决群众合理诉求。完善国防动员体系，加强双拥共建工作。常态化开展扫黑除恶斗争，争创全国禁毒示范市和全国社会治安防控体系建设示范城市。

更好统筹发展和安全。完善城市安全体系，加强经济、文化、社会、科技、网络、信息、生态等安全能力建设，防范化解各类风险挑战。维护区域金融稳定，牢牢守住不发生系统性金融风险的底线。持续提升食品药品质量安全保障水平。深入推进安全生产专项整治三年行动，狠抓建筑施工、道路交通、燃气安全、城市消防、森林防火等重点领域监管，强化隐患排查整治，坚决遏制重特大事故发生。加强应急救援力量建设，提高防灾减灾抗灾救灾能力。

三、全面加强政府自身建设

把坚持和加强党的全面领导贯穿到政府工作各方面全过程，永葆"闯"的精神、"创"的劲头、"干"的作风，不自满、不懈怠，加快转变政府职能，努力建设人民满意的服务型政府。

强化政治引领。坚定捍卫"两个确立"，坚决做到"两个维护"，不断提高政治判断力、政治领悟力、政治执行力，自觉在思想上政治上行动上同以习近平同志为核心的党中央保持高度一致。推进全面从严治党向纵深发展，认真落实意识形态工作责任制，不折不扣落实党中央国务院战略决策部署，以及省委省政府和市委各项工作部署。

严格依法行政。深入学习贯彻习近平法治思想，自觉运用法治思维和法治方式推动工作，加快建设法治政府。自觉接受人大监督、政协监督、监察监督、司法监督，加强审计监督、财会监督和统计监督，主动接受群众监督和舆论监督，办好人大代表议案、建议和政协提案。全面开展“八五”普法，完善公共法律服务体系。严格规范公正文明执法，深化政务公开，确保权力在阳光下运行。

提升行政效能。牢记政府前面的“人民”二字，深入群众、深入企业，多做化解民忧之事、多行便民暖心之举。加强学习、勤于调研，不断提升“八项本领”“七种能力”。强化市区联动、部门协同，切实提高办事效率和服务水平。树牢“今天再晚也是早，明天再早也是晚”的意识，转变工作作风，主动担当作为。

加强廉政建设。严格落实中央八项规定及其实施细则精神，坚决整治形式主义、官僚主义，进一步改进文风会风，切实为基层减负。坚持过“紧日子”，持续推进节约型机关建设。深入推进党风廉政建设和反腐败斗争，营造风清气正的政治生态。

各位代表！发展依靠实干，奋斗成就梦想。让我们更加紧密地团结在以习近平同志为核心的党中央周围，高举习近平新时代中国特色社会主义思想伟大旗帜，在省委省政府和市委正确领导下，勇立潮头、勇毅前行，更高水平建设高素质高颜值现代化国际化城市，努力率先实现社会主义现代化，以实际行动迎接党的二十大胜利召开！

统计资料

厦门市2021年国民经济和社会发展统计公报

（2022年3月22日）

厦门市统计局　国家统计局厦门调查队

2021年，全市始终以习近平新时代中国特色社会主义思想为指导，在市委和市政府的正确领导下，持续巩固拓展疫情防控和经济社会发展成果，做好“六稳”工作、落实“六保”任务，全面深化改革开放，加快打造高质量发展引领示范区，全方位推进高质量发展超越，经济总体呈现平稳增长态势。

一、综合

经济总量

初步核算，全年地区生产总值（GDP）7033.89亿元，按可比价格计算，比上年增长8.1%。其中，第一产业增加值29.06亿元，增长5.3%；第二产业增加值2882.89亿元，增长6.7%；第三产业增加值4121.94亿元，增长9.0%。三次产业结构为0.4∶41.0∶58.6。全市万元地区生产总值耗电466.38千瓦时，比上年增加10.19千瓦时；万元地区生产总值耗水6.68吨，减少0.17吨。

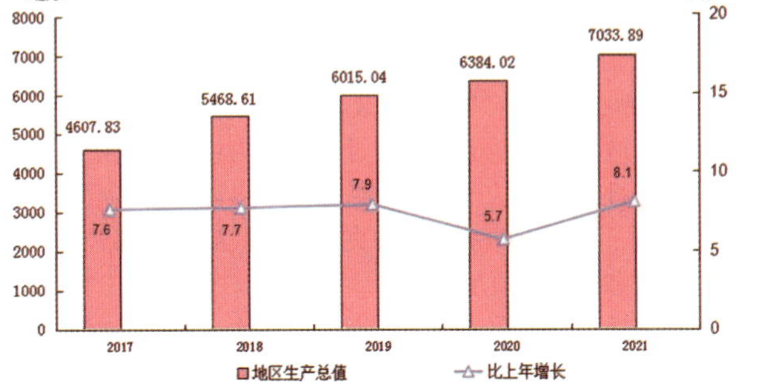

图41-1　2017—2021年地区生产总值（GDP）及其增长速度

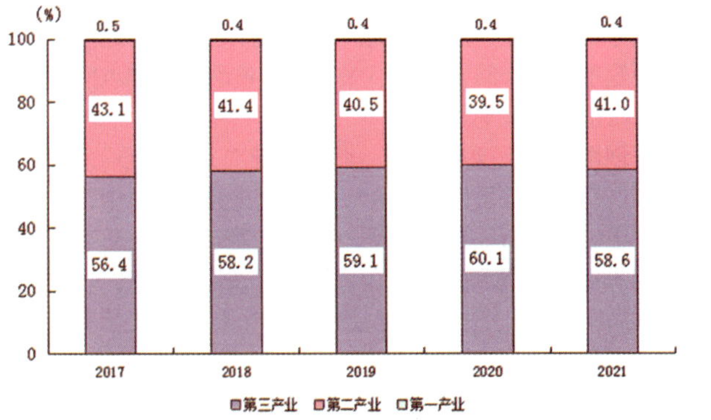

图41-2　2017—2021年三次产业增加值占地区生产总值比重

财政收支

全市实现公共财政预算总收入1530.21亿元，比上年增长13.2%，其中，地方级财政收入880.96亿元，增长12.4%。在地方级财政收入中，实现税收收入676.27亿元，增长14.1%，其中，增值税221.10亿元，增长13.6%；企业所得税122.67亿元，增长25.2%；个人所得税93.08亿元，增长8.5%；土地增值税81.00亿元，增长4.0%。

全年财政支出1060.00亿元，增长10.8%。其中，教育支出179.19亿元，增长14.4%；科学技术支出50.56亿元，增长23.6%；城乡社区支出133.35亿元，增长10.8%；社会保障和就业支出74.28亿元，增长19.3%；卫生健康支出97.37亿元，增长38.0%。

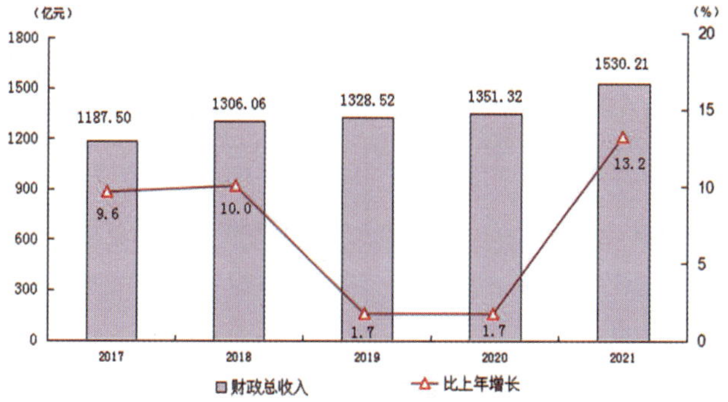

图 41-3　2017—2021 年财政总收入及其增长速度

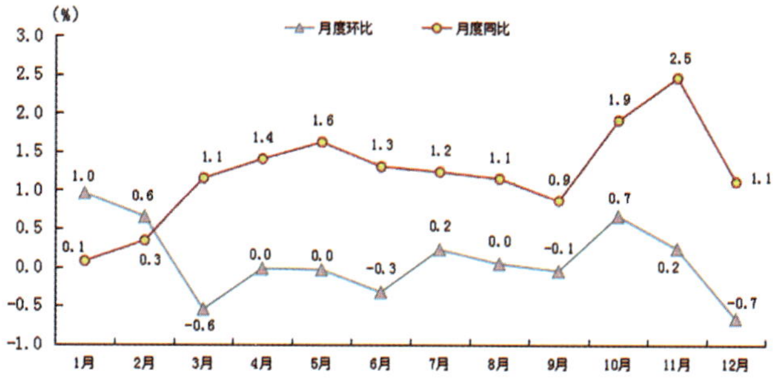

图 41-4　2021 年居民消费价格月度涨跌幅度

价格

全年居民消费价格比上年上涨 1.2%(详见表 41-1)，其中，食品价格下降 2.9%，非食品价格上涨 2.2%；服务价格上涨 1.9%，消费品价格上涨 0.8%。

表 41-1　　2021 年居民消费价格总指数

项目名称	指数（以上年为 100）
居民消费价格总指数	101.2
一、食品烟酒	98.7
1. 食品	97.1
# 粮食	101.6
食用油	107.0
菜及食用菌	104.0
畜肉类	79.8
水产品	103.0
蛋类	104.4
奶类	103.3
干鲜瓜果类	102.2
2. 茶及饮料	101.5
3. 烟酒	100.0
4. 在外餐饮	102.0
二、衣着	104.6
三、居住	102.8
四、生活用品及服务	101.6
五、交通和通信	103.6
六、教育文化和娱乐	101.7
七、医疗保健	99.4
八、其他用品和服务	96.1

各区经济

各区实现地区生产总值分别为：思明区 2258.08 亿元，比上年增长 8.2%；湖里区 1539.41 亿元，增长 7.2%；海沧区 938.24 亿元，增长 11.9%；集美区 876.00 亿元，增长 6.8%；同安区 640.36 亿元，增长 6.8%；翔安区 781.79 亿元，增长 7.3%。

其中，各区规模以上工业增加值速度分别为：思明区比上年增长 17.9%，湖里区增长 6.1%，海沧区增长 23.7%，集美区增长 14.2%，同安区增长 4.7%，翔安区增长 6.2%。

各区实现社会消费品零售总额分别为：思明区 1007.07 亿元，比上年增长 22.3%；湖里区 526.35 亿元，增长 11.3%；海沧区 300.97 亿元，增长 4.0%；集美区 225.02 亿元，增长 16.7%；同安区 394.84 亿元，增长 0.1%；翔安区 129.82 亿元，增长 7.7%。

各区固定资产投资（不含农户）速度分别为：思明区比上年增长 2.7%，湖里区增长 13.7%，海沧区增长 15.1%，集美区增长 4.4%，同安区增长 13.1%，翔安区增长 13.7%。

全年区级公共财政预算收入（不含市本级）273.72 亿元，比上年增长 15.5%，其中，思明区 73.23 亿元，增长 16.2%；湖里区 55.56 亿元，增长 8.8%；海沧区 40.14 亿元，增长 18.1%；集美区 47.53 亿元，增长 18.3%；同安区 30.65 亿元，增长 16.8%；翔安区 26.61 亿元，增长 18.5%。

二、农村经济

全年农林牧渔业总产值 62.01 亿元，比上年增长 5.1%。其中，农业产值 29.25 亿元，增长 1.2%；林业产值 0.15 亿元，下降 14.1%；牧业产值 13.10 亿元，增长 20.7%；渔业产值 8.25 亿元，下降 4.5%；农林牧渔专业及辅助性活动产值 11.26 亿元，增长 2.5%。

全年农作物总播种面积 33.01 万亩，比上年下降 2.2%。粮食播种面积 6.15 万亩，增长 0.2%，粮食总产量 2.54 万吨，增长 1.5%；蔬菜播种面积 22.92 万亩，下降 2.5%，蔬菜总产量 55.43 万吨，下降 1.4%；水果总产量 7.53 万吨，增长 1.5%。肉类总产量 3.57 万吨，增长 19.7%；蛋品总产量 2456 吨，下降 16.7%；乳品总产量 910 吨，增长 3.2%。至年末，全市生猪存栏数 21.21 万头，增长 5.6%，生猪累计出栏 36.12 万头，增长 38.6%；年末家禽存栏数 174.07 万只，下降 16.9%，家禽累计出栏数 457.58 万只，下降 28.2%；水产品产量 6.96 万吨，下降 8.3%。

三、工业和建筑业

工业

全年规模以上工业增加值增长 11.9%。分经济类型看，股份制企业增加值增长 17.1%，外商及港澳台商投资企业增加值增长 6.9%，其中，台资企业增加值增长 4.1%；国有控股企业增加值增长 10.4%，私营企业增加值增长 20.5%。分轻重工业看，轻工业增加值增长 14.4%，重工业增加值增长 10.5%，轻工业与重工业之比为 1∶1.68。工业产品产销率为 94.63%，比上年提高 0.78 个百分点。

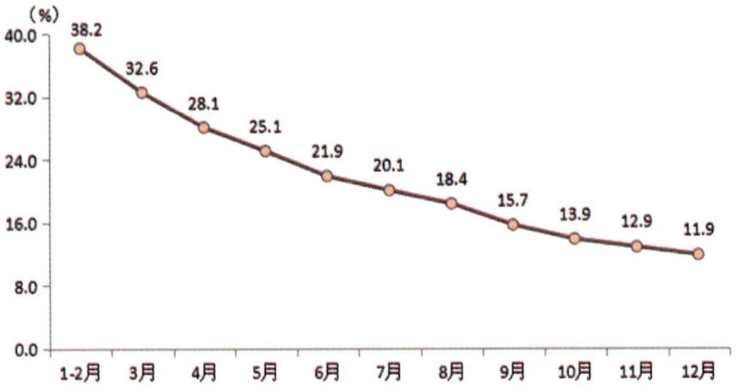

图 41-5　2021 年规模以上工业增加值增长速度

规模以上工业 35 个行业大类中有 26 个行业增加值实现增长。其中，化学原料和化学制品制造业增加值增长 61.7%，铁路、船舶、航空航天和其他运输设备制造业增加值增长 36.6%，化学纤维制造业增加值增长 30.2%。总量前三位分别是计算机、通信和其他电子设备制造业增加值增长 10.2%，电气机械和器材制造业增加值增长 13.1%，医药制造业增加值增长 1.0 倍，三大行业合计增加值占规模以上工业的 46.8%。规模以上高技术产业增加值增长 19.9%，占规模以上工业的 42.6%。

至年末，全市共有规模以上工业企业 2537 家，其中，产值超亿元企业 920 家，合计产值占规模以上工业的 89.3%。电子、机械两大支柱行业共有规模以上工业企业 1259 家，占规模以上工业企业数的 49.6%，合计工业产值占规模以上工业的 67.6%，其中，电子行业产值占规模以上工业的 36.8%，机械行业产值占规模以上工业的 30.8%。

规模以上工业经济效益综合指数为 304.31，比上年提高 27.65 个点。其中，总资产贡献率 11.29%，提高 1.51 个百分点；资本保值增值率 112.94%，提高 1.20 个百分点；资产负债率 48.93%，上升 0.20 个百分点；流动资产周转率 1.59 次，加快 0.06 次；成本费用利润率 9.26%，提高 1.36 个百分点；规模以上工业全员劳动生产率为 31.81 万元 / 人，净增 3.10 万元 / 人。实现工业利润总额 635.25 亿元，增长 40.0%。

主要工业产品生产情况：全市规模以上工业企业生产集成电路 27.02 亿块，增长 73.2%；液晶显示屏 4960.00 万片，增长 7.5%；彩色电视机 1356.24 万台，增长 4.4%（详见表 41-2）。

建筑业

建筑业增加值 745.57 亿元，比上年增长 0.1%。全市具有资质等级的建筑业企业共完成建筑业总产值 3189.71 亿元，增长 12.8%，其中，建筑工程产值 2978.35 亿元，增长 12.6%；安装工程产值 165.52 亿元，增长 12.6%；当年建筑业企业新签合同额 3143.47 亿元，增长 5.1%。

表 41-2　　2021 年主要工业产品产量

产品名称	单位	2021 年	比 2020 年增长（%）
液晶显示屏	万片	4960.00	7.5
集成电路	万块	270179.50	73.2
轮胎外胎	万条	1338.04	4.6
彩色电视机	万台	1356.24	4.4
液晶显示模组	万套	1803.89	-53.8
微型电子计算机	万台	934.68	-4.2
笔记本计算机	万台	397.87	23.4
移动电话	万台	121.24	-56.6
印制电路板	万平方米	56.38	-85.2
数码相机	万台	63.51	4.8
民用钢质船舶	万载重吨	1.34	-91.0
路由器	万台	29.65	0.3
摩托车	万辆	23.45	39.7
客车	万辆	4.35	16.1

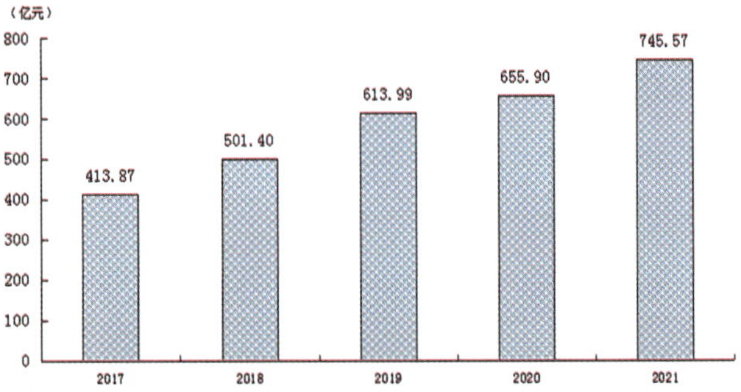

图 41-6　2017—2021 年全部建筑业增加值

四、固定资产投资

固定资产投资（不含农户）比上年增长 11.3%。分产业看，第一产业投资增长 22.2%，第二产业投资增长 22.5%，第三产业投资增长 9.0%。

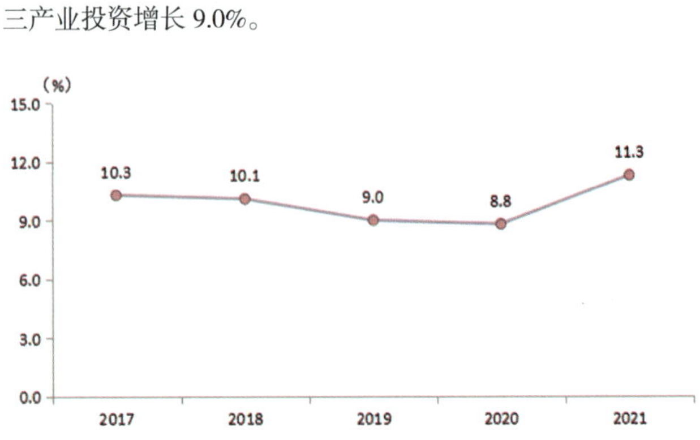

图 41-7　2017—2021 年固定资产投资增长速度

基础设施投资增长 24.0%，其中，交通运输业投资下降 8.1%。工业投资增长 22.6%，其中，制造业投资增长 30.2%。社会事业投资增长 6.1%。

房地产开发投资增长 1.3%。其中，住宅投资 709.89 亿元，增长 3.2%；办公楼投资 43.57 亿元，下降 32.6%；商业营业用房投资 79.86 亿元，下降 11.9%。全市房地产房屋施工面积 3661.02 万平方米，增长 1.2%；房屋新开工面积 566.33 万平方米，增长 39.6%。

五、交通、邮电、旅游和会展

交通

交通运输、仓储和邮政业增加值 321.39 亿元，比上年增长 10.0%。旅客运输量 4336.44 万人次，下降 4.9%；旅客周转量 309.87 亿人公里，下降 4.8%；货物运输量 3.93 亿吨，增长 17.0%；货物周转量 2831.78 亿吨公里，增长 10.9%。至年末，厦门港现有生产性泊位 182 个（含漳州），其中，万吨级以上泊位 79 个；全年港口货物吞吐量 2.28 亿吨，增长 9.7%；港口集装箱吞吐量 1204.64 万标箱，增长 5.6%。

厦门空港根据民航局 2021 年冬春航季时刻计划开通运营城市航线 156 条，季中申请开通航线 4 条，共 160 条；含国际（地区）航线 17 条，其中，洲际航线 4 条。在厦门机场定期通航运营的外国（地区）航空公司 10 家，与 17 个国际及境外城市（含香港、澳门、台北、高雄）通航。空港旅客吞吐量 1495.21 万人次，比上年下降 10.5%，其中，国际及地区航线旅客吞吐量 30.57 万人次，下降 52.1%；空港货邮吞吐量 29.78 万吨，增长 7.0%。

邮电

全年邮电业务总量 172.44 亿元，比上年增长 31.8%，其中，邮政业务总量 91.38 亿元，增长 40.8%；电信业务总量 81.06 亿元，增长 23.0%。全市固定电话用户 100.72 万户，减少 4.18 万户；移动电话用户 666.11 万户，增加 12.51 万户，其中，3G 移动电话用户 7.98 万户，4G 移动电话用户 435.73 万户，5G 移动电话用户 152.05 万户；固定互联网宽带接入用户 263.10 万户，增加 18 万户；移动互联网用户 591.46 万户，增加 24.16 万户。

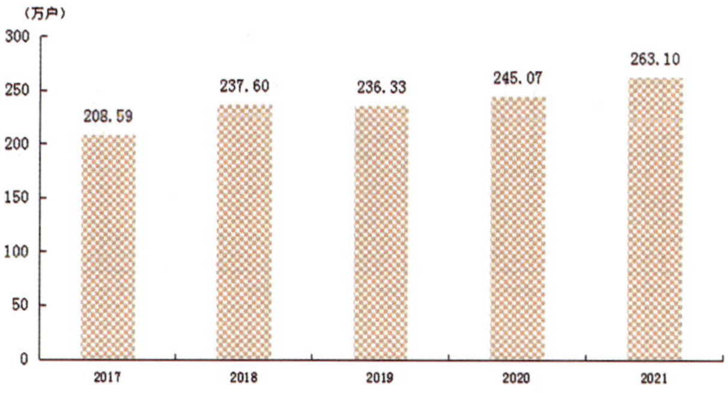

图 41-8　2017—2021 年年末固定互联网宽带接入用户数

旅游

全年接待国内外游客 8940.00 万人次，增长 34.7%，旅游总收入 1301.00 亿元，增长 34.5%。其中，接待入境游客 30.44 万人次，下降 68.4%，旅游创汇 2.34 亿美元，下降 75.4%。接待国内游客 8909.56 万人次，增长 36.2%，接待国内过夜游客 3269.35 万人次，增长 29.4%，国内旅游收入 1285.92 亿元，增长 42.7%。至年末，全市共有旅游住宿单位 2553 家。其中，星级饭店 48 家，五星级饭店 19 家。

会展

全年举办各类展览活动 104 场，下降 8.0%，展览总面积 126.30 万平方米，增长 7.1%。举办 50 人以上的商业性会议 2981 场，下降 9.4%，参会总人数 57.13 万人，下降 5.4%。会展经济总体效益 174.59 亿元，下降 1.3%。

六、国内贸易

社会消费品零售总额 2584.07 亿元，比上年增长 12.7%。按消费形态分，商品零售 2313.56 亿元，增长 12.0%；餐饮收入 270.51 亿元，增长 18.6%。

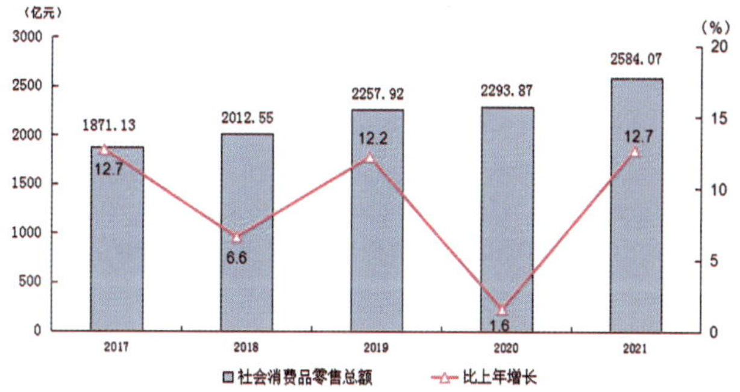

图 41-9　2017—2021 年社会消费品零售总额及其增长速度

限额以上企业实现零售额 1570.18 亿元，比上年增长 13.8%，占全市社会消费品零售总额的 60.8%；限额以下单位实现零售额 1013.90 亿元，增长 11.0%。全年零售额超亿元的批发零售贸易企业有 222 家，实现零售额 1300.32 亿元，净增 186.36 亿元，增长 16.7%；零售额超千万元的住宿餐饮企业有 156 家，实现零售额 98.26 亿元，净增 22.82 亿元，增长 30.3%。

在限额以上批发零售贸易企业商品零售额中，汽车类零售额 383.07 亿元，比上年增长 6.6%；服装、鞋帽、针纺织品类零售额 420.92 亿元，增长 36.9%；粮油食品烟酒饮料类零售额 190.54 亿元，增长 8.5%；石油及制品类零售额 77.18 亿元，增长 17.3%；通讯器材类零售额 42.33 亿元，下降 54.9%；日用品类零售额 102.21 亿元，增长 19.3%；文化办公用品类零售额 46.17 亿元，增长 2.9%；金银珠宝类零售额 35.78 亿元，增长 18.6%；化妆品类零售额 24.24 亿元，增长 92.8%。

七、对外经济

对外贸易

全年实现外贸进出口总值 8876.52 亿元，比上年增长 27.7%，其中，出口 4307.30 亿元，增长 20.6%；进口 4569.22 亿元，增长 35.3%。

民营企业进出口总值 3248.74 亿元，比上年增长 37.7%，其中，出口2135.47亿元，增长29.1%，进口1113.27亿元，增长57.8%；外资企业进出口总值2610.96亿元，增长15.0%，其中，出口1532.52亿元，增长19.1%，进口1078.44亿元，增长9.7%。

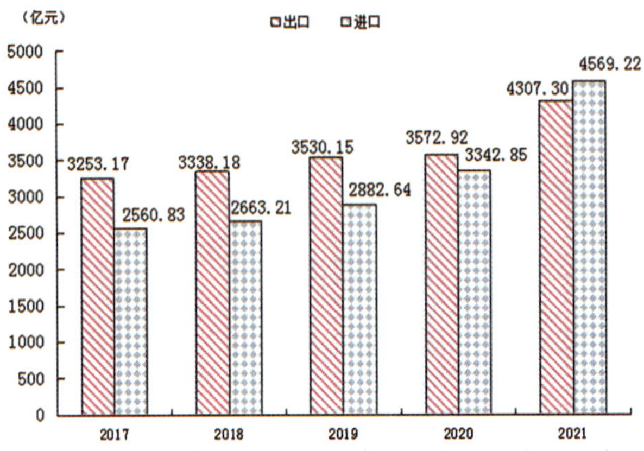

图 41-10 2017—2021 年货物进出口总额

一般贸易进出口总值6462.19亿元，比上年增长33.7%，其中，出口2728.25亿元，增长30.5%；进口3733.94亿元，增长36.2%。

对台进出口贸易总值502.88亿元，比上年增长25.0%，其中，对台出口147.02亿元，增长17.5%；进口355.86亿元，增长28.3%。

利用外资

全年新批外商投资项目1135个，合同外资434.32亿元，比上年增长13.9%；实际使用外资186.36亿元，增长12.2%。

全年引进千万美元以上项目105个，合同外资64.95亿美元，比上年增长32.5%，其中，新设项目67个，合同外资49.17亿美元，增资项目38个，合同外资15.78亿美元。至年末，历年累计共有63个全球500强公司在厦投资114个项目，合同外资41.24亿美元，实际使用外资36.30亿美元。

对外劳务与投资

全年对外协议投资项目127个，中方协议投资额14.77亿美元，比上年增长39.2%。实现对外承包劳务合同总金额4350万美元，增长21.0倍；实现营业额6978万美元，增长14.4%；派出各类劳务人员13112人，增长33.6%；至年末，在外劳务人数10990人，比上年末增加1826人。

八、金融、保险和证券

金融

至年末，全市各类银行业金融机构主体48家，其中，法人银行业金融机构12家，与上年末持平。中外资金融机构本外币各项存款余额14767.47亿元，比上年末增长12.6%；中资金融机构人民币各项存款余额13909.01亿元，增长12.0%，其中，住户存款余额4188.38亿元，增长14.0%，非金融企业存款余额5328.26亿元，增长6.4%。

至年末，中外资金融机构本外币各项贷款余额15316.67亿元，比上年末增长14.1%；中资金融机构人民币各项贷款余额14442.01亿元，增长15.1%，其中，短期贷款余额4210.43亿元，增长6.8%，中长期贷款余额9044.87亿元，增长17.0%。

保险

至年末，全市共有保险公司主体39家，其中，财产保险公司21家，人身保险公司18家；保险专业中介机构87家。全年实现保费收入242.70亿元，增长2.6%，其中，财产险实现保费收入71.24亿元，下降6.4%；人身险实现保费收入171.45亿元，增长6.9%。全年提供保险保障金额27.43万亿元。赔付支出81.91亿元，下降1.9%，其中，财产险赔付支出50.56亿元，下降4.1%；人身险赔付支出31.35亿元，增长1.7%。

证券

全市法人证券公司2家，与上年持平；证券公司分公司34家，增加3家；证券营业部108家，增加3家；法人期货公司2家；期货分公司23家，增加3家；期货营业部18家，减少2家。至年末，全市证券投资者开立资金账户数269.51万户，增长11.0%；客户交易结算资金余额212.14亿元，增长22.6%；全年证券交易额8.25万亿元，增长17.0%。至年末，期货投资者开立资金账户数7.35万户，增长10.7%；客户保证金余额188.93亿元，增长59.4%；全年期货交易额10.09万亿元，增长53.3%。

九、教育、科学技术和城市信息化

教育

全市拥有各级各类全日制学校1500所，学年初招生数29.54万人，在校学生数107.40万人。其中，普通高等学校16所，学年初招生数（含研究生）5.75万人，在校学生数（含研究生）19.98万人；普通中等学校136所，学年初招生数9.62万人，在校学生数27.00万人；小学297所，学年初招生数7.24万人，在校学生数38.51万人；幼儿园1044所，学年初在园人数21.80万人；特殊教育学校7所，学年初在校学生1109人。在各级各类全日制学校中任职的专任教师6.41万人，平均一名教师负担学生17人。

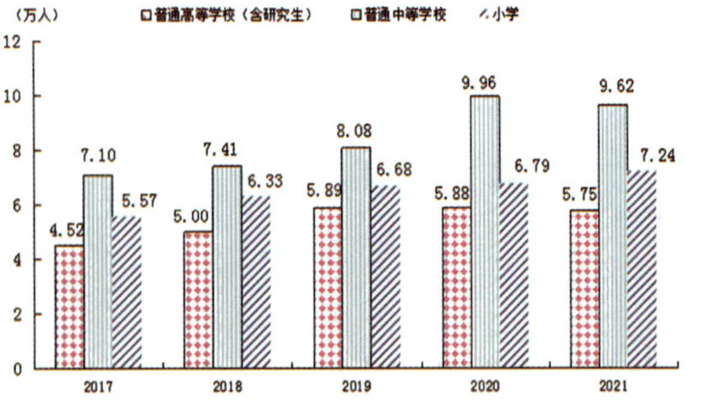

图 41-11 2017—2021 年各类学校招生人数

科学技术

全市国家高新技术企业2801家、国家技术先进型服务企业56家。全市省级科技小巨人企业236家。科技企业孵化器46家，其中，国家级9家。全市国家、省、市级重点实验室137家、工程技术研究中心128家、企业技术中心229家、企业博士后工作站33家、新型研发机构56家。市级众创空间151家，其中，省级88家、国家备案42家、国家专业化示范3家，市级专业化39家。国内专利授权量36536件，其中，发明专利授权量3779件。PCT国际专利申请量483件。每万人有效发明专利拥有量达到37.87件。新登记科技成果351项，70项科技成果获省科技奖。

城市信息化

至年末，为全市提供一站式惠民服务的“i厦门”平台共整合50多个政府公共服务系统，集成481项应用及服务，在线可预约办理事项超3000项，覆盖20大类便民服务领域，以小程序形式入驻闽政通后，已整合的应用服务超190个。至年末，市民卡App已对接16个部门，提供28类事项、90种功能，实现18张卡的虚拟化接入。“i厦门”App荣获2021第一届中国城市App发展水平评估的“2021城市App综合示范奖”。

3家企业入选年度中国软件百强（全省7家）；5家企业入选年度中国互联网百强（全省7家）；27家企业入选福建省软件和信息服务业综合竞争力50强；34家企业入选福建省互联网企业综合实力评价前50家企业。2家单位入选工信部印发新一代人工智能产业创新重点任务揭榜优胜单位名单。新增2个工信部新型信息消费试点示范项目、9个国家级5G+医疗健康应用试点项目、3个工信部大数据产业发展试点示范项目、5个福建省工业互联网App典型应用案例。

十、文化、卫生和体育

文化

厦门市专业文艺院团获中国舞蹈荷花奖当代舞大奖等国家级、省级、市级文艺比赛各类奖项87个；深入社区、乡村、景区、剧场、学校、军营等地开展文化惠民演出500场，通过互联网开展线上演出及展播138场次；创作和打磨提升剧目10个，其中，交响乐《安岐随想》、舞蹈诗《沉沉的厝里情》、舞蹈《父辈的歌》入选庆祝中国共产党成立100周年舞台艺术精品创作工程重点扶持作品，南音《白鹭赋》、歌仔戏《海边风》、话剧《小城春秋》、舞蹈诗《沉沉的厝里情》、高甲戏《回甘》等5个节目入选2021年度福建省舞台艺术精品工程重点剧目，创作新冠肺炎疫情防控小节目40个。

全市纳入文物保护单位名单的不可移动文物250处（共303个点），其中，全国重点文物保护单位7处（50个点），省级文物保护单位54处（61个点），市级文物保护单位95处（98个点），县（区）级文物保护单位94处（94个点）；厦门市涉台文物古迹89处。市级以上非物质文化遗产代表性项目89个，其中，列入联合国教科文组织人类非物质文化遗产代表作名录项目2个（南音、送王船）、国家级12个、省级36个、市级41个；市级以上非物质文化遗产代表性传承人175人，其中，国家级12人、省级65人、市级98人。

全市共有公共文化馆7个；经福建省文物局登记备案博物馆、纪念馆12家；公共图书馆10个。出版发行各类报纸6种，期刊26种，侨刊乡讯14种。共有广播节目7套、电视节目6套。全市院线影院59家、银幕数392块，全年商业电影票房3.41亿元。

卫生

全市共有各级各类医疗卫生机构2284个，其中，医院65家、社区卫生服务中心27个、卫生院12个、门诊部505个、妇幼保健机构7个、疾控预防控制中心7个、专科防治院1个、疗养院1个。专业卫生技术人员40600人，其中，执业医师15699人，执业助理医师1166人，注册护士17798人。医疗机构实有床位20253张，其中，医院19134张，疗养院140张，社区卫生服务中心、卫生院228张，公共卫生机构床位数751张。

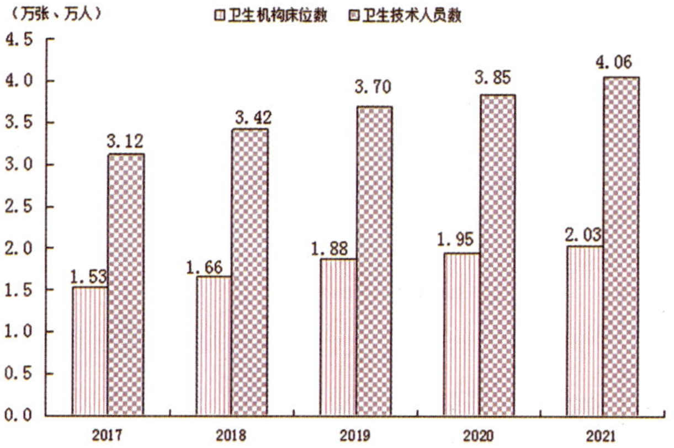

图41-12 2017—2021年卫生机构床位数和卫生技术人员数

体育

厦门观音山女子围棋队获得全国女子围棋甲级联赛第四名，厦门象屿象棋队获得全国象棋男子甲级联赛第四名。2021厦门马拉松赛于4月10日成功举办，共有24个国家和地区的1.2万人参赛，赛事荣获“世界田联精英白金标”赛事认证。选派厦门海洋职业技术学院代表厦门市参加2021中国帆船城市超级联赛，获青岛站冠军、联赛亚军。新增国家级体育产业示范单位1个，省级体育产业示范基地1个。入选2021中国体育旅游精品项目6个，2021中华体育文化优秀项目1个。体育彩票年销售额19.31亿元。2020年东京奥运会，谌龙获得羽毛球男子单打银牌，林文君获得女子200米单人划艇第六名，葛曼棋获得女子4×100米接力第六名。厦门运动员参加全国第十四届运动会共获得7金3银7铜的好成绩。厦门鹭岛足球俱乐部在2021年中乙联赛中获得第五名。全市登记注册体育协会及民办非企业单位283家，拥有各级社会体育指导员9462人，共有117所学校体育场地设施对社会开放。

十一、人口、人民生活、就业和社会保障

人口

全市常住人口528万人，常住人口城镇化率90.1%。全市人口出生率8.47‰，人口死亡率3.19‰，人口自然增长率5.28‰，比上年下降1.04个千分点。

全市户籍人口282.81万人，户籍人口城镇化率87.3%。户籍人口中，城镇人口246.94万人。思明、湖里两区合计128.07万人，占全市户籍人口的45.3%。户籍人口中，男性人口和女性人口分别为138.07万人、144.74万人，性别比为95.39（女性为100）。

人民生活

全体居民人均可支配收入64362元，比上年增长10.7%。其中，工资性收入45681元，增长10.1%；经营净收入5549元，增长10.8%；财产净收入8174元，增长15.3%；转移净收入4958元，增长9.0%。全体居民人均生活消费支出41644元，增长14.1%。

城镇居民人均可支配收入67197元，比上年增长9.6%。其中，工资性收入47898元，增长9.1%；经营净收入5433元，增长9.6%；财产净收入8725元，增长13.6%；转移净收入5141元，增长7.3%。城镇居民人均生活消费支出43010元，增长13.0%。

农村居民人均可支配收入29894元，比上年增长12.3%。其中，工资性收入18728元，增长5.7%；经营净收入6959元，增长26.4%；财产净收入1472元，增长19.2%；转移净收入2734元，增长27.3%。农村居民人均生活消费支出25033元，增长19.8%。

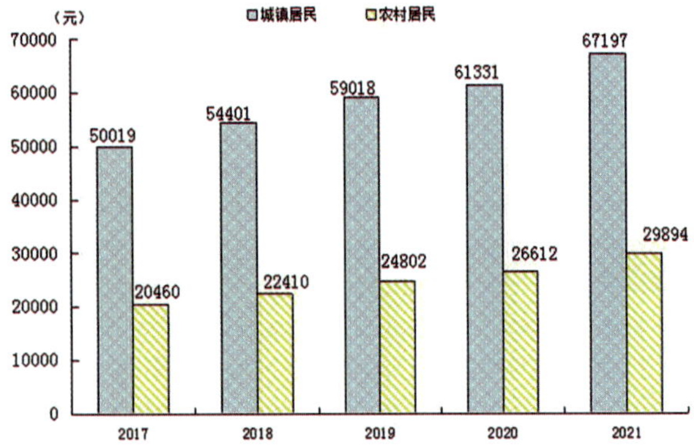

图41-13 2017—2021年城镇居民和农村居民人均可支配收入

就业

全市城镇新增就业33.07万人。至年末，实有城镇登记失业人数9.23万人，城镇登记失业率为3.40%。

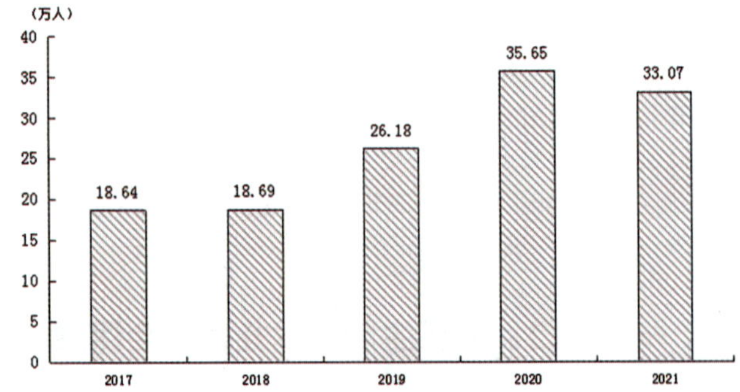

图41-14 2017—2021年城镇新增就业人数

社会保障

至年末，基本养老、工伤、失业保险参保人数分别为356.63、273.22、270.33万人，分别比上年末增长3.4%、5.4%、4.6%。其中，外来从业人员参加基本养老、工伤、失业保险的人数分别为170.96、172.25、170.57万人，分别增长4.6%、5.0%、4.5%。三项社会保险基金全年收入203.72亿元，支出289.51亿元，历年累计结余396.08亿元。

全市有工伤保险协议医疗机构31家，工伤保险协议辅助器具配置机构3家，工伤保险协议康复机构6家。共发放本市失业人员失业保险金4.24万人、3.98亿元。41.08万名退休人员移交社会化管理服务，全市社会化管理率为100%，社区管理率达到100%。

医疗保障

至年末，基本医疗、生育保险参保人数分别为457.20、270.90万人，分别比上年末增长2.7%、4.9%。其中，外来从业人员参加基本医疗、生育保险的人数均为170.61万人，均增长4.5%。两项社会保险合计基金收入152.54亿元，支出120.40亿元，历年累计结余299.68亿元。

全市有医疗保险定点医疗机构687家，医疗保险定点零售药店1261家，纳入医疗保险定点服务管理的养老服务机构医务室29家、村卫生所280家。发放医疗救助资金2.25亿元，救助56.5万人次。

社会福利与救助

全市8.99万户次、13.98万人次低保对象全年发放低保金1.17亿元。其中，城市低保对象9.23万人次，发放低保金7820.75万元；农村低保对象4.75万人次，发放低保金3854.85万元。发放临时救助资金4718.65万元，救助35615人次。救助流浪乞讨人员1901人次，其中，未成年人87人次。全市共有养老服务机构44家、床位12248张。其中，公办养老机构7家（含公建民营）、床位2588张；民办养老机构37家、床位9660张。

十二、环境保护和安全生产

环境保护和治理

空气质量综合指数（2.62）在全国168个重点城市中排名第6，优良率（99.7%）排名并列第3，PM2.5浓度20μg/m3全省并列第一；饮用水水源地、主要流域国控断面、主要流域省控断面、小流域省考断面实现“四个100%达标”，隘头潭国控点水质连续6个月进入全国前30名红榜；近岸海域水质良好，全年优良水质点位比81.8%，比上年上升15.1个百分点，海域功能区达标率为81.0%，比上年上升11.0个百分点；土壤环境质量保持稳定，危险废物处置率100%；全年城市声环境功能区昼间、夜间达标率分别为100%、85%，持续保持全国领先。

城市绿化

城市建设用地面积371.42平方公里。拥有公园180个，占地面积3930.22公顷；人均公园绿地面积14.84平方米；建成区绿化覆盖面积18513.81公顷，绿化覆盖率为45.65%；污水集中处理率100%；生活垃圾无害化处理率100%。

公用事业

全年全市自来水用水总量4.97亿吨，其中，生产运营用水1.06亿吨，居民家庭用水2.06亿吨，公共服务用水0.82亿吨。全市用电总量328.05亿千瓦时，其中，工业用电157.49亿千瓦时，城乡居民生活用电74.22亿千瓦时。全市天然气供气总量38111.59万立方米，其中，居民家庭用量6007.91万立方米，用气户数71.28万户。

安全生产

全市发生各类生产安全事故101起、死亡68人，未发生较大及以上事故；农林牧渔业、采矿业、水上运输业未发生事故，商贸制造业发生事故8起、死亡8人；交通运输业和仓储业（不含高速公路、铁路运输）发生事故72起、死亡37人；建筑业发生事故18起、死亡19人；其他行业发生事故3起、死亡4人。亿元GDP生产安全事故死亡率为0.0097。

注释：

1. 本公报为初步统计数，部分数据合计数或相对数由于单位取舍不同而产生的计算误差，均不做机械调整。

2. 本公报地区生产总值、各行业增加值、农林牧渔业及工业总产值绝对数按现价计算，增长速度按可比价计算。

3. 本公报万元GDP耗电、万元GDP耗水指标GDP按现价计算，耗水、耗电以全社会口径计算。

4. 航线数量、航司数量、通航城市不包含临时货运，计划外申请开通的4条航线为厦航的4条洲际客运航线。

5. 邮政行业业务总量、电信行业业务总量按照2020年不变单价进行计算，速度按照可比价口径进行计算。

6.2021年，旅游指标根据文旅部《国家文化文物和旅游统计调查制度》测算，增速按修正后的基数计算得出。

7. 全市对外协议投资额由2020年的中方及外方口径变更为中方口径。

8. 社保基金收支结余数据为预估数。

9.2021年，城市建设用地面积根据省自然资源厅发布的第三次国土调查数据进行修正。

《厦门市水资源公报》（2021年）

综 述

厦门市位于福建省东南端，西接漳州，北邻泉州，东南与大小金门隔海相望，下辖思明区、湖里区、集美区、海沧区、同安区、翔安区6个辖区。

根据市统计局发布的《厦门市2021年国民经济和社会发展统计公报》，当年底户籍人口282.81万人，其中城镇人口246.94万人，农村人口35.87万人，常住人口528万人。全年实现生产总值（GDP）7033.89亿元，其中第一产业增加值29.06亿元，第二产业增加值2882.89亿元（规模以上工业增加值2137.32亿元，建筑业增加值745.57亿元），第三产业增加值4121.94亿元。规模以上工业总产值8228.44亿元。当年财政总收入1530.21亿元，其中地方级财政收入880.96亿元，城镇居民人均可支配收入67197元，农村居民人均可支配收入29894元。

当年全市平均降水量1058.5mm，比多年平均值（1956年至2020年，下同）1504.0mm减少29.62%，属枯水年。全市最大年降水量为同安区汀溪镇荇后站1760.0mm，最小年降水量为翔安区新店镇张埭桥水库站581.0mm。全市地表水资源量6.206亿m^3，地下水资源量2.250亿m^3，扣除重复计算量后水资源总量为6.206亿m^3。按户籍人口，人均水资源量219m^3；按常住人口，人均水资源量118m^3。

当年末中型及重要小（1）型水库蓄水量与上年末比较，增加1615.20万m^3，其中中型水库的蓄水量增加1423.90万m^3，重要小（1）型水库的蓄水量增加191.30万m^3。

全市总供用水量7.364亿m^3（不含中水回用河道生态补水），其中地表水供应量为6.808亿m^3，占供水总量的92.45%；城镇居民用水量为2.373亿m^3，占用水总量的32.22%。

全市含河道生态补水总供用水量为8.364亿m^3，中水回用河道生态补水量不计入用水指标分析。

1 水资源量

1.1 降水量

当年全市平均降水量1058.5mm，比上年增加12.91%，比多年平均值减少29.62%，折合年降水总量17.988亿m^3，属枯水年。全市按照行政区域分成思明区、湖里区、海沧区、集美区、同安区、翔安区这六个区。其中年降水量最大的是同安区，最小的是翔安区。与多年平均值比较，2021年各行政区年降水量均有不同程度的减少。当年降水量与上年及多年平均值比较情况见表41-3、图41-15。

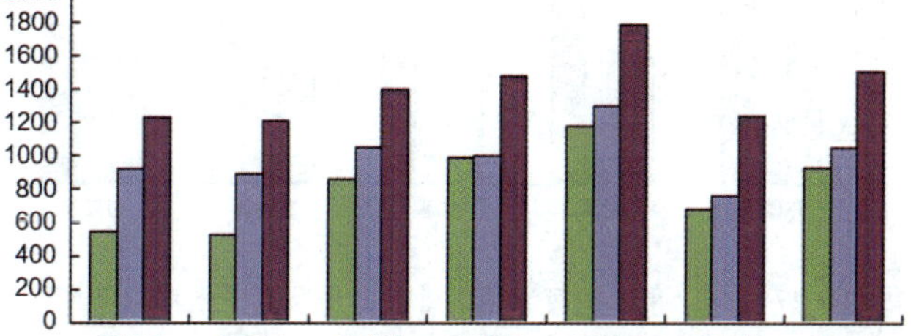

图41-15 2021年各行政区降水量与上年及多年平均比较图

选用思明区前埔站、湖里区马垄站、海沧区海沧站、集美区杏林湾水库站、同安区汀溪水库站、翔安区马巷站作为各行政区的月降水量代表站。各代表站降水量年内分配不均匀，5～9月份降水量约占全年降水量的78.0%～83.9%，其月降水量过程线见图41-16。

表 41-3　　各行政区降水量情况

项目	思明区	湖里区	海沧区	集美区	同安区	翔安区	全市
年降水量（mm）	928.3	895.6	1057.1	1001.2	1299.8	760.5	1058.5
折合水量（亿 m^3）	0.780	0.661	1.971	2.746	8.700	3.130	17.988
上年降水量（mm）	541.9	529.7	867.3	991.9	1181.9	689.4	937.5
多年平均降水量（mm）	1226.2	1201.2	1400.4	1468.4	1782.7	1232.1	1504.0
与上年比较（±%）	71.30	69.08	21.88	0.94	9.98	10.31	12.91
与多年比较（±%）	−24.29	−25.44	−24.51	−31.82	−27.09	−38.28	−29.62

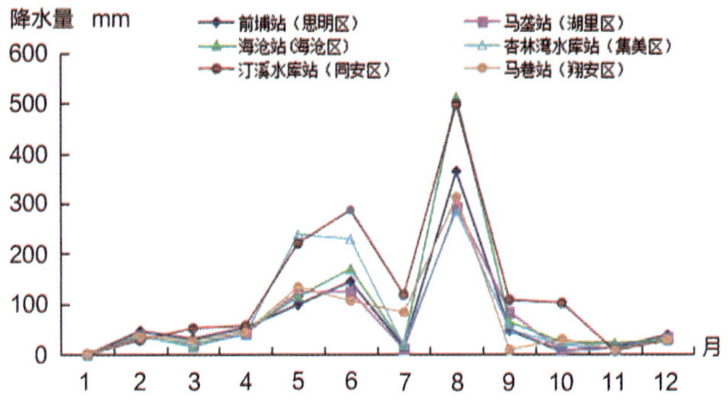

图 41-16　2021 年代表站月降水量过程线

东西溪流域年降水量 1369.0mm，比多年平均值减少 19.62%，属偏枯水年；后溪流域年降水 1051.0mm，比多年平均值减少 28.10%，属枯水年；九溪流域年降水量 820.3mm，比多年平均值减少 34.02%，属特枯水年；官浔溪流域年降水量 1213.0mm，比多年平均值减少 13.12%，属偏枯水年；过芸溪流域年降水量 1121.2mm，比多年平均值减少 24.39%，属枯水年。主要河流降水量与上年及多年平均值比较见图 41-17。

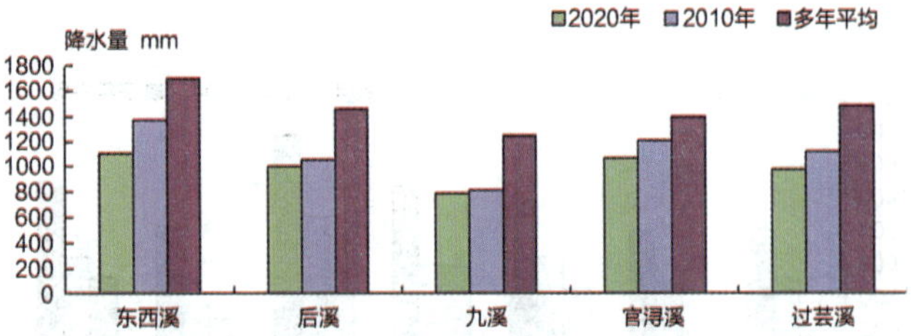

图 41-17　2021 年主要河流降水量与上年及多年平均值比较图

我市降水在空间上分布不均匀，同安北部山区为降水高值区，中部平原及沿海一带为低值区。从当年降水等值线图上可以看出，降水区域的分布与多年平均值大体一致。降水量由北向东南沿海递减，汀溪水库以北山区年降水量在 1500.0mm 以上。全市最大年降水量为同安区汀溪镇莳后站 1760.0mm，最小年降水量为翔安区新店街道张埭桥水库站 581.0mm。当年厦门市降水量变化和距平等值线见图 41-18 和图 41-19。

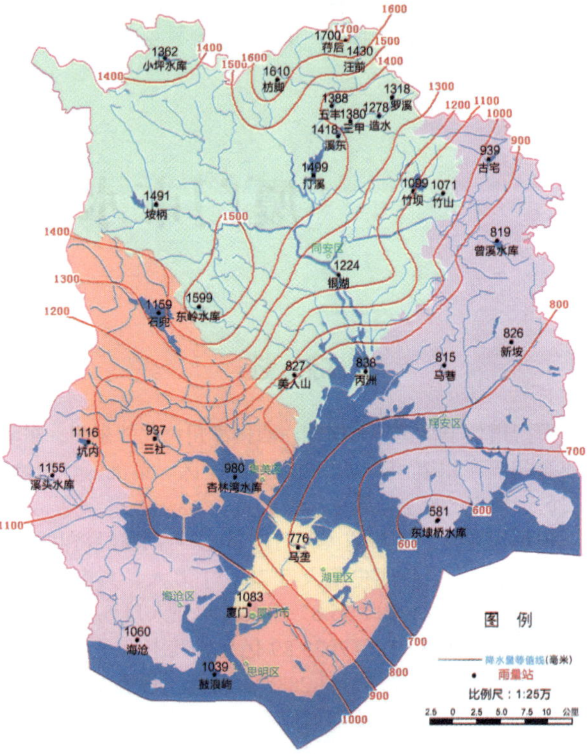

图 41-18　2021 年厦门市年降水量等值线图

1.2 地表水资源量

全市地表水资源量 6.206 亿 m^3，比上年增加 13.81%，比多年平均值减少 51.88%，折合径流深 365.2mm。同安区地表水资源量为 3.524 亿 m^3，占全市地表水资源量 56.78%，比上年增加 5.32%，比多年平均值减少 49.40%；思明区、湖里区、海沧区、集美区和翔安区地表水资源量分别为 0.195 亿 m^3、0.165 亿 m^3、0.637 亿 m^3、0.906 亿 m^3、0.779 亿 m^3，比上年分别增加 153.25%、166.13%、38.78%、0.89%、27.70%，比多年平均值分别减少 54.12%、54.92%、47.22%、53.47%、60.81%。各行政区地表水资源量与上年及多年平均值比较见图 41-20。

全市主要河流东西溪、后溪、九溪、官浔溪、过芸溪的地表水资源量分别为 3.028 亿 m^3、0.770 亿 m^3、0.198 亿 m^3、0.289 亿 m^3 和 0.185 亿 m^3，其中东西溪的地表水资源量最大，占全市的 49.79%，东西溪的地表水资源量比上年增加 42.36%，与多年平均值比较，减少 36.96%；后溪、九溪、官浔溪、过芸溪的地表水资源量比上年分别增加 1.05%、1.02%、1.05%、

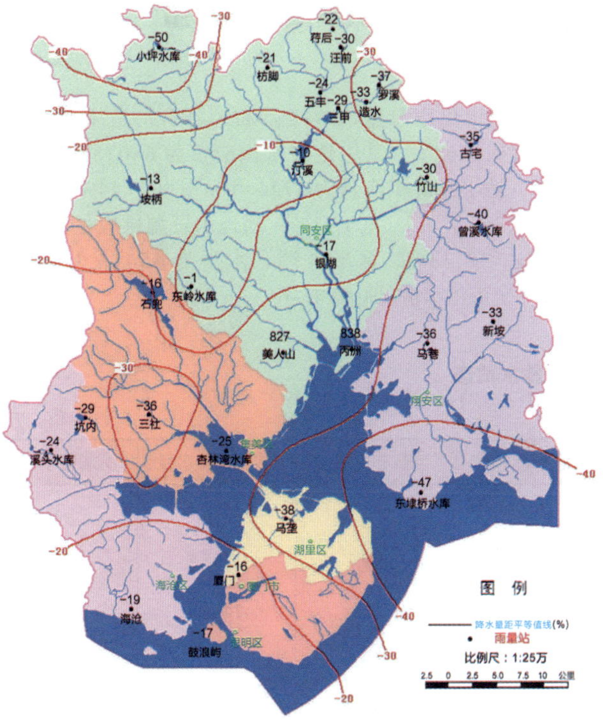

图 41-19　2021 年厦门市年降水量距平等值线图

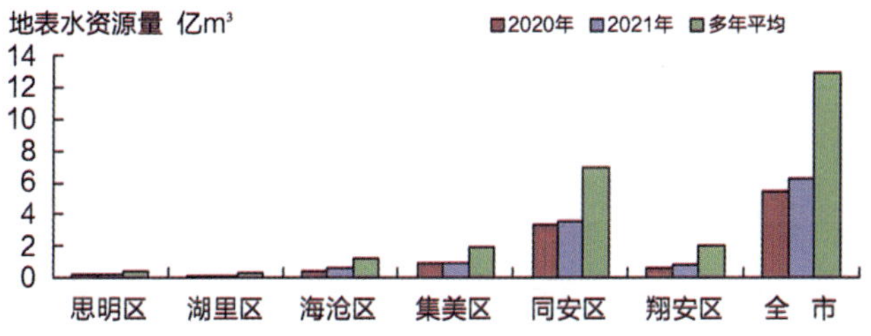

图 41-20　2021 年各区地表水资源量与上年及多年平均值比较图

23.33%，与多年平均值比较，分别减少 51.94%、56.00%、27.39%，44.94%。主要河流地表水资源量与上年及多年平均值比较见图 41-21。

1.3 地下水资源量

全市地下水资源量 2.250 亿 m³，比上年增加 4.65%，其中思明区、湖里区、海沧区、集美区、同安区和翔安区分别为 0.058 亿 m³、0.052 亿 m³、0.225 亿 m³、0.370 亿 m³、1.150 亿 m³ 和 0.395 亿 m³，各行政区与上年同比，分别增加 16.00%、

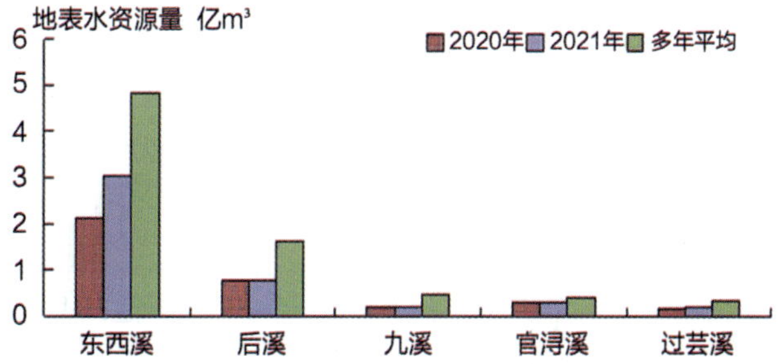

图 41-21　2021 年主要河流地表水资源量与上年及多年平均值比较图

20.93%、5.63%、3.06%、5.02%、1.28%。地下水资源量最多的是同安区，占全市地下水资源量的 51.11%，最少的是湖里区，仅占全市地下水资源量的 2.31%。

1.4 水资源总量

水资源总量是由地表水资源量和地下水资源量相加扣除重复计算量而得。当年全市水资源总量 6.206 亿 m³，比上年增加 13.81%。全市多年平均水资源量为 12.317 亿 m³，当年比多年平均值减少 49.61%。全市平均产水系数 0.35，平均产水模数 36.5 万 m³/km²。各行政区中水资源量最多的是同安区，占全市的 56.78%；最少的是湖里区，占全市的 2.66%。各行政区水资源总量见表 41-4，各行政区水资源量与上年及多年平均值比较见图 41-22。

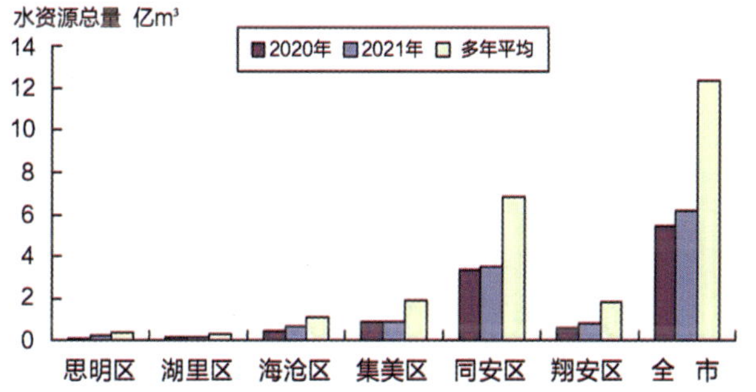

图 41-22　2021 年各区水资源总量与上年及多年平均值比较图

1.5 九龙江流域地表水资源概况

九龙江流域当年降水量 1228.2mm，折合降水总量 181.050 亿 m³，与上年相比偏少 9.12%，与多年平均值相比偏少 28.24%。地表水资源量 57.270 亿 m³，与上年相比偏少 22.16%，与多年平均值相比偏少 61.20%。2021 年九龙江北溪向厦门市跨流域引地表水资源量 4.541 亿 m³。

表 41-4　各行政区水资源

单位：亿 m³

项目	思明区	湖里区	海沧区	集美区	同安区	翔安区	合计
地表水资源量	0.195	0.165	0.637	0.906	3.524	0.779	6.206
地下水资源量	0.058	0.052	0.225	0.370	1.150	0.395	2.250
重复计算量	0.058	0.052	0.225	0.370	1.150	0.395	2.250
水资源总量	0.195	0.165	0.637	0.906	3.524	0.779	6.206

2 蓄水动态

全市现有中型水库6座，小型水库79座，总库容29407.6万m^3。根据统计，当年末中型及重要小（1）型水库蓄水量与上年末比较，增加1615.2万m^3，其中中型水库的蓄水量增加1423.9万m^3，重要小（1）型水库的蓄水量增加191.3万m^3。中型及重要小（1）型水库蓄水动态见表41–5。

3 供水量与用水量

3.1 供水情况

当年全市供水总量73642万m^3（不含河道生态补水），比上年增加5.62%。其中地表水供应量为68078万m^3，占92.45%，地下水源供应量为4744万m^3，占6.44%，其他水源供应量820万m^3，占1.11%；当地水资源供应量为28229万m^3，占38.33%，区域外调入水量为45413万m^3，占61.67%。全市供水情况见表41–6。

表41–5　中型及重要小（1）型水库蓄水动态

单位：万m^3

水库类别	水库名称	所属区域	总库容	正常水位库容	上年末蓄水量	当年末蓄水量	年末蓄水变量
中型水库	石兜水库	集美区	9011.0	8793.0	3647.9	3683.3	35.4
	汀溪水库	同安区	4845.0	3797.0	1149.1	1755.8	606.7
	莲花水库	同安区	3286.0	1958.0	1585.6	1446.3	–139.3
	杏林湾水库	集美区	2568.0	1306.8	1319.5	1242.7	–76.8
	溪东水库	同安区	1386.0	1128.0	266.0	708.5	442.5
	竹坝水库	同安区	1149.0	850.0	66.4	621.8	555.4
	小计		22245.0	17832.8	8034.5	9458.4	1423.9
重要小（1）型水库	坂头水库	集美区	700.4	426.7	388.0	394.0	6.0
	湖边水库	湖里区	624.0	529.8	468.9	449.5	–19.4
	曾溪水库	翔安区	553.2	505.0	62.6	64.3	1.7
	河溪水库	同安区	545.5	487.1	216.8	214.5	–2.3
	小坪水库	同安区	406.3	406.3	107.1	87.2	–19.9
	坑内水库	集美区	364.4	318.0	162.6	192.2	29.6
	溪美水库	翔安区	373.5	298.6	140.4	214.2	73.8
	溪头水库	海沧区	354.6	293.3	139.8	222.4	82.6
	古宅水库	翔安区	258.0	253.9	41.6	80.8	39.2
	小计		4179.9	3518.7	1727.8	1919.1	191.3
合计			26424.9	21351.5	9762.3	11377.5	1615.2

备注：2021年全市无新增降等和报废水库

表41–6　全市供水情况表

单位：万m^3

年份	地表水源供水量						地下水源供水量	其他水源供水量	供水总量		
	小计	蓄水	调水	引水	提水	其他			合计	其中当地水资源	其中区域外调入水
2021	68078	14690	45413	3980	2996	999	4744	820	73642	28229	45413
2020	64020	13822	42618	3800	2835	945	4884	820	69724	27106	42618
与上年比较（±%）	6.34	6.28	6.56	4.74	5.68	5.71	–2.87	0.00	5.62	4.14	6.56

表 41-7　　全市用水情况表

单位：万 m^3

年份	生活用水			生产用水				生态环境用水	用水总量	
	农村	城镇	其中地下水	第一产业	第二产业	第三产业	其中地下水		用水量	其中地下水
2021	2487	23732	1229	13615	15462	14135	3515	4211	73642	4744
2020	2655	22911	1352	13589	14799	12112	3532	3658	69724	4884
与上年比较（±%）	-6.33	3.58	-9.10	0.19	4.48	16.70	-0.48	15.12	5.62	-2.87

当年中水回用于河道生态补水量为 9995 万 m^3，其中埭头溪生态补水量 4671 万 m^3，浯溪、内田溪生态补水量 3634 万 m^3，月美池生态补水量 1690 万 m^3。全市含河道生态补水总供用水量为 83637 万 m^3，中水回用河道生态补水量不计入用水指标分析。

3.2 用水情况

当年全市用水总量为 73642 万 m^3（不含河道生态补水），比上年增加 5.62%。其中城镇居民用水量最大，为 23732 万 m^3，占 32.22%；其次是第二产业用水量（包括建筑业用水 2126 万 m^3）为 15462 万 m^3，占 21.00%；第一产业用水量为 13615 万 m^3，占 18.49%；第三产业用水量为 14135 万 m^3，占 19.19%；农村居民用水量为 2487 万 m^3，占 3.38%；生态环境用水量为 4211 万 m^3，占 5.72%。全市用水情况见表 41-7 和图 41-23。生产、生活、生态用水量比例分别为 58.68%、35.60%、5.72%。

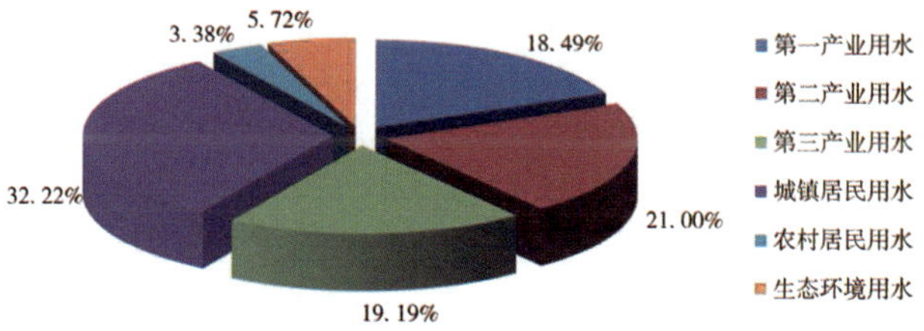

图 41-23　行业用水比例图

全市总用水量按行政区统计，思明区总用水量 12180 万 m^3，湖里区总用水量 10640 万 m^3，集美区总用水量 11517 万 m^3，海沧区总用水量 9457 万 m^3，同安区总用水量 15532 万 m^3，翔安区总用水量 14316 万 m^3，各行政区用水情况和比例见表 41-8 和图 41-24。

表 41-8　　各行政区用水情况表

单位：万 m^3

年份	思明区	湖里区	集美区	海沧区	同安区	翔安区
2021	12180	10640	11517	9457	15532	14316
2020	12110	10060	10520	8766	14600	13668
与上年比较（±%）	0.58	5.77	9.48	7.88	6.38	4.74

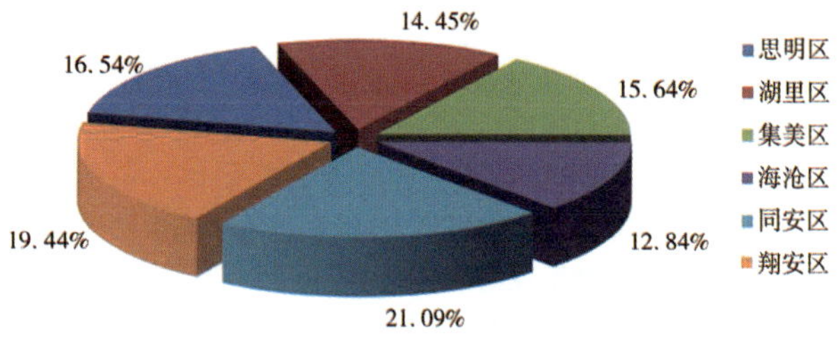

图 41-24　各行政区用水比例图

4　用水指标分析

据统计，当年本地水资源供应量为 28229 万 m^3，水资源总量为 6.206 亿 m^3，本地水资源利用率为 45.49%。以户籍人口计算，当年人均水资源量为 $219m^3$，比上年增加 9.50%；以常住人口计算，当年人均水资源量为 $118m^3$，比上年增加 11.32%。

根据用水情况，比照社会经济发展水平，万元生产总值（GDP）用水量（包括农林牧渔用水）为 $10.5m^3$，比上年减少 3.67%；万元工业产值用水量为 $1.6m^3$，比上年减少 5.88%；万元工业增加值用水量为 $6.2m^3$，比上年减少 6.06%；第三产业万元增加值用水量为 $3.4m^3$，比上年增加 6.25%；农业亩均用水量为 $540.00m^3$，比上年增加 2.37%。

以户籍人口计算，人均综合用水量为 $260m^3$，比上年增加 1.96%；城镇人均生活日用水量为 263L/d，比上年减少 0.38%；农村人均生活日用水量为 190L/d，比上年减少 7.32%。以常住人口计算，人均综合用水量为 $140m^3$，比上年增加 3.70%；城镇人均生活日用水量为 137L/d，比上年增加 0.74%；农村人均生活日用水量为 130L/d，比上年减少 1.52%。全市用水指标分析情况见表 41-9。

5　重要水事

5.1 规划引领，强化水资源保障

厦门水利系统科学开展规划编制，认真开展“三对标、一规划”专项行动，编制印发《厦门市水利改革发展“十四五”规划》、《厦门市水资源配置规划》、《厦门市水资源集约节约利用先行示范区创建方案》，着眼提升厦门水安全、水资源、水生态、水环境治理和管理能力。“十四五”期间，我市将积极

表 41-9　　**用水指标分析情况表**

年份	万元 GDP 用水量	万元工业产值用水量	万元工业增加值用水量	第三产业万元增加值用水量	农业亩均用水量	人均水资源量	人均综合用水量	城镇人均生活日用水量	农村人均生活日用水量
	m^3	m^3	m^3	m^3	m^3	m^3	m^3	L/d	L/d
2021	10.5	1.6	6.2	3.4	540.0	219（118）	260（140）	263（137）	190（130）
2020	10.9	1.7	6.6	3.2	527.5	200（106）	255（135）	264（136）	205（132）
与上年比较（±%）	-3.67	-5.88	-6.06	6.25	2.37	9.50（11.32）	1.96（3.70）	-0.38（0.74）	-7.32（-1.52）

备注：表中所示人均指标括号前数据以户籍人口数计算，括号内数据以常住人口数计算

推进水资源保障、水灾害防治、水生态水环境治理、水文与数字水利工程和能力建设共 45 个项目，计划总投资 194 亿元，“十四五”期间规划投资 97 亿元。

5.2 高位推动落实河湖长制，持续加强水生态保护治理

市委市政府高度重视河湖长制工作，市委常委会专题研究部署，市总河长先后签发第 1 号、2 号总河长令，确立每年 3 月 30 日为厦门市“河（湖）长日”。新扩建污水处理厂 16 座（已建成通水 10 座），全市大型污水集中处理设施日处理能力从 91 万吨提高至 179 万吨，名列全省第一。至 2021 年年底，全市 79 个安全生态水系建设项目全部完工，建设河道总长约 243 公里。

5.3 全面提高防范化解水安全风险能力和水平

2021 年汛期前，旱情持续发展。全市水利部门在市委市政府领导下，提前研判谋划，充分发挥水利设施基础性作用，运用“调、补、建、净、节、增”措施，累计增调原水约 6000 万立方米，保证了生活、生产、生态用水基本稳定，有效化解城市供水公共安全危机。至 2021 年 8 月 12 日，旱情宣告全面解除，应急补调水等工作被央视报道。

成立市水旱灾害防御工作领导小组，印发《厦门市城市超标准洪水防御预案》。全面加强水利工程安全监管，2020—2021 年度厦门水利建设质量被评为 A 级，位列全省第一。

表 41-10　　2021 年厦门市主要经济指标快报

指标名称	计量单位	2021 年累计	比去年同期 ±%
地区生产总值（GDP）	亿元	7033.89	8.1
第一产业	亿元	29.06	5.3
第二产业	亿元	2882.89	6.7
第三产业	亿元	4121.94	9.0
农林收通业总产值	亿元	62.01	5.1
规模以上工业增加值	亿元		11.9
港口货物吞吐量	万吨	22755.99	9.7
集装箱吞吐量	万标箱	1204.64	5.6
固定资产投资额（含铁路）	亿元		11.3
# 房地产投资	亿元	1069.66	1.3
社会消费品零各总额	亿元	2584.07	12.7
进出口总额（人民币）	亿元	8876.52	27.7
出口总额	亿元	4307.30	20.6
进口总额	亿元	4569.22	35.3
实际使用外资	亿元	186.36	12.2
一般公共预算总收入	亿元	1530.21	13.2
# 地方一般公共预算收入	亿元	880.96	12.4
一般公共预算支出	亿元	1060.00	10.8
期末金融机构各项存款余额	亿元	14767.47	12.6
# 人民币存款余额	亿元	14055.16	12.0
期末金融机构各项货款余额	亿元	15316.67	14.1
# 人民市贷款余额	亿元	14582.96	14.9
居民消费价格总指敏	%	101.2	
全体居民人均可支配收入	元	64362	10.7
城镇居民人均可支配收入	元	67197	9.6
农村居民人均可支配收入	元	29894	12.3
全体居民人均消费性支出	元	41644	14.1
城镇居民人均消费性支出	元	43010	13.0
农村居民人均消费性支出	元	25033	19.8

表 41-11　　2021 年厦门市劳动力市场分职业从业人员工资价位一览表

单位：元 / 年

序号	职业	分位值				
		10%	25%	50%	75%	90%
1	企业董事	79966	112000	180000	307443	562624
2	企业总经理	79700	119108	205848	373191	612862
3	生产经营部门经理	71357	106814	163762	269849	466078
4	财务部门经理	62884	86200	130167	203327	339672
5	行政部门经理	61345	85200	128292	208563	334704
6	人事部门经理	60000	78960	119401	197543	315301
7	销售和营销部门经理	67831	90657	147669	283942	462424
8	广告和公关部门经理	66738	90000	139464	197000	276881
9	采购部门经理	61816	88724	132262	214522	416422
10	计算机服务部门经理	102369	136317	234021	338243	452764
11	研究和开发部门经理	121964	171821	253679	335962	461138
12	餐厅部门经理	52717	63418	80502	106283	139066
13	客房部门经理	48766	56204	73061	108886	185649
14	其他职能部门经理	73463	106957	181283	303121	456431
15	其他企业中高级管理人员	77477	106130	147299	240175	431895
16	地球物理地球化学与遥感勘查工程技术人员	83801	88983	114957	153623	162598
17	水工环地质工程技术人员	143481	148041	164891	200512	226089
18	地图制图工程技术人员	77044	91404	104662	140701	168114
19	化工实验工程技术人员	71618	88137	122052	155012	185545
20	化工设计工程技术人员	63589	76556	95555	112130	128567
21	化工生产工程技术人员	61653	75293	92234	108415	125984
22	机械设计工程技术人员	54175	69792	92631	126327	157404
23	机械制造工程技术人员	52243	66155	83557	110640	131963
24	仪器仪表工程技术人员	53227	61509	115084	139691	156370
25	设备工程技术人员	56425	66886	82500	101697	125718
26	模具设计工程技术人员	51645	56012	81335	115400	128067
27	自动控制工程技术人员	65270	68689	78176	97501	124011
28	焊接工程技术人员	59720	62750	74529	102119	128933
29	汽车工程技术人员	52236	61402	73706	86507	116192
30	船舶工程技术人员	69896	86664	98553	122738	136488
31	飞行器制造工程技术人员	126911	151589	174816	198007	237166
32	电子材料工程技术人员	43802	66302	99907	138548	193038
33	电子元器件工程技术人员	55347	64963	77776	104882	151409
34	电子仪器与电子测量工程技术人员	41540	43710	80135	106339	124940
35	通信工程技术人员	49949	63337	79475	99751	148659
36	计算机硬件工程技术人员	48888	54669	67141	81527	109760

续表 41-11

序号	职 业	分位值				
		10%	25%	50%	75%	90%
37	计算机软件工程技术人员	82000	95400	132186	185183	250600
38	计算机网络工程技术人员	55450	71722	104097	186739	299315
39	信息系统分析工程技术人员	55342	68889	132964	178234	233410
40	嵌入式系统设计工程技术人员	103581	139527	184244	272211	343955
41	信息系统运行维护工程技术人员	81350	105982	156000	187723	225240
42	人工智能工程技术人员	140750	198600	224600	268800	307163
43	大数据工程技术人员	72375	162151	237837	306318	363369
44	电工电器工程技术人员	59712	70734	81830	100679	130964
45	光源与照明工程技术人员	51849	64224	73824	78624	91546
46	发电工程技术人员	84853	96242	118567	161309	198140
47	供用电工程技术人员	46644	57355	68100	95040	125364
48	变电工程技术人员	68647	74005	79991	89672	103755
49	电力工程安装工程技术人员	44209	54720	69293	84400	104432
50	广播电视制播工程技术人员	47693	103475	122751	145123	153747
51	道路交通工程技术人员	50400	66000	102838	137187	172017
52	城乡规划工程技术人员	48560	64273	84502	115956	129353
53	建筑和市政设计工程技术人员	49297	67015	100929	136694	186986
54	土木建筑工程技术人员	48000	63619	88000	121500	166595
55	风景园林工程技术人员	48165	62949	92872	113140	133422
56	供水排水工程技术人员	48277	63616	88499	114748	142875
57	道路与桥梁工程技术人员	31312	83600	120984	175164	219423
58	水利水电建筑工程技术人员	45543	56283	83054	103579	183755
59	非金属矿及制品工程技术人员	51661	52643	55200	61000	65847
60	园林绿化工程技术人员	44669	58662	73200	95115	122037
61	水利工程管理工程技术人员	61522	80943	112060	159798	190704
62	化学纤维工程技术人员	72583	79216	96957	106852	115342
63	服装工程技术人员	69563	81840	108784	227131	329975
64	环境监测工程技术人员	59559	61102	63843	76601	107003
65	安全生产管理工程技术人员	27771	29681	77969	105811	139005
66	标准化工程技术人员	52265	60311	86816	119497	160513
67	质量管理工程技术人员	49431	56463	72345	107460	156677
68	质量认证认可工程技术人员	87614	107584	123003	148198	176027
69	工业工程技术人员	68425	94228	122190	146068	169609
70	项目管理工程技术人员	54421	60561	109143	174232	217209
71	监理工程技术人员	56473	64521	84098	115427	147302
72	产品质量检验工程技术人员	55665	65124	77987	94417	116011

续表 41-11

序号	职　业	分位值				
		10%	25%	50%	75%	90%
73	印刷复制工程技术人员	56608	68296	80439	94270	118059
74	产品设计工程技术人员	49905	72211	100187	149307	237080
75	草业技术人员	32729	34532	43289	50240	51613
76	水产养殖技术人员	54488	60365	66389	88573	113362
77	其他农业技术人员	27564	30000	31200	32400	37200
78	其他飞机和船舶技术人员	22384	46976	96117	177043	215488
79	中医内科医师	62664	85319	94857	100703	126641
80	药师	38764	55595	99072	157594	169286
81	影像技师	49855	84301	121424	140276	170414
82	临床检验技师	55647	64551	99278	154948	171886
83	内科护士	50253	74897	83571	121118	148388
84	儿科护士	83718	104878	117292	132975	164932
85	急诊护士	49988	54797	110458	139141	159487
86	外科护士	49976	63696	117989	136117	153517
87	其他卫生专业技术人员	66480	77984	106063	139034	167925
88	经济规划专业人员	75223	83168	117982	176823	233623
89	统计专业人员	45140	56800	70000	92142	151325
90	会计专业人员	53268	68196	90946	125686	189859
91	审计专业人员	56455	90400	126215	186868	285687
92	税务专业人员	70333	74520	81947	106977	165324
93	国际商务专业人员	62764	80473	111111	141742	202675
94	市场营销专业人员	60874	77693	110936	167152	245822
95	商务策划专业人员	40904	67004	87425	133935	187094
96	品牌专业人员	71207	104728	145353	228435	312705
97	会展策划专业人员	52413	59643	78424	108638	201336
98	管理咨询专业人员	57665	74870	96371	137847	199538
99	物业经营管理专业人员	69780	81300	93600	106350	135062
100	报关专业人员	59524	66960	81706	103844	126905
101	人力资源管理专业人员	54587	71653	103483	153439	231281
102	人力资源服务专业人员	57613	69348	84014	115038	177716
103	银行清算专业人员	125301	166566	195334	305839	348091
104	信贷审核专业人员	156727	240351	290733	345316	515233
105	保险核保专业人员	84135	99343	122882	155332	205266
106	保险理赔专业人员	76213	95792	124186	154867	183331
107	其他经济和金融专业人员	80380	104761	144187	197139	264041
108	其他法律、社会和宗教专业人员	64465	99000	151576	202447	267632

续表 41-11

序号	职 业	分位值				
		10%	25%	50%	75%	90%
109	小学教育教师	34395	48159	61125	89495	151181
110	幼儿教育教师	40647	49544	56142	66099	76284
111	导演	49220	62695	75575	88548	98714
112	剪辑师	42233	48622	60615	80730	133219
113	化妆师	31208	55511	86318	108205	131107
114	视觉传达设计人员	33664	43326	61939	88641	107324
115	服装设计人员	67800	84750	107350	139956	195669
116	动画设计人员	83160	110948	133600	154725	176250
117	环境设计人员	51712	55700	73100	82232	97562
118	工艺美术专业人员	53399	61876	94560	126535	160358
119	教练员	52552	54555	90381	122632	148668
120	文字编辑	47120	64464	75405	98431	118437
121	网络编辑	44676	55925	70586	109006	163698
122	翻译	63058	77635	83377	104891	143895
123	其他专业技术人员	46497	58825	79478	124734	202548
124	行政办事员	45135	56000	75315	104609	154764
125	机要员	78204	92949	127227	155505	229609
126	秘书	42037	52564	73319	101353	144390
127	收发员	39699	50066	76812	110065	118200
128	打字员	41003	50597	53848	59023	67419
129	制图员	46079	51567	61697	75646	93600
130	后勤管理员	42303	53959	71680	100898	144774
131	其他办事人员	42191	53742	71880	101981	149941
132	消防安全管理员	38940	40000	68334	89662	112920
133	其他安全和消防人员	38790	47554	62756	80708	105592
134	其他办事人员和有关人员	40400	51600	63647	91170	130047
135	采购员	50448	64084	87982	129567	189041
136	营销员	42970	53896	79360	117351	193998
137	电子商务师	46940	55468	75159	88674	106936
138	商品营业员	37084	46029	58944	76715	98192
139	收银员	26600	35301	46792	53600	60369
140	连锁经营管理师	53947	61677	67850	78404	99391
141	其他批发与零售服务人员	35788	44867	56810	80226	111473
142	铁路列车乘务员	48521	55167	59925	63662	65894
143	道路客运汽车驾驶员	57720	84203	92438	99772	113960
144	道路货运汽车驾驶员	57619	69099	81446	106413	140379

续表 41-11

序号	职　业	分位值				
		10%	25%	50%	75%	90%
145	道路客运服务员	52455	62690	67685	76072	84458
146	道路货运业务员	51483	54956	66850	77468	102610
147	道路运输调度员	56568	66657	72991	86244	99257
148	公路收费及监控员	74354	77127	79662	84197	91229
149	机动车驾驶教练员	39913	53450	58186	64942	82151
150	港口客运员	64992	74860	122469	131006	134354
151	航空运输地面服务员	47221	52037	61802	96056	99558
152	装卸搬运工	43522	49985	55475	69448	87746
153	运输代理服务员	48966	62000	82041	124624	145707
154	仓储管理员	44529	55011	69585	91512	120212
155	理货员	46871	63149	82924	105305	122839
156	物流服务师	34319	36397	65994	78380	93568
157	邮政营业员	58136	60206	64769	71094	80314
158	邮件分拣员	50130	57558	66180	72184	87205
159	邮件转运员	58887	64297	66872	71198	76140
160	邮政投递员	34340	38040	76530	101281	117094
161	邮政市场业务员	54301	63483	76531	93939	122730
162	快递员	80070	89542	99911	112533	125547
163	快件处理员	70488	72029	73828	76477	80222
164	其他交通运输、仓储和邮政业服务人员	48304	59028	73445	90381	111556
165	前厅服务员	35799	42504	52138	64756	82369
166	客房服务员	33820	36000	48362	59663	74745
167	旅店服务员	36789	46600	53600	67963	93260
168	中式烹调师	37368	47060	60818	80779	104167
169	中式面点师	37074	40801	47466	58137	65649
170	西式烹调师	36060	46407	61472	77850	99650
171	西式面点师	38713	42888	51708	60740	75887
172	餐厅服务员	28665	34442	45032	56542	72351
173	茶艺师	51202	53219	55681	58575	63280
174	其他住宿和餐饮服务人员	27600	36000	49485	64913	80695
175	信息通信网络机务员	52455	64421	133440	159274	188234
176	信息通信网络运行管理员	56666	95132	127941	141167	193164
177	网络与信息安全管理员	49696	65589	98205	148522	175583
178	信息通信信息化系统管理员	59665	66328	120320	139630	154426
179	计算机程序设计员	66238	85952	115417	160024	202963
180	呼叫中心服务员	48370	57244	68320	95101	126615

续表 41-11

序号	职业	分位值				
		10%	25%	50%	75%	90%
181	其他信息传输、软件和信息技术服务人员	46157	63318	81492	107628	147812
182	银行综合柜员	73522	115432	157788	207032	262339
183	银行信贷员	170793	228826	290296	367320	431865
184	银行客户业务员	80538	130701	222822	318640	443330
185	银行信用卡业务员	83950	105941	141789	187284	230971
186	期货交易员	82471	101079	111614	122474	150408
187	保险代理人	51230	70129	102538	162607	227409
188	保险保全员	59592	76247	112927	137329	180917
189	信托业务员	86103	117132	150164	183559	217971
190	其他金融服务人员	53120	64907	95881	156602	231965
191	物业管理员	25299	35378	53850	65920	89360
192	中央空调系统运行操作员	48802	50493	55046	63467	69032
193	停车管理员	29667	33886	43296	58262	66296
194	房地产策划师	56140	68051	102498	137802	146100
195	其他房地产服务人员	31111	39725	60732	106855	209130
196	风险管理师	91528	109250	134349	186448	221800
197	客户服务管理员	43247	53600	78709	122917	190368
198	劳动关系协调员	44621	46755	62248	74077	85770
199	导游	21600	22226	25734	32497	40468
200	旅行社计调	44565	50150	56309	66508	82309
201	旅游咨询员	25812	38467	53857	68836	97751
202	保安员	32472	39853	45921	55711	69716
203	智能楼宇管理员	27908	35113	60369	75648	96060
204	消防设施操作员	56274	58786	70146	84874	90237
205	商品防损员	36029	39344	43780	52558	61694
206	市场管理员	60852	70090	85372	128270	140516
207	其他租赁和商务服务人员	39202	51716	72481	96794	124491
208	不动产测绘员	53283	56501	63644	81862	84893
209	机动车检测工	37656	54000	58366	64255	73713
210	商业摄影师	29780	35069	65137	94307	130361
211	其他技术辅助服务人员	32775	37602	57932	87448	114046
212	污水处理工	46322	48005	67808	74974	80679
213	保洁员	28482	34305	48092	57181	60858
214	生活垃圾清运工	39617	46539	57660	69322	80240

续表 41-11

序号	职业	分位值				
		10%	25%	50%	75%	90%
215	生活垃圾处理工	65202	67314	78153	80190	83172
216	有害生物防制员	114466	125748	137645	150370	160586
217	园林绿化工	35340	39240	44619	49779	59979
218	其他水利、环境和公共设施管理服务人员	51195	59123	71203	82853	117414
219	家政服务员	44007	55183	64150	78444	98378
220	洗衣师	31974	35000	41770	45073	48335
221	保健按摩师	50762	64646	69526	83641	93651
222	其他居民服务人员	30453	36000	46061	56646	63816
223	水供应服务员	98856	113198	123742	129349	130648
224	汽车维修工	47689	57359	77307	96274	113665
225	其他修理及制作服务人员	38406	40366	54077	72030	90457
226	群众文化指导员	41842	48873	75711	90723	116248
227	讲解员	70937	82298	124805	129940	132504
228	电影放映员	34509	41451	50275	58081	87088
229	社会体育指导员	33973	39793	53694	77266	80885
230	体育场馆管理员	34357	58981	77213	118729	128241
231	康乐服务员	35400	38881	48185	54170	75122
232	文化经纪人	55096	67492	78542	90220	119554
233	全媒体运营师	67553	75764	113267	146925	185600
234	健康管理师	33832	56645	88734	128724	166614
235	眼镜验光员	43028	46244	50742	55360	60700
236	其他健康服务人员	41404	45600	52269	62240	74287
237	其他农林牧渔业生产辅助人员	45620	50400	54970	63320	73226
238	水产品加工工	30395	38103	39828	41310	42463
239	其他农副产品加工人员	44535	47510	51760	56585	63842
240	糕点面包烘焙工	38786	46787	53750	62587	71617
241	米面主食制作工	47778	50366	54881	60670	73038
242	茶叶加工工	50375	55688	65201	74792	106035
243	其他食品、饮料生产加工人员	35659	52401	77974	88555	101187
244	织布工	48587	53429	69394	82331	119716
245	其他纺织、针织、印染人员	49908	53651	59983	75163	88371
246	服装制版师	49959	59239	85454	96564	117500
247	裁剪工	47422	59880	71852	93792	98451
248	缝纫工	48340	56677	69353	78856	89215

续表 41-11

序号	职　业	分位值				
		10%	25%	50%	75%	90%
249	缝纫品整型工	33496	50741	60770	77058	92622
250	皮革及皮革制品加工工	51693	55629	58748	61011	64067
251	制鞋工	52463	58352	69044	92114	96739
252	其他纺织品、服装和皮革、毛皮制品加工制作人员	46912	53228	62234	64451	73316
253	手工木工	68392	80614	100756	113687	124621
254	家具制作工	35104	51655	62112	74148	91367
255	纸箱纸盒制作工	45342	48521	71198	80153	95338
256	其他纸及纸制品生产加工人员	41299	57794	68025	81544	90732
257	印前处理和制作员	47381	54000	57600	69846	120735
258	印刷操作员	34798	54091	97447	125928	150011
259	印后制作员	53290	59294	102473	111173	117960
260	球拍球网制作工	53241	57723	61419	68277	75942
261	健身器材制作工	34857	49361	53035	56297	60115
262	化工单元操作工	83765	86072	91669	93330	97172
263	药物制剂工	47625	62076	91188	106068	131096
264	生化药品制造工	53873	57738	62868	68284	72037
265	纺丝工	58520	62967	67893	75421	81591
266	化纤后处理工	55724	64290	69803	74593	79891
267	橡胶制品生产工	43475	46720	50548	63679	82427
268	塑料制品成型制作工	36260	46097	52135	70805	86077
269	其他橡胶和塑料制品制造人员	37187	39965	42990	46370	53691
270	石材生产工	47737	56565	66871	76971	85710
271	玻璃加工工	51241	57723	63822	72693	80473
272	玻璃钢制品工	56377	60129	67993	76109	85894
273	高炉原料工	47106	47711	50142	52293	54623
274	炼钢工	47269	48467	50893	53192	59586
275	炼钢浇铸工	42266	47554	50381	54999	56842
276	炼钢准备工	51862	54208	59762	63568	70412
277	金属材涂层机组操作工	44054	45998	48598	51676	55297
278	车工	49202	63628	75952	88066	110271
279	铣工	58854	68157	78196	90112	102190
280	钻床工	29077	44493	57516	67608	78568
281	多工序数控机床操作调整工	50368	57892	68774	82897	105613
282	下料工	58166	65353	70322	81249	89090

续表 41-11

序号	职　业	分位值				
		10%	25%	50%	75%	90%
283	冲压工	34851	41780	55034	63580	71297
284	铸造工	54559	57708	65243	75949	94310
285	锻造工	79526	79854	81879	85019	85988
286	金属热处理工	58918	65669	68783	76107	102781
287	焊工	49930	53038	62244	74153	88718
288	机械加工材料切割工	42893	63974	72953	87865	102886
289	镀层工	58721	61713	64942	74142	82607
290	涂装工	50572	53566	57605	62517	74660
291	喷涂喷焊工	35471	41570	54483	68124	90014
292	模具工	58817	65350	80624	90487	100375
293	其他机械制造基础加工人员	49256	50360	55219	76292	100864
294	工具五金制作工	53557	54070	55571	57187	58099
295	建筑五金制品制作工	51597	58471	67099	76203	93427
296	日用五金制品制作工	50241	55566	70407	82440	94384
297	其他金属制品制造人员	53066	57524	76740	102898	140727
298	装配钳工	58501	71912	83001	103656	110230
299	增材制造设备操作员	41151	48316	64918	90218	109733
300	医疗器械装配工	43987	48296	52473	56864	62585
301	其他专用设备制造人员	49300	52412	60085	66461	80320
302	汽车生产线操作工	50479	54519	58231	61697	67725
303	汽车零部件再制造工	28253	30576	51907	60519	66081
304	汽车装调工	34459	37644	53270	57561	61219
305	船舶附件制造工	65458	76544	95046	108973	121510
306	电机制造工	61724	68661	87192	94980	99471
307	变压器互感器制造工	60046	64835	69499	76308	84703
308	高低压电器及成套设备装配工	67987	80302	86113	89860	93116
309	小型家用电器制造工	46654	50685	54134	58761	67808
310	电光源制造工	40905	45569	55059	64383	73289
311	灯具制造工	48396	57031	63442	70108	87599
312	其他电气机械和器材制造人员	46315	52130	69445	87096	115812
313	电声器件制造工	75040	78350	81246	85798	92418
314	继电器制造工	46768	48635	50907	54764	61183
315	电子产品制版工	26156	30697	53145	59971	61633
316	电子绝缘与介质材料制造工	56212	58892	60792	63010	65942

续表 41-11

序号	职业	分位值				
		10%	25%	50%	75%	90%
317	液晶显示器件制造工	86900	93616	101800	109979	117572
318	半导体芯片制造工	40499	55987	65735	74595	81220
319	工业机器人系统操作人员	46748	51051	59543	67873	78001
320	锅炉运行值班员	70615	89855	110242	124753	132555
321	发电集控值班员	123589	145260	163738	176788	187077
322	电气值班员	89529	93126	109178	115750	124960
323	风力发电运维值班员	121645	155277	172050	196307	212818
324	水生产处理工	82319	87721	94239	99642	107894
325	水供应输排工	106388	114153	122735	131550	146614
326	其他电力、热力、气体、水生产和输配人员	66817	72583	81993	91103	101356
327	砌筑工	40322	43379	57600	58800	68752
328	管道工	41537	47742	51602	58494	70141
329	电梯安装维修工	46910	48029	50225	52220	54372
330	制冷空调系统安装维修工	45549	56262	70495	81419	112698
331	装配式建筑施工员	38520	64000	66000	71834	78655
332	专用车辆驾驶员	51967	61524	78000	88464	101278
333	船舶甲板设备操作工	93574	115845	136134	139130	141028
334	船舶机舱设备操作工	109988	149503	154513	156861	160551
335	起重装卸机械操作工	84000	117210	141617	163006	172381
336	起重工	64208	67088	70130	73268	78621
337	设备点检员	63753	72876	87908	149439	167508
338	机修钳工	57954	73230	83755	98072	118006
339	电工	47771	55525	65204	80839	96497
340	仪器仪表维修工	45756	52191	89516	109171	125476
341	工程机械维修工	56654	63522	78018	94555	120539
342	民用航空器机械维护员	62311	81257	105870	138615	202125
343	化学检验员	56317	62284	67635	74399	82586
344	质检员	42483	46166	50174	62841	86936
345	试验员	57236	65108	77100	90902	112651
346	称重计量工	53474	77083	82572	91360	98351
347	包装工	41720	45109	52760	72929	87886
348	安全员	53758	67684	87305	115112	120517
349	其他生产辅助人员	49477	59129	75050	107620	128026
350	其他生产制造及有关人员	40978	45464	57547	74894	95756

表 41-12　　2021 年厦门市劳动力市场分行业从业人员工资价位一览表

单位：元 / 年

序号	职业	分位值				
		10%	25%	50%	75%	90%
一、制造业						
1	企业总经理	91736	122245	219800	449388	698000
2	生产经营部门经理	83367	117004	164715	222072	303664
3	财务部门经理	82149	108061	154769	216310	436374
4	行政部门经理	70027	98185	136409	196842	276714
5	人事部门经理	78040	116267	160266	242053	408083
6	销售和营销部门经理	85889	129209	198994	368028	464112
7	采购部门经理	70061	116277	158320	319350	478262
8	研究和开发部门经理	111205	151634	208944	324648	423851
9	其他职能部门经理	84900	110219	153211	249908	436910
10	其他企业中高级管理人员	75758	103051	130286	159919	219290
11	化工设计工程技术人员	65024	79979	100663	112338	124228
12	化工生产工程技术人员	65543	76913	93008	109283	125688
13	机械设计工程技术人员	54345	68429	86723	115371	152339
14	机械制造工程技术人员	50436	64605	82550	109202	129053
15	设备工程技术人员	58970	68095	81088	99852	123705
16	模具设计工程技术人员	52049	55903	78613	113308	126554
17	自动控制工程技术人员	65188	68759	78027	95961	123786
18	船舶工程技术人员	69896	86664	98553	122738	136488
19	飞行器制造工程技术人员	126911	151589	174816	198007	237166
20	电子材料工程技术人员	64312	87623	116713	147923	203402
21	电子仪器与电子测量工程技术人员	41507	43460	80135	106618	126526
22	通信工程技术人员	67258	75689	84565	93186	112687
23	计算机硬件工程技术人员	60049	62151	79344	107376	151325
24	计算机软件工程技术人员	92506	118012	150499	187496	231606
25	计算机网络工程技术人员	55730	70095	82073	105501	120242
26	信息系统运行维护工程技术人员	73644	95949	118366	221587	274396
27	电工电器工程技术人员	61132	69790	81564	94064	122014
28	光源与照明工程技术人员	51849	64250	73824	78624	86523
29	发电工程技术人员	80477	87673	96691	114780	125775
30	建筑和市政设计工程技术人员	106696	112526	123822	146801	152657
31	化学纤维工程技术人员	72583	79216	96957	106852	115342
32	服装工程技术人员	59757	71554	81840	82781	84540
33	标准化工程技术人员	72911	95803	114171	136261	171774
34	质量管理工程技术人员	50182	55746	67072	90615	149427
35	质量认证认可工程技术人员	84869	104264	121367	142752	178408

续表 41-12

序号	职业	分位值				
		10%	25%	50%	75%	90%
36	工业工程技术人员	68243	94322	122190	145848	169188
37	项目管理工程技术人员	59004	65738	81185	144254	214932
38	产品质量检验工程技术人员	55859	66916	79453	97323	116465
39	印刷复制工程技术人员	56608	68296	80439	94270	118059
40	产品设计工程技术人员	45699	68064	91081	121161	149259
41	其他飞机和船舶技术人员	147045	160045	195545	219906	257277
42	统计专业人员	41537	48103	57756	70612	86113
43	会计专业人员	53909	61243	79265	103560	130300
44	国际商务专业人员	57106	76814	96800	125513	143205
45	市场营销专业人员	67350	75468	94531	117141	146568
46	报关专业人员	60502	68618	81201	105500	134199
47	人力资源管理专业人员	51989	58216	78324	109521	129957
48	人力资源服务专业人员	48164	60724	71663	88947	128157
49	其他经济和金融专业人员	56189	64779	84712	139822	168948
50	其他专业技术人员	45742	53697	72354	97956	146688
51	行政办事员	46605	54000	66441	91027	114650
52	秘书	44400	60942	79814	101885	124350
53	打字员	46650	52829	55600	59348	64207
54	制图员	48667	53062	66319	83189	100893
55	后勤管理员	47836	57667	71499	92459	121681
56	其他办事人员	51843	59507	73405	102839	189927
57	其他安全和消防人员	56494	60176	70821	78878	99840
58	其他办事人员和有关人员	43049	56523	79373	112856	135951
59	采购员	54644	66790	86882	116665	153416
60	营销员	58845	74003	106257	169082	276983
61	商品营业员	51304	56460	64157	77790	90193
62	其他批发与零售服务人员	49351	61521	82977	98184	106787
63	道路客运汽车驾驶员	53119	57629	61062	71295	94543
64	道路货运汽车驾驶员	46999	51322	60723	80192	93262
65	装卸搬运工	49944	55220	63449	76878	88399
66	运输代理服务员	40938	56148	71845	78103	89510
67	仓储管理员	46920	57117	71608	97201	123247
68	理货员	40967	44756	47238	52265	68454
69	物流服务师	58164	67767	75384	87820	97674
70	其他交通运输、仓储和邮政业服务人员	53403	62974	76126	88958	99203
71	前厅服务员	49399	51515	53587	60164	62711

续表 41-12

序号	职业	分位值				
		10%	25%	50%	75%	90%
72	餐厅服务员	36750	40283	50263	71469	83230
73	茶艺师	51202	53219	55681	58575	63280
74	其他住宿和餐饮服务人员	38326	42969	56292	75159	86449
75	其他信息传输、软件和信息技术服务人员	64932	74843	84572	119393	157006
76	保安员	41465	50229	62719	74679	92537
77	机动车检测工	37451	53918	57553	61642	70675
78	保洁员	30883	37560	44581	51566	63037
79	园林绿化工	30281	35749	42845	71316	87012
80	其他水利、环境和公共设施管理服务人员	53012	61446	70667	78627	96072
81	其他居民服务人员	39168	43337	47916	65942	80560
82	汽车维修工	52066	55887	63753	76925	90627
83	水产品加工工	30395	38103	39828	41310	42463
84	其他农副产品加工人员	44380	46740	49880	54923	58844
85	糕点面包烘焙工	30610	52321	59026	67665	71937
86	米面主食制作工	47778	50366	54881	60670	73038
87	茶叶加工工	54503	63479	66443	78014	118372
88	其他食品、饮料生产加工人员	65605	74775	84414	92551	108888
89	织布工	48587	53429	69394	82331	119716
90	其他纺织、针织、印染人员	49894	53526	60148	75532	88455
91	服装制版师	48844	55435	73758	96064	108448
92	裁剪工	47599	62243	75837	94605	99848
93	缝纫工	48438	59539	72455	79905	93323
94	缝纫品整型工	34203	51052	63697	77594	92731
95	皮革及皮革制品加工工	51693	55629	58748	61011	64067
96	制鞋工	52463	58352	69044	92114	96739
97	其他纺织品、服装和皮革、毛皮制品加工制作人员	49853	56520	62515	68616	73561
98	手工木工	68385	80259	100386	112572	121588
99	家具制作工	52539	58240	62436	66373	101084
100	纸箱纸盒制作工	45430	48521	71351	80958	95600
101	其他纸及纸制品生产加工人员	52329	62494	68771	83010	91452
102	印刷操作员	34798	54091	97447	125928	150011
103	球拍球网制作工	53241	57723	61419	68277	75942
104	健身器材制作工	34857	49361	53035	56297	60115
105	化工单元操作工	83765	86072	91669	93330	97172
106	药物制剂工	48943	62490	91370	106127	131298
107	生化药品制造工	53873	57738	62868	68284	72037

续表 41-12

序号	职业	分位值				
		10%	25%	50%	75%	90%
108	纺丝工	58520	62967	67893	75421	81591
109	化纤后处理工	55724	64290	69803	74593	79891
110	橡胶制品生产工	43472	46709	50525	63504	82387
111	塑料制品成型制作工	36261	46105	52053	71153	86285
112	其他橡胶和塑料制品制造人员	37187	39965	42990	46370	53691
113	石材生产工	47737	56565	66871	76971	85710
114	玻璃钢制品工	56247	60140	68408	76396	85978
115	金属材涂层机组操作工	44054	45998	48598	51676	55297
116	车工	49141	62535	75383	88019	110587
117	铣工	58215	66469	75210	89313	101282
118	钻床工	28655	40728	57497	67463	77925
119	多工序数控机床操作调整工	50042	57825	68875	83344	107300
120	下料工	58166	65353	70322	81249	89090
121	冲压工	34851	41780	55034	63580	71297
122	铸造工	54559	57708	65243	75949	94310
123	锻造工	79526	79854	81879	85019	85988
124	金属热处理工	58413	64854	68783	76019	104328
125	焊工	49680	51968	56526	71759	87535
126	机械加工材料切割工	42883	62545	72748	86485	103124
127	镀层工	58721	61713	64942	74142	82607
128	涂装工	50680	53612	57634	62555	74706
129	模具工	58817	65350	80624	90487	100375
130	其他机械制造基础加工人员	49234	50360	55150	75684	100242
131	工具五金制作工	53557	54070	55571	57187	58099
132	建筑五金制品制作工	51597	58471	67099	76203	93427
133	日用五金制品制作工	50429	55978	71533	83399	94593
134	其他金属制品制造人员	52998	56593	80764	109152	141748
135	装配钳工	70457	80819	99710	106915	114527
136	增材制造设备操作员	42386	47050	62764	97905	111701
137	医疗器械装配工	43987	48296	52473	56864	62585
138	其他专用设备制造人员	47504	50937	60344	65810	80918
139	汽车生产线操作工	50479	54519	58231	61697	67725
140	汽车零部件再制造工	28253	30576	51907	60519	66081
141	汽车装调工	34459	37644	53270	57561	61219
142	船舶附件制造工	65458	76544	95046	108973	121510
143	电机制造工	61522	68521	87468	95154	99486

续表 41-12

序号	职业	分位值				
		10%	25%	50%	75%	90%
144	变压器互感器制造工	60046	64835	69499	76308	84703
145	小型家用电器制造工	46654	50685	54134	58761	67808
146	电光源制造工	40905	45569	55059	64383	73289
147	灯具制造工	48396	57031	63442	70108	87599
148	其他电气机械和器材制造人员	46315	52130	69445	87096	115812
149	电声器件制造工	75040	78350	81246	85798	92418
150	继电器制造工	46768	48635	50907	54764	61183
151	电子产品制版工	26156	30697	53145	59971	61633
152	电子绝缘与介质材料制造工	56212	58892	60792	63010	65942
153	液晶显示器件制造工	86900	93616	101800	109979	117572
154	半导体芯片制造工	40499	55987	65735	74595	81220
155	工业机器人系统操作人员	46745	51049	59529	67862	77996
156	专用车辆驾驶员	49929	55932	60978	67934	79822
157	起重工	65038	67184	70135	73369	78809
158	机修钳工	53227	70508	81038	92188	104808
159	电工	55001	59572	74712	92128	109069
160	工程机械维修工	55952	62766	73681	89397	101587
161	民用航空器机械维护员	62311	81257	105870	138615	202125
162	化学检验员	56256	62293	67423	73923	78701
163	质检员	42303	46090	49877	60754	77416
164	试验员	55430	61248	64421	67954	73071
165	包装工	41768	45100	52639	73618	88007
166	安全员	58452	66278	76043	87857	103930
167	其他生产辅助人员	46994	56437	69033	88376	115969
168	其他生产制造及有关人员	40831	45315	57860	73857	94787
二、建筑业						
1	企业总经理	81458	113621	150000	307627	499061
2	生产经营部门经理	60184	88136	132906	201656	246065
3	财务部门经理	57670	83379	122162	163472	203889
4	行政部门经理	64000	79510	108900	178000	228000
5	人事部门经理	61709	76851	111336	158038	218516
6	销售和营销部门经理	61440	90874	112119	126000	161094
7	其他职能部门经理	78115	103135	173237	221915	242495
8	其他企业中高级管理人员	81874	149713	214337	260427	307979
9	通信工程技术人员	37016	43858	58153	71778	83262
10	电力工程安装工程技术人员	64000	64425	76150	84625	103807

续表 41-12

序号	职业	分位值				
		10%	25%	50%	75%	90%
11	城乡规划工程技术人员	48527	64348	84502	116012	129392
12	土木建筑工程技术人员	48000	64400	84322	111497	142933
13	风景园林工程技术人员	46569	63412	95011	112498	130473
14	供水排水工程技术人员	47898	62690	85118	111943	134625
15	道路与桥梁工程技术人员	28562	30682	73871	107950	131640
16	监理工程技术人员	55354	65609	91679	126046	163219
17	会计专业人员	51774	68890	86400	109118	124034
18	人力资源管理专业人员	48928	69097	76525	108791	125280
19	其他专业技术人员	54881	60010	78797	109404	139824
20	行政办事员	45590	60000	75689	100803	126514
21	后勤管理员	46035	49201	63856	90187	111519
22	其他办事人员	28547	48900	64914	87304	95325
23	其他办事人员和有关人员	40500	50950	69503	87315	102319
24	保洁员	27858	28514	32400	38568	43200
25	其他居民服务人员	40515	42144	45150	49126	51097
26	装配式建筑施工员	37194	63611	66000	71444	77730
27	其他生产辅助人员	49925	53200	57289	62325	73074
28	其他生产制造及有关人员	36000	37986	41548	72000	84000
三、批发和零售业						
1	企业总经理	89246	135000	218258	353318	607892
2	生产经营部门经理	56133	67627	99048	151412	271827
3	财务部门经理	60238	89171	127197	208406	378491
4	人事部门经理	59600	76353	119113	244648	330012
5	销售和营销部门经理	62742	76621	130000	245686	430931
6	广告和公关部门经理	75385	103770	149774	242975	282499
7	其他企业中高级管理人员	77727	108264	187221	344883	576252
8	设备工程技术人员	52761	57901	59765	101955	161858
9	汽车工程技术人员	46923	63210	79924	100222	114509
10	计算机软件工程技术人员	100956	131081	189894	280263	359509
11	电工电器工程技术人员	60742	71784	86068	103736	125482
12	质量管理工程技术人员	90915	108093	128373	152387	170237
13	统计专业人员	47705	59654	65385	87398	146456
14	会计专业人员	51410	69660	101967	155708	247850
15	审计专业人员	68363	98467	139508	165334	292696
16	市场营销专业人员	46998	102241	128265	166335	209872
17	品牌专业人员	100981	122195	171906	262190	328063

续表 41-12

序号	职业	分位值				
		10%	25%	50%	75%	90%
18	人力资源管理专业人员	63818	84201	131092	225158	296627
19	保险理赔专业人员	67592	72491	92754	110645	134061
20	其他经济和金融专业人员	78335	90665	110932	174810	218489
21	其他法律、社会和宗教专业人员	131208	170605	201504	250821	308200
22	服装设计人员	67800	84750	110740	142380	196180
23	其他专业技术人员	43769	56200	74703	107025	150976
24	行政办事员	45590	55239	70333	85713	119081
25	秘书	50363	75014	96660	142942	184263
26	后勤管理员	46529	53609	68788	100380	143770
27	其他办事人员	51384	59545	83148	115434	152722
28	其他办事人员和有关人员	45000	53093	68900	111427	207285
29	采购员	48976	69905	112154	169326	233897
30	营销员	45817	51367	69557	103604	174483
31	电子商务师	41668	61700	81328	95799	132867
32	商品营业员	36992	45894	58851	76703	98260
33	收银员	37755	43002	49690	55652	61500
34	连锁经营管理师	53840	61677	65133	74096	76048
35	其他批发与零售服务人员	34169	42946	53290	71264	110105
36	道路客运汽车驾驶员	68509	71848	81832	104053	107023
37	道路货运汽车驾驶员	48200	56754	63898	71151	95423
38	装卸搬运工	45930	51659	59829	67806	73799
39	仓储管理员	39600	44710	55688	78091	121888
40	理货员	42106	52393	68697	90929	103840
41	邮政投递员	32447	34065	36600	39330	42880
42	其他交通运输、仓储和邮政业服务人员	48129	52920	57790	67599	76031
43	中式烹调师	45682	56544	64633	75906	84389
44	餐厅服务员	32334	37092	51109	56017	59283
45	其他住宿和餐饮服务人员	31358	32703	35283	38578	49708
46	保安员	50256	54754	58716	64503	74923
47	商品防损员	36029	39344	43780	52558	61694
48	市场管理员	68224	82670	119842	134262	143678
49	其他租赁和商务服务人员	24774	45010	63148	78734	103155
50	保洁员	31057	40939	44202	48693	54381
51	汽车维修工	50583	68521	87355	106974	138153
52	眼镜验光员	43028	46244	50742	55360	60700
53	其他农林牧渔业生产辅助人员	48010	51683	55180	63320	73240

续表 41-12

序号	职业	分位值				
		10%	25%	50%	75%	90%
54	其他农副产品加工人员	49550	51856	56038	67143	83076
55	茶叶加工工	49621	51104	52190	56663	66083
56	缝纫工	46301	50493	54947	62055	67538
57	其他纺织品、服装和皮革、毛皮制品加工制作人员	47097	49589	53307	56277	63748
58	多工序数控机床操作调整工	56050	60601	68774	78182	83814
59	焊工	62331	67240	72596	77516	87221
60	喷涂喷焊工	51874	54673	62188	72248	104863
61	其他机械制造基础加工人员	54030	60972	73321	95968	109133
62	其他金属制品制造人员	55965	58609	60428	61411	63635
63	增材制造设备操作员	32924	53408	68764	83996	93961
64	其他专用设备制造人员	50876	53739	59560	69215	79657
65	高低压电器及成套设备装配工	62967	67500	72231	81617	88261
66	电梯安装维修工	46910	48029	50225	52220	54372
67	电工	52576	55005	65498	76714	111518
68	工程机械维修工	68859	81508	102448	133266	160865
69	质检员	41878	47490	54553	65048	94939
70	试验员	62602	68856	77161	84467	89837
71	其他生产辅助人员	41894	46934	60550	73569	88396
72	其他生产制造及有关人员	45600	54000	57810	66555	81296
四、交通运输、仓储和邮政业						
1	企业总经理	95264	160552	241600	400229	531937
2	生产经营部门经理	91665	110251	129196	292488	361764
3	财务部门经理	76753	94410	147747	206216	261933
4	行政部门经理	76012	100627	146824	249575	323143
5	人事部门经理	71497	86462	138963	241488	296195
6	销售和营销部门经理	84895	101934	157467	217591	314244
7	其他职能部门经理	104357	136698	208202	281119	372801
8	其他企业中高级管理人员	111557	143221	205530	233165	411161
9	设备工程技术人员	93110	96272	100914	135067	144526
10	通信工程技术人员	80519	88109	101794	110075	157585
11	计算机软件工程技术人员	75589	91738	119792	144217	223384
12	建筑和市政设计工程技术人员	62188	71844	155814	210833	261059
13	土木建筑工程技术人员	70929	87267	94364	107260	178815
14	安全生产管理工程技术人员	87422	91080	103747	137044	226011
15	其他飞机和船舶技术人员	22384	45892	86577	173479	212573
16	统计专业人员	55142	60983	78131	84897	109330

续表 41-12

序号	职业	分位值				
		10%	25%	50%	75%	90%
17	会计专业人员	67053	81907	98995	134325	173160
18	市场营销专业人员	78310	86384	108619	143262	182995
19	其他专业技术人员	65658	70374	76854	97297	140645
20	行政办事员	70238	81550	112969	182121	233844
21	后勤管理员	61833	83663	92657	106406	130291
22	其他办事人员	48109	65008	88438	115542	152986
23	其他安全和消防人员	51775	62300	68388	94938	126100
24	其他办事人员和有关人员	44434	53280	69247	85200	103452
25	营销员	37339	49827	75869	93246	124231
26	道路客运汽车驾驶员	69927	85266	92829	100027	114689
27	道路货运汽车驾驶员	68810	74997	92415	122470	150336
28	道路客运服务员	52545	62709	67522	75297	84490
29	道路货运业务员	61670	66890	72892	84397	105038
30	道路运输调度员	62511	66934	74542	86751	103706
31	港口客运员	64992	74860	122469	131006	134354
32	航空运输地面服务员	46730	50500	56961	74677	83709
33	装卸搬运工	45701	49615	52878	78118	90484
34	运输代理服务员	49500	63720	84288	126833	148468
35	仓储管理员	46348	59427	69358	80179	87723
36	理货员	62367	72688	93330	111652	134491
37	邮政营业员	58136	60206	64769	71094	80314
38	邮件分拣员	53224	61033	67021	73174	88048
39	邮件转运员	62415	64652	67014	71421	76270
40	邮政市场业务员	54301	63483	76531	93939	122730
41	快递员	80070	89542	99911	112533	125547
42	快件处理员	70488	72029	73828	76477	80222
43	其他交通运输、仓储和邮政业服务人员	47118	59400	75461	90628	110015
44	其他租赁和商务服务人员	71618	77514	85543	95882	120381
45	专用车辆驾驶员	63862	74059	82356	94306	105243
46	船舶甲板设备操作工	106522	130917	136486	139302	141369
47	船舶机舱设备操作工	143793	151907	155513	157209	160804
48	机修钳工	77151	83743	89909	100547	133945
49	安全员	85209	90040	115879	119599	142316
五、住宿和餐饮业						
1	企业总经理	86070	134181	234246	329965	549886
2	财务部门经理	38973	61176	89319	188965	250826

续表 41-12

序号	职业	分位值				
		10%	25%	50%	75%	90%
3	人事部门经理	58727	82829	117600	150501	223151
4	销售和营销部门经理	59149	80023	106994	178447	267548
5	餐厅部门经理	52578	63381	80403	106129	138520
6	客房部门经理	50793	57024	73457	111961	186212
7	其他职能部门经理	61603	75240	113213	158661	232576
8	其他企业中高级管理人员	78963	92831	103212	127285	177000
9	设备工程技术人员	44789	58013	69162	81910	101547
10	电子材料工程技术人员	40900	45224	51775	66302	70882
11	电工电器工程技术人员	51174	58879	66450	77517	90950
12	电力工程安装工程技术人员	39574	43598	51358	63594	66167
13	会计专业人员	38537	48939	59751	74226	102423
14	其他专业技术人员	49265	54247	64850	94690	173731
15	行政办事员	36515	52000	71652	89161	129667
16	秘书	39349	47601	55694	64163	82479
17	后勤管理员	27844	31234	53700	89396	124131
18	其他办事人员	36024	43200	54000	81909	144091
19	其他安全和消防人员	40658	45792	55200	67037	72732
20	其他办事人员和有关人员	38147	47469	67200	111710	152112
21	营销员	50077	63767	79215	97500	124740
22	仓储管理员	39828	47895	56728	65127	85852
23	前厅服务员	34937	41790	54184	70519	85128
24	客房服务员	35592	41157	51600	65855	79198
25	旅店服务员	36422	45502	60352	87806	108793
26	中式烹调师	35232	44380	54243	76299	97221
27	中式面点师	37064	40473	47047	55688	65360
28	西式烹调师	35948	45856	61119	78310	99825
29	西式面点师	38468	42513	50807	58696	66955
30	餐厅服务员	28523	33017	44396	55497	71948
31	其他住宿和餐饮服务人员	36416	44362	55591	69489	86471
32	保安员	35508	44871	51501	65057	79593
33	保洁员	28202	32378	45311	52155	61364
34	洗衣师	31974	35000	41770	45073	48335
35	糕点面包烘焙工	42205	46517	51679	59947	70683
36	其他食品、饮料生产加工人员	33974	36075	43027	52737	63730
37	管道工	41537	47742	51602	58494	70141
38	专用车辆驾驶员	40331	57927	64311	66753	69052

续表 41-12

序号	职业	分位值				
		10%	25%	50%	75%	90%
39	电工	41666	48365	53573	67501	73966
六、信息传输、软件和信息技术服务业						
1	企业总经理	132000	182080	307152	612012	781379
2	生产经营部门经理	85316	134455	240000	383300	457295
3	财务部门经理	88162	110570	175752	280501	368096
4	行政部门经理	78144	120183	188920	350490	414206
5	人事部门经理	80555	103448	147364	257565	376242
6	销售和营销部门经理	96612	130619	224263	377986	497851
7	计算机服务部门经理	106642	136165	241932	333520	417350
8	研究和开发部门经理	183015	228320	289600	349731	500976
9	其他职能部门经理	87405	100300	145315	243643	392449
10	其他企业中高级管理人员	139058	189518	325395	431989	595183
11	设备工程技术人员	89250	93435	98634	106417	114717
12	通信工程技术人员	44439	59432	73474	94014	203752
13	计算机软件工程技术人员	82000	92884	111482	173229	240262
14	计算机网络工程技术人员	54693	67702	96000	155125	215258
15	信息系统分析工程技术人员	56363	92201	154893	195676	257394
16	信息系统运行维护工程技术人员	83730	117600	157401	183984	212635
17	人工智能工程技术人员	146600	198600	224600	270100	307670
18	电工电器工程技术人员	51780	61800	78000	123900	141600
19	项目管理工程技术人员	115163	137958	176383	210125	230412
20	产品设计工程技术人员	94600	130095	196000	263600	264900
21	会计专业人员	58657	74725	97539	127288	201878
22	市场营销专业人员	57427	74253	117599	199334	271826
23	人力资源管理专业人员	53468	73047	113149	184054	221134
24	视觉传达设计人员	51838	55870	69621	87410	106151
25	动画设计人员	83160	110948	133600	154725	176250
26	网络编辑	46513	55744	68606	108867	159314
27	其他专业技术人员	47914	62408	99269	179839	294208
28	行政办事员	40422	48238	66000	89156	127951
29	后勤管理员	50122	61996	98000	149110	273928
30	其他办事人员	38819	53244	77419	120509	166579
31	其他办事人员和有关人员	33402	44932	67500	112954	167162
32	电子商务师	54618	64277	79397	90456	102393
33	仓储管理员	55784	58450	78224	102351	123094
34	信息通信网络机务员	54380	97984	134896	159805	188759

续表 41-12

序号	职业	分位值				
		10%	25%	50%	75%	90%
35	信息通信网络运行管理员	65330	116447	128871	150481	196609
36	网络与信息安全管理员	66584	98904	116742	168285	178339
37	计算机程序设计员	69106	87000	115260	159989	205191
38	呼叫中心服务员	46602	52860	59688	67658	72510
39	其他信息传输、软件和信息技术服务人员	59979	67071	86334	112934	157578
40	其他租赁和商务服务人员	49300	62478	83668	105042	119638
41	不动产测绘员	53283	56501	63644	81862	84893
42	保洁员	35957	37644	38650	39774	40529
43	全媒体运营师	78492	114100	133600	161004	193400
44	质检员	64770	89370	94033	98923	102535
45	其他生产辅助人员	71468	89950	96222	107954	116923
七、金融业						
1	销售和营销部门经理	181096	271664	405195	577440	867491
2	其他企业中高级管理人员	191264	251283	423420	609867	886212
3	通信工程技术人员	80219	85096	109334	133801	222947
4	计算机软件工程技术人员	93738	105371	145248	189672	306271
5	嵌入式系统设计工程技术人员	136222	155009	199728	289846	348386
6	信息系统运行维护工程技术人员	146232	156486	170789	200176	258798
7	经济规划专业人员	80664	92467	110618	199097	260775
8	会计专业人员	73484	95614	125592	214879	328473
9	市场营销专业人员	133735	157108	194939	265461	326804
10	人力资源管理专业人员	91588	123764	222148	290578	409612
11	银行清算专业人员	125301	166566	195334	305839	348091
12	信贷审核专业人员	201633	253459	294128	345502	518712
13	保险核保专业人员	87882	102639	125691	156885	208327
14	保险理赔专业人员	81193	99972	127615	157608	185697
15	其他经济和金融专业人员	91833	116330	155449	211128	283681
16	行政办事员	62244	89239	127774	187916	239596
17	其他办事人员	73986	98512	149843	225207	296346
18	其他办事人员和有关人员	65727	82251	106314	161498	207264
19	营销员	70549	99921	127719	180294	221860
20	呼叫中心服务员	98432	112121	126321	129984	137684
21	银行综合柜员	125096	145294	177239	221209	274745
22	银行信贷员	170793	228826	290296	367320	431865
23	银行客户业务员	151202	196791	257657	346853	483735
24	银行信用卡业务员	83950	105941	141789	187284	230971

续表 41-12

序号	职业	分位值				
		10%	25%	50%	75%	90%
25	期货交易员	82471	101079	111614	122474	150408
26	保险代理人	51065	69838	104331	163234	227852
27	保险保全员	59514	76400	113075	137470	181034
28	信托业务员	86103	117132	150164	183559	217971
29	其他金融服务人员	58773	68118	96975	157805	243940
八、房地产业						
1	企业总经理	81658	158294	294018	440816	658000
2	生产经营部门经理	82136	112588	166741	215225	317326
3	财务部门经理	57760	92483	149000	217074	360409
4	行政部门经理	79827	106860	150324	236128	346632
5	人事部门经理	59208	96717	147782	229975	335100
6	销售和营销部门经理	73155	82483	94083	146738	223988
7	其他职能部门经理	67182	95909	173348	286990	440471
8	其他企业中高级管理人员	87005	103108	142819	291557	551244
9	电工电器工程技术人员	63617	72501	79668	93160	112259
10	电力工程安装工程技术人员	37200	42763	47023	55260	85200
11	建筑和市政设计工程技术人员	85262	107218	151089	174206	268457
12	土木建筑工程技术人员	105428	128317	172649	218241	301057
13	水利水电建筑工程技术人员	85166	89497	94462	100031	183430
14	安全生产管理工程技术人员	40800	49212	69482	80697	93200
15	项目管理工程技术人员	50521	53427	58672	66901	72784
16	经济规划专业人员	80667	102090	166746	193382	233056
17	会计专业人员	57980	72376	96176	132547	190741
18	人力资源管理专业人员	61431	74316	111349	155601	183221
19	人力资源服务专业人员	64614	75952	80656	105221	120446
20	其他专业技术人员	43900	61419	100286	164953	284090
21	行政办事员	47261	62525	81588	109681	136895
22	后勤管理员	42350	53479	71485	102922	142273
23	其他办事人员	42806	52000	66076	95945	142617
24	其他安全和消防人员	38400	41110	51529	81821	100930
25	道路客运汽车驾驶员	76297	87267	90030	92889	96834
26	仓储管理员	59377	64115	72758	84755	88280
27	中式烹调师	61944	66982	77138	84850	99503
28	其他住宿和餐饮服务人员	49299	54057	60400	65424	75967
29	物业管理员	25197	34580	53607	65478	88697
30	中央空调系统运行操作员	48189	49787	51487	63130	68400

续表 41-12

序号	职业	分位值				
		10%	25%	50%	75%	90%
31	停车管理员	28106	31800	36117	43200	49101
32	房地产策划师	55472	66400	101006	134759	143625
33	其他房地产服务人员	29579	35764	56283	80449	151506
34	客户服务管理员	41064	45962	58218	78660	91521
35	保安员	37471	41330	45921	52625	64086
36	消防设施操作员	56572	58458	72159	85788	91073
37	其他租赁和商务服务人员	48235	57159	68300	87175	101932
38	保洁员	30821	33370	37600	49077	61596
39	园林绿化工	36205	39654	42075	51546	62752
40	其他水利、环境和公共设施管理服务人员	47193	51163	58710	84595	134560
41	其他居民服务人员	30604	34800	46860	56333	69207
42	家具制作工	64002	69311	75960	87981	92897
43	专用车辆驾驶员	52685	56441	61560	69839	79302
44	起重装卸机械操作工	109944	120367	139374	144433	152958
45	电工	45432	53587	62461	70400	82719
46	其他生产辅助人员	78894	89928	97715	101569	115734
九、租赁和商务服务业						
1	企业总经理	78229	105149	184530	347660	634065
2	生产经营部门经理	39760	73188	159949	235570	269507
3	财务部门经理	62088	75412	112629	167614	240578
4	行政部门经理	57533	76540	106999	157620	254182
5	人事部门经理	60241	71048	99388	134619	228710
6	销售和营销部门经理	62449	81499	109209	176743	253138
7	其他职能部门经理	66807	88103	126151	220307	351840
8	其他企业中高级管理人员	68920	90532	143570	280559	493600
9	计算机网络工程技术人员	53230	68109	113663	221770	296335
10	电工电器工程技术人员	61859	71367	84192	125822	157258
11	供用电工程技术人员	76049	82581	115838	145173	158633
12	土木建筑工程技术人员	47137	62268	70000	87000	182216
13	会计专业人员	54003	68894	86439	114691	182953
14	税务专业人员	73240	73998	75460	77880	94689
15	市场营销专业人员	51120	58808	72699	98213	131154
16	会展策划专业人员	50056	58459	72312	86318	108323
17	管理咨询专业人员	62275	80355	109819	139926	201140
18	人力资源管理专业人员	54014	64000	82572	158473	173760
19	其他专业技术人员	50499	63690	87813	131749	187724

续表 41-12

序号	职业	分位值				
		10%	25%	50%	75%	90%
20	行政办事员	42000	53276	69153	113368	179399
21	秘书	46990	51215	66240	88639	105255
22	后勤管理员	39600	46725	57760	75443	96010
23	其他办事人员	48840	58985	81225	101296	120217
24	其他安全和消防人员	42975	54977	65107	69835	85689
25	采购员	39600	41000	51600	67600	102539
26	营销员	35929	51010	76008	120666	172850
27	商品营业员	36600	39600	46195	56100	66600
28	铁路列车乘务员	48521	55167	59925	63662	65894
29	道路客运汽车驾驶员	57960	83772	93485	101233	112364
30	其他交通运输、仓储和邮政业服务人员	50080	57800	86000	162788	186240
31	中式烹调师	57252	65810	79196	93294	98606
32	餐厅服务员	46160	50600	53600	59668	66114
33	其他住宿和餐饮服务人员	51354	54316	58567	66124	78968
34	其他金融服务人员	43211	51572	75643	104680	168142
35	物业管理员	42000	49086	53067	61377	87708
36	中央空调系统运行操作员	53983	56372	60866	63450	71152
37	停车管理员	55531	58298	62731	68136	73057
38	风险管理师	86033	94240	119020	135396	163183
39	客户服务管理员	39600	46600	60325	107557	155994
40	导游	22070	22852	28212	33242	40814
41	旅行社计调	45886	51328	57162	67568	82572
42	旅游咨询员	25912	42100	54390	71311	98958
43	保安员	30792	32472	36000	46800	57138
44	市场管理员	59971	61778	69755	77924	84336
45	其他居民服务人员	38430	44641	52163	55471	59975
46	家具制作工	28517	34114	49974	60469	72585
47	砌筑工	46550	65306	71339	83462	86586
48	专用车辆驾驶员	56456	63725	71497	93810	107360
49	其他生产辅助人员	56965	59248	62160	65378	67737
50	其他生产制造及有关人员	54217	63685	82263	115476	178622
十、科学研究和技术服务业						
1	企业董事	92106	125350	233368	296821	433004
2	企业总经理	91663	131100	184071	296030	482080
3	生产经营部门经理	103856	118431	157705	226214	325028
4	财务部门经理	65703	82565	108887	180638	273991

续表 41-12

序号	职业	分位值				
		10%	25%	50%	75%	90%
5	行政部门经理	64775	82181	120550	188903	236688
6	人事部门经理	68100	75300	110052	168237	207960
7	销售和营销部门经理	66522	82946	122603	203861	299760
8	研究和开发部门经理	100815	120729	192709	323585	452641
9	其他职能部门经理	72800	96000	128906	215524	266528
10	其他企业中高级管理人员	79402	100573	144236	225116	441155
11	地球物理地球化学与遥感勘查工程技术人员	83801	88983	114957	153623	162598
12	设备工程技术人员	60562	68595	78596	91460	120001
13	通信工程技术人员	51786	62911	84693	121637	183160
14	计算机软件工程技术人员	71861	86533	139976	213616	272862
15	电工电器工程技术人员	56822	69650	87606	109034	118035
16	电力工程安装工程技术人员	57510	64001	71476	82083	94527
17	建筑和市政设计工程技术人员	57700	90400	118800	165775	283940
18	土木建筑工程技术人员	50984	62168	91227	136369	203171
19	风景园林工程技术人员	48165	54765	61365	87962	138939
20	供水排水工程技术人员	74361	94933	105437	150499	162626
21	道路与桥梁工程技术人员	74630	89832	106081	131512	153350
22	环境监测工程技术人员	60377	65126	76347	96704	139424
23	标准化工程技术人员	48000	53064	60000	68746	108000
24	项目管理工程技术人员	58300	59500	89225	123891	130771
25	监理工程技术人员	56945	64300	70050	93991	124450
26	会计专业人员	53600	66520	78392	117124	170865
27	人力资源管理专业人员	63509	74066	89933	124327	149728
28	人力资源服务专业人员	68224	74601	84014	98364	100470
29	工艺美术专业人员	52913	90000	110004	142200	166016
30	其他专业技术人员	50190	66108	86221	124250	200000
31	秘书	44348	48858	56101	73511	80304
32	后勤管理员	49250	56782	70928	84082	105097
33	其他办事人员	46202	52130	64270	83925	124470
34	其他办事人员和有关人员	41636	50624	62125	79709	104791
35	营销员	41738	51400	56416	66773	106942
36	道路客运汽车驾驶员	42610	44998	47624	50900	56384
37	仓储管理员	44566	48822	60078	71905	90902
38	其他交通运输、仓储和邮政业服务人员	56152	62139	64524	67216	69700
39	其他信息传输、软件和信息技术服务人员	66767	73152	83028	101630	106987
40	污水处理工	67764	69676	72743	76583	78655

续表 41-12

序号	职业	分位值				
		10%	25%	50%	75%	90%
41	保洁员	34434	36383	45054	54143	57228
42	其他水利、环境和公共设施管理服务人员	62601	68005	76618	113128	145814
43	橡胶制品生产工	53550	55950	58350	67000	85200
44	高炉原料工	47106	47711	50142	52293	54623
45	炼钢工	47269	48467	50893	53192	59586
46	炼钢浇铸工	42266	47554	50381	54999	56842
47	炼钢准备工	51862	54208	59762	63568	70412
48	日用五金制品制作工	49494	52749	55352	56042	63277
49	装配钳工	53232	62431	72822	81373	88287
50	专用车辆驾驶员	44585	50771	75797	104376	109498
51	电工	70546	74042	78301	95990	101607
52	工程机械维修工	67391	74343	82203	87402	97128
53	质检员	41994	45252	46863	48594	51751
54	试验员	60672	75939	84209	106957	137956
55	其他生产辅助人员	36124	42879	76902	93353	123534
56	其他生产制造及有关人员	39864	44365	46714	51527	59234
十一、水利环境和公共设施管理业						
1	企业总经理	85867	122828	200759	337092	444439
2	生产经营部门经理	64396	93605	129299	209496	293159
3	行政部门经理	67526	103953	167908	202827	289327
4	其他职能部门经理	86104	132381	218022	295899	336870
5	其他企业中高级管理人员	141653	186436	245690	306771	485224
6	电工电器工程技术人员	75608	81860	105560	123532	146281
7	建筑和市政设计工程技术人员	48349	68258	92523	121418	151682
8	土木建筑工程技术人员	49749	89811	115576	142966	184671
9	风景园林工程技术人员	63885	73247	95000	120000	153146
10	环境监测工程技术人员	59475	60923	62960	70589	105114
11	会计专业人员	75538	85157	102206	153524	190715
12	人力资源管理专业人员	95788	114519	154107	184292	201156
13	环境设计人员	54182	56535	73030	82232	93338
14	其他专业技术人员	57385	64468	86114	103521	153600
15	行政办事员	71642	94849	125432	161094	189400
16	后勤管理员	36000	41891	62400	91461	120100
17	其他办事人员	39545	49000	63315	81911	106418
18	其他办事人员和有关人员	50628	54737	73226	95680	122022
19	公路收费及监控员	74333	77179	79672	84197	91255

续表 41-12

序号	职业	分位值				
		10%	25%	50%	75%	90%
20	保安员	37005	38143	39922	44543	54967
21	保洁员	26130	36125	43783	52650	56346
22	生活垃圾清运工	39967	55506	63347	76731	83621
23	生活垃圾处理工	65241	67336	78158	80191	83234
24	园林绿化工	35761	39198	47379	49234	53571
25	其他水利、环境和公共设施管理服务人员	52754	57682	63304	72685	87934
26	其他居民服务人员	26517	28343	37362	46800	52137
27	高低压电器及成套设备装配工	82037	84955	87564	90572	93357
28	水生产处理工	86970	90479	95386	100369	109912
29	专用车辆驾驶员	46806	49362	52441	101552	109744
30	机修钳工	90847	103984	108458	112079	120557
31	其他生产辅助人员	54945	79768	93839	106177	112024
十二、居民服务、修理和其他服务业						
1	企业总经理	62319	75600	116415	203513	311107
2	生产经营部门经理	52850	62341	82102	135010	227815
3	财务部门经理	55481	67148	89251	138785	166742
4	行政部门经理	51794	61696	81802	113455	218790
5	人事部门经理	55384	64960	78697	121797	201804
6	销售和营销部门经理	57600	66000	87957	129938	146289
7	其他职能部门经理	52524	59303	79932	121471	212724
8	土木建筑工程技术人员	40000	45600	56000	92600	108000
9	水利水电建筑工程技术人员	45848	52186	63930	80630	105583
10	会计专业人员	41115	48864	57996	72344	92328
11	物业经营管理专业人员	68880	81600	93600	107100	133200
12	导演	48921	61416	74686	87417	95106
13	剪辑师	39293	47900	57260	76369	88478
14	化妆师	30814	43700	80586	99149	119755
15	视觉传达设计人员	32097	39887	55013	79967	99588
16	其他专业技术人员	38940	45489	55358	72063	102129
17	行政办事员	48000	61505	87311	102098	121095
18	后勤管理员	38063	45381	56716	66869	93666
19	其他办事人员	35866	42000	52423	67244	88610
20	其他办事人员和有关人员	42000	54000	72265	72700	91970
21	营销员	32400	46351	75127	106745	142376
22	电子商务师	45149	47513	51956	63579	77904
23	其他批发与零售服务人员	51163	64710	94336	155071	181483

续表 41-12

序号	职业	分位值				
		10%	25%	50%	75%	90%
24	道路客运汽车驾驶员	36494	38896	41117	45146	48894
25	道路货运汽车驾驶员	59868	64179	68867	74636	82918
26	道路货运业务员	51087	53268	55218	58874	71246
27	装卸搬运工	42808	48561	53316	61733	65414
28	仓储管理员	45317	51200	66423	86134	96794
29	物流服务师	32362	33560	34738	35575	36399
30	其他交通运输、仓储和邮政业服务人员	55398	61047	67974	77028	94568
31	前厅服务员	33600	35912	36000	48708	51455
32	中式烹调师	39718	48987	60915	67055	102664
33	餐厅服务员	33667	38098	43541	46066	61812
34	物业管理员	38086	51444	58735	73611	92626
35	停车管理员	29202	35809	43195	44519	47591
36	保安员	32832	40080	45760	53309	59375
37	商业摄影师	29201	34149	56186	88926	109156
38	其他技术辅助服务人员	54489	58189	67706	75398	86772
39	保洁员	28075	31999	54124	58960	61391
40	生活垃圾清运工	31200	42379	52074	58336	61476
41	园林绿化工	29377	33284	39083	47704	63928
42	其他水利、环境和公共设施管理服务人员	52588	62056	76677	81476	88341
43	家政服务员	51706	57662	68626	81714	99819
44	保健按摩师	52023	64455	68171	79479	87213
45	其他居民服务人员	30028	36000	46308	57415	62323
46	汽车维修工	45601	52973	70606	89155	101228
47	其他健康服务人员	41953	44659	48478	58312	67744
48	缝纫工	54520	55400	56816	66123	78305
49	其他纺织品、服装和皮革、毛皮制品加工制作人员	31547	40446	52981	55947	61021
50	专用车辆驾驶员	71560	78525	83449	87484	91820
51	电工	43330	52821	62763	77016	90160
52	其他生产辅助人员	51307	63094	72787	76328	89696
53	其他生产制造及有关人员	77543	81085	81900	84950	112357

报刊集萃

厦门——高素质创新创业之城彰显活力（“十四五”，我们这样开局起步）

《人民日报》记者 赵永平 颜 珂 王 浩

初夏时节，鹭岛潮涌，木棉似火。“十四五”开局之年，福建厦门的创新引擎活力迸发，推动高质量发展步履铿锵。

在厦门火炬高技术产业开发区（翔安）产业区里，焊花四射、“铁臂”高擎，目前国内单体最大、全球领先的第六代柔性屏生产线项目正加快建设。“赶工期就是抢市场！柔性AMOLED（有源矩阵有机发光二极体）屏是新型显示领域主流技术，应用范围广，市场需求旺。”厦门天马微电子有限公司董事会办公室主任何存金介绍。

厦门港远海码头，月吞吐近百万标箱，却不见工人身影，无人驾驶卡车自动运输，轨道吊精准抓取货物。5G、人工智能等新技术让码头有了智慧“头脑”，工作效率大幅提升。今年一季度，厦门港完成集装箱吞吐量279.86万标箱，同比增长11.2%。

2017年9月，习近平总书记在金砖国家工商论坛开幕式上的讲话中指出，今天的厦门已经发展成一座高素质的创新创业之城，新经济新产业快速发展，贸易投资并驾齐驱，海运、陆运、空运通达五洲。今年3月，习近平总书记在福建考察时强调，要加大创新支持力度，优化创新生态环境，激发创新创造活力。

锚定创新，厦门不断发力，面向世界科技前沿、面向经济主战场、面向国家重大需求、面向人民生命健康，培育新兴产业、打造创新平台、完善创新服务体系，努力实现发展加速度、质量再提升。

如今，厦门这座高素质创新创业之城活力四射，“一网覆盖、数据跑路”在各行各业广泛应用，产业数字化、数字产业化全面塑造创新新优势，更为群众生活带来便利。今年一季度厦门交出亮眼成绩单：地区生产总值同比增长21.1%，增速居福建省第一，其中规模以上电子行业同比增长23.1%。

——优结构，新动能强起来。

十年磨一剑！全球第一支重组戊肝疫苗、新一代宫颈癌疫苗成功上市。“历经无数次试验，我们坐热了冷板凳，疫苗产业化生产实现突破。”厦门万泰沧海生物技术有限公司副总经理李世成感慨，政策不断鼓励创新，企业发展进入快车道，公司年产值大幅增长。

“从无到有，这正是厦门生物医药产业从量变到质变的发展轨迹。”厦门市发改委副主任李晓燕介绍，十多年来，厦门保持定力，精准扶持，久久为功，建设生物医药港、打造千亿产业链。

战略性新兴产业为高质量发展注入新动能。数字经济快速成长，“芯—屏—端—软—智—网”集聚的新一代信息技术产业体系逐渐成形。一季度全市软件和信息服务业营业收入同比增长21.8%，集成电路产业产值同比增长43.6%，海洋工程装备制造业产值同比增长超100%。

——筑平台，创新要素聚起来。

在厦门大学翔安校区地下10米，有一个近乎“无声静止”的世界。无噪音超精密实验室里的振动小于数百纳米/秒，可在纳米尺度下开展新一代能源器件等研发。“市里已投入1.8亿元，与厦门大学打造创新平台——嘉庚创新实验室，启动了包括无噪音超精密实验室在内的多个能源材料研究项目。”厦门市科技局局长孔曙光说。目前嘉庚创新实验室已形成20余类共60余项高新技术成果，相关产品带动产值近30亿元。

平台集聚创新要素，突破前沿科技，孵化技术成果。厦门瞄准新型材料、人工智能等重点领域，促进供需有效对接，让创新要素在平台里发挥集聚效应。目前全市引进建设9家重大创新平台，预计3—5年内孵化超过100家高新技术企业，培育40家省市级新型研发机构。

——优生态，创新服务体系更完善。

坚比钢铁、细如发丝、散热导电性能佳，石墨烯材料应用前景广泛。厦门国家火炬高技术产业开发区围绕石墨烯产业链，全周期服务上下游企业成长，实现点“墨”成金。“高新区成立火炬石墨烯孵化器，为企业创新提供投资基金、设备共享、技术指导等精准服务，让‘种子’在优良的创新环境中发芽。”厦门国家火炬高技术产业开发区管委会总工程师倪杰介绍。

“一窗通办、半天办结、零收费”，不少市场主体感叹高新区的贴心服务。厦门国家火炬高技术产业开发区正是通过服务创新举措，汇聚各类创新创业资源，全区拥有了4家国家级孵化器，21家国家级众创空间。去年净增企业2236家。

——强帮扶，创新能力不断提升。

政策助力，激发企业创新动力。今年以来全市企业累计获得各类奖补资金6.57亿元。支持龙头企业牵头产业链协同攻关，碳化硅功率器件、5G高频芯片等领域取得重要进展。机制创新，基础研究加大投入。在具有显著优势的生物制品和海洋科学领域布局建设创新实验室，打通基础研究、应用基础研究和产业技术之间的各个创新环节，提升区域科技创新能力。

——促开放，畅通国内国际双循环。

在厦门自贸片区新科宇航科技有限公司车间里，一场飞机发动机维修“手术”正在实施。“我们80%的客户来自海外，目前年维修量可达 50—60 台。”公司高级财务经理胡浩岩介绍，今年随着对进口航材免征关税等优惠政策落地，企业市场竞争力进一步加大。

支持海关特殊监管区外飞机保税维修试点、跨境电商综试区、汽车整车进口口岸……自贸片区先行先试、大胆探索，累计推出 476 项重点试验任务。“我们对标国际规则、大力推进投资贸易便利化，优化营商环境，不断提升对外开放水平。”厦门自贸片区管委会常务副主任熊衍良介绍。

传承精神财富，助力创新发展。当前，厦门市党史学习教育如火如荼。全市组织 700 多支、4000 余人的理论宣讲轻骑兵深入基层开展巡回宣讲，征集推送的 151 个党史宣讲课程已被“点单”2000 余次，直接受众 11 万余人次，转播、点播受众 40 余万人次。

海风海浪依旧，旧貌已换新颜。从经济特区“开荒地”到创新发展“试验田”，厦门矢志不渝坚持创新驱动，推动高质量发展，正在扬帆破浪前行。

（《人民日报》2021 年 5 月 13 日）

厦门：中国改革开放的一个缩影

《光明日报》记者 马跃华 高建进

【厦门经济特区建设 40 周年】

改革开放，创造了中国发展的“人间奇迹”，也谱写了厦门发展的辉煌篇章。

1980 年 7 月，国务院批准厦门岛西北部禾山乡湖里大队划出 2.5 平方公里土地建设厦门经济特区。1981 年 10 月 15 日，湖里出口加工区丘陵上的一声炮响，拉开了厦门经济特区建设的序幕。

40 年春华秋实，今天的厦门已经发展成一座“高素质的创新创业之城”和“高颜值的生态花园之城”，“勇敢坚毅、吃苦耐劳的当地人民，乘着改革开放的浪潮，用自己的双手把厦门变成了一座经济蓬勃发展、人民安居乐业、对外交流密切的现代化、国际化城市”，成为“中国改革开放所走过历程的一个缩影”，是一个“成功的故事”。

40 年来，厦门已经发展成为一座高素质的创新创业之城

创新创业是经济特区的鲜明特征。40 年来，厦门坚持把创新作为经济特区建设的主导战略，奋力解放和发展社会生产力，在保持经济较快增长的同时，实现发展规模、质量、效益的同步提升，走出一条契合新发展理念的发展之路。

40 年来，厦门经济总量年均增长 15%，从 1981 年 6.40 亿元，到 2020 年地区生产总值达 6384.02 亿元。经济发展实现从高速度向高质量转变，人均 GDP 突破 2 万美元大关，达到国际通用的发达经济体门槛，土地产出率、财政收入占地区生产总值比重、每度电创造生产总值等指标位居全国前列。

40 年来，从模仿到创新、从制造到创造，从建设软件园、承接台湾产业转移、推动企业向自主研发转变、打造创新型城市、建设自主创新示范区，到加快打造具有国际影响力的区域创新中心，在基础研究、技术攻关、成果转化、科技金融、人才支撑等各环节逐步形成全周期创新生态链，创新创业创造活力不断奔涌。已培育形成国家高新技术企业 2282 家，全市有研发活动的企业数占全部企业数比重超过 3 成。拥有院士工作站 13 家，国家、省、市级重点实验室 138 家，R&D3.08%，每万人发明专利拥有量分别为全国、全省平均水平的 2.4 倍和 3 倍。

40 年来，厦门已经发展成为一座高颜值的生态花园之城

40 年来，厦门牢固树立和全面践行绿水青山就是金山银山的理念，在生态文明体制改革上先行示范，推动生态环境质量和城市规划建设管理水平保持全国领先，生动展现了生态之美、人居之美、文明之美、品味之美，高颜值成为厦门的亮丽品牌和宝贵财富，也成为城市竞争优势和发展潜力。

厦门始终坚持“生态立市”，避免“先污染、后治理”的老路，严格落实生态红线和生态控制线制度，实施“蓝天、碧水、碧海、净土”等工程，先后获得联合国人居奖、国际花园城市、中国十大低碳城市、国家卫生城市、国家环保模范城市、国家森林城市、国家生态园林城市等荣誉，获评全球最受欢迎旅游目的地等称号，生态文明指数在全国地级及以上城市中排名第一，整体达到世界先进水平。

早在 1990 年就开展“建文明城市，创文明单位，做文明市民”系列活动，大力弘扬“敢闯敢试、敢为人先、埋头苦干”的特区精神，充分激发群众主人翁意识和家园情怀，推进常态化精神文明创建活动，打造出全国文明城市“六连冠”标杆，全市现有实名注册志愿者近 80 万名。

40 年来，厦门已经发展成为一座现代化城市

经济特区从诞生之日起，就开启了中国从计划经济体制向社会主义市场经济体制的探索。40 年来，厦门坚决扛起改革开放排头兵的历史使命，以改革激发活力、抢占先机、应对挑战，率先进行市场取向的经济体制改革，把一个个政策红利转化为生动实践，在诸多领域走在全国前列，探索出一大批可复制可推广的经验。

厦门率先基本建立了社会主义市场经济体制，第一个利用外国贷款建成机场、港口、通信等基础设施，成立了中国第一

家股份制地方性航空公司、第一家中外合资银行，在全国率先推进税利分流改革等。党的十八大以来，厦门勇担新时代探路者使命，相继承担了自贸试验区、自主创新示范区、“多规合一”、零基预算改革等国家级改革试点任务，工程建设项目审批制度改革等一批经验做法成为全国蓝本，获评全国营商环境建设标杆城市。

对台是厦门在服务全国大局中最重大使命。创办经济特区以来，厦门按照党中央对台工作决策部署，始终以服务祖国统一大业为己任，全面拓展两岸交流合作，在三通直航、经贸合作、人员往来、文化交流、基层政党交流等方面屡创“破冰”之举，从昔日的海防前线一跃成为两岸同胞往来最频繁、经贸合作最活跃、各领域交流最热络、情感最亲近的前沿平台。累计实际使用台资117亿美元，台企工业产值占全市规上工业总产值近1/4。出台大陆首个地方版台胞台企同等待遇政策——“厦门60条”，有力促进了两岸同胞心灵契合，12万名台胞长期在厦工作、生活，对台交流合作战略支点和台胞台企登陆第一家园“第一站”地位作用更加凸显。

40年来，厦门已经发展成为一座国际化城市

经济特区是对外开放的“窗口”。40年来，厦门积极用好国际国内两个市场、两种资源，加快构建开放型经济新体制，在投资贸易、交通往来、交流互动等方面不断提升国际化水平，逐步构建了全方位、多层次、宽领域的全面开放新格局。

厦门主动加强与国家战略的对接、与全球的联通。如今经济外向度位居全国前列。“9·8”投洽会发展成全球最具影响力的国际投资盛会之一。按照国际惯例打造国际一流营商环境，厦门自贸试验区累计推出472项创新举措，其中全国首创111项，30项获全国推广。金砖国家新工业革命伙伴关系创新基地建设加快推动，一批示范标杆项目推出和落地，“金砖+”效应持续显现。

依托“向海而生、因海而市”独特禀赋和口岸优势，厦门在特区与国际市场间架起了一座桥梁，为“引进来”和“走出去”注入活力，从偏居东南的海岛小城，逐步发展成为海陆空运通达五洲的国际性综合交通枢纽。拥有通达52个国家、142个港口的160多条航线，2020年港口集装箱吞吐量居世界第14位，成为我国唯一实现“海丝”与“陆丝”无缝对接的海陆枢纽城市。缔结21个国际友好城市和12个友好交流城市，厦门国际马拉松赛连续13年获评国际田联金标赛事，形成了官任、前埔等一批国际社区，对外开放影响力不断提升，为城市国际化提供了重要支撑。

（《光明日报》2021年12月21日）

厦门：更高水平建设“高颜值的生态花园之城”

《光明日报》记者　马跃华　吴海奎

“厦门城中有山、山中有城，满眼是绿。每到周末，就近爬爬山、亲近大自然，成了我们最快乐的时光。”不久前，厦门市民王晓钰约上好友，又一次徒步穿越东坪山。这主要得益于厦门市近年来对东坪山进行的一系列森林生态系统优化改造。

近年来，厦门市深入推进国家生态文明试验区建设，更高水平打造“高颜值的生态花园之城”，交出了亮丽的成绩单：生态文明指数排名全国第一，生活垃圾分类“厦门模式”、筼筜湖综合治理模式等一批改革举措和创新经验做法获得全国推广，空气质量、建成区绿化覆盖率等生态指标位居全国前列，先后获评首批国家低碳城市建设试点、“国家生态市”“国家生态园林城市”等荣誉称号。

精准治水

水清岸绿、白鹭齐飞的筼筜湖被誉为厦门的“城市绿肺”和“城市会客厅”。

不久前，《厦门经济特区筼筜湖区保护办法》正式施行，这部法规在原《厦门经济特区筼筜湖区管理办法》实施20年的基础上，总结经验、充实提升，为守护“城市绿肺”和“城市会客厅”提供更有力的法治保障，助力厦门市建设高素质高颜值现代化国际化城市。

厦门因水而美、向海而兴，同时拥有海洋、湖泊、溪流等不同形态的水体。厦门市围绕生活污水“全收集、全处理”目标，按照标本兼治、系统治理的思路，全链条对生活污水治理进行精准施治、综合施策。仅2020年一年，就建成通水了5座生活污水处理厂，新增污水处理能力超50万吨/日，创下历史纪录。全市问题入海排放口全部完成整改，新增（改）100公里污水收集管网，基本实现晴天污水不直排入海的目标。

厦门市还持续推进农村污水治理提升、小流域综合治理、海洋生态保护修复等，全方位呵护水环境。

中华白海豚被誉为“海上大熊猫”。如今，人们常常可以在厦门海域看到它们逐浪欢腾的身姿。厦门近岸海域优良水质比例达66.7%，同比上升16.7个百分点；优良水质面积比例为82.4%，与“十三五”规划目标65.2%相比，提高了17.2个百分点。

精心培绿

从狐尾山樱花谷步入山海健康步道，沿途鲜花绽放、草木葱茏。这条全长23公里、串联起岛内“八山三水”的山海步行通廊，自去年1月开放以来，共接待市民游客1449万人次，成为颇具特色的网红打卡点。

2016年“莫兰蒂”台风的侵袭，导致狐尾山发生山体滑坡，坡面都是裸露、开裂的石头。厦门市利用工程和生态手段，对狐尾山进行山体修复，改造绿化面积近4万平方米，绿化植物不仅让山体更加稳固安全，也更加生态美观。

狐尾山山体修复成功，为厦门市其他山体生态修复提供了新思路。近年来，厦门先后完成大厝山、龙山、仙岳山、薛岭山、虎头山、大屏山、天马山、同安区洋麻山等山体生态修复工程，修复面积达453.49公顷。

如今在厦门，推窗望绿、行路见荫、移步异景。近年来，厦门以创建国家生态园林城市为契机，不断提升公园绿地品质，让公园绿地不仅“养眼”，还更加“养脚”“养心”。

精细护蓝

不久前，厦门市组织开展三轮“守护蓝天百日攻坚”专项行动，推进大气精准治理“一十百”工程项目，135个重点治理项目全部完成，并累计完成7个行业1025家企业VOCs污染整治工作，基本完成1381家“散乱污”企业整治。

随着高排放机动车限行措施的落实以及高污染燃料禁燃区和高排放非道路移动机械禁止使用区域的划定，厦门市对机动车尾气污染进行了更加彻底、全面的治理。大气污染防治的应急响应和联勤联动机制也进一步健全。不仅全市各级各部门协调配合开展扬尘管控等污染防治工作，厦门市还牵头深化厦漳泉大气污染联防联控联治协作机制，实现三地数据共享、防治互动。

接下来，厦门将着力优化产业结构、运输结构和能源结构，推进产业绿色发展，构建绿色交通体系和清洁高效的能源体系；着力提升工业企业的治污水平，提升城市面源管理水平和区域联防联控水平，有效推动大气污染防治工作能力的现代化、精细化。

厦门市正抓紧开展碳达峰行动方案编制工作，构建厦门市碳排放达峰行动工作体系。在今年8月25日全国第9个低碳日上，厦门市发布了《厦门市低碳工业园区验收技术规范（试行）》等系列技术规范，填补了厦门市乃至福建省低碳示范区建设评价体系的空白。

（《光明日报》2021年12月19日）

厦门：进一步擦亮城市文明品牌

《光明日报》记者　马跃华

最近，在厦门市岛外村镇的村头巷尾，处处可见一群忙碌的人，他们时不时弯腰捡拾垃圾、劝导不文明行为。“文明健康洁家园　扮美鹭岛庆佳节”活动在厦门市城区火热开展，岛外村镇广大干部群众也积极行动起来，提升村容镇貌，打造宜居环境，持续提升居民的获得感和幸福感，助力争创全国文明典范城市。

历届厦门市委市政府始终高度重视城市文明创建工作。从2005年摘得首届全国文明城市桂冠至今，已经“六连冠”、成为全国文明城市标杆的厦门，如何百尺竿头更进一步备受关注。日前召开的厦门全市精神文明建设表彰暨新一轮全国文明城市创建动员部署会，清晰地回答了新一轮文明创建之路——举全市之力争创全国文明典范城市。

福建省委常委、厦门市委书记崔永辉说：“文明是厦门的城市底色。争创全国文明典范城市，必须坚持高标准、严要求，勇于争第一、争最优，敢于自我揭短、晾晒问题，以更强的担当、更大的力度、更实的举措推进文明城市创建工作，进一步擦亮城市文明品牌。”

让文明成为一种习惯

踏着晨光出门，迎面而来的是邻居亲切的问候；垃圾投放点前，有垃圾分类督导员热情的微笑；登上清新洁净的公交车，总能听到文明的声音；斑马线前的“车让人”，常能看到司机与行人温馨地相互点头致意；餐厅里，服务员“实在”的提醒，减少了可能的浪费；餐桌上，公勺公筷，让每一口饭菜更安心；用完餐，随手打包的剩菜剩饭彰显了文明的自觉……

文明每一天，文明每一人。这些，是厦门随处可见的文明，是厦门市民的文明日常，是厦门城市的文明底色，也是厦门文明创建的底气。

“草丛里的烟头要捡出来，对居民的文明宣导也要加强。”连日来，灌口镇的党员干部群众纷纷走出家门，深入开展洁净家园活动，宣传文明观念。

自7月以来，灌口镇结合东部新区、凤泉广场等“文明示范街区”创建工作，联合城管、环卫、市场监管等部门，开展整治行动70余场次。针对部分村庄基础设施较为薄弱的问题，灌口镇建立常态化的文明暗访机制，每日一巡查，并把发现的问题通报给相关村居和包片小组，督促其限期完成整改，持续补齐创建短板。

“垃圾分类要做好，机动车停线内。”在翔安区新圩镇新圩社区第一书记蔡清江带领下，社区两委成员、社区志愿者穿上了红马甲，在中澳城、新霞东路等沿街店面开展垃圾分类、劝导占道经营等志愿宣传服务活动，督促商家做好垃圾分类和“门前三包”。

从点滴入手落细落实

日前，围绕“精细化提升文明城市创建水平”，思明区召开全区文明创建推进会，并发动各街道、各部门开展洁净家园、美化环境等活动，掀起文明创建新热潮。近期，翔安区按条块分组、细化分工，成立 11 个文明创建实地督查组，以推进文明创建提升工作。

为推动文明创建工作落细落实，厦门市严格对照全国文明城市创建测评体系要求，紧盯道路交通、农贸市场、老旧小区、背街小巷、城乡接合部、建筑工地等重点领域，抓紧查缺补漏，聚焦问题精准发力。

厦门市委文明办在“i 厦门”平台上线“随手拍”，号召市民争当文明创建的“啄木鸟”；去年 9 月，“文明快送联盟”成立，通过自律公约要求骑手遵守交通法规等；不久前，厦门市委文明办联合交警部门，在户外大屏曝光道路不文明行为；厦门市执法局等部门走进社区，开展文明养犬执法宣传活动；共享单车企业推出“红包车”，奖励帮忙整理单车的热心市民，缓解乱停放等问题……这些“对症下药”的举措，一步一个脚印都在推动厦门文明“节节高”。

厦门思明、湖里等区不少街道、社区也组织居民、志愿者开展洁净家园活动，进一步营造干净、整洁的居住环境，形成人人参与的浓厚氛围，用实际行动助力厦门争创文明典范城市。

开展新时代文明实践

日前，同安区新时代文明实践中心组织志愿者开展“高山上的阅读”等线下品牌活动，为该区莲花镇军营村、白交祠村的 30 多名孩子带去科学启蒙教育课，推进文明实践活动；集美区新时代文明中心（所、站）连日来组织开展“洁净家园”志愿服务活动、开设垃圾分类小课堂、举办各类环保主题活动等“文明创建”系列课程活动，促进居民养成良好的文明习惯，打造干净整洁的村居容貌。

一直以来，厦门市坚持思想引领，紧扣群众需求，全面统筹推进全市新时代文明实践中心建设工作，不断强化顶层设计，盘活各类资源，聚焦常态实效，推动平安建设和社会治理，努力探索出一条具有厦门特色的文明实践发展路径。如今，厦门已挂牌运行区级新时代文明实践中心 6 个、实践所 38 个、实践站 525 个，实现全面覆盖；成立文明实践志愿服务队伍 5000 余支，拥有超过 82 万名志愿者，开展文明实践活动累计超过 4 万场次，惠及群众逾百万人。

群众在哪里，文明实践活动就延伸到哪里。聚焦人民群众所需所盼，厦门各文明实践中心（所、站）盘活本地资源，打造特色品牌，建立长效机制，推动实践力量下沉，推出一批为民惠民便民的实招硬招，推进基层社会治理现代化，切实增强人民群众的获得感、幸福感和安全感。

思明区组织“红色印记讲述人”实践活动，践行“千百万群众工作法”，运用“万家和”调解服务平台，为群众排忧解难。同安区培育“百孝圆梦”“父母学堂”“流动家长会”“助学圆梦”“高山上的阅读”“暖心宅急送”等 20 多个品牌项目，为群众送去温暖。黄地村是集美区最偏远的山村，村民以留守老年人为主，实践站在利用现有场地资源为村民提供服务的同时，积极探索，创新开设“黄地家庭课堂”，让“空心村”重新焕发生机。

（《光明日报》2021 年 12 月 17 日）

厦门：跨岛发展天地宽

《光明日报》记者　马跃华

福建厦门岛外，同翔高新城，总投资 480 亿元的天马第 6 代柔性 AMOLED 生产线项目，当下正在紧张地安装调试。这一“超级工厂”是国内最大、最先进的 AMOLED 单体工厂，明年投产之后产能规模将跻身全球前三。

不仅仅是天马，近年来，中航锂电、海辰新能源等高能级项目相继落户高新城。与此同时，为让各层次人才没有后顾之忧，园区正加速保障房建设，引进名校落地办学，加快城市功能聚集。一幅“以产促城、以城兴产”的画卷正徐徐展开。

2002 年，厦门“跨岛发展”战略诞生。这一战略为厦门城市发展破题指明了前进方向，提供了科学指南。20 年来，厦门历届市委市政府一张蓝图干到底，高质量推动厦门城市化进程，形成了城市格局跨岛拓展、产业结构跨岛优化、公共服务跨岛覆盖、人文内涵跨岛提升、生态文明跨岛建设的良好发展态势。“经过 20 年跨岛发展，越来越多企业在岛外生根壮大，越来越多市民选择到岛外居住生活，有力促进了城市承载能力的显著提升，使厦门在更好服务全国全省大局的同时，也实现了自身发展的突破，真正做到了跨岛发展天地宽。”福建省委常委、厦门市委书记崔永辉说。

陆海内外联动

近日，世界最大的新一代集装箱船、韩国现代商船旗下的“现代格但斯克”轮停靠在厦门海沧港区的集装箱码头。此次航行是“现代格但斯克”轮的处女秀。不久之后，它将运载着装有衣服鞋帽、机电产品、数码产品等商品的近 3000 个标准箱，一路向西，前往“21 世纪海上丝绸之路”沿线的各大港口。

2018 年以来，以“丝路海运”命名的航线合作平台在厦门启动运营。至今，厦门港开行 51 条“丝路海运”航线，成立了“丝路海运”联盟，全球近 170 家知名企业成为联盟会员。“丝路海运”充分发挥了福建“海丝”核心区以及多区叠加优势，为厦门及周边地区与“海丝”沿线国家的进出口贸易架起快捷通道。

在跨岛发展中，厦门围绕构建开放发展新格局，大力拓展深化改革扩大开放实效，全面打造法治化、国际化、便利化营商环境，如今，一个更加开放、更国际化的厦门经济特区正巍然呈现。

离厦门港不远处的是厦门自贸园区，海沧铁路货场一片繁忙。中欧（厦门）班列的“钢铁巨龙”从这里出发，沿着古老的“丝绸之路”前行，半个月后抵达终点——波兰罗兹。截至目前，厦门已开通中欧、中亚、中俄班列线路，可达欧洲及中亚地区12个国家30多个城市。

作为福建省唯一的中欧班列启运地，厦门充分发挥“丝路海运”核心区优势，将多种运输方式有效结合，支持“丝路海运”班轮与闽台海空航线、中欧班列对接，成为全国唯一实现“海丝”和“陆丝”无缝对接的城市。

与此同时，厦门立足于沿海近台的优势，积极主动融入“一带一路”建设，不断强化与“一带一路”沿线国家的经贸合作、海洋合作和人文交流合作，构建起东西双向互济、陆海内外联动的开放格局。

产业蓬勃发展

2019年，外资企业ABB集团位于翔安区火炬产业区的制造基地全面投产。早在1992年，ABB集团就在位于厦门经济特区发祥地的湖里注册成立第一家企业，是首家进驻厦门经济特区的世界500强企业。如今，ABB集团在厦门的企业从1家变成了8家，不仅在位于厦门岛外的翔安区设立了电气研发和制造中心，还打造了完整的产业链条，在厦门的上游供应企业就有300多家。

跨岛发展，关键在产业。如今，一批大项目、好项目正成为厦门加速产业集聚，助力城市生长的新动能。从岛内的一期、二期，拓展到岛外的三期，厦门软件园跨岛而来，形成园区联动、产业蓬勃发展的良好势头。园区不仅汇集美亚柏科、美图、亿联网络、咪咕动漫、飞鱼科技、农信互联、时代凌宇等一批领军企业，同时，形成智慧城市及行业应用、大数据人工智能、数字创意和移动互联网等几大特色产业集群。

随着岛外新城、产业园区拔地而起，产业跨岛升级有了肥沃的土壤。如今，海沧新城、集美新城、同安新城、环东海域新城四个岛外城市次中心建设全面提速，厦门新机场、东部体育会展新城等八大片区加速推进，数字经济、平台经济、智能经济等在岛外优先布局。

数据显示，厦门岛外已建成工业用地面积占全市80%以上，打造的12条千亿产业链中有7条重点布局岛外，天马微电子、电气硝子、泰康之家等一批先进制造业和现代服务业龙头企业落户岛外。

产城人不断融合

以前，很多厦门人的传统观念是“宁要岛内一张床，也不要岛外一套房”。如今，这些传统观念正悄然发生改变。

是什么让人们的传统观念发生改变呢?

跨岛发展的落脚点在于民生。目前，厦门顺利完成“建设保障性住房10万套”的目标，保障性商品房（人才房）、公共租赁住房和保障性租赁住房等各类保障房，为产业人才、新市民在厦工作生活吃下“定心丸”。

“住有所居”仅是最基本需求。学有所教、病有所医、老有所养，持续发力。如今，新建城区面貌、公共服务设施的高品质、高品位，成为人气的“吸附器”。

一批优质的学校和医院正在加速跨岛，补齐短板。如今，厦门一中、双十中学、外国语学校、科技中学、厦门六中纷纷走向岛外四区；马銮湾医院、环东海域医院、四川大学华西厦门医院等医院加速建设，厦门区域医疗中心功能地位持续增强。

环东海域滨海旅游浪漫线有厦门“第二条环岛路”的美誉，于2020年年底举办环东半马；马銮湾新城将重点打造被称为“马銮之肾”的两个湿地公园，形成“动植物的天堂”；同翔高新城“望得见山、看得到水”，优美城市生态，宜居宜业更宜游……

跨岛发展战略下，越来越多的人到厦门岛外工作创业、置业安家，岛外人口增速大大超过岛内。岛内人口开始少于岛外，比重降至49.8%，群众幸福感和获得感不断增强。

（《光明日报》2021年12月02日）

厦门：全方位推动高质量发展

《光明日报》记者　马跃华

【在习近平新时代中国特色社会主义思想指引下——新时代新作为新篇章】

日前，总投资480亿元的厦门天马第6代柔性AMOLED生产线项目主厂房封顶。该项目是目前国内单体最大、全球最先进的柔性AMOLED单体工厂。作为入驻厦门火炬高新区的龙头项目之一，项目建成投产后也将加速上下游产业集聚，进一步完善厦门新型显示屏产业链。

近年来，福建厦门凝心聚力全方位推动高质量发展，推动更高水平建设高素质高颜值现代化国际化城市。今年上半年，厦门市地区生产总值增长15%；两年平均增长7.6%，分别比全国、全省高2.3个百分点和1.4个百分点，顺利实现“十四五”良好开局。

提升对外开放水平

不久前，在厦门海关隶属东渡海关的监管下，宁德时代新能源科技股份有限公司一批总值达数千万元人民币的储能锂离子电池包，采用“抵港直装”物流模式，从工厂直通船边，并通过“丝路海运”快捷航线运往越南胡志明港。

国际贸易通道更加顺畅，企业“走出去”劲头足、信心强。今年上半年，厦门“丝路海运”成绩一路飘红，据统计，厦门港55条“丝路海运”命名航线共开行1118个航次，完成集装箱吞吐量124.6万标箱，同比增长25.27%，高于全国主要港口平均增速近10个百分点，占全国“丝路海运”命名航线吞吐量的76.19%。

厦门市发挥经济特区、自贸试验区、综合试验区等多区叠加优势和国际综合交通枢纽等平台优势，科学谋划构建大通道、发展大流通、开拓大市场，努力在国内国际双循环中发挥衔接、贯通、集聚和辐射作用。

今年以来，厦门市积极拓展与主要贸易伙伴的商贸关系，进出口增势良好。数据显示，1月至6月，厦门市货物贸易进出口4081.5亿元，同比增长32.2%，同时也实现了自去年6月份起连续13个月实现同比正增长，厦门市外贸增量对全省外贸增长的贡献率达41.2%。

接下来，厦门还将积极争取实施自由贸易港部分政策，适时推动扩区建设，争取空港综合保税区获批，发挥综合保税区高水平开放平台作用，做优做强航空维修、融资租赁等14个重点平台，大力推动国际中转、离岸贸易等新业态发展。全面推进数字自贸区建设，研究利用区域全面经济伙伴关系协定（RCEP）有关规则和便利化举措，推动进出口高质量发展。

锚定创新不断发力

厦门港远海码头，年吞吐超百万标箱，却不见工人身影，无人驾驶卡车自动运输，轨道吊精准抓取货物。5G、人工智能等新技术让码头有了智慧“头脑”，工作效率大幅提升。今年上半年，厦门港完成集装箱吞吐量590.35万标箱，同比增长11.43%。6月份单月集装箱吞吐量达到106.76万标箱，创造历史新高。

厦门不断面向世界科技前沿、面向经济主战场、面向国家重大需求、面向人民生命健康，培育新兴产业、打造创新平台、完善创新服务体系，努力实现发展加速度、质量再提升。

如今，厦门这座高素质创新创业之城活力四射。

在厦门大学翔安校区地下10米，有一个近乎“无声静止”的世界。无噪音超精密实验室里的振动小于数百纳米/秒，可在纳米尺度下开展新一代能源器件等研发。“市里已投入1.8亿元，与厦门大学打造创新平台——嘉庚创新实验室，启动了包括无噪音超精密实验室在内的多个能源材料研究项目。”厦门市科技局局长孔曙光说。目前嘉庚创新实验室已形成20余类共60余项高新技术成果，相关产品带动产值近30亿元。

平台集聚创新要素，突破前沿科技，孵化技术成果。厦门瞄准新型材料、人工智能等重点领域，促进供需有效对接，让创新要素在平台里发挥集聚效应。目前全市引进建设9家重大创新平台，预计3年至5年内孵化超过100家高新技术企业，培育40家省市级新型研发机构。

不断夯实发展后劲

上半年，在作为拉动经济发展“三驾马车”之一的投资方面，厦门的数据同样抢眼。厦门市固定资产投资增速连续4个月居福建省首位，其中，111个省重点在建项目实际完成投资452.5亿元，完成年度投资计划的70.9%，投资完成率排名福建省第一。

从行业投资数据来看，厦门各主要行业投资实现全面增长，特别是工业、基础设施、社会事业投资增速高于全市水平。上半年，厦门8个重大片区累计完成投资1095亿元，完成年度投资计划的62%，占全市固定资产投资规模的75%，其中6个重大片区累计完成投资量均超序时进度，特别是两岸金融中心、同翔高新城、马銮湾新城、轨道交通完成年度投资计划的75%以上。地铁3号线开通运营，海沧隧道实现通车，新机场桩基工程顺利开工。

投资和项目建设快速推进的同时，厦门着力招大引强，为经济发展积蓄后劲。今年上半年，新增落地招商项目6129个，其中，高能级项目245个。值得一提的是，上半年，厦门实际使用外资129.8亿元，同比增长24.9%，新增千万美元以上实际使用外资企业41家，外资规模保持高速增长。

（《光明日报》2021年09月12日）

厦门海洋经济发展势头正劲

《光明日报》记者　马跃华　通讯员　佘　逸

海洋龙头企业在上海证券交易所科创板鸣锣上市，彰显厦门海洋新兴经济的活力；种苗企业攻克虾苗病害难题，提升“厦门虾苗”国内市场占有率；厦门民盟海洋研究及科技成果转化基地正式揭牌，科研专利成果转化落地加速……近一段时间以来，厦门海洋领域捷报频传。

厦门依海而生、向海而兴，在新发展阶段开启向海图强的高质量发展壮阔航程，力争到2025年建成海洋强市，到2035年建成国际特色海洋中心城市。

把创新作为发展第一动力

日前，厦门市海洋龙头企业罗普特科技集团股份有限公司在上海证券交易所科创板鸣锣上市。“企业能够顺利上市，离不开厦门的大力支持。”谈及此次上市，罗普特总裁江文涛感慨地说。

成立于2006年的罗普特，一直致力于人工智能产品研发和行业实战应用。2017年至2019年，罗普特有效打通技术到实战的“最后一公里”，营业收入年均复合增长率超60%，成为行业的先行者和佼佼者。

在罗普特的发展过程中，厦门市海洋发展局为其提供了精准的服务和有力的保障。得知企业正在布局智慧海洋产业后，厦门市海洋发展局给予政策扶持，辅导企业申请海洋项目专项发展资金。

罗普特成功登陆科创板，是厦门海洋战略性新兴产业发展的生动缩影。记者从厦门市海洋发展局了解到，目前厦门市已有11家涉海上市企业，覆盖海洋生物制品、海洋生物医药、海洋装备制造等领域。在厦门不断开拓创新中，像罗普特这样技术先进、成长潜力大的涉海新兴企业不断发展壮大，成为海洋经济发展的主力军。截至目前，厦门市共有海洋龙头企业27家，海洋中小微企业超过4000家，海洋高技术企业25家。

高站位构建现代产业体系

“目前，我们生产的维生素D3销量居全球第三，维生素A销量居全球第六。”在厦门金达威集团股份有限公司，董事长江斌兴奋地给出了企业最新的成绩单。

作为土生土长的厦门企业，从生产原料药起家，到创建自有保健食品品牌，再到海外终端产品的全面布局，深耕海洋23年的金达威已形成完整的辅酶Q10、DHA产业链条，成为全球最大的辅酶Q10生产企业，连续多年市场占比超过50%。

在企业发展过程中，厦门市向其提供政策扶持。“十二五”“十三五”期间，金达威共有4个涉海项目被纳入厦门市国家海洋经济创新发展示范项目，获得国家和厦门地方政策支持。

近年来，厦门高站位构建现代化的海洋产业体系，大力支持海洋龙头企业建设、发展海洋信息与数字产业、发展现代特色渔业、打造渔村休闲旅游产业、壮大海洋文化创意产业。与此同时，培育一批在海洋生物科技、海洋高端装备、海洋信息与数字产业等领域的创新型企业，布局建设若干重大海洋科技基础设施。

据了解，今年，厦门市继续加快推进国际海洋经济示范区、海洋经济创新发展示范市、“两港一区”建设，快速推进68个已签约的项目落地见效，策划形成一批新的海洋招商项目。

探索生态和谐发展之路

空中，一只只水生鸟类展翅飞翔；水中，各类鱼儿嬉戏游玩；退潮时，招潮蟹、滩涂鱼不时钻出洞来……在翔安区火炬大桥两侧，昔日杂乱无序养殖的淤泥滩地焕然一新，已长成郁郁葱葱的海上树林。这里是厦门市第一个以红树林为主题、福建省面积最大的人工恢复红树林生态湿地公园。

公园总规划面积404万平方米，遵循生态为基础、保护为目的、开发为辅助的目标，依托滨海区域景观的优势，在保护和恢复湿地生态系统的基础上，适度增设旅游、休闲设施，使之形成厦门最大的别具特色的湿地公园。发挥城市湿地在改善城市生态环境、美化城市、科学研究、科普教育和休闲旅游等方面具有的生态、环境和社会效益，保证红树林湿地资源的可持续利用，实现人与自然的和谐发展。

厦门市海洋发展局相关负责人介绍，红树林的种植为招潮蟹、滩涂鱼等底栖生物及树林中栖息的鸟类构建了良好的生态链，在保护海洋生物多样性、改善湾区水质、提升海岸海域海岛生态环境功能等方面都起到积极作用。目前，厦门湾红树林分布在思明、湖里、集美、海沧和翔安5个区的27个点，总面积近200万平方米，已成为“城市绿肺”。

（《光明日报》2021年08月06日）

厦门：精准保障　让百姓“住有所居”

《光明日报》记者　马跃华

不久前，复旦大学附属中山医院厦门医院护理科的护士肖胜兰结束了在上海的培训，正式来到厦门工作。本来还在为住房问题发愁的她，惊喜地发现厦门面向无住房职工配租公共租赁房，由企业统一申请。于是，她通过程序申请住进了公共租赁房围里公寓，与同事合租了一间格局像学生寝室的三人间。平均下来，每人每月仅需支付300元左右的房租。这一政策为肖胜兰这样的新厦门人减轻了经济负担。

从“你一间，我一间，筒子楼里冒黑烟”，到“小高层，电梯房，城乡广厦千万间”。随着厦门市住房制度改革不断深化、市场更加规范、保障更加到位，城镇居民住房条件明显改善，人均住房面积由1980年的6.95平方米提高到2019年的30.32平方米。“住有所居”不再是虚无缥缈的愿望，而成为更多厦门市民看得见、摸得着的获得感和幸福感。

改造老旧小区，让家园更宜居

竖起围板，整理路面，粉刷外墙……尽管下着雨，但厦门思明区槟榔东里小区的改造行动仍有条不紊地开展着。

槟榔东里建于20世纪80年代，共计有49栋125梯1732户。由于建成年代久远，小区地下管网大部分都已老化、淤堵，电网如蜘蛛网般裸露在空中，存在安全隐患。随着改造的持续深入，这些市政配套设施将得到全面提升。

离槟榔东里不远的槟榔社区平安里小区，已于去年完成改造，如今这里有平整的地面、新栽种的花草、孩子们阅读交流的共享书屋，以及厦门第一个老旧小区人脸识别系统。近年来，平安里小区运用“自家人工作法”，以楼道党小组为基点，弘扬近邻文化，组织居民参与小区环境及配套设施规划，打造了充满烟火气的“现代化”老旧小区。

“自去年改造竣工以来，小区里里外外焕然一新，秩序更好了，居民的心更齐了，邻里之间的矛盾也减少了。”谈起自家小区发生的变化，平安里小区居民蔡文文连连称赞。

居民的心声，政府看在眼里，记在心上。“老百姓改善居住条件的需求是非常迫切的。”厦门市建设局副局长叶文语在接受采访时说，厦门市建设局今年计划完成2.5万户老旧小区改造工作，计划完成投资3.1亿元，截至5月底，已完成投资额2.4亿元。

扩大租赁供给，不同人群实施不同住房保障举措

上周，河南人李学记、湖南人王锦标成为室友，他们搬进了位于金榜南三里的租赁房内，这是厦门市住房局向公交车驾驶员配租的。之前，他们一般租住在城中村的民房，不仅经常搬家，居住条件也不好，而且房租支出较高。现在，他们合租85平方米的两房两厅，租金按照市场评估租金的70%计收，每人每月仅需支付600元。说起新房，李学记竖起大拇指：“住宅很温馨，还在岛内核心地段，上下班特别方便。”

让李学记、王锦标受益的，正是厦门市多层次立体式的住房保障体系，多样的住房保障产品，让不同群体的住房需求能一一实现精准保障。厦门本地低收入或中等偏下收入住房困难家庭，可以申请保障性租赁房，实现“保基本”；大学刚毕业来厦的新市民，可以申请公共租赁房，确保能在厦门落脚扎根“有得住”；在“三高”企业工作满一年的骨干员工，可以4.5折优惠购买保障性商品房，确保“买得起”；高层次人才可申购人才住房或申领住房补贴，确保“住得好”。

截至目前，厦门市累计分配各类保障性住房、人才住房约9.53万套（间），其中保障性租赁房配租约3.74万套，保障性商品房等销售型房源配售约2.14万套，市区两级公共租赁住房等配租约3.65万套（间），保障人数超过21万人。

厦门市住房局副局长陈江生介绍，近段时间，厦门市还将“持续扩大租赁住房供给，着力解决新就业大学生、青年人、城市基本公共服务人群等新市民的住房困难问题”列为“我为群众办实事”重点项目，全面构建“稳租期、稳租金”的住房租赁市场，目前已筹集各类租赁住房3万多套，年底前可建成投用，预计可满足8万人租住需求。

住进地铁社区，生活教育设施一应俱全

上个月，郭志金一家五口住进了翔安区新店保障房地铁社区一期的保障性商品房，终于有了属于自己的家。他的两个孩子可以到周边的幼儿园、小学入学。他的妻子在岛内上班，社区门口就有公交可以进岛。刚刚开通的厦门地铁3号线让通勤更加便捷。

来自湖北黄冈的郑泽源，在厦门天马微电子有限公司工作满3年，拿到属于自己的2020年骨干人才批次保障性商品房，房子也在翔安区新店保障房地铁社区一期。“这里环境好，离我公司坐车也就十几分钟。我的小孩今年就要上学了，社区周边的幼儿园、小学都是步行5分钟就可到达。”郑泽源激动地说，“厦门的人才住房政策对‘新厦门人’特别眷顾，让我们更安心留下来。”

为了让老百姓住在交通便利的区域，厦门舍得拿出好地块来建保障房。2017年，厦门市推出“地铁站点+保障性住房”，在岛外翔安、同安、海沧三区各选址一处建地铁社区，虽然规划在岛外，但全都毗邻地铁站点。为了让地铁社区能够配套齐全、惠及更多老百姓，在项目策划前期，教育、医疗、餐饮、购物、娱乐等方便市民生活的配套就与住宅工程同步规划、同步设计、分期分步实施。目前，厦门3个保障房地铁社区一期工程均已投用，二期、三期正逐步推进中。

（《光明日报》2021年07月04日）

42 索引

说 明

（1）本索引采用主题分析索引法，按主题词首字的字母顺序排列（首字为英文字母的，集中置于索引前面，首字为阿拉伯数字的，按其读音置于相关字母之前）。（2）类目标题用黑体字表明。（3）索引后面用数字标明内容所在的页码，并用 a、b、c 分别表示在该页的左、中、右位置。（4）表格和示意图除了标明页码外，还分别括注“表”“图”。（5）为简便起见，主题词中涉及本市的组织机构、会议、活动等，一般均省略“厦门”二字；涉及“2021 年”的，一般均省略。

“1+X”专项督查　60c
10 月　11c
“110”公益寻人新模式　106b
11 月　13a
12 月　14a
“1–3–5”快速反应机制　105a
1 月　6a
2+3+4+N　263a
2 月　6b
“3・19”直升机坠海事故　409c
3 月　7a
4 月　7b
“5・10”人防综合演练　120c
“5・12”全国防灾减灾日　408b
“5G+AR”党史馆　416c
5G 空域覆盖第一城　231a
5G 三期工程　230b
5G 智慧公交　231a
5G 智慧医疗车　231a
5 月　8b
“6+3+X”　34a
6 月　9a
7 月　9c
8 月　10b
“9・12”新冠病毒肺炎疫情　384b
“9・8”体育招商　391c
9 月　10c
CIM 基础平台　139c
ESG 研究中心　354b
“e 政务”上刷脸　128c
“i 海归”平台　396c

A

艾滋病　378a
爱国卫生　380b
爱国卫生组织管理　381a
爱心厦门（精神文明建设）　35a
爱心厦门（共青团）　84b
“爱心厦门”建设　41a
“爱心厦门・圆梦助学”　402b
“爱心厦门・政协行”　62b
“爱心厦门・志愿助农”　88b
爱心医保　401c
爱心助残　96a
安徽省高级人民法院原院长　112c
安全生产行政执法　409a
安全生产监督　408c
安全生产专项整治　408c
安置型商品房制度　247c
案件执行　111a
澳厦文旅产业对接协商　64c

B

“八个确保”措施　384c
“八五”法治宣传教育　48a
班纳利中国育种中心　199b
班组建设经验　81b
办公用房　60b
办税缴费　156c
保护区　254c
保密督查　39a
保密工作　39a
保密教育　39a
保险消费者权益　196b
保险业　195c
保障性商品房　400b
保障性住房建设　401a
保障性住房小区　250c
保障性租赁住房政策　400c
报刊集萃　487
暴雨　16c
北辰山民俗文化节　340c
毕业生来厦留厦云集成平台　396c
边防检查　161b
边检部门服务两岸　161c
边检部门助力口岸发展　161c
边检疫情　161c
标准化建设　152a
标准化学校创建　345a
殡葬管理　392a
冰雹　18a

兵役登记 119a
渤海银行厦门自贸区分行 190c
“不敢腐、不能腐、不想腐” 71c
不正之风 69b
部级、大使级外宾团组（表） 124

C

财政·税务 153
财政 153a
财政服务招商 153c
财政投融资 155a
“菜篮子”市长负责制度 215c
蔡月英 424c
参赛获奖（职业教育） 346a
参赛获奖（集美大学） 350c
参政议政（民进） 75b
参政议政（农工党） 76a
参政议政（致公党） 76c
参政议政（九三学社） 77c
参政议政（台盟） 78a
残疾人补贴 403a
残疾人教育 96c
残疾人就业 96c
残疾人康复 96b
残疾人维权 97b
残疾人文化体育 97a
残疾人宣传 97a
测绘数据 139c
茶产业（春季）博览会 219c
产品质量安全 151b
“产学研”项目补助办法 314a
产学研合作（亚植所） 318b
产学研合作（理工学院） 352c
产业创新 137b
产业发展 180b
产业发展与城市建设 340a
产业活动 211b
产业类项目 236c
产业链产值（表） 204
产业链调研 211b
产业升级财政支持 153c
长泰枋洋水利 241c
常态化新冠肺炎疫情防控 67a
常委会及其机关 43a
潮汐 18b
车险市场 196a
车站服务水平 226c
陈化成 341b
陈嘉庚爱国主义精神 340c
陈嘉庚与中国共产党 98c
陈清地 424a
陈全志 426b
成本监审 147c
城区建设（思明区） 412a
城区建设（湖里区） 413b
城市标识 19c
城市大脑 232c
城市管理 245c
城市管理精细化 246b
城市环境与健康 316c
城市建设 234
城市捷报社 366a
城市排水防涝能力 240c
城市运行 246c
城市综合管理条例 99b
城乡规划设计 234a
城乡和生态文明建设 47b
城乡基础设施类项目 236c
城乡建设（集美区） 415c
城乡建设（海沧区） 417c
城乡建设（同安区） 420c
城乡建设（翔安区） 422c
城乡居民基本医疗保险 378c
城乡居民家庭居住 392a
城乡居民收入 398a
城乡居民消费 398b
城乡社区近邻服务 404b
城乡医疗卫生服务 378b
城镇集体企业 142c
程先进 425b
出口产品构成 168b
出口额1亿元以上（表） 165
出口额前50位商品（表） 169
出口贸易方式情况（表） 167
出口信用保险 196b
出诊 216b
储备粮油 215a
畜禽养殖废弃物 202c
传播工作 351c
传统消费 213a
传销查处 149b
创享厦门 397c
创新创业 179a
创新驱动 24a
创业扶持政策申请条件 396a
创意涂鸦大奖赛颁奖 136a
慈善救助 402a
促进科技创新若干规定 100a
促进外贸发展惠企措施 171a
崔永辉 26c 424a
村居篮球赛（第七届） 387b
村镇建设 202a
存量房 248b
存量土地 138c

D

达标校复查及示范校申报 345b
“打造一流营商环境”协商 64c
打造中国茶叶品牌之都 65c
大爱寻亲 402a
大病医疗保险 378c
“大城管”格局 246a
大会信访 64a
大气环境质量 251a
大气污染 257a
大事记 6
“大数据+根治欠薪” 396a
大数据工作 232c
大数据和风险管理 157c
大数据利用 233a
大文明+大城管 414c
大雾 18a
大学生创业就业 347c
大学生嘉庚主题文化创意 98c
大学生租房 249b
大学习 39c
大洋专项研究 315b
代表工作 49a
代表联系群众工作平台 49b
代表履职 49a
代表性科技成果 316b
代建管理 240a
单一窗口 158c
档案服务 41c
档案工作 41a
档案史料 41c
党的建设 118b
党建创新 39c
党史和地方志工作 41c
党史学习教育动员会 27a
党校工作 38b
党校教育 38b
党员干部政治思想 29a
党员教育电视片 31b
岛内外发展 153c
岛内外年降水量年际变化（图） 16
岛内外年平均气温历年变化（图） 16
岛内外日照时数年际变化（图） 17
岛外新城建设 68a
道路交通安全综合整治 106a
低保家庭妇女安康保险 85c
地标建筑 19c
地产工业品目录 208a
地方法规 46c
地方金融纠纷调解中心（法院） 112b
地方金融纠纷调解中心（金融业） 183c
地方立法 99a

地方性法规（表） 46
地方资产管理 197a
地理测绘管理 139b
地理环境 15a
地貌 15a
地铁沿线 227a
地质 15a
地质灾害 407c
第三产业（思明区） 411c
第三产业（湖里区） 413b
第三产业（集美区） 415b
第三产业（海沧区） 417b
第三产业（同安区） 420b
第三产业（翔安区） 422b
“第一议题”制度 105a
典当行 197a
电力改革 244a
电商帮扶 214c
电商企业 214b
电网 243b
电信服务 230c
电影产业 33b
电影放映 372a
电子商务 214a
电子商务示范体系 214b
电子社保卡 399c
电子税务 157c
电子信息制造业 210a
电子证照共享库 58c
电子政务 58a
电子政务云平台 58b
东部体育会展新城 236a
东亚海岸带可持续发展 141c
都市现代农业 198a
队伍基础 118a
对港澳联谊 68b
对口帮扶宁夏科技 312c
对台联络 78c
对台联谊 68a
对台事务 129
对外及对港澳台贸易 162a
对外经贸合作 125a
对外投资合作政策 181c
对外宣传推介 125a
多元解纷机制 114b

E

俄罗斯—中国投资合作论坛 126c
儿童福利机构 402c
二手房市场 248a

F

发挥政协优势和作用 67c
发展数字经济协商 64b
发展智慧农业协商 65a
法规制度体系 121c
法律援助 116b
法律职业资格 116c
法院 110c
法院少年法庭 111c
法治 99
法治政府建设 101b
法治中国典范城市 101b
反腐倡廉 71b
反垄断反不正当竞争 149a
反诈防骗 105a
饭店会议承揽 218c
饭店会议设施 218c
防护物资 148b
防汛防台风安全隐患 407b
防汛抗旱 203b
防疫保供电 243b
防震减灾 407a
房地产（土地）价格 249a
房地产经纪信用 248c
房地产纠纷投诉 249a
房地产开发 247a
房地产开发企业“双随机” 247b
房地产企业资质 247a
房地产市场管理 247b
房地产业 247
房地产中介服务 248c
房屋安全 250b
房屋安全常态化管理 250c
房屋管理 250a
房屋专项维修 250a
房屋租赁 249a
房源调换机制 400c
“放管服”改革 259a
非公党建 31a
非上市公司公司债券筹资（表） 194
非物质文化遗产 360b
非遗宣传展示传播 361a
非洲猪瘟 200b
废土消纳场地 240a
分析检测技术 318b
风暴潮 18b
封港清查 253b
佛教协会 405c
佛事用品（春季）展览会 219c
伏季休渔 253b
服务保障体系 121c
服务金砖基地建设 124b
服务贸易 171a
服务贸易创新发展试点 171c
辐射环境质量 251c
福彩公益金 402c
福建省企业百强 305b
福建省水产研究所 317a
福建省亚热带植物研究所 318a
福建省知识产权优势企业 307c
福建省制造业服务业战略新兴产业企业百强 305b
福建新华发行（集团） 368c
福蕾行动计划 402c
抚恤优待 122c
腐败 69b
妇联领导到厦门调研 86a
妇女儿童权益 85c
妇幼保健 380a
附录 427
复合型干部 31a
副食品供应 215b
傅冰洁 31c

G

改革创新 175a
改革开放 24c
干部参与疫情防控 31b
干部队伍 29b
港澳事务 128b
港澳台侨企业 34c
港口 224a
港口安全 224a
港口营商环境 161a
港厦科技创新合作 67a
高标准建设金砖创新基地 64b
高层次人才安居政策 400a
高层次人才网络对接会 396b
高等教育 347a
高端养老项目 403c
高端装备制造产业和投资 341b
高考录取 345a
高泉阳 425a
高温 18a
高新技术及新兴产业 309b
高云龙 79c
高质量建设厦门现代化国际化 339c
高质牡蛎科研成果 317b
隔离酒店 265c
个体工商户产业 269a
个体工商户产业（表） 269
个体工商户登记和注销 282a
个体工商户登记和注销（表） 282
个体工商户三产行业 273b
个体工商户三产行业（表） 275
个体工商户一产二产行业 270b
个体工商户一产二产行业（表） 272
耕地 254b

耕地保护 198a
工程建设项目审批 239c
工程建设项目审批制度 59c
工程勘察 237b
工程设计 237c
工程质量安全 239b
工行厦门分行 184c
工伤保险定期待遇 400a
工商行政管理 148a
工业 204
工业（集美区） 415a
工业（同安区） 420a
工业（翔安区） 422a
工业安全生产 208c
工业博览会 221c
工业布局规划 205c
工业产品产量（表） 204
工业发展 178c
工业行业情况（表） 205
工业互联网标识 232b
工业旅游 263b
工业用地项目 208a
公安 104a
公共法律服务 115b
公共法律服务条例 99c
公共机构 60c
公共交通 225c
公共科学日 316b
公共停车设施 237a
公共卫生 375b
公共文化 357a
公共文化服务体系 357a
公共信息服务平台 174b
公共资源交易平台 60a
公积金 248b
公交线路 225c
公开行政复议和诉讼情况（表） 57
公路 225a
公路安全隐患 225b
公路项目 225a
公路养护 225a
公平竞争 149a
公务用车 60c
公益诉讼检察 109c
公用公益服务价格 147b
公用事业 241c
公证行业 115c
功能智慧杆 241a
共青团及团组织 83b
供电 243a
供电安全 243b
供电营商环境 243c
供气 242a
供厦食品安全标准 151a
供水 241c
供水服务 242a
供销合作 216a
供应链创新 176b
孤儿 403a
古树名木 245b
鼓浪屿 19c
鼓浪屿场馆数字化 260b
鼓浪屿红色教育基地 267a
鼓浪屿名胜保护 266b
固定资产投资 255a
固体废物污染 258a
关务技能 356c
关心下一代工作 40c
官僚主义 69c
管网及配套加压泵站 241c
光大银行厦门分行 189b
光电产业 309c
广播电视行业 364a
广播电视节目 362b
广播影视 372a
广电集团 373a
广电项目 372c
广告监管 149b
归侨侨眷快闪 128a
规范性文件 103c
规范性文件目录（表） 103
轨道工程防事故 239b
轨道交通 3 号线 226a
轨道交通安全 227b
轨道交通建设 227a
国产宫颈癌疫苗 212b
国防教育 119c
国际广告节 221b
国际海洋科技合作 316a
国际集装箱干线港 224b
国际贸易“单一窗口” 175c
国际青少年友好交流 127a
国际青少年友好交流音乐会 363a
国际税收 156c
国际投资论坛 222a
国际一流营商环境 138b
国际朱子文化节 339b
国家高端智库建设 339a
国家海洋经济示范区 140a
国家基金委基础科学中心 350b
国家级高新技术企业 309b
国家级工业设计中心 305a
国家级民营企业技术中心 307b
国家级沿海渔港经济区 201b
国家技术创新示范企业 307a
国家开发银行厦门分行 188c
国家科技成果转化服务 313b
国家三角梅种质资源库 199b
国家社会科学基金项目（表） 319
国家深化医疗服务价格改革 383c
国家谈判药品 383c
国家心血管疾病临床医学 311b
国家野外科学观测研究站 349b
国家医保信息平台 375c
国家政法智能化技术创新 312c
国家中医药服务出口基地 382c
国家自然科学奖二等奖 349c
国内重点旅游 264b
国企《财富》世界 500 强排名 143b
国企改革三年行动 142c
国寿项目 403c
国土空间 234b
国有企业 146a
国有资产监督管理 141c
国有资产证券化 142b
国资国企 142a
国资国企参与东西部协作 142c
国资国企招商引资 142b

H

海岸带保护修复工程 315c
海岸线修测 139b
海沧区 417a
海沧区各街道基本情况（表） 417
海沧隧道 5G 网络 230b
海辰新能源项目 305a
海关监管 159a
海关监管创新 159b
《海归科特派的“芯”使命》 312c
海警工作 120a
海绵城市 240c
海漂垃圾 252b
海上丝绸之路国际产学研用 222b
海上疫情 160c
海事安全 161a
海事案件执行 114a
海事海商案件 113c
海事行政与海洋生态案件 113c
海事监管 160c
海事审判精品 114a
海丝基金 181c
海丝建设 159b
海丝中央法务区（法治） 100c
海丝中央法务区（自贸区） 177a
海外华商“一带一路”研修班 127c
海外华商中国国情研修班 34b
海外联谊 77a
海外旅游 264b
海外侨胞 128a

海西（厦门）信用论坛 340b
海西晨报社 365c
海峡导报社 367a
海峡金融论坛 131c
海峡科技专家论坛 89a
海峡两岸（集美）端午文化 338c
海峡两岸（厦门）精神家园 340b
海峡两岸保生慈济文化旅游节 132a
海峡两岸城市环境研讨会 316c
海峡两岸春节焰火晚会 135a
海峡两岸大学生创意文化节 135b
海峡两岸大学生海洋文化 132c
海峡两岸国学论坛 136c
海峡两岸汉字文化创意 136a
海峡两岸航海技术与海洋工程 131c
海峡两岸及港澳地区名导 132b
海峡两岸检察制度 134c
海峡两岸快捷物流通道 229c
海峡两岸老少书画摄影交流 93c
海峡两岸母胎医学研讨会 133c
海峡两岸脑血管病 134a
海峡两岸青少年 41a
海峡两岸青少年新媒体 92c
海峡两岸融合 178b
海峡两岸少儿美术展 135c
海峡两岸设计研学中心 133a
海峡两岸社区论坛 405a
海峡两岸神经病学 134a
海峡两岸文学笔会 87c
海峡两岸消化系肿瘤诊治 133c
海峡两岸医药品论坛 151a
海峡两岸职业教育论坛 98a
海峡两岸中小学校长论坛 133b
海峡两岸中学生闽南文化 133a
海峡论坛 130b
海峡青年论坛 84c
海峡银行厦门分行 191a
海峡职工论坛 82c
海洋防灾减灾 407c
“海洋—非遗文化” 362a
海洋高新产业园区 140b
海洋国际合作 141a
海洋环境质量 251b
海洋开发合作 173a
海洋科技创新能力 140b
海洋科技开发 316a
海洋科学技术一等奖 317b
海洋倾废公益诉讼案 120b
海洋生态保护（生态环境保护） 252a
海洋生态保护（海洋三所） 315b
海洋生态预警 315c
海洋意识 253a
海洋战略规划 315c
海洋资源管理 140a
海域 18b
海域非法捕捞 201a
海域海岛生态 252a
海域污染 257c
海域养殖 253a
汉至五代 18c
航空 227b
航空安全 228b
航空港 227b
航空维修平台 175c
航运 228c
合作交流（集美大学） 351b
和谐劳动关系 394c
河湖综合治理 253c
核心价值观 32c
黑灰产业 414c
红色基因 40c
红色旅游 263b
红十字基础 95c
宏观经济调控 137a
胡润中国富豪榜 307c
湖滨北路品质提升 241a
湖里区 413a
湖里区各街道基本情况（表） 413
“互联网+”医保服务 377b
户外广告店招设置 246c
《花儿的伞》 31b
花卉林业产业 199b
花境大赛 245b
华侨大学（厦门校区） 351b
华侨大学简介 352a
《华侨华人研究报告（2021）》 341c
华夏银行厦门分行 190b
华裔留学生座谈会 68c
环东海域新城 235b
环境监管 258a
环境健康 378a
环境信用 259b
环评审批 259a
换届监督 71a
黄文辉 26c 424a
黄小梅 426a
会议选介 221b
会议业 217b
会展基础设施建设 218a
会展旅游 263a
会展市场开拓 219a
会展业 217
会展业促消费 219a
会展业公共信息 219a
会展业数字化 217c
会展疫情防控 217c
惠民实事 154c
惠农惠民 216a
惠农政策 199a
惠企服务 138a
惠企政策（工商联） 79b
惠企政策（软件信息服务业） 232a
惠台利民政策 129c
惠台政策 130b
惠台政策宣传 131a
婚姻和收养登记 394a

J

机场 227c
机场旅客遗失物品查找 107c
机场生产指标（表） 227
机构编制工作 37c
机构编制资源 38a
机关安全 61a
机关财务 61a
机关党建 39b
机关事务管理 60a
机关住房调配 60c
基本医疗保险 401c
基层人大工作 44a
基层社会治理 404b
基层组织 30a
基础教育精品课 344a
基督教会员大会 405c
稽查执法 149c
疾病防控 377c
集成电路产业（自贸区） 176b
集成电路产业（科学技术） 309c
集成电路产业技术创新奖 179c
集成电路平台 211a
集美大学 350b
集美区 414c
集美区各镇（街）基本情况（表） 415
集美新城 235c
集友银行厦门分行 192c
计划生育服务 379a
计量服务 151c
计生服务 375c
计生关怀服务 379b
纪惠娇 426a
纪检监察 69
纪念施琅诞辰 400 周年 341c
纪念五四运动 102 周年 83c
纪念英烈 123a
技改扶持 207a
技术合同成交额 131a
技术合同交易 313b
季度协商座谈会 64a
加快企业上市提案 65b

加强历史文化保护和文化强市建设　67c
家庭发展事务中心　377a
家庭家教家风　85b
家庭健康　379b
家庭养老床位　403b
嘉庚创新实验室　311c
《嘉禾之光》 42b
价格管理　146c
价格监管　148a
价格认证认定　147c
价格收费清单动　147b
价格争议　147c
监测能力　259b
监督执纪　70c
监管工作机制　239b
监管行为　183c
监管制度机制　142b
检察　108a
检察服务疫情防控　109a
检察工作　108c
检察机关反腐　110a
检察维护国家安全　109c
减税降负　153b
简易注销　148c
建行厦门分行　186b
建校 40 周年　352c
建言献策　72a
建置沿革　18c
建筑材料　239a
建筑废土　240a
建筑工程计价　238c
建筑行业质量　239c
建筑施工企业信用　238b
建筑市场　238b
建筑业　237c
健康风险　196a
健康教育　381b
“健康厦门・近邻健康”　382a
降水　16b
降水量分布（图）　17
交行厦门分行　187c
交通发展规划　223c
交通基础设施　223b
交通邮政　223
教师队伍　343c
教学改革　354c
教学科研　355b
教育　342
教育部拔尖计划 2.0 基地　349a
教育部课程思政示范课　356b
教育改革　344a
教育科技合作　173a
教育投入　154a
教育资源均衡布局　343a
教育资源引进　343b
“揭榜制”市重大科技项目　306c
街区立面　237a
节能监察　255a
节能减排　254c
节能减排课题　67b
节能宣传　256a
“金牌导游・光耀厦门”　262a
金融创新　177c
金融风险　184a
金融业　182
金融业监管　183b
金融政策服务经济　184a
“金砖 +”国家留学人才　394c
金砖产业基金　174c
金砖创新基地（经济社会发展）　24b
金砖创新基地（市委）　31a
金砖创新基地建设　173c
金砖国家城市友好交流　127a
金砖国家华侨华人　91a
金砖国家基地建设　353c
金砖国家科技创新合作　313c
金砖国家智库国际研讨会　126a
金砖人才　174b
金砖专题系列活动　174c
进出口市场　162b
进出口银行厦门分行　189a
进出口总额 1 亿元以上（表）　162
进口产品构成　167c
进口额 1 亿元以上（表）　164
进口额前 50 位商品（表）　168
进口冷链食品　150c
进口贸易方式情况（表）　167
进口食品质量安全　160c
“近邻”党建 + 医保社区　378c
禁毒工作　105c
经济发展　50a
经济犯罪案件　106a
经济高质量　23c
经济管理　137
经济社会发展　23b
经济运行合理区间　137b
经济责任　146a
精神文明建设　34c
景区和非景区景点安全　408a
警备工作　118a
净化未成年人网络环境　36c
净利润 5 亿元民营上市公司（表）　298
竞技体育　387c
敬老爱心车联盟　226a
境外经济技术合作　181b
九龙江流域水生态环境　99a
九龙江生态保护修复方案　316c
九三学社厦门市委员会　77b
就业创业　394a
就业困难群体疫情生活补助　399c
巨灾保险　407a
军事　118
军休服务　122a
军营村瓶装液化气供应站　242c

K

开发区建设　175a
开放型经济　162
开展爱国卫生运动的决定　99b
勘察设计　237b
抗疫医疗救治　384c
科技“小巨人”企业　309c
科技成果转化（科学技术）　313a
科技成果转化（海洋三所）　316a
科技创新（火炬高新区）　180c
科技创新（民营经济）　306c
科技创新“十四五”规划　311b
科技创新城市　339c
科技创新促进民营经济发展论坛　77a
科技活动周　312b
科技计划项目（工业）　212a
科技计划项目（亚植所）　318c
科技计划项目与投入　310a
科技交流与合作　313c
科技普及应用　312a
科技人才　314b
科技特派员注册　313a
科技体制机制　308c
科技型中小企业　310a
科技与金融结合　310c
科技展会　314b
科技支出　310c
科技资本对接会　311a
科普活动　88a
科学技术　308
科学仪器共享优惠政策　312a
科研成果（厦门大学）　349c
科研工作（党校工作）　38c
科研工作（集美大学）　351a
科研平台　318b
科研院所　315a
课程思政示范项目　349b
课后服务　344c
课堂教学改革创新大赛　344a
课题调研（市委）　37b
课题调研（市政协）　66b
课题调研（民革）　72b
课题调研（民盟）　74a
课题调研（民建）　74b

课题研究和学术成果　319a
口岸动植物　160b
口岸管理　158
口岸基础设施　158c
口岸监管　160a
口岸检疫　159a
口岸通关秩序　160b
口岸疫情防控　158b
口岸营商环境　158b
口岸营运　158a
口袋公园　245a
跨“海峡”在线庭审　134c
跨岛发展战略　24c
跨岛跨区域　26a
跨境电商产业展览会　94c
跨境电商平台　176a
跨境诉讼当事人网上立案　134b
跨省异地就医　384a
困难群众走访　402b
扩岗留工稳就业措施　395a

L

垃圾分类　244b
赖美妍　426b
廊管建设体系　240c
劳动关系　394b
劳动教育改革　343b
劳模宣讲团　82a
劳务输入基地　394c
老干部工作　40a
老旧小区　236c
老龄事务　403a
老年健康　381c
老年人办理出入境证件　107a
老年人权益保障规定　99c
老年人体育　387b
《冷冻鱼糜》研制国际标准　317c
离退休干部服务　40b
离退休干部优势　40b
离退休干部政治思想　40a
理论宣讲　32b
理论学习与研究　32a
理想信念教育基地　34b
立法质量　46a
莲花中学“五朵金花”　426b
联谊及其他活动　68a
廉政漫画展　71c
廉租住房租金补助　400c
粮食安全　215a
粮食产销　215b
粮食生产　198c
粮油保供稳价　214c
粮油储备与供应　214c
粮油市场　215a
两岸残障人士交流　97b
两岸传统技艺　362c
两岸合作创排艺术精品　362c
两岸基层调解员联谊　135a
两岸经贸合作与发展论坛　131c
两岸科技创新融合发展　314b
两岸青年共庆元宵　78c
两岸区域性金融中心　235c
两岸融合发展中心　131b
两岸融合法治保障　110a
两岸新媒体发展论坛　136b
两岸学子论坛　133b
“两违”综合治理　246a
“两优一先”评选　40a
烈士纪念设施　123a
林碧玲　424b
林圣彩　350a
林希元两岸文化节　93b
林业　199c
林长制　199c
“林长制”网格化　139a
零基预算　154c
刘睿欣　426b
刘斯　425a
“留厦来·更精彩”校园引才　395b
留学人才创新创业　395c
鲁班奖民营企业项目　305a
陆海双向互济　172c
路产路权　225b
鹭江出版社　368a
鹭江讲坛　338a
旅游博览会　262c
旅游厕所　264c
旅游饭店　266a
旅游公共服务　264c
旅游管理　265b
旅游规划建设　260c
旅游行业安全　265c
旅游行业信用体系　265a
旅游环境　267c
旅游接待　260a
旅游景区　264a
旅游人才队伍　264c
旅游三十人论坛　340c
旅游市场　266a
旅游市场秩序　267c
旅游投诉　265c
旅游推介　261a
旅游业　260
旅游业扶持　260a
旅游业态　263a
旅游资源　263c
律师服务　116a
律师会见网上预约系统　107a
“绿盾—2021”　410b
绿色和科技企业票据　183b
绿色货运配送示范城市　214a
绿色技术和产品　255b
绿色技术和产品　256（表）
绿色建筑　239a
绿色交通工程　224a
绿色制造　255a
绿色制造企业及产品（表）　255

M

马銮湾新城　235b
贸易方式　167a
“免申即享”政策　144a
民兵分队轮训　119c
民兵预备役工作　119b
民革厦门市代表大会　72c
民革台青之家　72c
民国时期　19a
民建中央领导调研　74c
民企百强榜单　79c
民商事审判　110c
民生福祉　25c
民生改善　47b
民生银行厦门分行　190a
民生用气　242b
民事检察　109b
民营独资企业　284a
民营独资企业（表）　284
民营高新技术企业　306c
民营股份有限公司　289b
民营股份有限公司（表）　292
民营合伙企业　284b
民营合伙企业（表）　287
民营经济　268
民营经济产业增加值　268a
民营经济构成　268c
民营经济税收　268b
民营境内外上市公司　295c
民营企业“专精特新”中小企业　305a
民营企业产业　268c
民营企业产业（表）　268
民营企业登记　276a
民营企业登记（表）　276
民营企业获省级表彰　307c
民营企业获省质量奖提名奖　305a
民营企业及个体工商户组织形式　294a
民营企业及个体工商户组织形式（表）　294
民营企业进出口　268b

民营企业列入市重点产业项目（表） 295
民营企业列入市重点项目 295b
民营企业名列全球涂料企业 100 强 300a
民营企业入围省工业龙头 295b
民营企业三产行业 273a
民营企业三产行业（表） 273
民营企业市重点工业企业 299c
民营企业一产二产行业 270a
民营企业一产二产行业（表） 270
民营企业制造业及服务业 20 强（表） 304
民营企业注销和吊销 276b
民营企业注销和吊销（表） 279
民营上市公司年度发展 297a
民营上市公司市值（表） 297
民营上市后备企业 295a
民营物流企业获评全国 A 级 299a
民营有限责任公司 289a
民营有限责任公司（表） 289
民营重点工业企业（表） 299
民主党派与工商联 72
民主监督 65b
民族情况 23a
民族英雄陈化成文化论坛 341b
民族与宗教事务 405a
民族宗教 23a
闽南文化（厦门）生态 360c
闽南文化论坛 362a
闽南语歌曲歌手大赛 359a
闽南语原创歌曲歌手赛 359b
闽西南旅游 261c
闽西南涉台交流基地 131b
闽西南职工春晚 80c
明清时期 19a
模范人物 424a

N

宁德时代新型锂离子电池 306b
农产品产销 215c
农产品质量安全 202c
农场驿站 229b
农村改革 201b
农村供电 243c
农村假冒伪劣食品 216b
农村建房 202a
农村建设品质 202a
农村教育 344c
农村居民收入 201c
农村人居环境 202b
农村幸福院质量 403a
农村学前教育 344b
农民家庭居住（表） 393
农民专业合作社 216b
农业（集美区） 415a
农业（海沧区） 417b
农业（同安区） 420a
农业（翔安区） 422a
农业产业集聚 201c
农业发展银行厦门分行 188b
农业绿色发展 198b
农业农村 198
农业农村制度 201c
农业设施项目 199a
农业银行厦门分行 185c
农资供应 216a
女性科技人才 86a

P

派驻机构 69a
培训（华侨大学） 352a
彭阳县乡村振兴专家服务 318c
片区规划 234c
频率台站 233b
品牌快递服务 229a
平安厦门 101a
平安银行厦门分行 190c
“评定分离”试点 238b
破产公共事务中心 112a
浦发银行厦门分行 190b
普法宣传 102a
普惠小微企业 183a
普通高等学校基本情况（表） 347
普通高等学校教职工基本情况（表） 347
普通高中教育 345a
普通高中项目 345b
普职融通 345c

Q

七一道路彩化 245c
其他非银行金融机构 196c
企业参加港澳“产学研”对接 313c
企业参与资本市场 194c
企业出口贸易情况（表） 167
企业扶持 207b
企业工资指导线 396c
企业及产品 255a
企业进出口 167a
企业进口贸易情况（表） 167
企业薪酬调查信息 397a
企业研发费用补助政策 310b
气候 15c
气温 16a
气象干旱 18a
气象科技 309a
汽车博览会 220b
千亿产业链 4
乔丹杯 387c
侨务 127b
侨与特区共奋进 91c
侨智侨企创新创业论坛 91c
青年企业家篮球邀请赛 92b
青年人才 84a
青年志愿者 84a
青少年参加省级比赛 391a
青少年科技 88c
青少年普法 40c
青少年权益 84a
青少年事务社工项目 84c
青少年视力保护协商 65a
青少年体育 387a
青少年夏令营 93c
清费降本 147a
清华大学厦门博士团 31b
清明祭扫服务 392a
清欠工作 238c
庆祝厦门经济特区建设 40 周年 128a
庆祝中国共产党成立 100 周年（市委） 27c
庆祝中国共产党成立 100 周年（统一战线） 34b
庆祝中国共产党成立 100 周年（市政协） 68c
庆祝中国共产党成立 100 周年主题音乐会 87b
秋冬季毕业生招聘 396c
秋季爱国卫生运动 380c
区划和人口 20c
区域创新体系建设 311a
区域地震安全性评估 407c
区域科技合作 314a
区域性股权市场 195c
全封闭式入境专用通道 228a
全国（小幅）工笔画双年展 359a
全国大学生主题演讲比赛 120a
全国放心粮油示范企业 305c
全国技能大赛表扬总结会 396b
全国建筑业 AAA 级信用企业 301b
全国杰出专业技术人才 349c
全国科技工作者日 89a
全国口腔种植年会 221c
全国民营企业研发投入 500 家 307b
全国农业产业化头部企业百强 305c
全国特等年鉴 42c
全国文明典范城市 35b
全国政协副主席调研 79c
全国职校技能大赛 356c

全面从严治党 26b
全面从严治检 108c
全面深化改革委员会 26c
全面深化改革委员会（表） 27
全面推进乡村振兴 201b
全民国防教育日 120a
全民健身 387a
全球转化研究者 349c
全日制学校基本情况（表） 342
泉州银行厦门分行 191a
群众体育 386a
群众团体 80
群众文艺创作 358c
群众性练兵比武 119b

R

燃气安全 242b
燃气安全隐患 242c
人才服务月 31b
人才集聚地 30b
人才培养 181a
人大监督 46c
人大立法 46a
人道救助 95b
人防工程建设 121a
人防设施 121b
人防审批制度 120c
人防宣传教育 121a
人防指挥体系 120c
人口 23a
人口家庭 392a
人类学与国别区域研究 338c
人力资源服务产业园 396a
人民防空 120b
人民调解 114c
人事任免 48b
人文社会科学 338b
人物·荣誉 424
认证及检验检测 151c
任免国家机关工作人员（表） 48
日常价格 147a
日常监督 71a
日照 16b
融资担保 196c
融资租赁 197a
融资租赁产业 176c
入海排放口 252b
软件信息服务业 231c

S

“三八”国际妇女节 81a
“三高”工业企业 208b
“三高”企业 180c
“三高双百”企业家沙龙 315a
“三侨生”身份 127c
“三下乡”活动 312b
“三献”工作 95b
扫黄打非 363b
森林督查 139b
森林防火 410a
森林防火设施 410a
森林火灾风险 200a
森林消防队伍 410a 410b
森林资源管理 139a
山樱花品种 245c
商贸服务业 213
商品房销售 248a
商业保理 197a
上市公司筹资（表） 193
少儿书画作品 75c
少数民族流动人口大病医疗 405b
少先队“红领巾心向党” 84c
奢靡之风 70a
社保社会监督员 399c
社会保险 399a
社会保险费和非税 156a
社会保障投入 154a
社会保障性租赁房 400b
社会服务（民盟） 74a
社会服务（民进） 75c
社会服务（农工党） 76b
社会服务（致公党） 77a
社会服务（台盟） 78b
社会服务（工商联） 79b
社会服务（集美大学） 351a
社会福利 402b
社会活动 307c
社会救助 402a
社会科学 319
社会力量承办运动队 390c
社会力量承办运动队（表） 390
社会民生 50c
社会生活 392
社会事业（思明区） 412b
社会事业（湖里区） 414a
社会事业（集美区） 416a
社会事业（海沧区） 418b
社会事业（同安区） 421a
社会事业（翔安区） 423a
社会事业类项目 236c
社会消费 213a
社会应急救援力量 406c
社会治理（经济管理） 138b
社会治理（计划生育） 379c
社会治理（思明区） 412c
社会治理（湖里区） 414b
社会治理（集美区） 416b
社会治理（海沧区） 419a
社会治理（同安区） 421b
社会治理（翔安区） 423b
社会组织管理 403c
社会组织社会责任 404a
社会组织专项整治 403c
社会组织综合监管 404a
社科基金项目 319c
社科界公开出版专著（表） 333
社科理论 89c
社科理论研究 338a
社科普及 90a
社科普及宣传周 90b
社科学会 89c
社科学术成果 319c
社科学术年会 90b
社科智库 338a
社情民意 62a
社区矫正 115a
社区疫情防控 404c
涉港跨境破产司法协助 111c
涉海工程建设 161b
涉台海事审判 113c
涉台司法交流研究中心（法院） 111c
涉台司法交流研究中心（对台事务） 134b
涉外疫情防控 125a
涉疫垃圾 244b
涉疫情信访 61b
审计 145c
审计整改 146b
审批服务便民化 59b
生产经营 295a
生活物资供应 215b
生态保护 254c
生态环境 24b
生态环境保护 251
生态环境保护（思明区） 412b
生态环境保护（湖里区） 414a
生态环境保护（集美区） 416a
生态环境保护（海沧区） 418b
生态环境保护（同安区） 420c
生态环境保护（翔安区） 422c
生态环境损害赔偿 259a
生态环境应急管理 259c
生态环境执法 259c
生态环境质量 251a
生态文明体制 258b
生物医药产业扶持政策 212a
生物医药与健康产业 308b
生物医药制造业 211c
生物制品实验室 350a

生猪稳产 200b
声环境质量 251c
省“双高”计划项目 356c
省“专精特新”中小企业 306a
省部级优秀社会科学成果奖项目（表） 327
省公务员录用笔试 395b
省级教学成果 356b
省级新型研发机构（民营经济） 307a
省级新型研发机构（科学技术） 314a
省科技小巨人企业 307a
省民营企业100强 301c
省社会科学基金项目（表） 323
省数字经济领域创新企业 299c
省委巡视巡察专项检查 70b
省制造业单项冠军企业 305c
省专利奖 306c
省专利奖（表） 306
师资建设（集美大学） 351a
师资培养 356a
施工图审查 237b
施琅 341c
“十四五”关税调整 338b
“十四五”人社事业发展 397a
石材展览会 220a
石湖山液化石油气储配站 242c
实体经济安全 196a
食品安全 150a
食品安全示范城市 150c
食品药品 150b
食品药品监督管理 150a
食用农产品安全 203a
示范性幼儿园 344b
世界美发大会 222c
世界商业领袖圆桌会议 94c
世界文化遗产（市情概貌） 19c
世界文化遗产（文化） 360a
世界无烟日 380c
世卫组织认证 212b
市场物价 398c
市场政务服务效能 148c
市场主体监管 195a
市场主体准入准营 148b
市城镇居民家庭居住（表） 393
市第三看守所 108a
市第十二届党代会 27c
市第十二届党代会（表） 28
市第十三次党代会 28a
市妇女代表大会 86b
市工商联代表大会 79c
市户籍人口变动情况（表） 392
市花 20c
市环境保护条例 99b
市级工业设计中心 306a
市级环卫科普馆 244c
市级科技企业孵化器 307a
市技术先进型服务企业 307b
市金砖新工业能力 356c
市经济会议 27c
市经济会议（表） 27
市科普讲解大赛 312b
市科学技术奖 306c
市科学技术进步奖 317a
市垃圾分类培训学院 244c
市流动人口统计（表） 392
市民营企业100强 301c
市民营企业100强（表） 301
市鸟 20c
市情概貌 15
市区镇换届 30c
市人大常委会决定及决议（表） 47
市人社工作视频会 395a
市容环境卫生 244a
市十五届人大常委会会议 44c
市十五届人大常委会会议（表） 44
市十五届人大工作 43a
市十五届人民代表大会（六次） 44b
市十五届人民代表大会（七次） 44c
市属主流媒体 372a
市树 20c
市外办出入境管理系统 127a
市委第十三届一次会议 28b
市委领导调整 26c
市委十三届二次全会 28c
市委巡察全覆盖任务 70a
市文化企业30强 299b
市物价指数（表） 399
市辖区概览 411
市政道路建设 241b
市政道路养护 241b
市政府常务会议 51c
市政府常务会议（表） 51
市政府门户网站 58a
市政府全体会议 56a
市政府与市总工会联席会 83a
市政建设 240b
市政设施 241a
市政设施信息化 241b
市政协常委会会议 63c
市政协常委会会议（表） 63
市政协十三届五次会议 63a
市自然灾害综合风险 407b
事业单位 37c
事业单位招聘笔试 397b
逝世人物 426c
收入消费 398a
首都银行厦门分行 193a
蔬菜猪肉政府差价销售 147a
数字经济发展 68a
数字经济与财务智能化 353c
数字自贸区 176c
“双减”政策 344c
双向投资贸易 172c
“双自联动”创新 67b
水产苗种业 200c
水产品质量 201a
水厂建设 241c
水环境质量 251b
水价格 147c
水利工程运行 203c
水利基础设施 203a
水利建设 203a
水土流失 203b
水温 18b
水污染 257b
水资源 253c
水资源保护 253b
税费优惠 157b
税费政策 156b
税收法治 156a
税收经济分析 156b
税收收入分税种结构（图） 156
税收收入情况（图） 156
税收收入特点 155b
税务 155a
税务稽查 157b
税种管理 156c
顺丰中大型全货机 229b
司法参与市域社会治理 111b
司法行政 114c
司法惠台 134b
司法监督 47c
司法鉴定 115c
司法救助案 110b
司法强制隔离戒毒 117a
司法审判责任制 111b
思明区 411a
思明区各街道基本情况（表） 411
思想建设（民进） 75a
思想建设（农工党） 76a
思想建设（九三学社） 77b
“四风”纠治 69b
四好农村路 223c
四项承诺 360b
宋元时期 19a
苏俊杰 425b
苏颂国际文化节 341a
孙春兰 349b
所企战略合作协议 318a

T

踏寻厦门红色足迹　42b
台胞帮扶　92a
台胞乘火车刷台胞证　130c
台胞台企登陆第一家园措施　130a
台胞台企服务站　131a
台胞台企金融服务　130a
台胞医保服务站　379a
台风　17c
台风“卢碧”　408c
台港澳交流　77a
台港澳适龄儿童入学　128b
台港澳同胞办税绿色通道　128b
台盟中央重点课题研讨会　78c
台企发展峰会　131c
台青创新创业法律讲堂　134b
台商协会台胞台企服务站　107b
台湾民主自治同盟厦门市委员会　78a
台湾青年创业就业　130c
台湾人才闽西南对接会　395c
《台湾通史》　135b
台资利用　173c
太平洋岛国驻华使节　126c
特立尼达和多巴哥凤凰工业园　125c
特区建设 40 周年庆祝　28c
特区建设 40 周年先进人物　30c
特色产业发展　160a
特色服务出口基地　171c
特色文化　91b
特殊档案　41b
特殊教育　345b
特殊教育教学　345b
特殊证明规则　69a
特载　1
特种设备安全　151b
提案工作　65c
体医融合　387c
体育　385
体育产业　391a
体育设施　385a
体育设施对外开放学校（表）　385
体育智慧健身房　385c
体育智慧健身房（表）　386
天主教爱国会　405c
铁路　226b
铁路客运　226b
通关业务　159c
通信及网络服务　230c
通信信息　230c
同安公共交通有限公司　226a
同安区　419c
同安区各镇（街）基本情况（表）　420
“同名村·心连心”联谊　92b
同翔高新城　236b
统计　146b
统计服务　146c
统计改革　146b
统计调查　146c
统计资料　445
统一战线　33c
投资贸易洽谈会　220c
投资欧洲推介会　181c
投资者教育　195b
土地房屋征收　138c
土地供应　138c
土地管理　138b
土地例行督察　254b
土地资源保护　254a
土壤环境质量　251b
土壤污染　257c
推动经济高质量发展　47a
退休人员基本养老金　399b
退役军人就业创业　122b
退役军人事务　121b
退役军人移交安置　122a
退役士兵社保　122c

W

外国人才服务站　315a
外汇管理　193a
外籍科技特派员服务队　314c
外贸品牌　171b
外贸企业　159c
外贸营商环境　171b
外贸转型升级　171b
外事　124a
外事·侨务·港澳事务　124
外专技术和技能评价　314c
外资及港澳台资利用　173a
外资及港澳台资投资　173b
万宸　426b
王菲　426b
网络安全　36b
网络安全宣传周　37a
网络市场　149b
网络文明　36a
网络综合治理　36a
网上正面宣传　36a
网上政务服务能力　59c
网上重大主题　36b
网信工作　35c
网约车订单合规率　225c
危害大白鲨案件　107b
危险作业刑事案件　409c
违禁品　160b
围填海问题　140c
维权执法　120a
委员视察　67c
卫生监督　382a
卫生健康　375
卫生健康“放管服”　383b
卫生人才　383b
卫星图片执法　254b
未成年人司法保护　110b
位置和面积　15a
慰问困难失能老人　381c
文博 IP 应用大赛　361c
文稿　37b
文化　357
文化产业（市委）　33a
文化产业（文化）　362a
文化产业链　362b
文化场馆　357b
文化管理　363a
文化和自然遗产日　361b
文化交流　362b
文化旅游　263b
文化贸易平台　176a
“文化强市”建设　67b
文化事业　32c
文化体制　33a
文化项目　267b
文化遗产保护（旅游业）　266b
文化遗产保护（文化）　359b
文化遗产预警监测　266c
文化艺术　358b
文旅规划　260c
文明典型　35a
文明行为示范月　35c
文物保护　359c
文艺创作　87a
文艺惠民　87b
文艺活动　86c
文艺精品创作　358c
稳定就业无住房职工　400b
污染防治　257a
污水处理　254a
无线电管理　233b
无线电检查　233c
无线电整治　233c
无障碍设施品质　237b
吴海鹰　86a
吴荣南　426c
吴志强　425b
“五安”工程　414c
“五个一”　34a
五级十五同　363c
“五率”监控　119b

“五线并行”失物查找　107c
五一国际劳动节　81a
物流行业委员会　214a
物流无人车　229c
物流业　213c
物业管理　249c
物业行业　250a

X

习近平新时代中国特色社会主义思想　26a
“下派制”科技特派员　312c
下潭尾红树林公园　423c
厦大百年校庆　245b
厦航转型　228c
厦金合作　129b
厦金闽南民俗文化　93a
厦金青少年书画展　93c
厦门“e政务”　106b
厦门城市职业学院（厦门开放大学）　356a
厦门大学　348a
厦门大学出版社　368b
厦门大学建校100周年　349a
厦门党史方志微信公众号　42a
厦门得名由来　18c
厦门港转型　224c
厦门工学院　354c
厦门国际海洋周　141b
厦门国际银行　191c
厦门国家会计学院　353a
厦门海沧台商投资区　178a
厦门海事法院　113a
厦门海翼集团　197b
厦门航空公司　228a
厦门华厦学院　355b
厦门会展业（北京）推介会　219b
厦门火炬大学堂　181a
厦门火炬高技术产业开发区　180a
厦门金美信消费金融　197c
厦门经济特区建设40周年　1
厦门旧志　42c
厦门理工学院　352b
厦门马拉松赛　391b
厦门民建艺术团成立　74c
《厦门年鉴（2020）》　42c
厦门农村商业银行　192a
《厦门全面建设小康社会大事记》　42a
厦门日报社　364b
厦门市残疾人联合会　95c
厦门市妇女联合会　85a
厦门市工商业联合会（总商会）　79a
厦门市归国华侨联合会　90c
厦门市红十字会　95a
厦门市集美学校委员会　98b
《厦门市技工院校管理办法》　396c
厦门市金门同胞联谊会　92c
厦门市科学技术协会　88a
厦门市两级人民法院　110c
厦门市人民代表大会　43
厦门市人民政府　50
厦门市社会科学界联合会　89a
厦门市台湾同胞联谊会　91c
厦门市文学艺术界联合会　86b
厦门市中华职业教育社　97c
厦门市总工会　80a
厦门双赢家居行业展　219c
厦门四季生活之旅　261c
厦门体育消费生活节　391c
厦门同安农银村镇银行　192b
厦门晚报社　365b
厦门网　366b
厦门网络文化节　36b
厦门文广影音　373c
厦门文史沙龙　42a
厦门文史研究　338a
厦门翔安民生村镇银行　192b
厦门翔业集团　197b
厦门新机场片区　235a
厦门形象　33b
厦门—以色列科技合作　125c
厦门音乐季　412c
厦门银行　191b
厦门银行台籍实习生计划　133a
厦门引才推介会　395a
厦门远海码头　231b
厦台电力合作　243c
厦台教育交流　132c
厦台教育融合　343b
厦台经贸合作　131b
厦台经贸交流　129b
厦台旅游　132a
厦台社会文化交流　130a
厦台司法交流　134a
厦台文化交流　135a
厦台医学交流　133c
厦钨新能源　212c
厦漳泉省内通办　383c
厦仲防疫包　117c
夏宁邵　349c
夏宁邵简介　349c
先进典型　122a
闲置土地　139a
现代产业体系　50a
现代海洋产业　67c
现代环境治理　258c
现代气象保障技术　309a
现代制造业和信息产业　208a
现代制造业和信息产业（表）　208
现代制造业和信息产业链（表）　208
线上直播引才模式　397a
乡村产业发展　201c
乡村旅游（农业农村）　202a
乡村旅游（旅游业）　263c
乡村旅游“百镇千村”　261a
乡村通信缆线　202b
乡村振兴（经济管理）　138a
乡村振兴（农业农村）　201b
乡村治理　202b
乡村治理体系　202b
详细规划　234c
翔安创新实验室　311c
翔安区　421c
翔安区撤镇设街　23a
翔安区各镇（街）基本情况（表）　422
翔安数字经济产业园　72c
翔安新城CBD提案　65b
享乐主义　70a
项目建设　180b
消防　409c
消防设计　237c
消费商圈　213c
消费市场体　213b
消费维权　149c
消费者满意度　398c
小额贷款　196c
小型渔船多证并联审批　201b
校企合作　346c
校园安全稳定　343a
校园管理会计案例大赛　353c
校园新冠病毒肺炎疫情　343a
校长专业发展　344a
协商议政　64a
谢素原　350a
谢燕萍　425c
心理健康教育　343b
新材料产业　212b
新材料科技创新发展大会　212c
新城建设　235a
新冠病毒肺炎疫情　24a
新冠病毒肺炎疫情防控　384a
新冠病毒肺炎疫情防控宣传　36c
新冠病毒核酸检测项目　384a
新冠肺炎疫苗接种专场　82b
新华书店畅销书排行榜（表）　369
新加坡企业发展局代表团　126a
新就业形态劳动者温暖行动　82b
新课程改革实验区框架协议　343c
新能源汽车　256c

新年书画慈善行　405b
新任市领导　424a
“新厦门人”集体婚典　82c
新生儿参保报销　380a
新时代文明实践中心　34c
新闻出版　364b
新闻出版行业　363c
新闻人物　425a
新闻舆论　32b
新型基础设施　311c
新型消费　213b
新型研发机构管理办法　314b
新兴技术应用　239a
新业态职工　82b
新增民营境内外上市公司（表）　297
信创工程　58b
信访便民惠企制度　61c
信访工作　61a
信访积案　61c
信访专项工作　61b
信息服务业　230
信息服务业基础设施建设　230a
信息工作　72b
信息宣传　73c
信用监管　149a
《星辰大海》　31b
刑事案件　105b
刑事检察　109a
刑事审判　110c
形式主义　69c
兴业银行厦门分行　189a
行政复议与应诉　102c
行政检察　109c
行政区划　20c
行政区划（表）　20
行政审判　111a
行政审批　116b
行政审批管理　59b
行政审批制度　363b
行政效能　50c
行政执法队伍　38a
行政执法监督　102a
畜牧业　200a
宣传工作　32a
“学党史、颂嘉庚、跟党走”　34a
学科建设（集美大学）　350c
学科建设（理工学院）　352b
学雷锋志愿服务　35b
学前教育　344b
学生参赛（华厦学院）　356a
学生常见病和健康影响因素　382b
学生军训组织　119c
学生培养　350c
学术活动　338b
学术科研（理工学院）　352b
学校建设　343a
学校体育设施　385b
巡视巡察　70a
巡视巡察反馈问题　70b

Y

烟草市场　216c
烟草专卖经营　216b
烟草专卖市场　216c
延安精神永放光芒　98c
盐度　18b
颜氏开漳祖祠　419b
央行政策资金　183a
央行资金专属信贷产品　183b
养老服务　196b
养老服务促进会　403b
养老服务机构预收资金管理　403b
养老服务人才奖励补助　403c
养老护理职业　403b
药品化妆品安全　150b
药品及耗材　383c
夜间文旅消费　264a
夜景照明品质　237a
“一带一路”财经论坛　339b
“一带一路”倡议　224b
“一带一路”倡议支点城市建设　172b
“一带一路”发展高层论坛　354a
“一带一路”国家会计准则　340a
“一带一路”商事涉台调解　179c
“一革命四行动”协商　64c
一品一码追溯体系　202c
医保电子凭证　401b
医保费用审核机制　402a
医保基金监管集中宣传月　382b
医保减负降费　401b
医保智能适老　381c
医保重复参保　401c
医患纠纷　116c
医疗保障　401a
医疗改革　375a
医疗机构基础项目　377a
医疗机构业务量　376a
医疗机构驻点　382b
医疗科研成果　375a
医疗器械安全　150c
医疗事业投入　154b
医疗卫生机构　376a
医疗卫生机构与床位（表）　376
医疗卫生人员（表）　376
医政医药管理　383a
依法治市　101c
宜居名城课题　67a
移动 PCR 方舱实验室　180a
义务教育　344c
议案建议　49c
役前训练　119b
疫苗接种　377c
疫情地图　139c
疫情防控（财政）　153b
疫情防控科技支撑　212a
疫情海上输入　120b
意识形态　32a
银城智谷（同安区）　421b
银行保险业　183b
银行卡　184b
银行业　184a
银联“云闪付”　184b
银联降费惠民　184c
婴幼儿照护师技术比赛　380b
婴幼儿照护托育　380a
婴幼儿照护托育服务协会　380b
营商环境（自贸区）　175b
营商环境（火炬高新区）　181a
营商环境（工业）　207a
营商环境（交通邮政）　224c
营商环境（生态环境保护）　258c
营商环境监督联系点　71b
营收额 50 亿元以上民营上市公司（表）　298
应对疫情影响助力市场措施　150a
应急分队训练　119c
应急管理　406
应急管理及产业发展论坛（第二届）　407a
应急管理专家库　406b
应急救护　95b
应急救援　406b
应急救援综合演练　408b
应急物资　406c
应急预案体系　407a
应用场景　174c
拥军共建　123b
拥政爱民　118c
用海项目　141a
用海要素　140c
用林要素　139b
优化营商环境条例　100a
优生优育　379c
优秀提案　65c
优秀提案办理单位　66a
优秀提案名单（表）　65
邮储银行厦门分行　188a
“邮供快递”进村试点　216b
邮政和快递　229a

幼小衔接 344b
渔业 200c
渔业科技 201a
渔业资源增殖 253a
育人 355a
预算执行 145c
园林绿化 244c
园林绿化行业 245a
“园区枫桥”机制 81c
园艺业 199a
援疆专业技术人才 396b
远洋渔业 200c
月度进出口值 172a
“悦游·湖里” 414c
筼筜湖水质 253c
运动员参加东京奥运会 388b
运动员参加东京残奥会 388c
运动员参加国际国内大赛 388c
运动员参加国际国内大赛（表） 388
运输安全 226c

Z

灾害性海浪 18c
“再学习、再调研、再落实”课题 67a
在厦台企与职业院校产教融合 346c
渣打银行厦门分行 192c
渣土运输 240a
展览场馆 218(表)
展览场馆 218b
展览选介 219b
展览业 217a
《战鼓逐浪》 31b
张坚 112c
张少琴 74c
招行厦门分行 189c
招聘会送岗下乡 397c
招商推介 173c
招商引企 238a
招商引资（市政府） 50b
招商引资（工商联） 79b
招商引资（市贸促会） 94c
招商引资（自贸区） 175b
招商引资（海沧台商投资区） 178b
招商引资（火炬高新区） 180b
招商引资（工业） 211a
招商引资（思明区） 412a
招商引资（湖里区） 413b
招商引资（集美区） 415c
招商引资（同安区） 420c
招商引资（翔安区） 422b
招生就业 355a
招投标 238a
赵龙 26c 424a
赵蚰竹 425c
征兵工作 119a
征兵宣传 119a
征收管理 157a
征文活动颁奖 98a
整治扰乱用工市场行为 397b
证券·期货业 193b
证券期货机构市场 195b
证券期货市场 194c
政策审计 145c
政策性农业保险 199a
政策研究 37a
政法服务保障 101a
政法委及综治 100a
政法系统参与疫情防控 100b
政府立法计划 101c
政府信息公开申请情况（表） 56
政府信息管理机制 57c
政府信息情况（表） 56
政府信息依申请公开 56b
政府信息主动公开 56a
政府资产 155a
政务办公应用平台 58c
政务公开 56a
政务数据资源 58b
政务网络信息安全 59a
政协参与疫情防控 62c
政协履职 62a
政协履职宣传 62b
政协厦门市委员会 62
政治监督具体化 71a
政治建设 69a
政治协商（民盟） 73c
政治协商（民建） 74b
知情参政对接会 34a
知识产权保护 152b
知识产权分级分类监管 152b
知识产权司法保护 111b
知识产权运用 152c
知识产权战略 152b
执法协作 120a
直播电商 214b
直管公房安全 250b
职工服务 80c
职工技术比赛 81a
职工家庭学校 82a
职工文化节 81c
职教帮扶 346b
职教创新高地 346b
职教高考 346a
职教社骨干 97c
《职业病防治法》 381b
职业技术教育中心 346c
职业健康 381a
职业教育 345c
职业教育课题 67b
职业性放射性疾病 381b
制度创新 174a
制造业单项冠军 208a
制造业单项冠军企业 305b
制造业实训基地 395c
质量技术监督管理 151b
质量强市战略 152a
智慧城管 246b
智慧城市建设 232b
智慧海洋 140b
智慧绿色港口 224c
智慧燃气规划 242c
智慧物流产业园 229b
智库建设（华侨大学） 351c
中法对话论坛 266c
中共厦门理工学院代表大会 352c
中共厦门市委员会 26
《中共厦门市委执政实录》 42b
中国（福建）自由贸易试验区厦门片区 175a
中国（厦门）智能视听产业 374b
中国材料大会 221c
中国餐饮红鹰奖 306a
中国茶企百强 301b
中国慈善榜 307c
中国慈善榜（表） 307
中国地理信息产业 300a
中国电子信息百强 301b
中国电子元件百强 301a
中国房地产开发企业500强 299a
中国服务业企业500强 300c
中国服务业企业500强（表） 300
中国共产主义青年团厦门市委员会 83a
中国国际贸易促进委员会厦门市委员会 94a
中国国民党革命委员会厦门市委员会 72a
中国海洋经济（国际）论坛 340b
中国宏观经济学术研讨会 339c
中国互联网综合实力企业百强 305a
中国机械500强 306b
中国建材企业500强 306b
中国教育装备展示会 219b
中国科学院城市环境研究所 316b
中国科学院院士 350a
中国民营企业500强 301a
中国民主促进会厦门市委员会 74c
中国民主建国会厦门市委员会 74a
中国民主同盟厦门市委员会 73a
中国年度最佳引才城市 31c

中国农工民主党厦门市委员会　75c
中国农业企业 500 强　305c
中国企业 500 强　300b
中国企业信用 500 强　305b
中国侨商联合会考察团　34a
中国人工智能大赛（第三届）　232b
中国人民警察节　106c
中国石化民营企业百强　306a
中国食品饮料 100 强　300c
中国特色社会主义制度　339a
中国体育非物质文化遗产　341a
中国铁人三项协会　390c
中国涂料企业百强　299a
中国外贸百强城市　172a
中国物业服务企业 500 强　301a
中国医院竞争力大会　221b
中国银行厦门分行　186a
中国印刷业企业百强　300a
中国正餐企业 50 强　300b
中国制造业企业 500 强　300b
中国致公党厦门市委员会　76b
中国最受消费者信赖食品企业　305c
“中华情・中国梦”　87c
中华人民共和国　19b
中科院 STS 计划　314a
中欧（厦门）班列　172a
中秋美术书法作品展　87c
中日曲艺交流　362c
中小企业发展环境　145b
中小企业服务月　145b
中小企业管理　143c
中小企业管理提升培训　145a
中小企业全国创新创业大赛　145c
中小企业融资　145a
中小企业市场　145b
中小企业诉求　145a
中新交流视频会　127a
中信银行厦门分行　189c
中医适宜技术推广培训班　383a
中医药健康产业博览会　383a
中医药事业　382c
终身教育　346b
种苗业　199a
种业创新与产业化工程项目　317c
种植业　198c
仲裁　117a
仲裁服务多元化机制　117b
仲裁信息化　117c
仲裁专业化　117c
重大动物疫病　200b
重大风险　26b
重大活动　60b
重大技术装备产品（表）　209
重大技术装备专项　209b
重大事项　47c
重大事项决定和人事任免　47c
重点工程服务　239c
重点工业企业　205c
重点工业企业（表）　205
重点领域　138a
重点项目（经济管理）　137b
重点项目（金砖创新基地建设）　174c
重点项目建设　236b
周辉燕　425b
主动创稳　100b
主要会议（市委）　26c
主要会议（市人大）　44b
主要会议（市政府）　51b
主要会议（市政协）　63a
助力两岸融合发展协商　65a
住房保障　400a
住房发展规划　247c
住房公积金政策　248c
住房租赁管理网格　249c
住房租赁市场　249b
住房租赁市场租金价格　249c
住房租赁信息　249c
驻村选调生　31a
驻华使节团　126b
驻厦领团市情通报会　125b
专精特新企业　143c
专精特新小微企业（表）　143
专精特新中型企业（表）　143
专项规划　234b
转贷款支持小微企业　311a
庄子薇　426b
装配建造规模　239a
资源　15b
自闭症教育　345c
自贸港口　177b
自贸区对外交流合作　177c
自贸区海峡两岸融合　178a
自然保护区保护　254b
自然地理　15a
自然资源　146b
自然资源部第三海洋研究所　315a
自主招生高端培训　354b
宗教场所　23b
宗教界人士培训班　405c
宗教情况　23a
综合服务保障　118c
综述（市委）　26a
综述（市人大）　43a
综述（市政府）　50a
综述（市政协）　62a
综述（纪检监察）　69a
综述（对台事务）　129a
综述（金融业）　182a
综述（农业农村）　198a
综述（工业）　204a
综述（会展业）　217a
综述（交通邮政）　223a
综述（旅游业）　260a
综述（民营经济）　268a
综述（科学技术）　308a
综述（教育）　342a
综述（卫生健康）　375a
综述（应急管理）　406a
“走出去”服务　181b
组织工作　29a
组织机构及干部名录　427
组织建设（民进）　75a
组织建设（农工党）　76a
组织建设（九三学社）　77c
组织建设（台盟）　78b
最美公务员　31c
最闽台伴手礼　262a
作风建设　118b
坐诊　216b
“做大做强厦门现代产业体系”主题　34b